GITTA SERENY

Das Ringen mit der Wahrheit

Albert Speer und das deutsche Trauma

GITTA SERENY

Das Ringen mit der Wahrheit

Albert Speer und das deutsche Trauma

verlegt bei KINDLER

Titel der Originalausgabe: Albert Speer: His Battle with Truth
Originalverlag: Alfred A. Knopf, New York

Aus dem Englischen von Helmut Dierlamm,
Klaus Fritz und Norbert Juraschitz

Die Deutsche Bibliothek – CIP-Einheitsaufnahme

Sereny, Gitta:
Das Ringen mit der Wahrheit :
Albert Speer und das deutsche Trauma /
Gitta Sereny. – München : Kindler, 1995
Einheitssacht.: Albert Speer: <dt.>
ISBN 3-463-40258-0

Dieses Buch wurde auf chlor- und säurefreiem Papier gedruckt.
Die Folie des Schutzumschlages sowie die Einschweißfolie sind
PE-Folien und biologisch abbaubar.

Umschlaggestaltung: Graupner & Partner, München
Umschlagfoto: Hulton Deutsch Collection, London
Satz: Dr. Ulrich Mihr GmbH, Tübingen
Druck und Bindearbeiten: Graphischer Großbetrieb Pössneck
Printed in Germany
ISBN 3-463-40258-0

2 4 5 3 1

Für unsere Kinder, meine und Ihre.
Und für die Kinder unserer Kinder.

»... Menschen konnten in ihrem Bewußtsein keinen Raum finden für solch unvorstellbares Grauen und ... sie hatten nicht die Phantasie und auch nicht den Mut, sich ihm zu stellen. Es ist aber möglich, in einem Dämmerzustand zwischen Wissen und Nichtwissen zu leben.«

W. A. Visser 't Hooft

Inhalt

Einführung

Albert Speer, den ich gut kannte und der mir mit der Zeit auch näherkam, hätte zweifellos in der Nacht vom 16. auf den 17. Oktober 1946 ebenso hingerichtet werden können wie zehn von Hitlers Männern, die diese Nacht in der Turnhalle des Nürnberger Gefängnisses gehängt wurden und von denen einige vielleicht weniger schuldig waren als er. Speer war immer ein Mensch, nicht nur vielseitig, sondern auch in sich gespalten. Der Fatalist in ihm hatte mit dem Todesurteil gerechnet, und viele meinten später, er hätte es verdient.

Die Verurteilten wußten nicht, wann sie hingerichtet werden sollten, aber der Gefängnisarzt Dr. Ludwig Pflücker war informiert und hatte in jener Nacht viel zu tun. Im ersten Stock über der Turnhalle und den zehn Todeszellen verteilte er wie jede Nacht leichte Schlaftabletten an die sieben zu Gefängnisstrafen verurteilten Häftlinge (Speer nahm seine wie immer). Danach – eine barmherzige Geste der alliierten Gefängnisbehörden, über die Dr. Pflücker Speer einige Tage vorher unterrichtet hatte – durfte der Arzt den zum Tode Verurteilten ein stärkeres Beruhigungsmittel geben. Anscheinend aber hatten nicht alle es eingenommen; Als Burton C. Andrus, der amerikanische Gefängniskommandant, um ein Uhr früh in Begleitung ausgewählter deutscher Zeugen von Zelle zu Zelle ging und die Urteile verlas, die alle mit den Worten »zum Tode durch den Strang« endeten, waren die verurteilten Männer alle angekleidet; die beiden Generäle, Keitel und Jodl, in Uniformen ohne Ehrenzeichen, die anderen in Anzügen ohne Krawatten. Und nur vier von ihnen standen nicht gerade da, drei taumelnd vor Schläfrigkeit, einer zitternd, dem Wahnsinn nahe.

Speer, so scheint es, schlief nur leicht trotz der Schlaftablette. Denn tief in der Nacht schreckte er hoch und hörte das Aufrufen der Namen:

»Ribbentrop« (Hitlers Außenminister), dann »Keitel« (Generalfeldmarschall und Chef des Oberkommandos der Wehrmacht in Hitlers Hauptquartier), »Kaltenbrunner« (Chef des Reichssicherheitshauptamts), »Rosenberg« (Reichsminister für die besetzten Ostgebiete), »Frank« (Generalgouverneur von Polen), »Frick« (Reichsminister), »Streicher« (Gauleiter und antisemiti- scher Propagandist), »Sauckel« (Gauleiter und Generalbevollmächtigter für den Arbeitseinsatz), »Jodl« (Chef des Wehrmachtsführungsstabs in Hitlers Hauptquartier) und schließlich, die Prozedur dauerte insgesamt zweieinhalb Stunden, »Seyß-Inquart« (Reichskommissar für die Niederlande).

Speer hatte alle diese Männer gut gekannt; zwei von ihnen, Jodl und Seyß-Inquart, hatte er ganz gern. Mit Sauckel, seinem »unattraktiven proletarischen ›Leutnant‹ in dem Sklavenarbeit-Programm«, wie ihn Airey Neave in seinem interessanten Buch *Nuremberg* beschreibt, hatte er, notwendigerweise, eng zusammengearbeitet. Göring, der jemanden bezahlte, um den Hinrichtungs- termin rechtzeitig zu erfahren, hatte es zustande gebracht, wenige Stunden bevor er gehängt werden sollte, Selbstmord zu begehen. Er war Speer zeitweise fast ein Freund gewesen, wurde aber in Nürnberg, wo die beiden einen letzten erbitterten Kampf um die Führerschaft ausfochten, sein ärgster Feind.

Göring sah den Prozeß, in dem Sieger über Besiegte zu Gericht saßen, als eine Karikatur der Justiz. Er wollte, daß alle Angeklagten die Zuständigkeit dieses Gerichts bestritten und daß sie nach jenem deutschen Recht, unter dem sie gelebt hatten und das seiner Meinung nach ihre Handlungen legiti- mierte, auf unschuldig plädierten.

Speer dagegen forderte sie alle auf, gleich ihm die Existenz eines univer- sellen Gesetzes anzuerkennen, nach dem sie, als Mitglieder von Hitlers Füh- rungsstab, für Taten verantwortlich seien, die in den Augen der ganzen zivi- lisierten Menschheit Verbrechen darstellten und für die sie, aber nicht das deutsche Volk, zur Rechenschaft gezogen werden konnten und sollten.

Gleichgültig, ob sie sich persönlich an den Verbrechen beteiligt hatten oder nicht, sagte er, war es ihre Pflicht, in ihrer Eigenschaft als führende Persön- lichkeiten des Hitler-Regimes eine gemeinsame Schuld auf sich zu nehmen, wie sie ja auch, hätte Hitler gesiegt, ihm zur Seite die Huldigung des Volkes für den gemeinsamen Triumph entgegengenommen hätten.

Am Morgen nach den Hinrichtungen wurden die sieben zu Gefängnisstra- fen verurteilten Männer – die Admirale Erich Raeder und Karl Dönitz (le- benslang beziehungsweise zehn Jahre), Hitlers alter Kamerad und Stell- vertreter Rudolf Heß (lebenslang), Wirtschaftsminister Walter Funk (lebenslang), der ehemalige Außenminister und spätere Reichsprotektor von Böhmen und Mähren Konstantin von Neurath (fünfzehn Jahre), der Reichs- jugendführer und Gauleiter von Wien Baldur von Schirach und Albert Speer, der erst Hitlers Architekt und dann sein Minister für Rüstung und Kriegs- produktion gewesen war (je zwanzig Jahre) – in die leeren Zellen im Erdge- schoß verlegt, wo sie zunächst die kurz zuvor verlassenen Zellen der Gehäng- ten reinigen mußten. Acht der Zellen zeigten Spuren der Verzweiflung: über den Boden verstreute Papiere, Essensreste auf den Tischen und zusammengeknäulte Decken auf den Pritschen. Nur General Jodls Zelle war peinlich sauber; Blechgeschirr und Löffel waren gewaschen, der Boden gewischt, die Bettdecke militärisch exakt gefaltet. Und Seyß-Inquart hatte auf einem Kalender an der Wand seiner Zelle den 16. Oktober als letzten Tag seines Lebens mit einem Kreuz markiert.

Am Nachmittag bekamen Heß, Schirach und Speer Besen und Scheuerlappen in die Hand und wurden in die leere Turnhalle geführt. Sie erhielten den Befehl, den Boden der Turnhalle unter scharfer Bewachung durch einen amerikanischen Soldaten und einen Leutnant noch einmal zu kehren und aufzuwischen. Man versteht nicht ganz, warum, denn der Galgen war abgebaut, der Boden bereits gereinigt worden. Speer hatte die Szene in den *Spandauer Tagebüchern* beschrieben, doch als er sie mir Jahre später noch einmal schilderte, hatte er dieses traumatische Erlebnis noch immer nicht überwunden. Er wurde zuerst rot, dann blaß, und das saubere, sorgfältig gefaltete Taschentuch, mit dem er sich fast verstohlen das Gesicht wischte, war dann feucht. Der Boden der Turnhalle sei ganz sauber gewesen, sagte er, mit Ausnahme eines riesigen dunklen Flecks, der sich nicht entfernen ließ. Heß sei am Ende vor dem Fleck strammgestanden und habe mit erhobenem Arm salutiert.

Ich sah Speer dreimal auf der Anklagebank in Nürnberg; dank der Einladung eines Freundes, des Simultandolmetschers George Wassiltschikow konnte ich dem Prozeß mehrere Male beiwohnen. Ich war damals noch sehr jung und wußte so gut wie nichts über Speer. Er fiel mir unter den einundzwanzig Angeklagten nur dadurch auf, daß er – damals vierzig Jahre alt – besonders jung wirkte und mit seinem feinen Gesicht und den seltsam geformten schwarzen, buschigen Augenbrauen auffallend gut aussah. Im Gegensatz zu vielen der anderen Angeklagten, die sich gelangweilt oder sogar schlafend stellten, lasen oder unentwegt an ihren Fingern zupften oder auf ihren Sitzen herumrutschten, saß er immer still da, intensiv zuhörend, sein Gesicht regungslos, nur seine dunklen, intelligenten Augen gingen lebhaft hin und her.

Seine Stimme hörte ich erst dreißig Jahre später. In der Zwischenzeit hatte er seine zwanzigjährige Gefängnisstrafe in Spandau abgesessen und, nachdem er 1966 im Alter von einundsechzig Jahren entlassen worden war, zwei außerordentliche Bücher geschrieben. Eine Generation jünger als er, war ich unterdessen auch Schriftstellerin geworden, in meiner Arbeit vor allem konzentriert auf zwei Themen, zweifellos als Folge meiner starken Erlebnisse während und nach dem Krieg – geschädigte Kinder und das Phänomen des Dritten Reichs.

Als Speers erstes Buch *Erinnerungen* auf deutsch herauskam, lebte ich mit meiner Familie in England, hatte jedoch oft journalistisch in Deutschland gearbeitet. Während Speers Buch in den folgenden Jahren zu einem enormen Bestseller wurde und er mit der Arbeit an seinem zweiten Buch, den *Spandauer Tagebüchern*, begann, recherchierte ich für mein Buch *Am Abgrund*. Darin untersuchte ich die Persönlichkeit des Kommandanten von Treblinka, Franz Stangl – mit dem ich lange im Düsseldorfer Gefängnis gesprochen hatte –, um zu ergründen, wie Menschen zu diesen grauenhaften Verbrechen des Hitler-Regimes fähig waren. Die Arbeit brachte mich mit vielen Tätern und Opfern der nationalsozialistischen Greuel in Berührung.

Um die jahrelangen Recherchen zu finanzieren, arbeitete ich gleichzeitig journalistisch auf verwandten Gebieten und lernte dabei eine Reihe von Überlebenden aus der engeren Umgebung Hitlers kennen. Fast alle kamen auf das Thema Albert Speer zu sprechen, die meisten voller Verachtung für ihn; Verachtung für seine »Treulosigkeit«, erst im Nürnberger Prozeß und dann in den nach seiner Spandauer Haft veröffentlichten Schriften und Interviews.

Inzwischen hatte ich natürlich sein erstes Buch gelesen und war fasziniert: fasziniert, wie er – im nachhinein sich teilweise schämend, teilweise aber immer noch stolz darauf – Hitler so vollkommen gehört hatte; fasziniert auch über die bedingungslose Verstrickung dieses Mannes in das Leben von Hitlers »Hof« und die Machtkämpfe, die sich dort abspielten.

Aber im Vergleich zu den Leiden und dem Grauen, mit denen ich während der Arbeit an meinem eigenen Buch in persönlichen Gesprächen und in der Literatur konfrontiert wurde, waren Speers *Erinnerungen* ein sehr beherrschtes, sehr kühles Buch, dessen disziplinierte Zurückhaltung mir unwiderstehlich diese stille, konzentrierte Gestalt in das Gedächtnis zurückrief, die mir 1946 auf der Anklagebank in Nürnberg aufgefallen war.

Ganz anders erging es mir mit den *Spandauer Tagebüchern*, die ich unmittelbar nach ihrem Erscheinen auf deutsch las. In diesem Buch bewies Speer nicht nur wirkliches literarisches Talent – zwischen den Zeilen war auch die Traurigkeit und Einsamkeit zu spüren, die ich später so stark bei ihm empfinden sollte. Es schien mir erstaunlich, wie er – mit Lesen, Schreiben, Gartenarbeit und einer »Wanderung rund um die Welt«* – die lange Zeit im Gefängnis bewältigt hatte, und seine Beschreibung dieser Jahre be-

---

* Albert Speer legte über mehrere Jahre einen großen, parkähnlichen Garten an, gesäumt von einem Ring von Wegen. 1954, in seinem siebten Jahr in Spandau, beschloß er, seinen täglichen Spaziergängen einen Zweck zu geben: eine 40000 Kilometer lange »Wanderung rund um die Welt«. Körperliche Anstrengung mit Phantasie verbindend und unterstützt von Karten und Beschreibungen von Städten, Flüssen und Bergen auf der ganzen Welt, die ihm sein Freund Rudolf Wolters zugeschickt hatte, brachte er bis zu seiner Entlassung zwölf Jahre später fast 32 000 Kilometer hinter sich.

wegte mich tief. Es waren zweifellos die eindrucksvollsten Gefängnismemoiren, die ich je gelesen hatte.

Bis dahin hatte ich Speer bereits wiederholt in deutsch- oder englischsprachigen Interviews im Fernsehen erlebt. Trotz der bemerkenswerten Intelligenz, die er in seinen zwei Memoiren zeigte, und seiner scheinbaren Aufrichtigkeit dort, über seine Zweifel an sich selbst und seiner moralischen Integrität (ein, wie ich aus eigener Erfahrung wußte, seltenes Phänomen unter früheren Nazis), konnte Speer mich als Mensch nicht überzeugen.

Sein Schreiben wirkte glaubhaft, aber in den gefilmten Interviews, die ich sah, schienen ihm seine Schuldbekenntnisse zu leicht über die Lippen zu kommen. Sein Lächeln war herablassend, seine Stimme zu flach, er hatte zuviel Charme. Seine Bücher hatte ich bewundert, aber als ich den Mann auf dem Bildschirm sah, war mir unbehaglich zumute. In den *Spandauer Tagebüchern* schien er sich selbst in Frage zu stellen, aber hier, vor meinen Augen, zeigte er keine Spur von Zweifel oder Menschlichkeit – war fast ein anderer Mensch. Scheinbar eingebettet in Erfolg schien er mir seiner selbst zu sicher.

Innerhalb von zwei Jahren sollte ich herausfinden, wie sehr ich mich getäuscht hatte.

Am 10. Juli 1977 erschien in der Londoner *Sunday Times* ein Artikel von meinem Kollegen Lewis Chester und mir, in dem wir die These aus David Irvings Buch *Hitler und seine Feldherren* analysierten, Hitler habe frühestens im Oktober 1943 von der Ausrottung der Juden erfahren. Irving hatte stellenweise geschickt argumentiert, und seine Theorie sah auf den ersten Blick einigermaßen plausibel und interessant aus. Nach einigen Wochen der Recherchen in deutschen Archiven und zahlreichen Interviews mit den von Irving selbst angeführten Zeugen stellte sich jedoch heraus, daß seine These von Grund auf falsch angelegt war, und wir konnten sie in unserem Artikel überzeugend widerlegen.

Einige Tage später erhielt ich völlig überraschend einen Brief von Speer. Darin stand, er habe das Bedürfnis, uns zu danken, weil ihm gefalle, wie wir das Thema angegangen hätten. Es sei »grotesk« zu behaupten, die Judenvernichtung sei nicht von Hitler initiiert worden. »Dies zeugt«, schrieb er, »von einer fundamentalen Unkenntnis der Verhältnisse im Hitler-Deutschland, denn dort war keine Maßnahme von irgendwelcher Bedeutung denkbar, ohne daß Hitler von ihr gewußt, ja ohne daß er sie ausdrücklich befohlen hätte.«

Die Tatsache, daß ein entsprechender Führerbefehl nicht dokumentiert sei, habe nichts zu bedeuten. Er wisse aus eigener, reichhaltiger Erfahrung, daß viele von Hitlers wichtigsten Befehlen nur mündlich erteilt worden seien. »Aus der Sicht des Historikers«, schrieb er, »ist dieses Problem nun dank Ihrer Untersuchung geklärt. Trotzdem hat Irving leider all denen Munition geliefert, die in verabscheuungswürdiger Absicht eine neue Dolchstoßlegende schaffen wollen, wie es nach 1918 hieß. Sie wollen das deutsche Volk ein zweites Mal betrügen. Das entsetzt mich.« Am folgenden Tag erhielt ich einen weiteren Brief Speers. Er schrieb, er habe vergessen, mir zu sagen, daß der Psychoanalytiker Erich Fromm ihm ein oder zwei Jahre zuvor ein Exemplar meines Buchs *Am Abgrund* zugeschickt habe; das Buch habe ihm schlaflose Nächte verursacht. Hätte ich vielleicht Lust, wenn ich einmal in der Nähe von Heidelberg wäre, bei ihm vorbeizukommen?

Was mich überraschte, als ich ihn an jenem Abend anrief, um mich für die Briefe zu bedanken, war seine Stimme. Im Fernsehen hatte er selbstherrlich und arrogant geklungen. Nun, am Telefon, hörte er sich ganz anders an. Er sprach zögernd, schüchtern, war vielleicht etwas zu freundlich, aber nach jeder seiner Äußerungen lag in seiner Stimme ein merkwürdiges Fragezeichen. Ich hatte weder erwartet, daß er persönlich oder neugierig sein würde, noch hatte ich mit seiner Selbstironie oder seinem Sinn für Humor gerechnet. Auch hatte ich, obwohl seine Bücher zweifellos traurig waren, nicht gedacht, daß diese Traurigkeit ein so wesentlicher Teil seiner Persönlichkeit sein könnte. Nun spürte ich, daß es so war, und wurde neugierig.

Von da an telefonierten wir häufig miteinander; die Initiative ging gewöhnlich von ihm aus. Er erzählte mir von Büchern, die mich interessieren könnten, und schickte sie mir auch, ebenso Beiträge aus der deutschen Presse. Ich revanchierte mich mit Artikeln aus englischsprachigen Zeitungen. Und ich arbeitete mich durch Berge von Zeitungsausschnitten über ihn. Viele schmeichelten ihm, doch viele andere waren von einer vehementen Feindseligkeit, eher emotional als rational motiviert.

Es gab natürlich Ausnahmen; aber die meisten Kommentatoren schienen das Bedürfnis zu haben, ihre eigene Empörung über das, was er gewesen war, auszudrücken, ohne uns im geringsten darüber zu informieren, was er vielleicht inzwischen geworden war.

Ich war von Speers Integrität absolut nicht überzeugt, aber ich muß zugeben, daß ich über dieses offensichtlich unermeßliche Reservoir an ungelindertem Schmerz, der sich in verbalen Angriffen auf diesen Mann entlud oder Erleichterung fand, bestürzt war. Natürlich wurde Speer vor allem wegen seiner Vergehen und Unterlassungen angegriffen, zugleich aber auch, wie mir schien, fast genauso wegen seines bedingten Schuldbekenntnisses.

Es erinnerte mich an ein schmerzliches Erlebnis, das ich als junges Mädchen gehabt hatte. Im Jahr 1940 arbeitete ich als freiwillige Kinderschwester in der französischen Hilfsorganisation Auxiliaire Sociale. Wir kümmerten uns um Kinder, die nach der Niederlage Frankreichs ihre Eltern verloren hatten oder von ihnen getrennt worden waren. Unmittelbar vor dem Einmarsch der Deutschen verließ unsere Gruppe Paris und zog in das Château de Villandry, eines der großen Schlösser an der Loire. Die Schloßherrin Isabelle de la Bouillerie war die Tochter der amerikanischen Besitzerin und gleichzeitig die Präsidentin unserer Organisation. Ich sympathisierte damals leidenschaftlich mit den Franzosen und Engländern und war wie viele junge Menschen in Frankreich, viel mehr, als man heute zugeben will, bereit, fast alles zu tun, um den Besatzern zu schaden. Aber abgesehen davon, daß man von Zeit zu Zeit einen notgelandeten englischen Piloten verstecken konnte, waren die Möglichkeiten, aktiv Widerstand zu leisten, in jenem ersten Jahr begrenzt. Wir mußten uns damit begnügen, die Deutschen demonstrativ zu ignorieren, um ihnen klarzumachen, wie verhaßt uns ihre Gegenwart war.

Für mich war dies schwer zu praktizieren. Als junge Ungarin, die theoretisch neutral war, fließend Deutsch sprach und aus Verhältnissen stammte, die die Deutschen wahrscheinlich respektieren würden, war ich beauftragt, bei der notwendigen Jagd auf Papiere und Extrarationen als Dolmetscherin und Vermittlerin zu fungieren.

Die meisten deutschen Offiziere, die das berühmte Schloß von Villandry besuchten, waren zwar trotz der Kälte, mit der sie empfangen wurden, überraschend höflich, ich aber konnte damals nicht anders, als sie arrogant und bedrohlich zu finden. Es gab jedoch zwei Ausnahmen, die sich durch unsere Kälte nicht abweisen ließen – einen Sanitätsarzt und einen früheren Lehrer.

Beide zeigten sofort Interesse an unseren Kindern und unterstützten uns mit dringend benötigter Nahrung, Medikamenten und, als im Distrikt eine Epidemie ausbrach, mit hingebungsvoller medizinischer Fürsorge. Heute weiß ich, daß sie ganz einfach gute Menschen waren, eine Tatsache, die ich damals als Teenager, der französischer war als die Franzosen, nicht zu erkennen vermochte.

Beide Männer wurden, wie ich mit Bedauern und Scham gestehen muß, zu wehrlosen Opfern meiner Wutausbrüche. Monatelang ertrugen sie mein Schimpfen und Isabelles vornehmer formulierte Kritik an ihrem Land, ohne sich zu wehren. Und dann, ohne jede Vorwarnung, waren sie plötzlich verschwunden. Der Arzt wurde, wie ich später herausfand, an die russische Front versetzt, wo er schon nach wenigen Wochen umkam. Der frühere Lehrer, der älter und nicht besonders robust war, kam in ein Konzentrationslager.

Beide waren überzeugte Christen und Regimegegner gewesen.

Das hatten wir nicht gewußt. Sie hatten uns nichts davon gesagt und lediglich versucht, es auszudrücken, indem sie mit den Kindern liebevoll umgingen und uns halfen, für sie zu sorgen, was den Vorschriften der Nazis absolut widersprach. Wir hatten unseren Gefühlen freien Lauf gelassen und ihre Güte mißbraucht. Nie hatten wir ihre inneren Qualen und ihre Zwangslage gespürt, und es war uns völlig entgangen, daß sie verzweifelt unsere Freunde sein wollten und es auch wirklich waren.

Ich weiß nicht, welche Rolle diese tief in mir begrabene Erinnerung bei meiner Reaktion auf den Schmerz und die Wut spielte, die für mich in den Artikeln gegen Speer zum Ausdruck kamen, und wie stark sie mich motivierte, Monate nach seinem ersten Brief und nach stundenlangen Telefongesprächen Speer vorzuschlagen, zusammen an einem Porträt von ihm für das Londoner *Sunday Times Magazine* zu arbeiten. Als ich ihm im Frühling 1978 in seinem Heidelberger Haus zum erstenmal persönlich gegenüberstand, waren meine Gefühle sehr gemischt. Ich war neugierig und fasziniert, aber auch von einem nagenden Unbehagen erfüllt.

Beim Abendessen an diesem ersten Tag versuchte ich Speer und seiner Frau Margarete die Ambivalenz meiner Gefühle ihm gegenüber zu beschreiben. (Frau Speer hieß Margarete, er nannte sie aber Gretel und sprach von ihr als Margret.) Ich erzählte ihnen, daß ich alles gelesen hatte, was ich in drei Sprachen über ihn finden konnte, und überrascht war, daß ihm ständig dieselben Fragen gestellt würden und er seit dem Nürnberger Prozeß geradezu monoton mit den immer gleichen Antworten darauf erwidere. Ich warnte ihn, daß ich die Absicht hatte zu versuchen, diese Schutzhülle zu durchbrechen, und die Abwehrstrategien, die er in all den Jahren aufgebaut hatte, zu überwinden.

Natürlich, sagte er schulterzuckend, mit dieser Absicht kämen alle. Alle wollten ihn mit verschiedenen Tricks dazu bringen, dieselbe Sache zuzugeben. »Es ist immer dasselbe«, sagte er müde und resigniert und fügte bedeutungsvoll hinzu: »Auch Sie werden es versuchen.«

Ich wußte natürlich, was er meinte. Das Thema, das ihn und alle, die ihn interviewten, stets am meisten beschäftigt hatte, war der Mord an den Juden; Speer hatte immer bestritten, während des Dritten Reichs davon gewußt zu haben.

Die Gespräche, die ich mit ihm führen wollte, angelegt mehr als Dialog denn als »Interview«, mußten aber eine Struktur haben. Was dabei ausschlaggebend sein würde, war, daß nicht er, sondern immer nur ich die Richtung der Gespräche bestimmen würde – bei solch einem Mann zweifellos ein schwieriges Unterfangen. Ich wollte vermeiden, daß wir sofort auf das Offensichtliche zu sprechen kamen. Daß er bestritt, von der Ermordung der Juden gewußt zu haben, war natürlich ein Kern des Problems. Trotzdem mußte dieser Aspekt meiner Planung nach so lange hintangestellt werden, bis alles andere gesagt war; indem ich Speer die Erleichterung verweigerte, sein Dementi sofort vorzubringen, konnte ich ihn vielleicht dazu bewegen, später tiefer über das Problem des »Blockierens« zu sprechen.

Es gab zwei zentrale Themen, auf die ich unsere Gespräche konzentrieren wollte. Das eine war der Ursprung des Bösen in Hitler (das meiner Ansicht nach noch über seinen zwanghaften Haß auf die Juden und seine Verbrechen gegen sie hinausging), das andere war Speers Wissen von diesem Bösen in Hitler und sein Anteil an den ihm entsprungenen Verbrechen.

Hitlers Genie bestand zum Teil in der Fähigkeit, andere zu verderben. Das Beweismaterial, das ich zusammengetragen habe, läßt vermuten, daß er es zugleich extrem geschickt verstand, die Menschen, die ihm am nächsten standen – und zu ihnen gehörte Albert Speer ab 1933 – vor jeder Erkenntnis zu bewahren, die sie oder die Harmonie ihrer Beziehung zu ihm hätte stören können. Aber die Korrumpierung eines Menschen ist ein schleichender Prozeß. Und Korruption wuchs unvermeidlich in Speer in dem Maße, wie seine Beziehung zu Hitler enger wurde, bis sie, ohne daß er es bemerkte, ein Teil von ihm geworden war.

Speer hatte, davon war ich bereits überzeugt, nie getötet, gestohlen, persönlich vom Elend anderer profitiert oder einen Freund verraten. Und doch hatte ich das Gefühl, daß er uns weder im Nürnberger Prozeß noch in seinen Büchern wirklich erklärt hatte, wie ein Mann von seinen Fähigkeiten nicht unmoralisch oder amoralisch, sondern etwas unendlich viel Schlimmeres hatte werden können – ein moralisch erloschener Mensch.

Nach und nach hatte er von den Greueln erfahren und erkannt, daß sie ihren Ursprung in Hitler hatten. Was hatte diesen Mann dann noch an seinem Platz gehalten? Was hatte ihn, der über unbegrenzte Fluchtmöglichkeiten verfügte, daran gehindert, sich und seine Familie aus den Klauen des NS-Regimes zu befreien?

Die Gründe für sein Verhalten und dafür, daß er später bestritt, etwas gewußt zu haben, konnten meiner Überzeugung nach nur herausgearbeitet werden, indem man, mit seiner Hilfe, sein ganzes Leben erforschte. Als wir an jenem Frühlingsabend in Heidelberg um den alten Eßtisch in der Küche des herrschaftlichen Hauses seiner Familie saßen, sagte ich, daß ich von all dem wissen müsse, worüber er nicht geschrieben oder geredet habe, von seiner Kindheit, seinen Eltern oder »zum Beispiel von diesem Haus, in dem Sie als Kind gelebt haben«.

»Ich hasse es«, unterbrach er mich überraschend heftig. »Ich hasse es, hier zu sein.«

Seine Frau zuckte zusammen. »Aber Albert«, sagte sie hilflos, »meine Freunde ... die Kinder ...« Und zu mir: »Er meint es nicht ernst.«

Doch er meinte es ernst. Er haßte dieses Haus, in dem er eine unglückliche Kindheit verbracht hatte; sie dagegen liebte es, weil sie und ihre Kinder während seiner zwanzigjährigen Haft hier Zuflucht fanden. Ja, sagte ich, das sei es, was ich meinte; genau darüber wolle ich mehr wissen: wen er geliebt oder nicht gemocht, vielleicht sogar gehaßt und gefürchtet habe, so weit in die Vergangenheit zurückgehend, wie seine Erinnerung reichen könne.

Daß er seine Gefühle gezeigt hatte, war ein momentanes, schnell korrigiertes Entblößen. Er sehe schon, sagte er leichthin, ich wolle prüfen, wieviel er aushalten könne. Wenn die Sache zu schwierig werde und ich zu sehr auf den Punkt träfe, sagte er lächelnd, »wird Don hier mir schon zu Hilfe kommen«. Mein Mann, Don Honeyman, ein großer blonder Amerikaner aus Iowa, der jahrelang als Fotograf für *Vogue* gearbeitet hatte, sollte Speer für meinen Artikel fotografieren. Speer hatte schnell einen freundschaftlichen

Ton angeschlagen und ihn gleich Don genannt. Speer und ich dagegen – selbst als Margret und ich uns auf ihren Vorschlag hin längst mit Vornamen anredeten – vermieden viele Wochen lang recht umständlich die direkte Anrede, um unser Verhältnis weder zu förmlich noch zu informell zu gestalten.

Don, erklärte ich, werde nach London zurückkehren, sobald er hier die notwendigen Fotos gemacht habe. Gegen Ende der folgenden Woche, die ich wie verabredet bei den Speers auf deren abgelegenem alten Bauernhof im Allgäu verbringen würde, werde er allerdings für kurze Zeit zurückkommen und dort weitere Fotos machen. Danach würden wir über seine weitere Anwesenheit entscheiden.

»Ach, wie schade«, sagte Albert Speer. »Ich hatte schon mit seinem Schutz gerechnet.«

Diese Leichtfertigkeit und sein echter Charme waren wesentliche Teile seiner Persönlichkeit, und sie waren es, wie ich später entdecken sollte, schon immer gewesen. Ich wußte genau, wenn bei unseren Gesprächen etwas herauskommen sollte, mußte ich erreichen, daß er die glatte Gewandtheit ablegte, die er in Jahren ständiger öffentlicher Auftritte kultiviert hatte und hinter der sich, wie ich glaubte, ein anderer, vielleicht schlechterer, vielleicht aber auch besserer Mensch verbarg.

Auch Margrets Leben war Teil der Geschichte: die Entwicklung der Beziehung zu Speer, die Distanz zwischen ihnen, seine wahren Gefühle für sie, ihre eiserne Loyalität zu ihm; auch Hitlers Wärme zu »meiner schönen Frau Speer«, wie er sie genannt hatte, und ihre Verkettung mit Hitler.

Als die ursprünglich für das Porträt geplanten Gespräche mit Speer beendet waren, hatten wir knapp drei Wochen täglich zwölf Stunden lang miteinander geredet. Dies war jedoch, wie sich herausstellen sollte, nur der Beginn einer ungewöhnlichen Beziehung – ich kann kein geeignetes Wort dafür finden: gemeinsame Interessen? Neugier aufeinander? Am Ende Sympathie füreinander? –, die bis zu seinem Tode andauerte.

In den ersten Wochen unserer Zusammenarbeit sichtete er oft Material aus seinem Archiv, vor allem die »schwarze« (illegale) Korrespondenz, die er im Spandauer Gefängnis mit seinen Kindern, seiner Frau und seinem Freund Rudolf Wolters geführt hatte, Tausende von Seiten, abgetippt von Zehntausenden kleiner Zettel, die ihrerseits Hunderttausende, wenn nicht Millionen von Wörtern in kleiner, kaum lesbarer Handschrift enthielten. Ein Großteil war ursprünglich auf Toilettenpapier, Tabak- oder Zigarettenverpackungen oder kleinen Fetzen des Zeichenpapiers geschrieben, das Speer nach einigen Jahren Haft zur Anfertigung architektonischer Zeichnungen bewilligt bekam.

In jenen Wochen und später gab er mir Briefe, die er an seine Frau geschrieben hatte, als beide noch zur Schule gingen. Sie zeigten deutlich das Stilgefühl, die gedankliche Tiefe und die moralische Gesinnung, die er fünfzig

Jahre später auch in den *Spandauer Tagebüchern* bewies. Er gab mir ferner ein Manuskript mit achtundzwanzig Porträts von Hitler und den Männern seiner Umgebung. Er hatte sie im Herbst 1945 in einem alliierten Gefangenenlager für prominente Nazis verfaßt, wobei ihm die Fragen eines britischen Geheimdienstoffiziers eine Hilfe gewesen waren. Im Laufe der Zeit entwickelten wir einen Plan, aus diesen Porträts – den profundesten Charakterstudien von Hitlers Paladinen, die ich je gelesen habe – ein Buch zu machen. Darin sollte Speer seine Beurteilung dieser Männer bei Kriegsende mit der fünfunddreißig Jahre später vergleichen.

Außerdem gab er mir zwei Manuskripte, die er in Nürnberg vor seiner Verurteilung geschrieben hatte. Das eine beschäftigte sich in geradezu prophetischer Weise mit der Zukunft Rußlands, das andere, das er einige Tage vor der Urteilsverkündung vollendet hatte, bei der er mit der Todesstrafe rechnete, war ein kurzer erster Entwurf der späteren *Erinnerungen*.

All diese Dokumente aus Nürnberg und Spandau (und viele andere aus früheren Jahren) waren von Rudolf Wolters gesammelt und geordnet worden, dem treuen Freund, der nicht nur Albert Speer, sondern während der zwanzig Jahre seiner Haft auch seine Familie unterstützte. Die Tausende von Briefen, einige davon dreißig oder vierzig Seiten lang, wurden zunächst mit Hilfe eines niederländischen Sanitäters und dann durch freundlich gesinnte Gefängniswärter der Alliierten aus Spandau geschmuggelt; im Lauf der Jahre folgten weitere Tausende an Speers Kinder und an Wolters. Sie alle wurden in Wolters' Architekturbüro im norddeutschen Coesfeld abgetippt, fünfzehn Jahre lang hauptsächlich die Arbeit der Graphikerin Marion Riesser. Sie hatte als Halbjüdin wie einige andere gefährdete Personen während des Krieges in Speers Ministerium Arbeit und Schutz gefunden und war danach Wolters' persönliche Assistentin geworden.

Albert Speer starb im September 1981, Wolters ein Jahr später. Als ich ein Jahr nach Wolters' Tod beschloß, dieses Buch in Angriff zu nehmen, gewährte mir Wolters' Sohn Fritz vollen Zugang zu der riesigen Sammlung von Dokumenten, die sein Vater dem Bundesarchiv in Koblenz hinterlassen hatte. Die Sammlung enthielt auch Kopien eines Großteils der Materialien von Speer, darunter der bemerkenswerte, zwischen Januar 1953 und Januar 1954 verfaßte 1200seitige Entwurf der *Erinnerungen*. Die Kinder Albert Speers entschieden mehrheitlich, dessen eigenes Archiv, das sich heute ebenfalls in Koblenz befindet, der Öffentlichkeit erst dann zugänglich zu machen, wenn die dritte Generation der Speer-Nachkommen erwachsen ist.

Albert Speers Tochter Hilde, vielleicht der Mensch mit der tiefsten moralischen Gesinnung, dem ich je begegnet bin, hat rund zehn Jahre ihres jungen Lebens geopfert, um den Lebensmut ihres Vaters in Spandau zu stärken. Sie vertraute mir etwa vierhundert weitere Briefe an, die er an sie und gegen Ende der langen Haft an ihren jungen Ehemann geschrieben hatte. Diese

Briefe trugen auf einzigartige Weise zu meinem Verständnis dieses zutiefst ambivalenten Mannes bei. Sie sind mit Wärme und Liebe geschrieben und zeigen Speer, wie er eigentlich sein wollte, aber nur auf dem Papier sein konnte: als Vater, Freund und Denker – als moralischen Menschen.

In den Briefen kommt jedoch auch der Speer zum Vorschein, der zum zweitmächtigsten Mann des Dritten Reiches wurde und es danach schaffte, den Zusammenbruch des Regimes zu überleben: der unverbesserliche Intrigant und geniale Planer, der andere Menschen, auch wenn sie ihm nahestanden, skrupellos benutzte, und der Mann, dessen Leben am Ende aus Kompromissen, immer zu seinen Gunsten gedreht, bestand.

Speer schrieb auch viele Briefe an Annemarie Kempf, geborene Wittenberg, eine Frau von unerschütterlicher Integrität, die mit achtzehn Jahren seine Privatsekretärin wurde und deren Freundschaft bis zu seinem Tod und darüber hinaus andauerte. Sie heiratete 1942 Hans Kempf, einen überzeugten Katholiken, der acht Monate später als vermißt gemeldet wurde. (Speer benutzte jahrelang den Namen Wittenberg, wenn er von ihr sprach.) Sie und ich wurden gute Freunde. Nach Speers Tod half sie mir auch, Material aus seinem Archiv zu bekommen, bevor es nach Koblenz gebracht wurde. Aufgrund ihrer starken Gefühle für Speer beschlossen wir einige Jahre später, während ich das Buch schrieb, uns weder zu treffen noch sogar miteinander zu sprechen, dies, um meine Objektivität und ihren inneren Frieden zu wahren. Wir hielten dies ein, und ich bin sehr traurig, daß sie, als sie 1992 starb, nicht wußte, wieviel ich ihr verdanke.

Der Mann, der mit Ausnahme von Hitler den größten Einfluß auf Speers Leben hatte, war der französische Geistliche Georges Casalis, ein außerordentlich weiser Mann, den ich – mit seiner Frau Dorothée – im Laufe der Zeit zu meinen Beratern zählen durfte. Leider ist inzwischen auch er wie so viele, die mir geholfen haben, gestorben. Casalis war in den ersten drei Jahren von Speers Haft der Gefängnispfarrer von Spandau. »Als ich Speer kennenlernte«, sagte er mir, »war er der gequälteste Mensch, dem ich je begegnet war. Als ich Spandau verließ, war er für mich der reuigste.«

Speers Ringen mit seinem Gewissen, sein »Kampf mit seiner Seele«, wie Casalis, der ihn wie kein zweiter verstand, es ausdrückte, ist der eigentliche Grund für dieses Buch. Die Ambivalenz zwischen seinem moralischen Bedürfnis, sich der lange verdrängten Schuld seines schrecklichen Wissens zu stellen, und dem überwältigenden Drang, dieses Wissen zu bestreiten oder zu »blockieren«, war das große Dilemma seines Lebens, und es beherrschte ihn vom Nürnberger Prozeß bis kurz vor seinem Tod.

Es leiden auch heute noch viele andere unter der Erinnerung an die intensiven Gefühle von Glauben, Vertrauen und, ja, Liebe, die sie einst für Hitler hegten. Aber Speers Gewissensqualen, auch im Vergleich mit den Verantwortungsbewußteren unter ihnen, schienen mir von einzigartiger Tiefe. Psychologisch war es der interessanteste und moralisch betrachtet ein außerordentlich positiver Zug seiner Persönlichkeit. Dieser innerliche Kampf bestimmte weitgehend die Richtung, in der ich mit ihm arbeitete, und ist der Kern dieses Buches.

Als ich mit der Arbeit begann, wußte ich nicht, wie viele Stimmen ich hören müßte, wieviel Albert Speer und andere mir enthüllen würden. Ich wußte nicht, was sich ergeben würde, wenn ich die verschiedenen Fassungen von Speers Büchern miteinander verglich, und ich konnte auch nicht voraussehen, was ich finden würde, wenn ich die Tagebücher und Memoiren anderer Leute der Beschreibung der Ereignisse gegenüberstellen würde, die Speer in seinen verschiedenen Schriften schildert oder verschweigt. All das zeigte mir am Ende, daß nur wenig für immer geheimgehalten werden kann, denn es sind Menschen, die Geschichte gestalten und niederschreiben und die den menschlichen Wunsch haben, in Erinnerung zu bleiben. Ich war von Anfang an absolut sicher, daß man Speers Leben im Dritten Reich nur im Kontext seiner seltsamen Beziehung zu Hitler verstehen konnte. Im Verlauf der über zwölfjährigen Arbeit an diesem Buch erkannte ich, daß zwischen Hitler und Speer einzigartige Parallelen bestanden, natürlich nicht, was ihre historische Bedeutung betrifft, aber in bezug auf psychische Veranlagungen, die den Verlauf der Geschichte so entscheidend beeinflussen.

Was man dabei über die beiden Männer erfährt, ist Anlaß, über die Natur der Liebe und die Gefährdung durch Gefühle nachzudenken. Sowohl Hitler als auch Speer waren durch verweigerte, unerwiderte und nur in ihrer Phantasie entwickelte Liebe in ihrer Kindheit geschädigt worden, ein Mangel, der sie beide praktisch unfähig machte, persönliche Gefühle auszudrücken. Beide waren von Menschen umgeben und blieben doch allein. Beide verfügten über außerordentlichen Charme und wurden von Frauen umworben, konnten jedoch kaum auf sie reagieren, obwohl weder der eine noch der andere homosexuell war. Beide scheuten nicht nur davor zurück, Gefühle auszudrücken, sondern verachteten dies sogar. Und doch ließen sich beide Männer, jeder auf seine Weise, in ihren Entscheidungen und einem Großteil ihrer Handlungen von Gefühlen leiten. Es ist zweifelhaft, und Speer bestätigte diese Einschätzung, ob beide je bewußt emotional aneinander dachten, außer einer einzigen, merkwürdigen Nachricht Hitlers an Speer. Und doch war es eine Art unausgesprochener Liebe, die sie aneinander band, eine Liebe, die sie brauchten, forderten und auch erhielten.

Gegen Ende meiner ersten Woche mit Speer schlug er vor, ich solle mein nächstes Buch über das Thema Charisma schreiben. Charisma, sagte er, »ist die gefährlichste Eigenschaft, die es gibt«. Er meinte natürlich das Charisma historischer Personen, die wie Hitler mit ihrem Charisma das Leben der Menschen beeinflußt und den Lauf der Geschichte verändert hatten. Speer hätte diese Beschreibung nie auf sich selbst angewandt. Seine früheren Mitarbeiter, die sein fast spartanisches Leben geteilt und bis zur Erschöpfung für ihn gearbeitet hatten, sagten jedoch übereinstimmend, daß auch er eine »Aura« gehabt habe.

Bei den Vorbereitungen für dieses Buch habe ich mit sehr vielen Menschen gesprochen, Mitgliedern der Familie Speer, wichtigen Kollegen während seiner zwölfjährigen Arbeit für Hitler, Personen des Spandauer Gefängnisses und Freunden, Beobachtern und Feinden aus der Zeit nach der Haft. Viele liebten und bewunderten Speer für seine Bescheidenheit auch auf dem Höhepunkt seiner Macht, für das, was er erreichte, und für seine mutigen Maßnahmen zugunsten des deutschen Volkes in den letzten Monaten der Herrschaft Hitlers. Aber all jene, die für Speer arbeiteten, hatten Hitler und seine Weltanschauung moralisch ebensowenig in Frage gestellt wie Speer selbst – bis das Ende nahte. Gewisse Aussagen einiger dieser Menschen werden hier zweifellos manche Leser verletzen. Aber wer Goebbels-Zitate liest, in denen Hitler vergöttert wird, oder die Stellungnahmen anderer Leute, die Hitlers Ideen verteidigen, darf nicht vergessen, daß allen Menschen gestattet sein muß, ihre eigene »Wahrheit« zu äußern, sei es aus taktischen Gründen oder weil sie diese »Wahrheit« brauchen, um ihr eigenes Leben zu erklären oder überhaupt zu leben. Jede Äußerung kann, egal, ob es sich um Wahrheit oder Lüge handelt und ob sie unbequem oder rückblickend gesehen widerwärtig ist, dem besseren Verständnis dienen.

Mein wichtigstes Ziel bei der Arbeit an diesem Buch war immer, Albert Speer verstehen zu lernen. Dies wäre unmöglich gewesen, wenn ich ihn isoliert betrachtet hätte, außerhalb der Umgebung, in der er lebte. Es war deshalb notwendig herauszufinden, wie und warum auch andere im Grunde anständige und oft begabte Männer und Frauen so sehr in den Bann Hitlers und seiner Ideen geraten konnten, daß sie sich keine Zweifel an ihm erlaubten. Bei Begegnungen mit solchen Menschen ist es zwar wichtig, niemals Einverständnis mit dem Unannehmbaren zu heucheln, doch moralische Empörung als Selbstzweck ist ein unangebrachter Luxus. Als ich die Ergebnisse meiner Arbeit zu Papier brachte, erschien es mir wichtig, den Fluß der Rede nicht zu oft durch abwertende Kommentare zu unterbrechen, obwohl mir die Ungeheuerlichkeit mancher Äußerungen natürlich bewußt war. Ich vertraute lieber darauf, daß der Leser alle Behauptungen, Geständnisse und Leugnungen als notwendige Mosaiksteine verstehen würde, die uns am Ende möglicherweise zu einem umfassenden Gesamtbild verhelfen würden.

Einige Ehemalige aus dem Kreis des Architekten und Ministers Speer äußerten sich bewundernd über seine Aussagen in Nürnberg und später, aber die meisten fühlten sich unbehaglich, und einige zeigten einen tiefen Ärger. Dieser Ärger, glaube ich, geht vor allem darauf zurück, daß Speers öffentliche Verurteilung Hitlers ihre eigene moralische Impotenz widerspiegelte.

Ich habe ein gut Teil meines Lebens damit verbracht, diese moralische Impotenz in Hitler-Deutschland zu untersuchen. Hitler war von den Juden besessen; und von den millionenfachen Morden, die er an Christen aller Glaubensrichtungen, an Zigeunern und Juden beging, hat die Tötung der Juden in den Gaskammern der Vernichtungslager im besetzten Polen das Weltgewissen am stärksten getroffen und sich am tiefsten ins Bewußtsein eingegraben. Der Judenmord ist das einzige Verbrechen Hitlers, das von seinen Anhängern vor fünfzig Jahren und denen, deren heutige nationalistische und rassistische Ziele Hitlers Zielen gleichen und diese sehr oft zum Vorbild haben, verzweifelt geleugnet wird.

Das Schicksal der europäischen Juden, für Speer der zentrale Punkt seines Lebens nach Nürnberg, spielt in diesem Buch natürlich eine große Rolle, aber es ist nicht sein Thema. Das Böse in Hitler ging meiner Ansicht nach sogar weit über diesen Wahnsinn hinaus, und mein Ziel ist es, alle Verbrechen gegen die Menschlichkeit, die Hitler entfesselte und die uns heute wieder bedrohen, als ein Ganzes zu betrachten.

Albert Speer, ein in vieler Hinsicht überragender Mann, der diese Bedrohung für uns heute sehr früh klar erkannte, hatte es traurigerweise zugelassen, selbst ein Teil dieses Bösen zu werden.

Prolog

Am Morgen meines ersten Besuchs in Heidelberg 1978 hatte Speer folgenden
Brief bekommen:
Du Verräterschwein!
Wir haben Dich lange gesucht. Dich, der Du als Architekt unseres Füh-
rers profitiert hast, als er von Sieg zu Sieg schritt. Der Du ihn und seinen
Stab vergasen wolltest, als er unser Berlin verteidigte.
Du Schwein hast den Reumütigen gespielt, Dich in einer von Hunden
bewachten Villa verbarrikadiert und uns verraten. Deine verlogenen
Schmierereien zeigen Deinen wahren Charakter ... indem Du Reden
schwingst, vor den Siegern kriechst und jüdischen Organisationen Geld
schickst, willst Du wieder gesellschaftsfähig werden ... Du geldgieriges
Schwein.
Wenn wir mit Dir Schluß machen, wird das niemand etwas ausmachen.
Niemand wird Dir auch nur eine einzige Träne nachweinen. Und wir
werden mit Dir Schluß machen. Verlaß Dich drauf.

Der Brief war mit den Initialen L. P., Hauptsturmführer, unterzeichnet und
abgestempelt mit einem Adler, der das Hakenkreuz in den Klauen hielt, und
der Abkürzung NSDAP AO (Nationalsozialistische Arbeiterpartei Deutschlands, Auslandsorganisation). Er kam aus Lincoln in Nebraska, dem amerikanischen Mittelwesten, und die Rückseite des Umschlags benannte als Absender »die Opfer des 16. Oktober 1946«, jenes Tages, an dem die
Hauptkriegsverbrecher in Nürnberg gehängt worden waren.
»A. Speer« stand groß und deutlich an einem Pfosten neben dem stets
offenstehenden Tor der Villa, in der Albert Speer sich dem Brief gemäß
»verbarrikadierte«. »Es wäre doch furchtbar langweilig, wenn man jedesmal
aus dem Auto steigen müßte, um das Tor zu öffnen«, sagte er. »Und das
wäre auch nicht gut für die Kinder.« Der »Bewacher« der Kinder war ihr

Spielkamerad, ein lächerlich anhänglicher Bernhardiner, dem nichts lieber war, als Besucher zu besabbern.

Albert und Margret Speer, beide dreiundsiebzig, als ich sie zum erstenmal besuchte, bewohnten zwei Stockwerke in dem schönen herrschaftlichen Haus oberhalb des Heidelberger Schlosses. Das oberste Stockwerk war an Studenten vermietet, und in einem Gästehaus im Garten wohnte der jüngste Sohn Ernst mit seiner Familie, der wenig später den Großteil des Hauptgebäudes übernehmen sollte. »Es ist schön, junge Leute um sich zu haben«, sagte Margret. »Und außerdem steht das Haus dann nicht leer, wenn wir in den Bergen sind.«

Die Speers waren von einer stark spürbaren Aura der Einsamkeit umgeben. Fünf ihrer sechs Kinder, die meisten verheiratet, lebten über ganz Deutschland verstreut. Die Eltern sahen sie nur selten. Speers Beziehung zu Ernst, der anderthalb war, als sein Vater verurteilt, und zweiundzwanzig, als er aus der Haft entlassen wurde, war nie gut gewesen. »Er brachte kein Wort heraus, wenn er mich in Spandau besuchte«, erzählte Speer mir. »Auch ich hatte ihm nichts zu sagen, und – es ist traurig, aber das hat sich bis heute nicht geändert.«

Ernst, seine hübsche, rothaarige Frau, eine Medizinstudentin, und Speers jüngere Tochter Margret und deren Mann kamen am vierten Tag, den ich bei Speers zu Gast war, zum Abendessen. Margret – ungewöhnlich heiter an diesem Tag – machte sich stundenlang in der Küche zu schaffen. »Sie sind uns nicht böse, wenn wir Sie heut' abend nicht zum Essen einladen«, sagte Speer. »Es ist das erste Mal in drei Jahren, daß wir mehrere der Kinder zusammen hier haben.«

Die Kinder wollten mit seiner Vergangenheit oder mit seinem Leben nach Spandau nichts zu tun haben. Ihrer Mutter dagegen standen sie sehr nahe. »Sehen Sie, wie sie aufblüht, wenn die Kinder kommen?« sagte er, nachdem seine Tochter Margret und ihr Mann Hans hereingekommen waren, um ihn kurz zu begrüßen. »Wie sie sich verändert, wenn ich nicht in der Nähe bin? Sie wird dann froh wie ein junges Mädchen.«

Seine Beziehung zu den Kindern war erstaunlich formell. Er stand auf, wenn sie hereinkamen; er schüttelte ihnen die Hand, fast vorsichtig, so schien es, berührte sie sonst nicht. »Ah, guten Tag«, sagte er, oder: »Also, auf Wiedersehen.« Und sie antworteten: »Guten Abend«, oder: »Auf Wiedersehen« – sie konnten offensichtlich das Wort Vater kaum über die Lippen bringen.

Warum er in ihrer Gegenwart so verkrampft sei, fragte ich ihn am nächsten Tag. Die Spannung sei kaum auszuhalten gewesen.

»Ich kann nicht anders«, sagte er. »Nur mit einigen der Enkelkinder geht es besser.« Er lachte – es sollte das einzige Mal sein, daß ich ihn in Zusammenhang mit seiner Familie glücklich lachen hörte. »Ein paar von den kleinen Mädchen nennen mich ›Großpapi‹ und behandeln mich wie einen alten Tattergreis, für den man sorgen muß. Das ist nett.« Das Lachen verstummte. »In der letzten Zeit sah es so aus, als lasse sich bei einem oder zwei von den anderen vielleicht noch etwas retten, aber insgesamt ist es zu spät. Meine Schuld, natürlich. Ich wußte einfach nie, was ich tun sollte.«

Sich mit ihnen auszusprechen, sei unmöglich, sagte er. »Gestern abend, nachdem Sie gegangen waren, haben wir uns zum Abendessen hingesetzt. Margret hat alles sehr festlich hergerichtet.« Er zeigte auf die rustikale Eßecke mit Kerzen und kleinen Vasen mit Frühlingsblumen.

»Es war kein schlechter Abend. Wir plauderten bis halb zwölf, über belanglose Dinge. Dann ging ich zu Bett. Kaum aber war ich oben – mein Schlafzimmer liegt über diesem Zimmer –, hörte ich schallendes Gelächter. Vorher hat niemand gelacht. Sie lachen nie, solange ich da bin. Ich bedrücke sie.« Er sagte es nicht aus Selbstmitleid, sondern wie man eine Tatsache feststellt.

In den letzten vier Jahren von Speers Leben sprachen wir sehr häufig miteinander, und ich grüßte natürlich immer Margret und erkundigte mich auch gelegentlich nach einem der Kinder, über das Margret mit mir gesprochen hatte. Es war ihm fast unmöglich, auf solche Fragen zu reagieren – er wich ihnen aus oder tat sie mit einem »Ich weiß nicht« ab.

Ich glaube, Speer hat nie erkannt, zu welchem Grad seine Schwierigkeiten mit den Kindern die schmerzhaft distanzierte Beziehung zu seinem Vater spiegelten.

Im französischen Speisezimmer des Herrenhauses, das die Speers in der relativ kleinen, aber reichen Industriestadt Mannheim bewohnten, ging an einem Sonntag im Jahr 1912 ein Mittagessen mit zehn Gästen zu Ende.

Die Familie bewohnte vierzehn Zimmer auf drei Stockwerken, im Kellergeschoß logierten sieben Bedienstete. Ein Nebengebäude auf der anderen Seite des Hofes beherbergte das große Architekturbüro des Vaters. Die Eltern hatten getrennte Schlaf- und Ankleidezimmer im zweiten Stock. Die drei Jungen, der neunjährige Hermann, der sechsjährige Albert und der fünfjährige Ernst, teilten sich mit ihrer französischen Gouvernante Mademoiselle Blum einen Flügel, der nach hinten hinausging und durch die Küche mit den wertvoll eingerichteten Salons verbunden war, ausgestattet mit sorgfältig arrangierten französischen Möbeln und Stoffen, die Frau Speer, sechzehn Jahre jünger als ihr Mann und noch reicher als er, leidenschaftlich pflegte.

Die beiden Lakaien in ihren lila Livreen und die schwarzweiß gekleideten Hausmädchen, alle in weißen Handschuhen, servierten gerade den Nachtisch, als die Jungen in gestreiften französischen Hemden und dunkelgrauen kurzen Hosen aus feinem Gabardine den Raum betraten.

Ernst, ein süßer kleiner Schelm mit durchdringenden schwarzen Augen, rannte zu seinem Vater, einem stattlichen Mann mit kleinem, sauber getrimmtem Bart und schütterem Haar, der ihn sofort auf seinen Schoß hob und ihm über das feine blonde Haar strich. Hermann, ein robuster Junge, wie seine Mutter dunkelhaarig, wurde an ihre Seite beordert. Frau Speer war nicht dünn, hatte aber eine schmale Taille und einen kleinen Busen, dazu ein hübsches, aber straffes Gesicht, tiefschwarze, edel geformte Augenbrauen und dünne Lippen. Eine überaus elegante Erscheinung, trug sie Kopien französischer Kleider, mit deren Herstellung sie eine französische Schneiderin voll beschäftigte. Leicht in die Hände klatschend verkündete sie den Gästen, Hermann werde ein Gedicht vortragen, das er eigens für diesen Anlaß verfaßt habe.

Albert, ebenfalls dunkelhaarig und mit noch buschigeren Augenbrauen als seine Mutter, stand mager, blaß und angespannt, die Hände an der Hosennaht fast wie in Habtachtstellung, nur einen Schritt im Raum. Niemand beachtete ihn. Zehn Minuten später war das Gedicht vorgetragen, und Hermann und Ernst erhielten jeder ein Stück Schokolade – Albert nicht. Ernst drückte dem nachsichtig lächenden Vater einen klebrigen Schokoladenkuß auf die Wange, und die Jungen machten zuerst vor den Gästen, dann vor der Mutter eine förmliche Verbeugung. Dann verließen sie scheinbar gesittet den Raum, bis Hermann an der Küchentür plötzlich Albert ein Bein stellte. Albert fiel lärmend um, und als er am Boden lag, ließ Hermann auch noch die Tür gegen ihn zufallen. Die Mutter fragte gar nicht, wer hingefallen war. »Also wirklich, Albert«, rief sie aus dem Speisezimmer, »kannst du nicht aufpassen, wo du hintrittst?«

Dies ist nur eine von vielen ähnlichen Geschichten, die Speer mir sechsundfünfzig Jahre später über seine Kindheit erzählte. Er erinnerte sich noch immer bis ins kleinste Detail an seine Beklemmung, wenn er den gehaßten Salon betrat, an den überwältigenden Geruch der vielen Blumen und der Parfums der Damen, daran, wie sein kleiner Bruder sofort zum Vater gerannt und liebkost worden war und daß seine Mutter wie immer stolz den älteren Bruder vorgeführt hatte. Ebenso lebendig in seinem Gedächtnis geblieben war seine eigene Einsamkeit und sogar das aufgeschürfte Knie und die blauen Flecke, als Hermann ihn, wie zu erwarten gewesen war, gestoßen und gedemütigt hatte. »So war es immer«, sagte er. »Ich hoffte jeden Tag, es würde besser werden, aber das wurde es nie.«

Margarete Weber lernte er kennen, als er sechzehn und sie fünfzehn war, und es war mehr ihre Familie als sie selbst, in die er sich Hals über Kopf verliebte. Ihr Vater, ein solider Heidelberger Bürger, war Schreinermeister wie schon vor ihm sein Vater und sein Großvater. »Ich verbiete dir die Bekanntschaft mit diesem Mädchen«, sagte Alberts Mutter. »Das ist kein Umgang für dich.«

Doch die große, warmherzige Weber-Familie, in der viel gelacht und gegessen wurde und die den jungen Albert in ihrem einfachen Haus mit offenen Armen aufnahm, übte auf ihn eine magnetische Anziehungskraft aus. Die Webers sprachen zu Hause einen ausgeprägten Heidelberger Dialekt, der Albert, obwohl er später entdeckte, daß auch sein Vater ihn manchmal benutzte, wenn er mit Angestellten in seinem Büro sprach, bis dahin unbekannt gewesen war. Im Haus der Speers war Dialekt tabu, auch für die Dienerschaft. Viele Jahre später, kurz vor seiner Entlassung aus Spandau, begann Speer auf einmal in dem Dialekt zu träumen. »Ich hatte ihn im Lauf der Jahre völlig vergessen«, erzählte er mir. »Und plötzlich träumte ich, daß ich mit Margret Dialekt sprach, und es war ...« – er stockte und fuhr dann fort – »wärmer als sonst.«

Solche Träume, die er später detailliert Erich Fromm beschreiben sollte, hatte er während seines letzten Jahres in Spandau fast jede Nacht. »Die Träume sind Ausdruck Ihrer Sehnsucht nach Ihrer unschuldigsten Zeit«, schrieb ihm Fromm, und er riet ihm, dem Bedürfnis nachzugeben und auch im wachen Zustand im Dialekt zu denken und zu träumen. »Das könnte das Beste in Ihnen herauslocken.«[*]

Eines Abends im Jahr 1978, als ich mit den Speers in ihrem Haus in den Allgäuer Bergen war, hörte ich, wie sie sich in dem für mich unverständlichen Dialekt unterhielten. »Wir tun das manchmal«, sagte er am nächsten Morgen, »wenn wir uns wohl fühlen.«

Im Mai 1953, Speer war achtundvierzig Jahre alt und verbüßte das siebte Jahr im Spandauer Gefängnis, schrieb seine siebzehnjährige Tochter Hilde, eine brillante Gymnasiastin, die damals gerade ein Jahr bei einer Quäkerfamilie in Amerika verbrachte, ihm einen Brief, in dem sie ihn bat, ihr zu erklären, wie er eine solch große Schuld auf sich hatte laden können. Er antwortete:

Nun, liebe Hilde, zu Deiner schwierigen Frage. Du frägst zwar allgemein, wie ein intelligenter Mensch so was mitmachen konnte, aber ich möchte Dir an meinem Beispiel zeigen, wie so was vielleicht kommen kann. Das Schwerste will ich dabei an den Anfang stellen: Es gibt nämlich dafür, wenn man nicht feige ausweichen will, keine Entschuldigung! Daher bin ich davon überzeugt, daß ich tatsächlich eine Schuld auf mich geladen habe. Es gibt nämlich Dinge, an denen man schuld ist, auch wenn man sich entschuldigen könnte, einfach weil das Aus-

---

[*] Alle Zitate aus der Speer-Fromm-Korrespondenz stammen aus der Sammlung Fromm von Dr. Rainer Funk, Tübingen.

maß so übergroß ist, daß davor jede menschliche Entschuldigung zu Nichts verblaßt.

Zu diesem Zeitpunkt hatte Speer die beiden wichtigsten Phasen seiner zwanzigjährigen Spandauer Haft bereits hinter sich: drei Jahre unter dem Einfluß Georges Casalis', der ihm geholfen hatte, in sich selbst die Kraft zu moralischer Erneuerung zu entdecken, und dann, nach Casalis' Weggang, drei unglückliche Jahre, in denen er hatte erkennen müssen, daß er ohne die Hilfe eines solchen menschlichen Katalysators nicht imstande war, die erforderliche geistige und spirituelle Disziplin aufzubringen.

Der schwerwiegende Brief seiner jungen Tochter, in dem sie ihm behutsam und erst nach langem Nachdenken und Zögern diese Gewissensfrage stellte und so deutlich die Bereitschaft und das Bedürfnis zu erkennen gab, ihn zu verstehen, hatte ihn – wenigstens vorübergehend – in seiner Entschlossenheit wankend gemacht, es sich leichter zu machen: das heißt, seine Erinnerungen an die Zeit mit Hitler niederzuschreiben und später zu veröffentlichen, anstatt privat nach Selbsterkenntnis und Erlösung zu streben.

Wie er mir fünfundzwanzig Jahre später eingestand, als er ungefragt auf Hildes tiefgehendes Interesse für sein moralisches Bewußtsein zu sprechen kam, hatte ihr Brief ihn außerordentlich bewegt. Es war ihm zuvor nie in den Sinn gekommen, daß eines seiner Kinder oder sonst ein junger Mensch ihm eine Frage stellen könnte, die ihn mit einem Mal wieder in jenen Geisteszustand versetzen würde, den Casalis Jahre zuvor in ihm wachgerufen hatte.

Die feingliedrige, schlanke Hilde mit dem seidigen blonden Haar, die erst zehn war, als ihr Vater verurteilt wurde, und während seiner gesamten Haft unerschütterlich zu ihm stand, hatte bereits seit 1953 eine ganz besondere Beziehung zu ihm aufgebaut. Die Briefe, die ihr Vater in den folgenden Jahren an sie schrieb, waren die herzlichsten, tiefsten und persönlichsten, die er je schreiben sollte.

Als der Briefwechsel zwei Jahre zuvor, im Jahr 1951, begonnen hatte, war Hilde noch keine fünfzehn gewesen. Damals hatten Annemarie Kempf, Rudolf Wolters und sie eine außergewöhnlich wirkungsvolle Troika gebildet, die ihrem Vater unausgesprochene Liebe und psychische Unterstützung zukommen ließ. Während jedoch die Sorge der drei Freunde fast von Anfang an nahezu ausschließlich Albert Speer galt, war er selbst praktisch nicht in der Lage, sie und ihre Anstrengungen in einem anderen Zusammenhang als dem seines eigenen vergangenen, gegenwärtigen und künftigen Lebens zu sehen. »Ich habe ihnen zu danken, daß ich nicht wahnsinnig wurde«, sollte er Jahre später zu mir sagen.

Er kannte seine sechs Kinder kaum, er hatte schon vor seiner zwanzigjährigen Haft nur wenig Zeit für sie gehabt. Trotzdem besteht kein Zweifel, daß er Hilde tief bewundern und lieben lernte. Von Anfang an waren seine Briefe an sie in Worte gefaßt, die er nie gefunden hätte, wäre sein Leben anders verlaufen: Worte über die Welt des Menschen, die Natur, Philosophie, Kunst, Musik und vor allem über Religion und Glaube.

In ihren ersten Briefen hatte Hilde ihn noch geschont und seine Anweisungen und Ratschläge, wie sie später sagte, »stillschweigend« hingenommen. Im Juni 1952, zwei Wochen bevor sie nach Amerika aufbrach, hatte er ihr folgendes geschrieben:

Natürlich wirst Du interviewt werden. Dem sollst Du auch nicht ausweichen, wenn es nicht von der erwachsenen Begleitung verhindert wird. Bei politischen Fragen hast Du es einfach, auf Deine Jugend zu verweisen und abzulehnen. Daß Du Hitler kanntest, solltest Du nicht erwähnen, auch nicht, daß Ihr am Obersalzberg [Hitlers Residenz in den Bergen] wohntet ... Du solltest unbedingt zwei Bücher lesen, die viel von mir handeln ... mit denen kannst Du in privaten Gesprächen jedem ins ›Gesicht springen‹, der Dich wegen mir attackieren sollte.*

»Es tat ihm wahrscheinlich gut, mir dieses ganze Zeug zu sagen«, sagte Hilde später. »Ich hab's weiter nicht beachtet.«

Sie erzählte ihm in ihren Briefen über ihre Gedanken und Eindrücke, über Musik, die sie gehört, Gemälde, die sie gesehen, und bis zu einem gewissen Punkt auch über Menschen, die sie kennengelernt hatte. Dabei war sie jedoch immer bemüht, nur das zu schreiben, was *ihn* interessieren, *ihn* gefühlsmäßig berühren und *ihm* das Leben leichter machen könnte.

Der Brief vom Mai 1953 war für sie selbst ein wichtiger Schritt. Er zeigt einerseits, wie sehr sie in den Monaten in der ganz besonderen moralischen Atmosphäre einer gebildeten Quäkerfamilie an Reife und andererseits an Mut gewonnen hatte. Sie war jetzt nicht nur bereit, den Vater herauszufordern, es war ihr geradezu eine Notwendigkeit. Aber der Brief stellte auch einen vielleicht unbewußten Versuch dar, die Verbindung mit ihrem Vater zu vertiefen.

Aus heutiger Sicht war Speers Beziehung zu Casalis sicher die intensivste, die er je zu einem anderen Menschen finden sollte. Als Pfarrer der französischen protestantischen Gemeinde Berlins seit der Besetzung der Stadt 1945 wurde Casalis mit der geistlichen Betreuung der sieben Spandauer Häftlinge beauftragt, kurz nachdem diese im Juli 1947, traumatisiert durch den Nürnberger Prozeß und die Todesurteile, denen einige von ihnen nur knapp entronnen waren, in Berlin eintrafen. Mit Hilfe dieses dreißigjährigen französi-

---

* Hugh Trevor-Ropers *Hitlers letzte Tage* und Gustave M. Gilberts *Nürnberger Tagebuch*.

schen Intellektuellen, eines Mannes von seltener moralischer Prägung, konnte Speer in seiner Selbsterforschung langsam weiterkommen, und hätte Casalis sich imstande gefühlt, länger zu bleiben als die drei Jahre, die sie sich damals kannten, wäre es Speer vielleicht gelungen, seine enormen Schuldgefühle zu artikulieren.

»Er konnte sie nie aussprechen«, sagte Casalis. »Und doch war er in der ersten Zeit unserer Bekanntschaft, unter der außergewöhnlichen Gelassenheit, die er an den Tag legte, der von Schuldgefühlen gepeinigtste und gequälteste Mensch, den ich je gekannt habe. Das verlieh seiner Persönlichkeit einen ganz besonderen Wert.«

Casalis hatte sich schon mit dreiundzwanzig Jahren, unmittelbar nach dem Studium, der Résistance angeschlossen und war während der gesamten Zeit der deutschen Besatzung im Widerstand aktiv. Daß er neben seinen Pflichten für die französische protestantische Gemeinde von Berlin die Betreuung der Spandauer Gefangenen übernehmen sollte, erfuhr er nach einem langen Wochenende im Mai, das er im ehemaligen Konzentrationslager Buchenwald verbracht hatte, um (tote) französische Gefangene zu identifizieren, die zur Beerdigung nach Frankreich überführt werden sollten. Er zeigte mir Fotografien seiner Arbeitsgruppe: deutsche Kriegsgefangene, die die Leichen ausgruben, zwei sowjetische Wachen und er selbst, einen Block in der Hand, auf dem er die traurigen Funde notierte. Auf einem der Fotos sieht man eine große Flasche neben ihm auf dem Boden. »Cognac«, sagte er, »nur so konnte man es aushalten.« Dies war 1985, bei meinem ersten Besuch in Noyon bei Paris, Calvins Geburtsort, wo Casalis und seine Frau Dorothée, Theologin wie er, das Calvin-Museum betreuten.

»Ich machte mir große, große Sorgen, als ich den Auftrag Spandau erhielt«, sagte er, »und ich hatte schwere Zweifel, ob ich der Richtige dafür war. Stellen Sie sich vor: Nach vier Jahren im aktiven Widerstand sollte ich diesen sieben Männern unvoreingenommen gegenübertreten. Was konnte ich ihnen sagen? Was konnte ich predigen?«

Er stellte diese Fragen seinem Freund und früheren Lehrer, dem großen Schweizer Theologen Karl Barth, der gerade zu Besuch in Berlin weilte. »Er [Barth] sah es als eine große Chance«, sagte mir Casalis. »›Ganz einfach, *mon vieux*‹, sagte Barth. ›Halte ihnen am Samstag dieselbe Predigt, die du am Sonntag deiner Gemeinde hältst, und sage beiden Parteien, daß du das tust. Die Häftlinge wird das ermutigen; und für deine Gemeinde wird es ein heilsamer Schock sein, zu erfahren, daß sie ›draußen‹ dieselben Worte zu hören bekommt, mit denen die Gefangenen sich am Tag zuvor ›drinnen‹ auseinandersetzen mußten – ein interessantes Experiment in christlicher Nächstenliebe.‹ Und so habe ich es gemacht, drei Jahre lang.«

Nach Casalis' erstem Gottesdienst in Spandau fragte Speer, ob er mit ihm sprechen könne.

»Ich war froh darüber«, erinnerte sich Casalis. »Ich hatte auch das Bedürfnis, mit ihm zu sprechen.« Casalis sagte Speer, er sei der einzige aus der
Gruppe, mit dem er sofort habe sprechen wollen. »Ich sagte, daß er für mich
schuldiger war als irgendeiner der anderen. Erstens, weil er der Intelligenteste
unter ihnen war. Zweitens aber trage er meiner Ansicht nach nicht nur mehr
Schuld an der Verlängerung des Krieges als diese anderen sechs, sondern
vielleicht sogar mehr als irgend jemand sonst in Deutschland mit Ausnahme
Hitlers. Dank seiner Mühen habe dieser schreckliche Krieg mindestens ein
Jahr länger gedauert, und viele meiner Freunde hatten dafür mit ihrem Leben
bezahlt.«

Speer dankte Casalis für seine Offenheit. »Und dann sagte er: ›Ich möchte
mit Ihnen genauso ehrlich sprechen. Ich hätte es sowieso getan, nachdem ich
Ihre Predigt gehört und Sie dabei beobachtet habe – darum bin ich jetzt zu
Ihnen gekommen. Ich bin zu zwanzig Jahren verurteilt worden‹, sagte er,
›und ich finde das gerecht. Diese Zeit ist mir sozusagen geschenkt worden,
sehen Sie, und ich will sie nutzen. Was ich Sie fragen wollte: Wollen Sie mir
helfen, ein anderer Mensch zu werden?‹«

Casalis verließ Spandau 1950. »Ich hätte meinen Aufenthalt in Deutschland verlängern können«, sagte er – »noch einmal fünf Jahre. Ich war in
großer Versuchung, das zu tun – es *war* natürlich sehr interessant. Im nachhinein gesehen hätte ich vielleicht bleiben sollen, und sei es nur um meiner
Beziehung zu Speer willen. Aber das Problem war, daß weder ich noch Dorothée das wirklich außerordentlich privilegierte Leben als ›Besatzer‹, das wir
in Berlin hatten, weiter aushalten konnten. Für uns war es – falsch. Also
gingen wir nach Straßburg, wo ich in Theologie promovierte.«

Casalis erkannte erst viel später, daß sein Weggehen nach nur drei kurzen
Jahren für Speer, der ihn später als »wichtigste Person in meinem Leben«
bezeichnen sollte, für sein verzweifeltes Bemühen, »ein anderer Mensch« zu
werden, einer Katastrophe gleichkam. Es war seine erste Erfahrung mit dem
einzigartigen Phänomen innerhalb der europäischen Kultur, dem französischen Denker, und ebenfalls die seltene Begegnung mit einer reinen Seele und
gleichzeitig einem – Mann.

»Casalis ist in meinen Augen vollkommen einzigartig«, hatte er einige
Monate zuvor an Hilde geschrieben. »So einzigartig, daß ich möchte, daß er
eines Tages bei meiner Beerdigung die Trauerfeier abhält.« (Es sollte anders
kommen. »Ich wurde nicht einmal dazu eingeladen«, sagte Casalis mir Jahre
später traurig.)

Nach Casalis' Abschied war Speer praktisch allein: Seine Beziehung zu den
anderen sechs Häftlingen blieb schwierig, und zwischen ihm und den fünf
Gefängnispfarrern nach Casalis herrschte distanzierte Höflichkeit. Mit Casalis hatte er zum erstenmal in seinem Leben gelernt, sein Suchen nach inneren Werten in Worten auszudrücken und dabei die eiserne Selbstkontrolle

etwas zu lockern, die ihm seit seiner frühen Kindheit durch ihn selbst und andere auferlegt worden war. Casalis' Weggang hatte Speers Wandlungsprozeß nicht angehalten. Aber er gab ihm – wie er mir viele Jahre später sagte – eine andere Richtung. Zwar hatte Casalis ihm drei Jahre lang geholfen, über sich selbst hinwegzublicken, nach innen. Dadurch konnte Speer sich bis dahin ungeahnte geistige Freiräume erschließen. Aber am Ende war diese Einführung in abstraktes Denken zu kurz.

»Er war ein Mann mit ganz außergewöhnlichen Anlagen«, sagte Casalis. »So außergewöhnlich, daß sein Denken, und ich fürchte auch sein Handeln, leicht geworden waren. Um der ›andere Mensch‹ zu werden, der er sein wollte, hätte er alles aufgeben müssen, was ihm leichtfiel. Unter den gegebenen Umständen kann ein besonderer Mensch das erreichen, wenn er entschlossen genug ist. Für Speer, der vermutlich alles, was er unternahm, mit äußerster Entschlossenheit anpackte, war das quasiklösterliche Leben in Spandau für solch ein Streben ideal.«

Casalis hatte recht. Aber wie Speer nach dessen Weggang schnell erkannte, konnte er es nicht allein, ohne geistige Stütze. Er hatte bereits einige Zeit vor dem Ende des Dritten Reichs begonnen, sich das Schreiben als neue Karriere auszumalen – oder wenigstens von der Möglichkeit zu träumen. Eine Reihe seiner früheren Mitarbeiter erinnerte sich, daß er halb im Scherz verkündet habe, er werde noch Biograph werden, und Anfang April 1945 hatte er mit seinem Freund, dem berühmten Kampfflieger Werner Baumbach, einen verrückten, bald wieder aufgegebenen Fluchtplan gefaßt: Mit einigen Freunden wollten sie in einer abgelegenen Bucht in Grönland die ersten kritischen Monate nach der Niederlage abwarten. Dort, in einer deutschen Wetterstation, hatte Speer vor, mit der Niederschrift seiner Erinnerungen zu beginnen. Statt dessen begann er damit in den Verhandlungspausen des Nürnberger Prozesses, als er in einer Art Endzeiteuphorie immer sicherer geworden war, daß er wie die meisten anderen auf der Anklagebank zum Tod verurteilt werden würde. Damals schrieb er die 103 Seiten lange Zusammenfassung, die er dann sieben Jahre später in Spandau zu einem 1200seitigen Entwurf weiterverarbeiten würde und aus dem nach seiner Entlassung im Jahr 1966 schließlich die *Erinnerungen* entstanden.

»Nürnberg hat mich tief aufgewühlt«, sagte er später, »besonders das Schlußplädoyer des britischen Hauptanklägers – es erschütterte mich.« Am 27. Juli 1946 hatte Sir Hartley (heute Lord) Shawcross sein Plädoyer mit dem schwierigsten und gefühlerregendsten Thema des Prozesses beendet, den Greueln der Judenvernichtung, und dazu den Bericht eines deutschen Augenzeugen verlesen, der im Baltikum eine Massenexekution von Juden durch eines von Himmlers Einsatzkommandos beobachtet hatte:

Ohne Geschrei oder Weinen zogen sich diese Menschen aus, standen in Familiengruppen beisammen, küßten und verabschiedeten sich und warteten auf den Wink eines anderen SS-Mannes, der an der Grube stand und ebenfalls eine Peitsche in der Hand hielt.

Ich habe ... keine Bitten um Schonung gehört. Ich beobachtete eine Familie von etwa 8 Personen, einen Mann und eine Frau, beide von ungefähr 50 Jahren, mit deren Kindern, so ungefähr 1-, 8- und 10jährig, sowie zwei erwachsene Töchter von 20–24 Jahren. Eine alte Frau mit schneeweißem Haar hielt das einjährige Kind auf dem Arm und sang ihm etwas vor und kitzelte es. Das Kind quietschte vor Vergnügen. Das Ehepaar schaute mit Tränen in den Augen zu. Der Vater hielt an der Hand einen Jungen von etwa 10 Jahren, sprach leise auf ihn ein. Der Junge kämpfte mit den Tränen. Der Vater zeigte mit dem Finger zum Himmel, streichelte ihm über den Kopf und schien ihm etwas zu erklären. Da rief schon der SS-Mann an der Grube seinem Kameraden etwas zu. Dieser teilte etwa 20 Personen ab und wies sie an, hinter den Erdhügel zu gehen. Die Familie, von der ich hier sprach, war dabei ... [Ein] SS-Mann saß am Rand der Schmalseite der Grube auf dem Erdboden, ließ die Beine in die Grube herabhängen, hatte auf seinen Knien eine Maschinenpistole liegen und rauchte eine Zigarette. Die vollständig nackten Menschen gingen an einer Treppe, die in die Lehmwand der Grube gegraben war, hinab, rutschten über die Köpfe der Liegenden hinweg bis zu der Stelle, die der SS-Mann anwies. Sie legten sich vor die toten oder angeschossenen Menschen, einige streichelten die noch Lebenden und sprachen leise auf sie ein. Dann hörte ich eine Reihe Schüsse. Ich schaute in die Grube und sah, wie die Körper zuckten oder die Köpfe schon still auf den vor ihnen liegenden Körpern lagen. Von den Nacken rann Blut.

»Was für eine besondere Schicksalsfügung schützte sie davor, diese Tatsachen zu erfahren ...?« sagte Sir Hartley und zeigte auf die zwei Reihen der Angeklagten. »... nach dieser Prüfung, die die Menschheit sich selbst auferlegt hat – in ihrem Kampf, in allen Ländern der Welt die gemeinsamen schlichten Begriffe Freiheit, Liebe, Verstehen wieder herzustellen –, tritt sie vor diesen Gerichtshof und ruft aus: ›Dieses sind unsere Gesetze – verschaff ihnen Geltung ... Wenn die Zeit kommt, da Sie Ihre Entscheidung zu fällen haben, so werden Sie sich an die Geschichte von Gräbe [den Augenzeugenbericht] erinnern, aber nicht mit Rachegefühlen, sondern in dem festen Entschluß, daß diese Dinge nie wieder vorkommen dürfen.«

»Dieser Bericht«, sagte Speer mir dreißig Jahre später, »verfolgt mich noch heute. Wenn man von tausend oder einer Million Morden hört, sprengt das jeden Maßstab, ist einfach unvorstellbar. Aber das ... es war damals das erste Mal, daß ich mir vorstellen konnte, was geschehen, was getan worden war. Und ja, das löste in mir ein Gefühl der persönlichen Schuld aus. Die meisten der anderen bagatellisierten die besonders schrecklichen Teile der Zeugenaussagen. Sie sagten, die sogenannten Augenzeugen würden lügen; daß Deutsche wie Ohlendorf, Höß* und andere sich gegenseitig beschuldigten oder selbst die ärgsten Greueltaten gestanden, weil das Gericht solche Geständnisse brauchte und sie versuchten, ihr Leben zu retten; und daß die vorgeführten Filme Fälschungen seien. Ich glaubte das nicht. Natürlich gab es in dieser geladenen Atmosphäre mit den verzweifelten Zeugen Übertreibungen; wie hätte das auch anders sein können? Aber im allgemeinen war alles ganz offensichtlich wahr. Ich wußte, daß die Russen für mich das Todesurteil fordern würden, und nach Shawcross' Rede fand ich, daß sie recht hatten. Wie konnte man uns, ausgerechnet uns, danach am Leben lassen?«

Es ist bemerkenswert, daß der Mann und die Beziehung, die für Speer während der gesamten Spandauer Zeit am wichtigsten waren, bis jetzt fast völlig unbekannt geblieben sind. Aber ohne Kenntnis von Rudolf Wolters und seinem Anteil an Speers Leben kann man Speers Spandauer Zeit unmöglich verstehen – die Spandauer Periode, die er bis an sein Lebensende als die wichtigste und merkwürdigerweise als die beste seines Lebens betrachtete.

Wolters und Speer hatten sich 1924 als Studenten in München kennengelernt. Im Laufe der Jahre wuchsen in Wolters Gefühle für Speer, die denen merkwürdig ähnlich waren, die Speer für Hitler empfand. Bis Ende des Krieges hatte sich zwischen ihnen eine Beziehung entwickelt, die für Speers Überleben in Spandau und sein Leben danach entscheidend werden sollte.

Wolters war zwei Jahre älter als Speer, und das gesellschaftliche Milieu ihrer Jugend – Wolters' katholisch und bürgerlich, Speers protestantisch und großbürgerlich – war unterschiedlich. Ihre Väter waren jedoch beide Architekten, und ihre berufliche Laufbahn verlief anfangs nahezu parallel, wobei Speer allerdings immer ein paar Schritte voraus war. So schaffte Wolters das Abitur erst 1923, als er bereits zwanzig war, während Speer die Prüfung im selben Jahr als Achtzehnjähriger und Klassenbester in Deutsch und Mathematik bestand. Als die beiden sich zum erstenmal begegneten, begann Wolters gerade mit dem vierten Semester seines Architekturstudiums an der Technischen Hochschule München. Speer hatte bereits drei Jahre an der eher zweitklassigen Technischen Hochschule Karlsruhe studiert und war erst dann nach München gewechselt. Wolters ging vor Speer nach Berlin, wo er bei

---

* Gruppenführer Otto Ohlendorf unterbrach seine Laufbahn als Bürokrat im Reichssicherheitshauptamt in Berlin, um nach der Invasion in Rußland für genau ein Jahr die Einsatzgruppe D zu leiten, die in Südrußland operierte. Er sagte aus, mit seiner Einheit 90 000 Juden getötet zu haben, und versuchte sich durch ein zehnseitiges Papier mit historischen Präzedenzfällen zu rechtfertigen. Standartenführer Rudolf Höß war der Kommandant von Auschwitz.

dem berühmten Architekten Heinrich Tessenow studierte. Speer, der ihm ein Jahr später folgte, schaffte es jedoch, die Zulassung als Architekt im Sommer 1927 zu bekommen – gleichzeitig mit Wolters. Er wurde sogar Tessenows Assistent, ein Erfolg, auf den Wolters von Anfang an spekuliert hatte.

Trotzdem waren die beiden Studenten Freunde geworden, oder fast Freunde. »Wir hatten freundschaftliche Beziehungen«, sollte Wolters fünfzig Jahre später in seinen privat veröffentlichten Memoiren mit dem Titel *Lebensabrisse* schreiben. Von seinem Standpunkt aus waren es vielleicht tatsächlich »freundschaftliche Beziehungen«. Für Speer waren sie nicht enger als die zu den meisten seiner Kommilitonen: freundlich, aber distanziert. Wolters jedoch geriet schon bald in den Bann von Speers Persönlichkeit, der in ihm über vierzig Jahre lebendig blieb.

Beide Männer waren begabt, hochintelligent und äußerst ehrgeizig, und beide hatten ein ausgesprochenes literarisches Talent. Wolters bekam als Elfjähriger an dem Tag, als der Erste Weltkrieg ausbrach, von seinem Vater das erste Tagebuch. Seither machte er tägliche Eintragungen. 1973 veröffentlichte er im Selbstverlag seine Lebenserinnerungen. Speer schrieb mit sechzehn Jahren lange, ungeheuer ernste, doch ausgezeichnete Schulaufsätze und in den folgenden anderthalb Jahren fast täglich einen Brief an Margret. Die beiden hatten noch eine weitere Eigenschaft gemeinsam, die bei gebildeten Deutschen damals nicht allzu häufig war – Sinn für Humor. Wolters' Humor war eher derb und etwas aufgesetzt, aber selten verletzend; der von Speer war entweder unpersönlich und scharf, manchmal aber auch, ganz wie bei einem altklugen Kind, mutwillig bis zur Bosheit.

Ein wichtiger Unterschied zwischen Speer und seinen Kameraden bestand darin, daß er in den zwanziger Jahren, einer wirtschaftlichen Katastrophenzeit in Deutschland, in der die meisten Studenten am Hungertuch nagten, Geld hatte. Er bekam aus dem Verkauf von Handelshaus und Fabrik seines Großvaters mütterlicherseits für »Dollarschatzanweisungen«, wie er selbst schrieb, monatlich einen Wechsel über 16 Dollar, eine fürstliche Summe im inflationsgeplagten Deutschland. Und als er 1928 Assistent wurde, verdiente er, so sagte er mir, 800 Reichsmark, damals den Gegenwert von 200 Dollar. Andere, darunter auch Rudolf Wolters, machten ihren Doktor sozusagen bei Wasser und Brot. »Gretel [die inzwischen seine Frau geworden war] und ich«, sagte er fast fünfzig Jahre später, »gaben jede Woche ein riesiges Spaghetti-Essen für die mit uns befreundeten Studenten.«

Wolters lobte ihn in seinen *Lebensabrissen* für seine Großzügigkeit. »Er verfügte über ein Bankkonto, von dem er übrigens großzügig auslieh. Ich selbst ... habe ihn längere Zeit hindurch am 20. jeden Monats angepumpt und am nächsten Ersten dann zurückgezahlt.« Zwei Jahre lang arbeitete Wolters ohne Bezahlung, nur gegen freie Kost, für die Deutsche Reichsbahn, dann, Anfang 1932, ging er mit einem Zwei-Jahres-Vertrag in die Sowjetunion, um Gleisanlagen zu bauen. Er war deshalb außer Landes, als Speers Karriere so plötzlich begann. Nach seiner Rückkehr übernahm er zunächst eine Übergangsstellung in Speers noch kleinem Berliner Büro (in den *Lebensabrissen* nennt er es eine »vorübergehende Gastrolle«), heiratete dann und nahm erneut eine – diesmal allerdings bezahlte – Stelle bei der Reichsbahn an.

Fünf Jahre später, 1937, als Hitler den 33jährigen Speer zum Generalbauinspektor (GBI) für die Reichshauptstadt ernannte, schloß sich Wolters dann endgültig seinem alten Freund an. »Zwar hatte ich Hitler und seine Bewegung zunächst mit einiger Skepsis betrachtet«, schrieb er in den *Lebensabrissen,* »als aber die Erfolge der Beseitigung der Vielparteienwirtschaft in der Institution der Arbeitsfront und in der Beseitigung der Arbeitslosigkeit sichtbar wurden und als die ersten 1000 km Autobahnen dem Verkehr übergeben worden waren, gab es auch für mich kein Halten mehr. Es war die Zeit, als Churchill sich für Großbritannien einen Mann wie Hitler wünschte, wenn die Nation einmal in Gefahr kommen sollte; als hohe Kirchenfürsten und bedeutende Professoren dem Führer ihre Reverenz erwiesen.«

Von diesem Zeitpunkt an arbeitete Wolters für Speer, aber immer in dessen Schatten; Speer brachte ihm absolutes Vertrauen entgegen, verfügte aber über ihn ohne Bedenken. Speer war Hitlers Architekt, Wolters gehörte zu Speers Planungsstab; während Speers Weg mit ständig wachsendem Ruhm aufwärts ging, bekam Wolters vor allem mehr Arbeit und blieb anonym. Er reiste mit Speer und auch für ihn und hatte jederzeit Zutritt zu ihm, aber mehr als alter Freund denn als Berater. Auch später, im riesigen und mächtigen Apparat des Speerschen Ministeriums, übte er keine selbständige Macht aus, sondern war Speers Pressesprecher und Chronist.* Speer in Ehrfurcht ergeben, fügte er sich anscheinend bereitwillig in diese Rolle.

Die Bewunderung für Speer wird auch in Wolters' Lebenserinnerungen noch deutlich, obwohl er diese erst einige Zeit nach Speers Entlassung aus der Haft verfaßte, als er bereits bitter von seinem Freund enttäuscht war. Er schrieb:

Die Aufgabe, die ihm [Speer] mit der Neugestaltung Berlins gestellt worden war, übertraf alles damals Vorstellbare auf städtebaulichem Gebiet ... Dieses städtebauliche Konzept ... war von genialer Einfachheit ...

Dürfte ich den Mann, dem diese Aufgabe übertragen war, mit kurzen Worten charakterisieren, so würde ich sagen: ein Selfmademan trotz

---

* Wolters führte die »Chronik«, den offiziellen Bericht über Speers Aktivitäten, seine Reisen, Reden, Memoranden und Sitzungen, von Januar 1940 bis September 1944. Die »Chronik« wird in Kapitel IX ausführlicher diskutiert.

seiner akademischen Ausbildung, dem Musischen und allem Natürlichen und Naturhaften zugewandt und mit einer instinktsicheren Begabung für alles Wirtschaftliche und Organisatorische ausgestattet. Speer hatte einen Blick dafür, wie Kompliziertes auf einfache Formeln zu bringen war. Er führte – was Hitler besonders gefiel – seine Aufgaben stets mit kleinen Apparaten und einer geradezu saloppen Nonchalance durch, wobei er eine Art sportlichen Ehrgeiz entwickelte. Bei allen seinen Unternehmungen, die oft entschlossenes Durchgreifen erforderten, blieb er menschlich empfindsam; er war nie laut oder unbeherrscht ... Obwohl er immer tätig war und keinen zeitlich konventionellen Dienstbetrieb kannte – der engste Mitarbeiterkreis mußte zu jeder Tages- und Nachtzeit zur Verfügung stehen –, hatte er selbst merkwürdigerweise immer Zeit. Man empfand das jedenfalls so, wenn man bei ihm war.

In Nürnberg hatte Speer sich, als für ihn alles verloren schien, an Wolters gewandt. Am 10. August 1946 schrieb er ihm einen Brief, der offensichtlich als Testament gedacht war:

Mein lieber Freund Rudolf Wolters,

Du warst mir einer der Nächsten, und wir kennen uns seit früher Jugend.

Ich habe daher die Bitte an Dich, für spätere Zeiten meine Arbeit zusammenzustellen und manches aus meinem Leben zu erzählen. Ich glaube, daß es einmal gewürdigt wird.

Ich stelle mir dies nun in folgenden Teilen vor: I. Die architektonische Arbeit, die Du ja am besten kennst. Vielleicht ist es möglich, die in Hamburg zur Zeit deponierten Pläne zu erhalten. Das sollte eine sachliche Arbeit sein.

II. Die Arbeit als Minister. Die Beratung dieses Teiles müßte die Wittenbergsche [Annemarie Kempf] übernehmem. Wer von den alten Mitarbeitern noch greifbar ist, kann sie am besten feststellen. Einer von ihnen müßte die Führung übernehmen. Das soll eine sachliche Ausarbeitung über die Organisation und Leistung sein.

III. Beiträge zu meinem Leben. Ich glaube, daß ich Anspruch darauf habe, als ein anderer Mensch wie all die widerlichen »Bürgerrevolutionäre« der Nachwelt überliefert zu werden. Dabei soll das positive Verhältnis zu Hitler offen geschildert werden – in seiner idealistischen Art, wie es nun einmal war. Hierzu können beitragen neben den Dir Bekannten wie die Wittenbergsche, [Manfred] von Poser [Speers Verbindungsmann zur Wehrmacht], [Walter] Rohland [ein führender Vertreter der Stahlindustrie], [Hermann] Röchling [Rüstungsfabrikant], natürlich meine Eltern, Schwiegereltern, [Robert] Frank [ein befreundeter Industrieller] und viele alte Freunde, wie ... [Wilhelm] Kempff [der Pianist], [der Bildhauer] [Josef] Thorak ... auch [Werner] Baumbach [Speers Pilot] ... und [Adolf] Galland [General der Jagdflieger] ...

Hier wird Speers auch sonst schwierig zu entziffernde Handschrift immer fahriger und ist kaum mehr leserlich, während er sich verzweifelt zu erinnern versucht, wer sonst noch zu einer positiven Darstellung seines Lebens beitragen könnte.

... der Friseur Witkamp aus Werne an der Lippe (Westfalen), der Friseur Dinand aus Konstanz, der Bauer Mayr aus Michelhausen bei Moosbier bei Tulln, Niederösterreich (die letzteren waren hier in dem Gefängnis gute Menschen), natürlich [Speers Anwalt] Dr. [Hans] Flächsner, Berlin.

Dann hat meine Frau Briefe aus unserer Jugendzeit, die sie sicher nicht gerne herausgibt. Aber das muß sein, ebenso wie meine Briefe von hier aus.

Weiter wird manches aus den Zeugenaussagen zu entnehmen sein.

Einige Skizzen, die ich in plötzlicher Anwandlung als »Zeichner« für meine Kinder machte und die meine Frau hat, werden Dich sicher interessieren. Und im übrigen hast Du eine gute »Spürnase«.

IV. Ich werde versuchen, hier in diesen letzten Wochen noch einiges aus meinem Leben niederzuschreiben, es kann vielleicht in Jahrzehnten als kleines Buch herausgegeben werden. Es ist offen und ehrlich gemeint. Das ist alles.

Ich weiß, Du wirst es gut machen. Vielleicht macht es Dir sogar Freude, Deine Tätigkeit als Chronist nun gründlich abzuschließen.

Ich jedenfalls werde Dir sehr dankbar sein.

Es grüßt Dich herzlich im Gedenken an viele, schöne gemeinsame Erinnerungen

Immer Dein Freund

Albert Speer

Am 31. August 1946 gab Speer vor dem Nürnberger Gerichtshof seine abschließende Erklärung ab. Er machte keinen Versuch, sich zu verteidigen, und sprach, da das gesamte Verfahren vom Rundfunk übertragen wurde, direkt zum deutschen Volk.

Nachdem er Hitler und seine Diktatur ausdrücklich verurteilt hatte, versuchte er am Schluß, die Deutschen moralisch aufzurichten. Das deutsche Volk habe jahrhundertelang einen großen Beitrag zum Aufbau einer zivilisierten menschlichen Gesellschaft geleistet. Nun, da es in Hitler den erwiesenen Verursacher seines gegenwärtigen Unglücks erkenne, werde es nicht nur für immer die Diktatur als Regierungsform hassen und fürchten, sondern aus seinem Elend neue und dauerhafte Werte schaffen. »Ein Volk aber«, schloß Speer, »das an seine Zukunft glaubt, wird nicht untergehen. Gott schütze Deutschland und die abendländische Kultur.«

Die charakteristische Verwegenheit des letzten Satzes, der von den Russen als Beleidigung aufgefaßt werden mußte, war genau kalkuliert. Speer wollte offen zu erkennen geben, daß er sich über die Uneinigkeit zwischen Ost und West während des Prozesses klargeworden war, und er wollte die Sympathie verstärken, die er bei den westlichen Mitgliedern des Gerichtshofs zu spüren meinte. Als Speer einen Monat später, am 1. Oktober 1946, zu einer langjährigen Gefängnisstrafe verurteilt wurde, führten viele Beobachter die relative Milde des Urteils auf eine Art stillschweigende Klassensympathie besonders der amerikanischen und britischen Richter zurück.

Der Historiker Bradley Smith widerlegt in seinem Buch *Der Jahrhundertprozeß* solche Behauptungen von der Parteilichkeit der Richter und zeigt im Gegenteil, daß das amerikanische Mitglied des Gerichts Francis Biddle und der sowjetische Richter Generalmajor J. T. Nikitschenko für die Todesstrafe gestimmt hatten. Die Entscheidung für eine zwanzigjährige Haftstrafe kam erst nach zweitägiger Diskussion und einem erbitterten Kuhhandel zustande. Laut Smith waren nur die amerikanischen und britischen stellvertretenden Richter John Parker und Norman Birkett möglicherweise durch Speers großbürgerliche Manieren zu dessen Gunsten beeinflußt worden.

Der amerikanische Hauptankläger Robert Jackson, dessen Kreuzverhör von Speer nach Ansicht einiger Kritiker unangemessen milde ausfiel, zeigte seine wahren Gefühle sehr deutlich in seinen Richtlinien für das amerikanische Kriegsministerium zwei Wochen vor der Urteilsverkündung. Unverblümt schrieb er, er sehe keinen Grund, auf mögliche Gnadengesuche seitens der Angeklagten einzugehen: »Gnade ist ein Akt der Vergebung, nicht des Rechts.« Da keiner der Angeklagten »der Anklagevertretung irgendeinen Dienst erwiesen« habe, gebe es auch keinen Grund zur Gnade.

Wie Lord Shawcross mir viele Jahre später sagte, hatte Speer seiner Ansicht nach »ziemliches Glück gehabt, daß er nicht zum Tod verurteilt wurde. Ich persönlich war sehr überrascht, daß Speer so nachsichtig behandelt wurde, und ich finde es auch heute noch grundverkehrt, daß sein Untergebener Sauckel, der nach seinen Anweisungen arbeitete, zum Tod verurteilt wurde, während Speer mit dem Leben davonkam.«

Sechs Wochen nach Ende des Prozesses, am 13. November 1946, schrieb Wolters an Annemarie Kempf und setzte damit eine Entwicklung in Gang, die beider Leben in den nächsten zwanzig Jahren beherrschen und das Fundament für Albert Speers Zukunft legen sollte. Annemarie Kempf lebte damals noch immer auf Schloß Kranzberg bei Frankfurt, dem von den Alliierten »Dustbin« (Mülleimer) genannten Internierungslager, das fast die gesamte technische und politische Elite des Dritten Reichs beherbergte. Frau Kempf war Ende Juli 1945, als Eisenhower sein Hauptquartier nach Frankfurt verlegte und im Schloß das Verhörzentrum für prominente Nazis eingerichtet wurde, dorthin gereist, um Speer bei der Befragung durch den amerikanischen und britischen »Intelligence Service« beizustehen.

Speer hatte 1978 vorgeschlagen, Annemarie Kempf und ich sollten einander kennenlernen, und zwischen 1982, als ich mit den Recherchen für dieses Buch anfing, und Ende 1990, als ich mit der Niederschrift begann, sahen wir uns sehr oft. Ihr Haar war weiß, aber sie war immer noch schlank und schön. Wir sprachen manchmal Tage, ja Wochen miteinander, entweder in Hamburg, wo sie wohnte, in Tirol, wo mein Mann und ich unsere »Arbeitsurlaube« verbrachten, oder in London, wenn sie uns dort besuchte.

»Er [Speer] ließ mir ausrichten, er brauche mich, also ging ich natürlich hin«, sagte sie bei einem unserer ersten Gespräche. »Es war ein, wie die Amerikaner sagten, ›exploitation camp‹, in dem Speer von amerikanischen und britischen Experten, Offizieren und Zivilisten, intensiv ausgefragt wurde. Sie hatten Unmassen von Dokumenten aus dem ganzen Land dort zusammengetragen. Fast der gesamte Mitarbeiterstab des Ministeriums war da. Edith Maguira, die Fritz Todts* Sekretärin gewesen war und die Speer nach dessen Tod bei uns behielt, kam mit, um mir zu helfen. Man gab uns ein Zimmer im Schloßturm.«

Als Todt bei einem mysteriösen Flugzeugabsturz im Februar 1942 ums Leben kam, wurde Speer an seiner Stelle zum Minister ernannt und übernahm auch all seine anderen Funktionen.

Während Speer in Kranzberg war, halfen die beiden Frauen, die über die Dokumente umfassender im Bilde waren als irgend jemand anders, bei den Recherchen. Annemarie schrieb bei allen Verhören mit und tippte die Notizen anschließend ab. Als Speer vier Monate später nach Nürnberg verlegt wurde, konnte sie Kost und Logis in Kranzberg behalten, weil sie anderen Mitarbeitern des Ministeriums beistand, die dort verhört wurden. Sie fuhr jedoch so oft wie möglich nach Nürnberg, um Speers Anwalt zu helfen.

Annemarie Kempf hatte zwölf Jahre lang im Zentrum der Macht gelebt. »Es ist unmöglich«, sagte sie, »die Aufregung der ersten Jahre oder die Anspannung und dann das Leid der letzten Jahre angemessen zu beschreiben.«

---

* Fritz Todt war der große Bauingenieur, der die deutschen Autobahnen geplant und gebaut hatte, die für ganz Europa zum Vorbild wurden. Seine ›Organisation Todt‹ (OT) – den Namen verlieh Hitler 1938 Todts schon seit 1934 bestehender Baugruppe – errichtete die Befestigungen des Westwalls und die U-Boot-Bunker und wurde später auch für den gesamten Straßenbau im deutsch besetzten Europa zuständig. 1940 ernannte Hitler Todt zum Reichsminister für Bewaffnung und Munition.

Im letzten Kriegsjahr im Mittelpunkt des Geschehens zu stehen, bedeutete, daß sie mit Speer das frühe Wissen von der bevorstehenden Niederlage und Hitlers langsamem Verfall teilte. Als Speer dann begann, absichtlich und offen gegen Hitlers Befehle zu verstoßen, um Deutschland nach Möglichkeit vor weiterer Zerstörung zu bewahren, lebte sie in ständiger Angst nicht nur um seine Sicherheit, sondern um sein Leben, das zuerst durch Hitler, und dann, nach dem Krieg, durch den Nürnberger Gerichtshof bedroht war. »Als der Tag der Urteilsverkündung schließlich kam«, sagte sie mir, »war ich vollkommen erschöpft, müde bis zur Bewußtlosigkeit. Man wollte nur noch, daß alles aufhörte, wissen Sie. Ich hätte niemals Selbstmord begangen, aber es hätte mir nicht viel ausgemacht zu sterben.«

Am 7. November 1946 schlug Annemarie Wolters brieflich eine Begegnung vor, um zu besprechen, was sie in Zukunft für Speer tun könnten. Wolters antwortete eine Woche später mit dem folgenden Brief, in dem er es sorgfältig vermied, den Namen Speer zu nennen (er bezeichnet ihn als »Vater«), weil er, wahrscheinlich nicht zu Unrecht, fürchtete, daß die Alliierten die Post nach Kranzberg kontrollierten:

Liebe Annemarie!

Vielen Dank für Dein Schreiben vom 7. November. Ich habe inzwischen über Dr. F. [Flächsner, Speers Verteidiger] das Schreiben von Vater erhalten, womit er mich beauftragt, das Material zu sammeln über sein Leben und Arbeiten und später darüber etwas Entsprechendes zu schreiben. Das ist für mich natürlich eine Verpflichtung, der ich sehr gern nachkomme ... Ich will zunächst versuchen, das Material zusammenzustellen ... und ich hoffe immer noch, daß ich ihm eines Tages das ganze Material in die Hand geben kann, damit er persönlich seine Erinnerungen niederschreibt, weil so etwas einen viel größeren dokumentarischen Wert hat ... In seinem Schreiben gibt er mir nun unter anderem an, daß Wichtiges von Dir zu erhalten sei ...

Nach Heidelberg [wo Speers Frau und Kinder in einem kleineren Haus auf dem Familienbesitz lebten, da die Amerikaner das Hauptgebäude requiriert hatten] habe ich natürlich geschrieben und warte nun auf Antwort ... Neu war mir natürlich, daß man an den Vater auch Briefe schreiben darf, das werde ich selbstverständlich sofort tun. Dankbar wäre ich vor allem für derartige Hinweise, ob man schreiben darf, wie man schreiben muß, und wie dieses in Zukunft wohl sein wird [nach Speers Verlegung nach Spandau]. Wenn er von allem brieflichen Verkehr abgeschnitten würde, so wäre das ja doch ein sehr hartes Schicksal ...

Für Wolters war Speers »letzter« Brief vom 10. August ein Testament – »ein Abschied, der mich bis ins Mark erschütterte«, wie er später in seinen *Lebensabrissen* schrieb. In seinen Augen verbüßte Speer seine Strafe stellvertretend für sie alle. Die tiefen Schuldgefühle darüber brachten ihn zu der Überzeugung, daß er Speers Schicksal irgendwie erleichtern mußte.

Knapp zwei Jahre später, als Wolters in seiner Heimatstadt Coesfeld gerade wieder beruflich Fuß gefaßt und den Auftrag erhalten hatte, die zerbombte Stadt aufzubauen, begann er sich um die prekäre finanzielle Lage der Familie Speer zu kümmern. 1951 gelang es ihm, einen Fonds zu gründen, der die Existenz von Margret und den sechs Kindern einigermaßen absicherte und sogar Speer im Gefängnis einige bescheidene Annehmlichkeiten ermöglichte. Unter ständigem Druck von Wolters sollten ungefähr zwei Dutzend Architekten und Industrielle den »Schulfonds«, wie Wolters ihn nannte, fast bis ans Ende unterstützen. Aber es war nicht nur ein finanzieller Beistand, den er Speer und seiner Familie verschaffte. Wolters ließ darüber hinaus Speers Familie eine Zuneigung und Fürsorge angedeihen, die teilweise auf Kosten seiner eigenen Kinder ging. Im Lauf der Jahre organisierte er auch die meisten der weltweiten – allerdings erfolglosen – Kampagnen für eine vorzeitige Haftentlassung Speers. Gegen Ende der zwanzigjährigen Haft versuchte er, den Wiedereinstieg Speers ins Berufsleben vorzubereiten, indem er einige seiner früheren Freunde veranlaßte, ihm Beraterverträge zu vermitteln.

Vor allem jedoch sorgte Wolters während dieser ganzen Jahre dafür, daß die Ergebnisse von Speers Denken und Schreiben aus der Spandauer Isolation nach draußen gelangten. Er bewerkstelligte, daß die gigantische, in winzigen, fast unleserlichen Buchstaben und oft in Sütterlinschrift abgefaßte Korrespondenz, mit der Speer jedes verfügbare Stück Papier bedeckte, aus dem Gefängnis geschmuggelt, entziffert und dann mit der Maschine geschrieben wurde, eine ungeheure Beanspruchung für Wolters' immer stärker ausgelastetes Architekturbüro. Die Hingabe, mit der Wolters und Marion Riesser Speers Sache dienten, war unglaublich.

Der wichtigste Teil der Spandauer Korrespondenz Speers waren die Tausende von Briefen aus dem Jahr 1953, die zum 1200seitigen »Spandauer Entwurf« der *Erinnerungen* wurden.

Als ich mit Speer arbeitete, befanden sich alle seine Originalbriefe, zahllose Fotokopien seiner Dokumentation und die Übertragung des Spandauer Entwurfs in Speers eigenem Archiv, und er holte während unserer Zusammenarbeit oft Briefe oder einzelne Seiten heraus, um mir etwas zu zeigen oder zu beweisen. Allerdings kam ich erst nach seinem und Rudolf Wolters' Tod, als mir Wolters' Sohn Fritz direkten Zugang zum Archiv seines Vaters gewährte, zu den Kopien des Großteils von Speers Dokumentation.

Nach der Entlassung aus Spandau hatte Speer drei weitere Entwürfe verfaßt, und das Buch, das schließlich daraus entstand, wies gegenüber dem ursprünglichen Entwurf eine Anzahl wichtiger Unterschiede auf. Es besteht kein Zweifel, daß die erste, aus der unmittelbaren Erinnerung niedergeschriebene Fassung den wahren, nicht geglätteten Bericht von Speers eigenem Tun und Wollen und auch dem seiner Kollegen und Freunde darstellt. Aber als Speer sich nach der Entlassung dem – wie er es nannte – »wirklichen Leben« stellen mußte, wurde er verwundbar. In Spandau war er der einzige von sieben Häftlingen, der sich standhaft zu dem Unrecht der Nazis bekannte. Die Absonderung, die Isolierung, die die meisten der anderen Spandauer Häftlinge ihm auferlegten, war der Preis, den er für diese zwanzig Jahre lang beibehaltene Haltung zahlen mußte – es war eine Art Triumph, ein ungeheurer moralischer Sieg.

Der Schock war um so größer, als er nach seiner Rückkehr in die Freiheit entdecken mußte, daß, während er in Spandau zwei Jahrzehnte lang anscheinend allein war in seinem Einsehen des Bösen in Hitlers Regime, andere – sogar der größte Teil der Welt – in der Verurteilung der Nazigreuel viel weiter gegangen waren als er selbst. Auf diesen Schock bezog er sich, als er mir sagte: »Was ich in meinem Buch sagen würde und die Art und Weise, wie ich es ausdrückte, mußte diese verschiedenen Schattierungen des Verstehens, die mir völlig unbekannt waren, irgendwie berücksichtigen.« (Siehe Kapitel VII.)

Die harsche Kritik an Hitler, die Speer in seinen Briefen aus Spandau übte, hatte Wolters zu vorsichtigen Einwänden veranlaßt. Nach der Freilassung überbrückte Speer, wie er mir später sagte, »das Vakuum, das sich nicht in anderen, sondern in mir selbst aufgetan hatte«, indem er die negativen Eigenschaften Hitlers betonte, wann immer er konnte. Dies sollte ihn den meisten seiner früheren Freunde entfremden, vor allem aber, besonders schmerzhaft, Wolters.

»Rudi Wolters«, sagte Marion Riesser, »wollte, daß Speer in bezug auf Hitler berichtete, was sich faktisch ereignet hatte. Was ihm mit der Zeit immer mehr mißfiel, war, wie Speer Hitler dämonisierte und praktisch jeden seiner Charakterzüge und jede seiner Handlungen im nachhinein negativ interpretierte.«

Wolters hätte die Übertragung der beinahe 25 000 Briefe aus Spandau nie geschafft, hätte nicht Marion fast fünfzehn Jahre daran gearbeitet. Sie hatte Speer vorher nie persönlich gekannt, und ihre Familie hatte unter dem Tyrannen gelitten, dem Speer mit solcher Leidenschaft gedient hatte. Was hatte sie veranlaßt, Speer so großzügig zu helfen?

»Das ist schwer zu erklären«, sagte sie. »Ich kann es mir nur so erklären, daß das, was er schrieb, mich faszinierte, und, ja, daß er mir nach einiger Zeit sogar sympathisch wurde. Er versuchte ehrlich zu sein, versuchte es, auch wenn es ihm nicht gelang, und das schien mir unter den gegebenen Umständen bewundernswert.«

Marion hatte lange gezögert, mit mir zu sprechen. Auch sie ist ein sehr zurückhaltender Mensch, und sie war vor allem besorgt, was es für Rudolf Wolters' Kinder bedeuten würde, wenn ihre Geschichte und ihre komplizierte private Beziehung zu Rudolf Wolters allgemein bekannt würden. Nachdem sie monatelang geschwankt hatte, entschloß sie sich, doch mit mir zu sprechen, nachdem Fritz Wolters und seine Frau Lore, beide renommierte Architekten, mich zu sich in ihr schönes Haus in Coesfeld aufgenommen hatten. Im Verlauf unseres Gesprächs stellte sich heraus, daß Marion nie wußte, wie sehr Fritz als Kind gelitten hatte: Zwanzig Jahre lang konzentrierte sich sein Vater auf Speer und dessen Familie und begegnete den eigenen Kindern mit Gleichgültigkeit. Umgekehrt hatte auch Fritz so gut wie nichts über Marions Leben gewußt.

Nachdem Marion ihre Bedenken überwunden hatte, wurden wir rasch Freunde. Als wir uns 1985 erstmals trafen, sah sie mit ihren dreiundsiebzig Jahren noch immer sehr gut aus; als junge Frau muß sie eine überwältigende Schönheit gewesen sein. Wir sprachen entweder in ihrer gemütlichen Wohnung – früher einmal Wolters' altes Büro –, beim Abendessen in einem Gasthaus, wo ich bei meinen späteren Besuchen wohnte, oder auf langen Spaziergängen entlang dem Fluß, der durch Coesfeld fließt.

Wolters' einzigartiger zwanzigjähriger Freundschaftsdienst für Speer war erstaunlich, aber zu guter Letzt verständlich angesichts der vielen zusammen verbrachten Jahre, des Glanzes, der doch von Speers enger Beziehung zu Hitler für ihn abgefallen war, der Bewunderung, die Wolters während dieser zwölf Jahre für Speer empfunden hatte, und seines späteren Mitgefühls für Speers Schicksal.

Marion Riessers immenser Anteil an Wolters' psychischer Rettungsaktion für Speer ist dagegen schwerer zu verstehen. Marion ist Halbjüdin; ihr Großvater, der große Frankfurter Bankier Jakob Riesser, war Vizepräsident des Weimarer Reichstags gewesen. Sein Sohn Otto, Marions Vater, hatte als Professor für Pharmakologie und Physiologie an der Universität Breslau gelehrt, bis er aufgrund der nationalsozialistischen Rassengesetze zwangsweise in den Ruhestand versetzt wurde und schließlich kurz nach Beginn des Krieges nach Holland floh.

Marions Mutter war 1914 gestorben, als Marion anderthalb war. Sechs Jahre später, im Jahr 1920, verliebte sich ihr Vater in die schöne Kriegerwitwe eines norddeutschen Adligen und heiratete sie. Seine neue Frau hatte bereits zwei Kinder, ein Mädchen, das zwei Jahre, und einen Jungen, der ein Jahr älter war als Marion. »Wir waren sofort unzertrennlich«, sagte Marion. »Ich war selig, hatte ich doch auf einen Schlag einen Bruder und eine Schwester in einem vernünftigen Alter bekommen.« Auch ihre schöne neue Mutter betete Marion an. »In der Schule sagte ein Mädchen einmal mitleidig: ›Ach, du hast jetzt eine Stiefmutter.‹ Aber ich sagte: ›Nein, ich habe eine zweite Mutter.‹ Meine Eltern waren wunderbar. Sie behandelten uns alle gleich – wir waren alle ihre Kinder, ihre Familie, wir und die zwei weiteren Kinder, die sie bald zusammen hatten, mein Bruder Julian und meine Schwester Birgit.«

Die herrliche Zeit dauerte freilich nicht ewig. Nach der Machtergreifung der Nazis verließen die beiden ältesten Kinder das Haus. Der inzwischen 21jährige Stiefbruder lernte auf einem Gut Landwirtschaft, die 22jährige Stiefschwester Krankenpflege an einer vom BDM (Bund Deutscher Mädel) geführten Schule. »Zwei Jahre später beging sie Selbstmord«, sagte Marion. »Sie und mein Stiefbruder hatten meinen Vater beide sehr geliebt. Der BDM hatte ihr verboten, mit ihm Kontakt zu halten, und sie sah ihn nie wieder, nachdem sie unser Haus verlassen hatte. Ein paar Tage bevor sie sich umbrachte, war sie von der Schule verwiesen worden. Tötete sie sich, weil sie schon immer manisch-depressiv veranlagt war, oder wegen meines Vaters? Wir haben es nie erfahren.«

»Inzwischen wohnten wir in Frankfurt«, fuhr Marion fort, »und meine Mutter und wir Kinder fuhren zur Beerdigung nach Breslau, die vom BDM organisiert worden war.« Als Frau Riesser und ihre Kinder in Breslau eintrafen, wurde ihnen jedoch der Zutritt verwehrt. »Es war schrecklich«, sagte Marion, »schrecklich für meine Mutter, aber auch schrecklich für uns. Und kaum ein Jahr später beging auch mein Stiefbruder Selbstmord. Eines Tages griff er einfach nach einem Gewehr und erschoß sich – auch bei ihm werden wir nie wissen, warum. Aber ich hatte immer das Gefühl, daß der Grund bei beiden der unlösbare Konflikt zwischen der Liebe zu meinem Vater und uns und der Loyalität war, die die Partei von ihnen verlangte.«

Und nur wenige Tage nach der Rückkehr nach Frankfurt bekam auch die 15jährige Birgit die Macht der Partei zu spüren. »Bis dahin hatte sie in der Schule keine Probleme gehabt«, sagte Marion. »Jetzt aber war die Partei offensichtlich auf uns aufmerksam geworden. Birgits Klassenkameraden wurden angewiesen, sie zu meiden, sowohl in den Pausen als auch außerhalb der Schule. Ihr Leben und das meiner Eltern, die mit ihr litten, wurde sehr schwierig.«

Im Jahr 1940 (ihr Vater war schon lange in Holland in Sicherheit) zog Marion nach Berlin zu ihrer heißgeliebten jüdischen Großmutter. Halbjuden durften weder Natur- noch Geisteswissenschaften studieren, aber die Ausbildung als Graphikerin, für die sie sich entschieden hatte, war erlaubt. Ich fragte, ob sie und ihre Großmutter Angst gehabt hätten. Sie schüttelte den Kopf. »Nein, das hatten wir nicht. Es ist heute schwer zu erklären. Vielleicht lebten wir in einem Wolkenkuckucksheim. Tatsache ist jedoch, daß unser Leben mehr oder weniger normal verlief, bis drei Jahre später die Katastrophe über uns hereinbrach. Niemand behelligte uns. Die Freunde meiner Großmutter blieben ihre Freunde; wir gingen einkaufen, spazieren, ins Theater, Kino, Konzerte. Aufgrund der Nürnberger Rassengesetze durfte ich nicht studieren, und diese Grenzen bedeuteten schon, daß man mit geschärftem Bewußtsein lebte. Aber im Vergleich zum Rest des Landes war Berlin seit je anders gewesen, freier, demokratischer als andere Städte, und ich konnte immerhin studieren und arbeiten. Auch hatte meine Großmutter natürlich sehr gute Beziehungen, was sicher auch half. Wir wußten [dank ihrer Verbindungen], daß mein Vater in Holland einigermaßen zurechtkam.« Marions Großmutter genoß den Schutz eines hohen Offiziers im Generalstab des Heeres, der ihren Mann gekannt hatte. »Aber eines späten Abends 1943 kam er und sagte, er werde nach Rußland verlegt und könne meiner Großmutter nicht mehr helfen. Nicht lange nachdem er weg war, kamen sie eines Abends und holten sie ab.«

Die alte Dame wurde nach Theresienstadt deportiert, in das »Musterlager« der Nazis, das diese wiederholt und mit Erfolg dem Internationalen Roten Kreuz vorführten. »Sie starb dort kurz vor Kriegsende.«

Daß Marion selbst in den letzten Jahren der Naziherrschaft in relativer Sicherheit lebte, verdankte sie Wolters und Speer, in dessen Amt des Generalbauinspektors (GBI) sie wie mehrere andere Halbjuden Zuflucht fand. »Das ist bei uns ganz normal«, sagte ein ehemaliger Freund von der Universität, der ihr die Stelle verschaffte. »Hier schaut keiner herein, und der Alte [Speer] deckt uns.«

Als die verschiedenen Organisationen unter Speer – das Amt des GBI, das Rüstungsministerium und die Organisation Todt – im Sommer 1944 immer enger zusammenarbeiteten, pendelten eine Reihe von Mitarbeitern, darunter vor allem Wolters, zwischen den Organisationen hin und her oder arbeiteten manchmal sogar für alle drei.

Gegen Ende des Jahres, berichtete Marion, kam das Gerücht auf, daß alle »Mischlinge« kurz vor der Einberufung stünden. »Als Kanonenfutter natürlich«, erklärte sie. Sie lebte inzwischen unter dem besonderen Schutz von Rudolf Wolters. »Aber nicht nur ich«, sagte sie. »Es gab vier Halbjuden, die unter dem Dach von Speers Organisationen Schutz gefunden hatten, und Wolters sagte uns allen, er habe für den Fall vorgesorgt, und wir würden dann schnell in eine der kriegswichtigen Fabriken verlegt, wo wir außer Gefahr wären. ›Mit Albert Speers Hilfe kann man alles erreichen‹, sagte er. Wir glaubten ihm und hatten keine Angst mehr.«

Sie lächelte. »Wie Sie sehen, war Wolters kein so schlimmer Nazi. Aber es stimmt! Je offener und aggressiver Speer sich in seinen Spandauer Schriften und späteren Veröffentlichungen gegen Hitler wandte, um so heftiger verteidigte Wolters ihn. Dies hatte natürlich teilweise mit den sehr komplizierten Gefühlen zu tun, die Wolters für Speer empfand. Aber zum Teil lag es auch an seinen Gefühlen Hitler gegenüber. Er konnte nie glauben, daß Hitler böse gewesen war oder Böses gewollt hatte. Er erinnerte sich an die guten Dinge und glaubte, daß Speer, der so stark von Hitler profitiert hatte, sich auch daran hätte erinnern sollen.«

Speer war entschlossen, Hitler in seinen Schriften als den Verbrecher zu entlarven, als den er ihn schließlich erkannt hatte. Für Wolters war dies die denkbar schlimmste Treulosigkeit und Undankbarkeit gegenüber dem Mann, dem sie beide gedient und den sie bewundert hatten.

»Ich hoffte immer, sie würden es irgendwie schaffen, Freunde zu bleiben«, sagte Marion. Aber es sollte nicht sein. Der Konflikt verschärfte sich nach Speers Entlassung aus Spandau schnell, und nach der Veröffentlichung der *Erinnerungen* kam es zum endgültigen Bruch. Denn Speer erwähnt in diesem Buch, das er ohne Wolters' Unterstützung in Spandau nie hätte schreiben können, mit keinem Wort, was dieser treue und ergebene Freund für ihn getan hatte.

Laut Speer geschah das zu Wolters' eigenem Schutz. Speer sagte mir, er habe es für riskant gehalten, wenn man Wolters, der als Architekt größtenteils von staatlichen Aufträgen lebte, als einen Mann identifiziert hätte, der zwanzig Jahre lang gegen das Gesetz verstoßen und einem verurteilten Kriegsverbrecher geholfen hatte. Tatsache ist jedoch, daß es nicht in Speers Interesse lag, die Öffentlichkeit mit diesem alten Freund bekannt zu machen, der so viel über ihn wußte. Daß er es bewußt unterließ, Wolters' außerordentliche Verdienste in gedruckter Form anzuerkennen, und auch nicht beraten wurde, es zu tun, bleibt unverzeihlich.

Für Wolters war dies eine bittere Enttäuschung, die die restlichen vierzehn Jahre seines Lebens trübte. Trotz alledem scheint es, daß seine Liebe zu Speer wie die Liebe Speers zu Hitler nie ganz erlosch. Als er starb, war, wie Fritz mir erzählte, sein letztes Wort »Albert«.

I

»Ein ruhiger, fester Bestand«

Nürnberg, 19. Juni 1946

DR. FLÄCHSNER [Speers Verteidiger]: Ich rufe jetzt mit Erlaubnis des Gerichts den Angeklagten Speer in den Zeugenstand.

VORSITZENDER [Lordrichter Lawrence]: Bitte sprechen Sie mir diesen Eid nach: Ich schwöre bei Gott, dem Allmächtigen und Allwissenden, daß ich die reine Wahrheit sagen, nichts verschweigen und nichts hinzusetzen werde ...

DR. FLÄCHSNER: Herr Speer! Wollen Sie bitte dem Gericht kurz Ihren Werdegang bis zur Ernennung zum Minister geben?

»Das Gericht war an meiner Jugend nicht wirklich interessiert«, sagte Albert Speer Jahrzehnte nach dem Nürnberger Prozeß. »Warum auch? Was hat sie mit dem zu tun, was geschehen ist?«

Das stimmte durchaus, was die juristische Seite des Prozesses betraf. Etwas ganz anderes ist es jedoch, wenn man die Entwicklung, Motive, Konflikte und Gefühle eines Menschen beurteilen will. Wenn sich Psychologen heute in etwas einig sind, dann darin, daß Liebesentzug in der Kindheit fast unweigerlich zu Schädigungen beim Erwachsenen führt. Und in dieser Beziehung hatte Albert Speer zweifellos mehr als nur Narben vorzuweisen – er litt an den offenen Wunden einer von Gefühlskälte geprägten Kindheit.

Als ich im Februar 1978 meine Gespräche mit Speer für das Porträt im Londoner *Sunday Times Magazine* begann, waren die *Erinnerungen* und die *Spandauer Tagebücher* in der ganzen westlichen Welt phänomenale Bestseller, und Speer plante bereits sein nächstes literarisches Projekt, ein Buch über den von Himmler geplanten SS-Staat. Speers private Welt war jedoch geschrumpft. Sie bestand nur noch aus Margret und ihm selbst. Die beiden lebten teilweise im alten Heidelberger Familienhaus, das er haßte, und teilweise in einem alten Bauernhaus, das er im Allgäu in den bayrischen Alpen gekauft und renoviert hatte.

Dabei war das große Heidelberger Haus mit seinen Gärten und den zu dem Besitz gehörenden angrenzenden Feldern ausgesprochen schön. Die Familie hatte es ursprünglich nur in den Ferien benutzt. Aber als das tägliche Leben in der Industriestadt Mannheim am Ende des Ersten Weltkriegs zu schwierig wurde, ließen die Speers das Heidelberger Haus erweitern, und wenige Monate später – noch im Jahr 1918 – übersiedelten sie ganz dorthin. Nach dem Zweiten Weltkrieg hatten die Amerikaner die Villa beschlagnahmt, erlaubten aber Speers Eltern Unterkunft in einem Gartenhaus, das etwas später auch Margret und die Kinder beherbergte. Nachdem die Amerikaner das Haus wieder freigaben (Speers Vater war bereits tot), vermietete Margret das oberste Stockwerk und das Gartenhaus an Studenten, um etwas Geld zu verdienen. Speer selbst hatte als Erwachsener praktisch nie in dem Haus am Schloßberg gewohnt und zog erst nach seiner Entlassung aus Spandau wieder dort ein.

Seine Kinder, die meisten verheiratet und selbst schon Eltern, lebten nach seiner Rückkehr über ganz (West-)Deutschland verstreut und kamen selten nach Heidelberg. »Ich fahr' sie hin und wieder besuchen«, sagte Margret. »Ich nicht«, stichelte Speer mit künstlich klingender Leichtfertigkeit. »Sie kommen manchmal her, wenn ich nicht da bin. Das ist auch gut so; ich kann das verstehen: Schließlich war es ihr und Margrets Zuhause, während ich die zwanzig Jahre in Spandau saß. Solange ich mich selbst hier nicht länger als unbedingt notwendig aufhalten muß.« Voller Mißfallen ließ er den Blick durch das große Wohnzimmer mit den vielen Panoramafenstern schweifen, durch die man in den schneebedeckten Garten sah. »Hier erinnert mich alles an die Schmerzen meiner Kindheit.«

Sein Gesicht, erstaunlich glatt für das eines Dreiundsiebzigjährigen, sah abgespannt aus, gezeichnet von jener plötzlichen Erschöpfung, die ich in den nächsten Wochen immer wieder an ihm bemerken sollte und die durch die buschigen Augenbrauen, genauso schwarz wie früher, eher noch unterstrichen wurde: Wenn Speer müde, entmutigt oder über eine besonders unangenehme Erinnerung bedrückt war, betonten diese starken Brauen den Ausdruck momentaner Schwäche. Es war seltsam, wie bereitwillig dieser so verschlossene Mann mit mir über seine Kindheit sprechen sollte, die er, wie er sagte, noch nie mit jemandem erörtert hatte, und mit welcher Bitterkeit sie ihn noch immer erfüllte.

»Ich fange erst an zu atmen, wenn ich das Haus verlasse und in die Berge fahre«, sagte er. »Dort habe ich das Gefühl, auf neutralem Boden zu stehen.«

In Heidelberg sprachen wir gewöhnlich in dem großen Salon, in tiefen Armsesseln in einer Fensternische. Margret, klein, schlank und Fremden gegenüber scheu, war zunächst nur während der Mahlzeiten zugegen. Zwar kam täglich eine Putzfrau, aber Margret kochte selbst und begab sich, da sie nicht Auto fuhr, zu Fuß oder mit dem Bus den Berg hinunter in die Stadt, um einzukaufen. Speer verhielt sich wie der typische deutsche Mann seiner Generation – nur als Margret einige Tage mit Grippe im Bett lag, erwies sich, daß er gut Tee kochen konnte; sonst sah ich ihn im Haushalt nie einen Finger rühren.

Mit dem Fortgang der Gespräche verringerte sich langsam Margrets Zurückhaltung, und sie stahl sich oft schüchtern durch die Tür, wenn wir sprachen. Lange Zeit aber wollte sie sich nicht zu uns setzen, sondern nahm auf einem Stuhl auf der anderen Seite des Zimmers, neben der Tür, Platz. Ihr Gesicht mit den hellblauen Augen und den blonden Augenbrauen hatte einen seltsam unschuldigen Ausdruck und schien immer von Neugier belebt und von einem seltsamen Hunger nach Kommunikation erfüllt.

Im Lauf der Wochen, die ich bei den Speers in ihrem Allgäuer Haus verbrachte, und manchmal Margret beim Kochen oder Abwaschen half, entwickelte sich zwischen uns eine gewisse Nähe. »Er wird nur lebendig, wenn er über die Vergangenheit redet«, sagte sie einmal, »so wie jetzt mit Ihnen. Auch wenn die Dinge, über die er spricht, noch so traurig sein mögen, er ist glücklich, wenn er darüber reden kann.« Die Kinder, sagte sie, wollten mit seiner ausschließlichen Konzentration auf die Vergangenheit nichts zu tun haben. »Nicht, daß sie ihn nicht gern hätten.« Und sie fügte hinzu, ohne sich bewußt zu werden, wie traurig das klang: »Erst neulich hat Margret [die jüngere Tochter] gesagt: ›Ich *mag* ihn ja.‹ Das Problem ist nur, immer wenn sie mit ihm über etwas anderes als die Vergangenheit reden wollten, schaute er aus, als ob er abwesend sei, oder er ging hinaus; also haben sie es schließlich aufgegeben.«

Auch ich bekam diese »Abwesenheit« mehrmals zu spüren, als ich beim Essen versuchte, über andere Themen zu sprechen. Aber Margret sagte, *sie* habe nicht wie die Kinder aufgegeben. »Ich will nicht über diese Dinge reden, aber jetzt komme ich manchmal zuhören, wenn er mit Leuten redet. Sonst ist man ja so allein.«

Albert Speer wurde am 19. März 1905 in Mannheim geboren. »Meine Großeltern väterlicherseits kannte ich nicht«, sagte er. »Sie starben, als mein Vater noch jung war. Mein Großvater beging angeblich Selbstmord, aber man sprach nie darüber. Selbstmord, geistige Verwirrung oder Krankheiten wie Krebs waren als Gesprächsthema nicht salonfähig. Mein Vater und seine vier Geschwister wurden von meiner Großmutter mütterlicherseits aufgezogen.« Der Vater sei nicht wie ursprünglich geplant zur Universität gegangen, sondern Lehrling in einem Architekturbüro geworden, weil der Großvater kein Geld hinterlassen habe.

Dies entsprach zweifellos der Wahrheit, aber auf der ersten Seite der *Erinnerungen* hatte Speer genau das Gegenteil geschrieben. »Mein anderer Großvater«, heißt es dort, »wurde zur gleichen Zeit in Dortmund ein wohlhabender Architekt ... Er starb zwar früh, doch reichten die hinterlassenen Mittel zur Ausbildung seiner vier Söhne.« Als ich Speer über diesen Unterschied befragte, zuckte er die Schultern. »Ich hielt es nicht für wichtig. Warum soll man in einem Buch auf solche persönlichen Dinge eingehen?«

Am liebsten mochte der junge Albert den Großvater mütterlicherseits, Louis Christian August Hermann Hommel. »Er war ein echter Selfmademan, der Sohn eines Försters, der sich hocharbeitete, bis er einer der führenden Industriellen in Mainz war. Er besaß eine große Werkzeugmaschinenfabrik, blieb aber immer ein sehr bescheidener Mann. Ich erinnere mich noch an sein Büro: ein harter Stuhl – eigentlich nur ein Hocker – und ein Stehpult; das gefiel mir.« Speer schätzte die Einfachheit seines Großvaters, darüber hinaus aber war der Großvater der einzige in der Familie, der menschliche Wärme ausstrahlte, und er blieb dies bis zu seinem Tod 1921, als Albert sechzehn war. »Meine Großmutter, seine Frau, war prätentiös und geizig.« »Sie zählte die Zuckerwürfel in der Küche«, sagte Margret. »Sie werden es nicht für möglich halten, aber sie hatte eine abschließbare Zuckerdose.«

»Sie war eine kalte Person«, sagte Speer. »Mein Großvater war nicht kalt, aber sehr schweigsam. Ich ging mit ihm auf die Jagd, und wir pirschten stundenlang wortlos nebeneinander her. Das machte mir einen Riesenspaß. Gleichzeitig war er ein großer Organisator. Ich glaube, da kam mein organisatorisches Talent her.« Und unvermittelt fügte er hinzu: »Nicht, daß Technokraten keine Romantiker sein könnten. Ich glaube, er war sehr romantisch

– Natur, Musik …« Galt das auch für Frauen? »Ich weiß nicht.« Für ihn war diese Frage frivol. »Von diesem Aspekt der männlichen Persönlichkeit wird zu viel Aufhebens gemacht«, sagte er kühl. Mainz, wo die Hommels lebten, war in der Jugendzeit von Speers Mutter eine lebhafte Garnisonsstadt. »Die Hommels gehörten natürlich zur gesellschaftlichen Elite«, sagte Speer. »Es gab zahlreiche Bälle und eine Menge junger Offiziere. Meine Mutter führte ein gesellschaftlich glanzvolles Leben, glaube ich.«

Dr. Lili Fehrle-Burger, deren Mutter nach dem Umzug der Familie Speer nach Heidelberg eine enge Freundin von Albert Speers Mutter geworden war, schrieb mir 1979 einen Brief. Sie hatte mein Porträt Speers in der *Zeit* gelesen und bot mir ihre Hilfe an. Frau Speer, berichtete sie in dem Brief, hatte sich leidenschaftlich in »einen bravourösen, temperamentvollen Offizier verliebt, der sie eiskalt betrog, was sie mit ihrem ›gebrochenen Herzen‹ dann in die Arme ihres künftigen Mannes trieb. Sie konnte das sehr dramatisch schildern, in einem Gespräch mit meiner Mutter, bei dem ich anwesend war. Der liberale, in seiner klassischen Humanität sehr vornehme Gatte war wohl dennoch kein Ersatz für das draufgängerische Temperament ihrer ersten großen Liebe.«

»Als ich klein war«, sagte Speer, »hörte ich meine Mutter oft klagen, daß Mannheim sich mit dem aufregenden Leben, das sie vor ihrer Heirat in Mainz geführt habe, nicht vergleichen konnte.« Trocken fügte er hinzu: »Liebe war nicht Teil des Ehevertrags.«

In den ersten dreizehn Jahren seines Lebens bewohnte die Familie eine Vierzehnzimmerwohnung in einem von mehreren Häusern, die Speers Vater in Mannheim besaß. »Mein Vater«, sagte er, »war schon ziemlich reich, als er meine Mutter heiratete, und sie war noch reicher. Trotzdem muß ich im nachhinein sagen, daß meine Eltern wegen meiner Mutter vielleicht nicht über ihre finanziellen, aber sicher über ihre gesellschaftlichen Verhältnisse lebten. Wenn meine Mutter schon in ›diesem schrecklichen Provinznest‹ leben mußte, wie sie Mannheim zu nennen pflegte, dann wollte sie wenigstens Aufmerksamkeit erregen. Also hatte sie französische und italienische Möbel, seidene Polsterbezüge, bestickte Vorhänge und natürlich einen ganzen Stab von Bediensteten: Köche in Weiß, Hausmädchen in Schwarzweiß und Butler und Lakaien in lila Livreen mit silbernen Knöpfen, die ein Wappen trugen, zu dem wir übrigens gar kein Recht hatten.«

Speers Beschreibung des Familienlebens in seinem gewohnten, trügerisch nonchalanten Ton vermittelt den Eindruck einer überwältigenden Kälte – Kälte zwischen den Eltern, Kälte zwischen Eltern und Kindern und Kälte zwischen Hausherrin und Personal.

»Jetzt, wo ich es mir überlege«, sagte er, »ist es wirklich so: Die einzige Wärme, die ich zu Hause je fühlte, ging von unserer französischen Gouvernante Mademoiselle Blum aus. Die war übrigens Jüdin«, sagte er beiläufig.

Meine Mutter war auf meinen Bruder Hermann fixiert, und er wurde sehr eingebildet.«

»Meinen Vater hatte ich lieb.« Er klang plötzlich traurig und auf eine fast absurde Art kindlich. »Aber – er liebte meinen Bruder Ernst, der später bei Stalingrad starb. Ernst war der Jüngste, ungestüm, witzig und sehr ›cute‹, wie die Amerikaner sagen. Ich selbst war überhaupt nicht ›cute‹. Ich bestand nur aus Ecken und Kanten und war, wie ich heute weiß, ein ziemliches Nervenbündel. Die einzigen Leute, die mich mochten, waren die Mitarbeiter im Büro meines Vaters. Das Büro war nebenan, und ich rannte oft hinüber. Mademoiselle Blum hatte begriffen, daß ich auf diese Weise meinem Vater nahe sein wollte und daß ich außerdem vor meinen Brüdern fliehen mußte, die gemein zu mir waren. Zwischen acht und dreizehn war ich der Liebling des Büros. Sie stellten extra einen kleinen Tisch für mich auf. Ich weiß noch, wie ich mit zwölf wochenlang an einer Zeichnung für den Geburtstag meines Vaters arbeitete – eine Uhr, eine ganz besondere Uhr. Was ich für ihn fühlte, war mehr als Respekt, mehr sogar als Liebe, glaube ich. Ich verehrte ihn, aber offen gesagt, ich glaube nicht, daß er mich überhaupt bemerkte.«

Auch das sagte er mit einer seltsam jungenhaften Stimme. Auf einer Reihe von Fotos, welche die drei Jungen zu zweit oder dritt zeigen, ist die Spannung zwischen Albert und den beiden anderen klar zu erkennen. »Sie verprügelten mich immer wieder«, sagte Speer. »Ich bin oft ohnmächtig geworden. Ich kann mich noch recht gut daran erinnern, zumal es mir später ähnlich ging, wenn ich unter Druck stand. Mir war plötzlich schrecklich heiß, dann schrecklich kalt, und bums! war ich bewußtlos. Als ich noch ein Kind war, und dann später auch, führten die Ärzte die Ohnmachten auf Kreislaufprobleme zurück, aber heute würde man wahrscheinlich sagen, daß sie psychosomatisch verursacht waren. Später war es der Streß, aber als ich noch klein war, habe ich damit auf meine Brüder reagiert, die gegen mich verbündet waren. Ich habe immer versucht, ihre Liebe zu gewinnen.« Er zeigte auf eines der Fotos, auf dem er sich mit fünf oder sechs an seinen älteren Bruder Hermann anlehnt. »Sehen Sie, wie ich es versuche«, sagte er, über sich selbst spottend.

Als kleiner Junge war sein einziger Spielkamerad die Tochter des Portiers. »Ich fühlte mich schon damals von der Einfachheit eines solchen Lebens und von seiner Wärme angezogen.« Am Gymnasium in Mannheim war sein einziger Freund ein Junge namens Quenser. »Er stammte aus einer armen Familie, also durfte ich ihn nicht nach Hause einladen. Aber er war frech und ich auch, deshalb waren wir in der Schule Freunde.« Speer lachte. »Damals habe ich meine Leidenschaft für Statistik entdeckt. Ich hatte einen kleinen Taschenkalender, in dem ich die Klassenbucheinträge verzeichnete, die Quenser und ich für unsere Missetaten kassierten; wir wetteiferten miteinander, wer mehr Einträge bekam. Ich weiß noch, daß ich stolz darauf war, wenn ich hin und wieder in Führung ging. Heute ist mir klar, warum: Ich wollte anders sein, als von mir erwartet wurde.«

Mannheim war als Industriezentrum den wachsenden Belastungen durch den Ersten Weltkrieg und nach Kriegsende den Folgen der Niederlage besonders ausgesetzt. Im Sommer 1918 zog die Familie mit dem dreizehnjährigen Albert in das Haus oberhalb des alten Schlosses über der malerischen Altstadt von Heidelberg. Dort gab es einen großen Garten, wo man zur Ergänzung des Speisezettels Gemüse anbauen konnte, und man war in nächster Nähe des Odenwalds, wo man Ski laufen und wandern konnte.

Speers Leidenschaft wurde das Rudern. Mit vierzehn fand er einen neuen Freund. Er hieß Ehret, war älter und der beste Ruderer der Schule. Mit Ehrets Hilfe schaffte Albert die Aufnahme in einen Ruderklub, und wenig später wurde er Steuermann. »Das war mein erster wirklicher Erfolg. Es war das erste Mal« – Speer grinste spitzbübisch in Erwartung meiner Reaktion – »das erste Mal, daß ich anderen meinen Willen aufzwingen konnte. Ich hatte acht Leute unter mir. Der Steuermann ist der König, die anderen sind nur Sklaven.«

Es gehörte zu seiner seltsam kindlichen Seite, daß er häufig provozierende Dinge sagte, etwa wie ein Kind Schimpfwörter benutzt, um seine Eltern herauszufordern und seine Selbständigkeit zu behaupten. »Ich hatte zuvor natürlich dazu nie Gelegenheit gehabt. Meine Brüder, die zu zweit gegen mich standen und immer von mindestens einem Elternteil unterstützt wurden, mußten zwangsläufig jeden Streit gewinnen, und an meiner Mannheimer Schule hatte ich nie eine Möglichkeit gefunden, mich außer durch meine Streiche hervorzutun.«

In den ersten beiden Heidelberger Jahren war Speer leidenschaftlich dem Rudern ergeben, auf Kosten aller anderen Sportarten. Seine Mutter war wütend. Gewöhnliche Leute ruderten, erklärte sie, in der Oberschicht, wie er an seinen Brüdern sehen könne, spiele man Tennis.

»Aber mit der Zeit entwickelte ich richtiges Interesse für die Arbeit in der Schule, besonders für Mathematik und Deutsch, also hatte sie nichts, womit sie mir wirklich drohen konnte, und ließ mich schließlich in Ruhe.«

Nicht »in Ruhe« ließen seine Eltern ihn dagegen, als er seine spätere Frau Margarete Weber kennenlernte. In einer der witzigen »Spanischen Illustrierten« (Name der Sammlung der Briefe, die er aus Spandau an die Kinder schrieb – er nannte Spandau »Spanien« und die Briefe »Spanische Illustrierten«), erzählte er am 26. Oktober 1953, wie er Margret begegnet war:

Meine lieben Kinder,
Ich war … noch nicht ganz 17 Jahre. Zwei Mädchen gingen selbstbewußt und unnahbar zur Schule. Wenn ich den Hausackerweg herunterkam, tauchten sie, mit der Schulmappe unter dem Arm, aus der Schlierbacher Landstraße auf. Manchmal. Sicher auch schon die ganzen Jahre

vorher. Aber das war nicht ganz das gleiche. – Die eine von ihnen war schwarz, die andere mit hellen Haaren. Sie hatte die genau gleiche Frisur, Haarfarbe und Augen wie Hilde bei ihrem Besuch hier, nur noch etwas jünger. – Das kleine Stückchen Weg wurde bald ein gemeinsamer – und daraus ein sehr langer Weg von jetzt 30 Jahren …
Wenn ich nur nicht so schüchtern gewesen wäre dem schönen Geschlecht gegenüber. Da habt Ihr es besser, weil Ihr mit 2 Schwestern aufwachst, die euch die Scheu nehmen …

Viele Jahre lang entwarf Speer in den Briefen an die Kinder ein leichtes, heiteres Bild, sowohl was seine Kindheit als auch was sein Leben als Gefangener betraf. Er sagte mir, daß diese Briefe, im Gegensatz zu den an Wolters gerichteten, ausschließlich für die Kinder bestimmt gewesen waren, »um die Kommunikation mit ihnen aufrechtzuerhalten, um ihnen zu zeigen, daß man den Mut, selbst unter den Bedingungen, unter denen ich lebte, nicht zu verlieren braucht, und um dem Schmerz vorzubeugen, den sie vielleicht leiden würden, wenn sie ihren Phantasien über Strafen, Kerker und all das freien Lauf ließen«.
Und dieses Ziel erreichte er tatsächlich. Bei Kriegsende waren seine sechs Kinder zwischen zwei und elf Jahre alt, und solange sie klein waren, gefielen ihnen die »Spanisch Illustrierten Briefe« sehr. »Sie waren komisch: Wir lachten«, sagte Hilde zu mir. »Ich fand es wunderbar, daß er sich über alles lustig machen konnte, über das Gefängnispersonal, über seine Mitgefangenen und über sich selbst.«
Nach einiger Zeit schrieb Speer außer den »Spanisch Illustrierten Briefen« ziemlich regelmäßig auch Briefe an die einzelnen Kinder und ging auf deren Probleme ein, von denen er durch seine Frau, Wolters oder Annemarie Kempf erfahren hatte. Weil er so sorgfältig auf einen unbeschwerten Ton achtete, waren die Kinder bereiter, seine Kommentare und Ratschläge anzunehmen. Hätte er anders mit ihnen schriftlich verkehrt oder wie der traditionelle Paterfamilias gar ständig mit ihnen zusammengelebt, hätten sie auf seine Ansichten und Vorschläge wahrscheinlich mit Ablehnung und Widerstand reagiert.
Die Briefe an die einzelnen Kinder waren privater Natur. Die »Spanisch Illustrierten« Sammelbriefe dagegen waren es nicht, auch wenn Margret und die Kinder noch keine Ahnung von Speers literarischen Plänen hatten. Wolters, in dessen Büro alle Briefe Speers abgeschrieben wurden, bevor sie an die jeweilige Adresse gingen, war darüber jedoch offensichtlich im Bild. In allen »Spanischen Illustrierten« finden sich nämlich in Klammern gesetzte Instruktionen, die entweder für Wolters bestimmt oder vielleicht auch als Gedächtnisstützen für eine spätere Veröffentlichung gedacht waren. Wenn Speer den Kindern erzählt, die Vorfahren seines Großvaters mütterlicherseits hätten schon lange als ehrbare Handwerker in Heidelberg gelebt, schreibt er dahin-

ter: »(was für Berufe, später einfügen)«; wenn er, was häufig vorkommt, ein Buch wörtlich zitiert, gibt er die Anweisung »(bitte ergänzen)«, und wenn er aus dem Gedächtnis die Briefe zitiert, die er als Junge an Margret geschrieben hat, fügt er hinzu: »(hier womöglich Zitate aus meinen Briefen berichtigen)«.

Da sich der Inhalt seiner Briefe manchmal regelrecht maßgeschneidert liest, fragt man sich, ob Speer seine Berichte um des Seelenfriedens der Kinder und ihrer Illusionen von einer heilen Familie willen so aufpolierte oder ob er sich angesichts der Isolation und Introspektion seiner Haft selbst trösten wollte. Beides gilt zweifellos für den romantischen oder romantisierenden Bericht vom Werben um seine Frau und seinem späteren Verhältnis zu ihr und noch mehr für den Eindruck, den er den Kindern von seiner Kindheit und seinen noch nicht seit langem verstorbenen Eltern vermitteln will. Er, der die Ambitionen der Mutter, ihre unaufhörlichen Gesellschaften und das Formelle des Familienlebens so gehaßt hatte, der als kleiner Junge nur die Portierstochter zur Freundin gehabt hatte und später in der schlichten Normalität von Margarete Webers Zuhause Trost suchte, präsentierte seinen Kindern 1953 ein falsches, emotional bereinigtes Bild seiner Knabenzeit:

Bei meinem elterlichen Haushalt war in etwa der gleichen Zeit [als ich eure Mutter kennenlernte] eine sehr bedeutende Veränderung vorgegangen. Auf Drängen der Brüder meiner Mutter sollte das Geschäft des kürzlich verstorbenen Großvaters verkauft werden. Mein Vater war dagegen, diesen Verkauf während der wirtschaftlichen Verwirrung der Inflation vorzunehmen, und bereit, auch weiter lieber sehr eingeschränkt weiterzuleben ... Aber als der Otto-Wolff-Konzern ein Angebot machte, den Handels- und Fabrikationsbetrieb in Dollarwährung zu kaufen, konnte sich mein Vater nicht mehr dem Drängen der 3 Schwäger erwehren, und nach zähem Verhandeln kam ein Vertrag zustande, der ... die Fabrik und das Geschäft für eine Million Mark an den Otto-Wolff-Konzern übereignete ... Wir hatten also 250.0 [250 000 Dollar] plus 10.0 [10 Prozent] Goldzinsen inmitten der schwersten Inflation. Mein Vater konnte sich nie verzeihen, daß er diesen Fehler gemacht und diesen Handelsbetrieb für wahrscheinlich weniger als die Hälfte des Wertes hergegeben hatte. Aber für die letzten beiden Jahre der Inflation hatten wir mit unserer Goldmarkrente wirklich »goldene Zeiten«. – Aus dieser Rente wurde spielend der Anbau an das Heidelberger Haus gemacht ... Ein Auto, der 28/95 PS Mercedes ... machte die Landschaften unsicher ... Viele Gesellschaften wurden im erweiterten, mit den Mannheimer Möbeln ausgestatteten Hause gegeben. Sehr nette Gesellschaften sicher, aber mir gefielen sie nicht. Ich war damals schon in einer Periode absoluter Ungesellschaftlichkeit, lehnte diesen ganzen hohlen Gesellschaftsbetrieb ... rundweg ab ... Was mir an diesen Gesellschaften am meisten gefiel, war die schöne Dekoration unserer Tafel mit dem blauen Porzellan aus Limoges, edlen Gläsern und reichem Silber. Dazu waren silberne Kerzenleuchter aufgestellt, die Tafel geschmackvoll mit Blumen garniert. Ich glaube, dieser Teil der Vorbereitung machte meiner Mutter mehr Freude als die Gesellschaft selbst ... In den warmen Heidelberger Frühjahrsnächten wurden hier und da Gartenfeste abgehalten, meist auf der Terrasse, die seitlich von der alten Auffahrt liegt. – Da geschah es zuweilen, daß die Bowle zu nahe an die Hecke gestellt wurde, wir Jungens uns heranschlichen und zur Vertilgung erheblich beitrugen. Es war zweifellos eine glückliche Zeit, aber ich muß gestehen, daß mir die Jahre der Einschränkung besser gefielen. Die Familie wurde durch die gemeinsame Not und Sorge viel mehr zusammengerückt ...

Dieser Brief war der einzige, in dem Speer seinen Kindern je andeutete, daß zwischen ihren Großeltern etwas anderes als Harmonie geherrscht haben könnte. Die Andeutung wird jedoch durch die Erzählung von den glanzvollen Gesellschaften und den kindlichen Streichen völlig in den Hintergrund gedrängt. Die idealisierte Version seiner Kindheit gehörte zu der Phantasiewelt, deren Schaffung er sich in diesen Briefen hingab; im folgenden versucht er, die eigene idealisierte Vergangenheit auf die frühe Kindheit seiner Kinder zu beziehen:

Ihr könnt das wahrscheinlich gar nicht verstehen, da Ihr solch sorglose Zeiten in den letzten acht Jahren bestimmt nicht gehabt habt und wir, Eure Eltern, wahrscheinlich auch schon in den Zeiten des großen Geldverdienstes gezeigt haben, daß wir uns dadurch nicht unterjochen lassen.

»Ich fand diese Briefe an die Kinder absolut erstaunlich«, sollte Margret Speer später sagen. »Natürlich war seine Entschlossenheit, humorvoll und witzig zu sein, um den Kindern die Angst zu nehmen, er könnte leiden, in mancher Hinsicht auch wieder bewundernswert.«

Margret war, obwohl keine Intellektuelle, wesentlich intelligenter, als sie in Anwesenheit ihres Mannes zeigen durfte. Da sie jedoch ihre Gedanken lange Zeit nicht hatte artikulieren können, war sie mit ihren Äußerungen außerordentlich vorsichtig. Über sich selbst zu sprechen war für sie eine Qual; eine Meinung über andere zu äußern, empfand sie als anmaßend. Dennoch zeigte sich in Heidelberg und später, während meines langen Aufenthalts bei den Speers im Allgäu und in den Jahren danach, als sie an Selbstsicherheit gewann und ihre Gedanken äußerte, daß sie über einen wachen Geist und eine scharfe Wahrnehmungsfähigkeit verfügte.

»Wenn ich manche der Sachen las, die er den Kindern über unser früheres Leben und über seine Kindheit schrieb, fragte ich mich bisweilen, ob er den

Verstand verloren hatte. Später verstand ich natürlich, daß all dies zu seiner Überlebensstrategie gehörte, durch die er als Teil der Familie überleben wollte … Es war sehr seltsam, wissen Sie, weil er in Wirklichkeit nie ein Vater gewesen war.«

Speer schreibt in seinem Bericht darüber, wie er Margret kennengelernt hatte, weiter:

Eure Mutter [war] zurückhaltend … Viele Monate verkehrte ich schon in dem Hause Eurer Großeltern … Aber immer noch galten meine Besuche noch dem guten Vetter, wobei ich glücklich war, wenn ich mit Gretel einige freundliche Worte wechseln konnte. Ein großer Fortschritt war schon erreicht, als der Vetter und ich zu gemeinsamen Theaterbesuchen nach Mannheim fuhren und dabei die Cousine die Erlaubnis bekam, mitzufahren … Wir sahen zusammen Wagner, den Egmont, den Fidelio und viele andere Vorführungen des damals vorzüglichen Mannheimer Theaters. Wie freute ich mich, wenn ich in der Pause eine Schachtel Pralinen kaufen durfte; aber welch freudige Erregung durchschauerte mich, als einmal, bei einer besonders tragischen Stelle des gespielten Stückes, Eure Mutter meine Hand ergriff. Seltsam, wie man sich an solche Einzelheit so überaus klar noch nach 30 Jahren erinnert …

Der Bericht, den Speer mir weitere fünfundzwanzig Jahre später in Gegenwart seiner Frau gab, war knapper. »Wir lernten uns kennen, als sie fünfzehn und ich sechzehn war, und verliebten uns.«

»*Er* verliebte sich«, sagte Margret mit seltenem Temperament. »Ich war zunächst bloß neugierig. Später habe ich ihn auch – langsam – geliebt.«

»Ich habe mich, glaube ich, mindestens genauso in ihre Familie verliebt wie in sie«, sagte er, ohne auf ihre Bemerkung zu achten. »Sie waren sehr warm und einander sehr nahe und sehr viel einfachere Menschen als meine Familie. Sie lebten drunten in der Stadt, Gretels Vater war Schreiner. Er beschäftigte fünfzig Leute, war also ein vermögender Mann. Außerdem war er Stadtrat und entstammte einer alten Heidelberger Familie.«

In seinem Brief hatte Speer geschrieben:

Ich fühlte mich gleich in der ruhigen, sonnigen Atmosphäre stetigen Bürgerlebens sehr zu Hause … Meine Eltern wunderten sich vielleicht über mein plötzlich ausgebrochenes Interesse an Mannheimer Theateraufführungen. Wir fuhren jetzt recht oft hin, eigentlich mußte auch ein Blinder sehen, worauf mein Streben zielte …

Speer erzählte seinen Kindern nicht, daß seine Eltern, keineswegs blind, über die entstehende Beziehung ausgesprochen wütend waren. »Jetzt ist er schon wieder da unten«, pflegte sein Vater zu sagen. Speer spielte den Snobismus des Großvaters und der seit kurzem verstorbenen, aber sicher in der Erinnerung der Kinder noch sehr lebendigen Großmutter vor seinen Kindern so weit wie möglich herunter. Er war sich bewußt, daß sie in einer anderen Zeit aufwuchsen, und hatte offensichtlich erkannt, daß diese von ganz anderen gesellschaftlichen Vorstellungen geprägt war. Gleichzeitig hob er den einfachen und soliden Charakter der Familie ihrer Mutter hervor, auf den er selbst so positiv reagiert hatte. Er schrieb:

Jedenfalls seid ihr zur Hälfte echte Heidelberger, und das ist vielleicht ein guter Ausgleich zu den widerstreitenden Elementen, die aus den verschiedenen Landen in meinem Blute Unruhe verursachen. Die Vorfahren der Mutter Eurer Mutter sind fast alle aus alten Bauerngeschlechtern, die in der nächsten Umgebung des früher viel kleineren Heidelberg ihre Äcker hatten ... Die Vorfahren Eures Großvaters, des Vaters Eurer Mutter, haben sich zwar nicht besonders hervorgetan, sondern in einem guten Bürgersinne ruhig und doch emsig ihr Leben verbracht, aber dadurch auch nie einen Tiefpunkt der Not erreicht, im Gegensatz zu den Vorfahren meiner Eltern, bei denen es mal steil hoch geht, um darauf wieder ebenso steil herunter zu gehen. – Man könnte eigentlich sagen, daß das Leben der Eltern Eurer Mutter eine Zusammenfassung der Ruhe ist, die man als Eindruck von den bodenständigen (ich weiß nicht, ob das Wort noch »erlaubt« ist) Vorfahren erhält. Trotz aller großen schicksalhaften Einschnitte, die die letzten 40 Jahre über Deutschland brachten, bewegt sich ihr Leben, ihr bescheidener Wohlstand, ihre Vergnügungen und Freuden immer auf einer geraden Linie. Sie waren gläubig in den Zeiten, als alles ungläubig war ... In guten und schlechten Zeiten haben sie immer ungefähr den gleichen Lebensstil gehalten ... Große Geselligkeit lieben sie gar nicht, aber die paar Freunde, die sie haben, gehen mit ihnen durchs Leben ... Ihr kennt [Euren Großvater] ja nur als einen alten, von Krankheiten geplagten Menschen, aber als ich ihn kennenlernte, war er von morgens bis spät abends unterwegs ... war stolz auf seinen Beruf und sein Handwerk, und hätte, das glaube ich, es nicht für viel Geld gegen eine andere, bequemere Beschäftigung eingetauscht ...

Ein wirklich guter Hausvater ist er, und damit ein idealer Partner Eurer Großmutter, die ich immer sehr verehrt habe ... Männer sind immer etwas Egoisten, und so dachte ich mir im stillen: So wird deine zukünftige Frau auch einmal werden, wenn wir älter sind, und ich werde da gut aufgehoben sein bei ihr ...

Ich habe schon geschrieben, daß ich in jener Zeit ein wenig den gesellschaftlichen Betrieb bei meinen Eltern ablehnte ... Es ist vielleicht kaum glaublich, daß ich als 17jähriger Junge aber auch schon viel weiter dachte: Mit meinen jungen Augen sah ich, daß unsere Familie in dieser

Generation viele zur Untüchtigkeit neigende Nachfahren hatte: Man könnte sagen, sie lebten auf einer scharfen, aber hohen Kante, immer in Gefahr, daß sie herunterfallen würden – aber, einmal heruntergefallen, ohne die biologischen Kräfte, den Schopenhauerschen Willen zum Leben, der sie wieder auf die Kante bringen konnte. So etwas schwante mir, gar nicht so undeutlich, daß bei einer Gründung einer Familie ein ruhiger, fester, nicht nervöser Bestand dazu kommen müsse!

»Unglaublich«, sagte Margret Speer fünfundzwanzig Jahre später, als er mir den Brief gezeigt hatte. »Wenn man bedenkt, daß dies der Mann ist, der praktisch nie ein Wort zu mir sagte.«

Vielleicht noch erstaunlicher sind die Anstrengungen, die Speer in Spandau unternahm, um seine Mutter zu »rehabilitieren«, auch wenn das bedeutete, dem Vater zu Unrecht Schuld zuzuweisen.

Daß ich da mit einem »Webermädl« ging, blieb auch meinem Vater nicht verborgen. Wahrscheinlich hat er gedacht, so sagte er später, »na, das wird schon vorübergehen«, aber dann sah er doch, daß sich etwas anderes entwickelt hatte, und das war ihm gar nicht recht. – Ich kann darüber ruhig schreiben, weil er später seine Schwiegertochter sehr schätzte, aber er bemühte sich in mannigfacher Weise, mich umzustimmen. ... Meine Mutter dagegen in ihrer Güte war nachsichtig und sprach nicht viel über die Bindung, die sich da anbahnte, aber recht war es ihr auch nicht.

Tatsächlich wurde Margret erst sieben Jahre nach der Hochzeit, an der Speers Eltern nicht teilgenommen hatten, zum erstenmal zu einem Aufenthalt im Heidelberger Schloßweg-Haus eingeladen.

Meine Eltern meinten für mich das Beste, aber ich machte es besser. Oder glaubt Ihr, daß eine so reiche, verwöhnte Dame dieses schwere Leben der letzten 8 Jahre so getragen hätte wie Eure Mutter?

Ich war damals so von einem Glücksgefühl erfüllt, daß ich es schwer beschreiben kann. Es war nicht nur die ... Nähe zu meiner Gretel, auch nicht mein dadurch gesteigerter Ehrgeiz in der Schule und die dadurch überraschend sich einstellenden guten Noten, es war eben einfach ein Klingen in mir, wie ich es später vielleicht manchmal hatte, wenn ich glaubte, im Ringen um die Gestaltung eines Baues einen großen Wurf gemacht zu haben. – Manchmal ... blieb ich stehen und empfand eine innere Musik, die gar nicht mit irdischen Maßstäben zu messen war ...

Sie hätten damals nicht viel miteinander gesprochen, aber viel gelacht, sagte Speer mir. »Dieses erste Jahr war eine sehr glückliche Zeit. Ich unternahm Bergtouren und Kajakfahrten, zuerst mit ihrer Familie und später mit ihr allein. Am besten gefiel es uns im Gebirge, in Berghütten. Wir wanderten tagelang in schweigender, ruhiger Kameradschaft: Das war für uns beide das Glück. Aber selbst wenn wir stundenlang wanderten, sprachen wir oft kein Wort zueinander.«

»Er hat mir schon erzählt, was er gemacht hat, was in der Schule passierte und später auf der Universität«, sagte Margret. »Und wir sprachen über Bücher, die er las, über Gedichte.«

Er erzählte ihr jedoch nie von seiner unglücklichen Kindheit, von seinem Leben zu Hause, von der Haßliebe für die Mutter und der Sehnsucht nach der Liebe des Vaters. »Nein, er hat nie so über sich selbst gesprochen, nie, nie. Ich hab' nie gewußt, daß er so unglücklich war – bis heute.«

Über die Wanderungen legte Speer ein Fotoalbum an, das die Jahre 1922 bis 1927 umfaßte: fast mehr ein statistisches als ein fotografisches Dokument. »Jahresbilanz«, heißt es da, »9 Tage auf Tour; erstiegene Gesamthöhe: 6223 Meter; Tagesdurchschnitt: 691,4 Meter; längster an einem Tag bewältigter Aufstieg: 1458 Meter; längster Abstieg: 1689 Meter.«

Bei meinen Gesprächen mit Speer wurde deutlich, daß es vor allem seine Mutter war, die Margret und deren Angehörige als nicht standesgemäß abgelehnt hatte. »Mein Vater hätte es wahrscheinlich ganz gut mit ihnen gekonnt«, sagte Speer. »Ich weiß noch, daß wir Jungen, als ich noch ein Kind war, einmal einer Dame vorgestellt wurden, die, wie er mir viel später erzählte, seine erste Liebe gewesen war. Ich weiß nicht, warum sie gekommen war, aber sie hat mir wirklich gefallen, sie war die Art Mensch, die ich mochte. Aber ich weiß noch, daß meine Mutter zu meinem Vater sagte, sie dürfe unser Haus nie wieder betreten.«

Speer hatte seine frühen Briefe an Margret unter dem Titel »Briefe eines Schuljungen« in zwei Bänden binden und urheberrechtlich schützen lassen. Nicht weil er sie habe veröffentlichen wollen, sagte er, sondern »als Vorsichtsmaßnahme, falls sie gestohlen werden oder etwas Ähnliches. Nur um sie zu schützen.«

Ich hatte meine Zweifel an dieser Behauptung. In seinen beiden Häusern, dem »herrschaftlichen« in Heidelberg und dem alten Bauernhaus in den Bergen, gab es Räume voller peinlichst genau sortierter Akten, und es gab kein Dokument, keinen Bericht, den Speer nicht binnen einer Minute zur Hand gehabt hätte. Ich bin mir sicher, daß diese Ordnung als Vorbereitung fortlaufender Veröffentlichungen gedacht war. Ich glaube nicht, daß es – alte und neuere private Briefe eingeschlossen – überhaupt irgend etwas gab, das er von einer solchen Verwendung ausgeschlossen hätte.

Um Speer wirklich zu verstehen, mußte man sich zuerst darüber klarwerden, daß fast alles, was er tat – nicht ganz alles, wie sich in einigen unserer Gespräche zeigte –, einen Zweck hatte, der ihm meist irgendeinen Vorteil brachte. Dies gilt meiner Ansicht nach auch dafür, daß er mir diese Briefe gab, eine Geste, durch die er praktisch sicherstellte, daß ihre Existenz bekannt wurde.

Eineinhalb Jahre nachdem Margret und er sich kennengelernt hatten, schickten ihre Eltern, besorgt über die allzu schnell wachsende Freundschaft, Margret auf ein Mädchenpensionat in Freiburg. Die Schule wäre heute eine rund zweieinhalbstündige Autofahrt von Heidelberg entfernt, damals jedoch war sie, was Margrets Eltern offensichtlich als notwendige Vorsichtsmaßnahme einkalkuliert hatten, nur mit der Bahn in sieben bis acht Stunden zu erreichen. »Wenn Sie die Briefe lesen«, sagte Speer, »werden Sie sehen, daß ich auch in ihnen nie über Gefühle spreche, ich schreibe nie, was man in solchen Briefen eigentlich erwarten würde.«

Obwohl die immer respektvollen und leicht romantischen Briefe in keiner Weise sentimental sind und nicht den geringsten Anflug von Sinnlichkeit enthalten, spiegelt sich in ihrem schülerhaften Wortreichtum doch die Tatsache, daß der junge Speer einen vergeblichen Kampf mit dem Bedürfnis ausfocht, seine Gefühle auszudrücken. Die Mauer »zwischen mir und den anderen«, die er später in unseren Gesprächen schildern sollte, bestand offensichtlich schon damals, und sie tritt in den Briefen deutlich zu Tage.

Speers Aussagen über sich selbst sind häufig von einem angestrengten Humor gekennzeichnet und handeln immer von Äußerlichkeiten: »Ich schlief«, »ich war in der Oper, im Theater«. Es folgen oft unerträglich detaillierte Berichte über die entsprechende Oper und Kritiken der Aufführungen und der Schauspieler. Kaum je gilt eine Frage Margret, ihrem Leben im Internat, ihren Lernerfolgen, ihren Gedanken. Der durchgehend unpersönliche Wortschwall vermittelt den Eindruck, daß allein um des Redens willen geredet wird. Selbst wenn von Margret die Rede ist, geschieht dies nicht in Form von Fragen, sondern indem Speer ihr sagt, was sie tut. »Du bist in der Handarbeitsstunde.« »Du möchtest wissen, was ich meine.« »Du willst wissen, wie Du reisen sollst, wenn Du in den Ferien heimkommst.«

Es ist fast, als wollte er aus Furcht, abgelehnt zu werden, ihre Antworten oder deren mögliches Ausbleiben vorwegnehmen. In einem Brief bietet er ihr an, nach Freiburg zu fahren und mit ihr nach Heidelberg zurückzukehren. Als sie antwortet: »Nein danke. Ich will lieber mit meinen Freundinnen reisen«, ist er offensichtlich verblüfft, allerdings nicht darüber, daß sie seinen Besuch nicht wünscht, sondern darüber, daß sie es ausspricht. »Aber natürlich«, beeilt er sich zu antworten. Genau, wie er es sein ganzes Leben lang getan hat, kommt er jedem Gefühl der Zurückweisung oder Kränkung zuvor. »Natürlich willst Du mit Deinen Freundinnen reisen; das verstehe ich vollkommen. Wenn ich gewußt hätte, daß Du diese Möglichkeit hast, hätte ich meinen Vorschlag wahrscheinlich gar nicht gemacht. Schließlich kommt es nicht darauf an, ob wir uns einen Tag früher oder später sehen, und ich bin froh, daß Du so ehrlich warst.«

Freundschaft führt in der Regel zu einer Offenbarung des inneren Selbst, nicht jedoch zwischen Albert und Margret. Margret war viel zu bescheiden, um anzunehmen, daß ihre kleinen Träume für den gescheiten Jungen vom Schloßberg interessant sein könnten. Und Albert hatte sein Innenleben, stark von der Haßliebe zur Mutter bestimmt, damals schon vor sich selbst verschlossen. Seine Zuflucht war der Schlaf. Sein einziger Versuch – den Margret in ihrer Jugend leider nicht erkennen konnte –, sich ihr wieder und wieder in diesen Briefen zu offenbaren, bestand darin, daß er in ihnen täglich Buch darüber führte, wieviel Zeit er schlafend verbrachte. »So habe ich vierzehn Stunden geschlafen.« »Gestern schlief ich 18 Stunden: Ich schaffte es nicht in die Schule.« »Ich setzte mich um ein Uhr an den Schreibtisch und schlief sofort ein, wachte gerade noch rechtzeitig auf, um diese paar Zeilen zu schreiben, bevor der Gong ertönte und ich zum Abendessen hinunterrennen mußte, kam danach zurück, schrieb die letzten vier Zeilen, und jetzt gehe ich zu Bett, wo ich garantiert in Sekundenschnelle einschlafen werde.«

»Morgen muß ich mit der Arbeit beginnen«, schreibt er drei Tage vor dem Abitur. Er sagt, er werde sicher durchfallen, gibt aber gleichzeitig zu verstehen, daß er bestimmt nicht durchfallen werde, weil er unter einem guten Stern stehe, der ihn nicht scheitern lassen werde. Tatsächlich schrieb er den besten Deutschaufsatz und schaffte eine Eins in Mathematik. Am 8. Januar 1923, als die Weihnachtsferien zu Ende waren und Margret wieder an ihre Schule zurückgekehrt war, schrieb er:

Liebe Gretel,

Du wirst vielleicht erstaunt, verwundert, überrascht, nach außen vielleicht erzürnt, aber vielleicht doch sicher im Inneren erfreut sein, daß ich mich schon diese Woche zu einem Brief aufschwinge. Freilich darfst Du nicht denken, daß »dieser Erguß meines Herzens und meiner Seele« [ein Goethezitat] Dir einen auserlesenen literarischen Genuß bieten wird. Denn ich hoffe voll und ganz in Deinem Sinne zu handeln, wenn ich möglichst wenig Zeit an diese Briefe verwende, daß ich immer nur das Notwendigste mitteilen werde, um Dein um mein Abitur besorgtes Gewissen endgültig zur Ruhe gelangen zu lassen.

Nach dieser vielverheißenden Einleitung werde ich ohne Umschweife zum eigentlichen Thema kommen: meinen Erlebnissen, meinen Gedanken und Gefühlen, meinem Fleiß, meinem Schlaf, meinem Appetit, meinen Gewichtsveränderungen, meinen Erfolgen in der Schule, meinen Kunstgenüssen … kurzum, alles, was sich seit Deiner Abreise ereignete. Dabei läßt sich nicht vermeiden, daß lustige und spöttische Erzählungen neben vollständig ernste Schilderungen und Angelegenheiten zu stehen kommen.

Doch ich glaube, es ist wirklich langsam an der Zeit, daß ich mit dem eigentlichen Thema beginne: Der erste Schultag nach den Weihnachtsferien ...
Nachmittags hatte ich nichts Eiligeres zu tun, als meinen Fensterladen zu schließen und, auch weil ich durch Deine Abreise zu nichts anderem fähig war, mich auf mein Bett zu legen und zu schlafen ...

Am Dienstag, dem 9. Januar, fährt er fort:
Morgens kam ich beinahe zu spät in die Schule; mittags schlief ich wieder. Abends wollte ich noch nach Mannheim in ein Konzert, verschlief den Zug, kam aber mit dem nächsten gerade noch zurecht ...

Und am Mittwoch, den 10. Januar:
... übernachtete in Mannheim ... in der Frühe mit dem Zug in die Schule ... Mittags schlief ich schon wieder, und zwar von halb vier bis halb sieben Uhr ...

Am Donnerstag, dem 11. Januar, heißt es:
Heute schlief ich nachmittags ausnahmsweise nicht. Ich holte Deine Fotografien ab. Was hältst Du von ihnen? Auf Numero eins wirkt Dein Gesicht platt und ausdruckslos. Die gleichmäßige Beleuchtung ohne Schattenwirkungen verstärkt noch diesen Eindruck. Das schönste an ihr sind entschieden Deine Augen. Allerdings sieht man ihnen den Harmonie-Ball an ...

Und am Freitag, dem 12. Januar:
Heute ereignete sich noch nichts von Wichtigkeit ...
Bist Du damit einverstanden, daß ich jetzt den Brief beschließe? Wahrscheinlich fällt mir erst in dem Moment, in dem der Brief in den Kasten fällt, ein, was ich vergessen habe. Nun sei recht brav, verliere keinen Schirm, setze Dich gerade hin, vergesse nicht, Dein Taschentuch zum Tanzen oder ins Theater mitzunehmen, lerne eifrig, fühle Dich nicht verpflichtet, mir schon diese Woche zu antworten, sei recht fromm, sei recht fleißig, schlafe gut, wache und stehe morgens frühzeitig auf, nächste Woche werde ich Dir wieder schreiben,
und lasse Dich recht herzlich und innig grüßen von Deinem Freund
Albert

Es ist seltsam, daß Speer am 12. Januar schrieb, es hätte sich »nichts von Wichtigkeit« ereignet. Am Tag zuvor hatten Franzosen und Belgier unter dem Vorwand nicht bezahlter Reparationen das Ruhrgebiet besetzt. Alle Zeitungen waren voll davon, und als Speer den Brief schrieb, war die deutsche Regierung bereits ins Wanken geraten. Der siebzehnjährige Speer jedoch, allen Aussagen zufolge ein hochbegabter Junge, schien für diese Ereignisse und – vielleicht ein wichtiger Fingerzeig auf Künftiges – überhaupt für alles Politische blind.

Was seine jungenhaften Ergüsse jedoch außer einem befangenen Präsentieren der Lesefrüchte seiner jüngst absolvierten Pflichtlektüre in hoher Literatur zeigen, ist, daß er sich vorrangig mit moralischen Fragen beschäftigte. Die Briefe vermitteln das Bild eines Knaben, der das Hitler-Regime als Erwachsener eigentlich hätte verachten und ihm mit aller Kraft hätte Widerstand leisten müssen, da es seinen gesamten, in der Tradition verwurzelten geistigen und ethischen Überzeugungen Hohn sprach. Statt dessen sollte gerade dieser Mensch nur zehn Jahre später sein moralisches Empfinden fast restlos verlieren.

Der Eindruck, daß sich Speer stark mit moralischen Fragen beschäftigte, wird durch mehrere Schulaufsätze bestätigt, etwa den folgenden über Kleists Drama *Prinz Friedrich von Homburg*, den er am 16. Januar schrieb:

Nach dem vom Kurfürsten ausgearbeiteten Schlachtenplan sollte der Prinz von Homburg als Führer der Reiterei fern vom Kanonendonner sich aufstellen und erst auf den ausdrücklichen Befehl eines Offiziers aus des Kurfürsten Suite in die Schlacht eingreifen. Das entscheidende Treffen beginnt, der Prinz von Homburg sieht die Reihen der Feinde wanken und glaubt, daß der Sieg ohne seine Hilfe errungen werden könnte. Ruhm aber möchte er sich gewinnen, und deswegen läßt er, obwohl noch kein Befehl des Kurfürsten vorliegt ... zum Angriff blasen, stürmt mit seiner Reiterei in die Schlacht und entscheidet so ihren Verlauf.

Der Kurfürst will den, der gegen seinen Plan handelte, zur Aburteilung vor ein Kriegsgericht stellen. Noch ist ihm unbekannt, über wen er diesen Spruch verhängt. Denn nach dem Gerücht soll der Prinz wegen einer schweren Verletzung von der Schlacht ferngehalten worden sein. Doch das erweist sich als unrichtig. Im ersten Augenblick ist der Kurfürst betroffen, aber er macht bei seinem Verwandten keine Ausnahme und befiehlt: »Nehmt ihm den Degen ab.« Das Urteil des Kriegsgerichtes lautet auf Tod. Der Kurfürst ... bestimmt seine Vollziehung. Die dem Prinzen in Liebe ergebene Natalie wirft sich dem Kurfürsten zu Füßen und schildert ihm mit lebhaften Worten den Zusammenbruch des Prinzen. Einen Augenblick scheint der Kurfürst zu erschrecken. Er weiß einen Ausweg: Er läßt den Prinzen selbst über seine Schuld richten ...

[Der Prinz bekennt sich schuldig.] Aber damit, daß der Prinz sein Unrecht eingesehen hat, hat auch der Kurfürst sein Ziel erreicht, und nun darf er das Todesurteil zerreißen ...

Der Prinz hat durch seine Wiedergeburt eine neue, bedeutende Aufgabe erhalten: Als Anwalt der Staatsidee dem Heere voranzugehen und ihm auch in dieser Hinsicht ein würdiger Führer zu sein …

Am Ende seiner Abschrift des Aufsatzes mit Schreibmaschine hatte Speer nach seiner Entlassung aus Spandau folgenden Kommentar hinzugefügt: »[Der Aufsatz] zeugt von Ideen über einen idealen Staatsbürger, der über seine Schuld selbst richtet, der sich, indem er sich dem Gesetz unterwirft, als wiedergeboren ansehen kann.«

Ich fragte ihn, ob er damit seine eigene Lage nach dem Nürnberger Prozeß und nach Spandau beschreibe. »Bis zu einem gewissen Punkt ja, glaube ich«, antwortete er. »Trotzdem«, fügte er hinzu, schnell das Thema wechselnd, »der Aufsatz ist für sich schon interessant; ich meine, daß ich instinktiv diese Ansicht vertrat, als ich noch ein Junge war.«

Es war offensichtlich, daß die moralische Haltung, die Speer 1923 einnahm, ihm später half, die Fehler, die er ab 1933 begangen hatte, zu erkennen und sie sich in Spandau einzugestehen. Ich sagte, die Aufsätze zeigten in der Tat, wie er mit siebzehn »wirklich gedacht« habe und jetzt mit über siebzig wieder denke; was sie jedoch nicht erklären, ist, wie er diese moralische Haltung im Alter zwischen siebenundzwanzig und vierzig Jahren völlig aufgeben konnte.

»Ja, das ist ein Rätsel«, sagte er, und er klang müde. Auch dies war ein Anzeichen seines ambivalenten Charakters: Einerseits provozierte er Einwände und Kritik, andererseits erschöpften diese ihn sichtlich. Immer wieder sah ich die plötzliche Anspannung auf seinem Gesicht und dessen plötzliches Altern, doch dann folgte, immer überraschend, eine geradezu körperlich spürbare Willensanstrengung, und seine Spannkraft kehrte zurück. Er scherzte dann oft, machte sich über seine momentane Schwäche lustig und lehnte stets ab, wenn ich eine Ruhepause vorschlug.

Seine Eltern scheinen sich der Ernsthaftigkeit der Zuneigung, die er für Margret und deren Eltern empfand, lange nicht bewußt gewesen zu sein. Dagegen hatten Margrets Eltern die Lage voll erfaßt; sie standen der Beziehung vorsichtig, aber zustimmend gegenüber. »Sie mochten Albert«, sagte Margret schlicht. Sie taten zweifellos viel, um die für damalige Verhältnisse ungewöhnliche Beziehung zu unterstützen, ja, sie halfen den beiden sogar, entsprechende Vorschriften von Margrets Schule und natürlich auch von Alberts Eltern zu umgehen. Die Umschläge, in denen Albert seine Briefe an Margret schickte, wurden immer von Margrets Tante adressiert und trugen deren Namen als Absender, und Margrets sehr viel seltenere und viel kürzere Briefe gingen über ihre Eltern. Speer besuchte auf dem Weg in die Schule oder auf dem Rückweg noch immer jeden Tag das Webersche Haus. Ihm zufolge wäre es unmöglich gewesen, daß Margret ihm ihre Briefe nach Hause schickte. »Außerdem waren sie ein guter Grund, zu den Webers zu gehen. Dort fühlte ich mich zu Haus.«

Der komplizierte Postverkehr hatte jedoch seine Tücken. So schrieb Speer am 22. Januar:

… Nach der Schule ging ich bei Euch vorbei, holte Deinen Brief, der meine Stimmung sichtlich hob …

[Margrets Tante war von der Korrespondenz des jungen Paars so faszíniert, daß sie ihm vorschlug, ihr seine Briefe vorzulesen, bevor er sie wegschickte.] Sag – soll ich sie vorlesen? … Deine Tante macht ein neugieriges Gesicht und fragt von Zeit zu Zeit: »Ist bald wieder einer fertig?« Wenn ich überhaupt nichts vorlese, entsteht die eine oder andere Vermutung, was in den Briefen stehen könnte …

Und am 31. Januar schrieb er wieder darüber:

… Deine Mutter, die für unsere Freundschaft ein so großes Taktgefühl besitzt, hätte es sicher verstanden, daß ich meine Briefe nicht vorlese. Deine Tante aber würde den Grund rein äußerlich suchen als den Inhalt der Briefe, während er in Wahrheit in mir selbst liegt, oder besser gesagt in meinem Gefühl, das mir sagt, daß meine Briefe dadurch für Dich wie auch für mich entweiht werden und an Wert verlieren müssen …

Im selben Brief beschrieb er einen Ausweg:

Du hast mir mit Deinem langen Brief eine große Freude bereitet … Was Du über das Vorlesen schreibst, war vollständig in meinem Sinne gesprochen. Ich kam nun auf folgende Idee. Ich schreibe jedesmal zwei Briefe an Dich, den einen auf weißem Papier lese ich vor, lasse mir von Deiner Tante das Kuvert schreiben, lege zu Hause den richtigen Brief vor und schicke ihn weg. In dem für Deine Tante bestimmten Brief schreibe ich nur das, was sie sicher langweilen muß, wie Theater, Konzert usw. Dann wird sie mit der Zeit schon freiwillig auf den Genuß verzichten …

Dies war vielleicht die Wurzel der zwei verschiedenartigen Briefe, die Speer dreißig Jahre später in Spandau schreiben sollte: »offizielle und langweilige« Briefe, die die alliierte Postzensur passieren mußten, und Tausende von »schwarzen« Briefen, die er an der Zensur vorbeischmuggelte.

In dem Brief vom 22. Januar findet sich eine ungewöhnlich persönliche Passage:

[Ich hatte] einen Traum … der Dich vielleicht interessieren wird. Er spielte ungefähr in der Zeit vor Ostern, als Deine Rückkehr aus Freiburg bevorstand. Da rückten die Franzosen ein, besetzten das Badische Land, die Züge verkehrten nicht mehr, also gab es auch keine Post. Jede Verbindung mit Dir war abgebrochen. Da das Abitur gerade beendet wurde, setzte ich mich auf mein Rad, nahm Deines mit und radelte unter großer Anstrengung und mit vielen Zwischenfällen nach Freiburg … Du zogst Dich mit fabelhafter Geschwindigkeit um, setztest Dich auf Dein Rad, ich mich auf das meinige, und wir fuhren vergnügt heimwärts. Wenn Du ermüdet warst, zog ich Dich mit einem Strick mit dem Rad über die Strecke. Wie wir nach Hause kamen, weiß ich nicht mehr. Jedenfalls kamen wir ans Ziel.

Für mich ist die Erklärung einfach. Meine Phantasie vermengte den Eindruck der Besetzung des Ruhrgebietes mit meinem Sehnen nach Dir. Ich weiß, du lachst und denkst: wie sentimental! …

Margret sagte, sie und ihre Schulfreundinnen, denen sie alle Briefe von Albert vorlas, hätten tatsächlich gelacht. Gleichzeitig hätten Alberts literarische Kenntnisse sie und die anderen Mädchen jedoch so beeindruckt, daß sie zur Verblüffung ihres Lehrers freiwillig begonnen hätten, die Klassiker zu lesen. »Natürlich hätte ich ihm das nie geschrieben; ich hätte Angst gehabt, mich lächerlich zu machen. Ich schrieb ihm ein- oder zweimal im Monat über das, was *mir* wichtig war: meine Freundinnen und die Schularbeiten, Skilaufen und Wandern. Das ist alles, was wir wirklich gemeinsam hatten«, meinte sie mit rührender Offenheit. »Ich hab' nie verstanden, was er in mir sah.«

Sie sei noch zu jung gewesen, um sich zu verlieben: »Ich wußte nicht, was Liebe ist, außer daß sie in gefühlsduseligen Büchern vorkam, und von denen haben wir nicht viele gelesen.« Und nachdenklich fügte sie hinzu: »Ich glaube, ich war geschmeichelt. Er sah so gut aus und war so gescheit; niemand sonst kannte einen solchen Jungen.«

Deutschland litt auch weiterhin unter den Folgen des verlorenen Krieges, aber weder die reichen Speers noch die gutbürgerlichen Webers waren von dem Mangel an Nahrungsmitteln und anderen Gütern sonderlich betroffen. In den Briefen findet sich praktisch keine Passage, die von materieller Not oder Politik handeln würde. Speer hatte, wie er mir sagte, den Ersten Weltkrieg kaum bewußt erlebt. 1914 war er erst neun gewesen, bei Kriegsende dreizehn. Zu Hause wurde nicht über den Krieg gesprochen, nicht einmal während der Mahlzeiten. Der Vater erklärte seinen Söhnen nie, was geschah.

»Ich dachte darüber nach, als ich in Spandau meine Erinnerungen zu schreiben begann«, sagte er eines Tages zu mir. »Und damals wurde mir, wie ich glaube, zum erstenmal bewußt, daß in meiner Kindheit niemand mit uns über Politik gesprochen hatte. Wir aßen selten mit unseren Eltern, aber wenn wir es taten – das fiel mir erst später auf –, war Politik tabu. Unsere französische Gouvernante verließ uns natürlich, und das war für mich ein persönlicher Verlust. Aber ich weiß nicht, wie sehr ich das mit dem Krieg in Verbindung brachte. Nicht besonders, glaube ich, ich war einfach nicht darauf programmiert, darüber nachzudenken. Und, wissen Sie, ich war kein militaristisch eingestellter Junge. Die Jungen in der Schule spielten oft Soldat und konnten dabei ziemlich gewalttätig werden. Ich machte dabei nicht mit.«

Er konnte sich nicht mehr daran erinnern, ob andere Jungen über den Krieg gesprochen hatten. »Aber in meiner Phantasie hat der Krieg eine große Rolle gespielt, die Leiden der Soldaten und ihre Heldentaten. Ich muß also gehört haben, wie jemand darüber sprach, aber es war nicht mein Vater.«

In den *Erinnerungen* schrieb er: »... aus kindlich glühendem Mitgefühl schlief ich oft einige Nächte neben meinem weichen Bett auf dem harten Fußboden, weil mir das harte Lager eher zu den Entbehrungen der Frontsoldaten zu passen schien«. Er habe das, erzählte er mir, als kleiner Junge ein paarmal getan, kurz nachdem er und seine Brüder einen in Mannheim stationierten Zeppelin hätten besichtigen dürfen. Der Kommandant des Luftschiffs und mehrere seiner Offiziere gehörten dem exklusiven gesellschaftlichen Zirkel seiner Mutter an, was zweifellos der Grund war, warum den Jungen eine solche Vorzugsbehandlung zuteil wurde. »Daß ich dieses unglaubliche Luftschiff sozusagen von innen gesehen und sogar den Mann kennengelernt hatte, der es bei Luftangriffen auf London flog, beflügelte meine Phantasie«, sagte Speer. »Ich glaube, das war der nachhaltigste Eindruck, den ich vom Krieg bekam. Er hat mir viele Alpträume verursacht.«

Von Rudolf Wolters' einzigartiger Bedeutung für Speers Leben in Spandau wurde bereits berichtet, aber um zu verstehen, wie die vielleicht besonders deutsche – nicht ungewöhnlich für frühere Generationen –, auf Heldenverehrung basierende Beziehung zwischen den beiden Männern entstand, ist es notwendig, Wolters' Entwicklung parallel zu der von Speer zu schildern.

Wolters wurde zwei Jahre vor Speer geboren, und seine Kindheitserinnerungen, wie er sie in seinen *Lebensabrissen* schildert, waren glücklicher und ungetrübter als die Speers. Wolters' Vorfahren waren auf beiden Seiten Schreinermeister und Baumeister gewesen – die Vorfahren seiner Mutter hatten Schiffe für die Rheinschiffahrt gebaut, die Vorfahren seines Vaters waren Architekten gewesen wie sein Vater und später er selbst. Seine Eltern waren, wie er schreibt, grundverschieden: Der Vater war »ein ernster, gewissenhafter und fleißiger Mann, der fast immer sorgenvoll in die Zukunft sah, aber vielerlei naturwissenschaftlichen und musischen Liebhabereien zugewandt war«. Seine Mutter war »eine lebensfrohe, äußerst praktisch denkende Frau, die in schwierigen Zeiten unbekümmert einen Sauerbraten zu ser-

vieren verstand, ohne zu verraten, daß es sich um minderwertiges Pferde-
fleisch handelte«. Der einfache Haushalt, in dem Wolters und seine jüngere
Schwester aufwuchsen, wurde häufig vom Bruder der Mutter unterstützt,
der ein erfolgreiches Industrieunternehmen aufgebaut hatte.

Abgesichert durch die Großzügigkeit des reichen Onkels, führte der Knabe
Rudolf bis zum Kriegsausbruch 1914 ein vergleichsweise sorgloses Leben, in
dem, wie er schreibt, der strenge Geruch, den die billige Pfeife seines Vaters
verströmte, hin und wieder dem angenehmen Duft importierten Tabaks
wich, und die Bohnensuppe, die oft die einzige Mahlzeit war, ab und zu durch
Beluga-Kaviar ersetzt wurde. Weiter schrieb Wolters:

Asthenisch im Körperbau, sommersprossig und mit einem rötlichen
Schimmer auf den drei Millimeter kurz geschorenen Haaren, wuchs ich
in der besten aller Welten auf. Noch lief das Leben ab wie am Schnür-
chen: Der Schulunterricht von acht bis eins, die »Pflichtmessen« am
Mittwoch und Samstag und das abendliche »Silentium« mit dem Aus-
gehverbot von fünf bis sieben [die Familie war katholisch] ...

Kein Mensch, kein Tier, keine Pflanze und kein Spielzeug sind mir derart
zu bleibenden Bildern geworden, wie etwa die leuchtenden Erscheinun-
gen, die mir mein Vater, den alle Naturerscheinungen stark berührten,
am nächtlichen Himmel zeigte ...

Zu meinem elften Geburtstag legte mir mein Vater eine steifgebundene
dicke Kladde auf den Tisch. Sie zeigte auf dem Einband unter meinem
Namen den Titel »Kriegstagebuch – begonnen am 3. August 1914«. Ich
verdanke meinem Vater, der die wöchentlichen Eintragungen zunächst
überwachte, die Initialzündung zu dieser Übung, die ich nicht mehr
aufgegeben habe, wenn ich auch nach den ersten zehn Jahren und vier
vollen Bänden den Stil insofern wechselte, als ich nur noch wichtige
Briefe, Berichte, Notizen und Dokumente jährlich gesammelt binden
ließ.

Ich war fünfzehn, als der Weltkrieg zu Ende ging, und ich erlebte Niederlage und Liquidierung des Kaiserreiches als unfaßbares Geschehen,
als ein Ereignis, das mir zum erstenmal bewußt machte, daß es keine
festen Fundamente für die Welt gab, in die ich hineingeboren war.

Als der Weltkrieg zu Ende war, mußte der lange, schlaksige Junge ein Jahr
von der Schule genommen werden, weil er wegen Unterernährung erkrankt
war. In jenem Jahr wurde er von zwei »außergewöhnlichen Priestern« zu
Hause unterrichtet. Er begann sich stark für Musik, Religion und das Leben
der Mönche in der nahegelegenen Benediktinerabtei zu interessieren. Er sei,
schrieb er, in Versuchung gewesen, ins Kloster einzutreten, bis ihn eines
dunklen Abends ein Mädchen mit offensichtlichem Genuß geküßt und von
diesem Weg abgebracht habe. Abgesehen von der Liebe zur Musik, die auch

Speer etwa zur gleichen Zeit entwickelte, war Wolters' Leben, wie man sieht, bis dahin völlig anders verlaufen als das des jungen Albert Speer.

Im Herbst 1923 begann Wolters an der Technischen Hochschule in München mit dem Architekturstudium. »Mein erstes Auftreten in akademischer Freiheit begann mit einem Paukenschlag: ich erlebte den Hitlerputsch und seine Auswirkungen auf die erregte Studentenschaft ...«

Speer erkannte erst viel später, daß das Elend im Nachkriegsdeutschland Hitler den Weg zur Macht ebnete. »Ich muß zugeben«, sagte er zu mir, »daß mir erst, als ich mit stärker politisierten Studenten zusammentraf, allmählich bewußt wurde, was da vor sich ging.«

Im Jahr 1923 war Hitler seit eineinhalb Jahren Vorsitzender der Nationalsozialistischen Deutschen Arbeiterpartei (NSDAP) und hielt in München und andernorts leidenschaftliche Reden. Er forderte ein klassenloses Deutschland mit einer starken nationalistischen Jugend und einem starken Führer. Die Juden, so forderte er in jeder Rede lautstark, müßten entmachtet werden. In eben den Tagen, während der Speer die oben zitierten Briefe schrieb, hielt Hitler drei wichtige Reden auf den Versammlungen, die dem ersten Parteitag der NSDAP in München vorausgingen. Seit 1921 war er »der Führer« und hatte mit der Parole »Deutschland erwache!« ungeheuren Erfolg; sie wurde innerhalb weniger Monate – häufig durch das schändliche »Juda verrecke!« ergänzt – zum Schlachtruf der Massen.

Was jedoch den jungen Speer betraf, hätte dies alles genausogut nicht geschehen sein können. In einem Brief, den er am 31. Januar an Margret schrieb, erwähnt er zwar den Mangel an Kohle, aber nur in dem Zusammenhang, daß aus diesem Grund nahezu die Hälfte aller D-Züge eingestellt werden mußte:

Für vierzig Tage sind noch Kohlen vorhanden. Wenn diese Frist vorbei ist und das Ruhrgebiet noch besetzt, dann werden sicher nur noch einige Bummelzüge fahren. Das würde ich Dir aber nicht wünschen, denn ohne umzusteigen braucht man auf diese Art zehneinhalb Stunden von Freiburg bis Heidelberg ...

Am 29. Januar 1923, also zwei Tage bevor dieser Brief geschrieben wurde, hatte Hitler in einer Rede in München seine Vision für Deutschland geschildert:
... Drei Dinge sind es, auf denen das kommende Deutschland ruhen muß.
1. Der soziale Gedanke. Dieser Gedanke muß die Idee der Pflicht zur Voraussetzung haben. Das deutsche Beamtentum und das deutsche Heer waren Musterbeispiele sozialistischer Organisation, und trotzdem sie keinerlei grenzenlose Befriedigung durch Geld und Gut brachten, schufen sie Menschen, welche bereit waren, mit ihrem Leben für Volk und Staat einzutreten ...

2. Der nationale Gedanke. Dieser ist für uns Deutsche identisch mit dem sozialistischen. Je fanatischer national wir sind, um so mehr muß uns die Wohlfahrt der Volksgemeinschaft am Herzen liegen ...
3. Der antisemitische Gedanke. Er begründet die rassische Ableugnung des grundsätzlich Deutschfeindlichen. Nationalismus ist vor allen Dingen auch ein Vorbeugungsmittel gegen Krankheitskeime, und der antisemitische Gedanke ist die notwendige Abwehr gegen eine Pest, welche die Welt ergriffen hat ...
Geht man noch tiefer, so kämpfen heute zwei grundfeindliche Kräfte einen Todkampf miteinander. Die eine Kraft verficht die Geltendmachung der schöpferischen Persönlichkeit, die andere vertritt die Majorität der Zahl. Dies geschieht auf politischem und wirtschaftlichem Gebiete. Auf dem ersten herrscht die tote Masse, auf dem zweiten die Aktie. Der Sieg des zweiten Prinzips muß eine kulturelle und Völkervernichtung nach sich ziehen. Heute leben wir in einer Zeit, wo der äußere und innere Feind zum letzten Schlage ausholt, um das deutsche Volk zu vernichten. Was sich jetzt abspielt, ist die Folge des Friedensvertrags von Versailles, welchen dieselben Leute unterschrieben haben, die heute verlogene Proteste in die Welt hinausschreien ... Jede Möglichkeit einer deutschen Außenpolitik setzt eine radikale innerpolitische Änderung voraus. Mit Regierungen, die ... man nur verachtet, kann kein Staat irgendwelche Bündnisse abschließen ... Wir haben keine Konzessionen an die Internationalen zu machen, sondern diese werden sich nach uns zu richten haben oder beiseite geschoben und niedergetreten werden ... es gibt nur die einzige Scheidung: Man ist entweder deutsch oder antideutsch.
An der Spitze des Deutschtums marschieren die Nationalsozialisten, und wir erklären, daß wir uns nicht an einen Tisch mit den Verbrechern setzen werden, die uns schon einmal den Dolch in den Rücken stießen ...

Speer schrieb in jenem Februar, als er das Abitur machte, fast täglich einen Brief an Margret. In den meisten Briefen berichtete er wie schon im Januar von Theaterbesuchen und Konzerten, von Wanderungen und vom Rudern; außerdem enthalten die Briefe detaillierte Pläne für die Ferienzeit, in der Margret zu Hause sein würde.
Am letzten Samstag vor der Prüfungswoche schrieb Speer ihr, der Deutschlehrer habe seiner Klasse geraten, am Wochenende nicht mehr zu arbeiten, sondern sich einen schönen Sonntag zu machen, vielleicht mit einem Freund einen langen Spaziergang zu machen – »›oder – noch besser – mit einer Freundin‹«. »Gute Idee, aber wie soll ich nun den zweiten Rat ausführen? Du als Freundin bist nicht hier, und so kann ich mit Dir auch

nicht lustwandeln.« Was er dann schreibt, zeugt nicht nur von seiner regen Phantasie, sondern läßt unwillkürlich an die außerordentliche »Wanderung rund um die Welt« denken, die er vierzig Jahre später in Spandau unternahm.

Zum Ersatz werde ich mit Dir in Gedanken spazierengehen. Wenn Du willst, sind alle meine Briefe solche Spaziergänge. Was ich dabei erlebe, werde ich Dir schildern: Ich gehe zu Dir und frage Dich, ob Du am Sonntag in die »Wildente« gehen willst. Ob es Dein Vater erlaubt? Dir ist es wohl recht! Ich werde versuchen, noch Karten zu bekommen. Deswegen auf Wiedersehen morgen mittag, wenn ich Dir über die Karten Bescheid gebe! ...

Am 24. Februar spinnt er die Geschichte fort:
Karten können wir haben, also komme ich morgen mittag um drei Uhr und hole Dich zum Spaziergang ab. Um vier Uhr fünfundzwanzig fährt der Zug. Aber damit Du verstehst, was Ibsen überhaupt mit seiner »Wildente« ausdrücken will, wirst Du mir noch erlauben, daß ich Dich von Deiner haushälterischen Arbeit (ich stelle mir vor, daß Du gerade die Nähschule übst) abhalte und Dir erzähle, was ich weiß. [Es folgt eine kurze Inhaltsangabe des Stückes.] Auf der Heimfahrt unterhalten wir uns darüber ...

Einige Tage später folgt der deutlichste Abschnitt über seine Gefühle:
Noch eine Epistel über unsere Freundschaft. Wir nehmen viel zuviel Rücksicht aufeinander. Das sollte sich unbedingt ändern. Schließlich ist es schön, daß jeder darauf achtet, daß er den anderen nicht vor den Kopf stößt. Aber Du bist doch, wie auch ich, sicher bestrebt, daß unsere Freundschaft nicht eine der üblichen Eintagsfliegen sein wird, sondern daß sie lange, sehr lange, vielleicht auf immer sein soll. Dies Ziel erreichen wir aber nie, wenn nicht jeder dem anderen seine Meinung sagt, wenn es nicht von Zeit zu Zeit einen erfrischenden Streit gibt. Ein so unnatürlicher Zustand kann auch in der tiefsten Freundschaft nicht allzulange anhalten: In dieser Weise hätten wir uns in ein oder zwei Jahren satt. Vielleicht ist es Dir klar geworden, daß ich mich dabei viel mehr ändern und umstellen muß als Du. Auch darfst Du Dir diese Veränderung nicht allzu kraß vorstellen. Außenstehende würden wenig bemerken. Nur solltest Du, wenn ich Dir eine richtige Freude bereiten will, es nicht mehr, wie bisher, mit dem Gedanken verbinden, daß ich damit um Deine Freundschaft werben möchte. Wenn ich Dir etwas schenke, dann, weil Du meine Freundin bist und weil ich Dich schätze, und nicht, um Dich mir gewogener zu machen.

In seinem nächsten Brief, der vom 15. März datiert, berichtet er sehr kurz über seine hervorragenden Prüfungsergebnisse: eine »Eins« im Deutschaufsatz und in Mathematik, »gut« in allen anderen Fächern außer in Religion, Französisch und Englisch, in denen er nur »ausreichend« hatte. In den *Erinnerungen* schreibt er dazu:

Zu meinem Erstaunen schrieb ich den besten Abitur-Aufsatz meines Jahrgangs. Dennoch dachte ich mir: »Das kommt für dich kaum in Frage«, als der Rektor der Schule in seiner Abschiedsrede den Abiturienten verkündete, daß nun für uns »der Weg frei sei zu höchsten Taten und Ehren«.

Als bester Mathematiker der Schule wollte ich dieses Fach studieren. Mein Vater wandte sich mit einleuchtenden Gründen gegen diese Absicht, und ich wäre nicht ein mit der Logik vertrauter Mathematiker gewesen, wenn ich ihm nicht nachgegeben hätte ...

So spielte Speer in der für ihn typischen Weise die verhängnisvollste Entscheidung seines Lebens herunter: Er traf sie nur seinem Vater zu Gefallen – seinem Vater, dem er die ganze Kindheit lang vergeblich einen Liebesbeweis abzuringen versucht hatte.

II

»Ich hatte das Gefühl,
er sei ein Mensch«

Nürnberg, 19. Juni 1946

SPEER: Ich besuchte die Hochschulen in München und Berlin und war mit 24 Jahren im Jahre 1929 erster Assistent an der Technischen Hochschule in Berlin. Mit 27 Jahren, im Jahre 1932, machte ich mich selbständig und blieb es bis 1942 ...

Man mag es seltsam finden, wie Speer vor Gericht die ersten acht Jahre umschrieb, die er für Hitler oder die Nazis arbeitete. »So habe ich mich jedenfalls gesehen«, sagte er. »Als Architekten mit zunächst einer ganzen Reihe von Kunden und dann nur noch einem, Hitler. Meiner Ansicht nach ging meine Arbeit als Architekt das Gericht nichts an, nur meine Arbeit als einer von Hitlers Ministern.«

Es ist verständlich, wenn man in Speers Interpretation seines Lebens den, gelinde gesagt, raffinierten Versuch sehen würde, diesen Abschnitt seines Lebens herunterzuspielen. In den Protokollen des Nürnberger Prozesses findet sich allerdings kein Hinweis darauf, daß seine Äußerung in Frage gestellt worden wäre – weder durch den gewöhnlich sehr skeptischen Gerichtsvorsitzenden Lordrichter Lawrence noch durch die strengen Hauptankläger Sir Hartley Shawcross (für Großbritannien), Richter Robert Jackson (für die USA), M. Auguste Campetier de Ribes (für Frankreich) und General R. A. Rudenko (für die Sowjetunion).

Natürlich war Speer, als er 1923 das Architekturstudium aufnahm, noch Jahre davon entfernt, sich für Hitler und die Nazis zu engagieren. Wie in der beschönigenden Version seiner Kindheit in den *Erinnerungen* und den Briefen aus Spandau an die Kinder spielte er die schreckliche Enttäuschung darüber herunter, daß ihm versagt worden war – denn darauf war es letztlich hinausgelaufen –, Mathematik zu studieren. In einem Spandauer Brief an die Kinder vom Oktober 1953 heißt es:

[Nach den Prüfungen wußte ich] den Druck der Schule hinter mir ... und vor mir ein freies, sorgenloses Leben als Student. Was ich werden wollte, war mir damals eigentlich klar: Ich wollte Mathematik studieren. Wie sich das denn weiterentwickeln würde ... das war mir allerdings höchst nebelhaft. Ich hatte aber eine solche Leidenschaft für die Mathematik ... daß ich mir von meinem Taschengeld mathematische Lehrbücher für Studenten kaufte ... Gegen diese Absicht wandte sich aber mein Vater mit einleuchtenden Gründen ... Das, was mir danach bei weitem am nächsten lag, war der Beruf eines Architekten, von dem ich seit früher Jugend so viel schon »eingeatmet« hatte, und so entschloß ich mich zur großen Freude meines Vaters, der Dritte in der Architektengeneration zu werden.

Auch hier gibt Speer, um die Kinder zu schonen, eine weißgewaschene Version des Gesprächs mit seinem Vater. »Ich liebte die Mathematik«, sagte er träumerisch zu mir. »Ich kann nicht beschreiben, wie sehr oder warum ich sie so liebte. Aber es war mir nie eingefallen, etwas anderes zu werden als Mathematiker. Die Mathematik gab mir alles, was für mich ... wie soll ich's sagen ... reines Glück war. Sie gab mir die Möglichkeit, zu spielen, Triumphe auszukosten ... Na ja –« fügte er schnell hinzu, »eine Art von Triumph.«

Er lachte. »Wissen Sie, was ich beim Abitur in Mathematik gemacht habe?«
Er lachte wieder – ein frohes Lachen. »Also, mit der Algebra war ich sehr
schnell fertig geworden – wirklich *sehr* schnell, und als ich mich im Klassenzimmer umsah, merkte ich, daß die anderen alle noch in die Arbeit vertieft
waren. Da wollte ich natürlich nicht dadurch auffallen, daß ich schon abgab.
Also machte ich das Ganze wieder – noch zweimal –, indem ich das Problem
von zwei weiteren Seiten anging. Es war lustig: Ich bekam dreimal genau
dasselbe Resultat. Ich nehm' an, es hat mir dann bei der Benotung der Arbeit
nicht geschadet, aber darum hatte ich es nicht gemacht: nur aus Spaß.« Viele
Eltern hätten sich über so etwas sehr gefreut – Speers Sohn Fritz hatte später
Ähnliches getan; Wolters, sagte er, habe ihm davon nach Spandau geschrieben –, aber Speer wäre es nie eingefallen, seinem Vater davon zu erzählen.

Seine Stimme wurde hart, als er mir erzählte, wie sein Vater auf seinen
Wunsch, Mathematik zu studieren, reagiert hatte. »Er hat es entschieden
abgelehnt. ›Kannst du dir vorstellen, dein Leben an irgendeiner Universität
in der Provinz zu verbringen?‹ sagte er. ›Du würdest nie Geld verdienen.
Wahrscheinlich würdest du als Pauker von irgendwelchen dummen kleinen
Rotznasen enden. Ist das dein Leben, wie du es dir vorstellst?‹«

Über diese Aspekte seiner Zukunft hatte der junge Speer sich noch kaum
Gedanken gemacht. »Aber ich weiß noch ganz genau, daß ich, als er das
sagte, dachte: ›Ja, genau das will ich.‹ Offen gesagt war ich nie auf die Idee
gekommen, an einer Universität zu lehren. Ich meine, an Universitäten un-
terrichteten *Professoren*, ich war ein Schuljunge.« Er erinnerte sich noch sehr
genau an den Tag vor dem Mathematik-Abitur, als er mit Vergnügen einem
weniger begabten Schulfreund stundenlang Nachhilfe in Mathematik gegeben hatte. »Aber genau so jemanden wie ihn meinte mein Vater wahrscheinlich mit ›dummen kleinen Rotznasen‹. Jetzt frag' ich mich plötzlich«, sagte
er nachdenklich, »wie mein Leben verlaufen wäre, wenn …«

»Margret hätte wahrscheinlich nicht das geringste dagegen gehabt«, warf
ich ein. Er schien richtig überrascht. »Merkwürdig, daß Sie das sagen: Das
war mir noch nie eingefallen. Ich muß es ihr sagen … na ja … vielleicht.« Er
tat es nicht. Es fiel den beiden 1978 noch genauso schwer, über anderes als
Allgemeinheiten zu reden, wie 1923.

Im Herbst 1923 begann Speer im nahen Karlsruhe das Grundstudium.
»Ich hasse es«, schrieb er Margret, die jetzt wieder in Heidelberg wohnte.
»Die Professoren sind langweilig, die Lehrveranstaltungen dumm, die Stadt
ein entsetzliches Provinznest.«

Speer hatte wenig Vertrauen in seine Begabung als Architekt, vor allem
weil es an der Karlsruher Hochschule niemanden gab, bei dem er das Zeichnen hätte lernen können, seine größte Schwäche. Im Frühjahr 1924 wechselte
er jedoch an die sehr viel renommiertere Technische Hochschule in München.
In einem Brief aus Spandau an die Kinder beschreibt er sie:

Völlig änderte sich das aber – nicht das Verliebtsein, sondern die Arbeitslust –, als ich im nächsten Semester nach München umwechselte. Dort fand ich nicht nur Lehrer, die mir gefielen und bei denen das Lernen Spaß machte, sondern auch einen Kreis von Kameraden. Und in Gesellschaft läßt sich nun einmal besser das Interesse am Studium hochhalten. – Unter diesen Kameraden war einer, der, an Größe und Magerkeit mir etwa gleich, alle anderen weit überragte, der mir mit seinen lustigen blauen Augen, mit denen er durch seine Brille funkelte, und mit seinem damals noch reichen, blonden Haarschopf auffiel – und der unser bester Freund, auch der Eure in unserer Notzeit der letzten acht Jahre werden sollte. Ihr erkennt ihn vielleicht bereits an dieser Beschreibung, obwohl Magerkeit und Haarschopf unterdes bei ihm vergingen: Es ist unser R. W., der Schutzpatron unserer Familie.

Ich muß Euch gestehen, daß ich etwas in Verlegenheit bin, Euch etwas Bemerkenswertes über diese zwei Jahre Studium in München zu erzählen. Wir arbeiteten nicht zu fleißig, aber auch nicht zu nachlässig, gerade so viel, daß es zu einer guten Prüfung ausreichen mußte. Außerdem widmeten wir uns der Betrachtung von Kunst und Natur. Ehrlich gesagt, ich pflegte keine großen Hoffnungen für meine Zukunft als Architekt: Wie zu erwarten war, kam ich gut aus mit Geometrie und Statistiken usw., aber ich konnte nicht zeichnen und fürchtete, aus zeichnerischer Hilflosigkeit nie ein guter Architekt zu werden. Um die Wahrheit zu sagen, lebte ich damals für die Ferien – Wandern, Bootfahren und Skilaufen mit Gretel. Inzwischen kannten wir uns gut aus in allen Tricks, mit denen wir uns der Beaufsichtigung entziehen konnten, und wir verbrachten viele Tage, ja sogar Wochen allein in den Bergen …

»Aus heutiger Sicht«, sagte ich, »ist Ihre Beziehung in der Mitte der zwanziger Jahre kaum vorstellbar.«

Alles, was mit dem physischen Aspekt von Beziehungen zu tun hatte, durfte man Speer gegenüber nur mit großer Vorsicht ansprechen. Wenn er auch – zwar mit Verachtung, aber nicht ungern – von den vielen Seitensprüngen in Hitlers unmittelbarer Umgebung erzählte, war doch jede persönliche Erwähnung von Sex tabu. Oft aber reagierte er trotzdem auf unausgesprochene Fragen.

»Ich bezweifle, daß das heute noch jemand verstehen kann«, sagte er. »Wir waren anders; die Achtung vor Sitte und Anstand saß tief in uns, und genauso, könnte man wohl sagen, die Schüchternheit. Margrets Eltern wußten bestimmt, daß wir miteinander allein waren, obwohl sie ahnungslos taten. Sie wußten jedoch ebenso, daß sie kein Risiko eingingen, wenn sie ahnungslos taten.«

Der eiserne Respekt vor Sitte und Anstand war in jenen Jahren zweifellos charakteristisch für die gesellschaftliche Schicht, der Speer angehörte: Das deutsche Großbürgertum war sehr viel sittenstrenger und puritanischer als der Adel über ihm oder das ehrsame Kleinbürgertum und die Arbeiterklasse unter ihm.

Will man Speers Entwicklung verstehen, muß man sich auch mit den Personen befassen, die mit ihm die Höhen des Dritten Reichs erklommen und die Tragödie der Hitler-Jahre teilten.

Der junge Joseph Goebbels beispielsweise kam aus dem Kleinbürgertum und hatte ganz andere Interessen und eine radikal andere Sexualmoral als Speer. 1926, als die NSDAP rasch wuchs, wurde er von Hitler zum Gauleiter von Berlin-Brandenburg und zwei Jahre später zum Reichspropagandaleiter der Partei gemacht. Zwei Monate nachdem Hitler am 30. Januar 1933 zum Reichskanzler ernannt worden war, wurde Goebbels Reichsminister für Volksaufklärung und Propaganda, blieb aber Gauleiter von Berlin. Neben Speer war Goebbels zweifellos der intelligenteste Mann in Hitlers engster Umgebung, und er war auch der loyalste und ergebenste. Am 1. Mai 1945, wenige Stunden nachdem Hitler und Eva Braun, seit einem Tag Hitlers Frau, im Bunker der Berliner Reichskanzlei Selbstmord begangen hatten, vergifteten Joseph Goebbels und seine Frau Magda ihre sechs Kinder und brachten sich anschließend selbst um. Goebbels hinterließ in seinen Tagebüchern, die langsam vollständig veröffentlicht werden,* eine bemerkenswerte Darstellung seines privaten und politischen Lebens.

Als der 23jährige Goebbels 1920 in Heidelberg an seiner Doktorarbeit schrieb, während der 15jährige Speer in derselben Stadt noch zur Schule ging, war sein Sexualverhalten dem der Studenten in den turbulenten sechziger und siebziger Jahren nicht unähnlich. Weder er noch seine Kommilitonen erlegten sich die Beschränkungen auf, die Speers Briefe ahnen lassen.

Goebbels' Liebe galt damals seit zwei Jahren Anka Stalherm, der Tochter einer wohlhabenden Freiburger Familie. In seinen Tagebuchnotizen von 1920 schildert er, wie er im Frühsommer 1920 nach Freiburg fuhr, um sie zu treffen: ... Suche nach Anka ... Ich treffe sie in der Universität. Frohes Wiedersehen. Ich wohne in der Post. Drei schöne Tage ... Anka will mit nach Heidelberg. Ich Schafskopf verhindere das. Ich will ja arbeiten. Also

---

* Fragmente der Tagebücher wurden bereits 1948 aufgefunden und publiziert. Die vollständige Version, von Elke Fröhlich im Auftrag des Münchener Instituts für Zeitgeschichte herausgegeben, umfaßt jetzt neun Bände. Fröhlich entdeckte 1992 in russischen Archiven die gesamten Originaltagebücher auf Glasnegativplatten, die gegen Ende des Krieges auf sowjetischen Befehl nach Moskau gebracht wurden. Jetzt ist sie in der Lage, mit ihren Kollegen die Lücken der früheren Versionen zu schließen.

Besuch in den Pfingstferien ... Pfingstferien. Anka nach Neckargemünd. Eine süße Nacht ... Jeden Tag [von Heidelberg] nach Neckargemünd. Am Neckar. Rudern und Schwimmen. Erna ist eifersüchtig [Goebbels liebte es, andere Frauen zur Eifersucht zu provozieren] ... Schöne Tage. Kein Wunsch mehr ... Schwerer Abschied. Allein ... Arbeit. Bibliothek. Seminar. Viel des Morgens am Neckar. Ankas Brief ... Zwei Tage in Karlsruhe. Noch mal letzte Lust und letzte Freude. Im christl. Hospiz. Anka rächt sich [als er sie mit erfundenen Geschichten über Affären mit anderen Frauen quält]. Sie erzählt von [ihrer Affäre mit] Herrn Mumme. Ihr Armband gebe ich zurück. Schwerster Abschied ... Biete ihr Verlobung an. Sie zieht zurück ... Schwere Tage. Ich werde einsam. Ich bitte um letzte Aussprache. Will nach Freiburg kommen. Da erscheint Anka. Scheinbar alles gut ... Anka auf meinem Zimmer übernachtet. Ich auf Chaiselongue. Um 6ʰ zu ihr ins Bett.

Wie Speer und Wolters arbeitete auch der junge Goebbels als Student nur das Notwendigste und träumte und faulenzte dafür um so mehr. Im Gegensatz zu Speer und Wolters verfügte er jedoch fast von Kindesbeinen an über einen ausgeprägten politischen Instinkt. Im Jahr 1924 – als Wolters und Speer ihr lockeres Studentenleben in München führten – zeigen die Tagebuchnotizen des inzwischen siebenundzwanzigjährigen Goebbels eine Mischung aus sexuellen Abenteuern, romantischen Sehnsüchten und halbgaren politischen Ideen (davon am weitesten entwickelt ein fanatischer Antisemitismus), während er in der seltsam unbeschwerten Art jener Zeit auf seine politische Zukunft zusteuerte.

Am 27. Juni 1924 schreibt er, nachdem er mit einer anderen Freundin, Else Janke, idyllische Sommertage verbracht hatte: »Ich möchte mit ihr eine Hochzeitsreise machen.« Natürlich beabsichtigte er keineswegs, die Beziehung zu legalisieren, die sowieso dem Untergang geweiht war, da ihm Else im Jahr zuvor gestanden hatte, sie sei Halbjüdin. Damals hatte er geschrieben: »... der erste Zauber zerstört. Ich bin skeptisch gegen sie.« Trotzdem heißt es am 27. Juni 1924 weiter:

... Ich möchte mit ihr ... mit viel Geld, viel Liebe, ohne Sorgen, hinunter nach Italien und Griechenland! [Dann ein abrupter Gedankensprung:] Ich las heute morgen R. Wagner, »Die Kunst des Dirigierens«. Für einen Musiker eine Fundgrube von Dirigentenfeinheiten.

Der Kampf in ihm dauert an; mit der einen Hälfte seines Ichs liebt er das »Knospenmädchen« Else hingebungsvoll, mit der anderen ist er ein fanatischer Antisemit.

Lektüre Maximilian Harden (alias Isidor Witkowski) »Prozesse« ... Was ist dieser verdammte Jude für ein heuchlerischer Schweinehund.

Lumpen, Schufte, Verräter. Die saugen uns das Blut aus den Adern. Vampire! Ich sitze in der neu installierten Laube und freue mich des schönen Sommertags. Sonnenschein! Laue schöne Luft! Blumengeruch! Wie schön ist diese Welt!!!

30. Juni.

Gestern in Elberfeld [Stadt im Rheinland; acht Monate später wurde die Stadt Sitz des neuen Gaus Rheinland-Nord, dessen Geschäftsführer der nach Elberfeld gezogene Goebbels 1926 wurde]. Das sind also die Führer der völkischen Bewegung im besetzten Gebiet. Ihr Juden und ihr Herren Franzosen und Belgier, ihr braucht keine Angst zu haben. Vor denen seid ihr sicher. Ich habe selten eine Versammlung mitgemacht, in der so viel geschwafelt wurde wie in der gestrigen. Und dabei am meisten gegen die eigenen Kameraden. Im unbesetzten Gebiet ist der Kampf aufs heftigste entbrannt, den ich so lange schon erwartete, der zwischen völkischer Freiheitspartei und nationalsozialistischer Arbeiterpartei. Die beiden gehören ja gar nicht zusammen. Die ersten wollen den preußischen Protestantismus (sie nennen das deutsche Kirche), die anderen den großdeutschen Ausgleich – etwas wohl mit katholischem Einschlag. München und Berlin stehen im Kampf. Man kann auch sagen, Hitler und Ludendorff. Wohin ich gehe, kann kaum die Frage sein. Zu den Jungen, die tatsächlich den neuen Menschen wollen.

Die politischen Aktivitäten, die Goebbels hier schildert, fanden in Hitlers Abwesenheit statt; Hitler saß seit April 1924 in Festungshaft. Nach dem gescheiterten Putsch vom 8./9. November 1923 hatte er den folgenden Aufruf entworfen, der landesweit verteilt werden sollte:

Kameraden!
Wir standen im Felde Schulter an Schulter und haben gleiche Gesinnung. Trotzdem haben auf Befehl der Wortbrüchigen, Kahr und Lossow, Augsburger Landespolizei auf Deutschlands Führer, Ludendorff und Hitler, auf uns Völkische Befreier geschossen.
Der Tankwagen »Hindenburg« feuerte aus 30 Meter Entfernung. Bestes Deutsches Blut von deutschen Söldnern vergossen. Ich, Hitler verwundet, Ludendorff wie durch Gottes Fügung unverletzt. 20 unserer Besten waren tot, etwa 100 Männer, Frauen und Kinder verwundet. Die anderen hatten keine Verluste.
Kamerad! Willst Du Mörder werden oder hilfst Du an der Befreiung Deutschlands mit? Du kämpfst nicht für Wortbrüchige Juden.
Dich stellt Dein Deutsches-Gefühl auf unsere Seite.
Tutzing, den 10. 11. 1923.

Adolf Hitler.

Kurz darauf wurde Hitler festgenommen und drei Monate später, am 26. Februar, in München vor das bayerische Volksgericht gestellt. Nach 24tägiger Verhandlung, festgehalten in einem Protokoll von 2912 Seiten, das größtenteils aus den Verteidigungsreden Hitlers besteht und wahrscheinlich die ausführlichste schriftlich niedergelegte Erklärung seiner politischen Ziele darstellt, wurde er am 1. April zu fünf Jahren Festungshaft in Landsberg verurteilt (mit Aussicht auf baldige Aussetzung der Strafe zur Bewährung), einer privilegierten Form der Haft für ihn in besonders komfortabel eingerichteten Räumlichkeiten. Er nutzte die Zeit, um Rudolf Heß *Mein Kampf* zu diktieren, die Aufzeichnung seiner politischen Philosophie und seiner Ziele. Als er elf Jahre später an die Macht kam, kauften Millionen Deutsche das Buch, und alle frischvermählten Paare bekamen es nach der standesamtlichen Trauung geschenkt.

Am 20. Dezember 1924 wurde Hitler feierlich aus der Haft entlassen. Auch während seiner Gefangenschaft hatte die Partei den Kampf um die Macht fortgesetzt. Joseph Goebbels, dessen Judenhaß immer extremer wurde, obwohl er mit Else Janke noch immer nicht gebrochen hatte, schrieb am 30. Juni in sein Tagebuch:

Wenn Hitler doch frei wäre ... Maximilian Harden »Prozesse« ... überraschende Geistesblitze. Meine Herren Völkischen, Sie müssen etwas regsamer, etwas geistig elastischer sein, um diese Art von Schriftstellern kaputt zu machen. Mit Schimpfen ... allein geht das nicht. Harden ist ein Mann, der aufs Ganze geht, mit Schärfe, Lauge, Witz und Satire. Die typisch jüdische Kampfesweise. Ob man die Juden anders schlagen kann als mit ihren eigenen Waffen? Ich sehe mit großer Besorgnis in die völkische Zukunft. Der Gedanke des völkischen Großdeutschlands ist gut. Aber es fehlen die tüchtigen, fleißigen, klugen und edlen Führer. Mit dem guten Willen und der vornehmen Gesinnung allein ist's nicht getan. Wir müssen alle arbeiten, maßlos arbeiten. Sonst sind wir endgültig verloren ... Ich kenne überhaupt noch keinen völkischen Führer. Ich muß bald einen kennenlernen, damit ich mir wieder etwas neuen Mut und neues Selbstvertrauen hole ...

Und am 4. Juli heißt es:
Schluß machen mit Experiment und Phrase. Anfangen mit Ernst und Arbeit. Das Judenpack, das sich dem verantwortlichen Gedanken der Volksgemeinschaft nicht fügen will, an die Luft setzen ... Deutschland sehnt sich nach dem Einen, dem Mann, wie die Erde im Sommer nach Regen ... Herr, zeig dem deutschen Volke ein Wunder! Ein Wunder!! Einen Mann!! Bismarck, sta up! Hirn und Herz sind mir wie ausgetrocknet vor Verzweiflung um mich und mein Vaterland ... Hilf mir, großer Gott! Ich bin am Ende meiner Kraft!!!

Goebbels' Tagebuchnotizen sind natürlich sehr emotional und bereits politisch extrem, doch insgesamt war dies die Stimmung der jungen und auch vieler älterer Deutschen: Hitler erschien nicht über Nacht und nicht unangekündigt, er war kein Unbekannter und wurde nicht, wie oft behauptet, belächelt. Ganz im Gegenteil, sein Bild war monate- und jahrelang auf jeder Titelseite zu sehen und sein Name in aller Munde.

Nur Wolters und Speer schienen ihn nicht zur Kenntnis zu nehmen, zumindest nicht bewußt. Wolters hatte immerhin den Hitlerputsch im November 1923, zwei Monate nach seiner Ankunft in München, registriert. Speer dagegen, der damals noch im vergleichsweise ruhigen »Provinznest« Karlsruhe studierte, hatte ihn einfach ignoriert.

»Ich muß davon gewußt haben«, sagte er fünfundfünfzig Jahre später. »Wenn ich jetzt zurückdenke, erinnere ich mich bloß, in den Zeitungen darüber gelesen zu haben. Aber das bedeutete mir nichts; vor allem Hitler bedeutete mir nichts.«

Wolters ging im Herbst 1924, ein Jahr vor Speer, von München nach Berlin. Wenn man seinen *Lebensabrissen* glauben darf, war er in den folgenden Jahren über die politische Lage freilich kaum stärker beunruhigt als Speer; in seinen Aufzeichnungen ist genauso häufig von Theater- und Konzertbesuchen die Rede wie bei Speer, und es fehlt ihnen jegliches Sozialbewußtsein. Beide Männer klingen, als hätten sie, vielleicht weil ihr Studienfach so eng ans Künstlerische grenzte, ein wie durch Zauber den Alltagsproblemen der anderen Deutschen – Arbeitslosigkeit, Armut und sogar Hunger – entrücktes Leben geführt. Sehr viel wichtiger als all dies war für Speer und auch für Wolters, daß Heinrich Tessenow Anfang 1926 von Dresden nach Berlin wechselte.

Speer hatte ursprünglich bei Hans Poelzig studieren wollen, neben Gropius, Mies van der Rohe und ein oder zwei weiteren einem der bedeutendsten Architekten Deutschlands. Speer war jedoch im Zeichnen zu schwach, und Poelzig, der in jenem Jahr nur zehn neue Studenten annahm, lehnte sowohl die Bewerbung Speers als auch die von Wolters ab.

Speer war darüber nicht überrascht, hatte er sich doch ohnehin kaum Chancen als Architekt ausgerechnet. »Ich habe mich jedoch oft gefragt«, sagte er, »wie anders mein Leben verlaufen wäre, wenn Poelzig, der stark zur politischen Linken tendierte und von Studenten derselben Richtung umgeben war, mich in sein Seminar aufgenommen hätte.«

Tessenow war ein eher prosaischer Architekt, aber ein Idealist, ein engagierter Vertreter der Einfachheit und offensichtlich ein genialer Lehrer. »Außerdem war er sehr viel großzügiger als Poelzig«, sagte Speer, und aus seinen Worten sprach der Pragmatiker und Realist, der er zweifellos geworden war. »Er nahm fünfzig neue Studenten. Er war genau der Richtige für mich.«

Auch Wolters empfand große Bewunderung für Tessenow:

Ich wählte Tessenow, den Philosophen unter den Architekten seines Zeitalters, den begeistert verehrten Lehrer einer ganzen Generation. Diesem genialen Menschen gelang es, seine Schüler zum Einfachen, Unkomplizierten und Allgemeinen hinzuführen und von allem Modekram und von jeder formalen Virtuosität fernzuhalten. Einem seiner Bücher hatte er vorangesetzt: »Das Einfache ist nicht immer das Beste, aber das Beste ist immer einfach.«

»Er glaubte nicht ans Konkurrieren«, sagte Speer, »nur an den Wettbewerb als Ermunterung.« Speer und Wolters wetteiferten jeden Monat um den ersten Platz in den Prüfungen – »Einen Monat gewann er, im nächsten ich«, sagte Speer. »Tessenow stellte keine langweiligen Aufgaben. Sie waren immer phantasievoll, ja abenteuerlich und aufregend. ›Eine Brücke in einem Park‹ oder ›ein Hausboot‹ – Dinge, die uns zwangen, uns in das Leben anderer Leute hineinzuversetzen, und die uns Architektur in einem menschlichen Zusammenhang sehen ließen.«

Tessenow muß Speers Hang zu einfachen Dingen und Menschen gespürt haben, denn in den folgenden Jahren – in denen Tessenow, wie Speer später sagte, sein erster »Katalysator« wurde – zeigte er Speer seine Gunst auf verschiedene Weise.

»Er war ein sehr schüchterner Mensch«, sagte Speer. »Er sprach flüsternd. Anstatt wie alle anderen Professoren am Rednerpult zu sprechen – von weit oben sozusagen –, kam er zu uns herunter, setzte sich an einen unserer langen Tische, und die Studenten von den anderen Tischen kamen her und stellten sich auf Stühle, um denen über die Köpfe zu blicken, die einen Sitzplatz ergattert hatten. Es war alles sehr informell und entspannt – eine Atmosphäre, wie sie in keinen anderen Seminarräumen herrschte.« Er lachte fröhlich, als er dies erzählte. »Rückblickend könnte man sagen, daß dadurch unser innerer Respekt vor ihm, der ungeheuer war, nicht geschmälert wurde, daß aber extremere Auswüchse eines Verhaltens verhindert wurden, das man heute oft als typisch deutsch karikiert. Sie wissen schon – strammstehen, die Hacken zusammenschlagen und so weiter. Wenn ich mir das jetzt vergegenwärtige, wird mir klar, wie sehr wir unter Tessenows befreiendem Einfluß wuchsen und erwachsen wurden. Er sprach mit uns nicht nur über Architektur, sondern auch über das Leben, die Liebe zur Natur, zur Landschaft und auch zum eigenen Land.«

Viele der jungen Studenten sahen in Tessenows Gedanken Parallelen zu den Lehren der wachsenden Nazibewegung, und paradoxerweise wurde sein Seminar, obwohl er selbst ein erklärter Gegner des Nationalsozialismus war und später in beträchtliche Gefahr geriet, zu einem Zentrum nationalsozialistischer Agitation. Es ist natürlich verblüffend, daß Speer diese Strömungen nicht auffielen.

»Wie soll ich Ihnen das erklären, wo ich es mir doch selbst nicht erklären kann?« sagte er dazu. »Politik war für mich laut und vulgär. Wenn ich an Politik dachte, dann nur als eine Störung der Ruhe und Konzentration, die ich anstrebte. Mein Vorbild war mein Lehrer, der flüsterte; seine Philosophie von Leben und Kunst war rein und einfach; Fanatismus jeder Art hatte darin einfach keinen Platz.«

Im Jahr 1928, als Speer in Berlin als Tessenows Assistent weiterstudierte, war der spätere Reichsjugendführer Baldur von Schirach, der nach dem Nürnberger Prozeß wie Speer eine zwanzigjährige Haftstrafe in Spandau verbüßte, auch graduierter Student in Berlin und wurde dort Leiter des Nationalsozialistischen Deutschen Studentenbunds. Ein Jahr später rief er zum »Sturm auf die Hochschulen« auf. In Berlin waren Straßenschlachten zwischen nationalsozialistischen und kommunistischen Studenten damals so häufig, daß die Universitäten wiederholt schließen mußten. Bei den Wahlen zur Studentenvertretung von 1929 und 1930 gewannen die NS-Studenten 38 Prozent der Stimmen. Den höchsten Prozentsatz errangen sie an der Technischen Hochschule, wo Speer arbeitete; 1931 stieg der Anteil dort auf 66 Prozent.

Wolters' *Lebensabrisse* scheinen das von Speer gezeichnete Selbstbild eines absolut unpolitischen Menschen zu bestätigen, und dies um so glaubwürdiger, als sie erst nach Speers Spandauer Haft entstanden, zu einer Zeit, als Wolters von seinem alten Freund Speer bereits schwer enttäuscht war. Wolters hat Speer in München und Berlin als einen recht unbeschwert dahinlebenden Menschen in Erinnerung:

Er [Speer], aus großbürgerlichem, protestantischem Hause stammend, erschien mir ausgesprochen unkonventionell und religiös wie national völlig indifferent; als Oberrealschüler war er ... rational und wirtschaftlich denkend aufgewachsen – als typischer Einzelgänger – seine einzige Freundin und spätere Frau ausgenommen – fehlte ihm jedes Verständnis für korporativen Zusammenschluß und gesellschaftliche Zwänge.

Weitere Eindrücke von Speers Herkunft und Familie hat Wolters in einer Tagebuchnotiz vom 2. Juni 1943 festgehalten, als er in Heidelberg Speers Eltern kennenlernte:

Das Haus liegt am Berg, etwa auf der Höhe des Schlosses ... in einem wunderschönen, dreißigtausend Quadratmeter großen Garten, teils Obstbaumwiese, teils Park mit altem Baumbestand ...
Der Vater eine originale Figur; mit seinen 80 Jahren hat er eine Vitalität, die jeder Beschreibung spottet. Er ißt, trinkt, raucht dicke Zigarren und läuft jeden Tag stundenlang spazieren ... Er ist vollkommen anders als sein Sohn, sowohl in Figur, Gesicht und Gehabe. Er hat in seinem Leben viel gebaut und, wie er freimütig bekennt, seinen Beruf nur als Instru-

ment zum Geldverdienen angesehen. »Was ich gemacht habe, war mir gleichgültig, die Hauptsache war, ich mache Geld.« Das Honorar habe er oft durch Prozesse eingetrieben.

Im Gesichtsausdruck Speers finden sich nur Ähnlichkeiten mit der Mutter, sogar die Schrift der beiden ist ähnlich. Mit ihren 65 Jahren ist die Mutter noch sehr attraktiv. Wir kommen u. a. auf die nervöse Magenschwäche ihres Sohnes zu sprechen. Sie erzählt, ihr sei das ähnlich ergangen. Sie habe die ersten 20 Jahre ihrer Ehe in der »Furcht des Herrn« gelebt und sei kaum aus sich herausgegangen. Sie habe viel mit sich gerungen, sei sehr still gewesen [was mit Speers Bild von seiner Mutter nicht übereinstimmt] und habe sich eigentlich erst spät entdeckt, vor allem auch ihren lustigen, geselligen Sinn [auch Frau Dr. Lili Fehrle-Bürger, die Tochter ihrer guten Heidelberger Freundin, hatte sie ganz anders in Erinnerung!].

Sie erzählt von den drei Söhnen, von denen der jüngste, Ernst, in Stalingrad geblieben ist, von dem sie noch keine Nachricht habe. Er war, 30jähriger Architekt, zuletzt bei Bonatz tätig, wohl der Liebling der Eltern. Um den zweiten, also Albert, habe sie sich früher wenig gekümmert, da er spielend durch die Schule rutschte und seinen eigenen Weg ging. Sein plötzlicher Aufstieg sei der ganzen Familie überraschend gekommen. Er sei früher schwierig gewesen. Wie ich bereits wußte, spielte dabei eine Rolle, daß man seine Frau nicht anerkennen wollte; vor allem weil die Mutter den gesellschaftlichen Rang als nicht ausreichend angesehen hatte. Der Sohn Albert, meint sie, habe einen außerordentlich dicken Kopf gezeigt und sei jahrelang dem Elternhaus ferngeblieben oder habe die Eltern nur flüchtig besucht.

Und in den *Lebensabrissen* schreibt Wolters über Speers Verhältnis zu seinem Elternhaus:

Es gehört zum zwiespältigen Wesen Speers, daß er zwar nicht ohne Stolz auf den vornehmen Lebensstil seines »großbürgerlichen« Elternhauses hinwies, dem Stil der Eltern aber eine Nachlässigkeit entgegensetzte, die kaum zu überbieten war ... Ich habe ihn aus den Zeiten früherer Freundschaft sozusagen von oben bis unten als »Ungebügelten« in Erinnerung: Das Hemd von undefinierbarer Farbe, Krawatte, wenn überhaupt vorhanden, höchst lässig gebunden, die Hose hing nach unten und zeigte dort statt der Längs- horizontale Falten ...

Das damalige unkonventionelle Äußere seines Freundes inspirierte Wolters zu einer Karikatur. Sie »belustigte ihn [Speer] selbst so, daß er dem Blatt noch heute einen Platz an der Wand seines Arbeitszimmers gönnt«. Laut Wolters war Speer gleichermaßen nachlässig, was seine Arbeit betraf. Er war

»ein genialer Faulpelz, der alle manuelle, vor allem zeichnerische Arbeit im Stücklohn an weniger begüterte, aber um so emsigere Kommilitonen vergab«. Geizig war Speer allerdings nicht, denn »er verfügte über ein Bankkonto, von dem er ... großzügig auslieh ...«

Nachdem Speer im Sommer 1927 das Abschlußexamen abgelegt hatte, machte Tessenow ihn zu seinem Assistenten. »Auf diese Stelle waren alle scharf«, sagte Speer, »nicht nur, weil sie eine gewisse materielle Sicherheit bot und man weiterstudieren konnte, sondern auch, weil man damit zum engeren Kreis von Vertrauten um Tessenow gehörte. Ich bewunderte – nein, ich verehrte ihn, aber die Beziehung wurde nie in irgendeiner Form persönlich. Dazu war er viel zu verschlossen, ganz ähnlich wie ich. Ich empfand für ihn völlig andere Gefühle als später für Hitler. Tessenow konnte mir nichts Konkretes bieten – keine Aufgabe, kein Lebensziel, wenn Sie verstehen, was ich meine. Meine Bewunderung für Tessenow war deshalb viel distanzierter, viel freier, genaugenommen, als später die für Hitler; sie war ... reiner. Tessenow hielt nur ein oder zwei Seminare pro Woche. Den Rest der Zeit«, Speer lachte, »– können Sie sich das vorstellen? – den Rest der Zeit unterrichtete ich. Aber wenn ich ›unterrichten‹ sage, dürfen Sie das nicht mißverstehen. Ich ›unterrichtete‹ nichts wirklich Eigenes, ich kopierte ihn nur. Aber es tat mir gut, ähnlich wie Auswendiglernen früher ganz nützlich fürs Lernen war. Tessenow stand für eine Architektur von erhabener oder, besser gesagt, puritanischer Reinheit. Wenn ich sie anderen vermittelte, spürte ich, wie sie auf mich selbst wirkte; ich kam mir wie ein guter Mensch vor, weil er ein guter Mensch war. Natürlich war mir das damals nicht bewußt; ich habe es erst jetzt verstanden und kann es in Worte fassen.«

Aus Spandau berichtet er seinen Kindern über diese Phase seines Lebens: Meine Begeisterung und Hingabe an den verehrten Meister wird wohl auch ihm nicht verborgen geblieben sein, und als er seinem langjährigen Assistenten im Seminar der Technischen Hochschule die Möglichkeit gab, sich als Architekt selbständig zu machen, fiel seine Wahl auf mich als dessen Nachfolger. Mein Vorgänger war etwa 40 Jahre und ich gerade 23 Jahre alt. Ich konnte mich rühmen, der jüngste Assistent an den Entwurfsseminaren zu sein. Das Gehalt war auch nicht schlecht. 300 Mark bei nur drei Tagen Arbeit und dazu noch 5 Monate Ferien, die auch bezahlt wurden, das entsprach ... einer Bezahlung von rd. 1000 Mark im Monat, wenn man von einer normalen Arbeitszeit ausgeht. Wenn ich wollte, konnte ich in der freien Zeit selbständig als Architekt tätig sein, und da meine Vorgänger ganz gut nebenbei zu tun hatten, warum sollte ich darum nicht auch manchen kleinen Bau bekommen? ... Was, meint ihr, lag nun am nächsten? Nur eines, auf das meine Gretel und ich nun schon 5 Jahre warteten – zu heiraten. Meine

Eltern hätten mich sicher versucht umzustimmen und den Zeitpunkt zur Heirat auf einen späteren Termin zu verschieben. Gerade tapfer war ich nicht, wenn ich dem entgehen wollte. Aber doch eben tapfer genug, um zum Entschluß zu kommen: Wir heiraten, ohne viel davon zu sagen vorher. Es wurde ein kleines Komplott daraus: Die Eltern Eurer Mutter und der Anstandswauwau vergangener Zeiten, unser Vetter Fritz, wurden nach Berlin eingeladen ... Es wurde eine ganz einfache Trauung. Am 28. 8. 1928. In der Kaiser-Wilhelm-Gedächtniskirche fand sie statt in kleiner Kapelle. Draußen wurden wir von einem Straßenfotografen geknipst. Das war unser Hochzeitsbild, ein sehr nettes nebenbei, das ich Euch mal zeigen muß. Und meine Eltern wurden mit einem Telegramm überrascht: Wir haben geheiratet, Albert und Gretl«. ... Am nächsten Tag starteten wir zu unserer Hochzeitsreise, die ebenso eigenwillig war wie der Verlauf unserer Hochzeit. Wir bauten unsere Faltboote am Spandauer Schiffahrtskanal, keine 500 Meter von hier, wo ich jetzt das schreibe, auf. Meine Frau einen Einsitzer und ich, wegen des vielen Gepäcks, einen Zweisitzer. Damals wußten noch nicht viele Süddeutsche, wie schön die obere Havel mit ihren alten Kiefern, wie blau die Seen Mecklenburgs und wie einsam sie sind. Das war das richtige Gebiet für uns, die wir endlich zu zweit allein sein konnten ... Drei Wochen waren wir unterwegs. Immer im Boot und mit einer Ausnahme an Eurer Mutter Geburtstag immer im Zelt übernachtend. Ein Tag war schöner als der andere ...

Nach einem kurzen Besuch in Heidelberg, wo Speers Eltern, die Margret noch nicht kannten, ihre neue Schwiegertochter für ein paar Stunden sehr »lieb empfingen«, wie er seinen Kindern fünfundzwanzig Jahre später schrieb, kehrten die beiden wieder nach Berlin zurück.
Die Zeiten waren damals für die meisten Menschen schrecklich hart, uns aber ging es gut. Wir hatten ein kleines Haus in einem Vorort. Die meisten Studenten besaßen keinen roten Heller, und da wir etwas Geld hatten, wurde unser Haus zum Treffpunkt aller möglichen Leute. Aber wir alle glaubten leidenschaftlich an das einfache Leben, das Tessenow predigte.

»Ich kochte jeden Tag Nudeln und Reis für Dutzende von Leuten«, erinnerte sich Margret mit Freude fünfzig Jahre später. Und Speer fügte hinzu: »Es war die unbeschwerteste, glücklichste Zeit, die wir je hatten.« Dieses Glück spiegelt sich auch in den Erinnerungen von Willie Schelkes, der Speer damals kennenlernte und später von ihm angeboten bekam, zuerst sein Partner zu werden und dann, nach Speers Aufstieg, in seinem Architektenteam mitzuarbeiten.

Schelkes wurde 1904 in Freiburg geboren. Sein Vater war ein wohlhabender Industrieller und hatte bis 1917, als die Familie nach München umzog, eine Hanffabrik in Österreich geleitet. 1925 bestand Willie das Abitur, machte eine zweijährige Lehre als Landschaftsgärtner und wechselte dann an die Technische Hochschule, an der auch Speer und Wolters gelernt hatten, um Landschaftsarchitektur zu studieren. Als sein Vater 1929 eine Hanffabrik in Ungarn übernahm, zog Willie nach Berlin.

»Als ich mich [für Tessenows Seminar] einschreiben wollte, sagte man mir, es sei voll – keinerlei Hoffnung für Studienortwechsler«, erzählte Schelkes. »Ich war todunglücklich, denn nach allem, was ich über Tessenow gehört hatte, war ich überzeugt, daß er der Mann war, bei dem ich studieren wollte. Und dann, als ich noch in dem Büro herumstand, kam ein junger Mann ungefähr meines Alters herein und fragte, warum ich so unglücklich aussähe. Ich sagte es ihm. Er sagte: ›Wo kommen Sie her?‹ Und ich antwortete: ›Freiburg.‹ Da sagte er: ›Ah – ich komme aus Heidelberg und bin Tessenows Assistent, und wir Badenser müssen zusammenhalten. Bleiben Sie, ich sorge dafür, daß Sie aufgenommen werden.‹ Ich fand das wunderbar. Und er hielt Wort.«

Wir lernten uns 1986 in Schelkes' schöner Villa in der alten, malerischen Universitätsstadt Freiburg kennen. Schelkes hatte Büro und Haus erst kurz zuvor an seinen Sohn übergeben. Er und seine Frau, die inzwischen zu zart war, um den Haushalt zu führen, sollten in Kürze eine Wohnung in einer modernen Seniorenresidenz beziehen. Die Wohnung lag auf der anderen Seite der Stadt, und Schelkes war über den bevorstehenden Umzug bedrückt. Da er nicht mehr Auto fuhr, würde es schwierig für ihn sein, quer durch die Stadt in sein geliebtes Atelier zu gelangen, das er unter dem Dach des Familienhauses eingerichtet hatte. Schelkes ist und war vermutlich immer ein ruhiger und kultivierter Mensch – die Landschaftsarchitektur paßt gut zu ihm.

Speer, sagte er, sei in jenen ersten Berliner Jahren sehr hilfsbereit und freundlich gewesen. »Er schien das Leben sehr leicht zu nehmen. Er und seine Frau hatten ständig Gäste zum Abendessen da – das war wirklich außergewöhnlich. Ich meine, es war damals keine sehr verbreitete Sitte. Speer gab damit nicht an; er wollte einfach teilen.«

Und weiter: »Speer spielte in unserem Leben eine zentrale Rolle. Er hatte schon damals dieses Charisma. Natürlich stimmte ich mit ihm nicht überein, was den politischen Aspekt von Tessenows Seminar betraf. Speer hielt es für eine Sammelstelle für Nationalsozialisten. Ich war schon damals anderer Ansicht und bin es heute noch. Es gab natürlich ein paar Nazis – sie wollten, daß ich in ihren Studentenbund eintrete, aber ich lehnte ab. Ich *war* politisch interessiert, man konnte gar nicht anders, aber ich hatte andere politische Ziele.« Schelkes war jahrelang bei der eher protestantisch ausgerichteten, aber ebenfalls nationalistisch orientierten bündischen Jugend gewesen, in der man für Berg- und Paddeltouren schwärmte. »Mich stieß der Fanatismus der Nazis ab, von ihrer Gewalttätigkeit ganz zu schweigen – sie waren mir einfach zu brutal.«

Ein anderer Zeitgenosse Speers, der damals in Berlin lebte und für Speers Leben später von größter, ja einzigartiger Wichtigkeit werden sollte, war Robert Raphael Geis. Der damals 19jährige einzige Sohn einer wohlhabenden Familie assimilierter Frankfurter Juden war im Herbst 1925 nach Berlin gekommen, um sich zum Rabbiner ausbilden zu lassen.

Raphael Geis – wie er die vielen Briefe unterzeichnete, die er vom November 1969, dem Beginn seiner Bekanntschaft mit Speer, bis zu seinem Tod im Mai 1972 an Speer schrieb – wurde am 4. Juli 1906 geboren und hatte, wenn auch aus anderen Gründen, eine ähnlich schwierige Jugend wie Speer. Seine Konflikte mit dem Vater waren jedoch eher kulturell als psychisch bedingt, nicht untypisch für eine beträchtliche Anzahl assimilierter deutscher Juden und insofern auch aufschlußreich für die spätere Reaktion der deutschen Juden auf Hitler.

Geis' Vater fühlte sich vor allem als Deutscher, der seinem Kaiser treu ergeben war.

An Yom Kippur besuchte er zwar noch die Synagoge, ähnlich wie manche Christen nur zu Weihnachten in die Kirche gehen, doch war ihm, wenn er überhaupt etwas empfand, sein Judentum eher peinlich. Vierzehn Jahre älter als seine Frau, hatte er ein Vermögen gemacht und sich früh aus dem Geschäftsleben zurückgezogen. Als strenger, autoritärer Vater hatte er die Zukunft seines Sohnes fast von dessen Geburt an genau geplant. Raphael sollte wie ein Deutscher der gehobenen Mittelschicht aufwachsen, die besten Schulen besuchen, nach dem Abitur eine Weltreise machen (das damals übliche Abitursgeschenk vermögender Deutscher an ihre Söhne) und sich dann auf eine Laufbahn als Bankier vorbereiten.

Speers Vater hatte das Leben seiner Söhne zweifellos genauso geplant und auf individuelle Eigenheiten und Wünsche genausowenig Rücksicht genommen. Und bei seinem begabtesten Sohn hatte er damit tragischerweise auch Erfolg gehabt: Speer, der seinen Vater leidenschaftlich liebte und bewunderte, obwohl dieser ihn von seinen drei Söhnen am wenigsten verstand, hatte getan, was man ihn hieß – für seinen Vater.

Geis, der seinen herrschsüchtigen Vater weder bewunderte noch, so vermutet man, liebte, war aus einem anderen Holz geschnitzt. Er sagte bereits »nein«, als er noch kaum sprechen konnte, und er stand, unter beträchtlichen Kosten für sich und ihm Nahestehende, bis zu seinem Lebensende rückhaltlos zu seinen moralischen Entscheidungen.

Ähnlich wie im Fall Speers die Briefe an Margret und später an die Kinder, gibt es für die Entwicklung und Gefühlswelt von Geis keine bessere Quelle als die autobiographische Parabel *Aus einer Kindheit. Eine wahre Geschichte,* die er 1934 schrieb, um sie während einer kurzen Lehrtätigkeit in Mannheim zu verwenden.

Es war einmal eine Zeit, da ging es den Juden gut. Sie wurden nicht aus ihren Häusern vertrieben, ihre Kinder konnten in Frieden spielen, sie konnten lernen, was sie wollten, und wenn sie richtig fleißig waren, konnten sie den Beruf und die Arbeit sich wählen, die ihnen am meisten Spaß machten. Da es den Juden so gut ging, meinten viele, sie müßten nun gar keine Juden mehr sein, und manch jüdisches Kind wuchs auf, ohne zu wissen, daß es ein Jude ist ...

Geis schildert im folgenden, wie ein solches Kind – er selbst mit etwa sieben Jahren – zum erstenmal die Großeltern besucht und von ihnen, die so anders sind als die Eltern, fasziniert ist.

»Großpapa, darf ich auch einmal Deinen Bart anfassen«, fragte der Junge. Und sofort beugte sich der alte Mann zu dem Kind, und der kleine Junge streichelte ganz vorsichtig den Bart. Damit waren sie schon rechte Freunde geworden ...

Eines Tages fragte der Großvater: »Mein Kind, möchtest Du heute mit mir in die Synagoge gehen?« »O ja – sagte der Junge – mit Dir ist es überall schön.« Was aber eine Synagoge ist, das wußte er nicht, denn seine Eltern hatten es ihm nie erzählt, und sein Vater ging wohl auch nicht in eine Synagoge ... Es war ein großes, wunderschönes Haus mit vielen großen Lampen, die hell strahlten. Vorne war ein Vorhang, so groß wie eine ganze Wand. Und der Vorhang war herrlich rot, und es blinkte nur so von bunten Steinen auf ihm ... Auf einmal wurde es ganz still, von hoch oben kam Gesang, erst ganz leise, und dann so stark und zuversichtlich, am liebsten hätte der kleine Junge gleich mitgesungen ... Wieder wurde es besonders still, und der Mann erzählte eine Geschichte ... immer wieder kam das Wort »Jude« darin vor ... der liebe Gott mußte die Juden ganz besonders lieb haben, und die Leute in der Synagoge mußten wohl Juden sein. Da bekam es der kleine Junge mit der Angst zu tun, vielleicht durften in diesem Haus nur Juden sein, und vielleicht wußte der Großvater gar nicht, daß er kein Jude war. Er sah zum Großvater hinauf, der beugte sich zu ihm herab und fragte: »Gefällt es Dir, mein liebes, liebes Kind?« Da mußte der Junge weinen. »Ach Großvater, mir hat noch nie etwas so gut gefallen, nicht mal Dein Bär, aber all das Schöne ist doch wohl nur für die Juden, die der liebe Gott so lieb hat – und ich bin doch kein Jude.« Da mußte der Großvater aber lachen, und er sagte zu dem kleinen Jungen: »Sei ruhig, mein Kind, auch Du bist ein Jude, ich weiß es ganz genau, und ich hoffe zu Gott, daß Du mal ein guter Jude werden wirst.« Da mußte der Junge nicht mehr weinen, er war so froh, weil er auch ein Jude war ...

Wenige Tage später mußte der Junge wieder zu seinen Eltern ... Kaum waren sie alle wieder zu Hause, fragte der Junge: »Mutti, darf ich den alten Geigenkasten haben, der da auf dem Schrank steht?« Die Mutter gab ihn herab, und der Junge verschwand damit in seinem Spielzimmer. Nach einer Weile hörten die Eltern ihren Sohn so komisch singen, nicht die Lieder, die ihnen bekannt waren, nein, es klang beinahe wie in der Synagoge, sagte der Vater ganz entsetzt. Sie öffneten die Tür ganz leise, da stand der kleine Mann in Muttis Schlafrock, ein Tischtuch um die Schultern gelegt, hielt den Geigenkasten im Arm, der auch in ein buntes Tuch eingewickelt war, und sang die Lieder, die die Eltern einst in ihrer Kindheit auch gehört hatten und seitdem nie wieder. »Was machst Du denn da«, fragte der Vater. »Ich bin in der Synagoge«, antwortete das Kind. »Ihr dürft mich nicht stören. Ich bin nämlich Jude, Großvater selbst hat es mir gesagt ...«

Im Sommer durfte der Junge zum erstenmal mit seinen Eltern verreisen ... Eines Abends war ein großes Fest, der Junge durfte auch aufbleiben, wie die Erwachsenen. Als es schon ganz dunkel war, trat man ins Freie, und von allen hohen Bergen leuchteten große Feuer. Da rief einer: »Hoch lebe die Schweiz«, ein anderer: »Hoch lebe England«, und so ging es weiter, alle Länder ließ man hochleben, am Schluß aber rief ein Kinderstimmchen: »Hoch leben wir Juden.« Das war natürlich der kleine Junge. Alle lachten, nur die Eltern des kleinen Jungen nicht, denn denen war es gar nicht recht, sie wollten doch keine Juden sein und hatten es verschwiegen und waren froh gewesen, weil keiner sie für Juden gehalten hatte. Damit war's nun aus und mit den schönen Ferien auch, denn am anderen Morgen reisten die Eltern mit dem kleinen Jungen ab, weil sie sich so schämten, weil jetzt alle Leute im Hotel wußten, daß sie Juden waren.

Im September 1925, als der 20jährige Speer nach einem Wanderurlaub mit Margret in den Österreichischen Alpen von München nach Berlin wechselte und sich bei Tessenow einschrieb, begann der 19jährige Raphael Geis ein Studium der jüdischen Theologie an der Hochschule für die Wissenschaft des Judentums bei den letzten großen deutsch-jüdischen Wissenschaftlern, dem Religionsphilosophen und Rabbiner Leo Baeck*, dem Religionsgeschichtler

---

* Baeck kam 1943 in das »Musterlager« Theresienstadt; er überlebte und emigrierte 1945 nach Großbritannien. Inzwischen trägt ein bedeutendes wissenschaftliches Institut in Berlin seinen Namen.

Ismar Elbogen, dem Philosophen und Historiker Julius Guttmann, dem berühmten Religionsphilosophen Martin Buber und dem Religionsphilosophen und Pädagogen Franz Rosenzweig (alle überlebten das Naziregime, nur Rosenzweig starb bereits 1929 und Elbogen 1943 in New York).

Dem später mit Geis befreundeten protestantischen Theologen Dietrich Goldschmidt zufolge hatte Geis seine Identität nicht nur dadurch gefunden, daß er sich bewußt zu seinem jüdischen Erbe und seiner Aufgabe als Rabbiner bekannte, sondern auch, indem er den deutschen Geist absorbierte, der den Söhnen der deutschen Elite damals an den deutschen Universitäten eingetrichtert wurde. Neben jüdischer Theologie studierte er neuere Geschichte. 1930 wechselte er nach Köln, studierte dort bei dem Breslauer Historiker Johannes Ziekursch und promovierte über den Sturz Caprivis, Bismarcks Nachfolger als Reichskanzler. In bewußter Distanzierung vom Lebensstil seiner Eltern entschied er sich für eine Zukunft als mäßig bezahlter Akademiker und Theologe.

Eineinhalb Jahre später wurde der 26jährige Dr. Robert Geis zum Jugendrabbiner von München ernannt; eines seiner Gemeindeglieder erlebte ihn als »schlanke Figur ... einen übermütigen, elegant gekleideten, aber leidenschaftlichen jungen Mann, mit dem wir uns bald duzten« – letzteres sehr zum Mißfallen des konservativen Vorstands der jüdischen Gemeinde von München.

München war damals seit fast zehn Jahren ein Zentrum politischer Kämpfe und die Hauptstadt von Hitlers nationalistischer Bewegung. Geis stürzte sich in seinem ersten Rabbinat sofort in den Kampf gegen die Hybris der nationalistischen Eiferer, Fanatiker und vor allem die Unmenschlichkeit der Menschen zueinander – einen Kampf, den er bis zu seinem Tod fortführen sollte.

»Er war ein geborener Außenseiter ... ein freier Geist, der der Liebling der jüdischen Jugend Münchens wurde«, schrieb Harry Maor, der Geis als Achtzehnjähriger in München kennenlernte. »Er verstand von Anfang an, daß er sein Leben allein gehen müßte ... Er, der mir schon in jungen Jahren oft des Trostes bedürftig schien, war ein begnadeter Tröster, ein Künstler der Seelsorge.«

Im Jahr 1932 war der junge Hitzkopf Geis bereits ein Stachel im Fleisch des traditionalistischen Vorstands der deutschen jüdischen Gemeinde und hatte die Aufmerksamkeit des christlichen Klerus erregt. Als Kardinal Faulhaber, der den Nationalsozialisten und ihrer immer bösartigeren Propaganda entgegentreten wollte, in der Adventszeit des Jahres 1933 eine Predigt gegen den Antisemitismus hielt, lud er den jungen Rabbiner ein, neben ihm in der Prozession zum Altar zu gehen. Dies war ein bemerkenswerter und dramatischer erster gemeinsamer Schritt christlich-jüdischer Ökumene, ein Gebiet, auf dem Geis ein starkes und umstrittenes Engagement entwickeln sollte, als er nach vergeblichen Versuchen, im Ausland Wurzeln zu schlagen, fünfzehn Jahre später nach Deutschland zurückkehrte.

Ende der zwanziger Jahre war die im ersten Jahrzehnt des Jahrhunderts geborene Generation junger Deutscher – darunter Speer, Wolters, Geis, Schelkes und ihre zukünftigen Frauen – erwachsen und vermutlich im Vollbesitz ihrer moralischen und geistigen Kraft. Angesichts des wirtschaftlichen Klimas der damaligen Zeit hatten freilich nur wenige Gelegenheit, sich zu bewähren. Einige gingen ins Ausland wie Wolters, der in der Sowjetunion arbeitete. Andere lebten wie Goebbels und in gewissem Ausmaß Speer und sogar Geis auch als Erwachsene noch eine Zeitlang von der Unterstützung ihrer Eltern, während sie versuchten, ihre Pläne oder Träume zu realisieren.

Im Gegensatz zu Speer, der 1929 Seminare für Tessenow hielt und mit Hilfe seines Assistentengehalts und der nach wie vor fürstlichen Unterstützung durch den Vater die ersten Ehejahre mit Margret genoß, entwickelten andere junge Menschen wie etwa Annemarie Wittenberg politisches Bewußtsein und übernahmen finanzielle Verantwortung, obwohl sie fast noch Kinder waren. Annemarie Wittenberg war schon sehr früh mit der harten Realität des Lebens konfrontiert. Ihr Vater, ein Zeitungsredakteur, war am damals noch inoperablen grauen Star erkrankt und erblindet, als sie fünf war, und ihre Mutter hatte eine Stelle in einer Bank angenommen. Geld war knapp, das höchste der Gefühle sei »Haferkakao« gewesen, berichtete sie. »Er war heiß und nahrhaft. Meine Mutter machte ihn mit etwas Zucker, und das schmeckte uns sehr gut.« Der Vater machte die Hausarbeit, so gut er konnte, die Mutter arbeitete viele Stunden täglich in der Bank, und den vier Kindern war klar, daß sie sobald wie möglich ebenfalls würden arbeiten müssen.

»Berlin war eine sehr politische Stadt«, sagte Annemarie Kempf. »Als ich vierzehn war, waren wir uns der Kluft zwischen Reich und Arm, zwischen Klassen und Schichten deutlich bewußt. Am Ende des Schuljahrs, in dem wir den Versailler Vertrag behandelten, veranstalteten wir im Gedenken daran auf dem Schulhof einen Trauerzug. Zum Schluß zerrissen wir feierlich eine Kopie des Vertrags, warfen sie in die bereitgestellte Mülltonne und zündeten sie an.« (Man hat entschieden den Eindruck, daß die junge Annemarie bei dieser Zeremonie die Anführerin war!) Nach der mittleren Reife hätte ein gescheites Kind wie Annemarie normalerweise noch drei weitere Jahre bis zum Abitur die Schule und anschließend die Universität besucht; sie dagegen ging auf eine Handelsschule und lernte Stenografie, Fremdsprachen und Maschineschreiben. Nach drei oder vier Monaten – sie war gerade sechzehn und, wie man auf Fotos von damals sehen kann, ein großes und schlankes, schönes Mädchen mit dunkelblonden Haaren – beschloß sie, daß sie jetzt genug wußte.

»Ich ging zu einem Stellenvermittlungsbüro, behauptete, einige Fremdsprachen, Stenografie und Maschineschreiben zu können, und bekam fast sofort eine Stelle bei einer Agentur für Varietékünstler mit dem phantasievollen Namen ›Perlen, Flitter und Tanten‹.« Ihr Lohn betrug 120 Reichsmark im Monat plus Essensmarken. Dank ihrer »nichtexistenten Fremdsprachenkenntnisse« sei sie schon bald zur Sekretärin und Kassiererin der Agentur aufgestiegen. »Ich schrieb meine Briefe mit Hilfe von Wörterbüchern – die haben den Unterschied nie bemerkt.« Sie gab fast ihren ganzen Lohn der Mutter und behielt nur das Fahrgeld.

Der paradiesische Zustand – »und glauben Sie mir, in einem Land mit sieben Millionen Arbeitslosen war er wirklich paradiesisch« – dauerte ein halbes Jahr. Eines Tages fand sie auf ihrem Schreibtisch eine Pralinenschachtel, damals ein unglaublicher Luxus. Als sie am selben Tag in den Keller ging, um Akten zu holen, folgte ihr der Chef und machte einen Annäherungsversuch, der ihm jedoch nur eine Ohrfeige einbrachte. Am selben Nachmittag fuhr die Frau des Chefs mit Annemarie in einer Pferdedroschke zum Zoo und sagte ihr, sie sei erstaunt, daß ihr Mann mit seinem ersten Annäherungsversuch so lange gewartet habe. »Danach gesellte ich mich dem Millionenheer der Arbeitslosen hinzu, aber Sie hätten das Zeugnis sehen sollen, das ich bekam – toll.«

Annemarie meldete sich arbeitslos. »Bei der nächsten Stelle, die mir angeboten wurde, hätte ich vierzig Reichsmark im Monat verdient. Ich sagte, das sei unter meiner Würde, und meine Eltern teilten diese Ansicht.«

Wie sich herausstellte, lohnte sich die Warterei, wenn auch nicht finanziell. »Ich interessierte mich damals leidenschaftlich für Politik. Vor allem brannten mir die Mängel unserer Gesellschaft auf der Seele, ihr schreckliches Klassensystem, das diese katastrophale Arbeitslosigkeit produziert hatte. In einem heutigen modernen Sozialstaat mit Arbeitslosengeld, Krankengeld und Familienhilfe ist das damalige Elend praktisch unvorstellbar.«

Von einem Freund ihres Bruders erfuhr sie, daß die finanziell schlecht ausgestattete Gauleitung der Berliner NSDAP Freiwillige suchte, die nur für Fahrgeld arbeiten würden. »Mein ältester Bruder arbeitete als Versicherungsvertreter, meine Schwester hatte eine Stelle beim Telegrafenamt, und meine Mutter war noch immer bei der Bank – sie alle redeten mir zu; wenn sie mich nehmen sollten, würde die Familie mir helfen. Mir war egal, wieviel Geld sie mir anbieten würden, solange ich dort arbeiten konnte, für unsere Zukunft.«

Sie kam als Schreibkraft in die Abteilung, aus der sich später die Deutsche Arbeitsfront entwickelte. »Als Mittagessen nahm ich ein belegtes Brot mit, manchmal auch einen Apfel; außer dem Fahrgeld hatte ich keinen Pfennig, aber ich ging wie auf Wolken: Jetzt gehörte ich dazu – zum Kampf –, das war alles, was ich wollte.«

In dem bereits erwähnten, aber nur teilweise zitierten Brief, den Speer im Mai 1953 aus Spandau an seine Tochter Hilde schrieb – als Antwort auf ihre Frage nach seiner Schuld –, versuchte er sich den beiden zentralen Problemen seines Lebens zu stellen: Hitler und den Juden. Hilde hatte in ihrem Brief, teils aus Schüchternheit und vielleicht auch, um den Vater zu schonen, den Begriff »Juden« geradezu auffällig vermieden. In seiner Antwort kam Speer jedoch von sich aus darauf zu sprechen, in der richtigen Annahme, daß das Thema im Bewußtsein praktisch aller westlichen Länder und besonders seiner tief moralischen jungen Tochter einen sehr hohen Stellenwert hatte. Dies war jedoch nicht der einzige Grund. Speer hatte ein ungeheures Bedürfnis, einen hartnäckigen Drang, sich diesem Thema zu stellen. Während jedoch in seinen tiefgehenden Gesprächen mit Georges Casalis in Spandau (und, viel später, mit mir) bei jeder Erwähnung der Juden sein Schmerz offenbar wurde, schien er das Thema im »historischen« Teil des Briefs an Hilde vor allem rationalisieren zu wollen.

Er schrieb:

Einmal war, als ich mit dem Nat. Soz. bekannt wurde (das war etwa 1931), die antisemitische Propaganda weit in den Hintergrund getreten; wohl um nicht zu sehr neue Anwerbungen von Anhängern einzuschränken, benahm sich damals in diesem Punkte diese Partei recht zurückhaltend, obwohl es trotzdem sichtbar blieb. Dann war damals das schnelle Anwachsen der Kommunisten in Deutschland, und viele, darunter auch ich, sagten sich, daß der Nat. Soz. die einzige energische Partei ist, die damit fertig werden könnte. Schließlich nahmen mich einige Studenten, die schon Nat. Soz. waren, mit zu einer Rede, die Hi. nur vor Studenten hielt. Das gab eigentlich für mich den Ausschlag. Er machte schon rein äußerlich einen gewinnenden Eindruck. Das wurde noch verstärkt durch die gegnerische Propaganda, nach der ich einen laut schreienden, gestikulierenden Fanatiker in einer Uniform zu treffen erwartete. Es war zweifellos auch etwas Berechnung dabei, wenn er vor diesen Studenten ruhig und sachlich mehr dozierte als sprach, keinen Beifall herausforderte (obwohl er ihn dann in der zweiten Hälfte reichlich bekam) und statt in der Uniform in einem dunklen Anzug erschien. Ich habe mir vorgenommen, einmal später in einer Zeitung nachzulesen, was mir eigentlich an der Rede einen solchen Eindruck machte. Aber ich glaube nicht, daß er auf die Juden schimpfte ...

In den zwölf Jahre später geschriebenen *Erinnerungen* wollte Speer offensichtlich nicht mehr eingestehen, daß er eine wichtige und nicht irgendeine unbedeutende Rede gehört hatte, und spielte das Ereignis entsprechend herunter:

Um diese Zeit sprach Hitler in der Berliner »Hasenheide« ... Schmutzige Wände, enge Aufgänge und ein verwahrlostes Inneres machten einen ärmlichen Eindruck; hier fanden sonst Bierfeste der Arbeiter statt.

Speer erweckt hier fälschlicherweise den Eindruck, es habe sich nur um eine der Tausende von Reden gehandelt, die Hitler damals landauf, landab in Bierstuben hielt. Selbst im »Spandauer Entwurf« – der 1953 entstandenen Urfassung der *Erinnerungen,* die ohne die redaktionellen Eingriffe und nachträglichen Korrekturen des späteren Buchs in vielem direkter und daher überzeugender wirkt – sagt er falsch, es habe sich nicht um eine der Massenversammlungen gehandelt, auf denen Hitler damals fast täglich sprach, sondern um eine Rede nur für Studenten in einer »kleinen Bierhalle«.

In Wirklichkeit war die kleine Halle ein riesiger Vortragssaal, und im *Angriff,* der von Goebbels gegründeten und herausgegebenen Tageszeitung der NSDAP, wurde die am 4. Dezember stattfindende Rede zwei Tage vorher angekündigt und am 5. Dezember ausführlich besprochen. Es kamen nicht nur 5000 Studenten – zahlreiche weitere wurden abgewiesen, weil der Saal voll war –, auch viele Professoren waren zugegen, denen man auf der Tribüne Plätze reserviert hatte, wo übrigens auch Speer und seine – wie man annehmen muß, politisch bedeutsame – Gruppe von Tessenow-Studenten saßen.

Speer wußte, als er den »Spandauer Entwurf« schrieb, ganz genau, warum Hitler sich vor einem solchen Publikum nicht zu den üblichen hysterischen Angriffen gegen die Juden hatte hinreißen lassen. In den *Erinnerungen* spricht er ausdrücklich davon, daß Hitler es »bewußt oder intuitiv verstand, sich seiner Umgebung anzupassen«. Es entbehrte nicht eines gewissen Sophismus, wenn er Hilde schrieb, Hitler habe die Juden in dieser Rede nicht beschimpft. Die zweifellos sorgfältig kalkulierte Korrektheit von Hitlers Auftritt hatte auf die jungen Zuhörer die beabsichtigte Wirkung. In Spandau schreibt Speer:

Hitler erschien, von seinen zahlreichen Anhängern unter den Studenten stürmisch begrüßt. Schon diese Begeisterung machte mir empfänglichem Menschen den größten Eindruck. Es ging mir dabei wie bei manchen Stellen einer Sinfonie »heiß und kalt den Rücken herunter«. Erstaunt war ich über Hitler selbst. Aus den Plakaten, aus Karikaturen war mir der Parteiführer in seinem Uniformhemd, Schulterriemen, Hakenkreuzbinde, etwas wilder Frisur bekannt. – Hier aber trat er auf in zivilem blauen Anzug, gepflegt und bürgerlich – gesittet ...

(Nicht nur die Begeisterung beeindruckte Speer, er war, bei aller Gleichgültigkeit des Studenten gegenüber der eigenen Kleidung, die doch nichts weiter war als eine schüchterne Geste jugendlicher Rebellion, stets auch sehr stark von der äußeren Erscheinung beeindruckt. Ein schlagendes Beispiel dafür findet sich in einem Brief, den er seinen ältesten Kindern Albert und Hilde schrieb, nachdem diese ihn am 2. September 1953 kurz nach Hildes Rückkehr aus Amerika erstmals im Spandauer Gefängnis besucht hatten. »An Dir, Albert, fielen mir besonders Deine schönen Hände auf und Dein prima abgestimmter Anzug«, schrieb er an den damals neunzehnjährigen Albert, den er zuletzt als elfjährigen Jungen gesehen hatte. »Und auch bei Dir, Hilde, ... Deine sehr geschmackvolle Kleidung.«

Am meisten, schrieb Speer in Spandau, habe ihn während jener ersten Hitler-Rede, die er erlebte, jedoch etwas anderes beeindruckt:

… wie er dann mit leiser Stimme zögernd und eher schüchtern keine Rede, sondern eine Art Vortrag begann, hatte für mich etwas Gewinnendes; um so mehr, als es ein Kontrast war zu dem, was ich erwartete; ein sich selbst preisender Demagoge. – Später, Jahre danach, habe ich oft diesen Zug von Schüchternheit an Hitler feststellen können, wenn er sich in Gesellschaft hochgebildeter Menschen befand, die ihm in ihrem Wissen überlegen waren … Seine anfängliche Schüchternheit war allerdings bald verschwunden, und was er sagte, geschah eindringlich und mit großer Überzeugungskraft … Er sprach von der Notwendigkeit, daß die jungen Deutschen ihren Stolz zurückgewinnen müßten.

Ein wesentlicher Faktor bei der Suche nach den inneren Antrieben eines Menschen sind die äußeren Umstände seines Lebens, darunter vor allem natürlich die ihm nahestehenden Menschen. In all den Jahren, die ich Speer kannte, war ich, obwohl ich die Haltung seiner Generation gegenüber Frauen kannte, immer wieder durch seine geistige Blindheit gegenüber Margret überrascht. Es war nicht eine Frage von Gleichgültigkeit – Margret war ihm wichtig –, sondern vielmehr die mehr im Gefühl als im Verstand wurzelnde, eingefleischte Überzeugung, die er mit vielen Männern seiner Generation – nicht nur in Deutschland – teilte, daß *seine* Frau weder die Fähigkeit noch sogar das Recht zu eigenständigem Denken habe oder haben könne. So eine Einstellung gab solchen Männern natürlich ziemlich freie Hand – oder Wahl: Einer Freundin konnte man einiges zugestehen – zum Beispiel bewunderte und anerkannte Speer ganz sicher Leni Riefenstahls Begabung als Filmregisseurin, und er schätzte zweifellos Annemarie Kempfs überragende Qualitäten als Sekretärin. Doch selbst in späteren Jahren, als er Frauen gegenüber viel offener war, brachte er es nicht fertig, wirklich und dauerhaft an die geistige Originalität oder Tiefe von Frauen zu glauben. Dies trat sehr deutlich bei Hilde zutage, deren bemerkenswerte Gaben und intellektuelle Fähigkeiten er zweifellos klar erkannt und viele Jahre lang genossen hatte, als er aus dem Gefängnis mit ihr korrespondierte. Trotzdem war in seinen Briefen eine deutliche Erleichterung zu spüren, als Anfang der sechziger Jahre ein hochgescheiter junger Ehemann in Hildes Leben trat. Jetzt konnte Speer mit *ihm* seine ernsten Gedanken teilen und brauchte ihr nur noch über praktische Dinge zu schreiben.

Doch diese Entwicklungen fanden in der Zeit nach Hitler statt. Was ich zunächst lernen mußte zu verstehen, waren die Einflüsse, denen Speer als junger Mann ausgesetzt war.

Ich fragte, ob Margret ihn zu der Hitler-Rede begleitet habe. »Nein«, sagte er, offensichtlich erstaunt über die Frage. »Natürlich nicht. Man nahm seine Frau nicht auf eine politische Demonstration mit.« Aber waren nicht auch Studentinnen im Publikum gewesen? »Natürlich«, antwortete er, sofort im Bild, worauf ich hinauswollte. »Sie haben recht.« Er lächelte. »Studentinnen waren da, aber keine Ehefrauen.«

Später fragte ich Margret in Speers Gegenwart, ob sie gerne mitgegangen wäre. »Ich weiß nicht«, sagte sie mit ihrer leisen, zögernden Stimme. Dann fügte sie unerwartet hinzu: »Ja, doch, ich könnte mir denken, daß ich gerne mitgegangen wäre.«

»Wirklich?« Er sah sie mit offensichtlicher Überraschung an und wandte sich dann sofort wieder mir zu. »Nein, das wäre gar nicht gut gewesen«, sagte er, »denn nachher – das weiß ich noch genau – mußte ich wirklich allein sein. Ich hatte unser kleines Auto in der Nähe geparkt; auf dem Weg dorthin war die Straße voller Menschen ... Mein Kopf summte. Ich setzte mich ins Auto und fuhr aus der Stadt hinaus, in den Wald. Und dort machte ich einen langen Spaziergang.«

»Das muß ein sehr langer Spaziergang gewesen sein«, unterbrach Margret, wiederum unerwartet. Es war immer überraschend, wenn sie sprach. »Ich machte mir Sorgen.«

»Sorgen?« Er klang verblüfft.

»Ja. Weißt du nicht mehr, daß nur zwei Tage zuvor zwei SA-Männer bei einer Demonstration getötet worden waren?« Die SA war die erste paramilitärische Organisation der NSDAP; im August 1921 als Schutz- oder auch Sportabteilung gegründet, wurde sie kurz darauf in Sturmabteilung umbenannt. Die sogenannten »Braunhemden« waren die erste Kampftruppe der Nazis.

Speer schüttelte den Kopf. Er konnte sich nicht mehr erinnern und war – wie er mir später gestand – erstaunt, daß Margret sich erinnerte. »Ist es nicht seltsam«, sagte er, und er klang regelrecht stolz auf seine Frau, »daß sie damit jetzt, fünfzig Jahre später, herausrückt?« Und immer noch kopfschüttelnd fügte er hinzu, es wäre ihm damals nie eingefallen, daß sie sich um ihn sorgen könnte. Die Versammlung allerdings und der einsame Spaziergang veränderten Speers Einstellung zu Hitler und damit sein Leben.

»Vor allem«, sagte er leise, »– und das war bestimmt der größte Fehler meines Lebens – hatte ich das Gefühl, er sei ein Mensch. Ich meine damit, daß ich fühlte, daß ihm Deutschland etwas bedeutete, aber nicht nur Deutschland – denn wir wissen jetzt natürlich, daß ihm Deutschland auf seine eigene, schreckliche Weise am Herzen lag –, sondern ich fühlte damals, daß ihm *Menschen* etwas bedeuteten. Wenn Sie wollen, könnte man auch sagen – obwohl ich es damals nie so ausgedrückt hätte –, daß *ich* ihm etwas bedeutete … ich meine«, korrigierte er sich, »wir, die Jungen, jeder einzelne von uns. Ich bin bis heute überzeugt, daß es Hitlers größte Gabe war, nicht mit Worten, sondern durch eine Art Hypnose der Massen – Hypnose einzelner Menschen – zu vermitteln, daß wir alle ihm etwas bedeuteten, ja, wenn sie mir das Wort verzeihen, daß er uns liebte. Ich hatte nicht mit diesem Gefühl gerechnet, verstehen Sie; ich verabscheue, ja, ich verabscheue alles Vulgäre und alles Laute, und das war es, was ich bis zu diesem Abend mit ihm in Verbindung gebracht hatte. Sie sehen also, daß ich gleich zwei Fehleinschätzungen unterlag, einer vor diesem Abend – denn Hitler war bestimmt nicht vulgär – und einer danach, denn Hitler konnte, zumindest in der üblichen Bedeutung des Wortes, nicht lieben. Aber es dauerte Jahre – fast ein Leben –, bevor ich das erkannte. Denn natürlich hatte mir an jenem Abend gefallen, was er sagte. Glauben Sie mir, in der damaligen Welt – angesichts des enormen Anwachsens des Kommunismus und der Gefahr, die er für Deutschland bedeutete – leuchtete es durchaus ein.«

In gewisser Weise konnte ich verstehen, was er meinte. Für das damalige Deutschland und besonders eine studentische Zuhörerschaft hatte Hitlers Rede einleuchtend geklungen. Ich besaß eine Fotokopie der Rede, wie sie am 5. Dezember 1930 im *Angriff* abgedruckt worden war, und gab sie ihm zu lesen. »Ich kenne sie«, sagte er, »ich habe sie schon vor einiger Zeit nachgelesen.« Im *Angriff* wurde Hitler folgendermaßen zitiert:

Der Krieg bedeutete eine fortgesetzte Ausmerzung der Besten und eine Konservierung der Minderwertigen [»ausmerzen« und das noch stärkere »ausrotten« sind von Hitler sehr häufig verwendete Wörter]. Bis schließlich diese das Übergewicht gewannen. Und nun sehen wir seit 12 Jahren eine Politik dieser Minderwertigen, eine Politik des reinen Egoismus.

Wenn Völker sich von den alt überlieferten oder, wie sie glauben, überalterten Ideen der Ehre, des Heldentums usw. trennen, dann hat das zur Folge eine langsame Schwächung der Nation … Eine heroische Idee sammelt die heroischen Elemente, eine feige Idee sammelt die Feigen … Prüfen Sie die Zeit, prüfen Sie, was dieser Zeit Schwung und Leben gibt. Wählen Sie dann und entscheiden Sie sich. Sie müssen dann den Weg finden, der Sie eingliedert in das Leben und die Zukunft der Nation.

Ich fragte Speer, ob er das Wort »Minderwertige« in Hitlers Rede damals nicht genauso abstoßend gefunden habe wie fünfzehn Jahre später, als Hitler dasselbe praktisch noch einmal sagte. (Dies geschah am 19. März 1945,

Speers vierzigstem Geburtstag, als Speer Hitler die letzte von mehreren Denkschriften übergab, in der er schrieb, der Krieg sei verloren und das einzig Wichtige sei nun, zum Wohle des Volkes die deutsche Infrastruktur zu erhalten. »Wenn dieser Krieg verlorengeht«, hatte Hitler laut Speer »in eisigem Ton« geantwortet, »dann hat das deutsche Volk keine Existenzberechtigung mehr, und es hat daher keinen Zweck, darauf irgendwelche Rücksicht zu nehmen. Der Osten hat sich als der Stärkere erwiesen.« So schrieb Speer in Spandau. In den *Erinnerungen* – und nur darüber konnte ich ihn befragen – hatte Speer das verstärkt. Da schrieb er: »Was nach diesem Kampf übrigbleibt, sind ohnehin nur die Minderwertigen, denn die Guten sind gefallen!«

»Sie erliegen der Versuchung, leichtfertige Vergleiche anzustellen, ohne die Zusammenhänge zu berücksichtigen«, sagte Speer, »ein Fehler, den viele Menschen machen« – er lächelte, um der Kritik die Schärfe zu nehmen, – »meistens, weil sie mich überlisten wollen. Aber ich glaube nicht, daß Sie das wollen ...« (Ich wußte nicht, ob er das ernst meinte oder mir nur schmeicheln wollte. Man konnte bei ihm nie sicher sein.) »Ich glaube, Sie wollen wirklich wissen, wie es kam, daß ich 1930 nicht auf das vulgäre Wort ›Minderwertige‹ reagierte. Und es ist seltsam; jetzt, da Sie mich fragen: Ja, als ich die Rede während meiner Recherchen für die *Erinnerungen* im *Angriff* nachlas, fühlte ich mich von dem Wort tatsächlich abgestoßen, und, ja, es ist mir auch aufgefallen, wie Ihnen gerade. Aber stellen Sie sich bitte diesen Dezemberabend des Jahres 1930 vor; vergegenwärtigen Sie sich die Atmosphäre in der Halle und was Hitler insgesamt sagte. Glauben Sie wirklich, ein einziges Wort – selbst wenn es mir aufgefallen wäre, und das ist es offensichtlich nicht – hätte etwas geändert?

Heute weiß ich natürlich – genau wie Sie –, daß es nicht um ein einzelnes Wort ging. Es ging um die geistige Einstellung oder Gesinnung, ja auch die Intelligenz. Natürlich ist es grotesk zu behaupten, die ›Besten‹ oder die ›Guten‹ würden in einem Krieg umkommen und die ›Minderwertigen‹ überleben – das ist ein Lippenbekenntnis zu einer Wagnerschen Verherrlichung des Heldentums. Es ist schon ungeheuerlich, so etwas bloß zu empfinden. 1945 wußte ich das natürlich. Als Hitler es damals sagte, war ich, glaube ich, nicht einmal überrascht – inzwischen kannte ich ihn, kannte ich ihn zumindest so gut, wie ihn irgend jemand kennen konnte. Aber 1930 kannte ich ihn nicht und glaubte auch nicht, daß ich ihn je kennenlernen würde.«

Einige Wochen später nahmen dieselben Studenten, die Speer überredet hatten, Hitler zuzuhören, ihn in ihrem messianischen Eifer zu einer Massenversammlung im Sportpalast mit, auf der Goebbels eine Rede hielt. Die Schilderung dieses Ereignisses in den *Erinnerungen* (praktisch identisch mit der im »Spandauer Entwurf«) deutet darauf hin, daß Speer Goebbels' Übertreibungen und die fanatischen Begeisterungs- und Haßstürme, mit der die Menge sie ausnahmslos begrüßte, diesen »Hexenkessel entfesselter Leidenschaften ...«, als so abstoßend empfand, daß er seine positive Reaktion auf Hitler wieder in Frage stellte. »Ich fühlte mich angewidert«, heißt es kurz und bündig im »Spandauer Entwurf«, »und der Eindruck von Hitlers Auftreten war vermindert. Aber als die Menschenmenge in Ruhe durch die Straßen abzog, erschien Polizei zu Pferde, ritt in brutaler Weise in die Menge hinein, ihre Gummiknüppel schwingend. Diese völlig ungerechtfertigte Brutalität räumte die Zweifel aus, die ich womöglich noch hatte ...«

Als Speer achtunddreißig Jahre später seine *Erinnerungen* schrieb, empfand er diese Worte offensichtlich als ungenügende Erklärung für seine Leser und fügte hinzu: »... ich hatte solche Gewaltanwendung bis dahin noch nicht erlebt ...«

Als wir im friedlichen Heidelberger Wohnzimmer der Speers um den runden Tisch saßen, den Margret liebevoll zum Tee gedeckt hatte, fragte ich, warum Speer eine »solche Gewaltanwendung« eigentlich nicht schon vorher aufgefallen sei. Straßenkämpfe zwischen Demonstranten und der Polizei seien damals doch schon seit Jahren an der Tagesordnung gewesen. Wie habe die Brutalität der Polizei ihn an jenem Tag so beeindrucken können, daß sie seine Zweifel bezüglich der Nazis »ausräumte«?

»Ich weiß nicht«, sagte er, »und ich will von diesen Zweifeln nicht allzuviel Aufhebens machen. Das ist der Vorteil, wenn man später nachdenkt – wirklich nachdenkt, was mir freilich so viele meiner Kritiker vorwerfen, wenn sie einen Unterschied entdecken zwischen dem, was ich vor Jahren gedacht oder gefühlt habe, und dem, was ich jetzt denke oder fühle. Ich glaube heute, daß meine Reaktion auf Hitler tatsächlich mehr auf seiner Person – seiner persönlichen Anziehungskraft, wenn Sie so wollen – beruhte als auf dem Inhalt seiner Reden, der bei mir allerdings ebenfalls auf fruchtbaren Boden fiel. Trotz meines wirklichen Desinteresses an der Politik wußte ich natürlich, daß Deutschland praktisch unregierbar geworden war. Mein Vater, ein alter Liberaler, hielt von der Rechten genausowenig wie von der Linken und engagierte sich – mutig, wie ich heute finde – weiterhin für Coudenhove-Kalergis Paneuropa.* Aber das war ganz offensichtlich nur ein Traum. In Wirklichkeit gab es nur zwei Alternativen zur Anarchie: den Sozialismus/Kommunismus oder den Nationalsozialismus. Sowohl meiner Herkunft als auch meiner Neigung nach mußte ich für den letzteren prädisponiert sein. Vielleicht –

---

* Heinrich von Coudenhove-Kalergi (1859–1906) und sein Sohn Richard (1894 bis 1972) waren, für mitteleuropäische Adlige ungewöhnlich, Pioniere im Kampf gegen den Antisemitismus. Nach dem Ersten Weltkrieg gründete Richard die Paneuropa-Bewegung, die ähnlich wie die heutige Europäische Union die freie Marktwirtschaft, den Abbau von Handelsbeschränkungen, Freizügigkeit und die Ablehnung des Rassismus vertrat. Vater und Sohn Coudenhove-Kalergi vertraten die Ansicht, daß ein Volk nach seiner Kultur, nicht nach seiner Rasse definiert werden müsse.

aber ich weiß es einfach nicht mehr –, vielleicht gab es in mir immer noch einen schwachen Hoffnungsschimmer für das, was schließlich immer noch Deutschlands rechtmäßige Regierung war. Und hier komme ich auf Ihre Frage zurück. Ja, natürlich wußte ich, daß es Straßenschlachten und Aufstände gab; ich las und hörte davon – ich sah sogar von meinem Fenster an der Universität, wie Studenten demonstrierten. Es ist nur ... es hat mich bis dahin nie selbst betroffen: Ich hatte noch nie selbst vor berittenen Polizisten davonlaufen müssen. Vielleicht ist das die einfache Erklärung.« Er versuchte wirklich, eine Antwort zu finden.

»Sehen Sie, die anderen Menschen gingen nach der Goebbels-Rede an jenem Abend genauso friedlich die Straße entlang wie ich. Die Polizei teilte ihre Schläge willkürlich aus; dies war nicht die Herrschaft des Gesetzes, sondern die Gewaltherrschaft des Mobs; und der Mob waren nicht die Zuschauer – wir –, sondern die Polizei – die Polizisten, die doch schließlich die Repräsentanten eben jener ›rechtmäßigen Regierung‹ waren. Hitlers Rede wenige Wochen zuvor hatte mir ein Gefühl der Ruhe, der Hoffnung auf Ordnung und Stabilität vermittelt. Als ich nun so persönlich mit diesen Rüpeln zu Pferde konfrontiert war, überkam mich dieses Gefühl wieder, wie eine Welle. Ich hatte selbst damals nicht den geringsten Wunsch, mich politisch zu engagieren, nur wollte ich irgendwie, ich glaube vor allem für mich selbst, herausfinden, wo ich stand.«

Wenige Tage danach, am 1. März 1931, bewarb Speer sich um die Mitgliedschaft in der NSDAP. Seine Mitgliedsnummer war 474481.

III

Schwindlig vor Aufregung

Nürnberg, den 29. Juli 1946

M. Charles Dubost, Stellvertretender Hauptankläger für die Französische Republik: Speer trat 1933 [sic!] der Partei bei. Er wurde persönlicher Architekt Hitlers und drang in dieser Eigenschaft sehr tief in das Vertrauen des Führers ein ...

Die Tatsache von Speers Parteimitgliedschaft war nie umstritten, doch in Nürnberg nannten die Ankläger wiederholt ein falsches Datum – in Wirklichkeit trat Speer, wie bereits erwähnt, schon 1931 in die Partei ein. Er selbst forderte die Angriffe gegen seine Person heraus, indem er in Nürnberg und danach behauptete, er sei immer unpolitisch gewesen, auch zur Zeit seines Parteieintritts. Ähnlich provokativ war seine zunächst in Nürnberg und später in seinen beiden Hauptwerken *Erinnerungen* und *Spandauer Tagebücher* aufgestellte Behauptung, er habe von den Verbrechen im einzelnen nichts gewußt.

Angesichts der Greueltaten, die die Nazis in den vierziger Jahren verübten, weigern sich Speers Kritiker zu glauben, der Mann, der seiner eigenen Aussage zufolge, »wenn Hitler überhaupt Freunde gehabt hätte, ... einer seiner engen Freunde gewesen« wäre, könnte die Saat des Grauens in den dreißiger Jahren nicht bemerkt haben. Für sie gibt es keine Abstufungen der Zustimmung zum Hitler-Regime, und Speers Behauptung, er sei »unpolitisch« gewesen, als er 1931 der Partei beitrat, ist ihrer Ansicht nach schlicht und einfach eine Lüge.

»War Ihr Parteieintritt nicht ein Zeichen der Zustimmung?« fragte ich ihn.

»Ja, ich bin in die Partei eingetreten«, sagte er. »Und natürlich, wenn man bedenkt, was sich später für mich abspielte, schlägt das negativ zu Buche. Da heißt es: ›Erklären Sie das; sagen Sie uns, wie das alles passieren konnte.‹ Aber wie kann man das erklären, wenn man, um überhaupt etwas zu verstehen – einzelne Gegebenheiten, Impulse, Handlungen –, so vieles anderes verstehen muß, das man nicht verstehen kann, wenn man es nicht erlebt hat?«

Schon sehr früh in den *Erinnerungen* scheint Speer tatsächlich anzudeuten, daß bestimmte Umstände 1931 es ihm hätten ermöglichen können, die Zukunft vorherzusehen.*

Er nennt hier die Entscheidung seines Parteieintritts »frivol« und wirft hypothetisch viele der Fragen auf, die seine Kritiker später stellten. Warum war er bereit, der geradezu hypnotischen Wirkung, die Hitlers Rede auf ihn hatte, so schnell nachzugeben? Ist es nicht erstaunlich, daß er als Intellektueller vor einem weiteren Engagement nicht mit derselben Gründlichkeit und Unvoreingenommenheit Informationen über Hitler und dessen Partei gesammelt hatte, wie er es bei seiner Arbeit als Architekt gelernt hatte? Warum las er nicht die verschiedenen Parteiprogramme oder wenigstens *Mein Kampf* und Rosenbergs *Mythus des 20. Jahrhunderts*? Und in Beantwortung der

---

* Hier handelt es sich um zweieinhalb Seiten, die Speer 1970 auf Verlangen seiner amerikanischen Verleger für die englischsprachige Ausgabe hinzugefügt hat. (Siehe Seite 18–20 der englischen Ausgabe und Kapitel XXV dieses Buches.)

Fragen erklärt er seinen Lesern, seine Fehlentscheidung gehe auf seine ungenügende politische Schulung zurück.

Ich fragte ihn, ob ihm die Lektüre von *Mein Kampf* tatsächlich so viel über Hitler gesagt hätte, daß er der Partei nicht beigetreten wäre. Hatte er wirklich – wie er in der englischen Ausgabe seines Buches schreibt – das Gefühl, daß der unterlassene Versuch, diesen Apparat der Mystifizierung zu durchschauen, bereits ein Verbrechen sei? Es habe doch Tausende gebildeter und anständiger Deutscher gegeben, von denen viele *Mein Kampf* und Rosenbergs Buch gelesen und trotzdem für Hitler gestimmt hätten. Wie unmoralisch – um nicht zu sagen verbrecherisch – sei es im gegebenen historischen Kontext eigentlich gewesen, der Partei beizutreten? Und ob er wirklich der Ansicht sei, es bedürfe der »politischen Schulung«, daß Menschen moralische Fragen stellten.

»Nein, das nicht«, sagte er. »Diese Fähigkeit wird von etwas Tieferem bestimmt.« Und bevor ich fragen konnte, was er mit »etwas Tieferem« meine, sagte er in jenem halb spöttischen Ton, in dem er sprach, wenn er sich selbst ironisierte: »Ich hatte sie offensichtlich nicht.« Er glaubte jetzt, daß er, als er 1967/68 die *Erinnerungen* schrieb, zu viel zu früh zu erreichen versuchte. »Meine Perspektive war damals nicht falsch, aber sie war durcheinandergeraten«, sagte er. »Heute würde ich mich anders ausdrücken. Nach 1945 wußten wir, daß der Nationalsozialismus eine unmoralische Weltanschauung und Hitler ein amoralischer Mensch war. 1930 war es nicht nur, daß wir das nicht wußten, ich würde sogar bezweifeln, daß mehr als nur sehr wenige – und auch da nur ältere und viel klügere – Menschen darüber in ›moralischen‹ statt in unmittelbar soziopolitischen Begriffen nachdachten, selbst wenn sie *Mein Kampf* gelesen hatten. Während die gängige Parteiliteratur klarmachte, daß Hitler willens war, einen Krieg zu riskieren, oder ein Krieg sogar unvermeidlich war, wenn er seine Pläne verwirklichen würde, deutet in *Mein Kampf* trotz des offensichtlichen Antisemitismus der Schrift nichts darauf hin, daß er die Juden ermorden und eine absolute Tyrannei in Deutschland und Europa errichten wollte. Ich weiß nicht, ob diese Absichten schon konkret vorhanden waren, als er das Buch 1924 schrieb. Wenn er sie jedoch ausgesprochen oder auch nur angedeutet hätte, wäre er mit Sicherheit nicht gewählt worden.«

Als der 25jährige angehende Architekt Albert Speer im März 1931 in die NSDAP eintrat, »glaubten« er und Margret lediglich an die Person Adolf Hitler und an sein Versprechen eines neuen Deutschlands auf dem Fundament alter und erprobter Werte. Befreit von der Schande des Versailler Vertrags würde dieses wiedergeborene Land auf der Weltbühne seine ihm gebührende Rolle spielen.

Die Entscheidung Speers und Hunderttausender anderer Deutscher war in Anbetracht der damaligen Zeitumstände nicht besonders gravierend. Speers

Behauptung, die Politik hätte damals in seinem Denken eine untergeordnete Rolle gespielt und er sei vor allem Architekt gewesen, ist durchaus glaubhaft. Aber die viel eindeutigere Behauptung, er sei immer ein »unpolitischer« Mensch gewesen, aufgestellt zum erstenmal in einer Denkschrift an Hitler vom März 1945, dann in Nürnberg, dann dreiundzwanzig Jahre später in den *Erinnerungen* und schließlich unzählige Male in Interviews und Rundfunksendungen, wirkte sich verheerend auf seine Glaubwürdigkeit aus.

»Aber wissen Sie«, sagte ich, »im Deutschland der dreißiger Jahre konnte doch ein intelligenter junger Mensch nicht ›unpolitisch‹ sein.« Es sei schon kaum glaubhaft, daß er sich zu Beginn seiner Studienzeit in Karlsruhe nicht für die folgenschweren Ereignisse der damaligen Zeit interessiert habe. Aber danach? Nach Hitlers Rede vor den Studenten und dem langen abendlichen Waldspaziergang, den anschließenden turbulenten Wochen und zuletzt seiner Entscheidung, in die Partei einzutreten – konnte er wirklich erwarten, daß ihm irgendwer noch glauben würde, er habe nicht gewußt, was er tat?

»Natürlich kann und will ich nicht behaupten, ich sei nicht politisch engagiert gewesen oder zumindest im Lauf der Zeit dahin gekommen«, sagte er in der deutlichen Absicht, diesen Punkt klarzustellen. »Wenn man sich für Hitler engagierte, war man auch politisch engagiert. Ja, so verstanden begann mein politisches Engagement, als ich ihn das erste Mal sprechen hörte. Wie ich schon sagte, ich war begeistert, euphorisch; ich hatte das Gefühl, er könne Deutschland retten, uns unser Selbstvertrauen zurückgeben. Wenn das politisch war, dann war ich politisch. Als ich sagte und schrieb, ich sei bei meinem Parteieintritt nicht politisch gewesen, meinte ich, daß ich nicht in der Politik Karriere machen wollte. Wenn ich das gewollt hätte, hätte ich es natürlich haben können. Sie lechzten förmlich nach Leuten mit meinem Hintergrund und meiner Ausbildung; es herrschte ein ungeheurer Mangel an Akademikern. Aber es interessierte mich nicht. Ich habe nicht den geringsten Zweifel, daß ich, wäre ich Hitler nicht begegnet, ein Provinzarchitekt geworden wäre, wie es meiner, wie ich glaubte, bescheidenen Begabung entsprochen hätte. Aber später, ja, da habe ich natürlich in Hitlers Kreis deren politische Spiele mitgespielt. Ich habe nie auch nur einen Augenblick geleugnet, daß ich von Macht berauscht wurde, einer Macht, die übrigens ab 1943 permanent erkämpft sein wollte. Als Minister hätte man unmöglich effektiv arbeiten können und hätte vielleicht ganz buchstäblich nicht überlebt, wenn man nicht politisch war.«

Sowohl in seinem Prozeß als auch in den *Erinnerungen* und in Gesprächen, wie er sie mit mir über mehrere Jahre führte, machte Speer zahlreiche spezifische und allgemeine Eingeständnisse. Sie waren für sich genommen sowohl ehrlich als auch, während des Prozesses, mutig. Gleichzeitig schienen viele jedoch bewußt kalkuliert, um die Aufmerksamkeit von Dingen abzulenken, über die er nicht reden wollte – oder konnte. Seltsamerweise gehörten ausgerechnet seine frühen politischen Ansichten, die fast jeder mit einer gewissen Kenntnis der damaligen Zeit verstehen konnte, zu den Dingen, von denen er ablenkte. Ein Vergleich zwischen dem »Spandauer Entwurf« und der Endfassung der *Erinnerungen* ergibt noch immer das beste Bild von Speers wirklichen Ansichten und Gefühlen. Im Entwurf schrieb er:

Ich habe nun nicht die Absicht, mich in Betrachtungen über die politische Lage zu verlieren, die ja auch sicher sehr dilettantisch ausfallen müßten. Nur soviel ist vielleicht doch zu sagen: daß damals die NS sich bemühten, salonfähig zu erscheinen, durch ihr Bündnis mit dem Deutschen Soldatenbund (Stahlhelm) und der nationalen Partei, darin auch eine Bestätigung erhielten und daß man allgemein in unseren Kreisen annahm, falls solche Vorwürfe erhoben wurden, die Partei würde sich »mausern« und ihre radikalen Grundsätze im Verlauf dieser Entwicklung verlieren, wie so manche Partei vor ihnen.

Anfang 1931 besuchte Speer mit seinen Studenten eine politische Versammlung, deren Redner ihren verehrten Lehrer Tessenow scharf angriff. Im »Spandauer Entwurf« heißt es dazu:

Einer unsrer Studenten sandte ein Schreiben an Hi. nach München, in dem er mit schülerhafter Begeisterung auf unseren verehrten Meister hinwies, und erhielt von einer in der Abfassung beruhigender Schreiben geübten Stelle die Versicherung, daß man dem Wirken unseres Lehrers die größte Achtung zolle – was uns politischen Kindern recht bedeutsam erschien. Unser Meister selbst schien dem neuen Parteiführer sympathisch gegenüberzustehen. In seiner etwas verschleierten, umständlichen Art meinte er zu uns auf einem Seminarausflug: »Es wird wohl einer kommen müssen, der ganz einfach denkt. Das Denken heute ist zu kompliziert geworden. Ein ungebildeter Mann, gewissermaßen ein Bauer, würde alles viel leichter lösen, weil er eben noch unverdorben ist. Der hätte auch die Kraft, seine einfachen Gedanken durchzuhalten bis zum Erfolg.« Da wir ihn als Autorität über unser geistiges Leben anerkannten, machten wir uns diesen sphinxhaften Ausspruch zu eigen, indem wir ihn anwandten auf Hi., einen einfachen, ungebildeten, kräftigen Mann ...

In diesem Teil des »Spandauer Entwurfs« erwähnt Speer weder Hitlers Antisemitismus noch sein eigenes Verhältnis zu den Juden, vielleicht weil der Adressat, sein alter Freund Rudolf Wolters, ihn und die damalige Situation gut kannte. In seinem Brief an Hilde vom Mai 1953 dagegen (und später in den *Erinnerungen*) hatte Speer wie immer das Bedürfnis, sich in diesem Punkt zu erklären und zu verteidigen:

Ich glaube nicht, daß [Hitler bei der Rede in der Hasenheide] auf die Juden schimpfte ... Übrigens kannte ich auch in Mannheim einige sehr kluge Juden, die wußten, daß ich in der Partei war, und von denen einer zu meinem Erstaunen sagte: »Wenn nur nicht der Antisemitismus wäre, dann würde ich am liebsten auch da mitmachen.« So gefährlich hat man damals eben die Sache nicht angesehen ... Ich dachte gar nicht daran, daß es mich persönlich etwas angeht, wenn ein anderer vielleicht in meiner Gegenwart redete, man müßte alle Juden totschlagen. Es war klar, daß ich so was nicht sagte und auch nicht dachte, wie ich überhaupt ein wirklich reines Gewissen habe, indem ich nie mich antisemitisch betätigte oder äußerte. Ich hatte tatsächlich kein Gefühl der Abneigung gegen sie oder besser, *nicht mehr, als jeder von uns so etwas wie ein unangenehmes Gefühl manchmal im Umgang mit ihnen hat* [Hervorhebung der Autorin] ...

Im Jahr 1968, als Speer nach drei weiteren Entwürfen die endgültige Fassung seiner Memoiren schrieb, hatte er natürlich jene beiläufige Bemerkung vergessen, die er fünfzehn Jahre zuvor im Brief an seine Tochter gemacht hatte, und ließ sich zu einer seiner vielen gefährlich eindeutigen Aussagen hinreißen: Selbst nach meinem Parteieintritt verkehrte ich weiterhin mit jüdischen Bekannten, und auch sie brachen ihre Beziehungen zu mir nicht ab, obwohl sie wußten oder ahnten, daß ich dieser antisemitischen Organisation angehörte. Ich war weder damals noch in den folgenden Jahren ein Antisemit. In keiner meiner Reden und keinem meiner Briefe findet sich auch nur eine Andeutung antisemitischer Gefühle oder Formulierungen* ...

Was immer Speer vom Schicksal der Juden wußte oder nicht – ich gehe darauf später im Detail ein –, 1930 wußte er jedenfalls, daß Hitler Antisemit war. Und wie Millionen anderer Deutscher und Österreicher, von denen keiner auch nur im Traum die Ermordung der Juden befürwortet oder herbeigewünscht hätte, war auch Speer (wie er in seinem Brief an Hilde in der wenig einfühlsamen Annahme schreibt, seine so leidenschaftlich moralische Tochter würde sein Gefühl teilen) zumindest gefühlsmäßig Antisemit.

Angesichts von Speers späterem Drang, sich selbst und andere vom positiven Charakter der Motive zu überzeugen, die seinem aktiven Engagement für die Partei zugrunde lagen, ist es vielleicht nicht allzu verwunderlich, daß er in

---

* Die letzten drei Sätze sind in der deutschen Ausgabe nicht enthalten. Siehe auch Kapitel XXV.

der Erinnerung an jene frühe Zeit zwischen 1931 und 1933 einen anderen Aspekt seines Lebens betonte: seinen Versuch, sich als Architekt selbständig zu machen. Spätestens ab Anfang 1932, als aufgrund der sich verschärfenden Wirtschaftskrise die Assistentengehälter gekürzt wurden, war die berufliche Selbständigkeit sein wichtigstes Anliegen geworden.

Wolters, von Hitler nicht so fasziniert wie sein alter Studienfreund, erinnerte sich später, daß er Speer nach den Gründen für seinen Parteieintritt gefragt habe. »Der Mann ist kein Dummkopf«, habe Speer geantwortet. »Du wirst sehen, eines Tages ist er wer.«

Anfang 1931 (in den *Erinnerungen* ist das Datum wie viele andere nicht ganz korrekt wiedergegeben) wäre Speer beinahe ins Ausland gegangen. Er wurde nach Afghanistan eingeladen, um an der Universität von Kabul zu lehren und ein Team junger deutscher Architekten und Stadtplaner beim Wiederaufbau des Landes zu leiten. Dazu schrieb er in Spandau:

Mein Vater hatte zwar die größten Bedenken, daß ich durch einen mehrjährigen Aufenthalt in der Ferne aus der Entwicklung in Deutschland ausgeschieden sei – aber was galten diese Bedenken gegenüber der Erfüllung eines Sehnens nach fremden Ländern, nach einer Reise durch Indien und nach einem solchen Lande, wo wir unsere Ideale einfacher Lebensführung erfüllt sehen würden – (wahrscheinlich bis zum Überdruß). Aber kaum war alles so gut wie sicher, der König mit großen Ehren von unserem Reichspräsidenten empfangen – als die Afghanen, nicht gewillt, mit den Errungenschaften unserer Zivilisation und mit mir bekannt zu werden, durch einen Staatsstreich sich ihres neuerungsfreudigen Staatsoberhauptes entledigten, der darauf in Italien ein Exil suchte … Das war zwar eine mächtige Enttäuschung – aber wie es das Schicksal so wollte, begann ich noch im gleichen Jahr meine Laufbahn mit einem ersten Staatsbau für die Partei und wurde dadurch mit demjenigen bekannt, der meinen Lebensweg entscheidend auf das für mich bestimmte Geleise schob …

In all seinen Berichten über die ersten beiden Jahre der so wichtigen Dreißiger geht Speer auf die Entscheidung, unmittelbar nach seinem Parteieintritt ein, wenn auch untergeordnetes, Parteiamt zu übernehmen, nur auffallend flüchtig ein. Er wurde Mitglied der Kraftfahrervereinigung der Partei, dem NS-Kraftfahrkorps (abgekürzt NSKK), und da er in seinem Wohnort Wannsee der einzige Autobesitzer war, wurde er zum Chef der Sektion ernannt. Dazu schrieb er im »Spandauer Entwurf«:

Dieses Amt führte mich manchmal in die Bezirksleitung, und da war ein junger Mann der Leiter, einer, dessen Name ich hier einfüge, weil er noch mehrmals entscheidend in mein Leben eingriff, [Karl] Hanke, ein einfacher, aber intelligenter und tatgeladener Müllersgeselle [hier versagte Speers Gedächtnis – Hanke hatte einen Abschluß als Gewerbe-oberlehrer]. Dieser hatte in dem vornehmen Villenvorort Grunewald eine der neuen Salonfähigkeit angepaßte Villa als Quartier der Kreisor-ganisation gemietet, und an mich, als Architekten, machte er das Ange-bot, das Haus herzurichten.

Hanke kannte bis dahin weder Speer noch dessen Arbeit. »Wie hätte er sie kennen können, ich hatte doch noch nichts gemacht«, sagte Speer zu mir. »Nein, ich glaube, es lag einfach daran, daß ich zufällig zur Stelle war, und ich glaube, wir mochten einander. Die Erklärung für so etwas ist oft ganz einfach, finden Sie nicht auch?«

Tagelang wurden Tapeten, Vorhänge und Farben ausgewählt. »Ich habe dort eine ganz verrückte Farbauswahl getroffen«, sagte Speer. »Ich weiß bis heute nicht warum, aber ich habe genau das Gegenteil von dem gewählt, was Tessenow uns gelehrt hatte und ich so liebte.«

»Es war phantastisch«, sagte Annemarie Kempf. Sie lernte Speer erst viele Monate später persönlich kennen, erledigte aber damals schon als freiwillige Helferin diverse Aufgaben im Umkreis der Parteibüros. »Alle redeten von ihm. Er hatte den Vorraum leuchtend rot gestrichen, und die anderen Büros waren kanariengelb mit roten Vorhängen. Einige Leute fanden es verrückt – ich fand es wundervoll. Es war so lebendig.«

Die Renovierung war jedoch für fast ein Jahr die letzte aufregende Arbeit Speers. Da sein Gehalt auf ein Minimum gekürzt worden war, mußte er trotz der Unterstützung seines Vaters dringend Geld verdienen, und deshalb be-schlossen er und Margret, nach Mannheim zurückzukehren, wo sein Vater (der sich als 65jähriger zu seinem späteren Bedauern gerade zur Ruhe gesetzt hatte) ihm angeboten hatte, ihn mit möglichen Kunden bekannt zu machen und ihn in der Zwischenzeit – gegen Essensgeld – die Mannheimer Gebäude der Familie verwalten zu lassen.

Willie Schelkes hatte sein Studium 1931 mit Auszeichnung abgeschlossen und war sofort von Speer eingeladen worden, bei ihm in dem kleinen Archi-tekturbüro zu arbeiten, das Speer in Mannheim aufmachte. Schelkes bekam damit als einziger von fünfunddreißig Hochschulabgängern seines Jahrgangs eine Stelle. »Das Gehalt betrug 150 Reichsmark im Monat«, sagte er, »aber Sie können mir glauben, daß ich froh war, die Stelle zu bekommen. Die Arbeitslosigkeit hatte ihren Höhepunkt erreicht, und die Chancen, eine An-stellung zu finden, waren praktisch gleich Null.«

»Es war eine sehr entmutigende Zeit«, sagte Speer. »Wenn ich daran zurückdenke – die zahllosen Briefe, die ich an Bekannte meines Vaters schrieb, die höflich ablehnenden Antworten, dazu das Bewußtsein, daß ich vom Geld meines Vaters lebte – ich muß ziemlich niedergeschlagen gewesen sein.«

»Den Eindruck hatte ich nicht«, sagte Schelkes. »Sein Vater hatte in Mannheim sehr viel Besitz – die Speers waren wirklich sehr vermögend –, und all das zu verwalten war keine kleine Aufgabe. Und wir haben hin und wieder auch als Architekten gearbeitet, haben eines der Häuser des alten Speer umgebaut – ich glaube, im Erdgeschoß war ein Laden – und einige andere kleinere Aufträge abgewickelt, obwohl zugegebenermaßen ganz belanglose Sachen. Speer schien das jedoch nicht zu stören – er war immer außerordentlich unbeschwert oder wirkte zumindest so. Später, 1932, bekam er Aufträge von der Gauleitung in Berlin – ich ging sogar für zwei Monate mit ihm dorthin, um ihm zu helfen, aber sonst blieb ich in Mannheim« – er lachte – »als sein Bürochef. Natürlich gab es niemanden außer ihm und mir, also war er der Chef und ich der Bürochef.«

Speer hatte ein Ankleide- und ein Badezimmer im rückwärtigen Teil des Mannheimer Geburtshauses in eine kleine Wohnung für sich und Margret umgewandelt. »Mehr brauchten wir nicht«, sagte er. »An den Wochenenden waren wir immer fort, und sogar unter der Woche konnten wir, wenn es uns zu eng wurde, immer das Haus meiner Eltern in Heidelberg benutzen.«

Auch Schelkes wohnte übrigens im unerträglich heißen Sommer 1932 die meiste Zeit im Heidelberger Haus – als einziger von Speers Freunden, dem diese Ehre zuteil wurde. »Ich wurde von Speers Eltern ausdrücklich eingeladen zu kommen, wann immer ich wollte«, sagte er. »Warum, weiß ich bis heute nicht.« Er fühlte sich, vielleicht mehr im Rückblick als schon damals, von der geringschätzigen Art abgestoßen, in der Speers Vater von seinem Sohn redete. »Er hielt wirklich sehr wenig von ihm und seiner Begabung«, sagte er. Speers Mutter dagegen sei positiv und optimistisch gewesen.

Daß die Mutter dem mittleren Sohn, zu dessen unglücklicher Kindheit sie so viel beigetragen hatte, plötzlich wohlgesinnt war, lag daran, daß sie Anfang 1931 in die Partei eingetreten war und nun eine Art Kameradschaft zu Albert empfand. Zwar wußte sie nicht, daß auch er eingetreten war – beide hielten ihren Eintritt voreinander und vor Speers Vater geheim –, aber sie hatte von seinen ersten Arbeitskontakten mit der Partei erfahren. »Ich glaube, mein Vater hätte sich geärgert, wenn er gewußt hätte, daß sie Parteimitglied wurde«, sagte Speer. »Er verachtete die Nazis und sagte immer, sie würden eine Katastrophe für das Land werden. Ich weiß nicht, was er von meinem Eintritt gehalten hätte, er hätte wahrscheinlich die Achsel gezuckt. Er hätte nichts Besseres von mir erwartet.«

Erst 1938 erzählte die Mutter dem Sohn, daß sie im Frühjahr 1931 in Heidelberg einen Vorbeimarsch der SA gesehen habe. »Sie sagte, es sei das erste Mal gewesen, daß sie im Volk Tatkraft und Freude gespürt habe«, erinnerte sich Speer. »Sie wurde sofort Mitglied, ohne je etwas über die Partei zu wissen, nur weil die Partei ihr angesichts jenes Pessimismus, der Deutschland damals überschwemmte, ein Gefühl der Zuversicht vermittelte.«

In Mannheim war Speers Tätigkeit für die Partei offensichtlich sehr gering – im »Spandauer Entwurf« erwähnt er sie gar nicht. In den *Erinnerungen*, bei deren Abfassung er zweifellos wußte, daß sämtliche Akten über die Parteimitglieder erhalten geblieben und den Amerikanern in die Hände gefallen waren,* erklärte er kurz und bündig: »Es gab kein N.S.K.K. [in Mannheim], also wurde ich von Berlin aus der Motor-SS zugewiesen; wie ich damals meinte, als Mitglied, aber anscheinend nur als Gast; denn als ich 1942 die Mitgliedschaft erneuern wollte, stellte sich heraus, daß ich der Motor-SS gar nicht angehört hatte.«

Hier war er – wie wir später noch im Detail sehen werden – nicht aufrichtig. Aus den erhaltenen SS-Akten geht nämlich hervor, daß Speer am 1. März 1931 nicht nur der Partei, sondern auch den Braunhemden, der SA, beitrat, damals der aktive Teil der Partei, und daß er im Herbst 1932 eigens aus der SA austrat, um Mitglied der Motor-SS zu werden. Man darf natürlich nicht vergessen, daß viele der damaligen Entscheidungen rein bürokratischer Natur waren. Während dies jedoch auf den Wechsel von der SA zur Motor-SS im Herbst 1932 zutreffen könnte und wahrscheinlich auch zutraf, läßt sich mit bürokratischen Gesichtspunkten nur schwer erklären, warum Speer zuerst nicht nur in die Partei, sondern auch in die SA eintrat. Obwohl an sich nicht wichtig, könnte dies auf ein stärkeres Engagement hindeuten, als Speer später noch wahrhaben wollte.

Als die Wahlen im Juli 1932 näherrückten, trat der politische Kampf in eine entscheidende Phase. Auf dem Weg zu einem lange geplanten Faltboot-Urlaub an den ostpreußischen Seen fuhren Speer und Margret nach Berlin, um »etwas von der erregenden Wahlatmosphäre mitzubekommen und – wenn möglich – auch mitzuhelfen ...«

Speer stellte sich und sein Auto dem NSKK Berlin West (dem Fuhrpark der Nazis) zur Verfügung und wurde vom zuständigen NSKK-Chef Will Nagel, den er sechs Jahre später zu seinem Stabschef ernennen sollte, zum Kurierdienst eingeteilt. Als er einen Parteifunktionär vom Flughafen abholen sollte, wo die Parteiführung erwartet wurde, bekam er zum zweitenmal Gelegenheit, Hitler aus der Nähe zu sehen. Das Ereignis wird sowohl im »Spandauer Entwurf« als auch in den *Erinnerungen* beschrieben:

... Ich konnte ihn aus einigen Metern Entfernung beobachten, leicht nervös und ungehalten, da die Kraftwagen zu seiner Weiterbeförderung noch nicht eingetroffen waren und dadurch eine Verzögerung in dem genau vorgesehenen Programm eintreten mußte ... Zornig ging er auf

---

* Das Berlin Document Center mit seinen Millionen von Akten über NSDAP, SS und SA wurde im Juli 1994 von den Vereinigten Staaten an die deutschen Behörden übergeben.

und ab, mit einer Hundepeitsche auf seine hohen Stiefelschäfte schlagend. Das war ein anderer Eindruck als das erste Mal, nicht der ruhige, zivilisierte Hitler, sondern ein seine Leute anfahrender, unbeherrschter Mann … [Im »Spandauer Entwurf«, nicht jedoch im Buch, fügte Speer hinzu:] Ich war aber schon viel zu sehr in dem Parteigetriebe verwickelt, als daß dieser ungünstige Eindruck irgendwelche Konsequenzen oder nur ein Nachdenken hervorrufen konnte.

Einen Tag später fügte er im »Spandauer Entwurf« folgenden Kommentar für Wolters hinzu:
Nachdem ich das, meiner täglichen Übung gemäß, gelesen, was ich gestern geschrieben, bekomme ich doch Bedenken, ob ich mich nicht viel zu ausführlich im Detail verliere, das weder Dich noch sonst jemand interessieren kann. Mich bewegt natürlich in der Erinnerung manche Einzelheit, die ganz unwichtig ist. Wir können ja später gemeinsam mit dem Rotstift energisch darin herumfahren. Ich gebe mir allerdings auch Mühe, meine Entwicklung nicht zu verschleiern oder zu beschönigen, sondern sie genau so zu schildern, wie sie war, indem ich versuche, mich beim Schreiben in die Zeit wieder zurückzuversetzen. Genauso wie ich im Schlußteil [dieses Entwurfs] das Negative schildere, will ich in diesem Teil auch das Positive nicht verringern – wie es damals auf mich wirkte …

Was Speer am meisten beeindruckte und seine momentane Enttäuschung über einen anderen, weniger erfreulichen Hitler auslöschte, waren die wilde Begeisterung, welche die Masse den ganzen Tag über zeigte, und Hitlers standhafte Konfrontation der ebenso wild demonstrierenden Sozialdemokraten und Kommunisten, indem er aufrecht stehend im offenen Wagen durch die feindliche Menge fuhr. »Ich hätte nicht an seiner Stelle sein mögen«, schreibt Speer. »Ich zollte seinem Mut allen Respekt (und tue das noch heute).« Goebbels kommentierte in seinem Tagebuch:
27. Juli 1932.
… der Führer spricht am späten Abend im Grunewalder Stadion vor 120 000 Menschen. Die größte Kundgebung, die die Bewegung bisher unter freiem Himmel veranstaltete. Er wird mit unbeschreiblichen Ovationen gefeiert …

»Am nächsten Tage entschied sich dann in einem gewissen Sinne mein Schicksal«, schrieb Speer im »Spandauer Entwurf«, und er fuhr fort:
Die Faltboote waren gepackt, die Reise sollte weitergehen noch am gleichen Tage zu den einsamen ostpreußischen Seen. Der Leiter der Kreisorganisation [Nagel] frug mich, ob ich nicht noch schnell den

ehemaligen Kreisleiter Hanke, der unterdes [unter Goebbels als Gaulei-
ter] zum Organisationsleiter des Gaues aufgestiegen war ... besuchen
wolle. Ich kam dem nach, und dieser empfing mich gleich mit den
Worten: »Sie habe ich überall gesucht. Wollen Sie nicht unser neues
Gauhaus umbauen?« – »Ja, wenn Sie mir das anvertrauen ...« – »Ich
werde noch heute Dr. Goe. das vorschlagen.« – Einige Stunden später,
und ich wäre für vier Wochen an den Seenketten Ostpreußens unauffindbar gewesen. Jahre danach hielt ich das für den glücklichsten Zufall
meines Lebens! Und heute? – Jedenfalls kann einem schon schwindlig
werden, wenn man daran denkt, daß an ein paar Stunden mehr oder
weniger der Verlauf eines Lebens hängt.

»Es war die gleiche Entwicklung zum ›Salonfähigen‹«, schrieb er in Spandau.
»Das Haus war in der Voßstraße, damit in Nachbarschaft der Länderge-
sandtschaften und unmittelbar beim Regierungsviertel. Wenn ich während
des Umbaus zu den rückwärtigen Fenstern hinaussah, konnte ich manchmal
den greisen Reichspräsidenten Hindenburg in dem angrenzenden Park spazierengehen sehen, begleitet von bekannten Personen der Politik oder der
Wehrmacht.«
Auch bei diesem Auftrag handelte es sich um einen Umbau, keinen Neubau. Speer schrieb dazu in Spandau:
Ich arbeitete, es war das von nun an immer meine Aufgabe, mit größter
Beschleunigung, Tag und Nacht, was die unverbrauchten Nerven eines
27jährigen leicht hergeben. Eine wertvolle Unterstützung war dabei die
Schreibmaschinenarbeit einer jungen Sekretärin von Goe., die nebenher
in Nachtstunden meine Kostenanschläge tippte – und heute nächtlicher-
weise meinen »Fall« bearbeitet ...

Die Sekretärin war natürlich Annemarie Kempf, die 1953, als Speer den
»Spandauer Entwurf« schrieb, bereits seit mehreren Jahren in Bonn arbeitete. Die dortige Stelle hatte sie nur angenommen, um Mitgliedern der Regierung nahe zu sein, die bei der Kampagne, welche Annemarie zusammen mit
Wolters und Hilde für die Freilassung Speers begonnen hatte, von Nutzen
sein konnten.
»Karl Hanke machte uns im Sommer 1932 miteinander bekannt«, erzählte
sie mir. »Speer hatte gerade seinen ersten Auftrag als Architekt und einen
Schreibtisch in einer Art Empfangsraum von Hankes Büro bekommen. Hanke fragte mich, ob ich ihm [Speer] ein bißchen helfen könnte, wenn ich nach
der – unbezahlten – Arbeit im Büro der Gauleitung noch Zeit hätte. Ich hatte
natürlich schon von ihm gehört, als er Hankes Büro rot gestrichen hatte.
Also sagte ich, ja, natürlich, und ging ihm zur Hand. Von da an erhielt ich
auch ein wenig Geld.

Wenn ich meine erste Erinnerung an Speer beschreiben sollte, so wäre sie ein großer Tisch mit einem wilden Durcheinander von Zeichnungen, Entwürfen und Farbmustern, auf dem Speer, egal wohin er griff, blindlings fand, was er suchte. Die Ordnung seines Geistes durchdrang schon damals das Chaos – oder ignorierte es einfach.«

Dank ihres analytischen Erinnerungsvermögens wies Annemarie Kempf mich, wie Speer selbst es hätte tun können, auf dessen wirksamste Geheimwaffe hin: seinen scharfen, geordneten Verstand. »Er wirkte sehr gelassen für einen so jungen Mann«, sagte sie. »Aber, offen gesagt, schenkte ich ihm nicht viel Aufmerksamkeit – ich machte eine Million Sachen; er stand nicht im Mittelpunkt meines Lebens. Mein Engagement galt nicht einem Mann, sondern dem Ziel einer politisch und sozial veränderten Welt.«

Damit begann die lange Beziehung zwischen Speer und Annemarie, der idealistischen Tochter idealistischer Eltern. »Ich war ungeheuer begeisterungsfähig«, sagte sie. »Aber nicht für Speer. Er – wie soll ich sagen? – rief keine persönliche, keine emotionale Reaktion in mir hervor; auch später wollte er das, glaube ich, von niemandem – ja, um noch weiter zu gehen, er tat wahrscheinlich sogar alles, um das zu vermeiden. Wenn irgend etwas an ihm auffiel, dann war es seine Stille, seine Ruhe. Ich habe in vierzehn Jahren kaum einmal erlebt, daß er sie verlor.«

»Goebbels sah ich nur höchst selten«, schrieb Speer in Spandau. »Eine neue Wahl (vom Nov. 32) wurde vorbereitet. Abgehetzt und heiser ließ er sich einige Male die Räume zeigen, ohne viel Interesse zu heucheln.«

Am 1. Oktober, termingerecht wie bei Speer auch später immer, war der Umbau vollendet. »Wir ziehen aus unserer … alten, liebgewordenen Kampfesstätte aus«, notierte Goebbels, »und siedeln in die Voßstraße über. Jetzt arbeiten wir unmittelbar im Regierungsviertel. Wie lange wird es noch dauern, bis wir von hier in die Wilhelmstraße [wo die Reichskanzlei lag] übersiedeln?«

Es sollte noch einige Monate dauern. Am 6. November 1932, nachdem Goebbels die Teilnahme an einem heftigen Streik bei der Berliner Verkehrsgesellschaft mitorganisiert hatte, erlitten die Nazis überraschend eine schwere Niederlage bei den Wahlen; sie verloren mehr als zwei Millionen Stimmen. Speer und Margret waren nach Mannheim zurückgekehrt. »Uns blieb nichts anderes übrig«, sagte er zu mir. »Die Partei hatte nicht einmal genug Geld, um die paar Maler und Bauarbeiter zu bezahlen, die in der Voßstraße gearbeitet hatten. Es war peinlich, für mich wie für Hanke.« Als Hitler rund eine Woche später das neue Gauhaus besichtigte und sich zufrieden zeigte, hatte Speer bereits erfahren müssen, daß sich in Mannheim nichts geändert hatte. Es gab immer noch keine Arbeit. Gegen Ende des Jahres verließ Willie Schelkes ihn.

»Ich eröffnete mein eigenes Büro hier in Freiburg«, sagte er, als wir 1985 dort miteinander sprachen. »Es kam übrigens gut in Gang, und als Speer, der nach Berlin zurückkehrte, nachdem die Nazis durch die Märzwahlen an die Macht gekommen waren, mich bat, dort sein Mitarbeiter zu werden, lehnte ich dankend ab. Mir ging es in Freiburg gut, und außerdem fühlte ich mich zu der neuen politischen Szene nicht besonders hingezogen. Verstehen Sie, ich kam aus der bündischen Jugend; wir waren auch Nationalisten, aber anders als die Nationalsozialisten – auf jeden Fall keine Antisemiten.«

Schelkes war sich über den Antisemitismus der Nazis natürlich im klaren. »Wie hätte es anders sein können?« sagte er. »Natürlich hatte man keine Ahnung – ich meine, man hatte einfach keine Ahnung, daß sie tatsächlich Menschen töten, ermorden würden ... Das wäre unvorstellbar gewesen. Hatten sie das wirklich schon damals vor? Ich habe da wirklich meine Zweifel, wissen Sie. Aber daß der Antisemitismus eine zentrale Rolle in ihrem Wahlkampf spielte, das konnte man einfach nicht übersehen.«

Das Jahr 1932 war für Hitler entscheidend gewesen. Goebbels berichtete in seinem Tagebuch und im *Angriff* über die fast täglichen Reden, die der Führer von einem Ende Deutschlands zum anderen hielt.

Wer Hitler heute in alten Wochenschauen sieht und reden hört, wird kaum verstehen, wie dieser Mann eine derart phänomenale Anziehungskraft auf die Massen ausüben konnte. Wir sind heute gewöhnt an Persönlichkeiten des öffentlichen Lebens, die wegen ihrer ständigen Medienpräsenz den Großteil ihrer Individualität verloren haben und fast »geklont« erscheinen. Dagegen wirken Hitlers scheinbar ungehobelte Auftritte fast lächerlich amateurhaft. Joachim Fest stellt dazu jedoch in einer der besten Analysen des Redners Hitler fest:

[Es] täuschte sich, wer in der triebhaften, aufs sexuelle Surrogat abzielenden Ausschweifung das ganze Erfolgsrezept des Redners Hitler erblickte; vielmehr war es auch hier wieder das eigentümlich verwobene Nebeneinander von Rausch und Rationalität, das ihn kennzeichnete: Im Scheinwerferlicht gestikulierend [nach einigen frühen Fehlschlägen sprach er nur noch nachts, bei künstlicher Beleuchtung], bleich und mit rauher, sonorer Stimme, die Anklagen, Ausbrüche und Haßtiraden herausschleudernd, war er doch stets der wache Kontrolleur seiner Emotionen ...

Wie vielleicht kein anderer Politiker unserer Zeit beherrschte Hitler die Kunst der öffentlichen Rede, der Pausen und des Schweigens, und wie vielleicht niemand anderer verstand er es, Leidenschaften zu wecken, zu schüren und anzustacheln. »Heute schäme ich mich dafür«, sagte Speer, »aber damals wühlte er mich zutiefst auf.«

Die politische Lage im Januar 1933 war derart instabil, daß Hindenburg sich gezwungen sah, Hitler widerstrebend zum Kanzler einer Koalitionsregierung zu ernennen. Hitler nahm unter der Bedingung an, daß es noch ein weiteres Mal Wahlen geben würde – er versprach jedoch, es würden die letzten sein. Das war ein Versprechen, das er hielt.

Speer und Margret waren verzweifelt darüber, in Mannheim festzusitzen. Natürlich wußten sie nicht, daß sie je dem Kreis um Hitler angehören würden – nicht einmal der Gedanke daran wäre ihnen je eingefallen. Nachdem sie jedoch das umtriebige, aufregende Leben in Berlin einmal geschmeckt hatten, erschien ihnen Mannheim fast unerträglich öde. »Solche Leute können kein Land regieren«, dachte Speer nach dem Besuch einer Mitglieder- versammlung der geistig höchst minderbemittelten örtlichen Parteigruppe. Und Goebbels schrieb über den Tag der Machtergreifung in sein Tagebuch:

30. Januar 1933.

Es ist wie ein Traum. Die Wilhelmstraße gehört uns. Der Führer arbeitet bereits in der Reichskanzlei. Wir stehen oben am Fenster, und Hundert- tausende und Hunderttausende von Menschen ziehen im lodernden Schein der Fackeln am greisen Reichspräsidenten und jungen Kanzler vorbei und rufen ihnen ihre Dankbarkeit und ihren Jubel zu ... Das neue Reich ist erstanden ... Eine vierzehnjährige Arbeit wurde vom Sieg gekrönt. Wir sind am Ziel. Die deutsche Revolution beginnt!

Vier Wochen später, am 5. März, nach dem Reichstagsbrand, dessen Urhe- berschaft bis heute umstritten ist, und verschiedenen Terrorakten der Nazis gegen die Opposition, gewann die NSDAP zusammen mit der rechtsgerich- teten Kampffront Schwarz-Weiß-Rot knapp die Wahlen. Eine Woche nach dem Wahlsieg rief Hanke in Mannheim an und fragte Speer, wie schnell er nach Berlin kommen könne – es gebe Arbeit für ihn.

Speer ließ bei seinem kleinen BMW-Sportwagen das Öl wechseln, und er und Margret packten »einen kleinen Koffer« und fuhren über Nacht nach Berlin, wo sie sich sofort nach der Ankunft bei Hanke meldeten. »Dr. Goebbels ist gerade zum Propagandaminister ernannt worden«, sagte Han- ke. »Sie werden ihn zur Besichtigung des neuen Ministeriums begleiten.«

Speer war dabei, als Goebbels am 11. März 1933 feierlich das schöne Gebäude am Wilhelmplatz in Besitz nahm, das der berühmte Architekt Karl Friedrich Schinkel im 19. Jahrhundert errichtet hatte. Goebbels dazu in sei- nem Tagebuch:

11. März 1933.

Hoch am Himmel steht die Sonne und strahlt Frühlingswärme auf dies wunderbare Deutschland hernieder. Es ist wieder eine Freude, zu arbei- ten und zu schaffen. Eine Überprüfung der Arbeitsmöglichkeiten in mei- nem neuen Hause auf dem Wilhelmplatz fällt sehr unbefriedigend aus. Zuerst einmal müssen Maurer und Aufräumer in diese Zimmer hinein- geschickt werden; die sollen den Stuck von den Wänden schlagen, die schweren muffigen und mottigen Plüschvorhänge herunterreißen, damit wieder einmal die Sonne durch die Fenster kommt. In dieser Dämmerung kann ich nicht arbeiten. Ich muß Klarheit, Sauberkeit und reine, übersichtliche Linien um mich haben. Zwielicht ist mir zuwider ...

Speer sagte mir, daß Goebbels ihm noch in derselben Stunde den Auftrag gab, die notwendigen Änderungen durchzuführen, obwohl er nichts von seiner Arbeit kannte außer dem kleinen Umbau des Gauhauses. Speer schrieb in Spandau: »Es war wieder mal sehr eilig, und wieder wurde Tag und Nacht gearbeitet und der Umbau in einer befriedigend kurzen Zeit von einigen Wochen beendet. Immerhin hatte ich das erste Mal Gelegenheit, einige bessere Möbel zu entwerfen für das ›Ministerzimmer‹ und mich im übrigen in einer bescheidenen Unterordnung unter die Innenarchitektur Schinkels zu üben.«

Speer spricht weder im »Spandauer Entwurf« noch in den *Erinnerungen* von den Schwierigkeiten, die er offensichtlich hatte, Veränderungen an einem unter Denkmalschutz stehenden Gebäude vorzunehmen, die sowohl seinem eigenen Geschmack als auch Goebbels' Anforderungen entsprachen. Letzterer notierte in seinem Tagebuch (Speers Name taucht darin erst am 19. Dezember 1935 auf):

13. März 1933.

Da mir von allen Seiten Schwierigkeiten im Umbau und in der Einrichtung selbst meines eigenen Zimmers gemacht werden, nehme ich mir kurzerhand einige Bauhandwerker aus der SA und lasse während der Nacht Gips und Holzverkleidung herunterschlagen; uralte Zeitungen und Akten, die seit Anno Tobak in den Regalen herumvegetieren, werden mit Donnergepolter die Treppe hinunterbefördert. Nur noch trübe Staubwolken zeugen von verschwundener Bürokratenpracht. Als die würdigen Herren, die ich nun als nächstes an die Luft befördern werde, am anderen Morgen erscheinen, sind sie aufs tiefste erschüttert. Einer schlägt die Hände über dem Kopf zusammen und murmelt entsetzt: »Herr Minister, wissen Sie auch, daß Sie dafür ins Gefängnis kommen können?« Nun schieb ab, mein guter Alter! Und wenn es sich bis zu Dir noch nicht herumgesprochen haben sollte, dann sei es hiermit noch einmal feierlich gesagt, daß in Deutschland gerade Revolution gemacht wird, und daß diese Revolution auch vor Akten keinen Halt macht.

[23. März 1933.]

... Mittwoch: Jetzt ziehe ich endgültig ins Ministerium ein. Meine neuen Räume entsprechen meinem Geschmack, Sonne, Luft, Licht, hier kann man arbeiten. Abends sitze ich mit meinen Bauhandwerkern, alles alte S.A.-Kameraden, zusammen und feiere mit ihnen das Baufest ...

Karl Hanke, der zum Sekretär des Ministers befördert worden war, spielte seine Rolle als Speers Mäzen weiter. Einige Tage nach der Fertigstellung von Goebbels' Ministerium sah Speer bei Hanke Entwürfe für die Gestaltung der Massenkundgebung zum 1. Mai liegen, die auf dem Tempelhofer Feld stattfinden sollte. Als Speer meinte, die Pläne erinnerten ihn an die Dekoration eines Schützenfests, erwiderte Hanke, wenn er glaube, er könne es besser, solle er sich an die Arbeit machen. Noch in derselben Nacht entwarf Speer eine Tribüne »mit dahinter aufragenden drei mächtigen, herrlichen Fahnen«, wie er sie in Spandau beschreibt, »zwei davon schwarz-weiß-rot, in der Mitte die Hakenkreuzfahne, und alle fünfzehn Meter hoch«.

Damals ließ Speer seinem theatralischen Talent freien Lauf. »Ich fand die besten Beleuchtungstechniker«, sagte er mir, »und mit Riesenscheinwerfern erreichten wir zusammen den gewollten theatralischen Eindruck.« Hitler fand so sehr Gefallen daran, daß Goebbels behauptete, das Ganze sei seine Idee gewesen. (Tessenows Kommentar dazu war: »Glauben Sie, daß Sie da etwas geschaffen haben? Es macht Eindruck, das ist alles.« Es versetzte Speer einen Stich, aber er tröstete sich mit dem Gedanken, daß Tessenow »den neuen Geist nicht verstand, der das Land beherrschte«.) Soviel Speer wußte, war sein Name Hitler noch immer unbekannt. Sein nächster Auftrag lautete, das Innere von Goebbels' neuer Wohnung umzugestalten und eine große Empfangshalle anzubauen. Leichtfertig versprach er, sie werde in acht Wochen fertig sein. Im »Spandauer Entwurf« beschreibt er, was dann geschah:

Hitler, dem Goe. das erzählte, erklärte das für unmöglich. Goe., um mich anzueifern, machte mich mit dem Zweifel des Reichskanzlers bekannt. – Eine wilde Bauerei begann. Eine Dispositionsaufgabe im kleinen. Alle paar Abende kam Hitler, der sich für dieses Zeitwunder interessierte, bei seiner Vorliebe für das Bauen überhaupt, von der Reichskanzlei herüber, um den Fortschritt zu begutachten und erneute Zweifel zu äußern. Nicht zu mir, denn ich wurde von Goe. weiterhin im Hintergrund gehalten.

Speers erste Begegnung mit Hitler fand während der Vorbereitungen zum ersten NSDAP-Parteitag nach der Machtergreifung statt, kurz nachdem Speer mit der Umgestaltung von Goebbels' Wohnung fertig geworden war. Die Organisatoren des Parteitags hatten Probleme mit der Dekoration des Geländes, und jemand erinnerte sich an den Architekten, der die Tribüne für die Maifeier auf dem Tempelhofer Feld geschaffen hatte. Speer wurde nach Nürnberg geflogen und warf, nicht unbeeindruckt von dieser Ehre, rasch einige Zeichnungen hin, die, wie er mir selber zugab, »nicht sehr brillant« waren. »Der Unterschied war nur«, sagte er, »daß ich anstatt der Riesenfahnen, die ich für den 1. Mai erfunden hatte, einen großen Adler von zwanzig

Metern Spannweite an ein Fachwerkgerüst anpiekte, wie einen Schmetterling in einer Sammlung.«

Die Organisatoren wagten es nicht, eine Entscheidung zu treffen, als er ihnen die Skizzen zeigte, und schickten den jungen Architekten zu Rudolf Heß nach München. »So etwas kann nur der Führer selbst entscheiden«, sagte Heß und griff zum Telefonhörer. »Er ist in seiner Wohnung, ich werde Sie hinfahren lassen.«

»In Spandau zog ich Heß einmal mit seiner damaligen Entscheidungsunfähigkeit auf«, erzählte Speer. »Er sagte sofort, er hätte nie gewagt, eine solche Entscheidung selbst zu treffen; Hitler habe alle wichtigen Entscheidungen sich selbst vorbehalten.«

In der Wohnung des Führers im zweiten Stock in der Nähe der eleganten Prinzregentenstraße wurde Speer sofort zu Hitler geführt. »Und da stand ich vor Hitler«, schrieb er in Spandau, »dem Reichskanzler, der gerade eine Pistole auseinandergenommen vor sich auf dem Tisch liegen hatte, anscheinend mit deren Reinigung beschäftigt. ›Legen Sie Ihre Zeichnungen hier auf den Tisch‹, meinte er, seine Pistolenteile auf die Seite schiebend, ohne weitere Begrüßung und schaute meinen Entwurf interessiert an. ›Einverstanden.‹ – Da nichts weiter kam, ging ich meiner Wege.«

Speer erinnerte sich nicht daran, ob er irgend etwas zu Hitler gesagt hatte. »Ich weiß nicht. Wahrscheinlich ›Guten Tag‹.«

»Kein ›Heil Hitler‹?« fragte ich. »War der ›deutsche Gruß‹ damals nicht Vorschrift?«

»Nein, ich hatte nie viel dafür übrig, den Arm zu heben, auch später nicht. Ich meine, es war so albern. Trotzdem, eigentlich sollte ich mich daran erinnern.« Er ging jedoch weder in den *Erinnerungen* noch im »Spandauer Entwurf« ins Detail. »Ich glaube, ich stand einfach nur da. Ich war ziemlich verwirrt, und diese Pistole gab mir ein seltsames Gefühl.« Er ging mit einem Lachen darüber hinweg, wie er es bei peinlichen Themen häufig tat. »Wahrscheinlich ist das alles Unsinn, alles nur in meinem Kopf, eine Panik im Rückblick. Ich war wahrscheinlich einfach von Ehrfurcht überwältigt.« In seiner Stimme schwang Selbstironie.

Obwohl Hitler, wie er Speer ein paar Monate später bestätigte, noch immer nichts über den jungen Architekten wußte, hatte Speers Aufstieg nun begonnen. In jenem Herbst wurde Professor Paul Ludwig Troost, einer der großen alten Architekten Deutschlands, von Hitler beauftragt, die Wohnung des Reichskanzlers in Berlin neu zu gestalten. »Ich profitierte von dem Umstand, daß Troost und seine Frau, die als Innenarchitektin ebenso berühmt war wie er, in München lebten und nicht viel über die Bautätigkeit in Berlin wußten«, sagte Speer. »Hitler erinnerte sich daran, daß ein junger Architekt Goebbels' Wohnung in Rekordzeit vollendet hatte. Er ordnete an, ich solle mich Troosts Mitarbeitern anschließen und dessen Bauleiter bei der Arbeit vor Ort helfen: bei der Auswahl von Bau- und Dekorationsfirmen und allem, was die Arbeit beschleunigen konnte.«

Die Arbeit begann mit einer Besichtigung der Reichskanzlerwohnung durch Hitler, der, wie es in den nächsten Monaten üblich werden sollte, nur vom Bauleiter und Speer begleitet wurde. »Aber ich hatte das Gefühl, daß er mich nicht einmal wahrnahm; er sah mich nie an. Während der vielen Male, die er unsere Fortschritte inspizierte, wandte er sich nie direkt an mich, obwohl er viele Fragen stellte, von denen manche eigentlich in meine Zuständigkeit fielen. Ich hatte den Eindruck, als sei das eben seine Art; ich akzeptierte sie als, na ja, normal. Warum sollte der große Mann mit mir reden? Es genügte mir, nur dabeizusein.«

Speer hatte nicht damit gerechnet, daß der Auftrag weitere Aufträge Hitlers nach sich ziehen könnte. »Es war nicht mein Auftrag, es war der von Troost. Und das schien mir auch in Ordnung – er war ein berühmter Mann, ich war nichts. Ich glaube wirklich, daß ich damals von etwas Außerordentlichem nicht einmal träumte, denn obwohl ich da war, in seiner Gegenwart und dessen immer sehr bewußt, wußte ich auch, daß er meine Existenz offenbar überhaupt nicht zur Kenntnis nahm.«

Wenn Hitler um die Mittagszeit die Baustelle besuchte, nur in Begleitung eines Adjutanten und zweier SS-Männer in Zivil, die sich unauffällig im Hintergrund hielten, stellte er dem Bauleiter – indirekt also Speer – »knappe Fragen« über die Fortschritte der verschiedenen Arbeiten. Sein Verhalten änderte sich offenbar radikal, wenn er, was er immer tat, mit den Bauarbeitern sprach.

»Ich muß sagen«, erzählte Speer, »die Art, wie sich der mächtigste Mann Deutschlands dort unbewacht und anscheinend völlig sorglos bewegte, schien mir wirklich außergewöhnlich und wunderbar. Er war – ich kann es nicht anders nennen – der Inbegriff der Bescheidenheit, und die Arbeiter fühlten das und reagierten entsprechend. Sie begrüßten ihn bald nur noch mit ›Hallo‹, wenn er eintraf. Auch hier gab es, wie Sie sehen, kein Strammstehen und keinen deutschen Gruß – die Bauarbeiter fühlten sich ungezwungen mit Hitler. Es war klar, daß er sich auf der Baustelle wohl fühlte, und das war sympathisch, wissen Sie – er schien jede Art von Eindruckschinden vermeiden zu wollen.

Wie kann ich das erklären, so daß man es heute verstehen kann, daß man sich vorstellen kann, wie es war? Da war dieser Mann, der wie durch einen Zauber unser Land binnen weniger Monate so verändert hatte, daß man es nicht wiedererkannte. Alles in Deutschland blühte auf. Die Arbeitslosen hatten wieder Beschäftigung; überall gab es Zukunftsprojekte – wir lebten und atmeten Optimismus.

Ich glaube, man kann mit Recht sagen, daß Hitlers Mangel an Angeberei mich gefangennahm und, ja, daß es mich freute, mich im Glanz seines Ruhms zu sonnen. Viele Menschen – meine Studenten und Freunde an der Universität und Parteifunktionäre wie Hanke – wußten, daß ich auf der Baustelle arbeitete, und überhäuften mich mit Fragen, nicht über die Arbeit natürlich, sondern über ihn. Ob es stimme, fragten sie, daß er jeden Tag komme? Praktisch allein, unbewacht? ›Das ist ziemlich leichtsinnig von ihm‹, sagten die Parteileute. In Wirklichkeit aber waren alle begeistert, genau wie ich.«

Und dann, eines Tages, am Ende des üblichen Besuchs um die Mittagszeit, drehte sich Hitler, der Speer bis dahin nie wahrzunehmen schien, beim Gehen plötzlich um und sagte zu ihm: »Kommen Sie mit zum Mittagessen.«

»Können Sie sich das vorstellen?« sagte Speer. »Da stand ich, jung, unbekannt und völlig unwichtig, und dieser große Mann, um dessen Aufmerksamkeit – und sei es nur für einen flüchtigen Augenblick – unsere ganze Welt konkurrierte, sagte zu mir: ›Kommen Sie mit zum Essen.‹ Ich glaubte, ich würde umfallen. Ausgerechnet an diesem Morgen hatte ich, als ich die Baustelle betrat, etwas Mörtel auf den Anzug bekommen, und Hitler bemerkte, wie ich zweifelnd meinen schmutzigen Ärmel ansah. ›Machen Sie sich darüber keine Gedanken‹, sagte er. ›Das bringen wir oben schon in Ordnung.‹ Und im Oberstock nahm er mich in seine Privaträume mit und befahl seinem Diener, seinen dunkelblauen Rock zu holen. Und bevor ich wußte, wie mir geschah, kehrte ich in Hitlers Rock hinter ihm in den Speiseraum zurück.

Die Elite der Partei war zum Essen versammelt – bald danach sollte ich entdecken, daß Hitler beim Mittagessen immer große Gruppen zu Gast hatte –, und Goebbels fielen fast die Augen aus dem Kopf. Er bemerkte sofort, was ich nicht gesehen hatte, nämlich Hitlers goldenes Parteiabzeichen, das einzige seiner Art. ›Was machen Sie hier?‹ fragte er scharf. ›Was tragen Sie denn da?‹

›Er trägt meinen Rock‹, sagte Hitler und wies auf den Stuhl neben sich. ›Setzen Sie sich.‹

Können Sie sich vorstellen, wie mir zumute war?« wiederholte Speer. »Da war ich, achtundzwanzig Jahre alt, in meinen eigenen Augen völlig unbedeutend, und saß beim Mittagessen neben ihm, trug seine Jacke und war – wenigstens an diesem Tag – praktisch sein einziger Gesprächspartner. Mir war schwindlig vor Aufregung.«

IV

Eine Art Liebe

Nürnberg, den 19. Juni 1946

SPEER [in seiner Verteidigung]: Im Jahre 1934 [*sic!* statt richtig
1933] wurde Hitler erstmals auf mich aufmerksam. Ich lernte
ihn kennen, und ich hatte von da ab als Architekt eine begei-
sternde Tätigkeit; denn Hitler war ein fanatischer Bauherr, und
ich bekam von ihm große Bauaufgaben. Neben dem Neubau der
Reichskanzlei in Berlin und den verschiedenen Bauten hier in
Nürnberg auf dem Parteitaggelände wurde ich mit der Leitung
der städtebaulichen Neugestaltung der Städte Berlin und Nürnberg von ihm beauftragt ... Durch die Vorliebe Hitlers für seine
Bauten hatte ich einen engen persönlichen Kontakt mit ihm ...
Wenn Hitler überhaupt Freunde gehabt hätte, wäre ich bestimmt
einer seiner engen Freunde gewesen ...

In Deutschland gärte es 1933; die Atmosphäre schwirrte von Erwartungen, neuen Maßnahmen und neuen Leidenschaften. Die Ideale des Nationalsozialismus waren attraktiv, auch wenn es bei ihrer Durchsetzung hin und wieder etwas scharf zuging. Es war jedoch offensichtlich, daß das neue Regime viele der schlimmsten Probleme wie Arbeitslosigkeit und Wohnungsmangel wirksam bekämpfte und das durch die Niederlage im Ersten Weltkrieg und den Versailler Vertrag schwer angeschlagene nationale Selbstbewußtsein stärkte. Jede positive Erscheinung des nationalen Lebens galt nun als Schöpfung eines einzigen Mannes, des Führers.

Das erste Essen mit diesem Halbgott blieb Speer unauslöschlich im Gedächtnis haften. Er berichtete darüber in mehreren verschiedenen Versionen, im »Spandauer Entwurf«, in den *Erinnerungen* und im Verlauf unserer Gespräche brachte er weitere Schwerpunkte vor. Hier zunächst der Bericht aus dem »Spandauer Entwurf«, der etwas ausführlicher ist als im Buch:

Bei und nach diesem Essen hatte ich das erste Mal Gelegenheit, Hitler einige private Fragen zu beantworten. Da stellte sich für ihn erst heraus, daß ich den »Ersten Mai« entworfen hatte. »So, und Nürnberg, das haben Sie auch gemacht? Da war doch ein Architekt bei mir mit den Plänen! Richtig, das waren Sie! – Daß Sie den Goebbelsbau zum Termin fertigbekommen würden, hätte ich nie gedacht.« Über meine Zugehörigkeit oder Tätigkeit in der Partei befragte er mich dagegen nicht. Ich konnte auch später feststellen, bei anderen, daß ihm das bei den von ihm beschäftigten Künstlern völlig gleichgültig war. Dafür wollte er möglichst viel wissen von meinem Lebenslauf als Architekt, von den Bauten, die mein Vater und mein Großvater entwarfen.

Es war ganz offensichtlich, daß jenes Mittagessen für meine weitere Zukunft eine entscheidende Etappe war.

Einige Jahre später kam er auf diese Essenseinladung zurück: »Sie fielen mir auf bei meinen Rundgängen. Ich suchte einen jungen Architekten, dem ich einmal meine Baupläne anvertrauen konnte. Jung sollte er sein, denn, wie Sie wissen, gehen diese Pläne weit in die Zukunft. Ich brauchte einen, der auch nach meinem Tode mit der dann von mir verliehenen Autorität weitermachen kann – und den habe ich in Ihnen gefunden.«

»Als er das zu mir sagte – ich glaube, es war etwa zwei Jahre später –, war schon sehr viel geschehen«, sagte mir Speer. »Ich war in seinen engen Kreis aufgenommen worden, und obwohl seine ersten Aufträge für mich verhältnismäßig unbedeutend waren, erkannte ich, daß es jetzt für meine Zukunft fast keine Grenzen gab.«

In den *Erinnerungen* schrieb Speer, er sei damals bereit gewesen, für einen großen Bauauftrag wie Faust seine Seele zu verkaufen, und habe in Hitler seinen Mephisto gefunden. Ich fragte ihn, ob er das wirklich damals so empfunden habe.

»Nein, natürlich nicht«, sagte er. »Das ist ja gerade der Punkt – ich bewunderte Hitler vorbehaltlos, ich sah ihn als vollkommen fehlerlos an und konnte mein Glück wirklich kaum fassen.«

Ob er sein Glück deshalb nicht habe fassen können, weil selbst dieser außerordentliche Gönner ihn noch nicht von seiner Begabung als Architekt überzeugt hatte?

»Ja und nein«, sagte er nach einigem Zögern. »Menschen, die nie die Wirkung gespürt haben, die ein solcher Mensch auf seine Umgebung ausübt, können das kaum je verstehen. Obwohl mein Leben sich sehr schnell fast ausschließlich auf Hitler konzentrierte, ja Hitler tatsächlich mein Leben wurde, waren natürlich auch noch andere Menschen da. Und das Unglaubliche war, daß, weil der Gefallen, den er an mir fand, so schnell offensichtlich wurde, fast jeder in seiner Umgebung darauf reagierte. Ich meine, als Architekt war ich noch immer ein Niemand. Bis dahin hatte ich nur bewiesen, daß ich schnell sein konnte. Trotzdem begannen alle mich, der ich mit meinen achtundzwanzig Jahren der jüngste unter ihnen war, zu behandeln, als ob ich ›jemand‹ war. Ich habe all das nicht weiter analysiert, aber damals analysierte ich ja nie was; ich nahm es einfach dankbar an, daß mir ein wunderbares Leben bevorstand, wunderbar über alle Träume hinaus.«

Nach diesem verhängnisvollen Mittagessen gehörte Speer sehr bald zu Hitlers kleinem persönlichen Kreis. Es wurde von ihm erwartet, daß er sich, wenn Hitlers Tag am späten Morgen begann, zu einer kurzen Plauderei oder einem erfrischenden Spaziergang einfand; im Laufe des Tages mußte er immer damit rechnen, zu Hitler gerufen zu werden, um Bauprojekte oder noch öfter Ideen und Skizzen zu besprechen, die Hitler plötzlich eingefallen waren; und jeden Abend speiste er mit Hitler und seinem intimen Kreis.

Dazu gehörten in jener Zeit seine Adjutanten Wilhelm Brückner und Julius Schaub, beides SS-Offiziere; Sepp Dietrich, der Kommandeur der SS-Leibstandarte (des SS-Regiments, das unter anderem für Hitlers persönlichen Schutz zuständig war); seine beiden Sekretärinnen Johanna Wolf und Christa Schröder; sein Leibfotograf Heinrich Hoffmann und sein langjähriger Chauffeur Julius Schreck, der Hitler dank seiner »Bauernschläue« manchmal mit der Realität konfrontieren konnte. »Hitler saß immer vorne neben Schreck«, erzählte mir Speer einmal. »Und ich hörte, wie Schreck spöttische oder scharfe Bemerkungen über die Speichellecker in Hitlers Umgebung machte. Er war der einzige, der sich solche Freiheiten herausnehmen durfte.«

Bald nahm Speer auch regelmäßig an den täglichen Mittagessen teil, die Hitler dazu benutzte, den Kontakt zu seinen alten politischen Kameraden aufrecht und sie zugleich in Schach zu halten. In diesen Jahren waren auch Göring und Goebbels fast täglich beim Essen.

Obwohl zu der abendlichen Tafelrunde oft auch Ehefrauen (und Hitlers Privatsekretärinnen) eingeladen wurden und das gesamte Hauspersonal den abendlichen Filmvorführungen in Berlin und Berchtesgaden beiwohnen durfte, sollte es lange dauern, bevor Margret dieser Gruppe angehörte. Es gab – wie sie mir erzählte, nachdem wir uns besser kennengelernt hatten – zwei Gründe, warum sie das nicht weiter als merkwürdig empfand: Erstens war es ihr nie auch nur im Traum eingefallen, daß Speers eng mit Hitler verknüpftes Berufsleben sie irgendwie mit einschließen könnte – Speer hatte ihr nämlich nie gesagt, daß eine Reihe von Frauen regelmäßig Gast an Hitlers Tafel war. Zweitens aber hatte ihr eigenes Leben eine mindestens ebenso gewichtige Wende erfahren wie Speers.

Margret hatte schon lange gehofft, Kinder zu bekommen; nach ihrer Lebensauffassung war dies der Hauptzweck jeder Ehe. Und etwa um die Zeit, als Hitler Ende 1933 Speer den ersten persönlichen Auftrag erteilte – Speer sollte einen großen, zum Garten hin liegenden Saal der Reichskanzlei in ein Büro umgestalten und an der Vorderfront des Gebäudes einen Balkon anbringen, auf dem Hitler die Ovationen der Massen entgegennehmen konnte –, wurde Margret schwanger. (Albert wurde am 29. Juli 1934 geboren.)

Während ihrer Schwangerschaft war Speer kaum je zu Haus. In den letzten Monaten des Jahres 1933 und der ersten Hälfte von 1934 jagte ein Auftrag den anderen, lauter Umbauten, die jedoch alle in Rekordzeit fertig werden mußten.

Da Speer so offensichtlich in Hitlers Gunst stand, blieben auch Aufträge von anderer Seite nicht aus. Bei einem von Hitlers Mittagessen in jenem aufregenden Winter fragte Göring Hitler: »Macht Speer Ihre Wohnung, mein Führer? Ist er [jetzt] Ihr Architekt?« Die Frage wurde von Hitler unbekümmert bejaht, obwohl der von Speer sehr bewunderte Troost damals noch immer Hitlers offizieller Architekt war. Daraufhin bat Göring um Hitlers Erlaubnis, daß Speer seine Wohnung – die erst kürzlich mit großem Aufwand hergerichtet worden war – im selben einfachen Stil umgestalten dürfe wie Hitlers neue Residenz.

Um für seinen Protektor jederzeit erreichbar zu sein, hatte Speer wenige hundert Meter von der Reichskanzlei entfernt das Atelier eines Malers als Büro gemietet. Sein einziger Assistent in diesen ersten Monaten war der eben aus der Sowjetunion zurückgekehrte Rudolf Wolters.

Die inzwischen 17jährige Annemarie Kempf arbeitete noch immer unbezahlt in Goebbels' Gauleitung und kam ab und zu herüber, um Speer zu helfen. Gegen Ende des Jahres erkrankte sie jedoch an Tuberkulose und mußte ein halbes Jahr zu Hause bleiben. Nach ihrer Genesung erhielt sie endlich eine bezahlte Stelle als Redaktionssekretärin beim *Angriff*.

Dort, sagte sie, war alles ganz anders als in den ersten, aufregenden, sorglosen Tagen in der Gauleitung, wo es noch keine Chefs und Untergebenen gegeben hatte. Damals – erzählte sie bei einem unserer ersten Gespräche in Hamburg – waren sie alle »jung zusammen, verbunden durch ihre Begeisterung für die gemeinsame Sache«. Der Unterschied lag nicht darin, daß es beim *Angriff* Klassenunterschiede gegeben hätte – die hatte die Partei ja sehr schnell abgeschafft. »Nein, anders war, daß wir jetzt nicht mehr in einer *Kampfzeit* waren. Der Kampf war vorbei. Die Partei war jetzt an der Regierung, und es bedeutete, daß wir jetzt unter stärkerem Druck arbeiteten.«

Ich warf ein, sie müsse bei der Arbeit mit den Journalisten doch ziemlich bald bemerkt haben, wie kontrollierend die Partei mit Nachrichten umging, aber sie widersprach. Um das beurteilen zu können, habe sie nicht genug gewußt, sagte sie. Aber als einzelner »hatte keiner von uns das Gefühl, daß uns vorgeschrieben wurde, was wir fühlen, tun oder – mehr noch – sagen durften. Ich habe darüber sehr viel nachgedacht. Was unser Gefühl persönlicher Freiheit anging, kann ich Ihnen versichern, daß wir uns eher freier fühlten als vorher.« Niemand habe sich darum gekümmert, ob sie an Demonstrationen teilnahmen oder nicht. »Ich selbst mag Menschenmengen nicht«, sagte sie, »also ging ich nie. Später, als ich in Speers Büro arbeitete, war es dasselbe. Sowohl während seiner Architektenzeit als auch später im Ministerium stand nie zur Debatte, daß irgend jemand zur Teilnahme an politischen Veranstaltungen verpflichtet war. Wer wollte, nahm teil, wer nicht wollte, na ja, dann eben nicht.«

Anfang 1934 übernahm Speer die Abteilung »Schönheit der Arbeit« in der Deutschen Arbeitsfront und bekam den Auftrag, neuartige Barackenlager für die Arbeiter zu entwerfen, die an Fritz Todts Autobahnen arbeiteten. Speer war begeistert. Für ihn zeigte dies den Geist Hitlers: Die Bestellung einer vorbildlichen Anlage mit der angemessenen Infrastruktur – Küchen, Duschen, Waschküchen, gemütliche Aufenthaltsräume und Schlafzimmer mit nur zwei Betten statt der unpersönlichen Schlafsäle, die bis dahin die Norm gewesen waren – zeigte die soziale Einstellung, die Speer von dem nationalsozialistischen Führer immer erwartet hatte.

»Bald darauf allerdings«, sagte Speer, »schien er sich nur noch für große, repräsentative Bauten zu interessieren. Merkwürdigerweise waren es Goebbels und Heß – Heß vielleicht mehr als irgend jemand sonst –, die mich später immer wieder fragten, wann ich endlich Wohnhäuser bauen würde, in denen Menschen leben konnten. Aber das war viel später; am Ende versprach ich Heß, für jedes meiner repräsentativen Bauwerke eine Wohnsiedlung zu errichten. Dazu ist es dann natürlich nicht gekommen. Es hätte bis nach dem Krieg warten müssen.«

Der erfolgreiche Entwurf des Barackenlagers – damals nur ein Tropfen in Speers überlaufendem Auftragsfaß – hatte die interessante Folge, daß Margret zum erstenmal Hitler begegnete. Im »Spandauer Entwurf« wird die

Begegnung gar nicht, in den *Erinnerungen* nur beiläufig erwähnt, während unserer Gespräche ging Speer jedoch ausführlicher darauf ein.

Zu Beginn des Jahres 1934, als der Entwurf fertig war, erhielt Speer sein erstes offizielles Amt als Abteilungsleiter im Stab von Rudolf Heß. (Später verlieh Goebbels, der sich in dem seltsamen Wettlauf um Speers Gunst nicht von Heß übertreffen lassen wollte, ihm denselben Rang in *seinem* Stab.) Speer erzählte mir, er sei aufgrund dieses neuen Amtes Anfang Frühjahr 1934 erstmals zu einem offiziellen Empfang Hitlers eingeladen worden; Karl Hanke habe selbstverständlich auch Margret eingeladen. »Und das war eine ziemliche Überraschung für Hitler«, sagte Speer lächelnd.

Wir waren auf einem kleinen Waldspaziergang oberhalb seines Heidelberger Hauses, als er diese Bemerkung machte: »Warum Überraschung?« fragte ich, und er antwortete etwas ungeduldig: »Da ich Margret Hitler gegenüber bis dahin nie erwähnt hatte, konnte es nicht ausbleiben, daß sie jetzt eine Überraschung für ihn war.«

Ich blieb abrupt stehen. Mir sei klar, sagte ich, daß in einem normalen Verhältnis zwischen Mäzen und Künstler (Arbeitgeber und Arbeitnehmer) das Privatleben des Künstlers nicht unbedingt eine Rolle spiele. Aber dies war doch wohl etwas anderes gewesen: Er hatte mir jetzt tagelang sein Glücksgefühl beschrieben über Hitlers »totales« Interesse an ihm, bewiesen durch die endlosen Fragen über sein Leben, die Hitler ihm in den inzwischen fast neun Monaten seit jenem ersten Mittagessen gestellt habe. Wie sei es möglich, daß seine damals sechsjährige Ehe dabei nie zur Sprache gekommen war?

Speer war verblüfft. »Ich weiß nicht«, sagte er und dachte nach. Vielleicht, meinte er dann, hatte er Margret nicht erwähnt, weil ihn das Benehmen Hitlers gegenüber seiner Mätresse Eva Braun abgestoßen habe. »Er hielt sie vor allen anderen außer seinem allerengsten Kreis versteckt, verweigerte ihr sogar in dieser Umgebung jede gesellschaftliche Anerkennung und demütigte sie ständig. Das mitanzusehen war peinlich. Sie war wirklich ein sehr nettes Mädchen, jung, schüchtern und bescheiden. Ich mochte sie sofort, und später wurden wir gute Freunde. Sie konnte einen Freund gebrauchen.«

Er klang traurig und warm, als er sich an Eva Braun erinnerte. Aber seine Ablehnung der Behandlung, die sie von Hitler erfuhr, schien mir kein plausibler Grund, Margrets Existenz vor Hitler geheimgehalten zu haben. Ohne es zu merken, hatte mir Speer hier einen ersten Einblick in seine komplizierten Gefühle für Hitler gewährt.

So sehr Hitlers Benehmen Eva Braun gegenüber Speer gestört haben mag, das war es sicher nicht, was ihn davon abhielt, seine Ehe zu erwähnen. Der Grund war, daß seine Gefühle sich seit jenem ersten Essen in einem verwirrenden und von ihm selbst gänzlich unverstandenen Aufruhr befanden.

Speer – ich wiederhole das – war nicht homosexuell, aber er war ein zutiefst gehemmter Romantiker; Hitler löste in ihm solch starke Gefühle aus, deren er sich nie für fähig gehalten hatte. Er verstand diese Gefühle nicht und sollte ihre (nicht sexuelle, aber) »erotische« Komponente erst vierzehn Jahre später verstehen lernen. Dies war, nachdem er in Spandau einen Aufsatz des Psychoanalytikers Alexander Mitscherlich über die Beziehung Hitler–Speer las – eine Analyse, der er, wie er mir sagte, jetzt mehr oder weniger zustimme. (Davon mehr im Kapitel V.)

Daß Speer seine Ehe gegenüber Hitler nicht erwähnte, hing mit diesem Sturm komplexer Gefühle zusammen – Gefühle, die er, ohne daß dies eine bewußte Entscheidung gewesen wäre, nicht durch Erwähnung externer Faktoren, zu denen auch seine Ehe gehörte, stören wollte.

Sie seien bei dem Empfang an Hitler, Göring, Goebbels und Heß vorbeidefiliert, und ein Adjutant habe die Gäste vorgestellt. »Als wir auf ihn zutraten und ich sagte: ›Mein Führer, darf ich Ihnen meine Frau Margret vorstellen?‹ schaute er einen Moment. Dann aber küßte er ihr einfach die Hand, wie er das bei allen Frauen tat, und machte eine seiner unbeholfen galanten Bemerkungen, nämlich, daß ich allen Grund gehabt hätte, meine Frau zu verbergen. Ein wenig später jedoch – wir standen vor dem Essen mit einem Glas herum – kam er auf mich zu, bat denjenigen, mit dem ich gerade sprach, ihn für einen Augenblick mit mir allein zu lassen und sagte dann in einem merkwürdig ernsten Ton: ›Speer, warum haben Sie mir nicht gesagt, daß Sie verheiratet sind?‹ Ich erinnere mich, daß ich rot wurde und irgendwas stotterte wie ›Ich weiß nicht‹. Und dann fragte er: ›Wie lange sind Sie schon verheiratet?‹ Ich sagte: ›Sechs Jahre, mein Führer.‹ Und dann fragte er, wie viele Kinder wir hätten, und ich sagte, keine. [Speer wollte offensichtlich nicht sagen, daß Margret im fünften Monat schwanger war.] ›Sechs Jahre verheiratet und keine Kinder?‹ sagte er. ›Warum?‹ Ich konnte nur noch denken, daß ich am liebsten im Boden versunken wäre ... Jedenfalls hatten wir, wie Sie wissen, danach recht schnell hintereinander fünf Kinder, und dann Ernst, unser sechstes, 1943 – oder 1944, ich bin nicht ganz sicher.« (Ernst wurde im September 1943 geboren.)

»Es klingt beinahe, als ob Sie die Kinder für Hitler bekommen haben«, sagte ich impulsiv. Er sah mich scharf an, zuckte aber dann mit den Achseln. »Ja, man könnte das sagen. Also ...« Und dann ging er.

Später, als Speer und Margret nach dem Essen nebeneinander standen, trat Hitler zu ihnen und nahm ihren Ellbogen leicht in die Hand. »Ihr Mann«, sagte er, »wird für mich Bauten errichten, wie sie seit vielleicht 4000 Jahren nicht mehr gebaut worden sind.«

»Hübsche Frauen«, erzählte mir Speer, »rührte er merkwürdigerweise gerne an. Er hakte sich immer bei ihnen ein oder, wie an diesem ersten Abend bei Margret, hielt einen ihrer Ellbogen.«

Mehrere Leute aus Hitlers Kreis sollten mir später erzählen, daß Hitler von dem Abend an Margret anscheinend besonders gern mochte: Er nannte sie »meine schöne Frau Speer«.

(»Hitler hatte Margret Speer sehr gern«, sagte Leni Riefenstahl, eine von Hitlers Lieblingsschauspielerinnen. »Er stellte sie mir als ›meine Frau Speer‹ vor. Sie war sehr hübsch, und er hatte eine richtige Vorliebe für hübsche Frauen. Er wollte nichts von ihnen als Mann, verstehen Sie. Ich glaube, er wollte sie einfach nur um sich haben – und sich mit ihnen zeigen.«)

Aber abgesehen davon hatte Hitler Margret Speer genausowenig von Bedeutung zu sagen wie irgendeiner der anderen Frauen seiner Umgebung. Mit sehr wenigen Ausnahmen war Hitlers gesellschaftlicher Umgang mit Frauen auf seichte Unterhaltung beschränkt. Immer ausgesprochen höflich und um ihre Gesundheit bekümmert, plauderte er gern mit ihnen über Musik, Theater und Schauspieler und mit einer Frau wie Leni Riefenstahl auch über Unterhaltungsfilme, die neben Wagner-Opern, Operetten und den Büchern Karl Mays seine hauptsächliche Zerstreuung waren.

Aber er konnte sehr scharf werden, wenn Frauen, wie es im Lauf der Jahre einige Male geschah, auch nur ansatzweise aus ihrer Rolle fielen oder über diese hinausgingen. Sowohl seine Sekretärin (die zweite im Rang von vier jungen Frauen) Christa Schröder, eine Frau mit gesunder Vernunft und Charakter, als auch Henrietta von Schirach, die Frau des Reichsjugendführers Baldur von Schirach und Tochter von Hitlers Leibfotograf und ständigem Begleiter Heinrich Hoffmann, verdarben es sich angeblich mit ihm, weil sie versuchten, mit ihm zu diskutieren. Christa Schröder wagte es, ihm zu widersprechen, als er die Ansicht vertrat, daß junge Soldaten nicht rauchen sollten. Hitler schaute sie danach wochenlang nicht an. »Es hat eine lange Zeit gedauert, bis er mir diesen Fauxpas verziehen hat«, schrieb sie in ihrem Buch *Er war mein Chef*.

Henrietta von Schirach soll Hitler, nachdem sie im Frühjahr 1943 in Amsterdam Zeugin von Verhaftungen von Juden geworden war, gefragt haben, ob er wisse, was mit den Juden in Holland geschehe. In ihren Erinnerungen *Der Preis der Herrlichkeit* schrieb sie, nach jenem Tag habe sie den Berghof, wo sie praktisch aufgewachsen sei, nicht mehr betreten dürfen.

Speer sagte mir, er habe Frau von Schirachs Zusammenstoß mit Hitler nicht selbst miterlebt. »Aber ich kam wenig später dazu und fand die Atmosphäre sehr bedrückt; alle schlichen mit finsteren Mienen herum, weil sie diese Konfrontation offensichtlich nicht voraussehen und sie daher nicht verhindern konnten: Auf dem Berg galt die Regel, dort alles Unangenehme von ihm fernzuhalten, damit seine kurzen Erholungsphasen nicht gestört wurden.« (Hitlers Vertraute sprachen von Hitlers Ferienhaus meistens nur als dem »Berg«.)

Ich sagte, wenn sie nicht gewußt hätten, was mit den Juden geschah, sei ihre Sorge, daß Hitler sich über Frau von Schirachs Frage aufregen könnte, schwer zu verstehen. Schließlich habe er doch selbst fortwährend über die Juden gesprochen. Aber Speer winkte ab. »Ich war ja selbst nicht dabei«, wiederholte er.

Interessanterweise schreibt der langjährige Adjutant Hitlers Nicolaus von Below in seinen Memoiren, das Ehepaar Schirach sei nicht wegen Henriettas, sondern wegen Baldurs Zivilcourage verbannt worden. Schirach und seine Frau hatten Hitler am 24. Juni 1943 auf dem Berghof besucht. Und Hitler erzählte Below später sehr verärgert, Schirach hätte darauf gedrängt, irgendeine Möglichkeit zu finden, den Krieg zu beenden. »Wie denkt er sich das?« sagte Hitler zu Below. »Er weiß doch genau wie ich, daß es keinen Weg mehr gibt, es sei denn, ich schieße mir eine Kugel durch den Kopf.«

»Hitler war sehr verärgert über sein Gespräch mit Schirach«, schrieb Below, »und ließ klar erkennen, daß er mit ihm nichts mehr zu tun haben wollte. Das war auch ihre letzte Begegnung.«

Nach denen, die ihn kannten, war Below ein attraktiver und ehrbarer Mann. Er war Hitler treu bis ans Ende und gehörte zweifellos zu jenen, die, wie ich oben beschrieb, von Hitler so weit wie möglich von allem abgeschirmt wurden, was die Harmonie ihrer Beziehung hätte stören können. In Oberst von Belows Fall war dies vergleichsweise einfach, da er außer Urlauben zu Haus praktisch nur in Hitlers Gesellschaft reiste und deshalb nie in Gefahr kam, mit Verbrechen konfrontiert zu werden.

Im Führerhauptquartier stand er Speer am nächsten; dies wird dadurch bestätigt, daß Speer in einer kritischen Phase seiner Beziehung zu Hitler, als er nach viermonatiger Krankheit und Genesung im späten Frühjahr 1944 seinen Dienst wieder antrat, erreichte, daß Hitler ihn zu Speers Verbindungsmann ernannte. Sicher kann man sagen, daß die beiden Freunde wurden, wenigstens soweit, wie Freundschaft mit Speer möglich war; bemerkenswerterweise hielten Below und seine Frau Maria die Freundschaft mit Speer auch nach dem Nürnberger Prozeß aufrecht, obwohl ihn fast der gesamte frühere Kreis um Hitler als Verräter ächtete.

Ich halte Belows Buch für ein einzigartiges Dokument, weil hier ein eigentlich unkomplizierter, aber absolut ehrlicher Mann einen ernsten Versuch macht, Dinge aufzuarbeiten, denen er sich unter normalen Umständen wohl nicht gewachsen gefühlt hätte. Maria von Below, die die Erinnerung an Hitler, wie sie ihn kannte, ebenso verzweifelt in Ehren hielt, wie auch ihr Mann es tat, erzählte mir, daß es für sie und ihren Mann verheerend gewesen war, durch den Nürnberger Prozeß zu erfahren, welche Verbrechen in ihrem Namen begangen worden waren.

Ich sprach öfters am Telefon mit Below, aber er starb leider – kurz nachdem sein Buch erschienen war –, bevor wir uns persönlich kennenlernen konnten. Im Jahr 1985 verbrachte ich jedoch mehrere Tage mit seiner Frau in Detmold, wo die Belows in einem reizenden kleinen Haus wohnten, das Marias Schwestern gehörte. Einige Jahre später, als Maria Freunde in einem Schloß in Bayern besuchte, verbrachten wir einen weiteren guten Tag miteinander.

Maria war neunzehn, als sie 1937 Nicolaus von Below heiratete – sie nannte ihn Klaus. Sie war fast siebzig und noch immer schön, als wir uns kennenlernten: Als ihr 29jähriger Ehemann sie auf den Berghof brachte und Hitler vorstellte, muß sie eine überwältigende Schönheit gewesen sein. Ihn kennenzulernen machte ihr keine Angst, sagte sie.

»Ich kam aus einer ganz anderen Welt, aus einer ländlichen. Ich wurde im Internat erzogen, wir hatten ein wunderschönes Zuhause, ein enges protestantisches Familienleben, viele Freunde, Feste – eine große Sicherheit. Ich hatte nicht das geringste Interesse an Politik. Ich verliebte mich in meinen wundervollen Klaus und begann mich für seine Welt als Flieger zu interessieren, aber ich war gar nicht froh, in diese politische Welt einzutreten. Klaus war ja auch ganz unpolitisch – er war ›Luftwaffe‹. Nein, ich war überhaupt nicht schüchtern. Wissen Sie, ich war gewöhnt an die Jagd und ans Turnierreiten; ich bin seit Jahren in meiner Welt ein und aus gegangen – innerhalb der sicheren Grenzen dieser Welt hatte ich absolute Freiheit. Ich wußte genau, wo ich hingehörte. Also war die Begegnung mit Hitler natürlich ein aufregendes Erlebnis, aber ich war nicht geblendet vor Ehrfurcht.

Als alles zu Ende war«, sagte sie, »wetteiferten die Leute darin, das Leben auf dem Berghof als entsetzlich langweilig zu schildern, mit einem Hitler, der endlose Nichtigkeiten von sich gab. Auch Speer machte sich dieses Vergehens schuldig – und ich sage das trotz unserer engen Freundschaft mit ihm. Da waren wir einmal bei den Speers zu Gast, bevor seine Memoiren erschienen, und ich weiß noch, wie ich, nachdem er mir das Manuskript zum Lesen gegeben hatte, zu ihm sagte: ›Also schauen Sie, das Kapitel über den Berghof stimmt doch wirklich nicht. Wir haben diese Zeit alle erlebt, und Hitlers Wissen über Geschichte und Kunst war doch wirklich phänomenal. Natürlich wurden die Wiederholungen langweilig, aber gerade jene ersten Jahre – wie konnten Sie vergessen, wie aufregend das für uns alle war? Und wie oft wir dort glücklich waren?‹«

(Speer hatte den von Belows offensichtlich eines Abends sein Manuskript gegeben und sie dann – zweimal – mitten in der Nacht aufgesucht, um zu erfahren, was sie davon hielten. Mir fiel schlagartig ein, daß er etwas ähnliches getan hatte, als ich 1978 bei den Speers zu Gast war. Wir hatten wie immer bis nach Mitternacht miteinander gesprochen. Margret war bereits einige Stunden zuvor zu Bett gegangen, und ich schlug schließlich vor, aufzuhören bis zum nächsten Morgen. Als ich eine halbe Stunde später im Bett lag und versuchte, mich in den Schlaf zu lesen, klopfte es leise an die Tür.

Ich stand auf, zog meinen Morgenrock an und fand Speer vor der Tür, noch immer vollständig angezogen, mit einem dicken Manuskript in seinen Händen. »Das ist mir plötzlich heute nacht eingefallen«, sagte er. »Ich dachte, vielleicht können Sie es sich ansehen und mir sagen, was ich damit tun soll.« Ich nahm ihm das Manuskript ab und sah es ziemlich hilflos an; es war gut zweihundert Seiten lang, und ich erstickte bereits in Dokumenten aus seinem Archiv. »Ich dachte, Sie könnten es vielleicht jetzt gleich schnell durchblättern. Es sind Profile von Männern in Hitlers Umgebung.« Er sagte es mit seiner üblichen trügerischen Nonchalance. »Ich habe sie mit Hilfe eines britischen Nachrichtenoffiziers geschrieben, als ich 1945 in Eisenhowers Hauptquartier festgehalten wurde.«

Ich verbrachte tatsächlich den größten Teil der Nacht mit der Lektüre des Manuskripts – ich konnte es einfach nicht mehr aus der Hand legen. Und genau wie die von Belows hörte auch ich ihn um 4.30 Uhr die Treppe heraufkommen und vor meiner Tür stehenbleiben. Ich muß gestehen, daß ich schnell – und deutlich – das Licht ausmachte. Da ging er auf Zehenspitzen davon. Aber als ich um 7.30 Uhr zum Frühstück herunterkam, wartete er schon auf mich. »Was halten Sie davon?« fragte er, ohne »guten Morgen«.)

»Wissen Sie«, fuhr Maria von Below fort, »ich habe nie verstanden, warum es Leute erleichterte, damit zu leben, von Hitler verhext worden zu sein, indem sie Gaben, die Hitler ja offensichtlich besaß, heruntermachten. Schließlich hat er die Treue anständiger und intelligenter Menschen nicht dadurch gewonnen, indem er sie in seine Mordpläne einweihte und ihnen offenbarte, daß er ein moralisches Ungeheuer war. Er überzeugte sie, weil er sie faszinierte. Aber wenn man das heute sagt, ist das fast Blasphemie. Ich weiß nicht, warum so viele Leute diesen außergewöhnlichen ... Funken in ihm abstreiten. Ich habe später oft bemerkt, wie genau er es fühlte, wenn jemand nicht von ihm eingeschüchtert war. Ich meine, er schien es zu genießen, wenn man ihm ungezwungen entgegenkam. Zu mir war er von Anfang an sehr nett.«

»Aber war er nicht zu allen Frauen nett?« fragte ich.

»Er war zu Frauen sehr höflich«, sagte sie mit ihrer leisen, kultivierten Stimme, »aber ›nett‹ war er auf verschiedene Art.«

»Hatten Sie Hitler gern?«

Diese Frage wollte oder konnte sie nicht beantworten. »Wissen Sie, es ist jetzt leicht, ihn zu verhöhnen und zu kritisieren«, sagte sie nach einer kurzen Pause traurig. »Meine Kinder fragen mich immer wieder, wie ich – wie wir – das aushalten konnten. Aber mein Gott, es war damals eine andere Welt. Für mich, seit zwei Monaten mit dem wunderbarsten Mann verheiratet, den ich mir vorstellen konnte, war die Welt mein Klaus; Hitler war mir dagegen völlig egal. Ich glaube, Sie hätten mich damals für ziemlich oberflächlich und leichtlebig gehalten. Klaus war ein ernster Mensch, und mit ihm kam der

Ernst in mein Leben. Natürlich wurde alles um so schwieriger, je mehr wir mit Hitler zu tun bekamen. Denn da Hitlers Tun, seine Gedanken und auch seine Launen für Klaus immer wichtiger wurden, wurde er natürlich auch für mich immer wichtiger.«

Sie war jedoch vor den Kopf gestoßen, als ich diese Aussage so interpretierte, als habe sie begonnen, Hitler kritisch zu sehen. »Nein«, sagte sie schnell. »Ich war überhaupt nicht in der Lage, über ihn zu urteilen ...« Sie brach ab und versuchte dann weiterzusprechen. »Erst viel später – sehr spät, nachdem wir ... als wir herausfanden ...« Der Satz verlor sich. Ich habe diese Reaktion bei Deutschen ihrer Generation immer wieder erlebt, besonders wenn sie Hitler nahegestanden hatten. Seine schrecklichen Verbrechen machten ihnen ununterbrochen zu schaffen, besonders wenn sie mit Ausländern sprachen. Und nur wenige hatten den Mut, so viel von ihren Gefühlen preiszugeben wie Maria von Below.

Margret Speer brachte es, so sehr sie sich mir auch öffnete, nie über sich, das Thema anzuschneiden.

Seit dem Tag jenes ersten Empfangs bei Hitler gehörte auch sie zu dem Kreis auf dem Berghof, dem Speer schon seit Monaten angehörte. »Ja, sie war immer da«, sagte Maria. »In Berchtesgaden immer am Abend, aber auch sehr oft zum Mittagessen.«

Trotzdem sei Margret nie in die Partei eingetreten, sagte Speer. »Warum sollte sie auch? Das waren Philister. Einer von uns reichte vollauf. Hitler war es egal.«

Ich fragte Margret einmal in Gegenwart ihres Mannes, warum sie nicht eingetreten sei. Sie zuckte die Achseln. Ob sie mit den Zielen der Nazis nicht einverstanden gewesen sei, wie später in einem phantasievollen amerikanischen Fernsehfilm über Speer behauptet wurde? »Sie war nicht politisch«, beendete Speer die Debatte, und Margret schwieg.

»Sie war niemals politisch, das ist sicher richtig«, sagte ihre Tochter Hilde ein paar Jahre später, als Speer gestorben war. »Aber ich glaube, sie hat ihre privilegierte Position sehr genossen. Ich bin sicher, daß sie von den fürchterlichen Sachen überhaupt nichts gewußt hat. Zugleich aber glaubte sie alles, was wir danach erfuhren, auch wenn sie nie darüber spricht, und ich denke, sie fühlt sich jetzt schrecklich schuldig, weil sie in nächster Nähe zu diesem Menschen, Hitler, lebte und von dieser Nähe so sehr profitierte. Vielleicht auch«, sie machte eine kurze Pause, »weil sie so viele Gefühle – eine Art Liebe, wissen Sie – für einen solchen ...« Ihr fehlten die Worte. »Ich glaube, sie kann es einfach nicht verstehen, nicht einmal ertragen, darüber nachzudenken oder darüber zu sprechen. Ich wünschte nur, sie könnte es – vielleicht würde es ihr Frieden bringen.«

Es besteht kein Zweifel, daß die außergewöhnliche Beziehung zwischen Hitler und Speer sich parallel zu Hitlers wachsender Leidenschaft für die riesigen architektonischen Schöpfungen im ganzen Land entwickelte, die seine Herrschaft verewigen sollten. In den viereinhalb Jahren zwischen dem ersten gemeinsamen Mittagessen und dem Beginn des Jahres 1938, als der Anschluß Österreichs vorbereitet wurde, gefolgt vom Einmarsch in die Tschechoslowakei fünf Monate später, gewann sie rasch an Intensität. Liest man jedoch die annähernd hundert Seiten, die Speer dieser Zeit im »Spandauer Entwurf« widmet, ist man verblüfft von seiner offensichtlichen Blindheit für jene Ereignisse, die sowohl auf Hitlers Charakter schließen ließen als auch klare Vorzeichen der Zukunft waren.

Bis Herbst 1934 waren einige Dinge geschehen, die für Hitler und Speer von entscheidender Wichtigkeit sein sollten.

Am 21. Januar war Hitlers Architekt Professor Troost, der für Speer eine Art zweiter Lehrer geworden war, nach kurzer Krankheit gestorben. (»Ich gratuliere!« sagte Speers späterer Mitgefangener Walter Funk mit dem für ihn typischen Taktgefühl, als er Speer an diesem Tag im Propagandaministerium traf, wo er Goebbels' Staatssekretär war. »Jetzt sind Sie der Erste!«)

Am 30. Juni erschossen die Nazis auf Hitlers Anweisung die Führer der SA einschließlich ihres Stabschefs Ernst Röhm, einem der vier Duzfreunde Hitlers. Und am 2. August starb Hitlers berühmtester Unterstützer, Reichspräsident Paul von Hindenburg.

Im »Spandauer Entwurf« berichtet Speer vom Tod Hindenburgs und Troosts, aber mit Ausnahme eines Satzes, in dem er eine »Blutlache« erwähnt, die er am 1. Juli in einem Nachbargebäude der Reichskanzlei entdeckte, das er für Hitler renovierte, geht er auf den sogenannten Röhm-Putsch nicht ein. (Der Begriff wurde von den Nazis geprägt, um die blutige Säuberung vom 30. Juni als präventive Maßnahme zu rechtfertigen, die einen angeblich geplanten Putsch Röhms und seiner Spießgesellen verhindert habe.)

In den *Erinnerungen* dagegen widmete Speer dem politischen Hintergrund des »Putsches« auf Anraten seiner Verleger drei Seiten. »Ich wußte vorher nichts davon«, sagte er, als ich ihn fragte, ob er die Krise bemerkt habe. »Man wird mir nie glauben oder mich verstehen, wenn ich das sage, aber ich war mit anderen Dingen beschäftigt. Als es dann passierte, konnte man natürlich nicht umhin, etwas zu ›bemerken‹, wie Sie es ausdrücken, denn die Straßen waren voller Soldaten, und es herrschte Krisenstimmung. Und da ich Hitler täglich sah, wußte ich natürlich, daß er sehr verstört war. Ich habe das Geschehen jedoch ganz sicher nicht so erlebt, wie es später historisch und politisch eingeschätzt wurde. Damals bekam man in meiner sehr besonderen Lage des Eingeweihten und auch wiederum nicht Eingeweihten ein ziemlich einseitiges Bild von alldem.

Ich glaube, daß es selbst heute nach einer Unzahl von Büchern« – er lächelte – »einschließlich des meinigen noch immer nicht gelungen ist, die ganz besondere – merkwürdige, wie ich jetzt erkenne – Atmosphäre der Welt Hitlers zu vermitteln. Sehen Sie – und mir selbst wurde das erst bewußt, als ich in Spandau so viel Zeit zum Lesen hatte –, wenn Sie an eine Regierung und ihre Mitglieder in, sagen wir mal, England oder Frankreich denken, dann sind das Berufspolitiker, egal ob Intellektuelle oder Beamte. Natürlich gab es solche Leute auch in Deutschland, aber nicht in Hitlers Umgebung. Intellektuellen fühlte er sich unterlegen und traute ihnen deshalb nicht. Und Beamte haßte er. Außerdem mied er Berufspolitiker mit Ausnahme seiner ›alten Kameraden‹ instinktiv und bewußt. Von den Leuten in der Armee abgesehen, die im Grunde nicht von ihm ausgewählt, sondern ihm zugeordnet und dann – ja, von ihm angenommen wurden, wenn ihm ihre Gesichter gefielen, waren die Männer, die er sich als Mitarbeiter aussuchte, Amateure. Auch ich gehörte letztlich zu dieser Kategorie. Als ich sein Architekt wurde, war ich vielleicht kein Amateur, denn ich hatte studiert, aber ich war zweifellos ein Neuling. Später, als er mich zum Rüstungsminister ernannte und mir damit den damals wohl schwierigsten Posten im ganzen Land übertrug, war ich bei Gott ein blutiger Anfänger. Aber worauf ich hinweisen wollte – und was, wie ich meine, nie ganz verstanden worden ist –, ist die gefühlsgeladene Atmosphäre, die in Hitlers Umgebung herrschte und der man sich, das können Sie mir glauben, nur sehr schwer entziehen konnte. Man wurde von ihr angezogen und regelrecht von ihr aufgesogen – selbst wenn man von Natur aus«, er lächelte wieder, »so wenig emotional ist wie ich.«

Er wolle doch sicher nicht behaupten, er habe gegenüber Hitler keine Gefühle gehabt?

»Nein, das will ich nicht«, sagte er. »Ich war alles andere als das. Aber wie dem auch sei, um auf den Röhm-Putsch zurückzukommen: Hitler war emotional aufgewühlt, als er aus Bayern zurückkehrte, wo er persönlich am Überfall auf die SA teilgenommen hatte. Sie müssen wissen, daß er in der Regel nicht nur den physischen, sondern auch den visuellen Kontakt mit der Gewalt mied. In den späteren Phasen des Krieges bedeutete das, daß man ihn, egal wie wichtig dies für die Moral gewesen wäre, praktisch nicht dazu bewegen konnte, die Front oder die zerbombten Städte zu besuchen.

Nach dem Putsch sprudelte er jedoch förmlich über von empörten Schilderungen dessen, was er in dem Hotel am Seeufer, wo das Treffen der SA-Führung stattfand, angetroffen hatte. Er beschrieb es großenteils als homosexuelle Orgie. Heutzutage reden die Leute – ich meine sogar Leute der Gesellschaft und junge Menschen – über so etwas, als hätte es nichts zu bedeuten. Aber glauben Sie mir, für die meisten von uns war das damals sehr seltsam und abstoßend.

Und dann, ein paar Stunden später, kehrte er in Hochstimmung von einem Besuch bei Hindenburg zurück. Hindenburg hatte der Aktion ausdrücklich zugestimmt. Und sehen Sie, das wollte etwas heißen, auch für mich: Hindenburg war schließlich der ›alte Herr‹, ein Ehrenmann.«

Speer schreibt, Hitlers Schuldgefühle (weil er die Ermordung Röhms befohlen hatte) seien in der Rede vor dem Reichstag spürbar gewesen, die er an jenem Abend gehalten habe. In unseren Gesprächen sagte er jedoch, dies sei ihm erst viel später bewußt geworden. »Wir durften [in Spandau] nichts lesen, was irgendwie mit dem Dritten Reich zu tun hatte, aber nach meiner Entlassung habe ich über all das nachgelesen. Und dabei fiel mir Hitlers Gesichtsausdruck ein und die Rede, die er an jenem Abend hielt. Sehen Sie, als es passierte, habe ich vermutlich wie später bei anderen Anlässen – Österreich, der Tschechoslowakei und so weiter – nur gedacht, daß es schon richtig sein müsse, wenn Hitler es tat – wenn ich überhaupt etwas dachte.«

Während jener Monate war Speer fast immer in Hitlers Nähe. »Wenn ich jetzt darüber nachdenke«, sagte er, »weiß ich nicht, wie ich meine Arbeit bewältigt habe, denn trotz meines hektischen Arbeitsrhythmus mußte ich ihm, wann immer er nach mir verlangte, zur Verfügung stehen. Manchmal rief ein Adjutant an und bestellte mich zum Mittagessen oder zu einem Gespräch über das Bauen – der Anruf konnte aus Berlin oder München kommen, und ich mußte dann alles liegen und stehen lassen und sofort ein Flugzeug auftreiben, das mich zu Hitler brachte. Oder der Anruf kam aus Berchtesgaden, wo er Menschen aus seinem Kreis gerne zum Mittagessen, zu Spaziergängen, zum Tee und dann zu den späten Abendessen, den Filmvorführungen und den langen Gesprächen am Kamin dahatte; die Gespräche dauerten bis spät in die Nacht, bis zwei Uhr oder manchmal noch länger. Hitler selbst ging nie vor drei oder vier Uhr zu Bett. Er war ein Nachtmensch; vor dem Krieg begann er seinen Tag selten vor elf oder gar zwölf Uhr. Dies zwang seinen Stab zu einer Art Doppelleben, denn der Arbeitstag in Deutschland beginnt seit jeher spätestens um acht. Aber natürlich wäre zum damaligen Zeitpunkt kein Mensch auf die Idee gekommen, sich über diese verrückten Zeiten zu beklagen – oder gar zu beschweren. Zwar strengten die langen Nachtsitzungen an, und sie wurden mit der Zeit immer langweiliger, aber wir waren jung und stark und uns immer sehr der Ehre bewußt, zu den Auserwählten zu gehören.«

Die Speers hatten damals seit kurzer Zeit ein kleines Jagdhaus in einem Dorf bei Berchtesgaden gemietet. Speer fand es ideal: nahe genug, um in Reichweite zu sein, und weit genug entfernt, um sich wenigstens eine gewisse Unabhängigkeit zu bewahren. Doch selbst mit diesem Rest von Privatleben sollte es schon bald ein Ende haben. Mitte 1935 stellte Hitler den Speers ein großes Haus zur Verfügung, das von seiner eigenen Berchtesgadener Residenz nur einige Minuten entfernt lag – die Bechstein-Villa, wo auch die

Familie von Hitlers Begleitarzt Dr. Karl Brandt und eine weitere Familie einquartiert waren. Anni Brandt, die Frau des Arztes, wurde Margrets beste Freundin, und Karl Brandt knüpfte freundschaftliche Beziehungen zu Albert.

(Elf Jahre später, in Nürnberg, erfuhr Speer zum erstenmal, bis zu welchem Grad Karl Brandt, den er als »einen in jeder Hinsicht hervorragenden Mann« beschrieb, zunächst in das Euthanasieprogramm – die Ermordung deutscher und österreichischer geistig und körperlich behinderter Kinder und Erwachsener – und später in die entsetzlichen medizinischen Experimente an Menschen verwickelt gewesen war.)

»Zwei Jahre später«, sagte Speer, »zogen wir ein paar hundert Meter hinunter. Ich hatte ein Ateliergebäude entworfen, in dem meine Kollegen leben und arbeiten konnten, und wir hatten nur wenige Schritte entfernt ein großes, komfortables altes Haus gemietet, das ich zu unserem Wohnhaus umbaute. An diesem Ort haben unsere Kinder praktisch ihre frühe Kindheit verbracht.«

Von Hitlers legendärem Berghof ist heute nur wenig übrig. Es ist jetzt schwer, sich Berchtesgaden als jene schöne, unberührte Gegend vorzustellen, die es in den dreißiger Jahren war, als den vergleichsweise bescheidenen Zufluchtsort in den Bergen, als den Hitler es in den ersten Jahren nach der Machtergreifung nutzte, oder als die regelrechte Festung, die es in den späteren Jahren seiner Herrschaft wurde. Berchtesgaden ist zwar auch heute noch von malerischen Bergen umgeben, doch das Dorfbild ist durch unkontrollierte Bautätigkeit zerstört worden. Und auf dem benachbarten Obersalzberg – Hitlers »Berg« – durfte fast nichts stehen bleiben, was an die damalige Zeit erinnern konnte.

Hitlers Berghof, bei dem er selbst als Architekt gewirkt hatte (Speer sagte dazu: »Es war nicht gut, aber schlecht war es auch nicht«), und sämtliche benachbarten Gebäude einschließlich der ausgedehnten Güter von Martin Bormann und Göring wurden zerbombt oder abgerissen. Erhalten ist lediglich Bormanns wahnsinniger Einfall, das nur über einen Aufzug erreichbare Teehaus (die Amerikaner tauften es später »Eagle's Nest«), das er als Überraschung zu Hitlers fünfzigstem Geburtstag auf dem Gipfel des Kehlsteins hatte errichten lassen. Heute ist es in den Sommermonaten ein Café. Drunten im Tal wurde der frühere Tummelplatz der Nazi-Elite, das Hotel Platterhof, nach 1945 in Hotel General Walker umbenannt und als Ruhe- und Erholungseinrichtung der US-Army genutzt.

Ironischerweise sind die beiden Häuser Speers als einzige Gebäude völlig intakt geblieben, vermutlich, weil sie zwar vom Berghof aus in nur einer Viertelstunde zu Fuß erreichbar waren, aber außerhalb der Sicherheitszone des Berghofs lagen. Das ehemalige Ateliergebäude war bis zum Abzug der Amerikaner im Jahr 1994 ein Gästehaus für prominente Besucher, und die große Villa der Familie, die Speer 1937 von dem Schauspieler Gustav Fröhlich mietete, gehört heute einem Ehepaar aus dem Rheinland und scheint seit fünfundfünfzig Jahren unverändert geblieben zu sein. Wie mir das Ehepaar erzählte, als mein Mann und ich 1991 Berchtesgaden besuchten, werden die vier Räume im Erdgeschoß noch immer genauso wie zu Speers Zeiten genutzt. In der Vorderseite des Hauses befindet sich eine einfache Küche, daneben ein Näh- und Spielzimmer, das an ein in bäuerlichem Stil möbliertes Wohnzimmer mit einem prächtigen zylindrischen, weißgekachelten Ofen anschließt, der von Speer entworfen wurde. Die andere Seite des Hauses mit Blick auf die Berge enthält ein Wohnzimmer und eine Bibliothek mit den gleichen quadratisch getäfelten Decken, wie sie Speer fünfunddreißig Jahre später in sein Atelier im Allgäu einbaute.

»Ich hatte nicht die geringste Lust, mit meiner Familie in unmittelbarer Nähe zu anderen zu wohnen, und damit meine ich auch den Berghof«, sagte mir Speer, und das gelang ihm auch. Auch als der Berg dicht besiedelt war und scharf bewacht wurde, blieb Speers Besitz abseits und privat. »Selbst heute«, sagte der jetzige Besitzer, »ist es im Winter eine ziemliche Kunst, mit dem Auto die dreißig Prozent Steigung der Auffahrt zu überwinden. Als die Speers hier lebten, gab es keine Auffahrt. Ich habe mich immer gefragt, warum.«

Ich sagte, Speer habe diese Isolation zweifellos beabsichtigt.

»Ich wohne nicht gerne an Orten, wo ich nur auf Häuser sehe oder wo, Gott bewahre, Leute auf einen Sprung vorbeikommen«, hatte Speer mir erzählt. »Ich mag es, wenn ich beim Aufwachen Gras rieche und Berge sehe, und ich entscheide gern selbst, mit wem ich mich bei mir zu Hause oder anderswo treffe.«

Die Schwestern Rosa und Irmgard Irlinger sind in Berchtesgaden geboren. Als sie 1991 für uns den Fremdenführer spielten, waren sie gutaussehende Frauen Ende Sechzig. Rosa war unverheiratet (»Die meisten jungen Männer starben doch«, sagte sie), Irmgard verwitwet mit zwei erwachsenen Kindern. In den zwanziger Jahren, als beide Frauen noch klein waren, war Berchtesgaden ein kleines Bauerndorf, in dem es nur eine große Villa auf dem Berg gab, die Villa des steinreichen Klavierfabrikanten Bechstein, der aber Berchtesgaden nur im Winter zum Skifahren und im Sommer zum Wandern besuchte. Die Irlingers wohnten als ihre Hausverwalter das ganze Jahr über in dem großen Haus.

Unmittelbar oberhalb der Villa stand ein kleines Haus, das ebenfalls der Familie Bechstein gehörte. »Es war ziemlich primitiv«, sagte Rosa, »aber fest gebaut, wegen dem Schnee.« Und in diesem kleinen Haus habe dank der Großzügigkeit der Bechsteins in jenen Jahren jeweils für längere Zeiträume »ein Mann namens Herr Wolf« gewohnt. »Fast immer waren noch ein oder zwei andere Männer bei ihm«, erinnerte sich Irmgard, »und er hatte viele Besucher; wir haben sie alle gesehen, weil sie auf dem Weg hinauf an unserem Haus vorbei mußten.«

Eines Tages, kurz nach dem ersten Erscheinen von Herrn Wolf, sei ihre Mutter den Weg hinaufgerannt, um ihn ans Telefon zu holen. Das sei schon öfters geschehen, weil auf dem Berg nur die Bechsteins ein Telefon hatten.

»Als er an diesem Tag fertigtelefoniert hatte«, sagte Rosa, »hat er unsere Mutter gefragt, ob es in der Nähe ein Geschäft gibt, und sie sagte, ja, den kleinen Laden am Fuße des Berges. Er dankte ihr, und wir sahen ihm nach, wie er den Berg hinunterstieg. Etwa eine Stunde später – der Weg war recht steil – kam er zurück, klopfte an die Tür und gab unserer Mutter eine Schachtel Pralinen und jeder von uns eine Zuckerstange.«

An den Worten der Mutter hätten sie damals gemerkt, daß diese den Fremden kannte – es war unheimlich, wie die beiden Frauen sich über sechzig Jahre später noch genau an Worte und Tonfall erinnerten. »›Aber warum denn? Wofür ist das?‹« hatte die Mutter laut Irmgard gesagt. »Und er sagte: ›Als Dank für Ihre Freundlichkeit.‹ Und sie sagte: ›Aber das ist doch nicht nötig, Herr Wolf; wir wissen doch, daß Sie kein Geld haben.‹ Und das war Hitler.«

Aus dem kleinen Haus wurde – von Hitler durch ein riesiges Wohnzimmer vergrößert, dessen eine Wand ein übergroßes Fenster mit Blick auf die grandiosen Berge und in der Ferne Salzburg einnahm – Hitlers Berghof, ein Name, der sich auch für die gesamte Anlage am Obersalzberg einbürgern sollte. Die Bechstein-Villa – ein Geschenk der Besitzer an Hitler – diente später dazu, prominente Gäste zu beherbergen, und Göring, Bormann und andere Paladine Hitlers ließen sich in der Nähe luxuriöse Häuser bauen. Bormann hatte eine Stiftung gegründet, die »freiwillige« Spenden von Industriellen eintrieb und sich von der Post eine Gebühr für die Verwendung von Hitlers Bild auf den Briefmarken bezahlen ließ; mit dem Geld kaufte er Bergbauernhöfe, die dann abgerissen wurden, um Platz für die Neubauten zu schaffen.

Die Irlingers, die jetzt zu Hitlers Hauspersonal gehörten, bekamen eine Wohnung in dem Neubau zugewiesen, der in der Nähe für das Wachpersonal der SS gebaut worden war. Bevor sie einzogen, kam Hitler fast täglich vorbei, um sich nach den Fortschritten des Baus zu erkundigen. Für die Irlingers war Hitler dabei immer der »Herr Wolf«, den sie als kleine Mädchen kennengelernt hatten, und in gewisser Weise blieb er es auch. »Natürlich änderte sich das Leben auf dem Berg«, sagte Rosa. »Als wir klein waren, war es sehr ruhig. Und dann, nach 1933, wurde er eine riesige Baustelle. Alle Bekannten unserer Eltern gingen fort; die Bauern, die ihr Land an Bormanns Stiftung verkauft hatten, zogen entweder auf die andere Seite des Berges oder in einen anderen Teil Bayerns.«

Die Schwestern schienen erstaunt, als ich fragte, ob die Leute böse gewesen seien, weil sie ihre Höfe verlassen mußten. »Warum denn?« sagte Irmgard. »Bormann zahlte anständig, und die Leute liebten Hitler.« Die meisten hätten, wie auch ihre eigenen Eltern, für ihn gestimmt.

Der Wandel auf dem Berg ging nicht nur auf die zusätzlichen Sicherheitsmaßnahmen und die Bauaktivitäten zurück. »Es waren vor allem die Menschen«, sagte Rosa. Ganz plötzlich seien sie in hellen Scharen gekommen, mit dem Zug, mit Bussen und mit Autos. Sie stiegen den Berg hinauf, versammelten sich vor Hitlers Haus und riefen im Sprechchor: »Wir wollen unseren Führer sehen!«, bis er herauskam. Und dann schrien sie, applaudierten, weinten, lachten hysterisch und fielen manchmal sogar auf die Knie. »Wir haben das nie verstanden. Für uns hatte er sich nicht verändert; er war freundlich, er lächelte – er war einfach der Herr Wolf.«

Als Speer und Margret 1935 auf den Berg zogen, war ihr erster Sohn Albert ein Jahr alt. Hilde wurde 1936 geboren, Fritz 1937; Margret, auf die Kurzform des Namens ihrer Mutter getauft, kam 1938 auf die Welt, Arnold 1940 und Ernst 1943. Sie alle lebten bis fast zum Kriegsende überwiegend auf dem Berg.

Margret erzählte mir von all ihren Kindern, aber die beiden, mit denen sie sich am besten verstand, waren Arnold und Hilde. Speer sprach fast nur über Hilde. Aber beide wollten – aus verschiedenen Gründen –, daß ich Hilde kennenlernte; es geschah nach vielen Telefongesprächen 1982 in Berlin.

Speer hatte recht damit, daß sie ihrer Mutter gleicht. Sie ist blond und hat blaue Augen, ein zartes Gesicht und eine schlanke Figur. Margret muß ein Rückgrat aus Stahl gehabt haben, um auf sich allein gestellt sechs Kinder aufzuziehen – und sie hat diese Eigenschaft zweifellos an ihre älteste Tochter weitergegeben. Beide Frauen sind sehr verschlossen, wenn auch aus unterschiedlichen Gründen: Margret konnte sich vor allem nicht ausdrücken, vielleicht, weil niemand sie dazu aufgefordert hatte. Hilde kann mit jedem Menschen über jedes Thema unter der Sonne reden – aber nur, wenn sie mit ihm reden will, und möglichst nicht über sich selbst.

Sie und ich haben im Lauf der Jahre an vielen Orten miteinander gesprochen: in Berlin in dem Apartmenthotel, in dem ich oft wochenlang wohnte, oder in ihrem großen Haus, das sie mit mehreren Freunden und ihrem Mann Ulf teilt (dort leben alle selbständig, aber in einer Art Gemeinschaft auf verschiedenen Stockwerken – Hilde teilte das ihre mit ihren Kindern Ruth und Moritz, die jetzt beide erwachsen sind), in München, wo mein Mann und ich in den ersten Jahren meiner Arbeit an diesem Buch eine Wohnung hatten, und in London, wo Hilde bei uns wohnte. Ich fand in ihr einige der besten Eigenschaften ihres Vaters: Neugier, Disziplin, Humor und natürlich diesen außergewöhnlichen Verstand. In Hilde ist all dies jedoch mit einer immensen Menschlichkeit gepaart. Sie ist eine sehr unabhängige, moderne Frau und außerordentliche Mutter – im Gegensatz zu ihrem Vater versteht sie zu lieben.

Hildes Erinnerungen an Berchtesgaden sind in mancher Hinsicht geradezu idyllisch, in anderer Hinsicht haben sie sich jedoch zu einem Trauma ausgewachsen. »Mein Vater war meiner Erinnerung nach nur selten da«, sagte sie. »Nicht öfter als einmal im Monat. Ich vermute, er kam nur, wenn Hitler auch da war, obwohl ich glaube, daß er weniger oft da war als Hitler. Hitler verbrachte in den Jahren vor dem Krieg und in den ersten Kriegsjahren viel Zeit auf dem Berghof, danach sehr viel weniger. Ich fuhr in den fünfziger Jahren hin, um unser Haus wiederzusehen, und die damaligen Besitzer zeigten es mir. Das brachte mir unser früheres Leben dort oben wieder sehr lebendig vor Augen.«

Hilde hatte mir das Haus als »kleines Bauernhaus« beschrieben und das Leben der Speers dort als »einfach« im Vergleich zum Lebensstil im massigen Berghof, in der Bechstein-Villa und in den Häusern Bormanns und Görings. Das frühere Speersche Haus ist zwar recht imposant, aber man kann sich gut vorstellen, daß die Familie an Platzmangel litt; die Speers und ihre Kinder hatten fünf Bedienstete, die im Haus wohnten: eine Haushälterin, ein Kindermädchen, zwei Hausmädchen und eine Köchin.

»Nichts lag meiner Mutter ferner, als aufwendig zu leben, wissen Sie, und dasselbe galt für meinen Vater, egal was er für Hitler baute«, sagte Hilde. »Später dachte ich, wie recht unsere Eltern hatten, wenn sie uns ein ›natürliches‹ Leben führen ließen, das dem Leben der Dorfkinder so ähnlich wie möglich war. Vielleicht ging das auf meine Mutter zurück – sie schien jedenfalls alle Entscheidungen zu treffen, was uns Kinder anging.« Hilde hatte diese frühen Jahre als glückliche Zeit in Erinnerung. »Im Rückblick finde ich es erstaunlich, wie wenig wir von irgendwelchen Sicherheitsmaßnahmen oder einschränkenden Maßnahmen bemerkten. Aus unserer Kindheit erinner’ ich mich noch, daß Hitler spazierenging – ohne Leibwache; er kam immer an unserem Haus vorbei. Ich erinner’ mich nicht an irgendeinen Wirbel um ihn. Im Vergleich zu dem Zirkus, der heutzutage um Persönlichkeiten des öffentlichen Lebens gemacht wird, kommt mir die Einfachheit des damaligen Lebens geradezu erstaunlich vor.«

Hilde kann sich nicht erinnern, in all den Jahren ihrer Kindheit auf dem Berg je von ihrer Mutter oder den Bediensteten »mit Naziunsinn« behelligt worden zu sein, auch von ihrem Vater nicht. »Meinen Vater bekamen wir natürlich kaum zu Gesicht. Ich lernte ihn erst später kennen, eigentlich erst durch die Briefe, als er in Spandau war, aber ich glaube, die Jungen und meine Schwester haben das Gefühl, ihn überhaupt nie kennengelernt zu haben.«

Sie erinnerte sich noch lebhaft an einen Tag, an dem sie mit ihrem Kindermädchen Paula durchs Dorf gegangen war. »Ich grüßte einen Passanten mit ›Heil Hitler‹. Ich weiß nicht, warum ich das tat. Normalerweise sagten wir ›Grüß Gott‹. Ich glaube, irgend etwas in mir wollte das ausprobieren, wollte sich anpassen. Und ich weiß noch ganz genau, wie scharf Paula reagierte. ›Laß das!‹ sagte sie. ›Du sollst das nicht sagen!‹ Und ich weiß noch, daß ich das Gefühl hatte, etwas Falsches getan zu haben, aber nicht zu fragen wagte, was und warum.«

Sie ist überzeugt, daß ihre Mutter das Personal sehr sorgfältig auswählte und absichtlich »unpolitische« Leute einstellte. »Ich glaube nicht, daß mein Vater damit etwas zu tun hatte – für Haushalt und Kinder war meine Mutter zuständig. Sie hätte ihn in diesen Dingen nie um Rat gefragt, und er hätte es nicht verlangt oder überhaupt Zeit dafür gehabt. Ich glaube nicht, daß sie aus ideologischer Opposition handelte – ich wünschte, es wär so gewesen, aber ich glaub's nicht. Genau wie mein Vater nie wollte, daß meine Mutter sich politisch engagierte, in dem Sinn, daß sie, und sei es auch nur ehrenamtlich, irgendeiner Frauenorganisation beigetreten wäre, so wollte meine Mutter, glaube ich, keine politischen Leute um die Kinder haben.« Hilde hielt inne und dachte eine Weile nach. »Übrigens, ich kann mich an keine einzige Gelegenheit erinnern, bei der – von Hitler auf seinen Spaziergängen abgesehen – irgendein hohes Tier der Partei in unser Haus auf dem Berghof gekommen wäre. Ich hab' nie zuvor darüber nachgedacht, aber wenn man bedenkt, wie sehr mein Vater an der ganzen Sache beteiligt war und in ihrer Mitte lebte, war das eigentlich schon merkwürdig.«

Hilde hatte in Berchtesgaden die Bormann-Kinder gekannt und mochte besonders Irmgard, das drittälteste von neun Kindern. »Irmgard war sieben, als ich sechs war, und sie war in der Schule unglaublich nett zu mir; ich hatte sie furchtbar lieb.«

Irmgards Eltern hatte sie dagegen nicht gekannt. Trotz Hitlers Abschaffung der Klassenunterschiede klafften natürlich kulturelle Abgründe zwischen einzelnen Mitgliedern seines Zirkels wie den Speers und den Bormanns, ganz abgesehen von den politischen Differenzen, wegen denen Martin Bormann schließlich für Speer eine wahre Plage wurde.

Hilde konnte sich nicht erinnern, je mit Bormanns ältestem Sohn (und Hitlers Patensohn) Martin gesprochen zu haben, der mir in vielen Gesprächen, die ich mit ihm und seiner Frau Cordula führte, nachdem ich die beiden 1991 kennengelernt hatte, ebenfalls vom Leben auf dem Berghof erzählte. Er war sechs Jahre älter als Hilde. »Ich war in der Schule faul, also schickte mich mein Vater ins Internat«, sagte er. »Ich war nur in den Ferien zu Haus, aber ich kann mich nicht erinnern, daß meine Mutter irgendwie am gesellschaftlichen Leben beteiligt gewesen wäre. Sie ging ganz in der Familie auf – ihr Mann und wir, das war ihr Leben.«

Ich sprach mit Martin und Cordula meist in ihrer hübschen kleinen Wohnung in einem Dorf im Ruhrgebiet. Sie sind Menschen von großer Wärme und Aufrichtigkeit und wurden ebenfalls Freunde. Cordula war Nonne gewesen und hatte als Missionarin in Afrika gearbeitet. Martin, ein ehemaliger Priester an einer Mission und ein tiefgründiger Mensch, war nach Aufgabe des Priesteramts Lehrer geworden. Ich fragte ihn einmal, ob er, als er nach dem Krieg entdeckte, was für schreckliche Dinge die Nazis getan hatten, seinen Vater noch immer liebte.

Er dachte lange über die Frage nach. »Ja«, sagte er schließlich. »Die Liebe eines Sohnes für seinen Vater ist nichts, mit dem man handeln kann. Ich glaube, sie hat nichts mit den Eigenschaften oder dem Tun des Vaters zu tun – sie *ist* einfach. Ich beklage und verachte, was die Nazis taten – was er tat –, aber ja, und das ist ein Rätsel, die Liebe bleibt.«

Martin hatte, als er noch sehr jung war, absichtlich einen Beruf gewählt, der ihm Zeit, Hilfe und die Mittel zur Kontemplation bot, und er hat sich sein ganzes Leben damit beschäftigt, sich mit seinen inneren Konflikten wegen seines Vaters, Hitler und der furchtbaren Verbrechen der Nazis auseinanderzusetzen. Dies ermöglichte ihm eine gewisse Befreiung.

Für Hilde dagegen, obwohl ein geistig freier Mensch, ist es sehr schwierig, über Hitler und das Leben zu reden, das sie in ihrer Kindheit in seiner Nähe verbrachte. Sie will oder kann die Erinnerung daran nicht ertragen, daß Hitler, wie mir die Haushälterin Clara Samuels erzählte, manchmal zu ihnen hereinschaute, Kakao trank und mit den kleinen Speers spielte. Hilde kann die Tatsache nicht akzeptieren, daß es Zeiten gab, in denen Hitler sich ganz normal und freundlich verhielt und in denen sie ihn – vielleicht – sogar mochte. In ihrer Erinnerung waren die Kinder, wie oft auch ihre Mutter auf dem Berghof gewesen sein mochte – wenn Hitler da war, täglich –, nur sehr selten und nur bei offiziellen Anlässen »in Sonntagskleidern und mit Schleife im Haar« dort, wobei man sie ermahnt hatte, bei der Begrüßung ordentlich die rechte Hand zu geben. »Ich haßte das«, sagte sie. »Na ja, vielleicht ist das Wort zu stark, aber jedenfalls mochte ich es nicht – ich haßte das ganze Theater.«

Wie Hildes Briefe an den Vater in Spandau zeigen, hat sie sehr früh eine strenge moralische Haltung eingenommen, und sie hält daran bis heute fest. Trotzdem ist sie, was ihre Kindheit betrifft, außerordentlich dünnhäutig. Obwohl ich sie verstand und besonders gerne hatte, fand ich ihre Intelligenz und ihr Erinnerungsvermögen so bemerkenswert und von so großer Bedeutung, daß ich mein Fragen über ihre Kindheit fortsetzte, was ich sonst vielleicht früher beendet hätte.

Die Frage nach ihren Gefühlen für Hitler wies sie jedoch rundheraus zurück; sie sagte, sie wolle sich nicht damit beschäftigen, und kam immer wieder auf den formellen Charakter und die Seltenheit ihrer Begegnungen mit Hitler zurück. Offensichtlich wußte sie nicht, daß in den Archiven Fotos existierten, auf denen die Speer-Kinder in den üblichen Lederhosen und Dirndlkleidchen Hitler umringen, und andere, auf denen Hitler und die kleine Hilde – mit Schleife im Haar – Hand in Hand spazierengehen. »Ich mußte ihm einen Geburtstagsstrauß überreichen – ich haßte es«, sagte sie mit gepreßter Stimme.

Ich versuchte es noch einmal: Wie konnte es sein, daß sie den verehrten Führer, den alle Kinder liebten, haßte? Das war doch nicht möglich. Aber sie kann sich einfach nicht dazu durchringen, die Verachtung und den Abscheu, die sie heute für Hitler empfindet, von dem zu trennen, was sie damals gefühlt oder nicht gefühlt haben mag. Eine rückwirkende, objektive Betrachtung der Gefühle, die sie selbst und andere damals für Hitler empfanden, ist Hilde nicht möglich – dazu sind ihre Gefühle zu wund und zu tief.

»Was wußten kleine Kinder schon?« sagte sie schließlich, aber es klang verzweifelt.

V

Gemeinsame Hingabe

Nürnberg, den 1. Oktober 1946

[Aus der Urteilsbegründung:] Speer trat der Nazi-Partei im Jahre
1932 bei [*sic!* statt richtig 1. März 1931]. Im Jahre 1934 wurde er
der Architekt Hitlers und einer seiner engen persönlichen Vertrauten. Kurz darauf wurde er Abteilungsleiter in der Deutschen
Arbeitsfront und Beauftragter für Städtebau im Stabe des Stellver-
treters des Führers. Diese Stellungen behielt er bis 1941 bei.

Die mittleren dreißiger Jahre waren für Deutschland eine Zeit wirtschaftlicher Gesundung und Entfaltung. Das NS-Regime war bemüht, sein Ansehen in jeder Hinsicht zu fördern, sei es durch Presse- und Filmpropaganda oder durch große Bauprojekte. Letztere waren Hitler besonders wichtig; er initiierte sie alle, leistete bei den meisten einen Beitrag zur architektonischen Konzeption und war stolz, sämtliche Details der Entwürfe zu verstehen.

Im Herbst 1934 arbeitete Speer bereits an einer Anzahl größerer Projekte, und die Partei hatte ihm – immer in Verbindung mit seiner architektonischen Arbeit – mehrere Titel verliehen. Sein erster Großauftrag für Hitler, den er 1935 im Gefolge einer Vielzahl kleinerer Aufträge erhielt, war die Errichtung einer riesigen Anlage für die jährliche Massenveranstaltung des NSDAP-Parteitags in Nürnberg. Im September 1937 wurde von Hitler feierlich der Grundstein gelegt, die Vollendung war für den Parteitag von 1945 geplant. Das Gelände war für eine Fläche von 16,5 Quadratkilometern geplant mit, unter anderem, einem Stadion von 550 Metern Länge und 450 Metern Breite. Dessen 100 Meter hohe Tribünen sollten 400 000 Zuschauer fassen – somit das größte Bauwerk seiner Art in der Welt. Zwei Jahre nach Billigung der Entwürfe durch Hitler hatte Speer mit dem Bau des Märzfelds begonnen, das sich zu einer Paradestraße hin öffnete, die zum Stadion führen sollte. Dies war der einzige Teil des Plans, der vor dem Krieg fertiggestellt wurde. Speers Entwurf erhielt auf der Pariser Weltausstellung 1937 den Grand Prix. Die letzte Weltausstellung vor dem Krieg war für Speer als Architekt ein Triumph, denn er erhielt außerdem eine Goldmedaille für den von ihm entworfenen deutschen Pavillon.

Ich fragte ihn, ob dieser Erfolg sein Vertrauen in seine Begabung gestärkt habe, aber er antwortete nicht direkt.

»Wissen Sie«, sagte er nach längerem Nachdenken, »ich habe herausgefunden, daß ich nicht imstande bin, meine Reaktionen und Gefühle im Rückblick voneinander zu trennen, sie nicht klassifizieren kann, wenn Sie so wollen. Ich habe das in Spandau versucht und damit, was meine Jahre als Minister betrifft, einen gewissen Erfolg gehabt. Aber heute glaube ich, daß mir, als ich meine Erinnerungen schrieb, erst in Spandau und dann neu, das mit den Jahren davor weniger gut gelungen ist. Jetzt glaube ich, weiß ich, warum.«

Er machte erneut eine Pause. »In meinen Jahren als Architekt beherrschte mein Herz mich mehr als mein Verstand«, sagte er dann nachdenklich. »Sehen Sie, Paris liebte ich, also war es wunderbar, einfach nur dort zu sein. Aber von Hitler die Chance zu bekommen, zu arbeiten – für ihn und für Deutschland – das war ... Glück. Alles war Gefühl, wissen Sie«, fuhr er fort, »ein sehr tiefes und angenehmes Gefühl. Es war nicht so, daß ich diese Gefühle kategorisieren konnte, damals oder später. Galten sie vor allem dem Mann Hitler? Galten sie dem Land, Deutschland? Der Arbeit? Ich wußte es nicht, noch hatte ich, nehme ich an, das Bedürfnis oder den Wunsch, es zu wissen. Es genügte, etwas zu *fühlen;* vor allem aber genügte es, etwas zu *tun.*

Die Medaillen, na ja, ich bin sicher, sie haben mich gefreut, uns alle gefreut. Denn vergessen Sie nicht – ich habe es jedenfalls nie vergessen –, daß ich nicht allein arbeitete. Zum Zeitpunkt des Nürnberger Projekts und der Pariser Weltausstellung hatte ich einen Stab glänzend begabter junger Leute zusammengestellt. Später, als ich in Spandau war, machten viele von ihnen als Architekten eine steile Karriere.« (Er sagte das ohne Bitterkeit, allerdings sollte sich seine Einstellung zu diesen Karrieren in einer späteren Phase unserer Gespräche ändern.) »Aber es war die Arbeit, die mir Freude machte, ihr Zweck, der mir Erfüllung gab. Heute bin ich ganz froh, daß ich die Preise gewonnen habe, denn ich nehme an, sie sagen etwas über mich als Architekten, unabhängig davon, was ich inzwischen selbst darüber denke.«

Die meisten Architekten Speers, von denen mehrere zu dem Fonds beisteuerten, den Rudolf Wolters einrichtete, als Speer nach Spandau kam, gaben bereitwillig zu, daß er ihnen zu Beginn ihrer Laufbahn geholfen habe. Zwei, die während seiner zwanzigjährigen Haft berühmt wurden, schlugen ihm sogar vor, nach seiner Entlassung in ihre Firmen einzutreten. Nicht alle jedoch waren der Meinung, Speer habe die Beiträge seines »Stabes glänzend begabter junger Leute« nie vergessen.

Im Jahr 1986 schlug mir Leni Riefenstahl vor, mich mit einem früheren Kameramann von ihr bekannt zu machen, Walter Frentz, der Speer seit der gemeinsamen Studentenzeit in Berlin kannte und dank seiner Hilfe schon bald nach Kriegsbeginn offizieller Kameramann der Luftwaffe in Hitlers Hauptquartier wurde – ein hochinteressanter Posten, der ihn auch von der Front fernhielt.

Frentz war ein großer, schlanker Mann mit einem von Wind und Wetter gegerbten Gesicht; er und seine hübsche Frau, eine Malerin, hatten ein idyllisches Leben in einem schönen Haus am Bodensee – voll von Bildern und Büchern. Merkwürdig war nur, daß dort jeder fotografische Hinweis auf die Jahre, die Frentz in Hitlers Umgebung gearbeitet hatte, fehlte. Er behauptete, das meiste sei während des Krieges vernichtet worden oder verlorengegangen. Später allerdings sah ich einige seiner Aufnahmen in einem rechtsradikalen Buch abgedruckt.

Obwohl er viel und charmant redete – er war offensichtlich gesellschaftlich bewandert –, war er als Gesprächspartner wenig ergiebig. Außer angenehm plätscherndem Geplauder hatte er nur die Behauptung zu bieten, er habe fast alles vergessen, was mit Hitlers Hauptquartier zu tun hatte. Er konnte sich an keine einzige Person und an kein Ereignis erinnern, das er fotografiert hatte, und an keine der vielen Dutzend mitternächtlichen Teegesellschaften Hitlers, an denen er teilgenommen hatte.

Ausgenommen von diesem Gedächtnisverlust (unter dem viele litten, die in Hitlers Nähe gelebt hatten) waren nur die Erinnerungen an seinen Freund Hans Peter Klinke, von dem er schöne, romantische Fotos hervorkramte. »Er war Tessenow-Schüler wie Speer«, sagte er. »Wir teilten uns damals eine Wohnung in Berlin.«

Leni Riefenstahl, für die Frentz zweifellos große Bewunderung und Dankbarkeit empfand, und auch Annemarie Kempf hatten mir gesagt, Frentz sei Speers Freund gewesen. Aber sie hatten beide unrecht. Er hegte ausgesprochen bittere Gefühle für Speer. Klinke, so Frentz, sei Tessenows begabtester Student gewesen, obwohl Tessenow »unverständlicherweise« Speer zu seinem Assistenten gemacht habe. Laut Frentz war es Klinkes Arbeit an den Entwürfen für das Maifeld in Berlin-Tempelhof gewesen, die Speers Karriere angestoßen hatte.

Seine Erinnerung an die Ereignisfolge, die zu diesem Auftrag für Speer geführt hatte, war durch einen seltsam heftigen Ärger getrübt – er ignorierte völlig die Tatsache, daß der Auftrag nicht der erste, sondern der dritte gewesen war, den Karl Hanke, damals Goebbels' Sekretär für Presse und Propaganda, Speer anvertraut hatte. Frentz ist nach außen kein emotionaler Mensch, aber wenn er von Klinke spricht, hat er Tränen in den Augen.

»Daß Speer zu diesem Auftrag kam, war reiner Zufall«, sagte er. »Hanke wohnte im Erdgeschoß des Hauses in Grunewald, in dem auch Speer und seine Frau wohnten, und Hanke fragte seine Vermieterin, ob sie nicht einen Architekten kenne.« Laut Frentz' unwahrscheinlicher Geschichte antwortete diese, Hanke brauche nicht weit zu suchen; es gebe einen Architekten im dritten Stock, der sei vielleicht der richtige. »Also«, sagte Frentz – und was er sagte, war ein interessantes Beispiel dafür, wie erstaunlich detailliert Mythen sich manchmal entwickeln können – »stieg Hanke die Treppe hinauf, klingelte, fragte Speer, ob er die Arbeit haben wolle, und fertig. Speer bekam den Auftrag, ein Modell zu skizzieren, und er bat Klinke, ihm zu helfen. Hans Peter kam zwei Nächte lang nicht nach Hause – die beiden arbeiteten insgesamt drei Tage und zwei Nächte an dem Entwurf. Speer legte ihn Goebbels vor, der war begeistert, und als Folge davon gab er Speer später den Auftrag, sein Ministerium zu gestalten.«

In Wirklichkeit erstreckte sich die Folge der Ereignisse, wie wir gesehen haben, über einen Zeitraum von mehreren Jahren, verlief umgekehrt und war nicht annähernd so zufällig. In den *Erinnerungen* schrieb Speer, der Entwurf sei in einer Nacht entstanden, und er erwähnte nicht, daß ihm dabei jemand geholfen habe. Aber wenn er über seine Arbeit als Architekt sprach, betonte er wiederholt, daß Teamwork dabei fast immer eine wichtige Rolle spielte. Frentz, der nach Speers Tod mit mir sprach, bestritt dies entschieden. »Für Tempelhof und spätere Aufträge machte Klinke in Wirklichkeit alle Entwürfe, aber Speer hat das nie anerkannt.«

Er selbst lernte Speer Ende 1929 kennen. »Er hatte ein ungewöhnlich enges Verhältnis zu ›seinen‹ – also Tessenows – Studenten«, sagte Frentz. Er glaubte nicht, daß der enge Kontakt, wie Speer – und Wolters – angedeutet hatten, daher rührte, daß die Studenten arm waren und die Speers, die etwas Geld hatten, für sie einen gesellschaftlichen Mittelpunkt darstellten. »So arm waren die Studenten nicht. Klinke wohnte schließlich mit mir zusammen; er kam gut zurecht, und ich auch.«

Ganz offensichtlich nicht willens, den engen Kontakt zu den Studenten einfach darauf zurückzuführen, daß Speer ein netter Mensch war, sah Frentz den Grund statt dessen in einer gemeinsamen Leidenschaft für sportliche Aktivitäten wie Segeln, Bergsteigen und Kajakfahren. »Speers Frau war auch ziemlich sportlich«, sagte er. »Sie war gewöhnlich mit dabei; sie war ein lustiges Mädchen, nett und offen gegenüber anderen, und sie lachte viel. Und wenn er eine seiner scharfen Bemerkungen machte, nahm sie ihm scherzhaft den Wind aus den Segeln. Ich höre sie noch jetzt, es passierte so oft: ›Ach komm, Albert, sei nicht so.‹«

»Speer hat nie seine Gefühle gezeigt«, sagte Frentz und kam, wie so oft an dem Tag, den ich mit ihm verbrachte, gleich wieder auf Klinke zu sprechen, »dem Hans Peter, auf jeden Fall während er lebte, nie.«

Hitler habe tatsächlich Gefallen an Speer gefunden, sagte Frentz, und Speer habe das ausgenutzt. »Das haben wir natürlich alle getan, jede mögliche Verbindung genutzt – wer wollte ihm das vorwerfen? Es war schließlich und endlich Speer, der mir half, beruflich Fuß zu fassen, und ich habe nicht ›Nein danke!‹ gesagt, nur weil ich ihn privat kannte: Als Leni Riefenstahl sich auf ihren Film über die Olympischen Spiele vorbereitete, fragte sie ihn, ob er einen Kameramann kenne, und er nannte mich. Sie lud mich in ihre Wohnung ein. Ich mochte sie als Schauspielerin nicht, außer in ihrem Film *Das Blaue Licht*, der mich begeistert; Hitler war ja auch durch den auf sie aufmerksam geworden – er war auch von ihm begeistert. Als ich sie besuchte, zeigte ich ihr zwei Filme, die ich gemacht hatte, einen über Eskimos und einen übers Kajakfahren, und sie engagierte mich sofort als Kameramann für ihren Olympia-Film. Wir stellten fest, daß wir eine ganz ähnliche Einstellung zum Filmen hatten: Ich haßte Verschwendung und sie auch. Ich drehte achthundert Meter Film, und alles war brauchbar; andere drehten zweitausend, und fast nichts war brauchbar.

Speer war nie mein ›Freund‹, aber später sind wir uns während der Arbeit recht oft über den Weg gelaufen.«

Frentz sagte, er habe für den berühmten »Lichtdom« Speers die Masten entworfen, von denen die Scheinwerfer vertikal nach oben strahlten. »Ich sagte, warum sollen wir sie nicht biegen, wie bei einem Zelt? Und das tat er dann.« Frentz lachte. »Er hat niemandem gesagt, daß es meine Idee war, aber das machte nichts.«

Merkwürdigerweise hatte mir Leni Riefenstahl ein paar Wochen zuvor gesagt, der Lichtdom sei *ihre* Idee gewesen, und auch sie hatte lächelnd gesagt, es mache ihr nichts aus, daß Speer das nicht öffentlich zugegeben habe. Wenn Speer damals nicht schon tot gewesen wäre, hätte ich die drei vielleicht zusammengebracht, um die Behauptungen zu überprüfen – ich bin sicher, er hätte begeistert mitgemacht. Wir hätten, wenn wir der Sache auf den Grund gegangen wären, wahrscheinlich herausgefunden, daß die Idee – wie so viele andere – nicht die Schöpfung einer Person, sondern das Ergebnis gemeinsamer Überlegungen und sich ergänzender Fähigkeiten gewesen war.

»Auf jeden Fall machte es mir nichts aus«, sagte Frentz. »Es ging mir gut, und das hatte ich schließlich ihm zu verdanken. Ganz anders war es für Klinke, von dem Speer nicht nur *eine* Idee, sondern so viele Entwürfe bekam.«

»Hans Peter war ein außerordentlich bescheidener Mensch«, fuhr Frentz fort, und er zeigte mir seinen Bildband über Kajakfahren – einen Sport, der ihn und Klinke (und auch Speer) begeistert hatte. Auf einem Foto, auf das er mich hinwies, sah man einen wunderbar aussehenden jungen Mann, fast nackt, tief gebräunt und muskulös – das Idealbild des nordischen Mannes aus Hitlers Träumen. »Er war ein großer Mann, ein großer Geist«, sagte Frentz mit feuchten Augen. »Die Architektur war seine Leidenschaft – bis Hitler kam, denn dann wurde er ein genauso leidenschaftlicher Nationalsozialist wie Architekt. Es war völlig unverständlich und verwerflich, wie Speer verhinderte, daß er anerkannt wurde, besonders von Hitler, den Klinke anbetete. Wie schon gesagt, ich weiß, daß ich Speer für meine erste große Chance – und manche andere – Dank schulde; trotzdem werde ich ihm nie verzeihen, wie er Klinke behandelt hat.«

Frentz ist überzeugt davon, daß Klinke sich aus Verzweiflung über die fehlende berufliche Anerkennung 1943 für den aktiven Dienst bei der Waffen-SS unter Sepp Dietrich meldete. »Nach drei Wochen an der Ostfront erlitt er eine schwere Kopfwunde. Speer schickte sein Dienstflugzeug, um ihn nach Berlin zu fliegen.«

Es ist seltsam, daß Frentz glaubt, sein Freund sei so vernachlässigt worden, denn die Quellen sprechen eine andere Sprache. Als Klinke in der Berliner Westendklinik lag und von einem Koma ins andere fiel, veranlaßte Speer Hitler, ihn zum Professor zu ernennen. Der Beschluß wurde auf Speers Betreiben in der Führerbesprechung vom 14. April gefaßt und wie folgt begründet:*

---

* Speer notierte selbst die wichtigsten Punkte, die in den Konferenzen mit Hitler zur Sprache kamen. Diese Aufzeichnungen mit dem Titel »Führerbesprechungen« sind erhalten und liegen sowohl bei den Dokumenten Speers als auch bei denen von Wolters im Koblenzer Bundesarchiv vor.

Begründung: Sein Mitstreiter bei allen Entwürfen seit 1933, also 10 Jahre an diesen [architektonischen] Entwürfen mit tätig.

Diese Tätigkeit erfordert von einem künstlerisch hochstehenden Menschen entsagungsvolle Arbeit, da er seinen persönlichen künstlerischen Gestaltungen keinen freien Lauf lassen kann.

Seine Tätigkeit, die für das Entstehen vieler Entwürfe seit 1933 von großer Bedeutung ist, soll durch den Titel Professor entsprechend gewürdigt werden.

Außerdem enthalten die Aufzeichnungen einen Kommentar Speers, dem zufolge Klinke erst nach dem Krieg und nach der Gründung eines eigenen Büros zum Professor ernannt werden sollte. Wegen Klinkes schwerer Verwundung im Osten aber wurde sie vorgezogen. Als Klinke wenige Wochen später starb, hielt Speer im Kreis seiner Familie und seiner Freunde einen Nachruf, den Wolters in seiner »Chronik« des Rüstungsministeriums festgehalten hat: »Bei Deinem Studium in Berlin ... lernten wir uns kennen. Es war im Jahre 1929. Du warst damals 21 Jahre alt ... Du warst durch Deine Persönlichkeit bald unter den Studenten unseres Seminars der führende Kopf, dem sich alle anderen freiwillig unterordneten. So kam es, daß sich zwischen dem Lehrenden und dem Lernenden bald ein Vertrauensverhältnis seltener Art herausbildete ...«

Der Minister sprach dann von der kleinen, festen Gemeinschaft, die damals entstand und mit der er sich den Mitarbeiterstab für die späteren großen Planungen aufbaute.

»Diese kleine Gemeinschaft treuer Mitarbeiter«, so fuhr Speer fort, »hat sich in diesen vergangenen zehn Jahren nicht geändert. Dieselben, die mir damals halfen, mein Lebenswerk aufzubauen, stehen mir auch heute noch treu zur Seite. Sie werden nach dem Kriege die alte Arbeit wieder aufnehmen ...

Es ist uns allen ein unfaßbares Geschick, daß Du, Hans Peter Klinke, in dieser Gemeinschaft nun fehlen sollst. Du warst dazu ausersehen, nach dem Kriege als Architekt eigene Bauten zu entwerfen, um die großen Pläne des Führers mit Deinen Gedanken zu bereichern. Dich hat das Schicksal dazu bestimmt, Dein Leben für den Bestand unseres Daseins und unseres Volkes hinzugeben ... Die deutsche Kunst hat durch Deinen Tod einen schrecklichen Verlust erlitten ...«

Der Landschaftsarchitekt Willie Schelkes, der sich Speers Team 1935 wieder anschloß, hatte keine Bedenken, was die relative Anonymität von dessen Mitgliedern betraf. »Für die meisten von uns«, sagte er, »war es eigentlich eher erstaunlich, wie oft Speer uns zu seinen Treffen mit Hitler mitnahm und uns dort ermutigte, uns frei an den Gesprächen zu beteiligen.«

Speer stellte seine Mitarbeiter Hitler bei diesen Gelegenheiten oder bei dessen häufigen Besuchen in seinem Atelier nicht formell vor. »Das entsprach nicht unserem Arbeitsstil«, sagte Schelkes. »Man erwartete das nicht; ich meine, denken Sie doch nur, wer Hitler war. Aber wenn wir uns bei diesen Gesprächen zu etwas äußerten, sagte Speer immer gleich: ›Das ist der und der‹, oder: ›Sie erinnern sich an Herrn Soundso, mein Führer.‹ Ich hatte jedenfalls immer den Eindruck, daß Hitler ganz genau wußte, daß wir ein Team waren. Es hieß damals, ein Team zusammenzustellen und zu leiten sei eine der Fähigkeiten, die Hitler an Speer besonders schätze.«

Die Umgestaltung des Zeppelinfelds in Nürnberg Anfang 1934 brachte Speer erstmals den Beifall der Öffentlichkeit ein. Auf diesem Gelände fand jedes Jahr der Reichsparteitag der NSDAP statt. Für diese Massenveranstaltung schuf Speer 1937 den Lichtdom, von dem Frentz und Leni Riefenstahl gesprochen hatten – hundertdreißig Flakscheinwerfer waren im Abstand von jeweils zwölf Metern rund um das Feld plaziert und schickten gewaltige Strahlenbündel himmelwärts, wo sie sich zu einem einzigen Leuchten vereinten. »Das hatte den Vorteil, den theatralischen Aspekt hervorzuheben«, sagte Speer, »während die weniger attraktiven marschierenden Gestalten dickbäuchiger Parteibürokraten im Dämmerlicht blieben. Wie Sie sehen, haben die Kritiker, die mich einen Pragmatiker nennen, gar nicht so unrecht: Ich war ein Pragmatiker, selbst bei dramatischen Inszenierungen.« Und er fügte hinzu: »Es ist komisch: Wenn überhaupt etwas von mir übrigbleibt aus dieser Zeit, dann werden es nur diese theatralischen Effekte sein.«

Es ist sicher wahr, daß, was Speers Architektur betrifft, wahrscheinlich mehr Filme und Fotografien von diesen »dramatischen Effekten«, wie er sie nannte, überlebt haben als von allem anderen, was er gebaut oder entworfen hat. Eine, die diese Seite seiner Begabung ungeheuer bewunderte und die umgekehrt auch er sehr bewunderte und mochte, war Leni Riefenstahl.

»Speer«, erzählte sie mir 1986, »war ein außerordentlich attraktiver und eindrucksvoller Mensch. Ich fühlte das von dem Augenblick an, als ich ihn 1933 kennenlernte, und da war er schließlich erst achtundzwanzig. Für mich wurde er der wichtigste – und sicher der interessanteste – Mann in Deutschland nach Hitler.«

Wir sprachen in ihrem bezaubernden modernen Haus inmitten eines Gartens voller Blumen und blühender Büsche in Pöcking am Starnberger See. Das Leben nach dem Krieg, sagte sie, sei für sie sehr hart gewesen; es seien ihr ständig Dinge aus der Nazizeit vorgeworfen worden, die sie gar nicht getan hätte, und sie habe zahlreiche Leute wegen Verleumdung verklagen müssen. »Es kostete mich alles, was ich hatte oder verdienen konnte, trotzdem ich meistens gewann.« Als ich sage, wie schön ihr Haus sei – die holzgefaßten Glaswände im Erdgeschoß und die blumengeschmückte breite Terrasse darüber –, erwidert sie rasch, es handle sich um ein preisgünstiges

Fertighaus. (Viele Menschen aus Hitlers Umgebung wiegelten später ab, wenn sie auf Erfolg und materiellen Wohlstand angesprochen wurden.) »Ich sah es in einem Katalog, bestellte es, und schon nach einigen Tagen – na ja, einigen Wochen – stand es da, fix und fertig.«

Spricht man mit umstrittenen Persönlichkeiten aus jener Zeit, muß man stets auf Abstand bedacht sein. Man kann ihre Ausflüchte und Unwahrheiten wahrnehmen und doch aus ihrem Leben lernen und sogar ihre Erfolge bewundern. Dies gilt ganz besonders für Leni Riefenstahl. Es besteht nicht der geringste Zweifel, daß sie eine grandiose Filmregisseurin ist, aber es besteht auch kein Zweifel, daß sie, nachdem sie einige wunderbare Filme gedreht hatte, für ihre große Begabung eine schreckliche Verwendung in Hitlers Diensten fand. Für ihn und nur für ihn drehte sie ihre beiden berühmtesten Filme: 1934 *Triumph des Willens,* ihren Lobgesang auf den Nürnberger Parteitag und Hitler, und 1936 ihre Hymne auf die körperliche Vollkommenheit, die allgemein als Verherrlichung der ästhetischen Vorstellungen Hitlers gilt – den zweiteiligen Film *Olympia* über die Olympischen Spiele desselben Jahres. Aber was immer sie heute zugibt oder leugnet, sie ist heute noch, während ich dies schreibe, einer der letzten Giganten jener Ära, in der sie und Speer so große Triumphe feierten.

Zur Zeit unserer Begegnung immer noch bemerkenswert gutaussehend, lebte sie mit ihrem begabten jungen Assistenten Horst Kettner zusammen, der ihr gegenüber einen fanatischen Beschützerinstinkt hat. Er ist über die fortgesetzten Angriffe gegen Leni Riefenstahl und über deren angebliche Urheber fast noch wütender – und in seinen offen antisemitischen Kommentaren weniger zurückhaltend – als sie selbst. Er betreut nicht nur das von ihm geschaffene erstaunliche Fotoarchiv und ihre Dunkelkammer, sondern hat auch in Afrika mit ihr zusammengearbeitet, besonders bei den faszinierenden Fotos der Nuba. Seit 1970 arbeiten sie zusammen, bei Unterwasseraufnahmen im Roten Meer und im Indischen Ozean, vielleicht Leni Riefenstahls spektakulärste Arbeit seit dem Krieg. Als ich sie besuchte, arbeitete sie an ihrer ungeheuer langen Autobiographie, die 1987 erschien, während er um ihr Wohl besorgt war.

Wie viele andere Deutsche, die tief mit Hitler verbunden waren, versucht auch sie geradezu zwanghaft, sich gegen den einen Vorwurf zu verteidigen, der offenbar allein zählt: Sie sagte immer wieder zu mir und schrieb auch in ihrem Buch, sie sei nie eine Antisemitin gewesen. »Ich sagte einmal zu Hitler, er solle die Juden in Ruhe lassen, und daß ich niemals jemanden ablehnen könnte, nur weil er Jude oder Neger sei, und er sagte: ›Sie sind noch jung. Sie werden das schon noch verstehen.‹« Ihr Buch ist voll von solchen Zitaten – Dinge, die viele von uns in unserer Phantasie gerne zu Hitler gesagt, aber natürlich nie zu sagen gewagt hätten, selbst wenn uns Gelegenheit dazu geboten worden wäre. Leni Riefenstahl ist eine komplizierte Frau mit enormen Talenten und glaubt vielleicht inzwischen selbst an ihre Phantasien. Wie praktisch jeder andere Zeitzeuge, mit dem ich sprach, hat auch sie kein gutes Gedächtnis für Daten, und viel von dem, was sie behauptet und zitiert, steht im Widerspruch zu Goebbels' Tagebüchern, in denen Goebbels allabendlich mit pedantischer Genauigkeit notierte, was er getan und wen er getroffen hatte, und zusammenfaßte, was an diesem Tag gesagt worden war.

Goebbels schrieb in den letzten neun Jahren seines Lebens für die Nachwelt. (Am 21. Oktober 1936 schloß er einen überaus vorteilhaften Vertrag über die Publikation seiner Tagebücher, der einen riesigen Vorschuß in Höhe von 250 000 Reichsmark und nach der Veröffentlichung eine jährliche Garantiesumme von 100 000 Reichsmark vorsah.) Wenn man seine Äußerungen liest, darf man nie vergessen, daß sie *seiner* damaligen Einstellung und *seinem* Informationsstand entsprechen und aus heutiger Sicht oft unaufrichtig und skandalös sind. Ab 1936 waren seine Notizen mit Sicherheit für künftige Leser in einem siegreichen Deutschland bestimmt; sie sollten diesen ruhmreichen Abschnitt ihrer Geschichte angemessen würdigen können. Dieses Motiv – und darin sind Goebbels' Aufzeichnungen nahezu einzigartig – garantiert die Genauigkeit seiner Berichte, zumindest soweit es um Daten, politische Strategien und Begegnungen mit Hitler und dessen Paladinen geht, denn diese wären nach einem deutschen Sieg und der Veröffentlichung der Tagebücher zweifellos deren erste Leser gewesen. Weniger verläßlich sind in den Tagebüchern dagegen die Berichte und Analysen von Ereignissen im Ausland und die Angaben zur Person. Wer mit Goebbels' Leben und der Zeit nach der Machtergreifung einigermaßen vertraut ist, wird bemerken, daß Goebbels nach Unterzeichnung des Publikationsvertrags jede Erwähnung seines fast schon zwanghaften Sexuallebens, über das er vorher so offen geschrieben hatte, sorgfältig vermeidet. Er wurde bemerkenswert diskret, was seine Frau Magda betraf, ferner seine große Liebe, die tschechische Filmschauspielerin Lida Baarova, und den ihm lange Zeit liebsten Assistenten und Staatssekretär Karl Hanke, mit dem die zehn Jahre ältere Magda Goebbels aus Verzweiflung über die ständige Untreue ihres Mannes 1938/39 eine von beiden Seiten mit Leidenschaft geführte Affäre hatte. Diese endete erst, nachdem Speer, Freund der beiden, ihnen Hitlers Befehl, mit der Sache Schluß zu machen, übermittelte.

Goebbels' Aufzeichnungen sind also historisch von einzigartiger Bedeutung, und sei es nur, weil sie unmittelbar nach den entsprechenden Ereignissen niedergeschrieben wurden. Leni Riefenstahls vierzig Jahre später verfaßte Memoiren dagegen sind als historisches Dokument wertlos. Aber schließlich will ihr Buch auch gar keinen Geschichtsunterricht geben; es soll vielmehr ihre persönliche Lebensgeschichte erzählen, so wie sie sie jetzt sieht und auch fest glaubt. Wenn sie dabei ihre frühere Liebe für das Dritte Reich herunterspielt, ist das vielleicht *ihr* Weg, das Unerträgliche zu verdrängen.

Daß sie Speer sehr gern hatte, ist offensichtlich, obwohl Speers Buch von 1969 in einigen unwichtigen Details (etwa der Schilderung, wie er ihr zum erstenmal auffiel) von dem leicht abweicht, was sie mir 1986 berichtete, als sie ihre Geschichte zweifellos ein wenig dem Eindruck anpaßte, den sie vermitteln wollte.

»Ich sah 1932 im *Angriff* ein Foto von ihm«, sagte sie. »Das war unmittelbar nach meiner ersten Begegnung mit Hitler. Damals war ich entschieden gegen die Nazis, nicht zuletzt, weil ich in der Welt des Theaters und des Films lebte und deshalb viele jüdische Freunde hatte [eine Tatsache, die später von einigen dieser Freunde bestätigt wurde]. Und als ich das Foto sah, dachte ich, wie ungewöhnlich, daß ein Mann mit einem solchen Gesicht für Hitler sein sollte – wenn er es war, dachte ich, mußte an der ganzen Sache doch etwas dran sein.« Speer beschrieb dies anders und womöglich glaubwürdiger. Er sagte, sie habe ihm 1935 beschrieben, wie sie ein Foto von ihm im Jahr 1932 gesehen und ausgeschnitten hatte, weil sie dachte, »mit diesem Kopf« könnte er eine Rolle in einem ihrer künftigen Filme spielen.

Persönlich lernte sie Speer schließlich 1934 in Nürnberg während der Vorbereitungen zu dem Film *Triumph des Willens* kennen, den Goebbels in Auftrag gegeben hatte und aktiv unterstützte. In all unseren Gesprächen und in ihrem späteren Buch schilderte sie Goebbels durchweg als ihren Erzfeind. Man kann nur vermuten, wie kompliziert die Beziehung zwischen diesen beiden Menschen war, zwischen der ungeheuer ehrgeizigen jungen Leni Riefenstahl und dem sexuell ausschweifenden Goebbels. Er war im allgemeinen unfähig, seine Finger von schönen Frauen zu lassen, besonders von Schauspielerinnen, die, da er ja allein für Film und Theater zuständig war, von ihm abhängig waren. Die unübersehbare Bewunderung Hitlers für Leni Riefenstahl mag Goebbels in ihrem Fall jedoch Zurückhaltung auferlegt haben.

Ihr Buch, in dem sie Goebbels mit befremdlicher Hartnäckigkeit als »Krüppel« bezeichnet (er hatte seit seiner Kindheit einen Klumpfuß), enthüllt leider nicht den tieferen psychologischen Grund ihres nachhaltigen Zorns auf ihn, der, so argwöhnt man, mehr Scham über das ist, was sie von ihm empfing, als Wut darüber, was er ihr abschlug. Tatsächlich läßt nichts, was Goebbels in seinem Tagebuch über Leni Riefenstahl schrieb, auch nur entfernt mehr vermuten als eine enge Arbeitsbeziehung, noch weist, von gelegentlichem Ärger über ihre Erregbarkeit und ihre Neigung zu Intrigen abgesehen, irgend etwas darauf hin, daß einer von beiden eine Abneigung gegen den anderen gehegt hätte. In Anbetracht der Tatsache, daß Goebbels vor 1937 noch keinen Grund hatte, die Wahrheit zu verdrehen, lassen seine Notizen besonders der Jahre 1933 und 1934 deutlich erkennen, daß er sie ungeheuer bewunderte, sie beriet und die Filme, die sie berühmt machten, finanziell förderte. Am 12. Juni 1933 findet sich folgende begeisterte Notiz:

Bei Schaumburgs mit Frl. Riefenstahl neuen Film besprochen. Sie ist die einzige von all den Stars, die uns versteht.

Den ganzen Sommer nimmt er an Ausflügen und Festen mit ihr und Hitler teil. Zwei Jahre später, am 5. Oktober 1935, äußert er sich noch immer bewundernd über sie:
Mit Leni Riefenstahl ihren Olympiadefilm durchgesprochen. Eine Frau, die weiß, was sie will ...

Erst Ende 1936 – die Arbeiten an ihrem Film über die Olympischen Spiele laufen inzwischen auf vollen Touren – zeigt er sich erstmals verärgert über ihre ständigen Forderungen. So am 6. November:
Frl. Riefenstahl macht mir ihre Hysterien vor. Mit diesen wilden Frauen ist nicht zu arbeiten. Nun will sie für ihren Film ½ Million mehr und zwei daraus machen ... Sie weint. Das ist die letzte Waffe der Frauen. Aber bei mir wirkt das nicht mehr. Sie soll arbeiten und Ordnung halten ...

Trotzdem war es ein Jahr später Goebbels, der in seiner Begeisterung über den Olympiadefilm Hitler vorschlug, Leni Riefenstahl, die persönlich so bescheiden sei und nie nach persönlichem Ruhm oder öffentlicher Anerkennung gestrebt habe, durch eine »offizielle Ehrung« auszuzeichnen, und es war auch Goebbels, der sie zum Mitglied der Reichsfilmkammer machte.
Leni Riefenstahls Karriere ist für Speers Leben unter anderem deshalb wichtig, weil sie sich inzwischen gut kannten. So widersprüchlich und verwirrend ihre Autobiographie, was Goebbels betrifft, auch sein mag und wie sehr sie ihre Beziehung zu Hitler auch nachträglich aufbauschen mag, ihre Erinnerungen an Speer stimmen völlig mit den seinen überein. Sie mochten und bewunderten einander, und wie er mir erzählte und sie später bestätigte, arbeiteten sie mehrmals zusammen. »Viel später, während des Krieges, wurden wir Freunde«, sagte sie. Und es spricht für sie, daß diese Freundschaft von Dauer war.
Als Speer erfuhr, daß Annemarie Kempf in Bonn und anderswo Menschen für seine Freilassung zu mobilisieren versuchte, schrieb er ihr Anfang 1952 aus Spandau:
Meine liebe Annemarie Kempf,
Es freut mich wirklich so, wenn ich lese, wie energisch und treu Sie sich für mich einsetzen. Aber werden Sie nur nicht zu ungeduldig, wenn Sie keinen Erfolg finden. Sich in Geduld üben, soll sehr gut sein für die Nerven! ...
Mit Leni können Sie offener sprechen, natürlich ohne Erwähnung der Verbindung [d. h. des Schriftverkehrs via Wolters]. Sie wird mir für vieles sehr dankbar sein und daher gerne helfen ...

Er hatte recht. Am 29. Juni 1952 schrieb Leni Riefenstahl aus Rom an Annemarie Kempf:

Da ich in den letzten Wochen ununterbrochen unterwegs war, erhielt ich erst heute Ihre Zeilen vom 6. Juni und will Ihnen sofort antworten. Vor allem möchte ich Ihnen zum Ausdruck bringen, daß ich alles tun werde, um Herrn Speer zu helfen. So habe ich schon von mir aus einen Bekannten in Berlin beauftragt, mit Herrn Lewinsohn [*sic!* statt Levinsohn, Vorsitzender der Berliner Entnazifizierungskammer der amerikanischen Besatzungsbehörden] persönlich über Herrn Speer zu sprechen, und mich als Zeuge zur Verfügung gestellt ... Wenn Sie nach Berlin fahren, dann würde ich Ihnen raten, meinen Bekannten, der auch Herrn Lewinsohn kennt ... zu besuchen und um Rat zu fragen ... Mein Anwalt in Berlin ... ist ein besonders sympathischer Mensch, auch ihn würde ich um Rat fragen. Ich habe übrigens immer bei allen meinen Verhören über Herrn Speer so ausgesagt und auch niedergelegt, wie ich ihn kenne ...
Ich wäre Ihnen sehr dankbar, wenn Sie mich über alles Wesentliche, was Herrn und auch Frau Speer betrifft, auf dem laufenden halten würden. Vielleicht bin ich einmal in der Lage, irgendwie helfen zu können ...
Kann man Herrn Speer irgend etwas zukommen lassen?
Ich bin so froh, daß ich durch Sie eine Verbindung zu Herrn Speer gefunden habe ...

Leni Riefenstahl hielt Speer nicht für einen großen Architekten. »Als Architekt war er durchschnittlich«, sagte sie mir, »aber er war außerordentlich intelligent, von brennendem Ehrgeiz erfüllt und als Organisator mehr als begabt – genial. Man hört das heute nicht gern, aber wissen Sie, es gab eine ganze Reihe Männer von Format in Hitlers Umgebung, darunter später auch einige Generäle, wie [Alfred] Jodl. Aber unter den Zivilisten, den Leuten aus der Regierung, also gewissermaßen dem eigentlichen Kreis um Hitler, war Speer eine Ausnahmeerscheinung. Er war anders. Er hatte Würde; er war ruhig; da war auch eine Art Schüchternheit, nicht Ängstlichkeit – Bescheidenheit. Er war – wie soll ich es sagen? – er war sauber. Es wäre unvorstellbar gewesen, daß er etwas Anrüchiges tat.« Von den Männern um Hitler sei Speer ihr bester Freund gewesen, und sie präzisierte: »Mein einziger Freund. Ich zweifelte nie auch nur einen Augenblick an seiner absoluten Integrität und seiner völligen Ergebenheit für Hitler.«

Was immer Leni Riefenstahl heute sagt, es kann kein Zweifel daran bestehen, daß sie diese völlige Ergebenheit für Hitler mit Speer teilte, ja, daß sie vielleicht das wichtigste Band zwischen ihr und Speer darstellte. Während Leni Riefenstahl jedoch versucht, die Macht, die Hitler über sie hatte, herunterzuspielen – und es eher so darstellt, als hätte sie ihn beherrscht –, versuchte Speer sehr viel aufrichtiger, im Gespräch mit mir und anderen immer wieder zu verstehen, wie Hitler auf ihn und viele andere führende Nazis eine solche Faszination hatte ausüben können.

»Ich frage mich ständig, wieviel davon eine Art Autosuggestion war«, sagte Speer bei einer Gelegenheit. »Eines ist sicher: Alle, die mit ihm lange eng zusammenarbeiteten, wurden ihm ausgesprochen hörig. Wie mächtig sie in ihrem jeweiligen Arbeitsbereich auch waren, in seiner Nähe wurden sie klein und ängstlich. (»Ich strenge mich ja so an«, soll Göring zu Finanzminister Hjalmar Schacht gesagt haben. »Aber jedesmal, wenn ich vor dem Führer stehe, fällt mir das Herz in die Hose.«)

Das von Speer benutzte Wort »hörig« drückt eine ganze Skala von Gefühlen aus, von freiwilliger Unterwerfung über Servilität bis zu hilfloser Passivität. Im Englischen gibt es dafür nichts Entsprechendes, und wann immer Speer versuchte, die Hörigkeit der Männer um Hitler auf englisch zu beschreiben, stieß er auf völliges Unverständnis. Dies wurde in einem langen, nie gesendeten Interview deutlich, das er kurz nach dem Erscheinen der *Erinnerungen* für die britische Fernsehsendung *Panorama* gab. Die BBC hatte dazu Spitzenleute eingeladen: den Historiker Hugh Trevor-Roper und den amerikanischen Rechtsanwalt George Ball als Diskussionsteilnehmer und Michael Charlton, einen ihrer besten Kommentatoren, als Moderator. Die beiden Erstgenannten kannten Speer gut, denn sie hatten ihn 1945/46 für den britischen Nachrichtendienst und für das Strategische Bomberkommando der USA verhört.

»Für die meisten von uns ist besonders verblüffend«, sagte George Ball während der Diskussion zu Speer, »daß in Ihrem Buch ständig von Hitlers Charisma, seiner Aura oder seinem besonderen Charme die Rede ist ... Für alle meine Landsleute, und ich glaube auch für alle Briten, die Gelegenheit hatten, Hitler im Film zu sehen, ihn im Radio zu hören und die Sachen zu lesen, die er schrieb ... war das völlig unverständlich. Wie konnte man diesen Mann charmant finden? Wie erklären Sie das? Ich glaube, darin liegt für uns letztlich das Geheimnis.«

»Das ist nur erklärbar«, erwiderte Speer, »wenn man daran glaubt ... , daß es Menschen gibt, die über eine Art ... Magnetismus oder hypnotische Fähigkeit verfügen. Man versucht, diesem Einfluß zu entkommen ... , sich ihrem Wirkungsbereich zu entziehen ... , aber man bleibt ihnen ... man ist [hier sucht Speer nach dem englischen Wort für »hörig«, und als er keine Entsprechung findet, verwendet er das viel schwächere und nichtssagendere *depend*] von ihnen abhängig.«

Ball meinte, man könne Charisma vielleicht einfach mit der Wirkung von Macht erklären, und Speer stimmte insofern zu, als Macht ihre eigene Mystik habe. Doch dann sagte er, was ihn immer erstaunt habe, sei, daß Hitler auch vor 1933 dieselbe starke Wirkung auf seine Umgebung ausgeübt habe. Damals sei eine Krise und Niederlage auf die andere gefolgt, und doch habe Hitler schließlich Erfolg gehabt, fast ausschließlich aufgrund seiner Persönlichkeit. »Es bleibt ein Rätsel«, sagte Speer, »aber Tatsache ist, daß man Deutschland vor 1933 und von 1933 bis 1945 ohne Hitler nicht erklären kann. Er war der Mittelpunkt von allem und blieb das auch immer.«

»In Ihrem Buch zeichnen Sie ein Bild dieser fürchterlich langweiligen Teegespräche auf dem Obersalzberg«, sagte Charlton. »... Wie Sie sie beschreiben, müssen sie fast unerträglich gewesen sein. Wann kam es dann zu den persönlichen Begegnungen mit Hitler, die für Sie so wertvoll waren?«

»Wenn wir über Pläne und Zeichnungen sprachen«, antwortete Speer. »Es war bemerkenswert, wie schnell er die Bedeutung eines Plans erfaßte, wie er – wie nur sehr wenige Menschen – fähig war, in drei Dimensionen zu denken, und sich dank seines phänomenalen Gedächtnisses noch an Korrekturen erinnerte, die er Monate zuvor angebracht hatte ... Ich fand das verblüffend, denn schließlich war er Staatsoberhaupt und hatte viele andere Sorgen, aber trotzdem konnte er sich hier, in seiner privaten Domäne, auf derart kleine Details einlassen ... In diesen Stunden, wenn er sich als Architekt betätigte, war er wirklich vollkommen entspannt und gelöst. Man konnte ihm widersprechen, mit ihm diskutieren ...«

Charlton vermutete, das sei möglich gewesen, weil Speer bei diesen Gesprächen der zuständige »Fachmann« gewesen sei, während Hitler sich in gewissem Sinne als der schwächere Partner gefühlt habe. Speer fühlte sich mit dieser Interpretation sichtlich unbehaglich. »Ich würde sagen«, widersprach er, »wir waren gleichrangig, auf gleichem Niveau ...«

In Wirklichkeit war die Beziehung viel bedeutungsvoller, und sie unterschied sich grundlegend von Hitlers Beziehung zu anderen Architekten, denen er große Projekte anvertraute, etwa zu Hermann Giesler, einem ergebenen Nationalsozialisten, der die gesuchtesten Aufträge für München und Linz erhielt und nicht ohne guten Grund einer der erbittertsten Feinde Speers werden sollte.

Einer der bedeutendsten Psychologen Deutschlands, Alexander Mitscherlich, sollte später mit der These, es habe in der Beziehung zwischen Hitler und Speer eine erotische Komponente gegeben, auf großes Unverständnis stoßen. Wie Speer mir gegenüber einräumte, hatte Mitscherlich jedoch »nicht ganz unrecht«. Natürlich meinten weder Mitscherlich noch Speer, daß es sich um aktive oder auch nur bewußte Homosexualität gehandelt haben könnte; eine solche Vorstellung wäre absurd gewesen.

Die Wahrheit war, wie so oft, zugleich einfacher und subtiler. Nach Aussehen und Sprache kam der attraktive junge Speer dem idealen Deutschen des Österreichers Hitler wahrscheinlich sehr nahe. Als Sohn einer Patrizierfamilie von entschieden vornehmem, jedoch stets bescheidenem und beherrschtem Auftreten (»Er war immer ruhig, beherrscht und sprach leise«, sagte Annemarie Kempf) repräsentierte Speer für den kleinbürgerlichen Hitler jene Schicht, die er in seiner Jugend von fern bewundert hatte. Auch fühlte Hitler in Speer schon sehr früh eine Tatkraft, die in vieler Hinsicht seiner eigenen entsprach. Und schließlich schuf die Tatsache, daß Speers Disziplin die Architektur war, laut Mitscherlich das Medium, in dem beide (beide gefühlsmäßig verklemmt) miteinander kommunizieren konnten.

Viele Beobachter haben festgestellt, wie die Begegnungen mit Speer in jenen Vorkriegsjahren Hitler beschwingt und entspannt hätten und wie er sich offenbar gern, ja freudig Speers Meinung unterwarf. Doch Speer bestritt mir gegenüber heftig die Vermutung, er habe Hitler bei diesen Gesprächen in gewissem Sinne dominiert.

»Er liebte es, mit mir zu diskutieren, wie es Kollegen eben tun«, sagte Speer. »Das war für ihn sowohl anregend als auch erholsam. Er war in gewisser Weise sehr bescheiden, wissen Sie.« Und er fügte hinzu, Hitler habe in den Jahren, als sich ihre Beziehung nur auf die Architektur bezog, Auseinandersetzungen geradezu provoziert und sie offenbar um ihrer selbst willen genossen, unabhängig davon, ob er am Ende recht oder unrecht behielt.

»Ich vermute«, sagte Speer, »eine seltsame Begebenheit auf dem Berghof 1936 ist in diesem Zusammenhang bedeutsam. Ich saß bei Tisch ihm gegenüber, inmitten einer Menge anderer Leute, und plötzlich fixierte er mich mit den Augen, ganz offensichtlich um ›Wer gibt zuerst auf‹ zu spielen – Sie kennen doch das Spiel? Kinder spielen es.« Speer sagte, er habe die Herausforderung ganz bewußt angenommen. »Heute wird mir klar, daß die Beziehung damals schon ziemlich weit gediehen sein muß, damit das passieren konnte. Jedenfalls begegnete ich seinem Blick, erwiderte ihn und zwang mich standzuhalten.« Er lachte, als er mir das erzählte, ein plötzliches Echo der Aufregung jenes Tages. »Ich weiß nicht, wie lange es gedauert hat – mir kam es sehr lang vor, minutenlang. Ich hörte um uns herum das Stimmengemurmel, während ich zwischen ihm und mir diese gespannte Stille spürte. Er war es, der zuerst wegsah. Ich hatte gewonnen.« Er lachte glücklich bei der Erinnerung.

Die Siege, die Speer damals in der Architektur, über sich selbst und über Hitler davontrug, hatten jedoch ihren Preis.

»Ich weiß noch«, sagte Margret Speer einmal bei unseren Gesprächen, »daß Anni Brandt und ich während dieser ersten großen Jahre 1934–36–1938 oft über die seltsamen Anfälle sprachen, die Albert hatte; sie machten mir große Sorgen.«

Die »seltsamen Anfälle«, von denen sie sprach, begannen Mitte 1934. Speer hatte zwei kleinere Aufträge abgeschlossen und mit dem Entwurf für das Zeppelinfeld in Nürnberg begonnen; zusätzlich mußte er sich ständig für Hitlers häufige Besuche und Einladungen bereithalten, bekam seine Familie kaum mehr zu sehen und fand fast keine Ruhe. »Die Anfälle kamen oft, fast regelmäßig, so regelmäßig, daß ich in ständiger Angst vor ihnen lebte«, erzählte er mir. »Es war eine Art Klaustrophobie: Ich wurde plötzlich blaß, mein Herz raste, und ich spürte ein Stechen und Kribbeln in Händen und Füßen; mir wurde eiskalt; ich wurde von Panik ergriffen und war gezwungen, mich hinzulegen, damit ich nicht umfiel. Besonders schlimm war, wenn es in einem geschlossenen Raum passierte, wie zum Beispiel in einem Zug. Ich erinnere mich noch, daß sie einmal einen Zug fast angehalten haben, um mich in ein Krankenhaus zu bringen, bis ich den Anfall doch in letzter Minute unter Kontrolle bekam. Ich hielt es einfach für Erschöpfung. Ich arbeitete wie ein Verrückter. Natürlich wurde ich untersucht – alle machten sich große Sorgen. Aber man fand nichts; es war nichts Physisches. Wie wäre es sonst zu erklären, daß die Anfälle 1940 wunderbarerweise aufhörten [als Speer immer weniger mit Architektur zu tun hatte] und nie wiederkamen, obwohl ich, jedenfalls nachdem ich 1942 Minister geworden war, eigentlich noch angestrengter, unter noch größerem Druck arbeitete?«

Er wußte, daß nicht sein Körper, sondern seine Nerven panisch reagiert hatten. »Es war«, sagte er, »die unbewußte Erkenntnis, daß ich dem, was von mir verlangt wurde, nicht gewachsen war; es war meine Angst vor der Architektur und natürlich die schreckliche Angst, die Gunst des Mannes zu verlieren, den ich für den größten der Welt hielt.«

Überraschenderweise wußte Margret Speer nichts von den Ohnmachtsanfällen, die Speer bekam, als er im Alter von sechs Jahren so schreckliche Angst vor seinen Brüdern gehabt hatte. »Ist das wahr?« fragte sie, als wir an jenem Abend zusammensaßen. »Als du *sechs* warst?« Er zuckte die Schultern und meinte, wir sollten das Thema wechseln.

Im Frühjahr 1936 ließ Hitler bei der Inspektion eines neuen Teilstücks der unter Leitung von Fritz Todt gebauten Autobahn gegenüber Speer folgende Bemerkung fallen: »Einen Bauauftrag habe ich noch zu vergeben, den größten von allen.« Obwohl es noch mehrere Monate dauerte, bis Speer, wie er mir sagte, den Auftrag »schwarz auf weiß« bekam, hatte er schon damals eine recht genaue Vorstellung, wie er lauten würde, und er wußte, daß Hitler ihm zu verstehen gegeben hatte, daß der Auftrag an ihn gehen würde.

Drei Monate später, im Juni, zeigte Hitler ihm einen Plan für die Neugestaltung Berlins, dem der Berliner Oberbürgermeister Dr. Julius Lippert und die Stadtverwaltung zugestimmt hatten. Lippert, so Hitler, sei »ein Nichtskönner, ein Idiot, ein Versager, eine Null«. Er habe ihm immer wieder erklärt, welche Maße die große neue Straße haben solle (die »Prachtstraße«, wie Speer sie im »Spandauer Entwurf« nennt), und bekomme nur immer wieder dieselben Pläne serviert, auf denen die Straße 30 Meter zu schmal sei (90 Meter statt der von Hitler geforderten 120). Im Frühsommer befahl Hitler schließlich Goebbels als Gauleiter von Berlin, den Oberbürgermeister abzusetzen, und ließ Speer holen.*

»Ein wenig feierlicher hätte ich mir ja die Betrauung mit dem ›größten Bauauftrag‹ vorgestellt«, schrieb Speer in Spandau. »Hitler ... übergab mir die städtischen Pläne ... und übertrug mir die Aufgabe, diese Prachtstraße zu entwerfen. Er sagte: ›Jetzt machen Sie die Pläne. Nehmen Sie sich diese Zeichnungen mit. Wenn Sie etwas fertig haben, dann zeigen Sie es mir. Sie wissen, ich habe für so etwas immer Zeit.‹«

In Spandau war Speer die Erinnerung an diesen Augenblick seines größten Triumphes sehr wichtig; sie nimmt im »Entwurf« dreißig Seiten ein, die mit vielen Skizzen versehen sind und an deren Ende er das in seiner Aufrichtigkeit besonders ergreifende Geständnis macht, wieviel Freude und Bedauern ihm die Erinnerung an dieses große Projekt bereitet habe. (Es scheint mir als Beweis für die Aufrichtigkeit des »Spandauer Entwurfs« von großer Bedeutung, daß Speer dieses »Geständnis« nicht in die *Erinnerungen* aufnahm.) In Spandau schrieb er:

[Ich lebte in der Planung für das Berliner Projekt] und, wie ich bemerkt habe, ich kann mich auch heute nicht davon losreißen. *Wenn ich in der Tiefe suche nach meiner heutigen Ablehnung Hi.s, so ist es neben all dem Grausamen, was er offenbarte, ein wenig auch die persönliche Enttäuschung: daß er durch sein politisches Machtspiel in den Krieg rannte und dadurch meinen Lebensplan zerstörte* [Hervorhebung durch die Autorin].

Gegen Ende der Passage über die Pläne für die fast völlige Umgestaltung von Hitlers Berlin – es sollte den neuen Namen »Germania« erhalten – listet Speer im »Spandauer Entwurf« die Namen der Architekten auf, die er mit den wichtigsten Entwürfen betraute. Dabei hebt er besonders seinen »alten Studienfreund Dr.-Ing. Wolters« hervor, der das »›Kernstück‹, die Prachtstraße, bearbeitete«.

Als die *Erinnerungen* 1969 in Deutschland erschienen, fehlte diese Liste bezeichnenderweise, und es besteht kaum ein Zweifel, daß es nicht im Interesse der genannten, damals sämtlich sehr erfolgreichen Architekten gelegen hätte, wäre ihre Mitarbeit an Speers – genauer gesagt Hitlers – neuem Berlin bekannt geworden. Erst als ich den »Spandauer Entwurf« in den späten achtziger Jahren durcharbeitete, verstand ich, was Speer gemeint hatte, als er Wolters mitteilte, er habe ihn in dem Buch nicht erwähnt, »um ihn zu schützen«.

---

* Interessanterweise setzte Goebbels Lippert nicht ab; er informierte ihn lediglich, daß die Neugestaltung Berlins nicht mehr in seinen Zuständigkeitsbereich falle.

Als die *Erinnerungen* erschienen, hatte Wolters die wenigen Zeilen aus dem 1200seitigen Entwurf vielleicht ohnehin vergessen. Aber er hätte zweifellos sowieso nicht erwartet oder gewünscht, daß Speer die Zusammenarbeit unter Hitler würdigte. Was ihn dagegen bitter enttäuschte, war, daß seine Hilfe *nach* dem Krieg, ohne die Speer den »Entwurf« und damit auch seine Bücher nicht hätte schreiben können, in der veröffentlichten Version keinerlei Anerkennung erfuhr. Nicht nur blieb sein Name unerwähnt, selbst seine Heimatstadt Coesfeld erhielt einen falschen Namen.

Dies wäre für jeden bitter gewesen, besonders aber für Wolters, der so viel für Speer getan hatte. Wolters' Sohn Fritz, ein lebenskluger und heute sehr erfolgreicher Mann, war viele Jahre lang Zeuge des Zornes und der Verzweiflung seines Vaters. Fritz mußte selbst mit vielen bitteren Erinnerungen fertig werden, denn sein Vater hatte in seiner unermüdlichen Tätigkeit für die Speers den eigenen Sohn fast das ganze Leben lang nahezu vollständig ignoriert. »Gegen Ende seines Lebens«, erzählte mir Fritz Wolters, »gab er mir einige seiner Schriften zu lesen. ›Das wird dich interessieren‹, sagte er. Sie handelten alle von 1945 und danach; alles drehte sich um Speer, um Speers Kinder und so weiter. Ich las es und dachte: ›Wo zum Teufel bin eigentlich ich? Ich war doch damals auch schon da – existiere ich denn überhaupt nicht?‹ Kein Wort über uns, über seine eigene Familie ... und er gibt mir das zu lesen, stolz.«

Trotzdem war Fritz immer von Speer fasziniert gewesen und hatte ihn bewundert; von seiner Mutter, die jahrelang Margret Speers beste Freundin gewesen war, wußte er, daß der Verlust von Wolters' Freundschaft der schlimmste Schlag in Speers Leben nach Spandau gewesen war.

»Wenn er nur einen Weg gefunden hätte, meinen Vater wenigstens namentlich zu erwähnen«, sagte Fritz. »Selbst wenn er keine Einzelheiten genannt hätte, wäre dann alles anders gewesen.« Nicht, weil es Wolters dafür entschädigt hätte, daß er immer in Speers Schatten gestanden hatte, und auch nicht, weil es eine Anerkennung des enormen Beitrags bedeutet hätte, den Wolters für Speer in Spandau geleistet hatte, sondern weil es gezeigt hätte, daß Speer sich bewußt war, was er dem Freund verdankte.

»Speer«, sagte Fritz Wolters, »mußte den Dämon seiner verfluchten Liebe zu Hitler bekämpfen; aber mein Vater, der *Speer* liebte, mußte seine Liebe verleugnen und aufgeben, um eine Hingabe an Hitler zu rechtfertigen, die sich nicht rechtfertigen ließ.«

VI

»Ihr seid alle vollkommen
verrückt geworden«

Nürnberg, 20. November 1945

[Aus der Anklageschrift:] Der Angeklagte Speer war in den Jahren von 1932 bis 1945: Mitglied der NSDAP, Reichsleiter, Mitglied des Reichstages, Reichsminister für Bewaffnung und Munition, Leiter der Organisation Todt ... Der Angeklagte Speer machte von den obengenannten Ämtern und seinem Einfluß in der folgenden Weise Gebrauch: ... er genehmigte und leitete die in Anklagepunkt Drei angeführten Kriegsverbrechen, ebenso die in Anklagepunkt Vier angeführten Verbrechen gegen die Humanität, im besonderen den Mißbrauch und die Ausnützung von Menschen für die Zwangsarbeit während der Führung von Angriffskriegen ...

Am 30. Januar 1937 berief Hitler Speer zum Generalbauinspektor für Berlin, in fast genau dieselbe Stellung, die Speers großes Vorbild Karl Friedrich Schinkel 1830 als Oberbaudirektor von Preußen innehatte. Mit zweiunddreißig Jahren bekleidete Speer nun den Rang eines Staatssekretärs, hatte das Anrecht auf einen Sitz auf der Regierungsbank im Reichstag (neben Fritz Todt), wurde zu Staatsbanketten eingeladen und erhielt bei Besuchen ausländischer Staatsmänner automatisch einen Orden. Auf einmal Inhaber einer historisch gewichtigen Position (die Behörde wurde rasch allerseits als GBI bezeichnet), stieg Speer in kurzer Zeit in den Kreis der Mächtigen auf.

Paradoxerweise tritt während der Architektenzeit im Verhältnis von Speer und Hitler deutlich die Scheu hervor, die beiden gemein war, – im Unterschied zu später, als Speer Hitlers Minister war. Nur Speer äußerte sich dazu, lange Zeit danach. Andere Beobachter hatten immer Hitler im Blick und bemerkten übereinstimmend dessen »Fröhlichkeit« und »glückliche Stimmung«, wenn er sich in Speers Gesellschaft aufhielt. Speers genaue Erinnerung an Hitlers Worte und seine Reaktionen darauf lassen jene gegenseitige Zurückhaltung deutlich werden, die beide nicht nur als vollkommen zufriedenstellend, sondern auch als zutiefst belebend empfanden.

»Die Übergabe der Ernennungsurkunde könnte, bezeichnend für Hi., schüchtern genannt werden«, schrieb Speer in Spandau. »Nach einem der Mittagessen drückte er sie mir in die Hand: ›Machen Sie es gut.‹«

Das war allerdings nicht alles: Hitler gab ungewöhnlicherweise Speers Ersuchen statt, die Arbeit in Berlin als unabhängiger Architekt ausführen zu dürfen; dabei sollte er ausschließlich seinem Bauherrn Hitler rechenschaftspflichtig sein. Speers Büro im schönen Gebäude der Akademie der Künste am Pariser Platz, das der Erziehungsminister auf Hitlers Anordnung umgehend hatte räumen müssen, war von der Reichskanzlei nur durch die Ministergärten getrennt. Hitler ordnete an, daß Speer von Stadt- und Reichsregierung zwar alle notwendigen Mittel zur Verfügung gestellt bekommen sollte, sein Amt jedoch als unabhängiges Forschungsinstitut und nicht als Regierungsbehörde zu behandeln sei. Und schließlich bekam Speer von Hitler auch die Erlaubnis, weiterhin sein privates Büro zu führen, wo es ihm theoretisch möglich gewesen wäre, private Aufträge anzunehmen.

In der Praxis nahmen die Dinge einen etwas anderen Gang. Speer behielt das Büro in der Lindenstraße und seine Mitarbeiter zwar bei, arbeitete aber auch dort nur für Hitler. Als Generalbauinspektor bezog er ein Gehalt von monatlich 1500 Reichsmark, etwa gleich viel wie der Berliner Oberbürgermeister. In einem Brief an Staatsekretär Hans Lammers beantragte er seine Aufnahme in das staatliche Pensionssystem (worüber Hitler möglicherweise nicht informiert war), »um die Sicherheit meiner Familie zu garantieren«. Der Antrag wurde abgelehnt.

Speer hatte sich geweigert, für seine Nürnberger Bauten mehr als 1000 Reichsmark monatliches Honorar zu beziehen. Inzwischen veranschlagte er auf Drängen Görings, für den Speers Zurückhaltung nicht nur lächerlich, sondern der neuen Stellung unwürdig war, das übliche Architektenhonorar, lehnte jedoch auch weiterhin die Nebeneinkünfte ab, die von fast allen als normal betrachtet wurden.

»Geld war für ihn kein Thema«, sagte Annemarie Kempf. »Vielleicht weil er als Kind wohlhabender Eltern geboren wurde, war er an Geld nur als Mittel zum Zweck interessiert. Und er wollte nicht, daß Leute für ihn arbeiteten, deren stärkster Beweggrund offenbar das Geld war. Er war immer ein sehr umgänglicher Vorgesetzter – außer wenn er Unehrlichkeit oder Korruption witterte; dann war er hart, gnadenlos.« Doch lange Zeit, Jahre vielleicht, tauchten solche Probleme nicht auf.

Noch bevor Speers Titel offiziell bekanntgemacht wurde, bot er Annemarie, die damals noch bei Goebbels *Angriff* arbeitete, eine Stelle an. »Er klang am Telefon sehr glücklich«, sagte sie. »›Ich werde ein ganz hohes Tier, ein richtiger Chef‹, sagte er. ›Wollen Sie trotzdem wieder für mich arbeiten?‹ Da brauchte ich nicht zweimal zu überlegen.«

Als nächstes rief Speer Wolters an, dessen Begeisterung noch in seinen fünfunddreißig Jahre später aufgezeichneten Erinnerungen nachklingt:

Die Aufgabe, die ihm mit der Neugestaltung Berlins gestellt worden war, übertraf alles damals Vorstellbare auf städtebaulichem Gebiet. Berlin war um- und auszubauen auf eine Größe von etwa acht Millionen Einwohnern. Eine das Ganze beherrschende Mitte, die repräsentative Nord-Süd-Achse, sollte auf dem zu räumenden Gelände der Berliner Kopfbahnhöfe entstehen. Mit einem riesigen Kostenaufwand sollte bei dieser Gelegenheit das gesamte Eisenbahnnetz entwirrt und neu geordnet werden. Die Charlottenburger Chaussee war als Ost-West-Achse, als Querbalken des Achsenkreuzes, auszubauen [wobei jeder der vier Straßenarme breiter und grüner sein sollte als die von Hitler bewunderten Champs-Élysées in Paris]. Als Aufgabe war mir die Bearbeitung der Nord-Süd-Achse, des Kernstücks der Planung, übertragen, sowie Einsatz und Beteiligung freier Architekten, Maler und Bildhauer.

Mit der Einstellung von zunächst zwei weiteren begabten, ihm schon lange bekannten Architekten hatte Speer für seine Behörde sofort wieder ein »glänzendes junges Team« auf die Beine gestellt.

»Ich hatte schon 1935 bei ihm in der Lindenstraße angefangen«, sagte Willie Schelkes. »In Freiburg ging es mir sehr gut, aber Speer gelangte in immer außergewöhnlichere Positionen, und als sein Stern bei Hitler aufging und die Einladungen kamen, mußte ich schließlich eine Entscheidung treffen – im Grunde, da in Deutschland alles politisch geworden war, eine politische

Entscheidung: einfach zwischen rechts und links. Splitterparteien kamen nicht mehr in Frage, sie waren bedeutungslos geworden. Und vor die Entscheidung zwischen rechts und links gestellt, wählte ich natürlich rechts, und das waren die Nationalsozialisten. Ich brauchte für diese Entscheidung lange Zeit, denn es handelte sich zwar um meine berufliche Zukunft, doch ging es um mehr als nur Architektur. Ich mußte mir eingestehen, daß ich als Deutscher meiner Generation nicht länger abseits stehen konnte. Ich hatte eine Verpflichtung – die Verpflichtung, politisch aktiv zu werden.«

Schelkes nahm daher 1935 Speers Vorschlag an, dessen Amt Schönheit der Arbeit in Baden zu vertreten. »Speer ernannte Repräsentanten für jedes Land«, sagte Schelkes. »Drei Tage die Woche reisten wir herum und besichtigten die vorhandenen Einrichtungen für Fabrikarbeiter – Räume, Kantinen, Sportplätze, sanitäre Anlagen. Dann machten wir Vorschläge, reichten Entwürfe und Kostenvoranschläge ein, und es war Sache der Arbeitgeber, ob sie darauf eingingen oder nicht. Einige taten es, andere sagten: ›Nein danke.‹ Sie konnten jederzeit ablehnen, aber die meisten kamen dann doch, als sie sahen, daß sich die verbesserten Einrichtungen in anderen Fabriken günstig auf die Produktion auswirkten. Das Land Baden gab für diese Verbesserungen schließlich zwischen drei und sechs Millionen Reichsmark jährlich aus.«

Nach Speers Ernennung zum Generalbauinspektor zog Schelkes recht schnell in dessen Amtsräume um. »Anfangs waren wir nur zu dritt: Wolters, Hans Stephan, der verantwortlich war für Wohnungsbau, Verkehr, die Ost-West-Achse und die Planung der Ringstraße, und ich. Mir wurde der Westteil von Berlin zugewiesen, der zur Universitätsstadt ausgebaut werden sollte. Wir wollten Universität und Technische Hochschule zusammenfassen, die bis dahin getrennte Institutionen waren. Das war eine aufregende Neuerung, und das riesige akademische Areal sollte auch alle großen Krankenhäuser der Stadt umfassen und ein neues System der Gesundheits- und Sozialfürsorge schaffen, die miteinander verbunden werden sollten. Hinzu kam natürlich – zu meinem Stolz und meiner Freude –, daß man mir die Verantwortung für die Landschaftsgestaltung in Berlin und im Umland übertrug. Glauben Sie mir, Speers Konzept war unglaublich innovativ und sozial durchdacht. Ich weiß, heute denken die Menschen nur an die übergroßen Repräsentationsbauten und verurteilen sie, wie Speer es selbst tut. Aber es gab so viel mehr, was uns Hoffnung machte.«

Schelkes zeigte mir ein Buch, das er 1942 veröffentlicht hatte, in dem die Entwicklung und die Veränderungen der Entwürfe von Beginn des Projekts an dargestellt werden. »Wir hatten viele Probleme mit Lippert, dem Oberbürgermeister von Berlin, der seinen eigenen Architektenstab hatte, dessen Entwürfe abgelehnt worden waren, und dem diese massive Einmischung verständlicherweise heftig zuwider war – zumal ein Großteil der Gelder aus seinem Haushalt kommen sollte und unsere Vorstellungen sehr teuer waren. Auf manchen Gebieten mußten wir Kompromisse eingehen – das Buch zeigt, wo.«

Beruflich kann Schelkes sich heute viel mehr bestätigt sehen als Speer, denn zwei wesentliche Elemente seines Konzepts, nämlich alle Seen und Flüsse um Berlin baufrei zu halten und die Bepflanzung der Wälder von Monokultur auf Mischkultur umzustellen, wurden später von der Verwaltung West-Berlins (allerdings nicht Ost-Berlins) umgesetzt. »Ich weiß nicht, ob sie das aus meinen Plänen übernommen haben«, meinte der bescheidene Schelkes, »aber zumindest war es ursprünglich mein Konzept, und darüber bin ich froh.«

Im Trio der ersten Mitarbeiter des Generalbauinspektors Speer hatte Schelkes einen großen Vorteil. »Speer wußte nur wenig von Landschaftsarchitektur, und er gab nie vor, über etwas Bescheid zu wissen, von dem er keine Ahnung hatte – auch nicht Hitler gegenüber«, fügte Schelkes hinzu. »Von daher genoß ich eine beträchtliche Unabhängigkeit. Auch die anderen hatten ziemlich viel Bewegungsfreiheit, aber in ihren Bereichen übernahm er schließlich selbst die Leitung.«

Die Aufgabe der Arbeitsgruppe war nicht der Entwurf der Bauten, sondern die Planung. »Die Entwürfe wurden an eine riesige Zahl von Leuten vergeben – die besten Architekten in Deutschland erhielten Aufträge. Wir schufen den Rahmen, sie füllten ihn aus.«

Der einzige herausragende Architekt, der die Teilnahme verweigerte, war Tessenow. »Er war natürlich im Grunde Sozialist – er gehörte dem ›Ring‹ an, einer Architektenvereinigung der Linken. Deshalb verlor er seinen Lehrstuhl an der Technischen Hochschule, aber er konnte, allein dank der Intervention Speers, seinen zweiten Lehrstuhl an der Akademie der Künste halten.«

Schelkes hatte den Kontakt mit Tessenow über die Jahre nicht aufrechterhalten, wie er traurig bemerkte: »Leider nein. Vor kurzem habe ich zwar einen Dankesbrief von ihm gefunden, aber der war wahrscheinlich nur die Antwort auf eine Weihnachtskarte.«

Obwohl ein zurückhaltender Mensch, verbirgt Schelkes nicht, wie sehr er seinen Mangel an Zivilcourage während jener Jahre bedauert. Er versucht, wenn auch nicht besonders nachdrücklich, seine Tatenlosigkeit durch den Hinweis zu rechtfertigen, er sei beim Ausbruch des Krieges in die Wehrmacht eingetreten und habe bis zum Ende als Offizier gedient; man habe ihm freilich, wie er offen gesteht, beträchtliche Freiheiten eingeräumt, damit er die Arbeit für den Baustab Speer fortsetzen konnte (diesen neuen Namen erhielt Speers Behörde, als der Umbau Berlins im Jahr 1941 kriegsbedingt unterbrochen wurde). »Wir bekamen die Verantwortung für die gesamte Bautätigkeit in Deutschland und den annektierten Gebieten, zuletzt auch für militärische Bauten wie die riesigen Hangars für die Ju 88.«

Zwischen 1937 und 1939 wurde Schelkes zufolge beim GBI fieberhaft gearbeitet, oft die ganze Nacht hindurch. »Natürlich«, meinte er scherzhaft, »war an den Tagen, an denen Speer auf dem Berghof war, um fünf Uhr nachmittags Schluß – dann zogen wir los und machten einen drauf, allen voran Annemarie.«

Sie war entzückend, meinte er. »Die Leute sagten manchmal scherzend, sie sei in Speer verliebt, doch was immer sie in ihrem Innersten empfunden haben mag – und ich war darin genauso wenig eingeweiht wie alle anderen –, eine Affäre mit Speer, das war …« Er lachte laut heraus und seine Frau auch. »Es ist vollkommen unvorstellbar«, sagte er. »Annemarie war seine Privatsekretärin, sicher; näher kam er niemandem, aber etwas anderes wäre ihm auch nie in den Sinn gekommen. Er hatte keinerlei Interesse an emotionalen Dingen, und ganz abgesehen davon waren er und Annemarie nicht die richtigen Menschen für jede Art von Liebelei. Für ihn war das undenkbar. Bei anderen – und natürlich gab es, wie überall, Affären auch in seiner Umgebung – betrachtete er es mit Abneigung.«

Annemarie lächelte, als sie mit mir über die Frauen redete, »die auf Speer flogen«. »Natürlich waren da welche«, sagte sie. »Wie hätte es anders sein können? Sie riefen an, und wir machten uns über sie lustig – und über ihn auch, wenn er verlegen abwinkte. Wenn jemand ihn umschwärmte, wurde er schrecklich höflich. Später, im Ministerium, gab es einige schon lange bestehende Verhältnisse, über die alle Bescheid wußten. Nur Speer nicht – er hätte es nicht ertragen, davon zu wissen, deshalb wußte er es eben nicht.«

Ob diese Weigerung, Dinge zur Kenntnis zu nehmen, die er nicht hinnehmen konnte, nicht sehr viel über ihn aussage, fragte ich. Annemarie wußte genau, was ich meinte. »Das stimmt«, sagte sie. »Ich denke, in gewisser Weise glaubte er, daß das, was er nicht wußte, auch nicht existierte.«

»Er mochte die Riefenstahl«, fuhr sie fort. »Sie amüsierte ihn. Er natürlich reizte sie, und sie warf ihre Angel nach ihm aus. Dennoch glaube ich, sie war letztlich klug genug zu erkennen, daß da nichts zu machen war. Aber die beiden hatten vieles gemein, in gewisser Weise wurden sie schon Freunde. Manchmal, besonders in den späteren Kriegsjahren, konnte er sich in ihrer Gesellschaft vielleicht vorübergehend entspannen – Sie wissen, über Dinge reden, die er gern hatte, Musik, Kunst …

Es ist heute schwer zu beschreiben, wie lustig es bei uns zuging, besonders in den ersten Jahren, vor dem Krieg. Alles war so aufregend, wissen Sie. Und auch wie wir ihn necken konnten, und er nahm es hin.

Einige von uns gingen oft Skifahren mit ihm. Manchmal kam Margret mit, manchmal nicht. Es war schwierig, ihn dazu zu bringen, sich einfach zu entspannen, zu amüsieren. Schließlich waren wir alle sehr jung, und er doch auch. Wir lachten gerne und spielten Streiche. Wissen Sie, bis zum Krieg war das alles nicht so ernst. Aber es stimmt, *er* nahm alles sehr ernst, auch den

Spaß. Wir wollten zum Beispiel nach dem Skifahren aufbleiben und tanzen und Wein trinken – aber er saß nach dem Abendessen mit uns zusammen, eher mit Nachsicht, und um zehn oder wann auch immer, lächerlich früh jedenfalls, sagte er: ›Schluß jetzt, ins Bett‹, als ob er auch in den Ferien für uns alle verantwortlich wäre. Er wollte immer, daß wir anständig waren ... Das hatte nichts mit Sex zu tun –, das wäre ihm nie in den Sinn gekommen. Und er wollte auch nicht über unser Leben bestimmen. Er wollte einfach nicht, daß die Menschen in seiner Umgebung auf irgendeine Weise unmäßig, auffällig oder ausschweifend waren. Nicht weil ihn gekümmert hätte, was andere Leute sagten; nein, einfach weil das seine Einstellung war. Auffälliges Benehmen oder Exzesse waren ihm ein Greuel. Na gut, schließlich taten wir so, als würden wir wie er ins Bett gehen, was wir natürlich nicht taten – wir tanzten und tranken weiter oder machten einen Nachtspaziergang im Schnee oder eine Schneeballschlacht. Ich glaube, er wußte es, aber er sagte nie etwas.«

Das klinge, als habe er sich schon damals einsam gefühlt, auch im Kreis seines Teams, sagte ich. »Ja, ich glaube, so fühlte er sich, und er zog sich zurück. Da war diese Wand zwischen ihm und den andern, von der er Ihnen gegenüber gesprochen hat, und er nahm sie hin. Er fand sich damit ab, denke ich, weil er nicht wußte, was er sonst hätte tun sollen.«

Interessanterweise war es die junge Annemarie, die die Gehälter festlegte, als die ersten drei Architekten bei Speer eingestellt wurden. »Sie fragte mich, was ich im Laufe der letzten Jahre verdient hätte, und ich nannte ihr den höchsten Betrag«, sagte Schelkes lachend. »Sie erhob keinerlei Einwände – diese Summe stand dann in meinem Vertrag.«

»Wenn Speer da war«, fuhr er fort, »arbeiteten wir mindestens bis zehn Uhr abends, oft noch länger. Wenn wir mit ihm zur Arbeit auf den Obersalzberg gingen, was häufig vorkam, aß er immer mit Hitler zu Abend, und wir anderen fuhren nach Salzburg und aßen im Peterskeller. Danach machten wir uns wieder an die Arbeit. Speer kam um elf vom Berghof zurück und schaute sich an, was wir inzwischen gemacht hatten, und dann, viel später, gingen wir zu Bett. Wissen Sie, es war seltsam, daß er sich zu einem solchen Arbeitstier entwickelte. Als junger Mann war er eigentlich recht faul; selbst als Student bei Tessenow schien er nie zu arbeiten – und kam doch zurecht, wie durch ein Wunder.«

Schelkes glaubte nicht, daß es Ehrgeiz war, der Speer trieb: »Viele Menschen sind ehrgeizig. Aber kann Ehrgeiz allein zu dieser völligen Hingabe führen? Ich glaube nicht; ich habe das nie bei jemand anderem beobachtet. Meiner Meinung nach faszinierte ihn die Herausforderung vollkommen. Doch ich glaube nicht, daß man diese Faszination für die Arbeit von seinen Gefühlen für Hitler trennen kann, vom Wunsch oder von der Notwendigkeit, Hitlers Vertrauen in ihn zu rechtfertigen. War das Ehrgeiz? War es so einfach? Ich glaube nicht.

Ich habe nie jemanden sagen hören, Speer schmeichle Hitler, krieche vor ihm oder buhle gar um ihn; noch daß er anderen gegenüber irgendwie Eindruck schinden wollte: Das entsprach nicht seiner Persönlichkeit. Natürlich wurde er sich seiner Stellung immer deutlicher bewußt, aber das ist nicht das gleiche wie von der eigenen Begabung überzeugt zu sein. Ich glaube nicht, daß er von seiner Begabung so viel hielt. Und die Bauten, die Reichskanzlei und so weiter – man kann nicht sagen, in welchem Maße und ob sie überhaupt sein Werk waren. Sie kamen aus dem Büro Speer, und ich habe ihn nie etwas anderes behaupten hören.«

Hitlers eigene architektonische Ideen hielt Schelkes für amateurhaft: »Die Wiener Ringstraße hat ihn stark beeindruckt [die breite Straße um die Wiener Innenstadt, gesäumt von repräsentativen Gebäuden wie Oper, Theater, Museen, Ministerien und Rathaus]. Sie ist eher klassizistisch als barock, und sie war der Maßstab für all seine späteren Vorstellungen. Dennoch waren wir alle froh, so einen Bauherrn zu haben. Seine Begeisterung für Architektur verschaffte uns fast unbegrenzte Unterstützung. Andererseits mußten wir uns mit seinen bombastischen Ideen auseinandersetzen; manche Leute – etwa Wolters – störten sich nicht daran oder teilten sie sogar, andere mochten sie überhaupt nicht. Ich war von den Entwürfen zunächst ganz angetan, doch als sie immer monumentaler wurden, begann ich mich zu distanzieren, obwohl das in der Praxis nur bedeutete, daß ich es vermied, öfter als nötig in die Modellhallen [wo die Modelle ausgestellt waren] zu gehen.

Ich erinnere mich an Hitlers ersten Besuch dort. Vor kurzem habe ich eine Karte meiner Frau an eine Verwandte gefunden, auf der sie ihr schreibt, was ich darüber erzählt habe. Hitler kam an diesem Abend mit einer großen Gruppe von Leuten, die mit ihm zu Abend gegessen hatte. Er ging um das Modell von Berlin herum ... Er trug eine einfache Uniformjacke ohne Orden, und ich erinnere mich, daß er seine Brille nicht aufhatte. Er sah sich lange um, dann richtete er sich auf, sagte in seinem breiten Österreichisch, das er bei formellen Anlässen wie Reden und so weiter immer unterdrückte: ›Das g'fallt mir.‹ Und dann schüttelte er uns die Hände.

Man konnte den Mann von der Position nicht trennen – man stand unter dem Bann dieser Persönlichkeit. Ich sah ihn danach ziemlich oft, wenn er kam, um sich Entwürfe anzusehen. Manchmal kam er allein, nur mit einem Adjutanten, manchmal mit einer Gruppe, wie beim ersten Mal. Er sprach dann mit Speer, und da auch abends immer einer von uns dreien da war – Wolters, Stephan oder ich –, begrüßte er uns. Er war immer äußerst höflich, sogar charmant, aber ich habe ihn nie wirklich gekannt.«

Hitler und Speer hätten sich ganz normal unterhalten, sagte Schelkes. »Man hatte nie das Gefühl, daß ein Untergebener zum Chef sprach. Speer hatte diese ganz besondere Gabe – er sprach mit jedermann auf die gleiche Weise. Ich glaube, man kann es als Gepräch von Mensch zu Mensch bezeichnen, und so unterhielt er sich auch mit Hitler. Es ist seltsam, wenn man jetzt darüber nachdenkt – aber damals tat man das nicht, denn das war einfach, wie Speer war.«

Wolters berichtet in seinen *Lebensabrissen* von vier Begegnungen mit Hitler:

Zum ersten Mal auf dem Obersalzberg, wo Speer ein Atelier unterhielt, in das er gelegentlich drei oder vier seiner engeren Mitarbeiter mitnahm. Eines Abends, Ende März 1937, als Hitler an unsere Reißbretter kam, stellte Speer uns vor. Da wir alle vier einschließlich Speer über 1,85 Meter groß waren, kam Hitler mit einer diesbezüglich scherzhaften Bemerkung auf uns zu, gab jedem die Hand und sah ihm dabei ruhig eine Idee länger als üblich in die Augen [eine Formulierung, die allen Deutschen, die ihre ersten Begegnungen mit Hitler beschreiben, einzufallen scheint]. Hitler war kleiner, als ich ihn mir vorgestellt hatte. Sein Gang und seine Bewegungen waren langsam und gelöst, sein Sprechen ungezwungen und stark dialektgefärbt. Von Befangenheit auf unserer Seite keine Spur.

[Beim zweiten Mal] war ich als Mitarbeiter Speers zum zwanglosen Essen beim Führer in der alten Reichskanzlei eingeladen ... [Anwesend waren Goebbels und vier weitere Minister.] Zu beiden Seiten der ... Tafel schlossen sich zwanzig weitere Gäste an ... Nach freundlichem Geplänkel wendet sich der Führer dem Bau neuer Sender zu. [Reichspostminister Wilhelm] Ohnesorge erwähnt neue englische Sender, kann aber Sendekapazitäten nicht nennen ...

[Die dritte und vierte Begegnung fand in Speers Modellhallen beim GBI statt, als Hitler kam, um sich die Pläne für Berlin anzusehen.] Der Führer war an diesem Tag nach kurzer Vorankündigung durch die Ministergärten zu uns gekommen. Er wirkte im hellgrauen Straßenanzug ebenso gelöst, wie ich ihn auf dem Obersalzberg bereits erlebt hatte ... Da in Anwesenheit Hitlers nicht mitgeschrieben werden durfte, habe ich gleich hinterher eine Niederschrift gefertigt.

Ich kann natürlich von diesen wenigen Begegnungen Hitlers Persönlichkeit nicht beurteilen, aber da ich mich mit Speer über dessen fast tägliche Kontakte mit Hitler austauschte und mir Hitlers Gedanken etwa zur Stadtplanung vertraut waren, glaube ich, daß Kommentatoren es sich zu leicht machen, wenn sie, wie sie es oft tun, Hitler stark vereinfachend als »Gefreiten« beschreiben, als »Wandmaler«, »kleinbürgerlichen Spießer« oder »größten Verbrecher der Geschichte«.

Annemarie Kempfs Gefühle für Hitler haben sich über die Jahre tiefgreifend und auf schmerzliche Weise verändert. Doch auch sie hat Hitler in den ersten Jahren der Zusammenarbeit mit Speer und bis weit in den Krieg hinein zutiefst verehrt. Wir setzten unsere Gespräche natürlich über Jahre fort, und wie alle anderen, die Speer gut kannten, sprach sie bei zahllosen Gelegenheiten, wenn es um ihn ging, unweigerlich auch von Hitler, als wären die beiden in ihrem Bewußtsein untrennbar miteinander verbunden.

»Schon als ich sehr jung war, galt meine Liebe meinem Land, nicht einem Mann. Allerdings ist es wahr, daß im Lauf der Zeit die Sache, der ich mit solcher Leidenschaft diente, und die Person Hitlers in gewisser Weise für mich eins wurden.«

Sie hat Hitler oft mit Speer sprechen sehen, bevor sie ihn persönlich kennenlernte. »Das erste Mal traf ich ihn am Abend des Tages [im Sommer 1939], an dem Speer die neue Reichskanzlei fertiggestellt hatte. Zur Eröffnung war eine riesige Feier geplant, doch Hitler besuchte uns am Abend vorher. Wir folgten Hitler und Speer beim Rundgang um das Gebäude. Ich fand das schön, es ist mir egal, was die Leute inzwischen sagen. An diesem Abend war ich sehr stolz. Man muß sich das vorstellen – aber das ist fast unmöglich –, die Lichter, die Blumen überall, wie aufregend das alles war. Ich würde im nachhinein gerne kritisch sein, aber ich kann es nicht. Ihn bei einem solchen Anlaß zu treffen, das ist etwas anderes als eine gewöhnliche Begegnung. Es war immer noch Frieden, wissen Sie. Jeden Tag geschah etwas, das unsere Zukunft veränderte, und es geschah durch diesen Mann. Ich versuche Ihnen nicht zu sagen, wie ich heute fühle, sondern wie ich damals gefühlt habe. Ich kann nicht sagen, ob ich ihn ›sympathisch‹ fand; das Wort ist hier nicht angebracht. Es war einfach Freude; er gehörte zu dieser Freude.«

Und das galt auch, wie sie sagte, für die Planung des neuen Berlin. »Das Modell, das Speer drunten aufgebaut hatte, nahm fast einen ganzen Raum ein. Es war so schön, so vollständig, wissen Sie, mit all den Straßen und Bäumen und Blumen und Brunnen, und alle Gebäude fertig und perfekt beleuchtet: Speer war ein Beleuchtungskünstler. Hitler kam durch die Ministergärten zu uns – Speer hatte eine besondere Tür angelegt, damit er gar nicht erst auf die Straße mußte. Es kam dann ein Anruf, der uns mitteilte, daß er auf dem Weg war ... manchmal sehr spät abends, manchmal nach dem Mittagessen. Doch immer wenn er kam – auch noch lang während des Krieges –, blieb er lang, und er mochte noch so angespannt sein, wenn er hereinkam, er veränderte sich sichtlich, wenn er diese Vision der Zukunft betrachtete. Natürlich begegneten wir ihm nicht unbedingt persönlich, wenn er kam, aber – die Halle war riesig – wir durften hereinkommen, wenn er da war, und zuschauen. Ja, ich weiß schon, was man heute über die Entwürfe sagt: größenwahnsinnig, roh, angeberisch. Aber sagen Sie mir, was ist denn falsch daran, ›groß‹ zu bauen, wenn es um öffentliche Bauten wie Paläste, Ministerien, Stadien und Theater geht? Sind nicht alle historischen Epochen, in vielen Ländern, durch großangelegte Bauten repräsentiert worden?«

Annemarie hatte ein fast untrügliches Gedächtnis nicht nur für Gesprochenes, sondern auch für Gefühle. »Als Speer zum GBI ernannt wurde«, sagte sie, »und Wolters von der Reichsbahn zu uns kam, wurde unser Büro rasch zu einer Zuflucht für Leute, die anderswo ›unerwünscht‹ waren. ›Unerwünscht‹ entweder weil sie im Verdacht standen, nicht der Parteilinie zu folgen, oder weil sie ›Probleme‹ hatten. Später fanden wir heraus, daß sehr schnell bekannt geworden war, daß Speer – und nicht zu vergessen auch Wolters, der in Speers Arbeitsgruppe eine wichtige Stellung einnahm – sich schlicht nicht um die politische Einstellung der Bewerber scherte und noch weniger um ihre ›rassischen Mängel‹, solange sie beruflich fähig waren. Ich muß allerdings sagen, daß diese allgemeine Haltung zwar gewiß von der Spitze, also von Speer, ausging, daß er jedoch kaum mit personellen Einzelheiten befaßt war, abgesehen von den führenden Mitarbeitern. Eines seiner großen Talente war ja immer das Delegieren.

Gleichzeitig war einer seiner weniger einnehmenden Charakterzüge die persönliche Distanz. Wenn man ihn darauf aufmerksam machte, daß irgend jemand persönliche oder berufliche Probleme hatte, gab er Anweisung, dem Betreffenden zu helfen. Aber er regte nie von sich aus Hilfe an, einfach weil er nicht bemerkte, wenn Leute in Schwierigkeiten waren.«

»Ich denke«, wiederholte sie, »man kann sagen, daß er nichts sah, was er nicht sehen wollte, obwohl ich im Grunde genommen nicht glaube, daß es so einfach war. Ich denke, er wäre froh gewesen, wenn er die Fähigkeit, Probleme anderer zu sehen, gehabt hätte – er freute sich wirklich immer, wenn er Menschen helfen konnte. Doch er hatte diese Fähigkeit nicht; allerdings auch da hat er sich in Spandau verändert.

Was bei ihm immer deutlich zu sehen war, und ich glaube, daß darin der Kern seines Erfolgs bestand, war seine absolute Ablehnung alles Bürokratischen. Er wollte in seiner Organisation nichts Bürokratisches, und er bekämpfte den bürokratischen Geist, wann immer er sich regte. Alle Menschen, mit denen er sich umgab, waren Individualisten, die er irgendwie durch die Kraft seiner Persönlichkeit zu einem eng verknüpften Arbeitsorganismus zusammenfügte.«

Annemarie war trotz ihrer tiefen Zuneigung zu Speer nicht blind oder unempfindlich gegenüber seinen Fehlern. Als ihr heißgeliebter Vater 1937 starb, »reagierte Wolters sofort«, sagte sie. »Speer – na ja, er wußte schon davon, aber er ignorierte es. Das enttäuschte mich wirklich. Ich war verletzt.«

War es ihm vielleicht peinlich, seine Gefühle zu zeigen, fragte ich, oder hatte er einfach keine?

»Er war der gehemmteste Mensch der Welt, und mit der Zeit nahm man das hin, zuckte die Schultern, wissen Sie – man lachte sogar darüber. Er sagte mir einmal, wie verblüffend persönlich Hitler sein könne. Ich fragte ihn, was er damit meine, denn natürlich habe ich Hitler nie so kennengelernt – gesellschaftlich, wissen Sie. Und dann erklärte er, wie oft Menschen, die neben Hitler am Tisch saßen, hinterher das Gefühl hatten, daß er wirklich etwas über sie erfahren wollte – daß sie ihm wichtig waren. ›Das kann ich nicht so, was?‹ meinte er, und ich antwortete: ›Nein, das können Sie nicht.‹«

»Obwohl meine Gefühle für Hitler jetzt ganz anders sind«, fuhr sie fort, »glaube ich, daß die spätere Ablehnung der Bauten und Entwürfe durch so viele Menschen in Wahrheit die Ablehnung des Systems war, für das Hitler stand, und seiner Person. Wenn ein gütiger deutscher Herrscher beschlossen hätte, solche Bauten zur Verherrlichung der Stabilität und Größe seines Landes zu errichten, hätte man die nicht so verworfen wie die Schöpfungen Hitlers und Speers. Ich erinnere mich ganz deutlich daran, wie Hitler uns kurz nach Kriegsausbruch einmal besuchte und zu Speer sagte: ›Wir müssen diesen Krieg schnell beenden; wir wollen nicht Krieg, wir wollen bauen.‹ Müssen wir annehmen, daß auch das eine Lüge war? Daß alles Lüge war?«

Was Annemarie in jenen Jahren sah, war ein Mann, der über ein »Großdeutsches Reich« herrschen wollte, und sie konnte dies, wie sie sagte, aus ihrer eigenen Erfahrung heraus verstehen. »Meine Mutter war als Deutsche in Litauen geboren worden, das vorwiegend deutsch war«, sagte sie. »In meiner Kindheit fuhren wir oft durch Danzig; das war deutsch. Wir fuhren die Memel hoch, und auch die war zur Hälfte deutsch. Sehen Sie, für mich schien damals die Tatsache, daß Hitler all diese deutschsprachigen Gebiete vereinen wollte, geographisch und moralisch gerechtfertigt. Die Leute dort wollten deutsch sein, und man hatte ihnen nie die Wahl gelassen.«

Auf die Frage nach den von Hitler begehrten osteuropäischen Ländern und Rußland meinte Annemarie: »Wir dachten wahrscheinlich, da Krieg sei, müsse man zuerst den Krieg beenden und dann würde man Friedensgespräche führen, Verträge abschließen und alles neu gestalten, denn Europa ist in der Geschichte oft umgestaltet worden, und oft zum Vorteil der Menschen. Und Sie dürfen nicht vergessen – die meisten Menschen auf der Welt können das bis heute nicht glauben –, daß wir von dem Grauen nichts wußten, das später ans Tageslicht kam. Der Krieg selbst war, als er ausbrach, schrecklich genug; ich kannte viele Menschen, aber ich kannte keinen, der Krieg wollte.«

Damals glaubte Annemarie nicht, daß Hitler Krieg wollte. »Aber hinterher, ja, natürlich«, sagte sie. »Hinterher, als wir erfuhren, was in unserem Namen geschehen war, mußte ich mich fragen, ob in Hitler letztlich Kräfte am Werk waren, die man nicht mehr menschlich nennen kann. Ich weiß, daß diese Vorstellung auf rationaler Ebene nicht annehmbar ist. Speer zum Beispiel würde einem solchen Gedankengang möglichst ausweichen. Aber wenn man sich dem ganzen Abgrund dessen stellt, was getan wurde, und wenn man bereit ist, sich der eigenen Trauer zu stellen, dann stößt man fast unweigerlich darauf, denn wie kann ein Mann, der diese Schrecken herbeigeführt und zugelassen hat, überhaupt ein Mensch gewesen sein?«

Bei einer der vielen Gelegenheiten, als Speer davon sprach, daß er am Anfang Hitler nicht als das gesehen hatte, was er war, beschrieb er den Erkenntnisprozeß, durch den er ging. »Im Frühjahr 1937 hatte Hitler mir etwas gesagt, durch das mir das ganze Ausmaß seines Größenwahns hätte klar werden können. Er kam in meine Berliner Ausstellungsräume, um sich das zwei Meter hohe Modell des Stadions anzusehen. Als wir über die Olympischen Spiele sprachen, wies ich darauf hin, daß das Leichtathletikfeld nicht den vom Olympischen Komitee vorgeschriebenen Maßen entsprach. ›Das ist mir egal‹, sagte Hitler. ›1940 werden die Spiele in Tokio durchgeführt, aber danach werden sie für alle Zeiten in Deutschland stattfinden, in diesem Stadion. Und dann werden *wir* die notwendigen Abmessungen vorschreiben.‹ Als ich später über diese Äußerung nachdachte, schien es mir fast unglaublich, daß sie mir nicht die Augen geöffnet hat. Schließlich war ich ein Sportler und seit meiner Kindheit leidenschaftlich an den Olympischen Spielen interessiert, und ich wußte genau, daß der ganze weltumspannende Gedanke der Spiele alle vier Jahre einen Wechsel des Schauplatzes verlangte. Wie konnte er nur geglaubt haben, er könne die mächtige Welt des Sports seinem Willen beugen? Wie konnte er dies gewollt haben? Warum erkannte ich an diesem Tag nicht, daß er verrückt war? Nein, ich tat es nicht; ich kann mich fast heute noch bewundernd über seine prophetischen Worte lächeln sehen. Er hatte mich in seinen Wahn hineingezogen.«

Am 14. Mai 1953 schrieb Speer aus Spandau an Hilde:
Einmal gibt es im Leben der Völker eben so etwas wie eine Massensuggestion, die ganz unwahrscheinliche Ergebnisse haben kann. Ich erinnere Dich nur an die Hexenverbrennungen des Mittelalters, die Schreckenszeit der Französischen Revolution oder die Vernichtung der Indianer in U.S. ... In solchen Perioden gibt es immer nur, innerhalb des von der Massensuggestion befallenen Volkes, einzelne, die davon frei bleiben. Aber wenn es vorbei ist, fassen sich alle an den Kopf: »Wie konnte ich nur!«

Einige Monate später, am 18. November 1953, schreibt er am Ende eines Abschnitts über dieses Thema im »Spandauer Entwurf«: »In jenen ersten Jahren in Hitlers Nähe ... war ich bereit, ihm zu folgen, wohin immer er uns führen würde ...«

Im Jahr 1937, sagte Speer, habe er keine Ahnung gehabt, wohin er geführt wurde. Er habe nicht erkannt, daß seine Rolle sich fast unmerklich änderte, als er »den größten Auftrag« erhielt und dann in auffälliger Weise mit dem Titel eines »Generalbauinspektors« geehrt wurde.

Trotz zahlreicher Hitler-Biographien und psychologischer Studien wissen wir immer noch nicht, in welchem Maße Hitler intuitiv oder taktisch handelte. Um die Zeit, als er Speer zum GBI ernannte, wies er Goebbels darauf hin, es sei an der Zeit, Speer ein paar Uniformen zu verpassen. Speer scherzte im Gespräch mit mir darüber, aber die Entscheidung Hitlers mochte durchaus bedeutsam gewesen sein. Vom Architekten wurde nicht erwartet, daß er eine Uniform trug, vom Amtsinhaber dagegen schon. Und wenn wir Speers Leben mit Hitler vom März 1937 an sorgfältig verfolgen, bis es sich im Februar 1942 durch seine Ernennung zum Reichsminister für Bewaffnung und Munition radikal veränderte, erkennen wir, was er später so vehement bestreiten sollte: daß er sich allmählich in die Politik hineinziehen ließ. Wir sehen einen Menschen, der von Hitler intuitiv oder ganz bewußt für ein höheres Amt vorbereitet wurde.

»Natürlich wurde alles anders, als wir eine Verwaltung schaffen mußten und Teil einer Verwaltung wurden«, sagte Annemarie Kempf. »Alles mußte nach festgelegten Regeln ablaufen; wir mußten uns daran gewöhnen, jeden Pfennig auf Formularen abzurechnen. Und obwohl wir mit einer kleinen, fast intimen Gruppe anfingen, waren wir innerhalb weniger Wochen oder Monate eine große Organisation.«

Beim GBI waren rund 85 Personen beschäftigt, hinzu kamen viele freie Mitarbeiter. Zu Speers frühen Ernennungen gehörte Karl Hettlage, Professor für Verwaltungs- und Finanzrecht, ab 1934 Kämmerer von Berlin und nach dem Krieg unter Adenauer Staatssekretär im Finanzministerium.

Hettlage gehörte übrigens zu jenen Personen, die Annemarie meinte, als sie davon sprach, daß Speers Organisation eine Art Zuflucht für bedrohte Menschen gewesen sei. Hettlage, von früher Jugend an aktives Mitglied der katholischen Zentrumspartei, mag durchaus als politisch unzuverlässig gegolten haben.

Vielleicht war es dies, oder die Tatsache, daß Hettlage im Nachkriegsdeutschland eine bedeutende Stellung innehatte, weshalb es zwischen ihm und vielen anderen »Speer-Leuten«, denen ich begegnet bin, einen gewissen Unterschied gab, obwohl auch viele der anderen nach dem Krieg bemerkenswerte Karrieren machten. Bei Hettlage, einem vornehmen, unaufdringlich humorvollen und scharfsichtigen Mann, gewann man deutlich den Eindruck, daß er im Gegensatz zu so vielen anderen Deutschen jener Zeit nichts zu bereuen hatte.

»Speer bat mich kurze Zeit nach seiner Ernennung zum GBI zu sich«, erzählte Hettlage, als wir uns in seinem Haus in Bad Godesberg trafen. »Er wollte sich erklären lassen, wie die bauliche Neugestaltung Berlins finanziert werden könnte. Ich sagte, Berlin allein könne dies nicht bewältigen; Staat, Wirtschaft oder Unternehmer würden sich beteiligen müssen. Mein erster Eindruck war, daß Speer nur Hitlers Vorstellungen verwirklichen würde. Er schien sehr jung und viel zu unerfahren für eine solche Mammutaufgabe. Doch war mir fast sofort auch klar, daß er eine außergewöhnliche Persönlichkeit war – hochintelligent und außerordentlich anpassungsfähig.

Er sagte mir bei unserer ersten Begegnung, daß er von Finanzfragen keine Ahnung habe und von mir lernen wolle. In Wahrheit hatte er jedoch einen ganz guten Überblick, wie er auch in vielen anderen Bereichen sehr geschickt war. Speer war in keiner Weise naiv, ich sah in ihm von Anfang an eine sehr komplizierte, vielseitige Persönlichkeit.

Ich war entsetzt über die Idee, eine ganze Metropole neu zu bauen. Regierungs- und Repräsentationsgebäude, Straßen und selbst das Eisenbahnnetz wären eines, aber eine ganze Stadt? Das kam mir verrückt vor. Dieses extravagante Konzept stammte offensichtlich von Hitler. Ich war überzeugt, und Speer bestätigte dies später, daß auch viele der vorhandenen Bauentwürfe von ihm stammten. Doch muß ich zugeben, daß ich später über die Sorgfalt, die Qualität der Pläne Speers verblüfft war.«

Ich fragte Hettlage nach dem entsprechenden Anteil von Hitler, Speer und Speers Team bei der Planung. »Nun, die Ausarbeitung der Entwürfe im einzelnen und die Anfertigung der Modelle waren natürlich Teamarbeit, wie es ja zu erwarten war«, sagte er. »Aus den Skizzen, die Hitler an Speer weitergab, kann man zwar ersehen, daß viele Ideen von ihm stammten, doch war es Speer, der sie ausarbeitete und entwickelte, ihnen vielleicht im Gespräch mit Hitler mehr Wirklichkeitsgehalt verlieh; vor dem Krieg besprachen sie sich fast täglich, und ohne Ende.«

Hitler habe Speer in jener Zeit offensichtlich als sein architektonisches Alter ego betrachtet. »Ich glaube nicht, daß Speers Talent als Architekt der Grund dafür war; es gab auch andere Architekten, die Hitler bewunderte und an die er große Aufträge vergab. Hitlers ganzes Wesen war politisch – in dem Sinne, daß es überwiegend oder vollständig auf politische Manipulation ausgerichtet war. So ging er an die Politik und die Politiker heran; an die Architektur, die einerseits seine Leidenschaft war und mit der er andererseits das Gesicht der deutschen Städte verändern wollte, und schließlich auch an das Militär. Irgendwie entstand zwischen ihm und Speer etwas, das es Speer ermöglichte, auf diesen Wesenskern einzugehen. Es war diese Fähigkeit – diese Empathie –, die zur ungeheuren Macht Speers führte.«

Stand das nicht im Gegensatz zu Speers Behauptung in Nürnberg und in seinen Büchern, er sei kein politischer Mensch?

Hettlage zuckte mit den Schultern. »Speers Verhältnis zu Hitler war in jenen ersten Jahren nicht vorwiegend intellektuell – es war für beide ein auf eine bestimmte Weise ganz besonderes, spontanes Verhältnis. Das sind alles sehr subtile Dinge. Man kann hier nicht kategorisch sagen, Speer sei ein ›politischer Mensch‹ gewesen oder nicht. Er konnte auf Hitler, der ein politischer Mensch *war*, deshalb so eingehen, wie Hitler es brauchte, weil – und dies war keine bewußte, selbstdienliche Entscheidung – es ihm ein Bedürfnis war, auf ihn einzugehen. Das ist so ziemlich alles, was man sagen kann. Nichts ist einfach nur schwarz oder weiß, meinen Sie nicht auch?«

Ein halbes Jahr nach ihrer ersten Begegnung schlug Speer Hettlage vor, seinem Stab beizutreten, und Hettlage war von da an einer seiner engsten Berater, zunächst beim GBI und später als Chef des Referats für Haushalts-, Wirtschafts- und Finanzfragen in Speers Ministerium.

»Ich muß sagen, er interessierte mich sehr«, sagte Hettlage. »Es gab in Deutschland letztlich keinen anderen Mann seines Kalibers; er war, wie ich es nennen würde, ein Organisator mit Intuition, mit einer ganz besonderen Begabung, die weit über die Architektur oder ein anderes Fachgebiet hinausging. Und ich denke, man muß sagen, daß es sehr scharfsichtig von Hitler war, dieses Talent so früh zu erkennen.«

Und er fuhr fort: »Es war sehr ungewöhnlich, daß Speer überhaupt nicht ...« – er hielt inne. »Wie soll ich es ausdrücken? Sie kennen die Art mancher Leute, einen ihre Stärke und Macht spüren zu lassen? Nun, da war dieser sehr junge, außerordentlich mächtige Mann, und nichts an ihm zeigte, daß er sich dieser Macht bewußt war. Man sah einen ungewöhnlich höflichen, ruhigen, freundlichen Menschen, humorvoll und bescheiden. Über Jahre hinweg zeigte er keine Wut, selbst wenn er wütend war, keine Müdigkeit, selbst wenn er ernstlich überarbeitet war, keine Anspannung, auch wenn man von den Problemen wußte, die ihn belasteten.«

(Eigenartigerweise schien Hettlage trotz seines scharfen Blicks Speers Erschöpfung und die von Margret beschriebenen »seltsamen Anfälle« nicht wahrgenommen zu haben, von denen Speer selbst sagte, alle seien so besorgt darüber gewesen.)

»Ich brauchte lange, um zu verstehen, daß zwischen ihm und den anderen eine Wand war – ein Abwehrmechanismus von außerordentlichen Dimensionen.« Hettlage hatte vor unserem Treffen das Porträt gelesen, das ich von Speer geschrieben hatte. Er lächelte. »Für Sie hat er diese Wand durchlässig gemacht, nicht wahr? Sie sind miteinander ausgekommen, oder? Bei Speer war das immer entscheidend«, sagte er. »Seltsam, nicht wahr? Was zwischen den Menschen zählt, sind letztlich nie Begabung und Intelligenz. Es sind Gefühle, nicht wahr, gute und böse. Für Speer, seinen Vater, Tessenow, Hitler –« er schüttelte den Kopf. »Und wir hielten ihn für den rationalen Menschen par excellence.«

Es war Hettlage, der bereits im Sommer 1938 etwas Seltsames sagte, wie Speer mir erzählte. »Hettlage hatte Hitler mit mir vor dem Modell von Berlin beobachtet, und nach Hitlers Weggehen plötzlich zu mir gesagt: ›Wissen Sie, was Sie sind? Sie sind Hitlers unglückliche Liebe.‹ Und wissen Sie, was ich fühlte? Glück. Mein Gott! Glücklich fühlte ich mich.« Als ich fragte, ob er sich geschmeichelt gefühlt habe, schien er erstaunt. »Geschmeichelt?« wiederholte er nachdenklich. »Nein«, sagte er. »Froh.«

Speers erste architektonische Entwürfe – zum Beispiel die Innendekoration für Goebbels' Ministerium – waren noch stark von Tessenow beeinflußt.

Goebbels, der die »handwerklich einfache, ruhige Linie« von Speers Arbeit anfangs schätzte, wurde deren ästhetischer Reinheit offenbar rasch überdrüssig und ließ seine Büros durch einen Architekten umgestalten, der seiner Vorliebe für deutsche Gemütlichkeit mehr entsprach.

Doch je mehr Speer unter Hitlers Einfluß geriet, desto mehr veränderte er seinen Stil. Als er Tessenow 1933 die ersten Nürnberger Entwürfe zeigte, lautete dessen vernichtender Kommentar: »Es macht Eindruck, das ist alles.« Fünf Jahre später, als Speer Tessenow Pläne für die neue Reichskanzlei zeigte und darauf hinwies, daß er den Zeitplan genau eingehalten habe, reagierte dieser nicht weniger ablehnend und sagte trocken: »Vielleicht hätten Sie sich ein wenig mehr Zeit nehmen sollen.«

Speers Vater, damals fünfundsiebzig Jahre alt und Architekt im Ruhestand, war noch abweisender, als Speer ihm das Modell von Berlin zeigte. »Damals«, erzählte mir Speer, und es klang sehr bitter, »war er plötzlich stolz auf meinen Erfolg geworden. Er hatte ein kleines Notizbuch bei sich, aus dem er immer vorlas, wenn er seine Freunde traf. ›Jetzt hat man ihn mit dem deutschen Pavillon für die Weltausstellung beauftragt‹, oder ›Jetzt baut er Berlin um‹, oder ›Jetzt die Reichskanzlei‹. Doch als er das neue Berlin im Modell dann zu sehen bekam, reagierte er ganz anders. Er stand davor und betrachtete es eine ganze Weile. Dann sagte er: ›Ihr seid alle vollkommen verrückt geworden!‹ und ging hinaus.«

Paradoxerweise schien Speer, als er diese Begebenheit erzählte, im nachhinein beinahe stolz auf seinen Vater und dessen mißbilligende Reaktion. Damals hatte er es freilich anders empfunden. »Ich war so verblendet, ich schrieb seine Reaktion einfach dem Generationsunterschied zu. Was mich betraf, war meine Aufgabe, den politischen Geist der Zeit – Hitlers Geist – zu interpretieren, und das bedeutete gigantische Dimensionen. Ich kannte natürlich die liberalen Überzeugungen meines Vaters und glaubte, daß er einfach nicht verstehen konnte. Weil er Hitler nicht verstehen konnte, konnte er unsere Zeit nicht verstehen.«

»Aber das war nicht alles«, fuhr er fort. »Am nächsten Abend begleitete er mich ins Theater. Hitler saß in der Loge uns gegenüber und schickte seinen Adjutanten, um mir zu sagen, daß, wenn der alte Herr mein Vater sei, er ihn gerne kennenlernen würde. Sobald mein Vater Hitler gegenüberstand, sah ich ihn blaß werden, und sein ganzer Körper zitterte wie bei einem Schüttelfrost. Er schien Hitlers Lobeshymne über mich nicht einmal zu hören; er verbeugte sich nur, sagte kein Wort und verließ die Loge. Draußen blieb er eine ganze Weile stehen und atmete tief, dann hörte das Zittern auf.

Dummerweise glaubte ich, es hätte ihn einfach heftig bewegt, und war von dieser ungewöhnlichen Gefühlsäußerung überrascht. Obwohl wir uns, außer bei formellen Anlässen, nie anrührten, legte ich die Hand auf seinen Arm oder versuchte vielleicht sogar, ihn beim Arm zu nehmen. Er zog ihn abrupt zurück.

Heute verstehe ich das natürlich: Er lebte emotional, politisch und, ja, moralisch in einer ganz anderen Welt als die Nazis und spürte an diesem Abend jenes andere ›Id‹ in Hitler – was immer es war – das ich erst viele Jahre später fühlte.«

Als ich Speer fragte, was er mit diesem »anderen Id« meine (das so überraschend an Annemaries »nicht mehr menschlich« erinnerte), schüttelte er den Kopf. »Ich weiß nicht«, sagte er. »Ich hab' wenig Talent für diese Art Denken. Casalis hatte es natürlich. Wir sprachen oft darüber: über den Ursprung und das Wesen des Bösen ... Ich weiß immer noch nicht, was ich da tun kann. Casalis hatte eine große Gabe, das Irrationale nicht etwa zu rationalisieren, sondern zu vereinfachen. ›Nehmen Sie einfach hin, daß Hitler verrückt war‹, sagte er einmal. ›Belassen Sie es dabei.‹«

(»Natürlich war das nicht alles«, sagte Georges Casalis, als er Jahre später von dieser Bemerkung hörte. »Aber Speers Denken war, sosehr er sich bemühte, und glauben Sie mir, das tat er, einfach nicht für das Metaphysische zu haben. Man konnte nur mit ihm umgehen – ihm helfen –, wenn man das verstand und akzeptierte.«)

»Ich glaube, das ist es, was mein Vater an jenem Tag spürte«, sagte Speer, »und ich denke, von da an identifizierte er auch mich mit diesem Wahnsinn. Nein, er sprach nie mit mir darüber. Ich glaube, er wußte, daß es sinnlos gewesen wäre.«

Speer am Fenster seines Heidelberger Hauses im Gespräch
mit der Autorin.

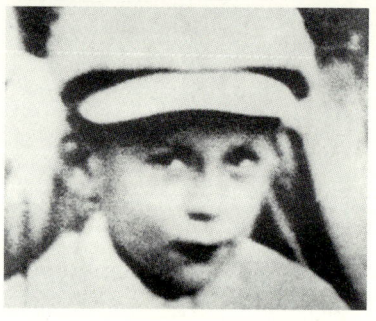

Oben links: Speers Mutter Luise
Mathilde und sein sechzehn Jahre
älterer Vater Albert Friedrich Speer
zur Zeit ihrer Vermählung 1900
mit den Eltern der Mutter, Luise
und Hermann Hommel. Hommel
hatte es aus eigener Kraft zum
steinreichen Unternehmer gebracht,
seine Frau »zählte die Würfel in
der Zuckerdose«. Speers Mutter
blieb auch nach ihrer Heirat vor
allem dem gesellschaftlichen
Leben, das sie als junge Frau
geführt hatte, zugetan.
Oben rechts: Tyrannisiert von seinen Brüdern Hermann und Ernst,
versuchte Albert (rechts) immer,
so sagte er, ihre Liebe zu gewinnen.
Unten links: Speer als Sechs-
jähriger.

Oben links: Albert (links)
und Ernst mit Mademoiselle
Blum, der jüdischen Gou-
vernante, von der Albert
zum erstenmal in seinem
Leben Wärme erfuhr.
Oben: Margret und Albert
1925 als Verlobte beim
Mittagessen in der Nähe
von Oberammergau.
Links: In Berlin am Tag der
Hochzeit 1928 aufgenomme-
ner Schnappschuß. In einem
seiner Briefe aus Spandau an
die Kinder erwähnte Speer
dieses Foto. Seine Eltern
waren bei der Hochzeit nicht
zugegen, und es sollte noch
sieben Jahre dauern, bis
Margret als Gast in das Haus
der Familie aufgenommen
wurde.

Rechts: Speer inspiziert an der Spitze einer Delegation einen probeweise aufgebauten Abschnitt des Nürnberger Stadions, zu dem Hitler 1937 den Grundstein legte. *Unten:* Adolf Hitler besichtigt im Juli 1936 in Begleitung von Albert Speer das Reichsparteitagsgelände in Nürnberg.

Bald nachdem Hitler Speer 1934 auf einer Baustelle
kennengelernt und zum Mittagessen eingeladen hatte,
machten sich der Führer und sein junger Architekt voller
Eifer an die Verwirklichung der größenwahnsinnigen
Pläne Hitlers für den Umbau Berlins und anderer Städte.
»Nach Begegnungen mit Speer«, sagte ein Beobachter,
»war Hitler immer beschwingt und entspannt.«

Rechts: In Berchtesgaden,
Hitlers Zuhause in den
Bergen, mietete Speer für
seine Familie dieses Haus,
absichtlich in einiger
Entfernung von Hitlers
Berghof gelegen.
Unten: Hundert Meter unter-
halb baute er sich ein Atelier,
das die US-Armee später als
Gästehaus für prominente
Besucher nutzte.

Oben: Speer liebte offene Autos. Hier nimmt er seine damals fünf Kinder auf eine Tour in seinem Mercedes mit.

Links unten: Speer und Hitlers Geliebte Eva Braun mochten einander, und Speer fand Hitlers gefühlloses Verhalten ihr gegenüber unannehmbar. Ihre Rolle blieb der Öffentlichkeit verborgen. Sie wurde erst bekannt, nachdem Hitler sie, wenige Stunden vor dem gemeinsamen Selbstmord 1945, geheiratet hatte.

Rechts unten: Maria von Below, deren Mann von 1937 bis 1945 Hitlers Luftwaffenadjutant war, wohnte meist auf dem Berghof.

Speers Lichtdom für den Nürnberger Parteitag von 1937 unter
Einsatz sämtlicher verfügbarer Flakscheinwerfer um das Zeppelinfeld. Speer sagte, die Beleuchtung habe die Bäuche der marschierenden Nazis verbergen sollen. »Wenn überhaupt etwas von mir
übrigbleibt aus dieser Zeit«, so Speer zur Autorin, »dann werden
es nur diese theatralischen Effekte sein.«

VII

Ein leichtes Unwohlsein

Nürnberg, 20. Juni 1946

DR. FLÄCHSNER: Haben Sie in ... Ihren Dokumenten Ihrer Erinnerung nach jemals Äußerungen von Ihnen über Weltanschauung, Antisemitismus und so weiter niedergelegt?

SPEER: Nein, ich habe weder in Reden noch in Denkschriften etwas Derartiges gesagt. Ich nehme an, daß sonst die Anklage in der Lage wäre, mir etwas Derartiges hier vorzulegen.

Speer hatte natürlich gewußt, daß die Frage nach seiner Einstellung den Juden gegenüber in Nürnberg gestellt werden würde, und er gab die einzige Antwort, die von ihm zu erwarten war. Ich denke, es ist fair zu sagen, daß alle Angeklagten, obwohl natürlich in unterschiedlichem Maße, Antisemiten waren.

Speer hatte sich schon vor langer Zeit davon überzeugt, daß es einen Unterschied zwischen »gesellschaftlichem« und »wirklichem« Antisemitismus gebe; in Wahrheit gibt es einen solchen Unterschied nicht, außer daß der eine den anderen ermöglicht. Rassismus jeder Art beginnt mit einem Gefühl körperlicher oder geistiger Abneigung gegen einen Menschen, den man für anders hält als sich selbst, wobei die Abstufungen dieser Gefühle oder deren unterschiedliche Äußerungsformen unerheblich sind.

Ebenso wie Speer die moralischen Folgen des Röhm-Putschs und kurz darauf die Ermordung des österreichischen Bundeskanzlers Engelbert Dollfuß durch die Nazis entgangen waren, entging seiner Aufmerksamkeit fast alles, was zwischen 1934 und 1939 an Unheilverkündendem geschah. Hitlers »Zauber« und Speers unglaublicher Arbeitsrhythmus erklären zwar vieles, zumindest für jene ersten Jahre. Doch für das Verbrechen an den Juden, das Speer nach Nürnberg am meisten beschäftigte, ist die Erklärung weniger einfach. Ein angeborener Antisemitismus – nicht auf Speer oder die Deutschen beschränkt – mag zu Speers instinktiver oder absichtlicher Blindheit beigetragen haben. In seinem tiefen Inneren allerdings stritt er dies ab, wie der Brief an Hilde vom 14. Mai 1953 zeigt:

… ich [habe] überhaupt ein wirklich reines Gewissen, indem ich mich nie antisemitisch betätigte und äußerte …

Es gibt nur wenige dokumentierte Fälle, in denen Deutsche aus Speers Generation einander des Antisemitismus beschuldigen – das wäre unklug gewesen. Die direkteste Beschuldigung Speers entstammt einem Brief seines Bruders Hermann vom 25. Juli 1973, und sie wurde sicherlich in böswilliger Absicht geschrieben und sollte später auch so verwendet werden. Die Beziehung der Brüder war, wie schon erwähnt, während ihrer Kindheit denkbar schlecht. Die Talente, die die Mutter vermutet hatte, sollten sich nie entwickeln, und Hermann kämpfte sein ganzes Leben lang mit emotionalen und finanziellen Problemen, die Speer während seiner Jahre an der Macht oft lösen half. In den Spandauer Jahren und nach dem Tod ihrer Eltern hatte Hermann sein beträchtliches Erbe bald verschwendet, und zu dem Zeitpunkt, als er seinem Bruder den folgenden Brief schrieb, war er bereits seit fünf Jahren finanziell von ihm abhängig. In seinen verzweifelten Versuchen, selbst ein Buch zu schreiben, und auf der Suche nach einem Verleger bat er einen deutschen Historiker, dessen kritische Einstellung zu Speer ihm bekannt war, ihm zu helfen. Um seine Bitte mit einer lockenden Geste zu unterstützen, schickte er ihm eine Abschrift dieses und anderer Briefe, die er seinem Bruder geschrieben hatte. In seinem Brief vom 25. Juli 1973 warf Hermann Albert eine »absolute Kaltschnäuzigkeit« gegenüber moralischen Problemen vor:

... Aber Ihr habt ja alle diesen dummen Judenhaß widerstandslos mitgemacht!« schrieb er. »Ich erinnere mich daran, wie Du mir 1938 erzähltest, Du habest bei Himmler angeregt, in [dem KZ] Oranienburg Ziegeleien für den Umbau Berlins einzurichten und dabei mit der absoluten Kaltschnäuzigkeit, mit der Du ... moralische Probleme behandelt hast ... ganz gemütlich sagtest: ›Die Judde haben ja schon in der ägyptischen Gefangenschaft Ziegel gestrichen!‹«

Was Hermann Speer auch immer zu diesem Brief bewogen haben mag, die berichtete Episode klingt plausibel und zeigt Speers Gleichgültigkeit gegenüber den Juden und seine frühe Zusammenarbeit mit Himmler auf. Doch belegt dies natürlich nicht im geringsten, daß Speer um das spätere Schicksal der Juden wußte.

Während der ersten drei Wochen unserer Gespräche (die sich von den vielen weniger geplanten Gesprächen der folgenden drei Jahre deutlich unterschieden), stimmte Speer bereitwillig meinem Arbeitsplan zu: Wir würden mit seiner Kindheit und Jugend beginnen, dann fortfahren mit seiner Arbeit als Hitlers Architekt, dem Krieg und seiner wachsenden Macht, um schließlich auf Nürnberg, Spandau und seine Bücher zu kommen. Doch bei den Gesprächen über die verschiedenen Aspekte seines Lebens – die schließlich, wenig verwunderlich, nicht so methodisch verliefen wie geplant – gab es einige Themen, auf die er – wie unter einem inneren Druck – immer wieder zurückkam: seine Gefühle für Hitler, den Nürnberger Prozeß, die Jahre der Einsamkeit im Gefängnis und die Juden. Wenn diese Fragen, so er auf sie zu sprechen kam, außerhalb des jeweiligen Hauptthemas lagen, waren sie entweder irgendwie damit verbunden beziehungsweise eine in dem Augenblick für ihn notwendige Flucht davor, oder sie waren einfach etwas, das er auf seine anstatt meine Weise angehen wollte. (Die einzige Ausnahme waren seine Schuldgefühle wegen des Judenmords, die ich mich weigerte zu erörtern, bevor der richtige Zeitpunkt dafür da war.)

Eines Tages, als wir über Hitler im Jahr 1938 redeten, schweifte er ab, um über Spandau zu sprechen. »Ich habe dort eine Menge gelernt«, sagte er nachdenklich, »vor allem von Casalis, aber auch aus den vielen Büchern, die ich las. Mein erstes Buch war zum Teil geprägt vom Gefängnisleben, doch natürlich auch von den Erfahrungen sofort nach meinen Jahren in Spandau. Viele um mich herum – vor allem Rudi Wolters und meine Kinder – haben mir Vorwürfe gemacht wegen – wie sie es sahen – eigennütziger Interpretationen von Menschen und Erlebnissen, die ich, wie Rudi meint, in der Zeit, als ich sie erlebte, ganz anders gesehen hatte. Das ist wahr: Ich habe noch lange nachdem jeder, der die Wahrheit sehen wollte, sie sehen konnte, Scheuklappen getragen, weil sie es mir ermöglichten, an den beiden Dingen festzuhalten, die mein Leben geworden waren: meiner Macht und meinen Gefühlen für Hitler.«

»Aber seit Anfang 1945«, fuhr Speer fort, »ging ich durch fünf, was moderne Psychologen Phasen eines Traumas nennen, und jede einzelne Phase mußte natürlich mein Verhalten während der darauffolgenden beeinflussen.«

Die erste Phase seien die Monate vor Kriegsende gewesen. »Es war eine Zeit der Desillusionierung und der Verzweiflung.« Die zweite und kürzeste Phase, auf die er damals nicht näher eingehen wollte, über die wir aber später lange sprachen, waren die Tage vor und nach Hitlers Tod.

»Dann kam natürlich Nürnberg – Phase drei. Wenn man den Prozeß und sechs Monate vor und neun Monate nach ihm zusammenrechnet, waren es zwei Jahre, während derer ich zwischen Euphorie und Depression schwankte. Zehn Monate vor dem Urteil, als ich ziemlich sicher war, daß man mich zum Tode verurteilen würde, war es seltsamerweise vor allem Euphorie, aber lange Zeit danach, bis in die ersten Monate im Spandauer Gefängnis hinein, eine geisttötende Depression. Nach Spandau wurden wir Ende Juli 1947 überstellt; meine Stimmung änderte sich erst, als Casalis kam – im September.«

Die neunzehn Jahre in Spandau bildeten die vierte Phase. (Die zwanzigjährige Haft begann mit der Urteilsverkündung in Nürnberg am 1. Oktober 1946.) Trotz Zeiten größter Einsamkeit und seines Wahrnehmens des fortschreitenden Alterns war diese Phase, wie Speer sagte, »ein riesiges, gewaltiges Erlebnis«. »Und trotz einer Anzahl schrecklicher Momente, fand ich dort Frieden. Und das spüre ich heute, wenn ich die Zeit im Geist noch einmal durchlebe, genau wie ich es damals spürte.«

Die fünfte Phase war die Zeit nach Spandau. »Dort wegzugehen, war die reinste Freude, doch wieder in der Welt zu leben war – ja, traumatisch. Jetzt erkannte ich, wie einfühlsam sie gewesen waren – Rudi, Hilde, Annemarie Kempf –, die so viel getan hatten, um mich geistig und seelisch zwanzig Jahre lang lebendig zu erhalten. Wieviel sie in ihren Briefen vorsichtig *nicht* gesagt hatten, um mich nicht mit zuviel Wirklichkeit zu konfrontieren – Schattierungen und Varianten von Zweifeln und Verstehen unserer jüngsten Vergangenheit –, mit denen ich in der Isolierung von Spandau einfach nicht zurechtgekommen wäre.«

Dies war die Wirklichkeit – »zwanzig Jahre *Leben*, vor denen sie mich abgeschirmt hatten« –, der er nach Spandau begegnen mußte. »Und angesichts dessen, daß im Gegensatz zu mir jeder, der mein Buch lesen würde, diese zwanzig Jahre vollständig erlebt hatte, was zwangsläufig seine Lektüre und die Reaktion darauf beeinflussen würde, hatte ich das Gefühl, daß ich bei dem, was ich sagte und wie ich es sagte, all diese Abstufungen des Geschichtsverständnisses, die ich nicht kannte, berücksichtigen mußte. Und ich sprach mit Freunden und den Kindern darüber und mit [dem Verleger] Wolf Jobst Siedler und [dem redaktionellen Berater] Joachim Fest: Sehen Sie, ich versuchte, einen Abgrund zu überbrücken, nicht in anderen, sondern in mir selbst.«

Diese abschließende Bemerkung seiner Überlegungen zu den fünf Phasen des Traumas war der Grund für sein Abschweifen. Es ist zweifellos bedeutsam, daß in der Spandauer Erstfassung der Tagebücher kein Wort zu finden ist über die zunehmende Verfolgung der Juden, die berüchtigten Nürnberger Gesetze (das erste stammt vom 15. September 1935) oder die sogenannte Kristallnacht, das von Goebbels organisierte Pogrom vom 9. November 1938. In den *Erinnerungen* dagegen (auf die wir uns natürlich beide häufig bezogen) widmet Speer der Kristallnacht drei Abschnitte, denen eine zwei Seiten lange Darstellung seiner Gefühle über seine Reaktion – oder seine mangelnde Reaktion – auf Hitlers Äußerungen und die Maßnahmen gegen die Juden folgt.

Diese Passage wurde, wie Siedler mir später erzählte, auf seinen und Fests Rat hin eingefügt. »In seinem ursprünglichen Manuskript hatte er nichts über die Kristallnacht«, sagte Siedler. »Ich befragte ihn darüber: ›Es ist vor Ihren Augen passiert, Sie können es doch nicht einfach übersehen haben?‹ Und er antwortete, wie später im Buch, daß ihn vor allem die Unordnung auf den Straßen, die schwelenden Trümmer und zerbrochenen Fensterscheiben beunruhigt hatten. Er behauptete nicht, empört gewesen zu sein.«

Es ist anzunehmen, daß die mangelnde Empörung Speers und zahlloser anderer Deutscher weniger ihrer Gefühllosigkeit oder Grausamkeit zuzuschreiben ist als Goebbels' brillantem Einsatz von neuen Propagandatechniken. Die arglistige Vorbereitung der Bevölkerung zunächst auf die Aktionen gegen »Erbkrankheiten« – Sterilisation und schließlich Euthanasie – und dann auf die immer schärferen Maßnahmen gegen die Juden wurde mit beträchtlichem Geschick betrieben. Nicht mit dem *Angriff* oder Julius Streichers ordinärem antisemitischem Hetzblatt *Der Stürmer* wurde der Boden bereitet, sondern mit den kleinen, tendenziös gefärbten Meldungen in den seriösen Zeitungen, mit langen, gelehrten Artikeln in Fachzeitschriften, mit unterhaltsamen Geschichten in vielgelesenen Illustrierten und schließlich mit Goebbels' wichtigsten Waffen Rundfunk und Film. Dies alles verfehlte seinen Zweck nicht, und das Propagandaministerium erzielte mit seinen psychologisch neuen, ausgefeilten Methoden rasch eine Wirkung, denen die Alliierten nichts Gleichwertiges entgegenzusetzen hatten.

Dennoch schien Speer sich kaum darüber im klaren gewesen zu sein, was vor sich ging, vielleicht weil er für Propaganda nicht empfänglich war. Unter den Hunderten von Deutschen jener Generation, mit denen ich gesprochen habe, behauptete Speer lange Zeit als einziger, die Kristallnacht nicht bemerkt zu haben. In Wahrheit hatte er die offensichtlicheren Folgen natürlich registriert, interessierte sich aber nicht für die Gründe oder wollte ihnen nicht nachgehen. Aber später dann sagte mir Annemarie Kempf, daß auch sie nichts bemerkt habe. »Ich habe einfach nie davon erfahren«, sagte sie. »Ich erinnere mich, daß jemand in einer Botschaft im Ausland erschossen worden war und daß Goebbels Reden hielt und viele Menschen aufgebracht waren. Aber das ist alles.«

Dies wäre vielleicht für jemanden, der irgendwo abgeschieden auf dem Land lebte, plausibel gewesen. Aber für einen jungen, politisch orientierten und arbeitenden Menschen, der in dem politisch aufgeheizten Berlin lebte, schien es unmöglich. Hatte es Juden in ihrem persönlichen Umkreis gegeben, fragte ich sie.

»Als ich klein war, hatten wir einen Arzt, der Jude war. Aber er ging in den Ruhestand, bevor das alles anfing. Er war der einzige Jude, den ich kannte. Ich kann mich nicht erinnern, ob es in den drei Schulen, wo ich im Lauf meiner Kindheit war, jüdische Kinder gab; aber wenn ja, dann war es einfach nicht bekannt.«

Aber wie war's mit all den Geschäften in jüdischem Besitz, von denen man später immer hörte, fragte ich, in einem etwas hilflosen Versuch, sie dazu zu bringen, wenigstens *etwas* zuzugeben. »Ja, das wußte ich«, sagte sie. »Kaufhäuser und all das gehörten meistens Juden.«

Erinnerte sie sich nicht einmal an das, was Speer in seinem Buch über den Novembertag nach der Kristallnacht schrieb? An die zerbrochenen Fensterscheiben auf dem Gehweg? »Nein«, sagte sie.

Wie Professor Hettlage gesagt hatte: »Nichts ist einfach nur schwarz oder weiß.« Ich sage ohne die geringsten Bedenken, daß die Annemarie, die ich kannte, ein Mensch von seltener Qualität war. Aber was »die Juden« anbetrifft, war in ihr wie auch in Speer, zahllosen anderen Deutschen der älteren Generation, aber ebenso in unzähligen anderen verblendeten Menschen in der Welt eine moralische Blindheit. Dieses in Westeuropa beispiellose Pogrom zu ignorieren und dann zu behaupten, nichts davon gewußt zu haben, hängt mit dieser moralischen Blindheit zusammen. Doch sie zeigte sich auch anderswo, in fast grotesken Details, wie zum Beispiel in einem Brief von Annemarie an Wolters vom 27. März 1952 über die Entnazifizierungskommission, die bald in Berlin eingerichtet werden sollte: »Geführt wird sie«, schreibt sie, »von einem Dr. Lippe und einem Dr. Levinson (!!) ...«

In meiner großen Zuneigung für Annemarie hatte ich oft gewünscht, diese Ausrufezeichen wären ungeschrieben geblieben. Auch weiß ich, daß sie traurig und beschämt gewesen wäre, wenn man sie darauf angesprochen hätte.

Aber der innere Antisemitismus, auf den ich in Speers Brief an Hilde gestoßen war (zitiert im III. Kapitel, S. 116), war eben auch in gewissem Maße in Annemarie vorhanden, obwohl sie beide – wie wir später sehen werden – gegen derartige Instinkte in sich und um sich bekämpften wie vielleicht wenige andere.

Willie Schelkes, auch er von Selbstvorwürfen gequält, kam im Verlauf unseres Gesprächs von sich allein auf die Kristallnacht zu sprechen. Er zeigte mir ein schönes Buch, *Das Herz unserer Städte* von Hans Simon. »Er war einer von Speers Leuten«, sagte er, »doch dann ...« Er unterbrach sich. »Na ja, als es passierte [die Kristallnacht], sagte Simon: ›Für solche Leute arbeite ich nicht.‹ Und er kündigte beim GBI.« Schelkes schüttelte den Kopf. »Ich fand das wirklich toll: so eine Chance, eine solche Karriere für seine Prinzipien aufzugeben – das war schon etwas. Seit damals hab' ich oft gedacht, daß ich diese Charakterstärke hätte aufbringen sollen. Und ich hab' mich gefragt, warum ich es nicht tat.«

Er hatte die Kristallnacht nicht miterlebt, weil er diese Nacht in einem Schlafwagen reiste. »Aber ich kam am nächsten Morgen sehr früh in Berlin an, und als der Zug in den Bahnhof einfuhr, sah ich die brennenden Synagogen. Ich fühlte mich ...« Wieder unterbrach er sich. »Ich dachte, da stimmt doch etwas nicht: Das kann doch nicht der richtige Weg sein. Aber –«, resigniert zuckte er mit den Schultern, »das war auch alles. Ich habe nicht wie Simon die Konsequenzen gezogen.« Er lächelte wieder, traurig. »Er war der bessere Mensch.«

Solch ein freimütiges Eingeständnis war sogar noch in den achtziger Jahren sehr selten. Selbst für Schelkes, der nur am Rande in die Politik verwickelt war, hätte es bis kurz vor unseren Treffen in den Jahren 1985 und 1986 noch problematisch sein können und während der sogenannten »Entnazifizierung« nach dem Ende des Dritten Reichs sicher nicht ratsam. Die Schuld von Hitlers Leuten – nicht nur die Speers – wuchs notwendigerweise während der letzten Jahre der Naziherrschaft in dem Maße, in dem ihr bis dahin vielleicht lückenhaftes Wissen über die Greuel zunahm. Selbstschutz trieb sie dazu, nicht nur anderen, sondern oft auch sich selbst gegenüber ihre Unwissenheit zu beteuern. Sowohl vor ihrem eigenen Gewissen wie später vor den Entnazifizierungskammern der Alliierten, die besonders in der ersten Zeit sehr streng sein konnten, schien das Wissen selbst genauso bedrohend wie mögliche Taten.

Jeder Deutsche, der politisch involviert war, vielleicht sogar jeder, der Parteimitglied gewesen war, hatte eine Geschichte parat, die ihn im günstigsten Licht darstellte. Wissen war einem Turm aus Dominosteinen vergleichbar – das kleinste Eingeständnis, und der Turm ihrer Erfindungen stürzte in sich zusammen: Jedes Eingeständnis zog unvermeidbar weitere Fragen nach sich.

Für die Menschen im Nachkriegsdeutschland war diese Handlungsweise eine Existenzfrage. Als die fürchterliche Wahrheit über die »Endlösung« allmählich zutage trat, hatte die empörte Welt fast keine Ahnung über den Entwicklungsprozeß, der ihr vorausging. Als die nach Deutschland vordringenden alliierten Truppen auf Konzentrations- und Arbeitslager stießen, wußte bald das ganze Land von diesen Schreckensorten, die am Rand oder manchmal inmitten von Städten lagen. Die Namen Buchenwald, Mauthausen, Dachau, Ravensbrück, Sachsenhausen, Flossenbürg und Bergen-Belsen, um nur einige zu nennen, gehörten nach wenigen Monaten zum Vokabular des Westens. Die Bilder aus diesen Konzentrationslagern – Gruben voller nackter Leichen und verwirrte, bis aufs Skelett abgemagerte Häftlinge – belasteten alle Gemüter. Die vier *Vernichtungslager,* die die Russen in Polen gefunden hatten, waren im ersten Nachkriegsjahr so gut wie unbekannt.

Trotzdem beherrschte das Leiden der Juden die Berichte in den westlichen Medien und später – wenn auch nicht in Einzelheiten, so doch im Unterbewußtsein – die Nürnberger Prozesse. Soviel man im Westen wußte, waren alle Konzentrationslager Todeslager und die meisten Häftlinge Juden. Als die Anklage in Nürnberg im November 1945 die Zahl von 5 700 000 von den Nazis ermordeter Juden nannte, schob das Schreckensbild der fast sechs Millionen vergasten Juden das Leiden der Millionen anderer Gefangener und Zwangsarbeiter vollkommen in den Hintergrund. Es dominierte die Gedankenwelt aller und wurde bald synonym mit Hitler und seiner Herrschaft. In einem beträchtlichen Maße wurde diese unvollständige Sicht des Dritten Reiches Geschichte und hält sich so bis zum heutigen Tage.

Aber was immer man als einzelner fühlen mag, historisch stimmt diese Deutung nicht. Die Konzentrationslager, so grauenvoll sie auch waren, dienten zunächst der Inhaftierung deutscher Gegner des Naziregimes und waren später für viele Kategorien von Häftlingen aus verschiedenen Ländern und auch für Juden bestimmt. In »Großdeutschland« gab es so gut wie keine Gaskammern, mit Ausnahme derer, in denen deutsche und österreichische Behinderte im Zuge des Euthanasieprogramms ermordet wurden. Während tatsächlich fast sechs Millionen Juden durch die Nazis starben, kam etwa die Hälfte dieser fürchterlichen Zahl nicht in den Gaskammern der vier Todeslager der Aktion Reinhard* oder in Majdanek und Auschwitz im besetzten Polen um, sondern auf andere Weise. Durch Entsetzen, Trauer und andere überwältigende Gefühle wurden die Tatsachen immer mehr getrübt,

---

* Die Aktion Reinhard, befehligt von dem berüchtigten österreichischen SS-General Odilo Globocnik, dessen Hauptquartier sich in Lublin befand, verwaltete vier Lager – Chelmno, Belzec, Sobibor und Treblinka –, die ausschließlich für die Vergasung europäischer Juden bestimmt waren.

bis nur die Ziffer sechs Millionen und der Begriff »Gaskammer« haften blieben – eine Verwirrung, die unglücklicherweise den sogenannten »Revisionisten« in die Hände spielte, die bemüht waren und sind, Hitler für ihre politischen Ziele von diesem ärgsten Verbrechen reinzuwaschen.

Die Bemühungen einiger Historiker, das Bild zu korrigieren, scheiterten fast immer an der enorm starken Wirkung von unzähligen geschriebenen und gefilmten Leidensberichten, die meisten von ihnen, weil die erschütterndsten, von Juden.

Speer war zwar nicht, wie manchmal behauptet wurde, der einzige Angeklagte in Nürnberg, der Schuldgefühle hatte und sich zu ihnen bekannte, doch sein Schuldbekenntnis war, wenn auch viel zu allgemein, insofern bemerkenswert, als er damit als einziger ein Todesurteil riskierte, das für die anderen, die die Schuld auf sich nahmen – Hans Frank, Alfred Rosenberg und Otto Ohlendorf –, von Anfang an unausweichlich war.

Speers Ziel, die Schuld von der deutschen Bevölkerung weg auf die Machthaber zu lenken, war völlig legitim, doch sein Eingeständnis änderte nichts an der Auffassung der Weltöffentlichkeit. Sie gibt bis heute überwiegend allen Deutschen die Schuld an Hitlers Barbarei – einzeln und kollektiv.

Es war Angst, beschuldigt zu werden, die die Bürger der Städte und Dörfer, von deren Fenstern man die Appellplätze der Lager praktisch überblicken konnte, veranlaßte zu schwören, sie hätten nie gewußt, daß dies Konzentrationslager waren. Sie sahen die fast täglich ausgeführten Strafaktionen, Mißhandlungen und Exekutionen; sie begegneten regelmäßig den Lagerinsassen auf ihrem Weg zur Arbeit und konnten sie am Abend auf dem Rückweg sehen, ihre Toten tragend; trotzdem behaupteten die Anwohner, von schlechter Behandlung der Häftlinge nichts gewußt zu haben.

Zumeist waren diesen Menschen die Schrecken in ihrer Mitte gleichgültig gewesen. Manchmal allerdings logen sie nur aus Verzweiflung. Doch die alliierten Soldaten, die mit dem Elend der Lager und der fürchterlichen Aufgabe konfrontiert waren, die Toten zu begraben, und die versuchten, Überlebenden – für die oft jede Hilfe zu spät kam – zu helfen, waren nicht geneigt, an der Schuld irgendeines Deutschen zu zweifeln. Sie und mit ihnen die Medien der ganzen Welt gelangten zu der Überzeugung, daß alle Deutschen logen, daß alle von den Konzentrationslagern gewußt hatten, und – noch mehr als das – sie zogen automatisch den Schluß, daß auch alle von den Verbrechen gewußt haben mußten, über die nun in sämtlichen Zeitungen und Radiosendungen gesprochen wurde, von der Qual und der Ermordung der Juden. Die Weltöffentlichkeit war zutiefst überzeugt, daß alle Deutschen – besonders natürlich der Kreis um Hitler – schuldig waren, wenn nicht aufgrund eigenen Handelns, dann aufgrund ihres Mitwissertums von Anfang an.

Wenige Menschen standen Hitler näher als Speer. Was konnte er also in jenen ersten Jahren gewußt haben und was in den ersten Kriegsjahren? Was hätte er wissen sollen? Und wie hätte er darauf reagieren sollen oder können?

Diese Fragen, die hier zwar auf Speer und die politische und ethische Unmoral Hitlers und seines Regimes zielen, können und dürfen in ihrer Reichweite nicht darauf begrenzt sein. Was Hitler und seine Zeit angeht, so gelten sie für alle Menschen in seiner näheren Umgebung und für viele andere, die, wie wir sehen werden, im Lauf der Zeit von den schrecklichen Tatsachen erfuhren.

Aber persönliche und nationale Unmoral beschränkt sich nicht auf ein Verbrechen, so fürchterlich es auch war, auf einen Ort, eine Ideologie, ein Volk, eine Gruppe oder eine Person. Die Unmoral Hitlers kommt der Stalins gleich; die Unmoral der Folterlager der Nazis in den dreißiger und vierziger Jahren der Südafrikas, das in den sechziger, siebziger und achtziger Jahren Stephen Biko und ungenannte andere in seinen Gefängnissen ermordete, genau wie die Unmoral der immer deutlicher zutage tretenden Schrecken der vergangenen fünfundzwanzig Jahre in verschiedenen südamerikanischen Ländern. Die Unmoral des Massakers von Lidice wiederholte sich bei den Amerikanern in Vietnam; die Ermordung der Juden, wie beispiellos grauenerregend die Methode auch gewesen sein mag, wurde zahlenmäßig sogar noch übertroffen (auch wenn das Denken vor solchen Vergleichen zurückschreckt) durch die Ermordung nichtjüdischer Russen und Polen durch die Nazis. Und all dies wird noch übertroffen durch die selbst heute noch nicht in vollem Umfang bekannte Zahl von Russen, die Stalin und Berija nicht weniger entschlossen ermordeten als die Nazis die Juden. Schließlich wurde, mit demselben Zynismus, den der Westen gegenüber jenen früheren Verbrechen zeigte, nichts unternommen gegen den Völkermord der Nigerianer an den Biafranern, Saddam Husseins (zu dessen Sturz der Westen hätte beitragen können, was er jedoch unterließ) an den Kurden und der Roten Khmer, deren politische Bestrebungen der Westen zu unserer kollektiven Schande bis heute unterstützt, an der kambodschanischen Bildungsschicht.

Ich ziehe diese Vergleiche nicht, um vom Thema abzulenken oder die Verbrechen der Nazis zu verharmlosen. Sie sollen uns vielmehr daran erinnern, daß alles Schreiben, Denken und Urteilen, wenn es überhaupt einen Wert haben soll, immer vergleichend und offen sein und in Zusammenhang mit Zeit, historischen Ereignissen und gesellschaftlichen Entwicklungen erfolgen muß. Werden einzelne Personen behandelt, muß dies im Zusammenhang mit den Gefährdungen und Schwachstellen ihres Lebens erfolgen. Nur die Erkenntnis, daß Menschen und ihre Handlungen nicht isoliert von ihrer Umgebung, die sie trägt, leben oder beurteilt werden können, kann uns vor Fehlurteilen schützen.

Hitlers Pläne, die er 1924 ganz offen in *Mein Kampf* darlegte, hatten die deutsche Herrschaft über Europa zum Ziel.

»Der Alptraum seiner viel weiter gehenden Pläne«, sagte Bormanns Sohn Martin, geboren 1930, »ist vielleicht nicht vergessen, aber sicher in den Hintergrund getreten angesichts des Mordes an den Juden, der natürlich sein schlimmstes Verbrechen war. Doch aufgrund der Konzentration seit fünfzig Jahren auf diese Greuel wissen Millionen vor allem junger Menschen gar nichts mehr von dem, was so leicht hätte geschehen können – von den drohenden Veränderungen im Gesicht Europas, die fast Wirklichkeit geworden wären und unser aller Leben grundlegend verändert und allen Menschen die Unmoral eingebrannt hätten.«

Ob nun zu Recht oder Unrecht, es ist der Völkermord an den Juden, der nicht nur das Denken der Weltöffentlichkeit über die Nazis, sondern auch das Gewissen der meisten Deutschen seit dem Ende des Dritten Reichs beherrscht.

Noch einmal also die Frage: Was hätte Speer – was hätte überhaupt ein Deutscher – in den dreißiger Jahren über das endgültige Schicksal der Juden wissen können? Die Antwort lautet, zumindest für den Beginn der dreißiger Jahre und abgesehen von der Polemik Hitlers und Goebbels', die freilich von wenigen, auch nur wenigen Juden, ernstgenommen wurde: sehr wenig. An den Massenmord wurde noch nicht gedacht, obwohl die Verfolgung der Juden langsam und stetig verschärft und damit das politische Gemeinwesen tödlich infiziert wurde.

Die erste von den Nazis organisierte Aktion, ein eintägiger Boykott aller Geschäfte in jüdischem Besitz, wurde wenige Tage nach Hitlers Machtübernahme beschlossen. Goebbels schreibt in seinem Tagebuch über die Woche vor dem Boykott. Schon bevor die Nazis an die Macht kamen, hatte er mehrere Auszüge aus den Tagebüchern für schnelles Geld an deutsche Zeitungen verkauft und vermutlich auch deren vollständige Publikation geplant. Dennoch sind seine Aufzeichnungen noch nicht so vorsichtig wie später, nach Unterzeichnung des Publikationsvertrags, und er drückt offen seine Überzeugung aus, den Nazis geschehe von den Juden Unrecht, weshalb alle Maßnahmen gegen diese gerechtfertigt seien:

24. März [1933]: Die Greuelpropaganda im Ausland macht uns viel zu schaffen. Die vielen aus Deutschland emigrierten Juden verhetzen das ganze Ausland gegen uns ... Ich schreibe für eine große englische Zeitung einen sehr sachlichen und objektiven Aufsatz gegen die Greuelpropaganda ...

26. März: Mein Aufsatz gegen die Greuelhetze erscheint im »Sunday-Express« und wirkt gut. Er verschafft uns in England einige Erleichterungen. In der Nacht fahre ich nach München und von dort nach Berchtesgaden, wohin der Führer mich gerufen hat. Er hat sich oben

in der Einsamkeit der Berge die ganze Situation reiflich überlegt und ist nun zum Entschluß gekommen. Wir werden gegen die Auslandshetze nur ankommen, wenn wir ihre Urheber oder doch wenigstens Nutznießer, nämlich die in Deutschland lebenden Juden, die bisher unbehelligt blieben, zu packen bekommen. Wir müssen also zu einem groß angelegten Boykott aller jüdischen Geschäfte in Deutschland schreiten. Vielleicht werden sich dann die ausländischen Juden eines Besseren besinnen, wenn es ihren Rassegenossen in Deutschland an den Kragen geht ...

28., 29., 30., 31. März: Der Boykottaufruf wird heute veröffentlicht. Panik unter den Juden! ... Im Kabinett wird die Gleichschaltung beschlossen ... Der Boykott ist in der Organisation fertig. Wir brauchen jetzt nur auf einen Knopf zu drücken, dann läuft er an ... Er wird einen Tag durchgeführt und dann von einer Pause bis Mittwoch abgelöst. Geht die Hetze im Ausland zu Ende, dann wird er abgestoppt, im anderen Falle beginnt dann der Kampf bis aufs Messer ...

1. April: Der Boykott gegen die Weltgreuelhetze ist in Berlin und im ganzen Reich in voller Schärfe entbrannt. Ich fahre, um mich zu orientieren, über die Tauentzienstraße. Alle Judengeschäfte sind geschlossen. Vor den Eingängen stehen S.A.-Posten. Das Publikum hat sich überall solidarisch erklärt. Es herrscht eine musterhafte Disziplin ... Der Boykott ist für Deutschland ein großer moralischer Sieg. Wir haben dem Ausland gezeigt, daß wir die ganze Nation aufrufen können, ohne daß es dabei im mindesten zu turbulenten Ausschreitungen kommt. Der Führer hat wieder das Richtige getroffen.

Natürlich war Goebbels nicht geneigt, den von Hitlers Finanzgenie Hjalmar Schacht (der in Nürnberg freigesprochen wurde) vorgetragenen Einwänden Raum zu geben, daß Angriffe gegen die jüdische Geschäftswelt auf Ablehnung im Ausland stoßen und Deutschland wirtschaftlichen Schaden zufügen würden. Ob es diese Warnungen waren oder der von Goebbels behauptete »Erfolg« des Boykotts, der zu seiner Beendigung führte, bleibt strittig.

Da der Boykott von Presse und Rundfunk angekündigt wurde und Tausende von Läden in ganz Deutschland betraf und das Geschäftsleben ganzer Straßenzüge in vielen Städten zum Erliegen brachte, ist es unwahrscheinlich, daß ein Erwachsener nicht bemerkt haben sollte, was vor sich ging. Allerdings kam es, wie Goebbels vermerkte, nicht zu Gewalttaten, und dies mag durchaus zu der Reaktion geführt haben, die Speer in einem Brief an seine Tochter aus Spandau beschrieben hat. Die frühen Reden und Demonstrationen, so Speer, habe man nicht allzu ernst genommen und die Beschimpfungen als »Geburtswehen« betrachtet.

Es ist nicht ohne Bedeutung, daß diese erste umfassende Aktion gegen die jüdische Gemeinschaft in nur wenigen nach dem Krieg geschriebenen historischen Arbeiten über diese Zeit erwähnt wird. Offenbar fanden viele deutsche und internationale Historiker den Boykott nicht erwähnenswerter als die deutsche Bevölkerung in jener Zeit – darunter die 561 000 jüdischen Bürger Deutschlands. Und tatsächlich hat die Passivität der Bevölkerung die Nazis ermutigt, wenige Tage später die ersten der vielen Verordnungen zu erlassen, durch die Juden von staatlichen Ämtern und Berufen wie dem des Rechtsanwalts oder Arztes ausgeschlossen wurden.

Die Zahl der Emigranten stieg im Laufe der dreißiger Jahre an, besonders nach der Verabschiedung der ersten Nürnberger Gesetze im September 1935, doch die meisten Menschen im In- und Ausland, darunter viele Juden, konnten deren Bedeutung und die dadurch entstehende Gefahr auch dann noch nicht erkennen. Während der folgenden drei Jahre wurden immer restriktivere Verordnungen erlassen, doch wurden die Gesetze und Maßnahmen von den Nazis zunächst vorsichtig umgesetzt. Die Parteiführung war sehr besorgt über mögliche Reaktionen im Ausland und darauf bedacht, keine Mißbilligung in Deutschland selbst hervorzurufen.

Am 25. August 1933 schrieb Goebbels, auf Hitlers Befehl hin werde der für den 2. September in Nürnberg geplante erste Parteitag nach der Machtübernahme vor allem der »Rassenfrage« gelten:

Er will auch ... Rosenberg. Ich warne davor [wegen seines Fanatismus].
1. September 1933: Ich schreibe meine Rede noch mal um. In der Judenfrage abgemildert. Aus außenpolitischen Gründen ...

Die befürchtete Reaktion in Deutschland selbst ließ nicht lange auf sich warten. Immer wieder zeigen Goebbels' Tagebücher, wie viele Künstler – Schauspieler, Komponisten, Autoren und Dirigenten (von denen viele nach dem Krieg als begeisterte Nazis abgetan wurden) – sich in jenen ersten Jahren nach Kräften für ihre jüdischen Kollegen einsetzten. Am 27. Juni 1933 vermerkt Goebbels Schwierigkeiten, auf die er – ausgerechnet – in Bayreuth stößt, der Stadt Richard Wagners und Schauplatz der jährlichen Festspiele, an denen Hitler stets als Gast von Wagners in England geborener Schwiegertochter Winifred teilnahm.

... Besuch von Frau Thede [Identität unbekannt] wegen Bayreuth. Es fehlen 300 000 Mk. Sie sind in der Judenfrage unausstehlich. Aber das ist die ganze Finanzgesellschaft. Wenn Wagner wiederkäme! ...[Wagner war ein erklärter Antisemit.]
7. Juli 1933: Furtwängler wie immer [über] Philharmonisches Orchester und Judenfrage.

Furtwängler kämpfte mehr als zwei Jahre für die jüdischen Mitglieder seines Orchesters und gab schließlich nach. Goebbels notiert Hitlers Zustimmung, Furtwänglers Gesuch um eine Auslandsreise abzulehnen. Und am 2. März 1935 hält Goebbels die offenbar letzte Konfrontation mit Furtwängler fest, die den Dirigenten veranlaßte, seine Proteste einzustellen:

Aussprache Furtwängler: er macht noch Einwände, drückt dann aber sein Bedauern aus und macht das auch öffentlich bekannt ... Diese Künstler sind das merkwürdigste Völkchen auf der Welt. Politisch ohne Schimmer.

Und Monate später, am 11. Dezember 1936, erwähnt Goebbels, Furtwängler »... steht jetzt ganz bei uns ... in der Reihe ...«

Nach dem Krieg wurde der Dirigent in der britischen und amerikanischen Presse scharf angegriffen und gefragt, warum er nicht den Nazis standgehalten oder, wenn dies unmöglich gewesen sei, das Land verlassen habe. Wenige von uns glaubten ihm, als er sagte: »Ich habe es versucht. Sie ließen mich nicht gehen.«

Speer, ein leidenschaftlicher Musikliebhaber, hatte während des Dritten Reichs viele berühmte Musiker zu seinen Freunden gezählt. Ich fragte ihn, warum diese Menschen, wenn sie wirklich keine überzeugten Nazis waren, nicht das Naheliegende taten und das Land verließen, zumal ihnen als Künstlern ohne Sprachschwierigkeiten die Welt offenstand.

Er schüttelte den Kopf. »Ich glaube wirklich nicht, daß man im Ausland verstand, wie es war. Leute wie Furtwängler, Wilhelm Kempff, Richard Strauss und andere galten als ... na ja ... eine Art nationales Eigentum. Wenn sie Mißbilligung oder Zweifel äußerten, redete man auf sie ein; wenn sie nicht zu überzeugen waren, wurden sie verwarnt, daß sie von da an unter Beobachtung standen. Aber was man ihnen unter keinen Umständen erlaubt hätte, war, das Land zu verlassen – eine derartige Schädigung des deutschen Rufes im Ausland hätte man nicht zugelassen.«

In Goebbels' Tagebüchern taucht eine lange Reihe bekannter Künstler auf, die alle versuchten, ihre Freundschaften mit jüdischen Kollegen zu bewahren und sie zu schützen. Am 5. Juli 1935 berichtet Goebbels, die »Stapo« habe einen Brief von Richard Strauss an den ins Ausland emigrierten Stefan Zweig abgefangen:

Der Brief ist dreist und dazu saudumm. Jetzt muß Strauß (sic) auch weg ... Diese Künstler sind doch politisch alle charakterlos. Strauß »mimt den Musikkammerpräsidenten«. Das schreibt er an einen Juden. Pfui Teufel! ...

Zwei Tage später gab Strauss seine Stellung auf und widmete sich von da an dem Komponieren. Im Mai 1936 versuchte die berühmte österreichische Schauspielerin Paula Wessely, einen Freund, den Drehbuchautor Walter

Reisch, gegen die schrittweise verschärften Bestimmungen der Nürnberger Gesetze in Schutz zu nehmen.

11. Mai: Für Paula Wessely ihr Jude Reisch abgelehnt. Muß sich fügen ...[Vier Tage später fuhr Wesselys Mann Attila Hörbiger, ebenfalls ein bekannter Theater- und Filmschauspieler, nach Berlin.]

15. Mai: Attila Hörbiger versucht für seine Frau Paula Wessely den Juden Reisch zu retten. Ich schlage das ab. Wir müssen nun da stark bleiben. Er ist sehr geknickt ...*

Zwischen März 1933 und September 1935 nimmt die »Judenfrage« eine zentrale Stellung in Goebbels' Aufzeichnungen ein, immer wieder mit der (wohl an ihn selbst gerichteten) Mahnung verbunden, »langsam« vorzugehen. Im Juli 1935 gab Hitler die Anweisung, den von Julius Streicher herausgegebenen *Stürmer* drei Monate lang einzustellen. Anlaß waren dessen heftige Angriffe gegen die Schauspielerin Emmy Sonnemann, die Göring zwei Monate zuvor geheiratet hatte. Sie trat bekanntermaßen auch nach ihrer Heirat häufig für jüdische Freunde ein. Goebbels, der sich gern als »Gentleman« sah, hatte wiederholt geschrieben, wie sehr er den groben Stil des *Stürmer* und dessen ständige Aufrufe zur Gewalt bedaure. »Endlich«, lautete sein Kommentar zu Hitlers Anweisung, obwohl er zwei Tage später notierte, der *Stürmer* habe sich bei Sonnemann entschuldigt, woraufhin der Befehl aufgehoben worden sei.

Einige Tage später, am 15. Juli, erhielt Goebbels, auf Urlaub in Heiligendamm an der Ostsee, ein Telegramm aus Berlin, das ihn über »Judendemonstrationen gegen einen antisemitischen Film« informierte. Offensichtlich waren die Berliner Juden durch die Drohungen der Nazis noch nicht mundtot gemacht worden. Hitler war zwei Tage zuvor nach Heiligendamm gekommen. »Nun ist Schluß beim Führer«, schreibt Goebbels. »Es ist auch wirklich haarsträubend. Nun wird es wohl bald schnackeln.« Damit meinte er die Verkündung der Nürnberger Gesetze, an denen auf Befehl Hitlers Beamte des Justizministeriums schon seit Monaten arbeiteten.

Der Nürnberger Parteitag von 1935, zu dem Speer natürlich anreiste, wurde am Mittwoch, dem 11. September, eröffnet. Während der ersten drei Tage und bis spät in den Freitagabend hinein veränderten Hitler, Goebbels, Heß und Wilhelm Frick (ein »alter Parteigenosse«, der Innenminister wurde) immer wieder die Rednerliste. Trotz der vorgeschrittenen Zeit strichen sie einen vorgesehenen Sprecher, weil er »zu delikat« war, und »feilten« bis

---

* Walter Reisch ging nach Hollywood, wo er neben vielen anderen Filmen mit Billy Wilder und Charles Brackett auch das Drehbuch für den Ernst-Lubitsch-Film *Ninotschka* (mit Greta Garbo) schrieb.

zuletzt am Text der Gesetze, die Hitler am Samstagabend verkünden und Göring in einer Rede erklären sollte. »Der große Tag«, begeistert sich Goebbels in seinem Tagebuch: Endlich »schnackelte« es.

Gerald Reitlinger beschreibt in seinem Klassiker *Die Endlösung* die Nürnberger Gesetze als das »teuflischste Gesetzeswerk, das die Geschichte Europas kennt. Aber selbst damals, als wohl zum erstenmal seit den Tagen des Feudalismus das Gesetz bestimmte, daß es zwei verschiedene Kategorien von Menschen gibt, waren sich wahrscheinlich die Juden in Deutschland kaum dessen bewußt, daß in den neuen Gesetzen von der Polizei veranstaltete Pogrome nach dem Muster des zaristischen Rußland vorgesehen waren.«

Die Ahnungslosigkeit, wohin diese Gesetze schließlich führen würden, ging weit über die deutschen Juden hinaus: weder im In- noch Ausland erkannte irgend jemand die Gefahr. Ein Grund dafür war, daß Hitler und Goebbels die Vorbereitungen mit größter Umsicht angingen, so daß sie zum Beispiel absichtlich den, wie Goebbels es ausdrückte, »unerträglich« langwierigen Redner Göring mit der »Begründung« (bei Goebbels in Anführungszeichen) der Verordnungen betrauten. Sie waren davon überzeugt, daß das Publikum diesem besonders langweiligen Redner kaum aufmerksam zuhören würde. Speer bestätigte dies später. »Er wirkte einschläfernd«, sagte er und fügte hinzu, daß ihm »nicht im entferntesten klar war, worüber Göring redete«.

Natürlich, was hier geplant wurde, war noch nicht der Genozid. Wir können nicht wissen, was sich in den entlegenen Winkeln von Hitlers Denken abspielte, und wir wissen nicht einmal genau, wann Reinhard Heydrich, der hauptsächliche Erfinder des Massenmords »am Fließband«, zum erstenmal Himmler seine Vorschläge unterbreitete. Doch nach allem, was man bisher weiß, ist es wahrscheinlich, daß der Judenmord in den Gaskammern erst durchführbar schien, nachdem durch die Vergasung behinderter Deutscher und Österreicher in »Euthanasieanstalten« ein technischer Präzedenzfall geschaffen worden war und dann die Erschießungen im Osten keine wirksamen Proteste in der Öffentlichkeit oder der Wehrmacht ausgelöst hatten.

Der allmähliche Ausschluß der Juden aus dem öffentlichen Leben in Deutschland wurde aber offenbar methodisch betrieben, ebenso die Nürnberger Gesetze absichtlich mit der allgemeinen Ideologie von der »Reinheit der Rasse« verknüpft. Die Kampagne der Nazis, Deutschland von genetischen und rassischen Makeln zu »säubern«, hatte schon vor der Verkündung der Nürnberger Gesetze begonnen und betraf ursprünglich nicht die Juden. Am 14. Juli 1933, nur wenige Monate nach der Machtübernahme, wurde das »Gesetz zur Verhütung erbkranken Nachwuchses« erlassen. Die darin vorgesehenen Sterilisierungsmaßnahmen sollten ab dem 1. Januar 1934 umgesetzt werden. Von da an wurde in rascher Folge eine ganze Reihe von Gesetzen »zum Schutz des deutschen Blutes und der deutschen Ehre« verabschiedet, die auf der einen Seite die als erbkrank betrachteten Deutschen, auf der anderen Seite die Juden bedrohten.

Mit dem ersten Nürnberger Gesetz, das Göring im September 1935 verkündete und das noch so allgemein formuliert war, daß es nicht besonders gegen die Juden gerichtet schien, wurde ein neues Staatsbürgerrecht eingeführt, das die Bevölkerung in zwei Kategorien einteilte: die Reichsbürger, die »reiner« deutscher Abstammung sein mußten, und die »unreinen« Staatsangehörigen, die dem Staat untertan, aber kein Bürger waren. In einem zweiten Schritt wurde mit dem »Gesetz zum Schutz des deutschen Blutes und der deutschen Ehre« die Verbindung mit der allgemeinen Ideologie der »Reinheit der Rasse« hergestellt und den beiden Bevölkerungsgruppen verboten, ehelichen oder außerehelichen Verkehr miteinander zu haben.

Dem folgte rasch eine weitere Maßnahme, das »Gesetz zum Schutz der Erbgesundheit des deutschen Volkes« vom 18. Oktober 1935, das die Abtreibung eines Kindes gebot, falls ein Elternteil an einer Erbkrankheit litt. Während der folgenden drei Jahre wurden schrittweise weitere Klauseln eingeführt (die nun abseits der großen Öffentlichkeit lediglich im Reichsgesetzblatt veröffentlicht wurden). Die Juden mußten ihre Vermögensverhältnisse offenlegen; ihre Zulassungen als Ärzte oder Rechtsanwälte wurden aufgehoben, jüdische Ärzte durften nur noch jüdische Patienten behandeln; die Juden wurden von deutschen Schulen und höheren Bildungseinrichtungen ausgeschlossen; Juden durften keine Fabriken, Verlage, Unterhaltungsbetriebe und größere Geschäfte mehr besitzen (all diese Unternehmen wurden gegen eine geringe symbolische Zahlung von »Treuhändern« übernommen; die übriggebliebenen kleinen Läden durften eine Zeitlang nur an Juden verkaufen). Jüdische Musiker mußten ihre Orchester verlassen, Schauspieler ihre Theater, Tänzer ihre Ballette, Sänger ihre Opernhäuser: Jüdische Künstler durften nur vor Juden auftreten, und nichts, was ein Jude schrieb, zeichnete oder malte, konnte veröffentlicht oder ausgestellt werden.

Vom 5. Oktober 1936 an mußten alle jüdischen Pässe mit dem Buchstaben »J« gestempelt werden. Traurigerweise war dies eine gemeinsame Idee der Schweden, bestrebt, die drohende Gefahr einer Invasion jüdischer Flüchtlinge zu verhindern, und eines Schweizers, Heinrich Rothmund, des Chefs der Bundespolizei, der die Schweizer Touristenindustrie schützen wollte, die unter der Wiedereinführung der Visapflicht für Deutsche leiden würde, und deshalb diese simple Maßnahme aussheckte, um jüdische Emigranten an der Schweizer Grenze abweisen zu können.

Vom 1. Januar 1939 an mußten jüdische Männer ihrer Unterschrift den Namen »Israel« hinzufügen (die Frauen »Sara«), falls ihre Vornamen nicht schon erkennbar hebräisch waren. Schließlich wurde den Juden verboten, Theater oder Kinos zu besuchen, und bei Kriegsbeginn wurde eine Ausgangssperre ab acht Uhr abends über sie verhängt, mit der Begründung, »daß es häufiger vorgekommen sei, daß Juden die Verdunkelung benutzt hätten, um arische Frauen zu belästigen«.

Wieviel von all dem hätten Speer und mit ihm natürlich viele andere wissen müssen?

Weil bei der Veröffentlichung und Durchsetzung all dieser Maßnahmen und Aktionen (mit Ausnahme der Kristallnacht) weiterhin Aufsehen vermieden wurde, lautet die Antwort wahrscheinlich, daß sie es hätten wissen *können,* nicht aber unbedingt müssen, sofern keine praktische Notwendigkeit oder eine geistige oder intellektuelle Entschlossenheit vorhanden war, sich mit dem Thema zu beschäftigen, anstatt es wohlweislich zu ignorieren.

Wie bereits erwähnt, erzählte mir Marion Riesser, die den größten Teil der Briefe Speers aus Spandau entziffert und übertragen hatte, daß ihr Vater, ein angesehener jüdischer Professor für Pharmakologie und Physiologie an der Universität Breslau, beim Machtantritt der Nazis in den Ruhestand versetzt wurde. Dennoch gelang es ihm, eine Anstellung an einer anderen, wenn auch weniger berühmten Institution zu finden, bis er 1939 schließlich nach Holland floh. Auch in anderen Fällen setzten sich Arbeitgeber mutig über das Gesetz hinweg.

Gleichermaßen bedeutsam war, daß Juden wie zum Beispiel Raphael Geis trotz ihrer starken Zugehörigkeit zur jüdischen Gemeinschaft und ihres Engagements in den frühen dreißiger Jahren für den Zionismus zögerten, ihr geliebtes Deutschland zu verlassen.

Am 25. November 1934 schrieb Geis (mit achtundzwanzig Jahren fast gleich alt wie Speer) aus Mannheim, wo er als stellvertretender Rabbiner eingesetzt worden war, an seinen Professor Ismar Elbogen, einen bedeutenden Theologiehistoriker, der bis 1938 weiter in Berlin arbeitete. Drei Wochen zuvor hatte Geis ihm glücklich mitgeteilt, man werde ihm wahrscheinlich eine Stelle in einem Kibbuz in Palästina anbieten. Aber in seinem zweiten Brief – das Angebot war noch nicht angekommen – galt seine Sorge nicht der Gefährdung der Juden durch die Nazis, sondern den Konflikten zwischen Juden verschiedener Glaubensrichtungen innerhalb der Mannheimer Gemeinde. Er fürchtete, es werde zu einem »erbitterten Kampf zwischen Liberalen und ... Zionisten – Mittelpartei – Orthodoxie« kommen.

Gegen Ende 1936, über ein Jahr nach den ersten Nürnberger Gesetzen, riet Elbogen Geis in einem Brief aus Berlin von der Emigration nach Palästina ab. »Hier braucht man Sie«, schrieb er. »Während ... hier die stärkste Nachfrage nach Rabbinern besteht, sind sie in Palästina überflüssig ... Sie versäumen wahrscheinlich nicht viel, wenn Sie nicht jetzt nach Erez Israel wandern, geben aber recht viel auf, wenn Sie es tun, und das ist neben den Tränen der Mutter zu beachten.«

Am 15. Juni 1937 wurde Geis Rabbiner für Hessen, Niederhessen und die jüdische Gemeinde in Kassel. 1938 bot man ihm die Möglichkeit (und ein

Visum), in die Vereinigten Staaten auszuwandern, aber er lehnte zugunsten von Kassel ab, wo eine der ältesten und angesehensten jüdischen Gemeinden in Deutschland ansässig war. Dort wurde er am 10. November, am Morgen nach der Kristallnacht, wie Tausende anderer Juden in ganz Deutschland verhaftet und in das Konzentrationslager Buchenwald verschleppt. Obwohl seine Lagerhaft verhältnismäßig kurz dauerte, hinterließ sie unauslöschliche Narben. Geis sprach kaum darüber, außer vierzig Jahre später mit Speer. Er wurde nach vier Wochen freigelassen, weil er ein Visum für Palästina nachweisen konnte, und verließ Deutschland schließlich im Februar 1939, um im Jahr 1952, sobald es ihm möglich war, zurückzukehren.

Welche Erklärungen auch immer zahllose Deutsche, darunter Personen aus Hitlers Umgebung, zu ihrer Reaktion auf dieses erste Pogrom abgegeben haben, handelte es sich hier klar um einen Wendepunkt. Nicht weil irgend jemand wußte oder wissen konnte, daß die Nazis drei Jahre später mit der systematischen Ausrottung des europäischen Judentums beginnen würden, sondern weil das Pogrom – im Gegensatz zum eintägigen Boykott im März 1933 und den vorsichtigen juristischen Schritten der Nürnberger Gesetze – Gewalt von seiten des Staates als geradezu normal und, wie wir aus den Reaktionen ersehen können, annehmbar erscheinen ließ. In deutlichem Gegensatz hierzu steht die Reaktion Speers im Jahr 1932, als er beobachtete, wie die Polizei unschuldige Menschen verprügelte.

Die Notwendigkeit einer entsprechenden Indoktrination wurde sehr früh gesehen, wie aus Goebbels' Tagebüchern deutlich hervorgeht. Die Verwirklichung dieses Ziels mit bis dahin noch nie eingesetzten Konditionierungstechniken bereitete den Boden für noch unbestimmte weitere Maßnahmen und ging weit über die Verschärfung des Antisemitismus hinaus, die Gewalt gegen Juden als gerechtfertigt erscheinen ließ. Damit gelang die totale Persönlichkeitsveränderung eines weitgehend an der christlichen Moral orientierten und kulturell hochentwickelten Volkes, welche ihrerseits jene umfassende Gewaltanwendung ermöglichte, die Hitler seit je angestrebt hatte und nun entfesselte.

Nichts davon geschah ohne das Wissen und, in bestürzendem Maße, die aktive Mitwirkung der westlichen Welt. Der Exodus der Juden, von den Nazis ursprünglich als Lösung angesehen, nahm ab, als immer mehr Länder – allen voran die Vereinigten Staaten und die Schweiz – ihre Grenzen schlossen. Als der Krieg im Osten weitere Millionen von Juden in die Hände der Deutschen brachte, zusammen mit enormen Gebieten, in denen dunkle Unternehmen in Ruhe durchgeführt werden konnten, ließ die Entscheidung nicht mehr lange auf sich warten. Sie war ohne Zweifel schon getroffen worden, als Deutschland im Mai 1941 jede weitere Emigration aus dem besetzten Frankreich und Belgien verbot; die Juden sollten dort gehalten werden, wo man Zugriff auf sie hatte, denn die Absicht war nun nicht mehr, sie aus Deutschland zu vertreiben, sondern das europäische Judentum auszulöschen.

Vor dem Hintergrund der Verbesserungen, die das Regime im Hinblick auf die Arbeitslosigkeit und die Währungsstabilität erreicht hatte, einer starken Welle des Optimismus bei der jungen Bevölkerung und außenpolitischer Erfolge im Rheinland und in Österreich konnte Hitler – ohne daß anständige Deutsche protestiert oder Großbritannien, Frankreich und die Vereinigten Staaten energisch widersprochen hätten – weitere Schritte unternehmen: Er annektierte mittels Erpressung die souveräne Republik Tschechoslowakei, erklärte Polen den Krieg unter einem Vorwand, den selbst ein Kind durchschauen konnte, und ließ Tausende von behinderten Deutschen und Österreichern aller Altersstufen ermorden. Das neue Großreich wurde mit einem Netz von Hunderten von Konzentrations- und Arbeitslagern überzogen, in denen, zumeist vor den Augen einer blind gewordenen Bevölkerung, Tausende »ungehorsamer« Deutscher – Kommunisten, gläubige Christen, Juden, Sozialdemokraten – in die Unterwerfung des perfekten Polizeistaats gepeitscht und in die später Millionen von Zwangsarbeitern für Hitlers – und Speers – Kriegsmaschinerie verschleppt wurden.

In einem Land, in dem Unmoral und Gewalt legitim geworden waren, regiert von einem vom Haß auf das Judentum besessenen Führer, in einer Welt, wo die europäischen Juden in keinem anderen Land willkommen, daher Hitler völlig ausgeliefert waren, wurde grauenhafterweise die offensichtliche Lösung ihre physische Vernichtung – die »Endlösung«.

VIII

Die Entfesselung des Mordens

Nürnberg, 23. Juli 1946

DR. FLÄCHSNER [Schlußplädoyer der Verteidigung]: Die persönliche Vernehmung des Angeklagten und das Kreuzverhör über seine Tätigkeit in der Partei haben ergeben, daß Speer auf Grund seiner Stellung als Architekt auch im Parteiapparat lediglich architektonisch-künstlerische Funktionen ausgeübt hat. Speer war Beauftragter für das Bauen im Stabe Heß; es handelte sich dabei um eine rein technische Aufgabe, die mit irgendeiner Kriegsvorbereitung nicht das Geringste zu tun hatte.

Ein großer Teil der Welt bewunderte zwischen 1933 und 1937 Hitlers bahnbrechende Ideen. In den ersten vier Jahren seiner Kanzlerschaft baute er die sozialen Sicherungssysteme für Krankheit und Alter aus, die von Bismarck eingeführt und später von der Weimarer Republik übernommen worden waren. Hinzu kamen staatliche Großprojekte wie der Autobahnbau, Neuerungen wie verkehrsfreie Innenstädte mit strengen Umweltauflagen und der Ausbau von Parks und Grünanlagen. Wichtig vor allem war, wie Joachim Fest in seiner Hitler-Biographie schreibt, daß er den Deutschen »das Gefühl wiederhergestellter sozialer Sicherheit nach traumatischen Jahren der Angst und Depression« vermittelte. Und John Toland schrieb in seinem Buch *Adolf Hitler:* »Wenn Hitler 1937 ... gestorben wäre, dann wäre er ... als einer der größten Deutschen in die Geschichte eingegangen.« Heute würden die meisten Menschen diese Zeit am liebsten vergessen. Die in Frankreich lebende amerikanische Schriftstellerin Gertrude Stein war damals der Meinung, Hitler solle den Friedensnobelpreis bekommen, George Bernard Shaw verteidigte ihn leidenschaftlich, und der schwedische Forschungsreisende Sven Hedin pries Hitlers »unermüdliche Leidenschaft für Gerechtigkeit, die Größe seiner politischen Vision, seine untrügliche Voraussicht und aufrichtige Sorge um das Wohlergehen seiner Mitbürger«. Auch Briten wie Lord Halifax (in seinen Berichten an das Foreign Office) und David Lloyd George verliehen Hitler ihr Gütesiegel. »Hitler ist ein geborener Menschenführer, eine dynamische Persönlichkeit festen Willens und kühnen Herzens, dem die Alten vertrauen und den die Jungen als Vorbild verehren«, schrieb Lloyd George 1936 nach den Olympischen Spielen von Berlin im *Daily Express.* Er hatte Hitler auf dem Berghof besucht und als dessen Gast einer Parteiveranstaltung beigewohnt. »Heil Hitler«, neckte ihn seine Tochter bei seiner Rückkehr nach England. »Jawohl, Heil Hitler«, antwortete er, »das sage ich auch, denn er ist wirklich ein großer Mann!«

Zur selben Zeit bauten Politiker wie Oswald Mosley in Großbritannien, Charles Maurras in Frankreich, Leon Degrelle in Belgien und Tschiang Kaischek in China Organisationen nach dem Vorbild der Hitler-Jugend auf (die ihrerseits Elemente von den romantisch-christlichen Wandervögeln und den sowjetischen Komsomolzen übernommen hatte), während Amerikaner der politischen Rechten wie Charles Lindbergh offen mit dem rassistischen, rüpelhaften German-American Bund sympathisierten.

Dr. Theodor Hupfauer war einer der in der Öffentlichkeit unbekannten leidenschaftlichen Nationalsozialisten jener ersten Jahre, als die Nazis um die Macht kämpften und sie schließlich gewannen. Im Laufe der Zeit wurde er zu einem der wichtigsten Männer in Partei und Verwaltung und war im letzten Kriegsjahr Speer als dessen rechte Hand im Ministerium bis zum Ende und darüber hinaus bis zu Speers Tod treu ergeben.

In den Jahren 1985 und 1986 verbrachte ich viele Tage mit Hupfauer und seiner Frau. Sie waren beide in den Achtzigern und lebten in der Münchner Innenstadt, in einer Wohnung voll mit Büchern. Hupfauer hatte nichts von seinem scharfen Verstand verloren, der ihm ermöglicht hatte, seinen beeindruckenden Erfolg unter Hitler kurz nach der Niederlage in anderen Bereichen wieder aufzubauen. In vieler Hinsicht war er der Archetyp des modernen Industriemanagers. Seine Frau war dem Anschein nach zwar eine klassisch treu ergebene deutsche Gattin, hatte aber, wie sich herausstellte, unter dem Hitler-Regime auch andere, nicht ganz so harmlose Funktionen ausgeübt.

Die Hupfauers waren etwas Neues für mich: Beide redeten wie ein Wasserfall und konnten, besonders dank seiner Intelligenz, viel zu meinem Wissen beitragen, hatten aber – was schnell klar wurde – viel zu verbergen. Trotzdem war es erfrischend, auf Leute zu treffen, die aus ihrer ursprünglichen Begeisterung keinen Hehl machten. »Ich war ein überzeugter Nationalsozialist«, bestätigte Hupfauer. »Ich will mit all diesen Leuten nichts gemein haben, die heute behaupten, sie hätten nichts damit zu tun gehabt, nein, wären sogar Widerständler gewesen. Ich frag' mich manchmal wirklich, wer Hitler eigentlich gewählt hat und die ganzen Kämpfe für ihn gekämpft und gewonnen hat. Heute scheint's, als ob's im ganzen Deutschland nur Antinazis gegeben hätte. Widerlich.«

»1931 gab es achtundzwanzig Parteien im Reichstag«, erklärte er in professoralem Ton, »kein Kanzler hätte eine Mehrheit bekommen. 1928 hatte die SPD 154 Sitze, 1932, bei sieben Millionen Arbeitslosen, gingen 200 Sitze an die Nazis. Diese Zahl von sieben Millionen, das dürfen Sie nicht vergessen, muß vorsichtig geschätzt verdreifacht werden, wenn man die Familienangehörigen mitrechnet. Dann waren also um die zwanzig Millionen Menschen in Not, die ohne Arbeitslosenversicherung mit nur einem Minimum an sozialer Unterstützung auskommen mußten. Während der vorangegangenen Katastrophe, der Inflation, kostete ein Laib Brot eine Million Mark, und Millionen von Menschen wußten gar nicht mehr, wie Butter und Fleisch aussahen. Damals fingen sie an, all die zu hassen, die Geld hatten – wirklich zu hassen –, und dies verschärfte den ohnehin schon bestehenden Klassenhaß. Hitlers Versprechen eines fürsorglichen, aber disziplinierten Sozialismus stieß auf sehr empfängliche Ohren.« (Die Arbeitslosenversicherung, die nach dem Ersten Weltkrieg in der Weimarer Republik eingeführt worden war, wurde durch die Wirtschaftskrise in den Jahren 1929 bis 1932 praktisch hinweggefegt.)

»Ich erinnere mich an all das sehr gut«, fuhr er fort, »besonders weil ich 1927/28 in der Schweiz studierte und daher jedesmal, wenn ich nach Hause fuhr, mit den erschütternden Gegensätzen konfrontiert wurde.«

Hupfauer wollte ursprünglich Sportjournalist werden, doch ein Onkel, der nach zwanzig Jahren in den Vereinigten Staaten nach München zurückgekehrt und ein bekannter Rechtsanwalt geworden war, lockte ihn mit einer späteren Partnerschaft. Also willigte er ein, Jura zu studieren. »Ich war von Politik fasziniert«, sagte Hupfauer, »ein Interesse, das mein Onkel nicht billigte. Trotzdem verbrachte ich viel Zeit damit, die Sitzungen des Völkerbunds in Genf zu besuchen und Leuten wie Stresemann und Briand zuzuhören.«

Im Jahr 1933, mit siebenundzwanzig Jahren und einem guten Examen in der Tasche, plante er, zwei Jahre in den Vereinigten Staaten zu verbringen, um sein Englisch zu verbessern und Erfahrungen mit der amerikanischen Rechtsprechung zu machen. »Doch als dann die Nazis an die Macht kamen, in einem Land voller Probleme mit den Gewerkschaften, aber ohne wirksame Organisation der Arbeiterschaft, und als erstes die Gewerkschaften auflösten und die Deutsche Arbeitsfront gründeten, überredeten mich Freunde, in Deutschland zu bleiben. Die Partei wollte das ganze Konzept der innerbetrieblichen Beziehungen verändern, nach den Prinzipien der Mitbestimmung und der gemeinsamen Verantwortung von Unternehmensführung und Belegschaft. Ich wußte, daß es utopisch war, aber ich glaubte mit ganzem Herzen daran.«

(Am 2. Mai 1933 wurden die Gewerkschaften aufgelöst, obwohl sie – eingeschüchtert – ihre Mitglieder dazu aufgefordert hatten, an Hitlers Siegesfeiern zum 1. Mai teilzunehmen. Ihre Gebäude wurden von der SA und SS besetzt, die Gewerkschaftsführer verhaftet und in Konzentrationslager verbracht.)

Im Herbst 1933 wurde Hupfauer Mitarbeiter im zentralen Büro der von Robert Ley, einem frühen Kampfgenossen Hitlers, geführten Deutschen Arbeitsfront, und ihm wurde für deren innovativste Einrichtung die Verantwortung übertragen, dem Amt für Soziale Selbstverantwortung.

»Und wissen Sie«, sagte er, »daraus wurde der vielleicht bedeutendste Erfolg des Dritten Reichs, denn die hier bewirkten Umgestaltungen haben bis heute gehalten. Es ist ihnen tatsächlich gelungen, den Unternehmensführungen und Belegschaften das Bewußtsein gemeinsamer Ziele zu vermitteln. Und, was für dieses Land, in dem die Arbeiterschaft jahrhundertelang vom Klassenkampf geplagt wurde, äußerst wichtig ist, es hat zur Abschaffung des Klassen- oder Kastensystems in der Wirtschaft geführt, was für das Funktionieren eines Landes viel wichtiger ist als die Klassenunterschiede im gesellschaftlichen Leben. Die wirklich entscheidende Veränderung war, daß der Klassenkampf in der Industrie durch Solidarität ersetzt wurde.«

Dies sei durch die Schaffung einer kleinen Zahl von Modellen erreicht worden. »Heute würde man sie Testgruppen nennen«, sagte er, »in denen auf empirischem Wege die besten Arbeits- und Lebensbedingungen in bestimmten, dazu ausgewählten Betrieben erforscht wurden. Wenn nach einigen Monaten oder sogar Jahren ein funktionierender Mechanismus gefunden war, gingen die Vorschläge an das Arbeitsministerium mit der Empfehlung, sie per Gesetz in der gesamten Industrie umzusetzen. Mit der Umsetzung gab es einige Probleme, weil nicht alle Organisationen dieses utopische Niveau erreichen konnten, aber wenigstens gab es das Bestreben, darauf hinzuarbeiten, und die funktionierenden Modelle bewiesen, daß das neue Konzept nicht nur zum sozialen Frieden in den Betrieben und zum wirtschaftlichem Erfolg führte, sondern vor allem dazu beitrug, die Menschen zufriedenzustellen.«

Ab dem Jahr 1935 richtete Hupfauer 4000 Ausschüsse mit je zehn Mitgliedern ein, die jeweils durch einzelne Betriebe ausgewählt wurden. Fünf Mitglieder vertraten das Management, die anderen fünf die Belegschaft. (Die Organisation »Schönheit der Arbeit«, deren Verwaltung im Land Baden Speer 1935 Willie Schelkes anbot, war ein weiterer Baustein dieses Unternehmens.)

»Diese Ausschüsse machten die Arbeit«, sagte Hupfauer. »Wenn Probleme entstanden, war es ihre Aufgabe zu verhandeln, bis eine Lösung gefunden war. Dies verlangte beiden Seiten immer gewisse Kompromisse ab, doch weil sie zusammentagten und nicht, wie unter dem Gewerkschaftssystem, separat, blieb ihnen am Ende gar nichts anderes übrig, als sich zu einigen. Die Regel war, daß man schlicht und einfach zusammensaß, bis man Übereinstimmung erzielte. Das schuf ein gemeinsames Interesse und gemeinsame Verantwortung.

Es stimmt, daß wir ihnen in einem gewissen Maße auch Entscheidungen auferlegten. Denn wenn man in Fragen, die nachweislich im gemeinsamen Interesse aller Betriebe lagen, zu bestimmten Entscheidungen kam, empfahlen wir dem Minister, sie per Gesetz rechtlich zu verankern. Doch kamen diese Entscheidungen in den Verhandlungen von Belegschaft und Management frei zustande.«

(Wie schon in der Einleitung erwähnt, zitiere ich genau, was Hupfauer während unserer vielen Gespräche sagte. Natürlich widersprach er sich oft, und ich hatte viele Vorbehalte gegenüber seinen Äußerungen, doch einiges, was er zugunsten des Naziregimes sagte, war nicht unrichtig: So wurden etwa Klassenunterschiede zwischen Arbeitern und Unternehmensführung, Beamten und selbständigen Berufsgruppen verringert und dadurch zumindest ein gewisses Maß an gemeinschaftlichem Interesse und Verantwortlichkeit geschaffen. Nichtsdestoweniger gibt Hupfauer zu, daß die von Unternehmensführung und Arbeiterschaft getroffenen Entscheidungen nicht in freier Entscheidung zustande kamen, sondern in *politisch überwachten* Verhandlungen, die fortgesetzt werden mußten, bis man ein Übereinkommen erreichte: Es ist unrealistisch, zu glauben, daß die politischen »Überwacher« ein »Übereinkommen« akzeptiert hätten, das ihren Ideen nicht entsprach.)

Gemäß der allgemeinen Regelungen für die Wirtschaft, so Hupfauer, waren sämtliche Löhne und Gehälter, auch die des Managements, festgelegt. »Doch wie Sie heute sehr deutlich sehen können, bewegt man die Menschen nicht nur, nicht einmal vor allem, indem man ihnen immer mehr Geld anbietet. Das führt nur dazu, daß eine endlose Spirale von Preiserhöhungen in Gang gesetzt wird. Man muß es ihnen vielmehr ermöglichen, froh zu leben, was immer ihr Einkommen ist.« Die Anerkennung dieses Bedürfnisses – das heute (1985) so bedeutsam und dringend sei wie vor fünfzig Jahren, sagte er – habe zum Volkswagen, billigen Ferien und Hotels und vor allem zu billigen und guten Häusern und Mietwohnungen geführt.

»Es war eine unglaublich schöpferische und aufregende Zeit«, fuhr er fort. »Leute meines Alters erhielten beispiellose Möglichkeiten, und wir hatten das Gefühl, daß es nichts gab, was wir nicht erreichen könnten.«

Wir müssen diese allgemeine Stimmung im Auge behalten, wenn wir im Rückblick die Motive und Reaktionen eines Menschen wie des 31jährigen Albert Speer hinterfragen. Was die Bewunderer im Ausland genausowenig wie die Menschen in Deutschland wußten oder wissen wollten, waren Hitlers wirkliche Pläne für Deutschland und Europa, Pläne, die er für all jene, die sich die Mühe gemacht hatten, ihn zu lesen, schon 1924 recht deutlich in *Mein Kampf* umrissen hatte und deren Umsetzung er 1937, nach der brutalen Ausschaltung der innerparteilichen Opposition, in Angriff nahm.

Im Jahr 1936, meinem letzten Schuljahr an einem englischen Internat in Sandwich in Kent – ich war dreizehn und hatte, aus Wien kommend, zwei Jahre dort verbracht –, gab Lee Hindley, meine Lieblingslehrerin, mir *Mein Kampf* zu lesen. »Jeder, der aus deiner Ecke Europas kommt, muß das lesen«, sagte sie. Obwohl es zähe Lektüre war, las ich das Buch und konnte von da an nicht mehr verstehen, wie irgend jemand an Hitlers Plänen, inklusive dem Anschluß Österreichs und der Ausschaltung der Juden aus dem öffentlichen Leben, wenn auch natürlich nicht ihrer physischen Vernichtung, noch Zweifel haben konnte. »Wenn irgend jemand geglaubt hätte, daß er dies [die Vernichtung der Juden] vorhatte, wäre er nicht gewählt worden«, schrieb Speer seiner Tochter aus Spandau. Er hatte vermutlich insofern recht, als die meisten Deutschen, wie antisemitisch sie auch immer gewesen sein mochten, den leisesten Gedanken an blanken Mord entsetzt von sich gewiesen hätten.

In Deutschland herrschte nicht nur nach, sondern auch schon während der Hitlerzeit eine eigentümliche Herablassung bezüglich des literarischen Wertes von *Mein Kampf,* das in Millionen Exemplaren verkauft wurde, jedoch laut Aussage der meisten von mir Befragten ungelesen im Bücherregal stand. (»Unsinn«, meinten dagegen Willie Schelkes und seine Frau. »Alle hatten es gelesen, alle lasen es. Sie wollen es nur nicht zugeben. Komisch, ausgerechnet hier die Grenze zu ziehen, nicht wahr?«)

»Wahrscheinlich haben wir es durchgeblättert«, hatte Speer auf meine Frage geantwortet, und Margret hatte zustimmend genickt. »In Nürnberg geriet ich allerdings in Schwierigkeiten, da ich bei den Befragungen vor Prozeßbeginn zunächst angegeben hatte, ich hätte es gelesen, und dann bei der Befragung durch den russischen Ankläger zugeben mußte, daß dies nicht stimmte. Es ist absurd, aber es war mir peinlich – ich weiß nicht, warum –, weil ich das Buch nicht gelesen hatte oder wegen dem, was drinstand. Die Wahrheit ist, daß Hitler meinte, ich brauche es nicht zu lesen, weil es durch die Ereignisse überholt sei.«

Das klingt wichtig, denn seltsamerweise erzählte mir Martin Bormanns Sohn zehn Jahre später, sein Vater habe ihm während des Krieges genau dasselbe gesagt. Doch sowohl Hitler als auch Bormann hatten unrecht. *Mein Kampf* brachte bei allem Mangel an literarischer Qualität unzweideutig zum Ausdruck, daß Hitlers Pläne für Deutschland nur durch Kriege zu verwirklichen waren.

Wenn man sich vor Augen hält, daß zumindest einige Deutsche sich sehr bald gegen Hitlers Kriegspläne wandten (1937 zählten dazu Feldmarschall Werner von Blomberg und General Werner von Fritsch, Außenminister Konstantin Freiherr von Neurath und bis zu einem gewissen Punkt sogar Göring), muß man sich fragen, wie es möglich war, daß nicht nur die Mehrheit der Deutschen, sondern auch der Kreis um Hitler entweder ahnungslos oder moralisch gleichgültig gegenüber seinem wirklichen Programm blieb: zunächst die Überfälle auf souveräne Länder, dann die Angriffskriege und Unterwerfung ganzer Bevölkerungen und schließlich, vollkommen unabhängig von Handlungen oder Notwendigkeiten des Krieges, die systematische Ermordung von Millionen Menschen?

Schon im Oktober 1936 hatte Hitler Mussolinis Schwiegersohn Graf Ciano mitgeteilt, Deutschland werde 1939 zum Krieg bereit sein. Zwei Monate später erklärte Göring, der inzwischen für den Vierjahresplan verantwortlich war, bei einer Konferenz von Vertretern des Luftfahrtministeriums, Industriellen und hohen Beamten in Berlin, daß mit Beginn des neuen Jahres die Flugzeugproduktion gesteigert werde, als ob die Mobilmachung schon befohlen worden sei.

Im Sommer 1939, nachdem Hitler seinem Volk und den westlichen Regierungen fortlaufend seinen festen Friedenswillen versichert hatte, annektierte er Österreich (am 13. März 1938), das Sudetenland (am 1. Oktober 1938) und die Tschechoslowakei (am 15. März 1939). Trotz verzweifelter Hilferufe aus Wien und Prag – und eines Herzanfalls des tschechischen Präsidenten Emil Hácha, als er die Bedingungen Hitlers erfuhr – taten die westlichen Demokratien nichts, außer milde Proteste einzulegen.

Wenn über die Vorbereitung dieser und künftiger, noch schlimmerer Verbrechen wie der »Euthanasie« und dem Judenmord wenig oder nichts in Hitlers intimem Kreis bekannt wurde, war es – so sagten mir Speer und andere von Hitlers Vertrauten –, weil es Hitler gelang, die Menschen, die in seinem Dienst standen, auf einen Kult der Geheimhaltung zu verpflichten. Formell wurde dieser mit dem »Grundsätzlichen Befehl Nr. 1« vom 11. Januar 1940 eingeführt, demzufolge kein Mitglied der Regierung und keine militärische Dienststelle über geheime Angelegenheiten in mehr als für die Erfüllung ihrer Pflichten notwendigem Maße informiert werden oder Informationen einholen durfte. Der Befehl wurde in jeder militärischen Dienststelle ausgehängt und allen Truppenteilen sowie den Partei- und Regierungsfunktionären zur Kenntnis gebracht. Ebenfalls verboten war die achtlose Weitergabe von als geheim eingestuften Verordnungen, Befehlen oder Informationen.

In unseren Gesprächen betonte Speer wiederholt die Risiken, die man mit einem Bruch dieser Geheimhaltungsvorschriften eingegangen wäre. »Hitler bestand darauf, daß jeder von uns nur über seine Aufgabe nachdenken und sich nicht um die seines Nachbarn kümmern sollte. In der logischen Konsequenz und vor dem Hintergrund seines Geheimhaltungsbefehls bedeutete dies viel mehr, als daß die Leute ihre Gedanken für sich behalten sollten – es bedeutete, daß es gefährlich war, dies nicht zu tun.«

Doch hatte Speer selbst über Jahre nicht das Gefühl, daß dies auch ihn betraf. »Lange Zeit, bis weit ins Jahr 1943 hinein, fühlte ich keinerlei Gefahr von Hitler – im Gegenteil. Hinzu kommt, daß, da ich selbst im Grunde genommen nur an meiner Arbeit interessiert war und dies auch von meinen Mitarbeitern erwartete, ich, was Hitler verlangte, für die richtige – nämlich wirkungsvollste – Handlungsweise hielt. Nach 1943 war ich durch andere gefährdet, wenn auch noch nicht durch Hitler; nach dem 20. Juli [1944] gab es Hinweise, daß Hitler mir nicht mehr traute, und, ja, ab 1945 fühlte ich mich auch in Gefahr von seiten Hitlers.«

Hitler habe seine Zukunftspläne nie mit ihm diskutiert, sagte Speer, außer »im Zusammenhang mit der Architektur. In seiner Schlußrede auf dem Nürnberger Parteitag von 1937 betonte er seinen Plan eines ›germanischen Reiches‹. Ich war zufällig anwesend, als Hitlers Adjutant ihm mitteilte, Feldmarschall Blomberg seien vor Erschütterung die Tränen gekommen. Ich bemerkte, daß Hitler diese Gefühlswallung als Bestätigung dafür betrachtete, daß der Feldmarschall in dieser Angelegenheit zutiefst mit ihm übereinstimmte.«

»Nicht lange nach diesem Abend in Nürnberg«, fuhr Speer fort, »hielt Hitler mich an, als wir die Treppe zu seiner Wohnung in München hinaufstiegen. Er ließ die Begleitung vorausgehen, und als wir allein waren, sagte er: ›Wir werden ein riesiges Reich schaffen, das alle germanischen Völker zusammenfaßt, mit Norwegen angefangen und bis nach Norditalien hinunter. Ich muß das noch selbst durchführen; kein anderer hat die Erfahrung oder den Willen. Und Ihre Berliner Bauten werden der krönende Abschluß sein. Verstehen Sie jetzt, warum die riesigen Dimensionen nötig sind – für die Hauptstadt des germanischen Reiches?‹«

Goebbels' Tagebucheintrag vom 14. März 1937 zeigt, daß die Atmosphäre in der ganzen Umgebung Hitlers von solchen Gefühlen durchtränkt war:

Führer liebt Berlin sehr. Je mehr er es kennenlernt, um so mehr schließt er es ins Herz. Mit Speer werden Baupläne durchgeprüft. Besonders neue Münchener Oper ... [Hier wird deutlich, in welchem Maße Hitler sich bei allen architektonischen Planungen auf Speer stützte, denn München fiel nicht in Speers Zuständigkeit, sondern war Hermann Giesler überlassen worden, seinem größten Konkurrenten, der sich über Speers besonderes Verhältnis zu Hitler heftig ärgerte.] Österreich und Tschechoslowakei. Beide müssen wir haben zur Abrundung unseres Gebietes. Und kriegen sie auch mal. Diese kleinen Staaten haben so eine Art von primitivem Größenwahn. Kommen ihre Bürger nach Deutschland, dann sind sie ganz erschlagen von der Größe und Macht des Reiches. Das müssen wir noch mehr betonen. Daher die Riesenbaupläne des Führers.

Ich fragte Speer einmal, ob er nicht erkannt habe, daß ein solches Reich nur mit Gewalt, durch Krieg, geschaffen werden könne.

»Sie verstehen nicht«, sagte er. »Dasselbe gilt auch für das, was Hitler zwei Jahre später, im Sommer 1939, sagte, als wir vor dem Modell der Großen Halle mit ihrer riesigen Kuppel standen. Hitler deutete auf die Zeichnung des deutschen Adlers mit dem Hakenkreuz in den Krallen auf der Spitze der Kuppel, die 290 Meter hoch sein sollte. ›Das hier wird geändert‹, sagte er. ›Statt über dem Hakenkreuz soll der Adler hoch oben auf der Weltkugel stehen!‹*

Natürlich war ich mir vollkommen darüber im klaren, daß er die Weltherrschaft anstrebte. Was Sie – und ich glaube alle anderen auch – offenbar nicht verstehen, ist, daß ich mir damals nichts Besseres wünschen konnte. Das war doch der ganze Sinn meiner Bauten. Sie hätten grotesk ausgesehen, wenn Hitler in Deutschland sitzengeblieben wäre. Mein ganzes Wollen war darauf gerichtet, daß dieser große Mann den Erdball beherrschen würde.«

Hätte Speer das in Nürnberg gesagt, wäre er vermutlich in allen Anklagepunkten und nicht nur in zweien schuldig gesprochen und zum Tode verurteilt worden. Doch warum hatte er es nicht in seinem Buch gesagt?

»Ich bin mir nicht sicher«, antwortete Speer. Er habe es in Spandau notiert, seine Gefühle jedoch aus verschiedenen Gründen unterdrückt oder vielleicht geändert, als er später das Buch geschrieben habe.

Ich fragte, ob er bei der Arbeit am Buch nicht habe zugeben können oder geglaubt habe, nicht zugeben zu dürfen, daß er Hitler gegenüber je positive

---

* Die Große Halle sollte einen Durchmesser von 250 Metern haben und dem Publikum 180000 Stehplätze bieten. Siehe Speer, *Erinnerungen*, Kap. 11.

Gefühle empfunden habe. Er sah jäh auf. »Vielleicht. Vergessen Sie nicht, daß ich das Buch nicht in einem Vakuum schreiben konnte. Wenn ich mich hinsetzte, um zu schreiben, war mein ganz auf das Gefängnisleben konzentriertes Bewußtsein eine Art weißes Blatt, das sich in dieser berauschenden neuen Umgebung plötzlich mit Eindrücken, Meinungen und widersprüchlichen Gefühlen vollsog. Ich weiß, daß einige meiner damaligen Freunde, besonders Rudi Wolters, aber auch Arno Breker, meinten, ich urteile letztlich zu scharf, zu negativ über Hitler. [Der Bildhauer Breker war ein alter Freund, an den Speer während des Dritten Reichs viele Aufträge vergeben hatte.] Aber die Wahrheit ist, daß ich schon während der ganzen zwanzig Jahre in Spandau sehr negative Gefühle hatte über ihn – und mich in seinem Dienst –, und ich glaube, daß ich dafür durch meine Isolation [von den Mitgefangenen] bezahlt habe. Doch vielleicht – ja, das stimmt – empfand ich meine Rückkehr in die Welt, besonders in die der jungen Menschen, befreiend. Ich entdeckte plötzlich, daß ich mit meinen negativen Gefühlen nicht allein war und daß ich ihnen außerhalb Spandaus freien Lauf lassen konnte.«

Beim Versuch, die Reaktionen Speers zu verstehen und seine späteren Unterlassungen zu bewerten, muß man sich den damaligen Zusammenhang vor Augen halten: die Atmosphäre, in der er von 1933 an lebte, das Leben der Männer und Frauen, die tagaus, tagein denselben Einflüssen wie er ausgesetzt waren, und dahinter letztlich (denn darum drehte sich alles) die Entscheidungen Hitlers.

Nachdem ich so viele Menschen aus Hitlers ehemaliger Umgebung kennengelernt habe, zweifle ich nicht mehr daran, daß Hitler in gewissem Sinne ein Doppelleben geführt hat. Er teilte sein Leben in Fächer ein und hielt die furchtbaren Entscheidungen, die er mit seinen wichtigsten Beratern wie Goebbels, Himmler und seinen Generälen traf, von seinem kleinen privaten Kreis strikt getrennt. In den Tagebüchern Goebbels' und den besonders zuverlässigen Memoiren Belows finden sich weitere Hinweise auf diese komplexe Abschottung.

Eines der Schlüsseldokumente des Nürnberger Tribunals war das Hoßbach-Protokoll, die Aufzeichnungen, die Oberst Friedrich Hoßbach, Hitlers damaliger Militäradjutant, von einem »streng geheimen« Treffen Hitlers am 5. November 1937 im Wintergarten der Reichskanzlei angefertigt hatte. Anwesend waren Feldmarschall Werner von Blomberg, damals Kriegsminister, Stabschef Werner von Fritsch, Admiral Raeder für die Marine, Göring als Chef der Luftwaffe und Außenminister Konstantin von Neurath. Das Dokument lieferte in Nürnberg den vernichtendsten Beweis dafür, was die Anklageschrift eine »Verschwörung zur Führung von Angriffskriegen« nannte.

Speer, damals nur Hitlers Architekt, war natürlich nicht anwesend und erwähnt das Treffen in seinen Büchern nicht. Überraschend ist vielleicht, daß

Goebbels, Hitlers engster politischer Verbündeter und Berater, ebenfalls nicht geladen war. Er berichtete am 6. November 1937 in einem langen Eintrag von einem Mittagessen mit Hitler am Tag zuvor. Die Gesprächsthemen seien »in der Tschechenfrage Zurückhaltung« und »in der Kirchenfrage auch Reserve« gewesen. Goebbels' einziger Hinweis auf Hitlers entscheidende Konferenz am selben Tag um 16 Uhr sind die Worte »Führer hat Generalstabsbesprechungen«, seine darauffolgenden Notizen machen jedoch deutlich, daß er über das Thema nicht informiert war.

Luftwaffenadjutant Below, der verständlicherweise auch nicht zu der Konferenz geladen war, erfuhr ein paar Tage später davon, als Oberst Hoßbach ihn und Hitlers Marineadjutanten Leutnant Karl-Jesko von Puttkamer (vielleicht sich ihrer als Zeugen bedienend) bat, den handschriftlichen Bericht von »15 bis 20 DIN-A4-Seiten« zu lesen, den er über das Treffen verfaßt hatte. In seinen Memoiren erinnert sich Below, es habe sich Hoßbach zufolge um eine »besonders ernste« Besprechung von »grundsätzlicher Bedeutung« gehandelt, über die Below und Puttkamer unbedingt informiert sein müßten. Wie gerechtfertigt Oberst Hoßbachs Vorsichtsmaßnahme war, sich für seinen Bericht von 1937 Zeugen zu verschaffen, wurde bestätigt, als sich acht Jahre später herausstellte, daß das Original der Aufzeichnung, das von der Nürnberger Anklage als Beweis für die Verschwörung zum Angriffskrieg benötigt wurde, verschwunden war. Eine Abschrift, die gefunden und dem Beweismaterial beigefügt wurde, führte zu heftigen Auseinandersetzungen zwischen den Anklägern und den Anwälten über die Echtheit und Verwertbarkeit des Dokuments.

Allerdings bestätigte Hoßbach selbst in seinem Buch den authentischen Charakter der Abschrift:

Inwieweit der in Beilage II aufgeführte Wortlaut des sogenannten »Hoßbach-Protokolls« mit der am 10. 11. 1937 verfaßten Original-Niederschrift übereinstimmt, kann ich aus der Erinnerung heute mit Sicherheit nicht mehr feststellen. ... nach reiflicher Prüfung [komme ich] zu der Ansicht ... , daß in summa die Beilage II eine Wiedergabe des Originals darstellt.

In seinem fast dreistündigen Vortrag hatte sich Hitler politisch wie wirtschaftlich außerordentlich gut über Europa informiert und in seinen Zukunftseinschätzungen sehr realistisch gezeigt. Man habe, so Hitler, von einem stark verbesserten Lebensstandard in allen westlichen Ländern auszugehen. Das wirtschaftliche Überleben sei nur durch eine Verknüpfung des Weltmarkts zu erreichen, der gegenwärtig durch das destruktive ökonomische Gebaren der Bolschewisten gravierend untergraben werde. Die Wiederaufrüstung könne nicht als verläßliche Grundlage langfristiger wirtschaftlicher Stabilität gelten.

Unter Hinweis auf die Probleme in Indien und Irland sagte er, das britische Reich sei nicht mehr lebensfähig, Frankreich sei innenpolitisch korrupt, und Italien und Spanien würden von unrealistischen Gebietsansprüchen getrieben. Deutschland dagegen brauche Land. (Hoßbachs eigene, in Nürnberg zitierten Formulierungen waren schärfer: Es sei unabänderlicher Beschluß des Führers gewesen, die deutsche »Raumnot« spätestens 1943–45 zu lösen. »Daß jede Raumerweiterung nur durch Brechung von Widerstand und unter Risiko vor sich gehen könne, habe [Hitler zufolge] die Geschichte aller Zeiten ... bewiesen.«)

In einem dreiseitigen Anhang zu seinem Buch beschreibt Hoßbach, wie es zu seinem ursprünglichen Bericht kam. Da er nicht stenographieren konnte, war er zu einer wörtlichen Mitschrift der Sitzung nicht in der Lage und bezeichnete den Bericht deshalb absichtlich nicht als »Protokoll«. Allerdings machte er sich sorgfältige Notizen, vor allem zu den Ausführungen Hitlers, die dieser handschriftlich auf einem Stoß Blätter vorbereitet hatte, den Hitler anschließend wieder mitnahm.

Hoßbach, der sich über seine Verantwortung völlig im klaren war, war einigermaßen sicher, die wesentlichen Punkte von Hitlers Vortrag festgehalten zu haben. Dies galt allerdings weniger für die scharfe Auseinandersetzung, die nach Hitlers Ausführungen zwischen Blomberg, Fritsch und Göring entbrannte. Hitler, der kommentarlos zuhörte, konnte sich Hoßbach zufolge nicht der Illusion hingeben, daß seine politischen Vorschläge auf Zustimmung und Beifall gestoßen waren. Beide Generäle lehnten eine Politik der Konfrontation, die zum Krieg führen würde, ganz offensichtlich ab. Er habe vor der Geschichte eine »Unterlassungssünde« begangen, schrieb Hoßbach, da er »die Stellungnahme Blombergs und Fritschs bei der Besprechung ... nicht im vollständigeren Umfange und nicht in der tatsächlich erfolgten dialektischen Schärfe« festgehalten habe.

Hoßbach hatte mehrere Tage lang an seinem handschriftlichen Bericht gearbeitet und ihn am 10. November fertiggestellt, datiert und unterschrieben. Er zeigte ihn General Ludwig Beck, dem Generalstabschef des Heeres, der an dem Treffen nicht teilgenommen hatte und vom Inhalt des Berichts erschüttert war. Beck schrieb einen langen, kritischen Kommentar dazu, der wohl zumindest teilweise der Grund für seinen vorzeitigen Abschied vom Heer elf Monate später war. Bevor Hoßbach die Aufzeichnungen an Blomberg weitergab, hatte er Hitler zweimal ersucht, sie zu lesen, doch Hitler hatte gesagt, er habe keine Zeit. Dies sei ihm seltsam vorgekommen, schrieb Hoßbach, denn Hitler habe seinen Ausführungen »die bedeutsame Bezeichnung eines politischen Testaments beigelegt«. Ein paar Tage später nahm Blomberg das Papier an sich. General Wilhelm Keitel, damals Blombergs wichtigster Berater, teilte Hoßbach mit, der Feldmarschall habe den Bericht für sachlich richtig befunden, abgezeichnet und angeordnet, ihn sicher im

Ministerium zu verwahren. Lange Zeit später erfuhr Hoßbach, ein Offizier habe seine Originalniederschrift im Winter 1943/44 »gefunden, eine Abschrift von ihr anfertigen lassen und sie einem Verwandten zu treuen Händen übergeben«. Als sich das Ende Hitlers und des Dritten Reichs abzeichnete, händigte dieser Verwandte die Abschrift einem Vertreter der Alliierten aus.

In seinen *Erinnerungen* geht Speer nur kurz auf die wichtigen Ereignisse Anfang 1938 ein, die andernorts gut dokumentiert sind. Am 2. Februar wurden der Karrierediplomat Neurath als Außenminister durch den ehemaligen Sektvertreter Joachim von Ribbentrop ersetzt und der kritische General Fritsch (der als homosexuell verleumdet worden war) als Oberbefehlshaber des Heeres durch Walther von Brauchitsch abgelöst. Sich selbst ernannte Hitler zum Oberbefehlshaber der Wehrmacht.

Und am 13. März 1938 kam der lang vorbereitete »Anschluß« Österreichs. Speer teilt in den *Erinnerungen* mit, er habe sich während dieser Ereignisse und Entscheidungen in Hitlers Wohnung aufgehalten und sei daher – wie er zu verstehen gibt, einer glücklichen Fügung zufolge, da er schließlich nur Hitlers Architekt war – ihr Zeuge geworden.

Angesichts dessen und der Tatsache, daß ihm später klar geworden sein muß, welches Gewicht andere diesen Ereignissen beimaßen, ist wirklich erstaunlich, daß er sie in seinem Buch wie auch im »Spandauer Entwurf« nur im Plauderton erwähnt, ohne die geringste Andeutung, ob er sich 1938, zur Zeit des Geschehens, 1953, als er den »Spandauer Entwurf« schrieb, oder 1969, als er seine *Erinnerungen* verfaßte, über dessen politische oder moralische Bedeutung im klaren war.

Und doch fällt wiederum jener kleine Unterschied zwischen den beiden Versionen auf, wenn er den »Anschluß« beschreibt. Im »Spandauer Entwurf« (und im Buch) berichtet er, er sei am 9. März 1938 mit dem Adjutanten Hitlers und anderen Gästen in der Halle von Hitlers Berliner Wohnung gesessen, während Hitler sich in sein Arbeitszimmer zurückgezogen habe. Im Rundfunk wurde die Rede des österreichischen Bundeskanzlers Schuschnigg übertragen (Hitlers Adjutant machte sich eifrig Notizen), der für den 13. März eine Volksabstimmung ankündigte, in der über Unabhängigkeit oder »Anschluß« entschieden werden solle. Mit den Worten »Österreicher, die Zeit [der Entscheidung] ist gekommen« beendete Schuschnigg seine Rede. Der Adjutant sammelte seine Notizen und begab sich sofort zu Hitler hinauf, wie Speer berichtet, und kurz danach eilten Goebbels und Göring in festlicher Robe herein – sie »kamen von den Festen der Berliner Saison ... und Tage später startete der Einmarsch nach Österreich«.

Im »Spandauer Entwurf« macht Speer deutlich, er habe sofort gewußt, daß es sich um das Vorspiel zum Anschluß Österreichs handelte. Im Buch dagegen distanziert er sich von den Ereignissen. Die Formulierung des Entwurfs – »Tage später startete der Einmarsch nach Österreich« – ist ersetzt durch: »Wieder las ich erst einige Tage danach in der Zeitung, was vorgefallen war. Am 13. März marschierten die deutschen Truppen in Österreich ein.« Damit erweckt er den Eindruck, er sei vorher ahnungslos gewesen – trotz der Tatsache, daß man im Kreis um Hitler schon seit Wochen, wenn nicht Monaten über den »Anschluß« geredet und er genau gewußt hatte, wozu Schuschniggs Rede führen würde.

Das Buch enthält eine weitere und auf den ersten Blick unscheinbare Auslassung. Im »Spandauer Entwurf« schreibt Speer anläßlich einer Reise, die ihn drei Wochen später nach Wien führte, um »einen Saal für die Hi.'sche Kundgebung vorzubereiten«, mit bemerkenswerter Aufrichtigkeit über seine Eindrücke: »Überall erkannte man das deutsche Auto. Ich bin noch heute bewegt von dem freudigen, hoffnungsvollen, fast könnte man sagen noch jungfräulich-unerfahrenen Empfang durch die österreichische Bevölkerung …«

Im Buch schrumpft dies zu: »Überall in den Städten und Dörfern wurden deutsche Wagen von winkenden Menschen gegrüßt.« Es handelt sich um eine so kleine Auslassung, daß es geradezu pedantisch wirkt, sie zu erwähnen. Doch ist sie wirklich so geringfügig? Denn ein Unterschied ist offensichtlich. 1953, als Speer sich in Spandau diese Episode vor Augen führt, gibt er zu, emotional berührt gewesen zu sein – »Ich bin noch heute bewegt …« –, und er verwendet für die Reaktion der Bevölkerung Adjektive, die Gefühle beschreiben: »freudig, hoffnungsvoll … jungfräulich-unerfahren«.

Sechzehn Jahre später, in Heidelberg, rationalisiert er das Erlebnis: keine Emotion, keine mitgeteilte Freude der »jungfräulich-unerfahrenen« Österreicher. Hier stellt er sich als kühlen Beobachter dar, und er fragt – um seine fehlende Beteiligung und, falls jemand diese nicht bemerkt haben sollte, seine nachträgliche Bereitschaft zur Anerkennung der eigenen Schuld zu unterstreichen – am Ende des Absatzes: »Was ging das alles mich an?«

Am 12. März 1988, dem fünfzigsten Jahrestag des Anschlusses, schrieb ich aus Wien für die Londoner *Times*:
Am 11. März 1938 um 7.50 Uhr abends hörte Österreich auf zu existieren. Um 9.30 Uhr rief mich Elfie, meine beste Freundin, an. Ob ich sie beim Johann-Strauß-Denkmal im Stadtpark treffen könne, flüsterte sie. »Warum flüsterst du?« fragte ich – eine dumme Frage, wie ich gleich erfahren würde. »Komm«, sagte sie nur und legte auf.
Während ich im menschenleeren Stadtpark auf Elfie wartete, hörte ich … den Klang zum ersten Mal: das rhythmische Gebrüll vieler Stimmen und jene Worte, die ich noch nie gehört hatte und aus der Entfernung nicht ganz verstehen konnte: »Deutschland erwache! Juda verrecke!«

Als Elfie kam, standen wir lange wie erstarrt im Dunkeln und lauschten. Dann sagte sie: »Mein Vater–« und brach ab.

»Was ist los mit deinem Vater?« fragte ich.

»Er ist ein Nazi«, sagte sie mit gepreßter Stimme. »Sie haben's mir heut abend gesagt. Er war schon jahrelang ein ›Illegaler‹.« Sie weinte. »Er sagte, ich dürfe in der Schule nie mehr mit Juden reden und daß« – ihre Stimme klang tot – »die Schule ohnehin von oben bis unten ›desinfiziert‹ wird. Was soll ich tun?« Sie schluchzte.

Zwei Tage später gingen Elfie und ich den ganzen Tag in Wien herum. Auf dem Graben, einer der schönsten Straßen der Innenstadt, ein paar Schritte von unserer Wohnung, stießen wir auf ein fürchterliches Schauspiel. Bewacht von Männern in braunen Uniformen mit Hakenkreuzbinden – und unter den Augen einer großen Gruppe Wiener Bürger, viele von ihnen lachten vergnügt – knieten ein Dutzend Herren und Damen mittleren Alters auf der Straße und schrubbten das Pflaster mit Zahnbürsten. Starr vor Schreck erkannte ich in einem von ihnen Dr. Berggrün, unseren Kinderarzt, der mir das Leben gerettet hatte, als ich mit vier Jahren an Diphtherie erkrankt war. Er sah mich auf einen der Braunen zugehen, schüttelte den Kopf und formte mit den Lippen ein lautloses »Nein«, während er weiter das Pflaster schrubbte. Ich fragte den Soldaten, was sie da täten; ob sie verrückt seien?

»Was geht dich das an?« rief er. »Bist du Jüdin?«

»Nein, was unterstehen Sie sich …?« rief ich und sagte ihm, daß einer der Menschen, die sie hier demütigten, ein großer Arzt sei, ein Lebensretter.

»Nennt ihr das unsere Befreiung?« rief Elfie den Männern zu. Sie war ein atemberaubend schönes Kind und hatte eine bereits für den Gesang ausgebildete, glockenhelle Stimme. Innerhalb von zwei Minuten löste sich die Menge auf, die Wachen verzogen sich, und die »Straßenreiniger« standen auf und gingen.

»Tut das nie wieder«, sagte Dr. Berggrün mit strenger Stimme. »Das ist sehr gefährlich für euch.«

1943 vergasten sie ihn in Sobibor.

Ich erzählte Speer, ich hätte im März 1938 in Wien gelebt, und fragte ihn, ob er während seines Aufenthalts dort Brutalitäten der Nazis beobachtet habe. »Nein«, antwortete er. »Ich habe nichts dergleichen gesehen; ich war nicht lange dort. Ich wohnte im Hotel Imperial und tat meine Arbeit am Bahnhof, wo die Kundgebung stattfinden sollte. Ich bummelte ein wenig auf dem Ring und durch die alten Straßen der Innenstadt, ging ein paarmal gut essen und trank guten Wein. Und ich kaufte ein Bild – es war ganz hübsch. Das ist alles.« Eine verblüffende Demonstration der Unbekümmertheit.

Ich fragte ihn, ob er gewußt habe, daß während seines Wienbesuchs ein paar Tage nach dem »Anschluß« die erste Welle von Selbstmorden, meist älterer Juden, die Stadt erfaßt habe und katholische wie auch jüdische Patrioten in Scharen verhaftet worden seien.

»Davon wußte ich nichts«, sagte er. »Ich weiß immer noch nichts davon. Selbstmorde? ...« Und nach nochmaligem Überlegen: »Schuschnigg landete im KZ, nicht wahr?« So war es.

Genauso sorglos streifte er die Ereignisse der Jahre 1938 und 1939. Die Annexion des Sudetenlands im Oktober wird im »Spandauer Entwurf« und in den *Erinnerungen* kaum erwähnt, Speers Eingehen auf die Kristallnacht am 9. November wurde bereits erörtert, und der Einmarsch in die Tschechoslowakei im März 1939 schließlich findet zwar in beiden Werken Erwähnung, doch nur nebenbei.

Dieser Überfall fand statt, als Speer und eine Gruppe von Freunden, darunter die Brekers, die Brandts und Magda Goebbels, sich auf einer längeren Reise zu den dorischen Tempeln Siziliens und Süditaliens befanden. Für Goebbels' unglückliche Frau war die Reise eine Art Flucht vor den Demütigungen, denen sie wegen der Affäre ihres Mannes mit der tschechischen Filmschauspielerin Lida Baarova ausgesetzt war.

Später wurde behauptet, die intelligente und elegante Magda – seltene Qualitäten in diesem Kreis – sei schon immer in Hitler verliebt gewesen und habe Goebbels nur geheiratet, um Hitler nahe zu sein. Doch obwohl sechs Jahre später, am Ende ihres Lebens, einiges für die Richtigkeit dieser Behauptung sprach (die Belows unter anderem glaubten von Anfang an daran), war Speer anderer Ansicht.

Der Grund war, daß er, beider Freund, 1939 Magdas leidenschaftliche Liebesaffäre mit Karl Hanke miterlebt hatte. Die Absicht der beiden zu heiraten wurde vereitelt, als Goebbels drohte, Magda die Kinder wegzunehmen, und Hitler verfügte, daß eine Scheidung in seinem engsten Kreis nicht in Frage komme. Speer wurde in jenem Sommer von ihm als Vermittler eingesetzt; schließlich wurde die Baarova nach Prag zurückgeschickt, und Goebbels und Magda kehrten zu Heim und Herd zurück. Hanke legte sein Amt nieder und trat in die Wehrmacht ein, die er 1941 verließ, um die Stelle als Gauleiter von Unterschlesien anzutreten.

Um diese Zeit bekam Hitlers junge Geliebte Eva Braun ein Schlafzimmer in dessen Berliner Residenz. Bis dahin hatte sie ihr Leben aufgeteilt zwischen dem Obersalzberg, wenn Hitler dort war, und München, wenn er nicht dort war. Von nun an sah Speer sie fast täglich. Zwischen den beiden hatte sich inzwischen eine herzliche, wenngleich gänzlich platonische Freundschaft entwickelt.

Diese Freundschaft, Eva Brauns einzige zu einem von Hitlers Männern, brachte auf eigenartige Weise abermals Speers besonderes Verhältnis zu Hitler zum Ausdruck, der das Leben Eva Brauns völlig beherrschte und sie nur von der Leine ließ, wenn sie mit den Speers zu Gesellschaften und zum Skilaufen ging; zweimal erlaubte er ihr sogar, sie auf einer Auslandsreise zu begleiten.

Speer fühlte, Eva Braun sei »schwer verleumdet« worden. »Sie war ein sehr nettes Mädchen«, sagte er mir mehrere Male. Hitlers Verhalten der jungen Frau gegenüber habe ihn »sehr unangenehm berührt«. Eines Abends auf dem Berghof hörte er Hitler, der neben Eva Braun saß, die Meinung bekunden, sehr intelligente Männer sollten sich eine primitive und dumme Frau nehmen. Bei einer anderen Gelegenheit, als Speer Gast bei einem von Hitler im Münchner Hotel Vier Jahreszeiten gegebenen Abendessen war, an dem auch Eva Braun teilnehmen durfte, wenngleich viele Plätze von Hitler entfernt, sah er sie tief erröten, als Hitler ihr im Vorbeigehen schweigend einen Umschlag reichte. Später sagte sie Speer, in dem Umschlag sei Geld gewesen und Hitler habe sich auch bei anderen Gelegenheiten in der Öffentlichkeit so verhalten. »Es war mir furchtbar peinlich für sie«, sagte Speer. »Eigentlich zum erstenmal verspürte ich einen Anflug von Zweifel über Hitler.«

Wenn auch die Beziehung zu Eva Braun auf den ersten Blick als eine »Familienfreundschaft« galt und sie nur mit beiden Speers auf Reisen oder ausging, wurde Speer ihr besonderer Vertrauter. (Persönliches besprach sie nie mit Margret.) Eines Tages im Jahr 1943 kam sie in Tränen aufgelöst zu Speer. »Der Führer hat mir grad gesagt, ich solle mir einen anderen suchen«, schluchzte sie. »Er sagte, er könne mich nicht mehr zufriedenstellen.«

»Das konnte man nur auf eine Weise verstehen«, sagte Speer zu mir. »Sie machte es vollkommen klar: Hitler hatte ihr mitgeteilt, daß er zu beschäftigt war, zu beansprucht, zu müde – er konnte sie als Mann nicht mehr befriedigen.«

Ich fragte, ob sie versucht gewesen sei, Hitler beim Wort zu nehmen. »Das kam für sie nicht in Frage«, sagte er. »Ihre Liebe, ihre Treue zu ihm waren absolut – wie sie es dann am Ende auch unmißverständlich bewies. Sie war sehr jung, sehr schüchtern und sehr bescheiden.«

Margret Speer, die uns zuhörte, hatte sie nicht so bescheiden gefunden. »Wenn wir Frauen zusammen waren, war sie sich ihrer Position durchaus bewußt. Auf Reisen kehrte sie sehr die Gastgeberin hervor. Wenn Anni Brandt sagte: ›Laß uns bummeln gehen‹, Eva Braun aber schwimmen wollte, gingen wir selbstverständlich schwimmen.«

»Sie *war* ja dann auch eure Gastgeberin«, sagte Speer trocken. »Wenn sie mit uns beiden weg war, hat sie sich doch nie so benommen.« Er wandte sich wieder an mich. »Sie war natürlich sehr feminin. Eine Frau, die ausschließlich für den Mann da war, unglaublich anspruchslos für sich selbst. Sie hat hinter den Kulissen vielen Menschen geholfen – keiner hat das je erfahren – und war Hitler gegenüber unendlich aufmerksam. Sie hatte eine ruhige Ausstrahlung. Und ihre Liebe zu Hitler stand außer Zweifel.«

Margret wirkte so scheu und verletzlich, daß man geneigt war, sie zu beschützen und ihr aufdringliche Fragen zu ersparen. Doch dann wurde man sich plötzlich ihrer im Grunde einzigartigen Stellung bewußt – für mich war es der Gedanke, daß Gespräche vielleicht die letzte Chance waren, mit einer Frau zu sprechen, die an Geschehnissen teilgenommen hatte und Menschen kannte, die niemand, der heute noch lebt, uns beschreiben könnte. Unglaublich, daß diese scheue und sensible Frau Hitler über Jahre hinweg fast täglich privat erlebt, daß sie jene zwölf schicksalhaften Jahre praktisch in der exklusiven Gesellschaft der ihm am nächsten stehenden Männer – und ihrer Frauen – verbracht hatte.

Wie war es für die Frauen, dieses Leben in Hitlers Schatten, fragte ich sie eines Tages, als Speer uns alleingelassen hatte, um dringende Korrespondenz zu erledigen.

»Ach wissen Sie, das Leben in diesem Kreis *war* faszinierend. Hitler war Frauen gegenüber immer sehr galant, sehr österreichisch.« Sie unterbrach jeden Satz durch lange Pausen des Nachdenkens, des Sichzurückziehens, wie um Atem zu holen. »Man hat nie … wir haben einfach nur geplaudert und Filme angesehen.« Auf die Frage, ob sie während der vielen Abende am Kamin auf dem Berghof jemals ein ernsthaftes oder sogar persönliches Gespräch mit Hitler geführt habe, zeigte sie sich äußerst unbehaglich. »Keine *Gespräche* – so war das nicht«, sagte sie und schaute von mir weg. »Er redete, wir hörten zu. Sie suchen da nach etwas, das es nicht gab …«

Ich sagte, ich wolle nicht indiskret sein; ich versuche nur, einen Eindruck davon zu gewinnen, wie das Leben gewesen sei für die Frauen, die jene Jahre in nächster Nähe Hitlers verbracht hätten. War sie, rückblickend, damals glücklich? »Ja«, sagte sie, »ich glaub' schon. Von Albert habe ich nie viel gesehen – er war immer bei der Arbeit –, aber ich hatte die Kinder, und ich mochte das Haus in Berchtesgaden und …« – ihre Augen leuchteten auf, ihr Ton veränderte sich wie durch einen Zauber, und sie klang plötzlich jung und froh – »… das Skifahren im Winter.« Sie sah aus dem Fenster ihres Bergbauernhofs, wo unser Gespräch stattfand. »Ich konnte aus dem Haus gehen und Ski laufen, genau wie hier, jeden Tag.«

Ihre beste Freundin war die gleichaltrige Anni Brandt, die ihre Sportbegeisterung teilte. Anni war Hitler im Jahr 1925 vorgestellt worden, als sie mit zwanzig Jahren bei den deutschen Schwimmeisterschaften einen Titel gewonnen hatte, und blieb von da an einer seiner Schützlinge. Sie verlobte sich 1932 mit dem Chirurgen Karl Brandt und stellte ihn im Sommer darauf Hitler vor. Einige Monate später ernannte Hitler den ansehnlichen Brandt zu seinem Begleitarzt, und im März 1934 erschien er zusammen mit Göring als Trauzeuge zu Brandts Heirat.

Hitlers Sekretärinnen Johanna Wolf, Christa Schröder, Gerda Daranowski (verheiratete Christian) und Traudl Humps (verheiratet mit Hitlers Diener Hans Junge, der im Krieg fiel) nippten an ihren »Gespritzten« und nahmen zusammen mit anderen Hitler-Vertrauten und Gästen des Berghofs Sonnenbäder auf der Terrasse. Obwohl die Sekretärinnen normalerweise an Hitlers Mahlzeiten und Filmvorführungen teilnahmen und in der Spätphase des Krieges, als kein Gesellschaftsleben mehr geführt wurde, mit Hitler in Berlin und in seinen verschiedenen Hauptquartieren täglich zu Mittag aßen, gab es eine deutliche gesellschaftliche Trennlinie zwischen ihnen und den anderen Stammgästen auf dem Berghof (zu denen eigenartigerweise nie die Frauen der vier wichtigsten Berater Göring, Heß, Goebbels und Bormann zählten). Das gesellschaftliche Leben dieser Frauen aus dem persönlichen Stab spielte sich entweder innerhalb ihrer Familien oder, mehr noch, untereinander ab, selten dagegen mit Freunden von »draußen«.

Die Frauen der »Elite«, Anni Brandt, Maria von Below und Margret Speer, bildeten einen eigenen Kreis, der keinen Kontakt mit den Frauen aus Hitlers Stab pflegte. Eva Braun nahm als inoffizielle Gastgeberin des Berghofs eine Zwitterstellung ein, war jedoch von offiziellen Anlässen und Reisen Hitlers ausgeschlossen und durfte nur begrenzt persönliche Kontakte »nach draußen« pflegen. Daher war sie auf eigentümliche Weise abhängig von den gesellschaftlichen Brosamen beider Kreise um Hitler.

Aber wie war das nun mit den Frauen, mit denen Margret ständig zusammentraf, fragte ich. Besprachen sie miteinander die Dinge, die sich abspielten? Die Politik, in deren Zentrum sie lebten? Die schwerwiegenden Ereignisse vor und nach 1934, die das Leben vieler doch berührten, von denen sie vielleicht auch einige kannte? Und dann den Krieg, seine triumphalen Siege und dann die entsetzlichen Niederlagen?

Sie antwortete eine ganze Zeitlang nicht; man sah ihrem Gesicht an, daß sie die Frage auf versteckte Anspielungen prüfte. »Nicht wirklich«, sagte sie schließlich. Dies war das einzige Mal, daß ich sie drängte, wenn sie ganz offensichtlich nicht antworten wollte. Wollte sie damit wirklich sagen, daß die Konversation der Frauen aus der Elite des Reichs sich auf Küche, Kirche und Kinder beschränkt hatte?

Das traf sie. »Nein. Natürlich nicht. Natürlich sprachen wir über die täglichen Nachrichten und so ...« Pause, »aber nicht ...« Punkt. Ich wartete. »Wissen Sie«, fuhr sie schließlich fort, »man redete einfach über Leute, im Grunde genommen Klatsch, über Theaterstücke, Filme, Konzerte – und viel über Künstler.« Sie hielt inne. »Wir sprachen über unsere Kinder«, sagte sie dann, fast verzweifelt.

Speer hatte mich gewarnt, sie habe schreckliche Angst, ich könnte sie über die Juden fragen. Genau das hatte ich übrigens vor, doch als ich ihre augenfällige Beklemmung bemerkte, beschloß ich, die beängstigenden Themen nur ganz allmählich anzugehen. Hatten sie denn nie von Dingen gesprochen, über die jedermann Bescheid wußte, etwa daß Menschen in Konzentrationslager kamen?

»Ich kannte niemanden, der ins KZ kam«, sagte sie. »Wir ... unser Leben spielte sich wirklich sehr weit außerhalb ab. Das können Sie sich gar nicht vorstellen, glaube ich.«

Ich sagte, ich könne mir diesen goldenen Kreis durchaus vorstellen, aber wollte sie damit sagen, daß sie nicht wußte, daß es Konzentrationslager gab?

»Natürlich wußten wir das«, sagte sie, zum erstenmal ärgerlich, »aber wenn man überhaupt darüber nachdachte, stellte man sich Gefängnislager vor, für Verbrecher.« Und scharf setzte sie hinzu: »Ich meine, Sie haben doch auch nichts dagegen, daß Verbrecher ins Gefängnis kommen?«

Nein, sie habe nicht gewußt, daß Menschen aus politischen oder ideologischen Gründen ins KZ kamen – Leute wie etwa Priester.

»Kommunisten?« fragte ich.

»Na ja, das schon vielleicht«, antwortete sie.

(Ich schnitt das Thema der Homosexuellen, die zur »Umerziehung« ins KZ kamen, gar nicht erst an – es eignete sich weder für Margret Speer noch andere Deutsche ihrer Generation.)

Ihr Mann habe es sicher gewußt, meinte ich.

»Ich nehme an«, sagte sie, und sie klang allmählich erschöpft. »Aber das wäre kein Diskussionsthema zwischen uns gewesen.«

Es gab Dinge, sagte ich, von denen viele, wenn nicht die meisten Deutschen wußten, wie die Tötung von Behinderten in den Jahren 1940 und 1941. Sprachen sie und ihr Freundeskreis wirklich nie über Hitlers Euthanasieprogramm und die moralischen und religiösen Fragen, die es aufwarf? Und die weithin bekannt gewordene Predigt Bischof Galens vom 3. August 1941 im Dom von Münster, in der er die Euthanasie verurteilte?* War das alles spurlos an ihnen vorübergegangen?

Sie antwortete nicht, sondern sah an mir vorbei aus dem Fenster auf die schneebedeckten Felder, dann auf die fest gefalteten Hände in ihrem Schoß. Jetzt war ich zu weit gegangen.

»Möchten Sie Kaffee?« fragte sie schließlich, und ihre Stimme zitterte. Ich schüttelte den Kopf, sah sie aber unverwandt an. Nach einigen Minuten schaffte sie es, mir in die Augen zu sehen. »Ich kann nicht«, sagte sie. »Ich hab' Sie sehr gern, aber ich kann nicht.«

---

* Die Predigt des mutigen Bischofs Galen soll Hitler angeblich gezwungen haben, das Euthanasieprogramm offiziell abzubrechen; in Wahrheit wurde es unter noch schärferer Geheimhaltung bis zum Kriegsende fortgesetzt.

Es war eigentlich nicht ganz fair von mir, das Thema Euthanasie als Druckmittel gegenüber Margret Speer einzusetzen. Denn obwohl sie im Schreck über die Wendung unseres Gesprächs nicht einmal ihre Unwissenheit beteuern konnte, ist durchaus möglich, daß sie in ihrer Abgeschirmtheit von dem Euthanasieprogramm zum Zeitpunkt seiner Durchführung nichts wußte. Die Verantwortlichen beabsichtigten, das Programm der Nation als eine Entscheidung zu präsentieren, bei der Hitler lange gezögert und die er schließlich nur getroffen habe, weil ihm so viele Eltern Petitionen geschickt hätten, in denen sie darum baten, daß ihre unheilbar kranken Kinder sterben dürften. In Wahrheit jedoch hatte Hitler schon lange daran gedacht, wahrscheinlich seit 1933, als das Erbgesundheitsgesetz erlassen wurde. Sicher ist, daß er am 18. Oktober 1935, als das Gesetz, das Abtreibungen zum Schutz der »Erbgesundheit« vorsah, veröffentlicht wurde, seinem Gesundheitsminister Gerhard Wagner sagte, mit der Euthanasie werde man bis zum Kriegsbeginn warten müssen, weil dann »Widerstände von kirchlicher Seite« keine nennenswerte Rolle mehr spielen würden.

Hitlers Euthanasie-Ermächtigung, im Oktober 1939 auf seinem privaten Briefpapier geschrieben, doch auf den 1. September zurückdatiert, um sie mit dem Kriegsbeginn zu verknüpfen, ist an den Reichsleiter Philipp Bouhler adressiert, den Chef der Kanzlei des Führers, die Hitlers private Angelegenheiten regelte und seine besonderen Interessen vertrat. Gleichermaßen berüchtigte Persönlichkeiten wie die SS-Oberführer Viktor Brack und Werner Blankenburg arbeiteten ihm dabei zu. Diese drei und die entsetzlichen Psychiater und Ärzte Hermann Paul Nitsche und Werner Heyde waren später auch mit in die Verwaltung der Vernichtungslager in Polen involviert. Hitlers Euthanasie-Ermächtigung ist ein einzigartiges Dokument, da es der einzige Mordbefehl ist, den er unterschrieben hat; alle anderen wurden mündlich ausgegeben. Hier wird auch zum erstenmal Dr. Karl Brandt erwähnt:

Reichsleiter Bouhler und Dr. med. Brandt sind unter Verantwortung beauftragt, die Befugnisse namentlich zu bestimmender Ärzte so zu erweitern, daß nach menschlichem Ermessen unheilbar Kranken bei kritischster Beurteilung ihres Krankheitszustandes der Gnadentod gewährt werden kann.

gez.: Adolf Hitler.

Zu diesem Zeitpunkt war die Organisation des Unternehmens schon seit Monaten in vollem Gange. Zuständig dafür war die Kanzlei des Führers.* Man hatte Listen deutscher (und österreichischer) psychiatrischer Anstalten erstellt

---

* Es handelte sich um einen separaten, kleinen Bürotrakt in einem sorgfältig abgesicherten Teil der Reichskanzlei mit eigenem Eingang in der Tiergartenstraße 4; von daher der geheimnisvolle Name »Aktion T 4«.

und Tausende von Erfassungsformularen bestellt, die von diesen Institutionen ausgefüllt werden sollten, um es den Selektionskomitees zu ermöglichen, die Opfer auszuwählen. Die ersten drei der zuletzt rund ein Dutzend Euthanasieanstalten (Schloß Grafeneck in Württemberg, Schloß Hartheim bei Linz und eine ehemalige psychiatrische Anstalt in Brandenburg an der Havel) waren für ihre grausige Aufgabe bereit. Neun Psychiater, Ärzte und Kinderärzte, alle angesehene und manche sogar weithin bekannte Leute, waren schon im Juli 1939 zu Verantwortlichen der Organisation ernannt worden. Als ein Jahr später ein Euphemismus benötigt wurde, um den Ruf der Führerkanzlei zu schützen, erhielt die Euthanasiegruppe den grotesken Namen »Gemeinnützige Stiftung für Anstaltspflege«, der, womit der rohe Zynismus der Nazis seinen Höhepunkt erreichte, zwei Jahre später auch der Aktion Reinhard verliehen wurde, jener SS-Gruppe, die die vier eigens für die Vergasung von Menschen in Polen errichteten Vernichtungslager betrieb. (Auschwitz und Majdanek waren riesige Arbeitslager mit separaten, oft Kilometer entfernten Tötungsanlagen und gehörten nicht zur Aktion Reinhard.)

Die Nazis gingen bei der Euthanasie selektiv vor. Franz Stangl, ab November 1940 Polizeiverwalter von Schloß Hartheim, später Kommandant von Sobibor und schließlich von Treblinka, sagte mir, man habe neuen Mitgliedern des Personals versichert, »vier Gruppen«, zu denen sie womöglich emotionale Bindungen hatten, seien von der Euthanasie ausgenommen: »die Senilen, ehemalige Angehörige der Streitkräfte, Frauen, die mit dem Mutterkreuz dekoriert worden waren, weil sie viele Kinder geboren hatten, und Verwandte des Euthanasiepersonals«. Es gab aber auch andere Ausnahmen, vor allem Menschen mit Verbindungen zu Personen im Umkreis Hitlers oder in der Armeeführung, Personen also, die von diesem Geschehen bewußt ferngehalten wurden und sich daher nicht damit auseinandersetzen mußten.

Diese Personen wußten entweder nichts von dem Programm, oder wenn sie etwas davon wußten (und womöglich stimmten sie wie viele der Euthanasie im Prinzip zu), kannten sie nicht die schockierenden Einzelheiten der praktischen Durchführung und hätten sich deren Schrecken vielleicht weder vorstellen noch an deren Wahrheit glauben können.

Auch Margret war vollkommen abgeschirmt. Nur schwer zu glauben ist allerdings, daß die Frauen der direkt und anhaltend in diese Verbrechen verwickelten Männer – zu denen Speer natürlich nicht zählte – in völliger Unwissenheit verblieben sein sollen. Ein besonders aufschlußreicher Fall ist Karl Brandt, Hitlers Begleitarzt, enger Freund von Albert Speer und Gatte von Anni, Margrets bester Freundin, die – außer wenn Brandt Hitler in sein Feldhauptquartier begleitete – das Leben ihres Mannes während des ganzen Krieges teilte.

Schilderungen zufolge war er ein guter Chirurg und ein attraktiver und intelligenter Mann. Und doch zeigen die Dokumente und seine eigene Aussage in Nürnberg 1946/47, daß er, als Hitler ihn 1939 mit der Leitung des Euthanasieprogramms beauftragte, sein ganzes Talent daransetzte, diese Aufgabe zu erfüllen, ohne je – was er mit beträchtlichem Mut zugab, bevor er gehängt wurde – die Moral von Hitlers und Himmlers Befehlen in Frage zu stellen. (Brandt wandte sich allerdings dagegen, die Opfer zu vergasen; weil es sich um ein »medizinisches Programm« handle, sollten sie durch Injektionen getötet werden, die nur von Ärzten zu verabfolgen seien. Er wurde überstimmt.)

Brandt sagte bei seinem Prozeß im Kreuzverhör aus, daß 60 000 geisteskranke Menschen ermordet worden seien, darunter auch »schwachsinnige und senile Patienten«.* Die Ermordung der (erwachsenen) Geisteskranken wurde offiziell im August 1941 eingestellt, inoffiziell jedoch bis zum Kriegsende fortgesetzt. Der Mord an Kindern endete offiziell im Herbst desselben Jahres, doch in Wahrheit wurden noch im April 1945 Kinder umgebracht – manche durch Erhängen (siehe Kapitel XX). Brandt gab die Verantwortung für die Kinder 1942 ab, zweifellos aus administrativen und nicht aus humanitären Gründen, griff jedoch weiterhin in besonderen Fällen ein.

Brandt war auch an einigen der schrecklichen medizinischen Experimente an Insassen von Konzentrationslagern beteiligt. Der SS-Arzt Dr. Ernst Grawitz schrieb 1943 an Himmler, SS-Brigadeführer Dr. Brandt habe ihn darum gebeten, ihm bei der Beschaffung von Gefangenen zur Erforschung der epidemischen Gelbsucht zu helfen. Es sei notwendig, Menschen mit in Tieren kultivierten Bakterien zu infizieren. »Mit Todesfällen ist zu rechnen.«

In anderen von Dr. Grawitz und Dr. Otto Sievers durchgeführten Experimenten fügte man den Häftlingen Wunden zu, die dann mit Senfgas infiziert wurden. Die Arme der Gefangenen seien stark angeschwollen, und die Patienten hätten enorme Schmerzen, schrieb Grawitz. Hitler verlangte, daß die Ärzte sich unverzüglich mit Brandt beraten sollten, woraufhin Brandt von den Einzelheiten in Kenntnis gesetzt wurde.

Angesichts des Hitlerschen Geheimhaltungsbefehls und der Notwendigkeit für Männer wie Brandt, die innere Ruhe ihrer Familien und Freunde zu bewahren, kann man gut verstehen, daß er und viele andere in ähnlichen Positionen ihre Frauen und Freunde nicht absichtlich über ihre Arbeit informierten. Wenn man sich jedoch die Intensität der Arbeit und ihren emotionalen Druck vor Augen hält, ist es kaum glaubhaft, daß die Frauen an ihrer Seite nichts davon gewußt haben sollten.

Während der Recherchen zu meinem Buch *Am Abgrund* über den Kommandanten von Treblinka verbrachte ich 1972 mehrere Tage in Unterammergau, einem hübschen Dorf wenige Minuten von Oberammergau entfernt,

---

* Dies widerspricht der oben zitierten Aussage Franz Stangls.

wo alle zehn Jahre das berühmte Passionsspiel aufgeführt wird. Dort sprach ich mit dem SS-Unterscharführer Gustav Münzberger, dessen Aufgabe in Treblinka gewesen war, die Juden in die Gaskammern zu treiben. Er war kurz zuvor nach zwölfjähriger Haft aus dem Gefängnis entlassen worden. »Wußten Sie, was Ihr Mann tat?« fragte ich seine Frau, eine korpulente Person, der offenbar jeder Sinn für Gut und Böse abging. »Na ja ... er sollte natürlich nichts darüber sagen, aber Sie wissen ja, wie Frauen sind«, antwortete sie mit einem Anflug von Stolz. »Ich bohrte immer wieder nach, und schließlich hat er es mir gesagt ...«

In Brasilien fragte ich Franz Stangls Frau Thea, ob sie mit jemandem geredet habe, nachdem sie herausgefunden hatte, was ihr Mann als Kommandant von Sobibor und Treblinka tat. »Nein, nein, mit niemandem«, sagte sie, »lange Zeit nicht, ein Jahr lang. Dann, weil ich es nicht mehr aushalten konnte – ich mußte einfach mit jemandem reden –, habe ich es unserem Priester gesagt. Er sagte, er verstünde es und hätte an der Stelle meines Mannes dasselbe getan. Er erteilte ihm die Absolution ...«

Mitte April 1945, zwei Wochen vor dem Ende, schickte Karl Brandt Frau und Kinder aus Berlin hinaus nach Thüringen, das kurz vor der amerikanischen Besetzung stand. Ein paar Tage später ließ Hitler ihn verhaften und wegen Defätismus vor ein Kriegsgericht stellen, weil er seine Familie nicht auf den Obersalzberg gebracht hatte. Am 23. April flog Speer nach Berlin, unter anderem mit dem Ziel, Brandt aus der Haft zu befreien, bevor man ihn – wie kurz zuvor einige andere hochrangige Männer – standrechtlich erschoß. Bei seiner Ankunft in Berlin erfuhr er allerdings, daß Brandt »auf besonderen Befehl Himmlers«, wie Speer schreibt, schon nach Norden in Sicherheit gebracht worden sei.

Speer erwähnt seinen engen Freund Brandt auf den 1200 Seiten des »Spandauer Entwurfs« nur einmal, am 8. Januar 1953, dem Tag, an dem er mit der Niederschrift begann. »In Sigrön war zufällig auch ein engster Mitarbeiter von Karl Brandt. Dieser war aus lächerlichen Vorwänden ein paar Tage früher auf Hitlers Verlangen von einem Standgericht, bestehend aus Goebbels, Axmann und einem Dritten zum Tode verurteilt worden, weil er seine Frau nach dem Thüringerwald brachte, wo er sie überrollen ließ, was Hitler als ein Zeichen ansah, daß Brandt nicht mehr voll zuverlässig war. (Vielleicht hatte er auch andere Gründe, ihn zu beseitigen. Wenn ich den Komplex Brandt gekannt hätte, würde ich ihm ein Ende durch Hitler gewünscht haben, das für ihn besser gewesen wäre).«*

---

* Brandt wurde beim Ärzteprozeß in Nürnberg, einem von mehreren Prozessen, die dem ersten großen Tribunal gegen die führenden Männer in Hitlers Regierung folgten, zum Tode verurteilt. Er wurde 1948 im Gefängnis von Landsberg gehängt.

Ob er es für möglich halte, fragte ich Speer eines Tages in den Bergen, als wir über Brandt sprachen, daß Anni Brandt nichts von der Tätigkeit ihres Mannes gewußt habe? Er antwortete ausweichend. »Na ja, *ich* wußte schließlich nichts von diesem Teil seiner Tätigkeit«, sagte er. »Ich wußte nur, daß er für die medizinischen Dienste des Reichs verantwortlich war.«

Ich ließ dieses Mal nicht locker und wiederholte meine Frage über Brandts Frau. »Ich glaube, er hätte diese Geheimnisse sehr sorgsam bewahrt«, sagte er dann. »Ich glaube wirklich, er hätte eher mir als Anni gegenüber etwas angedeutet, aber das tat er nicht. Niemand hätte auch nur einen Moment lang vermuten können, daß er in diese schrecklichen Dinge verwickelt war. Er schien wirklich ein ganz besonders anständiger Mensch. Ich denke, er muß irgendwie aus Überzeugung gehandelt haben, so schwer dies auch zu verstehen ist. Aber sicherlich hätte er nicht gewollt, daß seine Frau davon erfuhr.« Und dann gebrauchte Speer fast dieselben Worte wie Margret tags zuvor: »Es wäre für die beiden kein Gesprächsthema gewesen.«

Annemarie Kempf wußte nichts vom Euthanasieprogramm. Als wir 1985 in Hamburg unsere Gespräche aufnahmen, kamen wir recht bald darauf zu sprechen. »Heute denke ich, es ist wirklich seltsam, daß ich davon nichts wußte«, sagte sie, »denn meine ältere Schwester erkrankte 1942 an multipler Sklerose.« Damals habe man viel über den Film *Ich klage an* gesprochen, ein Propagandastreifen für den »Gnadentod«. »Von daher wußte man, daß solche Vorstellungen im Schwange waren. Und nicht nur das: Ich erinnere mich daran, daß ich mit Wolters und anderen Kollegen im Büro über den Film diskutierte.«

Auch mit Speer?

»Nein, mit ihm nicht. Sehen Sie, wir sprachen über den Film, nicht über etwas, das wirklich geschah. Natürlich kann ich es nicht sicher sagen, aber ich habe keinen Grund zu glauben, daß er wußte, was tatsächlich geschah. Wenn man das gewußt hätte, hätte man Fragen gestellt, hätte man sich mit den Tatsachen auseinandersetzen müssen – viel mehr als bei einer Diskussion über einen Film –, man hätte die eigene Haltung in dieser Frage prüfen müssen.«

Wenn Speer doch von der Euthanasie gewußt hätte, fragte ich, hätte er dann darüber gesprochen? »Ich kann nur spekulieren«, sagte sie, »aber ich glaube eher nicht.«

Ich versuchte, zu diesem Thema mehr aus Annemarie herauszuholen, denn es schien mir wichtig, das damalige Meinungsklima anhand persönlicher Erinnerungen, nicht offizieller Dokumente, besser zu verstehen. Ich war immer auf der Suche nach neuem, noch nicht verwendetem Material mit persönlichen und spontanen Aussagen, die mehr an den Tag bringen konnten als das gängige Wissen.

»Ich erinnerte mich«, sagte sie, »allerdings ohne damals weiter darauf zu achten, daß zu einer gewissen Zeit viele Leute ihre Kinder aus den Anstalten holten. Es muß darüber geredet worden sein, sonst wäre ich nicht darauf aufmerksam geworden, und nach dem Krieg, als alles herauskam, begriff ich, daß die Kinder versteckt werden sollten. Von daher, ja, es muß viele Leute gegeben haben, die davon wußten.«

Als sich der Zustand von Annemaries Schwester verschlechterte, kam sie ins Krankenhaus, wo sie ein halbes Jahr lang blieb. »Wir wußten alle, daß es eine unheilbare und fortschreitende Krankheit war und was mit ihr geschehen würde. Sie wußte es auch, doch sie lebte noch zehn Jahre.« Aber Annemarie versicherte mir, ihre Familie habe nicht einen einzigen Augenblick lang befürchtet, daß ihr von irgendwoher Gefahr drohe. »Es wäre undenkbar gewesen – sie war einfach krank, sie mußte gepflegt, umsorgt, geliebt werden. Sie fragen mich, ob wir einen ›unterschwelligen Verdacht‹ gehabt hätten. Aber wenn wir wirklich etwas geahnt hätten, unterschwellig oder nicht, selbst wenn das Programm damals schon offiziell aufgehört hätte, unsere Familie hätte sich dem aussetzen und moralisch stellen müssen. Ich versichere Ihnen, wir wußten davon nichts.«

Annemarie arbeitete dreißig Jahre nach den Prinzipien der anthroposophischen Heilpädagogik mit behinderten Kindern. Interessanterweise sind Speers Sohn Arnold und seine Frau – beide Ärzte – auch Anthroposophen. Als Annemarie 1991 starb, war sie Vorstandsmitglied des Verbands anthroposophischer Einrichtungen für Heilpädagogik und Sozialtherapie, der damals rund viertausend junge Menschen betreute. »Wie behindert sie auch immer sein mögen«, sagte sie, »der Geist ist immer da. Ich habe nie begriffen, bis zu unserem jetzigen Gespräch vielleicht, daß meine tiefe Überzeugung von der Wichtigkeit dieses Geistes von unserer Vergangenheit herrührt: von der Engstirnigkeit, mit der die Menschen in der Nazizeit dachten und handelten ... Man ist versucht zu denken, wenn die Menschen damals offener gewesen wären –« Sie hielt inne. »Ich habe mein Leben mit vielen Menschen verbracht, die diese Arbeit unzählige Jahre lang getan haben. Und doch scheinen sie sich erst jetzt, da die Uhr wieder zurückgedreht wird, mit dem auseinanderzusetzen, was in ihren Heimen und Krankenhäusern vor fünfundvierzig Jahren geschehen ist. Selbst wenn wir andern nicht wußten, was geschah, oder nur unterbewußt und am Rande, wie konnten sie es nicht gewußt und sich dem nicht gestellt haben?«

»Ich habe mich öfters gewundert«, fuhr sie fort, »was geschehen wäre, wenn ich damals herausgefunden hätte, was sie den Kindern antaten, Kindern wie die, um die ich mich jetzt kümmere. Ich glaube, ich hätte etwas dagegen tun müssen, aber – und ich weiß nicht, wie ich Ihnen das erklären kann – es hätte mich nicht dazu gebracht, den Nationalsozialismus abzulehnen. Unsere Überzeugungen saßen zu tief, zu tief, um sie aufzugeben oder auch nur anzuzweifeln. Nein, ich glaube, ich hätte gedacht, daß böse Geister am Werk seien, und ich wäre im wahrsten Sinne des Wortes ausgezogen, sie zu suchen.«

Ob sie dann geglaubt hätte, daß Hitler von diesen Dingen nichts wissen könne, daß die »bösen Geister« andere seien? »Ich fürchte, genau das hätte ich geglaubt«, sagte sie bitter, »das berühmte ›Wenn der Führer das nur wüßte‹, das immer dann kam, wenn etwas schiefging.«

Besonders wichtig war mir, Theo Hupfauer und seine Frau zu fragen, was sie von der Euthanasie gewußt hatten, denn im Februar 1941 wurde Hupfauer zum »Burgkommandanten« der Ordensburg Sonthofen ernannt, einer Eliteschule zur politischen Erziehung, auf deren Lehrplan »Erbgesundheit« und »Reinheit der Rasse« einen wichtigen Platz eingenommen haben müssen.

»Ich hatte ja nur einen Ehrentitel«, sagte er ausweichend. »Ich wußte nichts von der Euthanasie. Aber lassen Sie mich gleich hinzufügen – ich bin nicht dagegen. Wie Sie sehen, wird sie heute immer stärker diskutiert.«

Es schien mir unvorstellbar, daß er als Burgkommandant von Sonthofen und hochrangiger Vertreter der Deutschen Arbeitsfront nichts von diesem für das neue Deutschland so wichtigen Programm gewußt haben sollte.

»Während jener Jahre hing an der Wand jedes Büros ein Verbot«, sagte er. »Wußten Sie das? Es besagte, daß niemand mehr von einer geheimzuhaltenden Sache erfahren durfte, als aus dienstlichen Gründen unbedingt erforderlich war.«

Zuständig für Sonthofen waren von April 1941 an Hupfauer und seine Frau. Sie hatten mir stolz eine Reihe schön gedruckter *Sonthofen-Hefte* gezeigt. Die erste Ausgabe enthielt drei patriotische Proklamationen: eine von Hitler, die zweite von Hupfauer als Kommandant und die dritte von Frau Hupfauer. Sie habe den Text selbst geschrieben, sagte sie stolz. Wußte sie von der Euthanasie? »Nein, nie«, sagte sie. »Wissen Sie, ich war mit Haus und Kindern beschäftigt.« Die beiden sahen sich an.

»Wir hatten eine Vereinbarung«, sagte Hupfauer. »Sie kümmerte sich um die Familie, ich mich um die Politik und den Krieg. Einer von uns in der Politik war genug.«

»Aber wissen Sie, in den dreißiger Jahren arbeitete ich als medizinisch-technische Assistentin«, warf sie plötzlich von sich aus ein. »Ich sah viele Kinder, die, wie ich vermute, am Leben gehalten wurden, damit Ärzte mit ihnen experimentieren konnten. Ich erinnere mich an ein kleines Ding, etwa anderthalb Jahre alt, mit offener Wirbelsäule. Es war schrecklich, einfach schrecklich. Welchen Sinn hatte es, ein Kind so leiden zu lassen? Ich erinnere mich ganz deutlich an mein Gefühl damals – natürlich, daß es mit einem friedlichen Tod besser dran wäre.«

Dr. Hupfauer betonte noch einmal, daß er im Prinzip nicht gegen Euthanasie sei. »Sie sehen ja, die ganze Welt bewegt sich langsam in diese Richtung. Die Frage ist nur, wie und in welchem Ausmaß. Gibt es wirklich einen so großen Unterschied zwischen den routinemäßig durchgeführten Früherkennungstests bei Schwangerschaften mit dem Gedanken an einen Abbruch, wenn der Fötus abnormal ist, ganz zu schweigen von den vielen Abtreibungen, die heute aus allen möglichen Gründen durchgeführt werden – und dem, was hier vor vierzig Jahren gemacht wurde?«

Über seine eigenen Gefühle äußerte er sich jedoch nur vage. »Ich weiß nicht«, sagte er aufrichtig. »Sie können mir glauben, wenn ich sage, daß ich empört war, schlicht empört, als ich in Nürnberg erfuhr, was in unserem Namen geschehen war.«

Diese beiden Menschen hatten sich nicht verändert. 1940/41 hatten sie an die Reinheit der Rasse geglaubt und, darin war ich mir sicher, nicht nur über das Euthanasieprogramm Bescheid gewußt, sondern es auch gutgeheißen. Und heute, da manche – wenn auch weniger extreme – Formen der legalisierten Euthanasie immer stärker verteidigt werden, haben sie das Gefühl, daß die Welt nun Hitlers Vorstellungen übernimmt.

Als ich Speer schließlich fragte, warum er die Euthanasie in seinen Büchern nirgends erwähnt habe, war ich angesichts seiner relativen Aufrichtigkeit erleichtert. »Ich denke, ich wußte davon«, sagte er, »natürlich nicht in dem Umfang, der mir später bewußt wurde – und nicht vom Ausmaß des Mißbrauchs. Ich erinnere mich vage daran, wie Hitler geisteskranke Patienten beschrieb: wie schrecklich ihr Leben sei, ein bloßes Dahinvegetieren, und wie sehr sie litten. Aufgrund dessen muß ich sagen, daß ich nicht gegen die Euthanasiemaßnahmen gewesen wäre. Vor kurzem [das Gespräch fand 1979 statt] habe ich ein psychiatrisches Krankenhaus besucht – weil es von dem berühmten Architekten Balthasar Neumann gebaut wurde –, und wir sahen einige der Patienten, nur in den Korridoren, wissen Sie. Es war ziemlich arg. Natürlich habe ich seit 1945 die ganze Literatur über das, was sie [die Nazis] wirklich getan haben, gelesen, und da glaube ich, muß ich ein wenig vorsichtig sein, wenn ich sage, daß ich damals nicht gegen die Euthanasie gewesen wäre.«

Er machte Anstalten zum Rückzug. Wie oft, wenn er scheinbar etwas zugab oder sich zu etwas bekannte, wechselte er rasch auf ein weniger schlüpfriges Gebiet, und ich versuchte, ihn aufzuhalten. Ich fragte ihn, ob er damals gewußt hätte, daß das Programm auch Menschen einschloß, darunter viele Kinder, die an Krankheiten litten, die das Gehirn nicht angriffen, wie multiple Sklerose und Muskelschwund, die man heute immer besser behandeln kann.

Hatte er anfangs noch völlig freimütig geantwortet, machte er jetzt, als ich an die Kinder erinnerte, die der Euthanasie zum Opfer gefallen waren – von der er, wie eben eingestanden, gewußt hatte – einen Rückzieher. »Nein, ich glaube nicht«, sagte er kurz angebunden, mit einem deutlichen Punkt am Ende des Satzes. Dies konnte er nicht zugeben. Das Thema war beendet.

IX

Ein sehr grauer Weg

Nürnberg, 1. Oktober 1946

FRANCIS BIDDLE, Mitglied des Gerichtshofes für die Vereinigten Staaten, verkündet das Urteil: Der Gerichtshof ist der Ansicht, daß die Tätigkeit Speers nicht darauf hinzielte, Angriffskriege einzuleiten, zu planen oder vorzubereiten oder sich zu diesem Zwecke zu verschwören. Chef der Rüstungsindustrie wurde er lange nachdem alle Kriege bereits begonnen hatten und im Gange waren. Seine Betätigungen, als ihm der deutsche Kriegseinsatz unterstand, dienten dem Kriegseinsatz genauso, wie jede Erzeugungsstätte der Kriegführung half; der Gerichtshof ist jedoch nicht der Ansicht, daß eine solche Tätigkeit die Teilnahme an einem gemeinsamen Plan, Angriffskriege zu führen, darstellt im Sinne des Anklagepunkts Eins oder Angriffskriege zu führen im Sinne des Anklagepunkts Zwei ...

Indem der Nürnberger Gerichtshof Speer von den Anklagepunkten der Planung oder Führung eines Angriffskrieges freisprach, erkannte er an, daß Speer in seiner Stellung nicht von Dingen wie Hitlers Weisung an die Wehrmacht zur Vorbereitung des Kriegs von 1939/40, darin den Paragraphen zum »Fall Weiß«, die Invasion Polens, die am 1. September beginnen sollte, hatte wissen können. Das Gericht erkannte auch an, daß Speer nicht an den drei Treffen des Generalstabs am 5. November 1937, 28. Mai 1938 und 23. Mai 1939 teilgenommen hatte, auf denen Hitler seine Entschlossenheit zum Krieg deutlich zum Ausdruck brachte und die die »gemeinsame Planung für den Angriffskrieg« in die Wege leiteten und dann bestätigten. Speer war einer von nur vier Angeklagten, die in diesem Anklagepunkt freigesprochen wurden.

Nicolaus von Below, der an zwei dieser Besprechungen teilgenommen hatte, wurde als Zeuge der Verteidigung aufgerufen. Er tat sein Bestes, um den angeklagten Generalstabsoffizieren Feldmarschall Keitel und General Jodl zu helfen; sein vierzig Jahre später erschienenes Buch gibt freilich Einblick in die Psyche von Zeugen, die wie er zerrissen waren zwischen der Loyalität gegenüber ihren Freunden und der Pflicht, die Wahrheit zu sagen.

Die Alliierten hatten dem Hoßbach-Protokoll entsprechende Aufzeichnungen über die späteren Konferenzen gefunden, die für die Anklage in Nürnberg zu Schlüsseldokumenten wurden. Diese Aufzeichnungen wurden von Hoßbachs Nachfolger Oberst Rudolf Schmundt geführt und lagen im Tresor des Militärhistorikers General Walter Scherff, der im Sommer 1942 von Hitler beauftragt worden war, die Geschichte seines Krieges zu schreiben. Below schreibt in seinem Buch über dieses zweite Dokument:

Es war verständlich, daß verschiedene Angeklagte versuchten, die Echtheit des Dokuments anzuzweifeln und einzelne Angaben ... als falsch hinzustellen. Ich selbst habe mich als Zeuge in Nürnberg vorsichtig im Sinne der Angeklagten geäußert. Heute [1980] besteht kein Grund, die Echtheit von Schmundts Niederschrift zu verheimlichen. Die aufgeführten Teilnehmer waren alle anwesend, auch Göring und Oberst Warlimont [Keitels Stellvertreter]. Es ist völlig ausgeschlossen anzunehmen [wie von der Verteidigung in Nürnberg unterstellt], daß Schmundt den Bericht erst sehr viel später, etwa 1940 oder 1941, abgefaßt hätte. Ich kannte Schmundts Gewohnheit, solche Aufzeichnungen so schnell wie möglich nach den jeweiligen Ereignissen anzufertigen. Schmundt war ... gewissenhaft und verantwortungsbewußt genug, um die Bedeutung solcher Gesprächswiedergaben richtig zu erkennen. Im übrigen entsprach der Inhalt ... Hitlers Gedanken aus jener Zeit ...

Speer, der den größten Teil des Sommers mit Hitler in Berchtesgaden verbrachte, kannte zwar mit Sicherheit weder den genauen Zeitpunkt noch sonstige Einzelheiten, wußte jedoch wie der Generalstab und alle in Hitlers

Umgebung spätestens in der letzten Augustwoche, daß ein Krieg gegen Polen unmittelbar bevorstand. Der Kriegsbeginn, ursprünglich für den 1. September vorgesehen, wurde später auf den 26. August vorverlegt, dann auf den 27. August verschoben und schließlich endgültig erneut auf den 1. September festgesetzt.

Der wesentliche Grund für das offensichtliche Schwanken Hitlers noch Mitte August 1939, weniger als zwei Wochen vor der geplanten Eröffnung der Kampfhandlungen, bestand darin, daß es ihm nicht gelungen war, einen Nichtangriffspakt mit der Sowjetunion abzuschließen, den er dringend brauchte, um sich in Polen Handlungsfreiheit zu sichern. Daß er schließlich doch im letzten Moment Erfolg hatte, war weniger dem diplomatischen Geschick des deutschen Außenministeriums zu verdanken, das während monatelanger Verhandlungen den Sowjets immer verlockendere Angebote gemacht hatte, sondern den verspäteten und ungeschickten Bemühungen der anglo-französischen Diplomatie.

Allerdings ist zweifelhaft, ob sich die Sowjets überhaupt durch irgend etwas von dem Kurs hätten abbringen lassen, den sie von Beginn an verfolgt hatten. Ihr Ziel war, einen Großteil Polens und die drei reichen baltischen Länder Lettland, Estland und Litauen unter ihre Kontrolle zu bringen und zu sowjetisieren. Um diese Beute einzuholen, mußten sie gemeinsame Sache mit den Deutschen machen.

Am 19. August spätnachmittags, während in einem Flügel des Kremls die ahnungslose Delegation der Alliierten versuchte, die Sowjets mit weiteren, widerwillig angebotenen Vorschlägen einzufangen, übergab der sowjetische Außenminister Wjatscheslaw Molotow dem deutschen Botschafter Friedrich Werner Graf von der Schulenburg den Entwurf eines Nichtangriffspakts und eine Einladung an Außenminister Ribbentrop, nach Moskau zu kommen, sobald in Berlin ein – für die Sowjets äußerst günstiges – Wirtschaftsabkommen unterzeichnet sei. (Schulenburg, ein Diplomat alten Stils, den die Verschwörer des 20. Juli als künftigen deutschen Außenminister vorsahen, wurde nach dem gescheiterten Attentat auf Hitler am 10. November 1944 hingerichtet.) Kaum hatte Hitler den Wortlaut der auf den Berghof telegrafierten Vertragsentwürfe überflogen, unterzeichnete er um 2 Uhr am nächsten Morgen, dem 20. August, das Abkommen. Um 16.35 Uhr telegrafierte er sein Einverständnis mit dem sowjetischen Entwurf an Stalin; er schlug nur einige kleinere Veränderungen vor und drängte, da sich die Krise zwischen Deutschland und Polen »jeden Moment« zuspitzen könne, zu äußerster Eile bei der Unterzeichnung. Stalin, der die wirtschaftlichen Vorteile des ersten Vertrags – und die Atempause, die der zweite bringen würde – ebenso dringend benötigte wie Hitler, antwortete innerhalb weniger Stunden telegrafisch mit einer Einladung an Ribbentrop für den 23. August.

Die »Zuspitzung der Krise« bestand natürlich aus nichts anderem als den von Hitler sorgfältig geplanten Provokationen. Die Polen, die sich ihrer militärischen Schwäche vollkommen bewußt waren, waren keineswegs auf einen Konflikt aus. Angesichts des bloßen Händeringens und der schwachen diplomatischen Proteste der Briten und Franzosen, als Hitler im März 1938 Österreich »angeschlossen« und im März 1939 die Tschechoslowakei annektiert hatte, bestand für die Polen wenig Grund, den Westmächten zu vertrauen. Tatsächlich machten die westlichen Alliierten ihre Versprechungen Polen gegenüber dann doch wahr, was Hitler nie erwartet hatte. Er hatte daher eine Reihe von Szenarien vorbereitet, die ihm erlauben würden, polnische »Greueltaten« für den Kriegsausbruch verantwortlich zu machen.

Das bekannteste dieser Täuschungsmanöver – durchgeführt am Abend des 31. August – war der »Überfall« auf den Sender Gleiwitz an der polnischen Grenze: Als polnische Aufständische verkleidete SS-Männer sollten den Radiosender stürmen, eine Erklärung senden und flüchten. Am selben Tag wurde allerdings ein noch komplizierterer Plan ausgeführt und, wie der Zwischenfall von Gleiwitz, im deutschen Rundfunk prompt als Provokation der Polen ausgegeben: Auch hier wurde eine Kompanie polnischsprachiger SS-Männer in polnischen Uniformen aufgestellt, die in einem fingierten Scharmützel mit den Grenzbeamten das deutsche Zollhaus Hochlinden stürmte. Sechs Leichen von Häftlingen des KZ Sachsenhausen, auch in polnische Uniformen und mit Soldatenausweisen in den Taschen, wurden zum Beweis für das Gefecht dort liegengelassen. Es sollte Jahre dauern, bis die wahre Geschichte dieser inszenierten Provokationen ans Licht kam und bestätigt wurde. (Speer sagte mir, er habe bis Nürnberg geglaubt, die Polen seien für den Überfall in Gleiwitz verantwortlich gewesen.)

Während des Abendessens am 23. August hatte Speer Hitler in einem Zustand beispielloser Erregung beobachtet, als man ihm die Nachricht Stalins aushändigte, wonach die Sowjets den Nichtangriffspakt in Kürze unterschreiben würden. »Es wurde ihm ein Zettel hereingereicht«, schrieb Speer in Spandau. »Er bekam einen hochroten Kopf (wie ich das noch nie so bei ihm gesehen hatte), sprang von der Tafel auf und mit dem Zettel in der Hand schrie er freudig erregt: ›Ich hab's … Ich hab's!‹« Doch erst nach dem Abendessen, als die Damen sich zurückgezogen hatten, zeigte Hitler, der wenig Vertrauen in die Diskretion von Frauen hatte, seiner männlichen Umgebung das Telegramm. »Erregend war es schon, ein Telegramm des Einverständnisses in der Hand zu halten«, schreibt Speer im »Spandauer Entwurf«, »mit den beiden Namen. Die überraschendste Wendung, die ich mir nach allen privaten und öffentlichen Äußerungen Hitlers vorstellen konnte.«

Speer hatte an Hitlers – und Stalins – Aufrichtigkeit geglaubt. »Natürlich denke ich heute«, meinte er zu mir, »daß das alles Teil von Hitlers und vielleicht auch Stalins politischem Kalkül war. Doch wie schwer es heute auch fallen mag, dies zu glauben, ich versichere Ihnen, ich wußte das damals nicht. Nicht nur das: Ich glaube bis heute, daß auch Ribbentrop, der doch am ehesten in der Lage gewesen wäre, das Spiel zu durchschauen, ebenfalls an Hitlers Aufrichtigkeit glaubte.«

Hitler habe Stalin in gewisser Weise immer wegen seiner Stärke und Rücksichtslosigkeit bewundert. »Vielleicht glaubte er wirklich, daß eine Entente zwischen ihnen auf dem Weg einer Teilung Europas oder der Welt möglich sei.«

Natürlich war Speer nicht in jenes Gespräch unter vier Augen eingeweiht, das nur zwei Wochen vor dieser schicksalhaften Nacht am 11. August 1939 stattgefunden und in dessen Verlauf Hitler einige seiner wichtigsten Entscheidungen mitgeteilt hatte. Sein Gesprächspartner war der Schweizer Carl Burckhardt gewesen, der Hohe Kommissar des Völkerbunds in Danzig, den Hitler vermutlich als Sprachrohr gegenüber den Alliierten einsetzen wollte.

Burckhardt, der kurz danach Präsident des Internationalen Roten Kreuzes wurde, beschrieb das Treffen mit Hitler in seinem Buch *Meine Danziger Mission 1937–1939*. »Alles, was ich unternehme, ist gegen Rußland gerichtet«, habe ihm Hitler mit der deutlichen Absicht gesagt, daß seine Worte, die auf eine Garantie für die Westalliierten hinausliefen, diesen mitgeteilt würden. »Wenn der Westen zu dumm und zu blind ist, um dies zu begreifen, werde ich gezwungen sein, mich mit den Russen zu verständigen, um den Westen zu schlagen und dann nach seiner Niederlage mich mit meinen versammelten Kräften gegen die Sowjetunion zu wenden. Ich brauche die Ukraine, damit man uns nicht wieder wie im letzten Krieg aushungern kann.«

In *Mein Kampf* hatte Hitler zur Genüge seine Entschlossenheit bekundet, gegen Rußland in den Krieg zu ziehen. Doch selbst wenn Speer, wie er manchmal behauptete, das Buch nicht gelesen hatte, wie war es möglich, fragte ich, daß er und zweifellos auch andere intelligente Deutsche Hitlers Strategie des »Teile und herrsche« damals nicht durchschauten? Es mußte doch auf der Hand gelegen haben, daß Hitler entschlossen war, die Polen zu isolieren. Indem er einen Keil zwischen die Sowjetunion auf der einen und die Briten und Franzosen auf der anderen Seite trieb, konnte er die Westalliierten davon abbringen, Polen zu unterstützen; indem er der Sowjetunion unwiderstehliche wirtschaftliche und politische Angebote machte, konnte er sie daran hindern, Polen zu Hilfe zu kommen. Wie konnte Speer dies nicht gesehen haben? Wie war es möglich, daß die Deutschen nicht begriffen, daß nichts Hitler von seinem Schwur abbringen konnte, gegen den Bolschewismus in den Kampf zu ziehen?

»Ich denke«, sagte Speer müde, »wir sahen nur, was wir sehen wollten, und wußten nur, was wir wissen wollten.«

Als Hitler am 24. August den zynischsten Vertrag des Jahrhunderts unterzeichnete, feierte er damit seinen größten diplomatischen Triumph. Auf den ersten Blick war es ein recht einfacher Vertrag: Beide Länder schworen aggressiven Handlungen gegeneinander für einen Zeitraum von zehn Jahren ab, mit einer Verlängerungsklausel für weitere fünf Jahre. Das Kleingedruckte war allerdings im vier Tage davor unterzeichneten ersten Handelsabkommen und in einem geheimen Zusatzprotokoll enthalten, in dem Deutschland und die Sowjetunion vereinbarten, Hitlers Krieg gegen Polen, der eine Woche später beginnen sollte, für die Aufteilung Osteuropas unter sich zu nutzen. Finnland, der größte Teil des Baltikums und Bessarabien sollten an Rußland fallen, außerdem, sobald Hitlers Polenfeldzug angefangen hatte (den die Russen durch die Invasion Polens von ihrer Grenze her unterstützen wollten), ganz Ostpolen, also 124 000 Quadratkilometer Land mit 13 Millionen Menschen.

Speer telefonierte am Morgen des 24. August mit seinem Stabschef beim GBI und wies ihn an, ein technisches Team bereitzustellen, dessen Hilfe beim Bau von Brücken, Straßen, Landebahnen und Bunkern er dem Oberkommando des Heeres anbieten wollte.

Es kam nicht ganz so wie geplant. Zwar stand das Team bereit, als Speer am nächsten Tag mit Hitler nach Berlin zurückkehrte, und General Friedrich Fromm, verantwortlich für die Mobilmachung des Heeres, griff das Hilfsangebot Speers dankbar auf, doch Hitler, von Bormann prompt über Speers Schritte informiert, verbot ihm sofort, etwas anderes zu unternehmen, als die Bauprojekte weiterzuverfolgen.

Mit Theo Hupfauers Karriere in der Deutschen Arbeitsfront war es inzwischen steil aufwärts gegangen. 1938 war er mit den deutschen Truppen nach Österreich geschickt worden, um die Organisationen der Arbeitsfront in den »befreiten Gebieten« aufzubauen, wie er sich noch bei unserem Gespräch 1986 ausdrückte. Er hielt den Anschluß sowohl politisch wie geographisch für legitim. »Der österreichische Staatsvertrag von 1918«, sagte er, »stellte ausdrücklich fest, daß Österreich ein Teil Deutschlands sei.«

Über die Begeisterung der Österreicher sei er dennoch überrascht gewesen. »Obwohl ihre katastrophale wirtschaftliche Lage sich durch den Anschluß an die blühende deutsche Wirtschaft ganz offensichtlich drastisch verbessern würde, hatte ich einen derartigen Enthusiasmus nicht erwartet.«

Hupfauer stimmte mit Hitlers Politik in Österreich und im Sudetenland vollkommen überein. Doch als im März 1939, nur wenige Monate nach dem Münchner Abkommen mit Chamberlain und Daladier, die Tschechoslowakei an der Reihe war, verspürte er erstmals eine gewisse Unruhe.

»Sie dürfen nicht denken, daß wir keine Ahnung hatten oder einfach Schafe waren«, sagte er. »Wir haben unter uns ganz offen darüber gesprochen. Ich habe immer gesagt, daß Hitlers größter Mangel seine völlige Unkenntnis anderer Länder und Mentalitäten war; schließlich ist er nie gereist. Außer den Besuchen bei Mussolini, später den Aufenthalten im Hauptquartier zuerst im Westen und dann im Osten und der einen kurzen Parisreise fuhr er nie irgendwo hin. Er war einfach kein Staatsmann.« Und noch einmal wiederholte Hupfauer, Hitlers Vertragsbrüche hätten »böse Ahnungen« in ihm ausgelöst.

Dennoch blieb Hupfauer in Hitlers Diensten. Einer seiner stolzesten Augenblicke war gekommmen, als Hitler sich von Artikeln, die Hupfauer in der *Frankfurter Zeitung* über die gesellschaftliche Verantwortung des einzelnen geschrieben hatte, so beeindruckt zeigte, daß er Robert Ley, den Leiter der Deutschen Arbeitsfront, anwies, Hupfauer die Festrede zur Verleihung der Auszeichnungen an die »Musterbetriebe« der Jahre 1937–1939 halten zu lassen. »Danach«, sagte Hupfauer, »schüttelte Hitler mir beide Hände und sagte: ›Das ist die Zukunft.‹ Dann, ganz außergewöhnlich, hielt er eine viertelstündige improvisierte Rede, wobei seine Sachkenntnis tadellos war. Wissen Sie, er konnte praktisch über alles so reden. Sein Wissenshorizont war phantastisch.«

Vier Monate später, im August 1939, gingen Hupfauer und fünf Freunde auf eine schon lange geplante Segelreise, die von der Ostsee zur Insel Man führen sollte. In Dänemark ging ihnen das Geld aus, und sie mußten umkehren. Wieder zurück auf See, begegneten sie dem deutschen Kreuzer *Schleswig-Holstein*, dessen Kommandant zuvor Stellvertreter von Admiral Canaris gewesen war. Hupfauer hatte ihn bei Canaris kennengelernt, als er dessen Erlaubnis benötigte, bestimmte, von der Armee geführte Fabriken zu besichtigen.

Die jungen Urlauber wurden zu einem Schnaps an Bord eingeladen und fragten den Kapitän nach dem Ziel des Kreuzers. »Er antwortete ausweichend«, sagte Hupfauer, »doch als wir sagten, daß wir eigentlich nach England segeln wollten, riet er uns, so schnell wie möglich nach Hause zurückzukehren.«

Ob sie verstanden hätten, was das bedeutete? »Natürlich. Hitler hatte diesen Idioten Ribbentrop als Berater – das mußte böse enden. Aber ich war wirklich überrascht, als der Krieg kam. Keiner von uns wollte ihn. Es war dumm – endlich hatten wir Arbeit, und es ging bergauf. Was konnte uns ein Krieg bringen?«

Ob er heute einsehe, daß Hitler, nicht Polen, den Krieg begonnen hatte? »Das stimmt schon«, sagte er, »aber warum haben sie ihm nicht einfach Danzig überlassen – das war eine legitime Forderung ...«

»Es war eine deutsche Stadt«, warf seine Frau ein. »Ich erinnere mich noch gut daran.«

»Das Problem war, daß Ribbentrop Hitler eingeredet hat, England würde nicht in den Krieg eintreten«, sagte Hupfauer. »Davon hing alles ab. Man kann nicht wissen, was Hitler getan hätte, wenn er gewußt hätte – und das hätte er wissen müssen –, daß England seine Abkommen mit Polen natürlich einhalten würde. Sie haben Österreich und die Tschechoslowakei gehenlassen, aber zu Polen hatten sie traditionell viel stärkere Bindungen. Und politisch war Polen die Grenze, das Bollwerk gegen den Einfall und die Vorherrschaft der Russen in Westeuropa. Aber das waren alles Sachen, die Hitler nicht wahrnehmen konnte. Diese Blindheit war sein Verderben.«

Die in Polen einmarschierten Truppen Hitlers verzeichneten bereits dramatische Erfolge und hatten Warschau eingekesselt, als die Sowjets ihrerseits am 17. September 1939 pro forma einen Vorstoß von Osten her unternahmen, der weniger als eine Woche dauerte und an dessen Ende Stalin neue Forderungen an Hitler stellte. Am 27. September stimmte der eilends nach Moskau geschickte Außenminister Ribbentrop den Änderungsforderungen der listigen Russen zu. Während sowjetische Truppen entsprechend dem ursprünglichen Vertrag schon in Estland und Lettland standen, bot Stalin Hitler nun ein weiteres, beträchtliches Gebietsstück an: ganz Polen östlich der Weichsel. Im Gegenzug wollte er die Zusicherung freier Hand in Litauen, dem reichsten baltischen Staat. Dies bedeutete, daß der Großteil der polnischen Bevölkerung, darunter die meisten der etwa zweieinhalb Millionen polnischen Juden, unter deutsche Kontrolle geraten würde.

Hitler, der bereit war, fast alle Bedingungen anzunehmen, die ihm die Neutralität der Sowjets garantierten und ihm Zeit gaben, seine neue Ordnung in Osteuropa zu errichten, stimmte zu. Kurz danach erklärte er sich auch einverstanden, den Sowjets militärische Ausrüstung im Wert von einer Milliarde Reichsmark zu liefern, darunter Flugzeuge, Geschütze und Schiffe neuester Bauart, dank deren die Sowjets zur Empörung seiner bestürzten Generäle Zugang zur neuesten und geheimsten deutschen Militärtechnologie erhielten. Hitler war sich jedoch im klaren darüber, daß es Deutschland an Rohstoffen mangelte (was ihn paradoxerweise hätte daran hindern können, seine zukünftigen Pläne für den Osten in die Tat umzusetzen), und er bekam von den Sowjets als Bezahlung eine Million Tonnen Futtergetreide, neunhunderttausend Tonnen Öl, eine halbe Million Tonnen Phosphat, eine halbe Million Tonnen Eisenerz und hunderttausend Tonnen Chromerz. Ein anderes wichtiges Zugeständnis war das garantierte Transitrecht durch die Sowjetunion für Rohstoffe, die in Rumänien, Afghanistan, im Iran und im Fernen Osten gekauft werden sollten.

Es ist eigenartig, wie wenig die Welt bis heute über Polens Martyrium während des Zweiten Weltkriegs weiß. In Ostpolen liquidierten die Sowjets in der Absicht einer Sowjetisierung der neu gewonnenen Gebiete sehr schnell den Großteil der gesellschaftlichen und geistigen Elite des Landes: Richter, Lehrer, Priester, Landbesitzer und Armeeoffiziere, darunter die 15 000 Offiziere, die vermutlich im Mai 1940 im Wald von Katyn ermordet wurden, ein

Verbrechen, das von den Russen erst 1990, als Gorbatschows Glasnost Fuß gefaßt hatte, zugegeben wurde.

Wie Alan Bullock in *Hitler und Stalin: Parallele Leben* glänzend aufzeigt, stimmten die Ziele der beiden Diktatoren hier fast überein, mit Ausnahme von Hitlers Manie gegenüber den Juden, die Stalin, auch wenn er keineswegs prosemitisch war, nicht teilte. Beide Männer beuteten das polnische Land und Volk aus, beschlagnahmten Getreide und Mineralien, wo sie nur konnten, und setzten von langer Hand vorbereitete Kolonisierungspläne in die Tat um. Die Russen brachten Tausende sowjetischer Familien ins Land, die Nazis – ambitionierter und weit besser organisiert – Hunderttausende ethnischer Deutscher, zumeist Bauern.

Man hat bis heute nicht genau feststellen können, wie viele Polen von den Sowjets getötet wurden oder in Sibirien starben; die neuerdings zugänglich gemachten Archive werden uns vielleicht darüber aufklären. Einer Schätzung zufolge wurden eineinhalb Millionen Polen deportiert, von denen ungefähr die Hälfte umkam. Diese Zahl nimmt sich freilich gering aus im Vergleich zu jenen rund fünfeinhalb Millionen Menschen, die von den Deutschen in Polen ermordet wurden, darunter die zweieinhalb Millionen Juden, die von den Nazis vergast, erschossen oder durch Zwangsarbeit in den Lagern getötet wurden. Geopolitisch betrachtet diente Polen den Sowjets wie den Nazis gewissermaßen als Laboratorium für die Zukunftspläne beider Diktatoren. Bullock schreibt:

> Wie das östliche Polen als erstes nichtsowjetisches Land jene soziale und politische Revolution aufgezwungen bekam, die Stalin später in ganz Osteuropa durchsetzte, so war das polnische »Generalgouvernement« das erste ausländische Experimentierfeld für Hitlers rassistische Prinzipien. Hier kam zur Anwendung, was einmal als Fundament jenes neuen Reiches dienen sollte, das sich seinen Visionen gemäß dereinst bis zum Ural erstrecken würde ...

Die Nazis hatten für ihre Teile Polens ein zweigleisiges Programm vorbereitet. Das in »Warthegau« umbenannte Nordwestpolen – mit Danzig, Posen, Westpreußen und einem großen Teil Schlesiens (von dem übrigens nur die Hälfte preußisch gewesen war, bevor es durch den Versailler Vertrag Polen zugeschlagen wurde) – wurde Deutschland einverleibt als erster Teil jenes »Lebensraums«, den Hitler den Deutschen jahrelang versprochen hatte. Noch bevor das hartnäckig verteidigte Warschau erobert war, ließen Himmler und seine rechte Hand Reinhard Heydrich, der neue Chef der Sicherheitspolizei und des SD, in diesem Gebiet zum erstenmal die neu geschaffenen »Einsatzgruppen« auf die Bevölkerung los. Diese Gruppen waren ein seltsam gemischter Haufen von (bei voller Stärke ein Jahr später) rund 3000 Mann, darunter viele, die sich schon früh freiwillig für die Informations- oder Polizeiabteilungen der SS gemeldet hatten, ferner unzufriedene Angehörige freier Berufe – Rechtsanwälte, Zahnärzte und sogar Presseleute, Regierungsbeamte und Diplomaten. Sie waren im Grunde genommen alle Zivilisten, die zum Mord und nicht für den Krieg ausgebildet wurden – die Nachkriegsprozesse gegen Mitglieder der Einsatzgruppen zeigten, daß in ihrer dreiwöchigen Ausbildung im schlesischen Pretzsch kein Kampftraining enthalten war. Doch fanatische Nazis waren sie allesamt, und die vier Gruppen zu je 600 Mann, von einer großen Anzahl hochqualifizierter SS-Offiziere geführt, waren die Geißel und der Schrecken der eroberten Gebiete Osteuropas.

Aus dem mittleren Teil Polens mit den großen Städten des Landes (Warschau, Krakau und Lublin) und einer Bevölkerung von elf Millionen Menschen wurde eine besetzte Provinz – das Generalgouvernement –, an deren Spitze als Generalgouverneur Hitlers ehemaliger Rechtsanwalt Reichsminister Hans Frank stand. In diesen Teil des eroberten Polens, dem einzigen, der katholisch und polnisch bleiben durfte, deportierten die Einsatzgruppen aus den »germanisierten«, annektierten Gebieten des »Warthegaus« Millionen von Polen, deren Höfe und Häuser den aus ganz Mittel- und Osteuropa ins Land geholten deutschstämmigen Siedlern übergeben wurden. Bis Mitte 1941 wurden 200 000 repatriierte »Volksdeutsche« aus dem Sudetenland und weiter östlich liegenden Gebieten im wiederhergestellten Preußen und Schlesien angesiedelt, wo als Sprache nun wieder das Deutsche herrschte und der Einfluß der Priester und der polnischen Kultur praktisch versiegte.

In das Generalgouvernement wurden inzwischen auch die 1,9 Millionen Juden, die in den nun deutschen Nordwestprovinzen gelebt hatten, abgeschoben. Zu diesem Zeitpunkt und bis nach Beginn des Krieges gegen die Sowjetunion verfolgten die Deutschen ihnen gegenüber weitgehend eine Strategie der Isolierung. Man pferchte sie in die Ghettos der Städte des Generalgouvernements, die rasch hoffnungslos übervölkert waren und deren Einwohner unter schlimmsten Mängeln litten. Dennoch wurden die Ghettos in gewissem Maße zu selbstverwalteten Enklaven, wo man versuchte, mittels Schulen, Kliniken, Unterhaltungsstätten und religiösen Einrichtungen einen Anschein von Normalität eine Zeitlang aufrechtzuerhalten.

Eine geheime Denkschrift Himmlers vom Mai 1940 stellte fest, daß der einstige polnische Staat und seine verschiedenen »Rassen« – Polen, Ukrainer, Weißrussen und Juden – in »möglichst viele Teile zergliedert« werden und »die rassisch Wertvollen aus diesem Brei« herausgefischt werden sollten. Der Rest sollte dem Tod überantwortet werden. Innerhalb von zehn Jahren würde im Generalgouvernement eine »minderwertige Bevölkerung« übrigbleiben, die als »führerloses Arbeitsvolk zur Verfügung stehen und Deutschland ... Wanderarbeiter ... stellen« würde. Am Ende »werden die Juden durch eine Riesenzwangsverschickung nach Afrika oder andere Kolonien vollkommen vernichtet« sein, während die anderen Volksgruppen weiter nach Osten getrieben werden sollten und dadurch ihre rassische Eigenständigkeit verlieren würden. (Dies läßt vermuten, daß die Ausrottung der Juden im Mai 1940 noch nicht beabsichtigt war.)

Die gebildeten Schichten Polens, fährt Himmler fort, sollten eliminiert und ihre Kinder sorgfältig untersucht werden, so daß die »rassisch wertvollen« eingedeutscht werden könnten, während der Rest nicht einmal lesen lernen dürfe. Die Vorschläge fanden Hitlers Wohlwollen, wie Himmlers grausige Aktennotiz mit dem Titel »Sonderzug, 28. Mai 1940« zeigt:

Ich übergab meinen Bericht zur Behandlung fremdrassiger Völker im Osten dem Führer. Er las die sechs Seiten und hielt sie für sehr gut und richtig. Er bestimmte jedoch, daß nur sehr wenige Abschriften hergestellt werden sollten ... Der Bericht ist mit äußerster Geheimhaltung zu behandeln. [Himmler listet im folgenden die Beamten auf, die informiert werden sollten, und fügt dann hinzu:] Jeder hat zu bestätigen, daß ihm gesagt worden ist, daß dies als Weisung zu gelten hat, daß es aber in keinem Befehl eines Hauptbüros festgehalten werden soll, weder auszugsweise noch aus dem Gedächtnis.

Zweifellos hat sich Himmler die Stichworte von Hitler vorgeben lassen, der seine Pläne für die Völker des Ostens vor allem im Hinblick auf die Erziehung der Jugend immer wieder erörterte. In den »Tischgesprächen«* finden sich häufig einschlägige Äußerungen. Am 27. Juli 1941 beispielsweise bemerkt Hitler während des Abendessens:

Nichts wäre verkehrter, als die Masse etwa erziehen zu wollen. Ein Interesse haben wir lediglich daran, daß die Leute, sagen wir, die Verkehrszeichen unterscheiden lernen; sie sind jetzt Analphabeten und sie sollen es bleiben.

Ein Jahr später, am 22. Juli 1942, kam er erneut auf das Thema zu sprechen:

Aus diesem Grund dürfe der nichtdeutschen Bevölkerung auch keinesfalls eine höhere Bildung zugestanden werden. Würden wir in diesen Fehler verfallen, so würden wir einen kommenden Widerstand gegen unsere Herrschaft selbst züchten ... Inhalt des Geographie-Unterrichts dürfe im großen und ganzen nur sein, daß die Hauptstadt des Reiches Berlin heiße ... Darüber hinaus genüge es vollkommen, wenn die nichtdeutsche Bevölkerung, zum

---

* Hitlers »Tischgespräche« wurden seit Juli 1941 ohne Wissen Hitlers auf Anordnung Bormanns aufgezeichnet, da dieser meinte, Hitlers Ausführungen sollten für die Nachwelt erhalten bleiben. Obwohl die Zitate aus der Zeit nach Beginn des Rußlandfeldzugs stammen, sagte Hitler offensichtlich auch in den Monaten und Jahren vor Beginn der Aufzeichnung in etwa dasselbe. Zu einer eingehenderen Darstellung der Geschichte der »Tischgespräche« siehe die Anmerkungen.

Beispiel der Ukrainer, etwas Deutsch lesen und schreiben lerne; Unterricht im Rechnen und dergleichen sei überflüssig.

Das Wort »eingedeutscht« in Himmlers Vorschlägen vom Mai 1940 bezog sich auf eine ganz bestimmte Gruppe von Kindern aus dem Osten, bei denen von Arbeiten noch lange keine Rede sein konnte, aber auch sie kamen nach Deutschland infolge einer »Selektion«. Dies waren die polnischen – später ukrainischen und russischen – Babys und Kleinkinder, die nach einer Untersuchung durch »Rassewissenschaftler« als »germanisierungswürdig« beurteilt wurden. Die genaue Zahl der Kleinkinder, die ihren Eltern weggenommen wurden, um in Deutschland aufgezogen zu werden, ist nie bekannt geworden, doch das Suchregister in Arolsen in Westdeutschland, das die alliierten Hilfsorganisationen nach Kriegsende einrichteten, enthielt fast eine Viertelmillion Namen von Kindern, die von Eltern aus Polen und der Ukraine gesucht wurden.

Der Zufall wollte es, daß ich mit diesem besonderen Aspekt der Nazigreuel monatelang eingehend beschäftigt war, als ich als »Child Welfare Officer« der UNRRA (Hilfs- und Rehabilitierungsorganisation der Vereinten Nationen) in der amerikanischen Besatzungszone ein halbes Jahr lang ein Kindersuchteam leitete und die Pflege der gefundenen Kinder übernahm. Mit Hilfe einiger junger ungarischer Freunde mit guten Kontakten zur Bevölkerung konnte ich etwa fünfundvierzig Kinder zwischen drei und acht Jahren ausfindig machen, die in unserem Suchgebiet bei deutschen Bauernfamilien lebten, ihnen aber Informanten vor Ort zufolge nicht gehörten.

Es war eine der schwersten Aufgaben meines Lebens, diesen Familien die Kinder wegzunehmen. Die Ersatzeltern, zumeist Bauern, die die Kinder als ihre eigenen angenommen hatten, liebten sie, und die Kinder hatten sie lieb. Ich nahm die Kleinen in ein von uns eingerichtetes Heim mit, wo ich monatelang mit ihnen lebte und arbeitete, denn es brauchte Zeit, um nur ansatzweise den Schmerz der doppelten Gewalt zu lindern, die man ihnen angetan hatte: zuerst, als die Nazis sie ihren Eltern, ihrer Heimat und ihrer Sprache entrissen hatten, und dann, als wir – im Grunde nicht viel sanfter – sie aus dem inzwischen angenommenen Zuhause holten und ihren meist hingebungsvollen Adoptiveltern wegnahmen.

Noch mehr Zeit brauchten wir, um einige ihrer wirklichen Familien zu finden und sie wieder zusammenzuführen. Aus meiner Gruppe von fünfundvierzig Kindern waren, wie sich herausstellte, achtunddreißig aus Polen entführt worden, und im Frühjahr 1946 führte ich sie und zweihundert weitere, die in anderen Bezirken gefunden worden waren, in ihre Heimat zurück. Sie waren die ersten Kinder, die zurückgebracht wurden, und so wie ich den Schmerz der deutschen Eltern nicht vergessen kann, als sie die Kinder aufgeben mußten, werde ich mein Leben lang nicht die Gesichter der Eltern, Großeltern, Onkel, Tanten, Brüder und Schwestern vergessen, die sie in Polen willkommen hießen. Wie Menschen ein seit langem verlorenes Kind, das sie lieben, wiedererkennen, ist ein zutiefst bewegendes Wunder.

Doch angesichts dessen, was dann geschah, war ich fast dankbar, daß, als das Kindersuchprogramm einige Monate später eingestellt wurde, zu der Zeit nur ein Bruchteil der vermutlich 250 000 Kinder gefunden worden waren. Denn Hunderten von aufgefundenen Kindern, die man nicht polnischen, sondern sowjetischen, meist ukrainischen, Eltern weggenommen hatte, darunter sieben aus meiner Gruppe von fünfundvierzig, stand ein drittes Trauma bevor.

Aufgrund einer politischen Entscheidung, die vorwiegend in Washington getroffen (und dann den Briten unter politischem Druck auferlegt) wurde, durften diese Kinder im Gegensatz zu denen aus Polen ihren Familien nicht zurückgegeben werden. Mit einer der willkürlichsten Entscheidungen, die je von Regierungsbeamten getroffen wurden, beschlossen die amerikanische und die britische Regierung, inzwischen im Kalten Krieg mit der Sowjetunion, daß kein Kind zurückgeführt werden solle, das zum Kommunisten erzogen würde. In einem Antwortbrief auf meine Proteste schrieb das amerikanische State Department, die Entscheidung wäre vollkommen im Interesse der Kinder getroffen worden. Es wäre nicht möglich, ihre Sicherheit zu gewährleisten, wenn man sie in die Sowjetunion zurückschickte, und man könnte nicht zulassen, sie der Indoktrination auszusetzen. (Die sieben ukrainischen Kinder, die ich damals in meiner Obhut hatte, waren alle unter vier Jahre alt.) Ich kämpfte monatelang gegen diese ungeheuerliche Entscheidung, bei jedem Schritt unterstützt von Jack Whiting, dem Direktor der UNRRA in der amerikanischen Zone. Doch wir verloren, und diese psychisch doppelt mißhandelten Kinder, zunächst wegen der grotesken Rasseprinzipien der Nazis und dann aus gleichermaßen haarsträubenden ideologischen Gründen ihrer sogenannten Befreier, wurden nach Übersee geschickt, nach Amerika, Australien und Kanada, wiederum in fremde Länder mit fremden Sprachen, um dort erneut von Fremden adoptiert oder in Pflege genommen zu werden.

»Möge Gott uns vor verrückten Ideologen schützen, wo immer sie sind«, sagte Georges Casalis, als ich ihm eines späten Abends in Frankreich davon erzählte.

Es gibt keinen Grund, weshalb Speer von den Ereignissen in Polen 1939/40 hätte wissen müssen. Bis zu einem gewissen Grad leistete er Hitlers Befehl aus der letzten Woche vor Kriegsbeginn Folge, sich auf die Bauvorhaben zu konzentrieren. Im Winter 1939 errichtete er für Hitler und Göring Feldhauptquartiere auf zwei feudalen Anwesen im Taunus nahe der französischen Grenze. Göring war über Kranzberg begeistert. »Für ihn kamen nur Schlösser in Frage«, sagte Speer. Hitler dagegen lehnte sein neues Hauptquartier rundweg ab und beauftragte Speer, ihm etwas Kleineres und Schlichteres zu suchen. Es sei nicht angemessen, wenn er in Luxus schwelge, während seine Soldaten in Unterständen hausten.

»Angesichts der Mittel und der Mühen, die wir in diese Arbeit gesteckt hatten«, meinte Speer, »besonders in die für ein Führerhauptquartier notwendigen Nachrichtenanlage, kam mir das trotz meiner Vernarrtheit in Hitler auch schon damals reichlich widersprüchlich vor. Ich glaubte nicht, daß ein Soldat etwas dagegen einzuwenden gehabt hätte, wenn Deutschlands Führer seinem Rang entsprechend lebte. Doch jetzt denke ich, daß meine Zweifel über seine Beweggründe eigentlich ungerecht waren, denn wie sich herausstellte, beharrte er während des Krieges durchgängig auf einem spartanischen Leben, besonders wenn er im Feld war.

Obwohl Speer sein Angebot, für das Heer zu bauen, hatte zurücknehmen müssen, machte er der Luftwaffe später den gleichen Vorschlag, allerdings viel diskreter. Bald darauf entwarf er für die Luftwaffe nicht nur Flugplätze und Gebäude in ganz Deutschland, sondern übernahm auch die Entwicklung der Anlage in Peenemünde, das Versuchsgelände für die Raketen, die London plagen sollten.

Dennoch verbrachte er den größten Teil dieses ersten Kriegsjahres damit, an den Entwürfen für das Gelände um die geplante Große Halle zu feilen, die Schauplatz künftiger Reden Hitlers in Berlin sein sollte. Daneben arbeitete er an der neuen Berliner Residenz Görings und an den Plänen für das Nürnberger Stadion mit 350000 Sitzplätzen. Seine Mitarbeiter, von denen viele wie Speer selbst auf Befehl Hitlers vom Kriegsdienst zurückgestellt worden waren, vollendeten auch die Pläne für den Universitäts-, Museums- und Klinikumsbezirk des neuen Berlin, der, worauf Hitler trotz des Krieges beharrte, bis 1950 fertiggestellt sein sollte.

Am 23. Juni 1940, ein paar Tage nach dem Fall von Paris, begleitete Speer zusammen mit dem Architekten Hermann Giesler und dem Bildhauer Arno Breker Hitler auf einem dreistündigen Besichtigungsgang im Morgengrauen durch die Hauptstadt des geschlagenen Frankreich.

Ein euphorischer Hitler, der am Abend in sein Feldquartier, ein Bauernhaus an der französich-belgischen Grenze, zurückkehrte, befahl Speer, an einem Holztisch in der Küche sitzend, die Ausarbeitung der Pläne abzuschließen und mit dem Bau von Berlin und Nürnberg zu beginnen.

»War Paris nicht schön?« schwärmte er. »Aber Berlin muß viel schöner werden. Ich habe mir oft überlegt, ob man Paris nicht zerstören müßte. Aber wenn wir fertig sind, ist es nur noch ein Schatten dagegen. Warum da zerstören?« Den Rest des Jahres 1940 befand sich Speer ständig auf Reisen zwischen Berlin und Berchtesgaden, wo Hitler unablässig die Entwürfe prüfte und ihn daran erinnerte, daß die Bauten bis 1950 fertig sein müßten.

»In diesem wunderbaren, heißen Sommer schien es wirklich manchmal so, als habe er nichts anderes im Kopf«, sagte Speer. »Natürlich muß ich sagen, daß wir alle in einem Zustand der Verzückung waren. Für mich stand außer Zweifel, daß er der größte Eroberer aller Zeiten war, vergleichbar den Giganten der Antike oder des Mittelalters. Wenn er glaubte, daß der Krieg so gut wie zu Ende war und wir uns wieder dem Aufbau unserer Zukunft widmen konnten, dann war es das, was ich tun würde. Und so – groteskerweise, wie sich herausstellte – waren meine Gedanken und die meiner Kollegen voll und ganz Bauen.«

Damals war das Unfaßliche natürlich schon geschehen: Hitler hatte in einem beispiellosen Blitzkrieg, den er weitgehend selbst in Zusammenarbeit mit dem verwegenen Strategen der Wehrmacht General Erich von Manstein geplant hatte, Europa überrannt. Getragen von dem Wissen, daß seine Streitkräfte zuerst in kaum mehr als acht Tagen Polen und dann in weniger als sechs Wochen Norwegen, Dänemark, Luxemburg, Holland, Belgien und Frankreich besetzt hatten, erlaubte er großmütig – und zum Unverständnis seiner sämtlichen Generale – die erstaunliche Evakuierung von 338 000 Soldaten aus Dünkirchen durch die Briten mit einer aus fast tausend Schiffen zusammengewürfelten Flotte von Zerstörern, Segelbooten, Fähren und Ausflugsschiffen. Die Energie, die Großbritannien während jener außergewöhnlichen Woche an den Tag legte, und die Unfähigkeit von Görings Luftwaffe, die Evakuierung aufzuhalten, als Hitler, geradezu als handle es sich um einen Scherz, ihr den Einsatzbefehl gab, hätte ihn stutzig machen sollen. Doch er und seine Treuen sahen in der britischen Flucht vom europäischen Kontinent nur die Niederlage und deuteten Churchills Reden an die britische Nation lediglich als »Aufjaulen eines verletzten Hundes«, wie Goebbels es auf seine unnachahmliche Art formulierte. Seine Tagebucheinträge in jenen Wochen des Triumphs bringen die Stimmung lebhaft zum Ausdruck:
27. Mai 1940: ... Calais endgültig in unserer Hand. Damit unsere Hand an Englands Gurgel ... 28. Mai: In London betet man ... 29. Mai: Churchill redet. Zwar noch frech, aber der Angstschweiß tritt ihm aus allen Poren ... 31. Mai: Engländer suchen über den Kanal zu entfliehen. Luftwaffe greift sie mit ... Erfolg an ... Eine Deroute auf der ganzen Linie ... 2. Juni: Die englische Berichterstattung ist von einem leichtfertigen Zynismus ohnegleichen. Sie lügen die Niederlage in einen »reizvollen Sieg« um ... [Ihre] Prahlereien gehen einem nun direkt auf die Nerven ... Wir stehen vor großen Entwicklungen. Mussolini wird sein Wort einlösen ... Gott segne unser Werk! ... Es ist schön zu leben! ... 16. Juni: Die Welt ist von einer schrankenlosen Bewunderung über unsere Waffenerfolge erfüllt ... Bis jetzt seit 5. Juni über 200 000 Gefangene. Über Versailles weht die deutsche Flagge. Triumph! Das Herz schlägt höher bei diesem Vorgang ... 18. Juni: Führer ruft an: er teilt mir die Kapitulation [Frankreichs] mit. Ganz bewegt und auf das Tiefste ergriffen ...

Ab dem 20. Juni, die Briten hatten inzwischen mit Erfolg industrielle Ziele in Deutschland bombardiert, klingen die Einträge etwas weniger ekstatisch, und am 25. Juni streift er zum ersten Mal das Thema, das allen Gefolgsleuten Hitlers während der nächsten Monate Rätsel aufgeben sollte:

[Hitler] weiß noch nicht klar, ob er gegen England gehen will. Glaubt, daß das Empire erhalten werden muß, wenn es eben geht. Denn zerreißt es, dann bekommen nicht wir, sondern fremde und gar feindliche Mächte es ... Der Führer wäre ... mit einem Frieden einverstanden auf folgender Basis: heraus aus Europa, Kolonien und Mandate zurück. Entschädigung für das, was man uns nach dem Weltkriege geraubt hat. Es wird auch schon auf Umwegen ... darüber verhandelt ... 1. Juli: Nur eine Frage: wann geht's nach England ...

Acht Jahre später beschrieb Churchill in *Der Zweite Weltkrieg* die bestürzenden Mängel an Kriegsmaterial und in der Ausbildung der Truppen im damaligen England.

Unsere Armeen daheim waren, wie bekannt, bis auf Gewehre fast waffenlos. Es gab in Wahrheit im ganzen Land kaum fünfhundert Feldgeschütze verschiedener Typen und kaum zweihundert mittlere oder schwere Panzer.

Hatte Speer Hitler je auf die mangelnde Bewaffnung Großbritanniens hinweisen hören? »Später, als ich Minister war, diskutierten wir natürlich über diese Fragen«, sagte er. »Ich weiß nicht, was er in jenen frühen Jahren wußte oder nicht wußte. Doch was ich und viele andere Leute mit der Zeit begriffen, war, daß er, welche taktischen Gründe er seinen Generälen auch immer liefern mochte, nicht wirklich Krieg gegen England führen wollte. Ich habe Ihnen schon gesagt, daß viele seiner Entscheidungen auf Gefühlen beruhten. Auch hier gaben nicht strategische Überlegungen, sondern Gefühle den Ausschlag. Hitler mochte und bewunderte die Briten. ›Sie sind unsere Brüder‹, sagte er oft. ›Warum gegen unsere Brüder kämpfen?‹ Und er war immer überzeugt – auch das sagte er häufig –, daß England einlenken und ihn im Kampf gegen den Bolschewismus unterstützen würde. Später, als er seinen Irrtum erkennen mußte, war er natürlich sehr verbittert, ganz zum Schluß verbitterter über die Engländer als über die Russen.«

Wenn Hitler sagte: »Sie sind unsere Brüder«, war das eine gewaltige Vereinfachung seiner Gefühle für die Briten, die seltsamerweise bis weit nach dem Ende des Zweiten Weltkriegs von vielen Deutschen und Österreichern und auch von Speer geteilt wurden. Weniger Großbritannien als Land, sondern die Briten als Menschen waren für Hitler der Inbegriff der Vortrefflichkeit.

Er habe an den Angelsachsen immer ihre Fähigkeit zur »Selbstkontrolle« beneidet, schrieb Speer an Hilde in einem Brief vom 26. Juni 1952. Dies war jedoch bei weitem nicht alles. Die Briten, Männer wie Frauen, waren in den Augen der Deutschen »Gentlemen« mit allen damit verknüpften Vorstellungen: mutig, aufrichtig, »selbstbeherrscht« und – mit Recht, wie die Deutschen angesichts der offenkundigen Überlegenheit der Briten glaubten – geringeren Sterblichen gegenüber distanziert und herablassend. Den Briten selbst mag das heute lächerlich erscheinen, doch diese wie auch immer zu erklärende Hochschätzung für sie war ein Faktum, das Hitlers Handlungsweise und damit den Verlauf des Kriegs und der Geschichte stark beeinflußte. Denn niemand in Großbritannien – am wenigsten Churchill – war sich sicher, ob das Land im Jahr 1940 eine deutsche Invasion hätte abwehren können.

Hitler machte viele Fehler, darunter den, Großbritannien, das seine Armee auf die Insel in Sicherheit gebracht hatte, ein Jahr Atempause zu gewähren. In dieser Zeit konnten die Briten die Rüstungsproduktion steigern, die Truppenausbildung verbessern und die materielle und psychologische Allianz mit den Vereinigten Staaten immens stärken. Ein weiterer Fehler nach der unerhört raschen Eroberung Jugoslawiens und Griechenlands war die Invasion Rußlands, in Hitlers Vorstellungen übrigens nur das Vorspiel für noch größere Unternehmungen: Er hatte die Wehrmacht angewiesen, Pläne für einen Feldzug auf dem Landweg durch Rußland nach Indien auszuarbeiten! Eine dritte fatale Fehlentscheidung war seine Kriegserklärung an die Vereinigten Staaten.

Speer sagte mir, er habe über diese kühnen Visionen »nicht so genau« Bescheid gewußt. Er überlegte lange, ob er, wenn er davon gewußt hätte, zu dem Schluß gekommen wäre, daß Hitler wahnsinnig war. »Es ist schwer, darauf zu antworten, denn aus der heutigen Perspektive hätte ich ihn natürlich für verrückt gehalten oder halten müssen. Aber wenn ich mich in diese Zeit zurückversetze, muß ich sagen, ich bin mir nicht so sicher. Ich glaube, 1940/41 hab' ich ihn für fähig gehalten, alles zu erreichen, was er wollte.«

Sowohl im »Spandauer Entwurf« als auch in den späteren Büchern schreibt Speer wenig über sein Leben in den Jahren 1940/41, außer über seine Arbeit als Architekt. Er erwähnt nur jene Kriegsaufträge, die in offensichtlichem Zusammenhang mit seinem Beruf standen, darunter (in der Reihenfolge des Auftragseingangs) die drei großen Fabriken in Brünn, Graz und Wien, die sein Amt, der GBI, für die neuen JU-88-Sturzkampfbomber der Luftwaffe baute; die riesige Werft in Norwegen, deren Bau Hitler 1941 in Auftrag gab; die Luftschutzbunker, die er im Stadtgebiet von Berlin, und die Rüstungsfabriken, die er in ganz Deutschland errichtete.

Die Aufgaben, die Speer absichtlich oder aus Nachlässigkeit in keiner seiner Schriften erwähnt, sind zufällig die, die politisch heikel waren oder ihn eigentlich mit Ereignissen in Berührung gebracht haben müssen, von denen er später behauptete, nichts gewußt zu haben. Ein solcher Aufgabenbereich wurde ihm im Frühjahr 1939 zugewiesen, als der Beginn seines Bauprogramms für Berlin die Räumung ganzer Straßenzüge und Wohnblocks und die Umsetzung Tausender von Menschen nötig machte. Zur Lösung dieses Problems richtete Speer beim GBI eine neue Abteilung ein, die »Hauptabteilung Umsiedlung«, die von Dietrich Clahes, dem ehemaligen Ministerpräsidenten von Braunschweig, geleitet wurde, der kurz davor zu ihm gestoßen war. Einige Monate später, als nach Beginn des Krieges und der Bombardements durch die britische Luftwaffe zunehmend mehr Menschen obdachlos wurden und der GBI sich zusätzlich mit der Bewältigung der Bombenschäden in der Hauptstadt befassen mußte, wuchsen die Aufgaben dieser Abteilung gewaltig an.

Aber durch diese Umsiedlungstätigkeit wurde Speers Amt, vielleicht unvermeidlich, von Beginn an in die Maßnahmen gegen die Juden verwickelt. Am 30. April 1939 wurden die Nürnberger Gesetze durch ein »Gesetz über die Mietverhältnisse mit Juden« ergänzt. Ihm zufolge konnte jedem jüdischen Mieter gekündigt werden, sofern eine »anderweitige Unterbringung« möglich war. Sofort kündigten Tausende von Vermietern in ganz Deutschland; den jüdischen Wohlfahrtsorganisationen wurde befohlen, für Unterkünfte bei anderen Juden zu sorgen; in den Wohnungsämtern der meisten deutschen Städte wurden »Umsiedlungsabteilungen« eingerichtet, die sich mit An- und Abmeldung, Anträgen und Beschwerden befaßten und mit den jüdischen Organisationen und all denen zusammenarbeiteten, die die Umsiedlungsmaßnahmen durchführten.

In Berlin, wo beim GBI schon eine lange Warteliste für die geräumten Wohnungen vorlag, wurde diese Aufgabe Clahes' neuer Umsiedlungsabteilung zugewiesen, die, unausweichlich in diese Aktionen verwickelt, mit den anderen Behörden kooperierte.

Welche Folgen diese frühen Umsiedlungsmaßnahmen auch immer für die verschiedenen Bevölkerungsgruppen, einschließlich der Juden, haben mochten, im allgemeinen waren es rein administrative Schritte, und es ist unwahrscheinlich, daß Speer selbst, der inzwischen eine Organisation mit Tausenden von Mitarbeitern leitete, Näheres über entsprechende Einzelheiten wußte. Vom Wissen um die nächste Phase der Deportation der Berliner Juden zwei Jahre später, Anfang 1941, kann er dagegen nicht freigesprochen werden.

Am 20. März 1941, als die britische Luftoffensive zu greifen begonnen hatte und Speers Verantwortungsbereiche beträchtlich erweitert worden waren, fand in Goebbels' Propagandaministerium ein Treffen statt, bei dem das Problem der in der Hauptstadt verbliebenen 60000 bis 70000 Juden diskutiert wurde. Neben Clahes nahm auch Adolf Eichmann daran teil.

Leopold Gutterer, der als Staatssekretär im Propagandaministerium Goebbels vertrat, unterrichtete die Anwesenden über ein Treffen zwischen Hitler und Goebbels in derselben Woche, bei dem Hitler, obwohl er noch nicht befohlen hatte, die Hauptstadt umgehend von Juden zu räumen (vor allem

weil eine beträchtliche Anzahl von ihnen immer noch in der Berliner Rüstungsproduktion arbeitete), Goebbels mitgeteilt habe, er werde bald bereit sein,
»konstruktive Vorschläge zu ihrer Evakuierung entgegenzunehmen«.

Speers Vertreter Clahes warf ein, daß 20 000 Berliner Wohnungen, in denen noch Juden lebten, nach weiteren Vorbereitungsarbeiten zur städtebaulichen Erneuerung Berlins für zusätzliche Umsiedlungsmaßnahmen benötigt
würden. Außerdem brauche man eine Reserve für den Fall weiterer Bombenschäden. Gegen Ende der Konferenz wurde Eichmann angewiesen, Goebbels
einen Vorschlag zur Evakuierung aller Juden aus Berlin zu unterbreiten.

Es steht außer Frage, daß Speer über den Gegenstand dieses Treffens – die
Evakuierung der Juden aus Berlin – informiert wurde. Seiner Aussage in
Nürnberg zufolge war ihm auch völlig klar, daß zu den 60 000 bis 70 000
Juden, um die es hier ging, auch die Frauen und Kinder der 26 000 in der
Rüstungsproduktion beschäftigten Männer gehörten. Am 21. Juni 1946 wies
Speer im Verhör durch den amerikanischen Hauptankläger Robert Jackson
darauf hin, die Arbeit in den Rüstungsfabriken habe es den Juden ermöglicht,
»der Evakuierung, die damals schon in vollem Gange war, [zu] entgehen.
Diese Juden waren noch völlig frei, und ihre Familien waren noch in ihren
Wohnungen.«

Dann muß man aber fragen: Wenn die Deportation der Juden – mit Ausnahme der in der Rüstung beschäftigten – schon »in vollem Gange war« und
selbst wenn Speer sich möglicherweise gesagt hatte, wie er mir gegenüber oft
behauptete, daß jüdische Männer wie »andere Nichtdeutsche« »nur« zur
Arbeit abgeschoben wurden, wohin wurden dann seiner Meinung nach die
Frauen und Kinder geschickt, und zu welchem Zweck?

(Goebbels' Tagebuch vom August 1941 zufolge waren nur noch 26 000
der in Berlin verbliebenen 77 000 Juden in Beschäftigung. Der Rüstungsbe-
richt der Wehrmacht vom 22. Oktober 1941 stellt fest, daß 18 700 von ihnen
in der Produktion für die Streitkräfte tätig waren. Zwar verfügte im Dezember eine von Hitler gebilligte Weisung des Arbeitsdienstes, daß die Familien
jüdischer Arbeitsverpflichteter von der Evakuierung auszunehmen seien,
doch Heydrich kam dieser Verordnung zuvor und deportierte, noch bevor
sie in Kraft trat, 10 000 bis 20 000 ihrer Angehörigen – die genaue Zahl ist
nicht bekannt – nach Osten.)

Als ich mit Speer sprach, war mir dieser Sachverhalt noch nicht bekannt,
und ich konnte ihn daher nicht dazu befragen. Doch Speer kommt auf die
Deportationen in seinem letzten und in gewisser Weise aufschlußreichsten
Buch *Der Sklavenstaat* selbst zu sprechen:

Wenn ich an das Schicksal der Berliner Juden denke, überkommt mich
ein unabweichliches Gefühl des Versagens und der Unzulänglichkeit.
Oft sah ich bei einer täglichen Fahrt in mein Architekturbüro ... auf
dem ... Bahnhof Nikolassee Menschenmassen auf dem Bahnsteig. Ich

wußte, daß es sich um die Evakuierung Berliner Juden handeln mußte. Sicher überlief mich für diesen Augenblick des Vorbeifahrens ein bedrückendes Gefühl, vermutlich hatte ich das Bewußtsein düsterer Vorgänge. Aber ich war den Prinzipien des Regimes in einem Maße verhaftet, das mir heute nur noch schwer verständlich ist. Parolen wie »Führer befiehl, wir folgen!« oder »Der Führer hat immer recht!« hatten einen hypnotischen Inhalt, auch gerade auf uns in der unmittelbaren Umgebung Hitlers ... Vielleicht war es auch eine unbewußte Betäubung des Gewissens, wenn wir uns ganz und gar in der Arbeit vergruben ...

Für alle Kritiker Speers – und es gab deren viele – waren diese nachträglichen Gedanken nichts weiter als der unsinnige Versuch zu behaupten, er sei nicht moralisch blind, sondern nur geblendet gewesen. Für mich ging es hier um mehr, obwohl ich mit seiner Ausweichtaktik, sich über Einzelheiten allgemein zu äußern und weniges zuzugeben, um vieles abzustreiten, damals schon vertraut war. Sein »momentanes Unbehagen« (wie er es mir gegenüber ausdrückte), als er 1940 und 1941 auf dem Weg zur Arbeit die Juden auf den Bahnsteigen zusammengedrängt sah, war in unseren Gesprächen wiederholt aufgetaucht.

Ich hakte nach, warum ihm unbehaglich zumute gewesen sei, wenn er doch wußte, daß Bevölkerungsbewegungen aller Art in Kriegszeiten üblich waren. Was war so besonders an Juden, die umgesiedelt wurden?

Ich war damals bereits mit dem scharfen Blick vertraut, der mir unter den dicken schwarzen Augenbrauen entgegenschoß, wenn Speer Unglauben spürte (ich vermerkte dies immer in meinen Notizen). Nicht nur sein Blick wurde auf einmal vorsichtig und wachsam; auch seine Stimme, zumeist unerschütterlich ruhig, konnte sich plötzlich verändern. »Ich war, wie ich Ihnen schon gesagt habe, aus eigener Entscheidung blind«, sagte er kalt, »aber ich war nicht ahnungslos.«

Dies war nicht mein ruhiger Gesprächspartner, mein zuvorkommender Gastgeber. Dies war Hitlers großer Minister, der über die deutsche Wirtschaft und das Leben von Millionen geherrscht hatte. Im Laufe der Jahre, in denen ich mit Speer sprach, gab es nur wenige solche Augenblicke der Verwandlung, doch in jedem Fall wurde mir jäh und ein wenig beängstigend bewußt – noch heute fühle ich die plötzliche Spannung in mir –, welche Autorität in diesem Mann steckte, eine Autorität, die, offenbar unablässig unterdrückt, nur in Momenten der Enttäuschung, besonderer Verärgerung oder des Überdrusses hervorbrach. Es dauerte nie lange; Speer besaß eine außerordentliche Fähigkeit der Selbstkontrolle.

Sein üblicher sachlicher Ton, vermischt mit Galgenhumor, kehrte zurück: »Schließlich wußte ich, daß die Juden ein besonderes Problem waren.« Und sofort fügte er hinzu, wieder in seiner verwirrenden Art, sich selbst anzuklagen, bevor ein anderer es tun konnte: »Haben Sie gemerkt? Ich sagte: *waren* ein spezielles Problem; selbst jetzt sagte ich nicht: *hatten* ein spezielles Problem.« Er zuckte mit den Achseln. »Das zeigt Ihnen ...«

Was es mir tatsächlich zeigte, war, daß er meine Frage nicht beantworten wollte oder konnte. Viel später in unseren Gesprächen sagte er wieder, er habe einen Verdacht gehabt – eine »Ahnung« von dem, was mit den Juden geschah. Zu dieser Zeit kannte ich ihn viel besser, und er, glaube ich, hatte größeres Vertrauen zu mir.

»Sie sagen, Sie ahnten etwas«, meinte ich. »Aber man ahnt nicht in eine Leere hinein; ›ahnen‹ bedeutet eine innere Vergegenwärtigung von etwas wissen. Also im Grunde, wenn Sie etwas ›ahnten‹, dann wußten sie etwas.«

Er schüttelte den Kopf. »Gott sei Dank waren Sie nicht Robert Jackson«, sagte er, und diese Bemerkung sollte er noch mehrmals wiederholen.

Die meisten Hinweise auf Speers Wissen über das Schicksal der Juden entstammen der bereits erwähnten »Chronik«, dem Arbeitsjournal, das Wolters für Speer von 1941 bis 1944 zunächst beim GBI und später im Ministerium führte. Diese detaillierten Aufzeichnungen zur Tätigkeit Speers sind von grundlegender Wichtigkeit, besonders für das erste Jahr, über das Speer selbst so wenig geschrieben hat. So war er etwa zehn Wochen nach dem Treffen in Goebbels' Ministerium selbst am Rande mit dem Problem jüdischen Eigentums befaßt. Die Chronik vermerkt am 12. Juni 1941: »Nach Vortrag bei Herrn Speer wurde Vorsorge getroffen, daß alle in den westlichen Vororten zum Verkauf gelangenden Grundstücke vom Generalbauinspektor auf sein Interesse vorgeprüft werden. Dadurch wird vor allem verhindert, daß die Villengrundstücke zur Einrichtung von behördlichen Dienststellen Verwendung finden. Zu diesem Zweck wird im Rahmen der Abteilung Räumung und Wohnung zum 1. Juli eine besondere Stelle geschaffen, die sich dieser Aufgabe annimmt.«

Speer hatte Bürokraten immer gehaßt und ihre Gier verachtet, doch beschäftigten sie ihn, wie auch die Judenverfolgung, nur am Rande. Die traurige Wahrheit ist, daß ihm die Juden damals gleichgültig waren, wie später auch die Millionen von Zwangsarbeitern, die Sklavenarbeit für ihn verrichteten. Wenn er etwas brauchte, holte er es sich, ohne Rücksicht auf die menschlichen Kosten. Und was er zum damaligen Zeitpunkt brauchte, waren Wohnungen, also verschaffte er sich diese.

Wolters' Chronik, ein Schlüsseldokument, hat eine verwickelte Geschichte. Gegen Ende 1940 hatte Wolters Speer vorgeschlagen, daß er angesichts der wachsenden Verantwortung Speers eine Chronik führen könnte, in der er mit Hilfe der regelmäßigen Berichte sämtlicher Abteilungschefs und eigener Aufzeichnungen alle wichtigen Ereignisse festhalten werde. Wolters schrieb am 19. März 1980 in seinen *Lebensabrissen* über diese Aufgabe:

Ich begann meine Nebentätigkeit als Chronist am 1. Januar 1941 mit monatlich zusammengefaßten Berichten, die ich bis Dezember 1944 fortführen konnte. Aus [den verfügbaren] Unterlagen wählte ich die mir wichtig erscheinenden Daten und Fakten ... aus, ergänzte sie durch eigene Einsichten und Kenntnisse aus Gesprächen und Erlebnissen. Änderungen oder Verbesserungen nahm Speer [der jeden Eintrag unterzeichnete] nicht vor.

Als das Kriegsende näherrückte – Speer hatte Wolters schon einige Monate zuvor angewiesen, in aller Stille Architekturbüros in drei nicht allzu weit von Frankfurt oder Köln entfernten Städten einzurichten und damit für die Zukunft vorzusorgen –, traf Wolters Vorbereitungen zur sicheren Aufbewahrung der Berliner und Nürnberger Modelle Speers, ferner von Fotografien und Kupferplatten sowie der achthundertseitigen Chronik, von der es fünf Ausfertigungen gab, zwei vollständige und drei für die Jahre 1942/43. Diese verteilte Wolters zur sicheren Verwahrung an verschiedene Kollegen. Drei gingen verloren oder wurden durch Bomben oder bei Flugzeugabstürzen vernichtet. Teile eines anderen Exemplars landeten auf ungeklärtem Wege im Londoner Imperial War Museum. Ein Exemplar erhielt Wolters von Freunden zurück, denen ein solcher Besitz zu gefährlich war, und er vergrub es zusammen mit einigen Manuskripten von Reden Speers im Garten seines Coesfelder Elternhauses.

Diese Ausfertigung (künftig als »Original« bezeichnet) wurde 1946 wohlbehalten aus dem Versteck geholt und Wolters' bedeutendem und bis zu Speers Entlassung aus Spandau streng geheimem Archiv im Coesfelder Haus hinzugefügt. Eine von Wolters »redigierte« Abschrift des »Originals« befand sich unter der Masse an Papieren – inklusive die 1200 getippten Seiten des »Spandauer Entwurfs« –, die Wolters Speer bei dessen gefühlsbeladenem Besuch in Coesfeld im Jahr 1966, zehn Tage nach der Entlassung aus der Spandauer Haft, aushändigte.

Speer sagte mir, er habe einige Zeit gebraucht, um sich durch den ihm von Wolters übergebenen Berg von Materialien bis zur Chronik durchzuarbeiten. Da er keinen besonderen Grund hatte, sich an die darin enthaltenen Aufzeichnungen im einzelnen zu erinnern, erkannte er nicht, daß dieses historische Dokument an gewissen Stellen verändert worden war. Er fotokopierte die Chronik und leitete sie, zweifellos bemüht, einer Institution, deren Hilfe er zur Vorbereitung der Memoiren brauchen würde, seinen guten Willen zu bezeugen, an Professor Wolfgang Mommsen weiter, den Direktor des Bundesarchivs in Koblenz. Er sei der Auffassung, schrieb er Mommsen, das Dokument solle jungen Historikern »so schnell wie möglich« verfügbar gemacht werden.

Im Jahr 1969, zwei Jahre nachdem Speer sein Exemplar nach Koblenz geschickt hatte, stieß der britische Autor David Irving, der es dort eingesehen hatte, im Londoner Imperial War Museum auf einen Teil der Chronik. Da er in dieser Ausfertigung einige Details bemerkte, die seiner Erinnerung nach in der Koblenzer Abschrift nicht vorhanden waren, schrieb er korrekterweise sowohl an Mommsen in Koblenz als auch an Speer in Heidelberg und lenkte ihre Aufmerksamkeit auf mögliche Unterschiede zwischen den beiden Versionen. Am 1. Januar 1970 schrieb Speer an Wolters:

Lieber Rudi,

nun haben wir also die Bescherung: In London haben sie beim Durchstöbern der Archive einen Jahrgang der Chronik gefunden. Sie suchen eifrig, wie mir der rührige Schriftsteller David Irving mitteilte, die restlichen Jahrgänge.

Ich ließ mir von Irving eine Fotokopie zusenden, um sie mit dem Text zu vergleichen, den Du mir [1966] gegeben hast. Zum Glück sind nur, für den Geschichtsschreiber, unerhebliche Abweichungen festzustellen, die ich Dir beilege. Aber trotzdem: Wäre es nicht besser, wenn wir den ersten Schritt von uns aus tun und ich die Abschrift der Chronik, die nun im Bundesarchiv lagert, durch die Fotokopie des bei Dir befindlichen Originals ersetze? Ich würde in diesem Fall vorher nochmals schnell feststellen, worin die Unterschiede bestehen, und Dich vorher informieren.

[Wolters Frau Erika war gerade mit den Speers auf einer gemeinsamen Skitour.] Während Erika und ich uns mühsam den Weg durch hohe Schneeverwehungen bahnen werden, hoffe ich, daß Du es mir gestattest, die Verwehungen dieser Chronik, auch bei den anderen Jahrgängen, wieder zurechtzurücken ...

Wolters antwortete am 10. Januar scherzhaft unter der Überschrift »Betr.: Bescherung«.

Das ist natürlich eine vertrackte Angelegenheit, die Sache mit den »Verwehungen«, die Du »zurechtrücken« willst.

Bevor zu überlegen ist, wie man das am besten machen könnte, möchte ich noch mit wenigen Worten sagen, wie es zu dieser »Reinigung«, von der ich Dich bei Ablieferung des Manuskripts summarisch in Kenntnis gesetzt habe, gekommen ist.

Da ich nur ein [vollständiges] Exemplar der Chronik besaß (ich hielt es für das einzige) und dieses ... in mehr oder weniger desolatem Zustande sich befand, habe ich die rund 800 Seiten abschreiben lassen und zusätzlich mit Register versehen. Es lag nahe, vor der Abschrift das Ganze noch einmal durchzusehen, geringfügige stilistische oder grammatische Verbesserungen sowie einige ganz wenige ausgesprochene Albernheiten oder für die Zeitgeschichte unwichtige Nebensächlichkeiten zu streichen. Da ich als Chronist seinerzeit ... selbstverständlich auswählen mußte, fühlte ich mich als Autor auch zwanzig Jahre später zu unwesentlichen Streichungen berechtigt ...

Allerdings habe ich mich auch gezwungen gesehen, einige ganz wenige Stellen herauszunehmen, die zeitgeschichtlich leider nicht unbedingt unwichtig sind. Zum Beispiel die Stelle: »In der Zeit vom 18. Oktober bis 2. November [1941] wurden in Berlin rund 4500 Juden evakuiert. Dadurch wurden weitere 1000 Wohnungen für Bombengeschädigte frei und vom Generalbauinspektor zur Verfügung gestellt ...«

Diese sich einige Male wiederholende Notizen gipfeln dann 1942 in einem abschließenden Bericht Deines Mitarbeiters Cl. [Dietrich Clahes], aus dem zu entnehmen ist, daß die Zahl der umgesiedelten »Personen« 75 000 betrug und insgesamt »23 765 jüdische Wohnungen erfaßt« wurden. Das ist natürlich eine Leistung!

Da damals, als ich diese wenigen, aber vielsagenden Notizen strich, gerade wieder einige Hexenprozesse gegen sogenannte Schreibtischtäter im Gange waren, hatte ich es für richtig gehalten, diese Stellen in den Abschriften (nicht im Original) zunächst unter den Tisch fallen zu lassen. Denn noch lebte Irmgard Cl. [Clahes Frau] mit ihren Kindern, die sich jahrelang eine Pension erstreiten mußte, und schließlich lebtest auch Du, und zwar noch in Spandau. Den Ludwigsburgern [Zentralstelle zur Aufklärung von NS-Verbrechen] würde ich es glatt zutrauen, daß sie auch Dir noch einen zusätzlichen Prozeß machten unter dem Vorwand, daß dieses »Delikt« nicht Gegenstand der Nürnberger Anklage gegen Dich war.

Mein Vorschlag wäre nun folgender: Man sollte den Herrn Mommsen, dem Du anscheinend vorzeitig eine Abschrift gegeben hast, auf jeden Fall um Rückgabe der Abschrift bitten, damit der Chronist die wenigen Auslassungen ergänzen kann. Selbstverständlich steht Dir selbst das Original jederzeit zur Verfügung; ich hätte lediglich die Bitte, es unversehrt zurückzubekommen. Eine Weitergabe an Herrn Mommsen wäre mir auch in Form der Fotokopie gar nicht angenehm, da man dann die im Original mit Bleistift gestrichenen Stellen auch nach dem Wegradieren mit letzter Deutlichkeit erkennen würde. Man könnte das von mir vorgeschlagene Korrekturverfahren den Archivmännern gegenüber damit begründen, daß es erheblich billiger und einfacher wäre ... als etwa 800 Seiten zu fotokopieren. Oder aber sag' ihnen einfach: »Der Kerl rückt das Original nicht raus.« Ich würde meine Gründe mit Vergnügen angeben.

Im übrigen kannst Du beruhigt sein; ich habe verfügt, daß das Original der Öffentlichkeit zugänglich gemacht wird, sobald keinem mehr ein Schaden daraus erwachsen kann. (Es kann auch sein, daß Marion [Riesser] zunächst einmal das Original vernichtet hat.) Und nun entscheide Du, großer Rüstmeister! (Pardon)

Speers Korrespondenz mit Wolters über die Chronik beweist eindeutig, daß es nicht Speer, sondern (aus welch selbstlosen Gründen auch immer) Wolters war, der die historischen Dokumente willkürlich manipuliert hatte. Sie zeigt weiterhin, daß Speer in der ersten Reaktion auf die Entdeckung dieser Tatsache alles offenlegen wollte, während Wolters, ohne daß er dies rundweg ablehnte, durchblicken ließ, er würde ein solches Vorgehen, falls Speer darauf beharren sollte, als unloyal ihm gegenüber betrachten. Und das wäre es in der Tat gewesen, denn sobald man im Bundesarchiv von Wolters' Vorgehen erfahren hätte, wäre unweigerlich auch die Öffentlichkeit ins Spiel gekommen; angesichts der politischen Atmosphäre in Deutschland im Jahre 1970 hätte dies ernste berufliche Schwierigkeiten für Wolters zur Folge haben können, der als Architekt vor allem für das Bundesland tätig war, in dem er wohnte.

Noch peinlicher wäre das Ganze für Speer geworden, der gerade unter großem Beifall seine *Erinnerungen* veröffentlicht hatte. Als deshalb Wolters, der zwar unter gewissen Bedingungen dem Vorschlag zustimmte, alles offenzulegen, deutlich machte, er sei einstweilen doch dagegen, ließ sich Speer bereitwillig darauf ein, einen an ihn gerichteten, nur zu diesem Zweck verfaßten Brief von Wolters an das Bundesarchiv weiterzuleiten, in dem Wolters feststellte, das Original sei offenbar verschwunden (was natürlich nicht der Wahrheit entsprach). Speers Brief an Wolters aus dem Skiurlaub in Südtirol ist ein eindeutiger Beleg für den Plan der beiden Männer, das Bundesarchiv zu täuschen:

Lieber Rudi,
... Trotzdem hast Du (ausnahmsweise natürlich) völlig recht, daß Du Diesbezügliches weggelassen hast. Frau Irmgard [Clahes] kommt demnächst mich besuchen, und sie würde es zuerst spüren. Ich schlage vor: Die entsprechenden Stellen existieren nicht mehr. Allerdings dann, im Gegensatz zu Deinem Brief, überhaupt nicht mehr. Eine Verschiebung auf spätere historische Zeiten würde ungünstig sein; wer beantwortet eine verdrehte Auslegung, die durch die Tatsache der vieljährigen Zurückhaltung nur gefördert wird? Es wird als durchaus legitim betrachtet werden, daß Du einige Seiten einer Dokumentenreihe weggelassen hast ...
Ich hoffe, daß trotz Nebelschwaden, die das Haus umziehen, ich mich klar genug ausgedrückt habe.

Das hatte er in der Tat, wie Wolters dann am 22. Januar 1970 in einem Brief bestätigte, der eine Mischung aus Wahrheit und Lüge enthält:
Lieber Albert,
erst heute komme ich dazu, auf Deinen Brief aus Selva ... zu antworten, da sowohl Marion als auch ich die ganze Zeit über gesucht haben, wo

das Chronikoriginal geblieben sein könnte. Um es gleich zu sagen: Es ist spurlos verschwunden, es ist nicht mehr da, es existiert einfach nicht mehr.

Und ich glaube, das ist auch gut so. Denn, wenn es wirklich noch vorhanden wäre, dann müßte man es natürlich so, wie es ist, abliefern. Man dürfte dann doch auf keinen Fall eine zweite Korrektur vornehmen. Das wäre dann noch viel unangenehmer, wenn dann irgendwelche Peinlichkeiten von anderer Seite aufgedeckt würden. Daß ich bei dem seinerzeitigen Abschreiben einige Korrekturen vorgenommen habe, kann ich jederzeit begründen. Denn da ich als Autor schon bei der ersten Niederschrift ausgewählt und zusammengestrichen habe, konnte ich ohne weiteres das Recht in Anspruch nehmen, es auch beim zweiten Mal zu tun. Ein drittes Mal hätte ich es jetzt allerdings nicht mehr getan, nachdem ja ein Duplikat des Originals [der Jahrgang 1943] anscheinend in London existiert.

Damit wäre also für mich jedenfalls ein Schlußstrich unter die Affäre gezogen und ich hoffe, auch für Dich. Sollten sich Weiterungen ergeben, schieb' alles auf meinen Buckel – und auf den von Marion; sie ist Künstlerin und entsprechend unordentlich im Aufheben von Dokumenten.

Drei Wochen später schrieb Wolters diesen Brief ein zweites Mal, in einem förmlicheren Ton, zur Weiterleitung an das Bundesarchiv, was Speer dann auch unverzüglich erledigte, mit folgendem Begleitschreiben vom 13. Februar 1970:

Verehrter Herr Dr. Mommsen,
leider erhielt ich von meinem Freund, Herrn Dr. ing. Rudolf Wolters, wegen der Chronik einen negativen Bescheid. Abschrift seines Schreibens vom 10. Februar lege ich bei.
Es tut mir leid, in dieser Angelegenheit nicht erfolgreicher gewesen zu sein; jedenfalls ist es für zukünftige Historiker wertvoll genug, das, was erhalten wurde und sich im Bundesarchiv befindet, zur Verfügung zu haben …

Abschließend bot Speer Mommsen einige historische Filme an, die er wiederentdeckt hatte, und in seiner gewohnt flapsigen Art schrieb er mit derselben Post an Wolters, Mommsen könne nun doch ganz zufrieden sein, »da er gerade noch einige Filme von mir geerbt hat«.

Wolters vermachte seine privaten Papiere testamentarisch dem Bundesarchiv in Koblenz, unter der Bedingung, daß nur von seinem Sohn Fritz als seinem Nachlaßverwalter anerkannte Wissenschaftler Zugang dazu erhalten sollten. (Unter diesen Voraussetzungen arbeitete ich dort in den Jahren 1985 bis 1987.) Im Oktober 1982 allerdings, dem Jahr nach Speers Tod, änderte

Wolters seinen Entschluß und übergab dem Bundesarchiv die ersten sechs Bände der Originalchronik und ein paar Monate später, kurz vor seinem Tod, auch seine Korrespondenz mit Speer. Im Juli 1983 bot Marion Riesser, die Wolters als literarische Nachlaßverwalterin benannt hatte, dem Bundesarchiv den Rest seiner Sammlung an, darunter die »korrigierte« Version der Chronik.

»Ich hielt es für wichtig, daß sie dorthin kommt«, sagte Marion. Sie hatte Wolters wegen seines Umgangs mit der Chronik von Anfang an heftig kritisiert. »Er begann 1964 daran zu arbeiten. Ich sagte ihm: ›Du solltest nichts durchstreichen – das ist nicht richtig. Du verfälschst die Geschichte.‹ Doch er meinte, die Chronik sei sein Werk: er sei ihr Autor und habe als solcher das Recht, mit ihr zu tun, was er wolle. Und ich glaube, er ließ sich in dieser Sache auch rechtlich beraten.«

Beim Nürnberger Prozeß kam die Verwicklung Speers und seines Amtes in dieses Kapitel der Judenverfolgung nicht zur Sprache, und sie wäre vielleicht für immer verborgen geblieben, hätte nicht rund vierzig Jahre später der junge deutsche Historiker Matthias Schmidt mit der Veröffentlichung seiner Dissertation die Aufmerksamkeit darauf gelenkt. In seinem Buch *Albert Speer: Das Ende eines Mythos,* das 1982 (ein Jahr nach Speers Tod) erschien, macht sich der Autor ehrlicherweise daran, ohne seine leidenschaftliche Kritik an Speer zu verbergen, dessen Frevel zu beweisen, vor allem die Ableugnung des Wissens um das Schicksal der Juden. Schmidt versucht dies mit einer selektiven Darstellung der Vorgänge um die Berliner Wohnungen in jüdischem Besitz und der Veränderungen in der Speer-Chronik nachzuweisen. Außer in einigen Sätzen am Ende des Buches vermittelt er aufgrund der unvollständigen Dokumentation, die er von Wolters erhielt, den Eindruck, daß Speer die Aufzeichnungen zu diesem Geschehen »bereinigt« hatte (oder wenigstens davon wußte), und schließt, daß dieses Vorgehen zwar nicht beweiskräftig im juristischen Sinn sei, aber doch den psychologischen Nachweis darstelle, daß Speer schon früh vom geplanten Mord an den Juden gewußt habe.

Man kann mit der leidenschaftlichen Überzeugung, die einem solchen Buch zugrunde liegt, zwar sympathisieren, doch bin ich überzeugt, daß Speer, auch wenn er gewiß schon 1941 wußte, daß die Berliner Juden deportiert wurden, ebenso gewiß keine Ahnung davon hatte, daß sie in den Tod gingen.

Annemarie Kempf, die nicht lügt und die Speer besser kannte als irgend jemand anders (seine Frau eingeschlossen), erinnerte sich noch sehr genau an die jüdischen Wohnungen in Berlin, war jedoch der Meinung, diese Episode sei später aufgebauscht worden. Jahre nach unserer ersten Begegnung sprachen wir stundenlang darüber, als ich einen Teil des mehrtausendseitigen Wolters-Nachlasses in Koblenz eingesehen hatte.

»Speer war damals für ungeheuer vieles zuständig«, sagte sie mir 1986. »Die Sache der Berliner Wohnungen hatte er natürlich anderen übertragen – delegieren war sowieso eine seiner Stärken. Andererseits glaube ich nicht, daß er jemals erkannt hätte, daß die Umsiedlung von soundsoviel tausend Einwohnern tatsächlich auch eine moralische Frage aufwarf. Wenn er es bemerkt hätte, hätte er vermutlich versucht, den Auftrag loszuwerden, weil er ihm als zu lästig und potentiell peinlich erschienen wäre. Er hat es nie darauf angelegt, Aufgaben zu übernehmen, die ihm Schwierigkeiten machen könnten. Schließlich, was er wollte, war Erfolg haben.« Sie zuckte die Achseln.

»Aber wenn ich das sage«, fuhr sie fort, »muß ich Ihnen auch sagen, daß das Drama, die Tragödie hinter diesen Befehlen, keinem von uns bewußt war. Es war eine rein administrative Angelegenheit. Mit dem heutigen Wissen kann man sagen, wir hätten etwas merken müssen, wir hätten uns fragen müssen, was hier eigentlich vor sich ging, warum all diese Wohnungen plötzlich zu haben waren und so weiter, aber wir taten es einfach nicht. Der Gedanke kam uns einfach nicht.« Auf jeden Fall sei sie vollkommen davon überzeugt, sagte sie, daß Speer persönlich nichts mit den Wohnungen zu tun hatte.

Aber hier irrte sie sich. Speer wußte zur Zeit seines Briefwechsels mit Wolters nicht – ebensowenig wie Jahre später, als er versuchte, die Veröffentlichung des für ihn peinlichen Buchs von Schmidt zu verhindern –, daß drei Notizbuchblätter, auf denen er Fragen für Mitarbeiterbesprechungen notiert hatte, irgendwie unter die Tausende von Seiten an Dokumenten geraten waren, die Wolters dem Bundesarchiv vermacht hatte. Diese Aufzeichnungen bewiesen ohne den Schatten eines Zweifels, daß er persönlich über die Vertreibung der Juden aus ihren Wohnungen Bescheid gewußt hatte.

Das erste Blatt, Seite 48, trägt das Datum des 20. Januar 1941 und enthält neben zwei Notizen für den Architekten Hans Stephan einen Vermerk für Dietrich Clahes, den Leiter der »Hauptabteilung Umsiedlung«: »CL. Aktion 1000 Judenwohnungen mit Bereitstellung von Notquartier für durch Fliegerangriff Obdachlose koppeln. Näheres folgt.« Die beiden anderen Seiten sind nicht datiert und scheinen bloß zur Erinnerung daran gedient zu haben, daß er von Clahes Berichte haben wollte: »Cl.«, notiert er, »Bericht über 1000 Judenwohnungen«, und fügt in der nächsten Zeile, immer noch Clahes betreffend hinzu: »noch manches andere, von dem ich nichts hörte!« Die dritte Seite enthält nur den Vermerk: »Clah. Bericht über 1000 Judenwohnungenaktion.«

Die Verwendung des Ausdrucks »koppeln« ist hier wichtig, denn sie deutet darauf hin, daß Speer bewußt darauf bedacht war, die »Aktion 1000 Judenwohnungen« der Öffentlichkeit gegenüber mit der Unterbringung von ausgebombten Menschen zu verknüpfen und nicht mit der Deportation der

Berliner Juden, die bei Teilen der Öffentlichkeit schon Besorgnis hervorgerufen hatte.

Wie immer man über die durchgestrichenen Chronikeinträge und Speers Erinnerungszettel denken mag, einiges ist jedenfalls absolut sicher: Erstens hatte Speer, obwohl er Wolters »Bereinigungen« schließlich zustimmte, nichts mit diesen Streichungen zu tun, die Wolters vornahm, als Speer im Spandauer Gefängnis saß. Zweitens zeigt Clahes' Anwesenheit beim Treffen vom 20. März in Goebbels' Ministerium, daß wenn nicht Speer persönlich, so doch sein Amt tatsächlich an der Vertreibung von Juden aus ihren Wohnungen und der Verteilung des Wohnungsbesitzes an ausgebombte Nichtjuden beteiligt war. Und schließlich zeigt die Chronik, was Speer im *Sklavenstaat* bestätigte, daß er im Oktober und November 1941, wenn nicht früher, von der Evakuierung der Juden aus Berlin erfahren hatte und ihm ebenfalls bekannt war, daß Männer, Frauen und Kinder nach Osten deportiert wurden. Er nahm regelmäßig an Hitlers Mahlzeiten teil, wo, wie wir aus den »Tischgesprächen« ersehen können, der Führer im zweiten Halbjahr 1941 kein Geheimnis daraus machte, daß er alle Juden nach Osten abschieben wollte, ohne allerdings ihr endgültiges Schicksal zu erwähnen.

Der Grund, warum ich gerade diese Frage so ausführlich behandle, ist, daß Speer, der viele leidenschaftliche Kritiker wie Matthias Schmidt hatte, sich zwischen der Entlassung aus Spandau und seinem Tod nur zweimal mit großer Entschlossenheit und gewaltigem Kräfteeinsatz gegen bestimmte Vorwürfe zur Wehr setzte. Die Frage der Vertreibung der Berliner Juden war der erste Anlaß, der zweite wird weiter unten erörtert.

Angesichts der vielen anderen Dinge, für die er angeklagt und kritisiert wurde, zeigt sein heftiger Kampf gegen diese beiden Vorwürfe deutlich, daß er gerade sie für besonders schwerwiegend hielt; deshalb müssen sie hier sorgfältig untersucht werden. Während er der Kritik an seiner Architektur nach außen mit philosophischem Gleichmut begegnete und die Verurteilung seiner moralischen Einstellung unter Hitler fast demütig hinnahm, hielt er verbissen an der Behauptung fest, vom endgültigen Schicksal der Juden nichts gewußt zu haben. Ich habe nicht den geringsten Zweifel, daß Speer zur Zeit der oben beschriebenen Ereignisse tatsächlich nichts von dem drohenden (und im Dezember 1941 schon in Gang gesetzten) Vorhaben wußte, die europäischen Juden zu vernichten.

Doch wie Karl Hettlage sagte: »Nichts ist einfach nur schwarz oder weiß.« Der Weg, den Albert Speer vom Spätherbst 1941 an beschritt, war weder schwarz noch weiß, sondern sehr grau.

X

Eine moralische Wunde

Nürnberg, 23. Juli 1946

DR. FLÄCHSNER: Der Angeklagte ... war [als Architekt] ausschließlich mit Friedensbauten beschäftigt ... und [hat] durch seine Tätigkeit weder zur Vorbereitung noch zur Auslösung eines Krieges ... beigetragen ... Zur Zeit der Übernahme von Regierungsgeschäften durch den Angeklagten waren die [Verbrechen gegen den Frieden] bereits restlos vollzogen, und die Tätigkeit des Angeklagten Speer änderte an dem einmal tatsächlich bestehenden Zustand nicht das geringste.

Dr. Flächsner stellte die Tätigkeit Speers im Rückblick etwas geschönt dar, wie es seiner Aufgabe im Nürnberger Prozeß entsprach, allerdings auch nicht mehr als die deutsche Militärführung ihre Tätigkeit in den Jahren vor dem Krieg.

Hitlers Handeln wurzelte trotz seiner impulsiven Natur in langfristigen Plänen, die er aus den 1924 in *Mein Kampf* unzweideutig verkündeten politischen Konzepten entwickelt hatte. Wenn seine Stabschefs über seine Mitteilungen auf der Konferenz vom November 1937, über die Invasion Österreichs im darauffolgenden März und der Tschechoslowakei ein Jahr später und über den Kriegsausbruch im September 1939 überrascht waren, zeigt dies lediglich, daß die Männer in Hitlers unmittelbarer Nähe es eigentlich hätten besser wissen müssen und genauso blind waren wie der Rest der Welt. Speer konnte daher in gewissem Maße zu Recht für sich in Anspruch nehmen, von den entsprechenden Vorbereitungen bis mindestens 1940 nichts gewußt zu haben.

Er widmete die zweite Hälfte des Jahres 1940 – wie schon gesagt – fast ausschließlich den Berliner Bauprojekten. In den letzten Wochen des Jahres machte er zwar eine beunruhigende Erfahrung, doch räumte er ihr in den *Erinnerungen* nur wenig und im »Spandauer Entwurf« überhaupt keinen Platz ein: Hitler lehnte zum erstenmal ein Gesuch von ihm ab.

Speer hatte ihn darum gebeten, die Stelle eines »Beauftragten für Bauwesen in der NSDAP« einzurichten. Als Generalbauinspektor für Berlin war er schon damals nicht nur der ranghöchste Architekt des Landes, sondern hatte auch ein einzigartiges »künstlerisch-persönliches« Verhältnis zu Hitler. Wenn dieser den Vorschlag angenommen hätte, wäre die Stelle automatisch an Speer gegangen. Er wäre zum Architekturpapst in Hitler-Deutschland geworden. Doch Hitler sagte nein.

Mit dem wenigen, das Speer in den *Erinnerungen* über diese erste Niederlage in seiner Beziehung zu Hitler sagt, deutet er an, er habe die Aufgabe nur zum Wohl der Allgemeinheit angestrebt. Er habe Ordnung in das architektonische Chaos bringen wollen, das Hitler durch seine unvermittelte Entscheidung geschaffen habe, nicht nur die für die Partei und ihn persönlich besonders symbolträchtigen Städte Berlin, Nürnberg, München und Linz umgestalten zu lassen, sondern über dreißig Städte Großdeutschlands.

Außerdem wollte Speer die stadtplanerische Vision Hitlers durch die Errichtung einer gewissen künstlerischen Hegemonie über die lokalen Parteikräfte schützen, die Hitlers neuem Plan zufolge mit der Auftragsvergabe für die Arbeiten betraut sein würden. Daneben war nach Speers Auffassung eine zentrale Kontrolle über die immensen Geldbeträge notwendig, die für diese Aufträge fließen würden. Und schließlich versuchte er, wie er offen gesteht, seine eigenen Interessen in Berlin und Nürnberg zu schützen, die leiden mußten, sollten eines Tages in ganz Großdeutschland Materialien für Bauvorhaben angefordert werden.

Hätte Hitler seine gewaltigen Projekte überall im neuen Deutschland wei-
terverfolgt – was er natürlich letztlich nicht konnte –, wäre eine zentrale
Behörde, wie Speer sie angeregt hatte, unabdingbar gewesen. Von daher war
Speers Vorschlag durchaus gerechtfertigt. Allerdings entsprang dieser nicht
nur oder vielleicht nicht einmal vorwiegend seiner Sorge um Hitlers Zufriedenheit und das Wohl der deutschen Architektur.

In Speers Verhältnis zu sich selbst spielten damals drei Faktoren eine herr-
schende Rolle. Der erste war seit je ein unterschwelliger Zweifel an seinem
Talent als Architekt. Der zweite war seine echte Zuneigung zu Hitler, eine
Mischung aus Heldenverehrung, kindlicher Hingabe und komplizierten Gefühlen, die er erst viel später verstehen lernte; dies bedeutete, daß sein ganzes
Dasein auf diesen Mann ausgerichtet war, auf jedes Wort, das er sprach,
jeden Schritt, den er ihm gegenüber unternahm (oder manchmal auch nicht
unternahm), und auf seine Entscheidungen; zwischen 1934 und 1942 war
Speer nicht nur beruflich, sondern, wichtiger noch, emotional direkt von
Hitler abhängig. Drittens spielten sein wachsender Ehrgeiz und sein zuneh-
mendes Verlangen, ja sein Bedürfnis nach Macht eine Rolle, und diese Motive waren zwangsläufig vollständig in die Beziehung zu Hitler verwoben.

Die meisten Biographen Hitlers äußern sich geringschätzig über seine emotionalen Fähigkeiten. Es herrscht die Neigung, ihn als kalt und unfähig zum
Mitgefühl darzustellen. Dies trifft für ihn als Politiker sicher zu, doch neuere
Forschungen lassen vermuten, daß er gegenüber seinen engsten Vertrauten
weder kalt noch gleichgültig war, und zu diesen zählte gewiß Speer.

Es gibt kein Dokument, dem zufolge Hitler jemals geäußert hätte, Speers
Talent liege nicht primär im Architektonischen, und wir können nicht wissen,
wann er zum erstenmal erkannte, daß Speers Organisationsgenie auch an
anderer Stelle eingesetzt werden konnte und sollte. Doch die Architekturauf-
träge Hitlers in den beiden Jahren vor Kriegsbeginn sowie seine Speer betreffenden Entscheidungen in der zweiten Hälfte des Jahres 1941 lassen darauf schließen, daß er Speers wirkliche Fähigkeiten sehr richtig einschätzte.

Die bekanntesten Architekten Deutschlands, Walter Gropius und Mies van
der Rohe, sowie eine Reihe weiterer Vertreter der berühmten Bauhaus-Grup-
pe verließen Deutschland in der Zeit zwischen der Machtergreifung Hitlers
und dem Kriegsausbruch. Doch die Architektur war schon seit langem ein
von vielen jungen Deutschen bevorzugter Beruf, und Speer konnte, als er
Mitarbeiter für seine Büros in Berlin suchte, unter vielen Talenten wählen.
Das wirtschaftliche Klima war vielversprechend, wenn auch noch keineswegs
in voller Blüte, und Speer konnte jungen Architekten verlockende Bedingungen bieten. Er war der Lieblingsarchitekt Hitlers, und mit ihm gewannen sie
den mächtigsten und großzügigsten Gönner, den es geben konnte, der ihnen
unvergleichliche Möglichkeiten bot. Und Speer geizte nicht mit Geld, Lob
und Anerkennung.

Speer und seine Gruppe waren nicht die einzigen, die über die Jahre Aufträge von Hitler erhielten, wenn auch andere Architekten im allgemeinen weniger anspruchsvolle Projekte bekamen und kaum oder nur indirekten Kontakt zu Hitler hatten – mit Ausnahme von Hermann Giesler.

Gieslers Vater und Großvater waren wie die Vorfahren Speers Architekten gewesen, und Giesler hatte wie er in München – an einem anderen Institut – Architektur studiert. Aber die beiden waren grundverschiedene Menschen: Giesler kam aus bescheidenen, kleinbürgerlichen Verhältnissen und war seiner Familie eng verbunden. Er war viel selbstsicherer als Speer, wenn auch nicht so charmant und ohne jedes Charisma, dafür aber aufrichtig und direkt. Sieben Jahre älter als Speer, hatte er mit siebzehn als Freiwilliger am Ersten Weltkrieg teilgenommen und sich dann mit seinem Bruder Paul der nationalsozialistischen Bewegung angeschlossen, als diese noch in den Anfängen steckte.

Im Gegensatz zu Speer spielten im Leben der Brüder Hermann und Paul Politik und Politiker eine wichtige Rolle. Paul, ursprünglich ebenfalls Architekt, wurde in der SA aktiv und später Gauleiter von München. Hermann, wieder im Gegensatz zu Speer, war nicht ein Mensch, der je in seinen Gefühlen oder Loyalitäten schwankte. Wenn er Architekt wurde – und er war wahrscheinlich begabter als Speer –, dann fürs Leben; wenn er Nationalsozialist wurde und Hitler als einen Helden verehrte, dessen Beweggründe und Entscheidungen außer Frage standen, dann ebenfalls fürs Leben.

In der Frage der Neugestaltung Münchens hatte sich Hitler Ende 1938 an Giesler gewandt. War Speer zweifellos Hitlers und Deutschlands erster Architekt, dann bekam Giesler mit diesem prestigeträchtigen Auftrag eindeutig den zweiten Rang zugesprochen.

Giesler war schon an einer ganzen Reihe architektonischer Projekte beteiligt gewesen: 1934 an der von Hitler sehr bewunderten Eliteschule der Nazis in Sonthofen und 1936/37 an wichtigen Parteigebäuden und an der Rekonstruktion historischer Bauten in Weimar und Augsburg, an der sich Hitler, der damals zum erstenmal mit Giesler zusammenarbeitete, persönlich beteiligte. 1937 erhielt Giesler den begehrten Professorentitel, und im selben Jahr gewann er wie Speer, wenn auch für weniger aufsehenerregende Entwürfe, auf der Pariser Weltausstellung einen Grand Prix und eine Goldmedaille.

Zu diesem Zeitpunkt war sich Speer seiner Position bei Hitler sehr sicher, so sicher, daß er Giesler als einen der zwölf Wettbewerbsteilnehmer für die Weimarer Bauvorhaben vorschlug. Vielleicht begann er an der Klugheit seines Vorschlags zu zweifeln, als Giesler nicht nur diesen Wettbewerb – und kurz darauf einen anderen in Augsburg – gewann, sondern wenig später den Auftrag erhielt, die deutschen Ausstellungshallen der für 1942 geplanten Weltausstellung in Rom zu entwerfen – ein Auftrag, mit dem Speer bei der Pariser Weltausstellung von 1937 einen solch spektakulären Erfolg gehabt hatte.

Es ist gut möglich, daß Speer um seine Stellung besorgt war, als Hitler den Auftrag für München, die »Geburtsstadt« der Bewegung, an Giesler vergab und ein paar Monate später, als Bormann Giesler mit sämtlichen Bauten für Hitlers geliebte Rückzugsstätte auf dem Obersalzberg betraute, auch dies billigte. Ein Jahr später, 1940, beauftragte Hitler Giesler dann auch noch mit der Neugestaltung von Linz, der Stadt seiner Kindheit. Es ist sehr wahrscheinlich, daß Speer Giesler als Rivalen betrachtete, den er unter Kontrolle bringen mußte.

Auch wenn die beiden Männer nach außen hin immer Freunde gewesen waren, unter der Oberfläche gärten gegenseitige Zweifel. Bei Kriegsbeginn hatte Speer die Zustimmung Hitlers dazu erhalten, die Eisen- und Stahlzuteilung im Reich durch den GBI, der schon ein landesweites Bauprogramm für die Luftwaffe leitete, zentral zu verwalten. Giesler war mit diesem Arrangement ganz zufrieden gewesen, da es ihm und seiner Münchner Gruppe vermutlich viel Arbeit ersparen würde. Allerdings begann er seine bereitwillige Zustimmung nach seiner Rückkehr aus Frankreich im Juni 1940 zu bedauern, als Hitler ihn anwies, sofort mit den Münchner Bauten zu beginnen, genau wie er Speer befohlen hatte, ohne weitere Verzögerung die Arbeit in Berlin in Gang zu setzen. Gieslers Eisen- und Stahlanforderungen waren schon monatelang von Speers GBI ignoriert worden, so daß er, als die Arbeiten in München praktisch zum Stillstand zu kommen drohten, sich um Rat und Hilfe an Fritz Todt wandte. Todt hatte das erstaunliche Autobahnnetz entworfen und gebaut, danach seine »Organisation Todt« ins Leben gerufen und war jetzt aufgrund seiner immensen Verantwortung im Kriegswesen einer der einflußreichsten Männer Deutschlands.

Zu der Zeit, als Giesler sich an ihn wandte, war Todt schon seit Jahren Generalbevollmächtigter für die deutsche Bauwirtschaft, Hitlers vertrautester Berater in Fragen der Industrie und stand kurz vor der Ernennung zum Reichsminister für Bewaffnung und Munition.

Aber Todt, nach seiner Herkunft und Bildung und auch als passionierter Skiläufer und Bergsteiger Speer viel näher als Giesler, bekräftigte, daß Speer die höchste Autorität in Fragen der Eisen- und Stahlzuteilung sei; er habe das Quotensystem eingeführt und organisiert, das von gelegentlichen Engpässen abgesehen auch funktioniere. Giesler würde sich an Speers Planungen anpassen müssen. Todt versuchte zwischen den beiden Männern zu vermitteln und riet Speer in einem Brief vom 24. Januar 1941 zur Zurückhaltung:
Vielleicht hätten Ihnen meine Erfahrungen und die bitteren Enttäuschungen mit all den Menschen, mit denen man eigentlich zusammenarbeiten müßte, die Möglichkeit gegeben, auch Ihr Erleben als zeitbedingtes zu sehen, und vielleicht hätte Ihnen der Standpunkt, zu dem ich mich allmählich durchgerungen habe, innerlich etwas geholfen: daß bei so großem Geschehen ... jede Aktivität ihre Opposition hat, jeder Han-

delnde seine Rivalen und leider auch seine Gegner, aber nicht, weil die Menschen Gegner sein wollen, sondern weil die Aufgaben und die Verhältnisse Ursachen sind, daß andere Menschen einen anderen Standpunkt einnehmen müssen. Vielleicht haben Sie gleich in jungen Jahren den besseren Weg gewählt, all das abzuschütteln, während ich mich damit herumplage.

Der von Todt abgewiesene Giesler erinnerte sich an Hitlers Ratschlag in Frankreich, etwaige Probleme auf die breiten Schultern Bormanns zu laden. Giesler und Bormann hatten ohnehin schon ein besonderes Verhältnis zueinander entwickelt, das auf der fraglosen Hingabe beider an die Partei und Hitler beruhte und vielleicht auch auf ihrem gemeinsamen Mißtrauen gegen Speer.

Obwohl Bormann darauf beharrte, daß um des Führers Seelenfrieden willen Streitigkeiten und Zwiste vermieden werden müßten, besorgte er Giesler sofort das am dringendsten benötigte Material und ließ ihn streng vertraulich wissen, die Lage erfordere seines Erachtens eine gründliche Untersuchung und anschließend eine Entscheidung des Führers. Giesler sollte Bormann privat eine Denkschrift zukommen lassen über das mangelhafte Zuteilungsverfahren, das heißt die Unzuverlässigkeit Speers und seiner Organisation.

Das Ergebnis dieses Konflikts war, daß Hitler Speers Vorschlag einer weiteren Zentralisierung der baulichen Verantwortung ablehnte. Wie Speer in den *Erinnerungen* mitteilt, war es Bormann, der diese Ablehnung bewerkstelligte, und Gieslers Darstellung der Ereignisse in seinen 1977 erschienenen Memoiren *Ein anderer Hitler* bestätigt Bormanns Rolle.

Obwohl Speer und Bormann von ihrem gesellschaftlichen und geistigen Hintergrund her nichts miteinander gemein hatten, konnten sie sich im Interesse der Arbeit und zu ihrem eigenen Vorteil und um Hitlers willen zu oberflächlicher Höflichkeit zueinander durchringen. Zu einer engeren Beziehung der beiden kam es allerdings nie. Mehr noch als gesellschaftliche Herkunft und Bildung waren es ihre grundverschiedenen Persönlichkeiten – die des zutiefst gehemmten und zurückhaltenden Speer und die des gesellschaftlich und emotional grob extrovertierten Bormann –, die aufeinander prallen mußten.

Wie Giesler in seinen Memoiren Speer, seinen Charakter, seine Haltung in Nürnberg und seine Schriften nach der Entlassung aus der Haft beschreibt, macht deutlich, daß Speer zwar Gieslers Konkurrenz fürchtete und sein möglichstes tat, um ihn auszuschalten, daß Giesler ihn jedoch vermutlich von Beginn an, noch bevor von einem Verrat Speers an Hitler die Rede sein konnte, weder mochte noch ihm traute. Als alles vorüber und Hitler tot war, seine Ideen und Pläne bloßgestellt – vor der größten Öffentlichkeit und am wirkungsvollsten von Speer –, begann Giesler Speer zu hassen; sein Buch ist in weiten Teilen ein Monument dieses Hasses.

Der wirkliche Grund für diesen Abscheu vor Speer war nicht dessen damals zwar durchaus vorhandene, von Giesler aber stark übertriebene Doppelzüngigkeit, sondern vermutlich der Umstand, daß Gieslers eigene Beziehung zu Hitler nie auch nur annähernd derjenigen gleichkam, die Speer so viele Jahre lang mit dem von Giesler angebeteten Führer hatte.

Nach Speers Ernennung zum Minister, drei Jahre nachdem er zum erstenmal eine Ablehnung von Hitler erfahren hatte, fand Hitler Erholung vom Druck des Krieges nicht so sehr bei ihm, sondern in Gesprächen mit Giesler über die Neugestaltung von Linz – der Stadt, in der er sich seinen Ruhestand erträumte. Und da Giesler und Bormann inzwischen einander außerordentlich nahestanden, hatte er zunehmend leichteren Zugang zu Hitler, selbst in dessen militärischem Hauptquartier. Vergleicht man jedoch die prosaischen Begegnungen der beiden, wie Giesler sie in seinem Buch beschreibt, mit jenem Hochgefühl, das in früheren Jahren vielen Vertrauten Hitlers nach Gesprächen und Spaziergängen Hitlers mit Speer an ihrem Führer aufgefallen war, wird deutlich, daß Giesler zwar Speers Rivale in Sachen Architektur war, doch nie jene besondere Rolle einnehmen konnte, die Speer in Hitlers Gefühlsleben spielte.

Für Hitler war Giesler ein begabter Architekt, der ihm von Nutzen sein konnte. Hitler hörte zwar bereitwillig Fachleuten zu und belehrte seinerseits in endlosen Monologen alle in seiner Umgebung, doch wirklich gerne sprach er nur mit Menschen, die ihn stimulierten und mit denen er sich zuweilen sogar auf ein Wortgefecht einlassen konnte. Speer erfüllte diese Aufgabe, doch ganz abgesehen davon war er in den goldenen Jahren für Hitler ein Gegenüber, für den er wenigstens ein Minimum an menschlichem Gefühl aufbrachte.

Als Speer versuchte, dieses Verhältnis vor dem Nürnberger Tribunal zu beschreiben, sagte er, wenn Hitler einen Freund gehabt hätte, dann wäre er dieser Freund gewesen. Ich glaube, er hat das nicht so gemeint, wie es klang, wußte er doch genau, daß »Freundschaft« nichts Einseitiges sein konnte und er sich selbst nie erlaubt hätte, sich als Hitlers »Freund« zu fühlen.

Im Jahr 1975, siebenunddreißig Jahre nach der scharfsichtigen Bemerkung des Finanzexperten Karl Hettlage, Speer sei »Hitlers unglückliche Liebe« gewesen, untersuchte wie bereits erwähnt Alexander Mitscherlich, einer der bedeutendsten deutschen Psychoanalytiker und Sozialpsychologen, diese Beziehung. In der *Frankfurter Allgemeinen Zeitung* schrieb er über die gerade veröffentlichten *Spandauer Tagebücher* Speers: »Auf seine Weise liebte Adolf Hitler Albert Speer, und auf seine Weise liebt Albert Speer ... Hitler ...« Mitscherlich beschreibt die Beziehung als ein unendlich komplexes, nichtsexuelles »homoerotisches« Verhältnis auf der Grundlage von Bedürfnissen, die nur Hitler und Speer einander hätten erfüllen können. Mitscherlich – ich war mit ihm und seiner Frau befreundet – meinte, er sehe die Ursprünge dieser seltsamen »Freundschaft« ganz ähnlich wie ich. Der junge, schöne und reine Speer habe für Hitler einen Traum seiner selbst verkörpert; und für Speer sei Hitler nicht nur das Instrument zur Verwirklichung all seiner Phantasien gewesen – das wäre zu simpel gesehen –, sondern der Held, der starke und mächtige Beschützer, den er seit seiner Kindheit gesucht habe.

»Ja«, sagte Speer, als wir über diesen Artikel sprachen, »Mitscherlich kam der Wahrheit am nächsten.«

Die Euphorie nach dem Sieg über Frankreich und Speers nahezu ausschließliche Konzentration auf die praktischen Probleme seiner Bautätigkeit trugen zu seiner Blindheit gegenüber den Anfängen von Hitlers unheilvoller Politik bei. Doch ist es klar, daß 1941, als Polen schon über ein Jahr besetzt war und viele tausend polnische Zwangsarbeiter nach Deutschland gebracht worden waren, schon vieles geschehen war, von dem Speer gewußt haben muß, und anderes, das er »ahnte«. Später werden wir sehen, was er nicht wahrhaben wollte – oder nicht ertragen konnte –, und auch, was andere wußten und nicht wagten, ihm zu sagen. Doch mit der Invasion Rußlands im Juni 1941 drang die Wirklichkeit unweigerlich in sein Leben und das von Millionen Deutschen ein.

Wir saßen am großen Fenster im Heidelberger Haus der Speers, als ich ihn fragte, wann er von Hitlers Absicht, Rußland zu überfallen, zuerst erfahren habe. Er erwiderte, es sei am Tag nach der Parisreise mit Hitler am 28. Juni 1940 gewesen, als er den Schluß eines Gesprächs zwischen Hitler, Feldmarschall Wilhelm Keitel und General Alfred Jodl gehört hatte. Als er zu der Gruppe getreten sei, um sich zu verabschieden, habe er Hitler sagen hören, im Vergleich zu dem soeben Erreichten sei ein Feldzug gegen Rußland nichts weiter als ein »Sandkastenspiel«. (Im »Spandauer Entwurf« schreibt Speer, der Heeresgeneralstab habe in einem Sandkasten mit kleinen Fahnen »Kriegsspiele« veranstaltet.) In der neuerlichen Begeisterung für die Bautätigkeit in Berlin und in der noch friedlichen Atmosphäre in der Hauptstadt und Berchtesgaden für den Rest des Jahres habe er diese Worte jedoch vergessen.

Während jenes »herrlichen, heißen Sommers« von 1940 war Speer nicht der einzige, der das Gefühl hatte, bei Hitler und seinen jubelnden Deutschen einen verzückten »Rausch« zu erleben. Man errang Siege zu Land, der Himmel über den deutschen Städten war noch ruhig, und es herrschte die Überzeugung, daß die Gegner der Vergangenheit, Gegenwart und Zukunft gleichermaßen schwach waren.

Weniger als drei Monate später begann sich dies zu ändern. Der Luftkrieg war nun ernsthaft ausgebrochen, und entgegen allen Versicherungen Görings von der Überlegenheit der deutschen Luftwaffe brachte die Royal Air Force in den letzten Monaten des Jahres 1940 schwere Zerstörungen über deutsche Städte.

Im Juli 1940 beauftragte Hitler die Stabschefs, Pläne für einen kurzen, aggressiven Rußlandfeldzug auszuarbeiten, der im Frühjahr 1941 beginnen sollte. Am 18. Dezember 1940 – Hitler war inzwischen davon überzeugt, daß Großbritannien nur deshalb nicht aufgab, weil es auf die Hilfe Rußlands und der Vereinigten Staaten hoffte – formulierte er in seiner Weisung Nr. 21 endgültig die Befehle für das Unternehmen Barbarossa, den Krieg gegen die Sowjets:

> Die deutsche Wehrmacht muß darauf vorbereitet sein, auch vor Beendigung des Krieges mit England Sowjetrußland in einem schnellen Feldzug niederzuwerfen ... Vorbereitungen, die eine längere Anlaufzeit benötigen, sind – soweit noch nicht geschehen – schon jetzt in Angriff zu nehmen und bis zum 15. 4. 41 abzuschließen ... Die im westlichen Rußland stehende Masse des russischen Heeres soll in kühnen Operationen unter weitem Vortreiben von Panzerkeilen vernichtet, der Abzug kampfkräftiger Teile in die Weite des russischen Raumes verhindert werden ... Das Endziel der Operation ist die Abschirmung gegen das asiatische Rußland auf der allgemeinen Linie Wolga – Archangelsk. So kann erforderlichenfalls das letzte Rußland verbleibende Industriegebiet am Ural durch die Luftwaffe ausgeschaltet werden.

Nur neun Ausfertigungen dieser Weisung wurden verteilt, doch für die Stabschefs der Wehrmacht war von nun an alles andere diesem Ziel untergeordnet.

Sämtliche militärischen Pläne Hitlers beruhten auf der Strategie des »Blitzkriegs«, mit der er im Westen so spektakuläre Erfolge erzielt hatte. Während seine Pläne für den Rußlandkrieg reiften, die sämtlich von einem maximal fünfmonatigen Feldzug ausgingen, meldeten sich einige warnende Stimmen unter seinen Generälen zu Wort. Der Generalstabschef des Heeres, Franz Halder, versuchte beharrlich, Hitler vor falscher Zuversicht über die vermeintliche Schwäche der Sowjets zu warnen, und Admiral Erich Raeder wollte ihn davon überzeugen, das vorrangige Ziel müsse der Sieg über Großbritannien sein, bevor Roosevelt und die Vereinigten Staaten auf britischer Seite in den Krieg eintreten könnten.

Daß nicht nur Hitler, sondern auch die anderen Länder den möglichen Widerstand der Russen so stark unterschätzten, ist vielleicht nachvollziehbar; schließlich hatte Stalin in den Säuberungen der dreißiger Jahre viele seiner besten Generäle und Unternehmer umgebracht. Doch sicher ist, daß alle Geheimdienste den Umfang der sowjetischen Truppen, die Entschlossenheit und Rücksichtslosigkeit der politischen und militärischen Führung und vor allem die den russischen Soldaten eigenen Qualitäten unterschätzten. Das Beispiel der schrecklichen Niederlage Napoleons und die Möglichkeit, daß die Russen den Widerstand auch über den Winter aufrechterhalten könnten, scheinen Hitler nie in den Sinn gekommen zu sein.

Wie Speer später entdecken sollte, waren die Winteruniformen des deutschen Heeres, entworfen von der Münchner Sportbekleidungsfirma, die auch die Himalaja-Expedition ausgerüstet hatte, für die arktische Kälte des russischen Winters nicht geeignet. »Unsere neue Wollproduktion«, schrieb er in Spandau, »die eine leichter zu verarbeitende und weniger klobige Faser schuf, hatte der Tatsache nicht Rechnung getragen, daß es gerade das zur Gewichtsverringerung entfernte Fett ist, das Schutz vor der Feuchtigkeit bietet. Die russischen Soldaten mit ihren altmodischen, dicken Jacken und schweren Decken waren viel besser dran als unsere Männer, deren Widerstandskraft zweifellos oft tödlich untergraben wurde, weil sie ständig unterkühlt und naß waren.« Der Rußlandfeldzug kostete schließlich dreieinviertel Millionen deutsche Soldaten das Leben; über 100 000 von ihnen erfroren.

Doch all das lag noch in der Zukunft. Anfang 1941 war Hitler eifrig dabei, die Zahl seiner Verbündeten zu vergrößern. Mussolini hatte sich schon hastig auf seine Seite geschlagen, als der Blitzkrieg gegen Frankreich so erfolgreich verlaufen war. Nun schloß Hitler Verträge mit Rumänien (dessen Öl er dringend benötigte; sein Bewunderer, der Militärdiktator Ion Antonescu, blieb bis zum Ende des Krieges an seiner Seite) und mit Ungarn und Bulgarien, die er sich gewogen machte, indem er ihnen mit Zustimmung Antonescus jeweils einen Teil Siebenbürgens zusprach, das seit dem Versailler Vertrag zu Rumänien gehörte.

Da Hitler wußte, daß die traditionell englandfreundlichen Griechen nie freiwillig auf seine Seite treten würden, lagen die Pläne für die Operation Marita, die Invasion Griechenlands, schon bereit. Als Anfang 1941 sein Versuch, Jugoslawien als Bündnispartner zu gewinnen, durch einen Armeeputsch vereitelt wurde, ließ er deutsche Truppen sowohl in Jugoslawien als auch in Griechenland einmarschieren, wo Mussolini seine eigene Invasion fehlerhaft durchführte. Wieder war ein Blitzkrieg Hitlers spektakulär erfolgreich: Diesmal gewann er ihn in zwei Wochen. Ende April 1941 hatte er ganz Europa mit Ausnahme der vier neutralen Länder Spanien, Portugal, Schweden und der Schweiz auf seine Seite geholt – nur Rußland nicht.

Die fieberhaften Vorbereitungen in den ersten Monaten des Jahres 1941 für das Unternehmen Barbarossa, die Invasion Rußlands, wurden im Mai, sechs Wochen vor Beginn des Angriffs, unterbrochen. Den Grund dafür, Rudolf Heß' Flug nach England am Samstag, dem 10. Mai 1941, bezeichnete Speer mir gegenüber als den »zweitschwersten persönlichen Schlag in Hitlers Leben«. (Der schwerste war im Jahr 1931 der Selbstmord seiner Nichte und großen Liebe Geli Raubal.)

Hitler, so erfahren wir von Nicolaus von Below, der wie immer im Dienst war, lag an jenem Sonntagmorgen noch im Bett, als die beiden Adjutanten von Heß, Karl-Heinz Pintsch und Alfred Leitgen, auf dem Berghof eintrafen und einen Brief des Führer-Stellvertreters überbrachten, in dem dieser Hitler von seinem Flug nach Großbritannien und seinem naiven Plan, die Briten zum Rückzug aus dem Krieg zu bewegen, in Kenntnis setzte.

Wieder einmal, wie so oft in entscheidenden Momenten, war Speer auf dem Berghof anwesend, offenbar, um Hitler neue Entwürfe zu zeigen. Heß' »bleiche und aufgeregte« Adjutanten, wie er in den *Erinnerungen* in seiner nicht selten ausschmückenden Manier schreibt, wodurch er »informierter« erschien, als er tatsächlich war, »baten mich, mit meiner Besprechung zurückzustehen, da sie Hitler einen persönlichen Brief von Heß zu übergeben hätten«. In dem sachlicheren »Spandauer Entwurf« (und in Belows Memoiren) ist es nicht Speer, der ihnen den Vortritt läßt beziehungsweise von ihnen darum gebeten wird, sondern die anderen Gäste, darunter Speer, wurden aufgefordert, sich schnell ins obere Geschoß zurückzuziehen, wo sie dann stundenlang warteten, ohne von den dramatischen Ereignissen, die sich unten abspielen, zu wissen. Hitler, der nach unten geeilt war und den Brief überflogen hatte, den ihm General Karl Bodenschatz (Görings Verbindungsoffizier zu Hitler) übergeben hatte, brüllte nach Bormann und befahl Pintsch zu sich. Die unglücklichen Adjutanten von Heß, die zugaben, vom Inhalt des Briefes zu wissen, wurden verhaftet und in ein Konzentrationslager überstellt.

Hitlers unmittelbare Sorge schien zu sein, Churchill könne den Flug von Heß dazu verwenden, Hitlers Verbündete Italien und Japan von Hitlers Friedensbereitschaft zu überzeugen. »Wer wird denn glauben«, zitiert ihn Speer, »daß er nicht in meinem Auftrag geht, daß die ganze Angelegenheit nicht eine Verschwörung hinter dem Rücken meiner Verbündeten ist? Das kann zu den schrecklichsten Problemen mit ihnen führen.«

Die Sorge um den guten Willen Italiens und Japans veranlaßte Hitler in jener Nacht dazu, eine Erklärung herauszugeben, wonach Heß' Flug die Folge einer geistigen Verwirrung sei, deren Symptome man schon vor einiger Zeit bemerkt habe. »Welch ein Anblick für die Welt«, schrieb Goebbels in jener Nacht in sein Tagebuch, »ein geistig Zerrütteter zweiter Mann nach dem Führer. Grauenhaft und unausdenkbar.«

In Wirklichkeit hatte Hitler freilich etwas beträchtlich Schlimmeres als den Verdacht der anderen Achsenmächte und den Spott der »Welt« zu befürchten: die erschreckende Möglichkeit, daß Heß freiwillig, unter Drogen oder auf andere Weise gezwungen den Briten die Pläne des damals für den 22. Juni angesetzten Unternehmens Barbarossa verraten könnte, mit denen er vollständig vertraut war.

»Ich weiß nicht, wie weit die Briten damals mit Wahrheitsdrogen waren«, sagte Speer zu mir, »aber freiwillig hätte Heß Hitler nie verraten, da bin ich mir vollkommen sicher.« Tatsächlich hatte Heß in seinem Brief Stillschweigen über die Pläne gelobt, und er hielt sein Versprechen.

Offiziell immer noch Hitlers Sekretär und Stellvertreter, war Heß am Hofe des Führers zunehmend in Ungnade gefallen, auch wenn es immer noch zu Begegnungen zwischen den beiden kam. Heß war Pessimist und langweilte mit seinen endlosen Auslegungen Hitler zu Tode. Hitler hatte Bormann, der inzwischen für alle Gesprächstermine verantwortlich war, klargemacht, daß er seinen deprimierenden Stellvertreter nicht allzu häufig zu sehen wünsche. Speer sagte mir, Hitler habe ihm auch gesagt, daß Heß nur Unerfreuliches zur Sprache bringe. »Hitler mochte nie mit unangenehmen Dingen belästigt werden.« Sicher sei auf jeden Fall, daß Hitler weder Heß auf die Englandmission geschickt noch davon gewußt habe.

Dr. Robert Kempner, zuerst einer der Assistenten des amerikanischen Hauptanklägers Robert Jackson und später unter Telford Taylor stellvertretender amerikanischer Hauptankläger für die weiteren zwölf Nürnberger Prozesse, war ganz anderer Auffassung. Er unterschied sich nach Herkommen und Stellung in Nürnberg von allen übrigen Staatsanwälten. 1899 in Freiburg als Sohn einer vornehmen jüdischen Familie geboren, war er ein bedeutender Rechtsanwalt und Professor der Jurisprudenz, als er 1938 nach Amerika auswanderte. Als er 1945 Mitglied im Stab der amerikanischen Anklagebehörde in Nürnberg wurde, war er ein führender Experte für die rechtlichen, politischen, polizeilichen und geheimdienstlichen Verfahrensweisen europäischer Diktaturen und ausländischer Organisationen in den Vereinigten Staaten und beriet das amerikanische Justizministerium, das Office for Strategic Services (OSS) und den Kriegsminister.

Kempner, einer der höchstqualifizierten Juristen in Nürnberg, wurde als besonders distinguierter deutscher Jude im Dienst der Alliierten von vielen der Angeklagten abgelehnt. Aber einige von ihnen und viele Zeugen arbeiteten während der Voruntersuchungen für den Prozeß bereitwillig mit ihm zusammen. Zu ihnen gehörte Ernst Wilhelm Bohle, Chef der NSDAP-Auslandsorganisationen und Staatssekretär im Außenministerium. Bohle war 1903 in Bradford in Yorkshire geboren worden und somit ein »Auslandsdeutscher« wie der 1894 im ägyptischen Alexandria geborene Heß, dessen Schützling und Vertrauter er war. Er erzählte Kempner, Heß habe ihn am Abend des 9. Oktober 1940 angerufen und gebeten, in seine Berliner Wohnung zu kommen. Nachdem Heß sich vergewissert habe, daß die Tür fest verschlossen war, habe er gesagt, er wolle ihn über einen sehr geheimen Auftrag informieren, von dem niemand, weder Heß' noch Bohles Familie oder Mitarbeiterstab, erfahren dürfe. »Ich habe Sie ausgewählt«, sagte Heß, »weil Sie englisch sprechen, die Briten kennen und unseren Krieg mit Großbritannien als ebenso schweren Fehler betrachten wie ich.« Er sei im Begriff, einen Weg zu finden, diesen Krieg zu beenden; ob Bohle bereit sei, ihm zu helfen?

»Als ich sofort zustimmte, sagte er, daß vor allem mein Chef, Außenminister Ribbentrop, kein Wort davon erfahren dürfe, da er das Vorhaben sofort sabotieren würde. Dann erklärte mir Heß, daß er dem Herzog von Hamilton schreiben wolle, den er bei den Olympischen Spielen kennengelernt habe und der in England großen Einfluß genieße, um ein privates Treffen in der Schweiz vorzuschlagen. Er reichte mir den Entwurf des ersten Teils eines Briefes und bat mich, ihn sofort in einem Büro nebenan zu übersetzen.«

Von diesem Tag an bis zum 4. Januar 1941 gab Heß Bohle regelmäßig alle paar Wochen weitere Entwürfe des Briefes, ausgearbeitet von seinem Freund und politischen Mentor, dem Geopolitiker Karl Haushofer, und dessen Sohn Albrecht, zum Übersetzen.*

»Später hörte ich, daß Heß Mitte Januar einen ersten Versuch unternommen hatte, nach England zu fliegen, ihn aber ebenso wie den nächsten im Februar oder März aus technischen Gründen abbrechen mußte«, erklärte Bohle Kempner. »Ich hatte damals keine Ahnung, daß er direkt nach England fliegen wollte. Ich hatte ihm einige Zeit zuvor bei einem Abendessen mit dem Herzog und der Herzogin von Windsor als Dolmetscher gedient, und ich war so ahnungslos, daß ich ihn bat, mich in die Schweiz mitzunehmen, wenn er, wie ich vermutete, sich dort mit Hamilton treffen würde. ›Wenn Ihr Plan gelingt‹, sagte ich ihm, ›schlagen Sie dem Führer doch bitte vor, daß ich Sie begleite.‹ In seiner Antwort erwähnte er Hitler nicht, aber er sagte auch nicht, daß Hitler nichts von dem Vorhaben wisse, und ich hab' immer angenommen, daß Hitler informiert war. Ich hatte gehört, daß Heß – der Hitler nach Kriegsbeginn so wenig wie möglich behelligen wollte und ihn daher kaum noch aufsuchte – kurz vor seinem Abflug eine vierstündige Unterredung mit ihm in der Reichskanzlei hatte. Und am 13. Mai, als Hitler die ›führenden Männer‹ auf dem Obersalzberg empfing – ich war auch dabei –, bestätigte er dieses Treffen und sagte, Heß habe ihn gefragt, ob er immer noch zu seinem Programm der Zusammenarbeit mit Großbritannien stehe, wie er es in *Mein Kampf* dargelegt habe. Und Hitler sagte, er hätte diese Frage bejaht ...«

Einer der vielen Hinweise, die Bohle in dem Glauben bestärkten, Hitler habe von der Sache gewußt, sei Hitlers Weigerung gewesen, einen Haftbefehl für ihn zu unterschreiben, den Bormann ihm vorgelegt habe. »Dies wäre völlig unverständlich, wenn Hitler wirklich überhaupt nichts damit zu tun gehabt hätte«, sagte Bohle. »Denn obwohl ich von dem Flug selbst nichts wußte, hatte ich doch viel mehr für sein Zustandekommen getan als Heß' Sekretäre, Chauffeure, Diener und andere, die eingesperrt wurden.

---

* Albrecht Haushofer wurde kurz vor Kriegsende unter der Anklage, an der Verschwörung des 20. Juli teilgenommen zu haben, hingerichtet. Sein Vater nahm sich später das Leben.

Am 14. Mai wurde ich lange von Heydrich und Gestapo-Müller* verhört, aber dann nach Hause geschickt. Die einzige Erklärung, die mir einfiel, war, daß Heß Hitler zwar über meine Mithilfe informiert, ihn aber gebeten hatte, mich laufen zu lassen, wenn die Sache schiefgehen und Hitler gezwungen sein sollte, von ihm, Heß, Abstand zu nehmen.« (Diese Art von Loyalität gegenüber einem Kollegen wäre für Heß nicht untypisch gewesen.)

Ein anderer bedeutender Zeitzeuge war sich allerdings ebenso sicher, daß Hitler *nichts* gewußt hatte: Luftwaffengeneral Adolf Galland, ein deutsches Flieger-As und Kommandeur der Jagdflieger. Er war zunächst ein leidenschaftlicher Nazi, bis er erkannte, daß Hitlers Wahn Deutschland in die Niederlage stürzen würde; nach Kriegsende veröffentlichte er zwei Bücher und ging auf hochbezahlte Vortragsreisen in die Vereinigten Staaten, wo er von den Medien hofiert wurde. Dabei blieb er jeder Zoll ein General, nicht nur Besuchern, sondern auch spürbar seinen Mitarbeitern gegenüber. Sein Büro in Bad Godesberg, wo er mich empfing, wirkte weniger leer als steril: In den Regalen standen zwar Bücher, doch sahen sie ungelesen aus; es gab Aschenbecher, doch war zu bezweifeln, ob je ein Besucher wagen würde, sie zu benutzen; und auf den vielen gerahmten Fotografien waren Flugzeuge abgebildet, neben denen steife Männchen standen. Als Informant allerdings war Galland äußerst nützlich, denn er hatte das trainierte Gedächtnis eines Fliegers, und seine Erinnerungen waren so haargenau, daß er Gespräche fast wörtlich wiedergeben konnte.

Ich besuchte ihn im Jahr 1987. Er war gerade von einer Vortragsreise in die Vereinigten Staaten zurückgekehrt; zwei Tage später sollte er erneut ins Ausland reisen. Ich wußte von Speer, daß Galland große Probleme mit Hitler und Göring gehabt hatte, und fragte ihn, ob die Zuhörer ihn nach seinen Vorträgen darüber befragten.

»Ich spreche nicht über einzelne Personen«, sagte er. »Ich spreche über Flugzeuge und Luftkriegsstrategie.«

Sein einziges Interesse an Heß sei sein Auftrag gewesen, ihn abzuschießen. »Wenn Heß wirklich mit Hitlers Wissen nach England flog«, sagte er, »und ich habe keinen Grund anzunehmen, daß dem so war, dann hatte Hitler es Göring verschwiegen, denn Göring hat mich unmißverständlich angewiesen, Heß mit einer Staffel Jagdflugzeuge zu verfolgen und ihn herunterzuschießen. Hitler war ein sehr guter Schauspieler, Göring aber gar nicht; wenn er mir

---

* Obergruppenführer Heinrich Müller hatte vor der Machtergreifung der Nationalsozialisten in München eine führende Position bei der Polizei bekleidet. Heydrich ernannte ihn 1935 zum Chef der Gestapo, wo er der direkte Vorgesetzte von Adolf Eichmann war. Er wurde zuletzt am 29. April 1945 im Bunker der Reichskanzlei gesehen und ist vermutlich ins Ausland entkommen.

befahl, Heß abzuschießen, dann glaubte er, daß Heß entgegen dem Befehl oder Willen des Führers da oben war, Punkt.«

Der Gedanke, nach England zu fliegen, so erzählte Heß Speer in Spandau, sei ihm in einem Traum gekommen. Er habe sich Hitler damit keineswegs irgendwie widersetzen oder ihn in Verlegenheit bringen wollen. Was er den Engländern klarmachen wollte, war, was Hitler unzählige Male gesagt und (zweifellos unter Mitarbeit von Heß) im zweiten Band von *Mein Kampf* auch geschrieben hatte: Wenn England ihm freie Hand in Europa gewähre, würde er als Gegenleistung die künftige Sicherheit des Britischen Empire garantieren.

Speer zeigte in vielen unserer Gespräche, daß er um Heß besorgt war und ihn aufrichtig mochte. »Offiziell«, sagte er, »hat sich Hitlers Einstellung gegenüber Heß, nämlich daß er ein Verräter sei und nach dem Ende des Krieges gehängt werden müsse, nie geändert. Doch privat, glaube ich, hing er sehr an ihm. Und wissen Sie, ich hielt ihn nie für einen Verräter – nicht einmal damals. Natürlich wußte ich damals nichts von Barbarossa, aber später, viel später, schien mir die absolute Verschwiegenheit von Heß in England der beste Beweis nicht nur für seine Treue zu Hitler natürlich, sondern auch dafür, daß er geistig vollkommen klar war.«*

Es stellte sich heraus, daß sowohl Deutschland als auch Großbritannien Interesse daran hatten, die Affäre Heß herunterzuspielen. Hitler erklärte, wie bereits erwähnt, daß Heß geistesgestört sei; Churchill beauftragte Außenminister Anthony Eden, ihn »als Kriegsgefangenen [zu behandeln], ... doch ohne außer acht zu lassen, daß man wegen politischer Verbrechen Anklage gegen ihn erheben könnte«. So trat Heß eine Haft an, die nach seiner Verurteilung in Nürnberg fünf Jahre später bis zum Ende seines Lebens im Spandauer Gefängnis fortdauern sollte.

Laut dem Chronisten der Wehrmacht Helmut Greiner, der für das Kriegstagebuch zuständig war, erfuhren die Generäle auf einer Konferenz am 3. März, wie radikal sich Hitlers Vorstellungen vom Krieg im Osten von den ihren unterschieden. Auf dieser Wehrmachtskonferenz, in deren Verlauf Hitler zum erstenmal von der »Notwendigkeit, die politischen Kommissare zu eliminieren« sprach, machte er seine Ziele zur Genüge deutlich. Die »jüdisch-

---

* Churchill an Roosevelt, 17. Mai 1941: »... Heß zeigte sich sehr gesprächig ... Das Britische Empire ... würde unangetastet bleiben: ... Das ist die altbekannte Aufforderung, alle unsere Freunde im Stich zu lassen, um vorübergehend den größeren Teil der eigenen Haut zu retten ... Deutschland habe gewisse Forderungen an Rußland, die erfüllt werden müßten; die Gerüchte über einen geplanten Angriff auf Rußland bezeichnete er jedoch als falsch.«

bolschewistische Intelligenz« müsse, so Hitler, wenn überhaupt möglich, im Verlauf der militärischen Operationen ausgerottet werden. In Hitlers Vorstellungswelt waren »Intelligenz«, »Bolschewisten« und »Juden« unvermeidlich miteinander verknüpft, und genauso unvermeidlich sollte dazu jetzt ihre »Ausrottung« kommen – durch die Wehrmacht, zusammen mit Himmlers Polizei.

Auf dieser Konferenz, so Feldmarschall Keitel in Nürnberg, habe Himmler ausgedehnte Vollmachten im Hinblick auf die polizeilichen Maßnahmen im besetzten Gebiet erhalten.

Zehn Tage später, am 13. März, gab Keitel die schriftliche Präambel des »Kommissarbefehls« aus, der zwei Wochen später an die Wehrmacht weitergegeben wurde. Dort heißt es:

Im Operationsgebiet des Heeres erhält der Reichsführer SS zur Vorbereitung der politischen Verwaltung Sonderaufgaben* im Auftrage des Führers, die sich aus dem endgültig auszutragenden Kampf zweier entgegengesetzter politischer Systeme ergeben. Im Rahmen dieser Aufgaben handelt der Reichsführer SS selbstständig und in eigener Verantwortung … Näheres regelt das OKH mit dem Reichsführer SS unmittelbar.

Die einzige Gewißheit, die die Generäle aus dieser offensichtlich abstrusen Weisung gewannen, war, daß der verhaßte Himmler und seine SS ihre bisherige Autorität an sich reißen würden. Zwei Wochen später erfuhren sie freilich, was mit den »Sonderaufgaben« gemeint war, mit denen Hitler den SS-Führer betraut hatte.

Hitlers Mordbefehle, die, wie Below sich vierzig Jahre später erinnerte, unter den Generälen Bestürzung auslösten und vermutlich die Saat für die Verschwörung von Wehrmachtsangehörigen zum Attentat auf Hitler drei Jahre später waren, wurden stufenweise ausgegeben, im wesentlichen alle noch vor Beginn des Rußlandfeldzuges. Die Formulierung des Kommissarbefehls – »im Auftrag des Führers« und »Im Rahmen dieser Aufgaben handelt der Reichsführer SS selbständig und in eigener Verantwortung« – war zwar ganz offensichtlich auf politische Morde zugeschnitten, wurde jedoch sehr bald auf den industriell betriebenen Massenmord an den Juden zunächst durch Erschießen und dann durch Gas angewandt.

Am 30. März sprach Hitler in Berlin zweieinhalb Stunden lang vor dem Generalstab der Wehrmacht und legte die grundsätzliche Strategie seines Rußlandfeldzugs unverblümt offen:

---

* Seit dem Euthanasieprogramm war das Präfix »Sonder-« ein Codewort, das nur im Zusammenhang mit den verschiedenen Mordunternehmen verwendet wurde, wie in »Sonderkommando«, »Sonderbefehl« und, besonders zynisch, »Sonderbehandlung«.

Unsere Aufgaben gegenüber Rußland: Wehrmacht zerschlagen, Staat auflösen ... Kampf zweier Weltanschauungen gegeneinander. Vernichtendes Urteil über Bolschewismus, ist gleich asoziales Verbrechertum. Kommunismus ungeheure Gefahr für die Zukunft. Wir müssen von dem Standpunkt des soldatischen Kameradentums abrücken. Der Kommunist ist vorher kein Kamerad und nachher kein Kamerad. Es handelt sich um einen Vernichtungskampf ...
Der Kampf muß geführt werden gegen das Gift der Zersetzung. Das ist keine Frage der Kriegsgerichte. Die Führer der Truppe müssen wissen, worum es geht ... Kommissare und GPU-Leute sind Verbrecher und müssen als solche behandelt werden ... Im Osten ist Härte mild für die Zukunft.

Später am Nachmittag verdeutlichte Keitel den Generälen, was das hieß: Alle politischen Kommissare, die in die Hand der Wehrmacht fielen, müßten sofort von Soldaten getötet werden oder, und darin lag eine versteckte Drohung, der nächsten SS- oder SD-Einheit übergeben werden.

Dies war in der deutschen Militärgeschichte beispiellos. Trotz der Berichte über deutsche Brutalitäten in Südwestafrika Anfang des 20. Jahrhunderts und vereinzelter Greuelgeschichten aus dem Ersten Weltkrieg hatte das deutsche Heer das Recht in den meisten Fällen geachtet; deutsche Soldaten, die sich gegen Eigentum oder menschliches Leben vergingen, riskierten harte disziplinarische Maßnahmen und sogar die Todesstrafe. Doch Hitlers Befehl warf dieses Konzept der Kriegsführung über den Haufen. Der Vorwand dafür lautete – auch in den folgenden Jahren, in denen zahlreiche Gesetze gestrichen wurden, die das Schicksal von Kriegsgefangenen und der Bevölkerung in den besetzten Gebieten regelten –, daß die Sowjets die Genfer Konventionen zum Schutz der Kriegsopfer und Kriegsgefangenen nicht unterschrieben hätten. Aber die Wahrheit ist anders und von fundamentaler Bedeutung für die Geschichte. Mit dem Kommissarbefehl setzte Hitler Prozesse in Gang, die, eine fatale Eigenständigkeit entwickelnd, gewissermaßen die Welt verändern sollten.

Um Hitlers fürchterliche Vision, die er in seiner Rede an die Generäle vom 30. März unmißverständlich deutlich machte, in die Tat umsetzen zu können, würde es von nun an unerläßlich sein, gute, anständige Menschen dazu zu bringen, alle Regeln »zivilisierter« Kriegsführung aufzugeben und, durch nichts gezügelt als die eigene Entscheidung und das eigene Urteil, politische und ideologische Morde zu begehen. Denn was ganz deutlich wurde (wenn auch die im Feld stehenden Soldaten und Generäle der Wehrmacht dies nur allmählich herausfanden), war, daß der Mord an den Kommissaren nur der Anfang und, wie aus Hitlers Worten vom 30. März ersichtlich, von vornherein mit den beiden anderen und umfassenderen Zielen Hitlers verknüpft war

– der Auslöschung der gebildeten Schichten Osteuropas und der Vernichtung der Juden.

Im Polenfeldzug war die eigentliche Kriegsführung noch den Militärs überlassen worden, während die ihnen nachfolgenden Einsatzgruppen gegen die Zivilbevölkerung vorgingen. Die Juden wurden auch im ersten Kriegsjahr grausam behandelt, doch wurden erst weit mehr polnische Christen als polnische Juden umgebracht (eine Tatsache, die von Historikern und Medien nur selten zur Kenntnis genommen wird). Zu Hitlers Ärger hatte die Wehrmacht bald gegen die, wie es in mehreren offiziellen Noten hieß, »brutalen und unzivilisierten« Maßnahmen Himmlers und seiner Männer protestiert.

Der Rußlandfeldzug wurde deshalb von Beginn an anders geplant. Er sollte sich von allen anderen unterscheiden und wurde ausdrücklich als ideologischer Krieg angelegt, in dem keine der bis dahin anerkannten Regeln mehr gelten sollte. Die Einsatzgruppen sollten den Truppen der Wehrmacht nicht mehr folgen, sondern sie praktisch begleiten; Wehrmacht und Einsatzgruppen sollten gegen die Zivilisten der zur Vernichtung ausersehenen Bevölkerungsgruppen bereits während der militärischen Operationen gemeinsam vorgehen. Kein Soldat, der unter den von Hitler angeführten Voraussetzungen tötete, würde jemals zur Rechenschaft gezogen werden; an der Ostfront würde keiner je für Handlungen verantwortlich gemacht werden, die zum Tod eines der unter den Mordbefehl fallenden Zivilisten führten.

Hitlers Rede vom 30. März ist dokumentiert. Keitel sagte in Nürnberg über sein anschließendes Treffen mit den Generälen aus und berichtete, die Generäle Emil Leeb, Fedor von Bock und Gerd von Rundstedt hätten verlangt, daß General Walther von Brauchitsch als Oberbefehlshaber bei Hitler scharfen Protest einlege. Brauchitsch sagte in Nürnberg, er habe dann doch nicht protestiert, in der Annahme, er könne den Führerbefehl durch strenge, gegen Exzesse gerichtete Ausführungsbestimmungen für die Truppen unterlaufen.

Historische Dokumente zeigen in der Tat, daß solche Ausführungsbestimmungen erlassen wurden und daß auch, wie schon erwähnt, zahlreiche Offiziere der unteren Ränge Protest einlegten. Doch in dem Schlachthaus, zu dem Osteuropa werden sollte, stellten sich einschränkende Befehle und Proteste als wirkungslos heraus. Was Hitler uns gelehrt hat – mehr als jede andere historische Persönlichkeit, auch wenn ähnliches in Vietnam wieder deutlich wurde –, ist, daß die Lizenz zum Töten eine Eigendynamik entwickelt, die sich über jedes moralische Empfinden und Urteilen hinwegsetzt und die Fähigkeit des Individuums zerstört, zwischen Gut und Böse zu unterscheiden und, was vielleicht noch schwerer wiegt, gegen eine als falsch erkannte Handlung einzuschreiten. Dies wird auf beunruhigende Weise aus den Memoiren Nicolaus von Belows deutlich:

Hitlers Vorstellung von dem Krieg im Osten war eine ganz andere als die des Heeres. Die Führung des Heeres erwartete einen herkömmlichen Krieg, Hitler dagegen einen Kampf gegen einen harten und rücksichtslosen Feind. Bezeichnend dafür war Hitlers »Kommissar-Befehl«, mit dem er die Truppe aufforderte, jeden in ihre Hände fallenden Kommissar ohne weiteres zu erschießen. Dieser Befehl hat viel Unruhe ausgelöst, und ich wußte, daß er nicht allen Truppen bekanntgegeben wurde. Dies war die erste verbreitete Opposition gegen einen Führerbefehl, von der ich erfuhr. Gleichzeitig damit aber kam mir die Erkenntnis, daß dann ja auch andere Befehle Hitlers systematisch sabotiert werden könnten. Anlaß dafür war die verschiedentlich von mir beobachtete oppositionelle Haltung [General] Halders gegen Hitlers Anweisungen und Beurteilungen der Lage, ohne jeweils dazu seine eigene gegenteilige Auffassung offen zu sagen. Ich hatte den Eindruck, daß Halder unendlich viel in sich hineinfraß und verschluckte.

So begannen wir einen sehr großen Feldzug mit einer uneinheitlichen Führung und mit verantwortlichen Führern, die nicht alle an einem Strang zogen. Ich sah darum eine große Gefahr für eine erfolgversprechende Operation.

Auch wenn es schwerfällt, dies zu glauben: Below und die anderen jungen Adjutanten Hitlers, seine Sekretärinnen und der engere Kreis um Hitler wußten nichts von seinen immer grausameren Plänen gegen die Zivilbevölkerung im Osten und die europäischen Juden. Seltsamerweise ist es gerade in ihrem Fall unwahrscheinlich, daß sie von den wenigen damals eingeweihten Personen, also von Himmler, Heydrich, Göring und später Goebbels, etwas erfuhren.

Hitler zu unterschätzen ist üblich geworden, zwar weniger unter Historikern als in den Medien, doch sind es ja vor allem die Medien, die die Öffentlichkeit informieren. Es ist nicht ganz klar, warum es so viele intelligente Menschen erleichtert, Hitler als manisch Besessenen abzuqualifizieren, statt seine fürchterlichen Fähigkeiten adäquat einzuschätzen. Denn er war keineswegs nur manisch – wie bereits gesagt, konnte er in seinen persönlichen Beziehungen auch verständnis- und rücksichtsvoll sein. Ganz sicher waren all jene, die in seiner Nähe lebten, sich deutlich seiner außerordentlichen Fähigkeit bewußt, seine Gedanken getrennt voneinander zu halten. Hitler wollte genausowenig, daß die Damen seines Haushalts – seine vier Sekretärinnen oder die jungen Frauen seiner Adjutanten wie Below und die seiner engsten Mitarbeiter Speer und Brandt – mit Kriegsgreueln beunruhigt wurden, wie er gewollt hätte, daß die Herren seines Hofes, und einige von ihnen waren tatsächlich »Herren«, vom geheimsten seiner Geheimnisse erfuhren.

Ich habe eine Anzahl dieser Leute gefragt, was sie getan hätten, wenn sie von Hitlers Plänen zum Mord an der polnischen Elite und an den Juden gewußt hätten. Es zeugt von ihrer Aufrichtigkeit, daß keiner von ihnen einfach antwortete, er hätte voller Schrecken das Weite gesucht. Und ich glaube, daß wenigstens einige von ihnen die Wahrheit sagten, als sie antworteten, sie wären entsetzt gewesen. Doch glaube ich auch, daß alle versucht hätten, die Wahrheit zu verdrängen: nicht weil sie Ungeheuer waren, sondern weil sie in der felsenfesten Überzeugung lebten, daß Hitler keines war. Was immer ihnen zu Ohren kam, konnte nicht so schlimm sein, wie es sich anhörte – nicht, wenn »der Führer es wußte«. Die Gruppe, von der ich hier spreche, war natürlich sehr klein und lebte, wie wir gesehen haben, mit wenigen Ausnahmen wie wiederum Speer und Brandt praktisch unter klösterlichen Bedingungen. Nur selten, mehr zufällig, erfuhren sie, was das jeweilige Thema von Hitlers Gesprächen »unter vier Augen« war.

Christa Schröder, Hitlers zweitälteste Sekretärin, erzählte mir von einer solchen Begebenheit, als wir 1977 miteinander sprachen. Ich erwähnte, einer der ehemaligen Adjutanten Bormanns, Heinrich Heim (von Bormann mit der Aufzeichnung von Hitlers »Tischgesprächen« beauftragt), habe mir gesagt, er für seine Person glaube nicht, daß Hitler von der Ausrottung der Juden gewußt habe. Frau Schröder lachte.

»Ach, Heimchen –«, sagte sie, »er ist zu gut für dieses Leben. Natürlich wußte Hitler davon! Und nicht nur wußte, *alles* ging auf seine Ideen, seine Befehle zurück. Ich erinnere mich deutlich an einen Tag im Jahr 1941, ich meine, es war Anfang Frühling. Ich glaube nicht, daß ich jemals Himmlers Gesicht vergessen werde, als er an dem Tag von einer seiner langen Unterredungen ›unter vier Augen‹ mit Hitler herauskam. Er ließ sich mir gegenüber in einen Stuhl fallen, stützte die Ellbogen auf meinen Schreibtisch und vergrub das Gesicht in den Händen. ›Mein Gott, mein Gott‹, sagte er, ›was erwartet man von mir.‹ Später, viel später, als wir herausfanden, was getan worden war, war ich mir sicher, daß dies der Tag war, an dem Hitler ihm gesagt hatte, die Juden müßten umgebracht werden.«*

Als ich Speer diese Episode ein Jahr später erzählte, hielt er sie für höchst plausibel. »Himmler war eine sehr paradoxe Persönlichkeit«, sagte er. »Ich habe viele Denkschriften von ihm gelesen, in denen er zum Beispiel genau die Behandlung der Arbeiter in den Konzentrationslagern regelte – soundso viele Kalorien, soundso viele Vitamine –, und wenn sie die bekommen hätten, hätte es gereicht, glauben Sie mir. Daß sie sie nicht bekamen, hatte weniger mit Himmler zu tun als mit der verblüffenden Korruption auf allen Ebenen der Verwaltung, wo unzählige Leute private Vermögen anhäuften. Sicher war

---

* Frau Schröder war über ihre eigene Indiskretion erschrocken. Sie fürchtete, eine Veröffentlichung könnte sie die wenigen Freunde kosten, die ihr noch aus der Hitler-Zeit verblieben waren, und sie bat mich deshalb später, ihre Äußerung nicht zu verwenden. Ich entsprach dieser Bitte zeit ihres Lebens.

er bei der Verfolgung einzelner grausam und rücksichtslos, aber er hatte auch diese andere Seite, und ich kann mir sehr gut vorstellen, wie er nach einem solchen Gespräch ›unter vier Augen‹ aus Hitlers Büro herauskam, auf einen Stuhl sank und sagte: ›Mein Gott, was erwartet man von mir.‹ Vielleicht sagte er das nicht zu Christa Schröder, sondern zu sich selbst, als Reaktion auf das, was er auf der anderen Seite der Tür erlebt hatte. Ja, ich kann mir vorstellen, daß er genau so reagiert hat …«

Hitlers jüngste Sekretärin, vielleicht diejenige, die sich schließlich am stärksten von seiner Anziehungskraft befreit und der Realität gestellt hat, war Traudl (Gertrude) Junge (geborene Humps), die als 22jährige ehemalige Balletttänzerin im November 1942 in Hitlers Dienste trat. Wie so viele, die im Umkreis Hitlers gelebt hatten, war sie keineswegs glücklich über die Vorstellung, mit Fremden über die damalige Zeit zu reden. Es dauerte mehrere Jahre und viele Telefongespräche, bis sie mich schließlich zu sich nach Hause einlud, in ihre kleine Münchner Wohnung voller hübscher Dinge, lebhafter Farben und angenehmer Düfte.

Zur Zeit unserer Begegnung war sie etwa fünfundsechzig, sah jedoch viel jünger aus. Sie war groß, schlank, leger, aber gut angezogen und sprach mit einer ruhigen Stimme. Sie war sehr ernst – die Dinge, über die wir redeten, ließen auch kaum Spielraum für Humor. Doch hatte ich das Gefühl, daß sie jemand war, mit dem ich gerne gelacht hätte.

Sie war noch sehr jung, als sie Hitlers Sekretärin wurde, und er behandelte sie sehr herzlich, fast wie eine Tochter. Ein halbes Jahr später heiratete sie auf sein Drängen Hans Junge, einen seiner zwei Diener, Obersturmbannführer der SS-Leibstandarte, der kurz zuvor um die Entlassung aus Hitlers Stab gebeten hatte, um an die Ostfront zu gehen.

»Er bat nicht um die Versetzung, weil er etwa des Führers Meinungen ablehnte oder irgend etwas Schreckliches wußte oder vermutete, sondern weil er in Hitlers Umgebung klaustrophobische Gefühle bekommen hatte. Kurz bevor Hitler nach vielen Ablehnungen schließlich seiner Bitte stattgab, sagte Hans mir, er könne nicht mehr zwischen seinen eigenen Gedanken und den Gedanken Hitlers oder der Menschen in Hitlers Umgebung unterscheiden. ›Ich muß wohin, wo ich für mich selbst denken kann‹, sagte er.«

Die beiden hatten gar nicht so schnell heiraten wollen. »Ich glaube, *er* wollte es letzten Endes«, sagte sie, »erstens weil er an die Front ging – und man wußte ja nie, was geschehen würde –, aber auch, weil Hitler ihm zuredete. Ich selbst wollte überhaupt nicht – ich wollte diesen Mann erst näher kennenlernen, bevor ich eine solche Entscheidung fürs Leben traf. Doch der Führer wollte nichts davon hören. Er hatte beschlossen, wir würden heiraten, fertig, aus! Ich weiß eigentlich gar nicht, warum. Sicher nicht, weil er von jungen Witwen umgeben sein wollte. Vielleicht meinte er, die Ehe würde Hans im Hauptquartier halten, oder – wissen Sie, er sorgte sich wirklich um uns alle – weil er dachte, es würde Hans glücklich machen, ihm zu innerer Ruhe verhelfen und ihn anspornen, härter um sein Leben zu kämpfen.«

Im Lauf der folgenden Jahre wurde sie sich der Isolation deutlich bewußt, von der Hans gesprochen hatte. »Vielleicht reagierte ich nur auf das, was er gesagt hatte«, meinte sie, »oder vielleicht wurde mir selbst klar, wie stark wir unter Hitlers Einfluß standen. Heute, so lange danach, fällt es mir schwer, all das zu verstehen. Heute klingt alles so unmöglich – wie wir lebten, meine ich. Da waren wir, mitten in einem so schrecklichen Krieg, im Zentrum des Geschehens, und doch – das weiß ich jetzt – wußten wir nichts, weniger noch als die Menschen draußen. Viele haben schließlich die Rundfunksendungen der Alliierten gehört, wir dagegen nie. Wenn manche Frauen vielleicht erschüttert hörten, was ihre Männer, wenn sie auf Fronturlaub zu Hause waren, erzählten, galt das nicht für uns. Keiner unserer Freunde, Verwandten oder – ja, auch unsere Männer – sprach je über schreckliche Erfahrungen oder Zweifel. Sie veränderten sich, aber wir wußten nicht, warum.

Später, als alles vorbei war, erzählten mir einige Leute aus dem Führerhauptquartier, darunter Generäle, von ihren Begegnungen mit Hitler: Wie sie reingingen, fest entschlossen, ihm die Wahrheit zu sagen über das, was geschah, und über die drohende Katastrophe. Und dann gingen sie wieder hinaus, überwältigt von seiner Persönlichkeit, seinen Versicherungen, seinen Ansichten, Analysen und Befehlen. Sie fanden sich unfähig, ihm auch nur mit einem Wort zu widersprechen – es war, als ob er sie hypnotisiert hätte.«

Das Wort »hypnotisieren« zur Beschreibung von Hitlers Fähigkeit, Menschen seinem Willen zu unterwerfen, tauchte in fast jedem Gespräch über ihn auf. Obwohl viele von denen, die in seiner unmittelbaren Umgebung gelebt hatten, behaupteten, Hitlers Verbrechen zu verurteilen, fand sich nicht nur ein defensives, sondern ein geradezu genießerisches Element in ihren Beschreibungen der hypnotischen Kräfte, denen sie erlegen waren. Es hörte sich an, als ob sie – Ausnahmeerscheinungen unter so vielen – geradezu stolz darauf waren, eine solche Beschreibung liefern zu können. Es war verblüffend. Und mit der einzigen Ausnahme von Traudl Junge, dem jüngsten Mitglied von Hitlers Stab, äußerte keiner die nachträgliche Erkenntnis, daß das, wozu Hitler seine Leute durch Hypnose gebracht hatte, eine – wie immer vermittelte, wie immer entfernte – Komplizenschaft am Mord war: am Mord von Millionen Russen in den Kriegsgefangenenlagern, umgekommen infolge von Hunger und Kälte, am Mord von Juden und Zigeunern durch Erschießen und Vergasen und am Mord von Zwangsarbeitern und Gefangenen der Konzentrationslager, gestorben an Erschöpfung, Hunger und Folter.

Von all diesen zahllosen Morden – die Schätzungen schwanken zwischen den unvorstellbaren Zahlen von zwölf und zwanzig Millionen – ist das einzigartige Verbrechen des fabrikmäßigen Mordens der Juden zum Symbol für die Naziherrschaft geworden. Der Nürnberger Gerichtshof verurteilte Speer fast ausschließlich wegen des Einsatzes von Zwangsarbeitern und sprach ihn praktisch von der Anklage frei, in irgendeiner Form am Völkermord beteiligt gewesen zu sein. Doch er selbst – und hierin unterschied er sich von den anderen Angeklagten – wußte es besser. Der Mord an den Juden war ausschlaggebend für seine radikale Verurteilung Hitlers, ausschlaggebend für die Erkenntnis seiner eigenen Schuld und absolut ausschlaggebend für sein ganzes Denken während der fünfunddreißig Jahre nach Nürnberg. Speer litt, glaube ich, schon eine ganze Weile vor Ende des Dritten Reiches an einer Art moralischen Wunde, die an einer dunklen Stelle seines Bewußtseins verborgen war. Während der Zeit des Nürnberger Prozesses erwuchs ihm daraus sein schwerstes Gewissensproblem. Das Ausmaß seines Wissens war, wie er mir einmal schrieb, »die Kardinalfrage meines Lebens«. Sie blieb es bis zu seinem Tod.

Um zu verstehen, wie diese »moralische Wunde« entstanden ist – nicht nur bei Speer, sondern bei einer ganzen Generation von Deutschen, die sich im Gegensatz zu Speer nicht mit ihr auseinandergesetzt hat (und deren Kinder und nachfolgende Generationen seitdem die Konsequenzen tragen) –, müssen wir die Kette von Entscheidungen und Ereignissen untersuchen, die zum Alptraum der Endlösung geführt hat.

Hitlers Phantasien umkreisten sicherlich die ganze Welt, doch war seine Perspektive in Wirklichkeit immer gefühlsorientiert und im Grunde beschränkt. Die Juden, mit denen er sich in seinen Gedanken während vieler Jahre vor allem beschäftigte, waren die in Deutschland und Österreich. In *Mein Kampf,* das in weiten Teilen von Hitlers Haß auf die Juden beherrscht ist, entwickelt er eine umfassendere Sicht des »Problems«, hinterläßt jedoch den Eindruck, daß er der Notwendigkeit, weltmännisch zu klingen, Lippendienste erweist und daß es diesem Mann aus der Provinz im Grunde immer nur um seine Provinz ging. Von Beginn an und bis weit in den Krieg hinein waren es immer die deutschen und österreichischen Juden, die er loswerden wollte – wenn auch zunächst nicht durch Deportation, sondern durch Emigration.

Drei Überlegungen führten ihn zwischen dem Ende der dreißiger Jahre und dem Beginn des Krieges mit Rußland zur schrecklichen Endlösung seines Problems. Die erste, mit der er sich noch vor Ausbruch des Krieges konfrontiert sah, war die Unmöglichkeit der Zwangsemigration aller Juden aus Deutschland inklusive Österreich und der Tschechoslowakei angesichts der Weigerung anderer Länder, mehr als ein Minimum jüdischer Einwanderer aufzunehmen. Es mußten daher andere Mittel und Wege gefunden werden, um die Juden aus Deutschland herauszubekommen.

Die zweite Lösung, die lange Zeit diskutiert wurde, waren eine große jüdische Ansiedlung erst auf der französischen Insel Madagaskar und später, nach der Besetzung Polens, in zahlreichen Ghettos im Osten, aus denen jüdische Arbeitskräfte hätten geholt werden können. Dies wurde auch teilweise durchgeführt, bis der Umfang der jüdischen Bevölkerung in Polen, wie Hans Frank, der Generalgouverneur für Polen, Hitler bald erklären sollte, dies unmöglich machte.

Die dritte Überlegung, die Vernichtung der Juden unter dem Deckmantel des Mordes an den Kommissaren, den Hitler im März 1941 mit den Befehlen an die Generäle in die Wege geleitet hatte, war bis Juni 1941, als Hitlers Armeen in die baltischen Staaten und die Ukraine eindrangen, nur eine theoretische Möglichkeit.

Neue Informationen der letzten Jahre zeigen, daß die verhängnisvollen Entscheidungen im Laufe einer Reihe von Besprechungen im Frühjahr 1941 in Berlin getroffen wurden. Dazu gehörte wahrscheinlich auch jene Besprechung »unter vier Augen« zwischen Hitler und Himmler, an die sich Christa Schröder Jahrzehnte später erinnerte. Für Hitlers Vertraute, die an diesen privaten Unterredungen teilnahmen, wäre es undenkbar gewesen, den Inhalt der Gespräche preiszugeben; und so ging das Wissen darüber, abgesehen von wenigen Ausnahmen, mit ihrem Tod verloren. Als aber am 17. März Generalgouverneur Frank bei Hitler vorsprach, war Goebbels eine Zeitlang dabei und notierte am Tag darauf die harmloseren Aspekte des Gesprächs: die Diskussion über die Wiener und Berliner Juden und über Franks Politik der »Eindämmung« in Polen:

18. März: Wien wird nun bald ganz judenrein sein. Und jetzt soll Berlin an die Reihe kommen. Ich spreche das schon mit dem Führer und Dr. Frank ab. Der stellt die Juden zur Arbeit an, und sie sind auch fügsam.

Drei Tage später, am 20. März 1941, fand das bereits erwähnte wichtige Treffen statt, das all diese Ereignisse miteinander verknüpfte. Wie wir schon wissen, wurden die Entscheidungen dieser Unterredung zwischen Hitler, Frank und Goebbels durch Goebbels' Günstling Leopold Gutterer (der zwei Monate später sein Staatssekretär wurde) an Speers Vertreter Dietrich Clahes weitergeleitet, ferner an Adolf Eichmann, der mit der Organisation der nun verstärkt vorangetriebenen »Evakuierung« der Berliner Juden beauftragt wurde. Zwei Tage später, am 22. März, notiert Goebbels, es gebe ärgerliche Einschränkungen der Evakuierungspläne:

Die Juden selbst können nicht aus Berlin evakuiert werden, da 30 000 (sic) in Rüstungsbetrieben arbeiten. Wer hätte das früher einmal für möglich gehalten?

Dieser »Bedarf« an hochqualifizierten Berliner Juden für die Kriegsproduktion hielt über Jahre hinweg an, bis weit hinein in die spätere Herrschaft Speers als Rüstungszar, und sprach in Nürnberg zu seinen Gunsten.*

Natürlich hatten die Deutschen immer von der enorm großen Zahl von Juden auf sowjetischem Gebiet gewußt. Buchstäblich Millionen von ihnen – heutigen Schätzungen zufolge zweieinhalb der vier Millionen Juden im Vorkriegsrußland – gelang die Flucht ostwärts, doch bedeutete dies, daß anderthalb Millionen immer noch hinter den vorrückenden deutschen Linien zurückblieben. In Hitlers Vorstellungswelt waren die russischen Juden wie die anderen Juden »zerstörerische Bazillen«, und da er die Saat des Mordens fest in die Köpfe seiner Generäle eingepflanzt hatte, erwartete er, daß deren und Himmlers Truppen, die in den sowjetischen Raum eindrangen, gegen die Juden vorgehen würden. Unterdessen sollten alle europäischen Juden in die besetzten Ostgebiete deportiert werden, um zu arbeiten und zu sterben.

Um dieses Ziel zu verwirklichen, verschickte Eichmanns Büro in Berlin, IV B4 (Verwaltungskürzel der Gestapoabteilung für jüdische Angelegenheiten), am 20. Mai 1941 ein Rundschreiben an alle deutschen Konsulate in Frankreich und Belgien, in dem mitgeteilt wurde, Göring habe die Emigration von Juden aus diesen Ländern verboten. Offiziell wurde das Verbot damit begründet, daß Juden, die in diese Länder geflohen seien, sich einige der wenigen verfügbaren Visa für Übersee verschaffen und damit die Emigration aus dem Reich behindern könnten. Diese Pseudobegründung lag auf der Linie vieler noch kommender Euphemismen, mit denen das wirkliche Schicksal der Juden verschleiert werden sollte. Von den beteiligten Diplomaten waren, wenn überhaupt, nur wenige in der Lage, die Bedeutung des abschließenden Satzes des Rundschreibens zu entschlüsseln: Die »Endlösung der Judenfrage« stehe zweifellos unmittelbar bevor.

Sie wußten nicht, daß die Entscheidung, die russischen Juden physisch zu vernichten, inzwischen gefallen war. Der Beschluß wurde im April und Mai an die SS weitergeleitet. Obersturmbannführer Ernst Ehlers, ein ehemaliger Beamter, schrieb später:

Ich war im Zeitpunkt des Ausbruchs des Rußlandfeldzuges ... Angehöriger der Einsatzgruppe B. Etwa im April oder Mai 1941 wurde ich unter dem Hinweis, daß ich als Führer des Einsatzkommandos 8 vorgesehen sei, zur ... Polizeischule Pretzsch [Schlesien] ... kommandiert.

---

* Es ist unbekannt, zu welchem genauen Zeitpunkt Goebbels über die später beschlossene »technische« Durchführung informiert wurde, die schließlich in der Errichtung der Vernichtungslager in Polen gipfelte. Es dauerte jedoch noch ein ganzes Jahr, bis er am 27. März seinem Tagebuch anvertraute – wohlweislich ohne das Wort Gaskammer auszusprechen –, wie sich das Schicksal der Juden abspielen würde.

Dort wurden die für den Rußlandfeldzug vorgesehenen Einsatzgruppen ... aufgestellt. Anläßlich einer Dienstbesprechung wurden uns auch unsere künftigen Aufgaben mitgeteilt, und es wurde hier ganz eindeutig erklärt, daß die Einsatzkommandos neben der Bekämpfung der Partisanen, Agenten usw. auch die Liquidierung der jüdischen Bevölkerung im rückwärtigen Heeresgebiet in Rußland durchzuführen haben würden. Diese Eröffnung traf mich wie ein Keulenschlag, und ich konnte es gar nicht fassen, daß eine solche Anordnung erteilt worden sein sollte. Ich habe mir furchtbare Gedanken gemacht, wie ich diesem Einsatz mich entziehen konnte, und [bat] ... meinen vorgesetzten Einsatzgruppenchef Nebe darum, ... mich abzulösen. Nebe hat meinem diesbezüglichen Wunsch auch ohne Widerstand Rechnung getragen und mich ... zu seinem Gruppenstab genommen.*

Speer war nicht der einzige, dem im Jahr 1940 und Anfang 1941 die Kenntnis der militärisch-politischen Pläne vorenthalten wurde. Die Gauleiter, Hitlers Kader »alter Genossen« und seine politischen Verwalter mit ausgedehnten Vollmachten in ihren jeweiligen Provinzen, wußten offenbar ebenfalls nichts. Selbst Goebbels, Hitlers intelligentester und politisch unverzichtbarster Vasall, der nie zögerte, seinem Tagebuch ein Geheimnis anzuvertrauen, schrieb zwar offen über die Deportation der Berliner Juden, schwieg jedoch bis Mai 1941 zum Unternehmen Barbarossa. Allerdings war er offenbar schon vorher darüber informiert; am 16. Mai schreibt er: »Im Osten soll es nun am 22. Mai losgehen. Aber das hängt noch etwas vom Wetter ab.«

Der Krieg gegen die Sowjetunion begann am 22. Juni um 3.30 Uhr. Hitler war, wie Below schrieb, an den Tagen davor »zunehmend nervös und beunruhigt«. Erst am 22. Juni nach Mitternacht hörte er eine Bemerkung Hitlers zum bevorstehenden Feldzug: »Es wird der schwerste Kampf, den unsere Soldaten in diesem Krieg zu bestehen haben.«

Speer hielt sich wieder einmal in einem entscheidenden Augenblick in der Nähe Hitlers auf. Dieser rief ihn am 21. Juni nach dem Abendessen in seine Wohnhalle, wo er ihm eine Aufnahme von Liszts *Les Préludes* vorspielte.

Hitler habe ihm gesagt, dies sei die »Siegesfanfare« für den Rußlandfeldzug, schrieb Speer im »Spandauer Entwurf«. »Die werden Sie in der nächsten Zeit viel zu hören bekommen«, sagte Hitler und fügte dann hinzu: »Granit und Marmor werden wir uns holen für unsere Bauten, soviel wir wollen.«

---

* Zweifellos verfügte Ehlers über gute Beziehungen zu seinen Vorgesetzten (siehe auch Bericht über Hans Münch, Kap. XVIII), aber wie dem auch sei, es zeigt sich hier wieder, daß es möglich war, solchen Aufträgen aus dem Weg zu gehen, ohne bestraft zu werden.

In den *Erinnerungen* vermittelt Speer den Eindruck – ohne dies ausdrücklich zu sagen –, er habe alles über den Invasionsplan gewußt. Im »Entwurf« dagegen, der an Wolters ging, der genau wußte, inwieweit Hitler Speer in seine Kriegspläne eingeweiht hatte, fügt er hinzu: »Man sieht, viel kann ich zur Geschichtsschreibung nicht beitragen. Ich war am nächsten Morgen ebenso überrascht wie Millionen anderer Deutscher, daß wir in Rußland ohne Kriegserklärung, unter Bruch unseres Abkommens, einmarschiert waren …«

Sobald die Deutschen die baltischen Länder und dann die Ukraine besetzt hatten, stellten sie fest, daß es dort viele fanatische Antisemiten gab, die von der Vorstellung, die Juden ungehindert ermorden zu können, begeistert waren. Zwar schmälert dies keineswegs Hitlers Verantwortung, doch sieht es jetzt nach den neuesten Erkenntnissen so aus, daß der erste Massenmord, vor allem an Frauen und Kindern, im Baltikum stattfand und von den Deutschen zwar in Gang gesetzt, aber nicht von ihnen durchgeführt wurde.

Es begann in der Nacht vom 25. zum 26. Juni im litauischen Kowno, vier Tage nach dem Einmarsch der Deutschen. Litauen war das erste baltische Land, das sie besetzten, nachdem in Berlin die grundsätzliche Entscheidung zur Vernichtung der Juden gefallen war, auch wenn genaue Pläne zur Verwirklichung dieses Ziels noch fehlten.

Das Morden in Litauen wurden von SS-Generalmajor Franz Stahlecker, Chef der Einsatzgruppe A, peinlich genau protokolliert, ebenso von Karl Jäger, der das Kommando 3 der Gruppe A führte und später Chef der Sicherheitspolizei und des SD für Litauen mit Hauptquartier in Kowno wurde. Weiterhin verfügen wir über die Aussage von SS-Gruppenführer Friedrich Jeckeln, dem Höheren SS- und Polizeiführer der Heeresgruppe Süd, später Nord. Er war einer der effizientesten Judenmörder, der bei seinem Prozeß in Riga 1946 alle Berichte seiner Feldkommandeure bestätigte und viele Einzelheiten hinzufügte.*

Der wichtigste Teil der Feldberichte Stahleckers betrifft die Aktivitäten litauischer antisowjetischer »Partisanen« kurz nach dem Eintreffen der Deutschen. Stahlecker informierte sein Hauptquartier darüber, daß eine rechtsnationalistische Gruppe, die »Nationale Arbeitsgarde«, sofort Kontakt mit ihm aufgenommen habe. Es war diese Bande, die, von den Deutschen »ermuntert, aber ohne deren Beteiligung«, in der Nacht des 25. Juni in Kowno das erste Pogrom nach der Besetzung in Gang setzte, mit dem das Morden begann. Die Mitglieder der Bande erwiesen sich als so effektiv, daß die deutsche

---

* Jeckeln wurde am Schlußtag des Rigaer Prozesses im Februar 1946 gehängt, Stahlecker wurde im März 1942 von estländischen Partisanen getötet, Jäger beging nach seiner späten Verhaftung im April 1959 im Gefängnis Selbstmord.

Führung sie Ende Juli 1941 zu zwanzig Polizeibataillonen zusammenfaßte. Etwa 8400 Männer, alles Freiwillige, wurden mit dem Mord an der gesamten jüdischen Bevölkerung Litauens unter Aufsicht, wenn auch nicht unbedingt aktiver Teilnahme des 11. Bataillons der deutschen Reservepolizei beauftragt. Die litauischen Einheiten galten als so hervorragend, daß sie Ende 1941, als fast alle 265 000 litauischen Juden ermordet worden waren, nach Weißrußland und dann nach Polen versetzt wurden, um ihre Arbeit fortzusetzen.

Es waren also, und dies ist von entscheidender Bedeutung, die Litauer, die auf eigenem Boden den Mord an Frauen und Kindern sozusagen einleiteten. In Kowno befahl Stahlecker, verblüfft über die Skrupellosigkeit der litauischen Einheiten, die ihm zufolge alle bisherigen Vorstellungen der Deutschen übertraf, Filmaufnahmen von den Pogromen der Litauer zu machen, um zu dokumentieren, daß es die örtliche Bevölkerung war, die »aus sich selbst heraus zu den härtesten Maßnahmen gegen den jüdischen und bolschewistischen Gegner gegriffen hat«.

Zugleich wußte er natürlich auch, daß die deutschen Truppen zu Beginn des Massenmordes noch nicht wußten, was sie erwartete – vor allem wohl, was es hieß, Frauen und Kinder zu ermorden. Die Filme konnten daher nicht nur als Dokument der Begeisterung dienen, auf die die Endlösung bei der örtlichen Bevölkerung stieß, sondern auch dazu, die Befehle der Nazis zu legitimieren und die eigenen Truppen auf Kommendes vorzubereiten.

Die im Nürnberger Prozeß immer wieder vorgebrachte Verteidigung, die Angeklagten hätten aus »Befehlsgehorsam« gehandelt, ist durch das praktisch unerschöpfliche Material in den deutschen Kriegsarchiven vollständig widerlegt worden. In den vergangenen Jahren haben gewissenhafte Historiker dort viele Beispiele für erfolgreiche Proteste und Versetzungsgesuche aus den Mordeinheiten gefunden. Solche Einwände kamen nicht nur, wie zu erwarten, von den Offizieren und Soldaten der Wehrmacht, sondern auch, wie anhand des Falles Ehlers schon gezeigt, aus den Einsatzgruppen selbst sowie aus den Einheiten der Reservepolizei, die der Ordnungspolizei angehörten, jener paramilitärischen »Polizeiarmee«, die Hitler 1933 geschaffen hatte, um die Entwaffnungsbestimmungen des Versailler Vertrages zu umgehen; aus dieser Organisation wurden Tausende von Männern, darunter Männer mittleren Alters und junge Freiwillige, nach Osten versetzt, um dort Besatzungs- und Mordaufgaben zu übernehmen.

Ein Generalstabsadjutant der Heeresgruppe Nord im Rang eines Obersten berichtete:

Am Vormittag des 27. Juni traf ich [in Kowno] ein. Auf der Fahrt durch die Stadt kam ich an einer Tankstelle vorüber, die von einer dichten Menschenmenge umlagert war. In dieser befanden sich auch viele Frauen, die ihre Kinder hochhoben oder, um besser sehen zu können, auf

Stühlen und auf Kisten standen. Der immer wieder aufbrausende Beifall – Bravo-Rufe, Händeklatschen und Lachen – ließ mich zunächst eine Siegesfeier oder eine Art sportlicher Veranstaltung vermuten. Auf meine Frage jedoch, was hier vorgehe, wurde mir geantwortet, daß hier ... Kollaborateure und Verräter ... ihre gerechte Bestrafung [fänden]. Nähertretend aber wurde ich Augenzeuge wohl des furchtbarsten Geschehens, das ich im Verlaufe von zwei Weltkriegen gesehen habe. Mit Holzknüppeln wurden Männer zu Tode geprügelt. Beim Armeestab erfuhr ich sodann, daß diese Massen-Exekutionen dort bereits bekannt waren und daß diese selbstverständlich das gleiche Entsetzen ... wie bei mir hervorgerufen hatten. Ich wurde jedoch darüber aufgeklärt, daß es sich hier anscheinend um ein spontanes Vorgehen der litauischen Bevölkerung handle ... Mithin müßten diese grausamen Exzesse ... als rein innerpolitische Auseinandersetzungen angesehen werden, mit denen ... der litauische Staat selber, das heißt, ohne Eingreifen der deutschen Wehrmacht, fertig zu werden hätte ...

Der Generalstabsoberst vermeidet das Wort »Juden«, und tatsächlich ermordeten die litauischen nationalistischen Banden in den ersten Wochen der deutschen Besatzung auch Hunderte, wenn nicht Tausende von Landsleuten, die mit den Sowjets während deren Besatzung zusammengearbeitet hatten. Der Bericht eines Sanitäters aus etwa derselben Zeit ist allerdings eindeutig: Etwa 150 Meter von meinem Quartier entfernt befand sich ein Fort [Fort VII] ... Von meinem Quartier aus hörte ich wie auch meine Kameraden in der Nacht Schüsse. Wir gingen anderntags ... der Sache nach, kletterten auf die Wälle des Forts und sahen unter uns Menschenansammlungen, die von bewaffneten SS- oder SD-Leuten bewacht wurden ... Bei einer dieser Besichtigungen hat dann [ein] technischer Inspektor mit der Kamera Bilder gemacht ... Am Tage wurden die Personen, es handelte sich um Männer, Frauen und Kinder, aus Kowno in dieses Fort gebracht. Meiner Erinnerung nach handelte es sich nur um Juden, zumindest sprach man damals nur von solchen Personen.

Während der ersten beiden Wochen führten nur Litauer die Morde aus. Aber bald geschah es auf deutschen Befehl hin, wie der berüchtigte SS-Oberst Jäger, Befehlshaber des Einsatzkommandos 3 des SD, in seinem Abschlußbericht schrieb, der die »Exekutionen« vom Juli bis Dezember 1941 festhält. Es handelt sich um einen detaillierten Bericht, in dem Jäger seinen Vorgesetzten sorgfältig Zahl und Zeitpunkt der Morde auflistet. Daraus wird ersichtlich, wie die Morde an jüdischen und nichtjüdischen Litauern vermischt wurden. Die ersten beiden Zeilen verdeutlichen die Rolle der Deutschen:

Auf meine Anordnung und meinen Befehl durch die litauischen Partisanen durchgeführte Exekutionen: 4.7.41: Kauen [Kaunas, Kowno] – Fort VII – 416 Juden, 47 Jüdinnen, [insgesamt] 463. 6.7.41: Kauen – Fort VII – 2514 Juden ... Nach Aufstellung eines Rollkommandos unter Führung von SS-OStuf. Hamann und 8–10 bewährten Männern des EK. 3 wurden nachfolgende Aktionen im Zusammenarbeit mit litauischen Partisanen durchgeführt ...

In der folgenden, sechsseitigen Liste führt Jäger im einzelnen die Hinrichtungen vom 7. Juli 1941 bis zum 25. Oktober 1941 in seinem Operationsgebiet auf, das etwa die Hälfte Litauens umfaßte und zuletzt bis nach Weißrußland reichte. Er nennt die Gesamtzahlen der täglichen Massaker, die dann nach Kategorien aufgeschlüsselt werden: Juden, Jüdinnen, Judenkinder(!). Die überwiegende Mehrheit der von diesem Kommando [einem von vier] getöteten 133 346 Menschen waren Juden, allerdings – und dieser Anteil war überall ähnlich – gab es 2055 andere Opfer, darunter 700 Geisteskranke, 2 Mörder, 1 deutscher Kommunist, 17 Zigeuner, 15 Terroristen und 3 russische Kriegsgefangene; der Rest waren litauische und russische Kommunisten. Abschließend schreibt Jäger:

[Vom] Teilkommando des EK. 3 in Minsk [erschossen]: 3050. Vor der Übernahme der sicherheitspol. Aufgaben durch das EK. 3, Juden durch Pogrome und Exekutionen – ausschließlich von Partisanen – liquidiert: 4000. [Gesamtzahl der Ermordeten: 133346.] Ich kann heute feststellen, daß das Ziel, das Judenproblem für Litauen zu lösen, vom EK. 3 erreicht worden ist. In Litauen gibt es keine Juden mehr, außer den [34500] Arbeitsjuden incl. ihrer Familien. Diese Arbeitsjuden incl. ihrer Familien wollte ich ebenfalls umlegen, was mir jedoch scharfe Kampfansage der Zivilverwaltung (dem Reichskommissar) und der Wehrmacht eintrug und das Verbot auslöste: Diese Juden und ihre Familien dürfen nicht erschossen werden! ... Ich kann mir vorstellen, daß nach dem Winter diese Arbeitskräfte dringendst weiter gebraucht werden. Ich bin der Ansicht, daß sofort mit der Sterilisation der männlichen Arbeitsjuden begonnen wird, um eine Fortpflanzung zu verhindern. Wird trotzdem eine Jüdin schwanger, so ist sie zu liquidieren.

Die Frage der Auslöschung des Judentums durch Sterilisierung (die man schon bei manchen Deutschen mit Erbkrankheiten praktiziert hatte) war seit einiger Zeit diskutiert worden. Am 28. März 1941 berichtete der stellvertretende Chef der Führerkanzlei Viktor Brack, zwei Jahre zuvor einer der Organisatoren des Euthanasieprogramms, Himmler über Versuche zur Massensterilisierung durch Röntgenstrahlen. Bei seinem Prozeß in Nürnberg sagte er aus, im März 1941 sei die Absicht, die Juden zu töten, »in höheren

Parteikreisen kein Geheimnis« gewesen, er selbst sei jedoch für weniger extreme Maßnahmen eingetreten. Obwohl aus seiner korrumpierten Perspektive gesehen ein Körnchen Wahrheit in dieser Behauptung steckte, verurteilte ihn der Gerichtshof, dem Bracks schreckliche Korrespondenz mit Himmler vorlag, zum Tode. Er wurde am 2. Juni 1948 in Landsberg gehängt.

In seinem Bericht vom März 1941 informierte Brack Himmler darüber, daß seine Forschungen nun abgeschlossen seien und er eine Methode vorschlagen könne, mittels derer durch einmalige, maximal zwei- bis dreiminütige Bestrahlung mit zwei Röntgenröhren »pro Tag ca. 150–200 Personen sterilisiert« werden könnten. Um dies ohne Wissen der »abzufertigenden Personen« durchführen zu können, schlug er die Einrichtung besonderer »Büros« vor, in denen die »Betroffenen« vor einen »Schalter« zu treten hätten, »an dem sie Fragen gestellt erhalten oder Formulare auszufüllen haben«. In dieser Zeit sollte die Bestrahlung erfolgen:

[Die] Bestrahlung [kann] völlig unmerklich vor sich gehen ... Grundsätzlich kann man bei stärkster Spannung ... mit einer Bestrahlungszeit von 2 Min. für Männer bzw. 3 Min. für Frauen auskommen.«

Da aus offensichtlichen Gründen keine der sonst bei Bestrahlungen üblichen Vorsichtsmaßnahmen getroffen werden könnte, würden die »Betroffenen« während der folgenden Tage Verbrennungen feststellen und so zwangsläufig erkennen, daß sie mit Röntgenstrahlen »sterilisiert bezw. kastriert« wurden. Brack schätzte die Kosten der Röntgenanlage auf »RM 20 000–30 000«, wozu die Kosten eines neuen Gebäudes und der Sicherungen für die diensttuenden Beamten hinzukommen würden.

Schließlich wurde entschieden, daß Bracks Vorschlag zwar für Konzentrationslager in Frage kam, wo die entsprechenden Versuche durchgeführt worden waren und das Verfahren, dem »Erbkranke« schon seit Jahren unterworfen waren, in den folgenden Jahren in umfangreichem Maße gegen Juden und widerspenstige Christen eingesetzt wurde, daß aber für die gewaltigen Zahlen, denen sich die Eroberer im Osten gegenübersahen, die radikale Lösung die einzige Möglichkeit sei.

Anfang August 1941 wurde bei einer Konferenz von Kommandeuren der Einsatzgruppe C in Schitomir in der Ukraine bekanntgegeben, der Höhere SS- und Polizeiführer General Jeckeln habe von Himmler (der ihn gerade besucht hatte) die Anweisung erhalten, daß alle Juden, die nicht für wichtige deutsche Betriebe arbeiteten, mitsamt ihren Familien zu erschießen seien.

»Für mich war diese Nachricht niederschmetternd«, erinnerte sich Erwin Schulz, Leiter des Einsatzkommandos 5, »und es stand für mich fest, daß ich einen solchen Befehl auch niemals zur Ausführung bringen könnte.« Er bat deshalb dringend um eine Unterredung mit dem Personalchef im Reichssicherheitshauptamt, Bruno Streckenbach, der mit ihm darin übereinstimmte, daß das, was in Rußland geschah, Mord sei; der Lauf der Dinge sei jedoch nicht mehr aufzuhalten. Allerdings wurde Schulz abgelöst und an seine frühere Dienststelle an der Polizeischule Berlin-Charlottenburg zurückversetzt. »Ich persönlich hatte keinerlei Nachteile aufgrund meiner Intervention«, bezeugte Schulz und fügte hinzu, er glaube, daß es nicht zu den Massakern gekommen wäre, wenn andere Kommandeure sich wie er geweigert hätten, sie durchzuführen. »Ich kann ... die Befehlshaber der Wehrmacht nicht ausnehmen, in deren Bereich die Liquidierungen durchgeführt wurden und die genauestens Bescheid wußten ... Meiner Meinung nach wäre der Lauf der Lawine noch aufzuhalten gewesen, wenn ein Feldmarschall und Führer einer Heeresgruppe entsprechend interveniert hätte ... Mir ist kein Befehl bekannt ... wonach SS-Führer oder auch Angehörige des SD und der Polizei in das KZ zu verbringen waren, wenn sie einen Befehl verweigerten.«

Die vielen Berichte des Höheren SS- und Polizeiführers Jeckeln enthalten zwar keinerlei Beschreibungen, bestätigen jedoch, daß die Beteiligten an diesen Massakern offenbar das Gefühl hatten, etwas Wirkliches geleistet zu haben. Ein Bericht an Himmler handelt von den Einsätzen der fünf deutschen Polizeibataillone, die Jeckeln in der Zeit vom 19. August bis 9. Oktober 1941 in der Ukraine kommandierte. (Im selben Zeitraum befahl er neben unzähligen anderen Morden auch das Massaker an 30 000 Juden aus Dnjepropetrowsk und das Massaker an den 33 771 Juden, an die der russische Dichter Jewgeni Jewtuschenko in seinem Epos *Babi Yar* erinnert.)

Wie Jeckeln Himmler berichtete, hatten die fünf Bataillone der Polizeireserve in dieser Zeit sechzehn »Aktionen« durchgeführt, in deren Verlauf 37 783 Juden erschossen wurden. Damit hatte Jeckeln vermutlich die größte Zahl von Morden innerhalb von drei Monaten unter einem Kommando erzielt, auch wenn ihm SS-General Otto Ohlendorf kaum nachstand. Ohlendorf war in Nürnberg einer der wenigen Angeklagten, die ihre Verbrechen offen zugaben und damit Göring in Rage versetzten. Als Kommandeur der Einsatzgruppe D im Kaukasus und auf der Krim im Jahr nach dem Überfall auf die Sowjetunion sagte Ohlendorf aus, seine Leute hätten annähernd 90 000 Männer, Frauen und Kinder liquidiert, die mit Ausnahme einiger kommunistischer Funktionäre alle Juden gewesen seien.

(Speers Verteidiger Dr. Flächsner schilderte mir seine Überraschung, als er Ohlendorf als Zeugen der Anklage genauso »liebenswürdig und höflich« auftreten sah wie 1944 im Wirtschaftsministerium, als Flächsner, der einen Bankdirektor vertrat, der wegen einer kleineren Unregelmäßigkeit in Schwierigkeiten geraten war, ihn aufgesucht und um Unterstützung gebeten hatte. Ohlendorf hatte ihm sofort geholfen. »Er war wirklich ein äußerst angenehmer Mensch«, sagte Flächsner. »Stellen Sie sich vor, wie erstaunt ich war, als er vor Gericht im selben Ton wie damals in seinem Büro ganz ruhig sagte, ja, er habe 90 000 Juden in Rußland erschießen lassen, aber darauf geachtet, daß dies ›auf humane Weise‹ geschehe. Ich saß da wie vom Blitz getroffen. ›90 000 Juden erschossen‹.« Eine Art ungläubiges Staunen schwang in seiner Stimme. »Aber human.«)

Weder Jeckeln noch Jäger, noch Stahlecker oder auch Ohlendorf scheinen im Jahr 1941 irgendwelche moralischen Skrupel empfunden zu haben, im Gegenteil: Als ob sie es mit einer Rattenplage zu tun gehabt hätten, beschränkten sie sich auf sachliche Berichte über deren Beseitigung. So hält Stahleckers Bericht vom 31. Januar 1942 fest, daß in den baltischen Staaten und Weißrußland bis dahin 229 052 Juden »eliminiert« worden seien. Abschließend stellt er fest: »Mit Ausnahme einiger tausend Arbeitsjuden ist Lettland praktisch judenfrei.«

Später verfaßte Berichte und Anfragen zeigen, daß einzelne deutsche Verwalter in den besetzten Gebieten Bedenken äußerten, doch immer wegen bestimmter Handlungen oder Maßnahmen, nie *grundsätzlich* wegen Mordes. Der deutsche Gebietskommissar im weißrussischen Sluzk etwa, der eine Aktion des 11. litauischen Polizeibataillons beobachtet hatte – der berüchtigtsten 1941 in Litauen und Anfang 1942 in Weißrußland aktiven Einheit –, verlangte, daß dieses Bataillon nicht mehr in seinem Bezirk eingesetzt werden solle. Seine Argumentation richtete sich freilich nicht gegen den Mord an den Juden – dieser stand nicht in Frage –, sondern dagegen, daß die Methoden der Litauer von den Deutschen unterstützt würden, was sich nachteilig auf die Beziehungen zur örtlichen Bevölkerung auswirke.

Im selben Sinne schrieb Wilhelm Kube, Generalkommissar für Weißrußland, im Sommer 1942 an Hinrich Lohse, den Reichskommissar für das Ostland. Er fragte an, ob den nach Osten geschickten Reichsjuden dieselbe Behandlung durch Litauer und Letten zuteil werden solle, deren Methoden bei der einheimischen Bevölkerung auf so großen Widerwillen stießen. Kube bat um klare Direktiven unter angemessener Berücksichtigung des guten Namens des Deutschen Reiches, damit diese »notwendigen« Aktionen auf möglichst »menschliche« Weise durchgeführt werden könnten.

Hitler war über diese Aktionen genauestens informiert. Am 16. Juli 1941 befahl er bei einer Unterredung mit Göring, Hans Lammers (Chef der Reichskanzlei), Alfred Rosenberg (Minister für die besetzten Ostgebiete) und Feldmarschall Wilhelm Keitel die Verstärkung des »Pazifizierungsprogramms« hinter der russischen Front. Deutschland, meinte er, werde sich nie mehr aus den neugewonnenen Ostgebieten zurückziehen; er wolle dort ein »Paradies« schaffen. Für dieses Ziel werde jeder, der Deutschland feindlich gesinnt sei, ausgerottet. Natürlich müßte dieses große Gebiet »so schnell wie möglich pazifiziert werden, indem man jeden erschießt, der uns mißtrauisch anschaut – die beste Methode«.

Am 17. Juli 1941 empfing Hitler den kroatischen Außenminister Marschall Sladko Kvaternik. »Die Juden seien die Geißel der Menschheit«, erklärte er Kvaternik. »...Wenn auch nur ein Staat aus irgendwelchen Gründen eine jüdische Familie bei sich dulde, so würde dies der Bazillenherd für eine neue Zersetzung werden.«

Am 31. Juli 1941, als schon viele tausend Menschen in den baltischen Staaten ermordet worden waren, gab Göring als Beauftragter für den Vierjahresplan* Heydrich formell die Anweisung, »die Endlösung der Judenfrage« in die Tat umzusetzen:

> ...beauftrage ich Sie hiermit, alle erforderlichen Vorbereitungen in organisatorischer, sachlicher und materieller Hinsicht zu treffen für eine Gesamtlösung der Judenfrage im deutschen Einflußgebiet in Europa. Sofern hierbei die Zuständigkeiten anderer Zentralinstanzen berührt werden, sind diese zu beteiligen.
> Ich beauftrage Sie weiter, mir in Bälde einen Gesamtentwurf über die organisatorischen, sachlichen und materiellen Vorausmaßnahmen zur Durchführung der angestrebten Endlösung der Judenfrage vorzulegen.

Dieses Dokument wurde hauptsächlich aus bürokratischen Gründen verfaßt. Im Januar 1939 hatte Göring Heydrich beauftragt, die Emigration und anschließend die »Evakuierung« der Juden aus dem Reich zu überwachen. Dies galt als wirtschaftliche Angelegenheit und fiel daher in den Zuständigkeitsbereich von Görings Vierjahresplan. Angesichts der Gründlichkeit der deutschen Bürokratie erforderte jede Erweiterung der Vollmachten Heydrichs trotz der fanatisch genau überwachten Geheimhaltung der Endlösung das offizielle Siegel Görings.

Am 7. August 1941, als im Warschauer Ghetto Typhus ausbrach, äußert sich Goebbels in seinem Tagebuch erstmals explizit zum Mord an den Juden:

> Die Juden sind ja immer Träger ansteckender Krankheiten gewesen. Man muß sie daher entweder in einem Ghetto zusammenpferchen und sich selbst überlassen, oder liquidieren: sonst werden sie immer die gesunde Bevölkerung der Kulturstaaten anstecken.

Zehn Tage später, am 17. August, suchte Goebbels Hitler auf. Below erinnerte sich in seinem Buch vierzig Jahre später noch genau daran:

> Im August erschien zum ersten Mal Goebbels – auf Wunsch Hitlers – im FHQ. In den zwei Tagen seines Aufenthalts traf er mehrmals mit Hitler zu Gesprächen unter vier Augen zusammen. Erst nach und nach sickerte durch, daß sie das Juden-Problem erörtert hätten. Goebbels und Heydrich drängten auf die Lösung dieser Frage. Goebbels betrieb die

---

* Göring hatte 1936 den Vierjahresplan eingeführt, mit dem er praktisch die gesamte Wirtschaft kontrollierte.

Ausweisung der noch in Berlin lebenden 70000 Juden und wollte sich des Einverständnisses Hitlers zu seinen Maßnahmen versichern. Hitler war dazu noch nicht bereit, sondern willigte nur ein, daß die Juden besonders gekennzeichnet würden, wie wir hörten. Eine im Reichsgesetzblatt veröffentlichte Polizei-Verordnung vom 1. September 1941 bestimmte, daß alle Juden künftig sichtbar an ihrer Kleidung einen gelben Judenstern zu tragen hätten. Grundsätzlich sollte dieses Problem [der Berliner Juden] erst nach Abschluß des Rußlandfeldzugs gelöst werden, in »großzügiger Weise«, hieß es.

Den unglaublichen Zynismus dieser Bemerkung habe ich erst nach dem Krieg begriffen, als in den Sommermonaten 1945 und dann im Nürnberger Prozeß gegen die Hauptkriegsverbrecher das ganze Ausmaß der Judenvernichtung bekannt wurde. Daß gleichzeitig mit der Verordnung über die Kennzeichnung der Juden bereits die Vorbereitungen zur »Endlösung« in die Wege geleitet worden sind, ... daß die Einsatzgruppen und Einsatzkommandos der SS und Polizei hinter der Front in großer Zahl Juden erschossen, ab Dezember 1941 in immer größerem Umfang Juden aus allen besetzten europäischen Ländern in den Vernichtungslagern im Osten vergast worden sind, ahnte ich nicht, wie ich auch nichts von der »Wannsee-Konferenz« vom 20. Januar 1942 erfuhr. Natürlich habe ich nach dem Kriege, auch bei manchen Gesprächspartnern in der Gefangenschaft, Indizien aus den Kriegsjahren zusammengetragen, die mir eigentlich schon damals hätten zu denken geben müssen, etwa Hitlers sich zu Kriegsende immer noch steigernde antisemitische Ausbrüche oder beiläufige Bemerkungen hoher SS-Führer. Wie viele andere glaubte ich aber damals daran, was als Grund für die nicht unbekannt bleibenden Juden-Deportationen in den Osten angegeben worden ist, daß man sie dort zum Arbeitseinsatz für kriegswichtige Aufgaben heranziehe. Dies erschien mir angesichts der zunehmenden Nutzung des in- und ausländischen Arbeitskräftepotentials als durchaus plausibel, und ich weiß nun erst, daß ich einer schrecklichen Täuschung unterlag ... Allerdings bin ich fest überzeugt davon, auch ohne schriftliche Beweise, daß die Vernichtung der Juden auf eine ausdrückliche Anweisung Hitlers zurückgeht, da es undenkbar ist, daß Himmler und Göring so etwas ohne sein Wissen unternommen hätten. Sicher hat Himmler Hitler nicht über jede Einzelheit unterrichtet, aber in dieser Angelegenheit mit seiner Billigung und in gänzlicher Übereinstimmung mit ihm gehandelt. *

---

* Below weist in seinem 1980 geschriebenen Buch explizit die Behauptung des britischen Autors David Irving zurück, er habe Irvings These untermauert, wonach Hitler weder für den Völkermord an den Juden verantwortlich sei noch vor 1943 davon gewußt habe.

Zwei Tage später kehrte Goebbels nach Berlin zurück und hielt die wesentlichen Punkte seines Gesprächs mit Hitler im Tagebuch fest. Am 19. August schreibt er:

Der Führer ist der Überzeugung, daß seine damalige Prophezeiung im Reichstag, daß, wenn es dem Judentum gelänge, noch einmal einen Weltkrieg zu provozieren, es mit der Vernichtung der Juden enden würde, sich bestätigt.

Am 20. August fährt er mit seinem Bericht fort:

Es ist empörend und ein Skandal, daß in der Hauptstadt des Deutschen Reichs sich 76 000 Juden, zum größten Teil als Parasiten, herumtreiben. Sie verderben nicht nur das Straßenbild, sondern auch die Stimmung ... Zwar wird das schon anders werden, wenn sie ein Abzeichen [den Gelben Stern] tragen, aber ganz abstellen kann man das erst dadurch, daß man sie beseitigt. Wir müssen an dieses Problem ohne jede Sentimentalität herangehen.

In Berlin arbeiteten 26 000 Juden für die Kriegsproduktion, doch für Hitler unterschieden sich die deutschen und österreichischen Juden von den anderen nicht nur dadurch, daß sie nützliche Arbeit leisteten. Auch wenn der Gefühlsmensch Hitler seinen leidenschaftlichsten Haß gegen die Juden aus Deutschland und Österreich entlud, wußte der Politiker Hitler zugleich ganz genau, daß es in Westeuropa und besonders in Deutschland Grenzen gab, die er nicht überschreiten durfte; viele Deutsche und Österreicher kannten schon immer »ordentliche« Juden. Himmler sollte es später in einer furchtbaren Rede vor hohen SS-Kommandeuren zum Ausdruck bringen: »Und dann kommen sie alle an, die braven 80 Millionen Deutschen, und jeder hat seinen anständigen Juden. Es ist ja klar, die anderen sind Schweine, aber dieser eine ist ein prima Jude ...«

Alles, was zu diesem Zeitpunkt im Hinblick auf die Juden in Deutschland selbst geschah, muß im Zusammenhang mit der sich in Rußland und den baltischen Staaten entwickelnden Lage gesehen werden, und hier zeigte sich, daß Hitlers Grundsätzlicher Befehl Nr. 1 vom 11. Januar 1940, in dem er strikte Geheimhaltung über alles, was einen nicht direkt anging, befohlen hatte, erstaunlich erfolgreich war.

So bereitete der Generalstab der Wehrmacht im ersten Halbjahr 1941 die Invasion Rußlands vor, indem er entlang der sowjetischen Grenze schrittweise die größte militärische Streitmacht der Geschichte zusammenzog (mehr als drei Millionen Mann), offenbar ohne daß Stalin irgendeinen Verdacht schöpfte. Zweitens wurde die Kette von Weisungen, die Hitler in den ersten sieben Monaten des Jahres 1941 erließ – angefangen mit dem Kommissarbefehl allesamt klare Aufforderungen zum politischen und ideologischen Mord –, Offizieren und Truppen zwar sehr bald bekannt, doch protestierten,

wie wir gesehen haben, nur wenige dagegen, und noch seltener erfuhr ein
»Außenstehender« von ihnen, was vor sich ging. Die Soldaten mochten noch
so empört sein und die Befehle persönlich leidenschaftlich ablehnen, das
Geheimnis wahrten sie dennoch.

Klaus von Bismarck, eine der hervorragendsten Persönlichkeiten im Nachkriegsdeutschland und mir ein Freund seit über dreißig Jahren, enthüllte in
seinen 1992 erschienenen Memoiren einen Vorfall, den er nie zuvor erwähnt
hatte. Er hatte als überzeugter Christ und Nazigegner den Dienst an der
Front einer Stabsstelle vorgezogen und kehrte während des Krieges nur selten
nach Berlin zurück. Am 21. Juni 1941 lag sein Regiment in Erwartung des
Angriffs an der russischen Grenze. Man sei sich schon länger über Hitlers
Größenwahn im klaren gewesen und habe gespürt, daß der in dieser Nacht
bevorstehende Angriff auf Rußland der Anfang vom Ende sei. Und dann traf
spät in der Nacht der Kommissarbefehl ein. Bismarck beschreibt in seinem
Buch, was geschah:

Als Regimentsadjutant bekam ich ihn schnell in die Hand. Der Befehl
verfügte, daß die sowjetischen Parteikommissare, die jeder Sowjet-Ein-
heit beigefügt waren, im Falle ihrer Gefangennahme sofort zu erschießen seien ... Nach mehrfachem Studium des Textes war ich mir im
klaren, daß ich diesen Befehl nicht ausführen würde, auch wenn die
Sowjetunion der sogenannten Genfer Konvention nicht beigetreten war
... Dieser Befehl widersprach meiner christlichen und humanistischen
Erziehung und meinem Gewissen. Es war undenkbar für mich, Kriegsgefangene kurzerhand umzubringen, nur weil sie eine andere Gesell-
schaftskonzeption vertraten.

Vor der Weitergabe des Befehls an die Offiziere des Regiments rief ich
noch in der Nacht einige Freunde zusammen und teilte ihnen mit, daß
ich entschlossen sei, die Ausführung dieses Befehls zu verweigern. Alle
versammelten Freunde schlossen sich dem an. Sie waren auch damit
einverstanden, daß ich unsere Verweigerung unter Nennung unserer
Namen dem Kommandeur melde. Das geschah. Der Kommandeur
nahm meine Meldung ohne jede Äußerung zur Kenntnis. Uns passierte
nichts. Soviel ich weiß, sind in unserem Regiment bis Kriegsende keine
Kommissare erschossen worden. In vielen anderen Wehrmachtseinhei-
ten ist der »Kommissar-Befehl« bekanntlich ohne Skrupel ausgeführt
worden.

Theo Hupfauer, der Speer seit 1934 gut kannte und mit ihm ab 1943 eng
zusammenarbeitete, gehörte zu jenen, die schon sehr früh von dem Geschehen
auf sowjetischem Boden unterrichtet waren. Für ihn, den erfolgreichen 33jäh-
rigen Fachmann für Industriearbeiterfragen, war es Patriotismus, der ihn 1940
bewog, darum zu bitten, ihn von seinem sicheren Arbeitsplatz bei der Deut-

schen Arbeitsfront zu entbinden. Obwohl als unabkömmlich für die Industrie vom Militärdienst freigestellt, hatte er es satt, Reden zur Hebung der Moral vor Fabrikarbeitern zu halten, und wollte unbedingt Soldat werden.

»Da die Wehrmacht mich nicht haben wollte«, sagte er, »meldete ich mich freiwillig zur Waffen-SS, wo ich Freunde hatte. Sie nahmen mich sofort.« Hupfauer absolvierte seine Grundausbildung in Berchtesgaden und kam danach auf die Offiziersschule der SS in Braunschweig. Nach fünf Monaten – »knapp zu spät für den Kampfeinsatz« – ging er als Stabsfeldwebel nach Frankreich und dann nach Holland »zu Invasionsübungen [für Großbritannien] – alles Unsinn. Ich schrieb an [Robert] Ley und bat ihn, mir zur Aufnahme in die Leibstandarte zu verhelfen, weil deren Mitglieder überall als erste hinkamen.* [Sepp] Dietrich nahm mich sofort, und von da an war ich dabei, zuerst nochmals in Frankreich, dann bei den Feldzügen in Bulgarien, Jugoslawien und Griechenland. Wir gingen durch Jugoslawien und Griechenland wie ein Messer durch Butter.« Hupfauer klang geradezu ausgelassen, als er sich während eines unserer Münchner Gespräche daran erinnerte, wie seine nur tausend Mann starke Truppe gelassen die Kapitulation von sieben Divisionen der griechischen Epirus-Armee entgegengenommen hatte. »Was für ein glorreicher Augenblick«, sagte er freudig erregt.

Kurz danach ging es ostwärts durch Polen und, zu Beginn des Rußlandkriegs, mit den Panzerspitzen der Wehrmacht in die Ukraine.

»Sie können mir glauben«, sagte Hupfauer, »die Ukrainer haben uns mit offenen Armen empfangen.« Er blieb bis Ende 1941 und stellte dann allerdings einen Wechsel in der Stimmung der Bevölkerung fest. »Der Schaden, den unsere Zivilverwalter dort anrichteten, war unglaublich. Sie haben alles verdorben.«

Diese deutschen Verwalter in den besetzten Gebieten hießen Reichskommissare, und einer von Hupfauers alten Freunden, Klaus Selzner, war zum Gebietskommissar für die Ukraine ernannt worden. Selzner hatte sieben Jahre zuvor als Organisationschef der Deutschen Arbeitsfront Hupfauer dazu überredet, in seine Organisation einzutreten anstatt nach Amerika zu gehen, um das dortige Rechts- und Arbeitssystem zu studieren. »Wir saßen damals stundenlang zusammen und tauschten Ideen aus«, erinnerte sich Hupfauer. »Er war unglaublich offen für alles, ein sehr beeindruckender Mann.«

Hupfauer war entsetzt, Selzner als Kommissar in der Ukraine wiederzufinden. »Wie konnte dieser gute Mann eine solche Stelle annehmen?« sagte

---

* Die Leibstandarte Adolf Hitler war ursprünglich Hitlers Leibwache und wurde dann, immer noch von seinem alten Kampfgenossen Sepp Dietrich kommandiert, zu einer Elitetruppe der Waffen-SS und schließlich zu einer Panzerdivision.

er. »Wir wußten, was die Kommissare taten; wenn sie die Bevölkerung nicht falsch behandelt hätten, wäre die ganze Ukraine auf unserer Seite gewesen. Wir haben sie verloren, weil die Politiker nicht fähig waren, ihren guten Willen zu erkennen.«

Gegen Ende 1941 rief ein persönlicher Führerbefehl Hupfauer nach Berlin zurück, wo ihm aufgetragen wurde, in alle Gebiete zu fahren, wo Bombenangriffe auf die Industrie starke Schäden verursacht hatten, um die Betriebsbelegschaften neu zu organisieren und zu unterstützen. Dies führte ein Jahr später dazu, daß Speer ihn mit der Organisation der Arbeitskräfte im Ruhrgebiet betraute, dem industriellen Herz Deutschlands.

Als Hupfauer nach Deutschland zurückkehrte, wußte er, wie er mir sagte, daß die Kommissare in der Ukraine politisch gesehen »die deutschen Chancen dort verdarben«. Wollte er damit zu verstehen geben, er hätte damals nicht gewußt, daß die Einsatzgruppen auch Menschen ermordeten?

»Nicht Juden«, antwortete er rasch. »Ich wußte nichts über Juden.«

Meiner Ansicht nach mochte Hupfauer die Juden zum Zeitpunkt unserer Gespräche genausowenig wie während des Dritten Reichs. Zugleich war jedoch auch für ihn, der das Töten jüdischer und nichtjüdischer Zivilisten in den eroberten Gebieten als eine legitime Kriegshandlung ansah, der Mord an den Juden in den Gaskammern eine nicht zu bewältigende »moralische Wunde« (auch wenn er wie praktisch alle Deutschen seiner Generation die »Zahlen, die da in Umlauf gebracht werden«, bestritt).

»Wie konnten sie nur?« fragte er, als das Thema kurz aufkam. »Sagen Sie mir, wie konnten sie nur so etwas tun?« Doch er schweifte schnell wieder ab. »Gestern haben Sie mich gefragt, warum ich nicht aufhörte, als ich von den Einsatzgruppen erfuhr. Ich habe darüber nachgedacht. Warum *hab'* ich das nicht getan? [Jetzt gab er doch stillschweigend zu, daß er über die Morde der Einsatzgruppen voll informiert war.] Ich frage Sie, welchen Sinn hätte es gehabt? Es gab andere, viele andere, die nur darauf warteten, mich zu ersetzen.«

Im Frühsommer 1941 war der GBI in Baustab Speer umbenannt worden. Selbst jetzt kam Hitler noch gelegentlich auf einen Sprung in die Modellhalle, um sich am Anblick des Berlin-Modells zu ergötzen. Dabei betonte er, die künftige Hauptstadt brauche »ein heldisches Gepräge«, und er forderte Speer auf, die ausländischen Granitlieferungen für die Berliner Bauten ohne Rücksicht auf die Bedürfnisse der Kriegswirtschaft zu erhöhen. Speer nickte: »Ja, mein Führer«, und beließ es dabei.

Denn inzwischen machte sein Baustab, sicher nicht ohne Hitlers Wissen, Überstunden – bald rund um die Uhr –, um in ganz Deutschland und im besetzten Europa Fabriken für die Kriegsproduktion umzurüsten, Berlin mit

Luftschutzbunkern auszustatten und überall im neuen Großdeutschland, das nun aus dem »Altreich«, dem besetzten Österreich und Sudetenland und dem »germanisierten« Teil Polens bestand, bombengeschädigte Transportverbindungen zu reparieren.

Am 24. November 1941 bot Hitler, der seine Augen vor der Tatsache verschloß, daß der Rußlandfeldzug sich rasch zu einer Katastrophe ausweitete, Speer an, eines seiner grandiosen Projekte zu leiten: den Bau großangelegter moderner Städte in den besetzten sowjetischen Gebieten, für Deutsche, die in diese reichen Landschaften umgesiedelt werden sollten, um die Arbeiten auf dem Land, in den Bergwerken und in der Industrie zu beaufsichtigen. Dies war nicht nur ein Luftschloß; Mitte 1942 waren schon Tausende von Deutschen, darunter ausgebildete Landwirte und Betriebsleiter, mitsamt ihren Familien in die Ukraine gebracht worden, um die Wirtschaft zum Nutzen Deutschlands umzugestalten.

Speer hatte schon seit Monaten versucht, Hitler zu veranlassen, die weitere Arbeit an Berlin und anderen Städten zu verschieben, um Speer in die Lage zu versetzen, seine hochentwickelte Bauorganisation ausschließlich für Kriegszwecke einsetzen zu können. »Es war ganz erstaunlich, wie heftig er sich dagegen wehrte«, sagte Speer zu mir. »Sie müssen verstehen, damals wußten wir, daß – ganz im Gegensatz zu uns – Großbritannien seine Kräfte schon vollständig mobilisiert hatte, und dazu gehörte vor allem, daß man Frauen in die Fabriken und in Uniformen steckte. Aber es war völlig unmöglich, und blieb es auch bis zum Schluß, Hitler davon zu überzeugen, daß Frauen in einem totalen Krieg in der Kriegswirtschaft arbeiten mußten.«

»Dem Baustab Speer«, sagte Annemarie Kempf bei einer unserer ersten Begegnungen in Hamburg, »wurde eine enorme offizielle Verantwortung übertragen. Wir hatten Organisationsgruppen in ganz Europa und in der Ukraine und beschäftigten inzwischen Zehntausende von Arbeitern.« Hitler erweiterte Speers Verantwortung am Ende dieses schicksalhaften Jahres weit über die Architektur und weit über Berlin hinaus und bereitete ihn damit – absichtlich oder intuitiv – auf seine Zukunft vor.

Weit mehr als das, was Speer von der Kristallnacht 1938 begriffen oder nicht begriffen hatte, und das, was er 1939/40 womöglich von Hitlers Euthanasieprogramm oder 1940/41 von der Deportation der Berliner Juden mitbekam, war es das Geschehen in der Ukraine 1941 und später, das ihm und seinem Mitarbeiterstab und auch den deutschen Generälen, Offizieren und Soldaten auf dem östlichen Kriegsschauplatz die Augen hätte öffnen müssen. Denn in jenen Jahren wurden sie alle zu Zeugen oder zumindest Mitwissern fürchterlicher Verbrechen.

Im November 1941 drohte das Transportsystem im Osten zusammenzubrechen. Das deutsche Heer an der langen Front war völlig unvorbereitet auf den russischen Winter, der in jenem Jahr außergewöhnlich früh einbrach. Panzermotoren und Zündungen froren ein, Waffen wurden unbrauchbar, und ungenügend gekleidete Soldaten mußten zugleich gegen die furchterregenden natürlichen Elemente und die gut ausgerüsteten, das Klima gewohnten Russen kämpfen. Am schlimmsten war, daß das Nachschubproblem für die Wehrmacht praktisch unlösbar geworden war, denn die Russen hatten sich bei ihrem Rückzug auf der ganzen Front (in Norden, Mitte und Süden) als hervorragende Strategen der Taktik der »verbrannten Erde« erwiesen. Völlig gleichgültig gegenüber dem Schicksal der Zivilbevölkerung hatten sie Hunderte, wenn nicht Tausende von Brücken, Straßen und Eisenbahnlinien, Bahnhöfen, Waggons, Wasserspeichern und Industrieanlagen gesprengt.

»Die Wehrmacht«, so Speer, »die verzweifelt versuchte, die Truppen an der Frontlinie neu auszustatten, sah sich einer gefrorenen Wüste der Zerstörung gegenüber.« Speer hatte nach einer kurzen Kunstreise nach Lissabon von Freunden aus dem Generalstab und leitenden Beamten der Reichsbahn von der Katastrophe erfahren und schlug Hitler sofort vor, die Hälfte seiner Belegschaft von 65 000 Bauarbeitern unter seinen besten Ingenieuren zur Reparatur des russischen Eisenbahnnetzes abzustellen. »Es war unfaßlich«, sagte er zu mir. »Selbst jetzt konnte er nicht zulassen, daß ich das Berliner Bauprogramm unterbrach. Fritz Todt brauchte Wochen, um ihn davon zu überzeugen, daß seine OT [Organisation Todt] das Fachwissen unserer Ingenieure brauchte, um ihre Aufgaben bewältigen zu können. Heute finde ich es unvorstellbar, daß selbst damals, als mir die katastrophalen Folgen der verspäteten Reparaturen vollkommen klar waren, statt über seine Unentschlossenheit empört zu sein, ich über seine Hingabe für unsere Baupläne gerührt war.«

Der erlahmende Feldzug im Osten war damals natürlich nicht Hitlers einziges Problem. Am 11. Dezember 1941, vier Tage nach dem japanischen Angriff auf Pearl Harbor, erklärte er den Vereinigten Staaten den Krieg.

Wie Nicolaus von Below schreibt, »erschrak [er] über Hitlers hier zutage tretende Ahnungslosigkeit hinsichtlich des amerikanischen Potentials, das letztlich doch schon den Ersten Weltkrieg entschieden hatte«.

Hitler hatte allerdings nicht ganz unrecht, wenn er in seiner langen Rede vor dem Reichstag am Nachmittag des 11. Dezember sagte, der Krieg zwischen den Vereinigten Staaten und Deutschland sei unvermeidlich gewesen, weil Roosevelt ihn immer gewollt habe.

John Kenneth Galbraith, einer von Amerikas »weisen Männern«, ein überaus distinguierter amerikanischer Intellektueller mit einem langen, schmalen, zerfurchten Gesicht, gehörte damals zu Roosevelts »Think-tank«. »Wie entschlossen war Roosevelt, in den Krieg einzutreten?« fragte ich ihn, als wir uns 1988 in seinem schönen Arbeitszimmer in Cambridge, Massachusetts, gegenübersaßen.

»Er war entschlossen, Großbritannien bis zum äußersten zu helfen«, sagte er. »Nach Österreich und der Tschechoslowakei wußte man natürlich, was Hitler war, und wir waren uns völlig sicher, daß wir in den Krieg hinein mußten. Ja, ich glaube, es ist wahr, daß wir uns verpflichtet fühlten: verpflichtet einer Lebensart, deren politische und ethische Moral all dem diametral entgegenstand, wofür Hitler einzutreten schien – nein, wofür er ganz offensichtlich eintrat. Wir wußten dies aus *Mein Kampf,* aus seinen Reden und natürlich von seinen Taten. Ich glaube, es stimmt, daß die Niederlage Frankreichs der entscheidende Wendepunkt war: Wir konnten nicht zulassen, daß Frankreich geschlagen blieb – wir konnten Hitler nicht erlauben, in Europa zu herrschen, es auf seine Art zu beherrschen. Doch in Anbetracht der Stimmung in einem Großteil unseres Landes war das äußerst schwierig. Als Hitler Rußland angriff und damit seine eigenen Probleme maßlos verschärfte, war dies für uns natürlich ein gewaltiger Schritt vorwärts.

Als Pearl Harbor geschah, waren wir verzweifelt. Ich erinnere mich, wie ich Washington verließ und aufs Land fuhr – um nachzudenken. Wir waren alle wie vom Schlag getroffen. Die Stimmung des amerikanischen Volkes war unzweideutig – die Japaner mußten bestraft werden. Es hätte uns zwingen können, all unsere Bemühungen auf den Pazifik zu konzentrieren, außerstande, Großbritannien mehr als nur oberflächlich Hilfe zu leisten. Es war wirklich erstaunlich, daß Hitler uns drei Tage später den Krieg erklärte. Unser Triumphgefühl ist gar nicht zu beschreiben. Er hatte etwas vollkommen Irrationales getan, und ich glaube, das hat Europa gerettet.«

Als Speer und ich über diese Ereignisse sprachen, war er zu Hupfauers Ansicht gelangt, daß Hitlers verhängnisvolle Fehler seinem mangelnden Wissen über andere Länder zuzuschreiben seien. Dies aber war nicht seine Meinung in den ersten Kriegsjahren gewesen. Als ich ihn zu Hitlers Kriegserklärung an die Vereinigten Staaten befragte, zuckte er mit den Achseln. »Ich kann mir vorstellen, es schaut merkwürdig aus, daß ich in meinem Buch nicht ausführlicher darauf eingehe, aber ich glaube, es spiegelt meine damalige Auffassung ganz richtig wider. Ich glaube, wir hatten Hitler so oft über Roosevelt reden hören, wie er mit seinen politischen Schachzügen das Volk dazu bringen wolle, ihn gegen uns in den Krieg ziehen zu lassen, daß wir nicht überrascht waren. Vielleicht waren wir, dumm wie wir waren, auch noch stolz darauf, daß Hitler Roosevelt sozusagen die Schau gestohlen hatte. Wie er im Reichstag sagte: ›Wir schlagen immer als erste zu.‹«

Doch auch Speer hatte, wie er sagte, nicht erkannt, was es bedeuten würde, wenn sich das gewaltige industrielle Potential Amerikas gegen Deutschland richtete. »Wenn ich überhaupt darüber nachdachte, glaubte ich wohl wie Hitler, die Japaner würden Roosevelt schon in Atem halten. Doch im

Grunde war ich vollauf mit der Sorge um unser Heer im Osten beschäftigt und damit, was ich tun konnte, um dessen Lage zu verbessern.«

Prophetische Züge hatte ein Gespräch zwischen Speer und Todt am 27. Dezember 1941, dem Tag, an dem Hitler endlich dem Vorschlag zustimmte, die Baugruppen Speers und Gieslers nach Rußland zu verlegen. »Ich besuchte Todt in seinem Haus bei Berchtesgaden«, sagte Speer. »Hält man sich seine hohe Position vor Augen, war es ein sehr schlichtes Anwesen. Er und seine Frau waren sehr bescheidene, ruhige Menschen. Ich hatte ihn so gern. Er war an dem Tag sehr niedergeschlagen. Er war gerade zurück von einer langen Inspektionsreise nach Rußland und sagte mir, wie entsetzt er über den Zustand unserer Soldaten war. Später erinnerte ich mich an seine Worte und an die tiefe Niedergeschlagenheit in seinem Gesicht, als er sagte, daß er nicht sehen konnte, wie wir den Krieg dort gewinnen könnten. Die russischen Soldaten seien vielleicht primitiv, sagte er, aber physisch und psychisch viel robuster als wir. Ich erinnere mich, daß ich versuchte, ihn aufzumuntern. Unsere Männer seien doch auch stark, sagte ich. Er schüttelte den Kopf auf eine ihm ganz eigene Weise und sagte – ich höre ihn heute noch: ›Sie sind jung, Sie haben noch Illusionen.‹«

Todt wies Speer die Verantwortung für die Ukraine zu – das logistisch wichtigste Gebiet –, Giesler wurde für die Heeresgruppen Mitte und Nord zuständig. Die beiden Männer standen dort vor den gleichen Problemen, und sie machten von nun an auf ihren häufigen Reisen dorthin zweifellos auch dieselben Erfahrungen und Beobachtungen. Bedeutsam ist, daß weder Speer in seinen Entwürfen und Büchern noch Giesler in seinen Memoiren auch nur ein Wort über die Schrecken verloren, die sie dort erlebt haben mußten.

Beide, Giesler wie Speer, waren treue Gefolgsleute Hitlers. Zweifellos hielten auch sie die Bevölkerung des Ostens für minderwertig, auch wenn Speer nie Hitlers kruden Begriff »Untermenschen« verwendet hätte. Gelegentlich fielen ihnen die blonden, »germanisch« aussehenden ukrainischen Mädchen auf, wie Wolters in seiner »Chronik« notierte (Speer wies Hitler einmal darauf hin), aber ansonsten existierte die einheimische Bevölkerung weder für Speer noch für Giesler.

Speer sah sein neues Tätigkeitsgebiet zum erstenmal am 30. Januar 1942, als er nach Dnjepropetrowsk flog. Der Kommandeur von Hupfauers Einheit, Sepp Dietrich, der zu seinem Panzerkorps an der nahen Front zurückkehrte, nahm Speer in einem Heinkel-Bomber nach Dnjepropetrowsk mit, wo Speers Gruppe unter Führung eines seiner besten Bauingenieure, Walter Brugmann, einige Wochen zuvor die Arbeit aufgenommen hatte.

Bei diesem ersten von vielen Besuchen verbrachte Speer fast eine Woche in der großen ukrainischen Industriestadt. In Spandau schrieb er, wie beeindruckt er auf seinen folgenden Reisen war, als er den Universitätskomplex besichtigte, den die Sowjets dort zu bauen begonnen hatten, »mit Einrichtungen, die weit über das hinausgingen, was man in Deutschland kannte«. Doch der erste Aufenthalt, bei dem er zum erstenmal das eisige Wetter und die traurigen Verhältnisse erlebte, die Todt ihm einen Monat zuvor beschrieben hatte, war fast gänzlich der Arbeit mit seinen Leuten gewidmet.

»Alles lag unter tiefem Schnee«, sagte er mir. »Dnjepropetrowsk war ein wichtiger Eisenbahnknotenpunkt gewesen, wo viele Dutzend Züge täglich ankamen und abfuhren; jetzt kamen und gingen nur noch vier Züge am Tag. Meine Leute arbeiteten und lebten in einem Zug, der auf einem Abstellgleis stand. Der Bahnhof bestand nur noch aus Trümmern. Die Russen hatten alles zerstört, sogar viele ihrer Schneeräumgeräte für den Bahnhof und den Flughafen. Deshalb mußte, obwohl die Infrastruktur ziemlich schnell wiederaufgebaut worden war, alles Wesentliche, Werkzeuge und Maschinen, von Deutschland hergebracht werden. Wenn Sie bedenken, daß die Russen sich bereits im August zurückgezogen hatten, merken Sie, wie weitsichtig ihre Politik der verbrannten Erde war.«

»Unsere Baugruppe hatte ein paar kleine Lastwagen, Jeeps und Kübelwagen«, sagte er, »aber außer zur Arbeit an den Bahnanlagen ging niemand irgendwohin. Das Heer ließ in diesem Winter zwar Tausende von Ukrainern die Straßen räumen, doch es war praktisch nutzlos. Sie hatten nur Schaufeln und Besen, und es schneite unablässig; während ich dort war, hat es nie aufgehört.«

Als Speer nach Dnjepropetrowsk kam, war die Stadt, wie SS-Gruppenführer Friedrich Jeckeln Himmler berichtet hatte, »fast, doch nicht ganz judenrein«. Von allen höheren SS-Polizeiführern war Jeckeln vermutlich der pflichtbewußteste: »Wenn ich meinen Männern einen schwierigen Befehl erteile, dann bin ich bei ihnen, wenn sie ihn ausführen. Das ist meine Pflicht.« So äußerte er sich vier Jahre später bei seinem Prozeß in Riga.

Er traf mit der Einsatzgruppe C, Kommando 5, am 5. Oktober 1941 in Dnjepropetrowsk ein, frisch aus Kiew und von den Morden von Babi Yar eine Woche zuvor. Mit ihm, an der Spitze eines eigenen Spezialkommandos, kam der effizienteste Judenmörder, der frühere Düsseldorfer Architekt SS-Standartenführer Paul Blobel, ein Trunkenbold und ein Ungeheuer.

Als die deutsche Wehrmacht Dnjepropetrowsk Mitte August erobert hatte, waren dort nur noch etwa 30000 von den rund 100000 Mitgliedern der einst blühenden jüdischen Gemeinde der Stadt verblieben, die meisten davon alte Menschen und kleine Kinder, die nicht mit der abziehenden russischen Armee fliehen konnten. Und als sechs Wochen später Jeckeln und seine erfahrenen Schlächter eintrafen, brauchten sie nur zwei Tage, um diese 30000 Menschen zu ermorden.

Ein junger Tscheche, Majer Neumann aus Wolowez, einer Stadt in dem nach Hitlers Aufteilung der Tschechoslowakei im April 1939 von Ungarn annektierten Teil Rutheniens, war mit einem Kontingent ungarischer Truppen in Dnjepropetrowsk stationiert. Obwohl Jude, schützte ihn die Zugehörigkeit zur ungarischen Armee, und er überlebte und emigrierte nach dem Krieg nach Arizona. Als er später dort befragt wurde, beschrieb er, wie die Juden von Dnjepropetrowsk in Achterreihen durch die herbstlichen Straßen der Stadt hatten ziehen müssen, deren Bevölkerung man befohlen hatte, in den Häusern zu bleiben. Doch niemandem konnte entgangen sein, was geschah, sagte Neumann. Die Juden trugen ihre Babys und ihre Bündel, und zwei Tage lang war Maschinengewehrfeuer von den Panzergräben her zu hören, die die Russen im Umkreis der Stadt angelegt hatten und die nun von den Deutschen benutzt wurden, um die Juden dort zu begraben.

Im Verlauf der folgenden fünf Monate bis März wurden, wie Jeckeln nach Berlin berichtete, »Nachzügler aufgekehrt«: kleine Gruppen von Menschen, die sich hatten verstecken können und die man nun – in einem Anflug von makabrer Phantasie – bequemerweise gleich auf dem jüdischen Friedhof umbrachte.

Während Speers erster Reise im Januar in die eingeschneite, zerstörte Stadt mochte es keine zwingenden Gründe gegeben haben, warum er oder seine Leute von diesen Tötungen hätten hören sollen, von denen die meisten vier Monate zuvor ausgeführt worden waren. Doch Tatsache ist, daß er später wiederholt in die Stadt zurückkehrte und auch viele andere Städte besuchte, wo Ähnliches geschehen war. War es möglich, daß weder er noch seine Mitarbeiter je von den Morden erfuhren?

Ein halbes Jahr später, im Juni, begleiteten ihn mehrere seiner leitenden Mitarbeiter auf eine einwöchige Inspektionsreise zu Einrichtungen der Organisation Todt in »Rußland-Süd«; mit dabei waren seine Chefs für Verwaltung, Personal, Rüstungslieferungen und Information – Gerhard Fränk, Erwin Bohr, Walter Schieber und Rudolf Wolters – und natürlich seine Privatsekretärin Annemarie Kempf. Sie bereisten das gesamte Gebiet der Heeresgruppe Süd und verbrachten zwei Tage in Dnjepropetrowsk.

In Alpbach, einem schönen Dorf im österreichischen Tirol, kamen Annemarie und ich auf einem Spaziergang durch den verschneiten Wald auf Dnjepropetrowsk zu sprechen. Sie war entsetzt, als ich ihr vom Mord an den dortigen Juden erzählte. Wie erstarrt blieb sie stehen; mein Bericht hatte ihr die Sprache verschlagen, und es ist undenkbar, daß ihr Entsetzen anders als echt war.

»Das ist nicht möglich«, sagte sie schließlich, »einfach nicht möglich! Sehen Sie, Speer war nicht allein dort, wir waren dabei. Er mag diesen und jenen hohen Kommandeur und Verwalter allein gesprochen haben, aber wir kamen mit anderen Leuten zusammen, mit vielen. Und niemand, kein einziger, hat diese Ereignisse erwähnt. Als Sie eben davon sprachen, habe ich versucht, mir den Ort wieder vor Augen zu führen, mich an die zwei Tage dort zu erinnern. Und es bleibt unvorstellbar.«

An den folgenden Tagen kam sie wieder und wieder auf dieses Thema zurück. Unterdessen hatte sie noch einmal in Speers Buch nachgeblättert, das sie mitgebracht hatte, um zu sehen, was er darin über die Reisen in die Ukraine sagte, und festgestellt, daß er die Reise vom Sommer 1942 gar nicht erwähnte und auch über die erste nicht viel geschrieben hatte. (Nur im »Nürnberger Entwurf« – dem ersten Versuch Speers, seine Erinnerungen aufzuzeichnen, aus dem sich später der »Spandauer Entwurf« und dann die *Erinnerungen* entwickelten – fand sich eine längere Beschreibung der Januarreise.)

»Sie haben gesagt, daß sie die Juden in flachen Panzergräben am Stadtrand vergraben haben. Aber wissen Sie, als wir dort waren, war es unwahrscheinlich heiß; wir wohnten im Haus der Kultur, und ich erinnere mich noch, wie ich mein Kleid wusch und am Fenster zum Trocknen aufhängte. Eine Viertelstunde später konnte ich es wieder anziehen. Dnjepropetrowsk war keine große Stadt, wissen Sie; wenn sie dort wirklich 30 000 Menschen in flachen Gruben begraben hätten, können Sie sich vorstellen, was dann in dieser Hitze, selbst Monate später, passiert wäre?«[*]

»Natürlich«, sagte sie, »wenn das wirklich geschehen ist, nicht lange vor Speers erster Reise dorthin im Januar und dann immer wieder bis März, hätte das eine ganz besondere Bedeutung für uns, denn das hieße, daß eine ganze Menge Leute, die wir kannten, es absichtlich vor uns verheimlicht haben müssen.«

Ich hatte Dnjepropetrowsk natürlich wiederholt mit Speer erörtert, und er hatte immer gesagt, daß er weder dort noch in anderen russischen Städten etwas über Morde an Juden gehört habe. »Aber mich überrascht das nicht«, sagte er. »Selbst meine eigenen Leute – wenn sie davon wußten, und ich

---

[*] Ja, ich konnte es mir vorstellen: Einige Jahre zuvor hatte mir Albert Hartl, der ehemalige Leiter der Informationsabteilung für Kirchenfragen im Reichssicherheitshauptamt, von einem Abend in jenem heißen Sommer des Jahres 1942 in Kiew erzählt, als er zum Essen beim dortigen Höheren SS- und Polizeiführer Max Thomas eingeladen war. Ein anderer Gast, SS-Standartenführer Paul Blobel, fuhr ihn zur Wochenenddatscha des Generals. »Es war schon spät und begann dunkel zu werden«, sagte mir Hartl. »Mit einem Mal – wir fuhren gerade durch eine lange Schlucht – bemerkte ich seltsame Erdbewegungen: Klumpen von Erde flogen wie aus eigenem Antrieb durch die Luft, und über der ganzen Schlucht war – Dampf. Es war wie ein langsamer Vulkan, als ob Lava gerade unter der Erdoberfläche brannte. Blobel lachte und machte eine Bewegung mit der Hand auf die Straße hinter uns und über die ganze Schlucht – die Schlucht von Babi Yar – und sagte: ›Hier liegen meine 30 000 Juden.‹«

bezweifle das – hätten sich nicht getraut, mit mir darüber zu reden. Ich erinnere mich daran, daß ich in Dnjepropetrowsk einmal mit dem Gebietskommissar [Selzner] zu Abend aß; auch er sagte mir nichts. Freilich, wie hätten sie es mir denn sagen sollen? Jeder wußte, wie nahe ich Hitler stand. Wie hätten sie riskieren können, ausgerechnet mir etwas zu sagen – mir, über das Unsagbare?«

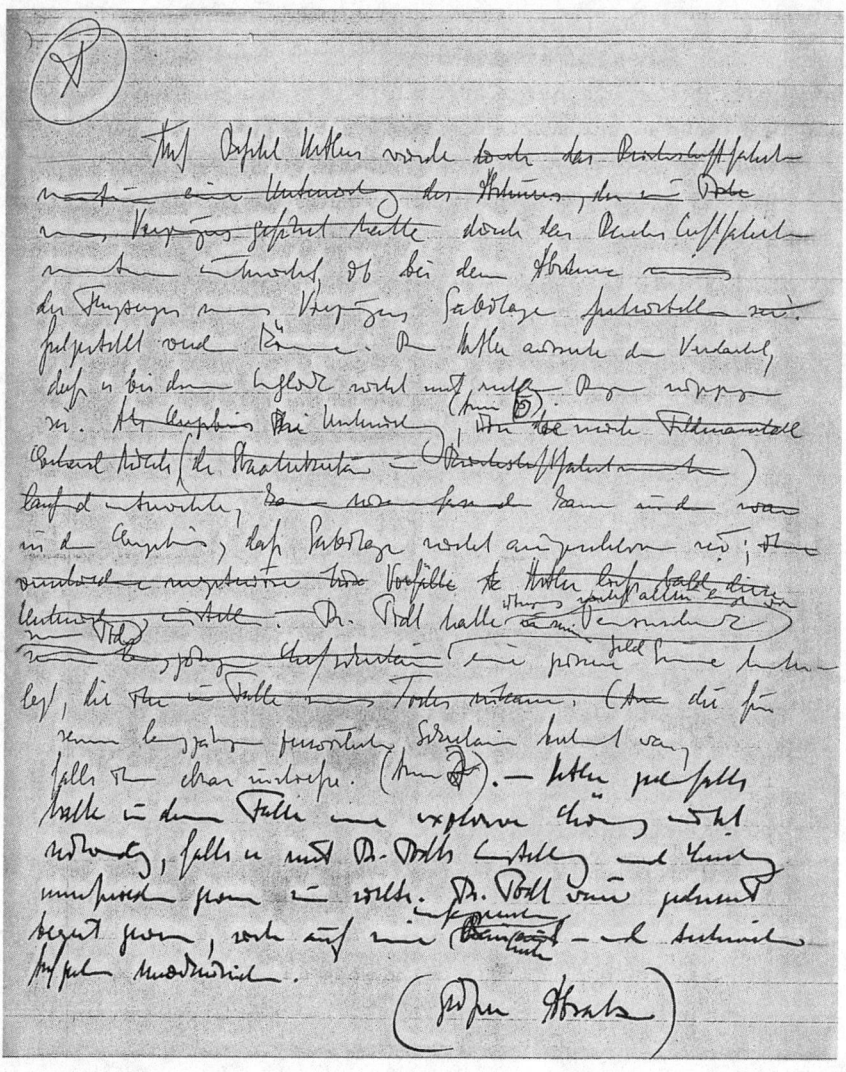

Eine Seite aus dem »Spandauer Entwurf« mit Ausführungen über den mysteriösen Flugzeugabsturz, dem Fritz Todt zum Opfer fiel. (S. 324)

XI

Eine schicksalhafte Ernennung

Nürnberg, 1. Oktober 1946

[Aus der Präambel zum Urteil:] Am 15. Februar 1942, nach dem Tode Fritz Todts, wurde Speer zum Chef der Organisation Todt und zum Reichsminister für Bewaffnung und Munition (ab 2. September 1943 für Bewaffnung und Kriegserzeugung) ernannt. Diese Stellungen wurden vervollständigt durch seine Ernennung zum Generalbevollmächtigten für Bewaffnung und zum Mitglied der Zentralen Planung, ... beides zum Vierjahresplan gehörig.

Speers Anwesenheit in Rastenburg, Hitlers ostpreußischem Hauptquartier, am 8. Februar 1942 war – in der Rückbetrachtung der schicksalsträchtigste Tag seines Lebens – purer Zufall.

An jenem Morgen um 7.55 Uhr starb Fritz Todt, Hitlers Minister für Bewaffnung und Munition, bei einem Flugzeugabsturz, dessen Ursache nie geklärt wurde. Todt hatte seit Monaten versucht, Hitler zu überzeugen, daß der Krieg mit Rußland nicht zu gewinnen war und er ihn beenden müßte. Fünf Stunden nach dem Absturz ernannte Hitler Speer zum Nachfolger Todts als Reichsminister für Bewaffnung und Munition.

Speer und ich haben viele Stunden über diesen Tag gesprochen, der sein Schicksal für Jahre besiegelte und Folgen für sein ganzes Leben hatte. Doch während er mir die Tage vor dem 8. Februar, Hitlers damalige und spätere Haltung ihm gegenüber sowie die Veränderungen, die sich nun in seinem Leben ergaben, bereitwillig bis ins Detail beschrieb, äußerte er sich kaum über die mysteriösen Umstände, unter denen Todt, ein Mann, den er bewunderte und besonders gern hatte, gestorben war.

Nach Speers ursprünglichem Zeitplan hätte er an jenem Tag eigentlich wieder in Berlin sein müssen, denn am 6. Februar hatte er seine einwöchige Inspektionsreise zu seinem Baustab in Dnjepropetrowsk abgeschlossen, und ein russisches Panzerbataillon näherte sich der Stadt. »Ich wußte, daß meine Leute froh waren, mich los zu werden«, sagte er und erzählte genüßlich von seinen Erlebnissen in der eingeschneiten, von russischen Truppen angegriffenen ukrainischen Stadt; an der Beschreibung gefährlicher Situationen freute er sich fast wie ein Kind. »Ich war alles andere als ein Held«, meinte er zu mir, »und war froh, einen Sanitätszug ausfindig gemacht zu haben, der in dieser Nacht abfuhr.«

Während Speer fest auf der Pritsche schlief, die man ihm zugewiesen hatte, wurde der Zug durch drei Meter hohe Schneeverwehungen aufgehalten und mußte nach Dnjepropetrowsk zurückkehren, wo er sein nicht sehr erbautes Team beim Frühstück überraschte. Zwei Stunden später aber bot ihm der Pilot von Sepp Dietrichs Flugzeug, Luftwaffenkapitän Hermann Nein (der kurz danach Speers persönlicher Pilot für den Rest des Krieges wurde), einen Platz auf seinem Flug ins Hauptquartier Hitlers an.

»Ich nahm dankbar an«, sagte Speer. »Die Russen [denen es danach nicht gelang, Dnjepropetrowsk zurückzuerobern] waren zu diesem Zeitpunkt nur zehn Kilometer vom Flugplatz entfernt. Im übrigen war ich noch nie im Führerhauptquartier in Rastenburg gewesen und hatte Hitler seit Wochen nicht mehr gesprochen, also hoffte ich, daß er mich sehen wollte.«

Im »Spandauer Entwurf« beschreibt er seinen langen Flug von Dnjepropetrowsk am 7. Februar:

Wieder ein trostloser Flug über die Wintereinöde, durch Schneestürme wirkungsvoll betont. Kiew liegt hinter uns; Stunden geht es über die wenig einladenden Pripjet-Sümpfe, und schließlich landen wir gegen Abend in Rastenburg, wo mir nach den wenigen Tagen in Rußland alles sehr schön vorkommt ...

Nachdem er seine Ankunft telefonisch gemeldet hatte, holte ihn ein Wagen aus dem Fuhrpark Hitlers ab. Im Hauptquartier machte er sich gleich auf den Weg in den Eßraum, wo er die erste richtige Mahlzeit seit Tagen zu sich nahm.

Hitler ist nicht anwesend. Dr. Todt ... hat heute Vortrag, und Hitler hat ihn zu einem Essen mit ihm allein geladen. Spät abends kommt Todt, angestrengt und übermüdet aussehend, aus der langen Besprechung zurück. Ich sitze mit ihm noch etwas zusammen, während er ein Glas Wein trinkt.

In den *Erinnerungen* sagt er etwas mehr darüber: »Er machte einen niedergeschlagenen Eindruck. Ich saß mit ihm noch einige Minuten zusammen, während er schweigsam ein Glas Wein trank, ohne auf den Grund seiner Mißstimmung einzugehen.« Am Ende ihres »schleppend geführten Gesprächs« bot ihm Todt einen Platz in seiner Maschine an, die am nächsten Morgen nach Berlin fliegen sollte, und Speer nahm an.

Die Beschreibungen, die Speer von seinem nächtlichen Gespräch mit Hitler gibt, zu dem er um ein Uhr gebeten wurde, sind merkwürdig verschieden. Im »Nürnberger Entwurf« von 1946 erwähnt er nur, sie hätten über die Berliner und Nürnberger Bauprojekte gesprochen. Im »Spandauer Entwurf« von 1953 werden die Bauvorhaben nicht erwähnt, dafür ein langes Gespräch über die Lage in Rußland:

Er läßt sich von mir erzählen, welche Eindrücke ich bei meinem Besuch in Südrußland sammelte. Ich erzähle ihm, so gut ich es kann. Er ist recht interessiert und hilft durch Zwischenfragen weiter. Die Schwierigkeiten im Wiederherstellen dort unten, das unverständliche Verhalten der russischen Tanks, die Kameradschaftsabende mit ihren wehmütigen Liedern, alles kommt so nach und nach zur Sprache. Bei den Liedern frägt er interessiert weiter nach dem Inhalt. Ich ziehe den mir gegebenen Text aus der Tasche, er liest und wird still.

Nach dem Krieg erfuhr Speer, daß Hitler die für den Druck der Lieder Verantwortlichen vor ein Kriegsgericht hatte stellen lassen; er bemerkte dazu, dies sei »typisch« für Hitler gewesen, der »immer mißtrauisch [war], nicht die Wahrheit zu erfahren, [und] glaubte, aus solchen kleinen Erzählungen, bei denen er durch listige Zwischenfragen die weiteren Einzelheiten zu erforschen suchte, wichtige Schlüsse ziehen zu können.« Im »Spandauer Entwurf« fährt Speer fort:

Als ich mich zu der üblichen Zeit um drei Uhr früh von Hitler nach Berlin abmeldete, war mein erstes, den Flug, der in einigen Stunden beginnen sollte, beim Flugkapitän abzusagen. Ich war zu müde und wollte daher zunächst einmal ausschlafen. In meinem kleinen Schlafraum überlegte ich mir – und wer tat das nicht, der mit Hitler in zweistündigem Gespräch zusammen gewesen war –, welchen Eindruck ich wohl bei ihm hinterlassen hatte. Ich war zufrieden.

In den *Erinnerungen* verknüpft er die beiden Gesprächsthemen miteinander, wobei er aber den Schwerpunkt auf die Baupläne legt, bei deren Erörterung Hitler »zusehends frischer, lebendiger« wurde, bis er ihn schließlich »kurz« nach seinen Eindrücken von Rußland fragte. Dieser Schwerpunkt auf den Berliner und Nürnberger Bauplänen findet sich allerdings erst im vierten – und schließlich veröffentlichten – Entwurf des Buches.

Speers Feststellung im »Spandauer Entwurf«, er sei »zufrieden« gewesen, meinte offensichtlich seine Erleichterung, daß die Beziehung zu Hitler immer noch ungefährdet war. Als er dagegen am letzten Entwurf seines Buches arbeitete, ging es um weit mehr. Nun vermittelt er den Eindruck, daß er mit Hitler vor allem über die Bauvorhaben gesprochen habe und alles andere nur eine beiläufige Rolle gespielt habe:

Ich war zufrieden: ich hatte noch einmal Zuversicht gefaßt, zusammen mit ihm die gemeinsam geplanten Bauwerke zu errichten, deren Verwirklichung mir angesichts unserer militärischen Lage mitunter zweifelhaft geworden war. In dieser Nacht verwandelten wir unsere Pläne von einst in Realität, steigerten uns noch einmal in einen halluzinatorischen Optimismus.

Nachdem Speer also Todts Flugkapitän mitgeteilt hatte, daß er nicht mitfliegen werde, ging er kurz nach drei Uhr zu Bett. Ein paar Minuten nach acht wurde er durch einen Anruf seines Freundes Dr. Brandt geweckt, der ihm mitteilte, Fritz Todts Maschine sei nach dem Start abgestürzt. Es gebe keine Überlebenden.

»Das war auch für mich eine traurige Nachricht«, schrieb Speer in Spandau, und im Buch formuliert er es dramatischer: »Von diesem Augenblick an war für mich alles anders.«

So war es tatsächlich. Doch war das wirklich alles, was ihm durch den Kopf ging, als er erfuhr, daß der Mann, den er so gerne hatte – und mit dem er an jenem Morgen geflogen wäre, wenn er es sich nicht um drei Uhr früh anders überlegt hätte –, tot war?

Während, so Speer in den *Erinnerungen* weiter, beim Frühstück im Eßraum des Führerhauptquartiers allseits darüber spekuliert wurde, wen Hitler zu Todts Nachfolger ernennen würde, war er sich schon darüber im klaren, daß er einen wichtigen Teil von Todts Aufgaben erhalten würde. Bereits im Frühjahr 1939 hatte ihm Hitler im Verlauf einer Inspektionsreise an den Westwall erklärt, daß »er mir seine Bauaufgaben zu übergeben gedenke, falls Todt etwas zustoßen sollte«. Und ein gutes Jahr später, im Sommer 1940, empfing ihn der Führer »offiziell« in der Reichskanzlei, um ihm mitzuteilen, daß Todt, den er gerade zum Rüstungsminister ernannt hatte, überlastet sei. Speer solle umgehend das gesamte Bauwesen übernehmen, mitsamt den Befestigungsanlagen am Atlantik.

Speer war sich, wie er schreibt, sicher, daß dies Todt zutiefst verletzt hätte, und er brachte Hitler dazu, den Plan fallenzulassen. Doch an jenem tragischen Februarmorgen im Führerhauptquartier erinnerte er sich an den Vorfall, und als er dann als erster Besucher des Tages in Hitlers Büro gerufen wurde, erwartete er, genau diese Aufgabe übertragen zu bekommen.

»Wie vom Donner gerührt«, sah er sich statt dessen zum Nachfolger Todts »in allen seinen Ämtern« ernannt, wie Speer in den *Erinnerungen* schreibt. »Ich war ein typischer Außenseiter, sowohl für die Armee als auch für die Partei und die Wirtschaft ... Es entsprach zwar der Neigung Hitlers zum Dilettantismus, daß er sich mit Vorliebe unfachmännische Mitarbeiter aussuchte. Immerhin hatte er bis dahin bereits einen Weinhändler [Ribbentrop] zum Außenminister [und] seinen Parteiphilosophen [Rosenberg] zum Ostminister gemacht ...«

Im »Spandauer Entwurf« und später im Buch berichtet Speer, Hitler habe eine Kommission des Luftfahrtministeriums unter Feldmarschall Erhard Milch eingesetzt (dem Staatsekretär dieses Ministeriums). Die Beschreibung des damaligen Verhaltens Hitlers wechselt mit jedem der vier Entwürfe, die Speer für sein Buch erarbeitete, und auch die deutsche und die englische Ausgabe unterscheiden sich voneinander. Ich verfüge über Kopien der einschlägigen Seiten aus allen Entwürfen und der vielen verschiedenen handschriftlichen Versionen, in denen zahlreiche Sätze durchgestrichen und umgeschrieben sind. Dies zeigt, wie sehr Speer die Frage quälte, wie er diese Geschichte darstellen sollte.*

Im kurzen »Nürnberger Entwurf« von 1946 findet sich nichts über Untersuchungen nach dem Flugzeugabsturz Todts. Der »Spandauer Entwurf« von 1953 ist kurz angebunden: »Sofort nach dem Unfall Todts befahl Hitler Milch, die Ursachen zu untersuchen. Er hatte den Verdacht, daß dabei etwas

---

* Diese Seiten aus den verschiedenen Fassungen der Jahre 1967 und 1968 liegen im Speer-Archiv, Koblenz.

nicht mit rechten Dingen zugegangen sei.« Speer fügt eine lange Anmerkung über das Ergebnis der Untersuchung hinzu, die in allen späteren Versionen erscheint.

Im Jahr 1967, als die erste der drei dem »Spandauer Entwurf« folgenden Fassungen entstand, war es Speers erster Impuls, überhaupt nichts über Todts Flugzeugabsturz zu schreiben. Doch er entschied sich bald anders. In Erweiterung des »Spandauer Entwurfs« wurde eine stark korrigierte Seite eingefügt: »Auf Befehl Hitlers wurde durch das Reichsluftfahrtministerium untersucht, ob bei dem Absturz des Flugzeugs meines Vorgängers Sabotage festgestellt werden könne. Denn Hitler äußerte den Verdacht, daß es bei diesem Unglück nicht mit rechten Dingen zugegangen sei.« Anschließend strich Speer eine Erwähnung seines Freundes Milch sowie die Bemerkung: »... ohne eine Erklärung für dieses mysteriöse Ereignis zu haben, befahl Hitler bald die Einstellung der Untersuchung.«

Die nächste Ergänzung, um die er ganz offensichtlich sehr gerungen hat, stammt aus dem offiziellen Untersuchungsbericht des Luftfahrtministeriums und findet sich in allen (deutschen und ausländischen) Ausgaben des Buches: »Die Untersuchung kam zu dem Ergebnis, daß 20 m über dem Boden die Maschine durch eine nach oben schießende Stichflamme explodiert sei.« Der Untersuchungskommission zufolge verfügte das Flugzeug über einen Selbstzerstörungsmechanismus. Im vorletzten Entwurf strich Speer allerdings die nächsten Worte durch: »Wie aber, und von wem, oder durch welchen Zufall wurde dieser Griff gezogen? Eine Frage, die allen Vermutungen phantastischer Hirne freien Spielraum läßt.« Er war sich immer noch nicht sicher, wie weit er mit einer Anklage gegen Hitler gehen konnte und deutete sie nur unterschwellig mittels Fragen an.

Im vierten und letzten Entwurf, offenbar von 1968, schrieb er folgenden Satz, den er durchstrich und dann wieder einfügte: »Hitler zeigte bei dem Todesfall stoische Ruhe und benahm sich wie ein Mann, der mit solchen Zwischenfällen in seiner Arbeit rechnen muß.« Anschließend bringt er jedoch, immer noch im letzten Entwurf, ein neues Thema ins Spiel: »... [Hitler] dachte, es handele sich um eine erfolgreiche Aktion des Geheimdienstes unserer Gegner [der Alliierten]. Allerdings ist zweifelhaft, ob er mir gegenüber überhaupt eine andere Vermutung geäußert hätte ...«

In der deutschen Ausgabe des Buches wurde daraus: »... er [hielt] eine erfolgreiche Aktion der Geheimdienste für möglich ...«

In allen Ausgaben des Buches folgt auf die Schilderung von Hitlers Verdacht, es sei »nicht mit rechten Dingen« zugegangen, die folgende Passage: »Diese Auffassung wich jedoch bald einer ärgerlichen, oft geradezu nervösen Reaktion, wenn dieses Thema in seiner Gegenwart angeschnitten wurde. In solchen Fällen konnte Hitler schroff erklären: ›Ich will davon nichts mehr hören. Ich verbiete, daß man sich damit noch beschäftigt‹, mitunter fügte er hinzu: ›Sie wissen, mich rührt dieser Verlust noch heute zu sehr, als daß ich darüber sprechen will.‹«

(Speer erwähnt in den *Erinnerungen*, daß Todt kurz vor dem Absturz in seinem Panzerschrank eine größere Geldsumme hinterlegt hatte für seine langjährige Sekretärin, »falls ihm etwas zustoßen sollte«.)

Hitler mochte jede weitere Erwähnung des Zwischenfalls in seiner Anwesenheit verboten haben, doch damit war das Rätsel nicht gelöst. Sowohl die Kommission als auch Speer hielten es für nötig, zwei Punkte festzuhalten: Erstens sei Todts Flugzeug, eine für Passagiere umgebaute Heinkel 111, »Dr. Todt von dem ihm befreundeten Feldmarschall Sperrle zur Verfügung gestellt worden, da sich die Maschine Todts in Reparatur befand«. Zweitens habe dieses Flugzeug, »wie alle Kurierflugzeuge, eine Zerstörungseinrichtung an Bord« gehabt. »Die dazu notwendige Apparatur wurde durch Ziehen eines Griffes, der sich zwischen den Sitzen von Pilot und Begleiter befand, ausgelöst.«

Tatsache ist, daß beides nicht stimmte. Todts 18jähriger Sohn, ein Kampfflieger, bewies innerhalb weniger Monate, daß sich kein Selbstzerstörungsmechanismus an Bord des Flugzeugs befunden hatte. Und Nicolaus von Below, der an jenem Tag als Luftwaffen-Adjutant im Führerhauptquartier mit der Vorbereitung von Todts Flug beschäftigt war, erinnerte sich dreißig Jahre später in seinen Memoiren ganz anders an Todts Pläne und an die Untersuchungskommission:

Todt hatte sich Ende 1941 eine zweimotorige He 111 als Reisemaschine beschafft und war mit dieser Maschine in Rastenburg [Hervorhebung durch die Autorin]. Hitler hatte allen prominenten Funktionären grundsätzlich das Fliegen mit zweimotorigen Flugzeugen verboten. Nachdem ich von dem neuen Flugzeug Dr. Todts gehört hatte, sah ich mich gezwungen, ihn auf dieses Verbot aufmerksam zu machen und ihm den Start mit der He 111 zu verbieten. Er war außer sich und sagte, dieses Verbot Hitlers gelte für ihn nicht.

Abends aß Dr. Todt mit Hitler allein in seinem Bunker, und es dauerte nicht lange, bis ich gerufen wurde. Hitler fragte mich, wie sich mein Zusammenstoß mit Todt ereignet hätte, und ich erklärte, daß ich nur seine strikte Anweisung befolgt hätte. Er ließ sich aber doch von Todt überreden und gab mir die Anweisung, am nächsten Morgen für entsprechende Abfertigung der Maschine zu sorgen.

Doch Below war weiterhin um die Sicherheit des kleinen, neuen Flugzeugs besorgt und erteilte offenbar noch in der Nacht eine Anweisung, die uns ein weiteres Rätsel aufgibt.

Ich veranlaßte, *daß das Flugzeug vor dem Start mit Dr. Todt einen Probeflug machen mußte.* Am nächsten Morgen kurz nach dem Hellwerden klingelte mich der Staffelkapitän der Führer-Kurierstaffel aus dem Bett und sagte mir, daß Dr. Todt soeben, kurz nach dem Start, abgestürzt sei. Ich zog mich an und fuhr sofort zum Flugplatz. Dort fand ich nur noch rauchende Trümmer. Alle Insassen der Maschine waren tot. Als Hitler aufgestanden war, meldete ich ihm den Absturz. Er war sehr betroffen und blieb lange still. Dann fragte er mich nach der Ursache, für die ich keine Erklärung hatte. Das Wetter war nicht gut. Himmel und verschneite Erde waren im gleichen grauen Farbton, ohne einen sichtbaren Horizont, ineinander übergegangen. Ich vermutete einen Bedienungsfehler des Piloten, der die Maschine für solche schwierigen Wetterlagen noch nicht ausreichend genug kannte. Die gründliche Prüfung dieses Unfalls wurde vom RLM [Reichsluftfahrtministerium] *und der SS* vorgenommen, blieb aber ohne Ergebnis [Hervorhebung durch die Autorin].

Below, der es wissen mußte, erwähnt also keinen Selbstzerstörungsmechanismus und gibt an, daß das Flugzeug an jenem Morgen schon einmal in der Luft war. Außerdem bringt er die – von Speer an erster Stelle verdächtigte – SS ins Spiel, die an der Untersuchung beteiligt gewesen sei. Die Tatsache, daß er nicht auf den offenbar falschen Abschlußbericht der Untersuchungskommission über die Explosion in zwanzig Meter Höhe eingeht und auch nicht auf die Diskussion über mögliche Sabotage, kann nur auf seine Scheu zurückzuführen sein, in die Auseinandersetzung um Todts Absturz einzugreifen.

Doch nicht alle waren so diskret. Am 16. März 1953 schrieb Wolters einen schwarzen (ins Gefängnis geschmuggelten) Brief, in dem er die soeben bei ihm eingetroffenen ersten drei Kapitel des »Spandauer Entwurfs« und schließlich den rätselhaften Fall Todt erörterte.

Ich habe [dem dritten Kapitel] den Arbeitstitel »Machtübernahme« gegeben. Es ist ganz hervorragend geschrieben, weitaus besser als die bisherigen und viel lebendiger als die Nürnberger Aufzeichnungen. Äußerst wichtig und aufschlußreich sind die Anmerkungen über den Unglücksfall Dr. Todt.

Offensichtlich in Zusammenhang mit diesem »Unglücksfall« erwähnt Wolters dann ein Buch von Jürgen Thorwald über sieben bekannte Männer, darunter Todt, die im militärischen oder politischen Leben des Dritten Reichs eine wichtige Rolle gespielt hatten und unter mehr oder weniger mysteriösen Umständen zu Tode gekommen waren.

Ich schrieb Dir schon einmal, daß Thorwald in seinem Buch *Die ungeklärten Fälle* nur die Angelegenheit Todt als ungeklärt ansah. Es heißt da von Todt, daß er am Vorabend Hitler erklärt habe, daß die Weiterführung des Krieges nach dem Beginn des Feldzuges mit Rußland, vor allem aber seit der unverständlichen Kriegserklärung an die Vereinigten Staaten über kurz oder lang zur Katastrophe führen müsse, daß eine neue Offensive im Osten materiell unmöglich sei.

Wolters fährt fort, Thorwald lasse durchblicken, daß als Hauptverdächtige im Fall Todt zunächst Hitler, dann Göring und schließlich natürlich Speer in Frage kämen, »›der unterdessen bereits zum Nachfolger Dr. Todts ernannt war – mit einer Eile, die den Gedanken wecken mußte, als habe Hitler sich schon in den letzten Wochen mit dem Gedanken an eine Trennung von dem lästigen Warner [Todt] getragen und einen jüngeren, als Ingenieur nicht so ›sachlichen‹ Nachfolger ausgesucht, dem er ... mehr Handeln um jeden Preis zutraute ...‹«

Ein Nachtrag zu dieser Geschichte findet sich in einer Aufzeichnung, die Wolters fünfundzwanzig Jahre später für die historische Dokumentation angefertigt hat. Am 7. Januar 1978 war er bei Todts 95jähriger Witwe und deren beiden Töchtern in ihrem kleinen, zweigeschossigen Haus im Zentrum Münchens zu Gast zum Mittagessen. Er hatte sie im Sommer kennengelernt, als Frau Todt und ihre jüngere Tochter Ilsebill, der Augapfel ihres Vaters zu dessen Lebzeiten, ihm im österreichischen Kurort Hofgastein, wo Wolters Urlaub machte, einen kurzen Besuch abstatteten. Ilsebill, damals fünfundsechzig, öffnete Wolters ein halbes Jahr später in München die Tür.

[Sie] führte mich in ein wunderschönes großes Zimmer, das mit der Südseite über einen kleinen Garten unmittelbar an den Leopoldpark [sic! Gemeint ist der Luitpoldpark, ein besonders schöner Münchner Park] grenzt. Ilsebill hat etwas sehr Weiches, ausgesprochen Liebes im Gesicht, viel Charme und natürliche Liebenswürdigkeit. Ihre gelegentliche Bockigkeit äußert sich ohne Härte, meist mit einem listigen Lächeln; so z. B. bei der Frage, ob sie etwa glaube, daß Speer am Flugzeugabsturz ihres Vaters schuld sei: »Ihm traue ich alles zu.« Von ihrer Antipathie gegen Speer ist sie nicht abzubringen ...

(»Sie besuchte einige Male das Bundesarchiv«, sagte eine ehemalige Archivarin in Koblenz. »Und sie spie Gift und Galle über Speer.«)

Bedenkt man, wie Wolters selbst damals zu Speer stand, ist natürlich zweifelhaft, ob er versucht hat, Ilsebill »von ihrer Antipathie gegen Speer ... abzubringen«. Zwischen den Zeilen all seiner Notizen aus dieser Zeit ist Genugtuung zu spüren, wenn er seine Meinung über Speer von anderen bestätigt fand, die sich wiederum in ihrer Ablehnung Speers durch dessen einst besten Freund bestärkt sahen.

Dies kommt deutlich in einem Brief zum Ausdruck, den Ilsebill nach der ersten Begegnung an Wolters geschrieben hatte. Sie und ihre Mutter, so heißt es dort, hätten sich gefreut, Wolters »endlich persönlich kennenzulernen. Ich bedaure erneut, daß das Schicksal Ihren Weg damals nicht zu meinem Vater geführt hat, sondern zu diesem ›Pappenheim‹*, dessen musischer und schöpferischer Geist sicher Sie gewesen sind.«

Am Tag vor jenem Mittagessen bei den Todts in München 1978 hatte Wolters den damals 78jährigen Xaver Dorsch besucht, Todts Stellvertreter und unter Speer Leiter der Organisation Todt. Dorsch, ein hervorragender Bauingenieur, war eine weitere bedeutende Persönlichkeit in Speers und schließlich auch in Hitlers Umkreis. Obwohl auch er eine tiefe Abneigung gegen Speer hegte und kurz vor einer Operation stand, war er, als ich ihn 1986 anrief, offensichtlich mit Freude bereit, mit mir zu sprechen, woraufhin wir ein langes und informatives Telefongespräch miteinander führten. Leider verstarb er kurze Zeit später.

Nach Kriegsende hatte Dorsch wie die meisten Mitarbeiter Todts und Speers eine glänzende Karriere gemacht. Zum Zeitpunkt seines Treffens mit Wolters arbeitete er für eine Schweizer Firma am Bau eines Autobahnnetzes in Saudi-Arabien; die Autobahnen sollten nach Todts Vorbild mit Bäumen und blühenden Büschen gesäumt sein. Interessanterweise arbeitete er dabei zum Teil mit Speers ältestem (1934 geborenen) Sohn Albert zusammen, einem inzwischen sehr erfolgreichen Architekten in Frankfurt.

Dorschs Loyalität hatte, wie er mir zu Beginn unseres Telefongesprächs bewundernswert freimütig mitteilte, in erster Linie Todt gegolten, den er zutiefst bewunderte. Es war also nicht überraschend, daß Dorsch und Speer, obwohl dieser von Dorschs großen Fähigkeiten voll überzeugt war, von Anfang an Schwierigkeiten miteinander hatten. Für Dorsch, Todts vertrautesten Mitarbeiter, war Speer nicht nur ein neuer Besen und Eindringling, sondern auch ein Amateur auf einem Gebiet, das dringend Fachleute benötigte. Dorsch wußte – wahrscheinlich noch besser als Speer –, wie verzweifelt Todt vor seinem Absturz über Hitlers Krieg im Osten gewesen war.

Trotz seiner Verbundenheit mit Todt, schrieb Wolters am 6. Januar 1978, habe Dorsch sich zugleich auch anerkennend über Speer geäußert. Todt und Speer, sagte er Wolters, hätten einige wichtige Eigenschaften gemeinsam gehabt. Beide lebten einfach (im Gegensatz zu vielen anderen in Hitlers Umkreis) und drängten sich nicht in den Vordergrund. Dorsch hielt Todt für musischer und »menschlicher«, ohne die Eitelkeit, die Dorsch bei Speer sicher gespürt hat, während er Speer ein besonderes Talent für Verhandlungen und ein gutes Verhältnis zu seinen Untergebenen zubilligte.

Dorsch erinnerte sich an einen Vorfall gegen Kriegsende, als er und Speer während einer Besprechungspause zusammensaßen und Speer plötzlich auf

---

* Einer der Vorfahren Speers war ein Baron Pappenheim, doch Ilsebill Todt verwendete den Ausdruck hier im abwertenden Sinne.

das mangelnde Vertrauen Dorschs ihm gegenüber zu sprechen kam. »Sie haben es nie geschafft, den Verlust Ihres früheren Chefs zu verwinden«, meinte Speer traurig. Und Dorsch bedauerte mit einem Mal den langen Zwist zwischen ihm und Speer. Als Speer nach zwanzig langen Jahren aus Spandau entlassen worden sei, habe er ihm einen versöhnlichen Brief geschrieben, doch Speer habe nie geantwortet, was er ebenfalls bedauere.

Wolters allerdings, und hier zeigt sich die Ambivalenz seiner Gefühle für Speer, die ihn bis zum Ende seines Lebens quälte, war nicht durch dieses nachträgliche Mitleid von Leuten beeindruckt, die »während dieser zwanzig Jahre in ihren Mauselöchern saßen und sich um das Schicksal Speers oder das seiner Familie nicht gekümmert haben«. Auch wollte er sich bei aller persönlicher Verbitterung nicht der kleinlichen Kritik an den *Erinnerungen* anschließen. »Jeder hat etwas dagegen einzuwenden«, schreibt er. »Das meiste davon ist nicht der Rede wert; was wissen sie denn schon? Was haben sie durchgemacht, im Vergleich zu Speer?«

Dorsch berichtete, Todt habe ihm bei seiner Rückkehr von einer früheren Reise an die russische Front zu verstehen gegeben, daß der Krieg nicht mehr mit Gewalt, sondern nur noch durch Verhandlungen zu gewinnen sei. »Offenbar«, schreibt Wolters, »waren Todt und Hitler an jenem Abend vor dem Absturz zum dritten Mal in dieser Frage aufeinandergeprallt.«

Wie schon Todts Sohn verwarf auch Dorsch die lange vertretene These, daß entweder der Pilot oder Todt selbst versehentlich den Selbstzerstörungsmechanismus der Maschine ausgelöst habe. »Er sagte, das kleine Flugzeug sei nicht mit dieser Vorrichtung versehen gewesen«, meinte Wolters, »deshalb konnte der Mechanismus auch nicht versehentlich ausgelöst werden. Außerdem sagte er ohne Zögern [und im Gegensatz zu der Auffassung, zu der die von Hitler eingesetzte Untersuchungskommission so rasch gelangte], daß der Absturz tatsächlich durch Sabotage verursacht worden sein könnte ... Man müsse zumindest annehmen«, sagte Dorsch zu Wolters, »daß Hitler den Tod Todts nicht gewollt hätte.«

All diese Faktoren – Todts mysteriöser Flugzeugabsturz, Speers zufällige und für ihn vorteilhafte Anwesenheit im Führerhauptquartier an jenem Morgen, sein langes Gespräch mit Hitler in der Nacht zuvor, auf das hin er die Heimreise mit Todts Flugzeug absagte, und dann die rasche Ernennung durch Hitler zu Todts Nachfolger – führten also, wie wir gesehen haben, zu Spekulationen über die mögliche Verwicklung Speers in den Tod seines Vorgängers.

Als wir über seine Ernennung zum Nachfolger Todts sprachen, fragte ich ihn, ob er von diesen Gerüchten erfahren habe. »Nein, damals nicht«, sagte er mit einem müden Lächeln. »Damals hatte ich immer noch meine Illusionen. 1942 wäre es mir nie in den Sinn gekommen, daß mich jemand so schrecklich verdächtigen könnte. Später ...«, er zuckte mit den Achseln, »na ja, die Leute reden ja immer. Für die meisten ist Klatsch, je bösartiger, desto besser, das Salz des Lebens.«

Als ich ihn dann direkt über das andere Gerücht befragte, von dem ich gehört hatte – daß möglicherweise Hitler Todt habe beseitigen lassen oder zumindest wußte, wer es getan hatte –, zuckte er wieder mit den Achseln und antwortete nicht. Seine vielen Veränderungen in den Entwürfen und die Beschreibung von Hitlers »nervöser Reaktion« sind vielleicht genug. Was wir nie wissen werden, ist, ob es Hitler war, der bei dem zweistündigen Gespräch mit Speer, während Todt bereits schlief, vorgeschlagen hatte, daß Speer nicht wie geplant in ein paar Stunden mit Todt abfliegen, sondern am nächsten Morgen im Hauptquartier bleiben sollte. Dies hätte Speer – wie arglos auch immer er einem solchen Vorschlag vielleicht gefolgt wäre – nie eingestehen können, nicht einmal sich selbst.

Xaver Dorsch wußte als einer der ersten, wie Hitler die Bevölkerung im Osten behandelte, und aus mindestens einem Brief geht hervor, daß er und Todt darüber gesprochen haben. Am 10. Juli 1941, weniger als drei Wochen nach dem deutschen Überfall auf die Sowjetunion, war Dorsch in Minsk, der Hauptstadt Weißrußlands, und schickte von dort, »unter Bezugnahme auf die Besprechung mit Herrn Reichsminister Dr. Todt« folgenden Bericht an den Minister für die besetzten Ostgebiete, Reichsleiter Rosenberg.

Betrifft: Gefangenenlager in Minsk.

Das Gefangenenlager in Minsk beherbergt auf einem Raum von etwa der Größe des [Berliner] Wilhelmplatzes ca. 100 000 Kriegsgefangene und 40 000 Zivilgefangene. Die Gefangenen, die auf diesem engen Raum zusammengepfercht sind, können sich kaum rühren und sind dazu gezwungen, ihre Notdurft am Platz zu verrichten, wo sie gerade stehen. Die Bewachung des Lagers ist bei der geringen Stärke des Wachkommandos [etwa 100 bis 200 Soldaten] nur möglich unter Anwendung brutalster Gewalt. Die Kriegsgefangenen, bei denen das Verpflegungsproblem kaum zu lösen ist, sind teilweise sechs bis acht Tage ohne Nahrung und kennen ... nur noch eine Sucht: Zu etwas Eßbarem zu gelangen. Die Zivilgefangenen bestehen aus den 15- bis 50jährigen Männern aus Minsk und Umgebung. Die Verpflegung dieser Zivilgefangenen erfolgt, soweit es sich um Minsker handelt, durch deren Angehörige ... In der Nacht fallen die [anderen Gefangenen] über die Versorgten her und schlagen sich gegenseitig tot, um zu einem Stück Brot zu gelangen.

Die einzig mögliche Sprache des schwachen Wachkommandos, das ohne Ablösung Tag und Nacht seinen Dienst versieht, ist die Schußwaffe, von der rücksichtslos Gebrauch gemacht wird. Eine Abhilfe dieser chaotischen Zustände seitens der Militärdienststellen ist bei dem ... vordringlichen Menschen- und Transportraumbedarf nicht möglich ...

Jeder, der auch nur am Rande mit Todts Persönlichkeit vertraut ist, wird erkennen, wie sehr solche Zustände – und Dorschs Brief mag noch so vorsichtig formuliert sein – Todts Zweifel verschärft haben müssen, die er bei seinem Wissen über die logistischen Möglichkeiten Deutschlands zweifellos von Beginn des Ostfeldzuges an hatte. Interessant ist, daß Todt Dorsch offenbar angewiesen hatte, den Brief nicht an das für die Kriegsgefangenen zuständige Kriegsministerium zu schicken, sondern an Rosenberg, dessen eigene Skrupel wegen der Behandlung der Kriegsgefangenen Todt wahrscheinlich bekannt waren. Am 20. Februar 1942 schrieb Rosenberg an Feldmarschall Keitel:

Von den 3,6 Millionen Kriegsgefangenen sind heute nur noch einige hunderttausend arbeitsfähig. Ein großer Teil von ihnen ist verhungert oder durch die Unbilden der Witterung umgekommen. Tausende sind auch dem Fleckfieber erlegen. Es versteht sich von selbst, daß die Ernährung derartiger Massen von Kriegsgefangenen auf Schwierigkeiten stieß. Immerhin hätte bei einem gewissen Verständnis für die von der deutschen Politik angestrebten Ziele ein Sterben und Verkommen in dem geschilderten Ausmaß vermieden werden können. Einige einsichtige Lagerkommandanten haben [zugelassen, daß] die einheimische Bevölkerung den Kriegsgefangenen Lebensmittel zur Verfügung stellte. In der Mehrzahl der Fälle haben jedoch die Lagerkommandanten [dies] untersagt und [die Gefangenen] lieber dem Hungertod ausgeliefert ... In zahlreichen Lagern wurde für eine Unterkunft der Kriegsgefangenen überhaupt nicht gesorgt. Ja, es wurde ihnen nicht einmal das Gerät zur Verfügung gestellt, um sich Erdlöcher zu graben ... Es sind Äußerungen vernommen worden wie: »Je mehr von diesen Gefangenen sterben, desto besser für uns.« Die Folge ... ist nun die, daß das Fleckfieber ... sich weit verbreitet und sowohl in der deutschen Wehrmacht wie unter der Zivilbevölkerung, selbst der des Altreichs, Opfer gefordert hat ...

Rosenberg weist auf das krasse politische Unverständnis hin, das sich in der Exekution von »Asiaten« – Gefangenen aus Transkaukasien und Turkestan – gezeigt habe, »die am schärfsten gegen die russische Unterdrückung und den Bolschewismus« eingestellt und somit potentielle Verbündete seien. Alle Bemühungen seines Ministeriums, die zuständigen militärischen Dienststellen darüber aufzuklären, wie kurzsichtig es sei, die Bevölkerung des Ostens zu mißhandeln, die die Schrecken des Bolschewismus durchgemacht hätte und viel eher zur Zusammenarbeit mit ihren deutschen »Befreiern« bereit sei als die Völker des Westens, seien vergeblich gewesen. Dem Reich und der »deutschen Wirtschaft und Rüstungsindustrie« seien dadurch über drei Millionen Arbeitskräfte entgangen.

Wenn auch nicht bewiesen, so ist es doch sehr wahrscheinlich, daß Speer nach seiner Ernennung zum Reichsminister für Bewaffnung und Munition bei der Durchsicht der Akten seines Vorgängers den Brief Dorschs an Rosenberg vom Juli 1941 gelesen hat. Fest steht, daß er eine Kopie des Rosenberg-Briefs an Keitel erhielt, der knapp zwei Wochen nach seiner Ernennung geschrieben wurde. Das muß man zwar festhalten, doch ist es im Grunde unwesentlich, denn man muß davon ausgehen, daß Speer sich schon seit langem über Nutzung und Mißbrauch von Hitlers Bevölkerungs- und Kriegsgefangenenpolitik im Osten klar war.

Natürlich hatte Speer, wie wir schon gesehen haben, mit Hitlers ersten osteuropäischen Kolonisierungsexperimenten in Polen überhaupt nichts zu tun. Aber er war seit Beginn des Rußlandfeldzugs zunächst als GBI, dann als Hitlers Minister darin verwickelt und blieb bis zum bitteren Ende daran beteiligt. Unter diesem Gesichtspunkt wird seine später beharrlich wiederholte Behauptung völlig unhaltbar, er habe trotz häufiger Fahrten an die Front und in die besetzten Ostgebiete während der nächsten Jahre und trotz seines immer größer werdenden Freundeskreises in der Wehrmachtsführung nichts von den Greueln gewußt, die dort begangen wurden.

Als Speer noch überwiegend Hitlers erster Architekt und bevorzugter Vertrauter der Mußestunden war, waren seine Kontakte zu jener anderen Elite Hitler-Deutschlands – den Industriellen und vor allem den Militärs – noch sehr begrenzt. Doch mit der Ausdehnung seines Tätigkeitsgebietes zunächst vor und dann, in beträchtlich größerem Maß, nach der Ernennung zum Minister erweiterte sich sein Bekanntenkreis ganz beträchtlich, und zwar weit über Politiker wie Göring, Goebbels, Heß und Ley hinaus, die er schon jahrelang kannte. Wissenschaftler wie der Raketenkonstrukteur Wernher von Braun, Industrielle wie Alfried Krupp von Bohlen und Walter Rohland (genannt Stahl-Rohland), Offiziere wie die Feldmarschälle Milch und Keitel und die Generäle Jodl, Kurt Zeitzler und Friedrich Fromm waren ganz andere Menschen mit einem Hintergrund, der seinem eigenen, wie Speer sehr schnell erkennen sollte, im Grunde viel eher entsprach.

Ich fragte Speer wiederholt, ob er glaube, daß die Verbindung mit diesen ihm kulturell viel näher stehenden Männern ihn verändert habe. Diese Frage machte ihm besonders zu schaffen. Es dauerte viele Monate, bis er sie eines Tages beantwortete.

»Sie haben mich einmal gefragt, ob die grundlegende Veränderung meiner Umgebung Ende 1941 mich verändert hat«, sagte er. »Ich habe immer wieder darüber nachgedacht. Sehen Sie, in gewisser Weise ja, es änderte mein Leben, weil meine Perspektive sich erweitert hat. Doch das erkenne ich erst heute. Erst jetzt weiß ich, daß der Kontakt mit diesen sehr unterschiedlichen Menschen mich in einen Konflikt stürzte. Leider geschah das damals unbewußt. Heute kann ich mir diesen Konflikt bewußt machen – ihn sogar nacherleben, wenn Sie so wollen –, doch glaube ich nicht, daß mir das damals klar war.«

Heute glaubte er, daß seine Tragödie und die der anderen darin bestand, daß sie alle lange Zeit an Hitlers Traum hingen. »Aber die andern waren besser in der Lage, Abstand zu gewinnen, und sie waren nicht so leidenschaftlich an die Person Hitler gebunden wie ich. Ich will mich nicht dadurch rechtfertigen, daß ich sage, andere wären genauso stark engagiert gewesen wie ich. Wie könnte ich das auch, wenn meine Blindheit doch weit über den Zeitpunkt hinaus anhielt, an dem einige dieser Männer glasklar die verhängnisvollen Folgen von Hitlers Handeln erkannten und ihr Leben aufs Spiel setzten, um ihm Einhalt zu gebieten?«

Der Attentatsversuch vom 20. Juli 1944 sei sehr spät gekommen, sagte ich, und eigentlich aus den falschen Gründen.

»Damit zeigen Sie, daß Sie nicht verstehen können«, sagte er. »Sie können nicht verstehen, weil Sie sich nicht in diese absolute Hingabe für ein Land einfühlen können, die typisch für die Deutschen meiner und früherer Generationen war – vielleicht ist das Vergangenheit, denn die jungen Deutschen von heute scheinen nicht mehr so zu fühlen. Ich habe soeben von unserer ›Tragödie‹ gesprochen. Sie bestand darin, daß für diese Männer und natürlich auch für mich in jenen ersten Jahren Hitler und Deutschland ein und dasselbe waren. Aber Mitte 1944, als ich immer noch hin- und hergerissen war zwischen – nennen Sie es, wie Sie wollen – meiner Treue zu Hitler und dem Interesse des Landes, hatten die Männer des 20. Juli ihre Entscheidung schon getroffen: für Deutschland, das für sie entschieden nicht mehr mit Hitler gleichzusetzen war.«

Für Speer bedeutete diese »Verpflichtung dem Land gegenüber« – das damals von Hitler personifiziert wurde – die fraglose Hinnahme oder den Gehorsam gegenüber Hitlers Befehlen, allerdings nur bis zu einem gewissen Punkt. »Wenn man nur mehr gewußt hätte, hätte man die Gefährlichkeit Hitlers von dem Zeitpunkt an erkannt, an dem er die alte Dienstvorschrift des Heeres strich, wonach es Soldaten erlaubt war, gegen Befehle Protest einzulegen, die sie für illegal oder unmoralisch hielten. Offensichtlich tat er dies deshalb, weil er genau solche Befehle erteilen wollte. Natürlich wußte außerhalb der Wehrmachtsführung niemand davon. Doch angesichts dessen, was wir heute über uns selbst wissen, weiß auch nur der Himmel, ob irgend jemand protestiert hätte, wenn wir davon erfahren hätten.«

Als dann tatsächlich verbrecherische Befehle erteilt wurden, so Speer weiter [er meinte den »Kommissarbefehl«], hatten eine Reihe von Generälen, wie die Nürnberger Prozesse zeigen, ernste Vorbehalte, die sie jedoch den traditionellen Disziplinvorstellungen gemäß nicht Hitler, sondern Feldmarschall von Brauchitsch gegenüber zum Ausdruck brachten, der untätig blieb.

»Doch darüber kann ich nicht aus eigenem Wissen sprechen«, fuhr Speer fort. »Und überhaupt, wer bin ich, andere zu kritisieren?« Und er erzählte, er sei dabeigewesen, als Hitler 1937 befohlen habe, Pastor Martin Niemöller, der trotz Warnungen eine weitere kritische Predigt gegen die Nazis gehalten hatte, für unbestimmte Zeit in einem Konzentrationslager zu inhaftieren. Er habe damals nicht das Gefühl gehabt, daß dies falsch sei: Niemöller sei gewarnt worden und habe die Warnung nicht beachtet. Auch sechs Jahre später, fügte er hinzu, habe er nicht das Gefühl gehabt, im Unrecht zu sein, als er nichts unternahm, um den jungen Geschwistern Hans und Sophie Scholl, den Gründern der studentischen Widerstandsbewegung »Weiße Rose«, zu helfen. »Ich hörte nur zufällig von ihnen«, sagte er, »weil ein Kollege unvorsichtigerweise im Zug über sie gesprochen hatte und Schwierigkeiten bekam. Ich half ihm da raus, doch gebe ich zu, daß die Scholls mich nicht besonders interessierten – ich kannte keine Einzelheiten, ganz sicher nicht ihr Alter [fünfundzwanzig und zweiundzwanzig Jahre]. Doch Sie müssen verstehen – für mich waren sie Verräter, genau wie Niemöller. [Hans und Sophie Scholl wurden wegen Verrats verurteilt und im Februar 1943 geköpft.] Sicher, wenn ich gewußt hätte, wie jung sie waren und daß man sie hinrichten würde, wäre ich dagegen gewesen. Aber selbst dann: Ich kann nicht aufrichtig behaupten, daß ich etwas getan hätte. Ich wäre damit einverstanden gewesen, daß man sie neutralisiert, sie irgendwo hinbringt, wo sie keinen Schaden anrichten konnten.«

Als ich fragte, ob er heute glaube, dies sei ein Mangel an Zivilcourage, an moralischem Bewußtsein gewesen, dachte er einen langen Augenblick nach. Er stand auf, um einen Vorhang zu richten, der nicht gerade hing, und sah eine ganze Weile in die dunkle Nacht hinaus. Er kam zurück, häufte einige Bücher auf dem Tisch aufeinander und legte noch ein Holzscheit ins Feuer. »Wenn ich diese Frage mit ›Ja‹ beantworten würde«, sagte er, »wär' das zu einfach. Denn natürlich denke ich *heute*, daß es unmoralisch war. Aber was heißt das? Nichts. Wie hilft es uns, die Zeit damals zu verstehen – und ich nehm' doch an, daß es das ist, was Sie und ich gerade versuchen –, wenn ich einfach ja sage, mea culpa? Natürlich, mea culpa, aber es geht ja gerade darum, daß ich *damals* nicht so dachte. Und warum nicht? War es Hitler, nur Hitler, wegen dem ich's nicht begriff? Oder war es immer ein Defekt in *mir*? Oder beides?«

Speers neunundfünfzig Seiten langes Profil Hitlers, das er 1945 in Haft im Hauptquartier Eisenhowers in der Nähe von Frankfurt schrieb, bleibt meiner Überzeugung nach eine der maßgeblichsten Analysen Hitlers.

»Eines steht ohne Zweifel fest«, schreibt er dort. »Alle seine Mitarbeiter, die lang und eng mit ihm zusammenarbeiteten, waren in einem seltenen Umfang von ihm abhängig und ihm ›hörig‹. So gewaltig sie in ihrem Machtbereich wirken konnten, in seiner Nähe waren sie klein und schüchtern.« Diese Wirkung Hitlers auf die Menschen seiner Umgebung sollte Speer für den Rest seines Lebens beschäftigen. Im »Nürnberger Entwurf« schreibt er:

Dönitz und ich unterhielten uns einmal, vielleicht im Herbst 1943, nach einem Besuch im Führerhauptquartier über diese hypnotische Kraft. Wir beide stellen zu unserer Überraschung fest, daß wir aus dem gleichen Grunde nur alle paar Wochen in das Führerhauptquartier fuhren: um unsere innere Unabhängigkeit zu bewahren. Weil wir beide davon überzeugt waren, daß wir nicht mehr frei arbeiten könnten, wenn wir, wie Keitel zum Beispiel, dauernd um ihn wären. Wir bedauerten damals Keitel, der so restlos unter seinem Einfluß stand, daß er nur noch ein willfähriges Instrument ohne eigenen Willen war ...

Dies, so schreibt Speer in den *Erinnerungen,* galt nicht nur für Hitlers sogenannte alte Kameraden, sondern mehr noch für die Personen in Hitlers nächster Umgebung, die täglich seinen mit Heftigkeit geäußerten Meinungen unterworfen waren.

Paradoxerweise, schreibt Speer, ließ Hitler sich bei alltäglichen oder weniger wichtigen Entscheidungen stark durch Personen beeinflussen, die es verstanden, ihn zu manipulieren. Einiges darüber schreibt er in den *Erinnerungen,* ausführlicher jedoch äußert er sich im »Spandauer Entwurf«:

War Hitler beeinflußbar? Sicher in einem hohen Grade für den, der es verstand. Er hatte eine Eigenschaft, die vielleicht seltsam anmutet, wenn sie hier festgestellt wird. Er war mißtrauisch, aber in einem groben Sinn. Für raffinierte Schachzüge anderer, für eine stete, langsame Änderung seiner festgelegten Meinung dadurch, daß man sie ihm als seine Absicht unterschob, für ein methodisches »Falschspielen« hatte er keinen Sinn.
Meister in diesem Spiel waren Göring, Goebbels, Bormann und mit Abstand danach Himmler. Dieser fehlende Sinn Hitlers für raffinierten Betrug schaffte diesen Männern ihre Machtposition.

Er selbst und andere, sagte er mir später, hatten oft erlebt, daß Hitler es strikt ablehnte, sich schlechte Neuigkeiten anzuhören. »Er wollte nie hören, daß etwas mit dem Zustand des Heeres oder dem Gang des Krieges nicht stimmte. Andererseits kann ich bestätigen, daß während der Lagebesprechungen, an denen ich nach meiner Ernennung zum Minister teilnahm, Generäle wie zum Beispiel Jodl Hitlers Vorstellungen und Entscheidungen oft in Frage stellten. Die meisten von ihnen, das dürfen Sie nicht vergessen, waren keineswegs Schafe, sondern hervorragend ausgebildete Techniker. Wenn sie meinten, daß Hitler unrecht hatte, sagten sie ihm das. Und im übrigen hörte er immer zu und war durchaus fähig, seine Meinung zu ändern. Er hatte Fachleuten gegenüber großen Respekt.«

»Wenn ich sage, diese Leute meinten, Hitler habe ›unrecht‹«, erklärte Speer, »dann handelte es sich nicht um spezifisch moralische Fragen. Allerdings«, fügte er hinzu, »wer kann sagen, daß militärische Fragen, bei denen es um Leben und Tod tausender Soldaten geht, nicht auch von moralischer Bedeutung sind? Außerdem«, sagte er, etwas gereizt, »war Unmoral bei der Verfolgung militärischer Ziele nicht auf die Deutschen beschränkt.«

Rasch nahm er einen Einwand vorweg, den er sogleich von meiner Seite erwartete: »Ich weiß, was Sie denken. Natürlich gab es moralische Fragen, die ausschließlich uns und die damalige Zeit betrafen.«

Wie viele andere Deutsche keineswegs nur seiner Generation war Speer stets davon überzeugt, und nicht ohne Grund, daß, wann immer Ausländer »Moral« erwähnten, dies sich zwangsläufig auf die Verbrechen gegen die Juden bezog. Es half nie, ihn oder andere Deutsche seiner Generation darauf hinzuweisen, daß sie damit auf ihr eigenes Gefühl reagierten, wobei allerdings ihr eigenes Entsetzen das vieler anderer Menschen in der Welt widerspiegelte, die Hitlers Verbrechertum vor allem mit dem Mord an den Juden verknüpfen. Speer – und andere – konnten, wie einzigartig das Verbrechen an den Juden auch war, dies genausowenig glauben, daß viele Menschen, darunter ich selbst, dies für eine zu beschränkte Auslegung Hitlers und der durch ihn herbeigeführten Katastrophe hielten.

Natürlich, sagte er, war er jetzt der Auffassung, daß die Veränderung seines beruflichen Umfeldes auch Veränderungen in ihm bewirkt hatte. »Langsam bekam ich mehr Durchblick, und – noch mehr als schon aus eigener Entscheidung zuvor – hab’ ich mich von den Politikern, die ich, wie Sie ja wissen, so verabscheute, distanziert.« Gewissermaßen war er in eine kulturell vertrautere Welt zurückgekehrt. »Natürlich wußte ich sehr wenig«, fügte er rasch hinzu, »von militärischen Dingen wirklich gar nichts. Ich mußte alles lernen. Aber, ja, sie sprachen meine Sprache, buchstäblich und im geistigen Sinne.«

Ich fragte, ob die Generäle, mit denen er sich inzwischen angefreundet hatte, ihm berichtet hätten, was auf dem östlichen Kriegsschauplatz insbesondere in den letzten Monaten des Jahres 1941 geschehen und was ihnen zu tun befohlen worden sei.

»Nie«, meinte er, und er wiederholte, was er schon viele Male gesagt hatte: »Niemand hat mir je etwas gesagt. Sie hätten es nicht gewagt. Ich stand Hitler zu nahe.«

XII

Eine unwiderstehliche
Herausforderung

Nürnberg, 19. Juni 1946

DR. FLÄCHSNER: Können Sie mir kurz ... die Größe ihrer Aufgabe [schildern]:

SPEER: Am besten gebe ich [die] Entwicklung in der Zahl der bei mir beschäftigten Arbeitskräfte [wieder]. 1942 hatte ich die Heeresrüstung und das Bauen übernommen mit zusammen 2 600 000 Arbeitern. Im Frühjahr 1943 übertrug mir Dönitz die Verantwortung für die Marinerüstung. Ich hatte damit 3 200 000 Arbeitskräfte. Im September 1943 wurde durch eine Vereinbarung mit Wirtschaftsminister Funk mir die Produktionsaufgabe des Wirtschaftsministeriums übertragen. Damit waren bei mir zwölf Millionen Arbeitskräfte beschäftigt. Und schließlich übernahm ich die Luftrüstung von Göring am 1. August 1944. Damit war bei mir die gesamte Produktion mit 14 Millionen Arbeitskräften vereinigt. Die Zahl der Beschäftigten bezieht sich auf das Großdeutsche Reich ohne die besetzten Gebiete.

30. Juli 1946

[Aus dem Anklageplädoyer von General R. A. Rudenko, Hauptankläger für die Sowjetunion:] Speer hat nicht nur die Methoden gekannt, die ... zur Verschleppung der Bevölkerung der besetzten Gebiete in die Sklaverei [angewandt wurden], sondern er hat auch ... an den Beratungen ... teilgenommen, wo Entscheidungen über die Verschleppung von Millionen von Menschen ... gefällt worden sind. Speer hat in engem Kontakt mit Himmler gestanden: Himmler hat ihm Häftlinge für den Arbeitseinsatz in Rüstungsbetrieben geliefert; in vielen Betrieben, die Speer unterstanden, sind Zweigstellen der Konzentrationslager errichtet worden ...

Dies ist das wahre Gesicht des Angeklagten Speer und die tatsächliche Rolle, die er in den Verbrechen der Hitler-Clique gespielt hat.

Speer hatte erwartet, daß ihm nach Todts Tod »ein wichtiges Teilgebiet« von dessen Aufgaben übertragen würde, doch seine Mitarbeiter im Baustab waren konsterniert, als sie am 9. Februar von Speers Ernennung zum Minister hörten. Die engsten Mitarbeiter, darunter Wolters und Annemarie Kempf, holten ihn vom Bahnhof ab, als er früh am nächsten Morgen aus Rastenburg zurückkehrte. Beide hatten den Eindruck, daß er alles andere als erfreut war. Speer selbst schrieb: »Ich war voll von Angst.« Wolters bestätigt diesen Eindruck in der »Chronik« und spricht davon auch später in einem Brief nach Spandau vom 16. März 1953. Im Tagebuch, das später seinen *Lebensabrissen* eingefügt wurde, notierte er:

Als wir Speer abholten, freute er sich offensichtlich über den Empfang, sah jedoch blaß und angegriffen aus. Was ihn anscheinend mehr bedrückte als der vor ihm liegende Berg unbekannter Aufgaben: »Ich muß morgen die erste Rede meines Lebens halten; hör' dir das nicht an, das irritiert mich; ich werde die Mitarbeiter Todts im Hof des Ministeriums versammeln und in der Dunkelheit, oben vom Fenster aus, sprechen.«

»... die erste Rede, wo ich nicht dabei sein durfte«, schrieb Wolters ihm 1953 nach Spandau, »und wo Du nachher eine Mordsfreude hattest, daß es so gut geklappt hatte. Als Du bei der Rede merktest, so hast Du mir damals erzählt, daß es besser klappte, als Du gedacht hattest, hättest Du Dich, übermütig geworden, für einen Moment mal vom Manuskript gelöst, was aber gleich schiefgegangen sei. Großartig das Eingeständnis Deiner Hemmung davor, eine Sitzung zu leiten, und wie Du das Milch vorher abgesehen hast. Übrigens fällt mir auch ein, daß Dorsch seinerzeit vor Deiner Rede bemerkte, Du habest Einbrüche in Dein Arbeitsgebiet gleich in den ersten Tagen im Keime erstickt ...«

Am Morgen des 12. Februar 1942 wurde Fritz Todt beerdigt; Hitler hielt unter Tränen die Grabrede. Der große Nationalsozialist Todt, sagte er, sei ein Mann ohne Feinde gewesen.

Am Nachmittag desselben Tages rief Göring, ein erbitterter Feind Todts, der sich fast bis zu Todts letztem Lebenstag gegen dessen Eingriffe in seine wirtschaftliche Macht als Beauftragter für den Vierjahresplan zur Wehr gesetzt hatte, Speer in sein Berliner Büro.

Göring war vier Tage zuvor, nur Stunden nach dem Absturz Todts, Hals über Kopf ins Rastenburger Führerhauptquartier geeilt, um Todts Ministerium für sich zu beanspruchen. Nur mit Mühe hatte er seine Wut unterdrückt, als er in Anwesenheit Speers von Hitler zu hören bekam, er habe bereits Speer zum Nachfolger Todts ernannt. In seinem Büro eröffnete Göring Speer nun am Nachmittag des 12. Februar, daß er von ihm die Unterschrift unter eine auch schon von Todt gezeichnete Vereinbarung verlange, die festlege, daß Speer mit Aufträgen für das Heer nicht in den Vierjahresplan eingreifen könne. Er werde das Dokument zur Unterzeichnung in Speers Büro schicken.

Speer verstand jetzt zumindest einige der Schwierigkeiten, unter denen Todt gearbeitet hatte. Der Vierjahresplan umfaßte die gesamte Wirtschaft, und es war offensichtlich, daß Speer die Hände gebunden sein würden, wenn er ein solches Dokument unterschrieb. Im Getriebe der Rüstungsproduktion waren grundlegende – ja fast revolutionäre – Veränderungen notwendig, und obwohl Speer ein Anfänger war, hatte er schon klare Vorstellungen von dem, was zu tun war.

Die Rüstungsproduktion mußte zu einem eigenständigen, von Göring unabhängigen Bereich werden und, womöglich ein noch schwieriger zu lösendes Problem, zu einem gewissen Grad auch der Zuständigkeit des Heeres entzogen werden. Und wenn Speer seine Autorität durchsetzen wollte, mußte dies sofort und mit der offenen Unterstützung Hitlers geschehen. Am nächsten Tag, dem 13. Februar, war eine schon lange geplante Sitzung von Vertretern der drei Waffengattungen und der wichtigsten Rüstungsbetriebe unter der Leitung von Feldmarschall Erwin Milch, dem Staatssekretär im Luftfahrtministerium, angesetzt, an der Speer in seiner neuen Funktion teilnehmen mußte. Glücklicherweise standen er und Milch auf freundschaftlichem Fuß, seit Speers Baustab Anfang des Krieges begonnen hatte, für die Luftwaffe zu arbeiten. Obwohl es noch zu früh war, das Programm vorzustellen, das Speer in Gedanken schon halb ausformuliert hatte, mußte er die Gelegenheit nutzen, seine Autorität ein für allemal zu etablieren. Hitler hatte ihm zugesichert, daß er jederzeit, auch kurzfristig, Zutritt zu ihm haben würde, falls er auf Probleme stieß oder Unterstützung brauchte, und Speer suchte ihn kurz nach dem Besuch bei Göring auf.

Hitler stimmte mit ihm darin überein, daß die Konferenz für Speers künftige Position und alle Veränderungen zum Zwecke der Produktionssteigerung entscheidend sein würde. Wenn Speer, was mehr als wahrscheinlich sei, dort in Schwierigkeiten gerate, solle er die Konferenz abbrechen und die Teilnehmer zu Hitler in den formellen Anlässen vorbehaltenen Kabinettssaal laden: »Ich werde diesen Herren dann das Notwendige sagen.«

Dreißig Herren nahmen an der Konferenz teil, darunter General Friedrich Fromm, inzwischen Befehlshaber des Ersatzheeres, Generalleutnant Ernst Leeb, Chef des Heereswaffenamts, Generaladmiral Karl Witzell, Rüstungschef der Marine, General Georg Thomas, Chef des Wehrwirtschafts- und Rüstungsamtes des Oberkommandos der Wehrmacht (OKW), Walther Funk, Reichswirtschaftsminister (und nach dem Nürnberger Prozeß einer von Speers Mithäftlingen), zwei hohe Vertreter der Industrie und eine Reihe von Görings Mitarbeitern beim Vierjahresplan.

Zunächst erklärte Feldmarschall Milch mit Speer auf seiner linken und Funk auf seiner rechten Seite den Anwesenden, man sei zusammengekommen, um die nicht länger tragbaren Probleme zu lösen, die aus widerstreitenden Forderungen der drei Wehrmachtsteile entstanden seien. Im Anschluß daran verlangte Albert Vögler, Generaldirektor der Vereinigten Stahlwerke, das Chaos zu ordnen und die Entscheidungsmacht in die Hände eines Mannes zu geben; wer dies sei, interessiere die Industrie nicht. Als Funk (auf Görings Drängen hin, wie er Speer später mitteilte) das Wort ergriff und Milch vorschlug, lehnte der Feldmarschall, dem Speer Hitlers Weisung zugeflüstert hatte, die Ehre ab und eröffnete den Versammelten, daß Reichsminister Speer ihnen eine Einladung vom Führer vorzutragen habe.

Der Führer, sagte Speer, wünsche die Teilnehmer so schnell wie möglich im Kabinettssaal zu treffen. Die Beratungen würden dann in fünf Tagen, am 18. Februar, im Rüstungsministerium fortgesetzt werden. Damit beließ er niemanden im Zweifel, wer nun das Ruder in der Hand hatte.

Kurz danach stellte Hitler, von Speer schnell über die Lage unterrichtet, in einer einstündigen Rede die Dinge ganz klar: Göring könne sich im Rahmen des Vierjahresplans nicht mehr um die Rüstung kümmern – dies sei für eine Verwaltung zuviel; die Aufgabe werde Speer übertragen, der als Chef des Baustabs erstaunliche Leistungen erbracht und sein Geschick als einfallsreicher Organisator bewiesen habe.

Von der »Einmannherrschaft«, die die Industrie gefordert hatte, war nicht die Rede; dies war, wie Hitler und Speer beide wußten, nicht die Lösung. Allerdings riet Hitler Speer beim Abschied in seinem Salon in Anwesenheit Bormanns, sich vor allem bei der Industrie um Hilfe zu bemühen. »Das war wieder einmal ganz erstaunlich«, sagte mir Speer sechsunddreißig Jahre später. »Er konnte nicht wissen, was ich tun würde, weil ich es selbst nicht genau wußte, jedenfalls nicht gut genug, um es in Worte fassen zu können. Und doch hatte ich das Gefühl, daß er es wußte. Es war unheimlich.«

Gemünzt auf Bormann als Leiter der Parteikanzlei, sagte Speer zu Hitler, er habe in der Tat vor, sich um die Unterstützung der Industrie zu bemühen; da aber viele Industrielle sich immer von der Partei ferngehalten hätten, müsse er freie Hand erhalten, jeden, den er brauche, einzusetzen, unabhängig davon, wie stark sich der Betreffende politisch engagiere.

»Einverstanden«, sagte Hitler knapp, wie gewöhnlich bei solchen Gelegenheiten, und er wies Bormann an, sicherzustellen, daß Speer nicht durch »kleinliche« Einmischungen behindert würde.

Speer hatte das erste wichtige Gefecht gewonnen, doch blieben ihm, bis die Gruppe wieder zusammentraf, nur fünf Tage, um ein Programm zu entwerfen, das nicht nur für alle militärischen Bereiche und die Industrie annehmbar war, sondern auch jeden einzelnen Beteiligten zu Enthusiasmus und den notwendigen außerordentlichen Anstrengungen motivieren würde.

Annemarie Kempf sagte mir, daß Speer sie gleich aufgefordert hatte, ihm ins Ministerium zu folgen. »Aber ich konnte mich nicht entscheiden«, sagte sie, »also nahm ich mir Urlaub und ging nach Kärnten zum Skifahren. Ich liebte das Skifahren«, sie lächelte, »es bläst mir Spinnweben aus dem Kopf. In der Nähe des Dorfes war ein Büro der OT, und zwei oder drei Wochen später kam ein Bote mit der Nachricht, daß ich Speer in St. Johann in Tirol treffen solle, wo neue Schneeräumgeräte für den Rußlandfeldzug erprobt wurden. In der Nachricht hieß es, Speer brauche mich dort, also machte ich mich auf den Weg. Ich glaub', bis dahin hatte ich mich schon entschlossen, ins Ministerium zu gehen – vielleicht wußte ich von Anfang an, daß ich es tun würde. Jedenfalls, als seine Nachricht kam, packte ich sofort meine Koffer. Und dann ging ich mit ihm nach Berlin zurück. Das Ministerium war gleich neben unserem GBI-Büro am Pariser Platz 3, und ich bezog dort sein Vorzimmer. Er sagte immer: ›Stellen Sie sich einfach vor, daß sich zwischen uns eine Tür geöffnet hat.‹«

»Er war für mich ein Lebenselement«, sagte sie dann plötzlich. »Es wäre leicht, zu sagen, daß ich ihn bewunderte oder liebte, aber das ist zu einfach. Es ist schon wahr: Leute wie Rudi Wolters, mit dem ich auf Du war, neckten mich immer und sagten, ich sei in ihn verliebt, aber das war ich nicht, nicht im üblichen Sinn. Es war mehr und andererseits auch weniger. Aber sicher konnte es ihm gelingen, mich zu verletzen. Erinnern Sie sich, was ich Ihnen erzählte, wie er den Tod meines Vaters überging? Ich glaube, ich war in diesen Jahren, wo wir alle in unserem Team so eng miteinander verbunden waren, über die Einseitigkeit unserer Beziehung manchmal verbittert. Ich war so ganz und gar in sein Leben verstrickt, in seine Gedanken, Ideen und Probleme, während er mein Leben außerhalb seines Kreises kaum wahrzunehmen schien.«

Gewissermaßen aus Rache habe sie ihm nichts gesagt, als sie sich verlobte. »Alle im Büro wußten es, nur er nicht. Schließlich hat Willy Liebel es ihm erzählt, und er sagte mir nachher, Speer sei einen Moment lang sprachlos gewesen und habe dann wie vom Donner gerührt gesagt: ›Und mir gegenüber hat sie's nicht einmal erwähnt.‹ Es war kindisch von mir, aber ich war froh, daß er's gemerkt hatte.«

Bei der Hochzeitsfeier, die ihre Kollegen für sie gestalteten, war Speer anwesend, wirkte aber »etwas pikiert«, wie Annemarie sagte. Danach machten sie und ihr Mann, ein gläubiger Katholik, der sich geweigert hatte, Offizier in Hitlers Wehrmacht zu werden, eine kurze Hochzeitsreise. Am 9. März 1944 wurde er in Rußland als vermißt gemeldet.

Speer hatte Todts ehemalige Privatsekretärin Edith Maguira behalten, und sie und Annemarie arbeiteten zusammen. »Für ihn war es eine goldene Regel, nie jemanden gehen zu lassen, der Erfahrung besaß, sondern ihn einzusetzen«, sagte Annemarie. »Ich zog zu ihr ins Büro, wo noch ein Adjutant namens Cliever arbeitete, und wir teilten uns die Arbeit. Von einer kleinen Clique abgesehen – Dorsch, Haasemann [Todts persönlicher Referent] und ganz wenige andere –, hatten die meisten von Todts Leuten Speer gegenüber keinerlei Vorbehalte. Trotzdem herrschte zunächst eine vorsichtige Stimmung, aber das war schließlich nicht anders zu erwarten. Speer und Todt waren sehr verschieden. Todt hatte die Gewohnheit, sich von seinen Referenten über alles unterrichten zu lassen. Speer nie; er holte sich alle Informationen direkt. Er war ein Meister im Delegieren, aber er hielt immer engen Kontakt zu allen, denen er Aufgaben anvertraute. Das war völlig anders als in fast allen anderen Ministerien. Alle Minister wurden durch Referenten und Adjutanten abgeschirmt, die entschieden, wer ihren Chef sprechen durfte und wer nicht. Speer wollte das nicht. Er öffnete die Türen; man hatte freien Zugang zu ihm. Ich schlug ihm öfters vor, doch ein wenig an sich zu denken, ein bißchen mehr Privatleben zu haben, aber er antwortete immer, er müsse sich zur Verfügung halten, und wenn auch nur, um zu lernen. ›Wie soll ich an all diese Informationen herankommen, die ich brauche‹, sagte er, ›wenn ich mich nicht für alles und jeden offenhalte?‹

Doch für alle langjährigen Mitarbeiter Todts war diese Einstellung ganz neu. Für uns, die wir schon immer für Speer gearbeitet hatten, war es ganz normal geworden, daß er zum Beispiel seine Leute mitnahm, wenn er Hitler die Baupläne zeigte. Doch die Leute im Ministerium waren sprachlos, einfach sprachlos, als er sie einlud, ihn zu Rüstungsbesprechungen mit Hitler zu begleiten. *Dem* war es gleichgültig. Er akzeptierte jeden, den Speer mitbringen wollte.«

Speer hatte ein äußerst einfaches Konzept für das Ministerium entwickelt. Die Kriegsproduktion sollte der riesigen Heeresbürokratie entzogen werden, von der sie unter Görings laxer Aufsicht verwaltet worden war, und nach dem Prinzip individueller Verantwortlichkeit in die Hände von Betrieben und Industriellen gelegt werden. Die Fertigung der Produkte, ob groß oder klein, ob Flugzeug, U-Boot, Panzer oder Gewehr, und der dazu notwendigen Einzelteile sollte in einzelnen Betrieben zusammengefaßt werden, um die Vorteile der Produktion stets gleicher Teile auszunutzen und die Aufsplitterung zu vermeiden, unter der die Rüstungsproduktion bisher so gelitten hatte.

Sowohl in den *Erinnerungen* als auch davor im »Spandauer Entwurf« schrieb Speer das Verdienst an der Entwicklung des Konzepts von der »industriellen Selbstverantwortung« bereitwillig nicht nur Todt zu, sondern auch »dem großen jüdischen Organisator der deutschen Kriegswirtschaft des Ersten Weltkriegs«, Walther Rathenau. Im »Spandauer Entwurf« spiegelt sich lebhaft die Begeisterung und schöpferische Spannung jener ersten Tage und Wochen als Minister. Speers langer Brief an Wolters vom 14. März 1953 zeigt, was ihn damals bewegte:

Mein lieber Freund,
heute wird es wohl etwas langweilig werden, was ich mir vorgenommen habe zu schreiben. Ich habe kürzlich eine sehr treffende Bemerkung

gelesen, von Stefan Zweig übrigens, daß Casanova nie seine lebendige Lebensschilderung niedergeschrieben hätte, wenn er nicht am Ende seines Lebens ein geistig armseliges Leben in einem kleinen Spießbürgerstädtchen in Böhmen hätte verbringen müssen ... Hätte er Gelegenheit gehabt, in Pariser Salons seine Abenteuer zu erzählen, dann hätte er sie zerredet, und nie wäre es zu dieser Niederschrift gekommen. Nun, mir geht es so ähnlich hier, nur daß ich kein Casanova war.

Ich habe mir ... ein wenig interessantes Thema vorgenommen: Der Aufbau der Organisation [des Ministeriums]. Es wäre gänzlich uninteressant, wenn nicht durch Veröffentlichungen der Amerikaner nach dem Kriege die Erfolge, die wir trotz der Fliegerangriffe in der Rüstung hatten, als etwas besonders Bemerkenswertes, ja Erstaunliches gekennzeichnet worden wären. Man gab mir dabei manche recht schmeichelhafte Kennzeichnung, wie die eines Genies der Produktionsorganisation. Wunder geschehen meiner Ansicht nach auf einem solch realen Gebiet wie der Kriegsproduktion nicht ... Die Ursache lag allein in der neuen Organisation.

Es ist vielleicht bezeichnend für einen so übertrieben autoritären Staat, ... daß er keine Kritik kennt; daß also Fehlmaßnahmen jahrelang durchgeführt werden können, ohne daß sich eine nennenswerte Opposition dagegen bilden kann ... Zwei Verwaltungskörper organisierten den Bedarf des Heeres [Heereswaffenamt und Rüstungsamt des OKW]. Als ich Architektur studierte, war es bemerkenswert, daß ein Teil der Studenten die Sehnsucht hatte, einmal freier, selbständiger Architekt zu sein. Daneben gab es andere, die kein anderes Ziel hatten, als nach Möglichkeit in den Staatsdienst von Stufe zu Stufe zu gelangen, um mit der Erreichung der Altersgrenze eine gesicherte Funktion errungen zu haben.

Es waren zwei grundverschiedene Typen, die sich da zeigten. Die einen: Lust zur Verantwortung, zum Wettbewerb des Lebens, zum Risiko – die anderen: zum stetigen, gesicherten Aufstieg in Stellung und Gehalt, täglich geregelter Dienstablauf.

Wenn ich Offizier werde, dann will ich eine Truppe führen, mich im Kampf bewähren und auszeichnen. Wenn ich mich zur Verwaltungslaufbahn dränge (als Offizier) oder abdrängen lasse, dann fehlt mir eine der typischen Eigenschaften des Offiziers. Diese Verwaltungsoffiziere aber machten die Rüstung ...

Demgegenüber stand die freie Wirtschaft ... In ihr können sich Talente freier und schneller entwickeln und zeigen als in dem Beamtenkörper, sei es des Heeres oder auch der Ministerien ... Es war nicht meine Erfindung, diese Techniker der Industrie zur Führung der Rüstung des Heeres zu veranlassen ... Auch Dr. Todt hatte kurz vor seinem Tode derartige Institutionen geschaffen, ... aber auch Todt hat diese Einrichtung einem Vorbild entnommen. Der Urheber dieser »Selbstverantwortung der Industrie« war Rathenau. Dieser hatte im Ersten Weltkriege im Hindenburg-Programm, als er mit der Beschaffung der Rohstoffe amtlich beauftragt wurde, diese Aufgabe nicht mit Beamten, sondern ausschließlich mit Männern aus der Industrie selbst durchgeführt. Und im Ministerium Todt saß ein alter Mitarbeiter Rathenaus, [der] bei den Erweiterungen der Organisation, die Todt schuf, eine beträchtliche Rolle [spielte] ...

Speers überaus bildhafte und lebendige Briefe aus Spandau zeigen, zu was für einem genauen und reflektierten Beobachter sich dieser Hettlage zufolge »rationale Mensch par excellence« entwickelt hatte. Er notierte häufig Unterbrechungen durch Wärter, Mitgefangene, den Tagesablauf im Gefängnis oder Ruhepausen, ebenso wie Zeiten des Lesens oder Nachdenkens. Während diese Zwischenepisoden in den *Erinnerungen* nicht erwähnt werden, tauchen sie in seinem zweiten Buch, den *Spandauer Tagebüchern,* wieder häufig auf. Hier wie auch schon in den Briefen an die Kinder beschrieb er minuziös und oft humorvoll Art, Dauer und Wirkung der Unterbrechungen und zeichnete damit nicht nur ein einzigartiges Bild des Spandauer Viermächtegefängnisses, sondern lieferte wohl auch eine der lebendigsten und gehaltvollsten Schilderungen eines langen Gefängnislebens.

So beschrieb er immer wieder das wechselnde Licht in seiner Zelle, oder er hielt das Geräusch der Schritte der Wärter und ihre sorglosen Stimmen fest, wenn sie auf den Korridoren miteinander plauderten. (»Ich bin sicher, daß die Stimmen von uns Gefangenen nie sorglos klangen«, sagte er mir später, »selbst wenn wir miteinander sprachen – was in den ersten Jahren sowieso selten vorkam.«) Sorgfältig sind die Pflichtbesuche der Gefängnisdirektoren vermerkt, die sich nicht nur aufgrund ihrer Nationalität, sondern auch nach der Zeit, in der sie in Spandau Dienst taten, sehr voneinander unterschieden. Die Franzosen waren von Beginn an fast immer nachsichtig: »Eine Toleranz aus Gleichgültigkeit« nannte Speer es einmal. Die Amerikaner waren leger und freundlich und neugierig auf ihre Schützlinge; Speer sprach vom »Wohlwollen des Überflusses«. Die Briten waren ihm zufolge besonders diszipliniert und förmlich, »aber immer fair«. Am meisten mochte er die amerikanischen Wärter (und später, seltsamerweise, die russischen), die größte Achtung hatte er jedoch vor den Briten. Die russischen Direktoren und Wärter waren in den ersten Jahren die schwierigsten – böse, mißtrauisch und regelbesessen –, doch im Laufe der Jahre zeigten sie allmählich eine scheue Freundlichkeit und holten schließlich Familienfotos aus der Tasche.

»Wenn sie schlimm waren«, sagte Speer einmal, »erinnerte ich mich daran, was ich vom Elend ihres Lebens gesehen hatte. Und wenn sie, ja, freundlich waren, fiel mir immer ein eiskalter Wintertag in Dnjepropetrowsk ein, als mein Gesicht einzufrieren begann und ein Straßenkehrer mir zu Hilfe kam und mit seinem sauberen Handschuh mein Gesicht massierte. Ich wußte nicht einmal mehr, was ›Danke‹ auf russisch hieß; ich glaube, ich sagte ›Danke‹ und ging weiter. Nachher wünschte ich, ich hätte mehr gesagt.«

In vielen Briefen an Hilde – und in denen an Wolters – schrieb er über die Musik, die der Gefängnisgeistliche nach dem Samstagsgottesdienst für sie spielte, und über die Bücher, die er las. An eines dieser Bücher knüpfte er an, als er mit dem Brief an Wolters über die Reform des Ministeriums nach einer einstündigen Unterbrechung fortfuhr, während der ein russischer Wärter »im Geschwindschritt auf- und abging« und die Zellen durch die Gucklöcher kontrollierte. Er habe die Zeit genutzt, um etwas über den ägyptischen Pharao Echnaton zu lesen, »eine sehr bedeutende Erscheinung«. Inzwischen sei ihm auch eingefallen, irgendwo gelesen zu haben, daß bereits in der Französischen Revolution Kriegsminister Carnot die Rüstung erfolgreich umgestaltet und unpolitische Techniker mit ihrer Leitung betraut habe:

... wobei er, wie ich auch, eine Zusage hatte, daß sie vor Eingriffen des Politischen geschützt sind. Davon wußte wohl Rathenau nichts, noch weniger Todt oder ich, als wir den gleichen Weg einschlugen.
Die Idee war also keinesfalls neu. Aber es ist der bedeutend schwerere Teil, eine einmal als richtig erkannte Idee durchzuführen. Das hat nichts mit Phantasie oder gar Genie zu tun – es erfordert einfach ungeheuer viel Kleinarbeit, die geeignet ist, die Idee zu verschleiern und von ihr abzuweichen. Aber Architekten haben Übung darin, ihre Bauideen durch viele Details ... und oft auch gegen die Zweifel des wankelmütigen Bauherrn durchzuhalten ... Durch den guten Start, den Hitler mir gegeben hatte, ermutigt, ging ich [verglichen mit Todt] den entscheidenden Schritt weiter [in der Übertragung von Verantwortung an die Industrie] ...
Gerne hätte es Göring gesehen, wenn die großen Trustinhaber wie [Wilhelm] Flick, [Hugo] Stinnes, [Alfried] Krupp die Führung dieser Organisation übernommen hätten: »Warum beschäftigen Sie diese nicht?« [fragte Göring] Ich habe sie kaum bei mir gesehen, da ihre Interessen kaufmännische waren. Was aber die Aufgabe dieser Techniker war, konnte weder von Beamten, noch Offizieren, noch Kaufleuten bewältigt werden. Sie sollten ihre Erfahrung aus dem Produktionsprozeß, die von ihnen in täglicher Arbeit erkannten Mängel, erfassen und an die ihnen unterstehenden gleichartigen Fertigungen weitergeben. Da war zunächst notwendig, daß in jedem Betrieb nur noch ein Gegenstand, aber in höchster Zahl, gefertigt wurde ...
[Für] die Entwicklung neuer Panzer, neuer Geschütze, besserer Munition wurden gemischte Kommissionen gebildet, in denen die Vertreter des

Heeres [später auch der Luftwaffe und Marine] den besten Konstrukteuren der Industrie gegenübersaßen. Den Vorsitz aber hatte nicht ein General, sondern der führende Konstrukteur der Industrie. So wurde z. B. die Führung in der Entwicklung neuer Panzer dem bekannten Konstrukteur [Ferdinand] Porsche [Schöpfer des Volkswagens] anvertraut, die der Geschütze dem auch im Ausland berühmten Chefkonstrukteur von Krupp, Prof. [Karl] Müller ...

Und alle diese führenden Techniker waren in dieser Organisation tätig, ohne für ihre unentbehrliche Arbeit irgendeine finanzielle Vergütung zu bekommen. [»Sie hatten tatsächlich viel Ähnlichkeit mit Roosevelts ›Dollar-a-Year‹-Männern*«, meinte Speer später zu mir.] Sie blieben weiter im Vertrag ihres alten Werkes, für das sie auch weiter arbeiteten, da diese neue Tätigkeit sie nur teilweise beschäftigte [und] ... da sie nur durch den ständigen Kontakt mit ihrem Werke den »Geruch« für die Praxis erhalten konnten. Wenn die Arbeit zu einem derartigen sichtbaren Erfolg führte, dann war das nur diesen Tausenden von Technikern zu verdanken, die ihre Arbeit selbstlos durchführten, die dabei eine selten anzutreffende Bereitschaft zur gegenseitigen Zusammenarbeit zeigten ... Und ich selbst war nur ein Laie, der keine andere Aufgabe hatte, als diese Wege für die Organisation zu ebnen und sie gegen Übergriffe zu schützen ...

Es war ein etwas merkwürdiges Verfahren, das wir einschlugen. Während die Amerikaner und andere demokratische Staaten im Kriege gezwungen waren, eine straffe, autoritäre Führung ihrer Industrie durchzuführen, war es bei uns mehr oder weniger eine Auflockerung einer allzu autoritären Fesselung ... So war die »Selbstverantwortung der Industrie« eigentlich eine Bewegung nach einer mehr freiheitlichen Richtung ... Ich habe in der Gefangenschaft mit Genuß diesen Ausflug in die Demokratie gelesen. Abgestimmt wurde natürlich nicht. Der Vorsitzende hatte das Entscheidungsrecht. Aber, und das war für das »System« etwas Neues, nur in der Sitzung. Das heißt, er mußte das Für und Wider anhören, bevor er entschied. Daß in dieser Form oft zwei oder drei Tage über ein wichtiges Problem diskutiert wurde; daß bei diesen Diskussionen Offiziere und »Zivilisten« durcheinander zusammensaßen, ohne daß ein Unterschied zu erkennen war, das war wirklich neu.**

---

* Bezeichnung für Großindustrielle, die für das symbolische Gehalt von einem Dollar pro Jahr während des Krieges für die Regierung tätig waren.
** Siehe Hupfauers Beschreibung dieser Verhältnisse in Kap. VIII.

Obwohl zu Speers umfassender Organisation der Industrie gegen Ende des Krieges mehr als 10 000 »Dollar-a-Year«-Männer zählten, stieg die Zahl der Mitarbeiter im Ministerium selbst nie über 220. Im wesentlichen gliederte es sich in vier Hauptabteilungen mit hochqualifizierten Männern an der Spitze, die jedoch alle unter dem wachsamen Auge Speers arbeiteten. In Spandau schrieb er:

Ich stand auf dem Standpunkt, daß das in Deutschland geübte System der »Staatssekretärs-Wirtschaft« der fruchtbaren Arbeit nicht zuträglich war ... Das heißt, daß der Staatssekretär zwischen dem Minister und seinen Mitarbeitern stand. Es waren wohl zwei Gründe, die zu dieser traditionellen Einrichtung führten: Einmal wurde ... der Minister recht oft gewechselt, so daß der Staatssekretär ... mit Recht als ein Garant einer stetigen Entwicklung anzusehen war. Und zweitens stellte man sich vor, daß ein Minister ... in Ruhe Probleme überlegen und grundsätzliche Entschlüsse fassen soll ... Das mag seine Berechtigung haben; aber ich war viel zu temperamentvoll und arbeitseifrig ... [Ich] wählte das System [des Generaldirektors eines großen Unternehmens], seinen Arbeitsbereich in etwa fünf bis sechs Unterbereiche [aufzugliedern], deren Leiter von ihm ... unmittelbar angewiesen werden.

Zwar holte Speer bald ein Reihe wichtiger Mitarbeiter seines Baustabs ins Ministerium, doch als »Neuer« blieb ihm keine andere Wahl, als die meisten von Todts erfahrenen Führungskräften weiterzubeschäftigen, von denen viele alte, mit Hitler gut bekannte Parteigenossen waren. Dies sollte sich als eher zweifelhafter Vorteil herausstellen. »Für einige von ihnen«, schreibt er im »Spandauer Entwurf« nachsichtig, »war es schwieriger als für andere, meine Einstellung zu verstehen und anzunehmen.«

Dies galt besonders für Xaver Dorsch, den eigentlichen Leiter der Organisation Todt. Er war der nach Todt wohl hervorragendste Ingenieur Deutschlands und mußte natürlich in seiner Position belassen werden. Obwohl Speer versuchte, der erwarteten Feindseligkeit zuvorzukommen, indem er als Geste des guten Willens für sich und drei Spitzenleute aus dem Baustab, die er umsichtig in die OT eingesetzt hatte, die Uniform der OT übernahm, gelang es Dorsch, die Organisation Todt in sein eigenes kleines Reich zu verwandeln.

Ein weiterer enger Mitarbeiter Todts, der den verstorbenen Minister oft zu Besprechungen mit Hitler begleitet hatte, war Karl Saur, den Speer in einer politischen Geste, die er noch bereuen sollte, als Chef des Technischen Amtes bestätigte. Nach Speers Auffassung kam dieser Abteilung eine wichtige Rolle bei der Koordination der Arbeit des Ministeriums und der Industriekommissionen zu, die in seiner neuen Organisationsstruktur die Entscheidungen über neue Produkte trafen. Saur freilich, mit der Aggressivität des geborenen Jasagers, konnte diese Begrenzung seiner Aufgaben nicht hinnehmen, und seine wiederholten Einmischungen in das Privileg der »Selbstverantwortung« der Industriekommissionen für Entwicklung und Fertigung zwangen Speer immer wieder, selbst einzugreifen. Sein größtes Problem mit Saur war allerdings, daß dieser als Leiter des Technischen Amtes – wie schon unter Todt – für die statistischen Berichte verantwortlich war. Es war Saur, der in den letzten beiden Kriegsjahren mit geradezu tollkühner Phantasie jene Produktionszahlen zusammenschusterte, über die Hitler fast täglich unterrichtet wurde.

»Für mich hieß das«, sagte mir Speer, »daß ich Hitler glücklich machen konnte, indem ich zu Saurs Zahlen stand, die besonders in den letzten Kriegsmonaten haarsträubend aufgeblasen waren, weil er sich an den Produktionsbefehlen orientierte und nicht an dem, was nach den riesigen Verlusten durch Luftangriffe in Wahrheit übrig geblieben war. Oder ich konnte Hitler unglücklich und zornig machen, indem ich Saur widersprach, der sich mit diesen wahnwitzig optimistischen Berichten einen sicheren Platz in Hitlers Wertschätzung erobert hatte. Je näher das Ende rückte, desto begieriger war Hitler natürlich, irgend etwas in die Hand zu bekommen, das Anlaß zur Hoffnung geben konnte. Es war immer ein Drahtseilakt. Einerseits konnte man ihm die Wahrheit sagen und dabei riskieren, daß man nicht nur hinausgeworfen wurde (was vielleicht ein Segen gewesen wäre), sondern sogar erschossen; andererseits konnte man ihn in seinen Phantasien bestärken, in der Hoffnung, wenigstens *etwas* für das deutsche Volk zu retten.«

Vor allem Saur und Dorsch waren es, die während der Erkrankung Speers im Jahr 1944 eine Intrige gegen ihn anzettelten. Es gelang ihnen, die Entlassung von drei der engsten Mitarbeiter Speers zu erzwingen und beinahe auch Speer selbst zu stürzen. Dennoch stellte sich Speer im Nürnberger Prozeß in beträchtlichem Maße vor Dorsch und Saur, für den er im »Spandauer Entwurf« (allerdings in keinem der Bücher) zwar wie auch früher immer herablassende, doch vergleichsweise freundliche Worte fand:

Er hatte zweifellos unter seiner rauhen Schale und hinter seiner lauten Geschäftigkeit ein gutes Herz, das ihn oft veranlaßte, zugunsten von Gefangenen und ausländischen Arbeitern sich einzusetzen, obwohl diese Frage gar nicht in der Zuständigkeit unseres Amtes lag. Daß ihn die Nähe Hitlers letzten Endes etwas größenwahnsinnig machte, ... war nicht seine Schuld allein, sondern mehr eine Zeiterscheinung der meisten, die mit Hitler näher zusammenkamen ...

Somit war dieses große Technische Ministerium gebildet. Von meinen Aufgaben als Architekt hieß es damit, wenn auch ungern, Abschied nehmen ... Ich hoffte damals, [wie] mir Hitler auf ausdrücklichen Wunsch zugesagt [hatte], den mir über allem stehenden Beruf [nach dem Krieg] wiederaufnehmen zu können ...

»Speers unprätentiöse Art war unglaublich einnehmend«, sagte der Bauingenieur Ernst Görner, der, obwohl in relativ untergeordneter Position, nach Speers Ernennung zum Minister häufig mit ihm zu tun hatte. Görner war ein großer, dünner und außerordentlich bescheidener Mann. »Im Grunde war ich niemand«, meinte er 1987 zu mir, als ich ihn in Rodenkirchen, einer Kleinstadt bei Köln, besuchte und einen Tag mit ihm verbrachte. Er hatte in der Forschungsabteilung der amerikanischen Society of Civil Engineers gearbeitet, als ihn Todt nur zwei Wochen vor seinem Tod damit beauftragte, von allen seinen Besprechungen Notizen anzufertigen. »Auch Todt war ein sehr bescheidener Mensch – eine ungeheure Respektsperson für mich«, sagte Görner. »Für einen Mann wie mich war es wirklich seltsam, im Umkreis zweier so bemerkenswerter Persönlichkeiten zu landen.«

»Görner war in Wahrheit ein hochintelligenter Mann, der irgendwie zwischen die Stühle gefallen war«, sagte Annemarie, die mit so vielen von Speers Leuten befreundet war. »Er kannte sich in vielen Dingen aus, war aber kein Spezialist für irgendein kriegsdienliches Produkt. Doch er hatte, auf eine seltsame Art, Würde – er war ganz offenbar ein integrer und verschwiegener Mensch. Ich glaube, Speer hat das sofort gespürt, als er ihn kennenlernte.«

»Am ersten Tag, an dem er ins Ministerium kam«, sagte Görner, »saß ich gerade in dem kleinen Büro, das Todt mir zugewiesen hatte, neben dem Großen Saal, dem Arbeitszimmer des Ministers, und kam mir irgendwie verloren vor, als Speer plötzlich die Tür aufmachte. ›Was tun Sie hier?‹ fragte er, und ich sagte, ich hätte Todts Besprechungen protokolliert. ›Das ist in Ordnung‹, sagte er, ›das können Sie für mich auch tun.‹ Und noch am selben Nachmittag wurde ich gerufen, um seine erste Ministerkonferenz zu protokollieren.«

Wir saßen in einer Art überdachter Laube, die er im Garten seines Hauses gebaut hatte, mit Blick auf einen kleinen Swimmingpool: – Es paßte zu ihm: ein kleines Haus, ein kleiner Garten, eine kleine Laube und ein kleiner, damals vor allem von seinen Enkeln benutzter Swimmingpool.

Er habe nicht wörtlich protokolliert: »Falls nötig, wurde das von einer von Speers Sekretärinnen in Kurzschrift erledigt. Nein, meine Aufgabe war es, eine Art Zusammenfassung zu schreiben, in der ich den Inhalt der Besprechungen möglichst vollständig festhielt und zugleich auch die Atmosphäre des Treffens schilderte. Das wurde mit der Zeit wirklich hochinteressant.« Leider verbrannten die meisten seiner in Berlin und auf Reisen mit Speer verfaßten Berichte in Dresden, wo er sie Anfang 1945 zur Aufbewahrung hinterlassen hatte. Erhalten sind nur fragmentarische Aufzeichnungen vom März und April 1945 und einige früheren Datums, die Wolters in die »Chronik« aufgenommen, später jedoch gestrichen hatte, offenbar aus dem Wunsch, daß die historische Dokumentation nur seine Berichte enthalten sollte.

»Als ich Speer zum erstenmal traf«, sagte Görner, »beeindruckte er mich als sehr normaler Mensch, der nie von oben herab mit jemandem sprach. Na ja«, er lächelte, »ich vermute, daß er genau das nicht war, ›normal‹, oder vielleicht war er ein unnormal normal scheinender Mann. Wir waren beide eher schweigsame Menschen, wenn Sie verstehen, was ich meine. Er sah mich an jenem Februartag an, ich sah ihn an, und ich denke, wir stellten beide fest, daß wir miteinander konnten.«

Görner war entschieden kein Nazi. Aber er war der erste aus Speers Umgebung, den ich kennenlernte, der zugab, *Mein Kampf* gelesen zu haben. Beim ersten Lesen hatte er das Buch sehr interessant gefunden. »Aufregend? Ja, ich denke schon, aber es ließ nach, meine Güte, es ließ nach.« Er meinte, auch Speer habe *Mein Kampf* sicher gelesen: »Jeder las es.« Doch was er und Speer in Wahrheit miteinander gemein hatten, war die Liebe zur Musik. »Wir schafften es, viel Musik zusammen zu hören. Wenn ich bedenke, wie besessen er arbeitete, weiß ich eigentlich gar nicht, wie, aber es war so.«

Auch Wolters teilte, neben anderen Dingen, die Liebe zur Musik mit Speer, wie er am 3. März 1942, nur drei Wochen nach dem Absturz Todts und Speers Ernennung, in seinem Tagebuch vermerkte:

Gestern abend war ich mit Speer im Philharmonischen Konzert. In seiner Loge Frau Speer und Ilsebill Todt, die achtzehnjährige Tochter des verstorbenen Ministers, im Gesichtsausdruck dem Vater sehr ähnlich. Speer will ihr behilflich sein, Innenarchitektin zu werden. Er bittet mich, eine geeignete Schule auszusuchen.

Speer sagte, daß er sich in seiner neuen Position schon zu Hause fühle. Er ... erzählte mir, daß er einige Tage nach seiner Bestallung die Wirtschaftsführer und Vertreter der Wehrmachtsteile zu sich gerufen habe, um seine Auffassungen darzulegen ... Auf seine Frage, ob einer etwas dagegen einwenden wolle, habe sich niemand gemeldet. Er habe daraufhin [seine] Denkschrift von der ganzen Gesellschaft kurzerhand unterschreiben lassen. Erst zu Hause wären die Herren sich bewußt geworden, was sie angerichtet hatten. Feldmarschall Milch und andere ... hätten sich sofort bei [Göring] beschwert. Auf die telefonische Einrede Görings habe er, Speer, ihm seinerseits den Sachverhalt geschildert. Daraufhin habe der Reichsmarschall ihn ... sozusagen zu [seinem] Vertreter im Vierjahresplan [gemacht].

Speer: »Ich habe damit bereits jetzt mehr Macht, als Todt sie je besessen hat.«

Am späten Abend hatte Speer seine zehn »Beauftragten Architekten« und seine engsten Mitarbeiter des GBI, Stephan, Schelkes und mich, ins Restaurant Horcher [Speers Lieblingsrestaurant] eingeladen ... Er habe das unbedingte Gefühl, auf dem Posten, auf den er gestellt sei, nützen zu können. Dies um so mehr, als der Führer ihm gesagt habe, auch er habe das Zutrauen, daß er, Speer, seine neuen Aufgaben bewältigen werde. Er werde sich natürlich von uns mehr zurückziehen müssen. Er hoffe, sich schon bald selbst der Neugestaltung wieder widmen zu können. Als vorsichtiger Mann habe er sich jedoch auf zwei Jahre eingerichtet ... Er sei der Überzeugung, daß es notwendig sei, sich in eine Spezialwaffe besonders gründlich einzuarbeiten. Er habe die Panzerwaffe gewählt, [wobei] er inzwischen soweit [sei], daß er die neuesten Typen, vor allem die großen russischen, kenne, [einen dieser Panzer habe er] letzten Sonntag vier Stunden lang gefahren ... In Zukunft müsse der Architekt [und nicht der Ingenieur] die Führung der Technik übernehmen. Er, Speer, werde nach dem Kriege wohl ein neu zu schaffendes Bauministerium führen.

»Er war außer sich vor Freude«, sagte Annemarie Kempf. »Er triumphierte: Die Welt gehörte ihm.«

XIII

Im Mahlstrom der Intrigen

Nürnberg, den 11. Dezember 1945

THOMAS I. DODD [Ankläger für die Vereinigten Staaten]: Wir werden zeigen, daß die Angeklagten Sauckel und Speer die Hauptverantwortlichen für die Formulierung der Politik und für ihre Durchführung sind ... daß der Angeklagte Speer als Reichsminister für Bewaffnung und Munition, als Leiter der Organisation Todt und als Mitglied der Zentralen Planung, für die Festsetzung der von der deutschen Kriegsmaschine benötigten Zahl ausländischer Sklaven die Verantwortung trägt, daß er verantwortlich war für die Entscheidung über gewaltsame Rekrutierung und für den Einsatz ausländischer Zivilisten und Kriegsgefangener in der Rüstungs- und Munitionsindustrie, beim Bau von Befestigungen sowie bei aktiven militärischen Unternehmungen ... Wir behaupten, daß dieses System des Hasses, der Barbarei und der Verleugnung persönlicher Rechte, das die Verschwörer zur Staatsphilosophie innerhalb Deutschlands erhoben hatten ... den nationalsozialistischen Heeren gefolgt ist, als sie Europa überschwemmten. Denn die Juden in den besetzten Ländern erlitten das gleiche Schicksal wie die Juden in Deutschland, und die ausländischen Arbeiter wurden die Leibeigenen der »Herrenrasse«; sie wurden millionenweise deportiert und versklavt. Viele der deportierten Zwangsarbeiter wurden außerdem Opfer der Konzentrationslager, wo sie in Verfolgung des nationalsozialistischen Programms der Vernichtung durch Arbeit buchstäblich zu Tode gearbeitet wurden.

27. Juli 1946

SIR HARTLEY SHAWCROSS: Speer hat zugegeben, daß seine Verantwortlichkeit für die Aushebung von Arbeitern dazu beigetragen
hat, die Gesamtzahl der Arbeiter unter ihm auf 14 000 000 zu
bringen. Er erklärte, daß bei seiner Amtsübernahme im Februar
1942 sämtliche Brüche und Verletzungen des Völkerrechts, deren er angeklagt werden könnte, bereits Tatsachen gewesen
seien. Trotzdem fährt er fort zu erklären: »Die Arbeitskräfte
wurden ... gegen ihren Willen nach Deutschland gebracht, und
ich hatte nichts dagegen einzuwenden, daß sie gegen ihren Willen nach Deutschland kamen; ich habe im Gegenteil in der ersten
Zeit, bis zum Herbst 1942, sicher auch meine ganze Energie
eingesetzt, daß möglichst viele Arbeitskräfte nach Deutschland
kamen.«

20. Juni 1946

DR. FLÄCHSNER: Die Anklage behauptet ... daß Sie die Anwendung von Zwang und Terror gebilligt hätten. Was haben Sie
hierzu zu sagen?
SPEER: Ich hatte auf die Art und Weise, wie die Arbeitskräfte beschafft wurden, keinen Einfluß. Wenn die Arbeitskräfte gegen
ihren Willen nach Deutschland kamen, so verstehe ich darunter,
sie wurden durch gesetzliche Maßnahmen verpflichtet, Arbeit
für Deutschland anzunehmen. Ob diese gesetzlichen Maßnahmen berechtigt waren oder nicht, habe ich damals nicht
untersucht. Dies war ja auch nicht meine Angelegenheit ...

Bereits Speers erste Monate als Hitlers wichtigster Minister besiegelten sein späteres Schicksal in Nürnberg. Es ist überraschend, angesichts seines wachsenden Bewußtwerdens von Hitlers verbrecherischen Absichten, daß das Tätigkeitsfeld, dessentwegen er vor Gericht stand – die Zwangsarbeit von Millionen Deportierten in Fabriken, die weitgehend seiner Kontrolle unterstanden – auch 36 Jahre später nur marginale Bedeutung für ihn zu haben schien. Dagegen schilderte er mir stundenlang mit Freude, welches Engagement er bei seinen Mitarbeitern durch die von ihm vorgeschlagenen und von Hitler rückhaltlos unterstützten Neuerungen hatte mobilisieren können. Von diesen Neuerungen war, wie er glaubte, sein neues System der Selbstverantwortung die wichtigste und produktivste.

»Menschen, die Verantwortung tragen, fühlen sich frei«, sagte er, »und für unsere Arbeiter und Führungskräfte war dies ein ganz neues Gefühl.«

In den *Erinnerungen* versucht er nach Kräften, eine ganz andere Art von Hilfe, die er kurz nach seiner Ernennung von Hitler erbeten – und erhalten – hatte, herunterzuspielen. »... gegen den Einspruch des Justizministers hatte ich gleich zu Beginn meiner Tätigkeit durchgesetzt, daß eine Strafverfolgung wegen Schädigung der Rüstung nur auf meinen Antrag erfolgen könne.«

Diese Formulierung klingt sehr viel harmloser als das, was Speer am 19. Februar 1942 zunächst dem Generalstab und anschließend auf einer Pressekonferenz mitteilte. Dort sprach er von der absoluten Notwendigkeit, den Arbeitskräftebedarf der Rüstungsproduktion um jeden Preis zu decken; schon jetzt, verkündete er, habe er zwei Betriebsleiter in ein Konzentrationslager einweisen lassen, weil sie Arbeitskräfte in ihrem Haushalt beschäftigten, statt sie in die Rüstungsproduktion zu stecken. Am selben Tag schickte er Hitler den Entwurf einer Verordnung des Führers zum Schutz der Rüstungswirtschaft zu, den dieser am 21. März 1942 unterzeichnete.

Beim Einsatz der vorhandenen Arbeitskräfte muß der kriegswichtige Bedarf den unbedingten Vorrang haben. Das gleiche gilt für die Verteilung der für die Rüstungswirtschaft wichtigen Rohstoffe, Materialien und Erzeugnisse. Ich bestimme daher:

Artikel I

Wer vorsätzlich falsche Angaben über den Bedarf oder Bestand an Arbeitskräften, über den Bedarf oder Vorräte an für die Rüstungswirtschaft wichtigen Rohstoffen, Materialien, Erzeugnissen, Maschinen und Geräten macht und dadurch die Bedarfsdeckung der Rüstungswirtschaft gefährdet, wird mit Zuchthaus, in besonders schweren, die Rüstungswirtschaft erheblich beeinträchtigenden Fällen mit dem Tode bestraft ...

Artikel II

Wer sich wegen falscher Angaben im Sinn des Artikels I vor der Verkündung dieser Verordnung nach anderen Strafbestimmungen strafbar gemacht hat, erlangt Straffreiheit, wenn die falschen Angaben innerhalb von 3 Monaten nach der Verkündigung dieser Verordnung berichtigt werden ...

Artikel III

Für die Aburteilung ist der Volksgerichtshof [das für seine drakonischen Strafen berüchtigte Sondergericht, dessen Mitglieder von Hitler ernannt wurden] zuständig. Ist der Täter der Wehrmachtsgerichtsbarkeit unterworfen, so ist das Reichsgericht zuständig.

Die Strafverfolgung tritt nur auf Verlangen des Reichsministers für Bewaffnung und Munition ein, der gleichzeitig als Generalbevollmächtigter für Rüstungsaufgaben im Vierjahresplan handelt.

Artikel IV

Diese Verordnung tritt 3 Wochen nach der Verkündung in Kraft. Sie gilt für das gesamte Reichsgebiet und für das Generalgouvernement.

Führerhauptquartier, den 21. März 1942
Der Führer, gez. Adolf Hitler
Der Reichsminister und der Chef der Reichskanzlei, gez. Dr. Lammers
Der Chef des Oberkommandos der Wehrmacht, gez. Keitel

Am 25. April wurde diese abscheuliche Verordnung auf die gesamte Rohstoffbewirtschaftung erweitert, drei Tage später dehnte Speer sie außerdem auf die Bauindustrie aus.*
Speer geriet fast sofort in einen Mahlstrom der Intrigen und Interessengegensätze. »Natürlich gehörte ich damals eigentlich schon seit Jahren Hitlers ›Hof‹ an«, sagte er. »Aber ich kann Ihnen gar nicht sagen, wie plötzlich alles anders wurde. Vor allem änderte sich natürlich vom Augenblick meiner

---

* »Diese Verordnung hing bis zum Kriegsende wie ein Damoklesschwert über den Häuptern der Betriebsführer und Kontingentträger«, schreibt Gregor Janssen in *Das Ministerium Speer*, und in einer Anmerkung fügt er hinzu, Speer habe in einer persönlichen Mitteilung an ihn behauptet, der Erlaß sei lediglich »eine fiktive Schockmeldung« gewesen und nie zur Anwendung gekommen. Aus den Akten des Rüstungsministeriums geht laut Janssen nicht hervor, ob je eine Bestrafung aufgrund des Erlasses erfolgte, sie scheinen also Speer zu bestätigen. Matthias Schmidt dagegen beschreibt in *Das Ende eines Mythos* drei dadurch ausgelöste Verfahren, von denen eines eingestellt wurde. Das Ergebnis der beiden anderen ist nicht bekannt.

Ernennung an unsere Beziehung. Während sie in den Jahren als sein Architekt nicht nur herzlich, sondern geradezu intim gewesen war – sagen wir so intim, wie eine Beziehung zu ihm überhaupt sein konnte –, begegnete er mir seit jenem Morgen des 8. Februar 1942 kalt und distanziert. Die ganze Zwanglosigkeit und natürlich auch Leichtigkeit verschwand vollkommen. Obwohl ich ihn immer noch fast täglich sah, wenn er in Berlin oder ich im Hauptquartier war, verliefen unsere Begegnungen eine Zeitlang absolut förmlich. Er verlangte meinen Bericht über die Vorkommnisse der letzten 24 Stunden und fragte, ob ich noch irgend etwas dazu sagen wolle; dann nahm er sehr schnell Stellung – er folgerte und entschied immer sehr schnell – und entließ mich. Es war nichts mehr von der Vertrautheit zu spüren, die sich im Lauf der Jahre zwischen uns entwickelt hatte. Das tat mir sehr weh, bis ich begriff, daß es absichtlich geschah. Er hielt mich auf Distanz, bis er sicher war, daß ich gelernt hatte, mich wie ein Minister zu benehmen. Als er sah, daß ich es konnte, kehrten wir zu einer etwas entspannteren Beziehung zurück.«

Annemarie Kempf, eine genaue Beobachterin, sagte, sie habe nicht bemerkt, daß Speer über eine veränderte Haltung Hitlers bedrückt gewesen sei. »Er hätte nicht ausdrücklich darüber gesprochen, aber ich hätte es gespürt«, sagte sie. »Eine der bemerkenswertesten Eigenschaften Speers war seine Ruhe, seine Nonchalance; das war das erste, was fast allen an ihm auffiel. Doch wer ihn gut kannte, merkte, wann dieser Gleichmut Risse bekam, und das hing dann unweigerlich mit einer Äußerung oder Handlung Hitlers zusammen.« Laut Annemarie Kempf muß die »schmerzliche« Veränderung in Hitlers Haltung für Speer im nachhinein eine größere Bedeutung gewonnen haben, oder vielleicht hielt sie damals nur sehr kurz an.

»Als wir uns [im März 1942] in St. Johann trafen, war er ganz erfüllt von seiner Aufgabe und triumphierte über Hitlers rückhaltlose Unterstützung. Und als wir wieder in Berlin waren, fiel mir auf, daß sie einander täglich sahen oder zumindest in Verbindung standen, ganz abgesehen von den nötigen Besprechungen zur Rüstungsproduktion. Speer registrierte die intrigante Atmosphäre um Hitler jedoch sehr schnell und merkte zu seinem Leidwesen auch bald, wieviel Zeit es ihn kostete, sicherzustellen, daß die Intrigen nicht gegen ihn gerichtet waren.«

Als ich mit Speer über die Intrigen in Hitlers Umgebung sprach, sagte er zunächst, sie seien ihm vor seiner Ernennung zum Minister nicht wirklich aufgefallen. Dann schränkte er ein: »Na ja, es gab schon früh einen Menschen, der persönlich gegen mich intrigierte [Giesler], und natürlich hat Bormann mich nie gemocht und ich ihn auch nicht. Aber in jenen Jahren vor dem Krieg fühlte ich mich persönlich doch recht sicher. Ich gehörte ganz eindeutig zu Hitlers engstem Kreis, zu seiner ›Familie‹, wenn Sie so wollen, und das galt bis zu einem gewissen Punkt auch noch nach meiner Ernennung zum GBI, wahrscheinlich weil ich, auch wenn ich dann für die Luftwaffe baute und später neue Städte in den besetzten Gebieten plante, in gewisser Weise immer noch als Architekt arbeitete.

Hitlers Interesse und Aufgeschlossenheit für Architektur war nie auf Berlin, auf sein Amt oder auf die normale Arbeitszeit beschränkt. Das vor allem entspannte und stimulierte ihn, und so fanden die meisten unserer Treffen, Gespräche und Entscheidungen zum Thema Bauen nachts statt, in Berlin wie auf dem Obersalzberg.

Nach der Ernennung zum Minister änderte sich mein gesamtes Umfeld. Zumindest während der ersten Monate sah ich Hitler eigentlich nur noch formell – in seinem Büro, beim Mittagessen in Berlin oder im Führerhauptquartier, wo er von seinem Stab umgeben war, nicht mehr wie früher beim Abendessen und anschließend in Kreis der ›Familie‹, wo keine Notwendigkeit zu Intrigen bestand. In dieser Welt war er von Intrigen umgeben, von Leuten, die um seine Gunst, um Aufträge und Posten und um seine Zustimmung zu Plänen und Projekten buhlten, wobei jeder gegen jeden und zum Schaden aller anderen intrigierte. Hitler selbst war diesbezüglich recht naiv. Entweder nahm er die Intrigen in seinem Gefolge nicht wahr, oder er wollte sie einfach nicht zur Kenntnis nehmen. Obwohl er die sehr ärgerliche Gewohnheit hatte, dieselbe Aufgabe absichtlich zweimal zu vergeben, was automatisch Konkurrenz erzeugte, glaube ich nicht, daß er die Menschen aus emotionalen Gründen gegeneinander ausspielte, wie es in der Geschichte viele Herrscher getan haben. Nicht daß ihm das keinen Spaß gemacht hätte, aber er verstand wie gesagt das Wesen der Intrige nicht. Genauso wie er zwar gerne lachte, aber nur Sinn für derbe Scherze hatte, über die er allerdings Tränen lachen konnte.«

(Ein Beispiel für Hitlers primitiven Sinn für Humor ist Speers Beschreibung eines Vorgangs aus dem Jahr 1943, als Ribbentrops Mitarbeiter im Außenministerium diesem zum 50. Geburtstag eine schöne handgearbeitete Kassette mit Fotokopien all seiner Verträge und Abkommen schenken wollten. »Wir kamen in große Verlegenheit, als wir die Kassette füllen wollten«, hatte Ribbentrops Verbindungsmann im Führerhauptquartier, Botschafter Walter Hewel, Hitler erzählt. »Es gab nur noch wenige Verträge, die wir unterdessen nicht gebrochen hatten.« Hitler, schrieb Speer, hätten die Augen getränt vor Lachen.)

Einige Wochen nach seiner Amtsübernahme hatte Speer ein Gespräch mit den beiden Generälen Erhard Milch und Friedrich Fromm, die seine engsten Verbündeten und Helfer werden sollten. Sie waren sich darin einig, daß der Krieg im Osten vor dem Oktober gewonnen werden müsse, also mit den bereits verfügbaren Waffen und nicht mit denen, die erst noch produziert werden mußten. Sie stimmten im wesentlichen mit der Ansicht Todts überein, von der dieser Hitler vor seinem Tod so verzweifelt zu überzeugen versucht hatte: Wenn der Rußlandfeldzug nicht vor Einbruch des nächsten russischen Winters gewonnen werden könne, sei der Krieg verloren.*

Zumindest teilweise aufgrund dieses Gesprächs machte Speer Hitler zwei radikale Vorschläge. Zum Glück für die Alliierten konnte er sich mit keinem von beiden durchsetzen. Der erste und wichtigste sollte Hitler von der Notwendigkeit überzeugen, das gesamte deutsche Potential an Arbeitskräften einschließlich der Frauen zu mobilisieren. Zweitens wollte er die deutsche Wirtschaft komplett umstellen, um sie ähnlich der britischen den Erfordernissen des Krieges anzupassen; der erste Schritt sollte ein Moratorium für sämtliche nicht kriegswichtigen Bauprojekte sein.

Er verlor diese entscheidende Kraftprobe gleich zu Beginn seiner Amtszeit jedoch aus zwei fundamentalen Gründen. Erstens waren das ganze Land und vor allem Hitler und dessen Günstlinge so sehr an leicht errungene Siege gewöhnt, daß ihnen nicht nur der Gedanke einer möglichen Niederlage, sondern auch die Vorstellung eines jahrelangen Konfliktes als völlig abwegig erschien. Es gab weder Rüstungsreserven noch Produktionspläne für einen längeren Zeitraum als das jeweils nächste Halbjahr, da die gesamte deutsche Kriegswirtschaft auf Hitlers bis dahin ungeheuer erfolgreiche Strategie des Blitzkriegs abgestimmt war.

Zweitens war Hitler fest entschlossen, die deutsche Zivilbevölkerung die Kriegsfolgen nicht spüren zu lassen. Sie sollte soweit wie möglich alles haben, was sie brauchte, und zwar dank der Eroberung so großer Teile Europas mit ihren menschlichen und materiellen Ressourcen in größerer Fülle als je zuvor. Speer widersetzte sich jedoch fast von Anfang an diesem bequemen Weg. Der totale Krieg, so erklärte er Hitler, verlange Opfer und Disziplin von allen Deutschen, an der Front wie in der Heimat. Diese Forderung brachte ihn jedoch in Konflikt mit den persönlichen Interessen und Vorstellungen der privilegiertesten Männer Nazideutschlands, der Reichs- und Gauleiter, durchweg »alte Kameraden« Hitlers. Sie opponierten sofort gegen den Einsatz von Frauen in der Rüstungsproduktion – eine Tätigkeit, die für sie gegen das hehre Wesen der deutschen Frau verstieß – und gegen jede Einmischung in die Bauvorhaben, die sie zu ihrem eigenen Nutzen oder dem ihrer Länder planten.

Der Hauptakteur war hier Martin Bormann, Leiter der Parteikanzlei und ab 1943 »Sekretär des Führers«. Als Verwalter von Hitlers Finanzen war er für die endlosen Bauarbeiten auf dem Obersalzberg zuständig und betrachtete diesen als persönliches Lehen. Speers Vorschlag eines Moratoriums für

---

* Am 7. September 1942 brachte die Londoner *Times* einen Artikel mit dem Titel »The Speer Plan in Action«, der, wie Speer mir sagte, »mit verblüffender Genauigkeit« die Schlüsse zusammenfaßte, zu denen Fromm, Milch und er bei dem Gespräch im März gekommen waren.

zivile Bauten fand zwar zeitweise Hitlers Zustimmung, aber Bormann überzeugte Hitler bald, daß die Bauarbeiten auf seinem Berg weitergehen müßten. (»Der Berg sah bis zum Schluß wie eine riesige Baustelle aus«, sagte Speer. »Als die Amerikaner das Gelände besetzten, waren noch immer Arbeitstrupps da, die eifrig an neuen Villen und Bunkern arbeiteten, die Bormann in Auftrag gegeben hatte.«)

Die anderen Gauleiter und Parteibonzen folgten sämtlich Bormanns Beispiel. Sauckel, der von Hitler besonders geschätzte Gauleiter von Thüringen, bestand darauf, an seinem »Parteiforum« in Weimar weiterbauen zu dürfen; Robert Ley, der Leiter der Deutschen Arbeitsfront, der auf seinem landwirtschaftlichen Musterbetrieb mit Schweinen experimentierte, brauchte einen riesigen neuen Schweinestall; der Gauleiter von Posen mußte eine neue Residenz haben und wollte unbedingt die Burg von Posen und das wichtigste Hotel am Ort renovieren. (Über ein Jahr später sollten sich Speer und Goebbels, als sie dort eine Gauleiterkonferenz besuchten, wütend über die verbotene Verwendung von Bronze bei den Türgriffen des Hotels beschweren.) Ley, Keitel und eine Reihe anderer hoher Beamter mußten unbedingt luxuriöse Privatzüge haben; und als die Bombenangriffe zunahmen, verlangten alle Gauleiter sowie auch Göring und Hitler Privatbunker in größerer Zahl und mit höherem Sicherheitsstandard. Hitler selbst wollte das repräsentative Schloß Kleßheim bei Salzburg renovieren lassen, Himmler hatte in der Nähe von Berchtesgaden ein Anwesen für seine »zweite Familie« erworben, wie er sie nannte, bestehend aus seiner Geliebten und ehemaligen Sekretärin Hedwig Potthast und den beiden gemeinsamen Kindern.

(Dort hatte der 14jährige Martin Bormann, Bormanns ältester Sohn und Hitlers Patenkind, gegen Kriegsende ein Erlebnis, das der Keim zu einem letztlich ganz anderen Leben sein sollte. Damals war er natürlich ein begeisterter junger Nazi und ungeheuer stolz auf seinen »strengen, aber gerechten« Vater und auf den Führer – bezeichnenderweise hieß er in seiner Familie und in Hitlers Kreis »Krönzi«, Kronprinz.

Martin war 60, als wir uns 1990 kennenlernten; ich nahm damals an der Sitzung einer Therapiegruppe teil, die sich aus Kindern hochrangiger Nazis zusammensetzte. Großgewachsen und mit kurzen, eisgrauen Haaren und asketischen Gesichtszügen, war der ehemalige Priester und spätere Lehrer, der sehr lustig sein konnte und wie seine Frau Cordula gerne lachte, im Grunde ein tiefernster Mensch. Bei dieser Sitzung im Rahmen eines Projekts, das der israelische Psychologe Dan Bar-On initiiert hatte, um den Kindern nationalsozialistischer »Täter« bei der Bewältigung ihrer Geschichte zu helfen, erzählte Martin ein furchtbares Erlebnis aus dem Jahr 1944, auf das er in seinen späteren Gesprächen mit mir noch mehrere Male zu sprechen kommen sollte.

Er war damals Schüler an einem Internat im bayerischen Feldafing und machte gerade Ferien zu Hause auf dem Berghof. Vormittags war er wie immer während der Ferien mit Botengängen für seinen Vater und Hitler beschäftigt, für die er Filme, Fotos und Karten hin und her trug. Eines Nachmittags lud Frau Potthast seine Mutter, seine jüngere Schwester Eike und ihn in ihr neues Haus ein. Er erinnerte sich, daß es in einem »etwas verwilderten Garten stand. Wir bekamen Kakao und Kuchen; es war nett.« Später sagte Frau Potthast, sie wolle den Besuchern etwas Interessantes zeigen, eine besondere Sammlung, die Himmler in einer ganz speziellen Mansarde aufbewahre. Sie führte sie hinauf in das Dachgeschoß.

»Als sie die Tür öffnete und wir hineingingen, begriffen wir zuerst gar nicht, was wir da sahen – bis sie es uns erklärte, ganz wissenschaftlich, wissen Sie.« Martins Stimme war tonlos geworden. »Es waren Tische und Stühle aus Teilen menschlicher Körper. Da war ein Stuhl ... die Sitzfläche war ein menschliches Becken und die Beine menschliche Beine – auf menschlichen Füßen. Und dann nahm sie ein Exemplar von Hitlers *Mein Kampf* von einem Stapel – ich konnte nur daran denken, daß mein Vater gesagt hatte, ich brauche es nicht zu lesen, es sei von den Ereignissen überholt. [Wie Speer mir erzählte, hatte Hitler zu ihm genau dasselbe gesagt.] Sie zeigte uns den Einband – aus Menschenhaut, sagte sie – und erklärte uns, daß die Dachauer Häftlinge, die ihn gemacht hätten, dazu Rückenhaut verwendet hätten.«

Sie seien geflohen, sagte Martin; seine Mutter habe die Kinder vor sich her die Treppe hinuntergeschoben. »Eike war schrecklich verstört, und ich auch.« Es half nichts, daß Gerda Bormann, um die Kinder zu beruhigen, ihnen sagte, der Vater habe sich geweigert, das Buch im Haus zu haben, als Himmler ihm ein ähnliches Exemplar schickte.

Etwas mehr als ein Jahr später war alles vorbei, und Martin war ein mittelloser, 15jähriger Flüchtling auf einem Bauernhof im Salzburger Land, der nicht wußte, wo seine Familie war und ob seine Mutter, seine Geschwister oder sein Vater überhaupt noch lebten. Eines Tages sah er in einer Salzburger Zeitung Fotos von den entsetzlichen Dingen, die in den Konzentrationslagern entdeckt worden waren. »Die Leute sagten, die Fotos müßten Fälschungen sein, aber ich wußte, daß alles wahr war«, sagte er, das Gesicht rot vor Anspannung. »Nach dem, was ich in dem Dachgeschoß gesehen hatte, habe ich nie mehr daran gezweifelt ...«

»Diese Schweine«, sagte einer der Zuhörer, als Martin fertig erzählt hatte. »Diese Leute Schweine zu nennen«, sagte der Sohn Martin Bormanns, »ist eine Beleidigung für die Schweine.«)

Ende Frühjahr 1942 erkannte Speer, daß er mit den Gauleitern nicht allein fertig werden würde und daß er, wenn er bei der Beschaffung und Verteilung von Arbeitskräften ihre Unterstützung wollte, einen von ihnen in seinem Stab brauchte. Er schlug Hitler vor, seinen alten Gönner Karl Hanke, inzwischen

Gauleiter von Niederschlesien, mit dieser Aufgabe zu betrauen. Doch wieder konnte Speer sich nicht durchsetzen. Hitler sagte, Hanke sei noch nicht lange genug Gauleiter, um genügend Einfluß zu haben. Er habe sich mit Bormann besprochen und werde Fritz Sauckel zum Generalbevollmächtigten für den Arbeitseinsatz ernennen – er sei dafür der richtige Mann.

»Tun Sie für den Rüstungsminister, was Sie können«, beschwor er Sauckel zwei Tage später, als er seinem »alten Kameraden« in Speers Gegenwart die Ernennungsurkunde überreichte. In den vom Reich besetzten Ländern lebten 250 Millionen Menschen, die Deutschland jetzt als Arbeitskräfte zu Verfügung stünden, sagte er; Sauckel werde also keine Schwierigkeiten haben.

Doch Speer, der das radikale Programm kannte, mit dem Ernest Bevin in Großbritannien nicht nur alle Männer, sondern auch Millionen von Frauen, die nicht im aktiven Dienst standen, für die Produktion mobilisierte und dorthin schickte, wo sie gebraucht wurden, versuchte, Sauckel von der Notwendigkeit zu überzeugen, auch aus der großen Zahl in Frage kommender deutscher Frauen Arbeitskräfte zu rekrutieren. Sauckel und der von Sauckel zu Hilfe gerufene Göring lehnten das Ansinnen rundweg ab. Sauckel wiederholte das Credo der Gauleiter, daß Fabrikarbeit die deutschen Frauen sittlich schädige und womöglich sogar deren Gebärfähigkeit gefährde, und Göring nickte dazu heftig. (Als Speer im »Spandauer Entwurf« über diese Zeit berichtete, fügte er in Klammern für Wolters hinzu: »Wenn die deutschen Frauen das lesen, werden sie Göring und Sauckel loben und auf mich böse sein.«)

Nachdem Sauckel Hitlers Zustimmung eingeholt hatte, informierte er seine Gauleiterkollegen über folgenden grundlegenden Beschluß: »Um der deutschen Hausfrau, vor allem der kinderreichen Mutter ... eine fühlbare Entlastung zuteil werden zu lassen und ihre Gesundheit nicht weiter zu gefährden, hat mich der Führer beauftragt, aus den Ostgebieten ca. 400 000 bis 500 000 ausgesuchte gesunde und kräftige Mädchen in das Reich hineinzunehmen.«

(Bis 1943, schreibt Speer in einer Anmerkung der *Erinnerungen,* habe Großbritannien die Anzahl der Hausgehilfinnen um zwei Drittel reduziert, von 1 200 000 im Juni 1939 auf 400 000. Im selben Zeitraum sei sie in Deutschland nur um 140 000, von 1 582 000 auf 1 442 000 gesunken.)

Fast sofort versuchte man, junge Leute im besetzten Osten und Westen als Freiwillige für den Arbeitseinsatz in Deutschland zu gewinnen. Im Nürnberger Prozeß wurden dem Gericht Plakate vorgelegt, die in Polen und der Ukraine verteilt worden waren und alle möglichen Anreize boten – Geld, gute Unterbringung, medizinische Versorgung, regelmäßiger Urlaub in der Heimat und, abgesehen von diesen scheinbar paradiesischen Bedingungen für die Arbeiter selbst, zusätzliche Nahrungsmittel- und Kleiderzuteilungen für die Familien daheim. Es hätte eigentlich funktionieren müssen, aber es funktionierte nicht. Denn obwohl die Propaganda zunächst besonders in Polen, aber auch in der Ukraine Erfolg hatte, war die Zahl der Freiwilligen schon bald zu gering, so daß sie mit anderen, weniger freundlichen Mitteln gesteigert werden mußte. Auch konnten die guten Absichten zahlreicher deutscher Unternehmer und Bauern, die ihre ausländischen Arbeiter so gut sie konnten mit zusätzlicher Nahrung und Freizeit versorgten, letztlich nicht mit den immer strenger werdenden staatlichen Vorschriften Schritt halten. Diese legten fest, daß die Ausländer Untermenschen seien. So sagte Erich Koch, der Reichskommissar für die Ukraine, am 5. März 1943 in einer Rede vor in Kiew stationierten Parteimitgliedern: »Wir sind ein Herrenvolk, das bedenken muß, daß der geringste deutsche Arbeiter rassisch und biologisch tausendmal wertvoller ist als die hiesige Bevölkerung.« Und Himmler erklärte den Führern der Hitler-Jugend sieben Monate später:

Ob die anderen [östlichen] Völker in Wohlstand leben oder ob sie verrecken vor Hunger, das interessiert mich nur so weit, als wir sie als Sklaven für unsere Kultur brauchen, anders interessiert mich das nicht. Ob bei dem Bau eines Panzergrabens 10 000 russische Weiber an Entkräftung umfallen oder nicht, interessiert mich nur insoweit, als der Panzergraben für Deutschland fertig wird.

Obwohl Speer seine 20jährige Haftstrafe im wesentlichen für den Einsatz von Zwangsarbeitern erhielt, geht er auf dieses Thema in den *Erinnerungen* kaum ein. Wenn er sich darauf bezieht, dann um Sauckel die Schuld zu geben, der gehängt wurde, weil er Hitlers Auftrag so beflissen (und meist zum Nutzen Speers) ausgeführt hatte, oder Himmler, der mit ähnlichem Eifer KZ-Häftlinge für die Rüstungsproduktion beschafft hatte.

Speer gesteht im ganzen Buch nur in einer Anmerkung seine Mitverantwortung für diese Verbrechen ein. Sie lautet: »Für Sauckels unglückselige Arbeiterpolitik fühle ich mich mitverantwortlich. Trotz aller Meinungsverschiedenheiten war ich immer mit den von ihm betriebenen Massendeportationen ausländischer Arbeiter nach Deutschland einverstanden.« Dann wendet er jedoch die für ihn typische Taktik an, von jedem Schuldeingeständnis abzulenken, sobald es gemacht war, indem er den Leser auf das Buch *Foreign Labor in Nazi Germany* von Edward L. Homze verweist, das »über die Details des sich zwischen Sauckel und mir bald entwickelnden Kleinkrieges erschöpfende Auskunft gibt ... Ich pflichte dem Verfasser bei, daß es sich bei diesen Ränkünen und Kämpfen um typische Vorgänge handelt.«

Auch hier ging er im »Spandauer Entwurf« sehr viel sensibler vor und stellte seiner Schilderung eine Art persönlichen Kommentar für Wolters voran, von dem man sich wünscht, daß er auch im Buch erschienen wäre. Speer hatte das betreffende Kapitel am 21. März 1953 begonnen, vierzehn Seiten mit technischen Details und Anekdoten gefüllt und danach eine eintägige

Pause eingelegt, bevor er am 23. März zu einem, wie er schreibt, »trüben Abschnitt« kam:

Nun, ich mache es so breit als möglich. Es ist dann leichter zu kürzen, als umgekehrt. Außerdem entspricht es der Arbeit damals, daß sie in Breite und vielfältig war. Ich will auch die negativen Seiten nicht übergehen. Falls so was heute noch unangenehme Erinnerungen hervorruft und Schaden verursachen kann, muß man eben warten mit der Veröffentlichung, bis so was nur noch historisch von Interesse ist. Dann bekommt so eine Veröffentlichung vielleicht nur noch einige tausend Auflagen, aber das schadet nicht, da ich *damit* nicht Geld verdienen möchte. Ich habe im Gegenteil die Absicht, wenn ich sehe, daß ich beruflich [als Architekt] einigermaßen gut vorwärtskomme, den Ertrag daraus nicht für mich zu nehmen, da es eigentlich dreckig ist, mit so was Geld zu machen.

Ich komme jetzt zu einem recht trüben Abschnitt, von welcher Seite man ihn auch betrachtet, der einen schweren Schatten auf die von mir geleitete Kriegsarbeit legt, der aber auch nicht ausradiert werden soll.

Sauckel, »der neue Herr des Arbeitseinsatzes«, schrieb Speer weiter, habe ihm und Hitler versprochen, alle ihre Sorgen wegen des Arbeitskräftemangels zu beseitigen.

Ich meinerseits half ihm, seine neue Autorität zu stärken ... Das, was da Sauckel versprochen hatte, war sehr viel: Jedes Jahr wächst im Frieden ein neuer Jahrgang von männlicher Jugend heran, der den Platz der Überalterten oder Gestorbenen einnimmt. Ein derartiger Jahrgang war 600 000 Menschen. Diese gingen jetzt zur Wehrmacht, mußten also auf der Seite der Beschäftigten eine entsprechende jährliche Lücke verursachen. Einige Hunderttausend wurden jedes Jahr aus den »Unabkömmlichen« zur Wehrmacht eingezogen, nicht nur aus der Rüstung, sondern auch aus anderen Teilen der mir noch nicht unterstellten Industrie ...

Dazu aber verlangten die neuen Rüstungsprogramme ... weitere Hunderttausende, so daß der Gesamtbedarf der gesamten Wirtschaft im Jahre bei etwa 1 Mill. Arbeitskräften lag. – Das versprach Sauckel rundweg, zu erfüllen.

Er hatte zunächst einen überraschenden Erfolg, da er aus der Ukraine Arbeiter nach Deutschland warb, die freiwillig kamen. Mir wurde damals erzählt, daß deren Züge mit Grün geschmückt und mit fröhlichen Aufschriften versehen die Ukraine verließen. Ob es stimmt, weiß ich nicht. Aber es ist durchaus möglich. Hatte ich doch von Bekannten [von der] unbeschreiblichen Armut [gehört, die dort herrschte] ... Auch hatten sie vielleicht aus dem Leben unserer durchmarschierenden Soldaten erkannt, daß dort im Westen ein ihnen unbekanntes, höheres Niveau des Lebens herrschen muß.

Die Züge kamen an – die neuen Arbeiter mußten auf einen Befehl der SS wie Gefangene hinter Stacheldraht, damit sie nicht kommunistische Propaganda betreiben können, der Postverkehr mit den Angehörigen wurde beschränkt. Sauckel, das muß man ihm lassen, war darüber entsetzt, und da ich gerade zum Hauptquartier fuhr, trug ich das Hitler vor, der verfügte, daß der Stacheldraht wegfallen müsse. – Einer meiner Besuche bei Krupp in Essen ergab, daß die neuen russischen Arbeiter mit so niedrigen Lebensmittelrationen versehen wurden, daß sie damit nicht arbeiten konnten. Neuer Schritt bei Hitler, der bestimmt, daß sie besser ernährt werden sollen. Eigentlich ging mich beides nichts an. Aber zu dieser Periode nahm Sauckel meine Mithilfe noch gerne in Anspruch.

»Tatsächlich kamen Sauckel und ich ganz gut miteinander zurecht«, erzählte Speer mir später. »In mancher Hinsicht kam ich mit ihm sogar besser zurecht als mit Saur. Wenigstens war er nicht eingebildet; er war eben, wie er war, ein einfacher, ziemlich primitiver Mann. Seine Familie war recht nett; wir haben sie einmal in Weimar besucht – er hatte viele Kinder, und sie waren *sehr* nett. Natürlich war er seiner gewaltigen Aufgabe nicht gewachsen; seine Erfahrungen waren politischer Art gewesen, nicht verwaltungstechnischer oder organisatorischer. In Thüringen, wo er Gauleiter war, hatte Bormann seine politische Karriere begonnen – daher seine Loyalität zu Sauckel. Wer Hitler-Deutschland verstehen will, darf auf keinen Fall die Bedeutung der ›alten Kämpfer‹ für das System unterschätzen. Sie waren nicht nur in vieler Hinsicht Hitlers treueste Diener, sie gaben ihm auch den emotionalen Rückhalt.

Wissen Sie, Hitler war ein Chamäleon. Er wechselte die ›Farbe‹ – also Persönlichkeit, Ausdruck, Verhalten und vor allem seine Art zu reden – je nach Tageszeit, Ort oder der Gruppe, mit der er gerade zusammen war ... aber das alles war fast immer berechnet. Es war Teil seines Genies, entsprach aber auch einem Bedürfnis. Gelöst begegnete er nur zwei Arten von Menschen: der ›Familie‹ auf dem Berghof und den ›alten Kämpfern‹. Von diesen mochte er Sauckel besonders gern. Er hatte ihn früher oft in Weimar besucht und war bei diesen Gelegenheiten im alten Hotel Elephant eingekehrt, das Sauckel eigens für ihn hatte renovieren lassen. In der Öffentlichkeit konnte Sauckel sehr jähzornig und wütend sein, aber privat war er wirklich ganz nett ...«

Ich fragte Speer, was er empfunden habe, als Sauckel zum Tode verurteilt worden sei. »Ich weiß nicht, was ich darauf antworten soll«, sagte er, doch dann versuchte er es trotzdem. »Es wurden so viele zum Tode verurteilt, daß man gefühlsmäßig abstumpfte; man verspürte nur noch diese, ja, schreckliche, schändliche Erleichterung, daß es einen nicht selbst getroffen hatte.«

Nach ein paar Augenblicken fügte er hinzu: »Seinetwegen wirklich schlecht gefühlt habe ich mich davor, während des Prozesses, als er eines Tages aus heiterem Himmel zu mir sagte, es täte ihm leid wegen der Schwierigkeiten, die wir gehabt hätten. Ich murmelte etwas in der Richtung, es sei Bormann gewesen, der die Schwierigkeiten verursacht habe, was zwar stimmte, im Zusammenhang mit seiner freundlichen Bemerkung aber bedeutungslos war. Und daran dachte ich zuerst, als ich von seiner Verurteilung hörte: daß er etwas Versöhnliches zu mir gesagt hatte, und daß ich nicht gewußt hatte, wie ich die Freundlichkeit erwidern sollte.«

Daß Speer damals nicht hatte reagieren können, war ein weiteres Beispiel für die »Mauer« zwischen ihm und den anderen, über die er bereits mir mir gesprochen und deren Existenz er mit seinen letzten traurigen Worten erneut bestätigt hatte. Im »Spandauer Entwurf« fuhr er fort:

Eine neue Schwierigkeit taucht auf, die russ. Arbeiter bekommen nur einen Bruchteil des Lohnes der deutschen Arbeiter und fühlen sich betrogen. Der Grund: Hitler und Göring, als der wirtschaftliche Machthaber, hatten sich bei der Eroberung Rußlands ausgedacht, daß dort ein bedeutend niedereres Preisniveau erzwungen werden solle als das in Deutschland vorhandene. Damit sollten dort sehr viel billiger landwirtschaftliche Produkte erzeugt, die Differenz zu den deutschen Preisen an der Grenze als Ausgleichszoll eingenommen und dadurch die Kriegskosten auch später ausgeglichen werden ... Eine Sitzung bei Göring in Karinhall, zu der mich Sauckel als Assistent mitzugehen bittet, ergibt ein Nachgeben Görings und eine Erhöhung der russ. Löhne, aber auch noch bedeutend niedriger als die deutschen.

Hitler hatte bei einem Abendessen in seinem Rastenburger Hauptquartier am 4. Mai 1942 ähnlich argumentiert:

... die Einschaltung von 20 Millionen billigen ausländischen Arbeitskräften in den deutschen Wirtschaftsprozeß [bringe] einen Gewinn, der die durch den Krieg entstandenen Reichsschulden bei weitem übertreffe. Man müsse nur einmal errechnen, wieviel dadurch gewonnen würde, daß der ausländische Arbeiter statt – sagen wir – RM 2000 wie der Inlandsarbeiter nur RM 1000 jährlich verdiene.
Es sei jedoch bemerkenswert, daß dies den wenigsten deutschen Wirtschaftsführern bisher aufgefallen sei ...

Speer schrieb im »Spandauer Entwurf« weiter:

Mit allen diesen anfänglichen Fehlern war eine zunächst günstig aussehende Entwicklung abgestoppt, da sich in der Ukraine der Empfang im westlichen Paradies sicher mit der dort üblichen Geschwindigkeit herumsprach. Aber selbst, wenn alles zu Anfang besser gelaufen wäre, hätte Sauckel niemals die verlangten Zahlen an Arbeitern auf freiwilliger Basis nach Deutschland bekommen. – Unterdessen wurden [von seiten der Industrie] Bedenken aller Art bei mir vorgebracht. Da war die Schwierigkeit der sprachlichen Verständigung mit dem deutschen Aufsichtspersonal, Dolmetscher in dem Umfange seien nicht zu beschaffen ... Wo brauchen wir neue, zusätzliche Arbeitskräfte? Auch nur in den wichtigen Fertigungen. Also schleusen wir gerade da die Ausländer herein, wo wir bestrebt sind, geheimzuhalten, wo wir Sabotage befürchten müssen.

Offenbar um diese Zeit schlug Speer (vergeblich) die volle Mobilisierung der deutschen Frauen vor. Im »Spandauer Entwurf« schrieb er:

Sauckel wurde nun erst hemmungslos aktiv. Er dehnte seine Aktionen nicht nur über ganz Rußland, sondern auch auf Frankreich, Belgien, Holland aus. Er hatte dabei rücksichtslose Methoden, die ihn in Gegensatz zu den dortigen Befehlshabern und Verwaltungsstellen brachten. Dabei hatte er die Absicht, die ausländischen Arbeiter, wenn sie erst einmal in Deutschland waren, soweit das im Kriege überhaupt ging, möglichst gut zu behandeln. Es schwebte ihm die phantastische Idee vor, daß diese Arbeiter, wieder in ihre Heimat zurückgekehrt, Propagandisten des Nationalsozialismus sein sollten.

In Nürnberg wurden zahllose Dokumente vorgelegt, aus denen die von Speer erwähnten »rücksichtslosen Methoden« hervorgingen. Der stellvertretende amerikanische Ankläger Thomas Dodd hatte, als er am 11. Dezember 1945 zum Thema Zwangsarbeit sprach, seine Position bereits mit letzter Deutlichkeit formuliert. Er sagte, die nationalsozialistische Fremdarbeiterpolitik, für die Speer und Sauckel die Hauptverantwortung getragen hätten, sei

... eine Politik der Massendeportation und Massenversklavung, die auch mit Gewalt, Betrug, Terror, Brandstiftung durchgeführt wurde, mit Mitteln, die ... jede Rücksicht auf Barmherzigkeit außer acht ließen. Diese Arbeitspolitik war gleichzeitig eine Politik der Unterernährung und Überarbeitung der ausländischen Arbeiter, die sie jeder Form von Erniedrigung, Brutalität und Unmenschlichkeit unterwarf. Es war eine Politik, die die ausländischen Arbeiter und Kriegsgefangenen zwang, Kriegsmaterial herzustellen und an anderen Kriegsunternehmungen teilzunehmen, die gegen ihr eigenes Vaterland gerichtet waren ... eine Politik ... die ... eine flagrante Verletzung der Gesetze des Krieges und der Gesetze der Menschlichkeit darstellte.

Unter den ersten der vielen Dokumente, die Dodd als Beweise vorlegte, war eine Mitteilung Sauckels an Rosenberg, den Reichsminister für die besetzten Ostgebiete, vom 20. April 1942; das zweite hier zitierte war die Rede, die der weiter oben bereits genannte Reichskommissar für die Ukraine Erich Koch am 5. März 1943 in Kiew gehalten hatte. (Speer behauptete den Akten zufolge nie, von diesen Dokumenten damals nichts gewußt zu haben.) Sauckel schrieb:

> Der Zweck des gigantischen neuen Arbeitseinsatzes ist nun, alle jene reichen und gewaltigen Hilfsquellen, die uns das kämpfende Heer unter der Führung Adolf Hitlers in so überwältigend reichem Ausmaß errungen und gesichert hat, für die Rüstung der Wehrmacht und ebenso für die Ernährung der Heimat auszuwerten. Die Rohstoffe wie die Fruchtbarkeit der eroberten Gebiete und ebenso deren menschliche Arbeitskraft sollen durch den Arbeitseinsatz vollkommen und gewissenhaft zum Segen Deutschlands und seiner Verbündeten ausgenützt werden.

Die Forderung nach weiteren Millionen von Sklaven aus dem Osten wurde immer häufiger erhoben. Im Frühjahr 1942 erhielt Sauckel wie bereits erwähnt den Auftrag, zwei Millionen Männer und »400000 bis 500000 gesunde Mädchen« nach Deutschland zu bringen. Am 17. März 1943 verlangte er in einem weiteren Brief an Reichsminister Rosenberg noch eine Million Männer und Frauen aus den Ostgebieten, die innerhalb von vier Monaten überstellt werden sollten. Solche Forderungen, Millionen Sklaven nach Deutschland zu schicken, wurden mit wachsender Brutalität bis fast zum Ende des Krieges gestellt – wie gezeigt werden wird, selbst dann noch, als Unternehmer, die meisten Mitglieder des Oberkommandos der Wehrmacht und Speer schon genau wußten, daß der Krieg verloren war.

Die Bedingungen, unter denen die zwangsweise nach Deutschland deportierten Männer und Frauen arbeiten mußten, kommen anschaulich in den Vorschriften zum Ausdruck, die der badische Finanz- und Wirtschaftsminister unter dem Titel »Bestimmungen über die Behandlung ausländischer Landarbeiter polnischen Volkstums« schon Mitte 1941 erließ.

Die Arbeiter, so das Dokument, hätten grundsätzlich kein Beschwerderecht, dürften die Ortschaften, in denen sie beschäftigt seien, nicht verlassen und keine Fahrräder benutzen. Es war ihnen ferner verboten, Kirchen, Gaststätten, Kinos, Theatervorstellungen oder sonstige kulturelle Veranstaltungen zu besuchen, Geschlechtsverkehr auszuüben, Züge, Busse oder andere öffentliche Verkehrsmittel zu benutzen oder aus irgendeinem Grund den Arbeitsplatz zu wechseln. Eine zeitliche Begrenzung der Arbeitszeit bestand nicht. Die Arbeiter sollten nach Möglichkeit aus der Hausgemeinschaft entfernt werden und »in Stallungen usw.« untergebracht werden. Außerdem stand »das Züchtigungsrecht jedem Betriebsführer für die Landarbeiter polnischen Volkstums zu, sofern gutes Zureden und Belehrungen ohne Erfolg waren« [andere Dokumente enthalten abstoßend genaue Vorschriften, wie die »Züchtigung« zu erfolgen hatte].

Die Verordnung, die Sauckel ein Jahr später zur Behandlung von Hausarbeitern aus dem Osten durch deutsche Hausfrauen erließ, spiegelt diese bereits etablierten Regeln. »Ein Anspruch auf Freizeit besteht nicht … Jedoch kann ihnen bei Bewährung einmal wöchentlich als Belohnung die Gelegenheit gegeben werden, sich drei Stunden ohne Beschäftigung außerhalb des Haushalts aufzuhalten, dieser Ausgang muß bei Einbruch der Dunkelheit, spätestens jedoch um 20.00 Uhr beendet sein. Der Besuch von Gaststätten, Lichtspiel- oder sonstigen Theatern … ist verboten. Desgleichen ist der Kirchenbesuch untersagt … Die Anwerbung der hauswirtschaftlichen Ostarbeiterinnen erfolgt auf unbestimmte Zeit.«

Der Bericht über sein erstes Jahr als Generalbevollmächtigter für den Arbeitseinsatz, den Sauckel am 15. April 1943 Hitler vorlegte, bringt seinen Erfolg deutlich zum Ausdruck: »… darf ich Ihnen melden, daß vom 1. April vorigen Jahres bis zum 31. März dieses Jahres der deutschen Kriegswirtschaft 3 638 056 neue fremdvölkische Arbeitskräfte zugeführt werden konnten … [Davon] wurden im Bereich Rüstung beschäftigt 1 568 801 …«

Im Frühjahr und Frühsommer 1942 – als Westeuropa und ein Großteil Osteuropas immer stärker für die deutsche Kriegsmaschinerie eingespannt wurden und Rußland offensichtlich kurz davor stand, wie das restliche Europa »blitz-besetzt« zu werden – machte man sich in Deutschland große Hoffnungen auf ein frühes und siegreiches Ende des Krieges. In den »Tischgesprächen« von April bis Juli 1942 erwähnt Hitler den Krieg kaum, und wie Speer im »Spandauer Entwurf« schreibt, berichteten die Zeitungen des Reichs über die jüngste Offensive im Osten, als sei kein weiterer russischer Widerstand mehr zu erwarten.

General Fromm, mit dem Speer einmal die Woche in einem Nebenzimmer des Restaurants Horcher zu Mittag aß, teilte diesen Optimismus nicht. Deutschland habe nur dann noch eine Chance, den Krieg zu gewinnen, sagte er Ende April bei einem dieser Treffen zu Speer, wenn eine neue Waffe von einzigartiger Wirkungskraft entwickelt würde. Er stehe mit einer Gruppe von Wissenschaftlern in Verbindung, die in der Lage seien, eine Waffe herzustellen, die ganze Städte auslöschen und vielleicht sogar die gesamten Britischen Inseln außer Gefecht setzen könne. Fromm bot an, Speer mit diesen Männern bekannt zu machen, die nicht seinem Ministerium, sondern dem Ministerium für Erziehung und Wissenschaft zugeordnet seien, von dem sie allerdings denkbar knapp gehalten würden.

»Sie müssen wissen«, sagte Speer zu mir, »ich verstand so gut wie nichts von der wissenschaftlichen Seite und hatte auch kein besonderes Interesse daran. Die Wissenschaften gehörten eigentlich zu Göring; ich war mehr für technische Dinge verantwortlich. Aber als ich an jenem Tag im Mai 1942 diese unglaublichen Leute kennenlernte, wurden mir plötzlich Möglichkeiten bewußt, an die ich vorher nicht einmal gedacht hatte.«

Speers Bericht über seine Haltung zur Produktion einer Atombombe und über die Maßnahmen, die er nach mehreren Gesprächen mit den Nobelpreisträgern Otto Hahn und Werner Heisenberg und anderen Physikern des Kaiser-Wilhelm-Instituts ergriff, fällt im »Spandauer Entwurf« viel knapper und wieder einmal auf subtile Weise anders aus als im Buch. Der verschiedenartige Akzent im Buch zeigt deutlich, welche Auswirkung die Freiheit und die Auseinandersetzung mit dem Lebensgefühl der Jugend der späten sechziger Jahren auf sein Denken hatten.

Im »Spandauer Entwurf« erinnert sich Speer, er sei von der ersten Begegnung mit diesen »sagenhaften Männern« überwältigt gewesen, und obwohl sein Bericht sehr kurz ist, war er ganz offensichtlich entschlossen, die Physiker beim Bau einer Atombombe zu fördern und zu unterstützen.

Ihre Gruppe, sagte Heisenberg zu Speer, sei nach Otto Hahns Entdeckung der Kernspaltung 1938 auf dem Gebiet der Kernforschung führend gewesen und habe nach Kriegsausbruch mit Unterstützung der Militärs in gewissem Umfang nützliche Arbeit geleistet. Die Wissenschaftler hätten jedoch nie die für derart schwierige und kostspielige Forschungsarbeiten notwendige bedingungslose Unterstützung erhalten und seien deshalb zweifellos weit hinter die Amerikaner zurückgefallen, die offensichtlich gewaltige Mittel in die Kernforschung steckten. Außerdem – auch darauf wiesen die Wissenschaftler ganz offen hin – profitierten die Amerikaner davon, daß einige der bedeutendsten deutschen Wissenschaftler aus Deutschland vertrieben worden und in die Vereinigten Staaten emigriert seien.

Als Speer fragte, was die Gruppe an Geld, Material und zusätzlichen Mitarbeitern benötige, um weiterzukommen, sagten die Wissenschaftler, ein paar hunderttausend Mark, die Freistellung einiger eingezogener junger Wissenschaftler, einige Baracken und kleine Mengen rationierter Metalle wie Stahl, Nickel und anderer würden genügen. In einem ersten Schritt wollten sie ein kleines Zyklotron bauen.

Speer war über die Bescheidenheit dieser Forderungen verblüfft und sagte, als Rüstungsminister könne er ihnen leicht ein Vielfaches bewilligen. Doch Heisenberg erwiderte, sie seien mit ihren Forschungsarbeiten zu sehr im Rückstand, größere Mittel könnten deshalb zu diesem Zeitpunkt noch nicht verarbeitet werden. Zuerst müßten vorbereitende Experimente durchgeführt werden, die eine wesentliche Voraussetzung für »diesen Großversuch« seien.

Hitlers Wissen über die Kernforschung beschränkte sich laut Speer auf die Mißbilligung all dessen, was auch nur entfernt mit Einstein in Verbindung gebracht werden konnte, auf den er einen irrationalen Haß entwickelt hatte. Es war Hitlers Ablehnung der von ihm so genannten »Jüdischen Physik« gewesen, die im Ministerium für Erziehung und Wissenschaft zu der kurzsichtigen Entscheidung geführt hatte, die Atomwissenschaftler nicht zu unterstützen. 1953 schrieb Speer in Spandau in einem offenen Eingeständnis seiner Haltung während des Krieges:

Wir hatten uns durch den unmenschlichen Haß der Führung hier ein entscheidendes Kampfmittel entgehen lassen. Hätte man – ich vermeide das ominöse Wort so gut es geht – die Hunderte von Millionen, die in die letztlich wirkungslose gesteuerte Rakete investiert wurden, den Wissenschaftlern der Atomphysik seit 1933 gegeben, so wäre das für den Krieg nützlicher gewesen.

Als klar gewesen sei, daß selbst mit der jetzt angebotenen Unterstützung lange Zeit keine Ergebnisse zu erwarten sein würden, schrieb Speer, habe er tunlichst vermieden, Hitler über die phantastischen Möglichkeiten zu informieren. Speer wußte nur zu gut, daß Hitler, wäre seine Begeisterung erst einmal geweckt worden, sämtliche Probleme ignoriert und in fast völliger Verkennung aller wissenschaftlichen Erfordernisse auf sofortigen Resultaten bestanden hätte. Aus demselben Grund hatte Speer auch monatelang, doch letztlich erfolglos versucht, jeden persönlichen Kontakt zwischen Hitler und den Leuten zu verhindern, die an der anderen »Wunderwaffe« arbeiteten, der Rakete.

Weil er gegen das Ministerium für Erziehung und Wissenschaft, das die Einberufung der wertvollen jungen Wissenschaftler nicht verhindert hatte, Unterstützung brauchte, schlug er Göring vor, den kriegswichtigen Bereich der Forschung unter seine Fittiche zu nehmen (er schmeichelte Göring damit so, daß dieser ihm half, die Zurückstellung der jungen Männer zu erwirken). »Aber auch ihm sagte ich nichts von der Atombombe aus dem gleichen Grunde wie bei Hitler«, schrieb er. Aber sein Vorschlag, so sagte er, riß Göring kurzfristig aus seinem »Dornröschenschlaf«, und er half ihm tatsächlich, »einige hundert junge Wissenschaftler von der Front zurückzubekommen. Heisenberg und sein Team waren begeistert.«

»Ich habe lang gebraucht, bis ich mich an die ganze Geheimniskrämerei gewöhnte«, sagte Speer. »Später wurde sie mir zur zweiten Natur, aber in diesen ersten Monaten wußte ich nicht, mit wem ich offen sprechen konnte. Ich verstand mich damals und noch lange Zeit danach sehr gut mit Goebbels, und dabei hätte ich fast einen schlimmen Fehler gemacht. Als ich ihm nämlich sagte, es gebe die theoretische Möglichkeit einer Wunderwaffe, schrieb er einen Leitartikel mit der fetten Schlagzeile ›Wunderwaffen im Anmarsch‹. *Das* ließ ich mir eine Lehre sein.«

Bei alledem läßt Speer im »Spandauer Entwurf« keinen Zweifel daran, daß er die Kernforschung im vollen Bewußtsein der potentiellen Zerstörungskraft eines militärischen Einsatzes mit aller Macht unterstützte und tatsächlich wider alles bessere Wissen hoffte, die Amerikaner könnten weniger erfolgreich sein, als er für wahrscheinlich hielt.

Es ist offensichtlich, daß er diese Haltung 1953, als er den »Spandauer Entwurf« schrieb, keineswegs bestreiten wollte. Tatsächlich macht er dies in einem jener kurzen eingeklammerten Kommentare für Wolters deutlich, die später oft eine besondere Bedeutung gewannen. So fügt er den Worten »Es handelt sich in der Hauptsache um Erstellung des kleinen Zyclotrons, das heuer noch in Heidelberg steht« folgenden Kommentar hinzu, der im Buch *nicht* enthalten ist: »Hoffentlich sagt Heisenberg nicht heute, sie hätten es [das Projekt zum Bau der Atombombe] sabotiert durch die kleine Forderung.«

Und das sollte genau die Behauptung sein, die Heisenberg nach dem Krieg aufstellte, als er die Alliierten von seinen Bedenken, eine Bombe zu bauen, überzeugen wollte. Die Quellen zeigen jedoch einen anderen Sachverhalt. In einem Gespräch, das Heisenberg im September 1941 im deutsch besetzten Kopenhagen mit dem dänischen Nobelpreisträger für Physik Niels Bohr führte und von dem Bohr später den Mitarbeitern seines Institutes berichtete, hatte Heisenberg seine politische Position in aller Deutlichkeit formuliert.

Seine Gruppe, sagte er zu Bohr, habe auf dem Weg zum Bau einer Atombombe schon gewisse Fortschritte erzielt. Deutschland werde den Krieg gewinnen, wahrscheinlich sogar schon bald, und Bohr sollte ihn jetzt bei diesen Bemühungen unterstützen.

Bohr war sichtlich erschüttert – es ist nicht ganz klar, ob über die Tatsache, daß von einer Bombe als realer Möglichkeit die Rede war oder darüber, daß die *Deutschen* sie herstellen könnten. Er war jedoch dänischer Patriot und unabhängig davon ein Gegner des Nationalsozialismus. Kurz nach dem Gespräch verließ er das besetzte Dänemark und ging über Schweden nach England ins Exil, wo er in Cambridge mit offenen Armen empfangen wurde. Heisenberg behauptete später, Bohr habe ihn 1941 mißverstanden. Er habe ihn in Wirklichkeit aufgesucht, um ihn um Hilfe beim Aufbau einer internationalen Front von Physikern gegen den Bau der Atombombe zu bitten. Das Thema ist unter Physikern seit vielen Jahren heftig umstritten und wurde zuletzt in Thomas Powers' Buch *Heisenbergs Krieg* behandelt. Powers hielt einige von Heisenbergs Behauptungen für richtig, die jetzt durch Speers Bericht widerlegt werden.

Auch bei Speer finden sich jedoch unterschiedliche Versionen des Geschehens. In den *Erinnerungen* paßt er sich der zur Entstehungszeit des Buches gängigen Interpretation an, wenn er unzweideutig feststellt, die Atomwissenschaftler hätten ihm im Herbst 1942 mitgeteilt, mit einer einsatzfähigen

Atombombe sei in den nächsten drei bis vier Jahren nicht zu rechnen. Deshalb habe man das Projekt zugunsten eines energieerzeugenden Uranbrenners zum Betrieb von Maschinen aufgegeben, an dem die Kriegsmarine interessiert gewesen sei und der vielleicht noch rechtzeitig hätte verwendet werden können.

Als Speer aber fünfzehn Jahre früher, am 3. Juli 1953 den entsprechenden Abschnitt des »Spandauer Entwurfs« verfaßte, kannte er die Behauptung der deutschen Physiker noch nicht und schrieb, diese hätten ihm *erst um die Zeit der Landung der Alliierten in der Normandie im Juni 1944* gestanden, daß noch mehrere Jahre lang keine Hoffnung auf eine Atombombe bestünde. Sie hätten deshalb vorgeschlagen, statt dessen an einem Atomantrieb zu arbeiten, und er habe zugestimmt. Dieser chronologische Ablauf wird durch ein Gespräch mit Heß bestätigt, das Speer in den *Spandauer Tagebüchern,* fünf Jahre nach den *Erinnerungen* geschrieben, in einem Eintrag vom 2. Dezember 1962 festhielt. Heß sei erstaunt gewesen, heißt es dort, daß Speer den Wissenschaftlern eigenmächtig erlaubt habe, vom Bau einer Bombe auf den Bau eines Motors umzuschalten. »Sie haben wegen der Atombombe oben nicht nachgefragt?« hatte Heß entgeistert gesagt. Speer verneinte; er habe das selbst entschieden – »Mit Hitler konnte man am Ende nicht mehr reden.« Dieses *am Ende* kann sich nicht auf das Jahr 1942 bezogen haben, wie er in den *Erinnerungen* behauptet hat.

Speer hatte das Gefühl, daß es ihm in seinen Büchern oder im Gespräch mit Journalisten oder Historikern nie ganz gelungen war, das Ausmaß des Machtkampfs zu erklären, der in Hitlers Umgebung tobte. Die Persönlichkeitsstudien der Männer um Hitler, die er drei Monate nach Kriegsende verfaßte, sind wahrscheinlich seine beste Analyse dieses Kampfes. Er schrieb sie, wie bereits erwähnt, während seiner VIP-Gefangenschaft in Kranzberg, auf Anregung des britischen Geheimdienstoffiziers Hoeffding, der ihm mit einer Reihe von Fragen half.

»Beim Kampf um Hitlers Gunst ging es zu wie bei den Borgias«, sagte Speer 1979, als wir über die von ihm porträtierten Personen sprachen. »Dies war doppelt seltsam, da die Hauptbeteiligten Himmler, Bormann und Lammers wirklich keine der Qualitäten – in Anführungszeichen – hatten, die man in der Geschichte mit solchen Gestalten verbindet. Wie soll ich es erklären? Die drei waren – bourgeois ist nicht das richtige Wort – sie waren wirklich sehr derbe Menschen. Goebbels und Göring, die natürlich auch intrigierten, waren nicht derb; sie waren sehr intelligent. Göring war korrumpiert, aber vielleicht war seine Korruption eine Folge seiner Krankheit, der Morphiumsucht. Wie können wir das wissen? Goebbels war nie korrupt, nur schrecklich gefährlich.«

Bormann, sagte er, »war definitiv der gefährlichste von allen«. »Er gewann eine ganz einzigartige Macht über Hitlers Leben. Schon sehr früh, ich glaube seit 1935, als er dem Stab des Führerstellvertreters Heß angehörte, verwaltete er mit größter Sorgfalt Hitlers Finanzen: die Einkünfte aus *Mein Kampf*, die natürlich enorm waren, den An- und Verkauf von Land auf dem Obersalzberg und – ein finanzieller Geniestreich – die Tantiemen, die Hitler für die Verwendung seines Bildes auf Briefmarken erhielt. Hitler achtete peinlich genau darauf, persönliche Ausgaben aus seinem privaten Einkommen zu begleichen. Er bezahlte beispielsweise seine Haushälterin und die Miete für seine Münchner Wohnung selbst, leistete einen Beitrag zum Lohn des Hauspersonals auf dem Berghof und kam auch für alle Möbel in seiner Privatwohnung in der Reichskanzlei auf. Natürlich bezahlte er später nicht die staatlichen Repräsentationsräume, aber dafür alles, was für seinen persönlichen Bedarf bestimmt war.«

Dies galt auch für die Gemälde, die er kaufte. Heinrich Heim, der auf Bormanns Anordnung einen Großteil der »Tischgespräche« Hitlers protokollierte, war ein Experte für Graphiken und Gemälde. Er wurde mehrmals nach Italien und Frankreich geschickt, um Kunstwerke zu kaufen, und es war allseits bekannt, daß Hitler die Rechnungen bezahlte. Heim bestätigte mir dies später in mehreren Gesprächen, die wir 1985 in München führten.

»Nach Heß' Englandflug 1941 wuchs Bormanns Macht natürlich ins Unermeßliche«, sagte Speer. »Schon lange zuvor war es ihm gelungen, Heß fast völlig von Hitler zu isolieren, ohne Zweifel einer der Gründe für Heß' verrückten Flug. Danach übernahm Bormann (der sich übrigens Heß' Frau gegenüber ganz entsetzlich benahm) sehr schnell, innerhalb von Tagen, alle seine Funktionen und ließ sich zum Sekretär des Führers ernennen. Als solcher war er für Hitlers unmittelbare Umgebung zuständig und hatte daher die Kontrolle über seinen Tagesablauf. Er war immer bei ihm oder in seiner Nähe, der einzige Mensch, der permanent um ihn war.«

Das bedeutete freilich nicht, daß andere Leute einschließlich Speer keinen privaten Zugang zu Hitler mehr gehabt hätten. »Letztlich«, sagte Speer, »war Hitler sein eigener Herr; Bormanns Kontrolle – und Macht – ging nur so weit, wie Hitler es erlaubte. Er vertraute ihm bedingungslos, hatte jedoch trotz Bormanns ständiger Anwesenheit keine persönliche Beziehung zu ihm. Er schätzte ihn ungeheuer wegen seines geradezu unglaublichen Fleißes und als treu ergebenen Vasallen, aber immer nur als Vasallen. Ich glaube, in all meinen Jahren in Hitlers Nähe und an den zahllosen Tagen und Abenden auf dem Berghof habe ich Hitler nie ein privates Wort an Bormann richten hören.«

Mit Ausnahme Görings, der, bis sein Einfluß wegen seines körperlichen Verfalls und der Intrigen Bormanns rapide abnahm, tatsächlich jahrelang der zweite Mann in Deutschland war, sagte Speer, agierten die Politiker, die dem

Machtzentrum Hitlers am nächsten standen, nicht als einzelne, sondern in Gruppen.

Die mächtigste dieser Gruppen war im Frühjahr 1942 das Trio Bormann, Lammers und Keitel. Bormanns Macht beruhte abgesehen von seiner Nähe zu Hitler auf seiner Herrschaft über die Partei als Leiter der Parteikanzlei, eine Stellung, die er seit 1933 innehatte; Lammers war in seiner Eigenschaft als Chef der Reichskanzlei der ranghöchste Bürokrat der Regierung, und Keitel war Generalfeldmarschall und Chef des Oberkommandos der Wehrmacht. »Sie bildeten schließlich einen Ring um Hitler«, sagte Speer. »Bormann kontrollierte den Zugang der Partei, der ›alten Kämpfer‹ und der Gauleiter, Lammers den der Minister und hohen Regierungsbeamten und Keitel natürlich den der Militärs.«

Der einzige, der Speer zufolge nicht auf diese Weise kontrolliert wurde und der, obwohl er Bormann nahestand, im wesentlichen eine unabhängige Kraft blieb, war Himmler. »Man kann die Beziehungen zwischen den führenden Männern nur dann wirklich verstehen, wenn man erkennt, daß es bei ihnen allen nur um ein einziges ging: die Nachfolge.«

Speer hatte nie das Gefühl, daß Goebbels diesen besonderen Ehrgeiz teilte. »Er war zweifellos der intelligenteste von diesen ganzen Leuten«, sagte er. »Er war Akademiker, was man seinem Vokabular und seiner Redeweise deutlich anmerkte. Im Gegensatz zu Göring, Himmler und Bormann besaß er die Fähigkeit, zum täglichen Geschehen einen gewissen Abstand zu wahren. Auch war er kein Egozentriker, und er war kein Feigling. Er sagte Hitler, was er dachte, auch als er meinte, der Krieg sei zu Ende, und Hitler hörte ihm immer zu. Für mich war Goebbels ein Propagandagenie, und ich glaube, man kann genauso sagen, daß er Hitler gemacht hat, wie Hitler ihn. Er war eine sehr komplexe Persönlichkeit – vollkommen kalt.«

Speer glaubte nicht, daß Goebbels je daran gedacht hatte, Hitlers Nachfolger zu werden. »Obwohl er 1944, als praktisch keine Hoffnung mehr bestand und er wahrscheinlich als einziger noch immer freien Zugang zu Hitler hatte, politisch und militärpolitisch sehr aktiv wurde. Man hatte jedoch das Gefühl, daß dies damals *faute de mieux* geschah, weil er das Gefühl hatte, es sei niemand anderes da, der dieser Aufgabe gewachsen war.«

»In Ihrer Beschreibung klingt Goebbels aber sehr harmlos«, sagte ich.

Speer lächelte bei dem Gedanken. »Ja, sehen Sie, es ist gefährlich, über Menschen aus jener Zeit etwas Gutes zu sagen, nicht wahr? Weil es unvermeidlich nach Bewunderung oder Zustimmung klingt. Nein, im Rückblick finde ich Goebbels nicht im geringsten harmlos; wo der Nationalsozialismus am schlimmsten war – in den Maßnahmen gegen die Juden in Deutschland – war er die treibende Kraft. Und er stimmte 100prozentig mit Hitlers anderen Zielen überein. Aber ich habe das alles erst viel später richtig verstanden. Damals und noch ziemlich lange danach waren Goebbels und ich insofern

Verbündete, als wir begriffen hatten, was die meisten Leute in Hitlers Umgebung nicht begriffen – oder nicht begreifen wollten –: die gegen uns gerichteten Kräfte, die Stärke des britischen Engagements, die historische Stärke der Russen im Krieg, die industrielle Stärke der Amerikaner und die absolute Notwendigkeit, uns für einen ›totalen Krieg‹ zu entscheiden, wenn wir überhaupt eine Chance haben wollten.

Bormann war Hitlers Katastrophe, sagte er. Er begriff nichts außer Hitlers Stärke und Hitlers Macht. Und wie man bei Lenin–Stalin und vermutlich auch Hitler–Heß sieht, wurden tatsächlich fleißige, ergebene und ehrgeizige Sekretäre Stellvertreter und in Stalins Fall sogar Nachfolger. Spätestens nachdem Göring von Bormann praktisch entmachtet worden war – oder Göring sich selbst ausgeschaltet hatte –, standen Bormann und Himmler im Vordergrund, und die beiden arbeiteten lange Zeit hart an einer freundschaftlichen Arbeitsbeziehung.«

Weder Bormann noch Himmler hatten laut Speer eine Ahnung von den Triebkräften der Außen- oder Weltpolitik, aber innenpolitisch hatten sie die Macht.

Speer meinte, niemand habe Himmler wirklich verstanden oder richtig beschrieben. »Er war natürlich in gewisser Weise verrückt, aber er war sehr, sehr erfolgreich, und er kam seinem Ziel, einen Staat im Staate zu errichten, sehr nahe.«

Als wir im Sommer 1979 miteinander sprachen, hatte Speer mit der Arbeit an seinem letzten, am wenigsten erfolgreichen Buch *Der Sklavenstaat* begonnen. Es handelte von Himmlers Ziel, innerhalb des NS-Staats einen eigenen SS-Staat aufzubauen, der jenen letztlich vielleicht sogar ersetzen sollte. Speer sagte mir, Himmler habe im Gegensatz zu etwa Göring oder Bormann über ein umfassendes Konzept verfügt, das von Anfang an, besonders aber seit dem Röhm-Putsch, auf die Nachfolge abzielte.

»Mit dem Titel Reichsführer-SS, den er sich schon 1929 zulegte, machte er deutlich, daß er sich als einen zukünftigen Führer des Reiches sah. Es *ist* schwierig«, fuhr er fort, »Himmler zu charakterisieren oder wirklich zu beschreiben, und die meisten, die es versucht haben, sind daran gescheitert. Es ist schwierig, weil Himmler dem Schein nach, wie oft gesagt wurde, ein so unbedeutender, kleiner Pedant war. In Wirklichkeit war er jedoch alles andere als ›klein‹, und er hatte bemerkenswerte Fähigkeiten: die Fähigkeit, zuzuhören, die Fähigkeit, lange nachzudenken, bevor er Entscheidungen traf, das Geschick, Leute für seinen Stab auszuwählen, die sich insgesamt als sehr effizient herausstellten. Sie sehen, das spricht letztlich nicht für eine unbedeutende Persönlichkeit.

Er hatte natürlich auch diese andere Seite, die ihn in den Augen geistig anspruchsvollerer Leute – auch die gab es, müssen Sie wissen – grotesk erscheinen ließ. Aber gerade weil ein romantischer Mystizismus den deutschen Volkscharakter so fasziniert, war diese Seite ungeheuer wirkungsvoll und sehr attraktiv, besonders für einfachere Geister und die bereits einseitig ausgerichtete Jugend: die Entschiedenheit, mit der er den Wert der Rasse, der deutschen Abstammung betonte; die Ausgrabungen, die er in ganz Europa durchführen ließ, um Beweise für alte deutsche Kulturen zu finden; die anthropologischen Forschungsprojekte, die er in Japan und Tibet finanzierte, um den germanischen Ursprung dieser bewundenswerten asiatischen Völker zu entdecken oder zu bestätigen.«

Aber die Leute waren doch nicht blöd, sagte ich. Wie konnte irgendwer diesen Unsinn glauben?

»Die Geschichte zeigt, daß viele es geglaubt haben«, sagte Speer. »Ich selbst wußte von all diesem Zeug lange nichts. Himmler wird am Ende immer ein Rätsel bleiben. Ich glaube, *eine* Erklärung seines Erfolges könnte in eben der Eigenschaft liegen, über die sich viele lustig machten: Er sah aus und redete wie ein Schulmeister; sein Vater war ja auch einer. Und« – Speer lächelte – »die Deutschen mögen Lehrer. Wenn Himmler vor seinen jungen Schülern sprach, dann hat er sicher nie getobt und geschrien; die Ungeheuerlichkeiten, die er von sich gab, wurden fest, aber ruhig ausgesprochen, in gutbürgerlichem Deutsch – sehr wirkungsvoll. Er war natürlich ein sehr verschlossener, nein, mehr als das, ein unzugänglicher Mensch, auch für die Menschen, die, so hörte ich, ihm nahe waren. Er hatte wenig gesellschaftlichen Kontakt mit Hitler oder mit uns. Ich glaube, sein Geheimnis war, daß er die vielleicht einzigartige Verbindung darstellte zwischen einem klarblickenden Realisten, der genau wußte, was er wollte und wie er es bekommen konnte, und einem außergewöhnlichen ›Träumer‹ – mit Träumen, die, wie sich später auf entsetzliche Weise herausstellen sollte, eine große Anziehung für die Deutschen hatten.

Was *mich* nach meiner Ernennung zum Minister tangierte, war Himmlers praktische Seite, die Zielstrebigkeit, mit der er die SS in alle Lebensbereiche der Deutschen einschalten wollte, und der unglaubliche Erfolg, den er dabei hatte. Ernsthaft hat er damit wie gesagt wahrscheinlich erst begonnen, nachdem Hitler 1934 Röhm liquidiert hatte, aber die Grundlagen legte er schon vorher. Ich wurde wirklich auf ihn aufmerksam, als es schien, als ob er in seinem Stab für jede Aufgabe in allen Bereichen, keineswegs nur für die der SS, hervorragend ausgebildete Männer hatte. Wie sich herausstellte, hatte Himmler überall dort, wo sich eine Lücke auftat, den richtigen Mann parat, um sie zu schließen. Sein Ziel war ganz offensichtlich, eine Generation von Führungspersönlichkeiten zur Verfügung zu haben, die aufgrund ihrer Begabungen und ihrer Ausbildung universell eingesetzt werden konnten.«

Historiker hätten den Fehler gemacht, sich unter Himmlers »Apparat« lediglich eine Reihe von Organisationen vorzustellen – die SS, die Waffen-SS, die Kriminalpolizei, den SD, die Gestapo usw. »Das war es absolut nicht«, sagte Speer. »Es gab nur eine einzige Struktur, einen umfassenden Rahmen, und das war die SS; ihr war alles andere untergeordnet, und damit kontrollierte sie alles. Obwohl die Gesamtorganisation Hunderttausende von Menschen umfaßte, wurden interessanterweise nur sehr wenige als Einzelpersonen bekannt, gleichsam als ob Himmlers eigene Neigung zur Anonymität auch den SS-Mitgliedern vermittelt oder aufgezwungen worden wäre.«

Einer der engsten Freunde Himmlers, sagte Speer, war dessen Jugendfreund, der orthopädische Chirurg Dr. Karl Gebhardt, SS-Gruppenführer und Leiter der Klinik Hohenlychen, wo der prominente Arzt besonders grausame Menschenversuche an KZ-Häftlingen durchführte (für dieses Verbrechen wurde er 1947 gehängt) und wo Speer, der überzeugt war, daß Gebhardt Anweisung erhalten hatte, ihn zu töten, 1944 beinahe gestorben wäre.

Himmlers engster Mitarbeiter war sein persönlicher Assistent Gruppenführer Rudolf Brandt (nicht zu verwechseln mit Hitlers Arzt und Speers Freund Karl Brandt). Sein wichtigster Verbindungsoffizier zu Hitler (und manchmal auch zu Speer) war sein Stabschef Obergruppenführer Karl Wolff, der nach dem Krieg nach einer kurzen Gefängnisstrafe bis zu seinem Tod im Jahr 1984 hochzufrieden in einem schönen Haus in Bayern mit Blick auf den Starnberger See lebte.

Speer kannte mit Sicherheit auch Reinhard Heydrich, Himmlers langjährigen Kronprinzen, er wollte jedoch nicht über ihn sprechen und beschränkte sich auch in seinen Büchern auf einige wenige Randbemerkungen. Obergruppenführer Reinhard Heydrich, die wohl finsterste Persönlichkeit am Nazifirmament, war ein zweifellos sehr begabter Mann, dessen Ehrgeiz darin bestand, eines Tages in die Fußstapfen seines Chefs zu treten oder ihn zu ersetzen.

Blond, gutaussehend, eitel und von verzehrendem Ehrgeiz getrieben, war er paradoxerweise auch ein guter Musiker, ein meisterhafter Skifahrer und Fechter, ein wagemutiger Pilot und ein exzellenter Organisator. Zugleich war er, obwohl verheiratet und Berichten zufolge ein hingebungsvoller Vater, ein Einzelgänger, der praktisch keinen Freund hatte. Im Jahr 1931 wurde der 27jährige von Himmler zum Chef des SD (Sicherheitsdienst) ernannt; 1934 hatte sich sein SD als Geheimdienst der Partei etabliert; 1939 war der inzwischen zum Chef des Reichssicherheitshauptamts (RSHA) aufgestiegene Heydrich, dem damit auch Kriminalpolizei und Gestapo unterstanden, der vielleicht gefährlichste Mann in ganz Deutschland, der den wenigen, die ihn kannten oder von ihm wußten, große Angst einflößte.

(Judith Holzmeister, bildschöne Tochter eines der besten Architekten Österreichs, war eine begabte Schülerin am Reinhardt-Seminar in Wien, als die Deutschen 1938 in Österreich einmarschierten, und sollte eine der besten Schauspielerinnen auf deutschsprachigen Bühnen werden. Als sie an jenem schicksalhaften Abend des 11. März 1938 nach Hause kam, saß ihr ein Jahr älterer Bruder am Radio und hörte dem österreichischen Bundeskanzler Kurt Edler von Schuschnigg zu. »Abgesehen vom Radio war es in der Wohnung ganz dunkel«, erzählte sie mir in Wien, als wir fünfzig Jahre später Erinnerungen an jenen Tag austauschten. »Meine Mutter war in Paris, mein Vater in der Türkei [wo er bleiben sollte]. Auch ich machte kein Licht an, sondern stellte mich einfach neben meinen Bruder und hörte zu, wie Schuschnigg mit dieser schweren Stimme seine Abschiedsworte sprach: ›Gott schütze Österreich!‹ In dieser Sekunde wußten wir, daß unser Leben auseinanderbrach – daß die Zukunft leer war.«

Judith Holzmeister hatte damals schon mehrere Jahre lang eine enge Beziehung mit einem jungen Kommunisten. »Also, du siehst, ich wußte, was die Nazis waren, er hat es mich gelehrt«, sagte sie. »Ich machte mir keine Illusionen.« Ihr Freund war noch am selben Tag aus Österreich geflohen, wurde aber 1941 mit einer besonderen Mission zurückgeschickt. »Sie haben ihn gefaßt«, sagte sie. »Er wurde geköpft.«

Als das Seminar ein paar Tage nach dem Anschluß wieder geöffnet wurde, ging Judith wieder in die Kurse, blieb aber sonst zu Hause. Ein paar Abende später erhielt sie einen Anruf einer Freundin, die sie überredete, mit ihr und zwei »netten jungen Deutschen« auszugehen.

Die zwei deutschen Offiziere, mit denen die Freundinnen an diesem Abend ausgingen, waren tatsächlich freundliche junge Männer, beide gutaussehend und – was vor allem für den galt, mit dem Judith hauptsächlich tanzte – bewandert in Musik und Theater, den Hauptgesprächsthemen des Abends.

Was Judith denn vom Anschluß halte, fragte er lächelnd, als er sie nach Hause fuhr. »Sie selbst sind vielleicht ein netter Mensch«, sagte sie, »aber die Nazis sind meiner Ansicht nach Banditen, die kein Recht haben, anderen ihr Land wegzunehmen, und eure Braunhemden sind widerliche Rohlinge.«

Er lachte herzlich. »Na«, sagte er, »dann müssen wir dafür sorgen, daß Sie Ihre Meinung ändern.«

Ihre Mutter war unerwartet aus Paris zurückgekehrt und mit dem Bruder aufgeblieben, um auf Judith zu warten. Sie hörten sich an, was Judith von dem Abend und jenem letzten Wortwechsel mit dem gutaussehenden jungen Offizier erzählte. »Wie hieß er denn?« fragte die Mutter. »Reinhard Heydrich«, antwortete Judith. »O mein Gott«, sagte die offensichtlich gut informierte Mutter.)

Im Jahr 1941 erreichte Himmler, bestrebt, ein paar hundert Kilometer Abstand zwischen seinen ehrgeizigen Untergebenen und das Machtzentrum in Berlin zu legen, daß Hitler Heydrich als Nachfolger des wegen Erfolglosigkeit beurlaubten Diplomaten von Neurath (des später ältesten Häftlings in Spandau) zum stellvertretenden Reichsprotektor von Böhmen und Mähren ernannte.

Heydrichs kurze Herrschaft, während der es ihm gelang, eine überraschend große Zahl von Tschechen zur Kollaboration zu bewegen, war ein triumphaler Erfolg. Dieser war so groß, daß am 27. Mai 1942 zwei junge Tschechen in London beauftragt wurden, ihn zu ermorden. Sie schossen auf ihn und warfen eine Granate in seinen offenen Mercedes, als er sich auf dem 20 km langen Weg von seiner Residenz, dem Schlößchen von Jungfern-Breschan, zu seinem Büro im Prager Hradschin befand. Himmler schickte Hitlers Ärzte Brandt und Morell und seinen Freund Gebhardt nach Prag, aber sie konnten Heydrich nicht mehr helfen; er bekam den Wundbrand und starb eine Woche später. Die Vergeltung folgte auf dem Fuße. Die SS umstellte das Dorf Lidice unter dem Vorwand, es habe den Mördern Unterschlupf gewährt, und machte es dem Erdboden gleich; 199 männliche Erwachsene wurden erschossen, 191 Frauen nach Ravensbrück ins Konzentrationslager geschickt, wo 50 von ihnen starben. Die 98 Kinder des Dorfes wurden nach Deutschland deportiert, wo nur 25 überlebten.

Diese Greueltat war jedoch noch nicht das schlimmste Vermächtnis Heydrichs an sein Jahrhundert. Denn auf ihn, den fanatischen Antisemiten, der angeblich selbst jüdische Vorfahren hatte,* geht vermutlich auch die Konzeption der Vernichtungslager und besonders die Schaffung der Sonderkommandos zurück, jener Gruppen kräftiger junger Juden, die bei der Ankunft in den Todeszentren noch eine Zeitlang leben durften, um die Habe der Opfer zu säubern und zu sortieren, die Leichen zu verbrennen, die Asche zu vergraben und die Spuren zu beseitigen, bis sie, verbraucht oder weil es den Deutschen so paßte, ebenfalls vergast wurden. Heydrich behauptete, er habe sich von der ägyptischen Geschichte anregen lassen, wo die Notwendigkeit, die Gräber der Pharaonen geheimzuhalten, zur selben Lösung geführt habe: dem sofortigen Tod all ihrer Erbauer.**

Am 20. Januar 1942 leitete Heydrich die Wannseekonferenz in Berlin, das Treffen mit Vertretern der Ministerien, auf dem die organisatorischen und verwaltungstechnischen Details der »Endlösung« beschlossen wurden. Im Juni, einige Wochen nach Heydrichs Tod, gab Himmler der Organisation im besetzten Polen, welche die vier Vernichtungslager betrieb, in denen in den

---

* Im Geburtsregister der Stadt Halle wurden angeblich alle Einträge in Heydrichs Geburtsjahr 1904 auf seinen Befehl gelöscht, und es wird kolportiert, daß seine Großmutter mütterlicherseits in Leipzig einen neuen Grabstein bekam, auf dem der Name Sarah fehlte.
** Dies berichtet Wilhelm Höttl, ein Geheimdienstoffizier Heydrichs, in seinen unter dem Pseudonym Walter Hagen veröffentlichten Memoiren *Die geheime Front.*

folgenden sechzehn Monaten zweieinhalb Millionen Juden vergast werden sollten, zu Ehren Heydrichs den Namen »Aktion Reinhard«.

Heydrichs Neffe und Patensohn Thomas, heute ein bekannter Kabarettist, der hauptsächlich Werke jüdischer Dichter singt und rezitiert, war elf Jahre alt, als der geliebte Bruder seines Vaters getötet wurde. »Ich war entrüstet, denn damals war ich natürlich ein begeisterter Pimpf«, erzählte er mir, als ich ihm 1990 auf derselben Gruppensitzung begegnete wie Martin Bormann. »Für uns war er ein Held; wir hatten ja keine Ahnung von Politik, wir wußten nur, daß er ein toller Sportler war. Und natürlich war er immer in der Zeitung, gleich neben unserem Idol, dem Führer. Ich war traurig, weil ich wußte, daß mein Vater darüber sehr unglücklich sein würde. Mein Onkel war ein sehr guter, liebevoller Vater.« Dann sagte er nachdenklich: »Das klingt ja heute schon fast wie ein Klischee: All diese entsetzlichen Männer waren gute Väter. Aber deshalb ist es nicht weniger wahr. Man denkt einfach nicht gern daran. Können Sie sich das vorstellen? ›Liebevoll‹?« Er klang bitter.

Thomas Heydrichs Familie wohnte, als er ein kleiner Junge war, in der exklusiven Berliner Prinzregentenstraße. Das große Nachbarhaus – »Es hatte eine schöne, breite Treppe, auf der ich als Kind spielte« – gehörte Juden. »In der Kristallnacht wurde es niedergebrannt«, sagte er. »Ich sah, wie sie aus einem Fenster Möbel warfen, auch ein Klavier – stellen Sie sich das vor, ein *Klavier!* Ich weiß noch, daß ich mich wunderte, warum jemand das tat, anstatt die Feuerwehr zu rufen. Ich meine, wir waren eine musikalische Familie, und ich wußte, daß die Nachbarn es auch waren. Ich fragte, aber man sagte mir, ich solle still sein.«

Wenig später bemerkte er an Läden und Parkbänken Schilder mit der Aufschrift »Juden verboten«. Wieder mußte Thomas den Mund halten, als er Fragen stellte. Heute verachtet er die vom Nationalsozialismus geprägte Generation von Deutschen, die bis zu ihrem Lebensende darauf beharrte, sie habe während der ganzen Nazizeit nichts Schlimmes gewußt, gesehen oder auch nur geahnt.

»Ich habe das alles gesehen, und die anderen sahen es auch. Sie sind alle Lügner«, sagt er, »eine Generation von Lügnern.« Er glaubt, daß sein Vater, ein Journalist, ab 1941 Zweifel bekam. »Er ließ sich plötzlich als einfacher Soldat an die Ostfront versetzen, zu einer Nachrichteneinheit der Wehrmacht. Er war von Natur aus ein sehr glücklicher, fröhlicher Mensch. Ich liebte ihn. Doch dann war er jedesmal, wenn er auf Urlaub nach Hause kam, niedergeschlagener. Meine Mutter fragte ihn oft, warum er so traurig sei, und er gab immer dieselbe Antwort: ›Darüber reden wir nach dem Krieg.‹«

Thomas glaubt, sein Vater habe die schlimmsten Verbrechen, für die Reinhard Heydrich verantwortlich war, erst nach dessen Ermordung entdeckt.

»Es gibt ein Foto von meinem Vater, das ihn beim Staatsbegräbnis meines Onkels im Juni 1942 zeigt, wie er in der Uniform eines Feldwebels zwischen Hitler und Göring steht. Später an diesem Tag kam ein Offizier und brachte meinem Vater einen dicken Brief von meinem Onkel, den man in dessen Safe gefunden hatte. Er nahm ihn in sein Arbeitszimmer mit. Erst Stunden später kam er wieder heraus, das Gesicht aschgrau und den Stapel Blätter in der Hand.

Er ging in die Küche, wo sich noch ein alter Holzofen befand, und verbrannte die Blätter eins nach dem anderen, ganz langsam, fast feierlich. Es müssen hundert Seiten gewesen sein. Wir standen alle daneben und sahen zu, und am Schluß, als er aussah, als würde er gleich umfallen, und meine Mutter die Arme um ihn legte und ihn fragte, was in dem Brief gestanden habe, sagte er: ›Frage mich nie danach, ich kann nicht darüber sprechen – erst, wenn alles vorbei ist.‹«

Thomas ist überzeugt, daß der Onkel seinem Vater in diesem Brief seine Pläne erklärte und sich für das, was er bereits getan hatte, rechtfertigte. Er ist deshalb so sicher, weil sein Vater von da an ein aktiver Gegner des NS-Regimes wurde und die Druckmöglichkeiten, zu denen er als Journalist Zugang hatte, nutzte, um Pässe und andere Papiere für Menschen zu drucken, überwiegend Juden, die aus Deutschland hinausgeschmuggelt werden sollten. Ende 1944, als er sich entdeckt glaubte, schrieb er einen Abschiedsbrief an seine Familie und erschoß sich.

Die Familie erfuhr vom Widerstand des Vaters erst nach dem Krieg, als ihnen ein Mann, der mit ihm zusammengearbeitet hatte, davon erzählte. »Wir haben nie erfahren, ob er wirklich entdeckt wurde«, sagte Thomas. »Aber an jenem Abend kam ein Staatsanwalt, der die ganze Nacht in seinem Arbeitszimmer mit ihm redete. Kurz nachdem der Mann gegangen war, brachte mein Vater sich um.« Thomas glaubt an einen Handel: der Selbstmord des Vaters gegen die Sicherheit der Familie, statt eines skandalträchtigen Prozesses gegen den Bruder Reinhard Heydrichs.

Ganz ähnlich wie der junge Martin Bormann las auch Thomas ein paar Wochen nach dem Krieg von den Nazi-Verbrechen und sah die Fotos. Von diesem Augenblick an, sagt er, habe er »für immer« die Schuld seiner Familie getragen. »Stellvertretend für die anderen, wenn Sie so wollen: für meine Tante, die, so unbegreiflich das ist, stolz auf ihren Mann war; für seine drei Kinder, die, für mich unverständlich, behaupten, gar nichts zu empfinden; und für meine Mutter, die meinen Onkel instinktiv nie mochte und sich jetzt bequem hinter dieser frühen Abneigung versteckte. Mein Vater, der mir geholfen hätte, die Schuld zu tragen, war nicht mehr da. *Jemand* mußte sich schuldig fühlen für die teuflischen Dinge, die mein Onkel getan hatte.«

Während Heydrich in Speers Büchern kaum auftaucht, wird Himmler ausführlicher behandelt, aber weniger moralisch, vielmehr als negative politische Gestalt. Himmler, der offiziell Verantwortliche für die Erziehung der Elite der deutschen Jugend zum Mord, hatte während dieser ganzen Zeit entschlossen an der Verwirklichung seiner Pläne für einen Staat im Staate gearbeitet. In Verfolgung dieses Ziels hatte er bereits Ehrenränge an nahezu alle Reichsminister verliehen, und er bot Speer fast unmittelbar nach dessen Ernennung zum Minister den zweithöchsten Rang der SS an, den eines Oberstgruppenführers. Speer ging auf diesen Vorfall in den *Erinnerungen* kaum ein, äußerte sich jedoch im »Spandauer Entwurf« etwas ausführlicher dazu:

Eines Tages frug mich ... Generaloberst Fromm, ob ich denn nicht Freude daran hätte, einen Rang im Heere einzunehmen ... [aber ich antwortete:] »Wenn Sie einen Rang zwischen Generaloberst und Generalfeldmarschall vergeben könnten, vielleicht.« Das war natürlich bei einem Glas Cognac oder Wein gesagt. – Himmler hatte Ambitionen, mich in seinen Stab aufzunehmen ... und bot mir ... den höchsten SS-Rang (nach ihm natürlich) an. »Ich wäre nur bereit, mich zum einfachen SS-Mann machen zu lassen.« Ich dachte zunächst, das ginge nicht, aber zu meinem Erstaunen ging Himmler darauf ein. Allerdings erst nach zwei Jahren versuchte mir der gleiche Verbindungsmann [Wolff], den Ausweis eines einfachen SS-Mannes zu überreichen, etwas verlegen dabei. Ich lehnte aber die Annahme ab.

Speers Sinn für Humor ging an Himmler vorbei. Er machte sich eifrig daran, Speer in die SS zu bekommen, offensichtlich ohne ihn über sein Tun zu informieren. Eine Untersuchung des arischen Stammbaums von Speer und seiner Frau wurde in die Wege geleitet und eine 37seitige Ahnentafel erstellt, die über sechs Generationen bis in das Jahr 1750 zurückreichte. Am 25. Juli 1942 wurde diese von Himmlers Büro mit der Anweisung, Speer dürfe von dem Vorgang nichts erfahren, dem Rasse- und Siedlungshauptamt der SS vorgelegt. Das Begleitschreiben lautete:

Der Reichsführer-SS   Berlin W 35
                                                        25. Juli 1942
An das Rasse- und Siedlungshauptamt-SS
Betr.: Aufnahme des Herrn Reichsministers Albert Speer, geb. 19.3.05, in die SS.
Anliegend wird die Ahnentafel des Reichsministers Albert Speer mit der Bitte um weitere Veranlassung und Prüfung überreicht.
Reichsminister Speer wurde auf Anordnung des Reichsführers-SS mit Wirkung vom 20.7.1942 unter der SS-Nr. 46104 als SS-Mann beim persönlichen Stab RFSS aufgenommen.

*Reichsführer-SS wünscht nicht, daß Reichsminister Speer z. Zt. wegen
der an sich äußerst unvollständigen Aufnahmeunterlagen angeschrieben
wird.* [Hervorhebung durch die Autorin; der Satz zeigt, wie vorsichtig
Himmler Speer gegenüber agierte.] Es wird daher gebeten, die Ahnentafel bei den in Frage kommenden Stellen (Standesämtern usw.) von
Amts wegen anzufordern.

Nach Prüfung wird um Mitteilung gebeten, damit der SS-AV-Schein zur
Abzeichnung übersandt werden kann.

Eine seltsame Serie von Fehlern der offiziellen Übersetzer in Nürnberg hätte
für Speer leicht tödliche Folgen haben können. Als Thomas Dodds Kollege
Ralph G. Albrecht am 8. Januar 1946 für die amerikanische Anklage begann,
einzelne Anklagepunkte gegen verschiedene Angeklagte vorzutragen, legte er
als Beweismaterial eine fehlerhafte offizielle Übersetzung des Briefs aus
Himmlers Büro vor. Er verlas jedoch (auf Englisch) nur den ersten Satz, da
dieser ihm ausreichend erschien:
»Reichsminister Speer wurde auf Anordnung des Reichsführers-SS mit
Wirkung vom 20. Juli 1942 unter der SS-Nr. 46104 als SS-Mann im
persönlichen Stab Reichsführer-SS aufgenommen« *[enrolled].* »Das«,
fügte Albrecht hinzu, »ist alles, was ich aus diesem Brief zu verlesen
brauche. Ich möchte jedoch den Gerichtshof auf die beiliegende Ur-
kunde aufmerksam machen; es ist ein Fragebogen, und gleich am Anfang desselben ist verzeichnet, daß Albert Speer seit dem Herbst 1932
Mitglied in der SS und seine Mitgliedsnummer in der Partei 474481
war.«

Ein doppeltes Mißverständnis Albrechts und die Tatsache, daß Speers Verteidiger Dr. Flächsner kaum Englisch sprach, hätte verhängnisvolle Folgen
für Speer haben können, denen er nur durch einen glücklichen Zufall entging.

Erstens interpretierte Albrecht den erwähnten »Fragebogen« falsch. Speer
war 1931 zwar tatsächlich der SA beigetreten, aber seine Zugehörigkeit zur
SS war rein nominell und nicht freiwillig. Er war dem NS-Kraftfahrkorps
beigetreten, einer Gliederung der NSDAP, die, wie dies oft geschah, zu einem
gewissen Zeitpunkt automatisch der SS angegliedert wurde.

Das zweite, ernstere Mißverständnis hätte Speers Lage vor Gericht entscheidend verschlimmern können, wenn die Richter nämlich zu dem Schluß
gekommen wären, Speer habe im Juli 1942 die Mitgliedschaft in der SS
angestrebt oder gar angenommen. Die fehlerhafte Übersetzung der SS-Doku-
mente wäre dann für ihn eine Katastrophe gewesen. Die Übersetzer des
Gerichts hatten das deutsche Wort »aufgenommen« mit *enrolled* übersetzt –
was den Eindruck vermittelte, Speer habe sich formell um die Mitgliedschaft

in Himmlers Stab beworben, während die korrekte Übersetzung *attached* bedeutete, daß dies auf Himmlers Initiative geschah, nicht auf Speers Wunsch und sogar ohne sein Wissen.

Flächsner war klar, daß Speer wegen dieser Dokumente ernsthafte Schwierigkeiten bekommen konnte. Er besaß eine Fotokopie der Originaldokumente der SS und wußte, daß aus ihnen Speers frühere SA-Mitgliedschaft hervorging, eine Tatsache, die vor Gericht noch nicht zur Sprache gekommen und für seinen Klienten zwar nicht ganz so schlimm wie eine Mitgliedschaft in der SS, aber doch ebenfalls bedrohlich war. Die fehlerhafte Übersetzung hatte er jedoch nicht bemerkt, und er vermochte nicht einzuschätzen, was Albrecht auf Englisch vortrug.

Es war vielleicht ein glücklicher Umstand, oder es kann auch die Prozeßmüdigkeit an jenem Spätnachmittag gewesen sein, daß das Gericht Flächsners gewundene Argumentationskette akzeptierte, der zufolge Himmler Speer tatsächlich in der SS hatte haben wollen, die Aufnahmeurkunde, die General Wolff Speer überreichen sollte, diesen jedoch nie erreicht habe. Daher sei völlig klar, daß Speer nie SS-Mitglied gewesen sei, ein (wie Flächsner ungeschickt hinzufügte) im Vergleich zu den Vorwürfen der Anklageschrift ohnehin eher unwichtiger Punkt.

Später fand ich in den Archiven einen weiteren Brief, der eindeutig bewies, daß Speer nicht in der SS gewesen war. Der Brief war bei den entsprechenden Nachforschungen des Gerichts seltsamerweise übersehen oder ignoriert worden, und auch Flächsner wußte nichts von seiner Existenz.

Er trägt das Datum 6. Oktober 1942, war den vervollständigten Unterlagen Speers beigefügt und an das SS-Erfassungsamt gerichtet. Er lautet: »Anliegend werden die Unterlagen des Obengenannten zurückgereicht, nachdem der Abstammungsnachweis auf dem AV-Schein abgezeichnet ist.« Der Brief macht klar, daß der Schein trotz der Abzeichnung nicht gültig sein konnte, »... da sämtliche persönliche Unterlagen einschließlich der SS-Aufnahmeuntersuchung des Reichsministers Albert Speer fehlen und die erbgesundheitliche Prüfung z. Zt. unmöglich ist. Da laut Anweisung des Reichsführers-SS eine Rückfrage nicht gehalten werden darf, muß die erbgesundheitliche Prüfung zunächst zurückgestellt werden.«

Wenn Albrechts Fehlinterpretation von Himmlers Brief und der zutreffenden Feststellung, Speer sei 1931 der Mannheimer SA beigetreten, größeres Gewicht beigemessen worden wäre, hätte dies leicht ausschlaggebend für die Verhängung der Todesstrafe über Speer werden können. Speer selbst war sich über seinen Status nicht im klaren. In den *Erinnerungen* schrieb er, als Himmler ihm 1942 einen hohen SS-Rang angeboten habe, habe er abgelehnt; statt dessen »schlug ich vor, meine frühere einfache Mitgliedschaft in der Mannheimer SS zu reaktivieren – nicht ahnend, daß ich dort bislang gar nicht als Mitglied geführt wurde«.

Himmlers Versuch, Speer als SS-Mitglied unter seine Kontrolle zu bringen, scheiterte zwar, aber er hatte mit einem anderen Vorhaben Erfolg, das für Speer ebenfalls tödliche Folgen hätte haben können und moralisch gesehen vielleicht sogar hätte haben sollen. Schon kurze Zeit nach Speers Ernennung zum Minister schlug Himmler vor, Rüstungsbetriebe innerhalb oder in der Nähe der wichtigen Konzentrationslager zu errichten und die Häftlinge dort unter Aufsicht der SS arbeiten zu lassen.

»In einer Zeugenaussage wurde über Ihre Beziehungen zu den Konzentrationslagern gesprochen«, sagte der amerikanische Hauptankläger Jackson, als er Speer im Juni 1946 ins Kreuzverhör nahm, »und, wie ich Sie verstanden habe, haben Sie erklärt, daß Sie Zwangsarbeiter aus Konzentrationslagern verwandten und ihre Verwendung auch gefördert hätten.«

»Ja«, antwortete Speer, »wir benutzten diese in der deutschen Rüstungsindustrie.«

»Ich glaube«, fragte Jackson, »Sie haben auch befürwortet, daß man Leute aus Arbeitslagern, die Drückeberger waren, in Konzentrationslager schicken sollte, nicht wahr?«

»Das war die Frage der sogenannten Bummelanten«, sagte Speer. »Unter Bummelanten verstanden wir Arbeitskräfte, die nicht rechtzeitig zur Arbeit kamen oder die Krankheit vorschützten, und gegen diese Arbeitskräfte wurde während der Kriegszeit bei uns scharf vorgegangen; ich habe diese Maßnahmen gebilligt.«

Ob Speer zugebe, fragte Jackson weiter, daß die Konzentrationslager unter anderem dazu benutzt worden seien, den Menschen Angst einzujagen, um sie bei der Arbeit zu halten.

»Das möchte ich in dieser Form nicht sagen«, antwortete Speer steif. »Ich behaupte, daß auch die ausländischen Arbeitskräfte bei uns zum großen Teil ihre Arbeitsleistung freiwillig vollbrachten, wenn sie erst in Deutschland waren.«

(Speers letzter Satz enthielt eine interessante Unterscheidung. Fritz Sauckel hatte auf einer Sitzung der Zentralen Planung am 1. März 1944, an der Speer wegen Krankheit nicht teilnahm, gesagt, von 5 Millionen ausländischen Arbeitern seien nicht einmal 200 000 freiwillig nach Deutschland gekommen.)

Speer gab auch zu, daß 400 000 Kriegsgefangene in der Rüstungsproduktion beschäftigt worden seien. Doch seien darunter »200 000 bis 300 000 italienische Militärinternierte« und russische Kriegsgefangene gewesen, für die die Bestimmungen der Genfer Konvention nicht gegolten hätten.

»Machte das die Situation besser?« fragte ich ihn über 30 Jahre später. Und er zuckte die Schultern. »Nicht ›besser‹ in dem Sinn, den Sie meinen, aber es bedeutete, daß es nach internationalem Recht nicht illegal war. Die anderen, Franzosen, Niederländer und so weiter, arbeiteten in Abteilungen, wo ihre Beschäftigung die Genfer Konvention bestimmt nicht verletzte. Meine Pflicht als Rüstungsminister war es, so viele Arbeiter wie irgend verfügbar für die Kriegsproduktion einzusetzen, und in diesem Sinne hielt ich es für korrekt, Kriegsgefangene und KZ-Häftlinge zu verwenden.«

Mitte 1942 sei jeder taugliche junge Deutsche, den man irgendwie durch Frauen oder Ausländer ersetzen konnte, für die Wehrmacht gebraucht worden. »Wie Sie wissen, erlaubte man mir nicht, die deutschen Frauen zu mobilisieren, aber Mädchen aus dem Osten erwiesen sich als durchaus geschickte Präzisionsarbeiterinnen, und sie waren sauber und gewissenhaft.« Für bestimmte Bereiche habe er jedoch Arbeiter gebraucht, die dafür ausgebildet waren.

»Zum Beispiel hätte der Kohlebergbau nicht ohne die russischen Kriegsgefangenen, von denen viele schon in Minen gearbeitet hatten, funktionieren können. Sie dürfen nicht vergessen«, fügte er hinzu, und es war einer der seltenen Augenblicke, in denen er Ungeduld zeigte, »ich war verantwortlich für die Kriegsproduktion eines Landes, nicht einen Kirchenbasar.« Zwei Jahre später sei sein Ministerium, dem inzwischen die gesamte militärische und zivile Produktion Deutschlands unterstand, für insgesamt achtundzwanzig Millionen Arbeitskräfte zuständig gewesen. »Davon waren sechs Millionen Ausländer, zwei Millionen von ihnen arbeiteten in der Rüstungsindustrie, und rund sechzigtausend waren KZ-Häftlinge.«

In Nürnberg, sagte ich, habe er behauptet, die Behandlung dieser und aller anderen Zwangsarbeiter sei strenggenommen nicht in seine Zuständigkeit, sondern in die anderer Instanzen gefallen. Er habe ferner gesagt, diese anderen Instanzen – Sauckel, die entsprechenden Betriebsleitungen und selbst Himmler und der bei der SS parallel zu Sauckel für den Arbeitseinsatz zuständige Oswald Pohl – hätten seiner Einschätzung nach genauso wie er selbst gewußt, daß die Arbeiter für den Arbeitseinsatz leistungsfähig gehalten werden mußten. Er habe außerdem ausgesagt, die ausländischen Arbeiter hätten sich bei Unzufriedenheit über gewählte Sprecher beschweren können; ein entsprechendes Verfahren sei eingeführt worden.

Wolle er heute noch behaupten, die sechs Millionen Arbeiter seien angemessen untergebracht und verpflegt worden und hätten Bürgerrechte besessen, die ihnen erlaubten, sich mit Aussicht auf Erfolg zu beschweren?

»So hat man es mir damals gesagt, und, ja, im Prinzip – und an vielen Orten – hat man sich auch daran gehalten. Was man heute aufgrund der schrecklichen Dinge, die nach dem Krieg herauskamen, fast ganz vergißt – oder unterdrückt –, ist die sehr reale Solidarität, die viele deutsche Arbeiter mit ihren ausländischen Kollegen übten; fast alle Beschwerden, welche die für den Arbeitseinsatz Verantwortlichen erreichten, stammten, wie wir heute wissen, von deutschen Arbeitern. Viele dieser Arbeiter – auch das erfuhren wir erst, als alles zu Ende war – teilten ihre Lebensmittelrationen mit den

Ausländern, besonders den Russen und den Frauen. Viele freundeten sich auch an, wenn auch wahrscheinlich eher mit Arbeitern in der Landwirtschaft und anderen, die in der Nähe der Zivilbevölkerung lebten. Auch hier wissen wir heute, daß viele Freundschaften und Beziehungen bis zum heutigen Tag gehalten haben. Aber«, sagte er resigniert, »solche Informationen waren natürlich nicht spektakulär, sie waren weder für Kriegsverbrecherprozesse geeignet, noch wollten die Menschen in diesen Jahren in Zeitungen darüber lesen.«

Was er sagte, war sicher wahr. Aber ebenso wahr ist, daß fast alle Deutschen, die das Sagen hatten, bestritten, von den entsetzlichen Leiden der Sklavenarbeiter gewußt zu haben. Speer war keineswegs der einzige, der auf die Bemühungen hinwies, die er selbst, Hitler, Sauckel und die Leiter der Fabriken, in denen die Arbeiter schufteten, machten, um deren Leben zu verbessern. Speer sagte in Nürnberg, ihm sei berichtet worden, viele Russen seien praktisch als Skelette in Deutschland angekommen und man habe ihnen erst einmal eine regelrechte Diät zur Gewichtszunahme verabreichen müssen, bevor sie hätten arbeiten können. Das klingt zwar wenig überzeugend, aber Speer stand schließlich vor Gericht und kämpfte um sein Leben. Erstaunlicher ist, wie der Großindustrielle Walter Rohland, Speers Mitarbeiter und Vorstandsvorsitzender der Vereinigten Stahlwerke, das Schicksal der »Fremdarbeiter« in Erinnerung hatte. Er schrieb in seiner 1978 publizierten Autobiographie:

Die Fremdarbeiter waren meist in Wohnanlagen untergebracht. Außer den Wohnbaracken und den erforderlichen Waschräumen und Klosettanlagen waren für die ausländischen Arbeitskräfte in den meisten Lagern eingerichtet: Aufenthaltsbaracken, zum Teil mit Theaterbühnen, Rundfunkempfangseinrichtungen und Kantinen; Badeeinrichtungen für männliche und weibliche Arbeitskräfte; Friseurstuben; Wäschereien und Büglereien; Schuhmacher-, Schneider- und andere Handwerksstätten. Außer den Wasch- und Badeeinrichtungen im Lager selbst standen den Ausländern nach Arbeitsschluß auch die Dusch- und Waschräume in den einzelnen Betrieben zur Verfügung.

Für die Unterbringung der ausländischen Arbeiter bei Fliegeralarm waren in den Lagern, je nach den örtlichen Verhältnissen, Luftschutzräume angelegt worden, die ausschließlich den im Lager befindlichen Personen zur Verfügung standen. Die jeweils auf Schicht befindlichen Fremdarbeiter suchten bei Luftgefahr im Betrieb dieselben Schutzräume wie die deutschen Arbeiter auf ...

Frauen sind mit leichten Arbeiten vornehmlich in Küchen und Magazinen, z. T. in Kaltbetrieben an leichten Maschinen ... beschäftigt worden. Die Arbeitszeit der Ausländer war nicht höher als die der Deutschen, auch die Pausenzeiten für Deutsche und Fremdarbeiter waren gleich.

Für besondere Leistungen sind an Ausländer auf Vorschlag der Betriebe Leistungsprämien in Form von zusätzlicher Verpflegung oder von Tabakwaren gewährt worden. Die Entlohnung war gesetzlich festgelegt. Die Ostarbeiter erhielten einen Lohn, der im Mittel 15 Prozent niedriger lag als der der Westarbeiter.

Auch Rohland spricht von den russischen Häftlingen, denen man vor dem Arbeitseinsatz erst einmal ordentlich habe zu essen geben müssen: »... daß in acht bis zehn Wochen durch ausreichende Verpflegung diese Arbeitskräfte wieder einsatzfähig waren, wenn auch zunächst nur für leichte Arbeiten.« Und Rohland berichtet weiter von hervorragenden medizinischen Einrichtungen, die ihnen zur Verfügung gestanden hätten, von Braten und Desserts an Sonn- und Feiertagen und von den Theater- und Varieté-Gruppen, die die Betriebe zu ihrer Unterhaltung engagiert hätten.

Dies ist eine sehr merkwürdige Beschreibung von Bedingungen, die, wie heute jeder weiß, zur Folge hatten, daß buchstäblich Hunderttausende von Zwangsarbeitern an Hunger oder Erschöpfung starben. Die Nazis hatten einen Namen dafür: »Vernichtung durch Arbeit«.

In einem Bericht, der als Beweismaterial im Prozeß gegen die Hauptkriegsverbrecher vorgelegt wurde, steht beispielsweise, daß am 16. Februar 1942 dreiundzwanzig russische Kriegsgefangene dem Betrieb Kesselbau einer Lokomotivfabrik als Arbeiter zugeteilt wurden. Ihre Nahrungsmittelration bestand aus dreihundert Gramm Brot pro Tag, die sie morgens zwischen vier und fünf erhielten und die bis zum Ende ihres Arbeitstags um sechs Uhr abends reichen mußte. Danach erhielten sie eine Schale wäßriger Suppe mit Wurzelgemüse und häufig fauligen Kartoffeln. Wenn deutsche Arbeiter gegen diese Behandlung ihrer Kollegen protestierten, wurden sie scharf darauf hingewiesen, daß »die Bolschewisten seelenlose Menschen [seien], wenn Hunderttausend eingingen, kämen weitere Hunderttausend dran«.

Solche Berichte sind Legion; sie sind nicht auf russische Kriegsgefangene beschränkt und stammen auch nicht nur von antinazistischen Fabrikärzten und Arbeitern. Die Bedingungen, die ausländische Arbeiter in Deutschland erwarteten, wurden im Osten schon bald bekannt und machten es zunehmend schwierig, weitere Arbeiter zu rekrutieren. Am 25. Oktober 1942 schickte Otto Bräutigam, Adjutant des Ministers für die besetzten Ostgebiete Rosenberg, seinem Chef eine streng geheime Denkschrift, in der es hieß:

... wir erlebten nun das groteske Bild, daß nach dem gewaltigen Hungersterben der Kriegsgefangenen [in den Lagern im besetzten Osten] Hals über Kopf Millionen von Arbeitskräften aus den besetzten Ostgebieten angeworben werden mußten, um die in Deutschland entstandenen Lücken auszufüllen ... In der üblichen grenzenlosen Mißachtung des slawischen Menschen wurden bei der »Werbung« Methoden angewandt, die wohl nur in den schwärzesten Zeiten des Sklavenhandels ihr Vorbild haben.

Obwohl Rosenberg selbst, ein langweiliger und physisch wenig anziehender Mensch, sich häufig für eine bessere Behandlung und bessere Arbeitsbedingungen für seine Slawen eingesetzt hatte, entging er in Nürnberg nicht dem Galgen, wie er bereits in einem Postskriptum zu der soeben zitierten Denkschrift an Sauckel voraussagte, die er ihm am 21. Dezember 1942 schickte:

> Wenn ich mich auch keineswegs der Notwendigkeit verschließe, daß die durch den Reichsminister für Bewaffnung und Munition sowie die durch die Landwirtschaft geforderten Auflageziffern ungewöhnliche und harte Maßnahmen rechtfertigen, so muß ich doch aus der mir für die besetzten Ostgebiete obliegenden Verantwortung heraus mit allem Nachdruck darum bitten, daß zur Erfüllung der befohlenen Kontingente Handhabungen ausgeschlossen werden, deren Duldung und Folgen eines Tages mir und meinen Mitarbeitern zur Last gelegt werden.

Als Speer in Nürnberg aussagte, er – und sogar Sauckel – hätten alles getan, um eine angemessene Versorgung der ausländischen Arbeiter zu gewährleisten, und die Arbeiter, die er zu Gesicht bekommen habe, darunter KZ-Häftlinge und Kriegsgefangene, hätten einen gesunden und mit ihrem Schicksal zufriedenen Eindruck gemacht, was dachten sich da die Richter? Ist es möglich, daß sie wirklich glaubten, daß Speer die wahren Arbeitsbedingungen für diese Millionen von Männern, Frauen und am Ende auch Kindern verborgen geblieben waren? Und was ist von Walter Rohlands Memoiren zu halten, die erst 1978 veröffentlicht wurden, als es keineswegs mehr gefährlich war, die Wahrheit zu sagen? Hat Rohland einfach gelogen? Oder finden wir statt dessen die Antwort in den Worten des großen niederländischen evangelischen Theologen W. A. Visser 't Hooft, die, wie ich vermute, auf viele Menschen zutreffen, auch in hohem Maße auf Speer: »… Menschen konnten in ihrem Bewußtsein keinen Raum finden für solch unvorstellbares Grauen, und … sie hatten nicht die Phantasie und auch nicht den Mut, sich ihm zu stellen. Es ist möglich, in einem Dämmerzustand zwischen Wissen und Nichtwissen zu leben.«

»Ich weiß, Sie glauben nicht, daß ich von den Juden nichts wußte«, sagte Speer einmal traurig zu mir. »Ich weiß nicht, ob Jackson mir glaubte oder nicht, aber vielleicht in Nürnberg hatten sie am Ende begriffen, was mein Leben war. Vielleicht hat mich das gerettet.«

»Ich glaub', das stimmt«, sagte Annemarie Kempf, als ich ihr diese Bemerkung wiedergab. »Ich fand, daß Flächsner seine Verteidigung Speers sehr gescheit aufbaute. Er wurde sehr unterschätzt, nicht zuletzt von Speer. Ich glaub', es ist ihm tatsächlich gelungen, dem Gericht ein Bild von Speers Leben in den Jahren 1942 und 1943 auszumalen und ein Gefühl für den Druck, der in diesen Jahren auf ihm lastete. Ich glaub', es gelang ihm, ihnen begreiflich zu machen, wie besessen Speer bis zu seinem Zusammenbruch im Januar 1944 gearbeitet hat. Ob er in Berlin war oder im Führerhauptquartier, auf einer seiner endlosen Inspektionsreisen an die Ostfront oder zu den Verteidigungsanlagen im Westen [wo 40 000 Männer, darunter viele Zwangsarbeiter, am Atlantikwall arbeiteten], zu Fabriken im Ruhrgebiet, im Norden, in der Ostmark [in Österreich], in Frankreich, in der Tschechoslowakei, in Polen – sein Tag begann immer vor dem Morgengrauen und endete erst spät in der Nacht. Seit seiner Ernennung zum Minister blieb er, wenn er in Berlin war, sehr oft über Nacht in seinem Büro und schlief vielleicht drei Stunden auf einem Feldbett.

Speer sah seine Familie sehr selten. Er hatte 1935 in Berlin-Schlachtensee, einem Wohnviertel am Stadtrand, eine kleine Villa gebaut. Aber wenn die Familie dort war, sah er sie eigentlich nie – und schon gar nicht die Kinder. Sie waren im Bett, wenn er mitten in der Nacht nach Hause kam, und wenn sie morgens aufstanden, war er fast immer schon weg. Er sah sie eigentlich nur, wenn er zu Besprechungen mit Hitler auf den Berghof kam und sie gerade in Berchtesgaden waren.«

»Die Kinder kannten ihn kaum«, sagte mir Margret Speer. Sie hatte das Gespräch – was selten vorkam – von sich aus begonnen, nachdem ich eine Bemerkung darüber gemacht hatte, wie besorgt ihr Mann gewesen sei, als sie am Abend zuvor Fieber bekommen habe. Margret lag den Tag mit Grippe im Bett: ich saß bei ihr, während sie die Suppe aß, die ich für sie gekocht hatte. »Vielleicht kannte er die vier älteren ein wenig«, sagte sie. (Albert war 1934 geboren, Hilde 1936, Fritz 1937 und Margret 1938.) »Vor dem Krieg nahm er manchmal einen Tag frei oder so. Aber die beiden jüngsten [Arnold und Ernst, geboren 1940 und 1943] kannte er praktisch überhaupt nicht. Die Kinder hatten im Grunde keinen Vater.«

»Aber wie war es bei den Auslandsreisen und Skiurlauben gewesen, von denen er mir erzählt hat?« fragte ich. »Waren die Kinder denn nie dabei?«

Sie lachte laut über meine Einfalt. »Um Gottes willen, nein. Sein ›Team‹ war dabei; Eva Braun kam mit; Magda Goebbels. Manchmal seine Freunde.«

Seine Freunde? fragte ich. Waren sie nur seine Freunde, nicht auch Ihre?

»Sie finden mich ungerecht«, sagte sie und fügte nachdenklich hinzu: »Vielleicht bin ich es. Ein paar von ihnen mochte ich, aber wissen Sie, außer Anni Brandt hatte ich kaum Duzfreundinnen. Manchmal –« sie machte eine Pause. »Manchmal, ach, in schlimmen Momenten, stellte ich mir vor, daß ich *Sie* zu Albert sagte.« Sie kicherte freudlos. »In meiner Phantasie rief ich ihn an« – wieder dieses ziemlich schrille, kurze Lachen – »Herr Speer, hier ist Frau Speer.«

Es war eine ihrer wenigen wirklich enthüllenden Bemerkungen. Und zugleich die traurigste, und ich hielt sie davon ab, mir an diesem Tag noch mehr zu erzählen.

Ich wollte wissen, ob Speer über seine Erlebnisse auf den Auslandsreisen während des Krieges gesprochen habe – über seine Eindrücke von den Menschen im Osten, über die Bedingungen, unter denen die Menschen im Ruhrgebiet arbeiteten, über seinen einzigen Besuch eines Konzentrationslagers, in Mauthausen – und fragte Annemarie Kempf.

»Wenn er ins Ausland fuhr, waren natürlich oft einige von uns dabei«, antwortete sie, »und ja, er schilderte dann manches, was ihn beeindruckt hatte, wenn er allein eine dieser Autofahrten machte, die uns immer zu Tode ängstigten. Aber er sprach vor allem über Gebäude und Kirchen, die er besichtigt hatte; er redete so, als ob er als Tourist unterwegs gewesen war. Ja, er hat uns über Mauthausen erzählt, das eine Mal, als er dort war; er sagte, es sei viel besser gewesen, als er befürchtet habe. Ich erinnere mich daran besonders gut, weil ich noch weiß, wie erleichtert wir waren. Heute wissen wir natürlich, daß alles falsch war, was man ihm gezeigt hat – er bekam die sogenannte ›Prominentenbehandlung‹: ein oder zwei anständige Baracken mit ... du lieber Gott, Blumenvasen, blitzblanke Küchen mit gutem Essen auf dem Herd, saubere Duschräume und saubere, kräftig aussehende Gefangene, die bestätigten, daß sie mit ihrer Behandlung sehr zufrieden waren. Kein Wunder, daß er sagte, es war nicht so schlimm. Wie hätte er die Wahrheit wissen können? Wie konnte irgend jemand von ihm erwarten, daß er merkte, daß alles nur Schwindel war? Daß die wirklichen Zwangsarbeiter das gute Essen nie zu sehen bekamen und daß ihm ›spezielle‹ Gefangene vorgeführt wurden, Büroarbeiter und Kapos, die die Arbeitsstellen, an denen täglich Männer und Frauen tot umfielen, nie zu Gesicht bekamen und die im Austausch für ihre Privilegien prominenten Besuchern erzählten, alles sei ganz prima. Jetzt, wo Sie fragen, nein, außer ein- oder zweimal hat er nie mit uns über, wie wir heute wissen, ›schlimme‹ Dinge gesprochen. Später während des Krieges sprach er viel über die Folgen der alliierten Bombenangriffe, und er diktierte natürlich immer fürs Protokoll, wen er getroffen hatte und was besprochen und beschlossen worden war. Aber ...«

Sie machte eine Pause. »Ich weiß, was Sie wissen wollen«, sagte sie dann. »Und ja, im Osten, wenn wir zusammen reisten, machte er uns oft auf die Armut der Leute aufmerksam und auch auf ihre außerordentliche Freundlichkeit; aber nein, von ein paar seltenen Ausnahmen abgesehen, sprach er nie über ›Eindrücke‹, wie Sie sie meinen: darüber, daß man ihm *gesagt* hätte oder daß er *gesehen* oder *gefühlt* hätte, daß Unrecht geschah. Ich glaube nicht, daß ihm irgendwer je etwas *gesagt* hat – das hätte niemand gewagt. Und ich bezweifle, daß er je etwas *gesehen* hat. Ich glaub' heute, man hätte ihn, wie in Mauthausen, daran gehindert, es zu sehen, wenn Unrecht getan wurde. *Wir* haben ganz sicher nichts gesehen. Oder vielleicht ...« Sie hielt inne. »Vielleicht haben einige von den Männern etwas gesehen und uns nichts gesagt.«

»Wolters?« fragte ich, und sie nickte langsam. »Ja, ja, ich denke heute, das ist möglich.«

Wolters schrieb am 31. Mai 1942 in sein Tagebuch:

10 Uhr früh Abfahrt aus Lemberg [Lwow]. Über Tarnopol ... bei Wolotschik an die russische Grenze. Die Landschaft ist hier wunderbar schön, leicht hügelig ... Zwar hat die Straße viele Löcher ... aber sie ist befahrbar. Die Trasse ist alt, von großartigen Bäumen auf beiden Seiten besäumt ... An unserer Straße ... wird überall mit Hochdruck gearbeitet. Unter dem Kommando der deutschen OT-Männer wirken hier die fremden Kolonnen. In der Qualität stehen die Judentrupps mit an erster Stelle. Wie uns berichtet wird, arbeiten sie teils freiwillig zwei Schichten hintereinander. Sie wissen, worum es jetzt geht ...

»Letztlich«, sagte Annemarie Kempf, »was bei Speer entscheidend war, war, daß er keine Zeit hatte, über irgend etwas nachzudenken, was nichts mit seiner Arbeit zu tun hatte.«

Auch keine Zeit für Gefühle?

Sie schüttelte den Kopf. »Keine Zeit für Gefühle.«

Speer selbst urteilte realistischer, denn es war nicht nur der Mangel an Zeit oder Vorstellungskraft, der verhinderte, daß er über die Bedingungen der Zwangsarbeiter nachdachte, und er gab das offen zu. »Die Wahrheit ist«, sagte zu mir, »daß meine Aufgaben so riesengroß waren, daß die Zwangsarbeiter und ihre Lebensbedingungen für mich nur eine untergeordnete Rolle spielten. Wer die Chronik meines Ministeriums liest, kann sehen, wie unwichtig die sechzigtausend KZ-Arbeiter oder die zwei Millionen Ausländer unter den sechs Millionen Rüstungsarbeitern und schließlich unter den insgesamt achtundzwanzig Millionen Arbeitern waren. Ich sag' das nicht gern«, fügte er hinzu, »aber in meinem Leben, das ich damals führte, hatten diese Arbeiter nur eine einzige Bedeutung: was sie für uns, für unseren Krieg beisteuern konnten; ich sah sie nicht als Menschen, für mich waren sie nicht Individuen.«

XIV

Blindes Engagement

Nürnberg, den 21. Juni 1946

JUSTICE JACKSON: Sie kannten ... die Politik der Nazipartei und die Regierungsmaßnahmen gegen die Juden, nicht wahr?

SPEER: Ich wußte, daß die nationalsozialistische Partei antisemitisch ist, und ich wußte, daß die Juden aus Deutschland evakuiert worden sind.

JUSTICE JACKSON (zitiert einen Brief von Sauckel vom 26. März 1943): »Im Einvernehmen mit mir und dem Herrn Reichsminister für Bewaffnung und Munition hat der Reichsführer-SS aus Gründen der Staatssicherheit die bisher im freien Arbeitsverhältnis tätigen, nicht lagermäßig eingesetzten Juden Ende Februar von ihren Arbeitsplätzen abgezogen und einem geschlossenen Einsatz zugeführt oder zur Fortschaffung zusammengezogen.« ... Es besteht doch kein Zweifel darüber, daß sie in Arbeitsgruppen oder zum Abtransport zusammengefaßt wurden, nicht wahr?«

SPEER: Das stimmt ... [Aber ich] muß darauf aufmerksam machen, daß es sich hier, soviel ich noch in Erinnerung habe, nicht um das Gesamtproblem der Juden handelte, sondern es haben sich in den Jahren 1941 und 1942 Juden in die Rüstungsbetriebe begeben, um dort eine kriegswichtige Arbeit, eine kriegswichtige Beschäftigung zu haben, und mit dieser kriegswichtigen Beschäftigung konnten sie der Evakuierung, die damals schon in vollem Gange war, entgehen ... Diese Juden waren noch völlig frei und ihre Familien waren noch in ihren Wohnungen.

Speers Leben nach Nürnberg kreiste, wie ich bereits andeutete, wie besessen um Hitlers Mord an den Juden. Seine Haltung war jedoch insofern ambivalent, als er zwar einerseits jede Gelegenheit nutzte, seinen Schmerz und seine Trauer darüber zu bekunden, daß er »einer Regierung angehört hatte, die solche Verbrechen beging« – so seine automatisch vorgebrachte Formel –, andererseits jedoch unfähig war zuzugeben, daß er damals von den Verbrechen gewußt hatte.

Da ihn das Thema so verzweifelt beschäftigte, entschlüpften ihm zuweilen Worte, die sich als Eingeständnis deuten ließen. Auf sie folgte jedoch stets eine wahre Flut von Dementis mit oft recht überzeugenden Gründen.

Während des Verfahrens gegen Speer in Nürnberg war es erstaunlich, daß einige seiner Aussagen zur Zwangsarbeit zwar auf Einwände stießen – wenn auch nicht so energisch erhoben, wie man hätte erwarten können –, daß aber niemand, weder der für einen Großteil der juristischen Prozeßvorbereitungen zuständige Richter Jackson noch der glänzende britische Ankläger Hartley Shawcross, noch die hartnäckigen französischen und sowjetischen Ankläger, in Frage stellte, was Speer vor Gericht oder in den als Beweismaterial vorliegenden Dokumenten über die Juden sagte. Heute wissen wir, was dem Nürnberger Gerichtshof noch unbekannt war: daß Speer die Deportation von Juden aus Berlin schon Jahre zuvor mitbekommen hatte. Doch auch in Nürnberg gab es einen entscheidenden Augenblick, in dem er anzudeuten schien, daß er über die Absicht, Deutschland »judenrein« zu machen, indem alle Juden außer Landes gebracht wurden, doch besser Bescheid wußte: und zwar, als er, wie oben aus dem Gerichtsprotokoll zitiert, sagte, es habe sich »noch nicht um das Gesamtproblem der Juden« gehandelt. Auch auf diese Worte folgte keine eingehendere Befragung.

In den Monaten, während deren die Anklagevertretung ihr Beweismaterial vorlegte, gab es drei Tage, die die Angeklagten danach im Gespräch mit ihren Anwälten und den beiden Psychiatern, die während des ganzen Verfahrens zugegen waren, als »schwarze Tage« bezeichneten.

Der erste war der 29. November 1945, als die Amerikaner ohne Vorwarnung einen Dokumentarfilm über NS-Konzentrationslager zeigten, wie die US-Truppen sie vorgefunden hatten. Sieben der einundzwanzig Angeklagten weinten danach; alle außer Göring, der sämtliche Filme der Alliierten zu Fälschungen erklärte, zeigten sich entsetzt und sagten, sie hätten von solchen Zuständen nichts gewußt. Speer, der kurz nach Ende dieser Sitzung mit dem amerikanischen Psychiater Dr. G. M. Gilbert sprach, sagte nur, das Gesehene habe ihn in der Überzeugung bestätigt, daß die Nürnberger Prozesse unbedingt notwendig seien.

Der zweite »schwarze Tag« für die Angeklagten war der 19. Februar, als die Russen mit ihrem Dokumentarfilm über im Osten verübte Greueltaten an die Reihe kamen. Laut Dr. Gilbert zeigte der Film »Unmengen von Leichen russischer Kriegsgefangener, die entweder ermordet wurden oder die man verhungern ließ; die Folterwerkzeuge, verstümmelte Leichen, Guillotinen und Auffangkörbe für Köpfe; an Laternenpfählen hängende Leichen ... die Ruinen von Lidice ... vergewaltigte und ermordete Frauen, Kinder mit eingeschlagenen Schädeln; die Verbrennungsöfen und Gaskammern; die Haufen von Kleidung, die Ballen von Frauenhaar in Auschwitz und Maidanek«.

Göring weigerte sich, den Film anzusehen, und stellte sich während der gesamten Vorführung lesend; Frank, der an der Planung der Greueltaten in Polen von Anfang an beteiligt gewesen war, wirkte entsetzt und gab Hitler und Himmler die ganze Schuld. Hans Fritzsche, ein mittlerer Beamter aus dem Propagandaministerium, der nur vor Gericht stand, weil die Russen ihn festgenommen hatten, und schließlich wie nur noch zwei weitere Angeklagte freigesprochen wurde, war über den amerikanischen Film und danach über den russischen zutiefst erschüttert. Auch er sprach mit dem Psychiater Dr. Gilbert: »Ich habe ... das Gefühl ... ich versinke in Schmutz ... Ich ersticke darin. Ich kann nicht mehr – es ist eine tägliche Hinrichtung.«

Der dritte »schwarze Tag« für die Angeklagten kam acht Tage später, am 27. Februar, als der sowjetische Hilfsankläger L. N. Smirnow drei Überlebende des von den Nazis begangenen Völkermords befragte.

Der erste lebte im Wilnaer Ghetto, wo im Sommer 1941 und 1943 zwei Vernichtungsaktionen der SS stattgefunden hatten; bei der zweiten waren mit Ausnahme von 600 Juden, die in den Abwasserkanälen überlebten, alle der einstmals 80 000 jüdischen Bürger der schönen litauischen Stadt getötet worden. Der Zeuge schilderte dem Gericht, wie alle Babys einschließlich seines eigenen sofort nach der Geburt getötet worden waren. Es waren immer die Kinder, auf die die Überlebenden zuerst zu sprechen kamen.

Die zweite Zeugin, eine russische Zwangsarbeiterin, hatte Auschwitz überlebt, obwohl sie bei der Ankunft schwanger gewesen war. Sie schilderte, wie Frauen und Kinder dort behandelt wurden: Babys, die im Lager geboren wurden, seien den Müttern sofort weggenommen worden und nie wieder aufgetaucht. Und dann rief sie plötzlich in dem erstarrenden Gerichtshof aus: »Im Namen aller Frauen Europas, welche in Konzentrationslagern Mütter geworden sind, frage ich die deutschen Mütter: ›Wo sind unsere Kinder jetzt?‹«

Dann wurde Samuel Rajzman aufgerufen, um über Treblinka auszusagen, das größte der vier Vernichtungslager im besetzten Polen. Er gehörte zu den nicht einmal sechzig Überlebenden dieses Lagers, in dem über eine Million Männer, Frauen und Kinder vergast worden waren. Fünfundzwanzig Jahre später besuchte ich ihn während der Recherchen für mein Buch *Am Abgrund* in Montreal, wohin er ausgewandert war. Er war ein ruhiger und zurückhaltender Mensch, der nicht zu Übertreibungen oder emotionalen Äußerungen neigte – außer wenn er über sein Kind sprach, seine kleine Tochter, die getötet worden war. Als er mir davon erzählte, wie er und seine Frau, die später auch in Treblinka vergast wurde, versuchten hatten, das Kind und einige andere zu retten, als es eines Tages zusammen mit anderen Kindern beim Spielen auf der Straße festgenommen wurde, und wie sie letztlich gescheitert waren, da weinte er. »Seither ertrage ich den Anblick von Kindern nicht mehr«, sagte er, »besonders, wenn es deutsche Kinder sind. Ich weiß, daß ich da unrecht hab'; die Kinder können ja nichts dafür. Aber als ich in Deutschland war, um beim Treblinka-Prozeß auszusagen, konnte ich jedesmal, wenn ich ein kleines Mädchen sah, nur an meine Kleine denken ...«

Der Tenor der Fragen, die ihm an jenem Tag vor Gericht gestellt wurden, zeigt, daß der Gerichtshof, der zusammengetreten war, um über die Verbrechen der Nazis zu richten, über das Verbrechen der Judenvernichtung, das schlimmste von allen, beschämend wenig wußte. Samuel Rajzman beschrieb, wie sich Männer, Frauen und Kinder, nach Geschlechtern getrennt, nach ihrer Ankunft in Treblinka hatten ausziehen müssen und daß den Frauen die Haare geschoren wurden, »bevor sie in die Gaskammer gingen«.

»Warum hat man das Haar abgeschnitten?« wurde er gefragt.

»Diese Haare wurden nach den Plänen der Herren bei der Herstellung von Matratzen für deutsche Frauen verwendet«, antwortete Rajzman.

Der ganze Vorgang vom Beginn des Auskleidens bis zum Weg in die Gaskammer habe für die Männer acht bis zehn Minuten gedauert und für die Frauen wegen des Haareschneidens etwas länger, etwa eine Viertelstunde.

Lordrichter Lawrence, der Vorsitzende des Gerichts, war über diese Aussage ganz offensichtlich fassungslos – als Jurist gewohnt, alles wörtlich zu nehmen, wollte er nicht glauben, was er gehört hatte, wie dem Ton seiner Frage deutlich anzumerken war: »Wollen Sie damit sagen, daß es nur einer Zeitspanne von zehn Minuten bedurfte, vom Augenblick an, als diese Menschen aus dem Zug kamen, bis sie zur Gaskammer gebracht wurden?«

»Bei Männern bin ich fest davon überzeugt, daß es nicht länger als zehn Minuten gedauert hat«, antwortete Rajzman.

»Sagen Sie, bitte, Herr Zeuge«, fragte der sowjetische Ankläger, »sind die Menschen auf Lastwagen oder in Zügen nach Treblinka gebracht worden?«

»Hauptsächlich wurden sie in Zügen dorthin geschafft, aber die Juden aus den benachbarten Städten und Dörfern wurden auf Lastwagen dorthin gebracht. Die Lastwagen trugen die Aufschrift: ›Expedition Speer‹.«

Auf diese bestürzende Aussage stieß ich, als ich nach Speers Tod die Protokolle des Nürnberger Verfahrens durchging – dies ist das einzige Mal, daß Speers Name im Zusammenhang mit der Vernichtung der Juden in Polen genannt wurde.

Da ich Rajzman kannte, war es unmöglich, an seinen Worten zu zweifeln; außerdem waren sie so präzise, daß sie nicht auf einem Fehler bei der Übersetzung oder Abschrift beruhen konnten. Viele Monate später stieß ich bei meinen Nachforschungen in den U. S. National Archives auf Dokumente, die den Sachverhalt etwas erhellten. Es handelte sich um Abschriften von Verhören, die Mitglieder der amerikanischen Anklage in Nürnberg vor dem Prozeß mit Speer gemacht hatten. In einer Sitzung hatte der Vernehmungsbeamte nach der »Legion Speer« gefragt, und Speer hatte erklärt, sie habe zum Transportkorps der Organisation Todt gehört.

Im Lauf des Prozesses sagte Speer in einem ganz anderen Zusammenhang aus, die seinem Ministerium unterstellten Lastwägen der Organisation Todt seien im Osten eingesetzt gewesen.

Die Antwort auf das Rätsel scheint also zu sein, daß solche Lastwägen tatsächlich manchmal für den schrecklichen Zweck eingesetzt wurden, von dem Rajzman berichtete, obwohl die Aufschrift dann eher »Legion Speer« gelautet haben müßte als »Expedition Speer«, wie sich Rajzman zu erinnern glaubte. Dies bedeutet freilich nicht, daß Speer wußte oder auch nur wissen konnte, wofür der riesige Fuhrpark, der unter der Leitung seines Ministeriums operierte, im einzelnen eingesetzt wurde.

Es ist erstaunlich, daß der Gerichtshof auf diesen Zusammenhang nicht weiter einging. Es ist unbegreiflich, aber kein einziges Mitglied des Nürnberger Gerichts fand es notwendig, diese Erwähnung des Namens eines Angeklagten durch einen glaubwürdigen Zeugen aufzugreifen. Niemand stellte Rajzman oder Speer eine Frage dazu oder beantragte weitere Untersuchungen oder Befragungen.

Es gibt so viele Schilderungen von Hitlers Genozid an den Juden, daß man zögert, ihnen weitere hinzuzufügen. Doch kann man das offensichtliche Vakuum in Speers Bewußtsein bezüglich der an den eroberten Völkern im Osten verübten Gewalttaten – ausgenommen die Vergasung der Juden in Polen, die ihn ständig beschäftigte – nur im Kontext der damaligen Entwicklung beurteilen.

Zu Beginn des Winters 1942 war Europa ein Meer der Toten. Das Unternehmen Barbarossa hatte bereits 371000 deutsche Soldaten das Leben gekostet; die Sowjets hatten einem russischen Dokument zufolge, das den vorrückenden Deutschen in die Hände fiel, bereits über 11 Millionen Tote, Verwundete und Vermißte.

Einige Monate später sollten in Stalingrad weitere 200000 deutsche Soldaten umkommen. Außerdem machten die Sowjets 91000 Gefangene, von denen schließlich Jahre nach Kriegsende nur knapp 6000 nach Deutschland zurückkehrten. Der Blutzoll unter den sowjetischen Kriegsgefangenen war freilich noch höher. Mitte 1942 waren bereits drei der vier Millionen Gefangenen, die die Deutschen 1941 gemacht hatten, in den schrecklichen Lagern, wo sie unter freiem Himmel zusammengepfercht waren, an Hunger und Kälte gestorben.

Dazu kamen natürlich noch die Zivilisten, die den Nazis im Osten in die Hände fielen. Den Zahlen des NS-Regimes in Heydrichs Statistiken und den Berichten der Einsatzgruppenleiter zufolge wurden bis Ende 1941 etwa eine Million sowjetischer Juden und Nichtjuden erschossen, darunter Hunderttausende von Balten. Zehn Monate später, zu Beginn des Winters 1942, waren den Berichten zufolge weitere 14257 sowjetische »Partisanen« und 363211 sowjetische Juden in Rußland einer »Sonderbehandlung« unterzogen, also getötet worden.

Im Dezember 1941 fanden die ersten Vergasungen in Chelmno (Kulmhof) statt, dem ersten von vier Vernichtungszentren der »Aktion Reinhard«, die von den Nazis in den folgenden fünf Monaten an abgelegenen Orten im besetzten Polen nur zu dem Zweck errichtet wurden, die europäischen Juden zu töten. Bei der Ermordung von 100000 Juden in Gaswagen (eine Methode, die bereits in Jugoslawien angewendet worden war, um eine kleinere Anzahl serbischer Juden zu liquidieren) zeigte sich, daß diese Methode bei der Anwendung auf größere Zahlen von Opfern unüberwindliche Schwierigkeiten verursachte. Als alternative Methode wurde für die anderen drei Vernichtungslager der »Aktion Reinhard« die Tötung durch die Abgase von Dieselmotoren in Gaskammern gewählt. Der Einsatz des Blausäuregases Zyklon B kam erst später in den Gaskammern von Auschwitz und in begrenztem Umfang auch in Majdanek hinzu; beide Lager waren als Arbeitslager konzipiert und wurden erst im Laufe der Zeit mit Vernichtungsanlagen ausgestattet.

Ende Oktober 1942 war Chelmno wieder geschlossen, aber in den drei anderen Vernichtungszentren, die alle im Umkreis von 150 Kilometern um Lublin lagen, waren bis zu diesem Zeitpunkt mit entsetzlicher Effektivität bereits eine Dreiviertelmillion Männer, Frauen und Kinder umgebracht worden (in Belzec ab März, in Sobibor ab Mai und in Treblinka, dem größten, ab Juni). Um Weihnachten sollte die Zahl eine Million überschreiten.

Dieser hauptsächlich an den Juden verübte Genozid am Fließband ist ein einzigartiges Phänomen in der Geschichte menschlicher Greueltaten und Grausamkeiten und nimmt selbst im monströsen Mordprogramm der Nazis eine Sonderstellung ein.* Die enormen Verluste an Menschenleben beider

---

* Man soll nicht vergessen, daß noch eine andere Gruppe von Männern, Frauen und Kindern aus West- und Osteuropa Opfer derselben Vernichtungsmethoden wurde: 200000 Zigeuner oder Roma starben in denselben Konzentrations- und Vernichtungslagern wie die Juden; zu ihrem Gedenken haben sich freilich nur wenige Stimmen erhoben.

Kriegsparteien waren schrecklich, aber »konventionell«. Die Gaskammern dagegen stehen als unerträgliches Mahnmal dessen, was Menschen ihren Mitmenschen antun können, für sich.

Die gewaltige Fülle historischen, literarischen und dramatischen Materials, die im Lauf von fast einem halben Jahrhundert über die «Endlösung« produziert wurde, hat zu einer gewissen inneren Ablehnung geführt. Es wäre jedoch gefährlich, wenn wir aufgrund dieser »Ermattung des Mitleids« die Einzigartigkeit der Nazigreuel vergessen würden. Wie aus allen Berichten der Überlebenden hervorgeht und Himmler in zwei seiner schrecklichen Reden gegen Kriegsende bestätigte, waren *zwei Drittel* der Opfer Frauen und Kinder. Dies, wahrscheinlich mehr als irgend etwas anderes, ist der Ursprung der »moralischen Wunde« der Deutschen – und Speers –, von der ich in einem früheren Kapitel gesprochen habe, und liegt dem Trauma zugrunde, das nicht nur Juden und Deutsche, sondern uns alle quält. Ebenso wichtig ist jedoch, festzuhalten, daß es zumindest teilweise die Entschiedenheit war, mit der Westdeutschland nach dem Krieg auf die Greuel reagierte, welche die Moralität des Landes wiederherstellte. Sie führte zur Wiedergeburt der staatsbürgerlichen Verantwortung, wodurch die Bundesrepublik sich als eine der stabilsten Demokratien Europas etablierte und für gut über 40 Jahre zur weltweit wichtigsten Zuflucht der Armen und Verfolgten wurde.

Trotz dieser positiven Reaktionen ist es weder Deutschland noch anderen Ländern in den vergangenen fünfzig Jahren gelungen, den Völkermord an den europäischen Juden in einen Gesamtzusammenhang zu bringen. Aufgrund einer merkwürdigen psychologischen Blockierung sind die beiden Teile des Massenmords an den Juden, in Rußland durch Erschießen und in Polen durch Vergasen, bis vor kurzem vom Großteil der Welt als verschiedene und getrennte Phänomene betrachtet worden. Die Folge davon war, daß der Begriff »Endlösung« von den meisten Menschen in der Welt – auch den meisten Juden – hauptsächlich oder sogar vollkommen mit den Gaskammern – noch enger gefaßt den Gaskammern in Auschwitz – identifiziert wurde, während die Massenmorde an beinahe zwei Millionen jüdischer Menschen in den eroberten Gebieten der Sowjetunion groteskerweise als »Kriegshandlungen« abgetan wurden.

Das Ganze ist eine erstaunliche Geschichtsfälschung, die bedauerlicherweise den sogenannten Revisionisten, die seit Jahren verzweifelt versuchen, Hitler von dem Massenmord an den Juden, der ihn historisch disqualifiziert hat, reinzuwaschen, geradlinig in die Hände spielt.

Die Auseinandersetzungen über die Anzahl der ermordeten Juden, geführt nicht nur von Neonazis oder Revisionisten, beruhen vor allem auf einem Mißverständnis über das Zustandekommen dieser Zahl. Es trifft zu, daß es unmöglich gewesen wäre, in den sechs Vernichtungslagern (den vier Lagern der »Aktion Reinhard« in Polen sowie Auschwitz-Birkenau und Majdanek) in der relativ kurzen Zeit ihrer Existenz sechs Millionen Menschen zu vergasen; selbst wenn man all die mitzählt, die in Konzentrations- und Arbeitslagern an Seuchen, Erschöpfung und Hunger starben, ist diese Zahl kaum zu erreichen. Die Zahl von sechs Millionen aber, die oft so energisch bestritten oder bezweifelt wird, erklärt sich, wenn man die vielen Menschen dazuzählt, die die Nazis in der Sowjetunion und im Baltikum erschossen haben; laut russischen Experten wird sie sich womöglich um eine weitere Million erhöhen, wenn erst präzise Zahlen aus Rußland vorliegen.

Laut dem Bericht mit dem Titel »Die Endlösung der europäischen Judenfrage«, den Himmler am 23. März 1943 vom SS-Inspekteur für Statistik Richard Korherr vorgelegt bekam, gab es 1939 auf dem europäischen Kontinent 10,5 Millionen Juden; von diesen lebten 4,6 Millionen in der Sowjetunion und 3,3 Millionen in Polen. In der Einleitung zu seiner 16seitigen Analyse, von der ein leicht redigiertes Exemplar erhalten ist, erklärt Korherr, seine Zahlen entsprächen dem Stand vom 18. Januar 1943 und seien nur als vorläufig zu betrachten. In der euphemistischen Sprache, die von den Nazibürokraten bei diesem empfindlichen Thema verwendet wurde, fährt er fort:

Ein endgültiger, ausgebauter Bericht mit tadellosem Zahlenmaterial und mit einer hieb- und stichfesten Bilanz über die zahlenmäßige Entwicklung des Judentums dürfte am besten vielleicht für den Stand vom 1. Juli, 1. Oktober oder 31. 12. 1943 nach sorgfältiger Vorbereitung der zunächst noch sehr widersprechenden zahlenmäßigen Unterlagen zu erstellen sein ...

Wie Korherr bestätigte, als ich 1977 im Zuge meiner Recherchen zu David Irvings Buch *Hitler und seine Feldherren* mit ihm sprach, wußten er und seine Vorgesetzten bei der SS bis Herbst 1942, als er den Bericht vorbereitete, daß bis Ende 1943 der größte Teil der »Arbeit« (wie er die Vergasung der Juden nannte) vollbracht sein würde.

Während die meisten Deutschen nachher jedes Wissen von den ärgsten Greueln heftig abstritten, stellte ich bei meinen Recherchen fest, daß die an den Morden direkt Beteiligten – Korherr hier an wichtiger Stelle – eifrig bemüht waren, mich vom Gegenteil zu überzeugen. Korherr sagte bitter, daß damals, als er seinen Bericht vorbereitete, ein jeder in Deutschland wußte, daß die Juden vergast wurden. »Lieber Gott!« rief er aus. »Die Spatzen pfiffen es doch von den Dächern. Lassen Sie sich doch bloß nichts vormachen.«

Das war natürlich auch nicht wahr. Die breite Bevölkerung Deutschlands wußte zu diesem Zeitpunkt von den *Vergasungen* so gut wie nichts (im

Gegensatz dazu war das Wissen über die Erschießungen in der Wehrmacht weit verbreitet). Fast niemand außerhalb des kleinen Kreises von Organisatoren·und Tätern wußte von den Gaskammern im besetzten Polen. Die Einwohner der benachbarten polnischen Dörfer hielten wohlweislich den Mund, und wie wir sehen werden, versuchten nur einige wenige bemerkenswerte Männer mit aller Kraft, ihr Wissen weiterzugeben. Sie scheiterten.

Daß so wenige Menschen davon gewußt haben sollen, klingt natürlich unglaublich, wenn man Korherrs furchtbare Zahlen liest: 2 419 656 west- und osteuropäische Juden seien bis jetzt »evakuiert« worden, teilte er Himmler in seinem Bericht vom Januar 1943 mit. Diese Zahl umfaßte zwei Kategorien: »Evakuierungen insgesamt (einschließl. Theresienstadt und einschließl. Sonderbehandlung) 1 873 349« und »ohne Theresienstadt 1 786 356. Dazu kommt ... die Evakuierung von 633 300 Juden in den russischen Gebieten einschl. der früheren baltischen Länder seit Beginn des Ostfeldzugs.«

In der ersten Gesamtzahl sind die Zahlen für Theresienstadt nicht enthalten, da es sich hier um das in der Tschechoslowakei gelegene »Musterlager« für ältere Mitglieder der jüdischen Oberschicht Deutschlands handelte, die man noch zu »verkaufen« oder auszutauschen hoffte. Gleichzeitig fungierte Theresienstadt auch als Durchgangslager für tschechische Juden auf dem Weg nach Osten. Gegen Ende des Krieges waren im Register des Lagers 109 126 Zugänge, 16 000 im Lager Gestorbene und 43 879 »in den Osten Evakuierte« aufgeführt.

Da der von Korherr benutzte Euphemismus »Sonderbehandlung« – Erschießung in Rußland und Vergasung in Polen – inzwischen nicht mehr als harmlos genug galt, ordnete Himmler am 10. April 1943 eine entsprechende Änderung des Textes an. Im Prinzip war Himmler jedoch, wie er am 9. April in Worten von abstoßender Roheit an Ernst Kaltenbrunner, Heydrichs Nachfolger als Chef der Sicherheitspolizei und des SD, schrieb, mit dem Bericht zufrieden:

Der Reichsführer-SS   Feld-Kommandostelle 9. 4. 1943
                                       Geheime Reichssache!

An den Chef der Sicherheitspolizei und des SD.
Berlin
Ich habe den statistischen Bericht des Inspekteurs für Statistik über die Endlösung der Judenfrage erhalten.
Ich halte diesen Bericht als allenfalsiges Material für spätere Zeiten, und zwar zu Tarnungszwecken für recht gut. Im Augenblick darf er weder veröffentlicht noch weitergegeben werden.
Das Wichtigste ist mir nach wie vor, daß jetzt an Juden nach dem Osten abgefahren wird, was überhaupt nur menschenmöglich ist. In den kur-

zen Monatsmeldungen der Sicherheitspolizei will ich lediglich mitgeteilt bekommen, was monatlich abgefahren worden ist und was zu diesem Zeitpunkt noch an Juden übrig blieb.

HH

Am folgenden Tag leitete Obersturmbannführer Rudolf Brandt, der von seinem dankbaren Chef bald darauf zum Gruppenführer befördert wurde, Himmlers Instruktionen an Korherr weiter. Wie Brandt aussagte, bevor er 1948 in Landsberg gehängt wurde, hatte er sie mündlich erhalten:

Der Reichsführer-SS   Feld-Kommandostelle, 10. 5. 1943
Persönlicher Stab   Geheime Reichssache

An den
Inspekteur für Statistik, Pg. [Parteigenosse] Korherr
Berlin
Der Reichsführer-SS hat Ihren statistischen Bericht über »die Endlösung der europäischen Judenfrage« erhalten. Er wünscht, daß an keiner Stelle von »Sonderbehandlung der Juden« gesprochen wird. Auf Seite 9, Punkt 4, muß es folgendermaßen heißen:
»Transportierung von Juden aus den Ostprovinzen nach dem russischen Osten:
Es wurden durchgeschleust
durch die Lager im Generalgouvernement ......
durch die Lager im Warthegau ....«
Eine andere Formulierung darf nicht genommen werden. Ich sende das vom Reichsführer-SS bereits abgezeichnete Exemplar des Berichts zurück mit der Bitte, diese Seite 9 entsprechend abzuändern und es wieder zurückzusenden.

[Brandt]
SS-Obersturmbannführer

Die Existenz dieser Briefe ist ein historischer Glücksfall, denn von Korherrs Bericht sind nur 2 Versionen erhalten: eine Kopie des 16seitigen Originals, in der Seite 9 wie angeordnet berichtigt, also »Sonderbehandlung« durch »durchgeschleust« ersetzt wurde, und ein 7seitiger Abriß des Berichts, den Korherr für Hitler anfertigen mußte.

Die Briefe stehen im Widerspruch zu Korherrs Behauptung, das Wissen über die Judenvernichtung sei weitverbreitet gewesen, und sie zeigen die Entschlossenheit der Nazis, diese Morde geheimzuhalten. Daß Himmler von »Tarnungszwecken« schrieb, deutet darauf hin, daß man diese Geheimhaltung vielleicht für immer aufrechterhalten wollte.

In der Öffentlichkeit wurde bei Erwähnung dieses Themas bis zuletzt die Tarnung durch Euphemismen aufrechterhalten – nur gegenüber der militärischen und politischen Elite wurde sie, wie noch zu sehen sein wird, schließlich aufgehoben. Die Begriffe »Evakuierung« und »Umsiedlung«, die später von Apologeten Hitlers unaufhörlich zitiert wurden, erwiesen sich als um so wirksamer, als außer den Juden tatsächlich viele Hunderttausende von Männern, Frauen und Kindern – deutsche Siedler, osteuropäische Zwangsarbeiter und schließlich auch Deutsche, die aus ihren zerstörten Häusern und Städten flohen – verschickt, evakuiert und umgesiedelt wurden. Dies hat Behauptungen in der Kriegs- und Nachkriegszeit von der grundsätzlichen Ähnlichkeit zwischen solchen Kriegsfolgen und den Judentransporten eine gewisse scheinbare Glaubwürdigkeit verliehen.

Nachdem ich hier beschreibe, was die Mehrheit der Deutschen *nicht* wußte, müssen wir jetzt bedenken, *was* sie wußte, denn nur so kann man beurteilen, was Speer wußte oder hätte wissen müssen.

Mindestens ein Dutzend hoher Offiziere des Generalstabs und eine noch größere Zahl von Nazifunktionären wußten bereits seit Frühjahr 1941 von Hitlers Plänen. (Am 2. April 1941 schrieb beispielsweise Alfred Rosenberg nach einem zweistündigen Privatgespräch mit Hitler in sein Tagebuch, es seien Pläne zur Sprache gekommen, die er nicht zu Papier bringen wolle.)

Da war erst einmal im Mai 1941 in Pretsch bei Leipzig der dreiwöchige SS-Orientierungskurs für das Einsatzgruppenpersonal, an dessen Ende eine Anzahl von Offizieren, die den für Barbarossa bestimmten Gruppen als Führer zugeteilt worden waren, über das Gehörte so entsetzt waren, daß sie sofort um Versetzung ansuchten. Und dann gab es natürlich, kaum zwei Monate später, während einige mutige Männer (wie Klaus von Bismarck und sein Regiment) sich weigerten, Hitlers »Kommissarbefehl« auszuführen, Abertausende von deutschen Soldaten und Offizieren, die nicht nur von diesen Morden wußten, sondern sich an ihnen beteiligten.

Seit Ende des Zweiten Weltkriegs ist immer deutlich zwischen den von Himmlers SS begangenen Verbrechen und den »Kriegshandlungen« der Soldaten im Osten unterschieden worden. Das Bild vom nichtsahnenden deutschen Soldaten, der hart an der Front kämpfte, während die Einsatzgruppen der SS hinter ihm ohne sein Wissen Massaker verübten, wurde in Nürnberg nicht nur von den Militärs, sondern auch von anderen, darunter Speer, zäh verteidigt. Die in Nürnberg angeklagten Generäle akzeptierten ihre Verantwortung oder Mitschuld in bezug auf Hitlers Kommissarbefehl (und seinen späteren Kommandobefehl, der den deutschen Streitkräften vorschrieb, alliierte Kommandos ohne Gerichtsverfahren hinzurichten). Keitel wurde unter anderem deshalb zum Tod durch den Strang verurteilt, weil er diese Befehle ausgeführt hatte. Alle angeklagten Militärs bestritten jedoch jedes Wissen um und jede Beteiligung oder Schuld an der Ermordung der Juden, die in jener schicksalhaften letzten Juniwoche des Jahres 1941 im deutsch besetzten Litauen begann und sich schnell auf das ganze Baltikum, auf Weißrußland und auf die Ukraine ausdehnte. Dies, so behaupteten sie steif und fest, sei Sache der SS gewesen, die mit der Wehrmacht nichts zu tun hatte.

Anfang 1942, nach Speers Ernennung zum Minister, begann die zweite Phase des nun fabrikmäßig betriebenen Mordes an den Juden. Obwohl es zahlreiche Belege für Versuche der Nazis gibt, ihre Aktionen zu tarnen, mangelt es umgekehrt auch nicht an Beweisen über volles Wissen in offiziellen Kreisen.

Zunächst einmal gab es die vierzehn Teilnehmer von Heydrichs Wannseekonferenz im Januar 1942, deren Zweck es war, die Rolle der einzelnen offiziellen Stellen bei dem Mord am Judentum festzulegen. Zwei von ihnen, Georg Leibbrandt vom Ministerium für die besetzten Ostgebiete und Staatssekretär Friedrich Kritzinger von der Reichskanzlei, wurden 1947 vom stellvertretenden amerikanischen Hauptankläger Robert Kempner verhört und gaben mit großem Unbehagen zu verstehen, wie gründlich sie über das Schicksal der Juden informiert gewesen waren. (Die Aussagen, die Kempner ihnen mit großer Geduld entlockte, widerlegen die von Hitlers Apologeten bis heute vorgetragene Behauptung, die Wannseekonferenz habe nichts mit der Judenvernichtung zu tun gehabt.)

DR. KEMPNER: Waren Sie mal am Wannsee? Da hatte das Reichssicherheitshauptamt eine Sitzung?

LEIBBRANDT: Ja, da war mal eine Besprechung, ein Mittagessen. Heydrich hatte wohl dazu eingeladen, soviel ich weiß.

...

DR. KEMPNER: Was wurde da besprochen?

LEIBBRANDT: Meines Wissens alles mögliche ... Über den ganzen Kampf im Osten wurde gesprochen.

DR. KEMPNER: Was hatte Heydrich damit zu tun? [Leibbrandt schweigt] Hatte das auch mit Juden zu tun?

LEIBBRANDT: Das ist wohl auch zur Debatte gekommen.

...

DR. KEMPNER: Da hat Herr Leibbrandt an einer entscheidenden Sitzung über die Endlösung der Judenfrage teilgenommen? Das Protokoll habe ich.

LEIBBRANDT: Über die Endlösung der Judenfrage?

DR. KEMPNER: Ja, lesen Sie aus diesem Dokument vom 20. Januar 1942 die zweite Linie. Was steht da?

LEIBBRANDT: Mein Name ... Es war eine übliche Besprechung, ohne genau zu wissen, was los ist, und dann wird ein Protokoll aufgesetzt.

DR. KEMPNER: Der Plan ist koordiniert worden, was jedes Ministerium zu tun hat?

LEIBBRANDT: Ausgeschlossen.

DR. KEMPNER: Läuft Ihnen nicht noch ein kalter Schauer herunter, wenn Sie an die Sitzung denken? Waren Sie erschüttert damals oder nicht?

LEIBBRANDT: Das kann man wohl sagen.

DR. KEMPNER: ... Haben Sie die Erschütterung jemand anders gegenüber zum Ausdruck gebracht?

LEIBBRANDT: Ich habe dem Minister [Alfred Rosenberg] bei der ersten möglichen Gelegenheit gesagt, daß ich diesen Wahnsinn nicht teile und daß die Vorschläge, die gemacht wurden, völlig unmöglich seien.

DR. KEMPNER: Warum wollten Sie sich denn gar nicht an die Sitzung erinnern? Wollten Sie das verdrängen? ... Sie sind ein gescheiter Mensch, denken Sie über die Sitzung und den Mordplan noch einmal nach, mit wem Sie gesprochen haben usw. Nicht einer von Ihnen ist aufgestanden und hat gesagt, »hier stehe ich und kann nicht anders«. Ist das richtig? [Leibbrandt schweigt].

Kurz darauf, am 11. März 1947, erhielt Kempner von dem weniger zurückhaltenden oder mutigeren Friedrich Kritzinger detaillierte Informationen über die Konferenz. Kritzinger starb einige Monate später.

Wir wissen aus einem Tagebucheintrag von Goebbels am 27. März 1942, daß er spätestens zu diesem Zeitpunkt, wenn nicht früher (er gibt keinen genauen Hinweis, wann das entsprechende Gespräch mit Hitler stattfand), von Hitler erfuhr, welchem Zweck die »Aktion Reinhard« in Polen diente. Aus dem Eintrag geht nicht nur deutlich hervor, daß Goebbels über den Völkermord an den Juden vollständig informiert war, sondern auch, daß Hitler für diese »radikale Lösung« verantwortlich war.

Aus dem Generalgouvernement werden jetzt, bei Lublin beginnend, die Juden nach dem Osten abgeschoben. [Mit »nach dem Osten« ist die kurze Strecke zwischen Lublin mit dem Hauptquartier der »Aktion Reinhard« und den Lagern einige Dutzend Kilometer östlich der Stadt gemeint, die Ziel der Transporte waren – Treblinka, Sobibor und Belzec.] Es wird hier ein ziemlich barbarisches und [schriftlich] nicht näher zu beschreibendes Verfahren angewandt, und von den Juden selbst bleibt nicht mehr viel übrig. Im großen kann man wohl feststellen, daß 60% davon liquidiert werden müssen, während nur noch 40% in die Arbeit eingesetzt werden können. Der ehemalige Gauleiter von Wien [Odilo Globocnik], der diese Aktion durchführt, tut das mit ziemlicher Umsicht und auch mit einem Verfahren, das nicht allzu auffällig wirkt. An den Juden wird ein Strafgericht vollzogen, das zwar barbarisch ist, das sie aber vollauf verdient haben. Die Prophezeiung, die der Führer ihnen [im September 1939] für die Herbeiführung eines neuen Weltkriegs mit auf den Weg gegeben hat, beginnt sich in der furchtbarsten Weise zu verwirklichen. Man darf in diesen Dingen keine Sentimentalität obwalten lassen. Die Juden würden, wenn wir uns ihrer nicht erwehren würden, uns vernichten. ... Keine andere Regierung und kein anderes Regime konnte die Kraft aufbringen, diese Frage generell zu lösen. Auch hier ist der Führer der unentwegte Vorkämpfer und Wortführer einer radikalen Lösung, die nach Lage der Dinge geboten ist und deshalb unausweichlich erscheint. Gottseidank haben wir jetzt während des Krieges eine ganze Reihe von Möglichkeiten, die uns im Frieden verwehrt wären. Die müssen wir ausnützen. Die in den Städten des Generalgouvernements freiwerdenden Ghettos werden jetzt mit den aus dem Reich abgeschobenen Juden gefüllt, und hier soll sich dann nach einer gewissen Zeit der Prozeß erneuern ...

Einige Tage bevor Goebbels dies niederschrieb, hatte Hitler auf Speers Vorschlag eine Ernennung von zentraler Wichtigkeit vorgenommen. Speer war bereits nach einigen Wochen als Rüstungsminister klargeworden, daß eines seiner größten Probleme im Osten das Transportwesen war und daß Verkehrsminister Julius Dorpmüller zwar ein ganz besonders liebenswerter Mensch, seiner Aufgabe jedoch nicht gewachsen war.

Mehrere Monate zuvor war Speer in Dnjepropetrowsk auf Theodor Ganzenmüller aufmerksam geworden, einen jungen Beamten der Reichsbahn, der bei der Bewältigung der dortigen enormen Probleme der Bahn großes Geschick zeigte. Später hatte Speer mit ihm in Berlin ausführlich gesprochen.

»Im März«, sagte Speer zu mir, »schlug ich Hitler vor, den guten Dorpmüller nach und nach beiseite zu schieben und Ganzenmüller zum wirklichen Leiter der Reichsbahn zu machen. Ich sagte ihm, Ganzenmüller sei dafür der richtige Mann, und er glaubte mir. Die Formalitäten nahmen eine gewisse Zeit in Anspruch, aber am 25. Mai ernannte er Ganzenmüller offiziell zum Staatssekretär im Verkehrsministerium. Zur gleichen Zeit machte er Milch und mich vorübergehend zu Verkehrsdiktatoren, damit der junge Mann gleich die notwendige Unterstützung bekam.«

Für die Beantwortung der Frage, was Speer wußte und was nicht, scheint mir dieser Vorgang von größter Bedeutung. Ganzenmüller war sein Protegé, und der Bahntransport von Rüstungsgütern an die Front hatte für ihn höchste Priorität; aus den erhaltenen Berichten einschließlich Wolters' Chronik geht hervor, daß die beiden Männer eng zusammenarbeiteten und sich mehrmals in der Woche, manchmal sogar täglich, trafen.

Damals wurden täglich rund 10 000 Menschen zu den beiden bereits in Betrieb befindlichen Vernichtungslagern Belzec und Sobibor transportiert. (Chelmno war geschlossen worden, Treblinka war erst zwei Monate später betriebsbereit.)

Am 28. Juli 1942, zwölf Tage nachdem Ganzenmüller eine dringende telefonische Anfrage von SS-Obergruppenführer Wolff erhalten hatte, dem Chef von Himmlers persönlichem Stab, antwortete er in einem Brief, der, wenn es zu einem Kriegsverbrecherprozeß gegen ihn gekommen wäre, fatale Folgen für ihn gehabt hätte:

Unter Bezugnahme auf unser Ferngespräch vom 16. Juli teile ich Ihnen folgende Meldung meiner Generaldirektion der Ostbahnen zu Ihrer gefälligen Unterrichtung mit:
»Seit dem 22. 7. fährt täglich ein Zug mit je 5000 Juden von Warschau über Malkinia nach Treblinka, außerdem zweimal wöchentlich ein Zug mit 5000 Juden von Przemysl nach Belzec ...«

Wolffs Antwort kam zwei Wochen später:

Für Ihr Schreiben vom 28. 7. 1942 danke ich Ihnen – auch im Namen des Reichsführers-SS – herzlich. Mit besonderer Freude habe ich von Ihrer Mitteilung Kenntnis genommen, daß nun schon seit vierzehn Tagen täglich ein Zug mit je 5000 Angehörigen des Auserwählten Volkes nach Treblinka fährt und wir doch auf diese Weise in die Lage versetzt sind, diese Bevölkerungsbewegung in einem beschleunigten Tempo durchzuführen ...

Robert Kempner, den ich in den achtziger Jahren wiederholt besuchte, sprach von Ganzenmüller mit großer Bitterkeit. »Wir waren sehr froh, als es uns Jahre nach dem Krieg endlich gelang, Ganzenmüller in Essen vor ein Gericht zu bekommen«, sagte er, als wir über diesen entsetzlichen Briefwechsel sprachen. »Unser Triumph war jedoch nur von kurzer Dauer. Er sagte natürlich, er sei nur ein Rädchen im Getriebe gewesen und habe nur Befehle ausgeführt. ›Wirklich?‹ sagte ich. ›Wollen Sie etwa behaupten, daß Sie als Spitzenbeamter in einem der wichtigsten Ministerien jedem Befehl blindlings gehorcht hätten? Daß Sie, obwohl Sie für alle Bahnlinien, alle Züge, alle Bahnhöfe und das gesamte Bahnpersonal zuständig waren, keine Ahnung hatten, welche „Fracht" die Züge transportierten?‹ Er ließ ein überzeugendes Stöhnen hören und griff sich an die Stelle, wo bei den meisten Leuten das Herz sitzt. Sein Verteidiger fuhr auf und verlangte einen Arzt, dieser diagnostizierte einen Herzinfarkt, und aus war's. Das Verfahren war zu Ende. Der Gerichtshof entschied, angeblich von Mitleid bewegt, er sei verhandlungsunfähig: ein Mann schuldig wie die Sünde, der, wie Sie wissen, immer noch quicklebendig ist und uns heute alle zweifellos auslacht. Eine Katastrophe für die Gerechtigkeit.«

Speer wußte, daß ich den Briefwechsel zwischen Ganzenmüller und Wolff kannte, da ich ihn in meinem Buch *Am Abgrund* benutzt hatte. »Aber wenn Sie als Verkehrsdiktator doch für die Eisenbahn im Osten verantwortlich waren, als all das passierte ...?« fragte ich ihn und ließ die Frage in der Luft hängen.

»Nur für ungefähr einen Monat«, sagte er sofort. »Danach brauchte Ganzenmüller keine Hilfe mehr. Trotzdem«, fuhr er fort, »schon lange bevor ich Sie kennenlernte, stellte ich mir genau diese Frage, nachdem ich nämlich Ihr Buch gelesen hatte, wo der polnische Stationsvorsteher der Ortschaft Treblinka authentische Zahlen über die Anzahl der Menschen vorlegt, die in den Zügen transportiert wurden. Ich habe das nachgerechnet. Wir hatten in jenen Wochen 145 000 Eisenbahnwaggons auf den Schienen, von denen schätzungsweise 2000 zum Transport dieser Opfer eingesetzt wurden. Halten Sie es für unglaubhaft zu sagen, daß der Verantwortliche in Berlin nicht im einzelnen wußte, wie 2000 der insgesamt 145 000 Waggons verwendet wurden?«

Ich hatte natürlich nicht angenommen, daß er und Milch als Verkehrsdiktatoren über jedes Detail informiert waren oder auch nur hätten sein können, sondern mehr, daß Speer vielleicht in allgemeiner Form über den Charakter dieser »Bevölkerungsbewegungen« informiert war, nicht zuletzt durch Ganzenmüller, mit dem er in den folgenden drei Jahren sehr eng zusammenarbeitete. Überrascht war ich jedoch, daß er, nachdem er die Zahlen in meinem Buch lange vor seinem ersten Gespräch mit mir gelesen hatte, sich die Mühe gemacht hatte, eine Antwort auf eine Frage zu finden, von der er unmöglich wissen konnte, daß sie ihm jemand stellen würde.

Himmlers Stabschef Wolff war wie Ganzenmüller »eine Katastrophe für die Gerechtigkeit«. Es gelang diesem hochintelligenten, charmanten Mann mit seinen verbindlichen Manieren überraschend gut, sich den Alliierten und später einigen leichtgläubigen Journalisten und Pseudohistorikern als unschuldig an den ganzen Greueln und sogar ahnungslos zu präsentieren. Dabei konnte kaum jemand mehr darüber wissen als Himmlers engster Mitarbeiter, eine Tatsache, die durch einen Brief vom 11. April 1942 bestätigt wird, den Wolff schon vor dem Briefwechsel mit Ganzenmüller von SS-Standartenführer Harald Turner aus Belgrad erhielt.

Nachdem Turner sich für Wolffs Hilfe bei einer Auseinandersetzung zwischen Wehrmacht und SS bedankt hat, nutzt er die Gelegenheit, einen Brief zu erwähnen, den er am 15. Januar an Himmler geschrieben, auf den er aber noch keine Antwort erhalten hatte. Er schreibt:

> Ich möchte nicht erinnern, weil solche Dinge wie ich weiß Zeit brauchen und ich mich nicht für berechtigt halte, den Reichsführer an die Erledigung einer Sache zu erinnern. Immerhin weiß ich, daß Sie für diese Dinge Interesse haben, und warum ich sie jetzt darauf aufmerksam mache, hat einfach seinen Grund darin, daß demnächst diese Frage mehr als akut wird. [Turners »Frage« war, daß er durch Himmlers Intervention die Freilassung jüdisch-serbischer Kriegsgefangener aus

den Lagern der Wehrmacht erreichen wollte, wo sie unter dem Schutz der Genfer Konvention standen. Um sie töten zu können, mußte er sie unter seine Kontrolle bringen.] Schon vor Monaten habe ich alles an Juden im hiesigen Lager greifbare erschießen und sämtliche Judenfrauen und -kinder in einem Lager konzentrieren lassen und zugleich mit Hilfe des SD einen »Entlausungswagen« [Turners Anführungszeichen; er verwendet den SS-Euphemismus für »Gaswagen«] angeschafft, der nun in etwa 14 Tagen bis 4 Wochen auch die Räumung des Lagers endgültig durchgeführt haben wird ... Dann ist der Augenblick gekommen, in dem die unter der Genfer Konvention im Kriegsgefangenenlager befindlichen [serbisch-]jüdischen Offiziere nolens volens hinter die nicht mehr vorhandenen Angehörigen kommen und das dürfte immerhin leicht zu Komplikationen führen.

Werden nun die Betreffenden entlassen, so werden sie im Augenblick der Ankunft ihre endgültige Freiheit haben, aber wie ihre Rassegenossen nicht allzulange, und damit dürfte dann diese ganze Frage endgültig erledigt sein ...

Wolff wurde 1944 befördert und erhielt das Kommando über die SS-Truppen in Norditalien. Mit Himmlers Einverständnis bot er Allen Dulles* in der Schweiz zu dessen freudiger Überraschung schon früh Kapitulationsverhandlungen an. Es fiel ihm nicht im geringsten schwer, Dulles als Ehrenmann zu beeindrucken.

Als er nach dem Krieg vor Gericht gestellt wurde, erhielt er nur eine sehr kurze Haftstrafe. Im Jahr 1966 kam er hauptsächlich wegen des Briefwechsels mit Ganzenmüller erneut vor Gericht und wurde als Komplize der Morde von Treblinka zu fünfzehn Jahren Haft verurteilt, von denen er allerdings auch nur fünf absitzen mußte. Im Gegensatz dazu waren die ehemals besetzten Länder Süd- und Osteuropas nicht so leicht zu beschwichtigen, und Turner wurde zum Tode verurteilt und im März 1947 in Belgrad gehängt.

Speer hatte Wolff gut gekannt: »Das war unvermeidlich«, sagte er mir, »er war Himmlers Verbindungsoffizier zu Hitler.« Drei weitere, durchaus ehrenhafte Männer aus Speers großem Bekanntenkreis erinnerten sich später, daß sie schon früh von den Greueltaten im Osten gewußt hätten. Schon Anfang Oktober 1941 war Walter Frentz, dem Speer zwei Jahre zuvor den Traumposten eines Kameramanns im Führerhauptquartier besorgt hatte, auf einer Reise mit Himmler nach Minsk Zeuge einer Massenhinrichtung geworden.

---

* Allen Dulles war Chef des amerikanischen Geheimdienstes OSS (Office of Strategic Services).

Er filmte das Massaker. Nach seiner Rückkehr ins Führerhauptquartier vertraute er sich Hitlers Adjutanten Rudolf Schmundt an, der ihm riet, den Film zu vernichten und »seine Nase nicht in Angelegenheiten zu stecken, die ihn nichts angingen«.

Fast ein Jahr später, im Oktober 1942, hörte Nicolaus von Below von einem ähnlichen Erlebnis, als ein junger Leutnant vom Fernmeldekorps ihn in Hitlers Hauptquartier in Winniza in der Ukraine aufsuchte. »[Er] erzählte mir«, schreibt Below in seinen Memoiren, »daß er in der Nähe von Winniza Zeuge einer Massenexekution geworden sei. Beim Verlegen von Nachrichtenverbindungen sei er in einer größeren Bodenfalte auf einen Trupp SS-Leute gestoßen, der damit beschäftigt war, eine Anzahl Männer und Frauen zu erschießen. Er habe einen grauenhaften Eindruck von dieser Aktion erhalten und müsse darüber Meldung machen.«

Die Naivität von Belows Reaktion zeigt, wie wenig er sich über die wirkliche Situation im klaren war. Er schreibt, er habe die Angelegenheit (ausgerechnet) mit Himmlers Verbindungsoffizier Wolff besprochen. »[Ich] bat ihn, den Vorfall zu überprüfen und mir zu berichten. Nach einigen Tagen gab er mir eine sehr zweideutige Antwort auf meine Frage und verwies auf Sabotagehandlungen im rückwärtigen Gebiet. Aber er bat mich, keine weiteren Schritte zu unternehmen ...«

In dem am 30. Dezember 1992 vom New Yorker Fernsehen ausgestrahlten Dokumentarfilm *Restless Conscience: Resistance to Hitler Within Germany 1933–1945* gab Axel von dem Bussche, ein ehemaliger Hauptmann der Wehrmacht, die fast gleichlautende Beschreibung einer Mordaktion, deren Zeuge er fünfzig Jahre zuvor bei Winniza geworden war.

Von dem Bussches Abscheu vor dem, was er gesehen hatte, veranlaßte ihn wie auch mehrere andere Offiziere aus seinem Regiment, sich der Widerstandsbewegung innerhalb der Wehrmacht anzuschließen, die dann am 20. Juli 1944 zum Attentat Claus von Stauffenbergs führte. Schon im Oktober 1943 hatte von dem Bussche angeboten, Hitler unter Einsatz seines Lebens mit einer Bombe in die Luft zu sprengen. Dieser Anschlag scheiterte wie viele andere wegen unerwarteter Änderungen in Hitlers Terminplan.

Ich fragte einen Freund Speers, den bereits erwähnten General Adolf Galland, den größten Kampfflieger Nazideutschlands, ob Speer seiner Meinung nach von der Ausrottung der Juden gewußt habe oder ob es möglich war, daß er nichts wußte.

»Ob es möglich war, kann ich nicht sagen, aber wahrscheinlich ist es nicht«, antwortete Galland. »Von den Konzentrationslagern wußten alle. Speer natürlich auch – schließlich waren viele seiner Fremdarbeiter dort interniert. Aber von den Juden, den Gaskammern, der Ausrottung – nein, davon habe ich nie gewußt.« Und er erzählte dann von einem Erlebnis, das er und Speer im Jahr 1942 hatten. »Das war das erste Mal, daß ich stutzig wurde und Völkermord mir in den Sinn kam.« Er dachte einen Augenblick nach: »Es war im März. Da flog ich mit Himmler und Speer – jedenfalls mit dem Rüstungsminister – über Rußland. Das war Speer im März 1942 doch schon, nein? Himmler zeigte hinunter, wo eine große Anzahl von Menschen in Bewegung war, und sagte: ›Voriges Jahr hatten wir beschlossen, sie alle auszurotten – dieses Jahr brauchen wir sie für die Rüstung.‹ Diese Bemerkung versetzte mir einen Schock. Ich dachte, was meint er mit ›alle ausrotten‹? Und natürlich, wenn es Speer war, der damals mit uns flog, dann hörte er diese Bemerkung auch.«

Speer mag wie Galland aufgrund solcher Bemerkungen einen allgemeinen Verdacht geschöpft haben, aber er konnte kaum von der dramatischsten aller Enthüllungen über die Vergasungen wissen, die der von Gewissensnöten gequälte junge SS-Obersturmführer Kurt Gerstein dem ebenfalls jungen schwedischen Diplomaten Goran von Otter am 21. August 1942 im Nachtexpreß Warschau-Berlin machte. Gerstein, später die zentrale Gestalt eines weltberühmten Dramas und mehrerer Bücher, war am Tag zuvor in zwei Vernichtungslagern Zeuge von Vergasungen geworden.

Baron von Otter war sechsundsiebzig, als ich ihn 1981 in Paris kennenlernte. Er sollte als Zeuge in einem Verleumdungsprozeß gegen den französischen Revisionisten Robert Faurisson aussagen, der behauptet hatte, Gerstein sei ein Lügner und die Nazis hätten keine Juden vergast. Bei unserem Gespräch, dem in den nächsten Tagen mehrere folgten, wurde deutlich, daß die Begegnung mit Gerstein einen unauslöschlichen Eindruck im Leben dieses distinguierten Schweden hinterlassen hatte.

Otter war bereits sieben Jahre im diplomatischen Dienst seines Landes tätig und hatte in Wien und Budapest gedient, als er 1939 Erster Sekretär der schwedischen Gesandtschaft in Berlin wurde, wo er fünf Jahre blieb.

»Ich habe mich während des Krieges ganz besonders für Speer interessiert«, sagte er und fügte bitter hinzu: »Wie Sie wissen, hatte mein Land häufig Grund, mit Speers Ministerium zu verhandeln [Schweden lieferte Stahl an Deutschland]. Das gesamte diplomatische Korps in Berlin, im Jahr 1942 nicht allzu groß, interessierte sich für Speer, als sich herumsprach, was er in seinem Ministerium leistete. Er war verblüffend effektiv.«

Otter konnte sich nicht erinnern, Speer bei gesellschaftlichen Zusammenkünften, an denen andere deutsche Funktionäre teilnahmen, gesehen zu haben; er glaubte auch nicht, daß andere Diplomaten ihn persönlich kannten, und er selbst war ihm mit Sicherheit nie begegnet. »Sie haben mich gefragt, ob Speer gehört haben könnte, was Gerstein sah und mir erzählte«, fuhr er fort. »Für Deutsche war dieses Wissen wirklich sehr, sehr gefährlich … Wie Gerstein mir später selbst erzählte, sprach er schon darüber, aber die Leute, mit denen er in Berlin redete, gehörten größtenteils oder vielleicht ausschließlich christlichen Gruppen an, zu denen er schon immer Kontakt gehabt hatte.

Sie fragen mich nach Speer: Ich muß sagen, daß außer wenn er die sehr ausgeprägten Überzeugungen dieser Gruppe geteilt hätte – und ich kann nicht glauben, daß er das tat –, glaube ich nicht, daß er etwas von Gerstein wissen konnte. Sehen Sie, für diese Leute« – er schüttelte den Kopf – »wäre Speer ganz außerordentlich gefährlich gewesen.«

Gersteins Leben ist vielleicht der bedeutendste Beweis für das Bestehen moralischer Überzeugungen und moralischen Heldentums inmitten der nationalsozialistischen Monstrositäten. Es ist fast unmöglich, einen Eindruck von der Komplexität seiner Persönlichkeit oder der ihn quälenden Konflikte zu geben – der Konflikte zwischen der Liebe zu seinem Land (die ihn 1933 in die NSDAP geführt hatte) und seiner zutiefst christlichen Moral, die ihn, als er Gerüchte von ungeheuerlichen, staatlich geduldeten Verbrechen – das heißt der Euthanasie – hörte, schließlich 1940 veranlaßte, sich bei der SS zu bewerben, um für sich selbst die Wahrheit herauszufinden. Obwohl er in vorangegangenen Jahren zweimal wegen antinazistischer Äußerungen verhaftet worden war und kurze Haftstrafen im KZ abgesessen hatte, wurde er erstaunlicherweise sofort aufgenommen. Damit hatte er, wie der protestantische Pfarrer Otto Wehr, mit dem er viele Jahre befreundet war, 1949 im Nürnberger Ärzteprozeß aussagte, »das Reich des Dämonen« betreten.

Wie Speer gesagt hatte, als er mir über seinen Parteieintritt berichtete, suchten die Nazis verzweifelt nach Hochschulabsolventen, die sich ihnen anschließen wollten. Da Gerstein Maschinenbau, Bergbau und Medizin studiert hatte, stieg er in der SS-Hierarchie schnell auf und wurde im Januar 1942 Leiter der Abteilung Gesundheitstechnik des SS-Gesundheitsamts, eine Funktion, in der er für die Erfassung und Verteilung giftiger Substanzen »zu hygienischen Zwecken« zuständig wurde.

In dieser Eigenschaft wurde der damals 37jährige gläubige Christ, der der SS nur beigetreten war, um die Verbrechen ihrer Mitglieder zu entdecken und dann zu enthüllen, mitten in deren Verbrechen hineingezogen. 1942 wurde er in Lublin in das finsterste Geheimnis des NS-Regimes eingeweiht, als er hinfuhr, um 100 Kilogramm Zyklon B, das bei den späteren Vergasungen in Auschwitz und Majdanek bevorzugte Gift, abzuliefern. (Gerstein sabotierte prompt die Lieferung und erklärte sie für verdorben; was er in den folgenden Jahren wiederholt tun würde.) In zwei Lagern – Belzec und Treblinka – beobachtete er Vergasungen, die nicht mit Zyklon B, sondern durch Abgase von Dieselmotoren alter Panzer durchgeführt wurden.

Am Abend (des 20.) war er Gast des Lagerkommandanten von Treblinka. Am folgenden Nachmittag, dem 21. August 1942, traf Gerstein auf dem Korridor des überfüllten Nachtexpresses den hochgewachsenen schwedischen Diplomaten. Otter war in Warschau gewesen, um vier schwedische Geschäftsleute aufzusuchen, die von den Deutschen inhaftiert worden waren, weil sie als Kuriere für den polnischen Widerstand fungiert hatten. Wie Gerstein war auch Otter ohne Platzreservierung und hatte die Aussicht, die Nacht auf dem Koffer sitzend zu verbringen.

»Der Zug verließ Warschau am Spätnachmittag«, erzählte mir Otter an jenem Tag in Paris. »Ich bemerkte gleich einen SS-Offizier im selben Gang, der mir ständig Blicke zuwarf. Er war blaß und wirkte angespannt – sehr nervös. Wir sprachen nicht sofort, aber er machte mich neugierig: Es war offensichtlich, daß er mit mir reden wollte. Ich erwartete nichts Besonderes.« Er lächelte kurz. »Vielleicht dachte ich, es könnte nicht schaden, wenn es mir gelingen würde, einem SS-Offizier ein paar Informationen zu entlokken.«

Eine knappe Stunde nachdem der Zug Warschau verlassen hatte, hielt er auf offener Strecke. »Wir stiegen beide aus, um frische Luft zu schnappen. Ich bot ihm eine Zigarette an. Er lehnte ab, flüsterte jedoch sofort: ›Ich habe etwas Schreckliches zu berichten. Kann ich Sie in Ihrer Gesandtschaft aufsuchen?‹ Es war klar, daß er vom Schaffner erfahren haben mußte, wer ich war. Ich sagte: ›Warum nicht jetzt, im Zug?‹ Er nickte, und noch bevor wir wieder einstiegen, sagte er: ›Ich habe etwas Furchtbares gesehen ...‹ Es war wirklich merkwürdig – ich fragte sofort: ›Hat es etwas mit den Juden zu tun?‹ Und er antwortete: ›Ja – ich habe gestern über zehntausend sterben sehen.‹«

Laut Otter wußte man in Schweden schon seit Anfang 1942, daß die Juden systematisch ermordet wurden. Man kannte Berichte deutscher militärischer Quellen, vermutlich von Soldaten der Wehrmacht, die die Einsatzgruppen in Rußland in Aktion erlebt hatten. Einige mutige schwedische Zeitungen hatten, wie Otter berichtete, versucht, darüber zu schreiben, waren jedoch, obwohl nicht offiziell zensiert, an plötzlichen Verteilungsproblemen gescheitert. »Sie sehen also«, sagte er, »ich muß die Sache mit den Juden im Hinterkopf gehabt haben.«

Wieder im Zug, führten die beiden ein langes Gespräch. »Anfangs sprudelten die Worte nur so aus ihm heraus«, sagte Otter. »Er wirkte verzweifelt, fast krank. Nach einer Weile wurde er gefaßter.«

Später, als Gerstein seinen schrecklichen Augenzeugenbericht beendet und geschildert hatte, wie Tausende vor ihm in die Gaskammern von Belzec und Treblinka geführt worden waren, teilte er Otter mit, dies alles sei Teil einer offiziellen, am Wannsee beschlossenen Politik.

Otter wußte von der Wannseekonferenz damals noch nichts. »Gerstein hatte nicht an ihr teilgenommen«, sagte er, »aber er war sicherlich darüber informiert. Ich hatte ihn schon zuvor gebeten, die Dokumente sehen zu dürfen, die er mit sich führte, und er zeigte mir seinen Ausweis sowie einige Papiere, in denen von Zyklon-B-Kristallen die Rede war, und einige technische Zeichnungen. Außerdem skizzierte er einen Plan von Belzec.«

Das Gespräch dauerte fast sechs Stunden. »Zuletzt bat Gerstein mich, dafür zu sorgen, daß die Engländer von der Sache erführen. Sie könnten dann, meinte er, Flugblätter über Deutschland abwerfen. Er war sicher, daß das deutsche Volk diese Verbrechen nicht dulden würde, wenn es nur wüßte, was in seinem Namen geschah. Und er sagte, er habe die Absicht, den päpstlichen Nuntius in Berlin und die Schweizer Gesandtschaft aufzusuchen.« Später hörte Otter, daß der Nuntius Gerstein nicht empfangen hatte, weil er in SS-Uniform gekommen war, und daß auch die Schweizer ihn abgewiesen hatten.

Zunächst hatte auch er ihm nicht geglaubt. »Es war alles so furchtbar, so unglaublich entsetzlich«, sagte er; sein Gesicht schien, als er mir diese Geschichte erzählte, genauso angespannt, genauso bleich, wie ich mir das von Gerstein in jener Nacht vorstellte. »Am Ende aber, nach all den Einzelheiten, und ja, als ich sah, wie er litt – und auch, wie er sprach, wirklich, wissen Sie, als überzeugter Christ – ja, ich glaubte ihm.«

Auf Otters Bitte nannte Gerstein mehrere Personen, die für ihn bürgen konnten, darunter die beiden Pfarrer der Bekennenden Kirche, Otto Dibelius und Martin Niemöller, von denen der letztere im KZ saß. »Niemöller konnte ich natürlich erst viel später kennenlernen, Dibelius aber, den ich fast unmittelbar nach meiner Ankunft in Berlin aufsuchte, bürgte sofort und uneingeschränkt für Gersteins Integrität.«

Otter erstattete seinem Gesandten Bericht über das Gespräch, sobald er in Berlin angekommen war. »Ich sollte bald darauf nach Stockholm auf Urlaub fahren«, sagte er, »und er riet mir, die Sache nicht schriftlich, sondern persönlich im Außenministerium vorzutragen. Dies tat dann ich ein paar Tage später beim Chef der politischen Abteilung. Er sagte, die Sache sei schwierig.« Otters Stimme klang traurig. »Schweden, mit den Deutschen auf der einen und den Russen auf der anderen Seite, war in einer sehr schwierigen Lage. Und obwohl dies der erste präzise, detaillierte Bericht eines Augenzeugen war, war wie gesagt die Tatsache, daß Juden getötet wurden, bereits bekannt – nicht nur uns, sondern auch den Alliierten und dem Vatikan. Also ...« Otter hielt inne. »Nachdem er also alle Schwierigkeiten aufgezählt hatte, sagte er, ich solle das alles vergessen, meinen Urlaub genießen und alles weitere ihm überlassen. Er werde das Notwendige tun. Später – viel später – erfuhr ich, daß er nichts getan hatte. Und ich ...« Er wandte sich einen Augenblick ab. »Ich machte Urlaub ...« Als er wieder aufsah, spiegelte sich seine Trauer in seinem Gesicht.

Einige Wochen später – »Vielleicht waren es auch Monate«, sagte er – stieß er in Berlin noch einmal auf Gerstein. »Eines Tages, als ich aus der Gesandtschaft herauskam, hörte ich von der anderen Straßenseite her, wie jemand ›Pst, pst!‹ machte, und dort stand er, hinter einigen Büschen des Tiergartens versteckt. Wir gingen etwa eine Viertelstunde im Park spazieren.

Er sah furchtbar aus und war sehr deprimiert. Er erzählte mir von seinen mißlungenen Versuchen, mit dem Nuntius und dem Schweizer Gesandten zu sprechen, und er fragte mich, was ich erreicht hätte. Ich sagte ihm, was ich unternommen hatte, aber noch während ich sprach, wünschte ..., nein wußte ich, daß ich mehr hätte tun sollen. Schon damals war mir klar, daß dies der Beginn eines Traumas war, das mich vielleicht für immer verfolgen würde. Als der Krieg mit Deutschland dann endlich vorüber war, überlegte ich, was ich tun könnte. Mir war klar, daß Gerstein als SS-Offizier, der von diesen schrecklichen Verbrechen gewußt hatte, ja sogar – wie unfreiwillig auch immer – darin verwickelt war, in große Schwierigkeiten geraten konnte.«

Er machte eine lange Pause, und dann schilderte er seine Bemühungen, einem Mann zu helfen, der in Deutschland vielleicht als einziger unter fast unvorstellbaren persönlichen Risiken aktiv jahrelang versucht hatte, Hitlers Völkermord zu verhindern. Otter hielt es schließlich für das Beste, seine Informationen über einen engen Freund in der schwedischen Botschaft in London an die seit Januar 1944 dort ansässige »War Crimes Commission« (UNWCC) weiterzuleiten. »Ich brauchte zwei Monate für diesen Entschluß«, sagte er mit schwerer Stimme. Er hatte keine Ahnung gehabt, daß Gerstein sich Ende April den Franzosen gestellt hatte oder daß nach einigen Wochen offener Haft in einem angenehmen Hotel in Rottweil sich seine Lage radikal verschlimmerte, als er in das Pariser Gefängnis Cherche Midi verlegt wurde. Dort klagte man ihn nach tagelangen harten Verhören gemäß »Befehl Nr. 1171« des »Mordes und der Behilfe zum Mord während seines Dienstes als SS-*Oberscharführer* [sic!] ...« an (in Wirklichkeit war er SS-Obersturmführer).

»Dann schrieb ich meinem Freund einen langen Brief«, sagte Otter, »und berichtete ihm detailliert, was Gerstein unternommen hatte, um die Juden zu retten. Aber das war am 25. Juli.« Später erfuhr er, daß Gerstein, nachdem er – als Kriegsverbrecher angeklagt – offensichtlich alle Hoffnung verloren hatte, sich zwei Tage zuvor, am 23. Juli, umgebracht hatte.

»Was hätte man für ihn noch tun können?« fragte ich. »Wie kann man das wissen?« sagte Otter. »Es *war* ein sehr schwieriger und ambivalenter Fall, und die Atmosphäre war damals emotional aufgeladen. Für die Franzosen, die selbst so viel zu bereuen und zu verbergen hatten, war Gerstein ein unschätzbarer Fang. Die Leute, sowohl die Franzosen als auch die Amerikaner, bei denen er im April in Deutschland gefangensaß, gehörten zur kämpfenden Truppe; sie hatten eine andere Einstellung. Da wäre vielleicht etwas zu machen gewesen. Aber als er der Polizei, der politischen Bürokratie in Paris, in die Hände fiel ...« Otter schüttelte den Kopf. »Es ist fast unvorstellbar: dieser Mann in einem Pariser Gefängnis, allein, ohne jemanden an seiner Seite, der ihn oder die außergewöhnlichen Umstände seines Handelns hätte verstehen können. Es war hoffnungslos.«

Wieder schüttelte er den Kopf. »Ich werde es mir nie verzeihen. Ich hätte helfen können. Ich werde bis an mein Lebensende bereuen, daß ich den Brief nicht früher geschrieben habe. Wenn ich es getan hätte, wäre er vielleicht nicht tot ...«

Zu dem Zeitpunkt, als Gerstein sein schreckliches Wissen an Otter weitergab, hatten die Alliierten durch einen anderen Deutschen mit dem gleichen seltenen Mut und ähnlichen moralischen Überzeugungen praktisch dieselben Informationen erhalten. Die Alliierten waren jedoch wie die Schweden nicht geneigt, das tragische Wissen weiterzugeben. Auch hier mußten die Informanten bei Personen, die in den Regierungen der Vereinigten Staaten und Großbritanniens und im Vatikan hohe Posten bekleideten, gegen empörende Vorurteile, Rassismus, Gleichgültigkeit und wirtschaftlichen Eigennutz kämpfen.*

Im Juli 1942 erfuhr Dr. Gerhardt Riegner, ein brillanter junger deutscher Flüchtlingsanwalt, der das Genfer Büro des Jüdischen Weltkongresses leitete, aus sicherer Quelle, daß Hitler laut einem führenden deutschen Industriellen mit Zugang zu Hitlers Hauptquartier schon Monate zuvor die physische Vernichtung aller Juden im deutschen Machtbereich befohlen hatte. In Telegrammen nach Washington und London berichtete Riegner, dem deutschen Informanten zufolge werde erwogen, »dreieinhalb bis vier Millionen Juden, ausschließlich der Juden in der Sowjetunion, nach Deportation und Konzentration im Osten auf einen Schlag auszurotten und so die Judenfrage in Europa ein für allemal zu lösen«.

Auch wenn die leichte Übertreibung »auf einen Schlag« leider die Zweifel an der Glaubwürdigkeit von Riegners Informanten verstärkte, hätten die Worte »ausschließlich der Juden in der Sowjetunion« die Empfänger eigentlich von der erstaunlichen Genauigkeit von dessen Wissen überzeugen sollen. Daß die Nazis zu diesem Zeitpunkt davon ausgingen, die sowjetischen Juden in ihrem Machtbereich seien bereits beseitigt, und aufgrund der dabei gemachten Erfahrungen beschlossen hatten, die verbliebenen europäischen Juden auf eine ganz andere Art zu töten, konnte nur Hitlers engsten Mitarbeitern an diesem Vorhaben bekannt sein.

Ich habe mit Dr. Riegner im Lauf der Jahre viele Male in London, München, Paris und Genf gesprochen, wo er bis heute lebt. 1911 geboren, ist er ein charmanter und meistens lustiger Mensch. Aber seine Stimme zitterte, und er sah plötzlich erschöpft aus, als er sich fünfzig Jahre später an jenen

---

* Darüber berichten ausführlich Arthur Morse in seinem Buch *Die Wasser teilten sich nicht*, Walter Laqueur und Richard Breitmann in *Der Mann, der das Schweigen brach* und ich in *Am Abgrund*.

Tag erinnerte, an dem er die Informationen erhalten hatte. »Ja«, sagte er, »ich bekam diese Informationen, und es war der ärgste Tag meines Lebens. Ich hatte schon seit Monaten Gerüchte gehört und sie nicht geglaubt. Dann wurde mir jedoch, nachdem ich absolute Geheimhaltung zugesichert hatte, der Name des deutschen Industriellen mitgeteilt, und da wußte ich, daß es stimmte. Kein Mensch, mit Ausnahme des amerikanischen Gesandten in der Schweiz, dem ich den Namen schließlich unter Druck preisgab, hat den Namen je von mir erfahren, solange der Mann lebte ... inzwischen ist er aber von den Israelis geehrt worden, und vor allem ist er tot, also kann und sollte sein Name genannt werden.« Der Informant und leidenschaftliche Nazigegner war Eduard Schulte, Generaldirektor von Giesche in Breslau, einem der größten metallverarbeitenden Unternehmen Deutschlands. Daß das Unternehmen dem internationalen Zink-Kartell angehörte, in dem auch wichtige Schweizer Interessen vertreten waren, war zweifellos der Grund, warum Schulte relativ große Bewegungsfreiheit besaß. Kurz nachdem er Riegner informiert hatte, floh er aus Deutschland; er lebte bis zu seinem Tod im Ausland, zunächst in der Schweiz und später in Kalifornien.

(Robert Kempner hatte Schulte mir gegenüber erwähnt, lange bevor sein Name öffentlich bekannt wurde. »Er war einer von uns, einer der wichtigsten Männer des OSS in Deutschland. Seine zweite Frau war Jüdin – vielleicht hatte das etwas mit seinen Motiven zu tun. Vielleicht aber auch nicht; vielleicht konnte er das Böse erkennen, wenn es ihm begegnete. Er war es, der uns unter anderem einen Monat im voraus den genauen Zeitpunkt des deutschen Einmarsches in der Sowjetunion verriet, Hitlers ›Unternehmen Barbarossa‹.«)

Als Riegner vor Weiterleitung von Schultes unglaublichen Informationen vorsichtig Erkundigungen über die Glaubwürdigkeit dieses Informanten einzog, erfuhr er, wie außerordentlich angesehen Schulte bei den Alliierten war. Das Telegramm, das er dann abschickte, war an Rabbiner Stephen Wise adressiert, den amerikanischen Präsidenten des Jüdischen Weltkongresses, und sollte ihm über das amerikanische Außenministerium zugestellt werden. »Ich muß irgendeine Vorahnung gehabt haben«, sagte Riegner, »denn ich ging auf Nummer Sicher, indem ich eine Kopie an das englische Außenministerium sandte. Aus Washington kam keine Reaktion, und als ich wiederholt nachfragte, war ich von der Antwort erschüttert. Das State Department hatte die Nachricht mit der Begründung unterdrückt, sie stamme aus einer unzuverlässigen – das heißt jüdischen – Quelle. Fast einen Monat später, nach ständigem Drängen von mir und anderen, wurde schließlich die Kopie, die ich nach London geschickt hatte, an Rabbiner Wise weitergeleitet, aber sogar dann gelang es dem State Department, ihn zu überreden, auf eine öffentliche Bekanntgabe zu verzichten, bis die Meldung ›offiziell bestätigt‹ sei.«

So vergingen weitere zwei Monate. Mitte Oktober wurde in den Vereinigten Staaten endlich eine erste Kommission zur Untersuchung der Kriegsverbrechen gebildet; danach dauerte es jedoch noch einmal zwei Monate, bis die Alliierten die Nazis am 17. Dezember 1942 offiziell für die Ausrottung der Juden verantwortlich erklärten. »Fünf Monate«, sagte Riegner, »fünf Monate, in denen sie eine Million Menschen vergasten.«

Hitlers Judenhaß, wie er in seinem politischen Testament, seiner »letzten Botschaft an das deutsche Volk«, deutlich zum Ausdruck kommt, war eine Besessenheit, die bis in das Tiefste seines Wesens ging: Sie wurde schließlich zur treibenden Kraft seines pathologischen Handelns.

»Ich habe immer wieder darüber nachgedacht«, sagte Speer zu mir, »und wissen Sie, selbst wenn all die Menschen, die Hitler zeitweise nahestanden, noch lebten und den vielen Historikern und Psychologen Rede und Antwort stehen könnten, die versucht haben, in Hitlers Persönlichkeit einzudringen, selbst dann fällt mir niemand ein, der sie hätte erklären können.«

Ich wollte wissen, ob er in Spandau darüber je mit Heß gesprochen habe. »Natürlich habe ich mit ihm über Hitlers Antisemitismus gesprochen. Aber da er jede Beteiligung Hitlers an der Ermordung der Juden entschieden bestritt und meiner Meinung nach selbst daran vollkommen unschuldig war und nicht einmal davon gewußt hatte, wäre es unsensibel gewesen, mit ihm auf einer anderen als einer rein verstandesmäßigen und historischen Ebene zu reden. Außerdem waren er und ich von unseren Mitgefangenen ziemlich isoliert, er aus eigenem Antrieb und ich, weil diese es so wollten. Ich glaube, wir wußten beide, daß wir in gewissem Maße voneinander abhängig waren; wenn er krank war, was häufig vorkam, versuchte ich ihm zu helfen; wenn ich krank war, was auch passierte, half er mir. Wir« – Speer überlegte einen Augenblick – »wir gingen sorgsam, nein fürsorglich miteinander um. Keiner versuchte je, den anderen an einem wunden Punkt zu treffen. Wir stritten nicht, wir redeten miteinander. Von meinen sechs Mitgefangenen war Heß neben Neurath der einzige, den ich später gern wiedergesehen hätte. Einmal sagte ich ihm das, und er antwortete sehr weise: ›Ich glaub’ nicht. Draußen würden wir streiten.‹«

In den vier Jahren, die ich Speer kannte, war immer er es, der auf das Schicksal der Juden zu sprechen kam. Während unserer ersten, dreiwöchigen Gespräche, als es mir darum ging, sein Leben in seiner Gesamtheit zu betrachten, tauchte das Thema zwar oft auf, aber ich war wie bereits erwähnt entschlossen, die direkte Konfrontation, die er ständig zu suchen schien, bis gegen Ende dieser Zeit aufzuschieben. In den vielen Gesprächen danach versuchte ich jedoch niemals, dem Thema auszuweichen, und er fand immer wieder den einen oder anderen Vorwand, es anzuschneiden, etwa als wir über Heß sprachen.

Weder er noch Heß, sagte er, waren »bewußte Antisemiten«. Er lachte kurz und selbstironisch. »Ich glaube, das hätten wir beide für unter unserer Würde gehalten.« Sie seien jedoch beide, ob bewußt oder unbewußt, in einer vom Antisemitismus durchsetzten Gesellschaft aufgewachsen. »Er war einfach *da*, selbst dort, wo er, wie in meiner Familie, weiß Gott niemals offen artikuliert wurde. Ich glaube sogar, daß mein Vater nie solche Gefühle hatte. Wie Sie wissen, hatten wir Jungen ein jüdisches Kindermädchen. Später kann ich mich vage an Bemerkungen gegen Juden erinnern, die dies besaßen oder jenes Geschäft führten, und ich nehme an, daß ich dadurch genau wie Heß auf die antisemitischen Tiraden in Hitlers frühen Reden vorbereitet war. Es stimmt, ich wurde immun gegen das, was an ihnen roh oder gewalttätig war, wahrscheinlich weil ich Hitler einfach nicht so sehen wollte. Aber nichts, was er sagte, ließ mich auch nur einen Augenblick daran denken, daß er wirklich die Absicht hatte, sie zu *töten*. Sie zu töten«, wiederholte er, eine Mischung aus Erstaunen und Entsetzen in seiner Stimme, »das war undenkbar. Heute wissen wir, daß er genau das befahl, zuerst in Rußland, dann in Polen. Ich glaube nicht, daß er mit der technischen Durchführung viel zu tun hatte, aber selbst die Entscheidung, vom Erschießen zum Vergasen überzugehen, muß seine gewesen sein, aus dem einfachen Grund, daß, wie ich nur allzugut weiß, keine einzige wichtige Entscheidung ohne seine Zustimmung getroffen wurde.«

Zusammenfassend wiederholte Speer noch einmal, Hitlers Antisemitismus der ersten Jahre sei gegen den überproportionalen Einfluß der Juden auf das wirtschaftliche und kulturelle Leben in Deutschland gerichtet gewesen. Wie unangenehm es sie auch anrührte, wenn er ausfallend über sie wurde, wäre es damals politisch oder propagandistisch »verständlich« gewesen. »Wenn Sie mich aber fragen, was in Hitlers Innerem war, daß er einen solchen Befehl zur Ermordung eines ganzen Volkes geben konnte, dann kann ich nur wiederholen, ich weiß es nicht, und ich bin überzeugt, daß es auch sonst niemand weiß.«

Annemarie Kempf sagte bei einer der vielen Gelegenheiten, als wir über das Thema sprachen: »Ich bin zu der Ansicht gelangt, daß böse Geister von Menschen Besitz ergreifen können.« Sie lächelte fast entschuldigend. »Damit hätten Sie Speer natürlich nicht kommen können. Und obwohl ich glaube, daß es die einzige Erklärung für Hitler ist, widerstrebt sie mir in gewisser Weise auch. Wenn man nämlich mangels anderer Erklärungen sagt, Hitler, der am Anfang all diese wunderbaren Dinge für uns getan hat, sei vom Teufel oder von was auch immer besessen gewesen, dann spricht man ihn gewissermaßen von jeder Verantwortung frei. Man schafft eine Basis für Mitgefühl, und das ist bestimmt falsch. Er muß doch für das verantwortlich sein, was er getan hat, so wie wir verantwortlich sind, für das, was wir nicht getan haben, auch wenn wir Hitlers Tun aus Blindheit nicht ›bewußt wahrgenommen‹ haben.«

Es war diese »bewußte Wahrnehmung«, die ich bei Speer suchte. Und ich bin heute überzeugt davon, daß er 1942 Hitlers Völkermord an den Juden noch nicht »bewußt wahrnahm«, obwohl Tausende deutscher Soldaten damals schon von der Ermordung von Juden und Nichtjuden in der Sowjetunion wußten und obwohl einige seiner engen Mitarbeiter wußten, was zuerst in Rußland und dann in Polen geschah.

Während 1942 das Frühjahr und dann der heißeste europäische Sommer seit Menschengedenken vorübergingen, ein kalter Herbst unerbittlich zu einem eisigen Winter wurde und die Katastrophe von Stalingrad sich anbahnte, war Speer fast ausschließlich damit beschäftigt, wie er die Kriegsproduktion steigern konnte, um die gewaltigen Verluste der Wehrmacht im Osten auszugleichen.

Der November 1942 war der eigentliche Anfang vom Ende für Hitlers Krieg: Auf Rommels Niederlage bei El Alamein folgten die alliierten Landungen in Nordafrika und dann, am 19. November, der Beginn der gewaltigen sowjetischen Winteroffensive, anscheinend völlig überraschend für Hitler, der sich über sämtliche Ratschläge des mit seinen Ansichten – oder Wunschträumen – nicht einverstandenen Generalstabs hinweggesetzt hatte und inzwischen faktisch zum alleinigen Oberbefehlshaber der Wehrmacht geworden war.

»Aber haben die Generäle denn nicht gesehen, was auf sie zukam?« fragte ich Speer. Und was war mit ihm selbst? Hatte er es nicht vorausgesehen? Er war doch inzwischen mit vielen Offizieren des Generalstabs verbunden und stand gleichzeitig Hitler so nahe. Hätte er nicht Hitler die Augen öffnen können für seine verzweifelte Lage.

»Das wesentliche Problem«, sagte Speer, »lag zwischen Hitler und den Generälen. Außer von Keitel, der ›sein‹ Mann war und ihm nur sagte, was er hören wollte, und von Jodl, dessen Handlungsspielraum jedoch schon bald stark eingeschränkt wurde, eben weil er eine gewisse Unabhängigkeit des Denkens zeigte, nahm Hitler nie taktische Ratschläge an, nur Informationen, und er war deshalb immer mehr von Leuten umgeben, die ich ›Nickesel‹ nannte.«

Seit Ende November 1942 seien diese Jasager zunehmend die einzigen gewesen, die von den drei Männern, die praktisch über Hitlers Leben bestimmten, noch zu ihm vorgelassen wurden: von Bormann, der als Sekretär des Führers de facto auch sein Stellvertreter war, von Keitel, den Hitler zum Chef des Oberkommandos der Wehrmacht ernannt hatte, und von Lammers, Reichsminister und Chef der Reichskanzlei, der verwaltungstechnisch für die Innenpolitik verantwortlich war.

»Da die Rüstungsproduktion für Hitler natürlich höchste Priorität hatte,«
sagte Speer, »hatte ich auch weiterhin Zugang zu ihm. Tatsächlich sah ich
ihn, außer wenn ich verreist war, mindestens zweimal die Woche und oft
sogar täglich, wenn er in Berlin war oder wir uns beide auf dem Berghof
aufhielten. Seit dem November aber war er nicht mehr derselbe. Er war nie
die hysterische Persönlichkeit, die man ihm später angedichtet hat; dieser
Unsinn, er habe in den Teppich gebissen – eine alberne amerikanische Erfindung. Bis zu jenem schrecklichen Winter von 1942 habe ich ihn kaum je
toben oder auch nur im Streit die Stimme erheben hören. Er war am gefährlichsten, wenn er ganz leise sprach. Jetzt aber, sichtlich erschöpft, gebeugt
vor Müdigkeit und immer heiser, ließ er seiner Wut und Erbitterung über die
Generäle freien Lauf, und er redete mit dieser schrecklich rauhen Stimme
von nichts anderem mehr. Sie waren an allem schuld, sie hatten ihn verraten,
ihn belogen. [Kurt] Zeitzler, einer der besten Generalstabschefs des Heeres,
versuchte ihm immer wieder verzweifelt klarzumachen, daß Stalingrad eine
Katastrophe sei und daß er [Generalfeldmarschall Friedrich] Paulus und seiner 200 000 Mann starken 6. Armee unbedingt erlauben müsse, unter Zu-
rücklassung der schweren Waffen nach Westen abzurücken und sich in halt-
bare Stellungen einzugraben, wo wir sie aus der Luft versorgen und
Verstärkung herbeischaffen konnten. Hitler beschuldigte Zeitzler mehr oder
weniger der Feigheit. Stalingrad, so befahl er, als die Stadt bereits völlig
eingeschlossen war und die Truppen kaum noch über Nahrungsmittel und
Munition verfügten, müsse gehalten werden. Zeitzler reduzierte aus Protest
seine eigenen Essensrationen auf das Niveau der eingeschlossenen Soldaten
und nahm innerhalb von zwei Wochen zwölf Kilo ab. Als Hitler das von
Borman hörte, befahl er ihm, wieder normal zu essen, er verbot aber ›wegen
der Helden von Stalingrad‹ den Ausschank von Champagner und Cognac im
Führerhauptquartier.«

Speer schrieb in Spandau über diese Zeit:

Als es mit Stalingrad noch nicht so schlimm war, ging ich mit meiner
Frau, die ahnungslos war wie alle übrigen Besucher, in die »Zauberflö-
te«, um mich etwas abzulenken. Als wir jedoch in unserer Loge in den
weich gepolsterten Stühlen unter festlich gekleideten Menschen saßen,
kam mir das Bild der Pariser Oper zur Zeit des napoleonischen Rück-
zuges vergleichsweise ins Gedächtnis. Mir wurde so elend bei dem Anblick dieser ahnungslosen Menschen und bei dem Gedanken an das
gleichzeitige Leid unserer Soldaten in Stalingrad und an das Schicksal
meines Bruders, daß ich schwere Herzstörungen bekam und ins Ministerium floh, um mich durch Arbeit zu betäuben. Dabei versuchte ich
ständig, mir Hitlers Befehl einzuhämmern: »Es gibt keine Gesamtverantwortung, jeder hat nur für seinen Bereich zu denken und zu handeln.«

In den *Erinnerungen* geht Speer auf den Verlust, den seine Familie in Stalingrad erlitt, nur kurz ein, aber sowohl im »Nürnberger« wie im »Spandauer Entwurf« ist sein Bericht persönlicher. So heißt es im »Nürnberger Entwurf«:

> Inmitten all der Arbeit panische Anrufe meiner Eltern: Mein Bruder [Ernst], der bei einem Beobachtungstrupp in vorderer Linie dient, ist in Stalingrad eingeschlossen. Sie haben alarmierende Briefe von ihm erhalten: Er hat die Krankheit der sechsten Armee. Gelbfieber, geschwollene Gliedmaßen, Nierenleiden. Ungenügende Ernährung. – Er geht in ein Lazarett. Es ist ein Pferdestall ohne Heizung, nur teilweise überdeckt. Im russischen Winter. Ein furchtbares Elend. Tote aus Hunger und Erschöpfung.

»Meine Mutter, die ihre Gefühle sonst nie zeigte, weinte am Telefon«, erzählte Speer mir später. »›Das kannst du ihm doch nicht antun,‹ sagte sie, als ob ich dafür verantwortlich sei, und mein Vater klang gebrochen, als er hinzufügte: ›Es ist doch nicht möglich, daß ausgerechnet du nichts tun kannst, um ihn da herauszuholen.‹«

Im »Spandauer Entwurf« fuhr Speer fort:

> Meinen Bruder hatte ich das letzte Mal im Sommer gesehen, auf der Durchreise zur Front. Er suchte mich in meinem Büro auf, aber es warteten andere Besucher, ein Arbeitsessen und andere Termine. Ich hatte ihm, vielleicht gegen die Regel dieser Zeit, daß gerade die nächsten Angehörigen der führenden Personen keine Vorteile haben sollten, zugesagt, ihn nach dem nächsten Feldzug zu versuchen, herauszuziehen, um ihm auf einer Baustelle am Atlantik seiner Weiterbildung als Architekt entsprechend eine Stellung zu besorgen.

Später erzählte Speer mir den Rest der Geschichte: »Er saß neben mir in meinem Büro, während Telefone klingelten und ein ständiges Kommen und Gehen herrschte, und sah, daß ich keine Zeit hatte. ›Also, vielen Dank für alles‹, sagte er. Ich war peinlich berührt, als er beim Aufstehen automatisch strammstand. ›Na dann, auf Wiedersehen,‹ sagte er und war verschwunden, bevor ich auch nur aufstehen konnte. Einen Augenblick später eilte ich hinaus und versuchte, ihn noch zu erwischen. Ich wollte das Arbeitsessen absagen und statt dessen ihn zum Essen einladen. Aber er war bereits fort. Ich hatte ihm nicht einmal die Hand geschüttelt.«

Görings Flugzeuge waren nicht in der Lage, die Truppen in Stalingrad zu versorgen, aber sie hielten den Postverkehr aufrecht. Aus Ernsts vorletztem Brief erfuhren die Eltern, daß er es im Feldlazarett nicht ausgehalten hatte, daß er all das Sterben nicht hatte ertragen können. Irgendwie hatte er es geschafft, zu seiner Einheit zurückzukehren, denn obwohl seine Gliedmaßen inzwischen auf die doppelte Größe angeschwollen waren und er nicht mehr gehen konnte und schwach war wie ein kleines Kind, fühlte er sich bei seinen Kameraden wohler.

Speer schreibt in Spandau:

Mitte Januar hatte Hitler endlich erkannt, daß Göring handlungsunfähig war, und ermächtigte Generalfeldmarschall Milch zu retten, was noch zu retten war. Ich fuhr mit Milch zum Flughafen, als er in das Luftwaffenhauptquartier südlich der eingeschlossenen Stadt aufbrach, von wo aus er alle noch möglichen Rettungsoperationen leiten würde, und er versprach mir feierlich, meinen Bruder zu suchen. Trotz der schrecklich effektiven Luftabwehr der Russen gelang es Milch, eine gewisse Menge an Nachschub und Medikamenten in den Kessel hinein-, und – eine noch erstaunlichere Leistung – ein paar Tausend weitere Verwundete herauszufliegen. Meinen Bruder konnte er jedoch nicht finden – seine Einheit wurde gesucht, aber sie, und er, waren verschwunden. Wie Hunderttausende anderer Soldaten wurde auch mein Bruder für vermißt und vermutlich tot erklärt.

»Traurigerweise«, erzählte Speer mir Jahre später, »erhielten meine Eltern noch einen letzten Brief von ihm, zweifellos dank der Flugzeuge Milchs. Er war verzweifelt über sein Leben, haderte mit dem Tod und war verbittert über mich, seinen Bruder.«

Deutschland war in der zweiten Hälfte des Jahres 1942 und das Jahr 1943 über in einer tiefen Schizophrenie gefangen. Nichts zeigt dies deutlicher als Speers fast schon manische Anstrengung, Hitlers Krieg zu gewinnen, der doch bereits verloren war, und Hitlers Ziele zu erreichen, obwohl er sie zunehmend als böse erkannte. Himmler, Goebbels und natürlich auch Nicolaus von Below beschrieben immer wieder ihre Reaktionen auf Speers Erfolge. Below schrieb:

Es war uns allen sehr klar geworden, daß dieser Wechsel [Speers Ernennung zum Rüstungsminister] einen grundsätzlichen Wandel auf dem Gebiet des Rüstungswesens zur Folge haben würde. Schon nach wenigen Wochen war dies zu beobachten, aber in einem erstaunlich positiven Sinn.

Auch Goebbels zeigt in seinen Tagebuchnotizen fast vom Zeitpunkt der Ernennung an wachsende Begeisterung für Speer:

[Speer ist] zweifellos der einzige Mann, der in der Lage ist, das große Erbe des Toten [Fritz Todt] seinem Sinn und seinem Programm gemäß zu verwalten. [Und einige Wochen später heißt es:] Er tritt das Erbe

Todts mit größtem Idealismus und auch mit umfassenden Sachkenntnissen an. Die Rationalisierung unserer Arbeit und die damit zusammenhängende Leistungssteigerung nimmt er mit Recht für sich in Anspruch. Er wehrt sich mit Händen und Füßen dagegen, daß hier auf Dauer der Dilettantismus von Dr. Ley zu Worte kommen soll ... Welch ein Glück, Speer zu haben; wir arbeiten blendend zusammen; endlich ein verwandter Geist.

Innerhalb einiger kurzer Monate sollte dieser gewiefte Politiker, vielleicht der erste Deutsche, der in Speer einen möglichen Nachfolger Hitlers sah, Speer tief in seine politischen Machenschaften verwickeln. Speer war von Goebbels' Ausstrahlung fasziniert und erkannte weder damals noch, wie wir sehen werden, später, in welchem Ausmaß sich die Verbindung mit Goebbels auf sein Leben auswirken würde.

Die Informationen, die Hitler einzelnen Personen zukommen ließ, waren immer sorgfältig auf der Basis dessen ausgewählt, was jemand wissen mußte, und von jetzt ab sprach Hitler in Speers Beisein über Angelegenheiten, die er in seiner Gegenwart zuvor nie erwähnt hätte. Teilweise rührte dies natürlich daher, daß Speer inzwischen eine politische statt einer künstlerischen Stellung bekleidete. Zugleich aber fiel Speer für ihn aufgrund seiner bereitwilligen Zusammenarbeit mit Goebbels – und weil sich die beiden Männer gegenseitig schätzten – in eine andere Kategorie.

Hitlers Einteilung von Menschen in Kategorien war im Grunde einfach und immer primär intuitiv. So hatte er Speer in den Jahren, als seine Beziehung zu ihm auf der gemeinsamen Leidenschaft für Architektur basierte, nicht nur als ein Mitglied der »Berghof-Familie« betrachtet, das wie die anderen »Damen« und »Herren« seines Hofes Anspruch auf seinen Schutz hatte, sondern auch als Persönlichkeit, die aufgrund einer besonderen Sensibilität, die Hitler zu teilen meinte, etwas Besonderes war.

In dieser Rolle wollte er Speer, wie er es ja auch jahrelang getan hatte, von störenden oder unangenehmen Dingen fernhalten, zu denen natürlich auch seine Mordpläne gehörten.

Angesichts der künftigen Entwicklung ist anzunehmen, daß Hitlers Einstellung zu Speer oder – wie Karl Hettlage so überzeugend dargelegt hat – seine Gefühle für ihn so tief verwurzelt waren, daß er auch jetzt noch, als Speers Stellung drastisch verändert schien, über das schlimmste seiner Vorhaben, die physische Vernichtung der Juden, nur Andeutungen machte.

In der Welt, in der Speer sich nun bewegte, wurden jedoch Anordnungen getroffen, von denen er, selbst wenn er sie nicht persönlich zu Gesicht bekam, letztlich doch gewußt oder zumindest die Folgen gespürt haben muß. So erließ Himmler am 2. Oktober 1942 eine Weisung bezüglich der jüdischen Arbeitskräfte, die an fünf Dienststellen der SS gerichtet war und in dreifacher

Ausfertigung auch an den Generalquartiermeister des Heeres ging. Obwohl das Schreiben mit dem Vermerk »Geheim« versehen war, müssen also relativ viele Menschen es gekannt haben, und Himmlers letzter Satz ließ an Klarheit nichts zu wünschen übrig.

Der erste Punkt der Direktive betraf »sogenannte Rüstungsarbeiter«, die lediglich in Schneider-, Pelz- und Schuhmacherwerkstätten beschäftigt waren. Diese Leute sollten laut Himmler in Konzentrationslagern in Warschau und Lublin inhaftiert werden:

1. Die Wehrmacht soll ihre Bestellungen an uns geben, und wir garantieren für den Fortgang der Lieferungen für die von ihr gewünschten Bekleidungsstücke. Gegen alle diejenigen jedoch, die glauben, hier mit angeblichen Rüstungsinteressen entgegentreten zu müssen, die in Wirklichkeit lediglich die Juden und ihre Geschäfte unterstützen wollen, habe ich Anweisung gegeben, unnachsichtig vorzugehen.

2. Die Juden, die sich in wirklichen Rüstungsbetrieben, also Waffenwerkstätten, Autowerkstätten usw. befinden, sind Zug um Zug herauszulösen. Als erste Stufe sind sie in den Betrieben in einzelnen Hallen zusammenzufassen. Als zweite Stufe dieser Entwicklung ist die Belegschaft dieser einzelnen Hallen tunlichst in geschlossenen Betrieben zusammen zu tun, so daß wir dann lediglich einige geschlossene Konzentrationslager-Betriebe im Generalgouvernement haben.

3. Es wird dann unser Bestreben sein, diese jüdischen Arbeitskräfte allmählich durch Polen zu ersetzen und die größere Anzahl dieser jüdischen KL-Betriebe in ein paar wenige jüdische KL-Großbetriebe tunlichst im Osten des Generalgouvernements zusammenzufassen. *Jedoch auch dort sollen eines Tages dem Wunsch des Führers entsprechend die Juden verschwinden.*

[Hervorhebung durch die Autorin. In der Praxis bedeutete dies, daß Juden, die noch in Werkstätten oder Fabriken arbeiteten, zunächst innerhalb dieser Einrichtungen isoliert und dann nach »Osten« in Arbeitslager wie Majdanek oder Auschwitz deportiert wurden oder in den Gaskammern von Treblinka, Belzec oder Sobibor »verschwanden«.]

Knapp zwei Monate später, am 26. November 1942, sorgte Sauckel für die Durchführung des Befehls. In seiner Weisung an die Landesarbeitsämter hieß es:

»Im Einvernehmen mit dem Chef der Sicherheitspolizei und dem SD sollen nunmehr auch die noch in Arbeit eingesetzten Juden aus dem Reichsgebiet evakuiert und durch Polen, die aus dem Generalgouvernement ausgesiedelt werden, ersetzt werden ... Die ... Polen werden, soweit es sich bei ihnen um kriminelle und asoziale Elemente handelt, in KZ-Lagern untergebracht und zur Arbeit eingesetzt. Die übrigen Polen werden, soweit sie arbeitseinsatzfähig sind, ohne Angehörige in das Reich, insbesondere nach Berlin, abtransportiert, wo sie den Arbeitseinsatzdienststellen zum Einsatz in den Rüstungsbetrieben anstelle der abzulösenden Juden zur Verfügung gestellt werden.

Speer selbst oder der Verbindungsmann seines Ministeriums zu Sauckel müssen diese Weisung gesehen haben; und sie müssen zu diesem Zeitpunkt gewußt haben, was gemäß Himmlers zwei Monate zuvor erteilten Befehlen mit den deutsch-jüdischen Arbeitern geschehen würde, deren »Evakuierung« Sauckel befahl, damit sie das Schicksal ihrer polnischen Leidensgenossen teilten.

Auch kann dies nicht isoliert von den anderen Ereignissen in Speers Leben betrachtet werden. Aus Goebbels' Tagebuchnotizen geht, wie schon gesagt, hervor, daß Hitler Speer und Goebbels, nachdem sie sich angefreundet hatten, oft gemeinsam empfing und dabei immer wieder auf die Juden zu sprechen kam – auf die Notwendigkeit, die Juden aus Deutschland zu vertreiben, ihren Einfluß auszumerzen und sie dann, (hier, in Speers Gegenwart, einen großen Schritt weitergehend) überhaupt aus dem europäischen Leben zu tilgen.

»Damals hätte ich allmählich merken müssen, was geschah«, sagte Speer zu mir. »An diesem Punkt hätte ich, wie ich heute glaube, Hinweise erkennen können, wenn ich gewollt hätte.«

Und wenn er alles herausgefunden hätte, fragte ich, was hätte er dann getan?

»Können Sie sich nicht vorstellen, daß ich mir genau diese Frage millionenmal gestellt habe, immer in der Hoffnung, eine Antwort zu finden, mit der ich leben könnte?« Er stützte den Kopf in die Hände (und bedeckte dabei, wie aus meinen Notizen hervorgeht, sein Gesicht zur Hälfte). »Die Antwort, die ich mir gebe, ist immer dieselbe.« Seine Stimme war dunkel und etwas heiser. »Ich hätte diesem Mann irgendwie weiterhin zu helfen versucht, seinen Krieg zu gewinnen.«

Speers moralische Korrumpierung hatte ihren Ursprung in seiner emotionalen Bindung an Hitler – er verglich sie mit Fausts tödlichem Pakt mit Mephisto. Aufstieg und Erfolg hatten diese Bindung mit den Jahren immer stärker werden lassen, so daß Speer fast wie ein Süchtiger in einem immer schlimmeren Teufelskreis von Bedürfnis und Abhängigkeit lebte.

Und nun versuchte Hitlers klügster und völlig amoralischer Schüler Goebbels, der damals »weit und breit anregendste Mann«, wie Speer ihn mir gegenüber beschrieb, der genau erkannt hatte, wie sehr Speer von Hitler abhängig war, und der sich als der Königsmacher par excellence fühlte, Speer mit schwindelerregenden Aussichten und nicht im Traum für möglich gehaltenen Perspektiven vollends über den Rand des Abgrunds zu locken.

XV

Die unerträgliche Wahrheit

Nürnberg, den 20. Dezember 1945

MAJOR WARREN F. FARR [Hilfsankläger für die Vereinigten Staaten, verliest eine Weisung Himmlers vom 5. August 1945]: »... ordne ich an, daß die einsatzfähigen jungen Gefangenen weiblichen Geschlechts über die Dienststelle des Reichskommissars Sauckel nach Deutschland in Arbeit zu vermitteln sind. Kinder, alte Frauen und alte Männer sind in den von mir befohlenen Frauen- und Kinderlagern ... zu sammeln und zur Arbeit einzusetzen.

[Danach zitiert er als Beweisstück US-179 eine Erklärung des Angeklagten Speer:] »Wir müssen mit dem Reichsführer-SS so bald wie möglich zu einer Klärung kommen, damit Kriegsgefangene, die bei ihm eingefangen werden, für unsere Zwecke abgezweigt werden. Dem Reichsführer-SS fließen im Monat 30–40 000 Mann zu.«

Nürnberg, den 21. Juni 1946

JUSTICE JACKSON [beim Kreuzverhör von Speer]: Wurden nicht die ausländischen Arbeiter, die Krupp zugeteilt wurden – nehmen wir Krupp als Beispiel –, wurden nicht diese ausländischen Arbeiter in bewachten Arbeitslagern untergebracht?
SPEER: Das glaube ich nicht, daß sie von Wachen bewacht waren, aber ich kann das nicht sagen. Ich will mich hier nicht an irgendeiner Auskunft vorbeidrücken, aber ich habe mich um diese Probleme bei meinen Besuchen überhaupt nicht kümmern können, weil ja die Sorgen, die ich hatte, wenn ich in einen Betrieb kam, auf ganz anderen Gebieten lagen. Ich habe auch in der ganzen Tätigkeit als Rüstungsminister kein Arbeitslager besucht und kann daher darüber keine Auskunft geben.

»Im Führerhauptquartier Anfang 1943«, schrieb Speer in Spandau, »sehen die beiden Stenographen, deren Pflicht es ist, jedes der Worte Hitlers aufzuzeichnen,* zunehmend blasser aus, während ihr Vorbild die Armee fortgesetzt mit Beleidigungen überschüttet. Daß Stalingrad, wo 108 000 Soldaten Gefangene der Sowjets wurden und die anderen vermißt und wahrscheinlich tot sind, in jeder Beziehung ein Ergebnis seiner Befehle war, schien völlig vergessen: Tag für Tag schimpft er auf die ›faulen‹, ›feigen‹, ›phantasielosen‹ Generäle, die schuld seien an dieser Niederlage, an den Niederlagen in Afrika und, im weiteren Verlauf jenes schrecklichen Winters, an den fortgesetzten Rückschlägen im russischen Schnee und Eis ...«

Das Jahr 1943 war für Hitler in der Tat militärisch und politisch entscheidend. In diesem Jahr mußte Rommel in Nordafrika erste Niederlagen einstecken, und die Alliierten siegten in Tunesien und landeten auf Sizilien. In der Sowjetunion verlor Manstein die große Panzerschlacht um Kursk, in Italien wurde Mussolini gestürzt, und Süditalien schloß sich größtenteils den Alliierten an, während in Deutschland selbst Hamburg durch ein Flächenbombardement in ein Ruinenfeld verwandelt und dabei 70 000 Menschen getötet wurden – ein schrecklicher Schlag für die deutsche Moral. Im Lauf desselben Jahres rieten Diplomaten und Generäle Hitler, eine Beendigung des Krieges anzustreben, und obwohl er ihre Vorschläge ablehnte (sie kamen unter anderem von Milch, Ribbentrop, Manstein und schließlich sogar von Goebbels), wurden schließlich inoffiziell über Zürich, Stockholm und Genf Friedensfühler ausgestreckt.

Ich fragte Speer einmal, ob auch er Hitler zu Friedensverhandlungen geraten habe. Schließlich habe er vielleicht besser als irgend jemand anders gewußt, wie Deutschlands Chancen in einem Krieg standen, der sich jetzt bereits an drei, bald an vier Fronten abspielen würde.

»Jedem das Seine«, erwiderte er leichthin. »Ich habe das den Generälen überlassen.«

Dies schien mir eine ungewöhnlich ausweichende Antwort. Konnte man sich damals bei der Bewältigung der herannahenden Katastrophe wirklich noch auf Zuständigkeitsbereiche berufen?

Er maß mich mit einem seiner durchdringenden Blicke. »Na ja, nicht unbedingt«, sagte er nach einem Augenblick. »Aber es gab verschiedene Möglichkeiten. Sie dürfen nicht vergessen, daß Hitler immer impulsiv handelte, nach Eingebung und Gefühl. Er hörte Experten bereitwillig an, aber zuletzt konnten nur die Menschen seine Entscheidungen wirklich beeinflus-

---

* Gemeint ist das wörtliche Protokoll von Hitlers Lagebesprechungen vom Herbst 1942 bis April 1945, nicht zu verwechseln mit den »Tischgesprächen«.

sen, die ihm am nächsten standen – und die hatten gar keine eigenen Vorstellungen, sondern spiegelten nur die seinen. Wenn man ihm nahestand, hatte man Möglichkeiten, ihn zu einer Meinungsänderung zu bewegen, aber da mußte man sehr subtil vorgehen. Die Männer, auf die das während und nach Stalingrad zutraf, waren nur Jasager – hatten von Subtilität keine Ahnung. Nach Stalingrad, ja, da versuchte ich, Änderungen herbeizuführen.«

Merkwürdigerweise spielte Speer nicht erst in den *Erinnerungen,* sondern schon in den Entwürfen von Nürnberg und Spandau die Bedeutung des Jahres 1943 für sein eigenes Leben nachdrücklich herunter. Das war das Jahr, in dem ihm bewußt wurde, daß eine Reihe von Politikern und Generälen und anscheinend auch Hitler selbst ihn als möglichen Nachfolger in Betracht zogen. Er selbst hatte diese Möglichkeit bis dahin nicht erwogen, aber als sie plötzlich in der Luft lag, gewann sie, glaube ich, großen Einfluß auf das, was er tat und nicht tat.

Denn 1943 war zweifellos auch das Jahr, in dem er mit der Ermordung der Juden in Polen – obwohl fast sicher nicht mit der genauen Methode – und den entsetzlichen Leiden der Zwangsarbeiter konfrontiert wurde. Die Realität dieser Verbrechen zunächst vor sich selbst und dann auch Hitler gegenüber zuzugeben, hätte sein Leben zweifellos radikal verändert. Zwar hätte angesichts seiner einzigartigen Beziehung zu Hitler deren unerklärliche emotionale Komponente vielleicht sogar eine solche Konfrontation gerade noch überlebt. Da er inzwischen für Hitler unverzichtbar geworden war, bezweifle ich, daß er dadurch zu Schaden gekommen wäre; vielleicht hätte er sogar sein Amt behalten. Doch als Verbrechen zu entlarven, was Hitler als legitime politische Handlungen betrachtete, hätte ihn mit Sicherheit Hitlers besondere Zuneigung gekostet – und damit jede Möglichkeit einer Nachfolge, die ihm plötzlich vor Augen schwebte.

In seinen Schriften erwähnt Speer kaum seine folgenschweren Erlebnisse in der zweiten Hälfte des Jahres 1943; er schreibt nur, daß er nach Stalingrad Änderungen herbeizuführen versuchte, Änderungen im persönlichen Verhalten von Deutschlands führenden Politikern und Änderungen für die Rolle der Wehrmachtsführung.

Seit dem Winter 1942, der zur Niederlage von Stalingrad geführt hatte, stand Hitler fast ausschließlich unter dem Einfluß jener Troika, für die sich der Name »Dreierausschuß« einbürgern sollte. Sie bestand aus Generalfeldmarschall Keitel, den Hitler 1938, als er selbst den Oberbefehl über die Wehrmacht übernahm, zum Chef des Oberkommandos der Wehrmacht ernannt hatte, aus Hans Lammers, dem Chef der Reichskanzlei, und aus Martin Bormann. Im Dezember 1942 beschloß Goebbels, die Macht dieses »Teufels-Trios«, wie er sie nannte, zu brechen, und wandte sich bald darauf an Speer um Unterstützung.

»Er schien mir wirklich der klügste Kopf mit dem klarsten Verstand«, sagte Speer zu mir, als wir von seinem ersten wirklichen Versuch sprachen, aktiv in die Politik einzugreifen. Goebbels hatte nachweislich dieselbe hohe Meinung von Speer. Am 5. Februar 1943 notierte er in seinem Tagebuch: Abends hatte ich Speer und seine Frau bei uns zu Hause zu Gast ... Mit Speer verstehe ich mich augenblicklich sehr gut. Er ist einer der wenigen Männer, die ganz auf meine Anregungen eingehen und mir eine wertvolle Hilfe darstellen. Er berichtet uns von der augenblicklichen Lage unserer Rüstungsindustrie. Hier hat er Enormes geleistet. In gewisser Weise kann man der Meinung des Führers zustimmen, daß Speer – so bitter das klingen mag – einen guten Tausch Todt gegenüber darstellt. Todt war doch zu viel Soldat, und im Geiste stand er jedem General gegenüber stramm, was bei Speer als Zivilisten selbstverständlich in keiner Weise der Fall ist ... Was hat Speer aus den etwas primitiven Anfängen unserer Rüstungsproduktion, die er übernahm, gemacht! Er ist ein organisatorisches Genie erster Klasse ...

Goebbels und Speer waren sich sofort einig, daß der Einfluß des »Teufels-Trios« auf Hitler ausgeschaltet werden müsse, und sie gewannen mit Wirtschaftsminister Walther Funk und dem Chef der Deutschen Arbeitsfront Reichsleiter Robert Ley zwei Verbündete, die ihre Ansichten zu teilen schienen. Außerdem hofften sie, Göring auf ihre Seite zu ziehen, der, wenn in Form, immer noch ein nicht zu unterschätzender Machtfaktor war. Ihr Ziel war, einen Ministerrat zu bilden, der Hitler beraten, das Land innenpolitisch führen und die Verteidigungspolitik neu strukturieren sollte. Der inzwischen ganz offensichtlich erschöpfte Hitler brauchte ihrer Ansicht nach im Interesse des Landes verantwortungsbewußte Hilfe. »Wir haben«, sagte der stets realistische Goebbels, »nicht nur eine ›Führungskrise‹, sondern strenggenommen eine ›Führerkrise‹.«

Die Hauptziele der Männer waren in der Reihenfolge ihrer Wichtigkeit erstens, Deutschland auf den totalen Krieg einzustellen (Goebbels verkündete dies am 18. Februar 1943 in einer Rede im Sportpalast unter frenetischem Beifall des Publikums); zweitens wollten sie das bedenklich schwindende Vertrauen des Volkes durch rücksichtsloses Vorgehen gegen die Korruption auf allen Regierungsebenen und durch die Abschaffung des Privilegiensystems zurückgewinnen, das die Gauleiter als Führungsriege der Partei so schamlos ausnutzten; und drittens wollten sie vor allem mit der Wehrmacht – traditionsgemäß an höchster Stelle im Ansehen der Deutschen – eng zusammenarbeiten, um dem Oberkommando der Wehrmacht wieder die Selbständigkeit zu verschaffen, ohne die eine Armee nicht funktionieren kann.

Obwohl uneingeschränkter Loyalität zu dem Staatsoberhaupt entsprungen, das sie nach wie vor alle verehrten, kam dieses Vorhaben einer Revolu-

Hitler auf seiner morgendlichen Runde durch Paris, drei Tage nach
Unterzeichnung des Waffenstillstands im Juni 1940, zusammen mit
Speer (links) und dem Bildhauer Arno Breker. Auch Speers Rivale,
der Architekt Hermann Giesler, war dabei, stand jedoch weiter
weg von Hitler und fehlt deshalb auf dem Bild.

Nicolaus von Below war acht Jahre lang fast ständig an
der Seite Hitlers. In seinen 1980, ein Jahr vor seinem Tod,
erschienenen Memoiren gibt er einen nachdenklichen Bericht
über diese Zeit aus der Perspektive des Berufsoffiziers.

Links: Karl Hanke, der Staatssekretär im Propagandaministerium wurde, war Speers erster
Förderer und verschaffte ihm
Aufträge von Goebbels und der
Partei. Als Gauleiter von Niederschlesien warnte er Speer später
angeblich vor einem Besuch in
Auschwitz, wo »schreckliche
Dinge geschehen«.
Unten: Fritz Todt, der große Erbauer der Autobahnen und des
Westwalls. Seit 1940 Reichsminister für Bewaffnung und Munition, kam er 1942 bei einem
mysteriösen Flugzeugabsturz
ums Leben, nachdem er Hitler
wiederholt gebeten hatte, den
aussichtslosen Krieg zu beenden.
Hitler ernannte Speer zu Todts
Nachfolger in allen Ämtern, darunter auch dem des Ministers.

Oben: Berlin, 16. November 1938: Hermann Göring besichtigt mit dem Generalbauinspektor für die Reichshauptstadt Albert Speer das Modell für die Umgestaltung des Großen Sterns im Tiergarten.
Unten: Berlin, 9. Februar 1942: der dramatische Augenblick, in dem Speer, eben erst zum Nachfolger Todts in allen Funktionen bestimmt, sich an die im Vorhof des Ministeriums während eines Schneetreibens versammelten Mitarbeiter wendet.

Oben: Fritz Sauckel beschaffte
die von Speer benötigten Sklavenarbeiter und wurde dafür später
gehängt.
Links: Speer besichtigt 1943 den
gegen eine Invasion der Alliierten
errichteten Atlantikwall. Hinter
ihm Xaver Dorsch, damals
Gebietsleiter der Organisation
Todt und später als Amtschef im
Rüstungsministerium mit Speer
verfeindet.

Rechts: Der Reichsminister für Bewaffnung und Munition Albert Speer zusammen mit dem Leiter der Deutschen Arbeitsfront Robert Ley und Joseph Goebbels bei einer Kundgebung vor Rüstungsarbeitern im Jahr 1943. *Unten:* Hitler erteilt Speer Anweisungen, Martin Bormann hält sich wie üblich im Hintergrund bereit.

Unten: Das Bild zeigt Dr. Karl Brandt, einen
Freund Speers, bei einem Besuch an der Front.
Brandt, Hitlers Arzt, war auch in schreckliche
medizinische Experimente verwickelt. Er wurde
gleichfalls gehängt.
Ganz unten: Reichsminister Speer mit dem General-
major der Luftwaffe Adolf Galland während einer
Rüstungstagung (5. bis 7. September 1943) in
Rechlin.

Begleitet von August Eigruber, dem Gauleiter Oberdonau, spricht Speer mit
Insassen des Konzentrationslagers Mauthausen bei Linz – Speers einziger
überlieferter Besuch eines Konzentrationslagers.

tion gleich. Die vier Verbündeten trafen sich, zunächst noch ohne Göring, abends in Goebbels' Berliner Residenz, um ihre Pläne auszuarbeiten. Goebbels schrieb dazu in seinem Tagebuch:

[13. Februar 1943:] Abends sind Speer und Ley bei mir zu Besuch ... Ich stelle dabei fest, daß wir in allen grundsätzlichen Fragen vollkommen übereinstimmen. [27. Februar 1943:] ... Speer, Ley und Funk bei mir ... Wir sprechen bis nachts 2 Uhr die ganze Lage durch ... Speer und Funk machen den Vorschlag, daß man den Versuch machen solle, den sogenannten Dreierausschuß durch Wiederbelebung des Ministerrats für die Reichsverteidigung zu neutralisieren. Das kann aber nur geschehen, wenn Göring einen geeigneten Stellvertreter bekommt; denn Göring selbst ist in letzter Zeit etwas inaktiv und resigniert geworden. Speer und Funk bitten mich, unter Umständen einem an mich gehenden Antrag, die Stellvertretung Görings in der Führung des Ministerrats für die Reichsverteidigung zu übernehmen, stattzugeben. Ich wäre durchaus einverstanden. Speer bietet sich an, mit dem Flugzeug Göring ... nachzureisen ... und ihm diese Sache vorzutragen. Wenn Göring sich zu einer solchen Maßnahme entschließen könnte, so glaube ich, daß wir uns tadellos beim Führer damit durchsetzen könnten ... Ich würde einen Kreis von etwa zehn Männern zusammenfassen, die alle kapitale Figuren sind, und mit denen würde ich dann regieren, d. h. eine innerpolitische Führung aufrichten. ... Von allen Seiten werden sich gewiß Neider melden ... Aber getan werden muß irgend etwas. Wir sind uns an diesem Abend vollkommen klar darüber, daß wir in die schwerste Vertrauenskrise geraten würden, wenn sich noch einmal Vorgänge wiederholen sollten, wie sie diesen Winter zum zweiten Male an der Ostfront zu verzeichnen waren ... Wir dürfen ... heute nur Angst davor haben, daß einmal die Möglichkeit auftauchen könnte, daß wir den Krieg verlören ... [Die Gesamtsituation] ist und bleibt ernst, und wir müssen deshalb Entscheidendes tun, um den in ihr liegenden Gefahren zu begegnen. Die Aussprache an diesem Abend ist außerordentlich fruchtbar. Ich freue mich, mit ein paar aufrechten Nationalsozialisten zu sprechen, bei denen man kein Blatt vor den Mund zu nehmen braucht.

Man kann in diesem wichtigen Eintrag durchweg zwischen den Zeilen lesen, wie Goebbels die Gruppe geschickt manipulierte, insbesondere Speer, der zwar in der hohen Politik mittlerweile kein völliger Neuling mehr war, sich jedoch in der von Goebbels so meisterhaft beherrschten Kunst der Intrige noch keineswegs auskannte.

Wie Speer angeboten hatte, flog er am folgenden Tag nach Berchtesgaden, wo sich Göring nach einem kurzen Aufenthalt in Rom schmollend in sein palastartiges Sommerhaus in der Nähe des Berghofs zurückgezogen hatte, weil Hitler an seiner Führung der Luftwaffe Kritik geübt hatte. »Er empfängt mich in großer Aufmachung: Grünsamtener Schlafrock, mit einer goldenen Brosche von Göring'schen Ausmaßen und einem selten schönen Edelstein«, schrieb Speer in Nürnberg.

Es verblüfft – und deutet auf Görings grundsätzlich starke Persönlichkeit hin –, daß ein zutiefst konservativer Mensch wie Speer in der Lage war, eine derart groteske Figur weiter ernst zu nehmen. In Nürnberg, wo Speer natürlich täglich mit einem wie neugeborenen, entgifteten und abgemagerten Göring zu tun hatte, der von den Angeklagten, deren deutschen Verteidigern und auch von den Deutschen, die den Prozeß am Radio verfolgten, offen bewundert wurde, schrieb er, Göring habe sich an jenem Tag in Berchtesgaden ungewöhnlich aufgeschlossen gezeigt.

Er ... sieht die Lage genau wie wir auch. – Besonders trifft ihn meine Feststellung, daß Bormann die Absicht habe, Hitlers Nachfolger zu werden. Ich kann ihm verschiedene Details geben, die darauf hinweisen. – Das macht ihn lebhaft. Wir werden einig und beschließen, daß am nächsten Tag Goebbels nachkommen soll zu einer zweiten Besprechung.

... Es besteht völlige Einigkeit. Wir wollen den Ministerrat für die Reichsverteidigung als gemeinsames Machtinstrument aufbauen. Goebbels und ich sollen zu Mitgliedern ernannt werden.

Eine weitere Besprechung in Berlin wird verabredet, an der auch Funk teilnimmt [und Ley]. Wir wollen gegen Bormann vorgehen, andere personelle Änderungen sollen folgen. Bei Hitler wollen wir uns gegenseitig »abstützen« ... Alles wird abgemacht. Eine kleine Verschwörung.

Speer erzählte mir mit großer Freude von dieser Zeit; noch fünfunddreißig Jahre später war die Begeisterung zu spüren, die sie damals alle erfüllt hatte. Kaum irgend etwas anderes in unseren Gesprächen zeigte mir so deutlich den Widerspruch in seinem Denken in jenen Jahren; eine Ambivalenz, die, wie man aus seiner Erregung bei der Erinnerung an diese Ereignisse schließen konnte, vielleicht noch immer in ihm lebendig war.

Selbst angenommen, er habe damals Hitlers furchtbares Wesen nicht erkannt, sagte ich, und von seinen schlimmsten Verbrechen und Goebbels' stillschweigendem Einverständnis noch nichts gewußt, sei mir trotzdem unerklärlich, wie er auch nur daran denken konnte, eine Gruppe aufzubauen, gerade mit Göring – einem Mann, der tiefer als alle anderen in ebenjene Korruption verstrickt war, die sie doch abschaffen wollten. Und nachdem er kurz zuvor erleben mußte, wie bedenkenlos Hitler eine ganze Heeresgruppe geopfert hatte, wie konnte er sich an der Planung einer »Revolution« beteiligen, die ja nicht nur Deutschland befreien, sondern im Grund auch einen wahnsinnigen Krieg noch ärger fortsetzen wollte?

»Um das schreckliche Trio loszuwerden, das Hitler abschottete«, erklärte er, und er klang geduldig und sachlich, »mußten wir Hitler die bestmögliche Alternative bieten. Trotz der Enttäuschungen, die er kurz zuvor mit Göring erlebt hatte, wußten wir, daß er nach wie vor an ihm hing, wie an allen seinen alten Kameraden. Er sah in den Menschen immer das, was sie gewesen waren, nie, was aus ihnen geworden war. Deshalb blieb Göring fast bis zum Ende, wenn nicht in Wirklichkeit, so doch psychologisch eine seiner wichtigsten Stützen und außerdem natürlich, nicht zu vergessen, bis Ende April 1945 sein offizieller Nachfolger.

Ich muß sagen, daß auch ich eine Schwäche für Göring hatte. Ich hatte ihn als einen charmanten und hochintelligenten Menschen kennengelernt und sah ihn weiterhin mehr als einen Individualisten, einen Exzentriker, wenn Sie so wollen, und weniger als einen kranken oder gar bösen Menschen. Ich selbst war inzwischen sehr eng mit der Wehrmacht und deren Interessen und Sichtweisen verbunden. Im Führerhauptquartier standen mir Oberst von Below und General Rudolf Schmundt, Hitlers wichtigster Militäradjutant, am nächsten. [Schmundt erlag im August 1944 den Verletzungen, die er am 20. Juli bei dem Attentat auf Hitler erlitten hatte.] Außerhalb des Hauptquartiers waren Zeitzler, Fromm und Milch die Männer, die ich nicht nur am häufigsten, sondern auch am liebsten sah. Zu jenem Zeitpunkt und schon seit der Zeit vor Stalingrad hatte Hitler, obwohl in meinen Augen krank vor Erschöpfung und kaum mehr *compos mentis*, die Wehrmacht auf eine Art und Weise gedemütigt, die man einfach nicht zulassen durfte. Ich versuche nicht, Ihnen zu erklären, was aus heutiger Sicht vernünftig und richtig gewesen wäre, sondern was ich damals dachte. Wenn erst eine Situation geschaffen war, in der die Wehrmacht wieder den ihr zustehenden Platz einnahm und ihre Ehre wiederhergestellt war, dann konnte man über den nächsten Schritt nachdenken.«

Ob der nächste Schritt gewesen wäre, den Krieg zu beenden, fragte ich. »Ich bin nicht sicher, wie schnell es dazu gekommen wäre«, sagte er, sichtlich um Aufrichtigkeit bemüht. »Hitler war schließlich noch da. Ich wußte damals nicht, daß man in der Wehrmacht bereits die Ermordung Hitlers erwog und daß sehr bald darauf drei Anschläge auf sein Leben verübt werden sollten – alle erfolglos. Ich bin jedoch sicher, daß der Gedanke an eine Beendigung des Krieges schon lange vor dem 20. Juli unter den Generälen kursierte.«

Die politischen Verschwörer beschlossen, am 12. April 1943 zuzuschlagen. Als Vorwand diente die dringende Notwendigkeit, Sauckel, Bormanns Vertrauensmann in Speers Ministerium, zur Rede zu stellen, weil zwischen den Zahlen, die er Hitler meldete, und den Zahlen, die Speer von der Industrie bekam, eine Diskrepanz von einer Million Arbeitskräften klaffte.

»Die Besprechung«, erzählte Speer mir, »fand in einem Gebäude auf dem Berghof statt, das eigens zur Verwendung für die Reichskanzlei errichtet worden war, und sie machte unseren Plänen im Grunde den Garaus, bevor wir anfangen konnten, sie umzusetzen.«

Die Verschwörer sahen sich nicht nur Bormann, Keitel und Himmler (den sie natürlich nicht erwartet hatten) gegenüber, sie sahen sich auch, schlimmer noch, von Goebbels verlassen, der sich mit einer Nierenkolik entschuldigen ließ. »Später wurde mir klar«, sagte Speer, »daß er erfahren haben muß – womöglich von Bormann selbst –, daß wir ausmanövriert waren; also blieb er zu Haus!« Im »Spandauer Entwurf« schilderte er das Fiasko:

Anstatt, wie wir erwarteten, Sauckel um Aufklärung zu bitten und, wie wir hofften, ihn zu einer Änderung seiner Arbeitseinsatzpolitik zu veranlassen, indem er auf die Reserven im Inland zurückgriffe ... startete Göring mit einem Angriff gegen Milch. Das sei unerhört, daß er wegen dieser Unstimmigkeiten derartige Schwierigkeiten mache. Unser guter Parteigenosse Sauckel, der sich solche Mühe mache und solche großen Erfolge erzielt habe ... er sei ihm zu großem Dank verpflichtet für seine Arbeit und er könne immer auf seinen Dank rechnen. Milch aber sei undankbar, er erkenne die Hilfe nicht an. Es war, wie wenn Göring die falsche Grammophonplatte erwischt hätte. – Danach eine stundenlange Diskussion über die fehlenden Arbeiter, wobei jeder der anwesenden Minister irgendwie dazu beitrug, ohne Fachkenntnis, wie wir alle in diesem Falle, einen Grund für die Differenz zu finden. Erinnerlich ist mir nur noch ein Satz Himmlers, der in aller Ruhe sagte, ob denn nicht anzunehmen sei, daß die fehlende eine Million gestorben sei. – Als ich später in Nürnberg über die hohe Sterblichkeit in seinen Konzentrationslagern las, war mir klar, wieso er auf diesen Gedanken kam.

»Wenn es nicht so traurig gewesen wäre, hätte man es komisch finden können«, sagte Speer später zu mir. »Vor Beginn der Besprechung nahm Göring mich beiseite und warnte mich vor Milch: ›Er ist völlig unzuverlässig, und wenn es ihm nützt, läßt er Freunde fallen wie heiße Eisen.‹ Als ich das später Milch erzählte, meinte er lachend: ›Mir hat er genau dasselbe über Sie gesagt.‹ Und viel später, in Spandau, sagte Funk, ich müsse verrückt gewesen sein, Goebbels zu trauen. ›Er war nie ehrlich zu Ihnen‹, sagte er. ›Warum nicht?‹ fragte ich. ›Weil er kein ehrlicher Mensch war‹, antwortete er. ›Aber wer war das damals schon? Schließlich habe ich auch mitgemacht.‹ Na ja, ich nehme an, er hatte recht. Schon am nächsten Tag war Goebbels, welch ein Wunder, wiederhergestellt und ließ Bormann wissen, er werde von nun an über ihn mit Hitler in Verbindung treten und er wäre dankbar, wenn Bormann im Gegenzug für eine rasche und positive Bescheidung seiner Anliegen sorgen würde.«

Dies sei das Ende des Versuchs gewesen, Veränderungen herbeizuführen. »Abgesehen von zwei Dingen, die später Folgen für mich hatten. Erstens drohte mir Himmler, als er mir ein paar Wochen später im Führerhauptquartier begegnete: ›Ich rate Ihnen, versuchen Sie nie mehr, den Reichsmarschall [Göring] für Ihre Ziele einzuspannen.‹ Ich hatte das zwar gar nicht vor, aber trotzdem, damals war ich zum erstenmal persönlich über Himmler beunruhigt – er war mir zum erstenmal plötzlich unheimlich.

Die zweite Entwicklung hatte eigentlich schon begonnen, als ich mich mit den drei Generälen Milch, Zeitzler und Fromm anfreundete und sie begannen, mir die lobenden Bemerkungen zu wiederholen, die Hitler angeblich über mich gemacht hatte. Schon einige Monate zuvor hatte Zeitzler strahlend berichtet, Hitler habe wörtlich zu ihm gesagt, er sei glücklich, daß mit mir neben ›Göring eine neue Sonne aufgegangen sei‹. Und nur Tage später sagte er in Hörweite mehrerer Generäle, mit mir sei ›eine neue Persönlichkeit auf die politische Bühne getreten, eine Hoffnung für die Zukunft‹.

Zeitzler hatte Hitlers Bemerkung sehr wichtig gefunden, und obwohl ich ihn bat, sie niemandem weiterzusagen, konnte ich selbst sie nicht vergessen. Besonders als Himmler und ich einige Tage später zufällig gemeinsam den Lageraum im Führerhauptquartier betraten und Hitler ausrief: ›Aha, da sind ja die zwei Ebenbürtigen. Es freut mich, Sie Seite an Seite zu sehen.‹

Himmler gefiel das überhaupt nicht. Erst viel später, als ich in Nürnberg mit Goebbels' früherem Staatssekretär [Naumann] sprach, erkannte ich, welche Wichtigkeit solchen gelegentlichen flotten Sprüchen Hitlers beigemessen wurde. Er sagte mir, daß 1943 die meisten Leute schließlich angenommen hätten, ich sei Hitlers designierter Nachfolger.«

Am meisten, so Speer weiter, habe ihm jedoch zu denken gegeben, daß sich bei einem seiner nächsten Besuche im Führerhauptquartier kurz nach der gescheiterten Konfrontation im Gebäude der Reichskanzlei auf dem Berghof General Schmundt neben ihn setzte. »Er sah sich um, weil er sich offensichtlich versichern wollte, daß uns niemand zuhörte, und sagte dann: ›Ihr Name wird in diesen Tagen sehr häufig erwähnt. Das Heer steht geschlossen hinter Ihnen. Denken Sie daran.‹ Und dann stand er auf und ließ mich völlig verblüfft zurück.«

Aber es bedeutete, daß Speer nicht ganz unvorbereitet war, als Milch ihn kurze Zeit später nach einer Besprechung mit den drei Generälen geradeheraus fragte, ob er schon erwäge, Hitlers Nachfolger zu werden.

»Ich ging – vermutlich mit einem Scherz – darüber hinweg«, sagte Speer. »Aber von da an lag es in der Luft.«

Der Gedanke an die Nachfolge ging Speer, wie es scheint, jetzt nicht mehr aus dem Kopf. Der Oktober dieses Jahres sollte der wichtigste Monat für ihn werden – nicht nur für die Jahre unter Hitler, sondern für sein ganzes Leben. Hans Kehrl, der Leiter des Planungsamts in Speers Ministerium, berichtet in seinen Memoiren *Krisenmanager im Dritten Reich* von einem von Speer geleiteten Gespräch über das Nachfolgeproblem, in dem er ihn, nachdem sie einig waren, daß Himmler, Goebbels, Bormann und auch Göring nicht in Frage kämen, direkt fragte, ob er glaubte, daß Hitler »an ihn als Nachfolger dachte. Ich bejahte das mit der Begründung«, schreibt Kehrl, »daß er erstens der einzige der in Frage kommenden Personen sei, der wegen des gemeinsamen künstlerischen Interesses auf einer menschlich gleichen Wellenlänge läge, und daß meines Wissens die persönlichen Beziehungen zu ihm enger seien als zu irgendeiner (anderen) Persönlichkeit.« Und außerdem wisse natürlich jeder, daß Hitler von den Erfolgen seines Rüstungsministers ungeheuer beeindruckt sei. »Speer«, schrieb Kehrl, »nickte befriedigt.«

»Aber warum haben Sie das immer bestritten, auch in Nürnberg«, fragte ich Speer. Er lächelte. »Seien Sie nicht naiv. Was hätte ich dort anderes tun sollen?«

Aber in dem kurzen »Nürnberger Entwurf« habe er es doch recht offen zugegeben, sagte ich, warum nicht auch in den späteren Veröffentlichungen? Warum drückte er sich in den *Erinnerungen* darum herum?

»Es erschien mir klüger, das sozusagen am Rande zu belassen. Man soll keine schlafenden Hunde wecken, nicht wahr? Schließlich war es doch auch nicht so wichtig.«

Aber er hatte nicht recht: Es war natürlich ungeheuer wichtig. Denn während ein Mann, der mit der hoffnungslosen Aufgabe beschäftigt ist, eine Kriegsmaschine für einen seines Wissens verlorenen Krieg am Laufen zu halten, vermutlich einen Weg suchen wird, sich seiner Aufgabe zu entziehen, kann ihn die Aussicht – wie unrealistisch auch immer – auf eine Berufung an die Spitze des Staates motivieren, seine Arbeit weiter zu tun und seine Augen so lange vor dem Unrecht zu verschließen, bis er selbst die Zügel in der Hand hat.

Deutsche aus jener Zeit haben immer wieder gesagt, niemand, der nicht unter einer Diktatur gelebt habe, könne verstehen, was das bedeutete. Bis zu einem gewissen Punkt stimmt das. Leben und Denken – und damit letztlich auch Verhalten und Handeln jedes einzelnen – werden immer ungeheuer stark beeinflußt von seiner Umgebung und seinen Gefühlen. Daher muß, wer das Verhalten und Handeln Speers in jenen Jahren betrachten und bewerten will, immer daran denken – mehr vielleicht als Speer selbst damals –, vor welchem Hintergrund dies geschah.

Eine Reihe von Dokumenten, die von Ereignissen des Jahres 1943 berichten, belegen zwar vielleicht mehr Speers Nicht-wissen-Wollen als sein Wissen, werfen aber durchaus kritische Fragen auf. Zwei davon, beide von Speers Kritikern viel diskutiert, gehen auf ihn selbst zurück oder betreffen Maßnahmen, die er ergriff. Als ihm in Nürnberg dazu einige beiläufige Fragen gestellt wurden, parierte er sie mühelos, und der Gerichtshof akzeptierte seine Erklärungen. Andere Dokumente, die hier zitiert werden, haben zwar nicht direkt mit Speer zu tun, sagen jedoch sehr viel über die Atmosphäre aus, in der die Machthaber Hitler-Deutschlands arbeiten mußten.

Der Reichsminister   Berlin, 1. Februar 1943
für Bewaffnung und Munition
GB.-II/B Gr. Außendienst
An den Herrn Reichsführer-SS

Lieber Parteigenosse Himmler,
Wie mir berichtet wird, ist im Bezirk Bialystok eine größere Umsied-
lungsaktion im Gange. Etwa 40 000 Juden sollen aus dem Ghetto Bia-
lystoks evakuiert werden. Um den in dem Urwaldgebiet von Bialowitze
noch befindlichen Partisanen die letzten Stützpunkte zu nehmen, sollen
die dort lebenden Weißruthenen, hauptsächlich Kleinbauern – ebenfalls
40 000 Menschen – ausgesiedelt und in die in Bialystok freigewordenen
Judenwohnungen überführt werden. Da dieselben aber für die ländliche
Bevölkerung nicht ausreichen, entsteht ein zusätzlicher Wohnungsbe-
darf, der durch eine Holzhaus-Siedlung bzw. Baracken für 20 000 Menschen gedeckt werden soll.
Bei voller Würdigung der Notwendigkeit einer solchen Maßnahme erscheint es mir bei der augenblicklich sehr angespannten Baustofflage
bedenklich, hierfür noch besondere Bauten zu errichten, da selbst Baracken und ähnliche Behelfsbauten in allererster Linie für die Unterbringung der Rüstungsarbeiter und Bombengeschädigten benötigt werden.
Eine zusätzliche Hergabe von kontingentierten Baustoffen ist nicht
möglich.
Ich bitte deshalb zu veranlassen, daß der Raumbedarf ohne Inanspruch-
nahme von zusätzlichen kontingentierten Baustoffen erfüllt wird.
                                              Heil Hitler
                                              Ihr Speer

[Himmler antwortete am 9. Februar, er sei vollkommen einverstanden
und habe entsprechende Anordnungen erlassen.]

Es ist im Rückblick zwar schwer annehmbar, aber doch sehr gut möglich,
daß Speer zu diesem Zeitpunkt, auch wenn er von den Massenerschießungen
hinter der Front in Rußland wußte (und sich wie so viele andere eingeredet
haben mag, das gehöre eben zum »Krieg«), immer noch glaubte, die »Evakuierung« der Juden aus bestimmten Gebieten und ihre »Umsiedlung« in
andere bedeute genau das, was man unter diesen Wörtern gemeinhin verstand. Schließlich wurden die ausländischen Arbeiter, die er und Sauckel zu
Millionen nach Deutschland holten, auch in gewisser Weise »um-« oder
»angesiedelt«.
Ich war neugierig, ob Speer beim Schreiben dieser Zeilen überhaupt einen
Gedanken daran verschwendet hatte, wo die 40 000 Juden, bei denen es sich

mehr um Familien als um arbeitsfähige Männer handelte, hingebracht wurden. Speer erwartete immer Fragen über die Juden, wenn vielleicht auch nicht so gezielte wie diese, und beantwortete sie bereitwillig.

An den Brief könne er sich nicht erinnern, sagte er. »Glauben Sie wirklich, daß ich meine Briefe alle selbst verfaßte? Es gingen täglich Dutzende von Anträgen auf Baumaterial ein und Dutzende von Bewilligungsbescheiden oder Ablehnungen hinaus. Und sie alle wurden mir zum Unterzeichnen vorgelegt.«

Ob er sie nicht gelesen habe?

»Kaum«, sagte er. »Sicher nicht so aufmerksam, daß ich ihren Inhalt genau erfaßte.«

Ich fragte, was gewesen wäre, wenn er diesen speziellen Brief aufmerksam gelesen hätte; ob er sich dann Fragen gestellt hätte.

Er schüttelte fast traurig den Kopf. »Ich fürchte nein. Ich fürchte, das hätte mir gar nichts ausgemacht. Meine Aufmerksamkeit war ganz darauf gerichtet, Arbeitskräfte zu bekommen, die Produktion aufrechtzuerhalten. Wenn überhaupt, hätte ich, wie unlogisch auch immer, den Abtransport dieser Juden mit Sicherheitsfragen und mit dem Bedarf an Arbeitskräften in Zusammenhang gebracht.«

Als ich den Brief Jahre später Annemarie Kempf zeigte, sagte sie sofort, daß die Abkürzung GB für Generalbau stehe, eine Abteilung des Ministeriums. »Wenn Speer das diktiert hätte, wäre diese Überschrift nicht da – statt dessen stünden rechts ›SP/‹ und die Initialen der Person, die das Diktat aufgenommen hat.«

Der Bialystok-Brief, sagte sie, zeige Speers damalige Entschlossenheit, nichts an Himmler abzugeben. Ein solcher Brief sei einer von vielen Kontingentierungsbriefen gewesen; die Details habe man nicht einmal flüchtig durchgelesen. »Wenn ich das heute lese, finde ich natürlich, wir hätten merken müssen, daß da etwas nicht stimmte«, sagte sie. »Und wir hätten uns dieselben Fragen stellen sollen wie Sie. Aber wir haben es *nicht getan*, und das war durchaus normal – normal, darüber nicht einmal nachzudenken.«

Speer bekam die Zugfahrpläne, welche die Generaldirektion der Ostbahn unter seinem Schützling Ganzenmüller zwischen Juli 1942 und Oktober 1943 täglich herausgab, nie zu Gesicht. Vielleicht sah sie nicht einmal der mit höheren Angelegenheiten beschäftigte Ganzenmüller.

Hunderte dieser »Fahrplananordnungen« blieben, peinlich genau ausgefüllt, erhalten. Sie sind nicht mit »Geheim« abgestempelt und müssen durch viele Hände gegangen sein. Was auf ihnen Tag für Tag und Seite für Seite verzeichnet wurde, war die Abfahrt von »Umsiedlungssonderzügen« aus verschiedenen polnischen Orten und Städten, jeder mit Tausenden von Menschen. Die Fahrt eines »Vollzugs« nach Treblinka dauerte je nach Entfernung vier bis elf Stunden; ob der »Leerzug« schon viereinhalb oder erst zehn Stunden nach der Ankunft wieder abfuhr, hing davon ab, wie voll er gewesen war, das heißt, wie lange es dauerte, die Wagen zu säubern und das Gepäck und die Kleidung der Opfer zu sortieren.

Die »Besonderen Anordnungen«, die den Tages- und manchmal Wochen-fahrplänen beigefügt waren, sprechen eine deutliche Sprache:

1.) Last: Vollzug 800 t, Leerzug 600 t.

2.) Der Sonderzug u. auch der Leerzug sind planmäßig durchzuführen, damit die Ein- und Ausladezeiten u. der Wagenumlauf eingehalten wer-den können ...

3.) In Treblinka sind die Wagen durch Arbeitskräfte des Lagers zu rei-nigen.

4.) Leerzüge dürfen unterwegs nicht abgestellt werden.

Der Grund für letztgenannte Vorschrift war, daß die sogenannten »Leerzüge« zwar keine Passagiere mehr beförderten, aber keineswegs leer waren. Ein Wehrmachtfahrschein vom 10. September 1942 bestimmte die Fracht eines Zuges, der von Treblinka über Siedlce nach Lublin fuhr (von wo aus er zu seinem endgültigen Bestimmungsort geleitet wurde), wie folgt: »Keine Offi-ziere oder Beamten; keine Zivilisten; keine Diensthunde; keine Pferde; keine Fracht der Wehrmacht in offenen Waggons, [aber]: Unteroffiziere und Mann-schaften sowie 50 geschlossene Waggons mit *Bekleidung für die Waffen-SS*« (Hervorhebung durch die Autorin).

Dies bedeutete nicht, daß die SS beabsichtigt hätte, ihre Soldaten mit den Kleidern auszustatten, die die Opfer hatten ausziehen müssen, bevor man sie umbrachte, sondern lediglich, daß die SS die Verteilung aller den Opfern abgenommenen Artikel kontrollierte. Kleider gingen, wie wir noch sehen werden, an bedürftige ausländische Arbeiter und »umgesiedelte« Volksdeut-sche; die Nahrungsmittel, die viele der »Umsiedler« ahnungslos auf ihrer Reise in den Tod mit sich führten – häufig Gläser mit Marmelade und Ho-nig –, wurden unter das Lagerpersonal verteilt. Schmuckstücke und Geld, davon ein beträchtlicher Teil in Gold und allen möglichen ausländischen Währungen, gelangten, wie in anderen Formularen der Bahn ordnungsge-mäß vermerkt, über das SS-Hauptquartier in Lublin und das »Führungs-hauptamt« in Berlin (gemeint ist die Führerkanzlei, die auch die T 4, die Verwaltung der »Aktion Reinhard« beherbergte) in die Tresore der Reichs-bank unter der Verwaltung von Wirtschaftsminister Walther Funk.

Es gab, wie gesagt, keinen Grund, warum Speer die Fahrpläne hätte zu Gesicht bekommen sollen, aber hätte er sie gesehen, hätte er vielleicht erfah-ren, was im Februar 1943 mit den 40 000 Juden aus Bialystok geschah. Sie wurden vom 9. bis 13. Februar in fünf Zügen (Pj 127, 129, 131, 133 und

135) nach Treblinka gebracht; die »Vollzüge« trafen dort täglich um 12.10 Uhr ein, die »Leerzüge« fuhren um 21.18 Uhr wieder ab.

Am 6. Februar 1943 berichtete SS-Obergruppenführer Oswald Pohl, Chef des Wirtschaftsverwaltungshauptamts der SS und damit Speers Entsprechung in der SS (er wurde am 3. November 1947 in Nürnberg zum Tode verurteilt und am 8. Juni 1951 hingerichtet) über die »Verwertung von Textil-Altmaterial aus der Judenumsiedlung«:

Aus der anliegenden Aufstellung ist die bisher aus den Lagern Auschwitz und Lublin abgefahrene Menge an Altmaterial aus der Judenumsiedlung zu ersehen. Es muß hierbei besonders berücksichtigt werden, daß der Anfall an Lumpen ein sehr hoher ist. Hierdurch vermindert sich natürlich die verwertbare Altbekleidung, insbesondere an Männer-Garnituren ... Ganz besondere Schwierigkeiten machte der Abtransport mit der Bahn. Durch die dauernd einsetzenden Transportsperren stockte die Abfuhr, so daß es zeitweilig zu Anhäufungen in den einzelnen Lagern kam. Besonders bemerkbar machte sich die seit Dezember 1942 bestehende Transportsperre nach der Ukraine, welche verhinderte, daß die für die dortigen Volksdeutschen bestimmte [Winter-]Altkleidung geliefert werden konnte ... Die Gestellung der in großer Zahl benötigten Waggons konnte bisher in engster Zusammenarbeit mit dem Reichswirtschaftsministerium durch dieses erfolgen. Auch in Zukunft wird das RWM bemüht bleiben, beim Reichsverkehrsministerium unter Hinweis auf die schlechte textile Rohstofflage Waggons für die Abfuhr von Altmaterial aus dem Generalgouvernement zu beschaffen.

Es wäre absurd, den damaligen Wirtschaftsminister Funk oder Speer für solche Hilfe persönlich verantwortlich zu machen. Es muß jedoch in Funks und Speers Ministerien Beamte gegeben haben, mit denen entsprechende Anfragen der SS einigermaßen detailliert besprochen wurden.

Ich zeigte auch dieses Dokument Annemarie Kempf, nachdem ich es im Koblenzer Bundesarchiv gefunden hatte. »Ich habe das nie zu Gesicht bekommen«, sagte sie, sichtlich entsetzt über den Inhalt. »Aber, wissen Sie, Pohl hätte das natürlich auch niemandem bei uns oder bei Funk in dieser Form vorgelegt. Er hätte gesagt, er brauche Transportmittel, um Güter der Winterhilfe an Bedürftige im Osten zu liefern, und wenn möglich, wurde einer solchen Bitte in unserem Ministerium natürlich entsprochen.«

Am 9. April 1943 schrieb Pohl beflissen wie immer an den Chef von Himmlers persönlichem Stab, Dr. Rudolf Brandt, um von Himmler Instruktionen bezüglich eines Verpflegungsproblems einzuholen:

Die Verwaltung des KL. Auschwitz beantragt bei mir eine Besserstellung der Verpflegung der dort untergebrachten schwangeren Zigeunerinnen und ihrer Kleinst- und Kleinkinder unter Hinweis darauf, daß der

Reichsführer-SS dies wünsche, weil er etwas Besonderes mit den Zigeunern vorhabe.

Die Forderungen sind so, daß die Rationen denen der deutschen Volksgenossen entsprechen. Ich bitte Sie, nun einmal beim Reichsführer-SS festzustellen, wie seine Wünsche lauten. Wir können die Zigeunerinnen in der Häftlings-Verpflegung belassen, aber mit Zulagen versehen, wir können sie den Ostarbeiterinnen gleichstellen und auch dazu Zulagen geben, obgleich schwangere Ostarbeiterinnen diese nicht erhalten, und wir können schließlich unsere Sätze für werdende Mütter geben.

Sollen wir die Kinder entsprechend den Sätzen für deutsche versorgen oder auch hier einen Zwischenweg nach Art der Ostarbeiter-Regelung gehen?

Herzl. Gruß!
Heil Hitler
Ihr Pohl

Die Antwort kam sechs Tage später; die schwangeren Zigeunerinnen und ihre Kinder sollten dieselben Rationen wie Ostarbeiterinnen bekommen.

Obwohl kein bestimmter Zusammenhang besteht und aus den Dokumenten nicht hervorgeht, was Himmler »Besonderes« mit den Zigeunerinnen plante, bekommt der eben zitierte Brief eine unheilvolle Bedeutung im Licht eines früheren Briefes über ein »besonderes Vorhaben«, den »Kamerad Brandt« im Winter 1942 vom Reichsgeschäftsführer der Organisation »Ahnenerbe« erhielt, einer besonders schlimmen Einrichtung Himmlers zur Rassenforschung. Dieser ehrenwerte Herr, der nach dem Krieg zweifellos friedlich in seinem Bett verschied, hatte folgendes geschrieben:

Wie Sie wissen, hat der Reichsführer-SS seinerzeit angeordnet, daß SS-Hauptsturmführer Prof. Dr. Hirt für seine Forschungen alles bekommen soll, was er braucht. Für bestimmte anthropologische Untersuchungen – ich berichtete dem Reichsführer-SS auch bereits darüber – sind nun 150 Skelette von Häftlingen bzw. Juden notwendig, die vom KL Auschwitz zur Verfügung gestellt werden sollen. Es ist dazu nur noch erforderlich, daß das Reichssicherheitshauptamt eine offizielle Anweisung des Reichsführers-SS erhält, die aber auch Sie im Auftrag des Reichsführers-SS erteilen können.

Anlage: Entwurf eines Schreibens an das Reichssicherheitshauptamt.

Einige Monate später wurde offensichtlich beschlossen, vorbereitende »Forschungsarbeiten« an ausgewählten Opfern in Auschwitz durchzuführen und sie dann zu töten. Am 21. Juni 1943 schrieb der SS-Arzt Dr. Berger an Eichmann in Berlin, daß er angesichts der Seuchengefahr in Auschwitz seine dortige Arbeit unterbreche.

Insgesamt wurden 115 Personen, davon 79 Juden, 2 Polen, 4 Innerasiaten und 30 Jüdinnen bearbeitet. Diese Häftlinge sind z. Zt. getrennt nach Männern und Frauen in je einem Krankenbau des KL. Auschwitz untergebracht und befinden sich in Quarantäne.
Zur weiteren Bearbeitung der ausgesuchten Personen ist nunmehr eine sofortige Überweisung an das KL. Natzweiler erforderlich [das Konzentrationslager, das Straßburg, wo Hirt sein Institut hatte, am nächsten lag. »Zur weiteren Bearbeitung« hieß, daß die ärztliche Untersuchung der lebenden Gefangenen abgeschlossen und diese dann getötet werden sollten, damit ihre Skelette für »anthropologische Forschungen« benutzt werden konnten].

Während wir sicher sein können, daß Speer von diesen schrecklichen pseudowissenschaftlichen Experimenten mit Menschen nicht die leiseste Ahnung hatte, ist es, auch wenn mir die treue Annemarie Kempf das Gegenteil versicherte, unwahrscheinlich, daß er über die Bedingungen in den Konzentrationslagern so wenig wußte, wie er behauptete.
Am 30. März 1943 machte Speer seinen ersten und einzigen Besuch in einem Konzentrationslager – in Mauthausen bei Linz, wo er sich, wie Annemarie mir sagte, etwa eine Dreiviertelstunde aufhielt und die sogenannte Prominentenführung erhielt, auf der die Besucher sorgfältig davor abgeschirmt wurden, Dinge zu sehen, die ihre Gefühle verletzen konnten. Zweifellos unter dem Eindruck der phantastischen Zustände, die ihm dabei vorgeführt wurden, protestierte er fünf Tage später in einem Brief an Himmler gegen die »mehr als großzügigen« Bauprojekte, die er im Lager bemerkt habe. Angesichts des extremen Mangels an Eisen, Holz und Arbeitskräften beim Bau von Rüstungsbetrieben, deren Produkte an der Front verzweifelt gebraucht wurden, meinte er, die SS dürfe trotz der zugegebenermaßen wichtigen Aufgaben, die den Konzentrationslagern im Rahmen der Kriegsanstrengungen zufielen, nicht mehr derart aufwendig bauen.
Wir müssen deshalb für den Ausbau von KZ-Lägern eine neue Planung unter dem Gesichtspunkt des höchsten Wirkungsgrades bei Einsatz geringster Mittel mit Erzielung des größten Erfolges für die augenblicklichen Rüstungsforderungen durchführen, d. h., daß wir sofort zur Primitivbauweise übergehen müssen.

Speer schlug vor, daß einer seiner Mitarbeiter zusammen mit einem von Himmler zu benennenden Repräsentanten »sämtliche KZ-Läger *an Ort und Stelle*« überprüfen sollte [Hervorhebung durch die Autorin]. Pohl reagierte eine Woche später mit einer wütenden dreiseitigen Epistel, die über den Chef des Persönlichen Stabs Rudolf Brandt an Himmler gerichtet war:

Der Reichsminister Speer tut so, als ob wir ohne sein Wissen sehr großzügig und zeitfremd in den Konzentrationslagern herumbauen. Er verschweigt, daß *jedes* Bauvorhaben in den KL. von uns ordnungsgemäß
angemeldet worden ist und daß er selbst unter dem 2. 2. 1943 die Genehmigung erteilt hat ...
Völlig abwegig ... ist es, anzuregen, in den KL. sofort zur Primitivbauweise überzugehen. Reichsminister Speer scheint es nicht zu wissen, daß
wir zur Zeit über 160 000 Häftlinge haben und dauernd gegen Seuchen
und hohe Sterblichkeit ankämpfen, weil die Unterbringung der Häftlinge einschließlich sanitärer Anlagen völlig unzureichend ist. Ich muß
daher pflichtgemäß schon jetzt darauf hinweisen, daß der Übergang zur
Primitivbauweise wahrscheinlich eine bisher ungeahnte Höhe an Sterblichkeit in den Lagern verursachen wird.

Zwei Monate später, Anfang Juni, schrieb Himmler Speer in einem leicht
vorwurfsvollen Brief, Speer habe aufgrund der Besichtigung lediglich eines
Lagers auf einen ineffizienten Einsatz der Häftlingsarbeit durch die SS geschlossen, anstatt alle Konzentrationslager zu besichtigen oder zumindest die
Zahlen für alle zu prüfen. Himmler schuf damit vielleicht absichtlich ein irre-
führendes Dokument, denn als er den Brief an Speer schrieb, wußte er schon
seit zwei Monaten, daß Speer zwei junge Männer aus seinem Ministerium in
Begleitung von Brigadeführer Hans Kammler, dem Chef der SS-Bauverwal-
tung, auf Inspektionsreise in alle wichtigen Konzentrationslager geschickt hatte. Wie Annemarie Kempf mir vierzig Jahre später sagte, wurden viele Briefe
nur für die Akten geschrieben, »als Rückendeckung« – nicht viel anders als
Briefe derselben Art, die überall täglich aus Ministerien herausgehen.
   Die Inspektionsreise fand im Mai statt, und am 30. Mai 1943 bot Speer
in einem Brief 2500 Tonnen Baustahl »für den Ausbau der Konzentrationslager, insbesondere für den von Auschwitz« an.
   Obwohl den drei Männern, die die Konzentrationslager inspizierten, zweifellos auch diesmal das Schlimmste erspart wurde, sahen sie vermutlich mehr
als Speer. In *Der Sklavenstaat*, seinem Buch über Himmler und die SS, schrieb
Speer, seine Leute hätten »in Auschwitz katastrophale sanitäre Verhältnisse
aufgedeckt«, und das habe ihn »in der Tat alarmiert«.
   Dann unterlief ihm ein seltsamer Fehler. Er schrieb: »Wie aus einem handschriftlichen Zusatz des Pohlschen Berichtes an Himmler hervorgeht, muß mir
aber gleichzeitig berichtet worden sein, ›daß die Besichtigung der anderen
KZ-Lager ein durchaus positives Bild ergab‹.« In Wirklichkeit stammte der
Zusatz, von dem er berichtete, jedoch nicht aus Pohls Bericht, sondern aus
seinem eigenen, handschriftlichen Brief vom 30. Mai an Himmler.

Obwohl Deutschland in Italien und Nordafrika, auf Sizilien und in Rußland eine Niederlage nach der anderen einstecken mußte, war das Verhältnis zwischen Speer und Hitler während Frühjahr und Sommer 1943 zweifellos sehr gut, da die Produktionsziffern gewaltig stiegen. In jener militärisch unglücklichen Zeit wurde Speer, wann immer er das Führerhauptquartier besuchte, eingeladen, Hitler bei seinem einsamen Mittagessen Gesellschaft zu leisten, das, wie er in Spandau schrieb, »in fast völligem Schweigen stattfand und eine Stunde der Qual bedeutete«. Hitler pflegte, nachdem er wortlos die Suppe gelöffelt hatte, eine Bemerkung über das Wetter zu machen, während sie darauf warteten, daß der nächste Gang serviert wurde, und danach beschränkte sich das Gespräch auf das Lob der Köchin seiner vegetarischen Diät, bis die Mahlzeit schließlich mit dem üblichen Wutausbruch gegen das Militär endete.

»Glauben Sie mir«, sagte Hitler oft, »ich wäre glücklich, wenn ich diese graue Uniform ablegen könnte. Lieber heute als morgen.« Und dann pflegte er auf seinen alten, bereits vor Jahren geäußerten Traum zurückzukommen, daß er die Führung so bald wie möglich an einen Nachfolger abgeben und sich nach Linz zurückziehen wolle, wo Giesler ein Haus für ihn baute. Wie gerne er doch Architekt geworden wäre, pflegte er mit einem Seufzer zu sagen, statt ganz gegen seine Absicht Politiker.

»Ich glaube«, schrieb Speer in Spandau (nicht jedoch in seinen Büchern) über Hitlers Gemütszustand, »er war damals so niedergeschlagen, daß er es tatsächlich bedauerte, ›der Führer‹ geworden zu sein.«

Als Speer mit mir über Hitlers depressiven Zustand in der ersten Hälfte des Jahres 1943 sprach, fiel ihm ein, wie eines Tages nach einer Lagebesprechung im Führerhauptquartier, an der er teilgenommen hatte, die Fenster geöffnet wurden, um frische Luft hereinzulassen; mehrere der Militärs – Keitel, Jodl, Warlimont und Below – waren noch anwesend.

»Hitler trat ans offene Fenster, während wir anderen hinter ihm standen«, sagte Speer. »Ich erinnere mich – und ich weiß nicht, warum –, daß es in dem Raum ganz still war. Und plötzlich sagte er, immer noch am Fenster und mit dem Rücken zu uns: ›Meine Herren, die Brücken hinter uns sind verbrannt.‹ Er sagte das sehr ruhig, geradezu nüchtern – ohne Pathos, ohne besondere Betonung. Und ich merkte, wie es mir kalt den Rücken hinunterlief; ich weiß noch ganz genau, daß ich eine schreckliche Vorahnung hatte, ein plötzliches Gefühl von etwas Furchtbarem … Ich glaube heute«, fuhr er einen Augenblick später fort, »er meinte damit, was man den Juden angetan hatte.«

Etwa um dieselbe Zeit gelang es Speer, Hitler von einem grausamen Befehl abzubringen, dessen Erlaß, wie Sepp Dietrich ihm berichtet hatte, unmittelbar bevorstand. Es war gerade entdeckt worden, daß sowjetische Truppen deutsche Kriegsgefangene umgebracht hatten, und Hitler hatte sofort »eine tausendfache blutige Vergeltung angekündigt«: Bei der neuen, an der Ostfront geplanten Offensive sollten keine Gefangenen gemacht werden.

Speer schreibt dazu in den *Erinnerungen:*

Hitler rechnete mit Hunderttausenden an Gefangenen, seit Monaten versuchten wir vergeblich eine ebenso große Lücke an Arbeitskräften zu schließen. Daher machte ich Hitler gegenüber bei nächster Gelegenheit Bedenken gegen diesen Befehl geltend. Es war nicht schwierig, ihn umzustimmen, eher schien er erleichtert, seine Zusage an die SS zurückziehen zu können. Noch am gleichen Tag, dem 8. Juli 1943, ließ er Keitel eine Weisung ausfertigen, daß alle Gefangenen der Rüstungsproduktion zuzuleiten seien.

Drei Wochen später, zwischen dem 25. Juli und dem 2. August, als Flächenbombardements auf Hamburg niedergingen und einen Großteil der schönen alten Stadt in ein Trümmerfeld verwandelten, bekam Speer zum erstenmal Angst. Noch sechs solcher Angriffe auf deutsche Großstädte, erklärte er Hitler am 1. August, und die Rüstungsproduktion werde zum Erliegen kommen. Hitler erwiderte lediglich, Speer werde die Situation schon in den Griff bekommen. Und so war es tatsächlich. »Nicht weil wir so schlau gewesen wären«, sagte er zu mir, »sondern weil die Royal Air Force zu unserem Glück keine weiteren Angriffe auf andere Großstädte flog und weil auch die Amerikaner, die zwei Wochen später erfolglos versuchten, unsere Kugellagerfabriken in Schweinfurt zu zerstören, ähnliche taktische Fehler machten. Sonst wären wir am Ende gewesen, trotz Hitlers Vertrauen zu mir.«

Im Lauf der nächsten kritischen Wochen, als Mussolinis Schicksal auf Messers Schneide stand und der italienische König mit den westlichen Alliierten verhandelte, nahm Speer in Hitlers Feldhauptquartier in Rastenburg an den Krisensitzungen teil, die Anfang September dazu führten, daß das SS-Fliegeras Otto Skorzeny und seine Fallschirmspringer Mussolini aus dem Berghotel befreiten, in dem er vom König interniert worden war, und der größte Teil Italiens von den Deutschen besetzt wurde.

Goebbels schrieb am 27. Juli 1943 in sein Tagebuch:

Aus den uns zugehenden Meldungen kann man entnehmen, daß der Vatikan eine fieberhafte diplomatische Tätigkeit entfaltet. Sicherlich steht er mit seinem großen, weltumspannenden Apparat hinter der Aktion ... [Man sieht] an der Handlungsweise des italienischen Königshauses, was man von den Monarchen zu erwarten hat. Die Monarchen und die Aristokraten zeichnen sich immer durch eine besonders aufreizende Undankbarkeit aus ... Aus dem ganzen Lande kommen Nachrichten, die die Beklommenheit des deutschen Volkes über die Krise in Italien widerspiegeln. In manchen Volkskreisen herrscht geradezu Entsetzen ... Der Führer ist von einer ruhigen Sicherheit und einer souveränen Überlegenheit. Zwar haben die Vorgänge in Italien ihn tief beeindruckt, aber er läßt sich dadurch in keiner Weise aus dem Gleichgewicht bringen ... Der Führer hat die Absicht ... eine Fallschirmdivision rund um Rom [zu landen. Sie] soll Rom besetzen ... Der Führer hatte zuerst die Absicht, bei der Inhaftnahme der verantwortlichen Männer in Rom auch den Vatikan mit in Anspruch zu nehmen; allerdings wenden sich Ribbentrop und ich stärkstens dagegen ... Das Land ruft nach Aufklärung und möchte am liebsten, daß der Führer das Wort ergriffe. Selbstverständlich kann er das im Augenblick überhaupt nicht. Genauso wie wir auf die weitere Entwicklung der Krise warten, muß auch das Volk warten ... Der Führer ... empfängt einen von uns nach dem anderen. Er ist deshalb am Abend sehr ermüdet und ißt allein. Wir essen im großen Kreise [neben Goebbels und Speer waren auch Ribbentrop, Rommel, Dönitz, Keitel und Bormann anwesend] ... ich glaube, daß die Herren sich über den Ernst der Situation noch nicht die richtige Vorstellung machen ... Nach dem Abendessen habe ich wieder eine lange Unterredung mit Speer. Speer ist in der ganzen Runde einer der wenigen zwar sehr harten und kühnen, aber auch sehr realistischen Männer.

Am 2. September dehnte Hitler Speers Zuständigkeitsbereich auf die gesamte deutsche Produktion aus. Kurz zuvor hatte er Himmler zum Innenminister ernannt, was dessen bürokratischen Vorgänger Wilhelm Frick in Nürnberg freilich nicht vor dem Galgen rettete. Speers offizieller Titel lautete jetzt Reichsminister für Rüstung und Kriegsproduktion statt wie bisher für Bewaffnung und Munition. Trotz der einschränkenden Spezifizierung »Kriegsproduktion« im neuen Titel, die den eifersüchtig über den Vierjahresplan wachenden Göring beschwichtigen sollte (Speer kontrollierte den Plan durch seine Zentrale Planung freilich ohnehin schon), war Speer jetzt tatsächlich für die gesamte Produktion des Landes einschließlich aller Konsumgüter zuständig. Speers Plan, dem sowohl Hitler als auch Wirtschaftsminister Funk zustimmten, während Bormann als Interessenvertreter der Gauleiter dagegen Sturm lief, bestand darin, sämtliche Konsumgüterfabriken Deutschlands in Rüstungsbetriebe zu verwandeln, während der größte Teil der Konsumgüterproduktion in das besetzte Westeuropa verlagert werden sollte. Das Projekt sollte in Frankreich beginnen.
Im Juli hatte Speer auf einer Konferenz in Paris den Franzosen die Gründung sogenannter »Sperrbetriebe« vorgeschlagen, die Teile für die deutsche Rüstung produzieren und deshalb vor der gefürchteten Aushebung französischer Arbeiter durch Sauckel geschützt sein sollten. Die Furcht, als Zwangsarbeiter deportiert zu werden, hatte Tausende von Franzosen dazu getrieben, aus ihren Betrieben zu fliehen, und eine größere Anzahl von

ihnen hatte sich der Résistance angeschlossen. Jetzt, zwei Monate später, hatte Speer mit Hilfe des französischen Produktionsministers und Professors an der Sorbonne Jean Bichelonne erkannt, daß die französischen Arbeiter trotz der offen deutschfreundlichen Faktion in der Vichy-Regierung, darunter Ministerpräsident Pierre Laval, nie bereit sein würden, für die deutsche Rüstungsindustrie zu arbeiten. Lediglich Konsumgüter für Deutschland zu produzieren und vor Deportationen genauso geschützt zu sein wie Rüstungsarbeiter, war für sie dagegen akzeptabler. Kurz nachdem Speer seinen neuen Titel erhalten hatte, lud er Bichelonne formell zu einem Staatsbesuch in Berlin ein.

Bichelonne, ein Mann in Speers Alter, der viele seiner Ansichten teilte, war vermutlich der erste Ausländer, mit dem Speer sich wirklich verstand. »Ich mochte Bichelonne sehr gern«, sagte er mir. »Er war ein leidenschaftlicher Nationalist, stand jedoch wie ich paneuropäischen Ideen sehr aufgeschlossen gegenüber; Sie werden sich erinnern, daß schon mein Vater großes Interesse daran hatte. Als Bichelonne und ich mit dem Gedanken an eine Europäische Wirtschaftsunion spielten, war das für uns natürlich eine Utopie. Aber« – er lachte – »so utopisch war das letztlich gar nicht, wie?«

Das klingt, als ob Speer in diesem jugendlich wirkenden Franzosen eine ihm verwandte Leichtigkeit des Geistes gefunden hatte. »Wir stimmten überein, daß wir in Zukunft die Fehler der Generation des Ersten Weltkriegs, die jetzt am Ruder war, vermeiden würden. Europa mußte ungeachtet der nationalen Grenzen wirtschaftlich integriert werden; für dieses Ziel, sagte ich Bichelonne, war ich bereit, Hitlers damaligem Plan einer Zerstückelung Frankreichs – Elsaß-Lothringen zum Beispiel Deutschland einzugliedern –, den ich für völlig verfehlt hielt, entgegenzutreten.«

Ja, sagte Speer, es sei Hochverrat gewesen, so etwas zu einem Ausländer zu sagen: »Aber ich traute ihm; ich glaube, wenn er überlebt hätte, wären wir Freunde geworden.« Bichelonne starb Anfang 1945, nachdem Himmlers Freund Professor Gebhardt ihn wegen einer Lungenembolie operiert hatte – übrigens auf Speers Empfehlung, was, wie man angesichts der weiter unten geschilderten Ereignisse erkennen kann, erstaunlich war.

Nachdem Speer sich bereits vor Bichelonnes Ankunft Hitlers Einverständnis gesichert hatte, schlug er dem Franzosen die formelle Bildung eines deutsch-französischen Gremiums zur Produktionsplanung vor, das später auf ganz Europa ausgedehnt werden konnte. Der letzte Teil der Gespräche fand am Wochenende in einem Landhaus bei Berlin statt, das Speers Freund Arno Breker gehörte. Dort einigten sich Bichelonne und Speer auf die Details der neuen deutsch-französischen Zusammenarbeit: Speer würde Sauckel sagen, seine Pariser Dienststellen sollten nicht französische Arbeiter nach Deutschland deportieren, sondern sie dazu bringen, sich zur Arbeit in den »Sperrbetrieben« zu melden, wo sie vor Deportationen sicher wären. Die Fabriken würden die notwendige Unterstützung an Geld sowie Transport- und Nahrungsmitteln erhalten, während Speer die gesamte deutsche Produktion auf die Rüstung konzentrieren würde.

Der Erfolg dieser kühnen Initiative, durch die in Frankreich zehntausend neue für Deutschland produzierende Fabriken entstanden und die Speer nachher auch auf Holland und Belgien ausdehnte, machte Sauckel wütend, aber begeisterte Hitler. »Er fand immer Vergnügen daran, einen Keil zwischen seine Leute zu treiben«, sagte Speer, »ein an sich kindischer Zeitvertreib, den er aber für geschickte Menschenführung hielt. Wenn wir Westeuropa für uns arbeiten lassen konnten, ohne Arbeiter zwangsweise nach Deutschland verfrachten und sie dort unterbringen und ernähren zu müssen, war das für uns ein gewaltiger Vorteil.«

Speer mußte jetzt nur noch die Gauleiter dazu bringen, seine Maßnahmen zur Führung des »totalen Kriegs« zu unterstützen. Die Gauleiter betrachteten den Rückgang der Konsumgüterproduktion und die Umstellung von Konsumgüterfabriken auf Rüstungsbetriebe nicht nur als groben Eingriff in ihre eigene Zuständigkeit, sondern auch als großen wirtschaftlichen Verlust für ihre Gaue. Speer sollte am 6. Oktober auf einer Gauleiterkonferenz in Posen eine Rede zu diesem Thema halten, wußte jedoch, daß Worte allein nicht mehr genügen würden. Also schloß er am 5. Oktober, einen Tag vor der Konferenz, ein formelles Abkommen der Zusammenarbeit zwischen seinem Ministerium und Himmlers SD, dem Sicherheitsdienst. Er war erst am Morgen dieses Tages nach Berlin zurückgeflogen, nachdem er in Begleitung von Theodor Hupfauer (seit kurzem sein persönlicher Verbindungsmann zu den Arbeitern im Ruhrgebiet) den ganzen 4. Oktober zerbombte Fabriken im Ruhrgebiet inspiziert hatte.

(»Er kam hergeflogen«, sagte Hupfauer, »manchmal mehrere Male pro Woche. Er kam kurz vor einem Bombenangriff, blieb während der Bombardierung und machte anschließend seinen Rundgang. Das hatte eine Riesenwirkung auf die Arbeiter. Er schien blind für die Gefahr. Es war schon nicht mehr Mut, es war Wahnsinn. Aber er sagte: ›Repariert diese Fabriken.‹ Und das haben wir dann getan. Können Sie sich überhaupt vorstellen, was es bedeutete, zerbombte Fabriken in manchmal nur einer Woche wieder so aufzubauen, daß sie funktionstüchtig waren?«)

Wolters berichtete in der »Chronik«, wie Speer einen Großteil der Nacht des 4. Oktober vom auf einer Anhöhe gelegenen Haus eines Industriellen die Luftangriffe beobachtete, und fuhr dann fort:

Am nächsten Morgen flog der Minister nach Berlin zurück und traf sich ... [am frühen Abend] mit Großadmiral Dönitz zur Besprechung [über neue U-Boote]. Die Einschaltung der Wirtschaftsreferenten des SD war perfekt geworden. Der Erlaß über die Zusammenarbeit wurde vom Minister am 5. Oktober in Gegenwart von Brigadeführer Ohlendorf und Gauleiter Hanke unterschrieben. Vor einer Versammlung von rund 100 Referenten des SD hielt der Minister eine einführende Ansprache über die von ihm erwartete Mitarbeit.

Daß Speer sich der Unterstützung des SD versicherte, war erstens gegen Sauckel und dessen Mitarbeiter gerichtet, die Speers Ansicht nach den falschen Weg einschlugen und Arbeiter aus dem Ausland holten und außerdem die Arbeiter nicht richtig behandelten, wenn sie in Deutschland waren. Zweitens richtete sich das Abkommen gegen die nachlässige Haltung der Gauleiter zum »totalen Krieg«, der Speer, nun mit Himmlers Unterstützung, am folgenden Tag in Posen entgegentreten wollte.

Die Versammlung der Reichs- und Gauleiter am 6. Oktober 1943 in Posen ging auf Hitlers Entschlossenheit zurück, die wichtigsten Männer in seiner Gefolgschaft in die ärgsten Taten einzubeziehen, die er verursacht hatte. Hitler hatte seinen engsten Militärberatern schon Monate zuvor mitgeteilt, daß die »Brücken hinter uns verbrannt sind«; nun aber hatte er Himmler beauftragt, seine treuesten Anhänger in der Partei in die schlimmsten Geheimnisse des Regimes einzuweihen. Die Alliierten hatten schon im Oktober 1942 ihre Absicht erklärt, mutmaßliche Kriegsverbrecher vor Gericht zu stellen, und dies im Dezember mit der von der deutschen Regierung praktizierten »bestialischen Ausrottungspolitik gegenüber den europäischen Juden« verbunden. Himmler war von Hitler wahrscheinlich beauftragt, alle hochrangigen Nazis in ein Netz der Schuld zu verstricken, so daß sich künftig niemand unter Berufung auf seine Unschuld oder Unwissenheit von seinem Regime lossagen konnte. Die erste Gruppe, die in Posen eingeweiht wurde, waren die hohen SS-Offiziere, vor denen Himmler am 4. Oktober eine Rede hielt. Eine zweite, so gut wie identische Rede bekamen, wie bereits erwähnt, am 6. Oktober die Reichs- und Gauleiter zu hören. Im Januar 1944 wiederholte er diese Rede noch einmal vor einer Gruppe der ranghöchsten Wehrmachtsgeneräle.

Am 30. September 1943 wurden alle Reichs- und Gauleiter, ferner Reichsjugendführer Arthur Axmann und die beiden Reichsminister Speer und Rosenberg von Bormanns Parteikanzlei im Führerhauptquartier zu der Versammlung eingeladen. Ein Sonderzug sollte am 5. Oktober um 21.32 Uhr im Bahnhof Friedrichstraße in Berlin abfahren und am 8. Oktober gegen acht Uhr morgens zurückkehren.

Konferenzteilnehmer, die von weiter her über Berlin anreisen wollten, wurden gebeten, per Fernschreiber oder Telefon die notwendigen Buchungen zu tätigen. Als Kleidung waren Uniform, weißes Hemd, Kniebundhose und Stiefel vorgeschrieben. Der Zug führte sieben Schlafwagen, 46 Betten waren für bestimmte Reisende reserviert. Auch wenn Speers Bett auf der Liste als in Wagen 5, Abteil 13/14 aufgeführt ist, ist es nicht bekannt, ob er es benutzte oder mit dem Auto fuhr. Wie die erhaltene Reservierungsliste zeigt, waren für die fünf Mitarbeiter Speers – einen Beamten seines Ministeriums und vier Großindustrielle aus seiner »Dollar-a-year-Gruppe«, die vor Speer zu den Gauleitern sprechen sollten – keine Betten gebucht. Sie müssen daher selbständig nach Posen gereist sein, mit dem Auto oder Flugzeug.

Himmlers Rede, die wichtigste und letzte der Konferenz, sollte am Spätnachmittag stattfinden. Die Tagung begann bereits um neun Uhr morgens mit kurzen Reden von Speers Experten aus der Industrie; als letzter von ihnen sprach der deutsche Stahlmagnat Walter Rohland. Goebbels schrieb an jenem Abend in sein Tagebuch:

Es werden eine Reihe von Fachreferaten gehalten, die mir persönlich nicht viel Neues über die gegenwärtige Rüstungs- und Kriegslage [bringen] ... [Die Mitarbeiter Speers] malen etwas sehr schwarz in schwarz, um die Gauleiter in der laufenden Speerschen Auskämmungsaktion anzufeuern ... [Danach] ergreift Speer selbst das Wort. Er gibt einen großen Überblick über die augenblickliche Rüstungslage. Seine Ausführungen zeugen von gediegener Sachkenntnis ... Speer will ... große [Konsumgüter-]Fabriken schließen und sie geschlossen ... in die Rüstungsproduktion überführen. Die meisten Gauleiter werden zwar dagegen Zeter und Mordio schreien; aber Speer erklärt mit aller Bestimmtheit, daß er sich in diesem Verfahren durch keinen Einwand beirren ließe. Es ist ja auch tatsächlich notwendig, da wir sonst nicht zum Ziele kommen. Speer muß in verhältnismäßig kurzer Frist rd. eine Million Menschen aus der zivilen Fertigung herausholen und in die Rüstungsproduktion überführen, da er vom Führer den Auftrag bekommen hat, aus der Rüstungsindustrie selbst junge Männer ausreichend für etwa zwanzig Divisionen freizustellen ... die Gauleiter werden sich den harten Forderungen dieses Programms nicht entziehen dürfen. Es wird dabei natürlich ein großer Teil der blühenden Gauindustrien zugrunde gehen; aber wir dürfen bei der gegenwärtigen Kriegslage auch vor diesem Opfer nicht zurückscheuen ...

Was Goebbels – der in diesen Fragen mit Speer völlig übereinstimmte – in seinem Tagebuch nicht erwähnte, war der letzte Satz von Speers Rede, der in dem aufwendig renovierten Goldenen Saal des romantischen Posener Schlosses, wo die Versammlung stattfand, einen Sturm der Entrüstung auslöste. Speer zitiert sich in den *Erinnerungen* selbst:

Ich bitte Sie, zur Kenntnis zu nehmen: Die bisherige Art, mit der sich einzelne Gaue von Stillegungen in der Verbrauchsgüterindustrie ausgenommen haben, kann und wird nicht mehr am Platze sein ... Und ich kann Ihnen versichern, daß ich gewillt bin, die Autorität des Reiches durchzusetzen, koste es, was es wolle! Ich habe mit Reichsführer-SS Himmler gesprochen, und ich werde von jetzt an die Gaue, die diese Maßnahmen nicht durchführen, entsprechend behandeln.

Die Gauleiter, schrieb Speer in seinem Buch (und ausführlicher, aber ansonsten identisch auch im »Spandauer Entwurf«), seien empört gewesen und hätten besonders seinen letzten Satz dahingehend interpretiert, als habe er ihnen mit dem Konzentrationslager gedroht. Bestürzt über ihre wütende Reaktion, habe er Bormann gebeten, ans Rednerpult zurückkehren zu dürfen, um dies richtigzustellen. Aber Bormann habe »mit geheuchelter Freundlichkeit« gesagt, dies sei nicht notwendig. Nicht lange danach habe ihm jedoch Hitler zu verstehen gegeben, er wisse von der Empörung der Gauleiter; es sei bedauerlich, daß Speer nicht mit ihnen umzugehen verstehe. »Bormann«, schrieb Speer, »war es endlich gelungen, mein Ansehen bei Hitler zu untergraben.«

Speer übt in seinem Buch heftige Kritik an dem exzessiven Alkoholgenuß, dem die Gauleiter nach der Konferenz frönten, erwähnt jedoch Himmlers Rede vom Nachmittag nicht, die Hitlers politischen Führern allen Grund gab, die eigenen Ängste am Abend jenes 6. Oktober 1943 in Alkohol zu ertränken.

Himmler war um 15 Uhr eingetroffen und hatte den Reden von Admiral Dönitz, Generalfeldmarschall Milch und dem neuen Stabschef der SA Schepmann zugehört. Dann hatte er von 17.30 bis 19 Uhr seinen eigenen, berüchtigten Vortrag gehalten. Es dauerte fast eine Stunde oder sieben Schreibmaschinenseiten, bis er beim Kern seiner Botschaft angelangt war:

Ich darf hier in diesem Zusammenhang und in diesem allerengsten Kreise auf eine Frage hinweisen, die Sie, meine Parteigenossen, alle als selbstverständlich hingenommen haben, die aber für mich die schwerste Frage meines Lebens geworden ist, die Judenfrage. Sie alle nehmen es als selbstverständlich und erfreulich hin, daß in Ihrem Gau keine Juden mehr sind. Alle deutschen Menschen – abgesehen von einzelnen Ausnahmen – sind sich auch darüber klar, daß wir den Bombenkrieg, die Belastungen des vierten und des vielleicht kommenden fünften und sechsten Kriegsjahres nicht ausgehalten hätten und nicht aushalten würden, wenn wir diese zersetzende Pest noch in unserem Volkskörper hätten. Der Satz »Die Juden müssen ausgerottet werden« mit seinen wenigen Worten, meine Herren, ist leicht ausgesprochen. Für den, der durchführen muß, was er fordert, ist es das Allerhärteste und Schwerste, was es gibt.
Sehen Sie, natürlich sind es Juden, es ist ganz klar, es sind nur Juden, bedenken Sie aber selbst, wie viele – auch Parteigenossen – ihr berühm-

tes Gesuch an mich oder irgendeine Stelle gerichtet haben, in dem es hieß, daß alle Juden selbstverständlich Schweine seien, daß bloß der Soundso ein anständiger Jude sei, dem man nichts tun dürfe. Ich wage zu behaupten, daß es nach der Anzahl der Gesuche ... in Deutschland mehr anständige Juden gegeben hat als überhaupt nominell vorhanden waren. In Deutschland haben wir nämlich so viele Millionen Menschen, die ihren einen berühmten anständigen Juden haben, daß diese Zahl bereits größer ist als die Zahl der Juden. Ich will das bloß deshalb anführen, weil Sie aus dem Lebensbereich Ihres eigenen Gaues bei achtbaren und anständigen nationalsozialistischen Menschen feststellen können, daß auch von ihnen jeder einen anständigen Juden kennt.

Ich bitte Sie, das, was ich Ihnen in diesem Kreise sage, wirklich nur zu hören und nie darüber zu sprechen. Es trat an uns die Frage heran: Wie ist es mit den Frauen und Kindern? – Ich habe mich entschlossen, auch hier eine ganz klare Lösung zu finden. Ich hielt mich nämlich nicht für berechtigt, die Männer auszurotten, sprich also umzubringen oder umbringen zu lassen – und die Rächer in Gestalt der Kinder für unsere Söhne und Enkel groß werden zu lassen. Es mußte der schwere Entschluß gefaßt werden, dieses Volk von der Erde verschwinden zu lassen. Für die Organisation, die den Auftrag durchführen mußte, war es der schwerste, den wir bisher hatten. Er ist durchgeführt worden, ohne daß – wie ich glaube sagen zu können – unsere Männer und unsere Führer einen Schaden an Geist und Seele erlitten hätten. Diese Gefahr lag sehr nahe. Der Weg zwischen den beiden hier bestehenden Möglichkeiten, entweder zu roh zu werden, herzlos zu werden und menschliches Leben nicht mehr zu achten oder weich zu werden und durchzudrehen bis zu Nervenzusammenbrüchen – der Weg zwischen dieser Scylla und Charybdis ist entsetzlich schmal.

Wir haben das ganze Vermögen, das wir bei den Juden beschlagnahmten – es ging in unendliche Werte –, bis zum letzten Pfennig an den Reichswirtschaftsminister abgeführt. Ich habe mich immer auf den Standpunkt gestellt: Wir haben die Verpflichtung unserem Volke, unserer Rasse gegenüber ... wir haben die Verpflichtung unserem Führer gegenüber, der nun in 2000 Jahren unserem Volke einmal geschenkt worden ist, hier nicht klein zu sein und hier konsequent zu sein. Wir haben aber nicht das Recht, auch nur einen Pfennig von dem beschlagnahmten Judenvermögen zu nehmen. Ich habe von vornherein festgesetzt, daß SS-Männer, auch wenn sie nur eine Mark davon nehmen, des Todes sind. Ich habe in den letzten Tagen deswegen einige – ich kann es ruhig sagen, es sind etwa ein Dutzend – Todesurteile unterschrieben ...

Ich habe mich für verpflichtet gehalten, zu Ihnen als den obersten Willensträgern, als den obersten Würdenträgern der Partei, dieses politischen Ordens, dieses politischen Instruments des Führers, auch über diese Frage einmal ganz offen zu sprechen und zu sagen, wie es gewesen ist.

Die Judenfrage in den von uns besetzten Ländern wird bis Ende dieses Jahres erledigt sein ... Daß ich große Schwierigkeiten mit vielen wirtschaftlichen Einrichtungen hatte, werden Sie mir glauben. Ich habe in den Etappengebieten große Judenghettos ausgeräumt. In Warschau haben wir in einem Judenghetto vier Wochen Straßenkampf gehabt. Vier Wochen! Wir haben dort ungefähr 700 Bunker ausgehoben. Dieses ganze Ghetto machte also Pelzmäntel, Kleider und ähnliches. Wenn man früher dort hinlangen wollte, so hieß es: Halt! Sie stören die Kriegswirtschaft! Halt! Rüstungsbetrieb!

[Die nächste Bemerkung ist offenbar direkt an Speer gerichtet:] Natürlich hat das mit Parteigenossen Speer gar nichts zu tun, Sie können gar nichts dazu. Es ist der Teil von angeblichen Rüstungsbetrieben, die der Parteigenosse Speer und ich in den nächsten Wochen und Monaten gemeinsam reinigen wollen. Das werden wir genauso unsentimental machen, wie im fünften Kriegsjahr alle Dinge unsentimental, aber mit großem Herzen für Deutschland gemacht werden müssen.

Damit möchte ich die Judenfrage abschließen. Sie wissen nun Bescheid, und Sie behalten es für sich. Man wird vielleicht in ganz später Zeit sich einmal überlegen können, ob man dem deutschen Volke etwas mehr darüber sagt. Ich glaube, es ist besser, wir – wir insgesamt – haben das für unser Volk getragen, haben die Verantwortung auf uns genommen (die Verantwortung für eine Tat, nicht nur für eine Idee) und nehmen dann das Geheimnis mit in unser Grab.

Selbst in dieser furchtbaren Rede vermied Himmler wie in seinen anderen Reden zum selben Thema sorgfältig, auf die Methode einzugehen, mit der die Morde durchgeführt wurden. Das Wort »Gaskammer« tauchte nie auf, und die Möglichkeit besteht, daß seine Zuhörer, von denen die meisten bereits von den Erschießungen in der Sowjetunion wußten, glaubten, die Juden würden nach wie vor auf diese Art umgebracht. Das Wort Gaskammern auszusprechen, in denen die Hälfte der umgebrachten Millionen starb und deren Existenz die sogenannten Revisionisten seitdem so eifrig bestreiten, war offensichtlich selbst für den Vollstrecker von Hitlers Mordbefehlen unmöglich.

Die Reden, in denen Himmler der Elite des Reiches den Völkermord an den Juden enthüllte, sind natürlich historische Dokumente. Jeder, der sich mit dieser Zeit beschäftigt, hat sie gelesen (Teile davon sind sogar auf damals gemachten Bandaufnahmen erhalten) und weiß, daß hier, auf Hitlers Befehl, der Rubikon überschritten wurde.

Ich hatte immer angenommen, daß Speers Anwesenheit bei der Himmler-Rede unvermeidlich war. Aber ich hatte dieses aufwühlende Thema zunächst bewußt vermieden und das ganze Problem seines angeblichen Nichtwissens von der Ermordung der Juden erst in den letzten Tagen unserer ersten konzentrierten dreiwöchigen Gesprächsphase anschneiden wollen.

Als er am letzten Morgen unserer zweiten gemeinsamen Woche selbst auf das Thema zu sprechen kam, war dies merkwürdigerweise der erste Tag, an dem die Sonne nicht schien; es schneite in dicken Flocken, die das Fenster bedeckten, und in der Küche, wo wir saßen, war es seltsam finster.

Am nächsten Tag wollten wir nach München fahren, wo das von Adelbert Reif herausgegebene Buch *Albert Speer. Kontroversen um ein deutsches Phänomen* mit Beiträgen von Schriftstellern aus aller Welt der Öffentlichkeit vorgestellt werden sollte.

Ob ich von der Gauleiterkonferenz in Posen gehört habe, fragte Speer. Ich bejahte, schlug aber vor, erst nach unserer Rückkehr aus München darüber zu sprechen.

Er schüttelte den Kopf. Ich streckte die Hand aus, um eine kleine Lampe auf dem Tisch anzuknipsen, aber er hinderte mich daran. »Lassen Sie sie noch ein bißchen aus«, sagte er und fügte hinzu, daß er mir vor der Abfahrt nach München noch etwas über ein umstrittenes Thema erzählen wolle, das bei der Präsentation des Buches wahrscheinlich von den Journalisten angesprochen werde, da auch in den *Kontroversen* etwas darüber stehe.

Sechseinhalb Jahre zuvor, im Oktober 1971, hatte der Historiker und Harvard-Professor Erich Goldhagen in der amerikanischen Zeitschrift *Midstream* unter dem Titel »Albert Speer, Himmler and the Secret of the Final Solution« einen bitteren Angriff auf Speer veröffentlicht. Goldhagen behauptete, die Tatsache, daß Himmler in seiner Rede Speer direkt anspreche, belege eindeutig dessen Anwesenheit während der Rede, und deshalb sei die von Speer immer wieder geäußerte Behauptung, er habe von der Ermordung der europäischen Juden nichts gewußt, eine Lüge. Für Goldhagen war damit die volle Mitschuld Speers erwiesen und Speers in Nürnberg und danach immer wieder vorgebrachtes Eingeständnis einer allgemeinen, nicht jedoch spezifischen Schuld als Heuchelei entlarvt. Im Anmerkungsteil am Ende des Artikels fand sich ein weiterer Satz, anscheinend aus Himmlers Rede zitiert. »Speer«, so zitierte Goldhagen Himmler, »ist nicht aus dem Holz eines judenfreundlichen Obstruktionspolitikers der Endlösung gemacht. Er und ich werden gemeinsam den letzten lebenden Juden auf polnischem Boden den Händen der Wehrmachtsgeneräle entreißen, in den Tod schicken und damit das letzte Kapitel des polnischen Judentums abschließen.«

Speers Gesicht wurde erst tiefrot, dann sehr blaß, als er mir von dem Artikel in *Midstream* erzählte – ohne zu wissen, daß ich ihn schon lange kannte. Ich stand auf, holte ihm ein Glas Wasser und öffnete das Fenster, um frische Luft hereinzulassen. Auf seinem Stuhl saß er da, stützte einen Moment den Kopf in die Hände und wandte sich dann tief atmend dem offenen Fenster zu.

»Sehen Sie, ich *war* in Posen, am Tag dieser Rede«, sagte er dann. »Ich sprach den Vormittag zu den Gauleitern. Aber ich konnte mich um alles in der Welt nicht daran erinnern, Himmlers Rede gehört zu haben. Und doch, wie ich in der Dokumentation sah: Es stimmte; er hatte diese Rede gehalten, mit Ausnahme des letzten Satzes, den Goldhagen zitierte. Den konnte ich nicht finden.«

Jetzt sagte ich ihm, daß ich unter den vielen Artikeln, die ich vor meinem Besuch bei ihm gelesen hatte, auch Goldhagens Artikel sah und daß ich ihn ebenfalls mit Himmlers Rede verglichen und jenes letzte schreckliche Zitat nicht gefunden hatte. Und ich sagte ihm auch, daß ich Goldhagen dann in Harvard angerufen und ihn nach dem Zitat gefragt hatte. Er sagte mir, das wäre ein bedauerlicher Irrtum gewesen: »In der Anmerkung wollte ich lediglich weiter verdeutlichen, was Himmler meinte. Der Redakteur von *Midstream* setzte die Erläuterung versehentlich in Anführungszeichen, und ich kam nie dazu, das zu korrigieren.« Und er fügte hinzu: »Aber wenn Sie Himmlers Rede sorgfältig lesen, werden Sie mir zustimmen, daß er genau das gemeint hat.«

Ich sagte Speer, was ich Wochen zuvor auch Professor Goldhagen am Telefon gesagt hatte: daß ich nicht seiner Meinung war und mir diese Interpretation, ob mit oder ohne Anführungszeichen, ziemlich gewagt erscheine.

Speer war beinahe sprachlos. »Oh, du lieber Gott«, sagte er schließlich. »Mein Gott ... dafür werde ich Ihnen nie, nie genug danken können.« Seine Stimme klang plötzlich heiser. »Für mich war Goldhagens Artikel vernichtend. Wissen Sie, daß ich zwei Tage lang wirklich glaubte, ich hätte den Verstand verloren? Ich dachte die ganze Zeit: Bin ich verrückt? Hatte ich das wirklich über mich ergehen lassen und dann alles so erfolgreich aus meinem Gedächtnis verbannt, daß ich mich ganz ehrlich selbst nicht mehr an meine Anwesenheit erinnern konnte?« Er machte eine Pause. »Das waren meine schlimmsten zwei Tage seit vielen, vielen Jahren. Und dann, ganz zufällig, sprach ich mit einem alten Freund, Walter Rohland, einem Stahlmagnaten der Hitler-Zeit. Ich erzählte ihm von meinem Problem, und er sagte sofort: ›Aber Sie waren doch gar nicht *dort*. Erinnern Sie sich nicht? Wir sind unmittelbar nach Ihrer Rede, noch vor dem Mittagessen zu Hitler nach Rastenburg gefahren.‹ Rohland hatte alles so lebhaft in Erinnerung, weil er ein Jahr zuvor die Fahrt und die Unterredung mit Hitler in einer Skizze für seine eigenen Erinnerungen geschildert hatte.«

In der Folge, sagte Speer, habe er außerdem einen Brief von Harry Siegmund erhalten, der als persönlicher Referent des Posener Gauleiters für die Organisation der Tagung verantwortlich gewesen war. Siegmund schrieb, er wisse noch, daß Speer und Rohland »vor dem Mittagessen« aufgebrochen seien. Weiterhin hatte auch Feldmarschall Milch dem Historiker John Toland, der damals gerade an seinem Buch *Adolf Hitler* arbeitete, erzählt, Speer habe die Versammlung vor dem Mittagessen verlassen.

Speer ging in sein Arbeitszimmer, um die beiden eidesstattlichen Versicherungen zu holen, die er von Rohland und Siegmund erhalten hatte. Als er mit gekämmten Haaren und rosigem Gesicht wiederkehrte, hatte es aufgehört zu schneien und die Sonne war herausgekommen. Margret kam in die Küche. »Los, nehmt diese Papiere vom Tisch«, befahl sie. »Geht raus und setzt euch ein bißchen in die Sonne – das tut euch beiden gut. Ich kümmere mich um das Mittagessen.«

Die Atmosphäre war völlig verändert. Nachdem mein Angebot, in der Küche zu helfen, abgelehnt worden war, gingen Speer und ich hinaus, beide im Anorak und mit einer Apfelsaftschorle bewaffnet. Speer wischte den Schnee von einem Ende des großen Eßtischs vor dem Haus, und wir saßen in der auf einmal strahlend hellen Mittagssonne und unterhielten uns über das Skifahren und unsere gemeinsame Leidenschaft für Bergwanderungen. Als Margrets Suppe auf dem Tisch stand, waren seine Augen wieder klar und seine Haut wieder glatt. Es war, als hätte der Gefühlssturm, den ich kaum eine Stunde zuvor erlebt hatte, nie stattgefunden.

Nach dem Essen trennten wir uns wie immer für die Mittagsruhe. Ob er etwas dagegen habe, wenn ich die beiden eidesstattlichen Versicherungen zum Lesen mit hinaufnähme, fragte ich. Er drückte sie mir wortlos in die Hand.

Beides waren offizielle Dokumente, ordnungsgemäß unterzeichnet und beglaubigt. Rohland bestätigte, daß er selbst am Morgen des 6. Oktober vor Speer zu den Gauleitern gesprochen hatte.

»Da die Gauleiter für den nächsten Tag auch eine Besprechung bei Hitler in Rastenburg hatten und Speer befürchtete, daß bei dieser Gelegenheit die Wirkung der verschiedenen Ansprachen wieder verloren gehen würde, fuhr Speer mit mir noch am gleichen Tag zum Hauptquartier, um Hitler von der Notwendigkeit unserer Mindestforderungen zu überzeugen und ihn zu veranlassen, den Gauleitern gegenüber hart zu bleiben.«

Dies schrieb ich vor einem Jahr nieder, ohne vorher mit Speer hierüber irgendwelche Verbindung aufgenommen zu haben. Diese Fahrt fand in Speers schnellem Mercedes statt, den er selbst steuerte. Wir fuhren gleich nach einem Imbiß ab und kamen bei Dunkelheit im Hauptquartier Hitlers an.

Er habe nur diese eine Rede vor den Gauleitern gehalten, schloß Rohland. Und er sei nur dieses eine Mal mit Speer nach Rastenburg gefahren. Ein Irrtum sei also ausgeschlossen.

Ich erkläre an Eides Statt, daß obige Angaben nach bestem Wissen und Gewissen gemacht wurden und der Wahrheit entsprechen.

Ratingen, den 6. Juli 1973

Die zweite eidesstattliche Versicherung von Harry Siegmund wirkte genauso überzeugend. Er schrieb:

Ich erinnere mich genau, daß Albert Speer kurz nach dem Mittagessen mit seinem Auto [aus Posen] weggefahren ist. Im Hotel »Ostland« waren eine Reihe von Teilnehmern untergebracht, hier fanden der Empfang und das Mittagessen statt. Vor und während der Tagung stand ich in ständigem Kontakt mit dem Direktor des Hotels Pawellek, um eine reibungslose Unterbringung, Verpflegung, Autogestellung usw. der Teilnehmer, die unsere Gäste waren, sicherzustellen. Ankunft und Abfahrt einzelner Teilnehmer waren mir daher bekannt.

Ich erinnere mich auch, daß in einem späteren Gespräch mit dem Verbindungsoffizier des Wehrkreiskommandos, Prinz Reuß XXXVII., wir die sachliche und nüchterne Darstellung der Rüstungssituation durch Speer mit den Gerüchten über diese ominöse Rede Himmlers verglichen, wobei Prinz Reuß hervorhob, daß Albert Speer nicht zum Kreis der Teilnehmer an dieser Rede gehörte.

Himmler, so Siegmund in seiner Versicherung, sei extrem kurzsichtig gewesen.

Es ist daher zu bezweifeln, daß Himmler während seiner Rede im einzelnen bemerken konnte, wer anwesend sei, um so mehr als der große Raum, in dem diese Gauleiter-Tagung stattfand, mit Rücksicht auf die romantische Stilart des Posener Schlosses nicht hell erleuchtet war.

Ich erkläre an Eides Statt, daß vorstehende Angaben nach bestem Wissen und Gewissen gemacht wurden und der Wahrheit entsprechen.

Badenweiler, den 22. Oktober 1975

Die beiden Versicherungen waren tatsächlich überzeugend. Als Speer und ich uns wie jeden Tag um halb vier zum Kaffee trafen, hatte ich reichlich Zeit gehabt, über den für diesen so extrem beherrschten Mann sehr ungewöhnlichen Gefühlsausbruch vom Morgen nachzudenken.

Margret setzte sich immer nachmittags zu Kaffee und Kuchen zu uns. Dann zog sie sich in ihr Zimmer zurück, während wir an dem gemütlichen Küchentisch sitzen blieben. Gegen halb acht wurde der Tisch für ein kaltes Abendessen mit Aufschnitt, Obst und einem Glas Wein wieder abgeräumt, danach begaben wir uns – manchmal alle drei, manchmal nur Speer und ich – in den schönen großen Raum, den er sein Studio nannte. Dort zündete er ein Feuer im Kamin an, spielte Musik aus seiner großen Sammlung klassischer Platten, und wir tranken Kaffee und Wein und setzten unsere Gespräche fort.

Als Margret uns an diesem Nachmittag nach dem Kaffee alleingelassen hatte, sagte ich Speer, ich hätte die zwei Erklärungen gelesen. Angesichts all dieser Bestätigungen sei es offensichtlich, daß er bei der Rede Himmlers an jenem Nachmittag nicht dabei war. Aber war das wirklich das Wesentliche? Sechzig Gauleiter waren dort, darunter drei seiner Freunde.

»Ja«, unterbrach er mich, »Kaufmann [Gauleiter von Hamburg] sagte mir, Himmler habe mich mit Namen erwähnt ...«

Eben, sagte ich. Und trotzdem wolle er uns glauben machen, daß weder Kaufmann noch sein alter Freund Hanke [Gauleiter von Niederschlesien], noch sonst jemand ihm gesagt hätte, in welchem Zusammenhang Himmler von ihm gesprochen habe. War das wahrscheinlich oder überhaupt denkbar? Baldur von Schirach schrieb später in *seinem* Buch, daß alle nach Himmlers Rede so bedrückt waren, daß, »als Bormann uns nach der Rede einen Imbiß servieren ließ, wir wortlos dasaßen und einander nicht in die Augen sehen konnten«. (Schirach hatte zwar den Inhalt der Rede korrekt wiedergegeben, sie jedoch fälschlicherweise auf Mai des folgenden Jahres datiert.) Seine Freunde seien über den ungeheuerlichen Inhalt der Rede also zu Tode deprimiert gewesen, hätten ihm aber trotzdem am nächsten Morgen oder später nichts, absolut nichts gesagt? Speer antwortete nicht, schüttelte nur den Kopf.

Und wie war es nach dem Januar 1944, fragte ich weiter, als Himmler fast dieselbe Rede vor den Generälen gehalten hatte, nur hinzufügend: »Wir sind alle Soldaten, ganz gleich, welchen Rock wir tragen. Sie mögen mir nachfühlen, wie schwer die Erfüllung dieses mir gegebenen soldatischen Befehls war, den ich befolgt und durchgeführt habe aus Gehorsam und aus vollster Überzeugung.« Dies war offenbar eine Anspielung auf Hitler, den einzigen, der ihm einen »soldatischen Befehl« erteilen konnte. Diesmal, sagte ich, waren es Speers Freunde vom Generalstab, die das Entsetzliche gehört hatten. Wollte er wirklich behaupten, daß auch sie alles für sich behielten, ihm nichts gesagt und ihn nichts gefragt hätten?

»Damals«, antwortete er, und er klang jetzt sehr erschöpft, »war ich krank; ich war nicht da.«

Aufgrund unserer Gespräche und der Art, wie Speer mir von seiner Reaktion auf Goldhagens Artikel erzählt und auf meine kritischen Fragen reagiert hatte, und aufgrund der eidesstattlichen Versicherungen von Rohland und Siegmund, die er mir gezeigt hatte, sowie wegen des bedauerlichen Fehlers, den Goldhagen gemacht hatte, war ich alles in allem geneigt, Speers Version des Geschehens zu glauben. Andererseits war ich damals sowieso zu dem

Schluß gekommen, daß, unabhängig von seiner An- oder Abwesenheit bei Himmlers Rede, er vom Genozid gewußt haben mußte, wenn auch möglicherweise »nur« von den Erschießungen, nicht aber von den Gaskammern. Im Zuge der Recherchen für dieses Buch wurde mir immer klarer, daß Himmlers Rede und das Maß von Speers Wissen darüber für das Verstehen von Speer ausschlaggebend waren. Jeder einzelne Aspekt war entscheidend: erstens seine Reaktion auf was immer er in den verbleibenden eineinhalb Jahren von Hitlers Herrschaft erfahren hatte, dann seine Reaktionen in den Gesprächen mit Georges Casalis in Spandau, dann auf das Erscheinen von Goldhagens Artikel 1971/72, dann, als wir miteinander sprachen, und schließlich seine Reaktionen in den letzten Jahren vor seinem Tod 1981. Während meiner Recherchen überprüfte ich deshalb wiederholt jeden Aspekt und jedes Dokument, das mit diesem Ereignis zu tun hatte.

1978 hatte ich Speers »Antwort an Erich Goldhagen«, die in den von dem jungen deutschen Historiker Adelbert Reif herausgegebenen *Kontroversen* veröffentlicht wurde, genau studiert. Neun Jahre später fand ich jedoch in Koblenz Speers Entwurf dieser »Antwort«, mit sechsunddreißig Seiten doppelt so lang wie der später gedruckte Text. Er zeigt deutlich, wieviel Zeit Speer in die Recherche investiert hatte. Aber die Abschweifungen, mit denen er zu beweisen sucht, daß sein Ministerium dafür kämpfte, Juden als Arbeiter in der Rüstungsproduktion zu halten und ihren Abtransport zu verhindern, sind so irrelevant bezüglich der Frage seiner Anwesenheit bei Himmlers Rede, daß sie am Ende nur wie Ausflüchte klingen. Als Speer seinen Entwurf für die Veröffentlichung in Reifs Buch kürzte, fügte er den Kommentaren von Rohland, Siegmund und Milch drei weitere Argumente und eine Schlußfolgerung hinzu. Er schrieb:

1) Eine Flugmöglichkeit nach Rastenburg nach Beendigung der Rede Himmlers, etwa um 19 Uhr, ist ausgeschlossen. Denn nach einer eidesstattlichen Erklärung des Flugkapitäns der deutschen Lufthansa a. D., Hermann Nein, der im Krieg mein Pilot war, hätte ich Posen kurz vor 16 Uhr verlassen müssen, weil der Flughafen Rastenburg keine Nachtbefeuerung für Nachtlandungen hatte.

2) Es ist anzunehmen, daß ich die 430 Kilometer Entfernung zwischen Posen und Rastenburg in rund 5 Stunden Fahrzeit zurücklegen konnte, da die Straßen gerade und fast verkehrsfrei waren und nur selten von Ortschaften unterbrochen wurden. Dr. Rohland und ich konnten also zwischen 18 Uhr und 30 Minuten und 19 Uhr bei Hitler eingetroffen sein.

3) Im »Terminkalender Adolf Hitlers« waren am Mittwoch, dem 6. Oktober 1943, zwischen 17 Uhr und 21.10 Uhr keine Besprechungen vorgesehen. Auch der auf 21.10 Uhr festgelegte Termin von … zwei untergeordneten und ständig im Hauptquartier anwesenden Mitarbei-

tern Hitlers konnte nach den Gebräuchen des Hauptquartiers jederzeit verschoben werden. Also standen für die Besprechung zwischen Hitler, Rohland und mir einschließlich des Abendessens etwa zwei Stunden zur Verfügung.

4) Zweimal sprach ich vor den Gauleitern in Posen, am 6. Oktober 1943 und am 3. August 1944. Jedesmal begab ich mich nach dieser Reise in das Hauptquartier Hitlers nach Rastenburg. Einmal mit dem Sonderzug der Gauleiter, wie ich es auf Seite 326 der *Erinnerungen* beschrieben habe, und ein andermal mit meinem Auto über 430 Kilometer Landstraßen. Bei dem Abfassen meiner *Erinnerungen* habe ich mich getäuscht und die Beförderungsart vom 3. August 1944 mit der vom 6. Oktober 1943 verwechselt.

Leider sind alle diese verzweifelten Argumente unhaltbar. Zunächst zu der Behauptung, er habe nicht mehr *nach* Himmlers Rede fliegen können. Hitlers persönlicher Pilot Hans Baur meinte mir gegenüber, zu behaupten, man habe nachts nicht in Rastenburg landen können, sei völliger Unsinn. »Ich würde nicht sagen, daß es einfach war, das war es nicht. Der Flughafen war tatsächlich nicht eigens für Nachtflüge ausgerüstet. Für Nachtflüge mußten wir eine provisorische Beleuchtung installieren, deshalb benutzten wir vorzugsweise einen größeren Flughafen in der Nähe. Aber ich habe Rastenburg natürlich bei Nacht angeflogen.«

Speers unter Punkt 3 vorgebrachtes Argument, Hitler habe zwischen 17 und 21.10 Uhr Zeit gehabt, Rohland und ihn zu empfangen, basiert auf einem für Speer untypischen Irrtum. Speer nahm an, im »Terminkalender« würden vereinbarte Termine notiert. Das aber stimmt nicht. Tatsächlich waren es Aufzeichnungen über Hitlers Tagesablauf, die sein Diener Heinz Linge niederschrieb, nachdem Hitler sich zurückgezogen hatte, was nie vor zwei Uhr nachts geschah. In diesem penibel genau geführten Tagebuch ist Speers Anwesenheit zum Abendessen und Tee nur für den folgenden Abend, den 7. Oktober verzeichnet, nicht jedoch für den Abend des 6. Oktober, an dem Speer mit Hitler gesprochen haben will.

Und schließlich ist Speers gequälte, zuallerletzt noch vorgebrachte Behauptung, er habe die beiden Gauleitertagungen verwechselt, völlig unhaltbar, denn die beiden Konferenzen unterschieden sich enorm, was die Atmosphäre betraf. Speer hatte in seinem Buch 1968 geschrieben, die Gauleiter hätten sich zornig auf ihn gestürzt, weil er »ihnen mit dem Konzentrationslager gedroht« habe, und seien abends, als sie den Sonderzug bestiegen, der sie zu Hitlers Hauptquartier brachte, betrunken gewesen.

»Ich war mit einigen anderen Vernünftigen«, sagte er breiter im »Spandauer Entwurf«, »entsetzt über das Beispiel, das hier durch diese ›Repräsentanten‹ in einer öffentlichen Gaststätte gegeben wurde in dieser entscheidenden Zeit, und ich sprach am nächsten Morgen Hitler daraufhin an, um ihn dadurch zu veranlassen, einige ›temperenzlerische‹ Worte zu seinen politischen Mitarbeitern zu sprechen. Aber er schonte die Gefühle seiner ›Kampfgenossen‹.«

Es ist unmöglich, daß Speer die Konferenz von 1943 mit der vom 3. August 1944 verwechselt hat, denn seine Lage gegenüber den Gauleitern war auf der zweiten Konferenz eine völlig andere. Zwar schien seine Stellung kurze Zeit gefährdet, als man nach dem gescheiterten Putsch des 20. Juli 1944 seinen Namen auf einer Liste von Ministern fand, die für die neue Regierung vorgesehen waren, doch änderte sich das bald wieder. Schon wenige Tage später hatte ihn Bormann eingeladen, zwei Wochen später vor den versammelten Gauleitern zu sprechen.

Goebbels berichtete in seinem Tagebuch am 2. August 1944, am Abend vor der Konferenz, über ein langes Gespräch, in dem Speer ihn über die durchweg positiven Themen seiner geplanten Rede informiert habe, die er zwei Tage später vor den Gauleitern halten wolle, in der er die Fortschritte bei den neuen, später V 2 genannten A-4-Raketen betonen würde, die wenig später London heimsuchen sollten. Die Atmosphäre der Konferenz vom 3. August 1944 beschrieb Goebbels wie üblich am Abend danach:

Mit der Gauleitertagung von Posen [am 6. Oktober 1943] ... ist sie überhaupt nicht zu vergleichen ... Nachmittags redet Speer zwei Stunden. Er gibt den Gauleitern zum ersten Mal die neuen Zahlen unserer Rüstungsproduktion bekannt, die größtes Aufsehen erregen. Die Leistungsbilanz Speers ist sehr imponierend. Die Gauleiter hatten sich so viel nicht vorgestellt. Die Tatsachen, die Speer zum Besten gibt, *schaffen eine kolossale Beruhigung* ... Am Nachmittag hält ferner Himmler eine zweistündige Rede über den 20. Juli ... Einzelne Tatsachen, die er mitteilt, sind erschütternd ... Die Unterlagen dazu können wir der Öffentlichkeit gar nicht mitteilen ... *Um Mitternacht fahre ich mit Speer ins Hauptquartier zurück* [Hervorhebungen durch die Autorin].

Speer reiste 1944 also mit Goebbels, 1943 offensichtlich mit Rohland; es ist deshalb ausgeschlossen, daß er die beiden Gauleiterkonferenzen in Posen einfach verwechselte. Trotzdem war seine Verzweiflung über den Artikel Goldhagens, der die Öffentlichkeit auf ein entscheidendes Datum seines Lebens, nämlich den 6. Oktober 1943, aufmerksam machte, echt.

»Die Posener Rede war für ihn ein Trauma«, sagte mir die Koblenzer Archivarin Hedwig Singer. »Er schickte mir Goldhagens Artikel, ich glaube Ende 1971, und bat mich, nach Beweisen zu suchen, daß er nicht dabeigewesen war.«

In einem langen handschriftlichen Brief vom Januar 1972 fragte Speer Frau Singer, ob sich Himmlers Rede in den Nürnberger Prozeßakten befinde.

»Wenn ja«, schrieb er, »warum hat man sie dort nicht gegen mich verwandt? Die Tatsache, daß man es nicht tat, könnte wichtig sein.« Ende Januar, als er erfahren hatte, daß sich Himmlers Rede zwar unter den Prozeßdokumenten befand, vor Gericht jedoch nicht zur Sprache gekommen war, schrieb er in einem weiteren Brief: »Wenn es stimmt, was Goldhagen schreibt, dann habe ich nur die eine Erklärung, daß die Anklagevertretung die Rede las und zu dem Schluß kam, daß Himmlers Satz mich nicht belastete.«

Hedwig Singer ist eine intelligente und klarblickende Frau, die Speer gern hatte, aber trotzdem immer fähig war, Distanz und Objektivität zu wahren. Sie ist die beste Zeugin für seine Arbeit im Bundesarchiv in jenen Jahren. »Es klang für mich wirklich so, als ob er aufrichtig suchte«, sagte sie. »Sein Entsetzen über den Goldhagen-Artikel war zweifellos echt … In jenem Jahr und weit in das Jahr 1973 hinein verbrachte er hier eine Menge Zeit. Er sah alle Akten durch, die irgendwelche Antworten hätten enthalten können; er suchte lange, lange Zeit. Er recherchierte ungemein sorgfältig, sehr gründlich.«

Es war ein kalter Novembertag im Jahr 1986, als Frau Singer und ich bei einer Tasse Tee in ihrer Wohnung darüber sprachen. Ich wiederholte für sie, was Speer mir erzählt hatte, daß ihm nämlich Walter Rohland zwei Tage nach der Lektüre von Goldhagens Artikel versichert habe, sie hätten Posen am 6. Oktober früh (kurz vor oder nach dem Mittagessen) gemeinsam verlassen, und daß er deshalb bei Himmlers Rede nicht anwesend gewesen sei. Frau Singer sah mich überrascht an. »Das hat ihm Rohland gesagt?« fragte sie. »Wann?«

»Zwei Tage nach der Lektüre von Goldhagens Artikel«, wiederholte ich. Dann las ich ihr Rohlands eidesstattliche Versicherung von 1973 vor. »Er sagte es ihm 1971 und schrieb dann 1973 diese Erklärung«, meinte sie nachdenklich. »Also dazu kann ich nur sagen, daß Speer in der Zeit, die er hier 1972 und 1973 verbrachte, Rohland ziemlich oft aufgesucht hat. Natürlich ist es möglich, daß Speer mir von Rohlands Erinnerungen an diesen Tag erzählte und ich es vergessen habe. Aber wenn er diese eidesstattliche Versicherung schon 1971 besaß, warum suchte er dann weiter?«

Es sah so aus, als sei Rohland einfach einem alten Freund zu Hilfe gekommen. Die Sache wurde jedoch noch weit komplizierter, als ich später unter den Nürnberger Prozeßakten eine wichtige Aussage fand, die Rohlands Version zu bestätigen schien. Rohland hatte am 20. Mai 1946 – also fünfundzwanzig Jahre vor Goldhagens Angriff – im Verhör gesagt, er und Speer hätten *vor* der Rede des Führers am 7. Oktober an die Gauleiter mit Hitler gesprochen. Damals gab er freilich nicht an, *wann genau* das Gespräch stattgefunden hatte. In seinen Memoiren, die er 1978 veröffentlichte, zu einem Zeitpunkt, als es ihm zweifellos wichtig schien, Speers Argumentation zu stützen, ging er näher darauf ein, indem er das kalte Abendessen beschrieb, das ihm und Speer an jenem Abend (also des 6. Oktober) an Hitlers Tafel vorgesetzt worden sei, und die Konversation schilderte, mit der Hitler sie unterhalten habe.

Es gibt jedoch noch eine andere Möglichkeit. Aus Linges »Terminkalender« geht hervor, daß Hitler am 7. Oktober einen relativ ruhigen Morgen hatte – Dr. Morell um 11 Uhr, Spaziergang mit Bormann um 11.30 Uhr, Frühstück um 11.45 Uhr, Friseur um 12 und die übliche Lagebesprechung um 12.30 Uhr. Nach dem Mittagessen mit den Reichs- und Gauleitern um 13.35 Uhr war um 14.35 Uhr Zeit, die Rede für die Gauleiter zu entwerfen, die Hitler dann um 15.15 Uhr hielt.

Es gab »vor der Rede des Führers an die Gauleiter« also mehrere kleine Lücken in Hitlers Tagesablauf, in denen er (ohne daß Linge es unbedingt notiert hätte) ein kurzes Gespräch mit Speer und Rohland hätte führen können, genau wie Rohland in Nürnberg ausgesagt hatte. Rohlands Bericht über die Unterhaltung mit Hitler beim Abendessen entstand lange nach dem traumatischen Erlebnis, das Goldhagen Speer 1977 bereitet hatte, und war für Rohland eine willkommene Anreicherung seiner Geschichte. Die wahrscheinlichste Erklärung bleibt für mich: Rohland war ein guter Freund.

Als ich dieses Problem 1986 recherchierte, war es schwierig geworden, frühere Nazis als Zeugen zu finden, um andere Punkte von Speers Bericht zu überprüfen. Sie waren entweder gestorben oder scheuten vor Aussagen zurück, zumal über Speer, den verachteten »Verräter«.

Harry Siegmund jedoch, der in der zweiten eidesstattlichen Versicherung bezeugt hatte, er erinnere sich genau, daß Speer kurz »nach dem Mittagessen« mit seinem Auto weggefahren sei, lebte noch und war bereit, mit mir zu sprechen, allerdings nur am Telefon. Ich fragte, warum er angeboten habe, diese hilfreiche Erklärung abzugeben.

Er lachte laut heraus. »Angeboten?« sagte er. »Ich habe nichts angeboten. Speer hat mich mit ich weiß nicht wie vielen Telefonanrufen bombardiert, also gab ich ihm schließlich, was er wollte.«

Ich sagte, ich interessiere mich für die »Gerüchte über diese ominöse Rede Himmlers«, von denen er in seiner Erklärung gesprochen hatte. »Zu Himmlers Rede habe ich nichts zu sagen«, erwiderte er.

Ob Prinz Reuß sie gehört habe?

»Natürlich nicht; wie kommen Sie darauf? Er war bei der *Wehrmacht*.«

Das hatte ich mitbekommen, sagte ich. Aber wenn er nicht dabeigewesen war, wie habe er dann wissen können, daß Speer nicht da war, und wie sei er im Gespräch mit ihm, Siegmund, überhaupt auf das Thema gekommen? An diesem Punkt legte Siegmund auf.

Hitlers jüngste Sekretärin Traudl Junge und ich sprachen lange über dieses Thema. Sie verstand sehr gut, wie wichtig es sowohl historisch als auch für Speer persönlich war, und war überzeugt, daß Linges Aufzeichnungen das beste Beweismaterial seien. Linge sei Hitler physisch der Nächste gewesen: Er habe ihn morgens als erster gesehen und nachts, wenn er ihn zu Bett brachte, als letzter. Und immer erst dann – also spätnachts – habe Linge (ähnlich wie Goebbels in seinem Tagebuch) die Ereignisse des Tages rückblickend im »Terminkalender« notiert.

Wir lasen in meinen Fotokopien von Linges Tagebuch die Eintragungen für die Abende des 6. und 7. Oktober nach. Am 6. war auf die Lagebesprechung um 21.30 Uhr ein kurzes Gespräch mit Below und Botschafter Hewel gefolgt. Weiter war vermerkt: »23.50 Tee mit Frl. Wolf, Fr. Junge, Prof. Morell, Obl. Frentz [dem Kameramann], Oberstl. v. Below, Hptstuf. Pfeiffer. 2.30 Schluß Heinz Linge SS-O-Stuf.«

»Wir [vier Frauen] wechselten uns beim Dienst ab«, erklärte Traudl Junge. Die beiden Sekretärinnen, die Hitler beim Mittagessen betreuten, mußten auch beim Nachmittagstee anwesend sein; die beiden anderen hatten beim Abendessen und während der nächtlichen Teestunden Dienst. Dieser Dienstplan sei natürlich flexibel gewesen, sagte sie. Wenn Hitler allein oder mit nur einem Gast habe speisen wollen, hätten sie frei gehabt. Die Teilnahme an den nächtlichen Teestunden sei jedoch bis zu Hitlers Lebensende Pflicht gewesen. Er habe dieses gemütliche Beisammensein zu später Stunde gebraucht, um sich zu beruhigen und abzulenken.

Als wir uns Linges Aufzeichnungen für den Abend des 7. Oktober nach Hitlers Ansprache an die Gauleiter ansahen, konnten wir sehen, daß hier eine ganz andere Atmosphäre geherrscht hatte. Weder Below noch die Damen waren anwesend. Dagegen hatten die Minister Speer und Rosenberg (besetzte Ostgebiete), Bormann und Himmlers Verbindungsmann Karl Wolff sowie die Gauleiter Hanke (Niederschlesien), Sauckel (Zwangsarbeit), Hofer (Innsbruck) und Rainer (Kärnten) sowohl am Abendessen um 21 Uhr als auch am Tee um 23.30 Uhr teilgenommen. Sie alle hatten auch Himmlers Rede gehört. Es wäre unvorstellbar, wenn in diesem vertraulichen Kreis Himmlers Enthüllungen in Posen nicht zumindest gestreift worden wären.

Je mehr Speer also versucht, fatale Tatsachen wegzuerklären, desto klarer wird es, daß er damit nur verzweifelt vermeiden will, der Wahrheit ins Auge zu blicken. Es ist schlicht unmöglich, daß er von Himmlers Rede nichts gewußt hat, ob er nun dort gesessen ist oder nicht. Ich glaube, daß dies der Wendepunkt seiner Beziehung zu Hitler war, obwohl es lange dauerte, bis er sie löste – wenn er das überhaupt je tat.

Ein sorgfältiger Vergleich des »Spandauer Entwurfs« und privater Briefe Speers aus jener Zeit mit den entsprechenden Seiten der *Erinnerungen* zeigt die Anspannung, unter der er in der zweiten Hälfte des Jahres 1943 stand, und sein zunehmend ambivalentes Verhältnis zu Hitler. Speer sagte mir während unserer Gespräche 1978, er habe Hitler zwischen dem 6. Oktober 1943 und seinem langen krankheitsbedingten Urlaub ab Mitte Januar 1944 nur einmal gesehen, und er versuchte den Eindruck zu erwecken, als hätten sich seine und Hitlers Wege damals zu trennen begonnen, was jedoch so nicht stimmte. In der »Chronik« und in Linges »Terminkalender« sind in der fraglichen Zeit insgesamt sieben Begegnungen zwischen Speer und Hitler verzeichnet, und bei vier dieser Gelegenheiten verbrachte Speer nach den nächtlichen Teestunden auch die Nacht im Führerhauptquartier.

In seinen Memoiren erwähnt er nur eine dieser Gelegenheiten; er schreibt, Hitler habe ihn am 13. November 1943 im Führerhauptquartier »in einer mir bis dahin ungewohnt schroffen Weise« zurechtgewiesen. Hitler hatte wieder einmal einen seiner Durchhaltebefehle erteilt und angeordnet, die Wehrmacht habe die Stadt Nikopol wegen ihrer Mangangruben um jeden Preis zu verteidigen. Generalstabschef Zeitzler hatte Speer in einem verzweifelten Anruf mitgeteilt, nur durch einen sofortigen Rückzug könne ein zweites Stalingrad vermieden werden. Nach einer Besprechung mit seinen Stahlexperten Röchling und Rohland, so schreibt Speer, habe er Hitler in einer Denkschrift informiert, daß die deutschen Manganvorräte noch elf bis zwölf Monate reichen würden, und eine Kopie der Denkschrift an Zeitzler gekabelt.

»Wie kommen Sie dazu«, hatte Hitler ihn angeherrscht, »dem Generalstabschef Ihre Denkschrift über die Mangansituation zu geben?«

»Aber, mein Führer«, antwortete Speer, »das ist doch ein gutes Ergebnis.«

»Sie haben dem Generalstabschef überhaupt keine Denkschriften zu geben! Wenn Sie etwas wollen, dann schicken Sie es gefälligst mir! Durch Sie bin ich in eine untragbare Situation geraten. Gerade habe ich befohlen, zur Verteidigung von Nikopol alle verfügbaren Kräfte zusammenzufassen. Endlich habe ich einen Grund, der die Heeresgruppe zum Kämpfen zwingt! Da kommt der Zeitzler mit Ihrer Denkschrift. Ich stehe da wie ein Lügner! Wenn jetzt Nikopol verloren geht, sind Sie schuld. Ich verbiete Ihnen ein für allemal … irgendwelche Denkschriften an andere Personen zu geben. Haben Sie verstanden? Ich verbiete Ihnen das!«

Es sollte das einzige Mal bleiben, daß Hitler wegen Speer einen fast hysterischen Wutanfall bekam. Aber Speer hatte, wie er schreibt, schon lange eine wirkliche Veränderung in Hitlers Haltung bemerkt. Bis zum Sommer 1943 hatte Hitler ihn zu Beginn jeden Monats angerufen, um nach den neuesten Produktionsziffern zu fragen, und diese, da sie in der Regel ausgezeichnet waren, mit begeisterten Ausrufen quittiert. Wenn die Anrufe mit herzlichen Grüßen an Margret zu Ende gingen, hatte Speer sich mit dem üblichen »Heil, mein Führer« verabschiedet. Und Hitler hatte, wie er das bestimmt bei keinem anderen Menschen tat, häufig mit einem scherzhaften »Heil Speer« geantwortet.

Von jenem Herbst an, schreibt Speer in den *Erinnerungen* – nicht im »Entwurf« –, hätten die Anrufe jedoch aufgehört, und Hitler habe statt dessen Speers Stellvertreter Saur angerufen, der wie Dorsch ein Verbündeter Bormanns war. »[Ich begann] mich in meinem eigenen Ministerium allmählich unsicher zu fühlen.«

Wolters schrieb über diesen Zustand in den *Lebensabrissen*:

... Die Opposition gegen Speer war damals keineswegs auf die Gauleiter beschränkt, sie war auch mehr und mehr in seinem eigenen Arbeitsbereich zu spüren, vor allem in der OT, wo Dorsch jede Zusammenarbeit mit uns dreien verweigerte, die Speer an die Spitze der Organisation gestellt hatte; [Gerhard] Fränk als Geschäftsführer, [Erwin] Bohr als Personalchef und mich als Verantwortlichem für Information und Presse.

Um den ständigen Streitereien ein für allemal ein Ende zu machen, zog Speer uns Ende 1943 aus der OT zurück und integrierte uns wieder in das Ministerium, allerdings mit dem Auftrag, die Operationen der OT gut im Auge zu behalten ...

Speer hatte in jenem Jahr 1943 noch ein weiteres erschütterndes Erlebnis. Am 10. Dezember, vier Monate nach der Zerstörung der Raketenwerke bei Peenemünde durch Bomben der Alliierten, reiste er in den Harz, wo er in der Nähe von Buchenwald die unterirdischen Fertigungsanlagen (mit dem Codenamen »Dora«) besuchte, in denen Werner von Brauns V-2-Raketen produziert wurden.

Es ist erstaunlich, daß Speer überhaupt erlaubt wurde, das Werk zu besichtigen. »Ich erzwang mir praktisch den Zutritt, nachdem der Chef der Amtsgruppe Gesundheitswesen in meinem Ministerium mir gesagt hatte, es sei Dantes Inferno«, erzählte er mir. Es spricht für Speer, daß er in diesem Fall, nachdem er es im »Spandauer Entwurf« nicht über sich gebracht hatte, von Dora zu schreiben (der »Entwurf« ging bekanntlich an seinen Freund Wolters, der bereits Unbehagen über Speers ständige Kritik an Hitler gezeigt hatte), schließlich in den *Erinnerungen* darüber berichtete.

In Nürnberg hatte Speer vor Gericht erklärt, nie ein Arbeitslager besichtigt zu haben, und Dora, vielleicht das höllischste von allen, war offensichtlich das einzige, das er je zu sehen bekam (Mauthausen war natürlich ein Konzentrations- *und* Arbeitslager). Die Errichtung der unterirdischen Fabrik war das direkte Ergebnis einer Besprechung zwischen Hitler, Speer und Himmler, die am 22. August 1943 in Rastenburg stattgefunden hatte. Himmler hatte an jenem Morgen ein Angebot gemacht: Er wollte die absolute Geheimhaltung der Raketenproduktion gewährleisten, wenn die Arbeit ausschließlich von KZ-Häftlingen ohne Kontakt zur Außenwelt geleistet würde. Er bot an, alle notwendigen Fachkräfte aus den Reihen der Häftlinge zu rekrutieren. Die Industrie sollte nur die Betriebsleitung und die Ingenieure stellen.

Speer schreibt in den *Erinnerungen:* »Hitler [nach anfänglichem Skeptizismus inzwischen überzeugt, daß die Rakete die Wunderwaffe sei, die den Krieg gewinnen würde] stimmte diesem Vorschlag zu.« Er und Saur hatten, da sie über keine Alternative verfügten, keine andere Wahl, als ebenfalls mitzuziehen. Der Mann, den der gerissene Himmler als Leiter des Raketenprogramms auswählte, war der bereits erwähnte SS-Brigadeführer Hans Kammler, von Aussehen und Skrupellosigkeit her geradezu eine Reinkarnation Reinhard Heydrichs.

Die Werke, schlug Kammler vor, sollten in einem Höhlensystem im Harz angelegt werden, wo sie vor den Bomben der Alliierten und neugierigen Augen sicher seien. Die Arbeiter sollten aus dem nahegelegenen Konzentrationslager Buchenwald kommen und unter Aufsicht der SS stehen.

Das Peenemünder Wissenschaftlerteam unter Oberst Walter Dornberger und dessen berühmtestem Mitarbeiter Werner von Braun würde für die technische Seite verantwortlich sein; Speers Ministerium sollte die finanzielle Seite des Projekts abwickeln, Kammler mit seiner Amtsgruppe Bau der SS die Bauarbeiten.

Am 23. August 1943, einen Tag nach der ersten Besprechung, wurden die ersten hundert Häftlinge aus Buchenwald zur Baustelle gebracht; noch am selben Morgen begannen die Bauarbeiten. Zweieinhalb Wochen später, am 10. September, wurden die unterirdischen Fertigungsanlagen von Hitler formell genehmigt; sie erhielten den Namen Mittelwerk und den Codenamen Dora.

Jean Michel, ein französischer Zwangsarbeiter in Dora (Speer lernte ihn 1947 in Essen kennen, als er und Wernher von Braun im Kriegsverbrecherprozeß gegen Aufseher von Dora als Zeugen aufgerufen wurden), wurde 1906 in Paris geboren. Er war ein Jahr jünger als Speer, also 38 Jahre alt, als der 39jährige Speer 1943 Dora inspizierte.

»Ich fuhr an einem kalten Dezembertag hin«, sagte Speer mir. »Ich war völlig unvorbereitet. Es war der schlimmste Ort, den ich je gesehen habe.«

Es war der Morgen nach unserem Gespräch über den 6. Oktober. Margret war Ski fahren gegangen, und wir saßen wieder an jenem gemütlichen Küchentisch; erneut wurde Speers Gesicht plötzlich blaß, wie es nicht vorgetäuscht sein konnte, und wieder bedeckte er für einen Augenblick die Augen mit der Hand. »Selbst heute fühle ich mich noch krank, wenn ich daran denke«, sagte er. Die Gefangenen hätten mit den Raketen in den Höhlen gelebt; es sei eiskalt und feucht gewesen.

Jean Michel schildert die Verhältnisse in seinem Buch *Dora:*
Die Raketensklaven ... aus Frankreich, Belgien, Holland, Italien, der Tschechoslowakei, Ungarn, Jugoslawien, Rußland, Polen und Deutschland ... schufteten achtzehn Stunden am Tag ... viele Wochen lang ohne Werkzeuge, nur mit bloßen Händen ... Ammoniakstaub verbrannte ih-

nen die Lungen ... sie schliefen in den Tunneln in Höhlungen, die in die
Tunnelwände gegraben waren; 1024 Gefangene in Höhlen auf vier Ebenen, die sich über hundert Meter erstreckten ...

»Ich war fassungslos«, sagte Speer zu mir. »Ich verlangte, die sanitären Einrichtungen zu sehen ...«
Keine Heizung, keine Lüftung, nicht der kleinste Kübel, um sich zu
waschen: Der Tod griff nach uns mit der Kälte, mit Erstickungsgefühlen,
mit dem Schmutz, von dem wir starrten ... Die Latrinen waren halbierte
Fässer mit darübergelegten Brettern. Sie standen am Ende der Reihen
von Schlafhöhlen.

Einer der Lieblingsscherze der SS-Aufseher bestand laut Jean Michel darin,
ihre Sklaven, wenn sie auf dem Brett saßen, lachend in das Faß zu stoßen.
Wir hatten alle Durchfall. Sie lachten und lachten, wenn wir versuchten,
aufzustehen und aus der Scheiße herauszukommen ...

»Ich ging an diesen Männern vorbei und versuchte, ihnen in die Augen zu
sehen«, sagte Speer mit Verzweiflung in der Stimme. »Sie sahen mich nicht
an; sie rissen sich die Häftlingsmützen vom Kopf und standen stramm, bis
wir vorbei waren.« Aus *Dora:*
Die Deportierten bekamen das Tageslicht nur einmal in der Woche beim
Sonntagsappell zu sehen. Die Schlafhöhlen waren rund um die Uhr
belegt, die Tagschicht folgte auf die Nachtschicht und umgekehrt ... es
gab kein Trinkwasser ... man leckte Flüssigkeit und Schlamm auf, sobald die SS uns den Rücken kehrte ...

»Ich ließ mir ihr Mittagessen zeigen«, sagte Speer. »Ich versuchte es; es war
ein ungenießbarer Fraß.« Nach der Besichtigung fand er heraus, daß Tausende bereits gestorben waren. »Ich sah Tote ... Sie konnten die Wahrheit
nicht verbergen. Und die, die noch lebten, waren Skelette.« Er sei in seinem
ganzen Leben nie so entsetzt gewesen. »Ich befahl, sofort ein Barackenlager
im Freien zu bauen, und unterzeichnete an Ort und Stelle die Genehmigung
für die notwendigen Materialien ...« Michel in *Dora:*
Die Baracken wurden erst im März 1944 fertig. In Dora war die Arbeit
so schrecklich wie immer, aber zumindest konnten wir den Tunnel jetzt
für die erlaubten sechs Stunden Ruhezeit verlassen ...

Zuletzt habe es rund um den Dora-Komplex tief unter der Erde 31 Neben-
lager gegeben, schrieb Jean Michel, und er fügte bitter hinzu, niemand könne
ihm einreden, Walter Dornberger (der nach dem Krieg Berater der amerikanischen Luftfahrt für Raketen wurde und sich als Ruheständler dann fried-

lich nach Buffalo im Staat New York zurückzog) und sein Team von Peenemünder Wissenschaftlern, darunter insbesondere Wernher von Braun, der ebenfalls in den USA finanzielle und wissenschaftliche Erfolge feierte, hätten nicht gewußt, wer ihre Raketen baute und unter welchen Bedingungen sie leben mußten. All diese Männer haben laut Michel nach dem Krieg mit Historikern und Schriftstellern kooperiert und sogar selbst Bücher und Aufsätze verfaßt. »Das Wort Dora«, schrieb Michel, »kam nicht in einer einzigen dieser Schriften vor.« Es sei geradezu, als habe es diese Hölle auf Erden nie gegeben. Sechzigtausend Männer wurden nach Dora deportiert, dreißigtausend davon starben.

Als ich Speer fragte, wie ihm in Dora zumute gewesen sei, gab er das einzige Mal zu, etwas für die Zwangsarbeiter empfunden zu haben. »Ich war entsetzt«, sagte er. »Ja«, wiederholte er, wie nachträglich überrascht, daß er sich von einem Gefühl hatte übermannen lassen, »ja, da war ich schon entsetzt.«

Zwölf Tage später verließ er mit seinen engsten Mitarbeitern Berlin – darunter natürlich Annemarie Kempf und Wolters –, um mit Soldaten und Arbeitern der Organisation Todt in Lappland Weihnachten zu feiern. In seiner Begleitung befanden sich ein bekannter Geiger, Siegfried Borries, und ein Zauberer namens Kalanag, die die Truppen unterhalten sollten. Vielleicht hoffte Speer, eine Partita von Bach, gespielt an einem riesigen offenen Feuer mitten im Wald, nächtliche Skitouren zu den Zeltlagern der Lappen und das Übernachten in einem Rentierschlafsack in der eisigen Luft könnten seine Seele reinigen. »Ich konnte und wollte Weihnachten nicht zu Hause verbringen«, das ist alles, was er zu seiner Erklärung sagte. Mit sechs Kindern, darunter dem in jenem September geborenen jüngsten Sohn Ernst, und seiner Frau Margret, der er überhaupt nichts sagen konnte, und außerdem in seinem damaligen Gemütszustand war dies in der Tat kaum die richtige Zeit für ein glückliches Weihnachtsfest zu Hause.

Speers kurzer Bericht im »Spandauer Entwurf« über seine Heimreise von Finnland zu Hitlers Hauptquartier in einem von Hitler geschickten Flugzeug und in Begleitung des Geigers und des Zauberers unterscheidet sich sehr stark von dem Bericht im Buch, ohne daß ich mir diese Diskrepanz erklären kann.

Im »Spandauer Entwurf« verläuft die Begegnung mit Hitler freundlich, und als Hitler von der Anwesenheit des Zauberers erfährt, lädt er ihn (nicht jedoch den Geiger) ein, für ihn und eine kleine Gruppe von Gästen eine Vorstellung zu geben.

In den *Erinnerungen* dagegen – und in Speers Bericht mir gegenüber – war von einem freundlichen Beisammensein nach Neujahr keine Rede. Dem Buch zufolge fand Speers erster Besuch im Führerhauptquartier im neuen Jahr anläßlich einer großen Sitzung zum Arbeitsprogramm des Jahres 1944 statt. Auf der Konferenz, bei der alle wichtigen Minister anwesend waren, kam es laut Speer zu weiteren hitzigen Zusammenstößen mit Hitler. Hitler rief ihn erneut scharf zur Ordnung und sagte, er werde nicht dulden, daß Speer der Konferenz seine Vorstellungen aufzwinge; er erinnerte Speer daran, daß *er* die Konferenz leite und *er* am Schluß entscheiden werde, was zu tun sei. Nachdem Hitler alle anwesenden Minister gefragt hatte, wie viele Arbeitskräfte sie 1944 brauchen würden, zählte er die Zahlen zusammen und fragte Sauckel, »ja oder nein«, ob er für das Jahr 1944 »vier Millionen Arbeitskräfte« beschaffen könne. Sauckel versicherte, er sei dazu in der Lage, und als Speer protestierte, ein Großteil dieser Millionen könne auch in Deutschland selbst mobilisiert werden, schnitt ihm Hitler scharf das Wort ab: »Sind Sie mir für die Arbeitskräfte verantwortlich oder ist es Parteigenosse Sauckel?«

»Bormann und seine Kohorten hatten gesiegt«, sagte Speer zu mir, »auf der ganzen Linie. Weitere vier Millionen Arbeiter sollten nach Deutschland verschleppt werden, der Alptraum Dora ging mir nicht aus dem Kopf, und ich war bei Hitler in Ungnade gefallen.«

Auch wenn kaum zu bezweifeln ist, daß Speer Hitlers Wut und die Heftigkeit einiger seiner Reaktionen im nachhinein übertrieb, sagte er hier im wesentlichen sicher die Wahrheit.

(Das Gedächtnis ist gegen den Einfluß von Gefühlen bekanntlich nicht immun und kann einem deshalb seltsame Streiche spielen, indem es manche Erfahrungen vergrößert oder dramatisiert und andere verkleinert oder abschwächt. Es wäre zu leicht, Speer vorzuwerfen, er habe – in bezug auf sein Wissen vom Schicksal der Juden, seine Verwicklung in die entsetzliche Behandlung der Zwangsarbeiter und verschiedene Aspekte seiner Beziehung zu Hitler und seiner Arbeit – einfach gelogen.

Zwar legen tatsächlich viele Tatsachen nahe, daß dem so war, und die meisten seiner Kritiker erheben diesen Vorwurf seit nunmehr fünfzig Jahren.

Doch in Wahrheit sind natürlich weder Lügen noch die Motive, auf denen sie beruhen, einfach. Speers Lügen, soweit sie sein Leben nach jenem Schlüsseldatum des 6. Oktober 1943 betreffen, demonstrieren meiner Meinung nach sein ständig wachsendes Bedürfnis, sein Leben, was seine Gefühle und Befürchtungen anbetraf, so zu ordnen, daß er mit ihnen leben konnte. »Wie kann ein Mensch mehr zugeben und trotzdem weiterleben?« sagte seine Tochter Hilde, die meiner Überzeugung nach lieber auf der Folterbank sterben als lügen würde.)

Einige Tage nach diesem Zusammenstoß mit Hitler brach Speer zusammen, und am 18. Januar 1944 wurde er in einem Zustand der Erschöpfung und Depression und mit einem entzündeten Knie ins Krankenhaus eingeliefert.

In den folgenden zehn Wochen, als er durch eine Palastrevolution in seinem Ministerium in Berlin beinahe entmachtet worden wäre, als er zu der Überzeugung gelangte, daß Himmler ihn ermorden lassen wollte, und ein außerordentliches »Sterbeerlebnis« hatte, begann Hitlers Zauber für ihn zu schwinden. »Ich fand etwas und verlor etwas«, sagte er zu mir.

Fand sich selbst? Verlor Hitler?

»Von beidem ein wenig und von beidem nicht genug«, sagte er.

XVI

»Meine Zeit war noch nicht gekommen«

Nürnberg, den 11. März 1946

DR. FLÄCHSNER: Herr Zeuge, Sie sagten vorhin, der Angeklagte Speer sei im Jahre 1944 krank gewesen. Können Sie mir sagen, von wann bis wann das ungefähr war?

GENERALFELDMARSCHALL ERHARD MILCH: Die Krankheit begann im Februar und dürfte im Juni beendet gewesen sein.

DR. FLÄCHSNER: Danke. Ist Ihnen etwas davon bekannt, daß man diese lange Krankheit dazu ausgenutzt hat, um seine Autorität und seinen Einflußbereich erheblich zu beeinträchtigen? ...

MILCH: ... es ist für mich sehr schwierig, hier einzelne Personen zu nennen, die vielleicht Erbschaftsinteressen hatten.

In den letzten Monaten des Jahres 1943 hatte Speer endlich den wahren Charakter der Naziverbrechen erkannt, deren Wirklichkeit er bis dahin lediglich befürchtet oder geahnt hatte. (In seinen Schilderungen mir gegenüber sprach er wiederholt von »Ahnung«.) In den ersten Monaten des Jahres 1944 führte die traumatische Wirkung dieses inneren – nie offenen – Eingeständnisses zu einer ersten Erkenntnis seiner völligen Abhängigkeit von Hitler und zu einem ersten Schritt der Loslösung.

Das Ausmaß von Speers Erschöpfung, als er im Januar ins Krankenhaus eingeliefert wurde, sowie die Verschlimmerung der eigentlichen Krankheit, solange er von Himmlers engem Freund Dr. Karl Gebhardt behandelt wurde, können gar nicht hoch genug angesetzt werden.

Daß er sich lange weigerte, der Krankheit nachzugeben, entsprach natürlich voll und ganz seinem Charakter. Später behauptete er, er sei medizinisch schlecht betreut worden, und die Krankenblätter scheinen dies zu bestätigen. Doch was immer an der angewandten Behandlung falsch war, sein Beharren während der ersten zwanzig Tage, die Geschäfte des Ministeriums vom Krankenbett aus weiterzuführen – und zu überwachen –, konnte sicher nicht zur Besserung seines Gesundheitszustandes beitragen.

Die Intrigen im Ministerium hatten in den letzten Monaten des Jahres 1943 ständig weitergegärt. Sie gingen vor allem von jenen Mitarbeitern Speers aus, deren Loyalität in erster Linie der Partei galt: von Dorsch, Todts ehemaligem persönlichem Assistenten, von Konrad Haasemann, den Speer kurz zuvor als Personalreferenten abgesetzt hatte, von dem für Zwangsarbeit zuständigen Fritz Sauckel und später von dem ambivalenten Karl Otto Saur.

»Die Hyänen hatten nur gewartet«, meinte Speer zu mir. »Als meine Stellung bei Hitler auf einmal verwundbar schien, machten sie sich sprungbereit.«

Unterstützt von Himmler, hatte Bormann Speers Abwesenheit bereits zu Weihnachten genutzt, um Hitler weiter gegen ihn einzunehmen; Hitlers offene Zurückweisung Speers auf der Sitzung zum Arbeitsprogramm in Rastenburg am 4. Januar 1944 hatte dessen Widersacher zusätzlich angespornt. Und als sie dann erfuhren, daß er schwer krank war, »gab es für sie kein Halten mehr«, wie Speer sagte.

Er hatte zunächst seinen Freund Dr. Karl Brandt wegen des immer stärker geschwollenen Beins um Rat gefragt, und dieser hatte darauf bestanden, daß er Dr. Gebhardt konsultieren müsse, einen führenden Orthopäden mit einem für diese Zeit höchst modernen Krankenhaus in Hohenlychen bei Berlin. »Ich wußte, daß Gebhardt ein enger Freund von Himmler war«, sagte Speer, »aber das bedeutete natürlich keine Herabsetzung seiner medizinischen Fähigkeiten. Bis ich in Nürnberg davon erfuhr, hatte ich keine Ahnung, daß sein Krankenhaus der SS gehörte oder daß dort, noch viel schlimmer, [Unterkühlungs-]Experimente an Häftlingen aus Konzentrationslagern durchgeführt wurden.«

Am Morgen des 18. Januar suchte Speer Gebhardt im Sprechzimmer seines Krankenhauses auf. Ihm wurde sofort ein Zimmer im Nordflügel des Gebäudes zugewiesen und strenge Bettruhe verordnet. Im »Befund vom 18. I. 44« in Gebhardts Krankenhausaufzeichnungen heißt es: »Der Kranke machte einen ausgesprochen erschöpften Eindruck mit blasser, leicht schwitzender Haut, keine Temperatursteigerung ... Das Gelenk ist ruhiggestellt und mit Gipsschalen und Arnica-Umschlägen versorgt ... Im Augenblick vornehmlich Fasten, zur Stillung des Durstes etwas Obst und Säfte.«

Als nach fünf Tagen keine Besserung eintrat, verordnete Gebhardt einen »großzügigen Sulfonamidstoß«. Obwohl Speer acht Tage nach der Aufnahme Symptome einer gewöhnlichen Erkältung zeigte – Bronchitis, Heiserkeit und Schnupfen – und Gebhardts Assistent eine Brustfellentzündung befürchtete, blieb Gebhardt bei seiner Diagnose eines rheumatischen Infekts des linken Kniegelenks.

Eine rückblickende Prüfung der Klinikaufzeichnungen Dr. Gebhardts beweist zwar eindeutig, daß seine Diagnose falsch war – sein Patient litt an einer entweder im Anfangsstadium bereits mitgebrachten oder im Laufe der ersten Woche entwickelten Embolie –, doch ist äußerst zweifelhaft, ob in Anbetracht von Speers Entschlossenheit, seine Arbeit fortzusetzen, ein anderer Arzt mehr hätte ausrichten können.

»In Hitlers Deutschland«, sagte Speer zu mir, »war es für einen Minister nicht ratsam, krank zu werden, vor allem, weil ihm das niemand glaubte. Denn jedesmal, wenn Hitler, der ungern Leute entließ, einen seiner höheren Beamten hinauswarf, wurde das unweigerlich mit dessen ›schlechtem Gesundheitszustand‹ begründet. Die paradoxe Folge davon war, daß man, wenn man *wirklich* krank war, so tun mußte, als sei man gesund, um Gerüchte einer bevorstehenden Entlassung zu vermeiden.«

Speer ließ daher im Flügel für Privatpatienten drei weitere Zimmer belegen und eine direkte Telefonverbindung zur Zentrale im Ministerium herstellen und holte seine beiden Privatsekretärinnen Kempf und Maguira nach Hohenlychen. Den Leiter seines Zentralamtes Willy Liebel (der eines der ersten Opfer der gärenden Palastrevolution werden sollte) und dessen Stellvertreter Karl Hettlage wies er an, daß die gesamte Korrespondenz weiterhin von ihm abgezeichnet werden müsse.

»Wir versuchten alle, ihn zu überzeugen, daß er sich ausruhen mußte«, erzählte Annemarie, »aber er war wie ein Getriebener. Ich weiß, was er Ihnen erzählt hat, und ich weiß, daß Sie glauben, der 6. Oktober, die Juden, Dora und all das seien dafür verantwortlich, aber ich kann ehrlich gesagt nicht behaupten, daß ich damals diesen Eindruck hatte. Sicher, er war niedergeschlagen, was bei ihm noch nie vorgekommen war, ebensowenig wie diese schreckliche Erschöpfung. Und wenn wir auch nichts von Himmlers schrecklicher Rede in Posen wußten, so hatte er uns doch von Dora erzählt, und wir hatten selbst gesehen, welche Wirkung das auf ihn und auf seine Begleiter gehabt hatte. Aber ich würde lügen, wenn ich heute sagen würde, ich hätte seine Depression damals darauf zurückgeführt. Nein, ich glaubte – naiverweise, wie ich jetzt weiß –, daß er über die Intrigen gegen ihn im Ministerium verzweifelt und außer sich war, wütend über die Leute, die versuchten, sich zwischen ihn und Hitler zu schieben. Diese Intrigen wirkten sich auf unsere Arbeit verheerend aus, und das zu einer Zeit, da alles – der ganze Krieg – mehr denn je von peinlich genauer Planung der Produktion abhing.«

Ich fragte, ob sie damals den Eindruck gehabt habe, Speer glaube noch an den Krieg.

Sie zuckte die Schultern. »Darum ging es doch gar nicht«, erwiderte sie. »Was er nicht ertragen konnte – ich glaube *wirklich* nicht ertragen konnte –, war, wegen solcher Dinge wie Dora den Glauben an Hitler zu verlieren.« Sie zögerte einen Moment und fuhr dann fort: »Und ich stimmte mit ihm überein, hundertprozentig. Verstehen Sie das nicht? Wenn wir nicht mehr an Hitler glauben konnten, was blieb uns dann noch?«

Sie meinte, die Palastrevolution im Ministerium sei einfach ein Versuch der Partei gewesen, in das einzige Ministerium hineinzukommen, in dem sie bis dahin nie richtig Fuß fassen konnte. »Es ist wirklich sehr schwer, diese feinen Unterschiede zu erklären«, sagte sie. »Sicher, wir waren treue Nationalsozialisten, ganz gewiß aus Überzeugung, auch die, die keine Parteimitglieder waren – und davon gab es viele im Ministerium.«

Ich wollte wissen, inwiefern sich ein Mann wie etwa Dorsch, der doch aus ziemlich ähnlichen Verhältnissen wie Speer kam und zumindest ähnliche Interessen und Begabungen hatte, von Speer unterschied. Sie sah mich einen Augenblick überrascht an.

»Zunächst einmal«, sagte sie, »war Dorsch ein Ideologe und Speer ein Idealist. Doch der wichtigere Unterschied betraf natürlich Hitler. Speers Idealismus war wie der vieler anderer von Anfang an auf diesen einen Menschen gerichtet. Aber für Speer wurde alles anders, als umgekehrt Hitlers Aufmerksamkeit sich auf *ihn* richtete. In dem Moment, so könnte man wohl sagen, verfiel Speer ihm mit Leib und Seele. Es gab dann wirklich nichts anderes mehr in seinem Leben – nichts, was nicht mit Hitler zusammenhing. Nichts kann sich mit der Intensität seiner Gefühle für Hitler, mit der Intensität ihrer Beziehung messen. Ich wüßte nicht, wie ich einem Unbeteiligten Hitlers so offensichtliche Gelöstheit beschreiben soll, wenn die beiden in den frühen Jahren zusammen waren, oder die Art, wie Speer sich um ihn sorgte – auch dann noch sorgte, als er später Ungeduld oder Ärger verspürte.«

Die anderen wichtigen Persönlichkeiten des Dritten Reichs, an die Annemarie sich erinnerte, hatten, so treu ergeben sie Hitler oder seiner Sache auch dienten, andere wesentliche Bezugspunkte in ihrem Leben: ihre Frauen, ihre Kinder, ihr Zuhause, andere Vorbilder (wie es Todt laut Annemarie für Dorsch war) oder sogar, wie im Fall der Wehrmachtsoffiziere, andere Ideale. Und auch bei denen, die Hitler vollkommen ergeben waren – wie Bormann, Goebbels und Leute wie Giesler –, gab es den gewaltigen Unterschied zu Speer: Hitler empfand für sie wenig bis gar nichts.

Goebbels, warf ich ein, habe in seinen Tagebüchern oft von Hitlers Zuneigung zu ihm gesprochen.

Annemarie schüttelte den Kopf. »Nach dem, was ich gelesen oder gesehen habe, nie ohne eine Einschränkung wie ›Ich *glaube,* der Führer mag mich gern‹ oder sogar ›Ich bin so glücklich; er versucht nicht, seine Zuneigung zu mir *zu verbergen*‹.« Sie lachte laut auf. »Können Sie sich vorstellen, daß Speer etwas Derartiges geschrieben hätte? Bei ihm kam alles von innen. Er hatte keinen Blitzableiter für Gefühle. Für ihn gab es kein … kein ›Auffangnetz‹. Als er deshalb zu zweifeln begann, war eine Krankheit die einzige Antwort, die einzig mögliche Ausflucht.«

Annemarie war in Hohenlychen die ganze Zeit bei Speer, bemerkte an ihm aber keine offenkundige Veränderung. »Nichts war so … direkt«, erklärte sie. »Wie hätte es denn auch sein können? Er war ja so krank, und außerdem hätte ich so etwas nicht bemerkt, nicht damals. In gewisser Weise war ich ihm sehr ähnlich: Ich mochte keine Rührseligkeiten. Es war mir peinlich, über Gefühle nachzudenken oder zu sprechen, meine eigenen oder die anderer. Tatsachen, rational faßbare Dinge waren mir lieber. Deshalb bemerkte ich damals vor allem, daß einige Leute ihm böse wollten. Ich war immer noch der Ansicht, Speer böse zu wollen bedeute, Hitler gegen ihn aufzuhetzen. Ich war zu dumm, um die Spiele, die hier gespielt wurden, wirklich zu begreifen.

Ich habe nicht erkannt, daß es im Grunde um die Nachfolge ging; das erkannte ich erst Monate später, viele Monate später, als Speer Dinge gegen Hitler tat, für die jeder andere in Deutschland hingerichtet worden wäre. Und als Speer Hitler als den erkannte« – sie machte eine kurze Pause – »der er wirklich war …« Sie stockte erneut. »Können Sie sich vorstellen, daß es mir *immer noch* schwerfällt, das auszusprechen? Auf jeden Fall, als er das erkannt hatte und doch so offensichtlich nicht von ihm lassen konnte …« Wieder hielt sie inne. »Sie konnten einander wirklich nicht aufgeben, nicht wahr? Darum ging doch das Ganze. Die Leute, die versuchten, Hitler gegen Speer einzunehmen, wußten das nicht, begriffen das nicht. Wer hätte es auch begreifen können?«

Vom Krankenbett aus leitete Speer, als er das Ausmaß der Berliner Palastrevolution gegen ihn erkannt hatte, zunächst eine gründliche Untersuchung aller Umstände und Beteiligten in die Wege. Er rief die engsten Mitarbeiter an oder bestellte sie zu sich nach Hohenlychen, anschließend schrieb er Briefe an die drei ärgsten Hetzer.

Dorsch drohte er ultimativ mit Entlassung, wenn er sich nicht unterordne. Haasemann klärte er über seine Missetaten auf (und ließ ihn dann verhaften). Bormann versicherte er seiner Überzeugung, daß er – der es doch, wie Speer wisse, für unter seiner Würde halten würde, sich mit solchen Hintertreppenintrigen abzugeben – über die abscheulichen Methoden, die treulose Mitarbeiter angewandt hätten, ebenso entsetzt sein würde wie Speer selbst. Und am 31. Januar informierte er Goebbels in einem Brief über die illoyalen Vorgänge in seinem Ministerium, während er außer Gefecht gesetzt war, und bat um aktive Unterstützung bei seiner Rückkehr.

Gleichzeitig ließ er Sauckel keinen Moment aus den Augen. Am 25. Januar (Gebhardts Aufzeichnungen berichten an diesem Tag von einer rätselhaften Verschlechterung von Speers allgemeinem Gesundheitszustand) diktierte er zwei Briefe an Sauckel.

Ein der August-Thyssen-Hütte zugewiesener Transport enthielt von 509 Ostarbeitern 161 Kinder im Alter von 1 Monat bis 14 Jahren, 49 nicht einsatzfähige Männer und 69 nicht einsatzfähige Frauen ... Mit solchen Transporten ist der Rüstungswirtschaft nur ganz bedingt, den Betrieben des Ruhrgebietes überhaupt nicht gedient. Es wäre m. E. sinnvoll, diese evakuierten Familien ... in der Landwirtschaft zum Einsatz zu bringen. Dafür müßte die Landwirtschaft ledige und anhanglose Ostarbeiter der Rüstungswirtschaft ... zur Verfügung stellen.

Im zweiten Brief ließ er Sauckel wissen, man dürfe den Arbeitern in der Rüstungsindustrie im Gebiet Hamburg nicht erlauben, ihre so entscheidend wichtigen Arbeitsplätze wegen der Bombardierungen fluchtartig zu verlassen.

Ein recht erheblicher Teil aber, der auf etwa 40000 Kräfte geschätzt werden kann, muß jedoch noch erfaßt und nach Hamburg zurückgeführt werden können. Es wäre dann möglich, den z. Zt. in Hamburg ausstehenden Bedarf der Rüstung an Arbeitskräften nahezu restlos abzudecken ... Es ist erforderlich, daß hierbei mit aller Schärfe durchgegriffen wird.

Und schließlich schrieb er einen siebenseitigen Brief an Hitler – den ersten von dreien, die er ihm aus dem Krankenhaus schreiben sollte –, in dem er seine Bemühungen seit Übernahme des Ministeramtes und die ihm von Hitler gewährte Unterstützung zusammenfaßte. Ohne die uneingeschränkte Befehlsgewalt, die Hitler ihm von Anfang an übertragen habe, schrieb er, könne der Ausstoß der Rüstungsproduktion unmöglich aufrechterhalten werden. Zugleich finden sich hier erstmals Andeutungen über einen Rücktritt:

Ich brauche Ihnen gegenüber, mein Führer, sicher nicht zu betonen, daß ich nie die Absicht gehabt habe, eine politische Betätigung, sei es im

Krieg oder nach dem Krieg, anzustreben. Ich sehe meine jetzige Tätigkeit als reinen Kriegseinsatz an und freue mich auf die Zeit, wo ich wieder als Künstler den Aufgaben werde leben können, die mir mehr liegen als jede Ministertätigkeit und alle politischen Arbeiten.

Die zahlreichen Kritiker Speers, die seine Einbindung als Minister unter- und seine Voraussicht überschätzten, schrieben diese Briefe einerseits Speers Angst zu, die Macht zu verlieren, andererseits einem klugen Taktieren, mit dem er sich gegen künftige Gefahren abzusichern versucht habe. Die Wahrheit ist, glaube ich, viel einfacher: Speers innerer Konflikt, wie Annemarie Kempf ganz richtig sagte, entsprang nicht primär der Angst um seine Macht, sondern der Angst um seine Beziehung zu Hitler.

Vier Tage später bat er ihn in einem Brief – gefühlsbetonter als je zuvor –, sich erneut zu ihm zu bekennen. Nie zuvor habe er Hitler mit Kleinigkeiten belästigt, schrieb er, aber da die Krankheit ihn davon abhalte, selbst die nötigen Vorkehrungen zu treffen, sehe er sich gezwungen, zwei Fälle von Loyalitätsbruch zu melden, die nicht unbestraft bleiben dürften. Goebbels, den er gebeten habe, in dieser Angelegenheit als Schiedsrichter aufzutreten, teile vollkommen die Ansicht, daß im nationalsozialistischen Staat Intrigen hinter dem Rücken der Minister unzulässig seien. Speer fügte hinzu:

Dr. Goebbels steht auf dem Standpunkt, daß die politischen Belastungen bei Beamten in erster Linie dem Minister selbst gemeldet werden müssen, damit er sofort daraus die notwendigen Konsequenzen ziehen kann.

Zwei Dinge sind an diesem Brief bemerkenswert. Zum einen ist er ein geradezu mitleiderregender Hilferuf. Zum anderen aber grenzt Speers Anmaßung schon an Unverschämtheit. Er werde, fuhr er fort, auf einer offiziellen Untersuchung und schwerster Bestrafung bis hin zu einiger Zeit im Konzentrationslager für die Schuldigen bestehen müssen. Hitler geradezu herausfordernd schrieb er weiter, eine Kopie des Briefes gehe an Reichsleiter Bormann, der, wie er wisse, in dieser Sache gerne aushelfen werde.

Außer den Mitteilungen Margrets, seiner Sekretärinnen und der Ärzte, daß Hitler (der zu Beginn der Krankheit seinen Leibarzt, den zweifelhaften Dr. Theodor Morell, angewiesen hatte, täglich über Speers Zustand zu berichten) ständig nach ihm frage, bekam Speer auf die Briefe keine Antwort. Statt dessen häuften sich täglich die Anzeichen, daß sein Ministerium von Bormanns Parteispitzeln wie auch von Himmlers SD stark infiltriert war. Darüber hinaus gierten Hitlers mächtige Gefolgsleute Bormann und Himmler, aber auch Göring und schließlich Ley nach Speers Macht und, im Falle Leys, auch schamlos nach seinem Ministerposten. Göring hatte mit Dorsch und Saur Kontakt aufgenommen und sie zu Besprechungen mit Hitler mitgenommen und unaufhörlich gelobt. Bormann und Himmler fuhren unterdessen fort, Verdacht auf Speers engere Mitarbeiter zu lenken, und gingen in einigen Fällen sogar so weit, ihnen Beweismaterial über parteifeindliche Aktivitäten unterzuschieben.

»Ich kann Ihnen gar nicht beschreiben, wie es war«, sagte mir Annemarie. »Das Kommen und Gehen, die Spannung im Krankenzimmer, das ständige Läuten des Telefons – es war ärger als je zuvor im Büro. Und zugleich konnte ich sehen, wie er immer kränker wurde, und ich konnte nicht begreifen, warum Gebhardt, der ihn doch wenigstens zweimal täglich aufsuchte, dies nicht bemerkte.«

Und dann, eines Tages, war Himmler nach Hohenlychen gekommen – »An das genaue Datum kann ich mich nicht mehr erinnern, aber es war um den achten oder neunten Februar« –, und sie hörte zufällig ein Gespräch zwischen ihm und Gebhardt. »Es war einer der entsetzlichsten, erschreckendsten Augenblicke meines Lebens«, berichtete sie. Schon zuvor hatte Speer ihr mehrmals mitgeteilt, er habe bei Gebhardt ein ungutes Gefühl. »Ich hielt das für die Phantasien eines Kranken. Sie wissen, wie das ist; wenn man sich körperlich schwach fühlt, spielt die Einbildung einem plötzlich Streiche. Zweimal hatte Speer nach Visiten von Gebhardt gesagt: ›Ich glaube, er will mich umbringen.‹ Und ich hatte erwidert, was ihn wirklich umbringe, sei er selbst, weil er so hartnäckig darauf bestehe, die Staatsgeschäfte vom Bett aus weiterzuführen. Aber dann hörte ich dieses Gespräch.

Ich war in dem Zimmer, das man uns als Büro zugewiesen hatte; es war nach Speers Mittagessen, und weil er kurz schlief, hatte ich beschlossen, mich auch einen Augenblick hinzulegen. Und dann hörte ich die Stimmen direkt vor meiner Tür.«

Da sie einen der Sprecher sofort als Gebhardt erkannte und Speers Name fiel, schlich sie auf Zehenspitzen zur Tür und lauschte. »Dann wurde mir bewußt, daß der andere Himmler war. Ich kam zu spät für den Anfang des Satzes, doch hörte ich ihn sagen: ›Ja, dann ist er eben tot.‹ Darauf sagte Gebhardt: ›Aber ...‹, doch Himmler schnitt ihm das Wort ab und erklärte: ›Genug. Je weniger Worte darüber, desto besser.‹«

Ich warf ein, daß ihre Geschichte merkwürdig ähnlich einer anderen war, die Funk Speer in Spandau erzählt hatte und die Speer in den *Erinnerungen* erwähnte. Diese handelte von Funks früherem Adjutanten Horst Walter, inzwischen Adjutant von Sepp Dietrich, der im Herbst 1943 bei einem Saufgelage der Leibstandarte Gebhardt einige SS-Leute sagen hörte, Himmler halte Speer für »gefährlich«, Speer müsse »verschwinden«. Annemarie zuckte die Schultern. »Gebhardt trank irrsinnig, wie alle anderen auch«, sagte sie verächtlich. »Wenn er besoffen war, hätte er alles mögliche erzählt.«

Sie kehrte wieder zu ihren Erinnerungen an Hohenlychen zurück. »Ich war alles andere als hysterisch; hätte Speer nicht diese Bemerkungen gemacht und wenn ich nicht so beunruhigt gewesen wäre über die so merkwürdig unzulängliche Behandlung eines so offensichtlich schwerkranken Mannes, hätte ich das Gespräch vielleicht nicht weiter beachtet. Es hätte schließlich alles mögliche bedeuten können – oder auch nichts. Aber in jenem Augenblick erschreckte es mich zu Tode. Ich ging sofort zum Telefon und rief Margret Speer an.«

»Ich hatte Frau Kempf noch nie so aufgeregt erlebt«, sagte Margret Speer, als wir 1978 über Speers Krankheit sprachen. »Ich erinnere mich sehr genau daran, obwohl sie am Telefon nur sagte, sie mache sich große Sorgen um meinen Mann und ob ich kommen könne. Also fuhr ich natürlich sofort hin.«

Sie teilte Annemaries Befürchtungen jedoch nicht. »Das heißt, ich glaubte nicht, daß jemand Albert absichtlich umbringen wollte, doch ich glaubte wie Frau Kempf, daß er falsch behandelt wurde, und außerdem bemerkte ich, daß er selbst äußerst unruhig war und jedes Vertrauen zu Gebhardt verloren hatte. Deshalb riefen wir Brandt an und baten ihn, die Meinung eines zweiten Experten einzuholen. Er sagte, ohne zu zögern, er werde seinen guten Freund Professor Koch schicken – der war der wichtigste Mitarbeiter von Sauerbruch.« (Diese Version des Geschehens, die sich mit der von Speer deckt, wurde von vielen Kritiker angezweifelt, die statt dessen – geradezu naiv, finde ich – Gebhardts eigener Darstellung Glauben schenkten, *er* habe Koch angerufen, der schon länger sowohl mit ihm wie für Himmler gearbeitet habe.)

Koch kam am späten Abend des 10. Februar. Seinen Aufzeichnungen zufolge traf er Speer schwerkrank an: »Höchste Atemnot, starke Blauverfärbung, erhebliche Pulsbeschleunigung bis 120, dabei subfebrile Temperaturen bis 38,3, quälender Reizhusten mit starken Schmerzen über der linken Seite und rein blutiger Auswurf.« Brandt, der nicht nur Hitlers Leibarzt, sondern auch Bevollmächtigter für das Sanitäts- und Gesundheitswesen war, befahl Gebhardt unverzüglich, ein Zimmer für Koch herrichten zu lassen und ihm die Behandlung Speers zu übertragen.

Die Krisis trat innerhalb weniger Stunden ein, als Speers Temperatur anstieg und sich in seinem Sputum Blutspuren zeigten. In der Nacht vom 11. auf den 12. Februar stieg sein Puls auf 120; die Haut verfärbte sich blau, er hatte wiederholt Blutungen und starke Schmerzen.

»Wir waren alle dort«, sagte Margret. »Koch führte mich auf den Gang und sagte, ich müsse mich auf das Schlimmste gefaßt machen. Gebhardt schlich in der Nähe herum, bis Koch ihm deutlich zu verstehen gab, er solle verschwinden. In diesen drei Tagen, vom Elften bis irgendwann am Dreizehnten, war Albert kaum bei Bewußtsein. Er sah furchtbar aus. Ich dachte, er liege im Sterben.«

Speer schrieb in seinem Buch bei der Schilderung seiner Krankheit nur, er habe sich, während die Ärzte offenbar mit dem Schlimmsten rechneten, in einem Zustand der Euphorie befunden. Aber wie er mir einmal spätabends erzählte, war es weit mehr als das.

»Ich habe mich nie in meinem Leben so glücklich gefühlt«, sagte er. Er sei »oben« gewesen und habe auf sich selbst im Bett hinabgesehen. »Ich sah alles ganz klar. Das Hin und Her der Ärzte und Schwestern und Margret, die irgendwie zart und verletzlich aussah, ihr Gesicht klein und blaß ...«

Ich hatte ihn nie so von seiner Frau reden hören; selbst die Wörter waren anders als die, die er sonst verwendete. »Sie saß auf einer Seite des Bettes und wickelte ständig eine Ecke ihres Taschentuches um den Finger. Ich lächelte ihr zu und mir wurde warm ums Herz, und ich fragte mich, ob sie das wohl spürte ...«

»Haben Sie ihn lächeln sehen?« fragte ich später Margret.

»Natürlich nicht«, entgegnete sie kurz. »Das spielte sich doch alles nur in seinem Kopf ab.«

»Was Professor Koch und die Schwestern – zwei von ihnen – taten«, fuhr Speer fort, »sah für mich wie ein stummer Tanz aus. Das Zimmer war so schön. Ich sehe es heute noch so deutlich vor mir wie damals. In Wirklichkeit war es ein sehr kleines Zimmer, wissen Sie, mit weiß lackierten Spinden. Aber die verwandelten sich in schöne altmodische Schränke. Und die schlichte weiße Decke war plötzlich prachtvoll getäfelt. Alles war so groß und weiß und weit, eine Weite, die auch mich dort oben umgab, friedlich und leicht und unsagbar glücklich, glücklicher als ich jemals zuvor oder seither gewesen bin.«

Er lächelte bei der Erinnerung daran. »Ich war nicht allein; eine Vielzahl von Gestalten war um mich, alle in Weiß und Hellgrau, und Musik spielte ... Und dann sagte jemand: ›Noch nicht.‹ Ich verstand, daß sie meinten, ich müsse zurück, und ich sagte, ich wolle nicht zurück. Aber sie sagten mir, ich müsse – meine Zeit sei noch nicht gekommen. Ich weiß nicht, wie ich das, was ich danach empfand, beschreiben soll. Es war nicht einfach Traurigkeit oder Enttäuschung – es war ein langanhaltendes Gefühl des Verlustes ... Ich habe seither Bücher darüber gelesen. In gewisser Hinsicht war es beruhigend, zu lesen, daß andere Menschen ähnliche Erlebnisse hatten. Aber auch wenn sie alle sehr ähnlich klingen, bin ich irgendwie sicher, daß sie in Wirklichkeit sehr verschieden sind. Ich glaube bis heute, daß ich in jenen Stunden Dinge empfand, die der Mensch, als den ich mich kenne, nicht empfinden oder sehen oder aussprechen kann. Ich sage Ihnen eins: Ich habe seither nie Angst vor dem Tod. Ich bin sicher, er wird wunderbar sein.«

Am Morgen nachdem er mir das erzählt hatte, fragte ich Margret, ob er mit ihr über dieses seltsame Erlebnis gesprochen hatte. Margret, ein sehr nüchterner Mensch – ein Charakterzug, den sie mit Speer gemein hatte –, lachte laut auf. »Ja, ja, das hat er«, sagte sie leicht spöttisch.

Da Speer in der Nähe saß, als wir uns unterhielten, hatte er ihr Lachen gehört. »Sie hat sich immer darüber lustig gemacht«, sagte er später. »Ich glaube, es war ihr peinlich.«

»War es so überraschend«, fragte ich, »daß Margret etwas als peinlich empfand, auf das Sie selbst in Ihrem Buch nur sehr zurückhaltend eingegangen sind?«

»Na ja«, sagte er selbstironisch, »ich galt doch als ein superrationaler Mensch, der dabei war, das maßgebliche Buch über diese schreckliche Geschichte unserer Zeit zu schreiben. Was glauben Sie, hätten die Leser gesagt, wenn ich mitten in dem Buch plötzlich geschrieben hätte, ich sei überzeugt, bis heute überzeugt, daß ich in jener Nacht gestorben und wieder ins Leben zurückgekehrt sei? Können Sie sich das Vergnügen vorstellen, das so etwas den Kritikern bereitet hätte?«

Nichts von dem, was Speer über den Verlauf seiner Krankheit schrieb oder mir und anderen erzählte, war im Grunde unwahr. Die Tatsachen, die er in den Entwürfen von Nürnberg und Spandau und in seinen Büchern schildert, mögen in geringfügigen Details voneinander abweichen, stimmen aber sonst überein. Was er im Rückblick aus einer anderen Perspektive betrachtete, sind seine Gefühle.

Die Fakten sind eindeutig genug. Seit der letzten Nacht, die er in Lappland an der eiskalten Luft schlafend verbracht hatte, machte ihm eine alte Knieverletzung, die ihm seit seiner Jugend immer wieder Kummer bereitet hatte, erneut zu schaffen. »Hätte ich nur mein Bein entlastet und ausgeruht, bis es sich erholt hatte«, sagte er zu mir, »dann wäre vermutlich gar kein Problem daraus geworden. Aber wie Sie sich denken können, war das unmöglich.«

Zweifellos rührte die Entzündung, die ihn am 18. Januar 1944 ins Krankenhaus brachte, von diesem altbekannten Gebrechen her. Bereits zweimal zuvor hatte eine Überlastung des lästigen Knies zur Verordnung von Bettruhe und entzündungshemmenden Medikamenten geführt.

Der Unterschied zu früher lag darin, daß das im Grunde einfache medizinische Problem sich durch seinen Gemütszustand in fast verhängnisvoller Weise verschlimmert hatte. Dadurch kam es zu einer Steigerung einer bereits in der Kindheit sichtbar gewordenen Veranlagung. Wie er mir erzählt hatte, wurde ihm, wenn der Kummer über die Gleichgültigkeit der Eltern und die Grausamkeit seiner Brüder unerträglich wurde, »schrecklich heiß, dann schrecklich kalt, und bums! war ich bewußtlos«. Zwanzig Jahre später, als Hitler ihn den großen Architekten nannte, der er, wie er in seinem Inneren wußte, nicht war, rief die Angst, »entdeckt« und von seinem Idol aufgegeben zu werden, ein Zittern und Kribbeln hervor: »Ich verspürte eine eisige Kälte, hatte panische Angst und war gezwungen, mich hinzulegen, um nicht umzufallen.«

Weder als Kind noch später als Hitlers Favorit konnte er je anderen oder auch sich selbst die Ursachen seiner Schmerzen und seiner Angst erklären. Und jetzt war es noch ärger: Langsam, über Monate hinweg, von Stalingrad, dann Posen, dann Dora, war ihm immer stärker bewußt geworden, daß der Mann, den er anbetete und der ihn mit einzigartiger Macht versehen hatte, wahnsinnig und seine Ziele böse waren. Und dies bewirkte, daß sein Körper, mit seinem Geist vereint, aufgeben wollte, um der unerträglichen Realität zu entfliehen.

Speer kämpfte dagegen an, bagatellisierte es gegenüber seiner Umgebung und machte das illoyale Handeln seiner Untergebenen im Ministerium für seine offensichtlichen Angstzustände verantwortlich; vielleicht aber suchte er durch die Fortsetzung dieses hektischen Arbeitsrhythmus inmitten seines physischen und nervlichen Zusammenbruchs ein Ende heraufzubeschwören. »Ich glaube, ich wollte damals wirklich sterben«, sagte er.

Irgendwo in seinem Unterbewußtsein, meine ich, wollte er damals tatsächlich sterben. Dies kann die Erklärung für das Erlebnis des »Ich-Austritts« sein, das er mir geschildert hatte. Aber die Tatsache, daß der Traum, die Fieberphantasie oder das – wer weiß – vielleicht echte Sterbeerlebnis mit einer Ablehnung des Todes endete, ging meiner Ansicht nach auf eine angeborene Kraft in Speer zurück: nicht eine moralische Kraft, sondern die innere Entschlossenheit zu siegen.

Nach vier Tagen absoluter Ruhe in jenem Februar 1944 auf Hohenlychen war die Krisis überwunden. Koch notierte am 15. Februar eine »ganz erstaunliche« Wendung zum Besseren: Die Atmung war wieder normal, die »Blutbeimengungen im Sputum waren völlig verschwunden, der Reizhusten hatte sich gebessert. Temperaturen nach wie vor um 38°, die Pulszahl ist aber am Morgen zwischen 80–90 zurückgegangen. Guter Appetit, großes Schlafbedürfnis, klares Bewußtsein, rege Anteilnahme an der Umgebung. Wenn es sich tatsächlich um eine Embolie, was das Wahrscheinlichste ist, handelt, so ist der Sitz der Thrombophlebitis trotz allen Suchens nicht aufzufinden. Das linke Knie ist völlig reizlos, das gesamte linke Bein trotz allen Absuchens ganz unverdächtig, auch sonst im Körper keine Beschwerden, die eine unerkannte Venenentzündung vermuten lassen.« Der Ausgangspunkt der Entzündung zunächst des Knies und dann der linken Lunge bleibe »unbekannt«, schloß Koch, und er fügte ausdrücklich hinzu, ein Unfall komme als auslösende Ursache »mit aller Sicherheit nicht in Frage«. Er verordnete zehn bis vierzehn Tage »allerstrengste Bettruhe ... von da ab mindestens 4 Wochen strenge Schonung«.

Einer der ältesten Freunde Speers, der ehemalige Industrielle Robert Frank (der als erklärter Nazigegner bald nach der Machtergreifung seine Stellung aufgegeben hatte und danach unter dem Schutz Speers stand), besuchte ihn kurz darauf in Hohenlychen. Er erzählte Speer, Gebhardt habe Koch zu einer

Lungenpunktur überreden wollen. Koch hatte Frank vertraulich mitgeteilt, daß dieser chirurgische Eingriff nicht nur unnötig sei, sondern in Speers prekärem Zustand sogar lebensgefährlich gewesen wäre. Auf eine spätere Frage Speers antwortete Koch ausweichend und gab lediglich an, er und Gebhardt seien über Speers Behandlung unterschiedlicher Meinung gewesen und er habe den Eindruck gehabt, Gebhardt spiele unter Himmlers Aufsicht ein »politisches Spiel«. Gebhardt, fügte er hinzu, habe ihm auch zu verstehen gegeben, daß er sich stärker als »politischer Arzt« begreifen müsse.

»Professor Koch blieb während der entscheidenden fünf Tage in Hohenlychen«, sagte Annemarie, »aber auch danach kam er beinahe täglich vorbei.« Sobald er Speer wieder auf eine normale, leichte Diät gesetzt hatte, wurde dessen Haushälterin Clara Samuels geholt, um für ihn zu kochen.

»Mir wurde ein Zimmer zugewiesen, und Herr Speer sagte, ich müsse jeden Bissen seiner Diät zubereiten, angefangen mit dem Frühstück«, berichtete Frau Samuels mir 1986. »Er würde nichts essen, was nicht ich gekocht hätte. Er glaubte, man wolle ihn vergiften. Bei jeder Speise, die ich ihm brachte, fragte er: ›Haben *Sie* das gekocht? Sind Sie ganz sicher?‹ Und ich versicherte ihm immer, ich hätte alles mit eigenen Händen zubereitet.« Sie selbst glaubte jedoch nicht, daß ihn jemand vergiften wollte. »Ich selbst aß, was das Krankenhaus für ihn kochte. Ich arbeitete in derselben Küche, wo die anderen kochten, und nachdem er mir das gesagt hatte, hielt ich die Augen offen. Sie hätten schon sehr flink sein müssen, um da etwas mit seinem Essen anzustellen; ich sah zu, wie sie es auftischten, und nahm es dann gleich mit. Etwas später sagte Frau Speer, ich solle das Essen nur ein wenig verändern, wissen Sie, damit es so *aussah,* als hätte ich es gekocht. Das tat ich dann auch. Frau Speer sagte nichts weiter, aber ich schloß daraus, daß sie die Befürchtungen ihres Mannes nicht teilte. Und, wissen sie«, sie klang gelassen, »alle Männer, selbst die großen wie Herr Speer, werden kindisch, wenn sie krank sind. Das ist mir in meinem Leben immer wieder aufgefallen.«

Sie blieb vier Wochen lang auf Hohenlychen. »Die Brekers wohnten in der Nähe, und Frau Breker brachte oft etwas Gutes zu essen«, sagte sie. »Und dann, ich glaube, es war Mitte März, fuhren wir ab, zunächst ein paar Tage nach Salzburg, und anschließend verbrachten wir sechs Wochen auf einer wunderbaren Burg bei Meran. Die ganze Familie kam mit – auch die Kinder. Wir brachten Herrn Speer dort wieder richtig auf die Beine.«

Speer erzählte mir, sie hätten sich am 18. März auf den Weg nach Meran gemacht, mit einem Abstecher nach Salzburg. Dort hätte Speer normalerweise im Schloß Klesheim, dem offiziellen Gästehaus der Regierung, gewohnt. Doch da der ungarische Reichsverweser Admiral Miklós Horthy zu Besprechungen mit Hitler dort war, wurde Speer und seiner Gruppe das Kleeblattschlößchen zugewiesen, ein hübscher, von Fischer von Erlach erbauter Barockpavillon im Schloßpark.

Dies war der letzte Besuch des ungarischen Reichsverwesers bei Hitler, bevor die Nazis aus Wut über seine Weigerung, die ungarischen Juden auszuliefern, und aus Angst, er könnte zu den Alliierten überlaufen, Ungarn praktisch besetzten. Ein Jahr zuvor, am 17. April 1943, hatte Horthy, auch dann in Klesheim, auf den Vorwurf einer »Verhätschelung« der Juden Hitler entgegnet, er könne die Juden seines Landes, denen er bereits »so ziemlich alle Lebensmöglichkeiten entzogen« habe, doch nicht auch noch »erschlagen«. Ribbentrop hatte erwidert: »Doch, sie müssen entweder vernichtet oder in Konzentrationslager gebracht werden.« Danach hatte Hitler das ungarische Staatsoberhaupt in akademischem Ton belehrt und dabei das einzige öffentliche Eingeständnis des Massakers an den Juden abgegeben:

Mit diesen Zuständen habe man in Polen gründlich aufgeräumt. Wenn die Juden dort nicht arbeiten wollten, würden sie erschossen. Wenn sie nicht arbeiten könnten, müßten sie verkommen. Sie wären wie Tuberkelbazillen zu behandeln, an denen sich ein gesunder Körper anstecken könne. Das wäre nicht grausam, wenn man bedenke, daß sogar unschuldige Naturgeschöpfe, wie Hasen und Rehe, getötet werden müßten, damit kein Schaden entstehe. Weshalb sollte man die Bestien, die uns den Bolschewismus bringen wollten, mehr schonen?

Diesmal bekam Horthy zu hören, daß für Diskussionen keine Zeit mehr sei. Ein Luftangriff wurde vorgetäuscht und sämtliche Telefonverbindungen zu den Ländern im Osten unterbrochen, so daß das ungarische Staatsoberhaupt gezwungen war, vierundzwanzig Stunden in Klesheim zu bleiben, die Zeit, die benötigt wurde, damit Besatzungstruppen die ungarische Hauptstadt einschließen und Himmlers SD- und Einsatzgruppen mit der Deportation der 800 000 ungarischen Juden beginnen konnten.

Speer sagte mir, er habe von den mit Horthy besprochenen Themen nichts gewußt, auch wenn vom möglichen Nutzen der vielen gut ausgebildeten ungarischen Juden für die deutsche Rüstungsproduktion in den Monaten zuvor natürlich wiederholt die Rede gewesen sei. Seiner Meinung nach stand hinter der Märzbesprechung mit Horthy vor allem Hitlers Entschlossenheit, Ungarn auf der Seite der Achsenmächte zu halten.

Angesichts dessen, was am 6. Oktober in Posen und am 10. Dezember in Dora geschehen war, war dies, gelinde gesagt, unaufrichtig. Es ist unwahrscheinlich, daß Speer von den bereits im Oktober 1942 erhobenen deutschen Forderungen nach ungarischen Juden für den Straßenbau und von dem schändlichen Abkommen vom März 1943 nichts wußte, in dessen Folge die ungarische Regierung Tausende ausländischer Juden in die entsetzlichen Arbeitsbataillone an der Ostfront schickte.

Die Ungarn hatten sich zwar Zeit gelassen, der radikalen Deportation ihrer Juden zuzustimmen, doch Hitlers rücksichtslose Behandlung Horthys an jenem Tag im März 1944 (der gebrechliche Reichsverweser erlitt dabei einen leichten Herzanfall) trug rasch Früchte. Binnen weniger Tagen wurde im ungarischen Innenministerium ein »Judenkommissariat« eingerichtet; den gefürchteten Pfeilkreuzlern (der ungarischen faschistischen Partei) wurde eine Vermittlungsbefugnis zwischen ungarischer Polizei und deutschen Sicherheitsdiensten eingeräumt, in allen größeren Städten (außer zunächst Budapest) wurden Ghettos eingerichtet, und es wurde der Befehl erteilt, im April 50000 und im Mai noch einmal 50000 Juden als Zwangsarbeiter ins Reich zu schicken. Der Erfolg dieser Anweisungen übertraf alle Erwartungen, und am 6. Mai, sechs Wochen nach Klesheim, waren bereits 200000 Menschen deportiert. Bis zum 15. Mai stieg die Zahl auf 320000.

Wichtiger für Speer und die Bewertung seiner weniger als ehrlichen Antwort auf meine Frage im Jahr 1978 war der Umstand, daß Generalfeldmarschall Milch ihn als einer von wenigen Freunden regelmäßig in Hohenlychen, Klesheim und Meran besuchte und über alle Entwicklungen auf dem laufenden hielt, so ganz sicher auch über die Errichtung riesiger unterirdischer Bunker für den Flugzeugbau, das sogenannte Jägerprogramm, das seit Monaten diskutiert, von Speer jedoch abgelehnt wurde. Hitler teilte Milch am 9. April mit, er habe Himmler angewiesen, hunderttausend ungarische Juden für den Bau der Bunker abzustellen. Es ist nicht nur sowieso undenkbar, daß Milch diese Anweisung nicht mit Speer besprochen hätte; Speers genaue Kenntnis des Plans von Anfang an ist überdies durch eine Besprechung mit Himmlers Leiter des Jägerprogramms, SS-Gruppenführer Hans Kammler, sechs Wochen später, am 26. Mai, dokumentiert.

Auf Anfrage Speers unterrichtete Kammler ihn, daß die ungarischen Juden »unterwegs« seien und die ersten beiden Transporte binnen Tagen an den Baustellen einsatzfähig sein würden. Als die Transporte aus Ungarn über Auschwitz dann tatsächlich an den Baustellen eintrafen, stellte sich freilich heraus, daß wieder Kinder, Frauen und alte Männer gekommen waren (wie Speer schon in seinem Brief an Sauckel vier Monaten zuvor geklagt hatte). Dies führte zu Speers Anweisung – die ihm in Nürnberg große Schwierigkeiten bereiten sollte –, weitere 90000 bereits in Deutschland befindliche Arbeiter aus dem Osten durch einen sofortigen Sondereinsatz von Himmlers SD in »Schutzhaft« zu nehmen. Das bedeutete, daß Männer aus Polen und der Ukraine, von denen viele freiwillig nach Deutschland gekommen waren, um in Fabriken oder auf dem Land zu arbeiten, und die jahrelang unter der vergleichsweise milden Aufsicht der Deutschen Arbeitsfront gestanden hatten, unter falschen Anschuldigungen oder überhaupt ohne Grund verhaftet und in Konzentrationslager geschafft wurden. Dort wurden sie der Aufsicht der SS unterstellt und den mörderischen Bauarbeiten an den unterirdischen Bunkern zugeteilt.

Einige dieser Ereignisse lagen natürlich noch in der Zukunft, als Speer am 18. März 1944 nach Klesheim kam. Doch immerhin waren die Voraussetzungen für sie bereits geschaffen, und diese Ausgangssituation war zusammen mit dem, was Speer am 6. Oktober und 10. Dezember gehört und gesehen hatte, sicherlich ein Teil dessen, was ihn dort beschäftigte.

»Die Kinder hatten Albert seit fast vier Monaten nicht einmal von ferne gesehen«, erzählte Margret. »Am nächsten Tag, dem Neunzehnten, hatte er Geburtstag, also brachte ich sie zu ihm [aus Berchtesgaden] hinunter. Doch selbst an diesem Tag konnten sie nur kurz bei ihm sein; er empfing von morgens bis abends Besucher – Hitler, Saur, Himmler, von Below, diesen gräßlichen Morell, Gott weiß wie viele Generäle – und dann natürlich die übliche Truppe, sein Team: Frau Kempf, Wolters, Görner, Hupfauer, ohne Ende. Als wir nach Meran abfuhren, war er erschöpft.«

»Das stimmt«, gab Speer zu. »Aber ich bin nicht sicher, ob das von den vielen Besuchen kam; schließlich hatte ich auch in Hohenlychen wochenlang täglich Besprechungen.« (Die »Chronik« dokumentiert sie: vier am 1. März, sechs am 2., drei am 3., sieben am 6. und 8., drei am 10., Dönitz am 11., Ley, Hupfauer und zwei weitere Besucher am 12. und sechs Besucher am 13. und 14. März. Und am 16. März, am Abend vor seiner Abreise, hatte er für das Krankenhauspersonal ein Fest mit einem Konzert seines Freundes, des Pianisten Wilhelm Kempff, veranstaltet.)

»Das Wiedersehen mit Hitler war ein Schock«, sagte Speer. Da er Wolters Unbehagen über seine Kritik an Hitler im »Spandauer Entwurf« nicht noch steigern wollte, wartete er mit der Schilderung der Folgen dieses Schocks, bis er die *Erinnerungen* schrieb. Im Gespräch mit mir war er noch ausführlicher.

»Hitler besuchte mich bereits am ersten Abend. Ich erinnere mich daran, als sei es heute gewesen: Ich ruhte gerade aus, halb auf ein Liegesofa im Salon ausgestreckt, als mein Adjutant hereinstürzte und sagte, Hitler sei auf dem Weg herüber – Annemarie Kempf habe ihn soeben vom Fenster durch das Wäldchen vom Schloß kommen gesehen. Ich stand auf, als er eintrat. Er kam rasch auf mich zu und streckte mir die Hand entgegen. Aber in dem Augenblick, als ich ihm meine reichte, verspürte ich ein seltsames Gefühl der Fremdheit. Sicher, ich hatte ihn beinahe zehn Wochen nicht gesehen, aber das war es nicht. Es war sein Gesicht. Ich sah es an und dachte: ›Mein Gott, dieses abstoßende Gesicht, die häßliche breite Nase, die grobe, bleiche Haut. Wer ist dieser Mann?‹ Und in dem Moment, als mir diese Gedanken durch den Kopf fuhren, überkam mich plötzlich eine Müdigkeit, wie ich sie, soweit ich mich erinnerte, noch nie zuvor verspürt hatte.«

Hitler, keineswegs unsensibel, hatte offenbar bemerkt, daß etwas nicht stimmte. Denn keine halbe Stunde später hörte Margret, auf ein Glas Champagner ins Schloß eingeladen, wie er zu Bormann und Keitel bemerkte, es sehe nicht so aus, als würde Speer zu einem normalen Leben zurückkehren. (Hitlers tatsächliche Bemerkung, »Speer wird nicht mehr«, ist gewöhnlich so interpretiert worden, als bedeute sie, Speer liege im Sterben oder werde sich zumindest nicht mehr erholen. Speers eigene Interpretation, Hitler habe den Eindruck gehabt, daß er den Anforderungen seiner Arbeit künftig nicht mehr gewachsen sein werde, kam Hitlers Ansicht jedoch vermutlich näher.)

Speer sah sich in seiner Vermutung, daß Gebhardt falsche Gerüchte über seinen Gesundheitszustand verbreitete, bestätigt, als ihn am 19. März Göring anrief, um ihm zum Geburtstag zu gratulieren und ihn wegen seines »kranken Herzens« zu bedauern, von dem Gebhardt ihm soeben erzählt habe. Auf Speers Einspruch, sein Herz sei kerngesund, erklärte Göring, daß man ihn vermutlich vor der Wahrheit habe bewahren wollen.

»Haben Sie damals wirklich geglaubt«, fragte ich, »daß man Ihnen Ihren wahren Zustand verheimlichen wollte?«

»Nein, absolut nicht. Koch hatte jede erdenkliche Untersuchung durchgeführt, und alle Befunde waren völlig normal. Nein, was mir das aber zeigte, und glauben Sie mir, allein bei dem Gedanken daran sank mir der Mut, war, daß die Intrigen gegen mich durchaus nicht zu Ende waren. Die Partei – Bormann und Komplizen und deren Mann Dorsch – mißtraute mir. Himmler sah in mir ganz richtig eine Gefahr für seine Pläne und hätte mich umbringen oder bei Gelegenheit sterben lassen, wenn er die Möglichkeit gehabt hätte – und Hitler, na ja, Hitler sah sich seit Monaten enormem Druck von allen diesen Männern ausgesetzt, mich fallen zu lassen.«

Naheliegende Fragen drängten sich auf, denn er selbst war durch die ganze Situation zutiefst entmutigt. Warum nutzte er die Krankheit nicht als willkommenen und ungefährlichen Vorwand für einen Rücktritt? Warum schickte Hitler, dem er inzwischen zumindest unbequem geworden war, ihn nicht einfach mit den besten Wünschen in den Ruhestand?

Als ich ihm diese Fragen stellte, schüttelte er wie verwirrt den Kopf. »Sie haben recht«, sagte er. »Logisch betrachtet läßt sich das weder von ihm noch von mir erklären. Heute morgen habe ich nochmals gelesen, was ich in meinem Buch darüber geschrieben habe. Es ist ja geradezu kindisch, nicht? Da hatte er mich in jenen fünf Tagen in Klesheim dreimal besucht – gleich am ersten Abend, dann zu meinem Geburtstag mit einem riesigen Blumenstrauß und noch einmal am letzten Tag zum Abschied –, und mir fällt in meinem Buch nicht mehr ein, als mich über seine offensichtlich fehlende Wertschätzung meiner bisherigen Arbeit als Architekt und Minister zu beklagen. Ich glaube, ich war furchtbar abhängig von ihm, selbst damals. Nicht wegen meiner Macht, wie meine Kritiker geschrieben haben. Darum ging es wirklich nicht.«

Ich unterbrach ihn und meinte, er habe mir selbst gesagt, daß Macht ein wesentlicher Faktor gewesen sei.

»Es war ein Faktor«, entgegnete er, »aber ich glaube heute, daß Hitlers hauptsächliche Wirkung auf mich von Anfang an darin bestand, daß er mir Glauben an mich selbst gab.«

»War das alles?« fragte ich.

Er lächelte mich an, ein richtiges Lächeln. »Nein, Sie haben ganz recht; das war nicht alles. Ich habe seither eine Menge verstehen gelernt, vor allem, daß aus irgendeinem geheimnisvollen Grund weder er noch ich den anderen aufgeben konnte. Ich weiß jetzt, er hätte mich angezogen, solange er lebte. Und ich vermute, daß auch etwas in mir war, das er brauchte, solange ich lebte.«

In den *Erinnerungen* weiß Speer – wieder ganz anders als im »Spandauer Entwurf« – nur wenig Erfreuliches über den langen, schönen Urlaub in Meran zu berichten. Andererseits steht sein Bericht über Gebhardts Besuch in Meran sowohl im Entwurf als auch im Buch in bemerkenswertem Widerspruch zu überlieferten historischen Dokumenten.

Gebhardt, schrieb er (beide Male), habe sich wochenlang seiner Absicht widersetzt, Hohenlychen zu verlassen und in Südtirol zu genesen. Erst als Koch Anfang März in einem Telefongespräch mit Himmler nachdrücklich betonte, Speers Genesung mache einen längeren Aufenthalt in der gesunden Meraner Luft erforderlich, gab Hitler grünes Licht für den Umzug.

»Himmler teilte mir offiziell mit«, schrieb Speer in seinem Buch, »daß Gebhardt von Hitler beauftragt sei, als SS-Gruppenführer die Verantwortung für meine Sicherheit und als Arzt die für meine Gesundheit zu übernehmen. Mein Internist war damit ausgeschaltet, ein SS-Begleitkommando, das Gebhardt zu meinem Schutz beigegeben wurde, stand unter dessen Kommando.« »Ich ließ ihm das aber nicht durchgehen«, sagte Speer mir dazu. »Ich lud Koch privat als Gast zu mir ein.« Am 19. April aber unternahm Gebhardt mit Unterstützung Himmlers seinen, wie sich herausstellen sollte, letzten Schritt gegen Speer, indem er Koch im Namen des Reichsführers befahl, Meran zu verlassen.

Im Widerspruch zu Speers Bericht steht jedoch ein Brief von Professor Gebhardt an Himmler, datiert vom 21. Februar 1944, also einige Wochen zuvor, den ich erst nach Speers Tod zu Gesicht bekam. Darin unterrichtete er Himmler wie folgt:

[Speer] beabsichtigt nun nach Abschluß der Behandlung hier ungefähr in 1–2 Wochen ... nach Südtirol zu gehen. Er hat einen entsprechenden Brief an Gauleiter Hofer gerichtet, wobei er ihn bat, ihm ein größeres Objekt mit ungefähr 16–20 Zimmern in Südtirol frei zu machen in 1500–1800 m Höhe, ungefähr in der Lage von Meran ... *Der Reichsminister hat ferner gebeten, daß ich ihn dorthin begleiten möchte, und hat meine Familie dazu eingeladen. Ich soll ihn dort übergangsmäßig überwachen, bis er sich ganz sicher den dortigen klimatischen Verhältnissen angepaßt hat* [Hervorhebung durch die Autorin]. Ich habe diesem Plan zunächst zugestimmt und darf den Entscheid des Reichsführers hierzu erbitten, vor allem mit dem Hinweis, wie ich mit Obergruppenführer Wolff die Verbindung aufnehmen soll.

Gebhardt fragt also Himmler, wie er, wenn er Speer in eine unbekannte und nicht überwachte Umgebung begleite, mit Himmlers wichtigstem Verbindungsoffizier Wolff »Verbindung aufnehmen« solle: natürlich um Himmler über Speers Aktivitäten zu berichten.

Himmler antwortete am 26. Februar, er halte es für »sehr wünschenswert«, daß Gebhardt und seine Familie Speer nach Meran begleiteten, und informierte anschließend »Wölffchen« in einem Fernschreiben vom 20. März, in dem er auch herzliche Grüße von Gebhardt ausrichtete: »Unser Freund Karl Gebhardt begleitet Reichsminister Speer bei seinem Erholungsurlaub in Italien und hat vom Führer neben der ärztlichen Verantwortung auch die Verantwortung für die Sicherheit seines Patienten übertragen bekommen.« Er wies Wolff an, prüfen zu lassen, ob der Patient dort »in staatspolizeilicher Hinsicht, vor allem aber auch im Hinblick auf Luftangriffe eine hundertprozentige Sicherheit hat«.

Speer fürchtete Himmler damals zu Recht. Speers zunehmende Herrschaft über die deutsche Produktion, seine immer engeren Verbindungen zur Wehrmacht und vor allem seine ungeachtet Hitlers momentaner Mißgunst starke Stellung in der Nachfolgefrage stellten eine ungeheure Bedrohung für den Mann dar, der inzwischen einem Staat im Staate vorstand und die feste Absicht hatte, Hitlers Regierung schließlich durch seine SS-Verwaltung zu ersetzen und selbst Hitler nachzufolgen.

Obwohl angesichts der Umstände eigentlich unbegreiflich, steht in Gebhardts Brief an Himmler, daß Speer die Einladung an den gefürchteten Arzt, ihn nach Meran zu begleiten, selbst angeregt hatte, auch wenn er fest glaubte, daß Gebhardt von Himmler beauftragt worden war, die unerwartete Gelegenheit seiner Erkrankung zu nutzen, ihn loszuwerden. Nicht weniger erstaunlich ist, daß Gebhardt Speer am 28. April einen überschwenglichen Dankesbrief schrieb: »Erlauben Sie mir, daß ich Ihnen auf diesem Wege nochmals herzlich danke nicht nur für alle Beweise persönlichen Verständnisses und Ihrer Kameradschaft, sondern vor allem auch für alles das, was Sie für meine eigene Familie taten.« Und sechs Wochen später schrieb Speer Gebhardt, als Hitler diesem eine hohe Auszeichnung verliehen hatte: »... zu der hohen Auszeichnung ... spreche ich Ihnen meinen herzlichsten Glückwunsch aus. Ich habe mich ja selbst von Ihrer großen Kunst überzeugen können und freue mich deshalb um so mehr über die Ihnen zuteil gewordene Anerkennung.«

Ein Jahr später empfahl er Gebhardts ärztliches Können seinem Freund Bichelonne, der jedoch, wie bereits erwähnt, nach der Operation starb. Ich fragte Annemarie bei einem unserer Gespräche, wie diese Widersprüche zu interpretieren seien.

»Es ist unmöglich, die Spiele, die hier gespielt wurden, zu begreifen«, sagte sie. »Sie *mußten* solche Spiele spielen, um sich gegenseitig in Sicherheit zu wiegen. Ich glaube wirklich, daß das damals komplizierter war als zur Zeit der römischen Kaiser oder der Päpste. Ich weiß nicht, wie Speers Einladung an Gebhardt zustande kam; ich sprach nie mit ihm darüber. Aber es ist sicher richtig, daß er einen Arzt in seiner Nähe brauchte; ich kann mir nur denken – und das stimmt sicher mit seiner sonstigen Taktik überein –, daß er glaubte, der Teufel, den er bereits kannte, sei einem neuen Teufel, den sie mit allergrößter Wahrscheinlichkeit auf ihn angesetzt hätten, vorzuziehen. Wie die Dinge lagen, wurden Gebhardt und seine Familie unter dem Vorwand, ihnen mehr Privatleben zu ermöglichen, einige Kilometer entfernt in der Stadt Meran untergebracht, während Speer, seine Familie und Freunde – darunter, wie Sie wissen, für jeweils einige Tage Professor Koch – eine malerische Burg oben in den Bergen bezogen und die anderen kaum einmal sahen. Ich erinnere mich, daß Speer Anweisung gab, einige Kisten Wein an Gebhardt zu schicken, und dazu sagte, das werde ihn ruhig halten.«

In Spandau schrieb Speer:

... bei Meran [wurde] ein Haus gemietet, das in wunderbarer Lage auf einer Anhöhe [lag] und einige schöne Wochen brachte. Eigentlich die einzigen während der Ministertätigkeit, in denen ich ein wirkliches Leben mit der Familie hatte. Was habe ich doch versäumt durch diese Jahre. Erst an diesem kurzen Glück kann ich das ermessen. Es ist schmerzlich, hier in meiner Abgeschlossenheit daran zurückzudenken.

»Doch, es war schön«, räumte Margret ein, als ich den Urlaub eines Nachmittags erwähnte, »aber es war natürlich nicht die Art von ruhiger Genesung, die Koch gemeint hatte und an die er ihn ständig erinnerte. Albert war zu so etwas unfähig.«

Tag und Nacht von fünfundzwanzig SS-Männern bewacht, die teils im Haus, teils in Zelten im Garten untergebracht waren, empfing Speer unablässig Besucher und gab auch einige Feste.

In den ersten zwei Wochen, sagte Margret, habe er tatsächlich einige Zeit mit den Kindern verbracht. »Aber dann war er mit Besprechungen und Diktaten wieder vollkommen ausgebucht. Von da an sah er Milch und die anderen Besucher häufiger als uns. Immerhin stimmt es, daß wir zum erstenmal seit Jahren alle für einige Zeit im selben Haus wohnten und sogar einige Mahlzeiten gemeinsam einnahmen.«

Ich fragte, ob sie wie andere Eltern auch über die Kinder gesprochen hätten, über ihre Leistungen in der Schule, ihre Begabungen und all das.

Sie lachte. »Nein, dafür hatten wir keine Zeit, aber außerdem waren die Kinder erstens ja alle noch sehr klein – Albert noch keine zehn und Hilde erst sieben –, und dann, so über Kinder zu sprechen ist wirklich ganz neu; ich höre jetzt, wie unsere Enkelkinder Gegenstand endloser Diskussionen der Eltern sind, aber zu unserer Zeit oder zumindest in unserer Familie –«, sie zuckte die Schultern. »Ich kann mir nicht einmal vorstellen, wie Albert damals mit mir über ein Kind gesprochen hätte. Später natürlich, in Spandau – *da* dachte er an sie; *da* hatte er Zeit.«

»Ist das nicht ein bißchen ungerecht?« fragte ich.

»Vielleicht«, sagte sie mit Nachdruck. »Aber versuchen *Sie* mal, mit so einem Mann verheiratet zu sein.«

Wenige Tage nach seiner Ankunft in Meran erfuhr Speer, daß Hitler sich gegen seinen Rat für das bereits erwähnte große Bauprojekt von sechs riesigen unterirdischen Industrieanlagen entschieden hatte. Jede Anlage sollte rund 100 000 Quadratmeter groß sein, und die wichtigsten Flugzeugfabriken sollten zum Schutz vor Bombenangriffen dorthin ausgelagert werden. Am 14. April beorderte Hitler Dorsch ins Hauptquartier, um einen Entwurf zu erörtern. Dorsch gab ihm das – »lächerliche«, wie Speer zu mir sagte – Versprechen, die Anlagen innerhalb von sechs Monaten fertigzustellen.

Am 19. April verfaßte Speer die erste seiner Denkschriften an Hitler, die in den nächsten Monaten immer zahlreicher und herausfordernder werden sollten. »Gewissermaßen«, sagte er zu mir, »fand ich durch sie zu mir selbst. Ich hätte nie für möglich gehalten, daß ich mich so offen ausdrücken würde, und als ich entdeckte, daß ich es konnte, gab mir das ein unbeschreibliches Gefühl der Befreiung.«

Im ersten Brief warnte er Hitler eindringlich davor, das geplante Bauvorhaben durchzuführen; die einzige Bautätigkeit, die das Land sich zum jetzigen Zeitpunkt leisten könne, sei der rasche Wiederaufbau der durch Bomben beschädigten Betriebe und Arbeiterunterkünfte. Bei der Produktion müsse Rüstungsgütern Vorrang eingeräumt werden, da diese selbst im günstigsten Fall knapp würden. Da er jedoch Hitlers Starrheit und seinen Widerstand gegen jede Art von Druck kannte, sofern er nicht persönlich und mit größtmöglichem diplomatischem Geschick ausgeübt wurde, erklärte Speer sich zu einem Kompromiß bereit. Sollte Hitler, ungeachtet seiner eigenen Zweifel, die unterirdischen Bunker als absolut notwendig erachten, so werde er diese Aufgabe einem ehemaligen Mitarbeiter Todts, Willi Henne, anvertrauen; Dorsch »könne seine unschätzbare Erfahrung dann weiterhin in den besetzten Gebieten einsetzen«. Und er schlug vor, die Aufsicht über das gesamte Bauwesen seinem besten Bauingenieur, Walter Brugmann, zu übertragen, den Hitler von den Bauprojekten in Nürnberg und Berlin her gut kannte.

Gerhard Fränk, ein alter Mitarbeiter Speers und Leiter der Zentralabteilung für Organisation und Verwaltung im Ministerium, der Speer nach Meran begleitet hatte, überreichte Hitler den Brief am Abend des 19. April eigenhändig. Hitlers Chefsekretärin Johanna Wolf unterrichtete Speer später am selben Abend telefonisch, daß Hitler wütend darüber gewesen sei. »Selbst Speer muß wissen, daß es [auch] für ihn eine Staatsräson gibt«, habe er gesagt.

(»Hitler lehnte ab«, schrieb Speer in den *Erinnerungen,* »und Brugmann kam fünf Wochen danach, am 26. Mai 1944, wie mein Vorgänger Todt durch einen ungeklärten Flugzeugunfall ums Leben.« Das war allerdings etwas boshaft von Speer, denn es handelte sich da nicht um einen »ungeklärten« Unfall. Wolters schrieb in seinen *Lebensabrissen:* »Die Maschine war beim Überfliegen des Jablonka-Passes in den Karpaten im Niedrigflug und bei diesigem Wetter mit Baumwipfeln kollidiert und in der Luft explodiert.«)

Speer rief sofort Generalfeldmarschall Milch an, der kurz zuvor wegen der Vorbereitungen zu Hitlers Geburtstag am folgenden Tag auf dem Obersalzberg eingetroffen war, und bat ihn, Hitler seinen Rücktritt mitzuteilen.

»Bis zum nächsten Morgen hatte sich mein Rücktrittsgesuch wie ein Lauffeuer verbreitet, was auffällig war«, sagte Speer. »Zunächst rief Göring mich an und sagte, ich könne das nicht tun – außer natürlich aus gesundheitlichen Gründen. Und dann traf noch vor Mittag dieses 20. April Walter Rohland ein. Ob ich den Verstand verloren hätte, fragte er. Wie könne ich auch nur daran denken, die Industrie im Stich zu lassen, auf Gedeih und Verderb meinen etwaigen Nachfolgern ausgeliefert? Und dann beschwor er das Schreckgespenst eines verzweifelten Hitler, der die vollständige Zerstörung der Lebensgrundlage des Landes anordnen würde, wie der von Hitler dafür so sehr bewunderte Stalin es in Rußland so wirkungsvoll getan hatte. Wenn schon aus keinem anderen Grund, sagte Rohland, müsse ich bleiben, um nach Kräften das Schlimmste zu verhindern. Niemand anderer könne das.«

Dies war nicht das erste Mal, daß Speer und Rohland (oder Speer und Milch) einander eingestanden, daß der Krieg verloren sei. »Aber es war eigentlich das erste Mal, daß jemand vom Wahnsinn der ›verbrannten Erde‹ sprach«, sagte Speer. »Und irgendwie eröffnete mir das plötzlich eine andere Perspektive. Ich weiß nicht, wie ich es erklären soll, aber ich hörte, glaube ich, zum erstenmal auf, an mich zu denken, und dachte nur noch an unser Land – an die Menschen. Wissen Sie, all die furchtbaren Monate 1943, als ich auf meinen zahlreichen Reisen so viel Zerstörung sah, können Sie sich vorstellen, daß ich damals nie an die Menschen dachte? Daran, was man ihnen damit zumutete? Ich dachte nur an meine verfluchten Fabriken. Es war, als sei jede Vorstellungskraft in mir tot – verstehen Sie, was ich meine? Als ich dann an jenem Tag mit Rohland im Garten saß und über uns am blauen Himmel in endlosen Wellen unbehindert die Flugzeuge der Alliierten dahinzogen, als ich die Stimmen meiner Kinder von ihrem Spielplatz her hörte und die von Margret und Clara [der Haushälterin] aus der Küche, da hatte ich plötzlich zum erstenmal seit Jahren eine Vision physischer Vernichtung – nicht von Gebäuden, sondern von Menschen.«

»Von Ihren Kindern?« fragte ich.

Er schüttelte den Kopf, wie um diese Vorstellung abzuwehren. »Ich weiß nicht, ob es so konkret war, aber vielleicht ja.« Er versuchte zu lachen. »Ich werde sentimental, wie? Komisch, wie die Gefühle wieder hochkommen.«

Spät in derselben Nacht, gegen ein Uhr morgens, trafen Milch, Fränk und Saur unmittelbar vom Obersalzberg ein und überbrachten »eine Botschaft vom Führer«, wie Milch mit bedeutsamer Stimme bereits am Telefon angekündigt hatte. Jahre später, nach Spandau, sollte Milch Speer gestehen, daß er Hitler gedrängt habe. Er habe ihm erklärt, daß die Produktion ohne Speer zusammenbrechen werde; es sei zu spät für einen Wechsel. Speer müsse zum Bleiben überredet werden, und um dies zu erreichen, müsse Hitler ihm das Gefühl geben, daß er unentbehrlich sei. Die persönliche Botschaft freilich, die Hitler dann übermitteln ließ, hatte Milch überrascht. »Sagen Sie Speer, daß ich ihn weiter lieb habe.«

»Er kann mich am …« Der sonst nie ausfällige Speer hörte sich Goethes *Götz von Berlichingen* zitieren.

»Sie sind nicht groß genug, so etwas über den Führer sagen zu dürfen, nicht einmal im Scherz«, ermahnte Milch ihn streng.

Bereits vor dem langen Gespräch mit Rohland und Saur, der auf Hitlers Vorschlag mitgekommen war, hatte Speer beschlossen, das Rücktrittsgesuch zurückzuziehen, aber er tat so, als ließe er sich ganz langsam überreden. Seine Bedingung war jedoch, sagte er ihnen, daß Hitler ihm wieder die Aufsicht über das Bauwesen in Deutschland einschließlich der geplanten sechs unterirdischen Baustellen übertrug und ihm Dorsch unterstellte.

Bei Morgengrauen flogen Hitlers drei Friedensvermittler mit einem Schreiben nach Berchtesgaden zurück, das Speer in derselben Nacht aufgesetzt hatte. Hitler empfing sie unmittelbar nach dem Frühstück und unterzeichnete das Papier (wie Milch später sagte) praktisch ungelesen.

Drei Tage später kam Speer jedoch zu der Überzeugung, daß er vorschnell gehandelt hatte. Das unterirdische Fabrikprojekt war zum Scheitern verurteilt – insbesondere dessen Fertigstellung in sechs Monaten, wie Dorsch versprochen hatte. Wenn Speer jetzt offiziell dafür verantwortlich war, würde die Industrie zu guter Letzt ihm die Schuld daran zuschieben, daß dem Projekt zu Lasten der Rüstungsproduktion Vorrang eingeräumt worden war, und Hitler würde am Ende auch ihm vorwerfen, den unmöglichen Termin nicht eingehalten zu haben. Am 24. April flog Speer deshalb zum Obersalzberg, um Hitler einen neuen Vorschlag zu unterbreiten: die völlige Trennung von Kriegsproduktion und Bauwesen, wobei Dorsch zum

Generalinspektor für das Bauwesen in Deutschland und in den besetzten Gebieten ernannt werden sollte, damit Speer sich auf die Rüstung konzentrieren konnte.

»Es war ein seltsames Gefühl, wieder dort zu sein«, sagte er. Besonders seltsam war die eigenartige Distanz, die er fühlte. »Es war, als könne mir nichts geschehen, fast, als ob ich frei wäre.«

Wenige Minuten nachdem Speer in seinem leerstehenden Haus auf dem Obersalzberg eingetroffen war, rief Hitlers Adjutant an und lud ihn ein, den Führer und seinen Kreis auf dem üblichen Nachmittagsspaziergang zum Teehaus zu begleiten. »Beispiellos für mich und wahrscheinlich alle anderen hörte ich mich ablehnen; ich sagte, ich müßte Hitler offiziell und allein sprechen.«

Ungefähr zwei Stunden später erlebte Speer zu seiner eigenen Überraschung einen förmlichen Empfang: Hitler erwartete ihn wie einen ausländischen Staatsgast mit Uniformmütze und Handschuhen auf den Stufen zum Berghof. (Im Juni 1953 erzählte Speer in Spandau Heß von diesem förmlichen Empfang. »Heß erinnerte sich mit sichtlichem Vergnügen, daß auch er ein einziges Mal so von Hitler empfangen worden sei. Er wollte mir nicht sagen, bei welcher Gelegenheit, doch er sagte, dieses eine Mal sei bis heute ein Markstein seines Lebens geblieben.«)

»Als das Gespräch zu Ende war«, sagte Speer, »hatte ich gewonnen, doch Hitler hatte auch gewonnen. Er verstand es noch immer meisterhaft, sich in andere Menschen einzufühlen, und wußte, daß sich – wie Heß Jahre später bestätigte – niemand, dem er besondere Aufmerksamkeit schenkte, seiner Ausstrahlung entziehen konnte; insofern gewann *er*, weil er mich wieder auf seiner Seite haben wollte und ihm das auch gelang. Er ließ es sogar als Kompliment erscheinen, als er meinen neuen Vorschlag mit den Worten ablehnte, er wolle das Bauwesen, das ihm, wie ich wisse, mehr bedeute als alles andere, nur mir allein anvertrauen. Ab sofort, sagte er, werde er unbesehen allem zustimmen, was ich im Baubereich für richtig hielte. Aber *ich* gewann auch«, sagte er und fügte als Erklärung hinzu: »Denn später am selben Abend beim Tee, als ich zum erstenmal seit fünf Monaten wieder mit ihm vor dem Kamin saß, neben mir die über meine Rückkehr sichtlich erfreute Eva Braun, zeigte er mir sehr deutlich seine Gunst.«

Im Rückblick auf jenen Abend, fügte er hinzu, sei er erstaunt, wie groß seine Erleichterung damals gewesen sei. »Eine Erleichterung, die, wie ich inzwischen weiß, sehr wenig, vielleicht überhaupt nichts mit dem taktischen Sieg zu tun hatte, den ich zweifellos errungen hatte. Als ich dort saß, umgeben von den gewohnten Gesichtern und ihrem üblichen belanglosen Geplapper zum Klang einer Musik, wie Hitler sie gewöhnlich bevorzugte – in diesem Fall der *Fledermaus* –, empfand ich ein tiefes Gefühl des Friedens und der Sicherheit. Nicht der Sicherheit meiner Person«, sagte er – und hielt inne.

Offenbar brachte er die Worte nicht über die Lippen, aber was er meinte, war klar. Er fühlte sich emotional wieder im sicheren Hafen.

Wieder einmal bringen die Memoiren Nicolaus von Belows das entsprechende Gegenstück – Hitlers Gefühle für Speer in jenen Monaten:

Es lag Speer viel daran, Hitlers Vertrauen nicht zu verlieren, auch wenn er sich innerlich von Hitler entfernte und manche seiner Anordnungen stillschweigend überging. Hitler war das nicht verborgen geblieben. Er wußte, daß Speer nicht mehr vom Sieg überzeugt war.

In diesen Monaten März, April, Mai 1944 zog mich Hitler in viele Gespräche ... Einmal sprach er sehr deutlich davon, daß trotz mangelnder Siegeszuversicht Speer der einzige sei, der das gesamte Rüstungsgebiet in seinen Verflechtungen übersehe ...»Wenn wir jetzt besonders wichtige Rüstungsgüter brauchen, dann ist Speer der einzige, der das schnell durchführen lassen kann.« ... Nachdem Speer alle Rüstungsfragen abermals in die Hand genommen hatte, gelang es ihm rasch, die alte vertrauensvolle Zusammenarbeit mit Hitler wieder herzustellen. Das Verhältnis beider zueinander verlor jeden Schein des Mißtrauens.

Speer wußte, daß er außerdem einen entscheidenden Machtkampf mit Bormann, Himmler und Göring gewonnen hatte, und er sagte, die Reaktion nicht nur dieser drei Männer, sondern auch ihrer ganzen Umgebung habe gezeigt, wie gut sie das ebenfalls wußten.

»Wieder in Meran, erhielt ich in den folgenden zwei Wochen Briefe und Anrufe von Männern, mit denen ich monatelang nicht gesprochen hatte; meine Frau bekam Blumen von Leuten, die sie kaum kannte; und bei meinem nächsten Besuch auf dem Obersalzberg kurze Zeit später lud Bormann mich in sein Haus ein, in dem ich nie gewesen war, genau wie er nie in unserem war. Peinlicherweise schlug er vor, wir sollten uns künftig duzen.« (Speer entzog sich dem, indem er Bormann am nächsten Tag ganz bewußt wieder siezte.)

Am 8. Mai 1944 kehrte Speer an seinen Schreibtisch in Berlin zurück, und in den folgenden vier Wochen ließen zwei große Angriffe der Alliierten das Ende des Krieges ahnen. Am 12. Mai griffen 935 Bomber der 8. amerikanischen Luftflotte bei Tage die Ölraffinerien und Hydrierwerke Mittel- und Ostdeutschlands an und zerstörten an diesem einen Tag mehr als die Hälfte von Deutschlands Produktionskapazität. Seine einzige Hoffnung sei, schrieb Speer im »Spandauer Entwurf«, daß die Amerikaner, wie ein Jahr zuvor bei der Bombardierung der Kugellagerfabriken in Schweinfurt, versäumen würden, den Angriff zu wiederholen. Doch die Hoffnung erfüllte sich nicht.

»Als ich nach dem Krieg [Paul] Nitze, [George] Ball und [John] Galbraith kennenlernte«, sagte Speer, »begriff ich, warum meine Hoffnung vergeblich gewesen war. Die amerikanische Luftwaffe ließ sich nicht nur von Militärstrategen beraten, sondern verfügte auch über Wirtschaftsexperten und Agronomen, die ihnen sagten, was sie bombardieren sollten.«

(»Die Briten«, erwähnte Speer bei einer anderen Gelegenheit, »zogen mit geringerem Erfolg Psychologen zu Rate. Sie lagen mit ihren Prognosen zur Moral der Deutschen genauso falsch wie wir mit unseren Prognosen zu den Auswirkungen der Raketenangriffe auf London.«)

Sechzehn Tage nach dem ersten Angriff, als Speer und die OT die Fabriken gerade wieder »mehr oder weniger mit Leim und Heftklammern« zusammengeflickt hatten, wie er sagte, kehrten die Amerikaner zurück, diesmal mit vierhundert Bombern und für zwei Tage und reduzierten seine Produktion wiederum um die Hälfte. Und drei Wochen später, nach weiteren Angriffen, war die Produktionskapazität für synthetischen Brennstoff um 90 Prozent verringert. »Die einzige Möglichkeit einer wenigstens teilweisen Wiederherstellung«, sagte Speer, »bestand darin, eine halbe Million Arbeitskräfte für den Wiederaufbau der Hydrierwerke aus der Rüstungsproduktion abzuziehen. Sonst waren wir praktisch völlig von unseren Reserven abhängig, die unter diesen Umständen, wie ich Hitler erklärte, bis September erschöpft sein würden.«

Es sollte ihn Dutzende von Konferenzen und drei beschwörende Denkschriften an Hitler kosten, bis er dafür wenigstens teilweise grünes Licht erhielt. »Monatelang wiederholte er immer wieder, er könne nicht zulassen, daß ich Arbeitskräfte aus der Rüstungsproduktion abziehe, weil er dann weniger Panzer habe. Ich konnte ihm einfach nicht klarmachen, daß Panzer sinnlos waren, wenn wir keinen Treibstoff für sie hatten. Da hatte er einen blinden Fleck – das konnte er nicht erkennen.«

Hitler lenkte erst unter dem Schock der Landung der Alliierten in der Normandie am 6. Juni ein. Er führte den Krieg damals überwiegend vom Berghof aus. Im Februar erfuhr er aus einer geheimdienstlichen Nachricht aus Stockholm, daß ein Generalstabsoffizier ausgewählt worden sei, ihn zu ermorden. Die Sicherheitsvorkehrungen wurden sofort verstärkt, und es wurde beschlossen, Decke und Wände des Führerbunkers in Rastenburg zum Schutz gegen Luftangriffe zu verstärken. Während der Bauarbeiten wurde das Führerhauptquartier auf den Berghof verlegt. Nach der Rückkehr nach Rastenburg im Juli sollten die Sicherheitsmaßnahmen durch Überprüfung der Aktenmappen und -taschen sämtlicher Besucher drastisch verschärft werden. Below schrieb:

Wir kamen zu der Auffassung, daß ab sofort eine Kontrolle der mitgebrachten Aktenmappen, wenn nicht sogar eine gründliche Untersuchung aller Besucher auf verborgene Waffen angebracht wäre ... Er lehnte ein so scharfes Kontrollsystem vorläufig ab ... Jedenfalls änderte sich auf dem Obersalzberg nichts an den bisherigen großzügig gehandhabten Sicherheitsmaßnahmen.

Ernst Görner hatte den Eindruck, daß die Sicherheitsmaßnahmen im Führerhauptquartier unglaublich nachlässig waren. »Irgendwann 1943 mußte ich einmal hin, ich weiß nicht mehr genau, wann, um Speer eine Akte zu bringen, die er vergessen hatte«, sagte er, als wir uns 1987 in Köln zum Mittagessen trafen. »Die Baracken waren über ein großes, bewaldetes Gelände verstreut. Ich fragte einen jungen Mann, wo ich Minister Speer finden könne, und er zeigte geradeaus auf eine kleine Ansammlung von Gebäuden und sagte: ›Gehen Sie da rüber, und sehen Sie sich um; dort finden Sie ihn.‹ Also betrat ich das erste Haus und befand mich plötzlich in einem Badezimmer. Ein dunkelhaariger Mann – ich glaube, es war Bormann, ich bin ihm nie zuvor oder danach begegnet – fragte mich, was ich hier mache. Ich sagte, ich suchte Speer, und er erwiderte nur: ›Da sind sie falsch gelandet, dies ist das Führerquartier‹, und dann zeigte er mir, wo ich hin mußte. Aber mir kam das sehr merkwürdig vor; es gab keine Wachen, keinerlei Sicherheitsvorkehrungen.«

Hitler hatte Sicherheitsmaßnahmen immer verabscheut. Auf dem Obersalzberg ging er vor dem Krieg regelmäßig ohne Leibwache spazieren. Später gab es laut Bormanns Sohn Martin an den Zufahrten zum Berghof Wachposten, aber niemand hatte den Berghof als Festung in Erinnerung, wie er später manchmal beschrieben wurde.

Das galt auch noch Anfang 1944. Doch obwohl sich an der Überwachung von Besuchern – und möglichen Attentätern – wenig geändert hatte, war doch eine Menge getan worden, um den Obersalzberg im allgemeinen für Hitler und seine engen Mitarbeiter sicherer zu machen. Man hatte eine Reihe geräumiger Luftschutzbunker nicht nur für den Berghof, sondern auch für die Häuser einiger anderer Führungsleute wie Bormann und Göring in den Berg gegraben. »Für mein Haus nicht«, sagte Speer. »Ich hielt es für unerhört, so dringend benötigte Arbeitskräfte zu unserem eigenen Schutz einzusetzen.«

Durchgehend mit Teppichen ausgelegt und bequem eingerichtet, verfügten die Bunker über das raffinierteste Kommunikationssystem und riesige Mengen von Lebensmittelvorräten. (»Später war ich überzeugt«, sagte Speer, »daß die Geheimdienstinformationen, die die Alliierten über diese Anlagen erhielten, zu dem irrigen Glauben an die Existenz einer Alpenfestung führten.«) Der Berghof selbst wurde mit einem Tarnnetz bedeckt, das von da an, wie Speer es ausdrückte, »selbst einen sonnigen Morgen wie einen trüben Spätnachmittag aussehen ließ«.

Hier auf dem Berghof, am 4. Juni, als laut Below niemand an eine bevorstehende Invasion dachte, wiederholte Rommel bei einem ganztägigen Besuch vor einem Urlaub in Süddeutschland seine Warnung, die er bereits Ende 1943 in Rastenburg ausgesprochen hatte, als Hitler ihm die Verteidigung der Westküste übertragen hatte: Man dürfe den Alliierten nicht erlauben, einen Brückenkopf zu errichten; wenn es zu einer Invasion komme, müsse sie bereits am Strand abgewehrt werden. Und am selben Ort überredeten Speer und Milch ebenfalls Anfang Juni endlich Hitler – Rommel hatte ihnen durch seine ständigen Warnungen, der Krieg werde in der Luft gewonnen oder verloren, wahrscheinlich vorgearbeitet –, die Verantwortung für die Flugzeugproduktion von Görings lethargischem Luftfahrt-Ministerium auf Speer zu übertragen.

Monatelang wurde in Rastenburg und auf dem Berghof erörtert, wo die erwartete Invasion stattfinden könnte. Die meisten Logistikexperten Hitlers glaubten, daß eine große Invasion nur dann erfolgreich sein könne, wenn die Gegner wenigstens zwei Häfen in ihren Besitz gebracht hätten. Das für einen Angriff wahrscheinlichste Gebiet mit den geeignetsten Häfen war deshalb der Pas de Calais, und ebendort hatte Dorschs (und Speers) Organisation Todt im Frühjahr alle Häfen entlang der Küste in 24-Stunden-Schichten zu Festungen ausgebaut, und dort waren auch die größten Reserven der Wehrmacht stationiert.

Doch der deutsche Geheimdienst hatte auf der ganzen Linie versagt. Als die Alliierten im Morgengrauen des 6. Juni landeten, geschah dies 150 Kilometer weiter westlich an der vergleichsweise spärlich bevölkerten Küste der Normandie, auf halber Strecke zwischen Le Havre und Cherbourg. Speer erfuhr von der Invasion bei seiner Ankunft auf dem Berghof um zehn Uhr morgens am selben Tag. Hitler, wurde ihm mitgeteilt, schlafe noch, und nein, man werde ihn deswegen nicht wecken. »Der Führer bekommt die aktuellen Meldungen immer *nach* dem Frühstück«, sagte der diensttuende Adjutant in aller Ruhe.

Als Hitler schließlich um die Mittagszeit zur Lagebesprechung mit seinem Stab erschien, waren Rommels Warnungen vergessen, und man war allgemein der Ansicht, daß es sich bei den Landungen an der hafenlosen Küste um eine List der Alliierten handelte, die Hitler dazu verleiten sollte, seine Truppen vom eigentlichen Ort der Invasion, dem Pas de Calais, abzuziehen. Die beste Strategie, beschloß Hitler, hieße deshalb abwarten.

Doch der deutsche Geheimdienst hatte in noch einem weiteren Punkt katastrophal versagt. Er wußte nichts von einer genialen technischen Erfindung der Alliierten, den sogenannten »Mulberry Harbors«, künstlichen Häfen. Winston Churchill hatte Stalin mit dem Vermerk »Sehr vertraulich« am 7. Juni in Antwort auf die Meldung des Sowjetführers, die sowjetische Sommeroffensive werde im Laufe der Woche beginnen, davon unterrichtet. Das Telegramm lautete:

Wir planen, längs des Strandes dieser weiten, sandigen, an die Seinemündung angrenzenden Bucht mit großer Schnelligkeit zwei große künstliche Häfen anzulegen. Derartiges hat es noch nie gegeben. Große Ozeandampfer werden in der Lage sein, ihre Ladung zu löschen und den Nachschub über zahlreiche Piers den Kampftruppen zuzuleiten. Das wird den Gegner sehr überraschen und uns ermöglichen, mit großer Unabhängigkeit von der Witterung unsere Streitmacht aufzubauen. Wir hoffen, Cherbourg schon in einem frühen Stadium der Operationen einzunehmen.

»Hitler und Stalin waren sich in einigen furchtbaren Dingen sehr ähnlich«, sagte Speer, »aber in einer grundlegenden Hinsicht unterschieden sie sich radikal voneinander. Stalin hatte Vertrauen zu seinen Generälen und ließ ihnen, auch wenn er akribisch über alle größeren Vorhaben und Schritte unterrichtet werden wollte, relativ viel Freiheit. Unsere Generäle wurden dagegen schon vor Stalingrad jeder Unabhängigkeit, jeglichen Handlungsspielraums beraubt. Sämtliche Entscheidungen wurden von Hitler getroffen und waren, einmal gefällt, wie in Zement gegossen, egal, was die sich ändernden Umstände erforderten. Das trug mehr als alles andere dazu bei, daß Deutschland den Krieg verlor.«

Dies zeigte sich nach der Katastrophe von Stalingrad, die durch Hitlers strategisch wahnsinnige Befehle herbeigeführt worden war, zu keiner Zeit deutlicher als in den Monaten Juni und Juli 1944, als Hitler untätig zusah, wie die westlichen Alliierten einen Brückenkopf auf dem Kontinent errichteten und die Sowjets im Osten die deutsche Wehrmacht im Triumph vor sich her- und aus Weißrußland und der Ukraine hinaustrieben.

Als Hitler sich am 17. Juni mit Rommel und von Rundstedt in Frankreich zu einer Unterredung traf, hatten die Alliierten bereits über 600 000 Soldaten gelandet und standen kurz vor der Einnahme Cherbourgs am 26. Juni. Genau zwei Monate später zog Charles de Gaulle im Triumph in Paris ein. Die Sowjets hatten am 10. Juni mit über einer Million Mann an vier Frontabschnitten ihre Offensive begonnen und überrannten binnen einer Woche vier Stellungen, die Hitler zu Gebieten erklärt hatte, die um jeden Preis gehalten werden müßten. Bis zum 1. August eroberten sie Wilna, Lublin, Brest sowie Estland und Lettland zurück und standen, nachdem sie das gesamte russische Territorium von Besatzungstruppen gesäubert hatten, rund 600 Kilometer vor Berlin. Der immer wieder verschobene Start der ersten fliegenden Bomben (V 1) am 12. Juni war ein Fehlschlag, und selbst als die V 1 einsatzfähig war, hatte sie nur eine enttäuschend geringe Auswirkung auf die britische Moral. Die V 2, die nach langen Verzögerungen endlich im September einsatzbereit war, sollte zwar größeren Schaden anrichten, aber auch ihr sollte es nicht gelingen, den Durchhaltewillen der abgehärteten Londoner zu brechen – einschließlich der königlichen Familie, die bis zum letzten Tag des Krieges in London blieb.

Speer sagte im Gespräch mit mir immer wieder, daß Hitlers Beharren auf Befehlen, deren einziger »Ruhm« der Tod sein konnte, ein pathologisch selbstzerstörisches Element hatte.

Beinahe dasselbe aber läßt sich auch über Speer sagen, der ungeachtet der Versöhnung mit Hitler zu diesem Zeitpunkt nicht nur wußte, daß der Krieg verloren war, sondern auch, welche Strafen deutschen Kriegsverbrechern von den Alliierten drohten. So wundert man sich, wie er folgende Mitteilung des Ministeriums für die besetzten Ostgebiete vom 12. Juni 1944 billigen konnte; da sie die Organisation Todt betraf, für die er letztlich zuständig war, muß er davon gewußt haben:

Die Heeresgruppe Mitte [an jenem Frontabschnitt, an dem zwei Tage zuvor die sowjetische Offensive begonnen hatte] hat die Absicht, in den Armeegebieten 40–50000 Jugendliche im Alter von 10–14 Jahren zu erfassen und ins Reich zu bringen.

… Es ist beabsichtigt, über die Organisation Todt als einer auf Grund ihrer technischen und sonstigen Möglichkeiten hierfür besonders geeigneten Organisation die Jugendlichen in erster Linie dem deutschen Handwerk als Anlernlinge zuzuführen, um sie nach zwei Jahren Ausbildung als Facharbeitskräfte zu verwenden …

Es kommt bei dieser Aktion nicht nur auf die Vermeidung der direkten Stärkung der militärischen Kraft des Gegners an, sondern auch auf die Minderung seiner biologischen Kraft auf weitere Sicht. In diesem Sinn haben sich nicht nur der Reichsführer SS, sondern auch der Führer geäußert. Bei den Absatzbewegungen des vorigen Jahres im Südabschnitt wurden entsprechende Befehle erteilt.

Der letzte Satz zeigt, daß der Befehl im vollen Bewußtsein und in Erwartung künftiger Rückzugsmanöver aus dem mittleren Frontabschnitt erteilt wurde. Wir wissen nicht, ob das abscheuliche Vorhaben, den bereits gestohlenen 250000 Kindern aus den besetzten Ostgebieten weitere 50000 hinzuzufügen, in die Tat umgesetzt wurde – in den Akten findet sich dazu nichts. Wahrscheinlich ist es nicht, da die Sowjets binnen fünf Wochen die etwa 28 Divisionen – 350000 Mann – der deutschen Heeresgruppe Mitte aufgerieben oder gefangengenommen und Minsk, die Hauptstadt von Weißrußland und Sitz der Zentrale der regionalen NS-Verwaltung, zurückerobert hatten.

Die ersten Wochen nach der Invasion in der Normandie, sagte Speer, gehörten zu den ungewöhnlichsten, an die er sich erinnere. Auf den ersten Blick habe eine Katastrophe die andere abgelöst, doch auf dem Berghof kehrte das Leben trotz des Tarnnetzes zur gewohnten, behaglichen Oberflächlichkeit zurück. Generäle und Politiker kamen und gingen, störten aber kaum das normale frühsommerliche Leben auf »dem Berg«. Hitler schlief lange und erschien kaum einmal vor Mittag zur Lagebesprechung. Die Damen, Eva Braun, die Sekretärinnen und die jungen Frauen seiner engsten Vertrauten –

Margret Speer, Anni Brandt und Maria von Below –, nahmen Sonnenbäder auf der Terrasse. Während des Mittagessens gedachte Hitler, dem nie ein Wort über die gegenwärtigen Katastrophen über die Lippen kam, vergangener Ruhmestaten. Selbst der Nachmittagsspaziergang zum Teehaus wurde wiederaufgenommen, wenn auch nunmehr unter der Aufsicht von Wachen, die in regelmäßigen Abständen und diskreter Entfernung vom Weg aufgestellt waren. Und auch wenn Filmvorführungen für die Dauer des Krieges verboten worden waren, traf man sich abends zum üblichen Tee mit Musik und Plauderei vor dem Kamin; die Luft war erfüllt von dem Duft der langsam brennenden Holzscheite und dem Geruch frisch gemähten Grases, der durch die offenen Fenster drang.

»Wie Sie sehen«, sagte Speer, »führte nicht nur ich ein schizophrenes Leben. Wir alle lebten so, Hitler vielleicht am meisten.«

Nicolaus von Belows Beschreibung der seltsam gelassenen Atmosphäre auf dem Berghof in den Katastrophenmonaten Juni und Juli ist der Speers sehr ähnlich. Vier Hochzeiten wurden in jenem Frühjahr gefeiert, und in drei Fällen führte Himmler die Trauzeremonie durch.

Belows Frau Maria wohnte vom Februar bis zu Hitlers Rückkehr nach Rastenburg Mitte Juli mit ihrem Mann auf dem Berghof, und abends erschien Hitler meist mit ihr und Margret Speer am Arm zum Essen. Eva Braun, die an Speers Arm kam oder, in dessen Abwesenheit, an dem von Bormann (den sie angeblich verabscheute), saß stets auf der linken Seite Hitlers, die beiden anderen Frauen abwechselnd auf der rechten.

»Er war wirklich ein guter Gesprächspartner«, sagte Maria von Below zu mir. »Wie soll ich es ausdrücken, damit man mich nicht mißversteht? Er war sehr herzlich, sehr persönlich. Es stimmt natürlich – allerdings fiel mir das erst später auf –, daß diese persönlichen Gespräche mit uns alle sehr ähnlich waren. Er fragte mich, Margret Speer oder Anni Brandt nach den Kindern, war, wie ich meinte, sehr interessiert an kleinen Geschichten über sie und reagierte auf sie mit einem Lachen oder verständnisvollen Nicken. Mich fragte er oft, wie es meinen Eltern gehe, die ein großes Gut führten. Ich weiß noch, daß ich einmal, ohne mich irgendwie beklagen zu wollen, erwähnte, daß ihnen das Öl ausgehe. Später am selben Abend wies er, ohne mir etwas davon zu sagen, Bormann an, ihnen einen Vorrat zukommen zu lassen. Er war, sehen Sie, in solchen Dingen aufmerksam.

Und er war sehr, sehr fürsorglich gegenüber den jungen Menschen in seiner Umgebung – Menschen wie wir junge Frauen. Er wollte nicht, daß wir irgendwelche Sorgen hatten. Solche persönlichen Worte oder auch nur Gedanken über ihn fallen heute schwer, wo ich doch – wie Klaus bis zu seinem Tod – selbst schreckliche Zweifel habe und traurig bin angesichts dessen, wofür wir gelebt haben, und dessen, was wir nicht getan haben, nicht tun konnten. Aber wer nicht dort war, wer das damals nicht erlebt hat und deshalb unsere späteren inneren Konflikte nicht verstehen kann, für den muß es gänzlich unannehmbar sein, daß ich von ihm wie von einem ganz normalen Menschen spreche. Ich weiß, meine Kinder können es nicht ertragen.

Aber wir waren natürlich ganz isoliert. Wir waren völlig aufeinander angewiesen, gesellschaftlich wie emotional. Anni Brandt und ich fuhren manchmal nach Salzburg, aber selbst das so selten, daß ich mich heute noch, nach all den Jahren, an jede Fahrt erinnern kann. Wissen Sie, wenn man auf dem Berghof wohnt, behandelt man es nicht wie ein Hotel. Man war immer eine Gemeinschaft: Hitlers Köchin kochte, seine Hausangestellten kümmerten sich um die Kleider, die Flickarbeiten – man *lebte* dort, und wie in vielen Familien war man nie wirklich für sich, außer im Schlafzimmer.«

Ich fragte sie, ob ihr Mann sie über die getroffenen Entscheidungen, über die Pläne Hitlers unterrichtet habe.

»Bis zu einem gewissen Punkt schon«, sagte sie. »Wir konnten wirklich nichts voreinander geheimhalten, vor allem wenn wir für längere Zeit auf dem Berghof waren. Klaus und ich sahen uns außer in Hitlers Gesellschaft kaum, deshalb sprachen wir über solche Dinge, oder überhaupt, nur in unserm Zimmer.«

Ob sie dabei leise gesprochen oder geflüstert hätten, fragte ich. Sie sah mich verwundert an. »Geflüstert? Nein, wir flüsterten nicht«, sagte sie und lächelte schnell, um nicht abweisend zu wirken. »Klaus und ich waren immer ziemlich ruhige Menschen, wissen Sie, also haben wir uns einfach unterhalten. Es wäre uns nie eingefallen, daß jemand versuchen könnte, uns abzuhören. Ich versichere Ihnen, das hat niemand getan – niemand in diesem Haus hätte je an Türen gelauscht.« Sie zuckte die Schultern und lächelte erneut, wie über ihre eigene Vorstellung belustigt. »Oder durch Schlüssellöcher geschaut. Ich meine, das ist unvorstellbar; alles war unglaublich anständig dort, unglaublich heimelig.«

Heimelig? Sogar in diesen Monaten des Jahres 1944?

»Merkwürdigerweise ja, sogar damals. Wir waren alle so froh, beieinander zu sein ...«

XVII

Der 20. Juli

Nürnberg, den 20. Juni 1946

DR. FLÄCHSNER: Herr Speer! Als Rüstungsminister waren Sie auch vorgesehen auf der Liste der Regierungsmitglieder der neuen Regierung, die die Putschisten des 20. Juli aufgestellt hatten. Waren Sie am 20. Juli beteiligt?

SPEER: Nein. Ich war weder beteiligt noch vorher unterrichtet. Ich mißbilligte damals ein Attentat auf Hitler.

Speers Rolle beim Attentat vom 20. Juli ist seit je umstritten. Seine Feinde im Kreis um Hitler glaubten immer, er sei daran beteiligt gewesen, Hitler dagegen glaubte das nie. Speer selbst hat stets betont, daß er bei aller Sympathie für die Ziele der Verschwörer, als er sie später erfuhr, nicht mit ihnen zusammengearbeitet und tatsächlich nicht einmal von ihrem Plan gewußt habe.

»Vom Verstand her«, erklärte er mir, »hatte ich seit Monaten, wenn nicht länger, erkannt, daß nur Hitlers Tod uns vor der Katastrophe retten konnte. Aber psychologisch, oder gefühlsmäßig wenn Sie wollen, hätte ich dabei nicht mitmachen können. Das wurde mir sieben Monate später noch einmal klar, als ich ganz konkret darüber nachdachte, wie er beseitigt werden könnte, aber erkannte, daß ich es nicht hätte tun können.«

Die Verschwörer, darunter viele Freunde Speers, handelten mit begreiflicher Vorsicht, vielleicht aber auch großer Klugheit, wenn sie Speer, obwohl sie ihn im Prinzip auf ihrer Seite wußten, zwar als mögliches Mitglied der künftigen Regierung vorsahen, ihn aber im Bewußtsein seiner ambivalenten persönlichen Gefühle zu Hitler letztlich nicht in die Verschwörung hineinzogen, sondern ein Fragezeichen hinter seinem Namen stehen ließen – das ihm womöglich das Leben rettete.

In den langen Wochen trügerischer Ruhe auf dem Berghof bereitete eine große Gruppe von Wehrmachtsgenerälen und anderen hochrangigen Offizieren sowie führenden Persönlichkeiten aus dem öffentlichen und kirchlichen Leben, die alle überzeugt waren, daß nur noch die Beseitigung Hitlers Deutschland vor einer verhängnisvollen Katastrophe retten konnte, das Unternehmen vor, das im Attentat des 20. Juli gipfelte.

Es hatte über die Jahre bereits eine erstaunliche Zahl von Attentatsversuchen gegeben, darunter allein sechs in den vorangehenden zwölf Monaten durch junge Wehrmachtsoffiziere, die wie durch ein Wunder unentdeckt blieben. Alle waren gescheitert, weil Hitler seine Pläne in letzter Minute geändert hatte. Diesmal beabsichtigte eine weit größere Gruppe von Verschwörern nicht nur, sich des Todes des Diktators zu vergewissern; sie hatten darüber hinaus sorgfältige Pläne zur Verhaftung der übrigen Führungsmitglieder und zur Beseitigung des bewaffneten politischen Apparats der Gauleiter und der SS ausgearbeitet.

Die treibende Kraft dieser Verschwörung war der 37jährige Claus Graf Schenk von Stauffenberg, der, im Afrikafeldzug durch eine Mine schwer verwundet, ein Auge, eine Hand und zwei Finger der anderen verloren hatte und nach Berlin zurückversetzt worden war, zunächst als Chef des Stabes bei General Olbricht, dem Chef des Allgemeinen Heeresamtes, und danach in derselben Funktion bei Generaloberst Friedrich Fromm, dem Befehlshaber des Ersatzheeres; beide Dienststellen waren in der Bendlerstraße untergebracht, dem Hauptquartier des Generalstabes.

Stauffenberg war gemeinsam mit seinem Freund Peter Graf Yorck von Wartenburg, einem Mitglied des »Kreisauer Kreises« (eines Jahre zuvor von Helmuth Graf von Moltke ins Leben gerufenen christlichen, antinazistischen Diskussionszirkels), zu der Überzeugung gelangt, daß in Deutschland große politische Veränderungen durchgeführt werden müßten, daß man aber vor dem Tod Hitlers, mit dem weder der Osten noch der Westen verhandeln würde, nichts unternehmen könne. Er und die meisten seiner Freunde fühlten sich von der Unfähigkeit der deutschen Konservativen abgestoßen. Besonders bezeichnend ist in diesem Zusammenhang, daß diese jungen Adligen, obwohl sämtlich überzeugte Christen (Katholiken wie Protestanten) und viele von beachtlichem geistigem Format (einige waren Rhodes-Stipendiaten gewesen), ursprünglich fast alle mit dem Nationalsozialismus und Hitler sympathisiert hatten. Doch obwohl einige von ihnen wie etwa Wartenburg, Adam von Trott zu Solz, Fritz-Dietlof von der Schulenburg und Hans Bernd von Haeften hohe Ämter in der Partei oder im Auswärtigen Amt innehatten, gehörte keiner je zu Hitlers engerem Kreis und war deshalb nicht wie Speer dessen »hypnotischer« Persönlichkeit ausgesetzt. Zugleich hatten sie einen weiteren Schutz, der Speer »verhängnisvollerweise« fehlte, wie er später Hilde schreiben sollte: Selbst wenn sie Hitlers Anziehungskraft ausgesetzt gewesen wären, hätte ihr starker religiöser Glaube sie im Gegensatz zu Speer dagegen immun gemacht.

Gewarnt durch die letzten erfolglosen Attentate auf Hitler von zwei der frühesten Widerständler, Generalmajor Henning von Tresckow und Rechtsanwalt Fabian von Schlabrendorff, und zutiefst entmutigt durch das politische Gezänk und die ständige Vorsicht der älteren Verschwörer, beschloß Stauffenberg schließlich, Hitler selbst zu töten.

Sein erster Versuch, eine Bombe in eine Lagebesprechung in Hitlers Rastenburger Hauptquartier zu schmuggeln, war für den 26. Dezember vorgesehen. Die Besprechung wurde jedoch, wie andere zuvor, im letzten Moment abgesagt. Im Anschluß daran entwickelte er mit General Olbricht einen neuen Plan, der umfassender als alle bisherigen Pläne war. Statt sich damit zu begnügen, Hitler zu töten, sollte nach dem Attentat Fromms Ersatzheer strategisch wichtige Punkte vor allem in Berlin besetzen und ein Eingreifen der SS verhindern. Ein Operationsplan unter dem Decknamen »Walküre«, der bereits vor langer Zeit für den Fall eines Aufstandes der Millionen Fremdarbeiter gemacht worden war und den Einsatz dieser Truppen vorsah, lieferte einen Rahmen für rasches Handeln. Generalfeldmarschall Rommel und General Karl Heinrich von Stülpnagel in Frankreich standen bereit, in den besetzten Gebieten im Westen für Ruhe zu sorgen.

Der Hitler allem Anschein nach treu ergebene Generaloberst Fromm war für die Verschwörer von Anfang an ein Problem. Als Stauffenbergs Versetzung in Fromms Stab bevorstand, beschloß er in der für ihn charakteristischen Art, den Stier bei den Hörnern zu packen. Er unterrichtete Fromm unter vier Augen, daß er an der Vorbereitung eines Staatsstreiches gegen Hitler beteiligt sei. Da Fromm die Nachricht kommentarlos entgegennahm und Stauffenbergs Versetzung bestätigte, sahen die Verschwörer sich in ihrer Einschätzung Fromms als Gesinnungsgenossen bestätigt, und Stauffenberg war jetzt an genau der richtigen Stelle, um ihre Pläne in die Tat umzusetzen.

Anfang Juli war alles vorbereitet. Der betagte Generalfeldmarschall Erwin von Witzleben und der ehemalige Generalstabschef Ludwig Beck, zutiefst uneins mit Hitler seit dem Einmarsch in die Tschechoslowakei, waren nominell die Köpfe der Verschwörung, aber es gehörten zur Verschwörung noch viele andere, darunter Offiziere des Generalstabs in Berlin, in Hitlers Hauptquartier und an der Front und führende Persönlichkeiten des öffentlichen Lebens in Deutschland. Carl Goerdeler, vormals Bürgermeister von Leipzig, der sich den Nazis von Anfang an widersetzt hatte, war vorgesehen, eine provisorische, aus Militärs und Zivilisten gebildete Koalitionsregierung zu leiten.

Laut Plan sollte Stauffenberg sich am festgesetzten Tag zu Hitlers Lagebesprechung einladen lassen, am Besprechungsort eine Zeitbombe deponieren, um Hitler, Himmler und Göring in die Luft zu sprengen, und anschließend, nachdem er Olbricht in Berlin das Signal gegeben hatte, das Unternehmen Walküre in Gang setzen, nach Berlin zurückfliegen und die Leitung übernehmen.

Stauffenberg unternahm im ganzen fünf Versuche. Dem ersten am 26. Dezember 1943 in Rastenburg folgten zwei, die auf dem Berghof stattfinden sollten; als Stauffenberg aber bei seinem Ankommen dort entdeckte, daß entweder Himmler oder Göring nicht anwesend war, beschlossen er und Olbricht, den Anschlag zu verschieben.

Am Morgen des 14. Juli flog Hitler nach Rastenburg zurück; Stauffenberg folgte einen Tag später mit einer Bombe in der Aktentasche. Er rief in der Bendlerstraße an, um Bescheid zu geben, daß er die Bombe jetzt deponieren würde, doch Hitler verließ die Besprechung in dem Augenblick, als Stauffenberg telefonierte, und der Putsch mußte erneut verschoben werden.

Am 17. Juli erfuhren die Verschwörer, daß die Gestapo auf dem Weg war, Goerdeler zu verhaften (der sofort untertauchte), und daß der für ihre Pläne so wichtige Rommel bei einem Luftangriff der Alliierten in Frankreich schwer verletzt worden war. In dieser Situation beschlossen sie, nicht länger zu warten: Zu viele Menschen waren in die Pläne verwickelt, zu viele eingeweiht, und der Schwung durfte nicht erlahmen. Als Stauffenberg deshalb auf die erwartete Einladung zu Hitlers mittäglicher Lagebesprechung in Rastenburg hin Berlin am frühen Morgen des 20. Juli in einem kleinen Flugzeug verließ, hatte er in einer leichten braunen Aktentasche eine bereits zündfertige Bombe dabei, obwohl die Verschwörer nicht mit Himmlers und Görings Anwesenheit rechnen konnten.

Die Besprechung fand nicht im üblichen Besprechungszimmer von Hitlers Bunker statt, an dessen Verstärkung Bautruppen der OT noch arbeiteten, sondern in Speers Blockhaus, dem einzigen außer Hitlers, das über einen Sitzungsraum verfügte. Feldmarschall Keitels Adjutant John von Freyend wollte dem berühmten kriegsversehrten Besucher, dem er bereits sein Badezimmer kurz überlassen hatte, unbedingt behilflich sein und bestand darauf, die Aktentasche in den Raum zu tragen, wo die mittägliche Besprechung bereits im Gange war; er stellte sie unter den Kartentisch, rechts von Hitlers Platz. Stauffenberg folgte ihm in den Raum, wo Hitler ihn kurz begrüßte, und schob die Tasche mit dem Fuß näher zu Hitler hin. Die Bombe war so eingestellt, daß sie fünf Minuten später explodieren mußte; Stauffenberg murmelte eine kurze Entschuldigung, verließ den Raum und stieß in der Funkstation des OKW einige Baracken weiter zu seinem Mitverschwörer, dem Chef des Nachrichtenwesens General Erich Fellgiebel. Sie hörten die gewaltige Explosion, und da Stauffenberg wußte, wo die Bombe explodiert war, war er von Hitlers Tod überzeugt. Es gelang ihm, zwischen zwei Wachposten hindurchzukommen und nach Berlin zurückzufliegen.

Der Rückflug in Stauffenbergs kleiner Heinkel 111 dauerte fast drei Stunden. Da das Funkgerät des Flugzeugs einen Großteil der Zeit außerhalb der Reichweite Berlins war, konnte Stauffenberg nicht wissen, daß sein Anschlag fehlgeschlagen war. Oberstleutnant Heinz Brandt, der ranghöchste Adjutant von Generalmajor Helmuth Stieff – beide Männer waren an der Verschwörung beteiligt, aber wie andere nicht unterrichtet, daß nun der Tag gekommen war –, hatte die Aktentasche aufgehoben und auf die andere Seite eines schweren Tischsockels gestellt, da sie ihm, als er sich über den Tisch lehnen und die Karte zu Rate ziehen wollte, im Weg war. Dies bewirkte, daß die meisten der vierundzwanzig Anwesenden wirkungsvoll abgeschirmt waren, während er selbst in die ärgste Druckwelle der Detonation geriet. Die meisten erlitten zwar wie Hitler Verbrennungen und Gehirnerschütterungen, und einige mußten sich krank melden, doch nur vier Personen wurden ernsthaft verwundet (allerdings spricht Below in seinen Memoiren von elf). Zwei von ihnen kamen ums Leben: Oberstleutnant Brandt und General Schmundt.

Als Hitler einige Tage später erfuhr, daß sowohl Oberstleutnant Brandt, den er am 22. Juli postum zum General befördert hatte, wie auch Generalmajor Henning von Tresckow (einer der besten jungen Generäle der Wehrmacht, der sich am 21. Juli in einem Waldstück in der Nähe des Rastenburger Hauptquartiers unter Vortäuschung eines Partisanenangriffs erschossen hatte und wie Oberstleutnant Brandt feierlich begraben worden war) der Verschwörung angehört hatten, ließ er sie exhumieren und ihre Asche an einem unbekannten Ort verstreuen.

Hitler selbst war am folgenden Tag zwar wegen geplatzter Trommelfelle und einer leichten Gehirnerschütterung außer Gefecht gesetzt, doch ließ er sich von seinen unmittelbaren Verletzungen – Splittern in beiden Oberschenkeln, einem verstauchten Ellbogen und Schürfungen an der rechten Hand – nicht davon abhalten, spazierenzugehen und die Arbeiter der Organisation Todt zu beruhigen. Das Mittagessen nahm er mit seiner erstaunten Sekretärin Christa Schröder ein, mit der er sich munter unterhielt. Und um 14.30 Uhr empfing er wie geplant Mussolini, der mit dem Zug zu nachmittäglichen Gesprächen eingetroffen war – zu den letzten Gesprächen, die sie, wie sich herausstellen sollte, miteinander führen würden.

Stauffenberg war inzwischen auf dem Rangsdorfer Militärflughafen bei Berlin gelandet, wo jedoch niemand da war, ihn abzuholen. Als er Olbricht anrief und erfuhr, daß ein Gerücht, dem zufolge Hitler überlebt habe, in der Bendlerstraße größte Verwirrung gestiftet hatte, versicherte er ihm, daß Hitler tot war und daß die vereinbarten Befehle unverzüglich erteilt werden mußten. Trotzdem mußte er eine Stunde später, als er in der Bendlerstraße eintraf, feststellen, daß Olbricht seine Rückkehr und neuerliche Bestätigung von Hitlers Tod abgewartet hatte, bevor er den Befehl erteilte, das Unternehmen Walküre zu beginnen, und damit für die Ausschaltung der politischen Führung und der SS entscheidende erste Stunden vergeudet hatte. Generalfeldmarschall von Witzleben, empört über das Durcheinander, das er bei seiner Ankunft am frühen Tag vorfand, war sehr schnell auf sein Landgut zurückgekehrt, wo er einige Stunden später verhaftet werden sollte. Nur General Stülpnagel in Frankreich befolgte die zuvor ausgearbeiteten Pläne genau und ließ die SS entwaffnen, alle Mitglieder des SD unter Arrest stellen und sämtliche Verbindungen zu Berlin abbrechen. Da er auf diese Weise seine eigene Verbindung mit Berlin abschnitt, hatte dies leider die – für ihn verhängnisvolle – Folge, daß er als letzter vom Scheitern des Staatsstreiches erfuhr.

Stauffenbergs Befehle wurden nur noch an einem anderen Ort wörtlich befolgt: in Wien, wo eine kleine Gruppe von Stabsoffizieren seit langem den Kern des Widerstandes innerhalb des für Wien zuständigen Wehrkreiskommandos XVII bildete. Hauptmann Karl Szokoll, seit Jahren ein Freund Stauffenbergs, stand in direktem Kontakt mit ihm. Sobald er aus Rastenburg die Nachricht von Hitlers Tod erhalten hatte, ordneten die drei rangältesten Stabsoffiziere Oberst Heinrich Kodré, Oberst Robert Bernardis und Oberst Rudolf Graf Marogna-Redwitz (sowie Major Karl Biedermann) an, die beiden Gebäude, in denen das Polizeipräsidium und die Gestapo untergebracht waren, zu besetzen, den Gauleiter (Scharizer), den Polizeipräsidenten und den Leiter der Wiener Gestapo zu verhaften und die Truppen unter ihrem Befehl in Alarmbereitschaft zu versetzen.

Von diesen fünf Männern sollten drei gehängt werden – Bernardis und Marogna-Redwitz im selben Sommer zusammen mit den anderen Verschwörern, die der schreckliche »Volksgerichtshof« verurteilte, Biedermann einige Monate später. Kodré verschwand auf Nimmerwiedersehen in einem Konzentrationslager.

Karl Szokoll überlebte, und mit ihm die vielleicht letzten Worte, die uns von Claus von Stauffenberg überliefert sind. Denn Szokoll hatte dessen direkte Nummer in der Bendlerstraße und rief ihn in jener furchtbaren Nacht vom 20. auf den 21. Juli an, da die Widerstandsgruppe in Wien das Gerücht gehört hatte, Hitler sei noch am Leben. Offenbar nahm Stauffenberg selbst den Hörer ab. »Was ist los?« sagte Szokoll. »Stimmt es, daß Hitler noch lebt?«

»Also macht ihr auch schlapp?« entgegnete die müde Stimme aus der Berliner Bendlerstraße, dann wurde aufgelegt. Szokoll rief sofort wieder an, aber niemand nahm ab. Als er drei Minuten später eneut anrief, meldete sich eine fremde Stimme, und diesmal hängte Szokoll ein.

Fromm, der sich nur widerstrebend in die Verschwörung hatte hineinziehen lassen, wechselte sofort die Seite, als Hitlers Tod zweifelhaft wurde. Als Stauffenberg in der Bendlerstraße eintraf und darauf bestand, daß »Walküre« sofort anlaufen sollte, ob Hitler nun tot sei oder nicht, forderte Fromm Beck, Stauffenberg und Olbricht auf, sich zu erschießen; die Verschwörer sperrten ihn daraufhin in ein Zimmer ein, doch sollte das weder sie noch letztlich ihn retten.

Es hat natürlich niemand überlebt, der uns sagen könnte, was Stauffenberg in diesen letzten Stunden seines Lebens durch den Kopf ging. Viermal hatte sich dieser außergewöhnliche Mann zu der Entscheidung durchgerungen, den Tyrannen zu ermorden; viermal hatte er eine Bombe an seinem Körper getragen. Wir wissen nur, daß er noch in diesen letzten Augenblicken versuchte, seine Mitverschwörer in der Bendlerstraße mit seinem Mut und seiner Tatkraft mitzureißen.

Als die Bombe in Rastenburg explodierte, beendete Speer gerade im prächtigen Festsaal des Berliner Propagandaministeriums eine Rede, mit der er hoffte, seinen Ministerkollegen, 200 Spitzenbeamten und einer von Goebbels ausgewählten Gruppe von Journalisten Mut einzuflößen. Einige Minuten später, als er mit Funk in Goebbels' Büro bei einem Glas Wein saß, verständigte sie ein Telefonanruf aus Rastenburg über das fehlgeschlagene Attentat. Goebbels' (und Hitlers) erster Gedanke war, daß einer der Arbeiter der Organisation Todt die Bombe eingeschmuggelt hätte, doch wurde der Verdacht rasch fallengelassen, als sich zeigte, daß das Attentat das Signal zu einem Militärputsch in Berlin und Frankreich sein sollte.

Speers Schilderungen der ersten Stunden und seiner Gefühle nach der Nachricht über das Attentat in seinen Schriften und später mir gegenüber sind merkwürdig wirr. In den Schriften erwähnt er lediglich, Goebbels und er seien nach einem kurzen Gespräch zu ihrer »ministeriellen Routine« zurückgekehrt – eine befremdliche Vorstellung an diesem besonderen Tag, doch offensichtlich zutreffend, wie Annemarie Kempf mir später bestätigte. Speer hielt erst eine Verabredung zum Mittagessen in seinem privaten Speisezimmer mit Oberst Gerhard Engel ein, dem Kommandanten einer Fronttruppe und ehemaligen Heeresadjutanten Hitlers, und die beiden diskutierten lange über eine Denkschrift zur Verbesserung der Zusammenarbeit zwischen Rüstungsministerium und Wehrmacht, die Speer Hitler soeben geschickt hatte. Nach dem Essen, schrieb Speer in den *Erinnerungen*, erörterte er mit einem Beamten des Auswärtigen Amtes die »Sicherung des rumänischen Öls«, bis mitten in der Besprechung Goebbels anrief und ihn bat, sofort zu ihm zu kommen.

Ich hatte all das mit einiger Verblüffung in seinem Buch gelesen und sagte ihm, als wir zum erstenmal über den 20. Juli sprachen, ich könnte seiner Schilderung kaum glauben. An diesem Morgen in Berlin hätten doch sicher alle nur Gedanken für Hitlers Gefahr und Rettung gehabt und die Frage nach der Bedeutung dieser Revolte gestellt.

»Ja, Sie haben schon recht«, erwiderte er. »Ich habe mich oft selbst darüber gewundert. Ich konnte es mir nur so erklären, daß vielleicht der Schock uns in die Routine flüchten ließ.« Nach jenem Anruf, sagte er, habe er den Rest des Tages mit Goebbels verbracht, zunächst in dessen Arbeitszimmer und danach in seiner Wohnung.

»Das stimmt genau«, sagte Annemarie. »Laut Terminplan hätte er dem Begräbnis von Leni Riefenstahls Vater beiwohnen sollen; ich weiß noch, daß er mich bat, ihn telefonisch zu entschuldigen. Am frühen Nachmittag war unser Ministerium plötzlich von Soldaten umstellt, doch ich erinnere mich, daß er von seinem eigenen Büro aus, nicht vom Büro Goebbels', wie er später glaubte, versuchte, General Fromm zu erreichen. Da es hieß, [der immer noch eingesperrte] Fromm sei nicht in der Lage, den Anruf entgegenzunehmen, fragte Speer nach General Olbricht; ich hörte dann, wie er sich bei ihm verärgert über die Soldaten beschwerte, die alle Leute anhielten, die unser Gebäude und Goebbels' Ministerium betreten oder verlassen wollten. Ich sehe immer noch, wie sein Gesicht bei Olbrichts Antwort buchstäblich weiß wurde.«

Speer hatte mir von diesem Telefongespräch berichtet. »Olbricht entschuldigte sich«, sagte er. »Er sagte, im Falle unseres Ministeriums handle es sich um einen Irrtum und er werde das sofort richtigstellen. Ich war wirklich entsetzt. Wenn er in der Lage war, mir zu sagen, die Bewachung *meines* Ministeriums sei ein ›Irrtum, den er sofort richtigstellen würde‹, bedeutete das doch nicht nur, daß er, ein hoher Offizier im Generalstab, der Verschwörung angehörte, sondern daß die Verschwörer glaubten, ich sei ebenfalls beteiligt. Wo würde das enden? Und vor allem: Auf welcher Seite stand Fromm? Wie breit war die Basis der Verschwörung, und wie weit reichte sie hinauf?«

In diesem Augenblick, sagte Speer, habe er nicht geahnt, daß die ranghöchsten aktiven und pensionierten Offiziere der Wehrmacht in Deutschland, den besetzten Gebieten und an der Front darin verwickelt waren, aber er machte sich große Sorgen um Fromm. Genausowenig wußte er, was er später in derselben Nacht erfuhr – daß nämlich sein Name, glücklicherweise mit einem Fragezeichen versehen, auf einer Kabinettsliste der Verschwörer stand.

Drei Tage zuvor, am 17. Juli, erzählte mir Speer (und schrieb er in den *Erinnerungen)*, hatte sich etwas ereignet, dem er im Rückblick größte Bedeutung beimaß. Fromm, sagte er, hatte Oberst Stauffenberg mit einer Einladung für den 20. Juli zum Mittagessen und zu einer anschließenden Besprechung in der Bendlerstraße zu ihm geschickt. Am späten Vormittag dieses Tages sollte er aber diese lange Rede halten und wollte sich daher nicht auf ein Essen und damit verbundene sicher stundenlange Gespräche in der Bendlerstraße einlassen und hatte deshalb abgelehnt. Stauffenberg – ganz untypisch für ihn, wie Speer später dachte – hatte ihn bedrängt und gesagt, Fromm wolle unbedingt, daß er komme. Doch Speer lehnte erneut ab.

»Ich habe nie daran gezweifelt«, sagte er, »daß Fromm bei diesem Mittagessen, während Stauffenberg in Rastenburg die Aktentasche mit der Bombe unter den Tisch in Hitlers vorübergehendem Besprechungszimmer stellen würde, herausfinden wollte, ob das Fragezeichen hinter meinem Namen durch eine Bestätigung ersetzt werden konnte. Als er verhaftet wurde, versuchte ich, ihm zu helfen, aber, ich fürchte, nicht sehr erfolgreich.«

Am frühen Nachmittag (laut Annemarie kurz nach Speers Telefongespräch mit Olbricht) rief Goebbels an und bat ihn, sofort zu ihm in die Wohnung zu kommen. Erst bei seiner Ankunft dort erfuhr Speer vom Ausmaß des Staatsstreichs. Goebbels war von Hitler mit der Wiedereinsetzung der rechtmäßigen Obrigkeit der Stadt beauftragt worden und sagte zu Speer, er solle bei ihm bleiben, um ihn zu beraten.

»Er war aus seinem Büro dorthin umgezogen«, sagte Speer, »weil es sicherer war. Zu diesem Zeitpunkt wußte keiner mehr, wer dafür oder dagegen war.« Bereits zuvor hatte Goebbels herausgefunden, daß der Befehlshaber der Truppen, die in Berlin das Regierungsviertel bewachten, ein gewisser Major Otto Ernst Remer war, der als loyaler Anhänger der Nazis galt.

»Es ist wirklich merkwürdig, wenn man bedenkt«, sagte Speer, »daß es letzten Endes fast ausschließlich an diesem im Grunde unbedeutenden jungen Offizier lag, daß der Militärputsch nach einem klugen Schachzug von Goebbels im wesentlichen vorbei war.«

Remer hatte auf Goebbels' Anweisung, seine Soldaten abzuziehen, entgegnet, er handle auf höheren Befehl, da Hitler tot sei. Als Goebbels ihm mitteilte, er sei falsch unterrichtet, und Hitler kurz mit ihm verband, nahm Remer zackig Haltung an.

»Jawohl, mein Führer ... Jawohl!« hörte Speer den jungen Offizier mit vor Erregung zitternder Stimme sagen.

Hitler teilte Remer mit, sein Vorgesetzter, Generalleutnant [Paul] von Hase, gehöre offensichtlich einer »kleinen Clique von Verrätern« an und sei unverzüglich zu verhaften. In der Zwischenzeit solle Remer den Oberbefehl über alle Truppen der Wehrmacht in Berlin übernehmen und Goebbels' Anweisungen befolgen.

Um elf Uhr in derselben Nacht, als Fromm längst von hitlertreuen Offizieren befreit worden war und sofort seinerseits Beck, Olbricht, Stauffenberg und ihre Adjutanten unter Arrest gestellt hatte, erfuhren Speer und Goebbels, daß Fromm im Begriff war, ein Standgericht abzuhalten.

In den *Erinnerungen* schreibt Speer, er sei sofort mit Major Remer in seinem weißen Mercedes zur Bendlerstraße gefahren, weil er geglaubt habe, daß dieses Vorgehen Fromm »schwer belasten« würde und außerdem Hitler selbst »die Entscheidung, was mit den Rebellen zu geschehen habe«, treffen müsse.

Ich fragte Speer, warum er Fromm aufhalten wollte. Das Schicksal der Verschwörer sei doch ohnehin besiegelt gewesen. Unter den gegebenen Umständen sei es doch fast ein Gnadenakt von Fromm gewesen, sie erschießen zu lassen, bevor sie, wie es zweifellos geschehen wäre, gefoltert werden konnten.

»Ich war überzeugt, daß Fromm in die Sache verwickelt war«, sagte er. »Und ich glaubte – zu Recht, wie sich herausstellte –, aufgrund eines solchen Standgerichts würde man ihn verdächtigen, sie zum Schweigen bringen zu wollen, bevor sie ihn unter Folter verraten konnten.«

Er glaube also, daß dieser Verdacht zu Fromms Verhaftung geführt oder dazu beigetragen habe?

»Na ja, geholfen hat's ihm sicher nicht,« erwiderte er trocken. »Tatsache ist natürlich, daß sie ihn monatelang am Leben ließen, weil sie keine Beweise gegen ihn in der Hand hatten, nichts Schriftliches wie bei so vielen anderen und keine unter Folter gegen ihn vorgebrachten Anschuldigungen. Sonst hätten sie ihn früher hingerichtet.«

Speer mag damit recht haben, aber Tatsache ist, wie ich viele Jahre später beim Studium des »Spandauer Entwurfs« entdecken sollte, daß er in jener Nacht nicht nur wegen des Standgerichts oder aus Sorge um Fromm in die Bendlerstraße fuhr. Im »Spandauer Entwurf« erzählt er die Geschichte ganz anders. Er beschreibt die Maßnahmen, die erörtert wurden, als er mit Goebbels im Arbeitszimmer in dessen Wohnung saß. Über Telefon oder Kurier gingen Gerüchte in Hülle und Fülle ein: Himmler sei verschwunden, Himmler sei zu den Verschwörern übergelaufen, Truppenverbände hätten sich in großer Zahl dem Aufstand angeschlossen und würden auf Berlin marschieren. Hier der betreffende Auszug aus dem »Spandauer Entwurf«: Gegen Abend entstand neue Aufregung. Eine Einheit Panzer war von Potsdam kommend am Fehrbelliner Platz. Sie würde nur auf Befehl des Gen.Obersten Guderian, Chef der Panzertruppen, gehorchen. »Wer weiß, auf welcher Seite Guderian ist. Er ist immer ein wenig heißblütig«, meine ich. Aber darin hatte ich unrecht. Ein Oberst der Panzertruppe führte die Abteilung an, und dieser war mir von unserer Zusammenarbeit mit den Panzerleuten gut bekannt. Ein Anruf von mir stellte fest, daß die Panzer nicht zu den Aufständischen gehören und kurze Zeit darauf ist der Oberst in der Wohnung von Goeb[bels], wo er sich über die Lage informieren läßt. Es war unterdessen klar geworden, daß das Zentrum des Aufstandes in der Bendlerstraße ... saß. Mit den Panzern wurde eine Aktion gegen diesen Gebäudeblock gestartet. Als es schon dunkel war, kam die Meldung durch, daß das Haus besetzt sei. Ich fuhr mit dem Obersten ... der Panzer dorthin [im Buch nimmt er Remer mit] ... Am Eingang zur Bendlerstraße hielt ein Auto. Bei ihm traf ich Kaltenbrunner, den Chef der Gestapo, mit zahlreichen SS-Führern. Er erklärte mir, daß keine SS zur Niederschlagung oder zum Vollzug eingesetzt wurde, daß daher seinen Leuten verboten sei, die Bendlerstraße zu betreten. Denn nach Auffassung der SS solle das Heer selbst diese Angelegenheit bereinigen. Eine Einschaltung der SS würde nur Verstimmung bringen. Ein, wie mir schien, recht vernünftiger Standpunkt, der aber danach nicht mehr eingehalten wurde.

Als Speer mir die Fahrt zur Bendlerstraße in jener Nacht dann noch einmal schilderte, sagte er, Berlin sei natürlich verdunkelt gewesen, doch das Gebäude des Hauptquartiers am Rand des Tiergartens sei von Suchscheinwerfern angestrahlt worden. Im selben Augenblick, als er und Major Remer (den Panzeroberst erwähnte er mir gegenüber nicht) aus dem weißem Mercedes gestiegen seien, sei eine hohe Gestalt durch die Bäume auf sie zugekommen. »Es war Fromm in voller Uniform«, sagte Speer. »Er sah entsetzlich aus.« Fromm berichtete Speer mit heiserer Stimme, es sei seine Pflicht gewesen, ein Standgericht über die Mitverschwörer abzuhalten, die zu seinem eigenen Stab gehört hätten. »Er sagte, daß General Olbricht und sein Stabschef Oberst von Stauffenberg im Hof erschossen worden seien, und fügte unnötigerweise, wie ich meinte, hinzu: ›Sie sind tot.‹«

Dann bestand Fromm darauf, daß er unverzüglich zu Goebbels' Büro gebracht werde, um mit Hitler persönlich zu sprechen. Im Propagandaministerium ließ Goebbels ihn in einem anderen Zimmer warten, während er selbst mit Hitler sprach. Einige Minuten später wurde Fromm unter Arrest gestellt.

Speer empfand ganz offensichtlich gemischte Gefühle für Fromm. Sie waren Freunde gewesen, zumindest soweit Speer welche haben konnte. Aber während der Krise seiner Krankheit, als er sich von den meisten Gefolgsleuten Hitlers verlassen fühlte, war Fromm (neben Zeitzler, Guderian, Milch, Dönitz und Funk) der einzige »Mächtige« des Regimes gewesen, der in jeder Beziehung loyal zu ihm stand. Speer glaubte offensichtlich, daß Fromm an der Verschwörung beteiligt war, und er glaubte auch – vermutlich anfangs mit Bitterkeit –, daß Fromm versucht hatte, ihn hineinzuziehen. In der Tat kommt einem der Verdacht, daß Speers Eile, in jener Nacht des 20. Juli zur Bendlerstraße zu gelangen, nicht so sehr den Grund hatte, Fromm davon abzuhalten, sich selbst zu schaden, als vielmehr sicherzustellen, daß er Speer nicht schaden würde.

Angesichts dessen war freilich Speers dokumentiertes Angebot, als Zeuge für Fromm bei dessen Prozeß im März 1945 aufzutreten, zu einer Zeit, als Menschen überall auf den bloßen Verdacht der Untreue hingerichtet wurden, ein Akt von beträchtlicher Zivilcourage und trug viel dazu bei, die Ambivalenz seiner Haltung auszulöschen.

Dagegen ist, obwohl damals sicher unausgesprochen, die Zuneigung Speers für Stauffenberg in den späteren Schriften ganz eindeutig – er betont sie sowohl im »Spandauer Entwurf« wie in den *Erinnerungen*. »Er war ein ganz besonderer, lieber Mensch«, sagte Speer zu mir, »eine geradezu mystische Gestalt. Ich hatte ihn besonders gern. Schmundt hatte seine Ernennung zum Stabschef empfohlen. Es war eine tragische Ironie, daß Schmundt an den Folgen der Verletzungen starb, die er durch Stauffenbergs Bombe erlitt.«

Im »Spandauer Entwurf« betont Speer, fast genau entgegengesetzt zu seiner späteren Haltung, was er so wortreich bereits im »Nürnberger Entwurf« geschrieben hatte – er war gegen den Staatsstreich, da dessen erstes und hauptsächliches Ziel Hitlers Tod war. »Das ist nicht der richtige Weg«, schrieb er in Nürnberg. »Die Umgebung zu beseitigen, ja, damit wäre ich einverstanden. Aber Hitler selbst – das will ich nicht für richtig halten.«

Was eindeutig und zutiefst beunruhigend aus dem »Spandauer Entwurf« hervorgeht, in dem Speer das Geschehen für seinen einzigen Leser Wolters schildert, wie es wirklich war, ist das Ausmaß seiner aktiven Zusammenarbeit mit Goebbels bei der Unterdrückung des Aufstandes. In den *Erinnerungen* verlagert er sorgfältig den Akzent, da er während seiner Haftzeit einiges über die psychologische Entwicklung in Deutschland und die entschiedene Ablehnung Hitlers – besonders durch die jüngere Generation – gelernt hatte. Zwischen den Zeilen deutet er an, daß er, obwohl nicht offiziell an der Verschwörung beteiligt, doch mit ihr sympathisiert habe, was aus dem Umstand, daß sein Name auf der Kabinettsliste für die neue Regierung der Verschwörer stand, klar hervorgehe. Die Zurückhaltung Hitlers und seiner

Umgebung ihm gegenüber, schreibt er, habe das Mißtrauen gegen ihn noch verstärkt.

Zweifellos machte die Tatsache, daß sein Name auf der Liste der Verschwörer stand, Speer in den ersten Tagen nach dem Putsch verdächtig. Zunächst nahmen weder er noch Goebbels das besonders ernst. Er war bei Goebbels, als die Liste am späten Abend des 20. Juli im Tresor in der Bendlerstraße entdeckt wurde. Der damals anwesende Wilfred von Oven, Goebbels' persönlicher Chronist, berichtete später, daß beide Männer gelacht hätten, als sie Speers Namen sahen, und daß Speer ein glänzender Schauspieler hätte sein müssen, wenn er sein herzhaftes Lachen nur gespielt hätte.

Doch wenn Speer auch bereits an jenem Tag bemerkte, daß eine Reihe von Leuten vorbeugend auf Distanz gingen, so spürte er das noch stärker am folgenden Tag, als er und alle wichtigen Minister nach Rastenburg gerufen wurden. Nur er wurde aufgefordert, seine beiden Stellvertreter, Dorsch und Saur, mitzubringen, und Hitler sei ihnen, wie er meinte, viel herzlicher begegnet als ihm. Alle Hitler Nahestehenden hätten ihn gemieden – sie seien bei seinem Eintreten verstummt oder sogar vielsagend hinausgegangen wie Gruppenführer Schaub, Hitlers ältester und erster Adjutant, der ihn freilich zuerst noch »anzischte« (wie Speer im »Spandauer Entwurf« schreibt): »Jetzt wissen wir, wer hinter dem Attentat stand!«

Speer berichtete keine weiteren Zwischenfälle während seines dreitägigen Aufenthalts im Hauptquartier; und vor seiner Rückkehr nach Berlin am 24. Juli besuchte er sogar den verabschiedeten General Zeitzler, der, wie er mir sagte, »sich anschickte, sein nahegelegenes Hauptquartier zu verlassen, und von allen wie die Pest gemieden wurde, selbst von seinen Offizierskollegen. Ich hatte das Gefühl, ich müsse ihm Lebewohl sagen. Ich konnte nicht glauben, daß er an der Verschwörung beteiligt war, und auch ihm wurde natürlich nie etwas nachgewiesen. Ich wunderte mich allerdings, warum er mir mitteilte, daß sein Adjutant [Oberstleutnant Günther] Smend, der hineinkam, als ich bei ihm war, und einige Wochen später zu denen gehörte, die gehängt wurden, soeben in Berchtesgaden gewesen war, um den Tresor des Generalstabs dort ›auszuräumen‹. Das beunruhigte mich, da es entweder bedeutete, daß Zeitzler unschuldig, aber töricht war oder daß er tatsächlich beteiligt war und glaubte, ich sei es ebenfalls. Es war sehr besorgniserregend.«

»Einige Wochen später«, fuhr Speer fort, »beschaffte mir ein Freund in Hitlers Stab eine Kopie von Kaltenbrunners Bericht über die Verhöre. Dieser enthielt auch die Kopie eines Briefes, den der junge Oberstleutnant Smend aus dem Gefängnis an Zeitzler geschrieben hatte und in dem er ihm für all seine Güte ihm gegenüber als Adjutant dankte und um Vergebung bat, daß er dem Diktat seines Gewissens gefolgt sei und sich der Verschwörung angeschlossen habe, womit er zweifellos auch ihn in Gefahr gebracht habe. Es war einer der bewegendsten Briefe, den ich je las, von diesem anziehenden jungen Mann, der damals natürlich schon wußte, daß er einem schrecklichen Tode entgegenging. Er könnte ihn natürlich auch in der Absicht geschrieben haben, Zeitzler zu retten, aber das glaubte ich nicht. Der Brief bestärkte mich in meiner ursprünglichen Überzeugung, daß Zeitzler nicht beteiligt war.«

Er sei erleichtert darüber gewesen, schrieb Speer bereits im »Nürnberger Entwurf«, daß sein Name in Kaltenbrunners Bericht nicht genannt wurde, und noch mehr über die Erkenntnis, daß die Verschwörer im Grunde vaterlandstreue Deutsche waren:

Es geht aber aus diesen Protokollen und Berichten ganz eindeutig hervor, daß keinerlei Anzeichen für eine Verbindung mit dem Feinde zu finden sind ... Es geht weiter daraus hervor, daß die hohen militärischen Führer, soweit sie in dem Generalstab, dem Heimatheer oder dem Frontheer Dienst machten, in keiner Weise ihre Pflicht dem Vaterland gegenüber vernachlässigten.

Es besteht eine klare Unterscheidung zwischen der Vorbereitung und Durchführung des Putsches und der Aufrechterhaltung der Pflicht, die Kampfkraft möglichst hoch zu halten ...

Sie beabsichtigten offenbar, den Krieg fortzuführen, doch, wie sie hofften, in Zusammenarbeit mit den westlichen Alliierten, mit denen sie zweifellos bessere Friedensbedingungen ausgehandelt hätten.

Dazu schreibt Speer in Spandau: »Es wäre vollständig verkehrt, anzunehmen, daß die Putschisten sofort bedingungslos die Waffen niederlegen wollten.« Und in Nürnberg schrieb er: »Es ist für die Nachwelt wichtig, festzuhalten: Die Männer des 20. Juli waren keine Landesverräter.«

Als Speer am Abend des 24. Juli von dem anstrengenden Aufenthalt in Rastenburg nach Berlin zurückkehrte, reagierte sein Körper wieder einmal auf seine Gemütsverfassung. »Ich schaffte es gerade noch zu meiner kleinen Wohnung«, sagte er mir.

Da sein Berliner Wohnsitz schon vor Monaten zerbombt worden war, hatte er sich notdürftig in einer bescheidenen Dreizimmerwohnung in seinem (ebenfalls schwer von Bomben getroffenen) Ministerium eingerichtet, in der zuvor einer der Fahrer gewohnt hatte.

»Mein stets anfälliges linkes Bein war auf die doppelte Größe angeschwollen«, sagte er. »Es schmerzte wie verrückt.«

Annemarie sagte mir, Dr. Brandt habe ihr später am selben Abend Tabletten zur Bekämpfung der Entzündung gegeben. »Aber er gab mir auch Baldriantropfen, von denen Speer am Abend und dann noch einmal am Morgen die doppelte Dosis nehmen sollte.« Sie sei inzwischen der Ansicht, daß damals womöglich auch Brandt Speers Probleme mit dem Bein für zumindest teilweise psychisch bedingt hielt.

Es war in seiner Wohnung, wo Speer am nächsten Morgen, auf dem Bett liegend, den Chef der Gestapo, Kaltenbrunner, empfing. Er kam mit einem »gefährlichen Angesicht scheinbarer Freundlichkeit«, wie Speer schrieb, um ihm die Liste vorzulegen, die man im Tresor der Bendlerstraße gefunden hatte. »Sie sind als Rüstungsminister aufgeführt«, sagte er.

Speer schildert dieses Ereignis in den *Erinnerungen,* als hätte er damals zum erstenmal davon gehört, daß er auf der Kabinettsliste stand. Doch wie wir gesehen haben, wußte er davon schon seit der ersten Entdeckung der Liste. So vorgewarnt, konnte er den Gestapo-Chef sofort darauf hinweisen, daß hinter seinem Namen nicht nur ein Fragezeichen stand, sondern auch die Bemerkung »Wenn er nach erfolgreichem Putsch annimmt«, woraus eindeutig hervorging, daß er von der ganzen Sache nicht das Geringste gewußt hatte.

Im »Spandauer Entwurf« – wo er weniger überrascht und weniger beunruhigt über den kühlen Empfang im Führerhauptquartier klingt als im Buch – schrieb er zunächst ganz offen, wie er von dem Dokument in Goebbels' Büro erfahren hatte. Als er jedoch zu Kaltenbrunners Besuch kam, hatte er bereits redaktionelle Hintergedanken zur dramatischen Wirkung der Szene in einem späteren Buch. In Klammern fügte er eine an Wolters gerichtete Anmerkung ein: »Laß' lieber den ersten Teil dieser Ministergeschichte (den in Goebbels' Büro) weg; so ist es wirkungsvoller.«

Annemarie lachte, als ich ihr davon erzählte. »Ich habe Ihnen ja schon gesagt: Erfolg haben wollte er, und ich nehme an, daran hat sich auch in Spandau nichts geändert! Ein Mensch kann nicht aus seiner Haut heraus.«

Ich fragte Speer, was er getan hätte, wenn die Verschwörer ihn aufgefordert hätten, sich ihnen anzuschließen.

»Ich kann Gott nur danken, daß sie es nicht taten«, antwortete er, ohne zu zögern. »Ich wäre verzweifelt gewesen.«

Verzweifelt darüber, daß sie Hitler umbringen wollten?

»Nein«, entgegnete er nach einer langen Pause, »verzweifelt, daß ich es nicht getan, daß ich es nicht gekonnt hätte.«

Ernst Görner, den Speer nach Todts Tod als persönlichen »Protokollanten« übernommen hatte und der Speer bis zu seinem Tod im Jahre 1991 bewunderte, hatte eine weitere, leicht abweichende Version zu Speer und dem 20. Juli.

»Einige Tage vor dem 20. Juli«, sagte er, als wir uns vier Jahre vor seinem Tod zum letztenmal unterhielten, »fuhr ich mit Speer nach Berchtesgaden, wo er einer militärischen Besprechung im [Hotel] Platterhof beiwohnen mußte, wie er sagte. Natürlich ging ich nicht mit hinein. Aber ich weiß, daß einer der dort anwesenden Generäle später gehängt wurde, wie auch zwei jüngere Offiziere, die dort waren. Einer von ihnen war Zeitzlers Adjutant Smend.«

Die Besprechung dauerte, wie Görner sich erinnerte, mehrere Stunden. »Ich weiß noch, daß ich mit Leni Riefenstahl und Speers Adjutanten Karl

Cliever frühstücken ging. Als Speer zum Auto zurückkam, sagte er, die Offiziere seien ›überrascht gewesen‹, ihn zu sehen. Ich weiß noch genau, daß ich dachte, wie seltsam; schließlich hatte er mir doch ausdrücklich gesagt, daß wir wegen dieser Besprechung nach Berchtesgaden fahren würden. Wenn er eingeladen war, warum waren sie dann überrascht, ihn zu sehen?«

Ich fragte, was Speer seiner Ansicht nach damit gemeint haben könnte.

»Ich hielt das später für eine Vorsichtsmaßnahme, mit der er sich absichern wollte, indem er uns gegenüber seine Rolle als ›Außenseiter‹ betonte. Er war sehr vorsichtig, wissen Sie, die Sorte Mensch, die nicht nur weit vorausdenkt, sondern sogar um Ecken sieht. Ich habe immer geglaubt, daß er über den 20. Juli Bescheid wußte. Danach, als alles so furchtbar schiefgegangen war, hatte ich entschieden den Eindruck, daß er schrecklich beunruhigt war.«

Speer sprach mit mir lange über die Folgen des 20. Juli. »Was sich verderblich auswirken konnte«, sagte er, »waren Gerüchte, und davon gab es eine wahre Flut, auch über mich, über Menschen, die verhaftet wurden, verschwunden oder geflohen waren, Selbstmord begangen hatten oder erschossen worden waren.«

Annemarie, Zeugin von Speers Tun und Empfängerin an ihn gerichteter Nachrichten über jene Gerüchte, bestätigte, wie gefährlich sie waren. »Wir waren uns beinahe sofort der Folgen bewußt; es war erstaunlich, wie vergleichsweise ruhig unser Telefon in jenen ersten Tagen blieb. Und wir selbst, die wir seit langem überzeugt waren, daß nicht nur unsere Telefone, sondern auch unsere Büros von Himmlers Schnüfflern abgehört wurden, hörten uns mit einer geradezu grotesken falschen Fröhlichkeit über lauter alberne Dinge schwätzen.«

Sie glaubte nicht einen Augenblick daran, daß Speer an der Verschwörung beteiligt war oder auch nur, wie Görner meinte, von ihr wußte. »Ich hätte das gewußt, glauben Sie mir«, sagte sie. »Es stimmt, daß er einigen Generälen sehr nahe stand, und es stimmt genauso, daß sie alle – ich habe sie oft gehört – endlos die Befehle aus dem Führerhauptquartier kritisierten. Doch von da bis zur tatsächlichen Einweihung Speers in ihre Pläne ist es noch ein großer Schritt. Selbst damals, nach seiner Krankheit und Desillusionierung, wie Sie vermuten, und obwohl er sicher ihre Überzeugung teilte, daß der Krieg nicht länger zu gewinnen sei, hätten sie nicht riskieren können, ihn über einen Plan zu unterrichten, der vorsah, als erstes Hitler zu töten.«

Annemaries sonst so ruhige Stimme klang auf einmal aufgebracht: »Aber danach ... Wie viele hochgestellte Leute in Hitlers Regierung wagten es, sich für ihre Kollegen und Freunde einzusetzen, so wie er? Vergessen Sie nicht, ich war dort; ich notierte auf seine Anweisung hin seine Telefonanrufe und Briefe an Hitler, Himmler, Kaltenbrunner und Reichsjustizminister Thierack, in denen er um Hilfe und Nachsicht für Männer bat, die er aus unserem Ministerium, aus der Industrie, aus dem öffentlichen Leben und natürlich vom Militär kannte. Und für deren Frauen und Kinder, die ins Gefängnis kamen – ganze Familien wurden verhaftet. Und er schickte an alle im Gefängnis oder Konzentrationslager Pakete mit Lebensmitteln, Kleidern und Medikamenten; wir packten sie. Sie wurden ›Speer-Pakete‹ genannt. Welches andere hohe Regierungsmitglied ging die Risiken ein, die er einging? Ich sage Ihnen, keines. Und er bezahlte dafür.«

Mit »bezahlte« meinte Annemarie nicht Speers spätere Verurteilung in Nürnberg zu zwanzig Jahren Haft. Sie, die vielleicht mehr als alle anderen von dem wußte, was er mir gegenüber als »schizophrene Existenz« nach seiner Genesung und Rückkehr nach Berlin beschrieb, sprach von seinen damaligen Ängsten, die sie stärker als alle anderen teilen sollte.

»Es wäre sinnlos zu behaupten, ich hätte keine Angst gehabt«, meinte Speer. »Wie ich Ihnen schon gesagt habe, ich bin wirklich kein Held. Was immer ich sonst noch empfand, ein großer Teil davon war jedenfalls Angst. Erstens physische Angst vor Himmler und seinen Lakaien, die mir, wie ich wußte, den Tod wünschten; dann Angst – emotionale Angst – vor Hitlers Ungnade. Und schließlich, noch Monate nach dem 20. Juli und angesichts des schrecklichen Schicksals, das so viele erlitten, eine wahrhaft zermürbende Angst vor allem nachts, in meinen Träumen, vor körperlichen Schmerzen.«

Er dachte an die Foltern, denen, wie allgemein bekannt, Verdächtige unterworfen wurden.

»Am Tag konnte ich diese Angst durch die Arbeit unterdrücken«, sagte er, »doch meine Träume waren voller blutiger Gewalt. Das war untypisch für mich. Ich bin wirklich«, er lachte kurz, »na ja, ein ruhiger Träumer, selbst wenn meine Träume schmerzhafte Erinnerungen widerspiegeln. In jenen Monaten jedoch …« Er brach ab.

In jenen Monaten war er, so muß man annehmen, erstmals gezwungen, Gewaltakten ins Auge zu sehen: nicht dem, was der Krieg Tausenden anonymer Opfer antat, sondern Taten, die ihm persönlich bekannte Männer an Menschen verübten, die er ebenfalls sehr gut kannte – Männer, zu denen er in vielerlei Hinsicht hatte gehören wollen, zu denen er immer stärker gehörte und denen er sich zugehörig fühlte.

In den ersten auf den Putsch folgenden Wochen, als die Hauptverschwörer von der Gestapo Tag und Nacht in den Kellern von deren Hauptquartier in der Prinz-Albrecht-Straße verhört wurden und als Folge oder unter dem Vorwand von unter Folter erzwungenen Aussagen immer mehr Menschen verhaftet wurden, war die Stadt von Gerüchten erfüllt. Der erste Prozeß vor dem sogenannten Volksgerichtshof wurde zwar für die Nachwelt gefilmt, doch die Öffentlichkeit war mit Ausnahme einiger ausgewählter Parteibonzen ausgeschlossen. Dennoch verbreiteten sich Nachrichten über die Pöbelhaftigkeit der Verfahren, die vulgäre Sprache des Vorsitzenden Richters Roland Freisler und das erschreckende Aussehen der Angeklagten rasch über die Korridore des offiziellen Berlin.

Die erste Verhandlung am 8. August galt acht Männern. Die Gesichter dieser Nachfahren einiger der ältesten deutschen Familien mit Namen, die untrennbar mit der stolzen deutschen Armee verbunden waren, waren bis zur Unkenntlichkeit entstellt. Sie trugen zerschlissene zivile Kleidung ohne Kragen, Socken oder Gürtel, und hielten krampfhaft ihre Hosen fest, die wiederholt, wenn das Gericht den Männern befahl, strammzustehen, bis zu den Knöcheln herunterrutschten. Als bei einer solchen Gelegenheit das Opfer zitternd dastand, den Unterkörper entblößt – Unterkleidung war nicht erlaubt – und das Gesicht starr vor Schrecken, brachen das Gericht und sein Vorsitzender in schallendes Gelächter aus. »Das ist also ein Held des großartigen deutschen Generalstabes«, spottete Freisler, »nicht einmal fähig, seine Hosen zu halten.«

»Mit diesem Mann hatte ich vor nicht mehr als einem Monat gegessen, ein Träger der höchsten Orden, die unser Land zu vergeben hatte«, sagte Speer. »Es war ... unfaßbar.«

Viele sollten Hitlers Zorn zum Opfer fallen, Offiziere sämtlicher Ränge wie Zivilisten. Wenn sie wußten, daß es hoffnungslos war, und sie Gelegenheit hatten, begingen sie Selbstmord. Die meisten anderen erschienen nach unsagbaren Folterqualen durch die Gestapo ebenfalls vor dem schrecklichen Volksgerichtshof, um dort gedemütigt und schließlich zum Tode verurteilt zu werden.

Zu den Opfern gehörten Offiziere im Generalsrang wie Beck, Fellgiebel, Hase, Olbricht, Oster, Rommel, Stieff, Stülpnagel, Tresckow und Wagner, ferner hervorragend begabte jüngere Männer, Offiziere und Diplomaten wie Stauffenberg, dessen Adjutant Werner von Haeften und Haeftens Bruder Hans Bernd, Legationsrat im Auswärtigen Amt und führendes Mitglied des bereits erwähnten Kreisauer Kreises.

Tresckow erschoß sich noch am Tag des Attentats in Rastenburg, unmittelbar nachdem er erfahren hatte, daß Hitler überlebt hatte. Stauffenberg selbst wurde auf Fromms Befehl noch in derselben Nacht erschossen, die meisten anderen sollten allerdings später gehängt werden. Unter ihnen befanden sich Helmuth von Moltke, der Gründer des Kreisauer Kreises, der Diplomat Adam von Trott zu Solz und Peter Yorck von Wartenburg, alle gläubige Christen und von früh an Widerstandskämpfer. Wartenburg stand (wie Speer) auf der Kabinettsliste der Verschwörer und gehörte zu den ersten acht, die gehängt wurden; dasselbe galt für den Journalisten Julius Leber, ein sozialdemokratisches Mitglied des Kreisauer Kreises, der für den Fall eines Erfolges als Reichsinnenminister vorgesehen war.

Natürlich muß hier auch Erwin Rommel genannt werden, der nach seinen Siegen in Nordafrika berühmteste deutsche General. Von den Verletzungen genesen, die er erlitten hatte, als sein Wagen am 17. Juli von Flugzeugen der Alliierten beschossen worden war, brachte er sich am 14. Oktober 1944 selbst um, vor die Wahl gestellt, Selbstmord zu begehen und ein Heldenbegräbnis zu erhalten – seine Familie sollte seine Pension bekommen – oder einen schimpflichen Prozeß als Verräter über sich ergehen zu lassen.

Stülpnagel, der sich bei einem Selbstmordversuch selbst blendete, wurde für hinreichend gesund befunden, um am 30. August gehängt zu werden. Über Kluge, der Gift nahm und einen Brief hinterließ, in dem er seine Loyalität zu Hitler beteuerte, schrieb Speer in Spandau, daß er vermutlich nur seine Familie schützen wollte; später aufgefundene Quellen scheinen diese Vermutung zu bestätigen.

Generaloberst Beck, dem Fromm in Anbetracht seines fortgeschrittenen Alters in jener schicksalsschweren Nacht in der Bendlerstraße eine Pistole überreichte, versuchte zweimal, sich zu erschießen, schoß aber beide Male daneben. Ein Unteroffizier vollendete, was er nicht fertiggebracht hatte. Fromm selbst wurde binnen weniger Stunden verhaftet, aber wie viele andere erst acht Monate später im März 1945 hingerichtet, nur wenige Wochen vor dem endgültigen Zusammenbruch. Admiral Canaris und sein Stabschef General Hans Oster wurden, obwohl sofort verhaftet, am 8. oder 9. April im Konzentrationslager Flossenbürg gehängt, nachdem man Canaris' Tagebuch, das seine und Osters zahlreichen Kontakte mit den Alliierten dokumentierte, in den Trümmern seines zerbombten Büros entdeckt hatte. Im selben Frühjahr richteten die Nazis ebenfalls in Flossenbürg einige der bedeutendsten und aktivsten Mitglieder des deutschen Widerstands hin: den evangelischen Pfarrer und Theologen Dietrich Bonhoeffer, dessen älteren Bruder Klaus, einen Juristen, beider Schwager Hans von Dohnanyi (in Canaris' Abwehr) und ihren Anwalt Rüdiger Schleicher.

Wie Maria (Missie) Wassiltschikow, die Freundin vieler langjähriger Nazigegner, in den Berliner Tagebüchern der »Missie« Wassiltschikow 1940–1945 schreibt, war Trotts Todesurteil besiegelt, als die Gestapo Berichte über seine Verhandlungen mit den Alliierten entdeckte, die er unglücklicherweise aufbewahrt hatte. Canaris und andere wurden auf ähnliche Weise Opfer ihrer eigenen Tagebücher.

Die zwei bemerkenswertesten Überlebenden dieser großen Gruppe, die beide bei früheren Gelegenheiten selbst versucht hatten, Hitler zu ermorden, waren Axel von dem Bussche, der am 20. Juli zu seinem Glück im Krankenhaus lag und sich von einer Kriegsverletzung erholte, und Fabian von Schlabrendorff, dessen Verhör durch Roland Freisler soeben begonnen hatte, als durch einen direkten Treffer des Volksgerichtshofs bei einer Bombardierung durch die Alliierten Freisler ums Leben kam und die Akte Schlabrendorffs, die der furchtbare Richter in den Händen hielt, vernichtet wurde.

Es gibt viele voneinander abweichende Schätzungen der Zahl derer, die in Verbindung mit der Verschwörung des 20. Juli hingerichtet wurden. Dokumenten der Nazis zufolge wurden unmittelbar nach dem Putsch rund 7000 Menschen verhaftet. Die offizielle Gesamtzahl der Hinrichtungen im Jahre 1944 und in den verbleibenden Kriegsmonaten 1945 belief sich auf 5684. Ungefähr 200 der Opfer waren direkt in den Putsch verwickelt gewesen, darunter 21 Generäle, 33 Obersten und Oberstleutnants, der Berliner Polizeipräsident Graf Helldorf, sein Stellvertreter Fritz-Dietlof von der Schulenburg und sein 70jähriger Onkel Graf Friedrich Werner von der Schulenburg, der ehemalige Botschafter in Moskau. Über 5000, darunter zahlreiche Frauen und Kinder, wurden in Konzentrationslager gebracht.

Der 20. Juli ist bis heute, mehr als fünfzig Jahre später, in Deutschland und anderswo Gegenstand zahlreicher Debatten. Wie konnte es geschehen, so die häufige Frage, daß die Elite von Deutschlands Generalstab und des deutschen Auswärtigen Amtes die Situation dermaßen falsch einschätzte, daß der Putsch geradezu scheitern mußte? Wie kam es, daß sie das Ausmaß der Loyalität, die Hitler noch immer entgegengebracht wurde, nicht erkannten? Wie konnten sie vor allem Churchills und Roosevelts kompromißlose Ablehnung nicht nur Hitlers, sondern ganz Deutschlands und deren (zu diesem Zeitpunkt noch geltende) Bewunderung der sowjetischen Kriegsanstrengungen so gravierend falsch einschätzen? Wie konnten, fragen sich nicht nur Deutsche nach fünfzig Jahren, gut unterrichtete Deutsche zu jener Zeit glauben, es könnte einer aus Verschwörern gebildeten deutschen Regierung gelingen, die westlichen Alliierten zu überreden – wie es Speer zufolge ihre Absicht war –, an der Seite einer von Hitler befreiten deutschen Wehrmacht den Krieg gegen die Sowjets fortzusetzen? Es ist unwahrscheinlich, daß diese Fragen, im Rückblick und mit dem heutigen Wissen und leidenschaftlichen Engagement gestellt, jemals beantwortet werden. Aber gewiß handelten diese Männer mit verzweifeltem Mut, und ihre Absicht war ehrenwert.

Für Speer war das erschütterndste Erlebnis der Anblick von Fotos, die er einige Wochen später auf Hitlers Schreibtisch liegen sah: Männer in gestreifter Häftlingskleidung, die an Fleischerhaken baumelten, in ihrem Todeskampf nicht wiederzuerkennen. Einer von ihnen war, wie ihm ein SS-Offizier mitteilte, der ihn für den Abend zu einer Filmvorführung über die Hinrichtung einlud, Generalfeldmarschall von Witzleben. Speer lehnte die Einladung ab. »Schon der Gedanke daran machte mich krank«, schrieb er in Spandau. Doch »tatsächlich gingen zahlreiche, aber meist SS-Führer des Hauptquartiers und keine Offiziere der Wehrmacht zu dieser Vorführung, um sich die letzten Zuckungen dieser Menschen anzusehen.«

Von mir nach Hitler gefragt, meinte er: »Soweit ich weiß, sah Hitler den Film nie, und ich habe das immer gesagt. Es war nicht seine Art, sich solche

Dinge anzusehen. Ich glaube auch nicht, daß er sich die Fotos, genau wie ich, überhaupt ansah.«

Der Historiker John Toland zitierte Speer aus einem *Playboy*-Interview von 1971 mit den Worten, Hitler und seine Gäste hätten sich den Film angesehen und Hitler sei davon begeistert gewesen und habe sich den Film immer wieder zeigen lassen: Das sei zu einer seiner Lieblingsunterhaltungen geworden.

»Ich habe das nicht gesagt«, sagte Speer zu mir und fügte mit milder Stimme hinzu: »Ich glaube, einige falsche Zitate kamen wahrscheinlich durch sprachlich bedingte Mißverständnisse zustande, zweifellos meine Schuld – so gut war mein Englisch nicht.« Er zuckte die Schultern. »Das kommt oft vor.«

Below, der sich die ganze Zeit über im Hauptquartier aufgehalten hatte, stimmt in seinen Memoiren mit Speer überein: »Ich habe darauf verzichtet, mir diese Bilder anzusehen. Auch Hitler betrachtete sie sich so wenig, wie er widerwillig die Aufnahmen zerstörter Städte zur Kenntnis nahm ... Er verschloß buchstäblich die Augen vor den Konsequenzen seiner Befehle ...«

XVIII

Verbrannte Erde

Nürnberg, 20. Juni 1946

DR. FLÄCHSNER: Herr Speer! Bestanden Zerstörungsbefehle für die Industrien Frankreichs, Belgiens und Hollands?

SPEER: Ja. Hitler hatte [Anfang Juli 1944] eine weitgehende Zerstörung der kriegswichtigen Industrien in allen diesen Ländern befohlen ... Für die Durchführung dieser Befehle [war] der Oberbefehlshaber West verantwortlich ... Aber ich habe diesem gegenüber festgestellt, daß diese Zerstörung für mich keinen Sinn ... hat und daß ich daher als Rüstungsminister die Zerstörungen nicht für erforderlich halte. Darauf wurde kein Zerstörungsbefehl gegeben. Ich hatte damit natürlich Hitler gegenüber die Verantwortung übernommen, daß die Zerstörung nicht stattfand ...

DR. FLÄCHSNER: Haben Sie sich auch in den anderen besetzten Gebieten ... für eine Verhinderung der Zerstörung eingesetzt?

SPEER: Ab August 1944 bei den Industrieanlagen im Generalgouvernement, bei den Erzgruben auf dem Balkan, bei den Nickelwerken in Finnland, ab September 1944 bei den Industrieanlagen in Oberitalien und ab Februar 1945 bei den Erdölfeldern in Ungarn und bei den Industrien in der Tschechoslowakei ...

DR. FLÄCHSNER: Welche Absichten zur Erhaltung der Industrie und der Lebensmöglichkeiten der deutschen Bevölkerung hatte Hitler, als sich nun anfangs September 1944 die gegnerischen Truppen von allen Seiten den Grenzen des Großdeutschen Reiches näherten?

SPEER: Er hatte gar keine [solche] Absichten. Er befahl im Gegenteil gerade für Deutschland die »verbrannte Erde« ...

Im Spätsommer 1944 hielt sich Speer nur selten für längere Zeit in Berlin auf: Er bereiste die deutschen Industriegebiete, machte dort Industriellen und Arbeitern Mut und verhandelte mit Generälen. Hitler hatte inzwischen den ersten seiner vielen Befehle zur Zerstörung von Industrieanlagen erteilt, durchzuführen zunächst in den besetzten Gebieten, in die die Alliierten vorrückten, und dann in Deutschland selbst.

In der Zeit bis Januar 1945 konnte Speer Hitler durch den geschickten Einsatz von dessen eigenen unablässigen Vorhersagen, man werde die verlorenen Gebiete zurückerobern, von den erstmals im August 1944 ausgegebenen Zerstörungsbefehlen abbringen, um statt dessen die Stillegung der Fabriken anzuordnen. Wenn die Fabriken völlig zerstört würden, argumentierte Speer bewußt scheinheilig, könnte man sie auf Jahre hinaus nicht mehr zur Waffenproduktion verwenden; würden sie dagegen nur vorübergehend stillgelegt, könne er sie wieder in Betrieb nehmen, sobald die verlorenen Gebiete zurückgewonnen seien. Mit dieser Taktik hatte er in den ersten Monaten Erfolg.

Eine wichtige Veränderung in Speers Leben nach seiner Rückkehr ins Amt im Mai 1944 war die Ernennung des 34jährigen Majors Manfred von Poser zu seinem Verbindungsoffizier beim Generalstab. Speers Wahl des distinguierten jungen Offiziers für diese Vertrauensstelle kam einem Bekenntnis gleich. Poser, ein Veteran der Kriege in Frankreich und Rußland, wurde in diesen letzten, gefährlichen Monaten zu seinem fast ständigen Begleiter und sollte ihm bei seinem Bemühen, die Befehle Hitlers zu umgehen, massiv beistehen.

»Ich erkannte sofort«, sagte er mir, »daß dieser Mann in seinem Innern nicht nur ›unpolitisch‹ war, sondern ›dagegen‹ sein mußte. Wir sprachen nicht darüber, als wir uns kennenlernten, und auch später nie, nicht einmal nach Spandau, aber seine Gegenwart gab mir deswegen ein Gefühl der Erleichterung und … Sauberkeit. Ich wußte, daß zunehmend schwere Zeiten auf mich zukamen. Dies war ein Mann, den ich an meiner Seite wissen wollte.«

In Wirklichkeit war Poser nicht immer »dagegen« gewesen. Als ich ihn und seine Frau Carola 1986 zum erstenmal in ihrem schönen, hellen Haus in einer kleinen Stadt nordwestlich des Ruhrgebiets besuchte, wo sie sich nach dem Krieg niedergelassen hatten, machten sie wie einige andere meiner Gesprächspartner, deren Leben eng mit dem Speers verknüpft gewesen war, keinen Hehl aus ihrer ursprünglichen Sympathie für die Nazis. Obwohl zurückhaltend, sprachen beide offen über die damalige Zeit, um mir zu helfen, das Deutschland, das sie geliebt, verloren und schließlich wiedergewonnen hatten, zu verstehen.

»Ich kenne niemanden aus meiner Umgebung während der ersten Jahre von Hitlers Herrschaft, der gegen die Nazis war«, sagte Manfred von Poser,

»auch wenn das vielleicht vor allem für die jüngeren Leute galt. Meine Eltern zum Beispiel und auch die von Carola waren gegen sie.«

»Ich ging in den BDM [Bund Deutscher Mädel] wie alle in meiner Klasse«, berichtete Carola, »aber meine Eltern brachten mich dazu, wieder auszutreten. Sie wollten nichts davon hören. Ich glaube nicht, daß sie etwas Bestimmtes wußten, genau wie wir später lange Zeit eigentlich nichts wirklich *wußten*.« Auch sie sprach von »Ahnung« wie Speer, als er seinen Verdacht zu beschreiben suchte, daß mit den Juden etwas Furchtbares geschah. »Man ahnte, daß etwas nicht stimmte. Aber, sehen Sie, ahnen heißt nicht wissen. Man hört Dinge, die einen beunruhigen, ohne daß man mit dem Finger auf etwas Bestimmtes zeigen könnte. Es ist mehr die Atmosphäre – die Art, wie Leute reden, ihr Verhalten oder vielleicht ihre Gesten oder auch nur ihr Tonfall. Das Ganze ist so subtil. Wie kann man es jemanden erklären, der diese Zeit nicht erlebt hat, diese ersten kleinen Zweifel, dieses ... Unbehagen, in Ermangelung eines besseren Wortes? Wir hätten nicht mit Worten benennen können, wo es unserem Gefühl nach nicht stimmte. Aber das zu erkunden, eine Erklärung zu suchen für diese ... Ahnung, ja, das wäre sehr gefährlich gewesen ... Man wußte schon sehr bald, daß Wissen gefährlich war.«

Als ich die Posers kennenlernte, war mir bereits klar, daß Wehrmachtsangehörige, die den Rußlandkrieg mitgemacht hatten, von den Massakern dort unweigerlich erfahren haben mußten. Nicht nur, weil der Kommissarbefehl und die folgenden, mündlich übermittelten Befehle offen zum Mord aufriefen, sondern auch, weil es unmöglich war, nicht zu sehen, was geschah, oder nicht wenigstens (wie viele Offiziere des Generalstabs) davon zu hören.

In einer idealen Welt würden ehrenhafte Männer wie Poser rebellieren, das Land verlassen oder sich vielleicht zurückziehen, aus der Armee austreten und eine moralische Barrikade errichten, um ihre private Welt von solchen Schrecken abzuschotten. Doch realistisch gesehen werden wenige Männer alles – Frau, Kinder und sogar ihr Leben – für die Moral riskieren. Realistisch gesehen sind die Möglichkeiten für Männer wie Poser begrenzt.

Die Posers waren, wie man es in Deutschland nennt, eine «Soldatenfamilie«: solide, mit Landbesitz, nicht unbedingt von Adel, traditionell religiös und ohne großes Vermögen, so daß die jüngeren Söhne wenig oder gar kein Geld hatten, von ihrem Sold abgesehen. Im nationalsozialistischen Deutschland konnten ältere Wehrmachtsoffiziere, denen es aus moralischen Gründen widerstrebte, den Eid auf Hitler zu leisten, unter einem Vorwand den vorzeitigen Abschied einreichen und ihr Leben mit ihren Bezügen als Pensionäre fristen: General Beck ist dafür neben anderen ein gutes Beispiel. Doch jüngere Offiziere konnten diesen Weg bei allen Vorbehalten gegenüber dem Gang der Politik nicht einschlagen; ihr Beruf, für ehrenhafte Männer vollständig an ihr Land geknüpft, stellte keine umstandslos verkäufliche Ware dar.

Die Männer der Familie Poser waren schon immer Soldaten gewesen, und sie heirateten denselben Typ von Frauen. Posers Urgroßvater war General, der Großvater mütterlicherseits war wie der Vater, der 1946 in einem russischen Gefangenenlager starb, bei den Husaren. Sein Bruder, der ebenfalls im Krieg umkam, war bei der Luftwaffe. »Vielleicht bin ich bei Speer gelandet, weil meine Eltern beantragt haben, mich vom aktiven Dienst zu entbinden, nachdem mein Bruder gefallen war; das war im Heer so üblich, wenn nur noch ein Sohn geblieben war. Aber sie haben mir nie gesagt, ob sie es wirklich getan haben.« Poser hatte sie allerdings – typisch für seine Generation – auch nie danach gefragt.

»Für mich war er eine Entdeckung«, hatte mir Speer über ihr erstes Zusammentreffen gesagt. Und Poser sagte: »Ich glaube, zwischen uns funkte es.« Als die beiden sich Ende Mai 1944 kennenlernten, war Poser bereits seit drei Monaten dem Ministerium zugeteilt. »Ich wurde im Februar 1944 abberufen und erfuhr, daß ich dem Ministerium Speer als Verbindungsoffizier zwischen Speer und dem Generalstab zugeteilt würde. Das paßte mir überhaupt nicht. Für mich war das gleichbedeutend mit der Partei, aber natürlich gab es keine Möglichkeit abzulehnen. Als ich nach Berlin kam, war Speer nicht dort [er lag krank in Hohenlychen], deshalb teilte man mich Saur zu, seinem Stellvertreter.«

Posers Aufgabe war es, den Gedankenaustausch zwischen verschiedenen Abteilungen des Generalstabs und dem Ministerium zu erleichtern und die lähmende Bürokratie dabei so gut wie möglich zu umgehen.

»Sobald Speer zurückkehrte, wurde daraus natürlich viel mehr«, sagte Poser. Vom technischen Standpunkt gesehen sei Saur bestens informiert und sehr fähig gewesen. »Das hat Hitler natürlich beeindruckt. Er hatte immer viel Zeit für Fachleute übrig. Deshalb hätte Saur, wenn Speer nicht zurückgekommen wäre, sicher dessen Stelle erhalten. Doch in jeder anderen Hinsicht, in jedem weiteren Sinn reichte er nicht entfernt an Speer heran. Speer hatte ein beinahe unfaßliches Talent, den Gesamtzusammenhang zu überblicken: die Bedürfnisse des Heeres, der Marine, der Luftwaffe, der Arbeitskräfte und der Zivilbevölkerung.« Er schüttelte den Kopf. »Ursprünglich hatten fünf Männer diese Arbeit getan, jeder unterstützt durch einen Stab von Bürokraten. Bis Hitler offensichtlich erkannte, daß dieser eine Mann alles selbst übernehmen und noch dazu besser machen konnte. Also übertrug er alles ihm – sehen Sie, so einfach war das wohl.«

Poser bemerkte sehr bald, noch vor Speers Rückkehr, daß in dessen Ministerium eine ganz besondere Atmosphäre herrschte – daß Tun und Lassen dort im wesentlichen nicht durch von oben befohlene Politik bestimmt waren. »Ich hörte Leute in diesen Büros Dinge sagen, die ich in Nazideutschland nicht für möglich gehalten hätte«, sagte er. »Wie überall sonst gab es Leute, die Hitlers Sache treu ergeben waren. Doch Speer war es gleichgültig, wo seine Leute politisch standen; er war nur daran interessiert, was sie beitragen konnten. Jeder, den er aufnahm, konnte absolut sicher sein, daß Speer sich vor ihn stellen würde, komme, was wolle. Einen solchen Ruf zu haben war damals bemerkenswert, glauben Sie mir. Auf einer jener Reisen, noch ganz zu Beginn, bevor ich Speer richtig kannte, fragte er mich plötzlich, ob ich glaubte, daß der Krieg noch zu gewinnen sei. Was sagt man zu Hitlers erstem Minister, angeblich seinem Freund, wenn er eine derartige Frage stellt? Solche Gedanken rasten mir durch den Kopf, doch dann, glaube ich, entschied ich mich instinktiv dafür, ihm die Wahrheit zu sagen. Ich sagte, da wir im Osten den Dnjepr verloren, die Alliierten die Luftherrschaft über unser ganzes Land errungen und im Westen schon Hunderttausende ihrer Soldaten sich fest verschanzt hätten, glaubte ich nicht an einen Sieg. Er zuckte die Achseln, was typisch für ihn war, wie ich bald merkte, und machte eine belanglose Bemerkung wie ›Na ja …‹ Um Himmels willen, er wußte besser doch als jeder andere, daß alles vorbei war. Er wollte mich nur auf die Probe stellen …«

Poser erkannte sehr bald, daß Speer seit der Invasion der Alliierten in der Normandie die Fortsetzung des Krieges für sinnlos hielt. »Er war eine der wenigen in der Öffentlichkeit bekannten Personen, vielleicht der einzige, der daraufhin über mehrere Monate hinweg Hitler gegenüber immer wieder erklärte, wie er die Lage in Wirklichkeit sah und wie wenig er Hitlers Ansichten teilte. Im Lauf des Jahres wurde es dann zu seinem einzigen Ziel, nicht nur das deutsche, sondern das europäische Wirtschaftspotential für die Zukunft zu bewahren.«

Es stimmt zwar, daß Hitler diktatorisch herrschte und nur wenige es wagten, ihm zu widersprechen, doch Tatsache ist auch, daß Speer keineswegs der einzige in Hitlers Umkreis war, der offen eine andere Meinung äußerte, auch wenn er am Ende als einziger zu *handeln* wagte. In früheren Jahren hatte Todt offen gesprochen und dafür vielleicht mit dem Leben bezahlt. Außerdem weiß man, daß von den Parteileuten Schacht, Heß, Papen und Schirach Hitler gelegentlich widersprachen. Und Goebbels, sein vielleicht gläubigster Anhänger, war umgekehrt auch am schnellsten bereit, seinem Führer zu widersprechen. Hitler hörte ihm immer zu und folgte oft seinem Rat. Vielleicht war Hitlers Beziehung zu Goebbels, den er wegen seiner durchdringenden Intelligenz respektierte und in dessen Loyalität er zu Recht absolutes Vertrauen setzte, in letzter Hinsicht stärker als jede andere Beziehung. Mit Speer hatte Hitler in den ersten Jahren seine besseren Träume geteilt, mit Goebbels teilte er seine schreckliche Realität.

Auch unter den Generälen gab es Männer, die in den ersten Jahren offen ihren Widerspruch kundtaten, wie fruchtlos auch immer, darunter Beck, Witzleben, Halder, Blomberg, Fritsch und gelegentlich sogar der förmliche Brauchitsch. Während des Krieges taten dies dann, wie Speer sagte, auch

Zeitzler, Fromm, Milch und andere. Und schließlich gab es noch General Jodl, der sehr häufig offen seine Meinung sagte, zum Unglück für ihn jedoch nicht entlassen oder versetzt wurde. Besonders in den letzten Monaten des Krieges stand Jodl über für ihn bedrückend lange Zeiten bei Hitler in jener Art von Ungnade, die auch Speer erlebte, wenn Hitler ihn wie Luft behandelte und zugleich auf seiner Anwesenheit bestand.

(»Er kam immer spät, sehr spät nachts nach Hause«, erinnerte sich Jodls Frau Luise, damals wie heute eine bemerkenswerte Frau, bei unserem Gespräch. »Die Erschöpfung stand ihm ins Gesicht geschrieben, seine Stimme war heiser. Er brauchte gar nichts zu sagen: Ich wußte, daß er wieder versucht hatte, Hitler zu beeinflussen, und wieder gescheitert war. Ich dachte nur noch daran, wie ich seine Verzweiflung lindern und ihm helfen konnte, zur Ruhe zu kommen. Deshalb sprachen wir schließlich praktisch über nichts. Sie wissen ja, das Wetter, die Hunde; Dinge von wenig Belang, angenehme Dinge.«)

Nicolaus von Below nennt in seinem Buch zahlreiche Anlässe, bei denen er Besucher Hitler widersprechen hörte oder er sich selbst mit ihm anlegte. Nur wenige Tage nach dem Juli-Attentat etwa sprach der Generalfeldmarschall der Luftwaffe, Wolfram von Richthofen, nach einem Lazarettaufenthalt bei Hitler vor und bestürmte ihn, den Krieg zu beenden. Below schreibt:

Ich bekam einen Schrecken, als ich dies hörte, denn Hitler war zu einem Gespräch über dieses Thema weniger denn je bereit. Doch er zeigte sich in diesem kleinen Kreis – wir waren zu dritt – offen und gelöst, sah aber keine Möglichkeit zu einem Deutschland erträglichen Frieden. Die freimütige Diskussion ging lange hin und her; Hitler respektierte Richthofen, der die richtigen Worte fand und sich weder überheblich noch unterwürfig verhielt.

Auch Speer wußte von Hitlers Versuchen, die zu beschwichtigen, die für einen Friedensschluß eintraten, während er gleichzeitig die Kriegsanstrengungen mit aller Macht fortsetzte. In Nürnberg sagte er dazu aus: »[Hitler] ließ über Botschafter Hewel vom Auswärtigen Amt ab Sommer 1944 präzise Angaben ausstreuen, daß außenpolitische Gespräche angeknüpft sind. Dies bestätigte mir hier auch … Jodl. So zum Beispiel wurde die mehrmalige Anwesenheit des japanischen Botschafters bei Hitler dahingehend ausgelegt, daß über Japan mit Moskau Gespräche geführt werden.« Andere Gesandte, fügte er hinzu, hätten angeblich über den Balkan oder Schweden Verhandlungen mit den Vereinigten Staaten aufgenommen.

Below erkannte in seinem Buch nicht oder wollte nicht erörtern, daß es unwesentlich war, ob Hitler nun Fühler ausgestreckt hatte oder nicht. Wen immer Hitler als Vertreter entsandt hätte, er selbst war es, der für die Alliierten vollkommen unannehmbar war, auch als Initiator von Gesprächen. »Dies war eine Tatsache, der weder Hitler noch Himmler, der später ebenfalls ›verhandelte‹, jemals ins Auge sahen«, sagte mir Speer.

Wenige Tage nach Richthofens Besuch erlitt Below einen Zusammenbruch als Folge einer nicht beachteten Gehirnerschütterung beim Attentat vom 20. Juli. Doch er bestand darauf, im Hauptquartier zu bleiben, wo er sich in seinem Zimmer ins Bett legte und von Hitler öfter besucht wurde. Below schreibt:

Er klammerte sich jetzt an einen neuen Plan. Mit frisch aufgestellten Panzerdivisionen und neuen Jagdfliegerverbänden wollte er an der Westfront eine großangelegte Offensive führen. Ich fragte ihn gleich, warum er nicht alle Kräfte gegen die Russen konzentriere, und erhielt zur Antwort, daß er die Russen zu einem späteren Zeitpunkt angreifen könnte, wenn die Amerikaner mitten im Reich ständen. Er müsse zuerst an der Westgrenze wieder Luft bekommen. [Below meinte, man müsse die Russen vor allem von der alten deutschen Reichsgrenze fernhalten:] Hitler billigte diese Einstellung nicht. Er gab zu erkennen, daß er die Macht der Juden bei den Amerikanern mehr fürchtete als die Macht der Bolschewisten.

In der Folge des Juli-Attentats verlor Hitler die letzten Reste seines Vertrauens in die Wehrmacht und ernannte Himmler (anstelle von Fromm) zum Befehlshaber des Ersatzheeres und Goebbels zum Generalbevollmächtigten für den totalen Kriegseinsatz. In weniger als zwei Monaten dehnte Goebbels, unterstützt von Parteifanatikern wie Bormann und Ley sowie von Himmler, seinen Machtbereich weit aus und übernahm im Grunde die Funktion eines Kriegsministers, für die er völlig ungeeignet war.

Goebbels machte sich nun leidenschaftlich die blinden Flecken Hitlers zu eigen und verfolgte besessen das Ziel, die Streitkräfte zu vergrößern. Dies brachte ihn auf Konfrontationskurs mit Speer, wie die Tagebucheinträge zeigen:

2. September 1944: Speer ruft mich vom Hauptquartier aus an und beklagt sich wieder ... [Hitler hatte angeordnet, daß alle Teile der Streitkräfte und die Rüstungsindustrie Soldaten für das Heer zu stellen hatten.] Von der Luftwaffe sind uns 100 000 Mann zugesagt worden, und zwar von Göring persönlich. Speer selbst wird [nur] etwa 50 000 Mann stellen können ... Ich habe die Absicht, beim Führer energisch zu plädieren, mir von Speer nicht die Korinthen aus dem Kuchen picken zu lassen.

3. September 1944: Der Führer hat ... entschieden, daß Speer die vom ihm geforderten 100 000 Mann aus der Rüstungsproduktion abzugeben habe.

20. September 1944: Eine sehr ausführliche Aussprache ... mit Speer. [Er] hat sich zu dieser Unterredung Generalfeldmarschall Milch mitgebracht und wird dabei sehr pampig. Ich versuche, ihm noch einmal klarzumachen, daß es nicht [darum geht], ob wir Waffen *oder* Soldaten, sondern darum, ob wir Waffen *und* Soldaten bekommen sollen. Ohne Soldaten kann der Krieg nicht fortgeführt werden [und] die Rüstungsindustrie ist überhaupt der einzige Bedarfsträger, der noch in erheblichem Umfange U. k.[unabkömmlich]-Gestellte in Vorrat hat ... Die Einziehungen, die wir jetzt führen, decken nur den notwendigsten Bedarf der Wehrmacht. Wir haben durchaus nicht die Absicht, unbewaffnete Soldaten dem Feind entgegenzuführen. Speers Aufgabe müßte es sein, unter allen Umständen dafür zu sorgen, daß die von uns aufgestellten Divisionen auch bewaffnet werden können ...

Speer hat immer noch nichts gelernt. Jedenfalls werde ich ihm gegenüber etwas reservierter verfahren. Ich glaube, wir haben diesen jungen Mann etwas zu groß werden lassen. Wenn er jetzt dauernd von der geschichtlichen Verantwortung spricht ... und [droht], daß er sein Amt zur Verfügung stelle, ... so ist das gänzlich unnationalsozialistisch.

Goebbels' Streit mit Speer setzte sich noch über mehrere Monate hinweg fort, bis Anfang 1945 selbst Goebbels angesichts von Hitlers Gleichgültigkeit gegenüber dem Schicksal und sogar dem Überleben des deutschen Volkes größte Bedenken bekam und die Zusammenarbeit mit Speer in begrenztem Umfang wieder fortsetzte.

In den *Erinnerungen* kommt Speer dem Eingeständnis, daß er vom Schicksal der Juden wußte, am nächsten nach einem Abschnitt, in dem er auf die Schuldgefühle über seine Rücksichtslosigkeit gegenüber den Menschen eingeht, die von dem System, dem er diente, versklavt wurden. Im Sommer 1944 besuchte ihn sein Freund Karl Hanke, Gauleiter von Niederschlesien, in Berlin. Hanke war »verwirrt, sprach stockend, als er auf dem grünledernen Sessel meines Arbeitszimmers saß«, und riet Speer eindringlich, »nie einer Einladung [zu] folgen, im Gau Oberschlesien ein Konzentrationslager zu besichtigen. Nie, unter keinen Umständen.« Speer sagte, später sei ihm klargeworden, daß Hanke Auschwitz gemeint hatte.

Dort hätte er etwas gesehen, was er nicht schildern dürfe und auch nicht schildern könne. Ich fragte ihn nicht, ich fragte nicht Himmler, ich fragte nicht Hitler, ich sprach nicht mit privaten Freunden. Ich forschte nicht nach – ich wollte nicht wissen, was dort geschah. Es muß sich um Auschwitz gehandelt haben. *In diesen Sekunden, als Hanke mich warnte, war die ganze Verantwortung erneut Wirklichkeit geworden* [Hervorhebung durch die Autorin]. An diese Sekunden mußte ich vor allem denken, wenn ich im Nürnberger Prozeß vor dem internationalen Gericht feststellte, daß ich als wichtiges Mitglied der Führung des Reiches mit an der Gesamtverantwortung, von allem was geschehen war, zu tragen habe. Denn ich war von diesem Augenblick an mit diesen Verbrechen moralisch unentrinnbar verhaftet, weil ich, aus Angst, etwas zu entdecken, was mich zu Konsequenzen hätte veranlassen können, die Augen schloß ... Gerade weil ich damals versagte, fühle ich mich noch heute für Auschwitz ganz persönlich verantwortlich.

Als wir 1978 zum erstenmal über diesen Absatz in seinem Buch sprachen, fragte ich Speer, ob er wirklich meine, daß für Hanke die Tatsache, daß im Sommer 1944 in Auschwitz Juden ermordet wurden, eine schockierende Neuigkeit gewesen sei. Hanke habe schließlich als Gauleiter von Niederschlesien (aus dessen Hauptstadt Breslau die Juden im März 1943 nach Auschwitz deportiert worden waren, wodurch die Stadt offiziell »judenfrei« wurde) mit Sicherheit an der Posener Konferenz vom Oktober 1943 teilgenommen.

»Ich kann nur zitieren, was er mir gesagt hat«, antwortete Speer mit zugleich gereizter und müder Stimme, wie immer, wenn dieses Thema auftauchte. »Was konnte ich im Buch und in Nürnberg denn mehr tun, als die Verantwortung für all dies zu übernehmen?«

Es war fast unmöglich, gegen diese Antwort Einwände zu erheben. Oberflächlich betrachtet, hatte er freiwillig die moralische Verantwortung für *alle* Verbrechen der Regierung übernommen, der er gedient hatte. Was hätte er mehr tun können? Niemand hatte das getan, niemand in der gesamten Rechtsgeschichte vor oder nach ihm war bereit gewesen, sich für grundsätzlich schuldig zu erklären, auch für kriminelle Handlungen, an denen er nicht teilgenommen und von denen – so klang es – er nichts gewußt hatte.

Meine skeptische Frage zu dem, was Hanke wußte, war vielleicht ungerecht, sagte ich mir später. Es war immerhin *möglich*, daß Hanke in jenem Frühsommer in Auschwitz einen Schock erlebt hatte. Denn obwohl er das nahegelegene Lager, das größte Arbeits- und Konzentrationslager Deutschlands, sicher kannte, hat er Birkenau, das Todeslager von Auschwitz, das natürlich nicht auf dem Besuchsprogramm für Prominente stand, sehr wahrscheinlich nie gesehen. Zwar breitete sich der Gestank brennender Leichen »kilometerweit« aus, doch starben in allen Arbeitslagern viele Häftlinge, deren Leichen in Krematorien verbrannt wurden. Es ist auch vorstellbar, daß Hanke sich zwar darüber im klaren war, daß die Juden durch Erschießungen, Hunger und Arbeit vernichtet wurden, aber lange nichts von dem unsäglichen Grauen wußte, das nicht einmal Himmler aussprechen konnte: den Gaskammern.

Doch zwischen dem 15. Mai und dem 30. Juni 1944 trafen 380 000 ungarische Juden in Auschwitz ein. Über ein Drittel von ihnen wurde zur Arbeit in die neuen unterirdischen Fabriken der Rüstungsindustrie geschickt – die »hunderttausend«, die Himmler Hitler (und Speer) einige Monate zuvor versprochen hatte. Rund 250 000 davon wurden als arbeitsuntauglich eingestuft und vergast (oder, wenn die Gaskammern nicht ausreichten, erschossen), täglich etwa 6000. Um die entsprechenden Vorbereitungen für diese gewaltigen Transporte zu treffen, waren für Auschwitz selbst und für Birkenau neue Kommandanten ernannt worden – Richard Bär und Josef Kramer, rohe, rücksichtslose Männer, die den Auftrag, diese letzte große Gruppe orthodoxer Juden aus dem ländlichen Ungarn zu ermorden, zuverlässig erledigen würden.

Während der vorangegangen zwei Jahre hatte man in Birkenau, fünfzehn Kilometer vom Hauptlager entfernt, zwar routinemäßig andere »Sonderaktionen« durchgeführt, doch diese plötzlichen, gewaltigen Menschenbewegungen konnten nicht getarnt werden. Die Reichsbahn hatte für ihre Ankunft eigens ein Gleis verlegt, das etwa zweihundert Meter von den Gaskammern und Krematorien entfernt endete. Die Selektionen wurden in Sichtweite der Frauenbaracken des Hauptlagers durchgeführt. Nicht nur die 100 000 Zwangsarbeiter und ihre in die Tausende gehenden SS-Bewacher wußten von den ungarischen Juden, sondern auch das Reichsbahnpersonal und die deutschen Rüstungsarbeiter. Viele von ihnen waren freundlich und hilfsbereit, und sie arbeiteten Seite an Seite mit den christlichen und jüdischen Sklaven aus dem Ausland in den Fabriken Krupps und der I. G. Farben.

Unter diesen Umständen ist durchaus möglich, daß Gauleiter Hanke in jenen Wochen bei einem Routinebesuch in Auschwitz tatsächlich den von Speer beschriebenen Schock erlebte. Er war im Grunde kein Rohling – Speer schreibt in seinem Buch weiter oben, Hanke habe sich »als mitfühlender Mensch gezeigt«. Auch Below war mit Hanke befreundet und schrieb: »Ich schätzte Hanke. Wir ... hatten [über die] Monate viele gemeinsame Gespräche [und] ich kannte seine klugen und von tiefem Ernst bestimmten Ansichten ...«

Dennoch blieben Fragen offen. Warum sollte Hanke Speer plötzlich vor Zuständen in Auschwitz warnen, von denen Speer, wie die meisten Leute angenommen hätten, schon wissen mußte? Und schließlich, warum kommt Speer gerade an dieser Stelle seines Buches auf das schmerzliche Thema zu sprechen, nachdem er sich auf den Seiten davor mit der Zeit zwischen der Invasion der Alliierten und dem versuchten Staatsstreich vom 20. Juli beschäftigt hat?

Erst gegen Ende meiner Nachforschungen, lange nach Speers Tod, erkannte ich, daß diese Episode und die Art, wie Speer sie darstellte, zum Kern dessen führte, was Casalis Speers »innere Qualen« angesichts der Judenvernichtung genannt hatte. Speer selbst war sich verzweifelt der Tatsache bewußt, daß für den »anderen Menschen«, der er unter Casalis' Führung in Spandau werden wollte, sein allgemeines Bekenntnis zur moralischen Verantwortung nur eine elegante List war; dahinter lag ein Alptraum aus nicht eingestandenem Wissen, ein Minenfeld ungelinderter Schuld. In diesem Abschnitt seiner *Erinnerungen* versuchte Speer dies zum Ausdruck zu bringen: »Ich fühle mich noch heute für Auschwitz ganz persönlich verantwortlich.«

Während Speer sich damals zu moralischem Handeln außerstand sah, kämpfte auf andere Weise Hans Münch, ein außergewöhnlicher junger deutscher Arzt, mit seinem Gewissen. Es lohnt sich, an dieser Stelle seine Geschichte zu erzählen, um zu zeigen, wie selbst in der Hölle von Auschwitz eine moralische Haltung behauptet werden konnte.

Als ich 1982 mit Münch sprach, lebten er und seine Frau wie schon vor dem Krieg in einem friedlichen kleinen bayrischen Dorf, das im Winter Skisportler anzieht. Durch die Fenster seines Wohnzimmers sah man auf Skilifte und Übungspisten, doch die Atmosphäre in dem behaglichen Haus, in dem Münch auch eine gutgehende Arztpraxis betrieb, war alles andere als friedlich. Zwischen dem bärtigen älteren Herrn und seiner Frau ebenso wie zwischen ihm und seinen drei erwachsenen Kindern verlief eine tiefe Kluft.

In diesem Fall war die Kluft freilich bemerkenswerterweise nicht deshalb entstanden, weil Münch unter den Nazis Verbrechen begangen und sie später abgestritten oder verschwiegen hatte, sondern im Gegenteil, weil er sich damals vergleichsweise mutig verhalten, seither aber das Bedürfnis gehabt hatte, öffentlich von den Grenzen dieses Muts zu sprechen.

Münchs Vater hatte den Lehrstuhl für Biologie an der Münchener Universität innegehabt, hatte sich jedoch nie auf die Nazis eingelassen. »Er lebte auf einem anderen Planeten«, sagte Münch. »Und meine Mutter stand in unablässiger Opposition – gegen die Preußen, weil sie Preußen waren, gegen die Franzosen wegen Elsaß-Lothringen und gegen die Nazis, weil sie Rüpel waren. Ich war seit meiner Studienzeit Parteimitglied – sonst durfte man nicht studieren –, aber kein Nazi. Das hätte meinem ganzen familiären Hintergrund überhaupt nicht entsprochen. Als ich das Examen hinter mir hatte, beschloß ich, als Arzt aufs Land zu gehen, um dem politischen Durcheinander zu entkommen.«

»Aber ich war und bin Deutscher«, fügte er hinzu. Zu Beginn des Krieges bekam er zwei Praxen älterer Ärzte zugewiesen, doch Ende 1942 wurde ihm die Vorstellung peinlich, daß er in Sicherheit war, während andere in den Streitkräften dienten. Eines Tages traf er in München zufällig einen früheren

Klassenkameraden, der bei der Waffen-SS war.»Er meinte, er könne mir in seiner Dienststelle ganz schnell etwas besorgen, in der Pathologie, einem meiner Fachgebiete.«

Innerhalb weniger Wochen hatte der Freund ihm eine Stelle beschafft, und nach einer kurzen Grundausbildung bei der SS wurde Münch nach Rajsko abgeordnet, einem Auschwitz angegliederten medizinischen Institut. Man teilte ihm (vollkommen zutreffend) mit, daß er Forschungsarbeiten auf dem Gebiet der Seuchenkontrolle durchführen werde.»Ich war so ahnungslos«, sagte er,»daß ich meine Frau bis zum Bahnhof Auschwitz mitreisen ließ; dort gingen wir etwas essen, und sie fuhr zurück. Ich wußte schlicht nicht, daß mein Ziel ein Konzentrationslager war.«

Aber es blieb ihm nicht verborgen. Abgesehen von einem weiteren SS-Pathologen waren alle Mitarbeiter der Einrichtung, die er am Tag seiner Ankunft kennenlernte – einundsiebzig Männer und ein paar Frauen –, Häftlinge aus Auschwitz. Viele von ihnen waren in Polen und Frankreich bedeutende Wissenschaftler gewesen, und neunzig Prozent von ihnen, so erfuhr er bald, waren Juden.»Ich hätte keinen Unterschied bemerkt«, sagt er, und sicher ist, daß er mit ihnen gut auskam.

»Er behandelte uns als Menschen«, erklärte ein Überlebender später im deutschen Fernsehen.»Er schüttelte uns die Hand, wenn er kam, und redete uns mit ›Herr Doktor‹ oder ›Herr Professor‹ an – das war noch nie vorgekommen.«

Im Juni 1943 wüteten Typhus und Fleckfieber unter den Häftlingen (etwa hunderttausend Menschen, die zumeist in den nahe gelegenen Rüstungsfabriken arbeiteten) und gefährdeten auch die siebentausend SS-Wärter. Die Aufgabe von Münchs »Hygieneinstitut«, das rund fünfzehn Kilometer vom Hauptlager entfernt lag (wie viele der rund drei Dutzend Außenlager), bestand darin, wirksame Verfahren zur Massenimpfung zu entwickeln. Münch bestreitet nicht, daß er Experimente an Häftlingen im berüchtigten Block 10 von Auschwitz durchgeführt hat, jener Baracke, in der der abscheuliche Dr. Mengele seine Sterilisationen und schrecklichen Versuche an Zwillingen und anderen Menschen betrieb.»Doch meine Injektionen und Impfungen waren völlig harmlos«, sagte Münch.»Im Gegenteil, die Patienten bekamen zusätzliche Rationen.«

Münch wußte jedoch von den anderen Experimenten, und er fand bald heraus, daß im nahen Birkenau Menschen vergast wurden – wo auch seine Patienten ihr Ende finden würden, wenn er mit ihnen fertig war, ob sie nun Extrarationen bekamen oder nicht.»Man hatte immer den Brandgeruch in der Nase«, sagte er.»Jedermann im Umkreis von Kilometern wußte Bescheid. Mir ist immer ein Rätsel geblieben, warum ich vorher nichts erfahren hatte. Vielleicht weil Auschwitz so groß war und dort vor allem das Ziel verfolgt wurde, soviel Arbeit wie möglich aus den Gefangenen herauszuholen, so daß die Einzelheiten über das Morden in Birkenau, einem vergleichsweise kleinen Lager, nicht weit über den Bezirk hinaus bekannt wurden.« Doch trotz der ständigen Mahnungen zur Geheimhaltung sei es unmöglich gewesen, sagte er, nichts darüber zu wissen.

Münch hatte sich geweigert, Vergasungen mit anzusehen, hatte aber schon gesehen, wie Menschen in die Gaskammern gestoßen wurden, und einmal, im Vorbeigehen, hatte er ihr Todesstöhnen gehört. »Ein Laut, der mit nichts vergleichbar ist«, sagte er. »Sehr leise.«

Sämtliche SS-Offiziere, besonders die Ärzte, hätten unablässig über die »Endlösung« gesprochen, »offener, viel freimütiger als draußen«. Münch sprach mit einer Art monoton berichtender Stimme, was das Grauen betonte, das nicht allein seine Worte enthielten, sondern auch – wie ich nicht bezweifelte – seine Gefühle, als er diese Worte äußerte. Zwar hatte er das meiste schon oft zuvor gesagt, doch spürte man sein Bedürfnis, seinen inneren Druck, es wieder und immer wieder zu sagen. »Viele der Offiziere erkannten zwar die Notwendigkeit an, die Juden aus der westeuropäischen Gesellschaft zu entfernen, bedauerten aber die Vergasungen und hätten eine Umsiedlung in abgelegene Gebiete vorgezogen.«

Ich fragte ihn, ob auch er eine solche »Notwendigkeit anerkannt« habe. »Ich wußte, daß Sie das fragen würden«, meinte er traurig. »Ich würde gern mit nein antworten, aber ich glaube nicht, daß ich es kann. Sehen Sie, ich hatte bis dahin nie darüber nachgedacht. Ich habe keine Entschuldigung, ich suche keine Ausreden, ich denke nur, daß ich sagen kann, selbst wenn ich theoretisch zugestimmt hätte wie so viele andere, hätte ich das irgendwie nicht mit Personen in Verbindung gebracht, mit Menschen. Aber ich war ja dort, und ich habe mitgemacht, also kann ich Ihre Frage nicht mit ›Nein‹ beantworten – dazu habe ich kein Recht.«

Doch Münch schien auch unfähig, den ungeheuerlichen Mengele zu verurteilen, der für ihn kein Ungeheuer war. »Sein Wissen über die Medizin war außerordentlich«, sagte er. »Vom wissenschaftlichen Standpunkt aus war er dort der einzige hoch qualifizierte SS-Arzt.« Er schwieg kurz. »Für mich war es sehr lohnend, mit ihm zu reden«, sagte er dann mit einer Art resignierter Aufrichtigkeit.

»Mengele war Ideologe mit Leib und Seele. Nie eine Gefühlsregung; er zeigte weder Haß noch Fanatismus. Deshalb betrachtete er die Vergasungen als einzig vernünftige Lösung, und da die Juden ohnehin sterben würden, sah er keinen Grund, warum er sie nicht vorher für medizinische Experimente benutzen sollte.«

Er habe diesem ungeheuerlichen Gedankengang nicht zugestimmt, meinte Münch, fügte jedoch wiederum mit dieser außergewöhnlichen Offenheit hinzu, daß Mengele ihn »fasziniert« habe. »Er war vollkommen einzigartig. Sein Geist war für mich unwiderstehlich. Ich muß zugeben, daß ich mit ihm zusammen sein wollte, seine Gesellschaft suchte, deshalb kann ich jetzt nicht behaupten, ich hätte ihn nicht gemocht.«

Mitte 1944, als die brutalen neuen Kommandanten Bär und Kramer das Ruder in die Hand genommen hatten, sah er sich schließlich gezwungen, Stellung zu beziehen. Da wegen der Ankunft der ungarischen Juden alle SS-Ärzte überlastet waren, wurde beschlossen, daß die beiden Forschungsärzte in Rajsko genug geschont worden seien und nun an den Selektionen teilnehmen sollten. »Noch am selben Abend nahm ich den Nachtzug nach Berlin«, sagte Münch, »und ich erklärte meinem Abteilungsleiter, daß dies gegen alle meine ethischen Prinzipien verstoße und ich den Auftrag verweigere. Er sagte, auch er habe Kinder und hätte an meiner Stelle abgelehnt, natürlich müsse ich es nicht tun, und er rief auf der Stelle Bär an und sagte ihm das.«

Ein paar Wochen später weigerte sich auch Münchs junger Assistent Dr. Hans Delmod, der kurz zuvor aus einer SS-Eliteschule angekommen war, an den Selektionen teilzunehmen. »Doch sie haben ihn schließlich auf ganz sanfte und geschickte Weise überlistet«, berichtete Münch. »Erst erklärten sie sich bereit, ihn von den Selektionen freizustellen, wenn er neben seiner Institutsarbeit noch Doppelschichten im Lager übernehmen würde. Dann, als er von diesen Dreifachschichten völlig erschöpft war, luden sie seine junge Frau, eine schöne Blondine, nach Rajsko ein. Mit einiger Unterstützung durch sie konnten sie ihn überreden, und schließlich erklärte er sich bereit, an den Selektionen teilzunehmen.« Delmod brachte sich sofort nach Kriegsende um, und man spürt bei Münch ein tiefes Schuldgefühl im Hinblick auf sein Schicksal.

Am Ende des Krieges verhafteten die Russen vierzig Auschwitz-Ärzte und übergaben sie den Polen. Im Prozeß von Krakau, der am 22. Dezember 1947 zu Ende ging, wurden dreiundzwanzig der Angeklagten zum Tode verurteilt, sechs zu lebenslänglichen Haftstrafen und zehn zu Gefängnis zwischen drei und fünfzehn Jahren. Münch wurde als einziger freigesprochen. Neunzehn ehemalige Häftlinge hatten zu seinen Gunsten ausgesagt.

Seither hat er nicht aufgehört, sich Fragen zu stellen und sich von anderen befragen zu lassen, obwohl seine Frau ihn anflehte, damit aufzuhören. »Ich halte es nicht mehr aus«, sagte sie zu mir. »Welchen Sinn hat es, daß er sich damit quält?«

Ich fragte, ob sie sicher sei, daß es sich um Selbstquälerei und nicht vielmehr um ein unausweichliches Bedürfnis handle.

»Ja, vielleicht«, meinte sie. »Aber dann tut er es für sich selbst, und es ist eine Quälerei für *mich*. Glauben Sie, es ist schön für mich, tagtäglich davon zu hören? Und die Kinder – er ist ja auch uns etwas schuldig.«

»Ich weiß, daß sie so denkt«, sagte Münch. »Aber wie kann ich damit aufhören? Nicht mehr darüber zu sprechen ist dasselbe, wie nicht mehr darüber nachzudenken. Doch ich muß darüber nachdenken; ich muß es verstehen. Wie könnte ich es sonst ertragen? Ich hätte gehen können; ich hätte desertieren, in die Schweiz fliehen können. Sicher, meine Familie hätte ich zurücklassen müssen. Ich hätte nicht uns alle über die Grenze bringen können. Aber trotzdem, wie konnte ich als Mensch es ertragen, dort zu bleiben?«

Und wie ein bedrückendes Echo Speers fügte er hinzu: »Ich kann mich nicht verstehen, aber ich muß es irgendwie verstehen lernen. Ich muß die Antwort finden, vor dem Ende.«

Als der Herbst 1944 angebrochen war, hatten alle Nazigrößen mit Ausnahme der schlichtesten Gemüter erkannt, was die Stunde geschlagen hatte, sogar Himmler. Er setzte die ungarischen Juden als Köder ein, um zunächst über General Karl Wolff und dann über Kontakte in Schweden Verhandlungen mit den Alliierten aufzunehmen. Das schlimmste Grauen näherte sich dem Ende.

Die drei verbliebenen Vernichtungslager der Aktion Reinhard, die von Lublin aus geleitet wurden, hatten ihre furchtbare Arbeit im Herbst 1943 beendet und wurden im Oktober dieses Jahres demontiert. Majdanek war, auch wenn Tausende an diesem schrecklichen Ort starben (einige zuletzt durch Vergasung), vorwiegend ein Arbeitslager und blieb bestehen, bis die sowjetischen Truppen im Juli 1944 Lublin besetzten.

Die Russen brachten nun an die Öffentlichkeit, was für ein Bild sich ihnen darbot, als sie Majdanek und die anderen Vernichtungslager entdeckten, einen Monat nachdem die letzten der 250000 im Mai und Juni in Auschwitz angekommenen ungarischen Juden vergast worden waren. Himmler ließ die Massenmorde daraufhin fast ganz einstellen. Die letzten Transporte kamen im September 1944 in Auschwitz-Birkenau an; die letzten Selektionen für die Gaskammern fanden Ende Oktober statt. Am 26. November befahl Himmler, die Krematorien von Auschwitz zu zerstören. Zu dieser Zeit war die Evakuierung der verbliebenen Insassen schon seit längerem in Gang – eine schreckliche Völkerwanderung zu Fuß und bei eisiger Kälte von ursprünglich rund 30000 Männern, Frauen und Kindern zu weiter im Süden oder Westen liegenden Konzentrationslagern, die viele Tausende das Leben kostete. Am 18. Januar 1945, acht Tage vor der Ankunft der Russen, wurden die letzten 64000 Auschwitz-Häftlinge in Marsch gesetzt; ihr Ziel waren Lager im Innern Deutschlands. Die Russen fanden in Auschwitz nur noch etwa 3000 zu Tode erschöpfte Menschen vor.

Zur abschließenden Bilanz der Tragödie von Auschwitz gehören viele hunderttausend Zwangsarbeiter aller Religionen und vieler Nationalitäten, nicht in erster Linie Juden, die dort an Hunger, Erschöpfung, Mißhandlung und

Krankheit starben. Gerald Reitlinger schätzt in seinem Klassiker *Die Endlösung,* daß 800 000 Juden in Birkenau vergast wurden. Neuere Angaben der polnischen Behörden von 1993 geben eine höhere Gesamtzahl an: 1 100 000 bis 1 500 000 Ermordete, 90 Prozent davon Juden.

Gegen Ende des Jahres 1944 arbeitete Speer mit aller Kraft in zwei geradezu entgegengesetzte Richtungen. Obwohl er wußte, daß das Ende unmittelbar bevorstand und Hitlers Ziele böse waren, setzte er seine Anstrengungen fort, Waffen für Hitlers Krieg zu produzieren. Er reiste dreimal in den Westen, besuchte Industriezentren, wo er den Menschen Mut zusprach, und traf sich mit Generälen an der Front und drängte sie, zur Fortführung der Produktion die Lage in wichtigen Gebieten zu »bereinigen« (die Gebiete wiederzuerobern oder gegen alliierte Angriffe zu schützen). Nach der Rückkehr aus dem Ruhrgebiet am 11. November schrieb er an Hitler:

So schwierig die Lage auch ist und so hoffnungslos ihre Beseitigung zunächst zu sein scheint: Wir dürfen auf keinen Fall müde werden. Wir werden alles daran setzen, um diesen für das Schicksal unseres Reiches entscheidenden Kampf um die Ruhr zu gewinnen!

Am 15. Dezember flog er an die Ruhr zurück und besuchte Dortmund, Bochum und Krupp in Essen, die Treibstoffwerke von Scholven und Geisenberg, das Kraftwerk von Goldenberg, Stickstoff- und Röhrenfabriken bei Köln und Düsseldorf und bombengeschädigte Gebiete im Umkreis.

»Wie soll man es beschreiben?« sagte Hupfauer. »Er redete den Menschen gut zu, machte ihnen Mut, drängte sie durchzuhalten und gab ihnen Ratschläge, wie sie das machen konnten. Ich habe es nie begriffen, aber er hat uns alle mitgerissen – die Generäle, die Industriellen, die Arbeiter. Er gab den Menschen das Gefühl, daß sie noch in der Niederlage siegen würden. Ich glaube, er hat unsere Selbstachtung gerettet.« Hupfauer lächelte kurz. »Ich glaube nicht, daß irgend jemand Speer als einnehmenden oder liebenswerten Mann beschrieben hätte. Dafür war er zu sehr … von oben herab. Doch in jenen Monaten empfanden die Leute, wir *alle,* etwas wie Liebe für ihn.«

Speer ernannte Hupfauer zum Chef des Zentralamts im Ministerium (anstelle von Speers Freund Willy Liebel, der unter dem Druck der Partei zusammengebrochen war) und holte sich damit einen Kollegen, den er gut kannte und dem er vertraute. Hupfauers Beförderung auf eine Schlüsselposition hatte noch einen weiteren Vorteil. Himmler war entschlossen, einen hochrangigen SS-Spion in Speers Lager einzuschleusen, und hatte sowohl bei Bormann als auch bei Hitler in dieser Sache vorgesprochen; Hupfauer, immer noch Kommandant der SS-Eliteschule in Sonthofen (wo seine Familie bis zum Ende des Krieges lebte), war nun ein vollrangiger Standartenführer der SS. Speer genoß es, sein politisches Meisterstück im »Spandauer Entwurf« zu beschreiben, auch wenn er sorgfältig vermied, Hupfauers Namen zu erwähnen:

> Eine erhebliche Sorge wurde mir bereitet ... Ich diskutierte, um Zeit zu gewinnen, ernsthaft die Vorschläge und hatte unterdessen die »Erleuchtung«, den besten Mann des Organisationsleiters der Partei [Robert Ley], der sich mit der Verschlechterung der Kriegslage in zunehmendem Maße mir angeschlossen und vernünftige Ansichten gezeigt hatte, zu fragen, ob er »mein Mann« werden wolle. In einem offenen Gespräch über die Lage fanden wir uns zur Bundesgenossenschaft. Ich rief Bormann an, ob er mit dieser Wahl einverstanden sei, und dieser war darüber so erstaunt, daß er sofort ja sagte und über alles übrige mit dem Organisationsleiter zu reden versprach.

Speer, der mit den »bürgerlichen Spießern« der Partei immer über Kreuz lag, freute sich, ihnen einen der wichtigsten Männer entführt zu haben. Wichtiger war freilich noch, daß er für sein nächstes und anspruchsvollstes Vorhaben jede erdenkliche Unterstützung der Gauleiter benötigte. Denn während er mit der einen Hand noch die Waffenproduktion anheizte, war er andererseits entschlossen, Hitlers nun in rascher Folge unternommene Schritte abzublocken, das deutsche Volk – das in seinen Augen versagt hatte – für dieses Versagen bezahlen zu lassen.

Zunächst befahl Hitler, daß die gesamte Kapazität der Reichsbahn dem Waffentransport vorbehalten sein müsse; weiter sollten die Belegschaften der Lebensmittelindustrie (Metzger, Bäcker, Käser) weiter reduziert werden, um dem Heer neue Soldaten oder der Rüstung neue Arbeitskräfte zuführen zu können. Die Bevölkerung westlich des Rheins würde sich eben mit eigenen Kräften versorgen müssen.

»Er befahl mir das eines Tages im November«, sagte Speer zu mir, »und ich teilte Göring noch am selben Abend mit, daß ich diesen Befehl einfach nicht befolgen könne. Göring, nüchtern wie er war, meinte, solange ich ein Gehalt als Hitlers Minister beziehe, hätte ich seinen Weisungen zu gehorchen. Als ich wiederholte, daß ich dies nicht könne, bemerkte er: ›Na, dann setzen Sie sich besser ab, ins Ausland.‹ Ich antwortete, auch dies sei für mich ausgeschlossen, aber ich würde Hitlers Befehl nicht ausführen; die Menschen im Ruhrgebiet gingen schon jetzt durch die Hölle, und es sei unsere Pflicht, sie so gut und so lange wie möglich zu versorgen. ›Na, dann tun Sie, was Sie tun müssen‹, sagte Göring. ›Von mir erfährt niemand etwas. Ich bin kein Denunziant.‹ Das beeindruckte mich wirklich – das war souverän. Er hatte trotz seines schrecklichen Verfalls Charakter und Stil. Ich hab' das nie vergessen.«

Nach Posers Eindruck zeigte Speer, was immer er früher zu tun versäumt haben mochte, damals eine einzigartige Zivilcourage. »Er war fassungslos über diesen Befehl Hitlers«, sagte Poser, »und er verweigerte nicht nur die Durchführung, sondern schickte ein paar Wochen später, als das Ruhrgebiet von den Alliierten praktisch eingekesselt worden war, Lebensmittelzüge ›blind‹ in den Kessel, mit dem Befehl, so weit wie möglich hineinzufahren. Mit diesen Lebensmitteln konnte die Krise überbrückt werden, als die Alliierten schließlich einmarschierten, sonst wäre es in dem riesigen Gebiet zu einer Hungersnot gekommen.«

Das Ruhrgebiet mit Lebensmitteln zu versorgen war nur eines von Speers Problemen in diesem Herbst. Er verhinderte auch eine noch schrecklichere Ausweitung des Krieges, die von den Parteifanatikern Goebbels und Ley verlangt wurde.

Am 21. Juni 1946 befragte Robert Jackson, der amerikanische Hauptankläger in Nürnberg, Speer über Goebbels' und Leys Versuch, Hitler zum Einsatz von Gas entgegen der Genfer Konvention zu überreden. Die deutschen Chemiker, sagte Speer aus, hätten unter strengster Geheimhaltung zwei neue Kampfgase, Tabun und Sarin, entwickelt:

Beide Gase waren von ganz außerordentlicher Wirkung. [Es war] keine Gasmaske, also kein Gasschutz dagegen vorhanden nach unserer Kenntnis, so daß also die Soldaten sich gegen dieses Gas in keiner Weise hätten schützen können. Wir hatten für diese Gasfabrikation etwa drei Fabriken, die alle unzerstört waren und die bis November 1944 in vollem Betrieb waren.

Einige Wochen zuvor hatte Hitler plötzlich einen nur ihm verantwortlichen Sonderbeauftragten ernannt, der die Aufgabe hatte, das enorm beschleunigte Produktionsprogramm für Gasmasken zu überwachen. Noch einige Wochen früher, im Oktober, hatte, wie Speer im »Nürnberger Entwurf« schrieb, Robert Ley den Einsatz der Gase »zumindest gegen die Russen« vorgeschlagen.

Wie Speer mir sagte, hatte Hitler dazu auf einer Lagebesprechung geäußert, wenn er schließlich doch noch den Gaseinsatz befehlen würde, bliebe dieser »natürlich« darauf beschränkt, den sowjetischen Vormarsch zu stoppen.

Speer hatte Hitlers Versicherungen allerdings keinen Glauben geschenkt und ihn in einer Denkschrift darauf aufmerksam gemacht, daß Zian und Methanol, Grundbestandteile dieser Gase, extrem knapp seien und vorrangig für medizinische Zwecke gebraucht würden. Als Hitler seinen Einwand zurückwies und ihm befahl, alle Anstrengungen auf die Produktion von Giftgas zu richten, ignorierte er einfach den Befehl: »... Ich gab aber dann von mir aus die Weisung, daß die Vorprodukte [für Tabun und Sarin] nicht weiter ausgeliefert würden.«

546

Im Nürnberger Prozeß sagte er darüber: »Als die Gerüchte über die Möglichkeit der Anwendung von Gas zu uns kamen, habe ich im November 1944 die Gasproduktion stillgelegt. Ich habe sie dadurch stillgelegt, daß ich die sogenannte Vorproduktion, also die chemische Zulieferung für diese Gasproduktion, sperrte.«

»Ihre Gründe«, sagte Jackson, »waren wahrscheinlich dieselben wie die des Militärs; mit anderen Worten, Sie fürchteten, daß Deutschland dabei den kürzeren ziehen würde, wenn es zu einem derartigen Krieg schreiten würde. Das war es doch, was dem Militär Sorgen machte?«

»Nein, nicht nur das«, erwiderte Speer, »sondern in dieser Phase des Krieges war es ganz klar, daß auf keinen Fall internationale Verbrechen begangen werden durften, die dann nach dem verlorenen Krieg das deutsche Volk belasten würden. Das war an sich das Entscheidende.«

Bei einem unserer Gespräche wies ich darauf hin, daß dies eine sehr beschränkte Definition »internationaler Verbrechen« sei. Was denn seiner Ansicht nach der wesentliche Unterschied zwischen der Ermordung von Zivilisten durch Erschießen, Vergasen oder Arbeit bis zum Tode und dem Verbrechen eines Gaskriegs gegen Soldaten sei? Inwiefern sei das eine Verbrechen »internationaler« als das andere?

In Nürnberg, antwortete er steif, habe sich Jacksons Frage auf den Gaskrieg bezogen, und auf diese Frage habe er geantwortet.

Speer wie auch Hitler waren nun an einem entscheidenden Wendepunkt angelangt. Schon während Hitler die Ardennenoffensive vorbereitete, seine letzte große Schlacht,* deren Beginn auf den 1. Dezember festgesetzt war, hörte ihn Below zum erstenmal sagen: »Der Krieg ist verloren.« Dieser Anfang vom Ende war auch der Moment, an dem Hitler die Deutschen zu verachten und vielleicht sogar zu hassen begann, da sie, wie er Speer und Below sagte, die Kraft zum Sieg nicht hätten und gar nicht haben wollten und könnten.

»Bis dahin«, meinte Speer zu mir, »ja, noch bis dahin waren Deutschland und Hitler für mich eins gewesen. Doch nun sah ich beide als zwei Einheiten, die im Gegensatz zueinander standen. Leidenschaftliche Liebe zum eigenen Land konnte nicht mehr mit dem Gehorsam einem Führer gegenüber, der sein Volk offenbar haßte, vereinbart werden. Die Männer des 20. Juli waren schon Monate oder Jahre vorher zu dieser Einsicht gekommen – ich erst jetzt.«

»Speer war außer sich über die Befehle Hitlers, alles zu zerstören«, sagte Poser. »Er war schon immer ein Mann der Tat gewesen, doch ab diesem

---

* Das einzige große militärische Unternehmen, das Hitler danach noch veranlaßte, fand im Februar 1945 statt, als er Sepp Dietrich befahl, Budapest zu »befreien«. Mit dem Scheitern dieser sogenannten Plattensee-Offensive war Anfang März 1945 der Weg für die russischen Truppen zur Einnahme Wiens frei.

Herbst nahm er die Dinge buchstäblich selbst in die Hand: Jetzt war es nicht mehr eine Frage, Hitlers Befehle zu mißachten, sondern sie, ohne den Versuch zu machen, sein Vorgehen zu verbergen, außer Kraft zu setzen, und jeder Befehl, den er veränderte oder erteilte, war ein weiterer Schritt, um zu retten, was noch zu retten war, für das Volk, für die Zukunft.«

Ich fragte, was er mit »in die Hand nehmen« meine.

»Die Zügel, die Verantwortung ...« Er zuckte die Schultern. »Nennen Sie es, wie Sie wollen: die Führung. Niemand anders hätte sie übernehmen können.«

Speers (und später Adenauers) Finanzberater Karl Hettlage, der Speer 1938 mit dem Kommentar verblüfft hatte, er sei Hitlers »unglückliche Liebe«, war, so hatte ich den Eindruck, fünfzig Jahre später in seiner Analyse Speers nicht weniger klarsichtig.

»Ich bin überzeugt, daß Speer im letzten Kriegsjahr eine moralische Leere um und in sich fühlte, daß er keinen festen Boden unter den Füßen hatte. Seine schließliche Entscheidung, den ›Verbrannte-Erde‹-Befehl Hitlers zu sabotieren, war, da bin ich mir sicher, im Grunde genommen Ausdruck seiner Verzweiflung und Enttäuschung. Und daraus entsprang auch seine Wunschvorstellung – denn um etwas anderes hat es sich nie gehandelt –, Hitler zu töten. Er war nun an einen Punkt gelangt, an dem es kein Zurück mehr gab – es durfte so einfach nicht weitergehen. Auch andere hatten diesen Eindruck, wissen Sie, aber er war der einzige, der *handelte,* und vielleicht der einzige, der handeln *konnte.«*

Speer war zweifellos der einzige Mann in Hitlers Regierung, der aktiven Widerstand gegen die Zerstörungsbefehle organisierte. Doch gab es neben seinen engsten Bundesgenossen – Poser, Hupfauer und in seinem Sekretariat Kempf, Cliever und Edith Maguira, Todts frühere Sektretärin – noch viele andere, die ihm folgten und damit enorme Risiken auf sich nahmen. Dies gilt nicht nur für diejenigen Wehrmachtsoffiziere, die Hitlers Befehl, das Land beim Rückzug in Schutt und Asche zu legen, nicht befolgten, sondern in gleichem Maße für zahllose Zivilisten – Industrielle, Fabrikarbeiter, Feuerwehrleute und Bedienstete im Fernmeldewesen und den öffentlichen Versorgungseinrichtungen, die – auf Speers Anordnung hin alle bewaffnet – bereit waren, alle Versuche der Partei abzuwehren, ihre Arbeitsplätze und ihr Land zu zerstören.

Hupfauer leistete, wie Speer gehofft hatte, im Umgang mit den Gauleitern unschätzbare Dienste. Mir gegenüber hatte er die Beschreibung seiner Kriegserfahrung auf das Eingeständnis beschränkt, daß er in die Waffen-SS eingetreten sei, um am Krieg teilnehmen zu können. Wie so viele andere verdrängte er bei seiner Rückkehr nach Deutschland, was er in Rußland gesehen hatte, und machte bürokratische Borniertheit und mangelnde Voraussicht für die »verfahrene Lage« im Osten verantwortlich. Doch anders als bei Speer steckte hinter Hupfauers Ausflüchten nicht der Wunsch, Hitler zu schützen, oder moralische Scham, sondern vor allem die realistische Einsicht in den Lauf der Welt. Hupfauer war bis zu seinem Tod im hohen Alter 1993 – ich hatte ihn noch kurz zuvor besucht – ein sehr realistischer Mensch.

Trotzdem zeigte er gegen Ende des Krieges beachtlichen Mut und machte sich ungeheuer nützlich, nicht nur in Berlin, sondern mehr noch nach dem Januar 1945, als der Druck der Zerstörungsbefehle am größten war. In dieser Zeit unternahm er häufig Reisen mit Speer und Poser oder auch allein, um an Ort und Stelle auf die Verantwortlichen einzuwirken. Er setzte sich einem beträchtlichen Risiko aus, indem er seinen Ruf und, genau wie Speer gehofft hatte, seine engen Kontakte zu den Parteifunktionären in die Waagschale warf, um Speer bei dem Versuch zu helfen, die Zerstörungslawine Hitlers aufzuhalten.

Am 1. Dezember 1944 hielt Speer seine letzte Rede vor den Leitern der Rüstungskommissionen und führenden Mitarbeitern seines Ministeriums. Dabei legte er einen Optimismus zutage, der sicher nicht seinem Gefühl entsprach. Eine Woche später, nachdem er persönlich den Transport von fast zehn Millionen Litern Treibstoff an die Front überwacht hatte, die aus den zwischen den Bombardements vorübergehend instand gesetzten Fabriken herausgeholt worden waren, richtete er gleichermaßen ermutigende Worte an Frontsoldaten.

Anfang Januar 1945 schließlich, als die Ardennenoffensive gescheitert war, gestand er sich endlich ein, daß es zu Ende war. Speer und Poser hatten die letzte Woche des Jahres 1944 an der Front verbracht, wo sie feststellen konnten, daß selbst der treue Sepp Dietrich das Vertrauen zu Hitler verloren hatte. Die Rückfahrt ins Hauptquartier am letzten Tag des Jahres war ein Alptraum – sie brauchten 22 Stunden, während deren sie wiederholt vor Jagdflugzeugen in Deckung gehen mußten, um die 340 Kilometer nach Ziegenberg zurückzulegen, wo Generalfeldmarschall Gerd von Rundstedt, der Oberbefehlshaber im Westen, Quartier bezogen hatte.

Sie wurden im fünf Kilometer entfernten Kranzberg, dem Schloß Görings, untergebracht. Um halb drei Uhr morgens fand Speer im »Felsennest«, dem bescheidenen Hauptquartier, das er gebaut hatte, nachdem Hitler das luxuriöse Schloß Ziegenberg abgelehnt hatte, den üblichen intimen Kreis um Hitler vor. »Adjutanten, Sekretärinnen und Ärzte«, sagte er, »mit Champagnergläsern in der Hand, die offenbar wiederholt nachgefüllt worden waren. Sie alle versuchten tapfer, so zu tun, als ob sie das neue Jahr feierten. Die Atmosphäre wurde durch Hitlers optimistische Prognosen und das verzweifelte Bemühen der Gäste, ihm Glauben zu schenken, gewissermaßen noch verschlimmert.« (»Der Kontrast«, schrieb er in Spandau, »von dem, was ich 24 Stunden vorher erlebt hatte, zu diesem Optimismus, war unheimlich.«)

Hitlers Stimmungsumschwünge waren schon seit Wochen vollkommen unvorhersagbar. Auf Below machte Hitler um die Weihnachtstage, als er die Niederlage in den Ardennen erkennen mußte, »einen völlig verzweifelten Eindruck«:

An einem späten Abend in diesen Tagen blieb ich bei Hitler im Bunker ... Ich habe ihn vorher und nachher nie wieder in einem solchen Zustand erlebt. Er sprach davon, sich jetzt das Leben zu nehmen, denn die letzte Aussicht, einen Erfolg zu erringen, sei zunichte gemacht worden. Er machte der Luftwaffe und den »Verrrätern« im Heer Vorwürfe ... »Ich weiß, der Krieg ist verloren. Die Übermacht ist zu groß ...« Dann fing er sich wieder und sagte: »Wir kapitulieren niemals. Wir können untergehen. Aber wir werden eine Welt mitnehmen.« Hitlers Worte habe ich nie vergessen. Über diese Unterredung habe ich bis heute mit niemandem gesprochen. Sie machte mir damals endgültig klar, daß Hitler niemals einlenken und alles mit in seinen Untergang ziehen würde.

»In dieser Silvesternacht«, sagte Speer zu mir, »schien er auf die schrecklich düstere Stimmung um ihn mit geradezu hysterischer Heiterkeit zu reagieren. Wie Sie wissen, trank er nie – aber in dieser Nacht schien er betrunken.«

Bei einer am 3. Januar beginnenden Rüstungskonferenz unternahm Speer einen weiteren Versuch. Als Hitler, von Bormann und Goebbels enthusiastisch unterstützt, verkündete, es sei nun der Augenblick für die totale Mobilisierung aller Männer gekommen, die ein Gewehr halten könnten, entgegnete Speer, damit käme die noch verbliebene Rüstungsproduktion völlig zum Erliegen. Wenn Hitler den Krieg fortführen wolle, dann dürften Industrie, Reichsbahn, Fernmeldewesen und deren Belegschaften so wenig wie nur möglich angetastet werden.

Er verlor. Man brauche Soldaten, hieß es, und wenn Speer das nicht einsehen könne, schrie Goebbels (»Hitler nickte dazu mit glänzenden Augen«, beschrieb mir Speer die Szene), dann würde er die Schuld an einem verlorenen Krieg tragen. »Danach gab ich auf«, sagte Speer. »Ich saß nur da, und Hitler richtete seine irrationalen Bemerkungen an Saur.«

Der zuverlässig willfährige Saur war es auch, der ab nun an den immer zwecklosteren Rüstungsbesprechungen teilnahm, während Speer (»Ich mied das Führerhauptquartier wie die Pest«), empört durch Hitlers immer radikalere Befehle, von einem Ende der noch nicht von den Alliierten eroberten Gebiete zum andern reiste, um die Durchführung der Zerstörungsbefehle zu verhindern.

Am 19. Januar 1945 konnte er, indem er die Parteikanzlei in einem Brief an seine vor Monaten erteilten Weisungen erinnerte, noch einmal bewirken, daß Industrieanlagen nicht zerstört, sondern nur lahmgelegt wurden. Doch

Goebbels konnte den drastischen Morgenthauplan* propagandistisch gut ausschlachten, und auf die am 4. Februar beginnende Konferenz von Jalta – auf der die Alliierten ihre Entschlossenheit bekräftigten, die bedingungslose Kapitulation zu verlangen, und die Absicht verkündeten, Deutschland in vier Besatzungszonen aufzuteilen – entgegnete Hitler mit der Ankündigung des Alles oder Nichts: Deutschland werde siegen oder untergehen. Von nun an, sagte er, als Speer ihm abermals eine Denkschrift übergab, in der er erklärte, daß der Krieg verloren sei und es keine Alternative zu Verhandlungen gebe, würden solche Äußerungen als Verrat angesehen und entsprechend bestraft.

Wenige Wochen später ordnete Hitler ein gigantisches Evakuierungsprogramm an. Im Osten wie im Westen sollte die deutsche Bevölkerung aus den von den Alliierten angegriffenen Gebieten herausgeholt werden. Während der letzten Wochen stellte Goebbels in seinem Tagebuch immer wieder die Frage, ob dieser Befehl durchführbar sei:

3. März 1945: ... Die Evakuierung verläuft nun in halbwegs geordneten Bahnen. Es ist die Frage, ob wir dem Wunsche des Führers entsprechend tatsächlich größere Massen von deutschen Evakuierten nach Dänemark verbringen können ...

4. März 1945: ... Insgesamt sind im ganzen Reichsgebiet jetzt etwa siebzehn Millionen Menschen evakuiert. Dieser Prozentsatz ist geradezu erschreckend ... [Wieder] etwa 800 000 Menschen in Bewegung gesetzt ... zum großen Teil durch Schiffstransporte ... da die Sowjets durch ihren Vorstoß die Landstraßen schon überschritten haben. Das Reich ist nun ziemlich eng geworden. Infolgedessen haben wir uns dazu entschlossen, aus dem Westen nicht mehr zu evakuieren. Im Westen muß man ... die Sache auf sich beruhen lassen ...

Doch Hitler setzte sich über Goebbels' realistische Einschätzung hinweg und beharrte darauf, daß nicht nur die Bevölkerung in den Ostprovinzen, sondern auch die im Westen mit allen Mitteln zu evakuieren sei – nicht um sie zu retten, sondern um die Alliierten daran zu hindern, ihre Arbeitskraft für ihre Zwecke einzusetzen. »Die Männer können zu Fuß marschieren«, sagte er. Goebbels notierte im Tagebuch:

13. März: Der Führer hat nun entschieden, daß trotz der außerordentlichen Schwierigkeiten, die damit verbunden sind, im Westen weiterevakuiert werden soll ... Die Entscheidung, die der Führer gefällt hat, geht von ganz falschen Voraussetzungen aus. Das ersehe ich auch aus

---

* Der von dem amerikanischen Finanzminister Henry Morgenthau entworfene und von Churchill und Roosevelt abgezeichnete Plan sah vor, Deutschland nach der Niederlage in ein Agrarland mit nur einem Minimum an Industrie zu verwandeln, damit es den Weltfrieden in Zukunft nicht mehr gefährden könne.

einem Bericht, den Speer nach einer Reise zum Westen ... bei mir erstattet. Speer hat die Verhältnisse eingehend studiert und ist zu dem Ergebnis gekommen, daß praktisch gar nicht mehr evakuiert werden kann. Speer äußert sich sehr mißmutig über die getroffenen Maßnahmen. Er vertritt den Standpunkt, daß es nicht die Aufgabe einer Kriegspolitik sei, ein Volk zum heroischen Untergang zu führen, wie ja auch vom Führer selbst in seinem Buch *Mein Kampf* ... betont worden ist ...

Einige Wochen zuvor, Anfang Februar, hatte Friedrich Lüschen, als Leiter der Elektroindustrie einer der führenden deutschen Industriellen und seit vielen Jahren mit Speer befreundet, diesem ein Blatt Papier mit der von Goebbels erwähnten Passage aus *Mein Kampf* übergeben. Ob Speer wisse, daß diese Sätze nun ständig auf der Straße zitiert würden? Die Passage lautete:
Eine Diplomatie hat dafür zu sorgen, daß ein Volk nicht heroisch zu Grunde geht, sondern praktisch erhalten wird. Jeder Weg, der hierzu führt, ist dann zweckmäßig, und sein Nichtbegehen muß als pflichtvergessenes Verbrechen bezeichnet werden.

Als Speer diese Sätze gelesen hatte, gab ihm Lüschen kommentarlos einen zweiten Auszug aus *Mein Kampf*:
Staatsautorität als Selbstzweck kann es nicht geben, da in diesem Falle jede Tyrannei auf dieser Erde unangreifbar und geheiligt wäre. Wenn durch die Hilfsmittel der Regierungsgewalt ein Volkstum dem Untergang entgegengeführt wird, dann ist die Rebellion eines jeden Angehörigen eines solchen Volkes nicht nur Recht, sondern Pflicht.

Noch am selben Abend faßte Speer den Entschluß, Hitler zu töten. Etwa eine Woche später, während eines schweren Luftangriffs auf Berlin, befand er sich zusammen mit einem seiner Mitarbeiter aus der Industrie, Dieter Stahl, dem Leiter der Munitionsfertigung, allein im Bunker eines Ministeriums. Kurz zuvor hatte Speer Gelegenheit gehabt, zugunsten Stahls zu intervenieren, als diesem, der Hitler seit Jahren äußerst kritisch gegenüberstand, von der Potsdamer Gestapo defätistische Äußerungen zur Last gelegt wurden. Speer beschrieb das Zusammentreffen im »Spandauer Entwurf«:
Die Spannung, in der man sich während eines solchen Angriffs befindet, trug wahrscheinlich dazu bei, daß wir uns offen über die Zustände in der Reichskanzlei unterhielten, über die Katastrophenpolitik, die da betrieben wurde. Ich erkundigte mich bei ihm nach dem neuen Giftgas [Tabun] und ob er ... davon welches beschaffen könne. Es war ihm klar, daß ich etwas damit vorhatte, und gleich darauf war das entscheidende Wort ausgesprochen: »Ich will versuchen, es im Bunker der Reichskanz-

lei anzuwenden.« Mein Mitarbeiter war weder erschrocken noch aufgeregt …
Nach einigen Tagen brachte [er] mir seine Auskunft. [Er sagte mir,] daß dieses Gas nur effektiv würde mittels der Explosion … Das bedeutete aber eine Unverwendbarkeit für den gedachten Zweck, da eine Explosion in dem Schacht gleichzeitig die aus dünnen Blechen hergestellten Zuluftkanäle zerrissen hätte.

Stahl gab bei seiner schriftlichen Befragung in Nürnberg eine übereinstimmende Beschreibung dieses Vorfalls. Er schloß seine Erklärung mit folgenden Sätzen:
Ich fand zu meiner völligen Überraschung zum erstenmal einen führenden und verantwortlichen Mann, der die wirkliche Lage nüchtern und klar sah und den Mut aufbrachte, nicht nur solche mit Todesgefahr verbundenen Gespräche zu führen, sondern der auch entschlossen zu handeln gewillt war.

Während der folgenden zwei Wochen sprachen die beiden Männer jedesmal, wenn sie sich in Berlin treffen konnten, über das mögliche Vorgehen. Speer gelangte immer mehr zu der Überzeugung, daß man, um allem ein Ende zu setzen, nicht nur Hitler töten mußte, sondern mit ihm auch Bormann, Goebbels und Ley. Dies wollte er bei einem der nun häufigen nächtlichen Treffen der vier Männer bewerkstelligen, wenn niemand sonst anwesend war. »Die Drei«, schrieb er in Spandau, »waren nach meiner Ansicht ohne Hitler vielleicht noch gefährlicher als mit ihm.«
Stahl übernahm die Aufgabe, eine gewisse Menge an »herkömmlichem« Gas zu besorgen. Gleichzeitig sprach Speer mit dem Cheftechniker der Reichskanzlei, Hentschel, den er seit deren Erbauung gut kannte. Unter dem Vorwand, er habe Hitler über die schlechte Luft klagen hören, schlug er ihm vor, das Filtersystem des Bunkers zu erneuern. Als diese Arbeit einige Tage später durchgeführt wurde, begleitete er Henschel auf einem Inspektionsgang zum Lüftungsschacht im Kanzleigarten und entdeckte, daß der Lufteinlaß sich nicht mehr in Bodenhöhe befand, sondern an der Spitze eines knapp vier Meter hohen Kamins.
»Das hat der Sache ein Ende gesetzt«, sagte mir Speer, »und wissen Sie, ich war sehr erleichtert. Es war ein Verzweiflungsimpuls, aber ich hätte es nie wirklich getan. Ich hätte es nicht tun können.«
Wegen seiner Gefühle für Hitler oder weil es ihm zu gefährlich war, fragte ich.
Er dachte lange darüber nach. »Aus beiden Gründen, glaube ich.« Ich bemerkte ein kleines, unsicheres Lächeln, das mir zuvor schon aufgefallen war, wenn er mit einer Frage konfrontiert wurde, auf die er noch keine

Antwort gefunden hatte. »Ich glaube, ich hatte Angst um mich selbst und um meine Familie. Aber ich bin mir nicht sicher, ob das der Hauptgrund meiner Erleichterung war. Sehen Sie, es war merkwürdig an diesen beiden Wochen, in denen ich an fast nichts anderes dachte, daß ich, wann immer ich nach Berlin zurückkehren konnte, geradezu zielstrebig die Gesellschaft Hitlers suchte. Damals hielt ich das vielleicht für eine Vorsichtsmaßnahme. Später glaubte ich jedoch nicht mehr, daß das der Grund war. Ich denke, ich *brauchte* es, in seiner Nähe zu sein; seine Nähe und sein Tod waren« – er lachte plötzlich kurz auf, und es war jenes nervöse Lachen, das ich oft bemerkte, wenn er verlegen war, weil er sich etwas Hochtrabendes oder Emotionales sagen hörte – »in gewisser Weise miteinander verschmolzen.« Er zuckte die Achseln. »Es ist wieder dasselbe, nicht? Diese Spaltung in mir« – erneut das Lachen – »meine Schizophrenie ihm gegenüber?«

Ich vermute, Speer war in den Wochen, in denen er seinem phantastischen Plan nachhing, auf einem Tiefpunkt angelangt. Und in ebendieser Zeit unternahm er eine besonders anstrengende Reise nach Ungarn, in die Tschechoslowakei, nach Danzig und nach Schlesien, wo er überall versuchte, Unterstützung für seine Maßnahmen gegen die Zerstörungsbefehle zu mobilisieren.

Am Ende der Reise, vielleicht auch am Ende seiner Kräfte, brach er zu einer Fahrt auf, die weder im »Spandauer Entwurf« noch in den *Erinnerungen* erwähnt wird. Diesmal war sein Ziel Landsberg in Bayern (die Stadt, in der Hitler 1924 seine Haftzeit verbrachte), wo als Ableger des Jägerprogramms in Dora im Harz mit der Errichtung einer Reihe unterirdischer Fabriken zur Produktion des Düsenjägers Me-262 ein technisches Wunderwerk vollbracht worden war.

Rudolf Neuhaus, ein schmächtiger Mann mit einer fast aggressiv neutralen Persönlichkeit, war einer der Ingenieure, die mit dem Bau dieser beispiellos komplexen, gewaltigen Anlagen betraut worden waren. »Wir wurden im Mai 1944 nach München gerufen, zu einem Treffen mit Dorsch, dem stellvertretenden Leiter der OT, Professor Franz Dischinger, dem Erfinder des Schalenbaus, und Vertretern der Bauindustrie«, sagte er mir 1987 in Landsberg. »Sie teilten uns mit, daß wir unterirdische Fabriken zu bauen hätten, von denen die erste, in Landsberg, im November fertig sein müßte. Die fünfstöckigen Bunker sollten 27 Meter hoch, 400 Meter lang und 84 Meter breit sein. Für jeden Bunker war der Aushub von über einer Million Kubikmeter Erde erforderlich, für jeden wurden 372 000 Kubikmeter Beton, 130 000 Tonnen Zement und 7500 Tonnen Stahlarmierung benötigt. Die OT, so sagte man uns, werde 10 000 deutsche und 10 000 ausländische Arbeitskräfte zur Verfügung stellen.«

Das Wort »Jude« sei dort nicht gefallen, meinte er auf meine Frage steif. Doch als die erwarteten italienischen Arbeiter nicht auftauchten, brachte die SS innerhalb weniger Wochen Juden, zunächst aus den verbliebenen tschechischen und baltischen Ghettos, wenig später dann die ersten der 100 000 ungarischen Juden, die Himmler Hitler – und Speer – versprochen hatte.

»Die Facharbeiter [soll heißen: Deutsche] wohnten in Wohnheimen«, sagte Neuhaus, 40 Jahre später immer noch die alten Euphemismen gebrauchend. »Die Juden wurden in Baracken und Zelten einquartiert, zuerst alle zusammen – Männer, Frauen und Kinder; später wurden die Frauen und Kinder in ein Frauenlager verbracht. Es war grotesk. Die meisten dieser Ungarn waren Intellektuelle, Akademiker – Rechtsanwälte, Ärzte, Professoren oder Kaufleute. Was konnten sie schon tun? Die meisten hatten in ihrem Leben nie einen Hammer oder eine Schaufel angefaßt; ihre Hände waren weiß. Die Frauen waren ›Damen‹«. Er sagte es mit Verachtung.

Eines Tages habe er bemerkt, daß die SS das Lager umstellt hatte und dabei war, die Kinder herauszuholen. »Ich protestierte«, sagte er. »Sie fragten, ob ich ein Judenfreund sei. Ich sagte, das nicht gerade, aber jeder hätte ein Recht auf seine Kinder. Doch die Kinder wurden weiter auf Lastwagen geladen. Ich bestand darauf, mit Dachau verbunden zu werden, das offiziell für sie verantwortlich war, doch dort hieß es, die Entscheidung müsse an höherer Stelle getroffen werden. Das gehörte zum Schlimmsten, was ich je gesehen habe. Aber wenn man Ihnen sagt, daß Ihre Arbeit eine Wende im Krieg herbeiführen wird, was können Sie dann tun?«

Also wurden die Kinder abtransportiert; ich fragte, ob er gewußt habe, was mit ihnen geschah. »Jetzt weiß ich es. Damals nicht«, sagte er.

Bis dahin hatte die SS nur die Umgebung des Lagers bewacht, doch innerhalb der Zäune war es den Häftlingen freigestellt, ihr eigenes Leben zu organisieren. Kurz nachdem man die Kinder weggeholt hatte, wurden jedoch »Kapos« (meist deutsche Kriminelle) aus Dachau hingebracht.

»Ich war nie in einem Lager«, sagte Neuhaus in defensivem Ton, »aber man teilte mir mit, daß die Versorgung den Kriegsbedingungen entspreche und nicht besser und nicht schlechter sei als in unseren Kriegsgefangenenlagern in Rußland.«

Ich fragte, ob er gewußt habe, daß auf deutscher wie auf russischer Seite Hunderttausende von Kriegsgefangenen verhungert seien. »Jetzt weiß ich es«, sagte er wieder. »Damals wußte ich es nicht.«

Aber er hatte doch gewiß gesehen, in welchem körperlichen Zustand die ungarischen Juden waren? Waren diese Männer und Frauen seiner Meinung nach in der Lage, dreizehn Stunden am Tag hart zu arbeiten, mit zehn Minuten Pause und ein wenig Brot und zwei Löffeln wäßriger Suppe?

»Ja«, sagte er, schon recht verzweifelt, »und eines Tages wurde ich zum Bahnhof gerufen, wo ein Zug für das [Arbeits-]Lager ankam, und ich sah, daß fast die Hälfte der Menschen tot war. Ich war so entsetzt, daß ich verlangte, daß der Zug aufgehalten würde, bis ich herausfinden konnte, was geschehen war. Fernschreiben gingen hin und her, erst zwischen uns und

Dachau, dann zwischen uns und dem Ministerium [Speer]. Alle sagten, es sei nicht ihre Schuld oder gehe sie nichts an ... Schließlich kehrte ich zum Bahnhof zurück und fragte die Juden, ob sie dorthin zurück wollten, wo sie hergekommen seien. Sie sagten, dann wären sie alle tot. Also wurden sie aus den Waggons geholt und trotz meiner Proteste ins Lager 4 geschickt, wo täglich dreißig Leute an Typhus starben. Ich wußte das; die SS-Ärzte hatten es mir gesagt, als ich sie wegen der vielen abwesenden Arbeitskräfte befragte. Die ganze Organisation war einfach zusammengebrochen. Wir waren knapp mit Lebensmitteln, Medikamenten, sauberer Kleidung und vor allem Entlausungspuder. Als mir daher ein paar Wochen später telefonisch Speers Besuch angekündigt wurde, hoffte ich, er würde die Lage in den Griff bekommen und ändern.

Er kam mit einem ganzen Troß von Wagen in seinem Gefolge; wir begrüßten ihn am Tor. Er bemerkte sofort, daß unter den Bäumen enorme Mengen an Sprengstoff gestapelt waren. ›Welcher Idiot hat das veranlaßt?‹ fragte er. Ich sagte: ›Dorsch‹ und dachte, er würde sofort den Bau fester Lagerräume anordnen, die ich beantragt und seit Monaten nicht genehmigt bekommen hatte. Doch er tat es nicht. Er schien ganz außerordentlich uninteressiert.«

(Drei Monate später, am 5. Mai 1945, schrieb Kurt Weiller, ein in Deutschland geborener Industrieller, der 1936 in die Vereinigten Staaten emigriert war und als Unteroffizier des Geheimdienstes der amerikanischen Armee in Deutschland stationiert wurde, einen Brief an seinen Vetter Max Hermann in den USA. Weiller hatte den Auftrag bekommen, eine angeblich große Zahl von Artilleriedepots im Raum Landsberg ausfindig zu machen. In seinem ersten Brief berichtet er zunächst, wie er auf ein »Vernichtungslager für russische, ungarische und tschechische Juden« gestoßen war. Fast alle alliierten Soldaten nannten die Lager damals allgemein »Vernichtungslager«, doch das von Weiller aufgefundene Lager gehörte eindeutig zu den von Neuhaus beschriebenen Arbeitslagern, in das Menschen nicht zu ihrer unmittelbaren Ermordung verschleppt wurden. Weiter heißt es in dem Brief:

... Dann erzählten mir zwei [ehemalige Häftlinge] von einer Fabrik, in der sie gearbeitet hätten, und zeigten mir den Weg. Du wirst es nicht glauben, aber ich bin fast daran vorbeigegangen, ohne etwas zu bemerken ... Ich weiß, es klingt seltsam, aber laß mich versuchen, die Anlage zu beschreiben: Sie erstreckte sich über etwa 50 Quadratkilometer und sah wie ein dichter Wald hoher Kiefern aus ... Das Ding wurde von der ... Organisation Todt gebaut; Todt war der Kopf hinter dem Bau des Westwalls. In einiger Entfernung voneinander liegen mehrere Fabriken, und die meisten der Gebäude sind unterirdisch; über ihnen wachsen hohe Bäume ...

Wenn mir jemand davon erzählen würde, ohne daß ich es mit eigenen Augen gesehen hätte, würde ich sagen: »Zum Teufel, Mann, du bist verrückt. Das klingt wie eine dieser Marsgeschichten von Orson Welles.« Aber es ist keine Phantasiegeschichte.

Sie brauchten nämlich unterirdische Anlagen, um in Ruhe ihre Flugzeuge zu bauen, und Bomben wären hier sicher nicht durchgedrungen ... Erst gruben sie ein Loch, das tief genug war – vier Stockwerke tief [sic!; tatsächlich waren es fünf], um genau zu sein; es war ein wenig höher als der Luftschiffhangar in Akron, Ohio, um Dir in etwa eine Vorstellung zu geben. Die Betondecke allein ist achteinhalb Meter stark, und darüber liegen noch einmal vierzehn Meter Erde, in die sie diese hohen Kiefern gepflanzt oder wieder eingepflanzt haben ... Die Halle ist 860 Meter lang: ja, 860 Meter! Der Beton wurde nicht mit Lastwagen oder von Hand hierhergebracht, nichts dergleichen. Transportzüge fuhren in eine eigene Betonmischanlage, die knapp zwei Kilometer entfernt war ... und von dort haben sie den Beton durch Röhren in die Halle gepumpt. Es ist das wunderbarste Großbauwerk, das Du irgendwo sehen kannst ... ein Projekt, das sogar noch den Boulder-Damm übertrifft. Mit all den Artilleriedepots – nicht 200, wie meine Leute glaubten, sondern über die ganze Anlage verteilt 1500 – umfaßte das gesamte Werk, die 3 Hauptbunker eingeschlossen, etwa 1600 Gebäude. Durch das ganze Gebiet führten gute Betonstraßen, aber alle unsichtbar – getarnt durch diesen unglaublichen Wald ...

Gerade kommt im Rundfunk die Nachricht, daß die Krauts vor der 7. Armee kapituliert haben. Gut, gut ... Ich werde mich jetzt betrinken und dann den Pazifikkrieg in Angriff nehmen ...)

Ich denke, es kann keinen Zweifel daran geben, daß Speer an jenem Februartag wußte, wer die Arbeiter waren, die die Flugzeuge bauten.

»Als wir von einer Anlage zur andern fuhren«, sagte Neuhaus, »erklärte ich ihm, daß es unmöglich sein würde, den Termin für die Fertigstellung der Bauten einzuhalten. Ein Teil der Fabrik war natürlich rechtzeitig zum ersten Termin Ende November fertig geworden, und dort kamen am laufenden Band Flugzeuge heraus. Doch ich sagte ihm, daß es drei bis vier Monate dauern würde, bis wir ihm das ganze Werk übergeben könnten. Er sagte kein Wort. Daraufhin meinte ich, die Häftlinge, die man uns als Arbeitskräfte schicke, seien krank und am Verhungern – wir seien außerstand, sie zu kleiden und zu ernähren. Und da wandte er sich an einen Offizier in seinem Wagen: ›Nehmen Sie Kontakt mit Himmler auf, und sehen Sie, was sich machen läßt.‹ Das klang, als wolle er nur, wie allgemein üblich, die Verantwortung von sich schieben.

Also fragte ich ihn, wie die Leute in Berlin sich denn vorstellten, wie wir mit diesen halbtoten Menschen, viele davon Frauen oder fast noch Kinder, arbeiten sollten? Ich sagte ›Leute in Berlin‹, doch natürlich meinte ich *ihn*.

Er ging darauf nicht ein, sondern fragte nach der Arbeitsmoral. Ich nahm an, er meinte unsere, nicht die der Arbeiter, also sagte ich, daß wir dreizehn Tage arbeiteten und dann einen Tag frei hätten und dann wieder dreizehn Tage arbeiteten; auch darauf ging er nicht ein.

Als wir uns dem nächsten Bunker näherten, fragte er: ›Ist das genauso ein Loch wie das vorige?‹ *Loch?*‹ Ich nickte nur sprachlos, und er wies den Fahrer an zu wenden. Es war von Anfang an klar, daß er am liebsten woanders gewesen wäre. Ich verstand nicht, warum er sich überhaupt die Mühe gemacht hatte zu kommen. Aber er machte auf mich auch den Eindruck eines kranken Menschen.«

Wie auch immer jene beiden Wochen Speer zusetzten, in denen er die Ermordung Hitlers erwog, gegen Ende Februar hatte er sein Gleichgewicht wiedergefunden. Sein Hauptziel war nun, die Gebiete, deren Besetzung durch die Alliierten unmittelbar bevorstand, nicht nur mit Lebensmitteln zu versorgen, sondern, bei gleicher Geheimhaltung, auch die notwendigen Gerätschaften und Ersatzteile dorthin zu schaffen, um landwirtschaftliche Maschinen und Bahnanlagen zu reparieren und zu ermöglichen, daß die Industrieproduktion unmittelbar nach Kriegsende wiederaufgenommen werden konnte.

In einem ersten Schritt stellte er praktisch die gesamte riesige Lastwagenreserve des Rüstungsministeriums der Landwirtschaft zur Verfügung, deren Arbeit andernfalls gefährdet gewesen wäre. Dann bat er Hitler unter dem Vorwand, dies sei für die Rüstungsproduktion erforderlich, um erweiterte Vollmachten zur Neuorganisation der zusammenbrechenden Reichsbahn.

Manfred von Posers Aufzeichnungen über seine Reisen mit Speer von Mitte Februar bis Ende April halten einen schwindelerregenden Terminplan fest: 18 Reisen im Februar mit 35 Besprechungen, 31 Reisen im März mit ebenfalls 35 Besprechungen und schließlich noch 19 Reisen im April mit 28 Besprechungen.

»Ja, es ist uns gelungen, zumindest einen Teil der Zerstörung zu verhindern«, sagte mir Speer. »Nicht überall; nicht alle Gauleiter oder auch alle Generäle waren unserer Meinung, aber wo wir sie nicht umstimmen konnten, erklärten sie sich im allgemeinen wenigstens bereit, Anlagen stillzulegen, anstatt sie zu zerstören. Ich fürchte allerdings, ich hätte auch ohne dieses konkrete Ziel einen solchen Terminplan gehabt. Ich konnte einfach nicht stillsitzen, ich hielt es in Berlin nicht aus, ich wollte nicht denken, essen und schlafen.«

In Posers Reisenotizen – später, wie er mir sagte, von Speers Sekretärinnen fein säuberlich abgetippt – erinnert nur gelegentlich ein lakonisches Wort an die betäubende Gewalt und das Chaos, inmitten dessen diese Tausende von

Kilometern mit dem Auto, seltener mit dem Flugzeug und zumeist im Schutz der Nacht zurückgelegt wurden.

So fuhren sie während der ganzen Reise vom 19. bis 22. Januar nach Oppeln und Schlesien zur zerfallenden Nordostfront offenbar – wie Poser notierte – auf »reinem Eis«. Auf dieser Reise, auf der sie stets den Geschützdonner im Ohr hatten und sich nie mehr als ein paar Kilometer von den rasch vorrückenden Russen entfernten, stießen sie auf einer eisglatten kurvigen und engen Straße, die durch ein verlassenes Dorf führte, mit einem Lastwagen zusammen. Die Lenksäule verbog sich, Speer prallte gegen das Steuer und quetschte sich den Brustkorb. Bleich und nach Luft ringend saß er anschließend auf den Stufen des verlassenen Dorfgasthauses. »Sie sehen aus wie ein Minister nach einem verlorenen Krieg«, lautete offenbar Posers trockener Kommentar. Poser brach in das Gasthaus ein und fand ein Telefon, das – eines der Wunder der letzten Kriegswochen in Deutschland – noch funktionierte. Überraschenderweise erschien bald nach Posers Anruf ein Krankenwagen.

Neben anderen Einträgen in Posers drei Monate umfassenden Reiseaufzeichnungen tauchen, immer in Klammern, auch Wörter auf, die bei ihm Erinnerungen wachriefen und uns, ein halbes Jahrhundert später, das damalige Geschehen plastisch vor Augen führen: »Jäger!!« (über ihnen) oder »Jägergeleit« (zu ihrem Schutz) und gelegentliche Bemerkungen zu den Zerstörungen, die sie nicht mehr verhindern konnten: »schrecklich« oder, im Hinblick auf die Befehle eines besonders eifrigen Gauleiters, »selbst *Privathäuser*« und »alles, was auch nur geringsten Wert hat«. Schließlich finden sich bittere Kommentare über Gesprächspartner, bei denen sie offensichtlich mit ihrer Absicht nicht durchgedrungen waren; über Himmlers Freund General Wolff hieß es: »hoffnungslos!«; über drei Gauleiter, die ihnen Treulosigkeit vorwarfen: »widerlich«; über Feldmarschall Model: »ausweichend« – Model nahm sich einen Monat später das Leben; über Hitlers Befehl vom 18. März, das Saarland vollständig zu evakuieren: »unmöglich«; und schließlich, als sie am 26. März erfuhren, daß zwei von Speers Freunden aus der Industrie, die seit Monaten mit ihm zusammengearbeitet hatten, verhaftet worden waren: »Lieber Gott«.

Im »Spandauer Entwurf« beschreibt Speer sehr viel detaillierter als in den *Erinnerungen* die Hilfsbereitschaft von Guderian, dem Generalstabschef des Heeres, gegenüber ihm persönlich und die Bemühungen anderer, der Bevölkerung zu helfen. »Bormanns Staatssekretär etwa«, schreibt er, »hatte eine Broschüre anfertigen und weithin verteilen lassen, die Informationen über eßbare Wurzeln, Beeren und Pilze in den Wäldern lieferte, und die Wehrmacht verteilte vor dem Rückzug ihre gesamten Lebensmittelvorräte.«

Einige Wochen zuvor habe Guderian vergeblich versucht, Hitler von seiner wahnhaften Entscheidung abzubringen, die Schlacht um Warschau fortzusetzen. Und als die beiden Offiziere aus dem Generalstab, die auf eigene Verantwortung befohlen hatten, die Stadt den Russen zu überlassen, und damit das Leben Zehntausender deutscher Soldaten gerettet hatten, auf Hitlers Befehl hin verhaftet und in ein Konzentrationslager gesteckt wurden, konnte Guderian nur mit Mühe vom Selbstmord abgehalten werden. Bei einer anderen Gelegenheit versuchte er mit großem Nachdruck – freilich ähnlich erfolglos –, Hitler zur Evakuierung eines Armeekorps über die Ostsee zu überreden. »Hitler war durch [Guderians] vehementen Angriff tatsächlich etwas verschüchtert«, schrieb Speer und fügte hinzu, daß er ohne Guderians großzügige Kooperation nicht in der Lage gewesen wäre, die Zerstörung auch nur einer der Rheinbrücken zu verhindern. Die furchtlose Opposition gegen Hitler sollte Guderian freilich nur wenige Wochen später die Stellung kosten.

Da Speers Schutzmaßnahmen für die Bevölkerung – auch wenn sie unter Geheimhaltung beschlossen und vorbereitet wurden – spätestens bei der Durchführung auffallen mußten, lag auf der Hand, daß auch Hitler davon wußte, wie sich ein paar Wochen später auch bestätigte. Man könnte daher spekulieren, Hitlers überraschender Schritt Ende Februar, Speer zum Transportminister zu ernennen, könnte letztlich durch Bewunderung – vielleicht sogar eine Art Neid – für die wenigen Männer seiner Umgebung ausgelöst worden sein, bei denen er Integrität und eine Tatkraft und Entschlossenheit spürte, die er selbst nicht mehr besaß.

Sicher kann Hitlers Verhalten Speer gegenüber in den beiden letzten Märzwochen, also der zur Verhinderung der »verbrannten Erde« entscheidenden Zeit, und dann in der letzten Aprilwoche, den letzten Tagen Hitlers und des Dritten Reiches, nur mit solchen komplizierten und widersprüchlichen Gefühlen erklärt werden. Diese Vermutung wird durch Nicolaus von Below bestätigt, der seit Mai des Vorjahres, als Hitler in der Euphorie über die Rückkehr seines Ministers dessen Vorschlag zugestimmt hatte, Below zu Speers Verbindungsoffizier im Hauptquartier zu ernennen, Speers offizieller »Vertrauensmann« in Hitlers Stab war.

Goebbels, wenn auch inzwischen wieder im wesentlichen mit Speer übereinstimmend, bemerkt während jener Zeit in seinem Tagebuch wiederholt, daß Hitler von Saur stärker beeindruckt schien und »Speer kaum Aufmerksamkeit schenkte«. Below sah dies anders:

[Speer] ließ mir seine letzte Vorlage »Wirtschaftslage März-April und Folgerungen« zugehen zur Weitergabe an Hitler. [Darin] faßte er offen und klar seine Beurteilung der Lage und die nach seiner Ansicht unbedingt zu ziehenden Folgerungen zusammen.

Obwohl Speers Berichte eigentlich nur noch schlechte Nachrichten enthielten, nahm Hitler sie stets mit in seinen Bunker und las sie dort, wenn er allein war. Speer sprach in diesem Bericht offen aus, daß wir alles

tun müßten, »um dem Volk, wenn vielleicht auch in primitivsten Formen, bis zuletzt seine Lebensbasis zu erhalten … Wir haben kein Recht
dazu, in diesem Stadium des Krieges von uns aus Zerstörungen vorzunehmen, die das Leben des Volkes treffen könnten … Wir haben die
Verpflichtung, dem Volk alle Möglichkeiten zu lassen, die ihm in einer
ferneren Zukunft wieder einen neuen Aufbau sichern könnten.«
Hitler ließ sich von Speer mehr sagen als von allen anderen. Sie waren
durch lange Zusammenarbeit in besseren Zeiten so eng miteinander
verbunden, daß Speer wohl der einzige Mensch war, der Hitler gegenüber so klar und deutlich sprechen konnte, ohne für sein Leben fürchten
zu müssen.

Wie sich herausstellte, hatte Below recht, und auch Speer, der sich erinnerte,
in jenen letzten Wochen mehr Aufregung als Angst verspürt zu haben, war
sich, wie er mir schon erklärt hatte, dieses eigentümlichen, ihn schützenden
Bandes zwischen ihm und Hitler bewußt.
    »Er war, glaub' ich, der einzige, der sich für sicher hielt«, sagte Annemarie.
»*Wir* hielten ihn für verrückt. Am Abend des 18. März [1945] nahm er zwei
Kopien der Denkschrift hinüber ins Hauptquartier, um sie Below für Hitler
zu überreichen. ›Doppelt genäht, hält besser‹ scherzte er, als er ging. Ich
zitterte um ihn.«
    Nachdem er Below gebeten hatte, Hitler im voraus über den Inhalt der
22 Seiten langen Denkschrift zu unterrichten, sagte er Hitlers Adjutant Julius
Schaub, er wünsche sich für seinen Geburtstag am nächsten Tag, dem
19. März, eine Fotografie Hitlers mit einer Widmung. Er werde zu der am
späten Abend stattfindenden Lagebesprechung kommen und gleich anschließend in das von den Russen hart bedrängte Königsberg fliegen, um sich
dort mit seinen Leuten zu beraten.
    In der Lagebesprechung an diesem Abend ging es um das Saargebiet, wo,
wie Feldmarschall Albert Kesselring am Nachmittag berichtet hatte, die Bevölkerung die Einstellung der Kämpfe befürwortete. Die lokalen Verantwortlichen beschworen Kesselrings Offiziere, die Dörfer nicht durch eine Verteidigung gegen die Amerikaner zu zerstören.
    Hitler zögerte nicht einen Moment. Er wies Keitel an, einen Befehl für
Kesselring und die Gauleiter auszuarbeiten, den er sofort unterschreiben
werde; die gesamte Bevölkerung sei gewaltsam zu evakuieren. Einer der Generäle versuchte einzuwenden, daß es unmöglich sei, Hunderttausende von
Menschen ohne Züge, ohne Nahrung und ohne vorbereitete Unterkünfte
entlang der Marschroute zu evakuieren. »Rücksicht auf die Bevölkerung
können wir nicht mehr nehmen«, erwiderte Hitler. »Sie müssen raus.«
    Mitternacht war vorbei, und Speers Geburtstag war angebrochen. Er frag-
te Hitler, ob er ihn einen Augenblick sprechen könne. Hitler gab ihm die rote

Lederkassette mit dem goldenen Führeremblem, in der er seine in Silberrahmen eingefaßten Fotografien zu überreichen pflegte, gratulierte ihm herzlich und entschuldigte sich für seine Handschrift. Es falle ihm jetzt schwer, mit seiner zitternden Hand zu schreiben. (Dies war die Folge einer Verletzung durch das Bombenattentat vom 20. Juli.)

Speer öffnete die Kassette und las die Widmung; sie war zwar fast unleserlich, aber Hitler dankte ihm in ungewöhnlich herzlichen Worten für seine Arbeit und versicherte ihn seiner anhaltenden Freundschaft.

Speer dankte ihm und erklärte, er habe beschlossen, nicht nach Königsberg zu fliegen, sondern noch in der Nacht nach Westen zu fahren, um nach Möglichkeit Kesselring zu unterstützen. Nur wenige Augenblicke später, als er, immer noch im Führerbunker, nach Fahrer und Wagen telefonierte, ließ Hitler ihn zurückrufen. Die Wärme der letzten Minuten war verflogen, als ob es sie nie gegeben hätte. Er habe beschlossen, erklärte Hitler, daß es besser sei, wenn Speer mit seinem Fahrer Erich Kempka und einem seiner Wagen reise. (»Speer war entsetzt«, meinte Poser zu mir. »Er war überzeugt, daß Hitler den getreuen Kempka, der inzwischen SS-Standartenführer war, beauftragt hatte, ihm nachzuspionieren.«)

Speer konnte Hitler schließlich wenigstens zu dem Kompromiß bewegen, daß er mit Kempka als zweitem Fahrer, aber in seinem eigenen Wagen fahren würde. Als er sich umdrehte, um zu gehen, sagte Hitler mit eisiger Stimme: »Diesmal bekommen Sie auf Ihre Denkschrift von mir eine schriftliche Antwort.« Wieder folgt hier in der Spandauer Fassung eine etwas andere und mildere Bemerkung als später in den *Erinnerungen*.

»(Fast hätte ich mich dadurch besonders ausgezeichnet gefühlt, denn nach meiner Kenntnis hat er nie eine Denkschrift seiner Mitarbeiter schriftlich beantwortet)«, schreibt Speer dort, in Klammern, und fährt dann fort: »Und dann mit scharfer Betonung: ›Wenn dieser Krieg verlorengeht, dann hat das deutsche Volk keine Existenzberechtigung mehr und es hat daher keinen Zweck, darauf irgendwelche Rücksicht zu nehmen. Der Osten hat sich als der Stärkere erwiesen.‹«

In den *Erinnerungen* sollte er hinzufügen: »Was nach diesem Kampf übrigbleibt, sind ohnehin nur die Minderwertigen, denn die Guten sind gefallen.«

Speer erhielt Hitlers schriftliche Antwort am Morgen des 20. März, während eines späten Frühstücks mit Feldmarschall Model in einem Dorfgasthaus im Westerwald. Seit dem Vortag um vier Uhr früh war er mit Poser und Kempka, den er wie vereinbart am Steuer ablöste, von Berlin aus unterwegs, zunächst an die Saar, wo sie mit Kesselring und Stöhr, dem dortigen Gauleiter, zusammentrafen, dann zu Model, um mit diesem über die Erhaltung der Bahnanlagen im Ruhrgebiet zu sprechen. Während Kesselring nicht bereit war, Hitlers Befehle zu mißachten, stimmten der Beauftragte der Partei in seinem Stab, der Gauleiter und, einige Stunden später, der SS-Kommandeur in der Nordpfalz mit Speer überein, daß eine Evakuierung nicht durchgeführt werden könne.

»Das betrifft Sie«, sagte Model verlegen zu Speer, als ein Offizier ins Gasthaus trat und ihm eine Nachricht überreichte.

»Ich glaube nicht, daß ich Speer jemals so überrascht gesehen habe wie damals, als er das Fernschreiben las«, sagte mir Poser. Hitler gab den Befehl, »alle militärischen, Verkehrs-, Nachrichten-, Industrie- und Versorgungsanlagen sowie Sachwerte innerhalb des Reichsgebietes« zu zerstören. »Es war Punkt für Punkt, bewußt und explizit das Gegenteil all dessen, was Speer in seiner Denkschrift vorgeschlagen hatte«, fuhr Poser fort. »Und wenn dieser Befehl ausgeführt worden wäre, wären ganze Gebiete noch jahrelang nach dem Krieg verwüstet gewesen.« Hitler verfügte außerdem, daß Speer von allen Vollmachten in diesen Fragen entbunden sei, und widerrief alle Befehle Speers zur Erhaltung der Industrie. Für Speer war dies ein riesiger Schock.

»Wir machten uns sofort auf den Weg nach Berlin«, sagte Poser. »Ich weiß noch, wie wir beide während einer Rast über einige Felder gingen und einen Hügel hinaufstiegen. Es war dunstig, aber die Sonne schien; wir setzten uns hin, die Erde roch würzig, und wir schauten über die Hügel und die schöne Landschaft. Es war das einzige Mal, daß ich Speer einer tiefen Niedergeschlagenheit nachgeben sah. ›Wie kann er das nur tun?‹ sagte er, und er beschrieb mit dem Arm einen Halbkreis. ›Wie kann er aus all dem eine Wüste machen wollen?‹ Und dann sagte er: ›Es darf nicht sein. Ich lasse es nicht zu.‹ Im Morgengrauen kamen wir in Berlin an.«

Speer und Hupfauer teilten sich eine kleine Wohnung im halbzerstörten Ministerium. »Ich glaube, es war fünf Uhr früh, als er in mein Schlafzimmer kam«, erzählte mir Hupfauer. »Er machte das Licht an und setzte sich auf einen Stuhl neben meinem Bett. Zuerst sagte er nichts, starrte nur mit trübem Blick und völlig erschöpft an die Wand. Und dann sagte er: ›Hitler ist ein Verbrecher.‹«

»Das war wirklich schockierend«, fuhr Hupfauer fort. »Sehen Sie, er sagte nicht: ›Der Führer ist ein Verbrecher‹ – das wäre gewissermaßen, wie soll ich sagen, persönlicher, weniger scharf, fast ... freundlicher gewesen. Aber dieses ›*Hitler* ist ein Verbrecher‹ kam von Speer, bei dem man sich immer bewußt war, daß er Hitlers Favorit war, daß Hitler ihn fast als einen Sohn betrachtete. Er hatte mich aus einem tiefen Schlaf geweckt; sein Aussehen, wie er – den ich nie anders als in tadelloser Haltung gesehen hatte – im Sessel zusammengesunken war, unrasiert, mit zerknitterter Uniform und schmutzigem Hemd, und dann, was er sagte, das alles erschreckte mich wirklich. Als ich sagte, er dürfe nicht so brutal mit mir umgehen, reichte er mir wortlos den Befehl Hitlers. Und da verstand ich ihn. Und ich stimmte ihm zu – der Mann, der diesen Befehl erteilt hatte, *war* ein Verbrecher.«

»Am Dreiundzwanzigsten fuhren wir wieder ins Ruhrgebiet«, sagte Poser. »Speer ignorierte Hitlers Beschränkung seiner Vollmachten einfach, und die Industrie stand natürlich geschlossen hinter ihm und am Ende die Generäle auch.«

Die Amerikaner rückten an allen Fronten vor, und sowohl Kesselring als auch Model entschieden sich gegen weitere Zerstörungen. Doch die Gauleiter, die immer noch an Goebbels' Propaganda glaubten, der zufolge Deutschland mit einer allmächtigen neuen Geheimwaffe bald den Krieg gewinnen würde, waren schwerer zu überzeugen.

»Ich wiederholte so oft und so vielen Leuten gegenüber, daß es *keine* Geheimwaffe gab, daß alles vorbei war«, sagte mir Speer, »daß ich mir allmählich wie ein Papagei vorkam. Und mit der uns Deutschen eigenen Begabung zu technischer Improvisation hatten die Gauleiter es geschafft, einen verdammt guten Plan zur Zerstörung der Ruhrindustrie aufzustellen. Gott sei Dank konnten sie ihn ohne Sprengstoff nicht in die Tat umsetzen, und der stand unter meiner Kontrolle.«

Mit Hilfe von Speers Freund Walter Rohland wurden Vorbereitungen getroffen, Dynamit, Sprengkapseln und Zünder in die Sümpfe der Bergwerke zu werfen. Um den Transport der Sprengmittel völlig unmöglich zu machen, wurde eine Reihe zuverlässiger Fahrer damit beauftragt, alle Lastwagen des Ministeriums und der OT aus dem Ruhrgebiet herauszubringen.

Vor seiner Rückkehr nach Berlin erwies Speer seiner Geburtsstadt Heidelberg, zu der er einen Abstecher machte, um seine Eltern zu besuchen, einen letzten Dienst. Die Amerikaner waren weniger als 20 Kilometer entfernt, als er den SS-General Paul Hausser, der sich eine Woche zuvor an der Saar als hilfreich erwiesen hatte, in einem Schreiben bat, Heidelberg zur Lazarettstadt zu erklären, die kampflos übergeben werden müsse. Den Rest der Nacht verbrachte er im Gespräch mit seinen Eltern. Es sollte das letzte Mal sein, daß er sie sah. Sein Vater starb fast genau zwei Jahre später, im April 1947, seine Mutter im Juni 1952. Als er mir dreiunddreißig Jahre nach diesem Abschied von seiner unerwiderten Liebe für sie als Kind erzählte, war dies, wie er sagte, zugleich das erste Mal in seinem Leben, daß er darüber sprach. Es war auch das erste und einzige Mal, daß er sich selbst seine unglückliche Kindheit eingestand.

»Doch als Mann«, sagte er, »durfte ich sie lieben. Und an jenem frühen Morgen damals in Heidelberg, nachdem mein Vater noch einmal rasch zum Wagen gekommen war und meine Hand genommen und mir stumm in die Augen geblickt hatte, standen sie an der Tür unseres Hauses und sahen mir nach: Ich glaube, damals liebten sie mich.«

XIX

»Ich stehe bedingungslos
hinter Ihnen«

Nürnberg, den 23. Juli 1946

DR. FLÄCHSNER [Plädoyer der Verteidigung]: Hitler hatte es insbesondere untersagt, dritte Personen über die wahre Kriegslage zu unterrichten. Trotzdem gab Speer nach dem Erlaß der scharfen Zerstörungsbefehle Hitlers den Gauleitern und den Oberbefehlshabern verschiedener Heeresgruppen die Auskunft, daß der Krieg verloren sei, und erreichte damit, daß wenigstens zum Teil die Zerstörungspolitik Hitlers aufgehalten wurde ...
Am 29. März erklärte Hitler Speer gegenüber, daß er an ihm die Konsequenzen zu vollziehen habe, die in diesen Fällen üblich seien, falls er weiter fortfahre, den Krieg für verloren zu erklären ... Trotzdem fuhr Speer schon zwei Tage danach zu [Arthur] Seyß-Inquart [Reichskommissar für die Niederlande], am 1. April 1945, um auch diesem zu erklären, daß der Krieg verloren sei. – Der Zeuge Seyß-Inquart und der Zeuge Schwebel haben ... übereinstimmend ausgesagt, daß diese Besprechung mit Speer vom 1. April die Verhandlungen Seyß-Inquarts mit dem Generalstabschef des Generals Eisenhower, General [Walter Bedell] Smith, ausgelöst habe. Dies führte schließlich zur unzerstörten Übergabe Hollands an die Alliierten.

Nachdem Speer sich von seinen Armeefreunden an der Ruhr und, zwei Tage später, von seinen Eltern in Heidelberg verabschiedet hatte, so erzählte er mir, sei er im Grunde überzeugt gewesen, daß er sie alle zum letztenmal gesehen habe. Er wußte, daß nach der Rückkehr nach Berlin seine Hauptaufgabe sein würde, die Familie und dann die Verbliebenen des eigenen Stabes aus der Stadt in die Sicherheit Norddeutschlands zu bringen, das, wie er wußte, von den Alliierten als britische Besatzungszone vorgesehen war. »Abgesehen davon«, sagte er, »mußte ich von Fall zu Fall entscheiden, spontan von Tag zu Tag – ich erinnere mich, daß ich dies Manfred von Poser sagte, als wir nach Berlin hineinfuhren. Und ich ermahnte ihn, sich noch in derselben Nacht davon zu überzeugen, daß seine eigene Familie in Sicherheit war.«

Als Speer am 29. März um ein Uhr morgens aus dem Ruhrgebiet in Berlin eintraf,[*] warteten in seinem Vorzimmer Annemarie Kempf, Edith Maguira, sein Assistent Cliever und Görner auf ihn, um ihm die eingetretenen bedeutsamen Entwicklungen mitzuteilen. Hitler hatte in Speers Abwesenheit drei grundlegende Änderungen in der Befehlsordnung eingeführt. Er hatte SS-Gruppenführer Kammler, Himmlers Heydrich-Double und nunmehr dessen wichtigster Mitarbeiter in Berlin, mit der Leitung der Flugzeugproduktion beauftragt und von Speer wie auch Göring die Gegenzeichnung des Erlasses gefordert, der beide degradierte. (Sie unterzeichneten beide. »Göring war wütend, ich fühlte mich verletzt«, sagte mir Speer.) Am 27. März um 16 Uhr hatte Hitler eine weitere Durchführungsbestimmung zur Taktik der »verbrannten Erde« ausgegeben, die den Befehl vom 19. März erweiterte. Darin wurde die totale Zerstörung »durch Sprengung, Brand oder Demolierung« des gesamten Eisenbahnnetzes, der Wasserwege, aller Nachrichtenanlagen, der Fernsprech-, Telegrafen- und Verstärkerämter und sämtlicher Masten, Antennen sowie Reservelager an Kabel und Leitungen angeordnet. Ebenso sollten sämtliche Schalt- und Kabelpläne – alle Zeichnungen, die Reparaturarbeiten erleichtern konnten – zerstört werden. Und schließlich hatte Hitler seine Absicht durchblicken lassen, Himmler zum Generalinspektor für die gesamte Kriegsproduktion zu ernennen und gleichzeitig die Rüstung Saur zu übertragen.

Als Annemarie und ich anfingen, über Speers dramatische Rückkehr nach Berlin in jener Nacht zu sprechen und über seine verzweifelten Bemühungen in den folgenden Wochen, zu bewahren, was die Bevölkerung bis zum unabwendbaren Zusammenbruch zum Leben brauchte, verbrachte sie ein Wo-

---

[*] In seinem Buch datiert Speer die Rückkehr nach Berlin auf den 27. März und das Treffen mit Hitler auf den 28. März, aber andere Quellen belegen, daß er sich um einen Tag irrte.

chenende bei uns in London. Inzwischen hatten Annemarie und ich über drei Jahre immer wieder miteinander gesprochen: in Hamburg, wo sie arbeitete; in München, wo mein Mann und ich drei Jahre lang gelebt hatten, als ich mit den Recherchen für dieses Buch begann; in Alpbach in Tirol, dem von mir so geliebten Gebirgsdorf; und nun zuletzt in London, das Annemarie so gern kennenlernen wollte und wo sie, als sie am Nachmittag aus dem eisigen Hamburg ankam, erstaunt war, blühende Narzissen zu sehen.

Als wir unser Gespräch am Abend nach dem Essen begannen, saßen wir vor dem Kamin in unserem großen Wohnzimmer, dessen Fenster an den beiden gegenüberliegenden Wänden auf Gärten hinausgehen. Es war ein sehr ruhiges und friedliches Haus. »Es ist unheimlich«, sagte Annemarie. »Damals, als sich all die Dinge ereigneten, von denen ich Ihnen erzähle, dachten wir, London sei zerstört und die Regierung und praktisch die ganze Bevölkerung auf der Flucht vor unseren Raketen; genau das hat man uns erzählt, sicher um zu betonen« – sie lachte bitter – »wie wunderschön Berlin im Gegensatz dazu war: zwar in Trümmern, aber immer noch funktionsfähig.«

Als Speer und Poser um ein Uhr morgens in jener Nacht Ende März nach Berlin zurückkehrten, wo Speers kleiner Stab von Mitarbeitern sie erwartete, schwiegen die Amtstelefone des Ministeriums bereits seit vierundzwanzig Stunden.

»Hitler«, sagte Annemarie, »wollte Speer ganz offensichtlich kaltstellen – auf Drängen Himmlers und Bormanns, vermuteten wir. Und offen gesagt, als wir ihn so erschöpft, so niedergeschlagen ankommen sahen, gab es Augenblicke, in denen ich dachte: ›Na Gott sei Dank; dann bleibt ihm der Rest erspart‹, das schreckliche Ende, das, wie wir alle wußten, rascher näherrückte. Wir unterhielten uns aber doch bis zum frühen Morgen, und er kam ständig auf dasselbe Thema zurück. Wer würde tun, was er tat, was getan werden mußte, wenn er ging? Jahre später schrieben Journalisten, Historiker, alle diese Leute, die im nachhinein klüger sind: ›Er hätte gehen müssen, er hätte aufhören können, es wäre seine Pflicht gewesen‹, oder, noch schlimmer: ›Er wollte nur seine Macht behalten.‹* Mich würde wirklich interessieren, was die getan hätten, jeder einzelne dieser Schreibtisch-Moralisten. Was wußten die denn, wie es wirklich war? Und trotzdem kann ich nicht einfach sagen: ›Nein, das stimmt nicht‹ oder: ›Ja, das stimmt.‹ Natürlich wollte er

---

* So Geoffrey Barraclough in der *New York Review of Books* am 7. Januar 1971: »Wer einen Beweis für Speers Heuchelei braucht, findet ihn in jenem berühmten Vier-Augen-Gespräch mit Hitler vom 27. März [1945]. In seinem Buch [den *Erinnerungen*] stellt er sich als den einzigen Menschen dar, der gewillt gewesen sei, Hitler die Wahrheit zu sagen und sein Leben für Deutschlands Zukunft zu riskieren. In Wirklichkeit sah er, als Hitler sich von ihm ab- und seinem Stellvertreter Saur zuwandte, seine Macht schwinden und deshalb sein Lebensziel zerstört ...«

seine Macht nicht verlieren. Aber es ging ihm nicht um seine *Stellung*, nicht in dem Sinn, den sie meinten: nur insofern, als er sich die Möglichkeit zu effektivem Handeln bewahren wollte.«

Aber Speer hatte mir selbst gesagt, wandte ich ein, daß es ihm, als alles vorbei war, sehr schwergefallen war, plötzlich überhaupt keine Macht mehr zu haben.

»Natürlich, *danach*«, sagte sie und lachte plötzlich; es war ein Moment echter Freude, als ihr einfiel, wie sich damals der Ton seiner Briefe verändert hatte. »Er brauchte in Spandau fünf volle Jahre – bis 1952 –, bis er jenes innere Selbstwertgefühl wiedergewonnen hatte, das man auch eine Voraussetzung der Ausübung von Macht nennen könnte. Ich war ganz erleichtert, als er wieder anfing, mich herumzukommandieren.« Dann brach ihr Lachen ab. »Wenn er in diesem letzten Monat nach ›Macht‹ suchte, dann nicht nach Macht im Sinne von Herrschaft, sondern nach Vollmacht im Sinne einer Befugnis zu tun, was seiner Ansicht nach – und unser aller Ansicht nach – getan werden mußte.«

Gegen sechs Uhr früh ließ Speer sich schließlich dazu bewegen, sich für ein paar Stunden hinzulegen. »Er sagte, ich solle ihn um acht wecken, aber ich weckte ihn dann mit Frühstück um neun. Schaubs Anruf kam mittags; Speer sollte nach der Lagebesprechung am späten Abend zu Hitler kommen.«

Speer hielt, während er auf diese Begegnung wartete, den ganzen Tag über endlose telefonische Besprechungen. »Ich erinnere mich«, erzählte Annemarie, »daß er mehrmals mit Guderian sprach, den Hitler kurz zuvor in einen sogenannten Krankheitsurlaub geschickt hatte – obwohl er vollkommen gesund war –, und danach mit einer ganzen Reihe von Generälen. Die Leute, die ihm geholfen hatten, die Zerstörung zu stoppen, blieben selbstverständlich auf seiner Seite, und mit einigen von ihnen sprach er an diesem Tag, darunter auch einigen der vernünftigeren Gauleiter. Ich erinnere mich, wie er sagte, daß Guderian ihm mit düsterem Lachen geraten habe, ›nicht den Kopf zu verlieren‹.«

»Als ich im Bunker eintraf«, erzählte mir Speer, »schlug mir von den Leuten, denen ich unterwegs begegnete, zum drittenmal jene eisige Atmosphäre entgegen. Sie wissen schon, kein ›Guten Abend, Herr Minister‹ wie sonst. Merkwürdig, wie Menschen ihre Verlegenheit zeigen, indem sie plötzlich intensiv an die Decke, die Wände oder auf den Fußboden starren.«

Hitler stand starr und unbeweglich, als Speer eintrat, und Speer war betroffen. »Er ging sofort zum Angriff über, ohne jede Vorwarnung. Seine Stimme war sehr leise, doch seine Worte sehr förmlich, ohne jeden österreichischen Akzent. Ich wußte, daß er dann am gefährlichsten war. Bormann habe ihn informiert, sagte er, daß ich den Gauleitern erklärt hätte, der Krieg sei verloren und sie sollten seine Befehle nicht länger durchführen. Ob mir klar sei, was auf ein solch verräterisches Benehmen stehe? Und danach, in abruptem Wechsel, sagte er in einem milden, beinahe sanft zurechtweisenden Ton – ja, jetzt österreichisch gefärbt –, daß ich, wäre ich nicht sein Architekt, die üblichen Konsequenzen zu tragen hätte.«

Speer hatte »erschöpft und eher überdrüssig als besonders mutig«, wie er mir sagte, geantwortet, Hitler solle ohne Rücksicht auf seine Person tun, was er für notwendig halte.

»Daraufhin wurde er, wie immer der vollendete Schauspieler, noch freundlicher und sagte, als habe er von Anfang an darauf hinausgewollt, mit merkwürdig beschwörender Stimme, ich sei offensichtlich krank. ›Sie sind überarbeitet‹, sagte er; er habe deshalb beschlossen, daß ich sofort Urlaub nehmen müsse. ›Jemand anderer wird Sie in Ihrem Ministerium vertreten‹, fügte er hinzu, gleichgültig, was nicht weiter überraschte, weil es in meinem Ministerium, das ich zum größten Teil schon Wochen zuvor aufs Land evakuiert hatte, praktisch nichts mehr zu tun gab.

In jenen wenigen Sekunden erkannte ich – man könnte wohl sagen wieder einmal –, daß er mir nicht schaden wollte, mir nichts tun würde. Ich sagte nein, ich sei vollkommen gesund und hätte nicht die Absicht, in Urlaub zu fahren. Wenn er mich nicht mehr als Minister haben wolle, müsse er mich entlassen. Er erwiderte, er wolle mich nicht entlassen, und bestand darauf, daß ich sofort meinen Urlaub antreten müsse.

Er tat mir plötzlich irgendwie leid, und ich hörte mich sagen: ›Ich kann nicht, mein Führer‹; es war das erste Mal in jener Nacht, daß ich ihn auf diese sonst obligatorische Weise anredete. Er sagte, ich hätte keine Wahl und es gebe eine Reihe innen- und außenpolitischer Gründe, weshalb er nicht auf mich verzichten könne. Also erklärte ich ihm, daß ich aus denselben Gründen nicht gehen könne, und solange ich im Amt sei, würde ich dies auch ausüben.«

All dies stimmte natürlich für beide Seiten. Solange Hitler seine Illusion einer Fortsetzung des Krieges aufrechterhielt, war Speer für ihn unerläßlich. »Speer ist immer noch unser bester Mann«, sollte er zwei Tage später zu Funk sagen. Was Speer anging, so wäre er paradoxerweise ohne Hitlers klare Ermächtigung gar nicht in der Lage gewesen, ihm weiterhin die Stirn zu bieten, wie er es schon seit Monaten tat. Doch letzten Endes waren ihre Reaktionen in jener Nacht und der folgenden nicht von der Politik oder rationalen Überlegungen bestimmt, sondern davon, daß keiner der beiden den anderen verlassen oder gehen lassen konnte.

»Danach folgte eine längere Pause«, sagte Speer. »Er setzte sich, und ich tat das gleiche, zum allererstenmal, glaube ich, unaufgefordert.«

Was dann folgte, kann nur als ein Flehen Hitlers beschrieben werden, Speer solle doch beweisen, daß er noch an ihn glaube. Wenn er ihn seiner Überzeugung versichern könnte, daß der Krieg noch zu gewinnen war, könnte er sein Amt weiter ausüben. Speer sagte so ruhig wie möglich, daß er das nicht könne. »Der Krieg ist verloren«, erklärte er. Darauf sprach Hitler stundenlang, wie es Speer schien, von der Vergangenheit, von den schrecklichen Problemen, mit denen er zu kämpfen gehabt und die er durch Beharrlichkeit, Tatkraft und den fanatischen Glauben an seine Sache bewältigt habe. »Er ging alles durch – alles, was ich schon x-mal gehört hatte, aber hier kam es wieder – die ersten Kämpfe der Partei, der schreckliche Kriegswinter 1941/42 und dann meine eigenen Erfolge, die Abwendung der drohenden Verkehrskatastrophe und die unglaubliche Steigerung der Waffenproduktion. In seinem gleichmäßig beschwörenden Ton lag etwas Hypnotisches. Mit anderen Worten, zwischen uns spielte sich ziemlich genau dasselbe ab wie an dem Tag vor langer Zeit, als ich mit ihm jenes kindische Spiel mit den Augen gespielt hatte, das ich – erinnern Sie sich? – gewann.«

Speer sagte, er habe Hitler lediglich unverwandt angesehen und nichts gesagt, und plötzlich habe Hitler seine Forderung abgeschwächt. Wenn Speer nur *glauben* könne, daß der Krieg noch zu gewinnen sei, sei schon alles gut. »Das klang so traurig«, sagte Speer, »daß ich fast weich geworden wäre. Doch dann fiel mir der Wortlaut seines letzten Zerstörungsbefehls ein, und ich entgegnete, ich könne es nicht, und fügte hinzu, wohl etwas kindisch, daß ich nicht zu den Schweinen in seiner Umgebung gehören wolle, die ihm versicherten, sie wären vom Sieg überzeugt, ohne auch nur eine Minute daran zu glauben.«

Hitler erinnerte Speer an Friedrich den Großen, der erst im allerletzten Augenblick vor der Niederlage gerettet worden sei, und sagte dann: »Wenn Sie wenigstens *hoffen* könnten, daß wir nicht verloren sind! Sie müssen doch hoffen können! ... damit wär' ich schon zufrieden.«

Als Speer nicht antwortete, trat eine weitere lange Pause ein, und dann stand Hitler plötzlich auf. Es war zwei Uhr morgens. »Sie können sich die Antwort 24 Stunden überlegen. Sie kommen morgen wieder«, schrieb Speer in Spandau. Dann müsse Speer ihn wissen lassen, ob er hoffe, daß der Krieg noch gewonnen werden könne.

Und in den *Erinnerungen* fügte Speer hinzu: »Ohne Händedruck war ich entlassen.«

Es erschien mir stets ungewöhnlich, daß Speer, wenn auch nur rückblikkend in seinem Buch, nach alldem einen Händedruck erwartet hatte, und ich fragte ihn danach.

»Vielleicht«, erwiderte er. »Daran habe ich nie gedacht; vielleicht hätte ich keinen erwarten dürfen, aber ich tat es.« Hier zeigte sich wie so oft sein seltsam kindliches Bedürfnis nach einer physischen Bestätigung von Hitlers unfehlbarer Zuneigung.

Speer sei von seinem Gespräch mit Hitler erschöpft zurückgekehrt, erzählte mir Manfred von Poser viele Jahre später. »Er war aschfahl, als er wiederkam. Als wir hörten, was sich abgespielt hatte, wußten wir natürlich, daß diese Nacht der Wendepunkt war: Hitler hatte ihm einen Ausweg angeboten, und er hatte abgelehnt. Hitler hatte ihn, ja, angefleht, auf einen Kompromiß einzugehen, und er hatte sich geweigert. Und dann hatte Hitler ihm ein Ultimatum gestellt ...«

In Spandau schrieb Speer:

Als ich mit dem 24-Std.-Ultimatum in mein Ministerium zurückkam, hatte ich zuerst einmal das Bedürfnis, mit mir allein zu sein. In meiner kleinen Notwohnung legte ich mich ziemlich erschöpft aufs Bett und erlaubte meinen Gedanken, wahllos herumzuschweifen ...

»Ich wußte nicht, was ich tun sollte«, sagte er zu mir. »Es war ganz offensichtlich unmöglich, nichts zu tun und zu erwarten, daß er mich im Amt ließ, nur um seine schrecklichen Befehle rückgängig zu machen; gleichzeitig konnte ich nicht lügen, in dem Sinn, daß ich ihn in dem Glauben ließ, ich hätte noch irgendeine Hoffnung auf den Sieg.«

Warum nicht, fragte ich. Es wäre doch nur eine Lüge mehr gewesen angesichts der vielen, die er in den letzten Monaten im Dienst einer guten Sache verbreitet hatte.

Er sah mich lange an. »Das stimmt«, sagte er. »Ich log in bezug auf ihn und seine Befehle. Aber jetzt spürte ich, daß ich ihn selbst nicht anlügen konnte. Ich nehme an, es war wieder jenes merkwürdige Etwas, jenes Gefühl zwischen mir und ihm, oder ihm und mir. *Er* konnte mich nicht hinrichten lassen, obwohl ich in dem Sinn, von dem er sprach, ganz sicher Hochverrat begangen hatte, und er konnte sich nicht einmal dazu durchringen, mich zu entlassen, als er dies aus seiner Perspektive ganz offensichtlich hätte tun sollen. Na ja, sehen Sie, *ich* konnte ihn eben nicht anlügen. Der Krieg war verloren; das hatte ich immer wieder gesagt, und so mußte es bleiben.«

Deshalb schrieb Speer in dieser Nacht an Hitler noch einen Brief, seinen letzten, 21 Seiten lang.

Hier schrieb er, was er ihm »aus innerer Erregung heraus« ein paar Stunden zuvor nicht ins Gesicht hatte sagen können: vor allem, daß es für ihn einer Fahnenflucht gleichkäme, wenn er seinen Posten in diesem entscheidenden Augenblick verlassen würde, selbst wenn es auf Befehl Hitlers geschehe. Er würde stolz und glücklich weiter für ihn und Deutschland arbeiten, solange sich Hitler seiner inneren Einstellung vollkommen klar wäre, ungeachtet der Konsequenzen, die dies für Speer haben könne.

Ferner schrieb er ihm, daß, wenn er, wie Hitler kurz zuvor gesagt hatte, die ihm anvertraute Aufgabe bewältigt habe, es nur deshalb so war, weil er sie nicht mit dem Fachwissen des Experten, sondern als Künstler angegriffen hatte, im Vertrauen auf phantasievolle Lösungen und mit der inneren Integrität, ohne die Kunst undenkbar ist.

(In einem gewagten Sprung hatte er hier, um Hitler auf der Ebene zu erreichen, die ihm, wie Speer wußte, am wichtigsten war und auf der sie sich am nächsten gekommen waren, seine Erfolge als Minister mit dem ihm und Hitler gemeinsamen Künstlertum verknüpft.)

Als Künstler, fuhr er fort, glaube er an die Zukunft des deutschen Volkes. »Ich glaube an eine Vorsehung, die gerecht und unerbittlich ist, und damit glaube ich an Gott.«

Speer erzählte mir das in der dritten Woche unserer Gespräche im Jahr 1978, und während er in den folgenden drei Jahren kaum wieder auf sein Leben mit Hitler zurückkam (mir schließlich sogar schrieb, er wolle nicht mehr darüber sprechen), kamen diese allerletzten Wochen immer wieder hoch; dies waren seine letzten Erinnerungen, und er konnte nicht von ihnen lassen.

Wir saßen wie gewöhnlich in der Küche seines Hauses im Allgäu, als er mir seinen letzten Brief an Hitler vorlas. »Du meine Güte«, unterbrach ich ihn nach einer Weile impulsiv, »wo ich herkomm', nennt man so etwas ein sentimentales Geschwätz.«

Anfänglich sichtlich verdutzt – es geschah nicht häufig, daß ich ihn unterbrach –, sagte er dann mit dieser sich selbst verspottenden Gelassenheit, die ich so oft an ihm beobachtete: »Sie haben wahrscheinlich recht. Eigentlich ist es Quatsch, nicht wahr? Und noch dazu reichlich wirre. Na ja, so war mir eben zumute: Ich war sehr bewegt und sehr durcheinander.«

Auf meine Frage, ob er zu der Zeit wirklich an Gott geglaubt habe, folgte wieder eine Pause längeren Nachdenkens. »Ich glaube nicht.« Und dann sah ich plötzlich, nur einen Moment lang, ein leises Lächeln.

»Sind Sie mir nicht bös«, sagte er, »aber ich kann all diese Dinge nicht, wie Sie, auf eine intellektuelle Ebene ziehen. Ich weiß nicht mehr, warum ich dieses oder jenes sagte. Ich nehme an, daß ich – damals – mit dem, was ich schrieb, einen Zweck verfolgte, aber ich erinnere mich ganz gut daran, daß ich den Brief, als ich ihn fertig hatte, ziemlich unbefriedigend fand, wie Sie jetzt ja offensichtlich auch.«

Im zweiten Teil des Briefs schrieb er Hitler über seine Verzweiflung Jahre zuvor, als er das Ausmaß der Korruption erkannt hatte, »den Mangel an inneren Werten in der Führung«, wie er es nannte, womit er vor allem die Gauleiter meinte. Trotzdem versuchte er Hitler zu trösten. In diesem »technischsten aller Kriege« hätte das Schicksal in Form »äußerer Umstände« – das schreckliche Wetter während des Rußlandfeldzuges, der blaue Himmel während der Landung der Alliierten im Westen – entscheidend zur unglücklichen militärischen Entwicklung beigetragen. Dennoch, bis vor wenigen Tagen sei er selbst noch überzeugt gewesen, daß dasselbe Schicksal es ihnen irgendwie ermöglichen würde, ihr tapferes Volk zu retten, »das in einem geschichtlich einmaligen Heldenmut an der Front und in der Heimat gekämpft hatte«.

Daß Hitler am 18. März unmißverständlich deutlich gemacht habe, er erachte es im Fall einer Niederlage für sinnlos, »die Grundlagen, die das Volk zu einem primitivsten Weiterleben braucht«, zu erhalten, habe ihn zutiefst erschüttert.

»Ich kann nicht mehr an den Erfolg unserer guten Sache glauben, wenn wir in diesen entscheidenden Monaten gleichzeitig und planmäßig die Grundlagen unseres Volkslebens zerstören«, heißt es in dem Brief weiter. »Das ist ein so großes Unrecht unserem Volk gegenüber, daß das Schicksal es mit uns dann nicht mehr gut meinen kann ... Ich kann nur mit innerem Anstand und mit der Überzeugung und dem Glauben an die Zukunft weiterarbeiten, wenn Sie, mein Führer, sich wie bisher zur Erhaltung unserer Volkskraft bekennen ...«

Dieser letzte Brief an Hitler sollte der erste sein, der mit den Worten »Gott schütze Deutschland« endet.

Nachdem Speer die unleserlichen handgeschriebenen Seiten Annemarie in die Schreibmaschine diktiert hatte, rief er Hitlers Chefsekretärin Johanna Wolf an und fragte, ob sie, wie sie es schon oft getan hatte, den Brief für ihn auf der besonderen »Führer-Schreibmaschine« (mit übergroßen Buchstaben) abtippen könne. Johanna Wolf rief kurz danach zurück. Hitler habe ihr verboten, Briefe von ihm entgegenzunehmen; er wolle seine Antwort mündlich. Wenig später rief ein Adjutant an und sagte, er solle sofort zum Führer kommen.

»Speer hatte bereits in seiner Denkschrift vom 15. März Dinge geäußert, die niemand sonst Hitler zu sagen gewagt hätte«, sagte mir Poser, »und wir waren überaus besorgt, wie Hitler reagieren würde. [Zu Guderian soll Hitler gesagt haben, er habe die Denkschrift ungelesen beiseite gelegt, aber Below schreibt in seinen Memoiren, dies stimme nicht.] Nach dieser letzten Denkschrift dagegen waren wir wie versteinert.«

Noch während er Denkschriften an Hitler verfaßte, die seine engsten Mitarbeiter »versteinerten«, und selbst verzweifelt von Ost nach West reiste, um die Zerstörung in den Gebieten aufzuhalten, deren Besetzung unmittelbar bevorstand, versuchte Speer im letzten Moment mit ungewöhnlichen politischen Kniffen, die Alliierten zu spalten.

Wie er im »Spandauer Entwurf« schildert, schickte er ungefähr zur selben Zeit, als die deutschen Truppen im Ruhrgebiet kapitulierten, eine Botschaft an Julius Schnurre, einen von Ribbentrop besonders geschätzten Vermittler mit den Russen, der sich kurz zuvor während einer Stockholmreise wohlweislich krankgemeldet hatte und dort geblieben war. Speer teilte Schnurre mit, daß in den vergangenen Wochen ein bemerkenswerter Wandel in der amerikanischen Bombardierungstaktik eingetreten sei; die Amerikaner würden sich nunmehr fast ausschließlich auf Fabriken für Präzisionsinstrumente und elektronische Komponenten im Osten Deutschlands konzentrieren, in jenem Gebiet also, in das bald die Russen einmarschieren würden. Er schickte Schnurre (den er im »Entwurf« irrtümlich »Schnurer« nennt) einen Auszug aus dem Schadensbericht der letzten Monate mit der Anregung, ein Mitglied der sowjetischen Botschaft in Stockholm werde diesen sicher rasch an Stalin weiterleiten, um die Russen über die nunmehr bevorzugten Bombenziele der westlichen Luftstrategen zu informieren.

»Ich kann mir mein eigenes Doppelwesen in dieser Zeit nicht erklären«, antwortete Speer, als ich ihn zwar nicht zu diesem konkreten Fall (von dem ich erst erfuhr, als ich nach seinem Tod den »Spandauer Entwurf« las), aber über ähnliche Sachen befragte, die er in diesen letzten Wochen unternommen hatte. »Andere Menschen suchen, wenn sie diese Ereignisse im Rückblick analysieren, nach rationalen Erklärungen für ganz offensichtlich irrationale Empfindungen und Handlungen. Aber wenn ich es mir selbst nicht erklären kann, wie sollen es andere können?«

»Wir [sein persönlicher Stab im Vorzimmer] hatten natürlich besorgt auf seine Rückkehr von dem Gespräch mit Hitler gewartet«, erzählte mir Annemarie. »Als er dann kam, berichtete er uns davon, Wort für Wort, und er sagte, er habe keine Ahnung, was er Hitler in vierundzwanzig Stunden sagen solle; er werde versuchen, es erst einmal zu überschlafen. Und dann ging er sich hinlegen. Wir waren natürlich schon den ganzen Tag über da und auch einen Großteil der vorangegangenen Nacht. Da wir aber nicht glaubten, daß er schlafen würde, und vermuteten, er könnte uns brauchen, teilten wir im Büro einen Schichtdienst ein und machten auf den Pritschen in unserem Luftschutzbunker ein Nickerchen. Gegen Mittag rief Speer uns in sein Zimmer; er sah wirklich furchtbar aus. Ich überredete ihn, sich noch ein wenig hinzulegen; Edith machte uns allen Kaffee, und er las uns den Brief vor. Ich hatte den Eindruck, daß der Brief von Herzen kam, und ich begriff, warum er das alles schreiben mußte. Aber ich glaubte nicht, daß er Hitlers Einstellung ändern konnte. Wie konnte er all die entsetzlichen Befehle, die er ausgegeben hatte, je wieder rückgängig machen? Anschließend schlief Speer nach einer Weile ein; wir gingen uns waschen und umziehen. Später, genau wie er Ihnen sagte, rief er Frau Wolf an; sie rief zurück. Dann rief Schaub an, und um Mitternacht ging er zu Hitlers Bunker. Ich erinnere mich an diesen Augenblick, als wäre es gestern gewesen. ›Na, also ...‹, sagte er, winkte uns kurz zu und ging. Ich hielt es durchaus für möglich, daß er nicht zurückkehren würde, daß er diesmal zu weit gegangen war. Wir waren verzweifelt.«

Es war bereits spät, aber Annemarie wollte offenbar noch weitermachen. Ich legte eine Schubert-Cassette ein und ging Tee machen. »Ach, wie schön«, sagte sie und setzte sich gerade hin, als ich zurückkam. »Es ist so merkwürdig für mich, wissen Sie, ausgerechnet hier in London zu sitzen, während wir über diese schrecklichen Tage reden.«

Nach einer Weile fuhr sie fort: »Wenn ich an die kleine Gruppe denke, die da in jener entsetzlichen Nacht auf den 30. März versammelt war, glaube ich nicht, daß ein einziger von uns nicht billigte, was Speer getan hatte und was noch getan werden mußte – es war unbedingt notwendig. Wir alle waren uns klar, was auch wir riskierten. Ja, ich glaube schon, daß es uns angst machte, wenn wir daran dachten. Ich wünschte mir heute oft, sagen zu können, daß ich Hitler damals eindeutig haßte. Aber das wäre nicht wahr; so klar war das nie. Es war sehr zwiespältig, sehr kompliziert. Die Gefühle ihm gegenüber waren zu tief verwurzelt; das Leben war zu verwirrend, gewalttätig, laut und häßlich geworden. Man kam gar nicht richtig zum Denken. Wir, unsere kleine Gruppe, hielten aus, indem wir uns aneinanderklammerten; wir waren uns sehr nahe, und das half.«

»Als ich die paar hundert Meter zur Reichskanzlei fuhr«, hatte Speer mir erzählt, »waren die vierundzwanzig Stunden noch lange nicht um. Aber das machte keinen Unterschied. Ich wußte damals nicht, was ich sagen sollte, und ich hätte es zwei Stunden später auch nicht gewußt.« Im »Spandauer Entwurf«, in dem er die Begegnung ausführlicher schilderte als in den *Erinnerungen,* schrieb er:

In seinem Bunker stand Hitler vor mir: »Nun??« Ich log und log auch wieder nicht in diesem Augenblick, jedenfalls kam mir ohne Überlegen eine Antwort: »Mein Führer, ich stehe bedingungslos hinter Ihnen.« ... Er gab mir die Hand, die mir beim Empfang nicht geboten [hatte], und seine Augen füllten sich mit Wasser. Ich war in Sekunden wieder »Herr der Lage« und konnte fortfahren: »Aber es wäre gut, wenn Sie mir die Durchführung Ihres Zerstörungsbefehls für die Industrie wieder übertragen könnten.«

Dazu war er, noch immer sichtlich gerührt, bereit und es tut mir leid, gestehen zu müssen, daß ich in keiner Weise die Absicht hatte, die von ihm verlangte Zerstörung im geringsten durchzuführen. Hier haben wir wieder diese »Aufspaltung«. Er autorisierte mich, einen Erlaß aufzusetzen, den er unterschreiben wollte.

Es war ein Uhr morgens. Oben in der Reichskanzlei rief Speer zunächst in seinem Büro an und gab die Anweisung, sämtliche Krafträder, Kraftwagen, Fahrer und Ordonnanzen, die aufzutreiben waren, zum Ministerium zu beordern, die Telefonzentrale und den Fernschreiber vollständig zu besetzen und die Druckerei im Ministerium in Betrieb zu nehmen.

»Er wollte am Telefon nicht mehr sagen, außer daß er binnen einer Stunden zurück sein würde«, erzählte mir Annemarie. »Aber ich merkte natürlich schon an seiner Stimme: Er hatte es geschafft. Wir konnten uns nicht vorstellen, wie.«

Der von Speer aufgesetzte Erlaß, eine Ergänzung zu Hitlers Zerstörungsbefehl, übertrug Speer wieder die alleinige Verantwortung der Ausführung und damit die Möglichkeit zu verhindern, daß andere tätig wurden. Speer fügte lediglich drei Punkte hinzu: »1) Die Durchführung wird ausschließlich von den Dienststellen und Organen des Reichsministers für Rüstung und Kriegsproduktion vorgenommen; 2) Durchführungsbestimmungen erläßt mit meiner Zustimmung der Reichsminister für Rüstung und Kriegsproduktion;« und – ein wichtiges Zugeständnis – »3) Während bei Brückenbauwerken und anderen Verkehrsanlagen nur eine totale Zerstörung dem Feind die Nutzung auf längere Sicht unmöglich macht, kann bei Industrieanlagen auch durch nachhaltige Lähmung der gleiche Zweck erreicht werden ...«

Im »Spandauer Entwurf« fuhr Speer fort:

Hitler unterschrieb fast ohne Diskussion, legte nur fest, daß alles Wichtige zerstört werden müsse – mir wurde übertragen, diejenigen Objekte zu bestimmen. Es war auch das bewußte Heuchelei ... und nie wurde eine solche [Liste] überhaupt angefangen ...

Da er wußte, daß ich nicht alles zerstörte, schränkte er also seine ursprüngliche Forderung stark ein, ohne Worte. Wie ihm wohl überhaupt beim Unterzeichnen klar gewesen sein wird, daß mit dieser Durchführungsanordnung ein Teil seiner Zerstörungsabsichten nur noch bedingt durchgeführt werden würde. Aber er war sichtlich, abgesehen von persönlichen Motiven, erleichtert ...

Nach der Unterzeichnung des Dokuments, erzählte Speer, hätten sie sich noch eine Weile unterhalten. »Er fragte, ob ich Tee wolle. Ich sagte nein, ich müsse gehen. Er ließ mir dann ein Glas Wein bringen, für das ich, glauben Sie mir, dankbar war. Und dann sagte er ganz ruhig, daß eine Politik der ›verbrannten Erde‹ in Deutschland sowieso wenig Sinn hätte und lediglich in weiten Räumen wie in Rußland wirklich nützlich wäre. Das war natürlich völlig unlogisch, aber ich trank den Wein und hielt lieber den Mund.«

Der kurze Satz, mit dem Speer in jener Nacht auf Hitlers »Nun?« geantwortet hatte, war für seine Kritiker später ein gefundenes Fressen. Für sie hatte er zwar unzweifelhaft den herausfordernden 21seitigen Brief geschrieben, aber Hitler hatte ihn zu Speers Glück gar nicht entgegengenommen. Bis zum Ablauf des Ultimatums, so behaupten sie, habe Speer seine Meinung geändert. Er sei entschlossen gewesen, seine Macht nicht abzugeben, und der einzige Weg, dies zu erreichen, sei die »bedingungslose Unterwerfung« unter Hitlers Willen gewesen.

Das ist Unsinn – welchen denkbaren Nutzen hätte in diesem Stadium von Hitlers Apokalypse eine von ihm verliehene »Macht« gehabt außer dem, wie im Fall Speers, sie gegen ihn einzusetzen?

»Natürlich war ich ihm gegenüber nicht ehrlich«, sagte Speer zu mir, »aber nur relativ gesehen. Für mich war notwendig, zu tun, was getan werden mußte. Aber gleichzeitig, glaube ich – und Eva Braun sollte mir dies einige Wochen später bestätigen –, wollte er mich genausosehr an seiner Seite behalten, wie ich letzten Endes auf seiner Seite sein wollte. Und das war keineswegs unehrlich.«

»Jene Nacht war unvorstellbar«, sagte Annemarie, und ihre Stimme klang plötzlich ganz anders, beinahe froh. »Bei seiner Rückkehr aus dem Bunker platzte er geradezu vor frischer Energie. In unserer Druckerei wartete man auf ihn. Eine halbe Stunde später waren einige hundert Exemplare von Hitlers neuem, bereits unterzeichnetem Erlaß fertig.«

»Wir verschickten ihn mit Kraftwagen, Krafträdern und innerhalb von Berlin und Umgebung sogar mit Fahrrädern«, berichtete Speer, immer noch hörbar begeistert über seine Initiative 33 Jahre zuvor. Bormanns Staatssekretär Gerhard Klopfer, seit Monaten schon ein Verbündeter im Kampf gegen die Zerstörung, hatte von der dramatischen Entwicklung wie durch Osmose erfahren und war nachts in Speers Ministerium eingetroffen; auf eigene Faust ließ er den Durchführungserlaß offiziell über das leistungsstarke Verteilersystem der Parteikanzlei den Gauleitern zustellen.

Die folgenden zwei Wochen waren für Speer noch hektischer als die vorhergehenden. Er teilte seine Mitarbeiter jetzt oft in Gruppen – er und Poser brachen in eine Richtung auf, Hupfauer in Begleitung von Speers jungem Verbindungsmann zur Wehrmacht, Siebert, in die andere – und versuchte, alle Zerstörungsmaßnahmen zu verhindern oder, wo sie bereits begonnen hatten, mit der Begründung zu stoppen, Hitlers Anweisung, daß jede einzelne Maßnahme von ihm, Speer, bestätigt werden müsse, sei mißachtet worden.

(Speers Adjutant Siebert schrieb später in einem Bericht darüber, wie seine Frau auf einer dieser Reisen von Speer nach Berlin mitgenommen worden war. Als die russische Artillerie einmal besonders laut donnerte, fragte sie Speer, was er tun würde, wenn ihnen plötzlich russische Truppen auf der Straße entgegenkämen.

»Ich würde sie einkreisen«, erwiderte Speer.

»Genau so war er«, sagte Siebert, »unerschütterlich und selbst damals noch ein Spaßvogel.«)

Speers Anweisungen an die Führungskräfte in Industrie, Wehrmacht und Partei, von denen inzwischen viele seine Bemühungen offen unterstützten, waren Hitlers Befehl vom 19. März genau entgegengesetzt. Sie sollten sämtliche Industrieanlagen, öffentlichen Versorgungswerke und Lebensmittelbetriebe schützen. Das war auch der Moment, in dem er über ein Dutzend Züge »blind« mit Lebensmitteln in das bereits eingeschlossene Ruhrgebiet schickte, wie Manfred von Poser sich erinnerte; er überredete außerdem den für die Bekleidungs- und Ernährungslager der Wehrmacht verantwortlichen SS-Obergruppenführer, die Vorräte an die Zivilbevölkerung zu verteilen, befahl seinem Beauftragten in Oberschlesien, das in Kürze vollständig von den Russen besetzt werden sollte, die Zerstörung der noch intakten Brücken zu verhindern, und traf sich in Oldenburg mit Seyß-Inquart, dem Reichskommissar für die besetzten Niederlande.

Seyß-Inquart, ein früherer österreichischer Rechtsanwalt und langjähriger Sympathisant der Nazis, war nach dem Anschluß im März 1938 zum Reichsstatthalter der Ostmark, wie Österreich unter den Nazis hieß, ernannt worden; danach diente er als Stellvertreter von Hans Frank in Polen, im Mai 1940 ging er nach Holland. Der Nürnberger Gerichtshof sollte ihn zum Tode durch den Strang verurteilen.

Während seiner Amtszeit als Reichskommissar von Holland sollte ein größerer Prozentsatz der Juden des Landes in Vernichtungs- und Zwangsarbeitslagern sterben als in fast jedem anderen westeuropäischen Land. Wie Airey Neave, der als Major der britischen Kriegsverbrecherbehörde British War Crimes Executive dem Gericht in Nürnberg zur Unterstützung zugeteilt wurde, in *Nuremberg* berichtet, sind von 150 000 holländischen Juden (darunter zahlreiche deutsche Flüchtlinge) ungefähr 120 000 in Sobibor, Auschwitz, Bergen-Belsen und Mauthausen umgekommen. 25 000 von ihnen lebten Ende 1942 noch, von Freunden versteckt – darunter natürlich die junge Anne Frank und ihre Familie. Den Krieg überlebten jedoch nur 8000.

Seyß-Inquart, schreibt Neave (der alle 21 Angeklagten in Nürnberg kennenlernte und Gelegenheit hatte, mit ihnen zu reden, als er ihnen die Anklageschrift überreichte), sei stolz auf seinen »schrittweise« erreichten Erfolg über die holländischen Juden gewesen. Er hatte sie zuerst aus dem Berufsleben gedrängt und dann, lange bevor sie deportiert wurden, ihr Eigentum beschlagnahmt; sie durften nur Hochzeitsringe sowie vier Gegenstände aus Silber (ein Messer, eine Gabel, einen Löffel und einen Teelöffel) behalten und ihrem eigenen Vermögen monatlich rund 45 Dollar für den Lebensunterhalt entnehmen.

Später, als die besonders aktive holländische Widerstandsbewegung immer erfolgreicher agierte, wurden Hunderte, wenn nicht Tausende holländischer Geiseln hingerichtet. Seyß-Inquart behauptete in Nürnberg stolz, er habe versucht, die Zahl in einem »menschlichen Rahmen« zu halten, und für jeden toten Deutschen oder holländischen Kollaborateur nur sechs Geiseln gefordert anstelle der in anderen besetzten westeuropäischen Ländern üblichen Quote von zehn zu eins.

Speer erzählte mir, er habe, bevor er Seyß-Inquarts Zeugenaussage in Nürnberg gehört hatte, von ihm eigentlich nur gewußt, daß er ein ausgezeichneter Verwalter war. »Mir kam er immer wie ein sehr milder Mensch vor«, sagte er. »Sehr gebildet. Mit mir sprach er meist über Kunst; er liebte alte holländische Häuser, holländisches Kunsthandwerk und holländische

Maler. Meinen Bemühungen, Zerstörungen zu vermeiden, hatte er sich bereits im September oder Oktober 1944 angeschlossen, als ich ihn in Holland besuchte. Er stimmte damals zu, daß er, selbst wenn der Feind weiter in die Niederlande vorrücken sollte, keinerlei Zerstörungen anordnen würde, natürlich auch nicht die von Hitler bereits befohlene Öffnung der Deiche, durch die das Ackerland der Niederlande überflutet und der größte Teil seiner Wirtschaftskraft zerstört worden wäre.« Speer schrieb in Spandau:
Ich konnte hier den direkten Weg einer Aussprache mit dem von Hitler eingesetzten Manne unbedenklich nehmen, da sich dieser während seiner Tätigkeit für seine »Holländer« eingesetzt und mir auch sonst als »verläßlich« bekannt war.

Die Folgen nationalistischen und rassistischen Wütens kennen wir auch aus den neunziger Jahren. Wir haben sie im Nahen und Fernen Osten, in Afrika, in Indien und, für viele von uns besonders schmerzlich, im ehemaligen Jugoslawien erlebt. Ob die Opfer nun Juden oder Kurden sind, Schwarze oder Weiße, Araber, Muslime oder orthodoxe, protestantische oder katholische Christen: Wir wissen, daß es Intoleranz immer geben wird; wenn sie im konkreten Fall ein Ende nimmt, ist dies selten rühmlich oder dauerhaft. Denn Intoleranz endet nicht etwa, weil die Beteiligten politisch reifer, geistig geläuterter oder gefühlsmäßig ruhiger und aufgeklärter geworden wären, sondern einfach deshalb, weil diese von mächtigeren Kräften gestoppt werden oder ihnen die Luft ausgeht. Die Menschen vergessen dann wohlweislich eben noch empfundene Haßgefühle oder kurz zuvor begangene Greueltaten und sind bereit, ja vielleicht sogar begierig, zu verhandeln, zu schlichten und zu vermitteln. Und dieser Akt der bereitwilligen Anpassung gestattet ihnen nicht nur, sich auf einmal als zivilisierte Menschen zu fühlen, sondern stellt sie auch plötzlich nach außen als solche hin.
Seyß-Inquart ist dafür ein gutes Beispiel. Am 2. April 1945, als er sich mit Speer in Oldenburg traf, teilte er diesem mit, er stehe seit »einiger Zeit« über einen holländischen »Verbindungsmann« namens Hirschfeld mit den Alliierten in Kontakt. (Mijnheer Hirschfeld sollte dies in Nürnberg bestätigen.) Er erklärte sich einverstanden, durch diesen Verbindungsmann Speers Angebot eines humanitären Austausches an das amerikanische Oberkommando weiterzuleiten: deutsche Kohle gegen amerikanische Kartoffeln für die Bevölkerung im Ruhrgebiet. Zugleich wollte Speer die westlichen Alliierten wissen lassen, daß er alles tun werde, damit Westeuropas Industrie unbeschädigt übergeben werden könne.
Er schrieb darüber in Spandau, allerdings nicht in den *Erinnerungen:*
[Seyß-Inquart] hatte in der Tat auch bald darauf eine Besprechung mit dem Stabschef Eisenhowers durch Vermittlung eines Verbindungsmannes. Aber unterdes war das Ruhrgebiet schon vom Gegner eingenom-

men. Jedenfalls zeigte ich durch diese Aktion des guten Willens, daß ich keineswegs »bedingungslos« hinter Hitler stand, sondern daß ich versuchte zu helfen, so gut es ging.

Auf dem Rückweg nach Berlin machte er in Hamburg halt, um die Zusicherung seines Freundes Gauleiter Kaufmann einzuholen, daß die schönen Brücken und Werften von Hamburg nicht, wie von Hitler befohlen, zerstört würden. »Es war ein seltsames Erlebnis«, berichtete Siebert, der Speer auf der Reise begleitete. »Kaufmann war ungewöhnlich sicherheitsbewußt; ich hatte so etwas noch nie gesehen. Zum Beispiel waren die äußeren Türgriffe an der Tür zu seinem privaten Büro entfernt worden. Niemand, nicht einmal seine Sekretäre, konnte eintreten, wenn er nicht selbst von innen öffnete.«

Im »Spandauer Entwurf« läßt Speer im Gegensatz zu seinen Aussagen in Nürnberg und in den *Erinnerungen* keinen Zweifel daran, daß Hitler von seinen gegen die Zerstörung gerichteten Aktionen wußte, und er spricht offen über seine Mißerfolge. Trotz all seiner Bemühungen fielen letzten Endes zahlreiche Fabriken, Gleisanlagen und Brücken – darunter die schöne alte Neckarbrücke in seiner Heimatstadt Heidelberg – der Entschlossenheit von Parteifanatikern zum Opfer. Sein letzter wirklicher Erfolg war in seinen eigenen Augen, die Zerstörung der Berliner Brücken weitgehend aufgehalten zu haben, fast ausschließlich, wie er sagte, dank der verständigen Hilfe von Generaloberst Gotthardt Heinrici, dem Oberbefehlshaber der Heeresgruppe Weichsel, die damals östlich der Oder stationiert war, wo die Russen sich für den entscheidenden Angriff auf die Stadt zusammenzogen. Geplant hatte die Zerstörung der von Hitler zum Kampfkommandanten für Berlin ernannte Generalleutnant Hellmuth Reymann, der Hitlers Anweisungen buchstabengetreu ausführen wollte: Berlin sollte mit allen Mitteln verteidigt werden, und deshalb müßten alle Brücken zerstört werden.

»Ich kam zu dem Schluß, daß er in seine Illusionen wahrscheinlich so sehr verrannt war, daß ich wieder einmal meinen alten Trick anwenden konnte«, sagte mir Speer. »Ich fragte ihn also, ob er an unseren Sieg glaube, und der arme Narr erwiderte erwartungsgemäß mit kläglicher Stimme: ›Doch, ja.‹ Ich fragte ihn, wie er in diesem Fall rechtfertigen könne, ein zerstörtes Berlin zu hinterlassen, dessen Einwohner nach dem Sieg gar nicht weiterleben könnten. Denn wie könnten sie Lebensmittel beschaffen oder zur Arbeit gehen – ohne Brücken?«

Reymann stimmte daraufhin dem Kompromiß von Generaloberst Heinrici zu, nur die Brücken in den Außenbezirken, die den Vormarsch der Russen merklich aufhalten konnten, zu zerstören, sämtliche Brücken über Schienen-

und Straßenzubringer sowie im Stadtzentrum aber intakt zu lassen. (Dadurch, sagte Speer, wurden 866 der 950 Brücken Berlins gerettet.)

Nachdem Reymann gegangen war, teilte Heinrici Speer mit, er habe ohnehin nicht die Absicht, die Kämpfe um Berlin in die Länge zu ziehen. »Es wäre nur zu hoffen, daß der Führer mit seinem Stabe darin überrascht würde«, sagte er. Und Speer, der über das Gespräch nur im »Spandauer Entwurf« berichtet, nicht im Buch, entgegnete, der Optimismus von Hitlers Stab könne durchaus zu einer solchen Überraschung führen. »Wenn ich was dazu tun kann, werde ich es tun.«

Von da an entwickelte sich das Geschehen mit großer Geschwindigkeit. Irgendwann im April, berichtete Poser, sei ihnen eine Karte der Alliierten mit den vorgesehenen Besatzungszonen in die Hände gefallen. Die Kampfstellungen der vier Streitkräfte ließen freilich schon lange vermuten, wie die Gebiete unter die Besatzungsmächte verteilt würden. Speer organisierte von Panzerwagen begleitete Lastwagenkolonnen, um Deutschlands Goldreserven (gemeinsam mit denen in Frankreich und Belgien »beschlagnahmten«, wie Speer sagte) im Wert von Milliarden und so viele Kunstschätze aus den Berliner Museen wie möglich an längst vorbereitete Aufbewahrungsorte in tiefen Bergwerkschächten im Westen zu schaffen. Eine zweite Wagenflotte brachte ebenfalls mit Geleitschutz Millionen Devisen nach Süddeutschland, um dort die Wirtschaft aufrechtzuerhalten, falls Süddeutschland das letzte Bollwerk gegen den Feind werden sollte.

Bereits am 8. Februar hatte Speer Wolters auf eine in die Zukunft weisende Reise geschickt. Wolters schrieb in den *Lebensabrissen:*

Im Januar 1945 gab mir Speer den persönlichen Auftrag, ein Nachkriegsbüro zur Planung vorfabrizierten Wohnbaus gemeinsam mit dem Architekten Schlempp aufzubauen. Für die Durchführung gedachte er nicht die rückständige Bauwirtschaft, sondern Flugzeugfirmen wie Heinkel und Messerschmidt heranzuziehen. Da Schlempp selbst noch in seinen tschechischen Baueinsätzen unabkömmlich war [dort entstanden Fabrikgebäude für die V-2-Raketen], wurde mir als sein Vertreter der damalige Bauleiter Lübke der Schlemppschen Gruppe des Baustabes Speer beigegeben ...

Man müsse jetzt daran denken, ein Büro aufzubauen, ein Architekturbüro, dem er selbst jedoch mit Sicherheit die ersten Monate nach Kriegsende nicht zur Verfügung stehen könne. Man werde ihn von alliierter Seite her höchstwahrscheinlich verwenden, ihn unter Umständen für den Wiederaufbau einsetzen ...

Der Westfale Heinrich Lübke, Vermessungsingenieur von Beruf und Demokrat aus Überzeugung, der 14 Jahre später deutscher Bundespräsident werden sollte, gehörte zu den Personen, die wegen ihrer Vergangenheit gefährdet und bereits früh im Krieg in Speers Baustab untergekommen waren; er arbeitete zunächst am Bau der Raketenstation in Peenemünde mit und danach am Jäger-Projekt.

Speers Plan eines Architekturunternehmens in der Nachkriegszeit sah die Einrichtung dreier Büros in der künftigen britischen Zone vor, in Städten, die so weit auseinander lagen, daß die neue Firma in der Lage gewesen wäre, den zu erwartenden großen Bedarf für diese relativ neue Art des Hausbaus in der gesamten Zone abzudecken.

»Es war ganz offensichtlich eine glänzende Idee«, kommentierte Annemarie. »Er wollte uns alle mitnehmen und außerdem die drei Architekten Apel, Schlempp und Wolters und einen Vermessungsingenieur namens Berlitz. Und als Lübke damals auf der Bildfläche erschien, hätte Speer ihn auch mitgenommen. Doch das Außergewöhnliche daran war, daß weder ihm noch Rudi Wolters oder einem von uns je in den Sinn kam, daß er vielleicht gar nicht mehr in der Lage sein könnte, wenn alles vorbei war, ein Architekturbüro zu eröffnen. Wir lebten wirklich in einer Phantasiewelt.«

Nach Berlin zurückgekehrt, verbrachte Wolters am 7. April einen langen Abend mit Speer, den er am Tag darauf in einem langen Brief an Marion Riesser schilderte. Sie hätten stundenlang über Speers Denkschriften gesprochen, schrieb Wolters, und über dessen Treffen mit Hitler im März.

Auf meine Frage, wer den Führer so unheilvoll beeinflusse, sagte mir Speer, das sei der Führer selbst. Ich meinte dann, wir selbst seien verantwortlich, da wir früher, als es aufwärts ging, bedenkenlos mitgerufen hätten: Niemals kapitulieren usw. Nun mache der Führer in kritischer Stunde ernst, und wir erwiesen uns als schwache Zeitgenossen. Auf die Frage nach der Stimmung im Volk, sagte ich Speer, in Höxter sei sie schlecht gewesen; man verstehe nicht, daß die Umgebung den Führer nicht hindere oder unschädlich mache. Daraufhin meinte Speer, warum legen die ihn nicht um? Als ich sagte, das könnte doch wohl keiner besser als er selber, zog er eine Pistole aus seiner Tasche und legte sie auf den Tisch, ohne etwas zu sagen.

Speer dann über seine Maßnahmen gegen den Führerbefehl ... Er selbst wolle in Berlin bleiben, wenn eben möglich (Führerbefehl). Die Türmerei sei zwecklos und falsch. Gegen Ende März 1945 gab mir Speer den Auftrag, sein Nachkriegsbüro endgültig in Höxter in Betrieb zu nehmen, mich mit Lübke dort »überrollen« zu lassen. Er hoffe bald zu uns stoßen zu können ...

(Von Marion erfuhr ich, was bei Kriegsende mit Speers anderen Mitarbeitern geschehen war. Marion war von Wolters im März in den sichereren »Norden« geschickt worden, stieß aber im Mai in Höxter wieder zu ihm und Lübke. »Drei Tage nachdem wir unser Büro dort eröffnet hatten«, erzählte sie, »verschaffte uns Lübke, der den Bürgermeister der Stadt kannte, den ersten Auftrag: den Wiederaufbau der Stadtbrücke, die entgegen Speers Anweisungen in der Woche zuvor gesprengt worden war. Von da an waren wir im Geschäft.« Als Wolters im Herbst seine Eltern in seinem Geburtsort Coesfeld besuchte, der großenteils zerstört worden war, erhielt er den Mammutauftrag, die Stadt wiederaufzubauen, und deshalb zogen sie nach Coesfeld.

»Lübke und Apel verließen uns damals«, sagte Marion. »Das war auch gut so, denn die Situation war immer schwieriger geworden.« Sie lächelte beim Gedanken daran. »Im Büro in Höxter gab es nur Häuptlinge und keine Indianer. Können Sie sich diese drei vorstellen, in Berlin alle drei Leiter großer Behörden und zuständig für die Arbeit von Tausenden von Menschen, und hier plötzlich in einem winzigen Büro sitzend, alle drei Befehle erteilend? Es war ein totales Chaos. Zum Glück trennten sie sich, bevor sie sich gegenseitig den Hals umdrehten.«)

Im April war das Ruhrgebiet vollkommen von amerikanischen Truppen eingeschlossen; zu Speers freudiger Überraschung wollten sie das riesige Industriegebiet von Dortmund, Essen und Duisburg offenbar voll funktionsfähig erhalten. Als Generalfeldmarschall Model diese Absicht der Amerikaner letztlich auch anerkannte, gab er vor, Hitlers zahllose Funksprüche, in denen dieser eine (imaginäre) neue deutsche Offensive zu Models Entlastung versprach, nicht erhalten zu haben, und schickte Hitler über Funk folgende Meldung: »Ich bin noch hier. Wo sind Sie? Model.« Anschließend kapitulierte er vor den Amerikanern. (Er beging kurz darauf Selbstmord.)

Am selben Abend erhielt Speer ebenfalls einen letzten Funkspruch von seinem Freund, dem Stahlunternehmer Walter Rohland, der als sein ehrenamtlicher Stellvertreter im Ruhrgebiet fungierte. »Das Ruhrgebiet sagt Ihnen Lebewohl. Wir werden ewig in Ihrer Schuld stehen.«

(»Ich habe geheult«, erzählte Annemarie. »Er sagte: ›Na ja, wir werden sehen.‹«)

Speers Name wurde nun wiederholt in ausländischen Rundfunksendern genannt, und eine führende schweizerische Tageszeitung schrieb in einem Bericht, daß Hitlers ehemaliger Oberbefehlshaber Brauchitsch und Speer die einzigen für die Alliierten akzeptablen Friedensvermittler seien.

Sämtliche Ministerien waren längst aus Berlin evakuiert worden, Speers Ministerium unter seinem Stellvertreter Saur in den Harz. Doch in den letzten Wochen wurden neue Pläne für den Fall ausgearbeitet, daß Hitler nach Süden umziehen würde, und in Garmisch waren alle Hotels für die Ministerien reserviert. Speer schrieb in Spandau:

Ich betätige mich als »Außenseiter«, indem für unser Ministerium das unter der Zugspitze in 2800 mtr. Höhe gelegene Sporthotel festgelegt wird. Wenn wir, wie ich unserem Chef des Zentralamtes [Hupfauer] erkläre, die Bergbahn dorthin unterbrechen, haben wir unsere Ruhe, können noch etwas Ski laufen und in der Höhensonne liegen und uns für kommende Belastungen ausruhen.

»Es war eine völlig irreale Zeit«, sagte Speer, »aber irgendwie waren wir irrsinnig beschäftigt, ich weiß gar nicht, warum.«

Doch das Leben hatte sich verändert: Hitler war ganz in den Bunker gezogen und kam nur noch gelegentlich zu besonderen Treffen in sein halbleeres Büro in der halbzerstörten Reichskanzlei. Eva Braun, die Ende März aus München gekommen war, zog in das Zimmer neben seinem und erklärte, sie werde bleiben. Below schrieb:

[Sie] stellte sich ganz auf die Atmosphäre des Bunkerlebens ein. Sie war stets gepflegt, sorgfältig und tadellos gekleidet, verhielt sich gleichbleibend entgegenkommend und liebenswürdig und zeigte keinerlei Schwäche bis zur letzten Stunde.

»Ich versuchte mehrmals, sie zum Verlassen Berlins zu überreden«, erzählte Speer. »Ich mochte sie so gern; ich wollte sie in Sicherheit wissen.« Er bot ihr dreimal einen Platz in einem der Flugzeuge an, die Berlin nun immer seltener verließen. »Sie weigerte sich hartnäckig und bat mich schließlich mit einem leisen Lächeln, sie nicht weiter zu plagen. Trotz meiner Freundschaft zu ihr mußte man damals leider sehr vorsichtig mit dem sein, was man ihr sagte.«

Anfang April hatte Hitlers Begleitarzt Dr. Brandt Frau und Kind nach Thüringen gebracht, wo die Ankunft der Briten unmittelbar bevorstand. Als Eva Braun Hitler ganz unschuldig davon erzählte, brüllte der zu ihrem Schrecken, daß dies Hochverrat sei, und befahl, Dr. Brandt vor ein Standgericht zu stellen und zum Tode zu verurteilen. Speer schrieb in Spandau:

Alles in der Umgebung Hitlers ist bestürzt über diese unerwartete und unbegründete Schärfe. Hitlers Chefsekretärin, die seit 20 Jahren bei ihm ist, unter Tränen: »Ich verstehe ihn nicht mehr.« ... Die Todesstrafe wird ausgesprochen, die Vollstreckung jedoch aufgeschoben, bis ein unauffindbarer Zeuge vernommen ist. Himmler beruhigt: »Der Zeuge wird nicht gefunden werden.«

Speer hatte selbst ein ähnliches Problem. Einige Tage zuvor, wahrscheinlich ungefähr zur selben Zeit, als Brandt seine Familie von Berchtesgaden weggeholt hatte, hatte er das gleiche getan. Nun galt dies als Verbrechen.

Hitler beabsichtigte, wie Speer wußte, das Land in zwei Befehlsbereiche aufzuteilen, mit Generalfeldmarschall Kesselring als Oberbefehlshaber des südlichen Teils und Großadmiral Dönitz als Oberbefehlshaber des nördlichen.

»Ich hatte die schreckliche Vorahnung, daß er, selbst wenn er sich schließlich entscheiden würde, nach Süden zu fahren, statt in Berlin zu bleiben, auf
dem Berghof eine ›Götterdämmerung‹ veranstalten würde«, erzählte Speer.
»Daher war ich entschlossen, meine Familie nach Norden zu holen, in die
voraussichtlich britische Zone und den Befehlsbereich des vernünftigen Dönitz, aber es war nicht leicht. Eva Braun fragte mich jeden Tag, wo sie sei.«
Schließlich beschloß er, Hitlers bekannte Wertschätzung der Familie auszunutzen, und erklärte ihm, er wolle seine Familie bis zu Hitlers endgültiger
Entscheidung in seiner Nähe haben und habe deshalb arrangiert, sie auf dem
Gut eines Bekannten ungefähr eine Stunde von Berlin unterzubringen.

»Als er sich daran gewöhnt hatte, brachte ich sie alle stillschweigend auf
das Gut eines alten Freundes meiner Eltern, Robert Frank, auf einer Halbinsel
in der Ostsee, wo sie unter einem Pseudonym lebten, bis alles vorüber war.«

»Speer hatte herausgefunden, daß Bormann, Himmler und Ley nachts,
wenn Hitler sich zur Ruhe begeben hatte, aufs Land fuhren«, sagte mir
Hupfauer später. »Aufgrund dieser Information arbeitete er mit seinen Flie-
gerfreunden Galland und Baumbach einen Plan aus, wie sie entführt und
unter Arrest gestellt werden könnten, bevor sie noch weiter andere oder auch
sich selbst umbringen konnten. Doch dann sagte mir mein Freund Klopfer
[Bormanns Staatssekretär], ich solle Speer warnen, jederzeit vorsichtig zu
sein mit dem, was er sage und wem er es sage. Er deutete geheimnisvoll an,
gewisse Dinge wären bekannt geworden.«

»Ungefähr zur selben Zeit nahm mich General [Wolfgang] Thomale, der
Stabschef der Panzertruppe, auf eine Fahrt mit«, sagte Speer, »und erklärte
mir, ich solle diese Phantastereien aufgeben. ›Was Sie tun müssen, ist überleben‹, sagte er. Und er teilte mir eine Begleitung von vier schwerbewaffneten
jungen Wehrmachtsoffizieren zu. Sie wohnten von diesem Augenblick an in
meiner winzigen Wohnung und begleiteten mich, wo immer ich hinging, mit
Ausnahme des Bunkers.«

Von all den Erinnerungen aus jenen letzten Wochen des Dritten Reiches
blieben drei unauslöschlich in Speers Gedächtnis haften: das Abschiedskon-
zert der Berliner Philharmoniker, seine letzte Begegnung mit Hitler und
schließlich der Tag, an dem er erfuhr, daß Hitler tot war.

Mitte Dezember 1944 hatte er dem Dirigenten der Philharmoniker, Wilhelm Furtwängler, der, wie er wußte, bei den Parteiführern schlecht angeschrieben war, geraten, von einer bevorstehenden Konzertreise in die Schweiz
nicht nach Deutschland zurückzukehren. »Aber wie kann ich so etwas tun?«
hatte Furtwängler entgegnet. »Was soll aus meinem Orchester werden?«

Das Orchester würde zurückkehren müssen, erwiderte Speer, aber er
würde bis zum Ende für die Sicherheit der Musiker sorgen. Er hielt Wort.

Als er Anfang April erfuhr, daß Goebbels angeordnet hatte, die Musiker zum Volkssturm für die Verteidigung Berlins einzuziehen, beauftragte er Poser, sämtliche Papiere der Musiker aus den Akten der Berliner Wehrmeldeämter zu entfernen. Weiter wies er den Intendanten des Orchesters an, eine Reihe von Abschiedskonzerten zu planen. »Wenn ich das Orchester bitten würde, Bruckners Romantische Symphonie zu spielen, sagte ich zu ihm, würde das bedeuten, daß das Ende nahe war und die Musiker sich bereit halten sollten, Berlin zu verlassen.«

Am Nachmittag des 12. April war der Saal der Philharmonie zum Bersten voll. Nicolaus von Below schilderte das Ereignis:

Das Konzert versetzte uns in eine andere Welt. Zusammen mit Speer und dem Großadmiral Dönitz hörten wir das Finale aus der *Götterdämmerung* von Richard Wagner, das Violinkonzert von Beethoven und Bruckners 8. Symphonie. Wir gingen gemeinsam schweigend, tief beeindruckt über den völlig zerstörten Potsdamer Platz bis zur Reichskanzlei zurück.

»Der Strom war damals natürlich streng rationiert«, sagte Speer zu mir, »aber ich ließ für diesen Anlaß die Beleuchtung einschalten. Absurd, ich weiß, aber ich meinte, daß Berlin diesen schönen, wunderbarerweise intakt gebliebenen Saal wenigstens einmal noch voll erleuchtet sehen sollte.«

»Was die, die nicht dort waren, nicht sahen«, sagte Annemarie, »war der Inhalt der Körbe, der den Zuschauern am Ausgang angeboten wurde – Zyanidkapseln. Speer war vollkommen entsetzt. Wir haben nie herausgefunden, wer das organisiert hatte, aber zweifellos steckte die Partei dahinter. Die Kapseln wurden von Hitlerjungen in Uniform angeboten – Kindern!

Das Thema Selbstmord wurde ständig diskutiert, seit Hitler uns wissen ließ, daß er sich im Fall einer Niederlage umbringen würde. Wir hörten, daß alle in seiner Umgebung sagten, sie würden ihm folgen. Speer sagte, das wäre nicht nur Wahnsinn, sondern auch feige.«

»Wir wußten natürlich aus den Rundfunksendungen der BBC und der Amerikaner in Deutschland, die damals jeder hörte«, sagte mir Speer, »daß die Alliierten unversöhnlich waren. Der Morgenthau-Plan und danach die britische Variante ›Eclipse‹ waren bereits bekannt, und beide sahen vor, Deutschland auf den Status eines Agrarstaats mit einer lediglich rudimentären Industrie zu reduzieren, um die deutsche Kriegsmaschinerie für immer auszuschalten. Und wir wußten, daß sie entschlossen waren, Prozesse zu veranstalten. Ich hielt das auch für richtig; genau aus diesem Grund hatte ich, bevor es mir ausgeredet wurde, das schreckliche Dreigespann Bormann, Himmler und Ley verhaften wollen. Ich glaubte damals – und wie Sie wissen, habe ich diese Einstellung nie geändert –, daß solche Prozesse die Möglichkeit bieten könnten, den Haß und den Zorn vom deutschen Volk auf die abzulenken, die ihn wirklich verdienten. Seltsamerweise kam mir nie in den Sinn, daß ich selbst, außer vielleicht als Zeuge, an einem Prozeß beteiligt sein würde – und natürlich sein mußte.«

(Später stellte ich fest, daß einige dieser Gedanken, die ihren Weg nie in sein Buch finden sollten, im »Spandauer Entwurf« ausgedrückt waren.)

Der 12. April 1945 war auch der Tag, an dem Hitler von Roosevelts Tod erfuhr. »Er hielt das für ein Zeichen der Vorsehung«, sagte Speer zu mir. »›*Jetzt* werden wir siegen‹, sagte er zu mir, und einige Tage später schlug Goebbels vor, ich solle doch, da ich offensichtlich als einziger in den Augen der Alliierten noch eine gewisse Glaubwürdigkeit besäße, in einem der neuen Langstreckenflugzeuge zu Truman fliegen. Ich entgegnete, daß ich das für keine gute Idee hielte.«

»Ich glaube wirklich, der größte Schock für die meisten von uns war, zu erfahren, daß Goebbels beabsichtigte, seine Frau und seine sechs kleinen Kinder mit sich im Bunker sterben zu lassen«, erzählte Annemarie. »Es erschien einfach völlig irreal, unmöglich. Speer sagte, er werde das einfach nicht zulassen. Er bat mich deshalb, ein paar Tage bevor Goebbels seine Familie in den Bunker holen ließ, Magda Goebbels in ihrem Landhaus bei Berlin zu besuchen. Er war am Tag zuvor selbst dort gewesen, aber es war ihm nicht gelungen, sie zu überreden. Er meinte, daß ich als Frau vielleicht mehr Glück haben könnte. Er hatte einen Fluchtweg übers Wasser für sie und die Kinder ausgearbeitet. Ein Hausboot war vorbereitet, ein recht stattliches Boot mit vollständiger Besatzung, das in der Nähe des Landungssteges ihres Hauses am Fluß in Bereitschaft lag, in Schwanenwerder. Das Boot hätte sie direkt von ihrem eigenen Steg abholen können. Der Lotse hatte Anweisung, Frau Goebbels und die Kinder nachts und unter Deck verborgen zu einem westlichen Nebenfluß der Elbe zu bringen. An Bord waren genügend Vorräte, um sie dort notfalls mehrere Wochen in Sicherheit zu halten.

Doch Frau Goebbels lehnte ab. Wir hatten es erwartet; wir wußten schließlich, wie nahe sie Hitler stand. Viele Leute glaubten, daß sie immer in ihn verliebt gewesen war, Speer allerdings nicht. Er hatte sie während ihrer leidenschaftlichen Liebesaffäre mit Hanke sehr gut kennengelernt; er war damals ihr Vertrauter, wie er es auch für Eva Braun war und bis zum Ende blieb. *Das* hatte mich immer erstaunt – ich konnte mir nie vorstellen, worüber die zwei miteinander redeten.

Mit Magda Goebbels war das anders. Sie war wirklich eine außergewöhnliche Frau, wissen Sie, sehr schön, eine ›Dame‹ und zugleich eine Frau von Welt. Von denen gab's nicht viele bei uns. Speer hatte sie sehr gerne, und ich auch. Ich wußte immer, sie würde zu mir genauso nein sagen wie zuvor zu Speer, aber die Kinder – es war nicht auszuhalten, es war unerträglich. Man mußte es wenigstens *versuchen*.

»Die Kinder kamen herein, um guten Tag zu sagen.« Annemarie weinte plötzlich, ohne Vorwarnung, als hätte sie die Tränen schon lange Zeit zurückgehalten. »Ich kann Ihnen gar nicht sagen, was für nette Kinder das waren: fünf Mädchen und ein Junge, und ihre Namen begannen alle – eigentlich lächerlich – mit H. Die älteste, Helga, war ein ... ein ernstes Kind, fand ich; sie war zwölf. Der Junge, Helmut, zehn, schien mir sehr schüchtern, beinahe in sich gekehrt.«

(Es ist sehr fraglich, ob Annemarie die Kinder von Goebbels bei diesem schwierigen Besuch wirklich so bewußt wahrgenommen hat, aber so hatte sie sie jedenfalls in ihrem Gedächtnis »gespeichert«. Und als das Gespräch jetzt plötzlich auf die Kinder kam, schilderte sie sie ganz instinktiv aus der Perspektive ihrer 25jährigen Tätigkeit in einem anthroposophischen Kinder- und Jugendheim. Später sollte ich aus Goebbels' Tagebüchern erkennen, wie scharfsichtig sie war. Denn Goebbels, allem Anschein nach ein anhänglicher – oder wenigstens sehr sentimentaler – Vater, der sich ständig über die »entzückenden Lichtblicke in meinem Leben« verbreitete, erwähnte die Existenz seines Sohnes erst, als dieser eineinhalb Jahre alt war. Der Junge war bereits neun, als sein Vater, zumindest im Tagebuch, näheres Interesse an ihm bekundete. »Helmut läßt endlich erkennen, daß er ein Junge wird«, schrieb er damals streng.)

»Die jüngste«, fuhr Annemarie fort, »war Heidi, fünf, ein richtiges Kind. Die Kinder waren sehr artig erzogen: Die Mädchen knicksten, und Helmut verbeugte sich, sehr steif. Alle gaben mir fest die Hand und sahen mir dabei in die Augen. Alle außer Heidi – sie streichelte im Vorbeiwirbeln irgendwie meine Hand und vollführte dann ein komisches kleines Theater mit einer Art tiefen, wenn auch etwas wackligen Hofknicks, wobei sie den Rock an beiden Enden von sich weg hielt; und dann, als sie vor Lachen beinahe platzte und alle mit ihr lachten, *bums,* schneller als ich denken konnte, saß sie auf meinem Schoß und hatte die Arme um mich geschlungen. Sie war einfach – ein bezauberndes Kind.« Annemarie nahm das Taschentuch, das sie in der Hand gehalten hatte, und wischte sich wütend die Augen. »Wie in aller Welt konnte ich zu ihrer Mutter sagen, sie sollte ihre Kinder nicht umbringen?«

Im Januar hatte Hanke, mit dem Magda Goebbels jene lange, leidenschaftliche Beziehung kurz vor dem Krieg gehabt hatte, Speer bei einer Reise durch Breslau mitgeteilt, daß er die Stadt bis zum letzten Mann verteidigen werde und lieber die kürzlich renovierte Gauleitung, ein schönes, von Langhans entworfenes Gebäude, niederbrennen werde, als zuzulassen, daß es den Russen in die Hände falle. Speer erhob dagegen Einwände, wie er in seinem Buch schrieb, bis er glaubte, Hanke überzeugt zu haben, daß Deutschland mit der Verwüstung einer schönen Stadt nicht gedient sei. Er war jedoch zu optimistisch. Am Ende verteidigte Hanke, der gegenüber der Bevölkerung größere

Brutalität zeigte als die anderen Gauleiter, sein Lehen genau so, wie er es angekündigt hatte.

Am 14. April, vier Monate nach diesem Überredungsversuch, Breslau nicht zu opfern, schrieb Speer dem noch immer in der brennenden und nunmehr hungernden Stadt ausharrenden Hanke einen besonders herzlichen, vermutlich per Fernschreiber übermittelten Abschiedsbrief. Damals glaubte er, Hanke wolle mit seiner Stadt sterben, und sah deshalb keinen Grund, den Streit über die Rettung Breslaus wiederaufzugreifen. Obwohl die beiden das vertrauliche Du gebrauchten, sprachen sie sich, wie damals üblich, mit ihren Familiennamen an. Speer schrieb:

Lieber Hanke,

Du hast mir in meinem Leben viel gegeben. Dein Charakter und Deine Festigkeit wurden von mir schon früher erkannt und heute bewundert. Durch Deine Leistungen als Verteidiger von Breslau hast Du Deutschland heute schon viel gegeben. Dein Beispiel, jetzt in seiner Größe noch nicht erkannt, wird später genau so unschätzbar hohen Wert für das Volk haben, wie nicht viele Helden der deutschen Geschichte.

In dieser Zeit des Niederbruchs und des Versagens einer ganzen Führungsschicht eines Volkes gibst Du Beispiel – Zeuge gegen viele!

Deutschland geht nicht unter! Es ist vom Schicksal schwer getroffen. Es wird weiterleben und eines Tages seine alte Ehrbarkeit wieder erlangen ...

Das Volk war einmalig, tapfer und treu. *Das Volk* hat nicht versagt.

Jeder, der sich an diesem Volk und seinem Geschick vergreifen sollte, wird vom Schicksal schwer bestraft.

Gott schützt Deutschland.

Ich, lieber Hanke, danke Dir nochmals von ganzem Herzen für alles, was Du für mich getan. Du hast mir die ersten entscheidenden Erfolge gebracht und hast mir später als Freund treu zur Seite gestanden. Du bist nicht zu bedauern. Du gehst einem schönen und würdigen Abschluß Deines Lebens entgegen.

Sei recht herzlich von mir gegrüßt

von Deinem Freund Albert Speer

Die Freundschaft blieb offensichtlich eng, zumindest solange das Dritte Reich bestand. Aber aus einer Anmerkung Speers in den *Erinnerungen* geht eine völlig veränderte Ansicht über den alten Freund hervor, zu der Speer, da davon im »Spandauer Entwurf« nicht die Rede ist, vermutlich erst nach Ende seiner Haft in Spandau gelangte:

Einige Monate später [nach dem Versuch Speers, Hanke davon zu überzeugen, daß das Gebäude Langhans' gerettet werden müsse] führte er den Kampf um Breslau ohne Rücksicht auf Menschenleben und wertvolle Gebäude, ließ sogar seinen alten Bekannten, den Ersten Bürgermeister der Stadt, Dr. Spielhagen, öffentlich aufhängen [wegen Defätismus] – um dann, wie ich später von dem Konstrukteur Flettner hörte, in einem der wenigen Prototypen eines Helikopters aus dem belagerten Breslau kurz vor der Kapitulation zu fliehen. [Breslau ergab sich eine Woche nach Hitlers Tod, als Dönitz endlich die bedingungslose Kapitulation unterzeichnete.]

»Wir erfuhren nie, was wirklich aus Hanke wurde«, sagte Annemarie zu mir. »Einige meinten, er sei bei seinem Fluchtversuch von den eigenen Leuten ertappt und umgebracht worden. Aber vielleicht stimmt das gar nicht; vielleicht entkam er tatsächlich. Das gelang schließlich einer ganzen Reihe von Leuten, und oft wurde danach die Nachricht verbreitet, sie seien umgekommen und ihre Leichen seien im Durcheinander nicht gefunden worden, und so weiter. Jahrzehnte später tauchten sie dann im Ausland auf, in Sicherheit. Aber von einigen hörte man nie wieder etwas, wie Sie wissen; vielleicht gehörte Hanke zu ihnen. Seine Frau, die er einige Zeit nach Kriegsausbruch geheiratet hatte, heiratete später wieder, sie muß demnach geglaubt oder gewußt haben, daß er tot war …«

Annemarie hatte stets den Eindruck gehabt, verstärkt noch durch Hankes Hilfe während Speers Krankheit, die mit einem beträchtlichen Risiko für Hanke selbst verbunden war, daß die Freundschaft der beiden Männer im Grunde alles überdauert hatte. Ich fragte, ob sie über Speers bittere Anmerkung in seinem Buch überrascht gewesen sei. Sie zuckte die Schultern. »Was Speer in seinem Buch geschrieben hat, war natürlich von der Verbitterung über die Ablehnung beeinflußt, die er nach seiner Entlassung aus Spandau von einigen früheren sogenannten Freunden erfuhr. Besonders wüst beschimpften ihn einige Leute, die zum ehemaligen Kreis um Hitler gehörten, darunter auch welche, die Hanke nahestanden. Das ist das eine. Was Hanke selbst betrifft, ich weiß, es klingt absurd, aber ich glaube, Speer war irgendwie enttäuscht, desillusioniert, wenn Sie wollen, als er aus zuverlässiger Quelle erfuhr, daß Hanke, statt den Heldentod zu sterben, den jeder erwartet und angenommen hatte, sich den eigenen Leuten gegenüber während der Belagerung von Breslau scheußlich aufgeführt hatte, am Ende alle anderen dem Tode überließ und Gott weiß wohin geflogen war.«

Sie zuckte wieder die Schultern. »Deshalb fügte er die Anmerkung ein. Speer war zu sehr großer Beherrschung fähig. Nach Spandau war er zu meinem Erstaunen manchmal geradezu demütig – nicht gerade ein Wort, das einem in Verbindung mit ihm einfallen würde. Aber es ist schon wahr, er konnte auch sehr scharf reagieren, besonders wenn er sich hintergangen fühlte. Er war kein Engel, wissen Sie.«

Speer hatte damals zwei von Freunden vorbereitete Verstecke, eins davon auf einem Gut sechzig Kilometer nördlich von Berlin, wohin er, wie er mir schilderte, »notfalls zu Fuß hätte gehen können«. Und ein anderes war eine Jagdhütte weiter im Norden, auf einem Besitz von Fürst Fürstenberg.

Außerdem gab es noch den Fluchtweg nach Grönland, den Speer mit seinem Freund und Piloten Werner Baumbach ausgearbeitet hatte. »Eine Spinnerei, aber lustig, solange sie andauerte«, fuhr Speer fort. »Wir hatten das Flugzeug mit Skiern, Kajaks, Angelausrüstung, einigen Delikatessen, einigen Flaschen guten Weins und jeder Menge Schreibpapier ausgestattet. Ich stellte mir vor, wie ich romantisch in Schnee und Eis meine Memoiren schreiben würde und nach deren Fertigstellung – ich dachte an einige Monate – nach England fliegen würde, um mich den Briten zu stellen. Bis dahin würde sich der Wirbel gelegt haben, glaubte ich. Alles natürlich Unsinn, und wir erkannten das auch, noch bevor das Flugzeug bei einem Luftangriff der Alliierten vollkommen zerstört wurde.«

Am 20. April, Hitlers 56. Geburtstag, besuchten die wichtigsten Männer der Regierung Hitler zum letztenmal. Göring, Ribbentrop, Himmler, Kaltenbrunner, Speer, Großadmiral Dönitz, die Generäle Keitel, Jodl, Krebs und Burgdorf und über hundert weitere Funktionäre kamen zur Gratulation im Bunker, kurz vor der mittäglichen Lagebesprechung. Die meisten bestürmten Hitler, Berlin auf der letzten noch offenen Straße nach Süden zu verlassen. Er weigerte sich, stellte aber allen, die nicht zu seinem persönlichen Stab gehörten und Berlin verlassen wollten, frei, dies zu tun, so daß in jener Nacht und am nächsten Morgen rund achtzig der noch verbliebenen Beamten der Reichskanzlei abfuhren, außerdem Himmler, Ley und Kaltenbrunner.

»Ribbentrop blieb überraschenderweise«, sagte Speer. »Er meinte, Hitler brauche ihn womöglich noch.«

Göring sagte sofort, er habe dringende Geschäfte im Süden, und fuhr mit einem kalten Abschiedsgruß von Hitler ab. Lediglich Dönitz, der auf Hitlers Anweisung hin als sein Stellvertreter nach Norden fuhr, bekam ein herzliches Lebewohl zu hören.

Mitte April hatte Hitler entgegen den Ratschlägen aus seiner Umgebung beschlossen, daß Berlin von Straße zu Straße verteidigt werden müsse, und die Mobilmachung der gesamten Hitlerjugend der Stadt im Alter von vierzehn bis sechzehn angeordnet. Am Nachmittag seines letzten Geburtstages ging Hitler zum letztenmal ins Freie. Im Garten der Reichskanzlei, einige Schritte vom Eingang des Bunkers entfernt, heftete er das Eiserne Kreuz an die inzwischen verschmutzten Uniformen einiger 14jähriger Knaben der Hitlerjugend, die im Volkssturm gekämpft hatten. Das letzte bekannte Foto von Hitler zeigt einen alten und erschöpften Mann, den es offensichtlich große Anstrengung kostete, die Menschen wie einst mit dem Blick seiner Augen in seinen Bann zu zwingen. Hitler tätschelt die Wange eines kleinen Knaben, und die Aufnahme zeigt erstaunlicherweise, daß die Gesichter der Knaben immer noch strahlen, als würden sie durch seine Gegenwart erwärmt.

Später am selben Abend empfingen er und Eva Braun, wie Below und Hitlers Sekretärinnen in ihren Memoiren berichten, den engen Kreis – Adjutanten, Sekretärinnen, Bormann und die Ärzte – in Hitlers kleinem Wohnzimmer im Bunker zu einem Schnaps. Kurz zuvor hatte Hitler seinen Marineadjutanten Admiral Karl-Jesko von Puttkammer zum Berghof entsandt, um dort mit der Vernichtung offizieller Dokumente zu beginnen. (Zwei Tage später wurde der zuverlässige Schaub nachgeschickt, um die privaten Papiere zu verbrennen.) Dann teilte Hitler Johanna Wolf und Christa Schröder mit, sie müßten ebenfalls fahren. Als diese weinend baten, anstelle der jüngeren Sekretärinnen bleiben zu dürfen, verweigerte er dies mit der Begründung, sie seien viel zu wertvoll für ihn; er brauche sie im Süden, da er beabsichtige, von dort aus eine Widerstandsbewegung zu organisieren.

»Die Jungen«, fügte er hinzu, »[werden] immer durchkommen«, und er brachte sogar noch einen schwachen, makabren Scherz über seine attraktive, lebenslustige dritte Sekretärin Gerda Daranowski Christian zustande. »Frau Christian wird sich auf jeden Fall durchschlagen«, sagte er, mit einem müden Zwinkern, wie man sich vorstellen könnte, »und wenn wirklich eine der Jungen draufgeht, so ist das eben Schicksal.«

Er begab sich an diesem Abend ungewöhnlich früh zur Ruhe, und einige Minuten später führte Eva Braun die Gruppe der Anwesenden die vielen Stufen zum noch unbeschädigten Salon der Reichskanzlei hinauf. Das einzige verbliebene Möbelstück, ein großer runder, von Speer entworfener Tisch, war festlich gedeckt. »Alle kamen mit«, erzählte Traudl Junge, »sogar Bormann und Dr. Morell [Hitlers Leibarzt, den er zwei Tage später ebenfalls nach Süden schicken sollte]. Wir tranken Champagner und tanzten zur Musik einer einzigen Platte, die jemand mitgebracht hatte. Es wurde hysterisch gelacht. Es war furchtbar; ich konnte es bald nicht mehr aushalten und ging wieder nach unten, ins Bett.«

Obwohl Speer beim offiziellen Teil des Tages dabeigewesen war, nach dessen Ende Hitler allen, die fahren wollten, die Hand gegeben hatte, hatte er sich nicht von Hitler verabschiedet.

»Ich konnte mir das später nie erklären«, antwortete er, als ich ihn nach diesem merkwürdigen Versäumnis fragte. »Es muß daran gelegen haben, daß ich wußte – wenn auch sicher unbewußt –, ich würde ihn noch einmal sehen. Es ist auch möglich, daß ich einfach nicht ertragen konnte, mich zu verabschieden – einfach so.« Mit »einfach so« meinte er als einer von vielen statt eines persönlichen Abschieds.

An demselben Morgen hatte er Hupfauer, der drei Tage zuvor in Sonthofen gewesen war, um sich von seiner Familie zu verabschieden, seine letzten Befehle ausgehändigt.

»Er überreichte mir einen Brief mit genauen Anweisungen«, erzählte Hupfauer. »Darin stand – und er wiederholte alles bei unserem Gespräch –, daß Hitler noch nicht entschieden habe, ob er in Berlin bleiben oder nach Norden oder Süden fahren wolle, daß aber, egal wie er sich entscheide, Speer bei ihm bleiben werde. Wenn Hitler – und Speer – nach Norden fuhren, sollte ich im Süden bleiben; wenn Hitler und Speer nach Süden kamen, sollte ich mich irgendwie nach Norden durchschlagen. Auf jeden Fall sollte ich dort übernehmen, wo Speer nicht war.«

Und Hupfauer fuhr fort: »Eins ist jedoch gewiß: Speer war überzeugt, daß die Alliierten ihn brauchen würden. Ich sagte: ›Um Himmels willen, wir gehen der völligen Vernichtung entgegen; die werden niemanden von uns haben wollen.‹ Aber Speer entgegnete: ›Doch, sie werden mich brauchen – sie werden mein Wissen brauchen.‹«

Manfred von Poser bestätigte dies. »Er war immer überzeugt, die Amerikaner würden sich an ihn um Unterstützung wenden«, sagte er mir.

Speer hatte vor einiger Zeit erfahren, daß Dönitz sein Hauptquartier in Plön in Schleswig-Holstein einrichten werde, und zwei Tage zuvor seinen Adjutanten Cliever nach Norden geschickt, um einen Ort in der Nähe ausfindig zu machen, wo er sein eigenes Hauptquartier einrichten konnte.

»Clievers Frau war bereits in Sicherheit bei Speers Familie in Kappeln an der Ostsee«, erinnerte sich Annemarie eines anderen Abends in London. »Am Abend des 20. April teilte Speer uns bei seiner Rückkehr aus dem Bunker mit, daß er und Oberstleutnant von Poser im Morgengrauen fahren würden und daß wir, Edith Maguira und ich, ebenfalls die Stadt verlassen müßten.«

»Ich glaube, sie ahnten, was mir damals wie gesagt selbst noch nicht klar war – daß ich nach Berlin zurückkehren würde«, sagte Speer. »Vermutlich meine eigene Schuld, wegen der wirren Ausführungen in dem Brief an Hupfauer – zweifellos hatte er Frau Kempf davon erzählt. Sie sagten eigensinnig, sie würden bleiben. Ich setzte Maguira vor ihren leeren Schreibtisch, diktierte einen an den Leiter unseres Fuhrparks gerichteten Reisebefehl für sie, und erklärte den beiden, daß ich davon ausging, sie in Hamburg im Hotel Atlantik anzutreffen [wo Speer eine Zeitlang ständig eine Suite mit mehreren Zimmern zur Verfügung hatte], sobald ich dort hinkam. Und danach ging ich schlafen.«

»Ich weckte ihn, wie vereinbart, um vier Uhr morgens«, erzählte Poser mir Jahre später. »Auf dem Weg nach Hamburg wollten wir den Beginn der letzten Schlacht an der Oder beobachten.«

Speer hatte einige Jahre vor dem Krieg von seinem Freund Arno Breker ein Stück Land gekauft, Teil eines Breker gehörenden Anwesens nicht weit von Berlin, um dort ein Landhaus für seine Familie zu bauen. Dazu war es nie gekommen, doch jetzt versuchten er und Poser, von einem von Speer vorbereiteten Unterstand auf einem Hügel mit Blick auf die Oder mit Ferngläsern die Kämpfe jenseits des Flusses zu verfolgen.

»Es lag an diesem Tag undurchdringlicher Nebel über dem Land«, erinnerte sich Poser. »Wir sahen überhaupt nichts, und soweit ich mich erinnere, sprach Speer kaum.«

»Es war unheimlich still«, erzählte Speer, »und es war mir irgendwie peinlich, glaube ich, diese tragisch nutzlose Schlacht als ›Zuschauer‹ mitzuerleben. Wir sahen nichts außer dem inzwischen seltenen Anblick einiger russischer Flugzeuge; sie schienen Bomben auf einige Wälder abzuwerfen, in denen sich nach unseren Informationen niemand aufhielt. Wir blieben einige Stunden dort. Dann kam einer der Wildhüter und sagte, unsere Männer würden sich auf der ganzen Front zurückziehen und die Russen würden bald hier eintreffen. Also zogen wir uns ebenfalls zurück, auf Nebenstraßen nach Hamburg. Merkwürdigerweise blieben die Nebenstraßen um Berlin noch eine Zeitlang frei, vielleicht verständlich, da die Russen Todts schöne Autobahnen bevorzugten.«

»Ich weiß noch, daß er mit dem Wagen vor der Abfahrt an Brekers leerstehendem Haus hielt«, sagte Poser. »Er stieg aus und schrieb seinen Namen an die Wand und das Datum – 21. April 1945.«

Am Nachmittag dieses Tages gelang es Speer und Kaufmann in Hamburg, einige fanatische Matrosen, die immer noch die Brücken über die Elbe und die Docks sprengen wollten, nach vielen Stunden dazu zu überreden, von diesem Vorhaben abzulassen. »Auf dem Weg hatten wir zu unserem Entsetzen bereits gesehen, wie Sprengladungen entlang einer wichtigen Hafeneinrichtung detonierten«, sagte Speer. »In diesem Fall kamen wir zu spät. Aber ich kannte die verrückten Pläne Hitlers, Bormanns und Leys für einen Widerstand, der selbst nach der Niederlage fortgesetzt werden sollte, und natürlich Leys schwachsinnige ›Werwolf‹-Pläne [für eine im wesentlichen von der Hitlerjugend getragene Widerstandsbewegung]. Der Phantast Ley durfte wie alle anderen in jenen letzten Wochen Amok laufen und hatte tatsächlich einen geheimen Radiosender mit komplettem Personal installiert, über den Anweisungen zur Fortsetzung der Zerstörung verbreitet werden sollten. Ich wollte gegen diesen ganzen Unsinn Einspruch erheben, aber das war natürlich gefährlich, solange alles noch in Gang war. Selbst mein Freund Generaloberst Heinrici riet mir dringend davon ab, eine entsprechende Rede in Berlin aufzuzeichnen.«

Kaufmann hatte sich jedoch mit einer Schutztruppe aus bis an die Zähne bewaffneten Studenten umgeben. »Die sind jeder SS gewachsen«, erklärte er und lud Speer ein, in Hamburg zu bleiben. »Wir beschaffen Ihnen einige meiner Studenten«, sagte er, »dann sind Sie im Atlantik so sicher wie ein Kind in Mutters Schoß.«

Eine Woche zuvor hatte Speer während einer kurzen Pause auf seiner letzten gegen die Zerstörungstaktik der »verbrannten Erde« gerichteten Reise mit Poser auf einem Baumstumpf sitzend eine Rede geschrieben, die im Rundfunk an das deutsche Volk gesendet werden sollte, sobald Hitler nicht mehr lebte. Spätnachts zeichnete er sie in Hamburg in einem Studio des Hamburger Rundfunks auf. Er wies Polizei und Volkssturm an, jegliche Zerstörung zu verhindern, notfalls mit Gewalt. Sämtliche politischen Häftlinge sollten unverzüglich entlassen und keine Hinrichtungen mehr vollstreckt werden, Kriegsgefangene waren ebenfalls freizulassen, und es sollte ihnen jede mögliche Unterstützung bei der Heimkehr gewährt werden. Speer schloß mit einem Appell an das Volk, gegenüber den Behörden der Besatzer mit Würde aufzutreten und sich ganz dem Wiederaufbau des verwüsteten Landes und der Wiederherstellung der deutschen Ehre in der Welt zu widmen.

Selbst wenn die Rede sofort gesendet worden wäre, hätte sie eine Greueltat nicht mehr verhindern können, die einige von Hitlers ärgsten Anhängern am 20. April begingen, als die Briten praktisch vor den Toren Hamburgs standen, der Krieg so gut wie vorbei und Hitler so gut wie tot war.

Ungefähr zur selben Zeit, als Hitler am Nachmittag jenes Tages im Garten der Reichskanzlei einem kleinen Hitlerjungen die Wange tätschelte, entlud eine Lastwagenkolonne aus dem Hamburger Konzentrationslager Neuengamme ihre Fracht an der Tür eines leerstehenden Schulhauses am Bullenhuser Damm im Norden der Stadt: sechsundzwanzig Männer, zwei Frauen und zweiundzwanzig Kinder.

Die Kinder, jüdische Jungen und Mädchen verschiedener Nationalität, alle zwischen vier und zwölf Jahre alt, waren für medizinische Experimente in Auschwitz verwendet worden. Als Auschwitz einige Monaten zuvor evakuiert worden war, hatte man sie nach Neuengamme überführt, das als geeignet für die Fortsetzung und wenn möglich den Abschluß der Experimente galt.

Doch die Zeit war abgelaufen. Die SS in Neuengamme wußte, daß diese Kinder, solange sie lebten, den schrecklichsten Beweis für ihre Verbrechen darstellten. Also brachte man sie an jenem Aprilnachmittag in die große Sporthalle der Hamburger Schule, in der im regelmäßigen Abstand von zwei Metern Seile mit Schlingen hingen, und erhängte sie. Als die SS mit den Kindern fertig war, hängte sie noch zwei französische Ärzte und zwei holländische Krankenschwestern, die die Kinder betreut hatten, sowie vierundzwanzig sowjetische Gefangene, die im selben Trakt des Konzentrationslagers gelegen hatten und daher Mitwisser waren.*

Als die Briten ein Jahr später einige der an diesem Mord Beteiligten vor Gericht stellten, behauptete ein polnischer Arzt, er habe den Kindern Injektionen mit Morphium verabreicht, um ihre Qual zu mildern. Das Gericht sah jedoch nicht einmal diese kleine Regung von Mitgefühl als erwiesen an, und der Arzt wurde zusammen mit anderen Mitschuldigen zum Tode verurteilt. So unzulänglich das auch war, kam es doch unter den gegebenen Umständen zu dem Zeitpunkt einer gerechten Strafe am nächsten.

Es ist vielleicht eine Gnade, daß Speer von dieser letzten Greueltat nie erfuhr. Kaufmann hat womöglich davon gewußt, sagte ihm aber nichts darüber. Die Hamburger Tageszeitungen, die fast bis zum Ende erschienen, hörten vielleicht Gerüchte darüber, druckten sie aber natürlich nicht ab. Im übrigen durchlebte Hamburg in jenen letzten zwei Wochen, bevor Speer durchsetzen konnte, daß die Stadt kampflos übergeben wurde, seine eigene *Götterdämmerung*.

---

* Wie so viele andere von den Nazis begangene scheußliche Verbrechen kam dieser Vorfall beim Nürnberger Hauptkriegsverbrecherprozeß nicht zur Sprache, und auch die einschlägigen britischen Prozesse in Hamburg wurden nie in der von den Alliierten kontrollierten deutschen Presse veröffentlicht. Das Verbrechen blieb tatsächlich bis 1988, lange nach Speers Tod, praktisch unbekannt, bis die deutsche Dokumentarfilmerin Lea Rosh, die sich seit Jahren mit dem Dritten Reich beschäftigt, eine außergewöhnliche Dokumentation darüber erstellte – die dem englischsprachigen Publikum allerdings vorenthalten blieb.

XX

»Er ist der Traum«

Nürnberg, den 21. Juni 1946

SPEER [Antwort an Jackson im Kreuzverhör]: Ich flog am 23. April
nach Berlin, um mich dort von verschiedenen meiner Mitarbeiter
zu verabschieden und – wie ich offen sagen möchte – um mich
nach allem, was geschehen war, Hitler zur Verfügung zu stellen.
Das klingt vielleicht hier etwas seltsam, aber die widerstreitenden Gefühle bei mir über das, was ich gegen ihn tun wollte, und
über seine ganze Handlungsweise waren ... ich hatte noch keinen klaren Grund, innerlich klare Basis im Verhältnis zu ihm,
und daher flog ich zu ihm hin. Ich wußte nicht, ob er etwas von
meinen Sachen wußte. Ich wußte auch nicht, ob er mir befehlen
würde, in Berlin zu bleiben. Ich hatte aber den Eindruck, daß es
eine Verpflichtung ist, nicht feige davonzulaufen, sondern sich
noch einmal zu stellen.

Wenn Speer beschloß, nur vierundzwanzig Stunden nachdem er zu seinem in Hamburg wartenden Stab gestoßen war, nach Berlin zurückzukehren, so deshalb, weil er sich, wie er mir später erzählte, unwiderstehlich dorthin gezogen fühlte. Was er in Nürnberg dazu aussagte, stimmte natürlich: Es war zweifellos notwendig für ihn, sich über seine Gefühle und sein Verhältnis zu Hitler Klarheit zu verschaffen, auch wenn er dies im April 1945 sicher nicht so hätte ausdrücken können. Aber gleichzeitig, sagte er mir, habe er nicht ertragen können, »draußen« zu sein, wie er es nannte. »Irgendwie mußte ich beim Ende mit dabeisein.«

Annemarie Kempf war entsetzt, als Speer seinen Mitarbeitern am 22. April mitteilte, er werde zurückfahren. »Als er am Tag zuvor in Hamburg angekommen war«, berichtete sie, »so offensichtlich erleichtert, bei uns zu sein, dachte ich, jetzt ist er wenigstens Bormanns Klauen entronnen – Hitler hatte ihm schließlich in der Nacht des 29. März ganz deutlich gesagt, daß Bormann ihm alles über Speers ›verräterisches Verhalten‹ berichtet habe. Und jetzt dies. Er sagte irgendwas über versuchen wollen, Brandt herauszuholen, aber ich hielt das für einen Vorwand. Ich konnte nicht ganz verstehen, warum er zurück wollte, aber ich war überzeugt, daß es ihm nicht um eine wagnerische Theatralik ging. Ich …« Sie zögerte. »Es kam mir schon in den Kopf, daß er vielleicht eine Todessehnsucht verspürte. Wie auch immer, ich war dieses Mal ganz überzeugt, daß er nicht zurückkehren würde; es war sehr arg für uns.«

Speers zweiter Adjutant Siebert erinnerte sich, daß Speer ihn und Poser gefragt habe, wer mit ihm fahren wolle. »Ich wollte, offen gesagt, nicht«, meinte er. »Es war Wahnsinn. Ich sagte: ›Herr Minister, mein Dienstrang ist für einen so verantwortungsvollen Auftrag zu niedrig.‹ Man konnte ihm so etwas sagen, und er verstand einen.«

Speer hatte Poser dann gesagt, er brauche auch nicht mitzukommen. »Er sagte, daß er gar nicht sicher war, daß er zurückkommen würde«, sagte mir Poser. »Aber ich sagte, ich war sein Verbindungsoffizier und es war meine Aufgabe, ihn zu begleiten, wohin er auch fahre. Etwas später am selben Tag, ich weiß nicht mehr genau, wo, erwähnte er, daß er sich von Hitler verabschieden wolle. Er sagte: ›Auch wenn es seltsam klingt, gerade *weil* wir seit März so viele Konflikte hatten, habe ich das Gefühl, daß ich ihn wiedersehen muß, selbst wenn das bedeutet, daß ich am Ende nicht mehr herauskomme.‹«

In Berlin hatte Hitler am selben Tag die vier noch im Bunker verbliebenen Frauen durch einen Adjutanten in seine Wohnung bitten lassen. Bis dahin hatten Bormanns Sekretärin Elsa Krüger, Hitlers Diätköchin Constanze Manziarly, Gerda Christian und Traudl Junge 96 Tage im Bunker verbracht – rund fünfzehn Meter unter der Erde. Frau Manziarly kochte gerade Hitlers Mittagessen, als er sie rufen ließ, die anderen Frauen saßen bei ihr und tranken starken Kaffee.

»Constanze nahm das Essen vom Feuer«, erinnerte sich Traudl Junge Jahrzehnte später an diesen Augenblick. »Wir hatten alle im gleichen Augenblick eine schreckliche Vorahnung.« Auf dem Weg durch das kleine Wartezimmer vor Hitlers Räumen kamen sie an mehreren bleich und stumm dastehenden Offizieren vorbei. »Hitler sah schrecklich aus: weiß, dünn und alt.« Er sagte den Frauen und Eva Braun, die mit ihnen eingetreten war, sie sollten sich sofort fertigmachen – ein Flugzeug werde sie in einer Stunde nach Süden bringen. Das Ende sei da, es gebe keine Hoffnung mehr.

»Wir hatten das erwartet«, sagte Traudl Junge, »aber als es nun soweit war, brachten wir kein Wort heraus.«

Wir sprachen dreimal in ihrer hübschen Münchner Wohnung miteinander, aber unsere Begegnungen waren, wenn auch sehr freundlich, nie sehr lang. Sie haßte es, über jene Zeit zu sprechen. Ende der achtziger Jahre hatte sie, nachdem sie jahrelang von Historikern und Medienleuten belagert worden war, ihre Aufzeichnungen über ihre Zeit mit Hitler schließlich zwei französischen Journalisten anvertraut, die ihr sympathisch waren. Nach einigen ergänzenden Interviews schrieben die zwei Franzosen dann *Les derniers témoins du Bunker*. »Ich hoffte, dann wär endlich Schluß damit«, seufzte sie, als sie 1990 widerstrebend – ich glaube nur, weil sie Speer schätzte – einwilligte, sich noch einmal mit mir zu treffen. Sie hatte tief über jene Zeit nachgedacht, und ihre Reflexionen sollten sehr zu meinem Verständnis der Beziehungen zwischen Hitler und seinem Mitarbeiterkreis beitragen.

»Als die Interviews mit den Franzosen abgeschlossen waren«, sagte sie, »zog ich einen Schlußstrich unter das Thema. Verzeihen Sie, aber es ist selbst jetzt noch so schwierig. Man sollte eigentlich meinen, nicht wahr, daß ich das nach all den Jahren bewältigt und die Gefühle insbesondere jener letzten Tage vergessen haben müßte.« Sie schüttelte den Kopf. »Es geht nicht. Es steckt in mir drin: die Erinnerung an die Kinder von Goebbels, meine tiefe Angst vor dem Tod, der, ich war überzeugt, auf mich zukommen würde, die schrecklichen Schuldgefühle – ich wußte nicht, weshalb, das rasende Mitleid, ja, auch für Hitler. Selbst heute, da ich alles über seine furchtbaren Verbrechen weiß, kann ich noch immer mit Wärme an ihn denken, an das, was er mir bedeutet hat.«

Als Hitler den Frauen am frühen Nachmittag des 22. April sagte, daß sie weg müßten, trat Eva Braun zu ihm, nahm seine Hand in ihre und sagte sanft, er *wisse* doch, daß sie ihn nie verlassen würde; warum frage er sie also überhaupt? »Er sah sie an«, sagte Traudl Junge, »und küßte sie dann, ohne auf uns zu achten, mitten auf den Mund. Es war das erste und einzige Mal, daß wir ihn Eva so berühren sahen.«

Sie und Gerda Christian erklärten daraufhin beinahe gleichzeitig, sie würden ebenfalls bleiben. »Als er uns dann befahl zu gehen, sagten wir zusammen: ›Nein.‹«

Nun sagte auch Constanze Manziarly, sie werde nicht gehen, und Elsa Krüger ebenfalls. »Er nahm meine Hand mit seiner einen und die von Gerda und Constanze mit seiner anderen Hand und hielt sie fest und sagte: ›Wenn nur meine Generäle so tapfer gewesen wären wie ihr.‹«

Später am selben Tag schickte er die Generäle Keitel und Jodl nach Norden zu Dönitz und seinen persönlichen Adjutanten Schaub zum Berghof. Schaub hatte den ganzen Tag über den Inhalt von Hitlers Panzerschrank im Bunker verbrannt, jetzt sollte er mit den privaten Papieren in Berchtesgaden dasselbe tun.

»Schaub fuhr allerdings erst am folgenden Abend, am Dreiundzwanzigsten«, erinnerte Frau Junge sich. Aber allen anderen hatte Hitler inzwischen erlaubt zu gehen. Bleiben sollten lediglich die Generäle Krebs, Burgdorf und Mohnke mit ihren Adjutanten, der Verbindungsoffizier zum Oberkommando der Marine Vizeadmiral Voß, der Chef der Wache des Führers SS-Brigadeführer Rattenhuber und dessen Stellvertreter, Reichsjugendführer Axmann, Hitlers persönlicher Pilot Flugkapitän Baur, Reichspressechef Heinz Lorenz, die Militäradjutanten Below und Johannmeier, Hitlers persönlicher Adjutant Günsche und die beiden Ärzte Stumpfegger und Haase, die sich um verwundete Soldaten in einem benachbarten Bunker kümmerten.

»Auch Linge blieb«, sagte Traudl Junge, »und Hitlers Fahrer Kempka, drei Ordonnanzen, das Küchenpersonal und die Telefonisten.«

In Wirklichkeit blieb nur ein Telefonist, Rochus Misch, und mit ihm der Cheftechniker und Elektriker Hentschel, derselbe Mann, mit dem Speer zwei Monate zuvor den instand gesetzten Belüftungsschacht entdeckt hatte, was seinen Mordgedanken gegenüber Hitler ein Ende gesetzt hatte.

Daß Misch in der Leibstandarte und jahrelang in nächster Nähe Hitlers diente, ist sonderbar. Er war erst dreiundzwanzig Jahre alt gewesen, als er 1940 nach einer Verwundung beim Polenfeldzug von der deutschen Militärvorschrift profitierte, der zufolge der einzige Sohn einer Familie vom aktiven Dienst zu befreien war. In seinem Fall handelte es sich um den einzigen Enkel, da seine Eltern gestorben waren, als er und sein Bruder noch klein waren. Die Großeltern hatten die zwei Jungen aufgezogen; der Bruder fiel bald nach Beginn des Krieges.

Misch ist groß, mit der für die Aufnahme in die SS erforderlichen Größe von 1,80 Meter, ein einfacher, ehrlicher Mann mit einer freundlichen, attraktiven und intelligenten Frau. Er ist seit je Katholik. »Nein, ich habe meinen Glauben nie aufgegeben, und niemand hat das je von mir verlangt, wie auch niemand verlangt hat, daß ich Parteimitglied werde.«

Wir unterhielten uns 1983 in ihrem kleinen Haus am Stadtrand von Berlin, wo sie seit Jahren wohnten und ihre beiden Kinder großgezogen hatten. Seine 1920 geborene Frau stammt aus einer seit drei Generationen sozialdemokratischen Familie. »Ich erinnere mich noch an die ersten Monate, nachdem die

Nazis an die Macht gekommen waren«, sagte sie. »Meine Eltern zogen sich nachts nur noch selten aus; sie rechneten immer mit einem Klopfen an der Tür. Doch nach einer Weile ließ Hitler den sogenannten Blutkrieg beenden, und von da ab fühlten sie sich sicherer. Aber ich lernte sehr früh, mich zu verstellen, mich in der Schule ganz anders zu geben als zu Haus.«

Als junges Mädchen sei sie von den Nazis nicht so begeistert gewesen wie all die anderen. »Nicht wirklich – der Einfluß von zu Hause zählte natürlich«, sagte sie. »Aber als Rochus in Hitlers Stab aufgenommen wurde, war das schon interessant.« Im Krieg war sie Sekretärin im Reichswirtschaftsministerium, nach dem Krieg Leiterin einer Mädchenschule und SPD-Abgeordnete im Berliner Senat.

Im Mai 1940 erhielt Misch einen telefonischen Befehl, sich in der Reichskanzlei zu melden, und wurde dort der »Führer-Begleitung« zugewiesen, Hitlers persönlichem Stab. »Wir waren achtzehn aus der Leibstandarte im Gefolge des Führers«, sagte er, »wir waren immer bei ihm, wohin er auch ging, immer vier von uns im Dienst. Unsere Aufgabe war, zur Hand zu sein, als seine Diener, für Kurierdienste und was sonst noch war. Ich fand mich zu meinem größten Erstaunen schon sehr bald in Hitlers Gegenwart, als ich ein paar Tage nach meiner Ankunft in sein Schlafzimmer befohlen wurde. Du lieber Himmel, in sein Schlafzimmer! Was hatte ich – ausgerechnet ich – dort verloren? Ich konnte es nicht glauben. Ich war doch niemand Besonderes; es waren doch auch viele andere in Polen verwundet worden. Ich habe nie begriffen, wie sie auf mich kamen. Egal, ich wurde jedenfalls nur vier Tage nach Arbeitsantritt hereingerufen. Er überreichte mir einen Brief an seine Schwester, den ich nach Wien bringen sollte. Sein Adjutant Brückner gab mir 150 Reichsmark [jetzt wären das rund 1200 DM] und sagte, daß ein Zimmer im Hotel Imperial für mich reserviert sei. Als ich dort ankam, blieb ich auf der Straße vor dem Eingang stehen und konnte mich nicht überwinden einzutreten; verstehen Sie, ich sah durch die Drehtüren diese riesige Halle – ich meine, *ich*, wie konnte ich da rein? Schließlich kehrte ich einfach zum Bahnhof zurück, stieg in einen Zug nach Berlin und verbrachte zwei Tage bei meiner Großmutter.«

Während der Jahre in der Nähe Hitlers erzählte er seiner Frau verschiedentlich von Dingen, die er gesehen oder gehört hatte. »Natürlich nicht von geheimen Dingen, die er gehört hatte«, warf sie rasch mit einem Lächeln ein.

»Ganz abgesehen davon, daß das nicht erlaubt war«, sagte Misch, »wäre das auch gefährlich für sie gewesen.« Er lächelte ebenfalls. »Aber ich erzählte ihr Kleinigkeiten, Sie wissen schon, Klatsch, der niemandem weh tat. Und sie war ja sehr, sehr diskret.«

»Er erzählte mir einmal«, sagte seine Frau, »schon sehr früh, kurz nachdem er dort angefangen hatte – wir waren verlobt, aber noch nicht verheiratet –, daß er gehört habe, wie [der Reichspressechef] Dr. Dietrich Hitler berichtete, es gebe schlechte Nachrichten von den Verhandlungen Graf Bernadottes, wir nahmen an, mit den Briten.«

»Ja, ich erinnere mich daran«, sagte Misch. »Der Mann, der an diesem Tag als sein Diener dran war – ich weiß nicht mehr, wer –, kam heraus und sagte zu mir, Hitler habe geantwortet: ›Mein Gott, was soll ich denn noch tun? Ich kann doch nicht auf die Knie fallen!‹«

»Ja, das hast du mir erzählt«, sagte Mischs Frau. »Und du meintest, England sei sein Alptraum.«

»Stimmt«, sagte Misch. »Ich hörte ihn so oft von England sprechen; er meinte immer, sie würden sich uns gegen die Russen anschließen. ›Churchill ist kein Kommunist‹, sagte er.«

In jenem ersten Jahr im Gefolge des Führers habe er einen ganz anderen Hitler erlebt als den Hitler nach Beginn des Rußlandfeldzugs. »Er ging aus, besuchte Operetten, sah sich Filme an, er scherzte, er verbrachte lange Stunden in Gesellschaft anderer Menschen. Später dann immer seltener, und zuletzt empfing er Leute nur noch, wenn er mußte. Selbst Speer, zu dem er doch ein so besonderes Verhältnis hatte, sah er dann viel seltener. Vorher hatte er sich immer gefreut, wenn Speer kam.«

Er selbst hatte Speer nicht gemocht, sagte er. »Er war so arrogant. Einige von den hohen Tieren sprachen mit uns, selbst Göring. Aber Speer nie.«

Hitler habe auch Goebbels gern gesehen, sagte Misch. »Wir sagten oft unter uns: ›Goebbels sollte sein Vertrauter sein, nicht Bormann.‹ Bormann war ein Stier, ein Arbeitstier. Obwohl er sehr nett zu mir war, als meine Frau ein Baby bekam. Das war, nachdem ich sie aus Berlin weggeschickt hatte und er mir anbot, wenn ich wollte, könnte sein Fahrer sie und das Baby zu einem Besuch herbringen. Das war wirklich sehr nett.«

An jenem schicksalhaften 22. April, an dem Hitler es jedermann freistellte zu gehen, wußte Misch, daß er bleiben mußte. »Niemand befahl es mir, aber mir war's klar. Inzwischen war ich schon seit langem bei der Telefonzentrale, und sie mußten doch in der Lage bleiben zu telefonieren. Auch Hentschel wußte, daß er bleiben mußte, genau wie ich; er war für die Elektrik und die Klimaanlage zuständig. Wie hätten sie ohne ihn auskommen können? Und es war so ja auch recht. Die Familie befand sich in Sicherheit auf dem Berghof, ich konnte da also ganz beruhigt sein. Bis zu diesem Tag hatten wir wirklich geglaubt, Hitler würde ebenfalls dorthin fahren. Natürlich konnte ich immer mit meiner Frau sprechen, wenn das Schaltbrett gerade ruhig war. In jenen letzten Tagen rief ich sie oft an – eines der Babys war krank, und ich machte mir Sorgen.

Am Tag zuvor war es mir gelungen, einen Koffer für sie in einem der letzten beiden abfliegenden Flugzeuge unterzubringen – ein sehr wichtiges Flugzeug, das viele große Holzkisten transportierte. Wir hatten gehört, daß sie die stenographischen Protokolle sämtlicher Besprechungen der letzten

Monate enthielten. Hitler hatte die Aufgabe seinem Lieblingsdiener Willie Arndt übertragen. Willie war da, als ich mit meinem Koffer kam. Er sagte: ›Wir haben schon so viel Zeug.‹ Aber ich sagte, einen Koffer mehr brächten sie schon noch unter. Meine Frau hat ihn natürlich nie bekommen. Es war schrecklich – das Flugzeug ging verloren.

In meiner Zentrale, wissen Sie, konnte ich alles hören: Hitlers Räume lagen nur ein paar Schritte entfernt. Und als General Krebs kam und berichtete, daß das Flugzeug vermißt werde, hörte ich Hitler rufen: ›Ach nein, nicht Arndt; warum ausgerechnet dieses Flugzeug?‹ Wir waren auch sehr traurig – nicht nur Arndt, sondern eine ganze Gruppe von unseren Jungen war dabei, wir nahmen an, zum Schutz dieser wichtigen Kisten ...«*

»Nicht lange danach«, sagte mir Traudl Junge, »kam Goebbels und teilte uns mit, daß seine Frau und Kinder demnächst eintreffen würden. Einen Tag zuvor hatten die Ordonnanzen einen Abstellraum ausgeräumt und drei Stockbetten für die Kinder aufgestellt. Für die Eltern wurde das frühere Zimmer von Dr. Morell hergerichtet. Goebbels bat uns Mädels, uns mit um die Kinder zu kümmern.«

Das Mittagessen, das die Sekretärinnen an diesem Tag mit Hitler und Eva Braun einnahmen, war, sagte sie, ganz merkwürdig. Die Konversation, in aller Ruhe geführt, drehte sich um die beste und schmerzloseste Art des Selbstmords. Hitler hielt es für den sichersten Weg, den Lauf eines Revolvers in den Mund zu schieben und abzudrücken. »Der Schädel wird zertrümmert, und der Tod tritt sofort ein«, sagte er. Eva Braun war entsetzt; sie wolle eine schöne Leiche sein, sagte sie. Sie werde Gift nehmen, und Hitler stimmte zu, daß dies ein schmerzloser und rascher Tod sei. »Also fragten Gerda Christian und ich, ob er uns beiden eine der Zyanidkapseln geben könne, die Himmler mitgebracht hatte. Nach dem Essen kam er dann und gab uns je eine. Er sagte, es tue ihm leid, daß er uns kein besseres Abschiedsgeschenk geben könne.«

Gleich nach dem Essen traf Goebbels' Familie ein. Traudl Junge wurde gebeten, sich um die sechs Kinder zu kümmern, die begeistert waren, Onkel Adolf wiederzusehen, und den Bunker bald mit ihrem Lärmen und Lachen erfüllten.

»Wir wußten, daß ihre Eltern sie töten würden«, sagte sie zu mir. »Natürlich, *sie* wußten es nicht. Eins von den kleinen Mädchen erklärte einem Ordonnanzoffizier, der mit ihnen spielte, daß sie alle eine Spritze bekommen

---

* Im Jahr 1982 sollten das Flugzeug und die »wichtigen Kisten« berühmt werden, als der *Stern* behauptete, sie hätten die »Hitler-Tagebücher« enthalten, die sich dann freilich als Fälschungen erwiesen.

sollten, damit sie nicht krank würden. Sie sehen also, die Eltern hatten sie vorbereitet.«

»Hitler war den ganzen Tag um uns herum«, sagte Rochus Misch. »Ich meine, alles war einfach ganz anders. Er ging ziellos von einem Raum zum anderen, sprach über seinen Selbstmord oder saß auf einer Bank im Flur in der Nähe meiner Zentrale und streichelte einen der Welpen, die sein Hund Blondi ein paar Tage vorher zur Welt gebracht hatte. Ich meine, es war, als wäre er ein anderer Mensch.«

»Eva Braun sagte ihm, sie sei überzeugt, Speer werde kommen«, erzählte Traudl Junge mir. »Sie sagte, er sei Hitlers Freund, ein wahrer Freund; er würde nicht wegbleiben.«*

Es war ein strahlend schöner Tag im Allgäu, als Speer und ich beschlossen, einen langen Schneespaziergang zu unternehmen, den wir uns schon seit Tagen vorgenommen hatten. »Jetzt ist die beste Gelegenheit dazu«, sagte er beim Frühstück. »Wenn ich Ihnen von der Reise nach Berlin berichten soll, brauche ich keine Unterlagen als Gedächtnisstütze, und Sie können Ihre Notizen machen, wenn wir zurückkommen.« Und im Scherz fügte er hinzu: »Ich sehe sie dann für Sie durch, damit sicher ist, daß Sie mich nicht falsch zitieren.« Nach endlosen Tagen im Haus war ich aus Mangel an frischer Luft und Bewegung ganz benommen, und ihm ging es auch so. »Ah, tut das gut«, rief er, als er mich zielstrebig zu einem steilen Hang lenkte. Ich sah eher zweifelnd auf den tiefen Schnee. »Meinen Sie nicht, daß vielleicht ...«

»Ich werde reden«, sagte er. »Sie atmen einfach ganz tief ein.«

»Der Minister hat gesprochen«, gab ich matt zurück, und er lachte, wie ich ihn noch nie hatte lachen hören; der alberne Witz gefiel ihm. »So ist es recht«, sagte er und lachte wieder. »Vorwärts, Marsch!«

Doch auch an ihm ging der Spaziergang nicht ganz spurlos vorüber, tröstete ich mich später. An tägliche Ski- oder Wandertouren gewöhnt, war er zwar deutlich besser in Form als ich, doch der Kampf gegen den tiefen Neuschnee brachte auch ihn außer Atem. Wir konnten uns deshalb erst unterhalten, als wir die Hochebene am Ende des Waldweges erreicht und uns auf eine Bank gesetzt hatten, die das Allgäuer Fremdenverkehrsamt dort wohlweislich aufgestellt hatte. Mit seinem Trachtenhut wischte er den Schnee von der Bank, dann berichtete er mir von seiner Fahrt nach Berlin.

Der Grund für seine letzte Reise nach Berlin hatte ihn seit Jahren beschäftigt und war ihm immer noch ein Rätsel, sagte er. »Natürlich, von heute

---

* Die direkten Zitate von Traudl Junge sind den Gesprächen mit mir entnommen, doch einige Schilderungen stammen aus Galante und Silianoff, *Les derniers témoins du Bunker*, Paris 1989.

gesehen war es ein irrationaler Akt. Ich legte mir damals eine Reihe von Rechtfertigungen zurecht. Berlin war, glaub' ich, immer im Hintergrund meiner Gedanken, aber ich war auch ganz einfach unruhig: Ich konnte nicht stillsitzen. Ich fühlte mich am Rande einer Depression, da ich nichts mehr zu tun hatte. Deprimiert zu sein war natürlich ganz normal; indem ich meinen Körper zwang, die Müdigkeit zu überwinden, verstieß ich gegen die Natur, aber ich konnte nicht anders. Ich mußte etwas tun.

Ich hörte in Hamburg, daß Hettlage in Sigrön war; das war ein Gut auf halbem Weg zwischen Hamburg und Berlin, das ich vor Jahren für Bekannte hatte wiederaufbauen lassen; meine Familie und ich waren dort oft zu Gast gewesen. Die Telefonleitung dorthin war unterbrochen, und ich sagte mir, es war unbedingt notwendig für Hettlage, zu erfahren, daß Sigrön voraussichtlich in der russischen Zone liegen würde – natürlich albern, weil er das sicher schon längst selbst herausgefunden hatte.

Trotzdem brachen wir nach Sigrön auf und trafen dort ganz zufällig auf einen von Brandts wichtigsten Mitarbeitern. Er wußte genau, wo Brandt verwahrt wurde, also dachte ich, daß es in dem Durcheinander in Berlin nicht allzu schwierig sein könnte, einfach hinzufahren und ihn durch meinen Einfluß frei zu kriegen. Und dann war auch noch mein alter Freund Lüschen, der Chef von Siemens, in Berlin; vielleicht konnte ich ihn überreden, Berlin mit mir zu verlassen. Sehen Sie, das waren die Rechtfertigungen.

Wir fuhren früh am nächsten Morgen von Sigrön ab, doch ungefähr vierzig Kilometer vor Berlin blieben wir stecken, weil Tausende von Fahrzeugen aller Art die Stadt verließen und die Straße in ihrer ganzen Breite verstopften. Zum Glück gelang es uns, eine Ausfahrt zu erreichen, und in der nächsten Stadt war, wiederum zum Glück, ein Divisionsstab mit einer Telefonverbindung nach Berlin. Ich wählte die Nummer, die man mir als Ort von Brandts Gewahrsam genannt hatte, in der Absicht, den zuständigen Offizier so einzuschüchtern, daß er Brandt freiließ. Aber die sagten mir, daß Himmler Brandt einige Tage zuvor nach Norden schaffen ließ; er wollte ihn offenbar schützen, zweifellos für seine eigenen Ziele. Danach versuchte ich, Lüschen zu erreichen, kam aber nicht durch.«

Speer sagte, dies wäre der Augenblick gewesen, umzukehren und nach Hamburg zurückzufahren. »Selbst heute habe ich keine vernünftige Erklärung dafür, warum ich das nicht tat. Ich war nicht lebensmüde – zumindest *glaube* ich, daß ich überleben wollte, obwohl man zu dieser Zeit nicht bewußt über solche Dinge nachdachte. Vielleicht war es das Bedürfnis, Hitler noch einmal zu sehen. Wer weiß das schon? Ich jedenfalls nicht. Wie dem auch sei, wir fuhren querfeldein zum Flugplatz Rechlin, dessen Kommandanten ich kannte. Dort machte man zwei ›Störche‹ [einmotorige Aufklärungsflugzeuge] und ein zweisitziges Übungsflugzeug bereit, um uns nach Gatow zu fliegen, ein paar Minuten von Berlin entfernt. Der mit mir befreundete

Rechliner Kommandant gab mir eine Eskorte von zwölf Jagdflugzeugen mit, die ohnedies in diese Richtung flogen, um Bodenziele südlich von Potsdam anzugreifen. Jedenfalls war es nicht übermäßig gefährlich – tagsüber gab es praktisch keine russische Luftpräsenz, und man konnte aus Berlin sogar noch auf dem Landweg herauskommen, wenn man die Nebenstraßen kannte; den Beweis dafür lieferten Ribbentrop und Schaub, die Berlin am Abend dieses Tages mit dem Auto verließen.«

Speers Schilderung der Ereignisse in Rechlin und Gatow in den *Erinnerungen* weicht in einigen Details von dem ab, was er in Spandau geschrieben hatte, und davon, was er und Manfred von Poser mir berichteten, doch handelte es sich um im Grunde unwesentliche Kleinigkeiten, und ich nehme an, daß ihn in diesem Fall einfach sein Gedächtnis im Stich ließ.

Ungeachtet seines offenkundigen Wunsches, Hitler wiederzusehen oder »beim Ende mit dabeizusein«, blieben ihm Bormanns fortwährende Intrigen und damit das mögliche Risiko eines solchen Besuches nur zu bewußt. Doch in Gatow, sagte er, hatte er kurz mit dem General der Luftwaffe Christian, inzwischen General Jodls Adjutant der Luftwaffe, gesprochen. »Er war soeben aus Hitlers Bunker eingetroffen und hätte es gewußt und mich gewarnt, wenn es gefährlich für mich gewesen wäre hinzugehen.« Da nichts auf eine Gefahr hinwies, rief Speer in der Reichskanzlei an und verständigte Schaub von seinem Kommen.

Speer hat diesen letzten Besuch bei Hitler oft geschildert: zweimal (durch neun Monate getrennt) in der Spandauer Fassung und einmal in den *Erinnerungen,* und jedesmal praktisch genauso, wie er ihn mir neun Jahre nach dem Erscheinen seines Buches auf der sonnigen Hochebene im Allgäu erzählte.

Sein Kernpunkt war in allen Versionen derselbe (mit einer entscheidenden Ausnahme, die später zur Sprache kommen wird): Diese Fahrt nach Berlin war, obwohl sie ihm damals so wichtig erschien, eine »irrationale Handlung«, ausgelöst durch Gefühle, die er weder 1945 noch im Grunde später verstand. In Spandau schrieb er:

Aber es wäre eben auch verkehrt, hier zu diesem Zeitpunkt mir eine Einsicht in den generellen Unwert Hitlers zuzubilligen. Ich lernte ihn erst aus meinem tiefsten Herzen verachten und verabscheuen durch die nicht abzuleugnenden Dokumente des Nürnberger Prozesses. Ich hätte zwar Grund genug dazu gehabt, zu einer ähnlichen Erkenntnis schon viel früher zu kommen; aber so war es nicht.

Aber als ich jetzt zum letzten Mal vielleicht überhaupt in Berlin war, kam doch aus der Tiefe ein Gefühl durch, das mich mehr unbewußt dazu trieb, nochmal in die Reichskanzlei zu gehen. So ähnlich muß es einem Dieb zumute sein, den es an den Ort seiner Tat drängt ... Ich kann mir auch heute noch keine Rechenschaft geben, warum ich es tat ...

An einem strahlenden spätwinterlichen Sonntagmorgen in Hamburg im Jahr 1986, nur zwei Wochen nach ihrem Besuch bei uns in London, schilderte Annemarie Kempf Speers letzte Fahrt nach Berlin und ihre eigenen damaligen Gefühle. Sie hatte ein Zimmer in dem anthroposophischen Kinder- und Jugendheim, wo sie arbeitete, und ein Sommerhäuschen in Eutin, dem Ort, wo sie, Edith Maguira und die anderen einige Wochen am Seeufer in den Wohnwagen verbrachten, die Cliever im April 1945 aufgetrieben hatte.

Hamburgs Binnenalster ist bei warmem Wetter mit Segelbooten gesprenkelt, und im Winter wimmelt es von Eishockeyspielern und Schlittschuh laufenden Kindern. Die Wärme der Sonnenstrahlen und der Anblick der wirbelnden Eisläufer lockte uns nach draußen auf das sichere Eis des Flusses, und nach einer teils gehend, teils rutschend zugebrachten Stunde erreichten wir zum Mittagessen die verglaste Terrasse eines Uferrestaurants.

»In diesen letzten Monaten waren wir in unseren Gefühlen für Hitler hin- und hergerissen«, sagte Annemarie. »Auf der einen Seite stand, was wir aufgrund unseres Arbeitsplatzes wußten; vergessen Sie nicht, wir arbeiteten ja täglich an den Führerbesprechungen, wußten also immer, was besprochen wurde. Das waren natürlich nicht Greueltaten – die wären ja nie im Protokoll oder in Anwesenheit von Außenstehenden erwähnt worden. Aber was wir im Laufe der Zeit erfuhren, war schlimm genug … daß, immer auf seinen Befehl, Menschen starben und unser Land in Schutt und Asche gelegt wurde. Aber sehen Sie, stärker als all das war auf der anderen Seite, was man so viele Jahre empfunden hatte: eine große, allumfassende Begeisterung, Treue und, ja, vielleicht, denke ich, auch eine Art Liebe. Für so viele von uns war er auf diese einzigartige Weise das Licht unseres Lebens gewesen; das alles war sehr stark, sehr wichtig, und es verging nicht leicht …«

Als Speer und Manfred von Poser an jenem 21. April nach Hamburg kamen, schien Speer Annemarie so verzweifelt, wie sie es noch nie erlebt hatte. »Er war nicht ein Mensch, der zum Selbstmord neigte«, sagte sie. »Doch in der Nacht und am nächsten Morgen spürte ich in ihm eine tiefe Erschöpfung. Das war viel mehr als physisch; es war eine Apathie, eine Gleichgültigkeit über sein weiteres Schicksal, etwas ganz anderes als die Nonchalance, die sonst so zu seiner Persönlichkeit gehörte. Ich weiß heute, spürte aber schon damals, daß hier sein Gefühl der Verantwortung für die ganze Katastrophe eigentlich einsetzte – eine, wie wir jetzt wissen, Schuld an befürchteten, doch, da bin ich mir auch heut' noch sicher, nicht voll gekannten Verbrechen.«

Annemarie hatte recht und unrecht zugleich: Speer war sich seiner Verantwortung und Schuld tatsächlich bewußt geworden, allerdings auf verschiedenen Ebenen – auf einer, zu der er sich wie die Generäle und viele andere Deutsche ohne Ehrverlust bekennen konnte, doch darüber hinaus auf einer weiteren, die er aus einer Reihe von Gründen, unter anderem zum Schutz seines Seelenfriedens, unterdrückte und verdrängte. Bis zu einem gewissen Grad gab er dies an jenem Tag im Allgäu bereitwillig zu.

»Als wir uns Berlin näherten«, sagte er, »war mir meine Verantwortung natürlich bewußt geworden: nicht für *Verbrechen* – ich bin mir nicht sicher, ob meine Gedanken damals so weit gingen und so eindeutig waren –, aber für die letzten Kriegsjahre, die ich, wenn wir ehrlich sind, zum großen Teil ermöglicht hatte. Ich betrachtete mich nicht als ›Kriegsverbrecher‹ – ein Begriff, der uns damals vom britischen und amerikanischen Rundfunk her schon vertraut war –, aber ich hielt mich zumindest für mitverantwortlich, daß der Krieg so lang gedauert hatte, ohne daß jemand von uns imstande gewesen wäre, ihn zu beenden oder Hitler aufzuhalten.«

Lediglich zur Mitverantwortung für den verlorenen Krieg konnte er sich bekennen. Dagegen ließ er weder Hitlers Verbrechen noch seine eigene Verantwortung für die Behandlung der Zwangsarbeiter in sein Bewußtsein vor.

»Ich rechnete zwar damit, daß man mich wegen meines Anteils an der Verlängerung des Krieges zur Rechenschaft ziehen könnte«, fuhr er fort, »aber natürlich nicht in dem Grad, wie es dann geschah. Als wir uns Berlin näherten, dachte ich vor allem an meine Familie, und es war mir eigentlich nicht so wichtig, wie dieser letzte Flug nach Berlin ausgehen würde. Wenn er gut endete und ich wieder herauskam, gut. Wenn nicht, wenn es zu einer Auseinandersetzung mit Hitler und einem bösen Ende führen sollte, na ja, dann war's auch recht. Vielleicht würden die Alliierten das dann meiner Familie positiv anrechnen. Es war aber merkwürdig: Obwohl ich meine bevorstehende Ankunft telefonisch angekündigt hatte, schienen Hitlers Adjutanten, die oben in der Wohnung in der Reichskanzlei beim Trinken waren, erstaunt, mich zu sehen.«

»Ja, wir waren erstaunt«, berichtete mir Traudl Junge später. »Wir verstanden eigentlich nicht, warum er zurückgekommen war. Aber wir fanden es wunderbar von ihm. Und Eva Braun, mit der ich mich in der Zwischenzeit ziemlich befreundet hatte, war völlig aus dem Häuschen, als er kam, genau wie sie es vorhergesagt hatte. Jeder wußte, wie gern sie ihn hatte; er war wirklich jahrelang ihr einziger Freund unter den Spitzenleuten gewesen. Aber noch mehr freute sie sich für Hitler.«

»Ich muß gestehen, daß ich besorgt war, wie ich empfangen werden würde«, fuhr Speer fort, »bis ich einige Augenblicke später, nachdem Schaub mich bei Hitler angemeldet hatte, auf Bormann traf, der am Fuß der fünfzig Stufen, am tiefsten Punkt des Bunkers, den wir für Hitler gebaut hatten, auf mich wartete. Bormann war ungewöhnlich höflich, und der Grund dafür zeigte sich rasch, als er vorschlug, daß ich, falls der Führer mich fragen sollte, was er tun solle, ihm doch sicher raten würde – nicht wahr? –, nach Süden zu fliegen. Ich hatte zwar keineswegs die Absicht, dies zu tun, hielt mich aber nicht damit auf, ihn eines Besseren zu belehren.

Ja, also, ich blieb dann ziemlich lange bei Hitler. Er sah sehr alt aus, sehr müde, aber eigentlich, wissen Sie, war er sehr ruhig, resigniert, wie mir schien, bereit für das Ende. Zunächst stellte er mir einige sehr eingehende Fragen über Dönitz. Ich entnahm dem, daß er ihn zu seinem Nachfolger ernennen wollte, was mir sehr recht war: Ich hielt Dönitz für einen Ehrenmann und Patrioten. Und ich wollte vor allem nicht, daß er *mich* ernennen würde.

Und nachher – da war unser Gespräch nicht persönlich, andererseits war es das doch. Nicht persönlich in dem Sinn, daß er irgendein Interesse an *mir* gezeigt hätte, sondern persönlich insofern, als er über ähnliche Dinge sprach wie in jener schrecklichen Nacht einen langen Monat zuvor, am 29. März – die Vergangenheit, die Hoffnungen, die er gehabt hatte, die Enttäuschungen, die er erlebt hatte. Aber es war auch wieder ganz anders als in jener Nacht, weil jetzt alles, was er sagte, erfüllt war von einem Gefühl des Endes, des Selbstmords, den er plante. Und er versicherte mir, daß er keine Angst davor habe, sondern froh sei zu sterben.

Ja, er fragte tatsächlich auch, ob er meiner Meinung nach in Berlin bleiben oder nach Süden fliegen solle, wozu ihn Bormann und alle anderen drängten. Ich sagte ihm, wenn Berlin fiele, sei meiner Ansicht nach ohnedies alles verloren, und mir schiene es besser, in Berlin und nicht in seinem Wochenendhaus in Bayern Schluß zu machen. Er erwiderte, das sei auch seine Meinung, aber er habe meine hören wollen. Und anschließend ging er auf alle Einzelheiten ein: daß Eva Braun beschlossen habe, mit ihm zu sterben, daß er vor seinem eigenen Tod seine Hündin Blondi erschießen wolle.«

(»Dr. Stumpfegger vergiftete Blondi«, sagte mir Rochus Misch. »Sie starb sofort. Und später brachten sie auch ihre Jungen um.«)

»Und er sprach sehr präzise über die Anweisungen, die er zur Einäscherung seines Leichnams erteilt hatte«, fuhr Speer fort. »Im Rückblick klingt das alles sehr dramatisch, aber, wissen Sie, das war es nicht. Er klang – wie soll ich sagen? – leer, ausgebrannt. Und plötzlich brach er ab, als gebe es nichts mehr zu sagen. Und dann hörte ich mich zu meiner eigenen Überraschung sagen, ich hätte seine Befehle in den vergangenen Wochen rückgängig gemacht, wo immer es mir möglich gewesen sei. Er gab keine Antwort, zeigte keinerlei Reaktion. Was ich tat, war verrückt, und doch bin ich froh, daß ich ihn aufgesucht hatte, und froh, daß ich es tat. Es war richtig. Ich bin noch heute der Ansicht, daß es richtig war.«

Diese »Beichte«, von der er erstmals in den *Erinnerungen* im Jahr 1969 sprach, kurz darauf dann in einem Interview mit dem *Playboy* und zuletzt mir gegenüber im Jahr 1978, ist die oben erwähnte »entscheidende Ausnahme«. Im Buch verknüpft er die Beichte mit dem Angebot, bei Hitler in Berlin zu bleiben. »Einen Augenblick füllten sich seine Augen mit Wasser.«

Dieselbe Version erschien in der Zeitschrift *Playboy*, obwohl er hier sein Angebot, zu bleiben oder noch einmal nach Berlin zurückzukehren, auf den ein paar Stunden späteren Zeitpunkt verlegte, als er sich zum letztenmal von Hitler verabschiedete. Das spontane und ergreifende Geständnis im letzten Augenblick wurde von zahlreichen Rezensenten und den meisten seither darüber schreibenden Historikern aufgegriffen: Es schien die von Speer behauptete Gleichgültigkeit gegenüber Tod und Leben zu bestätigen und die Ambivalenz seiner Gefühle zu Hitler zu unterstreichen.

Psychologisch betrachtet ist es freilich durchaus möglich, daß Speer sich an sein Verhalten gegenüber Hitler und an Hitlers Reaktion so erinnerte, wie er es in seinem Buch beschreibt – ein Wunschdenken. Tatsache ist aber, daß die Begegnung ganz anders verlief; unser Zeuge hierfür ist Speer selbst.

Am 3. September 1952 veröffentlichte die französische Wochenzeitung *Carrefour* einen mehrseitigen Auszug aus dem kurz darauf erschienenen Buch *L'Agonie de l'Allemagne* von Georges Blond. Ohne große Bedenken, sich frei früherer Publikationen wie besonders Hugh Trevor-Ropers bemerkenswertem Buch *Hitlers letzte Tage** bedienend, beschrieb der Autor darin in theatralischer Sprache und mit frei erfundenen Dialogen in kurzen Skizzen sechs Personen, die Hitler während der letzten Tage besonders nahestanden, darunter auch Speer.

In einem Beitrag mit dem Titel »L'Extravagant M. Speer« verglich er die geringschätzige Behandlung, die Hitler dem »bis ins Grab loyalen« Göring zuteil werden ließ, mit der Nachsicht gegenüber Speer, der ihn monatelang systematisch verraten habe. Zunächst gab er eine überschwengliche Schilderung von Speers »gefährlicher Reise« nach Berlin zu seinem Führer, auf der er durch »Schwärme russischer Jagdflugzeuge« geflogen sei, »mit einer Wahrscheinlichkeit von sieben zu zehn, abgeschossen zu werden«, und »einer fünfzigprozentigen Wahrscheinlichkeit, beim Versuch der Landung in der Nähe der Berliner Reichskanzlei ums Leben zu kommen«. Dann kommt Blond rasch zum Kern seiner aufgebauschten Erzählung:

... Speer hastete zur Reichskanzlei, stieg in den Bunker hinunter und wurde von Hitler sofort empfangen. »Mein Führer«, sagte er, »ich muß mit Ihnen sprechen.« Und dann beichtete er. Er enthüllte Hitler, schrieb der Franzose, alle Details seiner gegen ihn gerichteten Handlungen der

---

* Hugh Trevor-Roper erhielt im September 1945 die Aufgabe, für den britischen Nachrichtendienst in Berlin sämtliche verfügbaren Materialien zum Ende Hitlers zu sammeln, um damit hartnäckige Gerüchte von Hitlers Überleben zum Schweigen zu bringen. Die Russen, die sehr wohl wußten, daß Hitler tot war, taten das Gegenteil: Sie setzten neue Gerüchte in Umlauf. Die Ergebnisse von Trevor-Ropers von Briten wie Amerikanern voll unterstützter akribischer Recherche erschienen im März 1947 unter dem Titel *The Last Days of Hitler* (deutsche Übersetzung 1948) und in der Folge in sieben weiteren Auflagen mit neuen Informationen. Das Buch bleibt das Standardwerk zum Thema.

vergangenen Wochen, ohne etwas auszulassen. Hitler hörte zu. Speer bemerkte, daß »seine Offenheit ihn zutiefst erschütterte«, doch als er fertig war, geschah nichts: kein Wutausbruch, keine Verhaftung, keine Entlassung aus seinen Ämtern. Hitler sagte einfach, alles sei vergeben und vergessen, er wolle nicht mehr darüber sprechen.

Die Nürnberger Ankläger, schrieb Blond, hätten endlos über Hitlers erstaunliche Milde diskutiert. Der Psychiater Professor von Hasselbach habe diesem Thema einige Seiten seiner medizinisch-psychiatrischen Studie Hitlers gewidmet. »Hitler«, zitiert er (übrigens korrekt, wenn auch ursprünglich in anderem Zusammenhang), »konnte furchtbar hassen und zugleich denen, die er gern hatte, alles verzeihen ...«

Diese Ausgabe des *Carrefour* gelangte über einen der französischen Bewacher bald zu Speer. Es ist durchaus möglich, daß sein Ärger über den Mißbrauch der Beschreibung, die er 1945 Trevor-Roper gegeben hatte, ihn dazu motivierte, einige Wochen später, am 8. Januar 1953, den »Spandauer Entwurf« mit einem Bericht über seine Fahrt zu Hitler und seine Gefühle gegenüber Hitler und darüber, was sich während jener letzten Begegnungen zwischen ihnen wirklich abgespielt hatte, zu beginnen. Was immer Speer später gesagt hat, seine Schilderung im »Spandauer Entwurf« hat den unverkennbaren Klang der Wahrheit.

Bereits im Januar 1945, so schrieb er (etwas zu optimistisch), habe er endgültig mit Hitler gebrochen, der, wie inzwischen allzu deutlich geworden sei, mit der Fortsetzung des Krieges gegen die Interessen des Volkes handelte. Er fragte Wolters:

Was würdest Du z. B. tun, wenn Du entdecken würdest, daß Dein Mäzen ... Hochverrat treibt; nehmen wir an, dem Feind als Spion dient und damit viele Tausende tötet? Du wirst versuchen, ihn von dem Unsinn seiner Handlungsweise zu überzeugen. Das habe ich getan (Denkschriften). Aber wenn das erfolglos ist? Es bleibt Dir nur die Pflicht (es ist eine unabdingbare Pflicht), ihn anzuzeigen und dem Verfahren auszuliefern. Ganz gleich, wieviel er für Dich getan hat ... Ich habe jedenfalls in dieser ganzen letzten Zeit mit kalter Überlegung jede Chance ausgenutzt, wenn auch nie ohne ein inneres Gefühl des Bedauerns ...

Der langen Rede kurzer Sinn: Ich kann mir auch heute noch keine Rechenschaft geben, warum ich [diese letzte Reise nach Berlin unternahm] und muß daher die Psychologen, die unterdes über den extravaganten Speer geschrieben haben (Carrefour), enttäuschen ...

Übrigens kannst Du, um die ganze Sache weiter zu »entheroisieren«, feststellen, daß sowohl Schaub als auch Ribbentrop auf dem Landwege die gleiche Nacht noch herauskamen ... Und weiter: *Von einer rührenden Szene oder gar einer Beichte, wie sie der Franzose berichtete, kann gar keine Rede sein* [Hervorhebung durch die Autorin]. Ich glaube auch nicht, daß es dazu gekommen wäre, selbst wenn ein Teil es gewollt hätte. Wir waren mehr auseinander, als es von außen her den Anschein hatte.

Und in der Tat, warum überhaupt eine »Beichte«? Hitler hatte Speer bereits am 29. März mit seiner Kenntnis konfrontiert, daß Speer seine Befehle über die »verbrannte Erde« rückgängig gemacht hatte. In seinem Brief am selben Tag an Wolters aus Spandau fuhr Speer fort:

Ich muß wiederholen, daß ich bei diesen Ausführungen [Hitlers über seinen Selbstmord] eher das Gefühl hatte, mit einem bereits Leblosen zu sprechen – und ich muß weiter sagen, daß auch in mir weder positive noch negative Gründe hochkommen konnten. Das war also das Ende der Tragödie.

Während Hitler damals tatsächlich kurz vor dem Ende gestanden hatte, was zwangsläufig auch das Ende ihrer Beziehung bedeutete, stand Speer natürlich keineswegs am Ende; er sollte ganz im Gegenteil den Rest seines Lebens – weitere achtundzwanzig Jahre – mit der Suche nach der Lösung des Rätsels ihrer Beziehung verbringen.

Ich wies Speers Tochter Hilde und Annemarie Kempf auf die Diskrepanz zwischen den *Erinnerungen* und dem »Spandauer Entwurf« hin. Keine dieser beiden Frauen, die Speer vielleicht am nächsten standen, schien besonders frappiert. »Es sieht aus, als ob er im Buch gelogen hat«, sagte Hilde. »Wenn er gelogen hat, mußt du das schreiben.«

Annemarie war nicht weniger entschieden. »Ja, das stimmt«, sagte sie, nachdem sie die beiden Versionen sorgfältig verglichen hatte. »Er sagt im Entwurf, daß es keine ›Beichte‹ gegeben hat. Ich habe den Entwurf nie gesehen – ich glaubte immer, es habe eine stattgefunden. Sie paßte zu den Umständen, zu Speers Gefühlen und seinem Charakter ...«

Maria von Below stimmte dem zu, ging aber in ihrer Analyse des vermutlich Geschehenen einen Schritt weiter. »Diese Lüge überrascht mich keineswegs«, sagte sie. »Sie paßt zu allem, was wir von seiner Denkart wissen. Sehen Sie, er hat wohl diese phantasievolle Geschichte in *Carrefour* gelesen, darüber gelacht und dann im Entwurf geschrieben – damals zweifellos mit der Absicht, auch in einer späteren Veröffentlichung daran festzuhalten –, daß er natürlich keine derartige Beichte abgelegt habe – er war ja nicht verrückt. Doch dann, als er sich fünfzehn Jahre später hinsetzte, um das Buch zu schreiben, zuckte er wohl im Geist die Schultern und sagte sich: ›Warum eigentlich nicht?‹ Es paßte doch alles in allem gut zu dem Eindruck, den er damals erwecken wollte.«

Maria von Below sagte dies nicht, um Speer schlechtzumachen. Sie mochte ihn ja gern. Sie sagte es, weil das ihrer Ansicht nach die Wahrheit war.

Wieder in Berlin, verbrachte Speer acht Stunden der Nacht des 24. April im Bunker. Er nahm zunächst an Hitlers kurzer Lagebesprechung und anschließend an einer weiteren Konferenz teil, nachdem ein Funkspruch von Göring eingegangen war. Göring fragte darin nach, ob er nunmehr, da Hitler beabsichtige, in Berlin zu bleiben, die Führung des Landes übernehmen solle. Von Bormann gedrängt, der den verhaßten Rivalen ein für allemal erledigen wollte, forderte Hitler Göring zur Abgabe sämtlicher Ämter und Titel auf. Göring gehorchte und antwortete sofort, eine schwerer Herzanfall zwinge ihn leider, sämtliche Ämter niederzulegen.

Kurz danach kam Speers alter Freund Friedrich Lüschen, doch wies er Speers inständige Bitten, Berlin zu verlassen, zurück. (Lüschen beging wie viele andere einige Tage später Selbstmord.) Als Speer anschließend Magda Goebbels in ihrem Bunkerraum besuchte, fand er sie totenbleich auf ihrem Bett mit einem Anfall von Angina pectoris.

In seinem Buch und auch später mir gegenüber äußerte Speer sich ungehalten darüber, daß Goebbels ihn zum Abschied nicht mit seiner Frau alleingelassen habe. »Er war es, dieses Ungeheuer«, sagte er, »der ihr, nur um der Nachwelt als Held zu erscheinen, diese entsetzliche Entscheidung [ihre Kinder umzubringen] aufzwang. Und dann erlaubte er ihr nicht einmal ein paar Minuten mit mir allein. Abscheulich.«

Aber schließlich war sie doch Goebbels' Frau, sagte ich, und die beiden waren kurz davor, ihre Kinder und dann sich selbst umzubringen. Wie konnte Speer im Angesicht der griechischen Tragödie, die diese beiden Menschen kurz darauf zusammen in Szene setzen würden, glauben, daß Magda Goebbels den geringsten Wunsch haben könnte, sich von einem Dritten innig zu verabschieden, oder daß so ein Abschied angebracht war?

»Wir waren ja Freunde«, sagte er, etwas ernüchtert.

Kurz nach Mitternacht, als Hitler sich für eine Ruhepause zurückgezogen hatte, kam eine Ordonnanz und bat Speer in Eva Brauns Zimmer; es war komplett mit Möbeln eingerichtet, die er vor Jahren für ihre Wohnung in der Reichskanzlei entworfen hatte. »Sie sagte mir, daß sie meine Möbel immer so geliebt hatte und daß sie sie jetzt um sich haben wollte.« Er blieb bei ihr, und sie plauderten zwei Stunden lang. »Aber das war die einzige sentimentale oder vielleicht traurige Bemerkung, die sie machte.«

Sie sagte, er sei sicher hungrig, und bestellte Champagner und Kuchen; dann redeten sie über gemeinsame Bekannte, über Orte, die sie zusammen besucht hatten, Eva Brauns Stadt, München, und ihre Skitouren mit ihm und Margret (die sie immer noch »Frau Speer« nannte). Sie sagte ihm, wie wichtig es sei, daß er gekommen war, daß Hitler schon gedacht hatte, er sei ebenfalls gegen ihn. »Und dann sagte sie: ›Aber Sie sind gekommen. Ich habe ihm gesagt, Sie würden kommen. Und das hat bewiesen, nicht wahr, daß Sie auf seiner Seite stehen.‹ Es fiel mir schwer, ihr zu sagen, daß ich nicht bleiben, sondern noch in derselben Nacht gehen würde, aber dann sagte ich es ihr einfach. Und sie entgegnete ganz ruhig, daß ich natürlich gehen müsse.«

In allen Schilderungen dieser letzten Nacht im Bunker zeigte Speer seine tiefe Bewunderung für diese junge Frau, die als einzige Würde, ja beinahe eine Art heitere Gelassenheit gezeigt habe. Sie sagte ihm, sie glaube schon seit langem, daß es für Hitler und sie das Richtige sei, in Berlin zu bleiben, und der Führer habe ihr Speers Meinung dazu gesagt. »Es hatte Hitler gefallen, sagte sie, daß ich ihm das auch gesagt hatte, und sie fand auch, daß ich recht hatte. Und dann legte sie die Hand auf meinen Arm, nur für einen Augenblick, und sagte, sie sei wirklich glücklich, hier zu sein, und daß sie keine Angst habe. Ach, diese Frau ...«

Gegen drei Uhr früh kam die Ordonnanz herein und meldete, daß Hitler wieder auf sei, worauf Speer von Eva Braun Abschied nahm. »Sie wünschte mir Glück und ließ meine Frau grüßen. Es war unglaublich. Finden Sie nicht auch, daß es unglaublich war? Hier war dieses einfache Münchner Mädel, ein Niemand ... und doch war sie eine ganz außergewöhnliche Frau. Und Hitler hatte das von Anfang an gewußt. Er hatte es nie gesagt; ich glaube nicht, daß er es ihr oft gezeigt hat; aber er hat es gespürt ...«

Speers Abschied von Hitler kurz darauf dauerte nur einige Sekunden, nicht länger. »Seine Worte kamen so kalt wie seine Hand: ›Also Sie fahren? Gut. Auf Wiedersehen.‹« sagte Speer (und schrieb er im Buch). »Keinen Gruß an meine Familie, kein Wunsch, kein Dank ...«

»Finden Sie es nicht merkwürdig«, fragte ich ihn, »in diesem Moment einen herzlichen Abschied von Hitler zu erwarten? Genauso merkwürdig wie Ihre Reaktion ein paar Stunden zuvor auf Goebbels' Weigerung, Ihnen einen privaten Moment mit seiner Frau zu erlauben?« Er schüttelte den Kopf. »Ich sehe, daß ich Sie enttäusche«, sagte er.

In den letzten sechs Tagen von Hitlers Leben herrschte innerhalb wie außerhalb des Bunkers totale Verwirrung. Im beinahe vollständig von den Briten besetzten Norddeutschland ignorierten Dönitz, Keitel und Jodl verzweifelt Hitlers zunehmend irrationale Anweisungen, den Kampf fortzusetzen.

Die Amerikaner, die von Süden wie von Westen her vorrückten, hätten ihren Vormarsch ohne weiteres bis Berlin fortsetzen können, doch machten sie an einer zuvor mit den Russen vereinbarten Linie halt. Inzwischen hatte Stalin, nachdem er längst die osteuropäischen, von Deutschland eroberten Länder befreit und bereits den größten Teil Schlesiens besetzt hatte, geltend gemacht, daß diese allerwertvollste Trophäe ihm gebühre. Dies schloß auch Hunderttausende von Berlinern ein, die hofften, Hitler würde dem Blutbad ein Ende bereiten, und, zu apathisch und müde zur Flucht, in Kellern,

U-Bahn-Schächten und oft primitiven Luftschutzbunkern hausten, die Speer 1940 nach Beginn der Luftangriffe hatte bauen lassen.

»Wir wußten im Grunde gar nicht, was sich abspielte«, sagte Traudl Junge während eines unserer Gespräche, »obwohl wir, weiß Gott, direkt an der Quelle saßen. Unsere Gefühle waren schrecklich widersprüchlich. Auf der einen Seite konnten wir nicht begreifen, weshalb es weitergehen mußte; auf der anderen hörten wir Hitler neue Befehle erteilen. Ab 26. April waren wir völlig abgeschnitten, bis auf eine Funkverbindung zu Generalfeldmarschall Keitel und das erstaunlicherweise weiter funktionierende Telefonnetz innerhalb Berlins, über das Hitler ständig den einen oder anderen Kommandanten anrief und ihm neue Anweisungen erteilte. Ja, wir bekamen davon eine Menge mit; Disziplin oder Privatsphäre gab es kaum noch. Er telefonierte von jedem Apparat, egal wo er war; wir saßen überall herum, und alle hörten alles.

Doch es war sehr schwer, noch irgendeinen Sinn in alldem zu sehen. Obwohl wir natürlich mitbekamen, wie Hitler verfiel – er zitterte und jammerte, murmelte ständig vor sich hin –, trotzdem, wenn wir ihn Befehle erteilen hörten, na ja, er *war* ja schließlich der Führer; er hatte ja immer gewußt oder schien zu wissen, welche Befehle er geben mußte. Wie konnten wir plötzlich denken, daß alles, was er jetzt sagte, auf Wahnvorstellungen beruhte? Und dann trug noch etwas anderes zu unserer Illusion bei: die schönen Goebbels-Kinder, so natürlich und so artig, selbst dann, selbst dort. Sie lachten und brachten uns zum Lachen; sie saßen jeden Nachmittag mit Onkel Adolf zusammen, wie sie es ja gewohnt waren, mit heißer Schokolade und belegten Broten und Kuchen, die auf einem Tisch mit einer steif gebügelten weißen Tischdecke angerichtet waren. Sie sausten herum, als wäre der Bunker ein großartiger Abenteuerspielplatz; sie kicherten und schmusten mit den Welpen, und Hitler, jawohl, er lachte mit ihnen, jagte mit ihnen die Hunde unter den Tisch und herzte die kleine Heidi. Wie hätten wir das denn mit dem in Einklang bringen können, was, wie wir wußten, unmittelbar bevorstand?«

Was Traudl Junge mir bei unserer letzten Begegnung schilderte, waren Szenen aus dem Irrenhaus. An einem dieser Tage, »wir hatten plötzlich ein Gefühl von Klaustrophobie«, sagte Frau Junge, war sie mit Gerda Christian und Eva Braun mit den Hunden die vielen Stufen hinaufgegangen und durch den Garten der Reichskanzlei in den viel größeren und wilderen des Außenministeriums gerannt. »Es war so schön«, sagte sie. »Die Sonne schien; Schneeglöckchen und Krokusse blühten im neuen Gras; wir saßen im Gras und rauchten, und die Hunde tobten frei herum.«

Auch Eva Braun, die sonst nie rauchte, steckte sich eine Zigarette an. »Verzweifelte Situationen erfordern verzweifelte Maßnahmen«, sagte sie. Dann lutschte sie ein Pfefferminzbonbon, damit Hitler nicht den Rauch in ihrem Atem riechen könnte.

»Im Bunker unten hörten wir kaum die Geschütze«, sagte Traudl Junge, »und als wir hochkamen, war wohl gerade eine Feuerpause, weil es so ruhig war. Aber plötzlich erbebte die Erde mit dem Kanonendonner, und wir rasten zurück, die Treppe hinunter durch das obere Stockwerk, so tief wir nur konnten. Ich war krank vor Angst.«

Am 27. April fand eine Hochzeit statt. Ein Küchenmädchen heiratete einen Fahrer, und in Hitlers Wohnung oben in der Kanzlei wurde ein Fest mit Unmengen von Sekt gefeiert. »Sie tanzten zu einem Akkordeon und einer Geige«, sagte Traudl Junge. »Ich konnte es nicht aushalten – ich ging wieder hinunter.«

(Am Tag vor ihrer Hochzeit hatten die jungen Leute, die offenbar einen besonders raffinierten Fluchtplan ausgearbeitet hatten, angeboten, die Kinder von Goebbels am nächsten Tag mitzunehmen – allerdings ohne Erfolg.)

Am 28. April, erinnerte sich Traudl Junge, habe Hitler schließlich gesagt, alles sei vorbei. Eva Brauns Schwager, SS-Gruppenführer Hermann Fegelein, der eineinhalb Jahre zuvor Karl Wolff als Himmlers Verbindungsoffizier im Führerhauptquartier abgelöst hatte, war in dieser Nacht standrechtlich erschossen worden, weil er den Bunker verlassen und man ihn in seiner Berliner Wohnung in Zivil angetroffen hatte. »Eva weinte. Ihre Schwester sollte bald ein Kind zur Welt bringen«, fuhr Traudl Junge fort. »Hitler verabschiedete sich von einer Menge Leute, die aus benachbarten Bunkern herüberkamen; sie standen in einer Reihe die Gänge entlang und die Treppe hinauf. Er schritt die Reihe ab, sah jedem ins Gesicht, wie er es immer getan hatte, und drückte jedem die Hand. Niemand sagte etwas. Einige weinten. Ich fragte Eva, ob dies das Ende sei. Sie sagte nein, noch nicht – wir würden es erfahren; er würde sich privat von uns verabschieden wollen.«

Einen Tag zuvor hatte Hitler Nicolaus von Below nach seinen Plänen gefragt. »Ich antwortete ihm, daß ich zur Zeit gar keine ›Pläne‹ machen könnte, sondern abwarten, wie sich die Lage entwickelte, und mich dann entscheiden würde«, schrieb Below in seinen Memoiren. »Meine Frau mit unseren Kindern wußte ich in Sicherheit. Hitler gab mir eine Ampulle Zyankali ...«

Vier Nächte zuvor, als Speer und Manfred von Poser den Bunker verlassen hatten und nach Rechlin zurückgeflogen waren, beschloß Speer spontan, Himmler aufzusuchen, der sich im Krankenhaus seines Freundes Dr. Gebhardt, Hohenlychen, eingerichtet hatte. »Groteskerweise«, sagte mir Speer, »empfing er mich in meinem ehemaligen Krankenzimmer, das er in ein Büro verwandelt hatte.«

In Speers Gedächtnis blieb dieses Treffen als Mischung aus einem Märchen der Gebrüder Grimm und einem Gemälde von Hieronymus Bosch haften. Himmler erklärte ihm, daß er sehr beschäftigt damit sei, seine künftige Regierung zusammenzustellen. Europa, sagte er, werde ihn als Innenminister brauchen; Eisenhower werde das verstehen, sobald er sich eine Stunde mit ihm unterhalten habe. Die Absetzung Görings durch Hitler sei bedeutungslos: Für das Volk, sagte Himmler, sei Göring der Nachfolger, und er und Göring hätten schon längst vereinbart, daß Himmler Görings Ministerpräsident werden solle. Er sei dabei, sein Kabinett zusammenzustellen, und habe schon zu verschiedenen Personen Kontakt aufgenommen; Dönitz hätte ihn schon besucht, Keitel sei unterwegs. Ob Speer nicht ebenfalls seiner Regierung angehören wolle, das würde für seine Zukunft sicher das Beste sein.

»Nicht ohne Bosheit«, sagte Speer, »machte ich den Gegenvorschlag, ob er nicht vielleicht Hitler einen Abschiedsbesuch abstatten wolle, und bot ihm einen Flug mit meinem ›Storch‹ an, der auf dem Rasen vor dem Krankenhaus stand.« Doch Himmler erwiderte, das sei sinnlos und überhaupt sei er zu beschäftigt und seine Person zu bedeutend für Deutschlands Zukunft, als daß er solch einen Flug riskieren dürfe. Die Ankunft Keitels beendete das Gespräch. Im Gehen, sagte Speer, habe er gehört, wie Keitel Himmler seine bedingungslose Treue zusicherte.

»Was für ein trauriges Schauspiel das doch war«, sagte er. »Dieses Gespräch symbolisierte für mich vielleicht mehr als alles andere das Ende des Dritten Reiches. Das also war der Mann, der uns zum Zittern brachte, der die Losung ›Die Treue ist das Mark der Ehre‹ geprägt hatte, für die Zehntausende starben. Waren wir alle aus demselben Holz geschnitzt?«

Im Verlauf dieses bizarren Treffens teilte Himmler Speer auch mit, daß er bereits seit einigen Tagen durch Graf Bernadotte über die Übergabe der Konzentrationslager an das Internationale Rote Kreuz und eine Beendigung des Krieges verhandelte. Es sollte jedoch noch drei Tage dauern – bis zum Nachmittag des 28. April, nachdem in Schweden Meldungen über diese Verhandlungen verbreitet worden waren –, bis Hitler durch eine Reuter-Meldung, die ihm sein Pressechef Heinz Lorenz überreichte, erfuhr, daß nun auch Himmler ihn verraten hatte.

Below sagt, dies sei der letzte und seiner Meinung nach entscheidende Schlag gewesen. Wieder hatte Misch den direktesten Eindruck gewonnen: »Er saß auf der Bank vor meiner Zentrale mit einem Welpen auf dem Schoß, als Lorenz, den ich hatte hereinstürzen hören, ihm das Blatt überreichte, auf dem er den Funkspruch notiert hatte. Hitlers Gesicht wurde ganz weiß, beinahe aschfahl. ›Mein Gott‹, dachte ich, ›er wird ohnmächtig.‹ Er sackte nach vorn zusammen und stützte den Kopf in die Hände. Das Hündchen fiel auf den Boden – komisch, daß man sich an solche Kleinigkeiten erinnert, doch ich höre dieses weiche Geräusch heute noch.« Hitler aber hatte sich schnell wieder gefangen und verschwand mit Goebbels und Bormann in seinem Arbeitszimmer.

Später am selben Abend versuchte Hitler, Goebbels von seinen Selbstmordplänen abzubringen. Goebbels und Bormann müßten überleben, sagte er, und sich Dönitz anschließen. Außerdem kündigte er an, er würde Eva Braun heiraten. »Nach dem Abendessen«, schrieb Below, »ließ Hitler durch Dr. Goebbels einen Standesbeamten holen, der ihn mit Eva Braun traute.«

Am 29. April um zwei Uhr morgens hatte Traudl Junge auf ihrem harten Bett in der Kammer, die seit drei Monaten ihr Quartier war, gerade eine Stunde geschlafen, als man sie weckte und ihr mitteilte, der Führer wünsche sie zu sprechen.

»Ich wusch mir rasch das Gesicht und stieg zu seinem Arbeitszimmer hinunter. Ein Tisch in der Ecke war festlich gedeckt – Gläser, kleine Teller, Besteck –, doch ich wußte nicht, wofür. Er war sehr ruhig, als ich eintrat, und freundlich wie immer. Er nahm meine Hand. Wie es mir gehe, fragte er. Ob ich mich ein bißchen ausgeruht hätte? Ich sagte ja, und er führte mich in das große Konferenzzimmer und sagte, ich sollte mich bequem hinsetzen. Was er zu diktieren hätte, würde eine Weile brauchen, und es würde anschließend so schnell wie möglich abgetippt werden müssen. Kuriere würden darauf warten, es hinauszubringen.«

Traudl Junge war sehr seltsam zumute, als sie Hitlers politisches Testament niederschrieb. »Wissen Sie, da waren wir nun«, sagte sie, »alle, ich war überzeugt, zum Untergang verurteilt – das ganze Land zum Untergang verurteilt –, und hier, in dem, was er mir diktierte, war kein Wort des Mitleids oder des Bedauerns, nur eine schreckliche, schreckliche Wut. Ich weiß noch, wie ich dachte: ›Mein Gott, er hat überhaupt nichts gelernt. Er ist immer noch genau derselbe.‹« Von der bevorstehenden Trauung hatte sie nichts gewußt. »Ich erfuhr davon erst, als er mir sein persönliches Testament diktierte, in dem er von seiner im letzten Augenblick getroffenen Entscheidung zu heiraten sprach.«

Sie stand auf, stützte die Hände auf den Tisch, auf dem noch unser Teeservice stand, und beugte sich vor. »So stand er da«, sagte sie, sich erinnernd. »Genau so – fast die ganze Zeit.«

Sie nahm das Diktat in Kurzschrift auf, und als er fertig war, machte sie sich daran, die dreizehn Seiten mit drei Durchschlägen zu tippen. Sie solle es sorgfältig machen, sagte Hitler, für Korrekturen würde keine Zeit sein.

Während sie tippte, fand im kleinen Konferenzraum die Trauzeremonie statt, an der nur die beiden Trauzeugen Bormann und Goebbels teilnahmen.

»Ich brauchte nicht lange«, sagte Traudl Junge. »Das politische Testament war zehn Seiten lang, das persönliche nur drei. Es wäre sogar noch schneller gegangen, wenn Goebbels nicht mittendrin hereingekommen wäre.«

Goebbels habe verzweifelt ausgesehen. Hitler habe ihm eben gesagt, er erwarte nun doch von ihm, Berlin zu verlassen. »Er sagte, daß er nicht könne, daß er zum erstenmal in seinem Leben dem Führer nicht gehorchen könne – nichts könne ihn dazu bringen, ihn oder seine Stadt zu verlassen.«

Dann diktierte Goebbels selbst einen Letzten Willen, der später einer der Abschriften von Hitlers Testament beigefügt werden sollte. Alle drei, Hitler, Bormann und Goebbels, waren bei ihr im Zimmer, als sie die letzten Zeilen tippte, und nahmen die Abschriften anschließend eilig ins kleine Konferenzzimmer mit.

»Ich ging zu der kleinen Gesellschaft im Arbeitszimmer. [Magda Goebbels, SS-Gruppenführer Burgdorf, Hewel, Axmann, Below, Gerda Christian, Hitlers Diener Linge und, ab und zu, sein Adjutant Otto Günsche.] Ich setzte mich zu ihnen an den Tisch, aß belegte Brote und trank Sekt, was sie offenbar schon seit einiger Zeit getan hatten. Niemand sagte etwas. Wir konnten ja auch schlecht auf die Zukunft anstoßen.«

»[Hitler] unterschrieb sie [die Testamente] am 29. April früh um 4 Uhr«, schrieb Below. »Ich war sehr überrascht, als er mich plötzlich aufforderte, sein privates Testament neben Goebbels und Bormann als Zeuge gegenzuzeichnen. Das politische Testament war ein bedrückendes Zeugnis der Selbsttäuschung angesichts sogar des Lebensendes. Besonders peinlich berührten mich die wiederholten antisemitischen Ausfälle.«

Hitler wütete fünfmal auf diesen zehn Seiten gegen die Juden. Nicht er habe den Krieg gewollt, schrieb er. »Er wurde gewollt und angestiftet ausschließlich von jenen internationalen Staatsmännern, die entweder jüdischer Herkunft waren oder für jüdische Interessen arbeiteten.« Das Judentum, schrieb er weiter, sei verantwortlich für den Hungertod von Millionen arischer Kinder in Europa, und er habe sich zum Selbstmord entschlossen, um kein »von Juden inszeniertes Schauspiel« zuzulassen.

Im zweiten Teil des politischen Testaments stieß er Göring und Himmler wegen treuloser Verhandlungen mit dem Feind aus der Partei aus und ernannte Dönitz zum Reichspräsidenten, Kriegsminister und Obersten Befehlshaber der Wehrmacht; Karl Hanke sollte Reichsführer-SS und Chef der deutschen Polizei werden, Paul Giesler (der Bruder des Architekten) Innenminister, Goebbels Reichskanzler, Bormann Parteichef, Seyß-Inquart Außenminister, Funk Wirtschaftsminister, Schwerin von Krosigk Finanzminister, Saur Rüstungsminister, Ley Leiter der Deutschen Arbeitsfront und Hupfauer Arbeitsminister.

»Vor allem verpflichte ich die Führung der Nation und die Gefolgschaft zur peinlichen Einhaltung der Rassegesetze und zum unbarmherzigen Widerstand gegen den Weltvergifter aller Völker, das internationale Judentum.«

Speers Gegner meinten später, Hitler habe Speer fallenlassen, um ihn für seine »Beichte« in letzter Minute zu bestrafen. Aber diese Beichte hatte ja nie stattgefunden, und Eva Brauns Worte zu Traudl Junge bestätigen eindeutig Hitlers anhaltende Zuneigung zu Speer. Man ist deshalb versucht zu fragen, ob Hitler Speer womöglich schützen wollte, indem er seinen Namen in diesem letzten belastenden Dokument wegließ, wie er ja auch Below, den er sehr gern hatte, gezielt aufforderte, sein persönliches Testament zu unterzeichnen, nicht aber das politische, und ihn dadurch mehr als privates denn als politisches Mitglied seines Hofes erscheinen ließ. Die Möglichkeit solch weitblickenden Mitgefühls mag zwar abwegig erscheinen, Tatsache ist jedoch, daß die Nürnberger Ankläger Speers Ausschluß aus dieser letzten Regierung zu seinen Gunsten auslegten und sein Verteidiger dies in seinem Plädoyer hervorhob.

Später am selben Tag, dem 29. April, verließen vier Männer den Bunker, von denen jeder eine Abschrift des Testaments bei sich trug. Major Willi Johannmeier, Hitlers letzter Wehrmachtsadjutant, hatte nur das politische Testament, das er zu Generalfeldmarschall Ferdinand Schörner bringen sollte, nunmehr letzter Oberbefehlshaber des Heeres. Reichspressechef Lorenz sollte sich mit den Originalen von beiden Testamenten und auch Goebbels' Anlage nach München durchschlagen und dort dafür sorgen, daß die Dokumente in sicherem Gewahrsam für die Nachwelt erhalten blieben.

SS-Standartenführer Wilhelm Zander, ein Assistent Bormanns, sollte zu Dönitz fahren und außer den Testamenten eine Nachricht Bormanns überbringen. Und schließlich begab sich Nicolaus von Below mit den beiden Testamenten sowie einem an Keitel gerichteten Zusatz Hitlers ebenfalls zum Hauptquartier von Dönitz; er erhielt die Erlaubnis zum Aufbruch von Hitler um die Mittagszeit, machte sich aber erst nach der letzten Lagebesprechung am späten Abend auf den Weg.

Unmittelbar vor dem Mittagessen am folgenden Tag, dem 30. April, führte Eva Braun Traudl Junge in ihr Schlafzimmer. »Sie nahm ein wunderschönes Pelzcape aus Silberfuchs aus ihrem Schrank«, sagte Traudl Junge, »und gab es mir. ›Bitte, nehmen Sie es‹, sagte sie, ›ich möchte, daß Sie es tragen und daran Freude haben.‹ Anschließend gingen wir zum Essen mit Hitler, und als es zu Ende war, verbrachten er und Eva etwas Zeit allein.« Sie schüttelte den Kopf. »Was, glauben Sie, was haben sich die beiden noch sagen können?«

Hitlers Adjutant Otto Günsche rief sie kurz darauf zu Hitler zum Abschiednehmen. »Hitler gab jedem von uns die Hand«, sagte Traudl Junge, »er hielt die Hand wie immer fest und sah uns in die Augen – mit diesem besonderen Blick, der einem bis ins Innerste drang. Allerdings an dem Tag nicht mehr so. Er sah mich an und murmelte irgendwas, aber ich glaub' nicht, daß er mich wirklich sah, und ich konnte nicht verstehen, was er sagte.«

Anschließend zogen Hitler und seine Frau sich in ihr Zimmer zurück. Ich kenne verschiedene Schilderungen der folgenden Minuten und auch der Stunden danach. Wer damals dort war, scheint die Erinnerung unauslöschlich in sich zu tragen, allerdings weniger in Form einer durchlaufenden Geschichte denn als etwas Irreales, fast als ob es ihrer Phantasie entsprungen wäre, fast als Momentaufnahmen.

Wie kann man zum Beispiel glauben, daß zu der Zeit, als der Selbstmord vorbereitet oder gerade in Gang und im untersten Bereich des Bunkers alles wie erstarrt war, plötzlich von oben durch die offenen Türen deutlich Musik zu hören war – in der nunmehr fensterlosen Kantine der beinahe zerstörten Reichskanzlei fand offensichtlich ein Gelage mit Tanz und Unmengen von Schnaps statt.

»Das Stockwerk des Führerbunkers war geräumt worden, ehe es geschah«, sagte Rochus Misch. »Geblieben waren nur ich an meinem Schaltbrett, Günsche, der vor Hitlers Wohnzimmer Wache hielt, und zwei Ordonnanzen, eine bei mir, die andere in Sichtweite Günsches. Einer der beiden kam zu mir herüber mit der Bitte von Günsche, ich solle oben anrufen und um Ruhe bitten. Ich versuchte es immer wieder, bekam aber keine Antwort; die hörten wahrscheinlich das Telefon gar nicht. Dann schickte ich den Jungen hinauf, um Bescheid zu sagen, aber ich bin überzeugt, daß er zu spät kam.«

Günsche hatte genaue Anweisungen von Hitler, was zu tun war. Hitler und Eva Braun sollten zehn Minuten alleingelassen werden; dann sollten ihre Leichen nach oben in den »Ehrenhof« getragen, mit Benzin übergossen und verbrannt werden.

Es waren die längsten zehn Minuten seines Lebens, sollte Günsche, der Hitler verehrte, später sagen. Als er auf seinem Posten stand, hörte er heraneilende Schritte, und plötzlich stand Magda Goebbels neben ihm und hämmerte auf die Tür. Günsche wollte sie nicht festhalten, wußte aber nicht, was er tun sollte, und klopfte daher instinktiv an Hitlers Tür, wie er es immer getan hatte, und öffnete sie einen Spalt, um Hitlers Anweisung zu erlangen. Doch sobald die Tür geöffnet war, stürzte Magda Goebbels an ihm vorbei ins Zimmer.

Sekunden später kam sie heftig schluchzend wieder heraus. Hitler, sagte Günsche später, habe sie mit scharfen Worten hinausgewiesen. »Dann kam auch Axmann herbeigeeilt«, sagte Misch, »aber diesmal sagte Günsche einfach nein und verstellte den Weg. Dann standen sie beide nur da. Kurz darauf – alles ging sehr schnell – kamen Linge und Kempka, anschließend Bormann, Goebbels und Burgdorf.«

»Als die Tür sich hinter Hitler und Eva geschlossen hatte«, sagte Traudl Junge, »wollte ich nur noch raus. Ich hatte das Gefühl, ich würde ersticken; ich sehnte mich nur nach Ruhe und Schlaf. Und ich wollte nicht mehr so schreckliche Angst haben.« Sie rannte die Treppe hoch, ohne eigentlich zu wissen, wohin sie wollte, und auf halbem Weg blieb sie stehen. »Plötzlich fielen mir die Kinder ein. Ich dachte, daß ihnen sicher niemand etwas zu essen gemacht hatte.« Sie sollte recht behalten. Als sie über eine kleine Wendeltreppe die Küche im nächsten Stock erreichte, sah sie, daß die Kinder tatsächlich vergessen worden waren: »Sie saßen um den Tisch herum und sahen wirklich sehr bedrückt aus«, erinnerte sie sich. »Sie sagten nein, sie hätten noch nichts zu essen bekommen. Ich erklärte ihnen, die Erwachsenen seien gerade schrecklich beschäftigt, nahm etwas Brot und Schinken und machte ihnen belegte Brote. Es war seltsam, wie rasch sie das aufmunterte, wie schnell sie anfingen zu plappern. Und dann plötzlich war das Geräusch eines Schusses zu hören und danach Totenstille. Die Kinder saßen einen Augenblick bewegungslos da, vor Schreck, nehme ich an, dann rief Helmut fröhlich: ›Gut getroffen!‹ Wie recht er hatte.«

Die Kinder hatten noch einen Tag und eine Nacht zu leben. Wieder erinnert sich Rochus Misch besonders lebhaft. An jenem Tag war viel zu tun. General Krebs, der in Moskau Militärattaché war und Russisch sprach, wurde – recht optimistisch, meinte Misch – mit einer weißen Flagge ausgeschickt, um den sowjetischen Befehlshaber aufzusuchen. Er sollte die Kapitulation Berlins unter der Bedingung anbieten, daß den im Bunker Verbliebenen freies Geleit gewährt würde. In der Zwischenzeit bereitete General Mohnke Fluchtpläne für den Notfall vor.

Der Ausbruch sollte in vier Gruppen vorgenommen werden. Den Anfang sollten die vier Frauen, Günsche, Hewel, der Verbindungsoffizier der Marine Vizeadmiral Voß und Flugkapitän Baur unter General Mohnkes Führung bilden. Die anderen Gruppen würden ihnen entlang der U-Bahn-Gleise folgen, bei einer günstigen Gelegenheit nach oben steigen und irgendwie über die Spree und durch die russischen Linien gelangen. Fast nichts klappte wie geplant. Einige, wie etwa Dr. Stumpfegger, der Magda Goebbels geholfen hatte, ihre Kinder umzubringen, wurden von russischen Schrapnells getroffen und starben, andere entfernten sich in weiser Voraussicht von der Gruppe und versteckten sich; wieder andere – wie Bormann – verschwanden spurlos, und einige begingen Selbstmord. Doch die meisten endeten wie Misch als Gefangene der Russen und verbrachten die folgenden Jahre in Gefängnissen und Gulags in der Sowjetunion.

»General Krebs war mindestens acht oder neun Stunden weg, als er mit den Russen verhandelte«, sagte Misch bei unserem Gespräch in Berlin Jahrzehnte später. »Er kehrte erst am späten Morgen zurück. Natürlich haben die Russen nicht akzeptiert. Ich habe nie begriffen, wie diese großen Generäle sich einbilden konnten, die Russen könnten zustimmen. Freies Geleit, also wirklich.« Er sagte es verächtlich, und seine Frau lachte sogar. »Ich glaube, die lebten alle im Wolkenkuckucksheim.« Doch sein Ton änderte sich, als er zum nächsten Teil seines Berichts kam.

»Es war erst kurz nach fünf Uhr nachmittags«, sagte er, »als Frau Goebbels an mir vorbeiging, gefolgt von den Kindern. Sie trugen alle weiße Nachthemden. Sie brachte sie in den Aufenthaltsraum nebenan; eine Ordonnanz kam mit einem Tablett mit sechs Tassen und einer Kanne heißer Schokolade. Später sagte jemand, in der Schokolade seien Schlaftabletten gewesen. Ich sah, wie Frau Goebbels einige der Kinder umarmte, andere streichelte, während sie die Schokolade tranken. Ich glaube nicht, daß sie vom Tod ihres Onkels Adolf wußten; sie lachten und plapperten wie immer. Etwas später kamen sie auf dem Weg nach oben an mir vorbei, als letzte Heidi an der Hand ihrer Mutter.«

Misch verließ sein Schaltbrett für einen Augenblick und trat zur Tür. »Heidi und ich waren besonders gute Kumpel«, sagte er. »Heidi drehte sich auf der Treppe um. Ich winkte ihr zu, sie winkte mit einer Hand zurück und dann, plötzlich, ließ sie die Hand ihrer Mutter los, drehte sich ganz um, brach in ihr fröhliches, helles Lachen aus, rieb die beiden Zeigefinger aneinander und stimmte den kleinen Reim an, den sie stets sang, wenn sie mich sah: ›Misch, Misch, du bist ein Fisch.‹ Ihre Mutter legte den Arm um sie und zog sie sanft die Treppe hoch, doch sie sang weiter. Ich höre es noch jetzt.«

Misch und seine Frau schwiegen.

Wenig später, sagte er dann, sei Magda Goebbels wieder heruntergekommen und in ihr Zimmer gegangen. »Ungefähr eine Stunde später sah ich sie erneut mit Dr. Stumpfegger die Treppe hochgehen.« Im Bunker war es wieder einmal sehr ruhig geworden.*

»Nicht lange danach, nicht mehr als eine halbe Stunde, kam sie zurück«, fuhr Misch fort. »Sie weinte. Sie setzte sich an den langen Tisch im Konferenzzimmer und legte eine Patience. Goebbels kam und ging, doch ich sah sie nicht miteinander sprechen. Etwas später am selben Abend kamen sie gemeinsam an meiner Tür vorbei. Goebbels blieb stehen. Er sagte: ›Viel Glück.‹ [»Er blieb auch bei mir stehen«, sagte Traudl Junge. »Er gab mir die Hand und sagte: ›Alles Gute, Sie werden es schaffen.‹«] Und dann«, sagte Misch, »nahmen sie sich das Leben, oben im Hof. Als letztes sagte Goebbels, ich glaube zu Günsche: ›Dann braucht ihr uns nicht hinaufzutragen.‹«

Annemarie und ich waren gerade auf dem Rückweg entlang der zugefrorenen Alster, als sie mir berichtete, wie sie auf Speer gewartet und die Hoffnung nicht aufgegeben hatte, daß er wohlbehalten zurückkehren würde. »Nach Speers Abfahrt nach Berlin«, sagte sie, »blieben Edith Maguira und ich einfach im ›Atlantik‹ und lebten in den Tag hinein. Ich konnte es nicht einmal aushalten, daran zu denken, was alles mit ihm passieren konnte. Aber am Ende war er ja nur zwei Tage fort, vom Nachmittag des 22. bis zum Abend des 24. April, als wir aus dem kleinen Vorzimmer unserer Suite plötz-

---

* James P. O'Donnell zitiert Misch in seinem Buch *The Berlin Bunker* mit folgenden Sätzen, die zusätzlich Einblick in Mischs Gefühle geben: »Ich saß allein da, gelähmt weniger aus Angst als aus Frustration ... Ich begann meinen Rosenkranz aufzusagen und betete für die sechs kleinen Seelen. Ich betete auch für die Mutter. Ich glaube, ich betete darum, daß sie sich erweichen lassen würde.«

lich seine unbekümmerte Stimme hörten: ›Also, was gibt's Neues hier?‹ Ich glaub' wirklich, ich hätte ihm eine runterhauen können.«

»Wir hatten den ›Storch‹ behalten, um nach Hamburg zu fliegen«, berichtete mir Speer. »Manchmal sahen wir russische Jäger hinter uns am Horizont, deshalb flogen wir tief und nutzten die Wälder der Mecklenburger Seenplatte als Deckung.«

Jener Tiefflug über genau dieselben Wasserwege, auf denen er und Margret zweiundzwanzig Jahre zuvor in ihren Flitterwochen Faltboot gefahren seien, sagte er, unvermittelt ins Schwärmen geratend, sei wirklich wunderschön gewesen. Fühlte er damals Nostalgie, fragte ich, Bedauern?

»Nein«, entgegnete er. »Freude.«

Er sollte in den kommenden Tagen nur noch einen weiteren Augenblick der Freude erleben. »Am Morgen nach meiner Rückkehr«, sagte er, »flogen wir mit dem ›Storch‹ nach Eutin und bezogen die Wohnwagen. Cliever hatte seine Sache sehr gut gemacht und sie in einem wunderschönen, einsamen Wäldchen in Sichtweite des Sees abgestellt.«

»Am Ende waren wir eine ganze Menge«, sagte Annemarie. »Baumbach [Speers Pilot] und ein weiterer Pilot hatten sich uns angeschlossen, Cliever und wir zwei Frauen, und dann traf noch General Holzheuer aus Guderians früherem Stab mit einigen Panzerjägern ein. Er hatte von Guderian die Anweisung erhalten, für Speers Sicherheit zu sorgen.

Das war alles wirklich ganz merkwürdig: Hier waren wir, in diesen ziemlich primitiven Wohnwagen – den Wagen, in dem wir kochten und abends zusammensaßen, nannten wir unser ›Wohnzimmer‹. Ein anderer, in dem Edith und ich auch schliefen und der uns als Büro diente, war unser ›Hauptquartier‹.« Sie klang spöttisch. »Und dann gab es einen mit vier Schlafstellen für fünf Männer. Einer mußte auf dem Boden schlafen – sie wechselten sich ab. Und dieses ganze Durcheinander wurde von diesen schwerbewaffneten Panzerjägern für Speer bewacht. Ich meine, das war doch extravagant, oder?«

»*Getan* haben wir natürlich eigentlich nichts«, hatte Speer mir berichtet. »Ich meine, es gab nichts zu tun, außer mehr oder weniger täglich Dönitz in seinem Marinestützpunkt oder Leute vom Generalstab zu besuchen, die wie wir in diese Gegend gekommen waren und, ebenfalls wie wir, nichts taten als abwarten. Wir warteten alle.«

(»Speer wußte wenigstens, worauf er wartete«, sagte Annemarie, die Mißbilligung von damals noch immer hörbar in der Stimme: »Auf Hitlers Selbstmord. Doch wir wußten von nichts. Gott allein weiß, warum er uns nicht vorgewarnt hat, aber er tat es nicht.«)

»Für mich war das bedeutendste Ereignis dieser Woche, mit dem ›Storch‹ zu meiner Familie auf ihrer abgelegenen Halbinsel in der Ostsee hinüberzufliegen. Das war der andere freudige Augenblick. Ich glaube, ich werde mein

ganzes Leben nicht die Gesichter der Kinder vergessen, als das kleine Flugzeug unangekündigt auf einem Feld neben dem Haus landete«, sagte er. »Sie
waren so glücklich, mich wiederzusehen, sie rasten geradezu vor Begeisterung; ich glaube, die Stunden, die ich dort mit ihnen, meiner Frau und den
guten Freunden, bei denen sie untergekommen waren, verbrachte, waren die
schönsten, die wir je hatten.«

»Ich glaube, es regnete am 1. Mai«, sagte Annemarie. »Jedenfalls waren
wir drinnen, im ›Wohnzimmer‹, als das Telefon klingelte. Es war Dönitz.
Einer von uns nahm den Anruf entgegen – ich weiß nicht einmal mehr, ob
ich oder Edith; Dönitz wollte niemand Besonderen sprechen. Wie ich mich
erinnere, sagte er nur: ›Der Führer lebt nicht mehr‹ und legte wieder auf. Ich
weiß noch, daß ich, ja, bestürzt war, weil ich natürlich nichts gewußt hatte.
Waren wir traurig? Ach, ich weiß nicht. Wir waren nicht mehr in einer
Gemütsverfassung, auf die das Wort ›traurig‹ anwendbar gewesen wäre.
Deutschland lag in Trümmern. Es gab keine Zukunft, und jetzt war *er* auch
noch tot. Speer verließ uns ein paar Minuten später, um zu Dönitz nach Plön
zu fahren.«

Während die örtlichen Telefone noch in Betrieb waren und die Funkverbindung nach Berlin noch bis zum 2. Mai funktionierte, waren die telefonischen Fernverbindungen längst zusammengebrochen, und niemand in der
»Führungsgruppe Nord« wußte von dem Drama, das sich innerhalb und
außerhalb des Bunkers immer noch abspielte. Die Namen der berühmt-
berüchtigten Personen, die von eigener Hand starben, die meisten mit Hilfe
der Zyanidkapseln, die Himmler im April so großzügig verteilt hatte, sind
natürlich geschichtlich überliefert: Hitler und Goebbels, später Göring, kurz
bevor er gehängt werden sollte, und Himmler selbst, nachdem er von den
Alliierten gefaßt worden war; dasselbe gilt für viele der schlimmsten SS-
Schergen, die gefangengenommen wurden. Doch es sollte Monate, in einigen
Fällen Jahre dauern, bis geklärt war, wie viele Menschen – alte und junge,
ranghohe und -niedere und viele von ihnen in keinerlei Verbrechen verwik-
kelt – nach Hitlers Tod Selbstmord begingen.

Im Bunker selbst außer den bereits genannten Anführern: die beiden Generäle Burgdorf und Krebs, der Kommandant der Leibstandarte SS-Obersturmbannführer Schädle und einer seiner jungen Offiziere, der 24jährige
SS-Obersturmführer Stehr – sie alle erschossen sich, kurz nachdem die oben
erwähnten vier Gruppen ihren Ausbruchsversuch begonnen hatten. Im benachbarten Bunker, der seit Tagen als Notkrankenhaus genutzt wurde, nahm
sich eine Reihe schwerverwundeter Soldaten, deren Namen wir nicht kennen,
das Leben. Das Fliegeras Ritter von Greim, dem mit seiner Freundin Hanna
Reitsch im letzten Augenblick ein waghalsiger Flug nach Berlin und wieder
heraus gelungen war und den Hitler in seinem Testament als Nachfolger von
Göring zum Oberbefehlshaber der Luftwaffe bestimmt hatte, brachte sich

einen Monat später um. Dasselbe tat die gesamte Familie von Hanna Reitsch – ihre Eltern, Brüder und Schwestern – unmittelbar nach Hitlers Tod. Botschafter Walter Hewel, dem die Flucht aus Berlin gelang, war zwar erst in den Vierzigern, hatte kurz zuvor geheiratet und war sicher an keinem Verbrechen schuldig, aber auch er nahm sich das Leben. Viele andere wurden innerhalb weniger Stunden Gefangene der Russen. Hitlers Diener Linge versuchte sich dann umzubringen; Rochus Misch hinderte ihn daran. General Mohnke versuchte es ebenfalls – *ihn* hielt Otto Günsche auf. Sie alle überlebten die russische Gefangenschaft.

Selbstmord war in den ersten Tagen nach Hitlers Tod kaum mehr eine individuelle Handlung – er war wie eine Epidemie, gerade als hätte Hitlers hypnotischer Einfluß seinen Tod überdauert.

Der Sohn Martin Bormanns, »Kronprinz« Martin, war fünfzehn, als die Reichsschule Feldafing (deren Vorsitzender sein Vater war) am 23. April geschlossen wurde. Die anderen Jungen erhielten 100 Reichsmark und die Anweisung, sich nach Hause durchzuschlagen, Martin dagegen bekam gefälschte Ausweise (auf den Namen Martin Bergmann) und wurde nach Salzburg gefahren, wo einige aus dem Stab seines Vaters aus München oder vom Berghof die Gaststube eines Wirtshauses in einem nahegelegenen Dorf in Beschlag genommen hatten.

»Es war ein sehr kleines Wirtshaus mit einer sehr kleinen Stube«, sagte Martin, als wir 1991 darüber sprachen. »Wir saßen eng aneinandergedrängt auf Bänken. Man kann die Stimmung heute unmöglich wiedergeben. Der schlimmste Moment kam, als am 1. Mai um zwei Uhr in der Früh die Nachricht von Hitlers Tod im Rundfunk durchgegeben wurde. Ich erinnere mich noch genau daran, doch ich kann die Stille dieses Augenblicks, die ... ja, ... also ... Stunden dauerte, nicht beschreiben. Niemand sagte ein Wort, doch schon bald darauf gingen die Leute hinaus, zuerst einer – dann knallte ein Schuß, dann ein anderer, und dann wieder ein anderer. Drinnen fiel kein Wort, es war nichts zu hören außer den Schüssen draußen, doch man spürte, daß dies das einzige war, was uns übrigblieb – daß wir alle sterben müßten.«

Und so nahm Martin deshalb auch die Pistole, die man ihm gegeben hatte. »Meine Welt lag in Trümmern; ich konnte überhaupt keine Zukunft sehen. Aber dann war da draußen, hinter dem Wirtshaus, wo die Leichen bereits über den ganzen kleinen Garten verstreut lagen, noch ein anderer Junge, älter als ich – er war achtzehn. Er saß auf einem Holzklotz und sagte mir, ich solle zu ihm kommen. Ich setzte mich zu ihm. Die Luft roch gut, die Vögel sangen, und wir redeten es uns gegenseitig aus. Wenn wir einander in diesem Augenblick nicht gehabt hätten, wären wir beide tot – ich weiß es.«

In Dönitz' Hauptquartier herrschte an diesem Abend mehr Verwirrung als Verzweiflung. Die Mitteilung in dem Funkspruch aus dem Bunker, in der Goebbels und Bormann zu Mitgliedern der Reichsregierung ernannt wurden, war für alle unannehmbar. »Stellen Sie sich doch vor«, sagte Dönitz zu Speer, »was sollen wir denn um Himmels willen tun, wenn Bormann wirklich hier ankommt. Mit dem kann man doch nicht zusammenarbeiten.« Es wurde der Entschluß gefaßt – der erste des neuen Staatsoberhauptes –, den Funkspruch zu vernichten, als ob damit auch Hitlers Absicht oder die Kenntnis vom Inhalt des Testaments hätten vernichtet werden können. Am folgenden Tag, sagte Dönitz, würden sie in den größeren Marinestützpunkt bei Flensburg umziehen, und er würde Verhandlungen mit Feldmarschall Montgomery aufnehmen.

»In dieser Nacht«, sagte Speer zu mir, »wurde mir ein kleines Zimmer in der Marinekaserne zugeteilt. Als ich meinen Koffer auspackte, sah ich, daß Annemarie Kempf die rote Lederkassette mit Hitlers Porträt hineingelegt hatte, auf das er mir zu meinem 40. Geburtstag vor sechs Wochen eine Widmung geschrieben hatte. Ich kann nicht sagen, daß ich besonders unglücklich war, wissen Sie, bis ich den Koffer aufmachte und – ich weiß nicht, warum – das Foto auf den Nachttisch stellte. Und dann plötzlich begann ich zu weinen. Ich konnte nicht aufhören; es ging immer weiter, bis ich, immer noch angezogen, auf dem Bett einschlief.«

Eine Zeitlang hatte Speer den Eindruck, dies sei eine Art Befreiung für ihn gewesen, aber das war es nicht. »Damals begannen die Träume«, sagte er, »Träume, in denen er wußte, was ich getan hatte, Träume, in denen er sagte, ich wolle ihn umbringen. Das ging jahrelang so weiter, und sie kommen mir manchmal sogar noch jetzt. Manchmal ist er in diesen Träumen nicht einmal sichtbar, aber er ist in den Träumen, oder er ist der Traum.«

XXI

»Die einzige interessante Persönlichkeit«

Nürnberg, 21. Juni 1946

JUSTICE JACKSON: Ich werde Ihnen nun über Dokument D-398, welches US-894 wird, Fragen stellen ... eine Erklärung von [dem ehemaligen Krupp-Arbeiter] Höfer, wohnhaft in Essen: »Seit April 1943 arbeitete ich mit Löwenkamp im Panzerbau 4 zusammen. Löwenkamp war den Ausländern gegenüber brutal. Lebensmittel, die den Kriegsgefangenen gehörten, beschlagnahmte er und brachte sie in seine Wohnung. Jeden Tag mißhandelte er Ostarbeiter, kriegsgefangene Russen, Franzosen, Italiener und auch andere ausländische Zivilpersonen. Er ließ einen Stahlkasten bauen, der so klein war, daß man kaum darin stehen konnte. [Jackson zeigt Fotografien und beschreibt die Schränke: »Die Höhe war 1,52 Meter, die Breite und Tiefe je 40 bis 50 Zentimeter ... Oben befanden sich siebartig einige Luftlöcher.« [Dann fährt er mit der Verlesung von Höfers Erklärung fort:] »In diesen Kasten sperrte er die Ausländer, auch weibliche, bis zu achtundvierzig Stunden lang, ohne den Leuten Essen zu geben. Zur Verrichtung der Notdurft wurden sie nicht freigelassen. Es wurde anderen Personen verboten, dem Eingesperrten Hilfe zu leisten ...«

Wir [haben] über hundert verschiedene Erklärungen ... in Händen. [Eine weitere Aussage:] »Der Unterzeichnete Dahm [ebenfalls ein Krupp-Arbeiter] hat persönlich gesehen, daß in der Neujahrsnacht drei russische Zivilarbeiter, nachdem sie zuerst geschlagen worden waren, in den Schrank ... eingesperrt wurden. Zwei von den Russen mußten die ganze Nacht darin bleiben, und es wurde [durch die Luftlöcher] sogar noch kaltes

Wasser über die Leute gegossen ...«
So geht es noch eine Weile weiter, aber ich will es nicht weiter in das Protokoll verlesen. [Sind diese Berichte] Ihrer Ansicht nach ... eine Übertreibung?

SPEER: Ich halte [sie] für gelogen. Ich möchte sagen, in dem deutschen Volke gibt es etwas Derartiges nicht. Und wenn derartige Einzelfälle auftraten, dann wurden sie bestraft bei uns. Es ist nicht möglich, hier das deutsche Volk in dieser Weise in den Schmutz zu ziehen ... Ich glaube ... daß diese Schränke Kleiderspinde waren ... und jeder Kleiderschrank hat zur Entlüftung oben und unten Luftöffnungen ...

Es ist absurd anzunehmen, daß Speer über die Straf- und Foltermethoden in den Konzentrations- und Arbeitslagern im einzelnen Bescheid wußte, und seine entrüstete Antwort an Jackson war deshalb vollkommen aufrichtig.

Trotzdem bleibt, sieht man einmal von solch speziellem Detailwissen ab, bis heute eines der großen psychologischen Rätsel des Dritten Reichs die Fähigkeit Hitlers, eine ganze Nation hochzivilisierter Menschen davon zu überzeugen, daß Unrecht Recht war.

Es ist zu einfach, wie viele Deutsche sich herausreden, sie hätten »nicht gewußt, was getan wurde«, oder sie seien alle hinters Licht geführt und hypnotisiert worden. Die Wahrheit war und ist komplizierter. Was auch immer die Menschen nicht wußten – und das war eine Menge –, *etwas* wußten sie alle. Das eigentliche Phänomen war nicht, daß Hitler die Deutschen davon überzeugte, Unrecht sei Recht, sondern daß sie verbotenes Wissen akzeptabel fanden. Wie Carola von Poser sagte, wußte man, daß Wissen gefährlich war. Das Wissen um »solche Details« – wie Hupfauer sich bagatellisierend über die spezifischen Einzelheiten der SS-Verbrechen ausdrückte – lauerte natürlich dunkel in vielen Köpfen, doch wurde es entschieden und entschlossen bis zu den Nürnberger Prozessen und noch darüber hinaus verdrängt.

Ich habe über dieses Phänomen in jenem kalten Spätwinter des Jahres 1986 mit Annemarie Kempf in Hamburg gesprochen. Wir waren in unseren Gesprächen bei der Zeit zwischen Hitlers Selbstmord und der wenige Wochen später durchgeführten Verhaftung praktisch aller ehemaligen Regierungs- und wichtigen Parteimitglieder. Annemarie sagte, daß die Verneinung des Wissens sich auf jeden einzelnen Menschen bezog, der ihr einfiel; erst in Flensburg, im Mai 1945 einige Wochen lang Sitz der Regierung Dönitz, dann in »Dustbin« (Mülleimer), dem Prominentenlager, in das die Amerikaner die Mehrzahl der wichtigeren Gefangenen schickten. Es gelte auch für sie selbst, meinte sie traurig, und natürlich bis weit in den Nürnberger Prozeß hinein für Speer.

»Dieser zweite Mai, der Tag nach Bekanntgabe von Hitlers Tod, war sehr hektisch«, sagte Annemarie. »Dönitz ernannte Speer zum Reichswirtschafts- und Produktionsminister und verlegte den Regierungssitz nach dem größeren Flensburg nahe dem Marinestützpunkt Mürwik. Wir zogen auch dorthin um.«

Speer war an diesem Tag nach Hamburg geflogen, wo sein Freund, Gauleiter Kaufmann, immer noch gegen die Parteifanatiker kämpfte, die seine Stadt zerstören wollten. Ein von dem neuen Staatsoberhaupt Dönitz unterzeichneter Befehl ermöglichte es Kaufmann schließlich, Hamburg den Briten zu übergeben.

Speer kehrte noch am selben Abend nach Flensburg zurück und hielt im lokalen Rundfunk die leicht gekürzte Version einer Rede, die er drei Wochen zuvor niedergeschrieben und aufgezeichnet hatte. In dieser Rede ging es ihm vor allem um einen Wiederaufbau in Würde.

»Ein paar Tage wohnten wir auf einem großen Passagierschiff, der *Patria*«, sagte Annemarie. »Doch dann bot der Herzog von Mecklenburg und Holstein Speer Gastfreundschaft in seinem schönen Wasserschloß ein paar Kilometer von Flensburg an, und wir fünf – Speer, von Poser, Cliever, Maguira und ich – und natürlich Speers ›Ehrenwache‹ zogen dorthin. Wir fuhren dann jeden Morgen nach Flensburg zur Zehn-Uhr-Sitzung des Kabinetts.«

»Können Sie das fassen?« hatte Speer mich gefragt. »*Kabinetts*sitzung? Aber es war so – dort, in einem ehemaligen Klassenzimmer, das immer noch nach Kreide roch, trafen wir uns feierlich jeden Morgen Punkt zehn Uhr, setzten uns auf leuchtend farbige Stühle um einen farbig angestrichenen, viereckigen Tisch und besprachen die nichtexistenten Pläne eines nichtexistenten Landes.«

»Nachdem er diesen Unsinn zwei Tage lang mitgemacht hatte, schrieb Speer in einem offiziellen Brief an Dönitz«, sagte Annemarie, »daß sie einer Illusion nachhingen und daß er dachte, je schneller sie sich der Wirklichkeit stellen würden, desto besser wäre das für Deutschland.«

Obwohl die Regierung Dönitz am 7. Mai schließlich der bedingungslosen Kapitulation an allen Fronten zustimmte, blieb sie weitere sechzehn Tage im Amt. »Ich glaube ehrlich gesagt, daß die Briten zunächst nicht wußten, was sie mit uns anfangen sollten«, meinte Speer zu mir. »Hitler in seinem Bunker in Berlin wäre eines gewesen, aber ein Admiral in Flensburg war etwas ganz anderes. Also richteten sie ihre Kontrollkommission im selben Gebäude ein, in dem wir unsere Büros hatten, und überließen uns unseren lächerlichen Sitzungen.«

Die Wirklichkeit holte Speer wenige Tage später in seinem fürstlichen Zufluchtsort ein, als zwei junge Amerikaner eines frühen Nachmittags an die Tür seines improvisierten Arbeitszimmers klopften, an der Annemarie eine Karte mit seinem Namen angebracht hatte. »Entschuldigen Sie«, sagte der amerikanische Leutnant in perfektem Deutsch, »wissen Sie, wo ich Speer finden kann?«

Eine Woche zuvor, kurz nachdem Hitlers Selbstmord bekannt geworden war, hatte Paul Nitze, stellvertretender Vorsitzender des U. S. Strategic Bombing Survey (USSBS)*, das in London saß, zwei seiner jungen Mitarbeiter, Lieutenant Georg Sklarz und Technical Sergeant Harald Fassberg, in sein Büro bestellt.

---

* Das USSBS hatte die Aufgabe, die Auswirkungen des alliierten Luftkriegs gegen Deutschland sowohl auf die Produktion als auch auf die Moral der Bevölkerung zu untersuchen, um Informationen zu gewinnen, die den Amerikanern im fortdauernden Krieg gegen die Japaner von Nutzen sein konnten.

»Ihr beide fliegt hinüber und findet mir Speer«, sagte er. »Es ist mir egal, wie ihr das macht, ihr müßt ihn nur finden.«

Paul Nitze, George Ball und John Kenneth Galbraith, alle etwa in Speers Alter und im Krieg mit durchaus ähnlichen Aufgaben betraut wie er, hatten lange Karrieren im Staatsdienst und in der akademischen Welt hinter sich, als ich sie im April 1987 in Washington, in Princeton und in Cambridge in Massachusetts besuchte. John Galbraith, während des Krieges erster stellvertretender Leiter des Office of Price Administration und dann des Office of Economic Security Policy, war zuvor Mitglied des exklusiven »Think tank« Roosevelts gewesen. Nach dem Krieg diente er als Botschafter in Indien, lehrte in Harvard, schrieb Bücher und hielt Vorträge in aller Herren Länder.

George Ball, ein brillanter Anwalt, war erst Rechtsberater der Lend-Lease-Administration (das »Leih- und Pachtgesetz« regelte die amerikanischen Kriegslieferungen an die Alliierten) und danach der Foreign Economy Administration. 1944 wurde er zum Direktor des USSBS ernannt. Nach dem Krieg arbeitete Ball als stellvertretender Außenminister, als amerikanischer Botschafter bei den Vereinten Nationen und schließlich als Berater für Privatbanken.

Paul Nitze, im Bankwesen ausgebildet, war im Krieg Finanzdirektor des U. S. Office of Inter-American Affairs, des U. S. Board of Economic Warfare und des Foreign Procurement Department und wurde 1944 nach London geschickt, um der USSBS vorzustehen. Als ich ihn in seinem beeindruckenden Büro im Außenministerium besuchte, war er seit fünfundvierzig Jahren einer der Spitzenberater und besten Unterhändler amerikanischer Präsidenten.

»Ich hatte schon Monate vor dem Ende des Krieges in Europa nicht den geringsten Zweifel, daß Speer *der* Mann war, den wir so schnell wie möglich finden mußten«, meinte Nitze. »Meine beiden Assistenten Sklarz und Fassberg waren sehr gescheite junge Leute. Lieutenant Sklarz war, glaube ich, tschechischer Herkunft, der junge Sergeant war Jude; doch wichtig war, daß sie beide fließend Deutsch sprachen und eine Menge Initiative zeigten.« Er lachte. »Sklarz war übrigens Musiker, Mitglied eines Klavierduos; er spielte wunderschön. Und Fassberg entging nichts – er hörte das Gras wachsen. Außerdem, und für mich sehr wichtig, hatten beide wirklich Sinn für Humor.

Natürlich wußten wir nicht, wo Speer stecken könnte. Am wahrscheinlichsten war Berlin, und das wäre eine Tragödie gewesen, denn dann hatten ihn die Russen und er war erledigt. Doch Sklarz und ich hatten so ein Gefühl, daß er zu klug war, um sich dort fassen zu lassen. Also blieb Süddeutschland oder natürlich der Norden, wo Hitlers letzte Regierung sich niedergelassen hatte; Sklarz glaubte, daß er eher dorthin gegangen sei.

Also gab ich den beiden alle Vollmachten, über die ich verfügte – und das war nicht wenig: Flugzeuge, Geld und alle Passierscheine, die es nur gab.

Und tatsächlich, keine zwei Tage später rief mich Sklarz an und sagte, sie hätten ihn gefunden.

Später erzählten sie mir, es sei recht gespenstisch gewesen: Da war dieses große Schloß, das, abgesehen von ein paar kleinen Kindern, die im Park spielten, verlassen aussah. Meine Jungs gingen also rein und kamen in diese riesige Halle im Erdgeschoß mit der Wendeltreppe und den vielen Türen, aber alles war totenstill. Sie gingen von Tür zu Tür, und nach ein paar Augenblicken kamen sie zu einer mit der Karte ›Reichsminister Speer‹ drauf. Sie konnten ihren Augen nicht trauen. Sie klopften, und eine Stimme sagte ›Herein!‹, also gingen sie hinein, und da saß dieser Mann, den sie natürlich von unseren Fotos her sofort erkannten. Wissen Sie, was er sagte? ›Ich weiß, wer Sie sind‹, sagte er. ›Sie sind vom amerikanischen Strategic Bombing Survey.‹ Mein Sergeant fragte, wo er telefonieren könne, und Speer wies auf einen Apparat auf seinem Schreibtisch und sagte: ›Bedienen Sie sich; unsere Telefone funktionieren sehr gut.‹

Also – man stelle sich das vor – rief Sklarz mich an, und ich sagte: ›Haltet ihn fest!‹, und er antwortete: ›Der geht nicht weg, Sir; das einzige, was er will, ist, mit Ihnen zu sprechen.‹

Na ja, ich stieg in meine DC-3 und war im Handumdrehen dort, und George Ball kam rasch aus Paris rüber, und Ken Galbraith kam ein paar Tage später nachgeflogen. Insgesamt verbrachten wir zehn Tage mit Speer, in denen er uns, glaube ich, alles erzählte, was es über die Auswirkungen unserer und der britischen strategischen Bombardierungen zu sagen gab. Wir mußten das für den Krieg gegen Japan wissen, aber uns war klar – und glauben Sie mir, auch *ihm* –, daß wir es auch für die Zukunft wissen mußten, für das, was mit Rußland geschehen würde. Jeder vernünftige Mensch war sich im klaren, daß da früher oder später etwas passieren mußte.

Ob ich Speer mochte? Ja, ich mochte ihn. Ich mag fähige Männer; und er war ein sehr, sehr begabter Mensch. War er ein moralischer Mensch? Das ist eine ganz andere Frage. Das habe ich nicht gesagt. Ein ›guter Mensch‹? Auch das habe ich nicht gesagt. Wir haben damals nicht nach dem ›Guten‹ oder der ›Moral‹ in ihm gesucht. Wir suchten nach für uns absolut lebenswichtigen Informationen und Kenntnissen, und er war buchstäblich der einzige in Deutschland, der in der Lage war, sie zu liefern.«

Nitze erinnerte sich an zehn Tage mit Speer, Ball an fünf oder sechs und Galbraith, der ein wenig später kam, nur an ungefähr drei. Annemarie wußte noch, daß die beiden jungen Amerikaner am 12. Mai kamen und bis zuletzt blieben; Nitze und Ball kamen am 13. Mai, »der dritte kam ein bißchen später«. Während der ganzen Zeit dieser Gespräche seien hochrangige Offiziere ein und aus gegangen.

»Es war wirklich vollkommen bizarr«, sagte sie. »Speer ging wie üblich zu Dönitz' Kabinettssitzungen um zehn und kam dann zurück. Die Amerikaner trafen um zwölf Uhr ein; Speers Wachen präsentierten die Gewehre – o ja, sie waren immer noch bewaffnet –, und dann nahmen die vier [später fünf] erst einmal ein ›Frühstück‹ [in Wirklichkeit ein Mittagessen] zu sich, das vom Koch des Herzogs zubereitet wurde. Sie hatten immer mindestens einen Dolmetscher dabei, meist einen sehr netten Amerikaner namens Williams, ein deutscher Emigrant. Sie hatten keine Sekretärin, und deshalb ging ich mit, wenn sie sich in den kleinen Salon nebenan zurückzogen – ein wunderschöner Raum ganz in rotem und goldfarbenem Brokat –, und protokollierte die Unterredungen. Anschließend übersetzten Williams und Leutnant Sklarz das ins Englische.«

»Speer war die einzige interessante Persönlichkeit auf seiten der Nazis«, sagte George Ball. »Sein Wissen war absolut verblüffend. Und er war – oder schien zumindest – ganz ungewöhnlich offen uns gegenüber. An zweiten Tag unserer Gespräche meinte er, es war seiner Meinung nach sehr schade, daß die Vereinigten Staaten sich nicht Deutschland im Kampf gegen die Russen angeschlossen hätten. Wir standen zu dem Zeitpunkt gerade am Beginn des Kalten Krieges, und er traf daher mit dieser Bemerkung einen sehr empfindlichen Nerv. Eins von Hitlers Hauptproblemen – wenn nicht *das* Problem – war, sagte er, daß er keinerlei Verständnis für andere Länder hatte und damit auch keinen Begriff von der Macht der Vereinigten Staaten. Und er glaubte niemandem, der ihn darauf hinwies.

Als Ken Galbraith eintraf, stellte er Speer sofort sehr harte Fragen über die Konzentrationslager. Ich hatte ihn nicht darüber befragt, denn ich wußte selbst so wenig; Ken wußte mehr. Aber Speer reagierte da sehr ausweichend – sehr, sehr ausweichend.

Ich war später beeindruckt, in welchem Grad das, was er uns in Flensburg sagte, mit dem, was er in seinem Buch schrieb, übereinstimmte. Irgendwann im Lauf dieser Woche – während eines Mittagessens, glaube ich – fragte ich ihn, ob er bedaure, daß er seine Pläne für Berlin nicht habe verwirklichen können, und er antwortete: ›Gott, nein; sie waren schrecklich!‹ Ich fand das bemerkenswert ehrlich.

Ob ich ihn mochte? Ich weiß nicht. Für so einen feinen Mann war er recht kaltschnäuzig. Ich sah ihn später wieder, wissen Sie, während der langen Verhöre in ›Ashcan‹ [sic!; Ball meinte »Dustbin«, das Vernehmungslager für prominente Vertreter Hitler-Deutschlands in der Nähe von Frankfurt]. Und dort sagte er etwas wirklich Seltsames zu mir. ›Es wird Kriegsverbrecherprozesse geben‹, sagte er. ›Sie sind ein junger Anwalt. Was halten Sie davon, mich zu verteidigen? Viele junge Anwälte haben ihren Ruf durch die Verteidigung berüchtigter Personen erlangt, und Sie werden kaum eine berüchtigtere finden als mich.‹ Ich war zwar gar nicht mehr *so* jung, eigentlich nur vier Jahre jünger als er, aber dennoch, war es nicht eigenartig, unter diesen Umständen so etwas zu sagen?«

»Ball in seiner Rolle des Siegers mochte das seltsam vorkommen«, sagte mir Annemarie. »Aber für Speer war es das nicht – er hielt es wahrscheinlich für einen gelungenen Scherz, wenn er mit einem amerikanischen Anwalt zum Prozeß erschienen wäre – das war seine Art von Humor. Mir kam es auch nicht so abwegig vor. Ich meine, er *war* ja schließlich Speer.«

Von den »drei Weisen«, wie ich sie später nannte, schien Nitze mir der unbefangenste und Galbraith der bitterste zu sein – er hatte als einziger von ihnen Dachau, Buchenwald und die schrecklichen Bilder von Bergen-Belsen schon gesehen. »Damals hörte man die ersten Gerüchte über Auschwitz«, sagte er, »aber von Treblinka, Sobibor und den anderen Orten des Grauens wußten wir noch nichts. Ob ich glaube, daß Speer von alldem wußte? Das einzige, was er uns erzählte, war diese Geschichte von einem seiner Freunde [Karl Hanke], der ihm irgendwann 1944 zugeflüstert hatte, er solle nie einen gewissen Ort in Schlesien aufsuchen, weil dort Unaussprechliches geschehe. Das war alles.«

(»Ich fragte ihn, was er von der Vernichtung der Juden gewußt habe«, sagte George Ball. »Er antwortete, dazu könne er nichts sagen, weil er davon nichts gewußt habe, er fügte jedoch merkwürdigerweise hinzu, es sei seine Schuld gewesen, nicht darüber nachgeforscht zu haben.«)

»Aber nein, ich nehme ihm nicht ab, daß er es nicht wußte«, fuhr Galbraith fort. »Ganz sicher wußte er alles über die Zwangsarbeiter. Ich erinnere mich, wie er zu uns sagte: ›Sie sollten Sauckel aufhängen‹, und dann, ein paar Wochen später, sagte Sauckel uns: ›Sie sollten Speer aufhängen.‹ Nette Menschen, nicht wahr?«

Ich fragte Galbraith, ob er es für möglich halte, daß Speer zwar alles gewußt, aber einfach beschlossen habe, es aus seinem Gedächtnis zu löschen.

»Ein ›Beschluß‹ wäre es nicht gewesen«, sagte er, »und einfach wäre es auch keineswegs gewesen. Aber, ja, ich halte es durchaus für möglich, daß ein solcher Vorgang unbewußt in ihm stattfand. Meine erste Reaktion auf ihn? Na ja, sein Äußeres war ja sehr beeindruckend. Doch das war es nicht – einige der anderen, die wir später in ›Dustbin‹ kennenlernten, sahen auch ganz gut aus. Ich glaube, es war einfach die Tatsache, daß Speer ein anderes Format hatte. Er strahlte Persönlichkeit aus, Autorität und – für meine Ohren manchmal etwas mißtönend – Humor. Auf jeden Fall war er ganz außerordentlich intelligent, verfügte über ein phänomenales Gedächtnis und ein umfassendes technisches Wissen.« Und Galbraith fügte hinzu: »Natürlich ist bedauerlich, daß Speer als der geniale Organisator der Rüstungsproduktion, der er zweifellos war, im Gedächtnis bleiben wird, während die gleichfalls brillanten Organisatoren der Briten und Amerikaner wie Bevin, Beaverbrook, Leon Henderson oder Robert Nathan heute praktisch vergessen sind.«

(Der Ökonom und Nobelpreisträger Friedrich von Hayek, mit dem ich diese Frage 1985 in Freiburg erörterte, meinte, die Erklärung dafür sei einfach: »Die großen Produktionsgenies in Großbritannien und Amerika während des Krieges waren Männer, die in Finanzfragen, in der Industrie und in der Wirtschaft Erfahrung hatten und im Krieg *mit* ihren Regierungen und als Teil von ihnen arbeiteten. Speer dagegen war ein brillanter Autodidakt und Amateur, der das, was er leistete, im Grunde *trotz* der Regierung zustande brachte; denn welche herkömmlichen Institutionen auch immer eingerichtet wurden – Ministerien für dies und jenes –, in letzter Instanz regierte in Nazideutschland nur Hitler, getragen von den primitiven Nullen seiner Partei. Mit diesen Leuten mußte sich Speer herumschlagen. Er war das hervorragendste Beispiel für dieses Phänomen in Hitler-Deutschland, wenn auch nicht das einzige – ein Mann, der, geboren für ein Leben in Ehre, sich entschied, in Unehre zu leben.«)

»Vor allem«, meinte Galbraith weiter, »hat Speer, wie ich glaube, sehr früh – sicher schon, als er in ›Dustbin‹ verhört wurde – sein Überleben ganz bewußt geplant. Während die anderen praktisch ausnahmslos behaupteten, sie wüßten nichts von irgendwelchen Verbrechen, ob Zwangsarbeit oder Konzentrationslager – eine offensichtliche Lüge –, und *alle* sich weigerten, auch nur ein Mindestmaß an Verantwortung zu übernehmen, bekannte Speer sich von Anfang an zu einer allumfassenden Verantwortung. Gleichzeitig ging er geschickt allem aus dem Weg, was auch nur am Rande diese gefährlichen Themen berührte. Wir versuchten immer und immer wieder, das Gespräch darauf zu bringen, doch er schaffte es auf äußerst geschickte Weise, uns abzulenken, indem er uns mit immer mehr Einzelheiten über Luftangriffe und Produktionszahlen überhäufte, von denen er wußte, daß sie für uns von unmittelbarem Interesse waren. Ich hatte immer das deutliche Gefühl, daß er solche Dinge in der Hinterhand hatte für Zeiten, in denen er sie für diese für ihn so notwendigen Ablenkungsmanöver brauchte.

Vergessen Sie nicht, daß wir hervorragende Vergleichsmöglichkeiten hatten. Wir trafen nach und nach alle Schlüsselpersonen, die noch am Leben waren: Göring, Funk, Ribbentrop, die beiden Generäle Keitel – ein fürchterlich engstirniger militärischer Kopf – und Jodl, weniger engstirnig, doch zu lange Hitler ausgesetzt und daher verbogen. Ich spreche, Sie verstehen, nur von ihrem Intellekt, nicht von ihrer Moral, auch wenn man, je mehr man sie erlebte, desto weniger das Gefühl hatte, die beiden könnten voneinander getrennt werden.

Göring war natürlich immer noch auf Drogenentzug, als wir mit ihm zusammentrafen, deshalb konnten wir seine geistigen Fähigkeiten nicht beurteilen. Die amerikanische Armee verfuhr damals ziemlich rücksichtslos, ganz anders als heute – sämtliche Drogen wurden einfach abgesetzt. In seinem Fall bedeutete dies, daß er nicht einmal Kodein erhielt, mit dem er versucht hatte, vom Morphium wegzukommen.* Von daher machte er zweifellos eine schlimme Zeit durch. Doch selbst in diesem Zustand physischen Leidens und mentaler Apathie schimmerte die in ihm steckende Arroganz durch. Und die anderen – alle, auch Seyß-Inquart und von Schirach – waren geistig fürchterlich unbedeutende Menschen.

Speer war eben völlig anders, und von Beginn an verfolgte er die Strategie, dieses Anderssein zu betonen, wo er nur konnte. Er fing damit an, als er mit uns im Mai in Flensburg sprach, und er hielt es während der vielen Wochen durch, in denen er verhört wurde, zuerst in Chesnay in Versailles, bei Eisenhowers Hauptquartier, und dann, als Ike [Eisenhower] nach Frankfurt zog, in ›Dustbin‹ und schließlich fast ein Jahr lang in Nürnberg. Wenn ihm diese sorgfältig inszenierte Taktik der Selbstdarstellung mißlungen wäre, hätte man ihn gehängt.«

Paul Nitze, der zur Zeit unserer Begegnung schon vielen amerikanischen Präsidenten von Roosevelt über Nixon bis Reagan gedient hatte, pflegte zwar keine bessere Meinung über Speer, war aber vielleicht ein wenig mitfühlender.

»Am zehnten Tag, den wir mit ihm verbrachten«, berichtete er, »ich glaube, es war der 22. Mai, aßen wir am Abend mit Eisenhowers politischem Berater Robert Murphy. Er sagte uns, daß Speer am nächsten Tag verhaftet würde, und schlug vor, daß wir noch an diesem Abend alles aus ihm über Hitlers letzte Tage im Bunker und sein Testament herausholen sollten, was wir nur konnten.« (»Ich holte eine gute Flasche Whisky«, sagte Ball, »und wir redeten mit ihm bis vier Uhr morgens.«)

»Speer sprach dann stundenlang über Hitler und die Leute in seinem Umkreis, die er ausnahmslos zu verachten schien«, fuhr Nitze fort. »Ein anderer meiner besten Mitarbeiter war Captain Burt Klein, ein sehr intelligenter Mann. War er Jude? Das weiß ich nicht; könnte durchaus sein. Jedenfalls hörte er Speer stundenlang zu und sagte dann plötzlich: ›Herr Speer, ich verstehe Sie nicht. Sie sagen uns, Sie hätten schon vor Jahren gewußt, daß der Krieg für Deutschland verloren war. Jahrelang, sagen Sie, hätten Sie die schrecklichen Machenschaften dieser Gangster in Hitlers – und Ihrer – Umgebung mit angesehen. Die persönlichen Ziele dieser Männer waren die von Hyänen, ihre Methoden die von Mördern, ihre Moral die der Gosse. Sie wußten das alles. Und doch blieben Sie im Amt, und nicht nur das, Sie arbeiteten und planten mit diesen Leuten zusammen und unterstützten sie mit aller Kraft. Wie können Sie das erklären? Wie können Sie das rechtfertigen? Wie ertragen Sie es, mit sich selbst zu leben?‹

---

* G. M. Gilbert zufolge erhielt Göring nach dem radikalen Entzug aller Drogen in Mondorf in Nürnberg wieder Parakodein in reduzierter Dosis.

Speer blieb eine ganze Weile stumm. Dann sagte er: ›Sie können nicht verstehen. Sie können einfach nicht verstehen, was es heißt, in einer Diktatur zu leben; Sie können das Spiel mit der Gefahr nicht verstehen, aber vor allem können Sie die Angst nicht nachvollziehen, auf der das alles beruht. Und ebensowenig, glaube ich, haben Sie eine Vorstellung vom Charisma eines Mannes wie Hitler.‹«

»Well«, sagte Nitze, »Burt Klein stand einfach auf und ging hinaus. Ich ... na ja, bis dahin hatte ich unter zwei ehrenhaften Männern gedient – den ehrenhaftesten Männern, die ich je gekannt habe: Roosevelt und Truman. Und in gewisser Weise hatte Speer recht; zu dem Zeitpunkt verstand ich sicher nicht, was so ein Einfluß auf die Gemeinschaft bewirken kann. *Damals* habe ich es nicht verstanden ...«, fügte er hinzu und brach ab.

Manfred von Poser hatte, was nicht überrascht, eine andere, wenngleich, wie man annehmen sollte, ebenfalls begründete Auffassung von Speers Zielen. »Speer hatte zwei sehr starke Überzeugungen, die inzwischen weltweit anerkannt sind, damals jedoch nicht nur ihrer Zeit voraus, sondern auch gefährlich für den waren, der sie vertrat. Einerseits glaubte er an ein Höchstmaß an Initiative des einzelnen; er nannte das ›industrielle Selbstverantwortung‹, doch um was es wirklich ging oder was er in Friedenszeiten damit anstrebte, war die Trennung der Wirtschaft – der gesamten Wirtschaft, nicht nur ihrer technischen Seite – vom Staat, also ein Minimum an staatlicher Intervention und damit staatlicher Macht.* Und zweitens glaubte er – was er unter beträchtlichem persönlichem Risiko bereits im Frühherbst 1943 mit dem fortschrittlichen französischen Produktionsminister Bichelonne auch in die Praxis umzusetzen begonnen hatte – an eine europäische Gemeinschaft. Und darüber wollte er mit den Alliierten sprechen. Er war sich sicher, daß der einzige Weg in eine bessere und friedliche Zukunft nicht nur für Deutschland, sondern für ganz Europa darin bestand, daß Deutschland Teil einer europäischen Wirtschaftsunion würde. Und er glaubte, daß es nicht nur den deutschen, sondern auch den europäischen Interessen dienen würde, wenn die Alliierten davon überzeugt werden konnten, die industrielle Organisation Deutschlands so zu belassen, wie er sie so erfolgreich aufgebaut hatte.«

Annemarie Kempf hatte am Abendessen mit Murphy und den Vertretern des USSBS nicht teilgenommen, sie hatte jedoch alle vorausgegangenen Befragungen aufgezeichnet. »Jeden Tag, nachdem die Amerikaner gegangen

---

* Interessanterweise war einer der ersten Zeitungsausschnitte, die Speer mir schickte, nachdem wir 1977 unseren Briefwechsel begonnen hatten, ein langer Artikel aus der *Frankfurter Allgemeinen Zeitung* über die ökonomischen Theorien Ludwig von Mises', eines Vertreters der Wiener Schule, der zufälligerweise, auch wenn Speer dies erst sehr viel später erfuhr, von 1938 bis zu seinem Tod 1973 mit meiner Mutter verheiratet gewesen war.

waren«, sagte sie mir, »saß er lange Zeit da und dachte nach. Ich ging nach nebenan, um meine Stenonotizen zu übertragen, und wenn ich zurückkam, oft zwei oder noch mehr Stunden später, saß er immer noch in genau derselben Haltung da und dachte nach. Jahre zuvor, als ich anfing, für ihn zu arbeiten, hatte mich diese Fähigkeit zu intensivem Denken fasziniert. Seit damals habe ich viele bemerkenswerte Menschen aus unterschiedlichen Lebensbereichen kennengelernt und mit ihnen zusammengearbeitet. Aber ich bin nie wieder jemandem mit einer vergleichbaren Konzentrationsfähigkeit begegnet.

Natürlich waren diese Gespräche sehr intensiv, sehr ermüdend, ich glaub' für alle, die daran teilnahmen. Und doch war Speer sogar damals seltsam gelöst. Er hatte nicht einen Funken von Unterwürfigkeit in sich, und die anderen waren auch nicht die Art Leute, die so etwas erwartet oder respektiert hätten. Er war von diesen Amerikanern sehr beeindruckt, und offen gesagt, ich auch. Sie waren so ganz anders, als ich und ich glaube auch Speer sie uns vorgestellt hatten. Ich glaube, weder er noch ich hätten erwartet, daß sie so ernste Menschen sein würden, mit soviel Substanz.«

»Ich fühlte mich ihnen sehr verwandt«, sagte mir Speer, »geistig verwandter als den meisten, die in den Jahren meinen Weg kreuzten; mich überkam ein schreckliches Gefühl des Bedauerns, des Verlusts, daß ich in Deutschland niemand Vergleichbaren gekannt hatte – daß es in der Welt, die ich all diese Jahre bewohnt hatte, einfach keinen Menschen dieses geistigen Formats gegeben hatte.«

»Diese Nähe zu den Amerikanern, die er spürte«, sagte Annemarie, »verschlimmerte gewissermaßen den Schock noch, als es am Morgen nach dem geselligen Abend mit Murphy und den anderen auf so dramatische Weise zu Ende ging.«

Es war Speer gelungen, seine Familie während dieser letzten beiden Wochen vor der Verhaftung noch zweimal zu besuchen; es sollte acht Jahre dauern, bis er die Kinder wiedersah. Als er mir am Morgen nach unserer Schneewanderung die Geschichte seiner Verhaftung erzählte, erinnerte er sich an sie – vielleicht mit Absicht – als eine Farce.

»In Glücksburg war neben der Eingangshalle ein kleiner Waschraum«, sagte er, »und um das Badezimmer oben, das wir uns teilten, morgens nicht zu lange zu besetzen, hatte ich mir angewöhnt, vor den anderen aufzustehen, zu baden und mich dann unten in diesem kleinen Raum zu rasieren. [»Er hat aus dem Rasieren immer eine ziemliche Zeremonie gemacht«, erzählte mir Margret später. »Er nützt das lange Baden zum Nachdenken, und beim Rasieren singt oder summt er.«] Wahrscheinlich weil ich mich auf das Rasieren konzentrierte, hörte ich nichts von dem Aufruhr draußen.«

Anscheinend hatten die Briten an diesem frühen Morgen eine Einheit Soldaten mit Panzerabwehrkanonen nach Glücksburg geschickt, die das Schloß

umstellen und die Verhaftung vornehmen sollten. Als sie in Speers Schlafzimmer eindrangen, war er nicht nur nicht da, sondern es sah noch dazu so
aus, als ob er Hals über Kopf geflohen war: Schrank und Schubladen offen
und der Schlafanzug auf dem Boden. (»Ich habe ihn immer auf den Boden
geworfen, wenn ich mich daran erinnern wollte, daß er in die Wäsche sollte«,
sagte Speer mir.)

Daraufhin wurde Befehl gegeben, das Schloß zu durchsuchen. »Die andern
waren alle noch im Bett«, sagte er, »und ich fürchte, auch die armen Meck-
lenburg-Holsteins, meine liebenswürdigen Gastgeber, wurden nun sehr un-
sanft geweckt.«

Speer meinte, es müsse eine Weile gedauert haben, bis der Lärm schwerer
Stiefel und auf englisch gerufener Befehle schließlich durch die dicken Wände
und die getäfelte Tür des kleinen Waschraums drang. »Mein Gesicht war
noch voll Rasierschaum, als ich die Tür einen kleinen Spalt öffnete, um zu
sehen, was vor sich ging. Zu meiner Überraschung stand einen Meter vor
mir eine Gruppe von sechs verdutzten Männern in englischen Uniformen.
Ein Sergeant – einer dieser erstaunlichen britischen Feldwebel, wissen Sie,
die im Paradeschritt sehr geräuschvoll auf einen zumarschieren und sich
dann als äußerst höflich herausstellen – fragte: ›Sind Sie Albert Speer, Sir?‹,
und ich antwortete mit meinem Schulenglisch, ja, ich sei Speer. Ich stand da
mit nacktem Oberkörper und Schaum im Gesicht und war völlig verblüfft,
als er vor mir strammstand und sagte: ›Sir, you are my prisoner.‹ Danach
wurden sie recht umgänglich, ließen mich nach oben gehen, meine Sachen
für die Nacht packen und mit meinen Leuten reden, die natürlich in mein
Schlafzimmer gerannt waren. Jemand – Annemarie oder Frau Maguira –
erschien sogar mit Kaffee, Brot und hausgemachter mecklenburgischer Marmelade. Es war so albern, das ist, woran ich später immer wieder dachte –
der Kaffee war zu heiß zum Trinken, und ich konnte im Stehen nichts von
der guten Marmelade essen.«

In Flensburg, nun vereint mit den anderen Mitgliedern der Regierung
Dönitz, mußten alle eine, wie Speer knapp sagte, demütigende körperliche
Untersuchung über sich ergehen lassen. »Sie suchten nach Giftkapseln«, erklärte er mir. Dann machte er ein paar Scherze über die Empörung seiner
ehemaligen Ministerkollegen wegen dieser »unwürdigen Behandlung«, enthielt sich aber einer Schilderung seiner eigenen Gefühle. Man konnte mit
Speer selten über physische Dinge reden; in dieser Hinsicht war er der pri-
vateste Mensch der Welt.

Während er diesen Beginn seiner nächsten Lebensphase schilderte,
schweiften meine Gedanken voraus, zu dem, was dann in seinen Geschichten
kommen würde in den nächsten Tagen, Wochen und Monaten seines Lebens,
und ich fragte mich, ob er, was ihm hier geschehen war, damals mit anderen
Erlebnissen verbunden hat, etwa mit Dora (Jean Michel: »... keine Heizung,

641

keine Lüftung, nicht der kleinste Kübel, um sich zu waschen: Der Tod griff nach uns mit der Kälte, mit Erstickungsgefühlen, mit dem Schmutz, von dem wir starrten ... Die Latrinen waren halbierte Fässer mit darübergelegten Brettern ... Einer der Lieblingsscherze der SS-Aufseher bestand darin, ihre Sklaven, wenn sie auf dem Brett saßen, lachend in das Faß zu stoßen ... Sie lachten und lachten, wenn wir versuchten, aufzustehen und aus der Scheiße herauszukommen ...«). »Ich ging an diesen Männern vorbei und versuchte, ihnen in die Augen zu sehen«, hatte Speer zu mir gesagt. »Sie sahen mich nicht an. Sie standen stramm, bis wir vorbei waren.« Sechzigtausend Menschen wurden nach Dora deportiert, dreißigtausend davon starben. Erkannte er an jenem Tag in Flensburg, daß sich künftig für ihn alles darum drehen würde? Erkannte er an jenem Tag oder in den nächsten Wochen, daß es Männer und Frauen gab, die all das überlebt hatten und die man gegen ihn als Zeugen aufrufen würde?

Interessanterweise überging er im »Spandauer Entwurf« seine Verhaftung und die Einzelheiten der ersten Befragungen vollständig; auch in den Tausenden von Briefen, seinen »Spänen«, die er in der Folgezeit an Wolters schickte, schrieb er nichts darüber und genausowenig in der dritten Folge seiner Korrespondenz, den »spanischen Illustrierten«, den gezielt lustigen Briefen aus Spandau an seine Kinder.

Wieder einmal wußte ich zur Zeit unserer Gespräche nichts von dieser Auslassung und sah deshalb keinen Anlaß, ihn nach dem Grund zu fragen. Ich kannte damals nur, was er in den *Erinnerungen* geschrieben hatte, wo er den vier Monaten Haft, nach deren Ablauf er erfuhr, daß er zu den einundzwanzig Hauptangeklagten des Nürnberger Prozesses zählen würde, sechs eher bemüht humorvolle Seiten widmete.

Annemarie Kempf und Theo Hupfauer teilten bis zu einem gewissen Grad diese nächsten Monate mit Speer und rekonstruierten sie für mich. »Ich sah ihn damals zunächst etwa sechs Wochen lang nicht«, sagte Annemarie. »Nachdem man Speer abgeholt hatte, kamen ein paar englische Soldaten, um auch mich und Edith zu holen. Doch Speers Amerikaner erklärten, sie bräuchten uns, woraufhin die Engländer uns gehen ließen. Wir kehrten eine Zeitlang zu unseren Wohnwagen am Eutiner See zurück. Ich lieh mir ein Fahrrad und radelte zu Frau Speer, siebzig Kilometer entfernt, um ihr zu erzählen, was geschehen war. Sie nahm es ruhig auf – ich habe sie kaum jemals anders als beherrscht erlebt. Cliever war krank geworden, also lieh ich mir, sobald ich zurückkam, ein Boot aus und ruderte die Schlei hinunter, um ihn im Krankenhaus zu besuchen. Aber ich bekam dadurch einen fürchterlichen Sonnenstich und war plötzlich selbst krank. Schließlich – ich glaube, es war um die letzte Juniwoche herum – kamen einige Amerikaner und sagten, Speer brauche uns in Kranzberg und wir sollten ihm auch die Kleider mitbringen, die er in Glücksburg gelassen hatte.«

Hupfauer hatte seine Verhaftung unterdessen eine Zeitlang durch eine vergleichsweise simple Methode umgehen können. Er hatte für sich und seinen Freund Oberst Rommel, einen Neffen des Generals, »lächerlich primitive falsche Papiere« angefertigt, wie er sagte, »die uns angeblich von den amerikanischen Besatzungsbehörden ausgestellt worden waren«. Er und der junge Rommel hatten sich damit langsam nach Süden in Richtung Sonthofen durchgeschlagen. »Ich wollte unbedingt in der Nähe meiner Familie sein.«

Hupfauer und seine Frau klangen immer noch entrüstet, als sie mir erzählten, was in Sonthofen geschehen war. »Man hatte meine Frau aus unserem Haus hinausgeworfen [der Residenz des Burgkommandanten der SS-Eliteschule]«, sagte Hupfauer. »Das Haus wurde vom französischen Gebietskommandeur übernommen, und meine Familie fand in einer Villa Unterkunft, die einem uns bekannten General gehörte.«

»Alles, was wir mitnehmen durften«, sagte seine Frau, »waren ein Koffer für jeden und ein paar kaputte Sachen aus dem Keller. Wir hatten *nichts.*«

»Also so nicht«, korrigierte er sie. »Als ich Mitte April schnell aus Berlin herunterflog, habe ich dir doch alles Geld mitgebracht, das wir auf der Bank hatten.«

»Ja, ja«, wieherte sie, »25 000 Reichsmark, was war das schon! Und dann natürlich wußten wir ja nicht, ob nicht die Russen über uns kommen würden. Erinnerst du dich, was ich dir zuletzt gesagt habe, bevor du gingst?« Er schüttelte den Kopf. »Ich sagte dir, wenn die Russen uns holen, nehm' ich Gift und geb' den Kindern auch Gift.«

»Ja, ja, ja«, sagte er mit langerprobter Nachsicht.

Hupfauer und sein Freund waren als Bauerngehilfen in der Nähe von Sonthofen untergekommen. »Wir haben die Kühe gehütet – oder genauer gesagt, ich habe auf die Ochsen aufgepaßt.«

Die Ironie des Ganzen war, daß er schließlich wegen seines kleinen Sohnes Helmuth aufflog, der, als die Mutter ihre Brotration in der örtlichen Bäckerei abholte, mit kindlichen Worten fröhlich verkündete: »Meins Vati ist da.« Vierundzwanzig Stunden später kamen zwei Amerikaner auf den Bauernhof, berichtete Hupfauer. »›Sie sind Hupfauer‹, sagten sie, und das war's dann.«

Seltsamerweise erkannten die Alliierten nie, welch vergleichsweise bedeutende Position er innegehabt hatte, und obwohl er monatelang von einem Internierungslager zum anderen gebracht wurde und schließlich in Nürnberg landete, wurde er nie als Angeklagter, sondern nur als Zeuge festgehalten.

Das größte Trauma seiner Inhaftierung, sagte er, sei gewesen, als er in jener Woche rein zufällig vorübergehend im Gefängnis des Dorfes landete, in dem er 1917 als Elfjähriger im Internat gewesen war. »Unsere Schule hatte eine gemeinsame Mauer mit dem Ortsgefängnis«, sagte er, »und damals sahen wir eines Tages auf unserem täglichen Ausgang ein verknotetes Leintuch aus dem Fenster einer Zelle hängen und hörten mit größter Erregung, daß in der

Nacht zuvor einem Häftling die Flucht gelungen sei. Wir hatten keine Ahnung, weshalb man ihn eingesperrt hatte, und ich erinnere mich, wie sehr wir alle hofften, daß sie ihn nicht schnappen würden. Und Jahre später dann, ist das zu fassen, steckten mich die Amerikaner nicht nur in dieses Gefängnis, sondern genau in diese Zelle.

Dort war ich auf dem Tiefpunkt angelangt. Mein ganzes Leben stand mir wieder vor Augen, meine Kindheit, unsere Begeisterung über die Flucht des Mannes ... die damalige Fähigkeit zu Freude und Leidenschaft ... und jetzt war ich hier. Und dann, kaum hatte ich mich auf die eiserne Pritsche gesetzt, explodierte direkt vor meinem Fenster eine Handgranate. Es war wahrscheinlich lächerlich, aber ich glaubte fest, sie habe mir gegolten: daß sie versuchten, mich umzubringen. In Wahrheit war es ein betrunkener amerikanischer Soldat, der blöd herumgespielt hatte – es hatte überhaupt nichts mit mir zu tun. Aber es war eine Art Nullpunkt für mich, der einzige Moment in meinem Leben, glaube ich, an dem ich wirklich überlegte, Schluß zu machen.«

Selbstmord?

»Ja, schon möglich; vielleicht nicht so deutlich formuliert, doch irgendwo war es am Rande meines Bewußtseins. Sollte das das Ende sein, oder hatte ich die Kraft, die Stärke, den Mut für einen Neubeginn? Dann zwang ich mich, an meine Frau und die Kinder zu denken ...«

Speer fand die ersten Wochen seiner Haft zutiefst deprimierend, obwohl er weder allein war noch schlecht behandelt wurde. Die Mitglieder der »Regierung Dönitz« wurden zunächst nach Luxemburg geflogen und im Hotel Palace in Mondorf untergebracht, wo sie mit dem Rest der Führung des Dritten Reiches zusammentrafen. Göring und Dönitz brachen einen heftigen Rangordnungsstreit vom Zaun, der nur gelöst werden konnte, indem man vermied, daß die beiden im selben Augenblick einen Raum betraten, und arrangierte, daß sie bei den Mahlzeiten an der Spitze von verschiedenen Tischen saßen. »Ich freute mich einen Moment, als ich dort meinen Freund Brandt wiederfand«, sagte Speer. Doch Brandt sagte ihm bei einem Spaziergang im Hotelpark, wenn die Amerikaner herausfänden, womit er zu tun gehabt habe, »wird es mit mir ohnehin aus sein«.

»Ich glaube nicht, daß damals jemand an die Todesstrafe dachte«, fuhr Speer fort, »aber jetzt, wo ich mich an Brandts Stimme erinnere, hat er vielleicht tatsächlich an so etwas gedacht? Ich weiß noch gut, daß mein Verhältnis zu Göring, für den ich immer eine Schwäche hatte, sich in Mondorf änderte. Er war wirklich auf ganz widerliche Weise arrogant und voller Selbstmitleid. Eines Tages beim Mittagessen sprach Brandt über die Berge und darüber, wie traurig er war, daß sie ihr Haus dort verloren hatten. ›Ach, kommen Sie‹, meinte Göring darauf, ›Sie haben doch gar keinen Grund, sich zu beklagen, wenn Sie so wenig hatten. Aber ich, der ich so viel hatte, überlegen Sie mal, was das für mich bedeutet.‹ Ich saß mit dem Rücken zu Dönitz und hörte ihn zu seinem Nachbarn murmeln: ›Ja, und alles gestohlen.‹ Er hatte natürlich recht – und das war die Führung unseres Reiches!«

Nach zwei Wochen wurde Speer mitgeteilt, daß er verlegt werde. »Alle glaubten mehr oder weniger, daß ich freigelassen würde, und das führte zu einer äußerst optimistischen Stimmung«, sagte er. »›Da haben wir's‹, meinte Göring, als er die Limousine sah, die in der Einfahrt auf mich wartete. ›Ich habe immer gewußt, daß sie es ohne uns nicht schaffen würden.‹«

Speers Verlegung nach Versailles, wo Eisenhower sein Hauptquartier im Trianon-Palace-Hotel eingerichtet hatte (in dem Speer gewohnt hatte, als er 1937 den deutschen Pavillon für die Pariser Weltausstellung entworfen hatte), diente nur weiteren Verhören, allerdings unter etwas weniger luxuriösen Bedingungen. In dem kleinen Schloß Chesnay, wo man Speer im dritten Stock ein winziges Hinterzimmer mit Feldbett, einem Stuhl und einem schmalen, mit Stacheldraht abgedeckten Fenster zuwies, traf er die meisten Techniker und Wissenschaftler wieder, die für ihn gearbeitet hatten. »Ich war nur einige Tage dort«, sagte Speer, »und niemand belästigte mich. Aber es war schrecklich klaustrophobisch. Was mich dort gerettet hat, war, als der britische Kommandeur mich zu einer Spazierfahrt mitnahm. Es war seltsam, wissen Sie: Zweimal während dieser ersten Haftzeit waren es Engländer, die mir zu Hilfe kamen. Mit diesem Major der Fallschirmjäger – ich weiß seinen Namen nicht mehr – fuhr ich nach Paris; wir kamen durch St. Germain und Bougival, wo ich in den vergangenen Jahren oft mit französischen Künstlern in dem wunderbaren Coq Hardi zu Abend gegessen hatte – mit Vlaminck, [dem Pianisten] Alfred Cortot und anderen –, und dann schlenderten wir die Quais entlang und sahen uns die Stände an. Ich war furchtbar traurig, aber ich kaufte einen Druck wie irgendein Tourist, und – wie albern – es gab mir das Gefühl, ein Mensch zu sein.«

Ein paar Tage später, als Eisenhower sein Hauptquartier nach Frankfurt verlegte, wurden auch Speer und die Techniker dorthin gebracht, diesmal auf offenen Lastwagen mit Holzbänken. Nach einer Nacht im Mannheimer Gefängnis trafen sie in Schloß Kranzberg ein – demselben Schloß, das Speer 1939 zum Hauptquartier Görings ausgebaut hatte. »Ich hatte damals einen zweistöckigen Flügel für Görings Heer von Dienstboten angebaut«, sagte er. Alle Techniker und Wissenschaftler, denen er schon in Frankreich begegnet war, wie auch alle anderen Deutschen, die womöglich Informationen über die technischen Aspekte des Krieges liefern konnten – Raketenkonstrukteure wie Wernher von Braun, Finanzfachleute wie Hjalmar Schacht und Entwicklungsingenieure wie Ernst Heinkel und Ferdinand Porsche –, wurden nun hierhergeholt und im Dienstbotenflügel untergebracht.

»Mit dem Porsche teilte ich ein Zimmer«, berichtete Hupfauer. »Speer hatte natürlich ein Zimmer für sich. Aber wir konnten uns dort ziemlich frei bewegen und wurden gut behandelt. Wir bekamen das gleiche Essen wie die Amerikaner, wir durften uns gegenseitig besuchen und im Park spazierengehen. Die meisten von uns – im Grunde alle außer Speer – verbrachten die meiste Zeit zusammen. Ich stellte sofort eine Sportgruppe auf die Beine, Morgengymnastik. Dazu kamen alle, außer Speer – und nachmittags Spiele. Abends hörten wir Musik. Speer schottete sich ab. Wir durften alle unsere Sekretärinnen bei uns haben, um unsere Unterlagen zusammenzustellen; auch meine kam. Doch Speer sprach mit niemandem, bis Annemarie Kempf eintraf, und dann nur mit ihr.

Ich habe ihn einmal gefragt: ›Warum? Warum leisten Sie uns nicht Gesellschaft?‹ Und wissen Sie, was er sagte? Er sagte: ›Ich bereite mich auf zwanzig Jahre vor.‹ Ich weiß noch, wie ich antwortete: ›Ach, kommen Sie – entweder man erschießt uns oder man läßt uns laufen.‹ Aber er schüttelte den Kopf. Ich habe seither oft darüber nachgedacht. Wie konnte er das ahnen? Ausgerechnet diese Zahl zwanzig? Jedenfalls blieb er distanziert und für sich …«

Hupfauer hatte nicht das Gefühl, daß Speer in Kranzberg begann, Reue zu empfinden. »Nein, eigentlich nicht. Wir wußten alle, daß ein Prozeß vorbereitet wurde, obwohl der Name Nürnberg nie erwähnt worden war; und da alle Gefangenen in Kranzberg Techniker und keine Politiker waren, glaube ich, daß wir alle davon ausgingen, als Zeugen und nicht als Angeklagte vernommen zu werden.«

Er hatte sich nicht als Politiker eingeschätzt. »Warum sollte ich?« sagte er, und er klang überrascht bei dieser Vorstellung. »Ich war Fachmann für Arbeitsfragen.«

Und Sonthofen, fragte ich, war er dort als Experte für Arbeitsfragen angestellt?

»Nein«, sagte er kühl, »als Repräsentationsfigur.«

»Als Edith und ich nach Kranzberg kamen«, erinnerte sich Annemarie, »trafen wir wirklich fast nur alte Freunde. Alle waren da: Hettlage, Frank, Nagel, Hupfauer, Wernher von Braun, die Direktoren der IG Farben, Thyssen, Krupp, sämtliche Mitarbeiter des Geologischen Instituts in Berlin.* Die Frauen waren in Doppelzimmern im Turm untergebracht. Die Männer wohnten im Anbau, doch gingen wir gemeinsam im kleinen Park spazieren, saßen in der Sonne und aßen zusammen. Sehr gutes Essen und reichlich. Wir waren wirklich viel besser dran als die Leute draußen.«

Doch Speer hatte sich seit Glücksburg verändert, sagte sie. »Er schien sehr niedergeschlagen, als ich ankam. Ich glaube, ein Problem war, daß nicht viel

---

* Werner Heisenberg und die Atomwissenschaftler hatte man inzwischen schon nach England gebracht, in das von der Außenwelt abgeschirmte und sorgfältig mit Wanzen ausgestattete Farm Hall.

passierte. Sie hatten eine Riesenmenge an Unterlagen hergebracht, vor allem aus Berlin, aber niemand tat viel oder stellte viele Fragen. Wenn Sie mich fragen, was der Unterschied zwischen ihm und all den anderen war, kann ich ihnen zwei nennen. Erstens hatten alle anderen im Grunde das Gefühl, es sei ungerecht, daß sie dort sein mußten; keiner von ihnen – bitte glauben Sie mir – *keiner* hatte das Gefühl, etwas Falsches getan zu haben oder auch nur darin *verwickelt* gewesen zu sein. Und deshalb war sich zweitens keiner irgendeiner Verantwortung oder Schuld bewußt. Speer dagegen glaubte nicht, er sei zu Unrecht dort. Und obwohl Hupfauer vielleicht recht hat, wenn er sagt, daß er bei ihm keine ›Reue‹ bemerkt habe, wurde sein Gefühl der ›Verantwortung‹, das ich schon erwähnte, während dieser Monate in Kranzberg noch viel stärker. Ich bin mir ziemlich sicher, daß er zu dem Zeitpunkt, als wir erfuhren, daß man ihn in Nürnberg anklagen würde, schon entschlossen war – nicht, sich schuldig zu erklären, aber formell die Verantwortung zu übernehmen.«

Annemarie hatte nicht den Eindruck, daß dies eine Taktik oder Strategie war. »Ich weiß, daß seine Kritiker dies später behaupteten, aber ich glaube das nicht. Für ihn war es ein moralischer Imperativ. Von Anfang an war das sein Rettungsanker, nicht für sein physisches, sondern für sein moralisches Überleben. »Recht bald nach meiner Ankunft begannen wir zu arbeiten. Er diktierte mir zuerst ein langes Papier über die ›verbrannte Erde‹; dann schlug ihm ein gescheiter Offizier – ich weiß nicht, ob Engländer oder Amerikaner – vor, einen Aufsatz darüber zu schreiben, wie er die künftige Entwicklung Deutschlands innerhalb Europas sah. Danach baten sie ihn um eine Einschätzung aller Mitarbeiter des Ministeriums; das war eigentlich bei den Verhören, aber ich habe alles mitstenographiert und es dann abgetippt. Und dann kam natürlich zum Schluß noch dieser britische Geheimdienstoffizier, mit dem er sich besonders gut verstand.«

Im Jahr 1978 gab mir Speer Kopien der beiden Papiere, zu deren Niederschrift man ihn aufgefordert hatte, und erzählte von seinen Gesprächen mit Captain Hoeffding vom Geheimdienst der britischen Armee. »Er war ein besonders intelligenter und sensibler junger Mann«, sagte Speer. »Er berichtete mir, daß ›sie‹ – ich nahm an, er meinte die Leitung von ›Dustbin‹ – bemerkt hätten, wie niedergeschlagen ich sei. Da man noch lange Zeit Informationen von mir benötigen würde, sei man besonders daran interessiert, mir beizustehen, mein Gleichgewicht aufrechtzuerhalten. Hoeffding hielt meinen Aufsatz über die Zukunft Deutschlands für interessant, wenn auch recht weitschweifig.« Er lachte. »Er hatte natürlich vollkommen recht, das werden Sie sehen, wenn Sie ihn lesen. Interessant für mich war, daß er den Grund dafür verstand. Er sagte, daß man mich aufgefordert habe, meine Gedanken über die Zukunft zu Papier zu bringen, weil man meinte, das würde mich von der Vergangenheit ablenken. Was mir dabei allerdings tatsächlich passierte, war, daß ich immer wieder an die Vergangenheit dachte. Und deshalb war er zu der Auffassung gelangt, es wäre vielleicht besser, mein Bedürfnis, über die Vergangenheit nachzudenken oder zu reden, für etwas Nützliches einzusetzen ...«

(Dagegen sagte Speer mir *nichts* von der achtseitigen Bewertung seiner Mitarbeiter im Ministerium, die er für seine Befrager anfertigte; ich fand sie später im amerikanischen Nationalarchiv. Deshalb fragte ich Annemarie, wie die Ministeriumsleute in Kranzberg reagiert hätten, wenn sie gewußt hätten, daß ihr ehemaliger Minister den Siegern derartige Informationen lieferte.

»Ich glaube, das hätte sie sehr gestört«, sagte sie, »obwohl er, wie Sie sicher bemerkt haben, praktisch nichts Negatives sagte, außer natürlich über Saur und Dorsch.« Speer schätzte Dorsch als »verwerflichen, rücksichtslosen Charakter« ein und Saur als »zu ehrgeizig und unrealistisch, aber gut an zweiter oder dritter Stelle. Sehr fleißig und mit einem außergewöhnlichen Zahlengedächtnis.«)

»Als Captain Hoeffding mir vorschlug, Profile von Hitlers Leuten zu schreiben«, fuhr Speer fort, »sagte er, daß er mich diesmal nicht bitten werde, das Papier wie das vorhergehende allein zu schreiben; er wolle statt dessen bei mir bleiben und mir mit Fragen weiterhelfen. Ich arbeitete von Anfang Juli bis fast Ende September daran. Ich fand die Arbeit äußerst interessant, besonders weil sie von mir verlangte, über die innere Verfassung der Menschen nachzudenken und weniger über ihre offensichtlicheren äußeren Motive. Das war für mich eine Herausforderung. Es machte mir Spaß, und als ich fertig war, fühlte ich mich so gut wie seit Monaten nicht mehr.«

Ein paar Tage später wurde ihm eröffnet, daß man ihn wegen Kriegsverbrechen anklagen werde. Zwei Wochen danach wurde er nach Nürnberg verlegt.

XXII

Eine gemeinsame Verantwortung

Nürnberg, 21. November 1945

LAWRENCE [Vorsitzender des Gerichts]: Ich rufe nunmehr die Angeklagten auf, um sich zu erklären, ob sie sich im Sinne der Anklage als schuldig oder nicht schuldig bekennen. Sie mögen der Reihe nach vor das Mikrofon in der Anklagebank treten. Hermann Wilhelm Göring!

GÖRING: Bevor ich die Frage des Hohen Gerichtshofs beantworte, ob ich mich schuldig oder nicht schuldig bekenne …

LAWRENCE: Ich habe dem Gerichtshof bekanntgegeben, daß die Angeklagten nicht das Recht haben, eine Erklärung abzugeben. Sie müssen sich als schuldig oder nicht schuldig bekennen.

GÖRING: Ich bekenne mich im Sinne der Anklage nicht schuldig.

LAWRENCE: Rudolf Heß!

HESS: Nein.

LAWRENCE: Dies wird als nicht schuldig protokolliert. [Gelächter.] Wer die Gerichtsverhandlung stört, hat den Gerichtssaal zu verlassen. Joachim von Ribbentrop!

RIBBENTROP: Ich bekenne mich im Sinne der Anklage für nicht schuldig …

LAWRENCE: Albert Speer!

SPEER: Nicht schuldig.

Als man Churchill zum erstenmal die Idee eines internationalen Kriegsverbrechertribunals vorschlug, sprachen er und sein Außenminister Anthony Eden sich vehement dagegen aus; sie traten für die standrechtliche Erschießung der wichtigsten Naziführer ein, an die sich in den einzelnen Staaten Tribunale gegen die Personen anschließen sollten, denen weniger schwer wiegende Verletzungen des Kriegsrechts vorgeworfen wurden. Dies wäre eine Tragödie gewesen, und was immer wir vom Nürnberger Experiment halten mögen, wir müssen dankbar sein, daß es dieser anderen Möglichkeit vorgezogen wurde.

Über den Prozeß gibt es viele hervorragende Bücher, und jeder der Autoren hat sich ausführlich zu den offensichtlichen Mängeln des Verfahrens geäußert. Ich werde sie daher nur beiläufig erwähnen und nur insofern, als dadurch der Gang der Verhandlung, soweit sie Speer betraf, verständlicher wird.

Bei der Vorbereitung des Nürnberger Tribunals stellten sich zwei grundsätzliche Probleme. Zum einen war es trotz aller Bemühungen um die strikteste Objektivität des Gerichtshofs zweifellos ein Prozeß der Sieger über die Besiegten. Die Alternative dazu wäre ein (auch heute noch nicht existierender) dem Internationalen Gerichtshofs in Den Haag angegliederter ständiger Gerichtshof für Kriegsverbrechen gewesen, der nicht allein die Aufgabe gehabt hätte, den Naziverbrechern den Prozeß zu machen, sondern der sich mit *allen* Kriegsverbrechen hätte befassen müssen, wer immer sie begangen hatte. Wenn eine solche Möglichkeit kaum in Betracht gezogen wurde, dann keineswegs nur deshalb, weil zu den Staaten, die über Deutschland zu Gericht sitzen würden, unweigerlich die Sowjetunion zählte, die viele gleichartige Verbrechen begangen hatte, oder weil im Hinblick auf die Zukunft keiner der beteiligten Staaten ein derart unzweideutiges Vorhaben zu unterstützen gewagt hätte.

Der Hauptgrund war vielmehr, daß Hitler, vielleicht mehr als irgendein anderer Politiker oder Staatsmann in der Geschichte, vorsätzlich und in vollem Bewußtsein alle denkbaren Regeln des Krieges und der Moral verletzt und damit den leidenschaftlichen Abscheu fast der ganzen Welt auf sich gezogen hatte.

Das zweite Problem wird deutlich, wenn man sich die gewaltigen Dimensionen des Unternehmens vor Augen hält: die Tatsache, daß im Grunde einem ganzen politischen System der Prozeß gemacht werden sollte, die Zahl der potentiellen Angeklagten und Zeugen, die Menge der notwendigen Dokumente, die erforderlichen Sicherheitsmaßnahmen, die Kosten des Verfahrens und schließlich den Umstand, daß nur sehr wenige Mitgliedsstaaten der Vereinten Nationen als neutral gelten konnten. Angesichts dessen mußten alle anderen Lösungen außer der, für die man sich entschied, als undurchführbar erscheinen.

Die Forderung nach einem Prozeß war zunächst aufgrund der Verbrechen gegen Menschen laut geworden, die die Nazis in ihren Vernichtungs-,

Konzentrations- und Arbeitslagern in Deutschland und im besetzten Europa begingen. Doch obwohl in einer Reihe von Erklärungen Vergeltung angekündigt wurde (in St. James 1942, Moskau 1943 und Jalta 1945), enthielt keine dieser Erklärungen konkrete Formulierungen. Weder die Vereinigten Staaten noch Großbritannien wollten Deutschland zu Repressalien gegen seine vielen alliierten Kriegsgefangenen provozieren, und weder die Briten noch die Amerikaner schenkten ohne weiteres den grauenhaften Berichten Glauben, die zumeist aus jüdischen Quellen in Osteuropa zu ihnen gelangten. Die konkrete Vorbereitung des Prozesses begann erst, als die Alliierten auf dem europäischen Kontinent wieder festen Fuß gefaßt hatten, und selbst dann noch waren zahlreiche transatlantische Konferenzen nötig, um den rechtlichen Rahmen abzustecken. Inzwischen waren bereits tiefe Risse zwischen den kulturellen und juristischen Vorstellungen der einzelnen Alliierten sichtbar geworden, die das Tribunal bis zum Schluß belasten sollten.

Widerstrebend und mit zahlreichen Stockungen gelangte man schließlich zu der Übereinkunft, das Verfahren auf der Grundlage von vier Anklagepunkten zu führen, die weit über die ursprüngliche Absicht hinausgingen. (Die ersten beiden Punkte sollten für viele Beobachter logisch wie rechtlich fragwürdig bleiben.) Sie lauteten:

ANKLAGEPUNKT EINS: »Gemeinsamer Plan oder Verschwörung« [mit dem Ziel der Planung und Führung von Angriffskriegen], die gleichzeitig Kriege unter Verletzung internationaler Verträge, Vereinbarungen und Zusicherungen waren.

ANKLAGEPUNKT ZWEI: »Verbrechen gegen den Frieden« – Planen, Vorbereitung, Einleitung oder Durchführung eines Angriffskrieges oder eines Krieges in Verletzung internationaler Verträge ...

ANKLAGEPUNKT DREI: »Kriegsverbrechen« – Verletzung der Kriegsgesetze oder -gebräuche ... Ermordung, Mißhandlung und Verschleppung der Zivilbevölkerung der besetzten Gebiete zum Zwecke der Sklavenarbeit und für andere Zwecke, die Ermordung und Mißhandlung von Kriegsgefangenen und von Personen auf hoher See ... die Tötung von Geiseln, die Plünderung ... unterschiedslose Vernichtung ... und Verwüstungen, die durch keine militärische Notwendigkeit geboten waren.

ANKLAGEPUNKT VIER: »Verbrechen gegen die Menschlichkeit« – Ermordung, Ausrottung, Versklavung, Deportation und andere unmenschliche Handlungen gegen die Zivilbevölkerung vor oder während des Krieges ... Verfolgung aus politischen, rassischen und religiösen Gründen ... in Verbindung mit einem Verbrechen, für das der Gerichtshof zuständig ist ...

Die Vereinigten Staaten trugen administrativ und finanziell die Hauptlast des Verfahrens, was, obwohl unvermeidlich, immense psychologische Probleme verursachte.

Das – unabwendbare – Hauptproblem war die Teilnahme der Sowjetunion. Die Deutschen hatten dieses Land auf brutale Weise besetzt und Hunderttausende seiner Einwohner grausam mißhandelt, und es hatte mehr als jedes andere unter dem Krieg gelitten – zwanzig Millionen sowjetischer Männer und Frauen waren umgekommen, eine geradezu unvorstellbare Zahl. Doch die Sowjetunion und die Vereinigten Staaten bewegten sich in ihren Beziehungen am Rand eines Vulkans; der Kalte Krieg war im Entstehen und warf bereits seinen Schatten voraus. (Churchill hielt seine »Eiserner-Vorhang-Rede« in Fulton in Missouri im März 1946, also in der Mitte des Nürnberger Prozesses.)

Frankreich war in einer zwiespältigen Lage, denn die Vichy-Regierung von Pétain und Laval hatte eifrig mit den Nazis kollaboriert, insbesondere beim Mord an den Juden. Dennoch hatte Frankreich eine lange und schmerzhafte Besatzungszeit durchlebt, und Zehntausende junger Franzosen waren zur Zwangsarbeit nach Deutschland deportiert worden.

Großbritannien, könnte man sagen, war am Ende des Krieges Europas Bastion der Integrität. Das Land hatte den Krieg ein Jahr lang allein bestritten, Flüchtlingen vor der deutschen Okkupation Zuflucht gewährt, vier Jahre lang den im Untergrund geführten europäischen Widerstand gegen die Nazis unterstützt und, während es selbst andauernden und höchst effektiven Bombardierungen ausgesetzt war, einen Großteil der Luftangriffe gegen Deutschland geführt, die für den Kriegserfolg entscheidend waren. Und es war England, das, während seine Streitkräfte schon jahrelang für die Befreiung Europas und des Fernen Ostens kämpften, gleichzeitig Hunderttausende von Soldaten fremder Armeen beherbergte. Und von hier begann die Invasion, das größte militärische Unternehmen der Weltgeschichte. Am Ende war Großbritannien fast ruiniert; der Krieg hatte das Land eine halbe Million Tote oder Vermißte gekostet und führte zum Ende des Britischen Empire. In Nürnberg vertrat Großbritannien außerdem nicht nur sich selbst und sein Empire, sondern alle Staaten, deren Exilregierungen das Land während des Krieges Gastfreundschaft gewährt hatte und die zwar ausnahmslos unter den Nazis gelitten hatten, aber in Nürnberg kein direktes Mitspracherecht besaßen.

Im Vergleich zu diesen Ländern, denen die Nazis so bitteres Leid zugefügt hatten, war Amerika – von den anderen zugleich gebraucht und beargwöhnt – unversehrt, gesund und reich. Abgesehen davon herrschte in Amerika aber auch ein eigentümlicher Mangel an wirklichem Wissen über Europa. Während die Briten nach dem Krieg Historiker, Juristen und Nationalökonomen mit Recherchen im Nachkriegsdeutschland und dem

Verhör von Nazis beauftragten, vertrauten die Amerikaner viele ihrer Untersuchungen leidenschaftlich involvierten, aber vergleichsweise wenig ausgebildeten deutschen Immigranten an, deren Bewältigung dieser Aufgaben die anderen Bündnispartner oft mißbilligten.

Speer war sich dieser unterschwelligen Strömungen deutlich bewußt, und gegen Ende des Prozesses – obwohl noch keineswegs sicher, daß er am Leben bleiben würde, könnte oder auch nur sollte – bediente er sich ihrer, um sein Überleben zu sichern.

Hans Flächsner, im ersten Jahr des 20. Jahrhunderts geboren, war fünfundvierzig, als ihn im August 1945 ein Amerikaner aufsuchte – »In Berlin geboren wie ich«, sagte er. »Er fragte mich, ob ich bereit wäre, als Verteidiger bei den Nürnberger Prozessen, die gerade vorbereitet wurden, mitzuwirken. Ich glaube, sie versuchten zuerst, nur Kandidaten auszuwählen, die nicht in der [Nazi-]Partei waren, also war ich als Erzliberaler, der für die Nazis nie geeignet war, eine naheliegende Wahl; am Ende mußten sie dieses Ziel sowieso aufgeben – es gab zu wenige, die nicht in der Partei gewesen waren.«

Flächsner war ein außergewöhnlich bescheidener und humorvoller Mensch. Ich besuchte ihn immer in seinem Büro in einer großen, schön ausgestatteten Berliner Rechtsanwaltskanzlei, die offensichtlich viele wohlhabende Mandanten hatte. Obwohl er damals (1984) das Pensionsalter schon weit überschritten hatte, übernahm er weiterhin wichtige Fälle. Aber im Jahr 1945 hatte er noch allein gearbeitet und war nicht sofort bereit gewesen, dem Ruf nach Nürnberg zu folgen.

Viele Jahre zuvor war Flächsner merkwürdigerweise vorübergehend Görings Anwalt gewesen. »Damals war ich vierundzwanzig«, sagte er. »Er kam, glaube ich, ganz zufällig auf mich.« Göring war beim Münchner Putsch vom 9. November 1923 verletzt worden. »Er hatte dreizehn Schußwunden«, berichtete Flächsner. »Seine Kameraden spritzten ihn voll mit Morphium und schmuggelten ihn nach Österreich, weil er in Deutschland verhaftet worden wäre; damals begann seine Drogenabhängigkeit. In der Folgezeit machte er drei Entziehungskuren. Alle mißlangen. Da habe ich ihn vertreten, in drei Prozessen wegen Nichtzahlung von Honoraren. Er war schon damals derselbe wie später und meinte, er sei nicht verpflichtet zu zahlen, da die Kuren nicht gewirkt hätten.

»Nürnberg«, sagte er, »war nicht etwas, wofür man sich einfach entscheiden konnte, ohne es vorher mit der Familie und Freunden durchzusprechen. Man wußte im voraus, daß es beruflich gesehen natürlich faszinierend sein würde, aber gesellschaftlich, na ja« – er lächelte – »als einzelner kleiner Anwalt konnte man nicht so leicht wagen, sich zu isolieren. Es bestand das Risiko, sich allen zu entfremden, die man kannte. Aber als dann Ende September derselbe Mann wieder auftauchte, sagte ich zu. Letzten Endes war es unwiderstehlich. Aber obwohl ich ihn danach fragte, sagte er mir nicht, wen ich vertreten würde.

Dann, am 1. November, kamen drei Amerikaner – ein Oberst und zwei Herren vom amerikanischen Justizministerium – und nahmen mich in einem Flugzeug nach Nürnberg mit, wo sie mich gleich nach der Ankunft zum Frühstück ins Grand Hotel mitnahmen. Das war phantastisch.« Während der harten ersten Nachkriegsmonate war Flächsners Gewicht auf 54,5 Kilo gesunken. Er lachte: »Das war lebensrettend. War ich vielleicht *hungrig!* Nach dem Frühstück gingen wir zum Gericht. Ich war sehr beeindruckt. Der Generalsekretär des Gerichts, Colonel Harold B. Willey, war ein außerordentlich liebenswürdiger Mann. Ich stellte später fest, daß es viele Amerikaner wie ihn gab – sie waren, wie soll ich's sagen, ja also *nett,* sogar liebenswert. Das war für mich eine ungeheuer erfreuliche Entdeckung. Sie boten mir an diesem Morgen Speer, Kaltenbrunner oder Heß an. Ich sagte: ›Nur Speer.‹«

Als Flächsner ankam, hatte Speer schon einen Monat im Nürnberger Gefängnis verbracht. »Die erste Woche war arg«, sagte er mir. »Später habe ich eine Menge Gefängnisliteratur gelesen und gemerkt, daß es offenbar allen Häftlingen so ergeht.«

Während dieser ersten Wochen waren sie, sagte Speer, in strenger Einzelhaft in einer dunklen Zelle im Erdgeschoß, die nur mit einem Strohsack auf dem Fußboden und drei Decken ausgestattet war – schmutzigen Decken, wie er sagte. »Görings Zelle lag gegenüber. Wenn sie die Gucklöcher in unseren Türen öffneten, was jede Stunde mehrere Male geschah, konnte ich ihn hin und her gehen sehen.« Sonst sah er niemanden, mit Ausnahme der Kantinengehilfen, die dreimal täglich ein Tablett mit Essen brachten, und eines deutschen Friseurs, der ihn nach dem Frühstück in Anwesenheit eines GI-Wärters rasierte, ohne ein einziges Wort zu sagen. In dieser ersten Woche durften sie weder Zeitungen noch Bücher haben. »Die eine Glühbirne an der Decke wäre ohnehin nicht hell genug zum Lesen gewesen«, sagte er; das Licht ging um sechs Uhr in der Frühe an und um halb neun wieder aus, »obwohl praktisch kein Tageslicht durch das kleine, vergitterte Fenster drang«. Von sechs bis acht Uhr abends wurde das Licht wieder angedreht, danach war es dunkel.

(Als unsere erste dreiwöchige Gesprächsphase zur Hälfte vorbei war, fragte ich ihn, ob diese Haftbedingungen ihn an das Leiden der Sklavenarbeiter in den Lagern von Krupp oder in Dora erinnert hätten. Er schien verblüfft. »Nein«, sagte langsam, er habe nie einen solchen Vergleich gezogen. Dann sah er mich eine ganze Zeitlang an, ohne ein Wort zu sagen. »Sie sind ganz schön gefährlich«, sagte er schließlich.

Das sei kein Versuch gewesen, ihn zu überlisten, meinte ich. »Nein, das glaube ich auch nicht«, sagte er, »aber Sie stellen mir unbeantwortbare Fragen, stimmt das nicht? Haben Sie wirklich geglaubt, das hätte mich an die Sklavenarbeiter erinnert?«

Offen gestanden nein, sagte ich. »Ich glaub' nicht, daß Ihnen das je eingefallen wäre.«

»Warum nicht?« fragte er.

»Weil Sie sich selbst unter den schlimmsten Umständen nicht auf derselben oder einer ähnlichen Ebene gesehen hätten.«

Wieder schwieg er längere Zeit. »Das ist furchtbar«, sagte er schließlich. »Und noch furchtbarer ist, daß es stimmt – oder zumindest damals stimmte. Ich kann nur hoffen, daß es heute nicht mehr so ist.«)

Nach der ersten Haftwoche in Nürnberg wurde Speer in eine Zelle im dritten Stock verlegt, in der er ein sauberes Feldbett, Tisch und Stuhl sowie, wichtiger noch, ein Fenster vorfand, dessen kleine obere Scheibe er öffnen konnte. »An meinem ersten Tag dort oben war es draußen sonnig; ich nahm eine Decke vom Bett, breitete sie auf dem Fußboden aus und legte mich in die Sonne. Ich war so glücklich; ich kann Ihnen gar nicht sagen, wie glücklich ich war.«

Während der nächsten beiden Wochen unterzogen ihn amerikanische Ankläger sechs Verhören; der amerikanische stellvertretende Chef der Anklage, Thomas Dodd, sagte Speer, war der aggressivste. Die starke Antipathie gegen ihn, die Speer in Dodd vermutet hatte, zeigte sich deutlich am 11. Dezember, als er die Anklage gegen Speer erhob. Die sowjetischen Vertreter fand Speer dagegen überraschend höflich, ein Eindruck, den er freilich revidieren mußte, als er am 1. Juni 1946 vom Hilfsankläger für die UdSSR, M. Y. Raginsky, in ein scharfes Kreuzverhör genommen wurde.

Speer kannte die Anklage gegen seine Person schon seit zwei Wochen, als er zum erstenmal mit Flächsner zusammentraf. Am 19. Oktober hatte Major Airey Neave ihn wie auch alle anderen Angeklagten in seiner Zelle aufgesucht, um ihm die Anklageschrift zu überreichen.

Neave, 1945 neunundzwanzig Jahre alt, war dank seines Oxforder Abschlusses in internationalem Recht, seiner fließenden Deutschkenntnisse und seiner fünfjährigen Geheimdiensterfahrung in die British War Crimes Executive gelangt. Er war, wie Rebecca West ihn beschreiben sollte, ein ganz besonderer Mensch, »mit jener besonderen Qualität, die die Römer ›pietas‹ nannten«. Tausende von Briten waren erschüttert, als er im März 1979 als damaliger Unterhausabgeordneter für Abingdon einem Attentat der IRA zum Opfer fiel. Ein knappes Jahr zuvor hatte er sein berühmtes Buch *Nuremberg* veröffentlicht.

Als Speers Zellentür an jenem Oktobernachmittag aufgestoßen wurde, hatte Major Neave, begleitet von Harold B. Willey, dem Generalsekretär des Gerichtshofs, und Oberst Burton C. Andrus, dem Gefängnisdirektor, das »Bündel«, wie Willey es salopp nannte, schon bei zwölf der anderen Angeklagten abgeliefert. Neave nahm seinen Auftrag, diesen Männern die Anklageschrift vorzulegen, die der amerikanische Richter Francis Biddle und sein Stellvertreter John Parker ihm gegenüber tags zuvor »das wichtigste Rechtsdokument in der Geschichte der Menschheit« genannt hatten, nicht auf die leichte Schulter. Er wußte zu dem Zeitpunkt, als er den Angeklagten gegenübertrat, bereits eine ganze Menge über sie, und er studierte sie und ihre Reaktionen wie ein Wissenschaftler am Mikroskop.

Neave war für diese Aufgabe besonders gut qualifiziert. Er hatte ungewöhnliche Kriegserfahrungen hinter sich, darunter eine Reihe schmerzhafter Begegnungen mit der Gestapo, nachdem er während einer geheimdienstlichen Mission in Polen gefaßt worden war, und eine recht spektakuläre Flucht aus Colditz, dem strengen Lager für ranghohe Kriegsgefangene. Drei Jahre lang vermittelte er seine Erfahrungen jungen Männern und Frauen aus verschiedenen Ländern, die für den Geheimdienst im besetzten Europa bestimmt waren. Nachdem er zur War Crimes Executive abgestellt worden war, hatte er sich mit der Sammlung von Beweismaterial gegen Gustav Krupp und dessen Sohn Alfried befaßt; in seinen Fabriken und Werkstätten in Essen und Schlesien hatte Krupp etwa siebzigtausend Zwangsarbeiter, darunter viele Frauen, unter brutalsten Bedingungen beschäftigt. Ein Teil seiner Recherchen galt dem Beweismaterial gegen den, wie er im Buch schrieb, »Architekten der Massenversklavung durch die Nazis, Albert Speer«, aus dem offenbar hervorging, daß unter Speers Ägide 4 795 000 ausländische Arbeitskräfte aus ihrer Heimat zur Zwangsarbeit nach Deutschland verschleppt worden waren.

Neave stellte sich in jeder Zelle mit denselben Worten vor: »Ich bin Major Neave. Der Internationale Militärgerichtshof hat mich beauftragt, Ihnen ein Exemplar der Anklageschrift zu überreichen, in der Sie als Angeklagter aufgeführt sind.« Den Beschuldigten wurden außerdem eine Kopie des Statuts des Tribunals und eine Liste mit vierzig Namen »genehmigter« deutscher Rechtsanwälte überreicht. »Ich bin ebenfalls gehalten, Ihnen den Artikel 16 des Statuts des Tribunals zu erläutern … Sie haben das Recht, ihre Verteidigung vor Gericht selbst zu führen oder die Hilfe eines Verteidigers in Anspruch zu nehmen.« Anschließend teilte Neave ihnen mit, daß er am nächsten Tag zurückkehren werde, um ihre Entscheidung entgegenzunehmen.

Man kann ohne Übertreibung sagen, daß Neave gegen jeden der zwölf Männer, denen er an diesem Nachmittag vor Speer die Anklageschrift überreichte, tiefen Widerwillen empfand. Und obwohl seine Reaktion auf Speer, wie sein Buch später zeigte, vielschichtiger war, machte er sich auch ihm gegenüber keine Illusionen, besonders nachdem er später die Gerichtsprotokolle wie zum Beispiel die folgende Befragung Speers studiert hatte.

[Jackson verliest im Kreuzverhör mit Speer am 21. Juni 1946 Dokument 258, ein Affidavit über die Zustände bei Krupp, verfaßt von Dr. Jäger, der auch als Zeuge auftrat:] »Die Lagerinsassen ... waren meist jüdische Frauen und Mädchen aus Ungarn und Rumänien. Anfang des Jahres 1944 wurden [sie] ... nach Essen gebracht und bei der Firma Krupp zum Arbeiten eingesetzt. Die Unterbringung und Verpflegung der Lagerhäftlinge war unter aller Würde ... Morgens um fünf Uhr war Wecken ... In den meisten Fällen war es den Häftlingen nicht möglich, sich täglich zu waschen ... Verpflegung gab es morgens nicht ... Notdürftig bekleidet mit schlechtem Fußwerk, teils ohne Schuhe ... ging der Marsch bei Regen- und Schneewetter eine dreiviertel Stunde zur Fabrik. Um sechs Uhr begann die Arbeitszeit ... [sie] betrug täglich zehn bis elf Stunden ...« Ihrer Meinung nach ist das wohl auch eine Übertreibung? [Speer antwortet vorsichtig:] ... Ich [will] mich vor meiner Verantwortung hier nicht drücken ... aber die Zustände waren nicht so ... Es scheint sich um ... eines dieser kleinen Konzentrationslager zu handeln, die in der Nähe des Betriebes waren. Die Betriebe konnten diese Lager nicht besichtigen ... soviel ich weiß, sind die anderen Arbeitslager nicht bewacht worden von der SS ...

Jackson wandte sich daraufhin einem anderen Dokument zu, D-313 (USA 901), der Aussage eines polnischen Arztes in einem Lager für polnische, französische und später auch russische Kriegsgefangene, die für Krupp in Essen arbeiten mußten. »Soweit ich verstanden habe«, sagte Jackson, »handelte es sich um ein Kriegsgefangenen- und Arbeitslager ... Ich hatte nicht angenommen, daß es sich um ein Konzentrationslager handelte, gebe aber zu, daß sie manchmal schwer zu unterscheiden sind. Nun zum Dokument.« »[Das Lager wurde von der SS und Gestapo verwaltet.] Täglich wurden mir bis zu zehn Personen vorgeführt, die den Körper mit blauen Flecken überdeckt hatten aufgrund des dauernden Schlagens mit Gummischläuchen, Stahlruten oder Stöcken. Die Leute wälzten sich oft vor Schmerzen, ohne daß ich die Möglichkeit hatte, [ihnen] auch nur eine kleine medizinische Hilfe ... zuteil werden zu lassen ... Die Kost bestand aus einer Wassersuppe, welche schmutzig und sandig war, und oft mußten die Kriegsgefangenen auch Kohl, welcher faul war und schon stank, zu sich nehmen ... Die Schüsseln, aus denen die Leute aßen, benutzten sie auch als Toilette, weil sie zu müde waren und vor Hunger ermattet, um überhaupt von ihren Pritschen aufstehen zu können und zu laufen ... Ich konnte täglich Leute bemerken, die infolge Hunger oder Mißhandlungen dahinkrepierten ... Schlagen [wie in einem nahen Lager für russische Frauen] war an der Tagesordnung. Die Zustände dauerten jahrelang, vom Beginn bis zum Eintreffen der amerikanischen Truppen ...«

Speer protestierte: »... ich möchte darauf aufmerksam machen, daß [diese] Zustände nicht verallgemeinert werden können, und abgesehen davon glaube ich auch nicht, daß das stimmt, was hier drin steht. Aber ich kann mich ja hierzu nicht äußern, da Sie mir ja nicht zumuten können, daß ich mich in den Lagern der Firma Krupp auskenne.« Hätte man den englischen Produktionsminister nach Angelegenheiten des Arbeitsministers gefragt, so Speer weiter, würde er »mit Recht sagen: Ich hatte etwas anderes zu tun in dieser Zeit ... Und es wird [ihm] niemand ... einen direkten Vorwurf daraus machen, daß er sich nicht darum gekümmert hat.«

Wie viele andere, die Speer in Nürnberg begegneten oder hörten, war auch Major Neave von ihm fasziniert. In seinem Buch schrieb er über ihr erstes Zusammentreffen:

Zwischen den heruntergekommenen Straßenpolitikern der Nazipartei gab Speer eine eindrucksvolle Figur ab ... ein talentierter und bezwingender Mann. Er war, selbst in Gefängniskleidung, eine auffallende Erscheinung. Er war groß und dunkel mit einem starken, intelligenten Gesicht und großen, nachdenklichen Augen. Er hatte das Gebaren [eines] ... sportlichen Universitätsprofessors, der in den Staatsdienst eingetreten war. Er war meinem Eindruck nach ein Mann von beträchtlichem Niveau ... An jenem Nachmittag [als er Speer die Anklageschrift aushändigte] fühlte ich mich allerdings von seiner Glätte abgestoßen – er war, so empfand ich, verführerischer und gefährlicher als Hitler, der erst sechs Monate zuvor in den Ruinen von Berlin gestorben war ...
Ohne Speer hätten sie es nicht geschafft. Er war die Ausnahme ... der einzige Mann in Hitlers Gefolge, der weder seinen Willen noch seinen Verstand opferte ... ein Mann mit großen Talenten, der am meisten dazu beitrug, daß der Traum der Nazis Wirklichkeit wurde ...
Ich las ihm das Statut des Tribunals vor. Er sagte langsam und voller Ernst: »Es gibt eine gemeinsame Verantwortlichkeit für solch grauenvolle Verbrechen, sogar in einem autoritären System.«

»Ich war zutiefst niedergeschlagen, als ich die Anklageschrift las«, sagte Speer später. »Mit einem Mal wurde alles furchtbare Wirklichkeit. Was mich so heftig erschütterte, war, daß sie mich offenbar nicht als einzelnen, sondern im Kollektiv für alles Geschehene haftbar machten.«

Über seine erste Begegnung mit Flächsner schreibt er in den *Erinnerungen,* er sei sofort von dessen »freundlichen Augen« und seiner »auf sympathische Weise untheatralisch[en]« Art beeindruckt gewesen und habe ihn deshalb zu seinem Verteidiger gewählt.

Flächsner hatte diese Begegnung etwas anders in Erinnerung. »Speer sagte mir gleich, daß er eigentlich einen ehemaligen preußischen Minister namens Schreiber haben wollte. Ich telegrafierte diesem Schreiber sofort, und erst als er nicht antwortete, war Speer damit einverstanden, daß ich ihn verteidigte. Doch schon bei dieser ersten Begegnung eröffnete er mir, daß er sich schuldig bekennen wolle. Ich sagte ihm damals und noch ungezählte Male später, das sei verrückt und könne und werde ihn wahrscheinlich den Kopf kosten. Doch er blieb eisern. Er zuckte nur die Schultern und sagte: ›Dann ist das eben so.‹ Überrascht es Sie, daß ich einen solchen Mann mit der Zeit bewunderte? Er hatte diesen außergewöhnlichen Sinn für Humor – ich muß zugeben, daß ich das angesichts der deprimierenden Umstände ganz ungewöhnlich fand. Außer seiner Entschlossenheit, sich zu einer allgemeinen Verantwortung zu bekennen, hatten wir im Grunde keine Argumente. ›Nichts, was Sie sagen, kann meinen Entschluß ändern‹, sagte er immer wieder. ›Ich bin der festen Auffassung, daß es nie wieder einen Hitler-Kult geben darf, und werde alles tun, um so etwas zu verhindern.‹«

Flächsner bestätigte, daß Speer im Grunde nicht mit einer Anklage gerechnet hatte. »Das war ein schwerer Schock für ihn. Er hatte im Gegenteil geglaubt, die Alliierten würden ihn brauchen, und die hatten ihn monatelang in diesem glücklichen Irrtum belassen, während er ihnen zweifellos höchst nützliche Informationen lieferte, darunter viele, die gegen ihn verwendet werden konnten.«

Flächsner berichtete, es habe eine ganze Weile gedauert, bis er herausfand, daß sich alle offiziellen Dokumente Speers in den Händen der Anklage befanden, was die Aufgabe, ihn zu verteidigen, »nicht ganz einfach« gemacht habe. In Kranzberg, dem »exploitation camp«, wie die Alliierten es nannten, habe Speer eine starke Vorliebe für die Briten entwickelt. »Und deshalb hat er ihnen einfach sein gesamtes persönliches Archiv mit den ministeriellen Dokumenten übergeben, und Annemarie Kempf wurde angewiesen, sie zu ordnen und aufzubereiten. In diesem Sinne war Nürnberg kein normaler Prozeß, bei dem alles, was die Anklage vorzulegen beabsichtigte, der Verteidigung zugänglich gemacht werden mußte. Es gab viele Dinge, die ich nie in die Hände bekam. Ohne Frau Kempf hätte ich gar nicht gewußt, daß die Briten alle diese Dokumente besaßen. Gesagt haben sie davon ganz sicher nie etwas.«

»Ja, das ist in Kranzberg passiert«, bestätigte Annemarie. »Speer hatte sich sozusagen in die Briten verliebt und ihnen deshalb gesagt, sie könnten alles haben, was sie wollten. Natürlich war weder ihm noch uns klar, daß man dieses ganze Material im Prozeß gegen ihn verwenden würde – schließlich wußten wir nicht, daß man ihn anklagen würde, und gesagt haben sie ihm natürlich nichts. Sie sagten nur ›Oh, vielen Dank‹, in ihrer legeren Art, die Speer so bewunderte. Nachdem man ihn weggeholt hatte, wiesen sie Edith und mich an, uns hinzusetzen und irgendeine Ordnung in das Material zu bringen. Edith und ich wußten damals nicht, wohin wir gehen sollten, und außerdem war mir vollkommen klar, daß ich, wenn ich Speer helfen wollte, in Reichweite der Dokumente bleiben mußte, und noch näher konnte ich ihnen nicht kommen. Also haben wir uns an die Arbeit gemacht und nebenher auch anderen ehemaligen Kollegen aus dem Ministerium bei ihren Verhören geholfen.«

Annemarie Kempf und Edith Maguira blieben von Juni 1945 bis Dezember 1946 offiziell in Kranzberg. »Wir wurden korrekt behandelt«, sagte sie, »und als ich um Reiseerlaubnis bat, um meine kranke Mutter zu besuchen, gaben sie mir ein Dokument mit der Aufforderung an sämtliche alliierten Behörden, mir bei der Rückkehr nach Kranzberg behilflich zu sein. Und so gelang es mir, nach Nürnberg zu kommen.«

»Ich war sprachlos, als sie auftauchte«, sagte Flächsner. »Ich meine, können Sie sich das vorstellen? Diese bildschöne junge Frau reist im besetzten Deutschland herum, um Speer zu Hilfe zu kommen?«

»Die Alliierten hatten DPs [Displaced persons, also Ausländer, die während des Krieges nach Deutschland verschleppt wurden] als Wachpersonal für den Teil des Gerichtsgebäudes, in dem die Verteidiger ihre Büros hatten«, berichtete Annemarie. »Sie sprachen weder Deutsch noch Englisch, also zeigte ich ihnen meinen beeindruckenden Passierschein aus Eisenhowers Hauptquartier und sagte ›Presse‹ – so kam ich rein. Flächsner ging sofort zu Speer und kam mit einem Zettel für mich zurück, auf dem Speer mich bat, seinem Verteidiger zu helfen. Daraufhin zeigte mir Flächsner eine Liste von Dokumenten, die er brauchen würde, und er hatte Glück, denn einige davon waren unter den Papieren, die ich für alle Fälle mitgebracht hatte: einige mit Sicherheitsnadeln an meiner Unterwäsche befestigt, andere mit einem Gummi um die Taille geklemmt.«

»Es war unglaublich, was sie mitgebracht hatte«, sagte Flächsner. »›Können Sie was davon gebrauchen?‹ fragte sie. ›Ich habe noch viel mehr. Zur Vorsicht habe ich alles, was ich denen gegeben habe, fotokopiert.‹ Mein Gott, was für eine Frau! Doch vor allem ist mir klargeworden, *wie* schlecht unsere Dokumentenlage war. Also haben wir die Anklageschrift zusammen durchgearbeitet und herauszufinden versucht, was wir noch alles brauchen würden.«

»Am nächsten Tag fuhr ich nach Kranzberg zurück und suchte alles zusammen«, sagte Annemarie. »Wir hatten in Nürnberg für mich ein Zimmer bei einer netten Frau gefunden, und dort wohnte ich von nun an jedesmal, wenn ich hinfuhr.« Sie lachte. »Meine arme Mutter hatte in den folgenden Wochen eine ganze Menge erfundener Krankheiten; ich ging hin und her wie ein Kreisel.«

»Natürlich hatte man mir einiges über die Beweise der Anklage mitgeteilt«, sagte Flächsner, »und ich sprach darüber mit Speer. Sie wissen schon, Dinge wie diese berüchtigten Bestrafungsschränke. Nun, ich neigte dazu, Speer zu glauben, daß es sich vermutlich um nichts weiter als Kleiderspinde handelte, doch andererseits waren diese Arbeiter ganz offensichtlich wirklich sehr hart behandelt worden. Doch was immer die Wahrheit darüber war,

Speer kann nichts davon gewußt haben. Man denkt immer, ein Minister müsse alles wissen, aber das ist einfach nicht so, in keinem Land.« Flächsner und Speer sprachen auch über die Aussage des deutschen Arztes Dr. Jäger, die Jackson im Kreuzverhör mit Speer einsetzte. »Als in den Medien später darüber berichtet wurde«, sagte Flächsner, »wurden die schrecklichen Passagen hervorgehoben und Dr. Jägers andere Bemerkungen unterschlagen, etwa daß seiner Meinung nach die Arbeiter selten geschlagen wurden und solche Mißhandlungen nicht vorgeschrieben waren. Er sagte, die deutschen Arbeiter hätten dies nicht zugelassen, und ich glaube, er hatte recht. Es gab in Deutschland eine starke Tradition der Solidarität unter den Arbeitern, und während des Prozesses wurde auf viele Fälle hingewiesen, bei denen deutsche Arbeiter sich für die Ausländer eingesetzt und ihnen mit Essen und Medikamenten geholfen hatten.«

Doch angesichts der horrenden Sterblichkeit in den Arbeitslagern und der schieren Last der Beweise für die brutale Behandlung der Zwangsarbeiter war die Verteidigung Speers für Flächsner sehr schwierig. »Ich habe nie geglaubt, daß wir viel – oder überhaupt etwas – erreichen würden, wenn wir die Integrität der Zeugen in Frage stellten. Selbst wenn ihre Aussagen vielleicht zu emotional oder etwas übertrieben waren, hatte ich immer den Eindruck, daß das meiste wahrscheinlich der Wahrheit entsprach, und ich glaubte nicht, daß es in Speers Interesse sei, Zweifel anzumelden. Die Atmosphäre im Gericht ermutigte einen nicht dazu. Und Tatsache ist, daß Speer, als er dies im Kreuzverhör mit Jackson versuchte, ausnahmslos niemanden überzeugte, etwa bei der Auseinandersetzung mit Jackson über die Stahlruten. Jackson ging freundlicherweise, wie ich fand, auf eine meines Erachtens absurde Antwort Speers nicht weiter ein, aber Speer hat sich damit gewiß keinen Gefallen getan.«

(Am 21. Juni 1946 hatte Jackson während seines Kreuzverhörs zu Speer gesagt: »Ich möchte Ihnen nun Beweisstück D-230 zeigen lassen ... [Es ist] eine interne Aufzeichnung über die Stahlruten; und die Stahlruten, die im Lager gefunden wurden, werden Ihnen gezeigt werden. Nach dem Bericht sind [allein in einem Arbeitslager von Krupp] achtzig verteilt worden.«

SPEER: Soll ich dazu mich äußern?

JACKSON: Wenn Sie wollen?

SPEER: Ja. Das ist nichts anderes als ein Ersatz für einen Gummiknüppel. Wir hatten ja an sich keinen Gummi, und daher werden wahrscheinlich die Bewachungsmannschaften etwas derartiges gehabt haben ... Aber ... [sie] haben ja nicht mit diesen Stahlknüppeln sofort zugeschlagen ... so wenig, wie Ihre Polizisten sofort mit dem Gummiknüppel zuschlagen. Aber sie müssen doch irgend etwas in der Hand haben. Das ist in der ganzen Welt so.«

JACKSON: Wir wollen uns über diesen Punkt nicht streiten.)

Bis zum Beginn des Prozesses blieben die Angeklagten in Einzelhaft, wo sie nur während des halbstündigen Rundgangs im Gefängnishof hintereinander im Abstand von gut einem Meter oder während des Sonntagsgottesdienstes, den alle außer Heß, Rosenberg und Streicher besuchten, flüsternd miteinander Kontakt aufnehmen konnten. Während dieser Vorbereitungszeit wurden alle Angeklagten einer Reihe psychologischer Tests unterzogen.

»Ich hielt sie für völlig idiotisch«, sagte Speer. »Auf diese Tests die erwartete Antwort zu geben setzt auf seiten der Testperson entweder den Willen zur Zusammenarbeit oder ein gehorsames Wesen voraus. Bei mir traf beides nicht zu, und so beschloß ich, mir einen Spaß mit ihnen zu machen, und schrieb vollkommenen Blödsinn hin – besonders beim Rorschachtest mit diesen Tintenklecksen.« (Allerdings wurmte es ihn dann doch, zu erfahren, daß der Psychologe Dr. Gilbert ihn, was die Intelligenz anging, unter den einundzwanzig Angeklagten nur auf den zwölften Platz gesetzt hatte, mit einem IQ von 128 gegenüber Schachts IQ von 143. (»Lächerlich«, meinte Speer, vermutlich zu Recht.)

Am 24. Oktober, vier Tage nachdem er die Anklageschrift erhalten hatte, beging Robert Ley Selbstmord. Er hatte aus dem abgetrennten Saum eines Armeehandtuchs eine Schlinge geknotet und sie am Abflußrohr der Toilette befestigt. Dr. Gilbert und der Gefängnispsychiater hatten ihn am Tag zuvor aufgesucht und ihn in aufgewühltem Zustand vorgefunden. »Stellt uns an die Wand, und erschießt uns! – Alles schön und gut – Ihr seid die Sieger«, schrie er, in seiner Erregung noch heftiger stotternd als sonst. »Aber warum soll ich vor einen Gerichtshof geschleppt werden wie ein V … V …, wie ein V … V… V… V[erbrecher] … Ja, ich bekomme das Wort nicht einmal heraus.«

Obwohl Oberst Andrus mehrere Tage lang versucht hatte, den Gefangenen die Nachricht von Leys Selbstmord vorzuenthalten, wußten nach Speers Eindruck die meisten schon am nächsten Tag Bescheid. In den *Erinnerungen* schrieb Speer, daß auch er an Selbstmord gedacht habe; Flächsner glaubte allerdings nicht daran. Als ich Speer selbst danach fragte, verneinte er. »Na ja«, fügte er hinzu, »man phantasiert über solche Dinge, gewissermaßen als geistige Übung, wenn Sie so wollen – ja, ich überlegte mir, wie man es tun *könnte,* aber nicht mit der Absicht, es wirklich zu tun.«

Während der wochenlangen Befragungen hatten die Gefangenen schwarz gefärbte Armeekleidung getragen. Eine Woche vor Beginn des Tribunals brachten ihnen Gerichtsdiener ihre Zivilkleidung und nahmen Anweisungen entgegen, was davon gewaschen und gereinigt werden sollte. Während des ganzen Verfahrens erhielten sie täglich saubere Unterwäsche, Hemden, Socken und Taschentücher, und ihre Anzüge wurden jeden Abend zum Bügeln abgeholt.

Am 19. November, einen Tag vor Eröffnung des Tribunals, wurden die Gefangenen ohne Handschellen, jeder von einem GI bewacht, in den leeren Gerichtssaal geführt, um sich mit der Sitzordnung vertraut zu machen. Während des ganzen Verfahrens würden hinter den Angeklagten Militärpolizisten in Paradeuniform mit weißen Helmen und Gürteln stehen.

»Ich nutzte die Gelegenheit an diesem Nachmittag, ihn noch einmal zu bitten, von seinem Bekenntnis zur ›Verantwortung‹ Abstand zu nehmen«, sagte mir Flächsner. »Ich sagte: ›Schauen Sie, wo man Sie hingesetzt hat. Glauben Sie ja nicht, das irgend etwas Zufall ist; alles ist geplant, wie damals, als man Sie in den vierten Stock auf die Sonnenseite verlegt hat.* Sie haben doch bemerkt, daß Göring nicht verlegt wurde.‹ Speer saß in der zweiten Reihe der Anklagebank auf Platz 17. ›Auf der anderen Seite von Ihnen kommen nur noch von Neurath und Fritzsche‹, sagte ich, ›beide gelten allgemein als Grenzfälle. Halten Sie nur Ihren masochistischen Zug unter Kontrolle, dann kommen wir vielleicht durch.‹ Er schüttelte nur den Kopf und klopfte mir leicht den Arm, als ob er mich trösten wollte ... Am ersten Tag passierte nichts. Sie verlasen nur die Anklageschrift, die die Angeklagten ja schon kannten.«

»Zum erstenmal konnten wir frei miteinander sprechen«, sagte Speer. »Es fühlte sich schon sehr merkwürdig an, die eigenen Kleider zu tragen; ganz eigenartig, wie man sich dadurch wieder als Mensch vorkommt. Doch was einem warm ums Herz werden ließ, war, daß man Leuten die Hand schütteln konnte, den eigenen Leuten schließlich. An diesem ersten Tag wurde der Gerichtssaal über Mittag geräumt, doch wir blieben, und man brachte uns Essen auf Tabletts.«

Ab dem folgenden Tag wurden die Gefangenen auf vier kleine Speiseräume im Justizgebäude aufgeteilt. Die Sitzordnung dort wurde vom Gefängnisdirektor Oberst Andrus in Abstimmung mit den verantwortlichen Medizinern festgelegt. In den ersten Wochen aß Speer mit dem ehemaligen Ministerialdirektor im Propagandaministerium, Hans Fritzsche. »Er war jung, nett und feinfühlig«, sagte Speer. »Ich konnte mir nicht vorstellen, was er hier zu suchen hatte, und ich war überzeugt, daß sie ihn freisprechen würden.« (Was dann auch geschah.)

Doch zwei Monate später, am 12. Januar 1946, warnte Speer Dr. Gilbert vor dem Einfluß, den Göring auf viele Angeklagte zu gewinnen begann. »Wissen Sie, es ist kein guter Gedanke, die Angeklagten zusammen essen und spazierengehen zu lassen«, erklärte er dem Psychologen. »Dadurch treibt Göring sie immer wieder in eine Linie.«

Es dauerte über einen Monat, bis Oberst Andrus schließlich Dr. Gilbert beauftragte, eine neue Sitzordnung zu entwerfen; Gilbert teilte die Angeklagten dann in fünf Gruppen auf und setzte Göring allein in ein kleines Zimmer.

---

* Speers Aufenthalt im dritten Stock war nur von kurzer Dauer. Als der eigentliche Prozeß begann, wurden alle einundzwanzig Gefangenen in Zellen im Erdgeschoß verlegt.

Speer, Fritzsche, Schirach und Funk aßen jetzt im bald so genannten »Junioren-Eßraum«. Dr. Gilbert hoffte, daß Speer und Fritzsche die anderen Görings Einfluß entziehen würden. Im Speiseraum der älteren Gefangenen saßen Papen, Neurath, Schacht und Dönitz, allesamt alte Konservative, die sich, wie man hoffte, unter dem Einfluß von Schacht vielleicht von Hitler lossagen würden.

Im dritten Zimmer saßen Frank, Seyß-Inquart, Keitel und Sauckel, sowohl, um Keitel von Göring fernzuhalten, als auch, um ihn den Schuldgeständnissen Franks auszusetzen, der wieder in die katholische Kirche eingetreten war und Hitler leidenschaftlich verurteilte.

Der vierte Raum war für die unverbesserlichen Nazis Raeder, Streicher, Heß und Ribbentrop bestimmt, die einander, wie man meinte, weder positiv noch negativ beeinflussen würden. Im fünften Raum dann saßen Jodl, Frick, Kaltenbrunner und Rosenberg, in den Augen von Dr. Gilbert offenbar schon so gut wie verurteilte Männer. »Raeder und Ribbentrop ... fühlten sich dadurch gedemütigt, daß sie im selben Raum wie Streicher essen mußten«, schrieb Dr. Gilbert in seinem *Nürnberger Tagebuch,* und »Göring war wütend darüber ... allein sitzen zu müssen ...«

In seiner Eröffnungsrede bestätigte Jackson in den Augen Speers endgültig das hohe Niveau des Prozesses. »Sie hat mich sehr beeindruckt«, sagte er zu mir. »Vieles von dem, was er sagte, artikulierte Überzeugungen, zu denen auch ich inzwischen gelangt war. Für mich war es eine ganz außerordentliche Erfahrung zu hören, wie dieser Amerikaner, der, wie ich genau wußte, entscheidenden Einfluß auf mein Schicksal haben würde, meine Gedanken ausdrückte.« Besonders froh war Speer darüber, daß Jackson den Unterschied zwischen den Angeklagten und dem deutschen Volk betonte:

Der Vorzug, eine Gerichtsverhandlung über Verbrechen gegen den Frieden der Welt zu eröffnen, wie sie hier zum ersten Mal in der Geschichte abgehalten wird, legte eine ernste Verantwortung auf. Die Untaten, die wir zu beurteilen und zu bestrafen suchen, waren so ausgeklügelt, so böse und von so verwüstender Wirkung, daß die menschliche Zivilisation es nicht dulden kann, sie unbeachtet zu lassen, sie würde sonst eine Wiederholung solchen Unheils nicht überleben. Daß vier große Nationen, erfüllt von ihrem Siege und schmerzlich gepeinigt von dem geschehenen Unrecht, nicht Rache üben, sondern ihre gefangenen Feinde freiwillig dem Richtspruch des Gesetzes übergeben, ist eines der bedeutsamsten Zugeständnisse, das die Macht jemals der Vernunft eingeräumt hat ...

... Wir dürfen niemals vergessen, daß nach dem gleichen Maß, mit dem wir die Angeklagten heute messen, auch wir morgen von der Geschichte gemessen werden. Diesen Angeklagten einen vergifteten Becher reichen, bedeutet, ihn an unsere eigenen Lippen zu bringen. Wir müssen an unsere Aufgabe mit so viel innerer Überlegenheit und geistiger Unbestechlichkeit herantreten, daß dieser Prozeß einmal der Nachwelt als die Erfüllung menschlichen Sehnens nach Gerechtigkeit erscheinen möge ... Wohl mögen die Angeklagten in einiger Bedrängnis sein, aber sie werden nicht mißbraucht ... Sind diese Männer die ersten, die als Kriegsführer einer besiegten Nation sich vor dem Gesetz zu verantworten haben, so sind sie auch die ersten, denen Gelegenheit gegeben wird, im Namen des Rechts ihr Leben zu verteidigen ...

Wir möchten ebenfalls klarstellen, daß wir nicht beabsichtigen, das ganze deutsche Volk zu beschuldigen ... Wenn die breite Masse des deutschen Volkes das nationalsozialistische Parteiprogramm willig angenommen hätte, wäre ... die SA nicht nötig gewesen und man hätte auch keine Konzentrationslager und keine Gestapo gebraucht ... Wahrlich, die Deutschen – nicht weniger als die Welt draußen – haben mit den Angeklagten eine Rechnung zu begleichen ...

[Wenn das Gesetz von Nutzen sein soll, muß es] den Angriff jeder anderen Nation verdammen, nicht ausgenommen die, die jetzt hier zu Gericht sitzen ... Die wahre Klägerin vor den Schranken dieses Gerichts ist die Zivilisation. Sie ist noch unvollkommen und ringt in allen unseren Ländern. Sie behauptet nicht, daß die Vereinigten Staaten oder irgendein anderes Land ... schuldlos seien ... Aber sie deutet auf die furchtbare Folge von Angriffen und Verbrechen, die ich geschildert habe. Sie deutet auf die Wunden, die geschlagen, die Kräfte, die erschöpft sind, auf alles, was schön war oder nützlich in der Welt und nun zerstört ist ...

Die Zivilisation fragt, ob das Recht so zaudernd und träge sei, daß es gegenüber so schweren Verbrechen, begangen von Verbrechern von so hohem Rang, völlig hilflos ist. Sie erwartet nicht, daß Sie [das Tribunal] den Krieg unmöglich machen können. Wohl aber erwartet sie, daß Ihr Spruch die Kraft des Völkerrechts mit seinen Vorschriften und seinen Verboten und vor allem mit seiner Sühne dem Frieden zum Beistand geben werde, so daß die Männer und Frauen guten Willens in allen Ländern leben können, »keinem untertan und unter dem Schutz des Rechts«.

Speer hatte mit seinem Eindruck recht, daß Jackson mit dieser Rede den moralischen Rahmen des Prozesses absteckte, doch obwohl die Rede fast überall auf Bewunderung und Beifall stieß, konnte sie weder die grundsätzlichen Verfahrensprobleme lösen noch deren Folgen verhindern.

Das wesentliche Problem bestand darin, daß die Organisation des Prozesses und dessen formeller Rahmen weitgehend von den Amerikanern erarbeitet worden waren. Während das amerikanische und das britische Verfahrensrecht zwar nicht identisch, jedoch im Hinblick auf den konfrontativen

Charakter beider Systeme sicherlich ähnlich waren, sah das kontinental-europäische Verfahrensrecht, an dem sich nicht nur die Deutschen und Franzosen, sondern zumindest formell auch die Sowjetunion orientierte, wenigstens vom Konzept her die gemeinsame Suche nach der Wahrheit vor.

Der verbale Schlagabtausch zwischen Anklage und Verteidigung, für die anglo-amerikanischen Juristen durchaus üblich und auch mit Gusto praktiziert, blieb in den Augen der Europäer deshalb von Anfang bis Ende des Prozesses problematisch. Dies galt vor allem für die deutschen Verteidiger, von denen viele fast ebenso entsetzt waren wie alle anderen Anwesenden, als sie von den begangenen Verbrechen erfuhren. Anstatt von den Anklägern als Kollegen bei der Suche nach der Wahrheit anerkannt zu werden, sahen sie sich nun manchmal so eng mit ihren Mandanten identifiziert, daß sie sich oft wie Mitangeklagte vorkamen.

Das zweite wesentliche Problem war, daß Jacksons idealistische Versicherung, für alle gelte dasselbe Recht, praktisch nicht zur Geltung kam. Die Alliierten hatten nicht die geringste Absicht, irgendwelche Dokumente, die ihre eigenen Verfehlungen beweisen könnten, an die Öffentlichkeit gelangen zu lassen. Wann immer ein Verteidiger unter Aufbietung seines gesamten Mutes solche Dokumente anforderte, stellten sie sich als »unauffindbar« oder »irrelevant« heraus. Und auf der Richterbank saßen die Sowjets, die Polen und Finnland überfallen und die Bevölkerungen im Baltikum, in Polen, in Deutschland und natürlich in ihrem eigenen Land genauso brutal wie die Nazis mißhandelt hatten.* Doch auch die Briten wußten, daß sie sich auf dünnem Eis bewegten, als sie die Anklage gegen Admiral Raeder unterstützten, dem nach Punkt eins und zwei der Anklageschrift vorgeworfen wurde, die Invasion Norwegens geplant zu haben. Trotzdem half die Tatsache, daß die Briten ihrerseits damals schon alle Vorbereitungen für eine solche Invasion getroffen hatten und die Deutschen ihnen nur zuvorgekommen waren, Raeder nicht; er wurde schließlich, obwohl der Älteste der Angeklagten, zu lebenslanger Haft verurteilt. (Er erkrankte 1954 schwer, wurde 1955 entlassen und starb 1960.)

---

* Es war den Sowjets gelungen, das Massaker an Tausenden von Angehörigen der polnischen Elite bei Katyn als *deutsches* Kriegsverbrechen mit in die Anklageschrift aufzunehmen, sie legten jedoch nur ihren eigenen Bericht von 1944 als Beweismaterial vor. Mehrere Verteidiger stellten den Antrag, Entlastungszeugen anzuhören, und man beschloß (unter stürmischen Auseinandersetzungen), nach Abschluß aller Einzelverfahren drei Zeugen der Verteidigung und drei für die Sowjetunion anzuhören. Angesichts der Indizienlage war auch damals schon klar, daß die Sowjets für das Massaker von Katyn verantwortlich waren, was dann in den frühen 90er Jahren durch in Rußland freigegebene Dokumente bestätigt wurde. Es war allerdings nicht überraschend, daß der Nürnberger Gerichtshof danach angestrengt bemüht war, eine Entscheidung darüber zu vermeiden.

Es wurde rasch deutlich, sagte Flächsner, daß die Angeklagten in zwei Gruppen gespalten waren, wobei die eine Göring, die andere Speer unterstützte. »Diese beiden Männer hatten eindeutig die Führung übernommen, und sie verfolgten sehr unterschiedliche Ziele«, sagte er.

»Göring wollte, daß alle Angeklagten eine gemeinsame Front bildeten, auf unschuldig plädierten und dem Gericht das Recht absprachen, über sie zu richten. Er vertrat die Position, daß während des Dritten Reiches die Gesetze des Dritten Reiches gegolten hätten und daß man sie nicht anklagen könne, weil sie ihre eigenen Gesetze befolgt hätten.

Speer war der Auffassung – und vertrat diese auch vehement von dem Augenblick an, als man ihnen erlaubte, miteinander zu sprechen –, daß eine Diktatur willkürlich Gesetze erlasse und wieder abschaffe, weshalb diese Gesetze nicht mehr moralische, sondern politische Instrumente seien. Aus diesem Grund, sagte er, gebühre dem universellen Recht als Ausdruck zivilisierten Denkens der Vorrang vor nationalem Recht. Vor dem universellen Recht der Zivilisation – zu der, wie er sagte, die deutsche Zivilisation vor Hitler durchaus gehörte – müßten die Angeklagten sich als verantwortlich betrachten, und sie sollten als Ehrenmänner gemeinsam vor das Gericht treten und dies laut und deutlich sagen.

»Frau Kempf«, fuhr Flächsner fort, »war dank der Akten, die sie mitbrachte, äußerst hilfreich, doch der Mangel an Dokumenten blieb unser schwierigstes Problem. Wir bekamen die Anklagedokumente entweder überhaupt nicht oder zu spät, oder man gab uns offizielle deutsche Dokumente nicht im Originaltext, sondern aus dem Englischen, oft dazu noch miserabel, rückübersetzt. In vielen Fällen sah ich ein Dokument zum erstenmal, wenn die Anklage es vorlegte. Die Tatsache, daß wir Verteidiger dann eine Unterbrechung beantragen mußten, um zunächst einmal eine korrekte Übersetzung anfertigen zu lassen und das Dokument dann zu prüfen, wurde von vielen Vertretern der Alliierten als böser Wille unsererseits ausgelegt – was für den Mandanten nie günstig ist.«

Der eleganten und feinen Luise Jodl, Tochter und Enkelin preußischer Offiziere, die zehn Jahre lang als Sekretärin beim Generalstab gearbeitet und im März 1945 General Alfred Jodl geheiratet hatte, war es im Oktober gelungen, offiziell als Sekretärin der Verteidiger ihres Mannes anerkannt zu werden.

»In vielen Fällen wurden Vorwürfe gegen Alfred aufgrund von Dokumenten geltend gemacht, die zwar die Anklage zur Verfügung hatte, aber nicht wir«, erzählte sie mir 1985, als wir in ihrer kleinen, mit Büchern angefüllten Wohnung in München miteinander sprachen. »Dann mußten wir uns für die Verteidigung letzten Endes auf Alfreds Gedächtnis verlassen. Zum Beispiel warf man ihm vor, sich 1933, damals noch als Generalmajor im OKW, Hitler zur Verfügung gestellt zu haben, um ihm bei der Machtergreifung zu helfen. Er habe eine enge Beziehung zu Hitler gehabt, hieß es in der Anklageschrift, und ihm dabei geholfen, die Kontrolle über Deutschland zu festigen. Doch das traf überhaupt nicht zu. Nicht nur, daß er Hitler 1933 persönlich überhaupt nicht kannte: Er war gegen ihn.« Es gelang der Verteidigung Jodls schließlich, die britischen Ankläger dazu zu bewegen, diesen Vorwurf fallenzulassen.

»Doch das war noch gar nicht das schlimmste Problem«, sagte Luise Jodl. Bei einer Gelegenheit bekam sie nur dank der Freundlichkeit eines jungen amerikanischen GI ein britisches Dokument in die Hand, dem zufolge einige britische Kommandos, die in Norwegen erschossen worden waren, Zivilkleidung unter deutschen Uniformen getragen hatten. Nach internationalem Kriegsrecht war dies verboten und die Exekution in diesem besonderen Fall vermutlich rechtmäßig. Aus genau diesem Grund trugen die Kommandos normalerweise britische Uniformen unter Zivilkleidung.

»Der junge Amerikaner sagte, ich solle das Dokument am besten kopieren. Er glaubte nicht, daß ich es sonst noch einmal sehen würde – es wurde ›zu den Akten genommen‹. Wissen Sie, dieser junge Mann war Jude, und viele seiner Verwandten waren in den Lagern ermordet worden. Ist es nicht erstaunlich, daß er, dessen Familie von dem hier angeklagten Regime so furchtbar dezimiert worden war, die Hand ausstreckte, um der Frau eines Angeklagten in diesem Prozeß zu helfen, die Wahrheit herauszufinden?«

Normalerweise konnte ein Verteidiger natürlich nicht mit solcher Hilfe rechnen. Im Gegenteil, als Otto Stahmer, der Verteidiger Görings, offizielle deutsche Dokumente über polnische und russische Greueltaten anforderte, legte der britische Ankläger erfolgreich Einspruch ein. »Wenn Dr. Stahmer die Ansicht vertritt, daß, um eine gerechte Entscheidung in diesen Dingen vom Gerichtshof zu erreichen, eine Untersuchung darüber nötig ist, ob andere Kriegführende Vertragsverletzungen begangen haben, dann muß ich sagen, daß ich seine Ansicht in jeder Hinsicht bestreite und dem nichts hinzuzufügen habe.« Das Gericht schloß sich dem an.

In Nürnberg sei nichts einfach gewesen, meinte Flächsner. »Zum Beispiel entsprang ein Großteil von Görings Haltung auch seiner Eifersucht auf Speer. Ich unterhielt mich oft mit Göring; so schwer war das gar nicht. Sobald die Wachen einen kannten, waren sie recht entgegenkommend.«

Auch Göring sei Hitler treu ergeben gewesen. »Ich glaube, er war schon seit Jahren auf Speer eifersüchtig, wie so viele andere auch. Es ist ganz erstaunlich, wenn man bedenkt, wie sehr diese gewaltigen historischen Ereignisse von solchen Gefühlen beeinflußt wurden.«

Eine weitere Unterscheidung, die nach Flächsners Auffassung das Verfahren entscheidend prägte, war die in der Haltung des Gerichts zum Ausdruck kommende Differenzierung zwischen den Angeklagten, die direkt mit den Konzentrationslagern zu tun gehabt hatten, und den anderen, bei denen dies nicht der Fall war. »Speers Position war hier immer zwiespältig«, sagte er.

»Natürlich war er angeklagt, Zwangsarbeiter angefordert und eingesetzt zu haben, doch ich bezweifle, ob ihn in Nürnberg viele Leute als direkt verantwortlich für die Konzentrationslager betrachtet haben. Und im Kreuzverhör, oder auf meine Fragen hin, sagte er vieles, was mir – und ich glaube, auch einigen andern – sehr nobel vorkam.« So vermied Speer etwa sehr sorgfältig jede Erwähnung des Feldmarschalls der Luftwaffe Milch, die zum Nachteil seines Freundes hätte ausgelegt werden können; und er wies öfter darauf hin, wie bereitwillig Jodl ihn bei seinen Bemühungen, die »verbrannte Erde« zu verhindern, unterstützt habe. Er brachte auch Dinge zur Sprache, die der Verteidigung von Heß, Seyß-Inquart und Dönitz zugute kamen.« Und im Hinblick auf Sauckel erklärte Speer, er sei dankbar gewesen für jede Arbeitskraft, die dieser ihm vermittelt habe.

»Das waren für mich wirklich sehr noble Gesten«, sagte Flächsner. »Es gab in diesem Prozeß sonst niemanden, der so furchtbarer Dinge angeklagt war und gleichzeitig das Risiko auf sich nahm, andere zu verteidigen.«

Luise Jodl war sich Speers Großzügigkeit in Nürnberg deutlich bewußt. »Ich wußte bis dahin nichts über ihn«, meinte sie zu mir. Seit Nürnberg kämpft sie unablässig darum, den Namen Jodl in der Geschichtsschreibung aus der Verknüpfung mit »Politikern und Ungeheuern« wie Himmler, Kaltenbrunner und Ley zu lösen, die auch ihrer Auffassung nach Verbrecher waren. Sie ist erbittert darüber, daß einige von Jodls eigenen Kameraden, die einst gute Freunde waren, sich in ihren Memoiren abfällig über ihn ausließen. »Das haben sie natürlich getan, um das Ausmaß ihrer eigenen Verwicklung, ihrer eigenen Schuld herunterzuspielen«, sagte sie. »Im Vergleich dazu war es ein sehr großzügiger Akt von Speer, als er unaufgefordert zur Sprache brachte, daß mein Mann ihm geholfen hat …«

Nachdem Speer aus der Haft entlassen worden war, lud er sie ein, ihn in Heidelberg zu besuchen, und ein wenig später trafen sie auch zufällig in Tirol zusammen. »Er hatte mir mehrere sehr nette Briefe geschrieben, und ich freute mich darauf, ihn und seine Frau kennenzulernen. Aber als unser Treffen zustande kam, empfand ich ihn als sehr … unpersönlich, eigentlich unnahbar. Merkwürdig, wo er doch in seinen Briefen so herzlich sein konnte.«

Jahre später freilich, in den *Spandauer Tagebüchern*, schrieb Speer, daß Jodl unter dem Einfluß Hitlers am Ende die moralischen Traditionen seines Berufsstandes verraten habe. »Darüber war ich furchtbar erbittert«, sagte sie. »Wie konnte er so etwas tun, nach dem, was er selbst in Nürnberg über Jodl gesagt hatte?«

In Nürnberg hatte sie mit ihrem Mann eine besondere Vereinbarung getroffen: Sie stand täglich zu einem bestimmten Zeitpunkt an einer bestimmten Stelle gegenüber dem Gefängnis, von der aus sie sein Zellenfenster sehen konnte. Er durfte einen kleinen Teil des hochgelegenen Fensters öffnen, aber nicht hinausschauen. Doch wenn er den Arm hochstreckte, konnte er mit einem Taschentuch aus dem Fenster winken, was er auch tat, täglich zur abgesprochenen Zeit. Und auch sie winkte von unten, bei Regen, Schnee und Sonne. Sie lächelte. »Nur ein paar Mal hat er sich nicht an das Verbot gehalten und ist irgendwie hochgeklettert, um mich zu sehen.« Jodl hatte seinem Verteidiger erzählt, daß er seine Frau zwar nicht richtig habe sehen können, wohl aber das flatternde Taschentuch, und dabei sei ihm warm ums Herz geworden.

»Ich fand heraus, wann die Hinrichtungen stattfinden würden«, erzählte sie mir, und ihr zartes Gesicht nahm einen verhärmten Ausdruck an. »Ich ging zur gewohnten Stunde hin, um ihm Lebewohl zu winken, und nachts kehrte ich noch einmal zurück und stand einfach dort, bis zum Morgengrauen. Er wußte, daß ich da war.«

Flächsner sagte, Speer habe nie über seine Familie gesprochen. »Und ich brachte das Thema auch nie zur Sprache, er wollte es anscheinend nicht. Das einzige Mal, daß ich etwas sagte, war, als er mir erzählte, daß seine Eltern ein gemeinsames Testament aufgesetzt und ihn als Erben eingesetzt hätten. Ich sagte, das könne Probleme geben. Sein Vater war sehr reich; er besaß Aktien von Dortmunder Union und Heidelberger Zement. Ich schlug vor, daß im Testament nicht er, sondern seine Kinder als Erben benannt werden sollten.« Aber Flächsner wußte nicht, ob Speer diesen Rat an seinen Vater weitergegeben hatte. »Vielleicht an Wolters – er hat sich von Anfang an völlig auf Wolters verlassen.«

»Während des Prozesses«, meinte Flächsner weiter, »als die Verhandlung seines Falles begonnen hatte und ich ihn abends aufsuchte, um mit ihm zu sprechen, sagte er oft: ›Ach Flächsner, vergessen wir diesen dummen Prozeß – reden wir über andere Dinge. Waren Sie jemals in der Reichskanzlei?‹ Ich sagte, ja, ich sei dort gewesen. Er fragte: ›Wie hat sie Ihnen gefallen?‹ Das war schwierig. Ich wollte aufrichtig sein und sagte, na ja, es habe dort sehr bequeme Stühle gegeben [die Speer entworfen hatte], doch sei ich einigermaßen überrascht gewesen, daß nur ein Viertel der riesigen Türen sich öffnen ließ – was einem, wenn man eintrat, das Gefühl vermittelte, besonders klein und eingesperrt zu sein. Ich sagte, das habe mich überrascht und mir sei deutlich geworden, daß der ›Mensch das Maß aller Dinge‹ ist« (Flächsner zitierte Plato, der seinerseits Protagoras zitiert hatte).

»Er dachte eine Weile nach und sagte dann: ›Ja, Sie haben recht. Heute würde ich es nicht so machen.‹«

Flächsner hatte damals keinen Augenblick den Eindruck, die von Speer gezeigte Reue könnte aufgesetzt sein, eine genau berechnete Taktik, wie so viele Leute später behaupteten. (»Als er sich in Nürnberg schuldig bekannte«, sagte Leni Riefenstahl einmal zu mir, »hielt ich das für sehr clever – clever wie er war.«)

»Mein Gott, wenn ich bedenke, wie oft wir diese Frage durchgegangen sind«, sagte Flächsner. »Ich wollte, daß er seine Verantwortung auf die Dinge beschränkte, für die er zuständig gewesen war, und dazu gehörten die Konzentrationslager *nicht*. Er hatte dort keinerlei Einfluß; die SS hat ihre Rechte eifersüchtig verteidigt.«

Natürlich habe er mit Speer über die Juden gesprochen, sagte Flächsner. »Es wurde mir ja schließlich in den dreißiger Jahren klar, daß es den Juden schlechtging, daß sie nicht mehr Richter oder Anwälte sein durften. Und glauben Sie mir, ich habe Gott oft gedankt, daß ich nicht Jude war. Ich hatte jüdische Freunde und versuchte, ihnen zu helfen; manchmal war das möglich. Man wußte, daß es gefährlich war, in Hitler-Deutschland Jude zu sein, aber man wußte nicht, daß es eine Katastrophe war. Ich wußte absolut nichts, bis eines Tag 1943 einer meiner Mandanten, der als Sanitäter in Rußland tätig war, mit Fotografien zurückkam, die Erschießungen von Juden zeigten. Ich riet ihm, sie zu verbrennen oder zu vergraben und niemandem zu sagen, was er gesehen hatte. Auch ich selbst habe niemandem davon erzählt, nicht einmal meiner Frau. Ich weiß«, fügte er rasch hinzu, »das war nicht richtig; aber es war ratsam. Man wollte überleben – es war sehr riskant, solche Fotos gesehen zu haben.

Ich glaube nicht, daß es ein Geheimnis war, daß Menschen hingerichtet wurden. Was wir nicht wußten, war, daß ein systematischer Massenmord stattfand. Ich habe immer zu Speer gesagt, ich könne nicht verstehen, warum er Verantwortung für Dinge übernehmen wolle, die außerhalb seiner Zuständigkeit lagen. Und er sagte daraufhin zu mir: ›Wenn wir den Krieg gewonnen hätten, hätten wir auch an den Triumphen teilgenommen, und darum müssen wir jetzt auch die Verantwortung für das Grauen gemeinsam übernehmen.‹ Das erinnerte mich an mich selbst, als ich damals, 1943, diese Fotografien sah«, sagte Flächsner. »Und da verstand ich, was er meinte.«

Flächsner war überzeugt, daß das Reichsministerium für Bewaffnung und Munition über die Wannseekonferenz vom 20. Januar 1942 informiert worden war, auch wenn es nicht daran teilgenommen hatte. Diese Frage war in Nürnberg allerdings gar nicht aufgetaucht, weil Todts Absturz und Speers Ernennung zum Minister später stattfanden. Seltsamerweise, sagte er, lag der Schatten der Judenvernichtung zwar von Anfang bis Ende über dem Prozeß, doch kam das Thema nur selten zur Sprache.

»Vor Nürnberg«, sagte Flächsner, »hatte ich die Namen Treblinka, Sobibor, Belzec oder Majdanek nie gehört. Ich hatte nicht einmal von Auschwitz gehört und nur vage von Mauthausen, aber nicht in einem solchen Zusammenhang.«

Natürlich war Mauthausen kein solches Lager, sagte ich.

»Nein«, sagte er, »kein Vernichtungslager – es war ein KZ.« Nachdem er ein Jahr lang am Nürnberger Prozeß teilgenommen hatte, kannte er natürlich den Unterschied zwischen Konzentrationslager und Vernichtungslager, auch wenn die meisten Deutschen und mit ihnen der Rest der Welt ihn nicht kannten oder nicht kennen wollten. »Die Menschen können diesen Unterschied zumeist nicht verstehen oder sich ihm stellen«, sagte er. »Die Aussagen dieses Überlebenden von Treblinka, Sie erinnern sich: Samuel Rajzman, oder die von Rudolf Höß, dem Kommandanten von Auschwitz, schienen so extrem, so unerträglich, daß sie mehr verwirrten als überzeugten. Sehen Sie, man hatte all diese Zeugen, die – alle sehr nachteilig für Speer – von den Schlägen und vom Hunger in den Zwangsarbeiter- und Konzentrationslagern berichteten. Doch irgendwie, ja, erwartete man solche Greuel geradezu. Man konnte entsetzt sein oder angewidert, aber man konnte damit umgehen. Ich habe mich immer gefragt, ob man, wenn sie mehr Zeugen zu den Vernichtungslagern befragt hätten, auch mit der Ermordung von Frauen und Kindern in den Gaskammern hätte umgehen können. Nach Lage der Dinge glaube ich nicht, daß die Menschen sich diese Tatsache bewußt machten – man ließ das irgendwie an sich vorbeigehen. Haben Sie bemerkt, daß sogar Dr. Gilbert in seinem Buch die Gaskammern kaum erwähnt? Als ob nicht einmal er das Wort hätte aussprechen können. Später, viel später [in den sechziger Jahren], als die deutschen NS-Prozesse begannen, habe ich es, glaube ich, verstanden.«

Siebenunddreißig Jahre nachdem er mitgeholfen hatte, Speer vor dem Galgen zu retten, war sich Flächsner immer noch unsicher, was Speer über diese Dinge gewußt hatte: »Ich fragte ihn. Ich sagte: ›Herr Speer, Sie haben soviel Zeit im Führerhauptquartier verbracht, soviel Zeit mit den Wehrmachtsgenerälen, die im Osten gewesen waren. Sie erwarten doch sicher nicht, daß ich glaube, niemand dort habe jemals über diese Dinge gesprochen?‹ Und er antwortete: ›Ich weiß, es scheint unmöglich. Aber Sie werden es mir glauben müssen. Niemand dort hat jemals davon gesprochen, kein einziges Mal.‹«

Flächsner lehnte sich in seinem Sessel zurück und schwieg nachdenklich. »Dennoch«, sagte er schließlich, »ich glaube nicht, daß Speer in diesem Zusammenhang ganz offen zu mir war. Vielleicht war es auch besser so; vielleicht hätte er gar nicht offen sein sollen oder können. Was hätte ich getan, wenn er mir gesagt hätte, er habe es gewußt? Vor allem, wie wäre ich mir vorgekommen? Aber ich muß zugeben, ich halte es nicht für möglich, daß er nichts gewußt hat. Ich mochte Speer gern. Aber das halte ich nicht für möglich.«

Ein eigentümlicher Aspekt des Tribunals war, daß einige, wenn nicht alle der Angeklagten, mit Nachrichten von draußen gut versorgt, sich der wachsenden Spannung zwischen Amerikanern und Sowjets deutlich bewußt waren, und alle, die später über den Prozeß schrieben – viele von ihnen wie Airey Neave und Telford Taylor hatten selbst daran teilgenommen –, darin über-

Oben: Hitler an seinem Geburtstag 1943 auf dem Berghof im Kreis der Kinder seiner Vertrauten. Der große Junge an seiner rechten Seite ist sein Patensohn Martin Bormann, das Mädchen an seiner linken Hand Hilde Speer.
Unten: Die Führungsspitze des Dritten Reichs wünscht Adolf Hitler am 1. Januar 1945 in seinem Hauptquartier »Adlerhorst« im Taunus ein erfolgreiches Jahr. Von links nach rechts: Hitler, Speer, Generaloberst Alfred Jodl, Generalfeldmarschall Wilhelm Keitel und Außenminister Joachim von Ribbentrop.

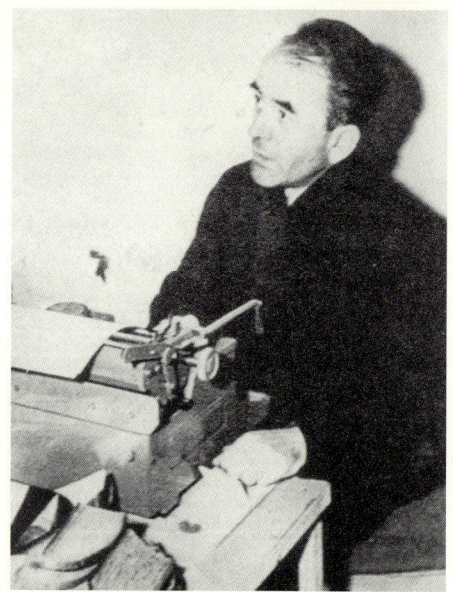

Oben: Speer, Großadmiral
Karl Dönitz und General
Alfred Jodl vor Korrespon-
denten der Alliierten in
Flensburg nach ihrer Ver-
haftung am 23. Mai 1945 –
dem Ende der nach Hitlers
Tod gebildeten Regierung
Dönitz.
Rechts: Speer während des
Wartens auf den Prozeß-
beginn in Nürnberg beim
Schreiben in seiner Zelle.

Links: Internationaler Gerichtshof in Nürnberg: Albert Speer im Zeugenstand.
Unten: Die Hauptkriegsverbrecher im Gerichtssaal des Nürnberger Justizpalastes während der ersten Sitzung am 20. November 1945. Speer sitzt mit verschränkten Armen als dritter von rechts in der zweiten Reihe.

Oben links: Rudolf Wolters, Speers getreuer Freund und Chronist, der während Speers zwanzigjähriger Spandauer Haft für seine Familie sorgte und seine Schriften betreute, sich später aber mit ihm zerstritt, unter anderem über Speers Kritik an Hitler.

Oben rechts: Marion Riesser, eine junge, halbjüdische Graphikerin, war Wolters' Geliebte und Mitarbeiterin. Sie übertrug Zehntausende der handgeschriebenen Zettel Speers.

Unten: Annemarie Kempf, Speers Sekretärin bis Kriegsende, blieb auf immer seine Freundin und Helferin. Die letzten dreißig Jahre ihres Lebens widmete sie der Betreuung behinderter Kinder.

Links: Speer arbeitet
in dem Garten, den
er während seiner
Haft in Spandau
anlegte.
Unten links: Ein
flüchtiges Lächeln
von Margret und
Albert Speer für
Presse und Fernse-
hen am 30. Septem-
ber 1966 um Mitter-
nacht, dem Zeit-
punkt seiner Frei-
lassung.
Unten rechts: Hilde
und ihr Mann Ulf
mit Speer auf dem
Familientreffen am
folgenden Tag.

Oben: Margret und Albert Speer
vor ihrem Heidelberger Haus 1978.
Unten: Am Torpfosten des Heidelberger Hauses steht groß und
deutlich der Name, und das Tor ist
immer offen, nicht »verbarrikadiert … von Hunden
bewacht«.

Oben links: Robert Raphael Geis, der Rabbiner, der für Speers späteres Leben eine einzigartige Bedeutung hatte.
Oben rechts: Georges Casalis, der französische Calvinist und Gefängnispfarrer in Spandau, war für Speers Versuch, »ein anderer Mensch zu werden«, die wichtigste Person.
Unten: Über Speers Schreibtisch hängt ein düsteres Porträt seiner Mutter.

Albert Speer 1978 vor einigen der fünfundzwanzigtausend
Briefe, die er während seiner zwanzigjährigen Haft in
Spandau schrieb und aus dem Gefängnis schmuggeln ließ.
Als Papier verwendete er alles, was er bekommen konnte,
darunter Zigarettenpackungen und Toilettenpapier.

einstimmen, daß die Alliierten während des eigentlichen Prozesses zwar nicht unbedingt freundlich, aber gewiß höflich miteinander umgingen. Sowohl Bradley Smith als auch Taylor betonen nicht nur die Kompetenz, sondern auch die Integrität der sowjetischen Juristen. Bradley Smith äußerte sich folgendermaßen:

> Die sowjetischen Vertreter mögen mehr weisungsgebunden gewesen sein als ihre westlichen Kollegen, doch ähnelte ihr Verhalten dem der anderen Richter ... Insgesamt darf man wohl sagen, daß die Mitglieder des Tribunals in unterschiedlichem Maß unabhängig waren und daß die einzelnen Richter von dieser Unabhängigkeit unterschiedlichen Gebrauch machten. Die Angeklagten standen jedenfalls Richtern gegenüber, die erstaunlich frei von fremder Kontrolle waren.

Von allen Angeklagten war aber Speer der einzige, dessen Auftreten gegenüber den verschiedenen Anklägern deutlich zeigte, daß er sich der im Wandel begriffenen politischen Lage bewußt war. Am deutlichsten wurde dies in seinem arroganten und aggressiven Gebaren im Kreuzverhör mit General Raginsky, dem Hilfsankläger für die Sowjetunion; dagegen bringt das Geschehen, das am 15. November zu seinem vieldiskutierten Brief an den amerikanischen Hauptankläger Robert Jackson führte, diese Haltung auf subtilere Weise zum Ausdruck. (Speer datierte den Brief irrtümlich auf den 17. November, der seither von den Historikern als Datum genannt wird.)

Der weniger gegen Speer als gegen Jackson gerichtete Vorwurf einer vor dem Prozeß getroffenen »Geheimabsprache« zwischen den beiden, die Speer angeblich »den Kragen rettete«, wurde schließlich, nachdem jahrelang Gerüchte umgelaufen waren, in dem Buch *Nürnberg – Tribunal der Sieger* von Werner Maser, einem der eher sensationsorientierten deutschen Geschichtsautoren, erhoben. Im Kapitel »Grenzen der Verantwortung« schreibt Maser, Jackson habe seine Sympathie für Speer so deutlich zum Ausdruck gebracht, daß Beobachter heimliche Absprachen zwischen den beiden vermuteten:

> Und so ist es tatsächlich auch gewesen, wie Jacksons persönlicher Nachlaß es beweist und Speer inzwischen selbst zugibt. Heimlich korrespondierten Jackson und Speer miteinander und trafen Absprachen.

Als ich feststellte, daß selbst Bradley Smith über »diesen sonderbaren Brief« (den Brief, den Speer Jackson kurz vor Eröffnung des Prozesses geschrieben haben soll) rätselte, der sämtlichen Historikern, die jemals über Speer oder Nürnberg geschrieben haben, Kopfzerbrechen bereitet hat, fragte ich Speer selbst danach.

Er sagte, sobald Masers Buch erschienen sei, in dem der Autor den Eindruck erweckt, er habe Einblick in die Papiere des Nürnberger Anklägers

Jackson gehabt, habe er sich mit Jacksons Sohn in Verbindung gesetzt. »Er versicherte mir, daß nichts darin stünde, was die Interpretation Masers untermauern könnte«, sagte Speer. »Sicher, ich bin nicht nach Amerika gefahren, um die Unterlagen persönlich nachzuprüfen, doch soviel ich weiß, hat Maser das auch nicht getan.«

Speer gab mir dann den Brief, den er nach Masers Vorwürfen der deutschen Presse zugänglich gemacht und den Bradley Smith in seinem Buch schon kommentiert hatte. Speer brachte darin seine Besorgnis zum Ausdruck, daß das technische Wissen, das er den amerikanisch-britischen Geheimdienstleuten, die ihn vor dem Nürnberger Prozeß verhörten, bereitwillig offengelegt hatte, möglicherweise »dritten Stellen«, soll heißen der UdSSR, bekannt würde. Er habe diese Kenntnisse dem Westen »aus Überzeugung« offenbart, schloß er, und käme sich »erbärmlich vor, wenn ich durch Dritte gezwungen würde, diese Kenntnisse nochmals abzugeben ...«

Smith hielt dies für einen kalkulierten Schritt, um Jacksons Sympathie zu gewinnen. »... Darf man [Speer] glauben«, schrieb er, »daß er nicht wußte, ein solcher Brief würde ebendiese Wirkung haben, noch dazu, wenn der Empfänger Robert Jackson war, der bereits in den Kategorien des Kalten Krieges dachte?«

Vielleicht nicht – wenn Speer sich aus eigenem Antrieb an Jackson gewandt hätte. Doch es war nicht Speer, der diese Entscheidung traf. Im amerikanischen Nationalarchiv finden sich Aufzeichnungen von zwei Treffen Speers mit einem amerikanischen Geheimdienstoffizier, Major John J. Monigan, die zumindest teilweise auf Speers Verlangen hin stattfanden. Beim ersten Treffen, am 2. November 1945 (achtzehn Tage vor Beginn des Prozesses, als Speer seinen Verteidiger noch gar nicht kannte), erklärte Monigan, Major Neave habe ihn wissen lassen, daß Speer gewisse Angelegenheiten zu erörtern wünsche. Sein Ersuchen, sagte Monigan, sei »von den Briten und ... den Amerikanern geprüft worden, und wir möchten, daß Sie eine Erklärung zu den Angelegenheiten verfassen, die Sie zu erörtern wünschen, woraufhin wir eine Entscheidung über das weitere Verfahren treffen werden.«

Speer eröffnete Monigan, er wolle näher auf die Themen eingehen, die er schon mit den Geheimdienstvertretern in »Dustbin« durchgegangen sei, und er wünsche insbesondere einen britischen Offizier zu sprechen, Oberst Lawrence vom Office of Economic Warfare, der diese Gespräche geleitet hatte. Speer erklärte Monigan weiter, er habe gegen Ende seines Aufenthalts in »Dustbin« erfahren, daß man ihn möglicherweise den Russen aushändigen werde. Da er im Besitz umfangreicher Informationen über Fehler im Luftkrieg gegen Deutschland sei, die unter gewissen Umständen künftig von Nutzen sein könnten, »denke ich, daß es falsch wäre, wenn ich [gezwungen würde] ... diese Informationen anderen als den amerikanischen Behörden mitzuteilen ...« Es gebe Dinge, die er wohl offen vor Gericht erörtern könne, doch wolle er darauf hinweisen, daß er auch Kenntnisse besitze, »die der richtigen Seite vorbehalten bleiben sollten. Ich glaube, es ist meine Pflicht, dies zu sagen. Ich möchte hier nicht in die [technischen] Details gehen; das möchte ich Oberst Lawrence gegenüber tun ...«

»Ich verstehe«, sagte Major Monigan. »Der Zweck eines Gesprächs mit Oberst Lawrence wäre es zu überlegen, welche Informationen enthüllt werden könnten [und] bei welchen dies unerwünscht wäre.« Gegen Ende der Befragung wiederholte Monigan seinen Vorschlag an Speer, »eine kleine Erklärung [abzufassen] ... nur eine grobe Skizze der Kenntnisse, die Sie besitzen, die dann von Oberst Lawrence oder jemand anderem daraufhin überprüft werden sollte, ob sie an die Öffentlichkeit gelangen kann.«

»Ja«, sagte Speer. »Wem soll ich sie geben?«

»Nun«, meinte Monigan, »wenn Sie die Erklärung abfassen und sie einfach dem Interrogation Office zur Weiterleitung übergeben, werden wir dafür sorgen, daß sie an die richtige Person gelangt.« *Dann fügte der Major hinzu:* »*Sie können sie an Mr. Justice Jackson adressieren, und ich werde dafür sorgen, daß sie der richtigen Person zugeleitet wird*« (Hervorhebung durch die Autorin).

Zwei Wochen später, am 15. November, traf Monigan wiederum mit Speer zusammen, um ihm mitzuteilen, daß er die angekündigte Erklärung nicht erhalten habe. Speer erwiderte, er habe sie sofort geschrieben und »noch am nächsten Tag« eingereicht.

Sie einigten sich darauf, daß Speer die Abschrift, die er von seiner Erklärung angefertigt hatte, aus der Zelle holen und im Büro des Majors nochmals kopieren würde. »Ich möchte dieselbe Erklärung abgeben«, sagte Speer.

Diese Aufzeichnungen aus dem Washingtoner Nationalarchiv zeigen eindeutig, daß die Vorwürfe gegen Speer, er habe versucht, Jackson durch »geheime Absprachen« oder private Korrespondenz zu beeinflussen, haltlos sind.

Fünf Tage später begann der Prozeß, doch es sollten sieben Monate vergehen, bis Speer an der Reihe war; sein Fall wurde vom 19. bis 30. Juni 1946 verhandelt. Er erfuhr am Morgen des 20. Juni, daß Jackson selbst ihn ins Kreuzverhör nehmen würde. »Ich war froh darüber«, sagte er mir. »Ich mochte ihn; ich hielt ihn für einen fairen Mann.«

Im Vergleich zu Göring, der sich mit seinen Lügen und aggressiven Erwiderungen als ungeheuer schwierig erwies, Jackson in Wut versetzte und das Kreuzverhör fast zum Erliegen brachte, muß der ruhige, kultivierte Speer, der seine Verantwortung bereitwillig eingestand, dem amerikanischen Hauptankläger fast wie ein Geschenk Gottes vorgekommen sein. Es war zweifellos die Aussicht, seinen schwer angeschlagenen Ruhm als Ankläger wiederherzustellen, die ihn veranlaßte, das Kreuzverhör Speers zu übernehmen, des einzigen Angeklagten, dessen Grad von Schuld praktisch für alle außer den Russen, die fest entschlossen waren, ihn an den Galgen zu bringen, fraglich schien.

Zwei weitere Bemerkungen zu dieser angeblichen und nun widerlegten »Geheimabsprache« mögen angebracht sein. Erstens war Robert Jackson als »harter« Richter bekannt, was er in der Tat mit seiner Stellungnahme zum Thema Begnadigung bewies, die er am 26. September 1946 für das amerikanische Kriegsministerium anfertigte. »Gnade«, schrieb er, »ist ein Akt der Vergebung, nicht des Rechts.« Da keiner der Angeklagten »der Anklagevertretung irgendeinen Dienst erwiesen« habe, gebe es keinen Grund, Gnade walten zu lassen. Dies klingt kaum wie die Äußerung eines Mannes, der sich auf Geheimabsprachen mit Speer oder wem auch immer eingelassen hätte.

Außerdem war Jackson auch sonst ein erklärter Gegner von Gnadengesuchen. So half er Ende November 1945, einen Vorstoß des amerikanischen Hilfsanklägers General William Donovan (zugleich Leiter des Office of Strategic Services, OSS) abzuwehren, der Görings Konfrontation mit dem Gerichtshof durch ein Verfahren beschränken wollte, das einem »plea bargaining«* sehr nahe kam. Als langjähriger Chef des OSS war Donovan von seinem politischen Vermittlungstalent überzeugt und hatte sein Amt gegen Ende des Krieges in eine Reihe ungeschickter, wenn nicht unmoralischer Verhandlungen mit diversen Nazis verwickelt, wie die schon erwähnten mit SS-Obergruppenführer Wolff. Es war Donovan offensichtlich gelungen, so etwas wie eine Beziehung zu Göring aufzubauen. Er machte zunächst Göring und dann Jackson den Vorschlag, Göring solle einen von Donovan ausgearbeiteten Fragebogen unterzeichnen und damit die Rechtmäßigkeit bestimmter Anklagepunkte anerkennen und einige andere Angeklagte belasten. Durch dieses Verfahren sollten Göring sämtliche Auftritte vor Gericht erspart werden, mit Ausnahme einiger ganz unbedeutender, bei denen er lediglich die Gültigkeit seiner Antworten auf dem Fragebogen bestätigen würde.

Nach einer Reihe erbitterter Auseinandersetzungen mit Donovan legte Jackson ein umfassendes Veto gegen diese Vorgehensweise ein und beharrte darauf, daß Göring sich wie die anderen auch dem Kreuzverhör aller Ankläger zu stellen habe. Donovan legte sein Amt einige Tage später nieder und kehrte in die Vereinigten Staaten zurück.

Es entbehrt nicht einer gewissen Ironie, daß es ausgerechnet Göring, der lange Jahre eine so groteske Figur abgegeben hatte, gelang, in Nürnberg einen derart starken Eindruck zu machen. »Die Amerikaner haben dort einen großen Fehler gemacht«, sagte Speer 1978 zu mir. »Ich weiß, daß sie rechtlich und, ich nehme an, auch moralisch verpflichtet waren, ihm die Drogen zu entziehen, und ich weiß nicht, was sie anderes hätten tun können. Doch psy-

---

* »Plea bargaining« ist ein bei amerikanischen Gerichtsverfahren häufig durchgeführter Handel zwischen Staatsanwaltschaft und Verteidigung über Art und Höhe der Verurteilung.

chologisch gesehen prägte sich damit der Weltöffentlichkeit auf Dauer das Bild eines zwanzig Jahre jüngeren Göring ein, und es gelang dem Tribunal nicht, die unfähige, grobschlächtige und korrupte Persönlichkeit vor Augen zu führen, die dieser ›Nachfolger Hitlers‹ und ›zweite Mann im Reich‹ gewesen war. Wenn man Deutsche während des Krieges fragte, was sie von Göring hielten, den sie den ›Fetten‹ nannten, lachten sie nur. Wenn Sie sie jetzt, nach Nürnberg, fragen, werden sie voller Bewunderung sagen: ›Ah, Göring!‹ Göring hat mir in Nürnberg einmal gesagt: ›In fünfzig Jahren werden sie mir Denkmäler bauen.‹ Gott bewahre, aber am Ende könnte er recht haben.«

Im Zentrum der Anklage gegen Speer stand der Einsatz der Zwangsarbeiter, doch das wirkliche Problem, mit dem das Tribunal zurechtkommen mußte, war die Frage mildernder Umstände. Die Tatsache, daß Speer im Zeugenstand mit seiner Klarheit und Intelligenz, mit seiner vernichtenden Aburteilung Hitlers und mit dem Fast-Eingeständnis, daß er Sklavenarbeiter eingesetzt hatte, beeindrucken konnte, sprach im Grunde nicht gegen seine Schuld. Dagegen sprach – oder hätte sprechen können – die unbestreitbare Tatsache, daß die Sowjetunion die Genfer Konvention nicht unterzeichnet hatte und die Deutschen deshalb, wenn auch moralisch im Unrecht, in der Tat nicht gegen das Recht verstießen, wenn sie sowjetische Kriegsgefangene in der Rüstungsindustrie beschäftigten.

Das Problem des Tribunals war erstens, daß es, abgesehen von Speers scheinbarer Gleichgültigkeit bezüglich der Behandlung der Zwangsarbeiter und seiner Drohung, »Bummelanten« ins Konzentrationslager werfen zu lassen,[*] keine Hinweise auf persönliche Grausamkeiten oder Vergehen gab.

Zweitens lag eine ganze Menge, zumeist von Speer im Zeugenstand vorgebrachtes, von anderen jedoch bestätigtes Beweismaterial dafür vor, daß er Hitler schon früh eröffnet hatte, der Krieg sei verloren, und daß er Hitlers »Verbrannte Erde«-Befehle unter beträchtlichem persönlichem Risiko sabotiert hatte.

Drittens kannte das Gericht Speers halbherzigen, aber trotzdem realen Plan, Hitler zu töten. Er wurde zwar nicht ernster genommen als Speers eigene, offenbar widerstrebende Schilderung, aber das Gericht hatte die Bestätigung des Zeugen (des Industriellen) Dieter Stahl, den Speer um Hilfe gebeten hatte.

Am meisten beunruhigte später allerdings viele Historiker und Beobachter an dem nach Überzeugung vieler manipulativen Auftritt Speers in Nürnberg, wie die Westalliierten auf seine angenehme Erscheinung, den überzeugenden

---

[*] Fünfzehn Jahre später riet Speer Wolters in einem Brief aus Spandau, in dem er das Nürnberger Anklagematerial im Hinblick auf mögliche Verhandlungen über eine vorzeitige Entlassung erörtert, die Frage der »Bummelanten« am besten nirgends zu erwähnen, da sie sehr unangenehm sei.

Ton seiner Ausführungen, sein anscheinend reumütiges Gebaren und die offen verächtliche Haltung gegenüber den Sowjets reagiert hatten.

Flächsner war viel hellsichtiger, als einige Leute – darunter Speer – ihm zugestehen wollten. (Sowohl Lordrichter Lawrence als auch sein Stellvertreter Norman Birkett mißverstanden Flächsners gemäßigte Art als Einfalt und behandelten ihn wiederholt mit offener Verachtung.) Dabei war Flächsner sich Speers manipulativer Gaben durchaus bewußt: »Vielleicht war es während dieses Jahres, in dem er sich, wie ich Ihnen versichern kann, vollkommen im klaren darüber war, in welcher Gefahr er steckte, einer der ungewöhnlichsten Züge an ihm, daß er genau der blieb, der er immer gewesen war: ein Spieler. Natürlich bedeutete das, daß er Menschen *benutzte*, doch sozusagen nur geistig oder taktisch. Weil er emotional so distanziert war, spielte er nie auf emotionaler Ebene mit ihnen – wenn er jemanden mochte, dann mochte er ihn eben, und nichts konnte daran etwas ändern.« Flächsner lächelte. »Jemand, der ihn *liebte,* hatte es natürlich schwer, denn er liebte nicht. Aber zu spielen, wie er es in Nürnberg ganz sicher und auf brillante Weise tat, war fast eine ›Übung‹ für ihn. Er vergewisserte sich damit unter jenen schrecklichen Umständen sozusagen, daß er immer noch der alte war.«

Flächsners Aufgabe, seinen häufig langatmigen Mandanten zu befragen, war oft nicht einfach. »Manchmal, wenn er in Zahlen schwelgte«, sagte er, »konnte ich nur hoffen, daß das Gericht nicht genug Unterlagen zur Hand hatte, um sie zu widerlegen.« Bei einer Gelegenheit versuchte Flächsner zu zeigen, daß viele Häftlinge die Arbeit in vergleichsweise normalen Fabriken dem Verhungern in den Konzentrationslagern vorgezogen hätten – was zweifellos der Fall war –, und fragte Speer:

Wußten Sie während Ihrer Tätigkeit, daß die Arbeiter aus Konzentrationslagern Vorteile hatten, wenn sie in Fabriken beschäftigt waren?

SPEER: Ja. Ich wurde sowohl von meinen Mitarbeitern darauf aufmerksam gemacht und habe dies auch bei Betriebsbesichtigungen gehört. Allerdings darf man sich keine falsche Meinung über den Anteil der Konzentrationslager-Häftlinge in der deutschen Industrie machen. Insgesamt war in der Industrie ein Prozent der Arbeiter aus Konzentrationslagern abgestellt.

Speer hatte Glück, daß offenbar niemand diesen Prozentsatz in Zahlen umrechnete: Wenn, wie er schon erklärt hatte, im Jahr 1943 vierzehn Millionen Arbeitskräfte unter ihm beschäftigt waren, dann wären ein Prozent davon 140 000 Menschen gewesen (und nicht, wie er mir sagte, 45 000), und als das Heer seiner Arbeitskräfte Ende 1944 auf achtundzwanzig Millionen verdoppelt wurde, wäre damit die bedrückende Zahl von 280 000 Menschen aus Konzentrationslagern unter Speer eingesetzt gewesen.

Wenig später im Verlauf derselben Vormittagssitzung präsentierte Flächsner einen Brief Speers an seinen Amtschef für Rüstungslieferungen Walther Schieber, datiert vom 7. Mai 1944.

[Flächsner verliest:] »Bei der Verpflegung, die von unseren Betriebsführern für die bei ihnen tätigen Lagerarbeitskräften trotz aller Erschwerungen immer wieder beigeschafft wird, und bei der allgemeinen anständigen und menschlichen Behandlung, auch der ausländischen und der KZ-Arbeitskräfte, arbeiten sowohl die Jüdinnen wie die KZ-ler gut und tun alles, um nicht wieder in die KZ zurückgeschickt zu werden. Diese Tatsachen fordern eigentlich, daß wir noch mehr KZ-Insassen in die Rüstungsindustrie überführen ... Ich habe die Frage eingehend mit ... [einem SS-Offizier durchgesprochen, der besonders darauf hinwies, daß man] die Ernährungslage der in KZ-Betrieben arbeitenden Lagerinsassen laufend verbessere und durch zusätzliche Eiweißabgaben bei ständiger Überwachung durch Ärzte auch schon merkliche Gewichtszunahmen und damit höhere Arbeitsleistungen erzielt worden seien.«

»Haben Sie auch mal bei Betriebsbesichtigungen Konzentrationslager-Häftlinge gesehen?« fuhr Flächsner auf diesem schlüpfrigen Feld fort.

»Selbstverständlich wurden bei Betriebsbesichtigungen von mir gelegentlich Konzentrationslager-Häftlinge gesehen«, antwortete Speer, »die jedoch einen gutgenährten Eindruck machten.«

Daß Flächsner Speer jemals wissentlich in eine klare Lüge hineingezogen hätte, ist zu bezweifeln, weshalb wir annehmen müssen, daß selbst diesem engagierten Verteidiger manchmal Fehler unterliefen, etwa wenn er fragte:

Herr Speer! Was wissen Sie über die Arbeitsbedingungen in den unterirdischen Fabriken?

SPEER: In den unterirdischen Fabriken waren die modernsten Fertigungen von uns mit den neuesten Waffen untergebracht ... Diese Fertigungen verlangten aber absolut einwandfreie Arbeitsbedingungen, eine staubfreie, trockene Luft, gutes Licht, große Frischluftanlagen, so daß die Bedingungen ... etwa die gleichen sind wie in einer Nachtschicht in einem normalen Betrieb.

Ich möchte hinzufügen, daß, im Gegensatz zu dem Eindruck, der hier im Gericht entstanden ist, diese unterirdischen Fabriken fast ausschließlich mit deutschen Arbeitern belegt waren ...

Flächsner wußte nichts über die Arbeitsbedingungen der Sklavenarbeiter in Dora und Landsberg und von Speers Besuchen dieser furchtbaren Stätten in den Jahren 1943 und 1944. »Ich wußte es nicht«, sagte er, als ich sie ihm beschrieb. »Das Gericht Gott sei Dank auch nicht.«

Wie sich herausstellte, war Jackson Speer gegenüber zwar durchaus höflich, ließ jedoch zur Genüge deutlich werden, wenn er glaubte, daß Speer log, und in der entscheidenden Frage machte er es ihm nicht einfach: der Frage nach seinem Wissen um das Leiden der Sklavenarbeiter.

JACKSON: Als Produktionsminister hatten Sie doch wohl das größte Interesse daran, den Prozentsatz der Krankheitsfälle unter den Arbeitern zu verringern, nicht wahr?

SPEER: Ich hatte ein Interesse daran, daß die Arbeitsleistung hoch ist, das ist klar ...

JACKSON: Nun ... ist es nicht Tatsache, daß ... die beiden größten Schwierigkeiten in bezug auf Arbeitskraft und Produktion Krankheitsfälle und schneller Umsatz sind ... ?

SPEER: Diese beiden Momente waren für uns störend. Sie waren aber an sich nicht so ausgedehnt, wie es aus ihren Worten zu sein scheint. Die Krankheitsfälle waren ein ganz geringer Prozentsatz ... Allerdings wurde durch die ... [alliierte] Luftpropaganda, durch Flugblätter, die abgeworfen wurden, die Arbeiterschaft dazu aufgerufen, Krankheiten vorzutäuschen, und es wurden ... genaue Anweisungen ... ausgegeben, wie man eine Krankheit vortäuschen kann, und dagegen haben wir, vielmehr die zuständigen Stellen, Maßnahmen ergriffen, und ich hielt diese Maßnahmen für richtig.

JACKSON: Was für Maßnahmen waren das?

SPEER: Ich kann das im einzelnen nicht sagen, weil ich ja diese Strafverordnungen nicht selbst gemacht habe ... Soviel ich weiß, wurde das in Zusammenarbeit zwischen dem Generalbevollmächtigten für den Arbeitseinsatz [Sauckel] und den Polizeistellen [Kaltenbrunner] oder den staatlichen Stellen gemacht ...

JACKSON: Wenn Sie aber nicht wußten, welche Maßnahmen es waren, wie können Sie uns dann sagen, daß Sie sie gebilligt haben? Wir kommen immer wieder auf diesen toten Punkt: Niemand wußte, was vor sich ging. Sie wußten doch wenigstens, daß es sehr schwere Strafen waren, nicht wahr?

SPEER: ... Das, was ich hörte, ist in der Zentralen Planung enthalten. Oder vielmehr, da können Sie ein Spiegelbild bekommen von dem, was ich gehört habe ...

JACKSON: Gut. Nehmen wir an, Ihre Aufmerksamkeit wäre auf diese Mißstände gelenkt worden und sie hätten tatsächlich existiert ... Mit Krupp hätten Sie diese Angelegenheit nicht besprochen? Glauben Sie, daß er für diese Dinge nicht verantwortlich war?

SPEER: Es ist ... bei Besuchen bei Krupp bestimmt darüber gesprochen worden über die Zustände, die allgemein nach den Fliegerangriffen für die Arbeiter waren ... Aber ... es ist mir nicht erinnerlich, daß mir gesagt wurde, daß die ausländischen Arbeiter oder die Kriegsgefangenen in einer besonders schlechten Lage sind ...

Speer sagte mir bei einem Gespräch über dieses Kreuzverhör, Jackson habe ihn seiner Meinung nach deshalb zu dem Eingeständnis bringen wollen, daß die Arbeiter bei Krupp schlecht behandelt wurden, weil er hinter Krupp her gewesen sei, weniger hinter ihm. Und er las mir eine der versöhnlichen Bemerkungen Jacksons vor. »Ich behaupte nicht«, hatte Jackson gesagt, »– ich wiederhole – ich behaupte nicht, daß Sie dafür verantwortlich waren. Ich behaupte, daß das Regime dafür verantwortlich war.«

»Er fügte hinzu«, sagte Speer, »daß das, was ich ihm über diese Zustände berichten würde, meine Position nicht im mindesten beeinträchtige. Damit wurde mir natürlich klar, daß er die Absicht hatte, mich gegen Krupp einzusetzen. Und dazu wollte ich mich nicht hergeben.«

Auf meine Frage hin räumte Speer ein, daß ihm damals die Lebensbedingungen und das Schicksal der Arbeiter, abgesehen von ihrer Leistungsfähigkeit, verhältnismäßig gleichgültig gewesen seien. »Ich kann sicher nicht behaupten, ein Humanist gewesen zu sein«, sagte er mit bitterer Ironie und fügte hinzu: »Ich habe es immer wieder gesagt. Mein Einwand gegen die schlechte Behandlung war, daß man damit die Leistung nicht steigern konnte; das war für mich keine moralische Frage. Heute kann ich mir weder solche Zustände vorstellen, noch daß ich so fühlen oder reagieren könnte wie damals.«

Der einzige Teil des Prozesses, über den er gerne sprach, war sein Verhalten gegenüber den Russen. »Sie kamen am Schluß der Verhandlung meines Falles dran. Ich wußte, daß ich bei Jackson gut abgeschnitten hatte, und zu dem Zeitpunkt war erstens schon bekannt, was der Rest des Gerichtshofes von den Russen hielt, und zweitens war ich in einer Art Euphorie. Als ihr Ankläger gegen mich loslegte, wurde ich lächerlich anmaßend; ich glaube, ich habe mich schlecht benommen. Heute tut mir das eher leid. Aber damals sah man die Dinge anders.«

Einer der ersten Punkte, denen sich General Raginsky zuwandte, war Speers Eingeständnis vom 14. November 1945, in einem Verhör vor Prozeßbeginn, daß Hitler in *Mein Kampf* seine Angriffspläne, insbesondere gegen die Sowjetunion, offen dargelegt habe. Ob er dies jetzt bestätigen könne?

SPEER: Nein ... Ich muß sagen, daß ich mich damals geschämt habe zu sagen, daß ich das Buch *Mein Kampf* nicht vollständig durchgelesen habe. Mir kam das etwas lächerlich vor ... [also habe ich] damals geschwindelt.

RAGINSKY: Sie haben damals geschwindelt. – Vielleicht schwindeln Sie jetzt?

SPEER: Nein.

»Es ist heute schwer zu erklären, warum ich die Russen bei dem früheren Verhör in dieser Sache belogen habe«, sagte er mir. »Es war dumm: Ich war über ihren Untersuchungsbeamten, der kaum etwas über mich wußte, verärgert – einer aus den unteren Rängen, dachte ich. Das war eine Fehleinschätzung. Ich dachte, niemand würde mir glauben, wenn ich sagte, daß ich das verdammte Ding nicht gelesen hätte, aber ich hielt es auch nicht für wichtig und glaubte nicht, daß noch jemand darauf zurückkommen würde. Also sagte ich, ich hätte das Buch gelesen. Das war das einfachste. Und dann, als sie mich vor Gericht dazu befragten, gab ich zu, daß ich gelogen, daß ich es nicht gelesen hatte.«

Speer beendete den Wortwechsel mit Raginsky auf eine für ihn typische provozierende Weise:

Ich war besonders beruhigt im Jahre 1939, als der Nichtangriffspakt mit Rußland abgeschlossen wurde; und schließlich müssen ja Ihre Diplomaten auch das Buch *Mein Kampf* gelesen haben, und sie haben ja auch trotzdem den Nichtangriffspakt abgeschlossen. Und sie waren bestimmt intelligenter wie ich, ich meine in politischen Dingen ...

Raginsky wandte sich nun der Ernennung Speers zum Minister zu und zitierte dessen Antrittsrede an die Gauleiter:

[Sie sagten:] »Ich habe diese ganze Tätigkeit und damit meine eigentliche Berufung aufgegeben ...« – die Architektur – »... um mich rücksichtslos nun für die Kriegsaufgabe einzusetzen. Der Führer erwartet dies von uns allen.« Ist das das gleiche, was Sie nun hier ... aussagen?

SPEER: Ja. Ich glaube, daß das bei Ihnen in Ihrem Staate auch üblich war.

RAGINSKY: Ich frage Sie nicht über unseren Staat ...

SPEER: Ich wollte nur zu Ihrem Verständnis beitragen, weil Ihnen das anscheinend unverständlich ist, daß man im Kriege den Posten eines Rüstungsministers übernimmt ... das [ist] eine Selbstverständlichkeit ...

RAGINSKY: Ich hatte Sie vollkommen verstanden.

SPEER: Sehr gut.

Dies mag wie ein Wortgefecht ungezogener Kinder klingen, doch in Wahrheit brachten die Russen viele von den anderen Anklägern ausgelassene oder gemiedene Punkte zur Sprache, die sämtlich dazu dienen sollten, ihre abschließende Forderung nach der Todesstrafe für Speer zu untermauern.

RAGINSKY: Ich möchte Sie nur kurz daran erinnern, wie Sie die Prinzipien Ihres Ministeriums beschreiben: »Eins wird allerdings notwendig sein: das ist das energische Durchgreifen mit schärfsten Strafen bei Vergehen, die dem Staatsinteresse entgegenstehen ...«* Haben Sie das geschrieben?

SPEER: Ja ... [aber] kann ich darum bitten, daß Sie den ganzen Absatz verlesen? Sie haben zwischendrin einige Sätze ausgelassen.

RAGINSKY: Ich habe es ausgelassen. Ich werden Ihnen später darüber Fragen stellen.

Wie häufig während des Kreuzverhörs durch den Russen kam Lordrichter Lawrence, der Vorsitzende des Gerichtshofs, Speer zu Hilfe:»Nein, nein, General Raginsky, der Gerichtshof möchte die Kommentare jetzt haben.« Ein paar Minuten später befragte Raginsky Speer zu den russischen Zwangsarbeitern:

RAGINSKY: [Es] war Ihnen bekannt, auf welche unmenschliche Weise Sie sich die Arbeiter für den Kohlenbergbau beschafften. Das geben Sie doch zu?

SPEER: Nein, das gebe ich nicht zu.

RAGINSKY: ... Geben Sie zu, daß Sie als Teilnehmer an [einer] Besprechung [bei Hitler] ... und als Reichsminister für die zwangsmäßigen Deportationen von einigen Millionen Arbeitern nach Deutschland verantwortlich sind?

SPEER: ... [Aber] gerade dieses Programm ist nicht durchgeführt worden.

RAGINSKY: Angeklagter Speer! Wir werden sehr viel Zeit verlieren, wenn Sie meine Fragen nicht beantworten.

VORSITZENDER [LAWRENCE]: Aber, General Raginsky, schon seit dem Anfang seiner Beweisaufnahme hat dieser Angeklagte, wenn ich es richtig verstehe, zugegeben, daß er wußte, daß Kriegsgefangene und andere Arbeitskräfte gezwungenermaßen und gegen ihren Willen nach Deutschland gebracht worden sind. Das hat er ja nicht abgestritten.

RAGINSKY: Ja, Herr Vorsitzender ... [doch die Frage ist nun:] Erkennen Sie [Speer] dafür Ihre Verantwortung an?

SPEER: ... Ich nehme an, das Gericht wird das entscheiden, wie weit meine Verantwortung geht ... Entweder wird meine [zehnminütige] Erklärung von gestern geglaubt oder sie wird nicht geglaubt.

RAGINSKY: Ich will damit nicht sagen, daß Sie das wiederholen, was Sie gestern gesagt haben, wenn Sie nicht antworten wollen ... Gehen wir zu [einer anderen Frage] über.

VORSITZENDER: General Raginsky! Wenn Sie ihm eine Frage vorlegen, die bereits gestern gestellt wurde, so muß er die gleiche Antwort geben,

---

* Die Rede wird in Kapitel XIII, Seite 386 erwähnt, wo allerdings nur die scharfen Vorschriften zitiert werden, die erlassen wurden.

wenn er eine folgerichtige Antwort geben will ... Der Zeuge hat gesagt: »Ich habe die Frage gestern wahrheitsgemäß beantwortet. Wenn Sie jedoch wollen, daß ich die Antwort wiederhole, so werde ich es tun, aber es wird zehn Minuten in Anspruch nehmen.« Das hat er gesagt, und das ist eine vollkommen angemessene Antwort.

»Speer war sehr niedergeschlagen, als die Verhandlung seines Falles abgeschlossen war«, sagte Flächsner. »Ich muß zugeben, daß ich nicht glaubte, wir hätten die geringste Hoffnung auf einen Freispruch – das wäre grotesk gewesen. Ich dachte, er würde fünfzehn Jahre bekommen, mit Revision nach ein paar Jahren. Aber er war fast sicher, daß es die Todesstrafe sein würde.«

Nachdem das Verfahren gegen die Hauptangeklagten abgeschlossen war, schlug sich das Gericht einen Monat lang mit dem kniffligen juristischen Problem der verbotenen Naziorganisationen herum. Zur SS gehörten die Waffen-SS und das Reichssicherheitshauptamt (RSHA) mit seinen verschiedenen Abteilungen wie dem Sicherheitsdienst (SD), der Sicherheitspolizei (SIPO) und der Gestapo, obwohl diese getrennt angeklagt wurde, weil sie Jahre früher als das Reichssicherheitshauptamt entstanden war. Das Führerkorps der NSDAP wurde als Organisation angeklagt, obwohl viele seiner ranghöchsten Mitglieder auch als Einzelpersonen belangt wurden. Das Reichskabinett hatte, wie die SA nach dem Röhm-Putsch von 1934, alle wirklichen Machtbefugnisse weitgehend verloren, und der Generalstab sowie das Oberkommando der Wehrmacht wurden schließlich nicht als kriminelle Organisationen eingestuft. Am Ende wurden nur die SS, die Gestapo und das RSHA für verbrecherisch erklärt, mit dem Vorbehalt, daß nicht einmal Mitglieder dieser Organisationen ohne Einzelverfahren bestraft werden sollten.

»Doch am 27. Juli hielt Shawcross [der britische Hauptankläger] sein Plädoyer mit diesem langen schrecklichen Zitat über die Ermordung einer Gruppe von Juden«, sagte Flächsner. »Ich glaube, das war Speers Tiefpunkt – er kam in den folgenden Tagen immer wieder darauf zu sprechen. Er war vollkommen niedergeschmettert: Wer ihn damals sah, hätte nie an seinen Gefühlen zweifeln können. Aber sehen Sie, die meisten Leute glaubten ja nicht, daß er überhaupt etwas empfinden konnte. Nach dieser Rede [von Shawcross] war er nicht nur überzeugt, daß man ihn zum Tode verurteilen würde, er meinte, sie sollten es tun, es müßte geschehen.«

In den ersten Augusttagen schrieb Speer sein Schlußwort, das er am 31. August, dem letzten Prozeßtag, vortrug. In einem Brief an Margret bemerkte er dazu:

Ich muß auf alles gefaßt sein ... Für meine Person darf ich nicht ein persönliches Schicksal in den Vordergrund stellen. Mein Schlußwort geht daher auf meinen Fall überhaupt nicht ein ...

Am 10. August, nachdem Speer eine von Wolters als Testament betrachtete Erklärung verfaßt hatte, mit der er Wolters nicht nur zu seinem Nachlaßverwalter, sondern auch zu seinem literarischen Alter ego bestimmte, begann er mit dem ersten Entwurf seiner Erinnerungen, an dem er während der folgenden sieben Wochen arbeitete. Die steife, bürokratische Sprache des 103 Seiten langen Manuskripts läßt die Spannung deutlich werden, die Flächsner später beschrieb.

Die letzten Worte für den Gerichtssaal sind fertiggestellt. Damit schließt eine Lebensbahn, die zu Ruhm und großer Verantwortung führte, die mich in den früheren Jahren ersten Schaffens aus dem anonymen Nichts emporwirbelte zu höchsten Höhen. Ein Leben, das aus einem pflichtbewußten, fleißigen Menschen schließlich einen Verräter an seinem Herrn machte, für den er zehn Jahre treu gearbeitet hatte.

Vieles ist bezeichnend für diese Zeit, nichts aber so sehr, als daß schließlich nur noch die Entscheidung blieb, dem eigenen Volk oder dem Führer Adolf Hitler zu dienen.

Ich schreibe diese Zeilen nicht als Rechtfertigung. Ich habe das Bedürfnis, meiner Frau und meinen Kindern, auch für ihr späteres Leben, einen klaren Abriß vieler Ereignisse zu geben und manche Erinnerung aufzufrischen.

Die Kürze der Zeit und die äußeren Umstände werden es nicht gestatten, eine saubere, stilistisch durchgefeilte Arbeit zu leisten, wie ich das gewohnt war. Die Hauptsache: Es ist ehrlich gemeint.

Albert Speer
Nürnberg, den 10. August 1946
Gefängnis, Zelle 17

[Darunter notierte Speer:]
Original und 1 × Abschrift – Frau Speer, Heidelberg
1 × – Rudi Wolters
1 × – A. K. [Annemarie Kempf]

Am 31. August trugen die einundzwanzig Angeklagten ihre Schlußworte vor. Alle, mit Ausnahme von Heß, der zusammenhanglos redete, gaben zu, daß das Regime Verbrechen begangen hatte. Göring sagte, daß er »die furchtbaren Massenmorde auf das schärfste verurteile und [ihm] jedes Verständnis hierfür« fehle; Keitel meinte, er wolle »lieber den Tod wählen, als [sich nochmals] in die Netze so verderblicher Methoden ziehen zu lassen«; Rosenberg erklärte, der Genozid sei ein Verbrechen gewesen, das ihm nie in den Sinn gekommen sei; Frank warnte vor den Folgen einer Abwendung von Gott; Streicher verurteilte Hitlers Massenmord an den Juden; Funk sprach von einem Gefühl tiefer Scham angesichts der »grauenvollen Verbrechen«;

Schacht sprach von dem »unsagbaren Elend, das zu verhindern [er] versucht« habe; Raeder philosophierte über den Wert des Führerprinzips; Schirach beklagte, daß die deutsche Jugend getäuscht worden sei; Sauckel war »in innerster Seele erschüttert«; für Papen war die »Kraft des Bösen stärker als die des Guten«; Seyß-Inquart bedauerte die »unfaßbaren Exzesse«; Neurath hatte »dem deutschen Volk« gedient; und Fritzsche sah im »Mord an fünf Millionen Menschen eine grausige Warnung«.

Kein einziger der Angeklagten gestand eine persönliche Schuld an diesen Verbrechen ein. Jodl und Heß waren die einzigen, die sie in gewisser Weise verteidigten, Speer der einzige, der sie zu erklären suchte. Doch niemand im Gericht konnte an jenem Tag daran zweifeln, welches Schicksal sie alle erwartete.

»In einem Krieg wie diesem«, sagte Jodl, »in dem Hunderttausende von Kindern und Frauen durch Bombenteppiche vernichtet ... wurden, in dem Partisanen jedes, aber auch jedes Gewaltmittel anwandten, das ihnen zweckmäßig erschien, sind harte Maßnahmen, auch wenn sie völkerrechtlich bedenklich erscheinen sollten, kein Verbrechen vor Moral und Gewissen. Denn ich glaube und bekenne: die Pflicht gegen Volk und Vaterland steht über jeder anderen. Diese zu erfüllen, war mir Ehre und höchstes Gesetz. Möge diese Pflicht in einer glücklicheren Zukunft ersetzt werden durch eine noch höhere: durch die Pflicht gegen die Menschheit!«

»Die Diktatur Hitlers«, sagte Speer, »... war die erste ... die sich zur Beherrschung des eigenen Volkes der technischen Mittel in vollkommener Weise bediente ... Durch die Mittel der Technik, wie Rundfunk und Lautsprecher, wurde achtzig Millionen Menschen das selbständige Denken genommen; sie konnten dadurch dem Willen eines einzelnen hörig gemacht werden ... [Dies hatte] zur Folge eine weitverzweigte Überwachung der Staatsbürger und den hohen Grad der Geheimhaltung verbrecherischer Vorgänge ... Die Kriegstechnik wird in fünf bis zehn Jahren die Möglichkeit geben, von Kontinent zu Kontinent mit unheimlicher Präzision Raketen zu schießen. Sie kann durch die Atomzertrümmerung ... im Zentrum New Yorks in Sekunden eine Million Menschen vernichten ... ohne vorherige Ankündigung ... Der Wissenschaft ist es möglich, Seuchen zu verbreiten unter Menschen und Tieren und durch einen Insektenkrieg die Ernte zu vernichten ... Die Chemie hat furchtbare Mittel gefunden, um den hilflosen Menschen unsagbares Leid zuzufügen ...

Dieser Prozeß [muß] ein Beitrag sein, um ... die Grundlagen menschlichen Zusammenlebens festzulegen. Was bedeutet mein Schicksal nach allem, was geschehen und bei einem solch hohen Ziel? ... Ein Volk aber, das an seine Zukunft glaubt«, schloß er, »wird nicht untergehen. Gott schütze Deutschland und die abendländische Kultur!«

»Die Historiker, die mich kritisierten, weil ich den Schwerpunkt anscheinend auf die technischen Aspekte des Hitler-Regimes verlegt hatte«, sagte mir Speer Jahrzehnte später, »waren der Auffassung, ich hätte versucht, ein Bild von Nazideutschland als Prototyp einer technokratischen Gesellschaft zu zeichnen und mich selbst als Prototyp des Technokraten. Im Grunde lautete ihr Argument, das von Hitler verursachte Grauen – die Vernichtungs- und Konzentrationslager – hätte absolut nichts mit Technologie zu tun gehabt. Natürlich, wenn man Hitler-Deutschland nur von diesem Standpunkt aus betrachtet, dann ist das völlig richtig – die Maschinerie des Mordens und die Maschinerie des Konzentrationslagers waren fast primitiv zu nennen. Doch der springende Punkt ist, daß Hitler nicht achtzig Millionen Menschen dadurch überzeugte, ihm zu folgen, weil sie wußten, daß er Menschen in Kalkgruben und Gaskammern ermorden würde; sie folgten ihm nicht, weil er *böse* schien, sondern weil er ihnen als außergewöhnlich *gut* erschien. Und sie wurden überzeugt durch Goebbels' glänzende Propaganda, seinen beispiellosen Einsatz moderner Techniken der Massenkommunikation.

Natürlich, wenn man kritisiert wird, dann meist, weil man Fehler gemacht hat, und es ist wahr: Selbst in dieser Schlußerklärung machte ich Fehler. Ich war einzig daran interessiert, mein Schlußwort zu nutzen, um dem deutschen Volk, das am Radio so lange Monate den Schreckensberichten zugehört hatte, die Nürnberg enthüllte, ein kleines Maß an Würde zurückzugeben. Heute weiß ich, daß ich mit einschließen hätte sollen, wovon ich doch so sehr überzeugt war, nämlich daß es unsere Gesellschaft war, die diese Schrecken erzeugt hatte, oder besser gesagt, die Menschenschindern die Lizenz für ihre Greueltaten gab, nicht infolge technischer Vervollkommnung, sondern infolge unseres moralischen Zerfalls. Ich habe es nicht gesagt, und das war falsch.«

Am 1. Oktober, vier Wochen nach den Schlußerklärungen, trat das Gericht wieder zusammen, um die Urteile zu verkünden.

»Es war erstaunlich«, sagte Flächsner, »aber als sie zwanzig Jahre sagten, da – ich denke es wirklich – traf ihn das schwerer, als ihn die Todesstrafe getroffen hätte. Auf sie hatte er sich irgendwie vorbereitet – in einer Art Euphorie der Schuld, der Buße, vieles spielte dabei eine Rolle. Aber zwanzig Jahre – einundvierzig als er eingesperrt wurde, einundsechzig wenn er entlassen würde – diese Vorstellung war ein großer, großer Schock. Außerdem – es klingt grotesk, und *er* hat das nie gesagt, ich sage es im Rückblick – vielleicht hat ihn die Tatsache, daß er nicht die Todesstrafe erhielt, in seinen eigenen Augen herabgesetzt.«

Es dauerte neun Monate, bis die Alliierten ihre internen Zwistigkeiten beigelegt hatten und die Häftlinge nach Berlin ins Spandauer Gefängnis überführt werden konnten. Speer sprach über diese Monate sehr ungern. »Es war die schwärzeste Zeit meines Lebens«, sagte er.

Die schwärzesten Monate seines Lebens waren zugleich der Beginn seines Lebens als ein anderer Mensch.

XXIII

Spandau I

Aus der Spandauer Gefängnisordnung
des Alliierten Kontrollrats:

Bei der Aufnahme wird der Gefangene nackend ausgezogen und
sein Körper sorgfältig abgesucht. Zwei Wärter werden diese Untersuchung durchführen, die nicht in Sichtweite anderer Gefangener
stattfinden soll. Alle Teile des Körpers einschließlich des Afters sind
nach Gegenständen abzusuchen, die in die Anstalt hineinge-
schmuggelt werden könnten ...
Die Disziplin in der Anstalt fordert aufrechte Haltung der Gefangenen. Der Gefangene hat einen Offizier, Beamten oder Wärter
durch Annehmen militärischer Haltung zu grüßen oder in aufrechter Haltung, wenn er an ihm vorbei geht. Der Gefangene hat
gleichzeitig seine Kopfbedeckung abzunehmen ... Ein Gefangener
hat zu einem Offizier oder Wärter nur zu sprechen, wenn er dazu
aufgefordert wird oder wenn er ein Anliegen äußern will ...
Die Gefangenen werden bei ihren Gefangenen-Nummern gerufen
und niemals mit dem Namen angeredet.
Die Gefangenen sollen in Einzelhaft untergebracht werden, ausgenommen wenn sie arbeiten oder am Gottesdienst mit anderen
Gefangenen teilnehmen ... Wenn der Gefangene morgens gerufen
wird, hat er sofort aufzustehen, sich anzukleiden und sein Bett in
Ordnung zu bringen. Dann wird er sich bis zur Taille entkleiden,
sich gründlich waschen, Zähne putzen und den Mund spülen. Kleidung, Schuhe oder Stiefel und die Zelle einschließlich der
Einrichtung sind zu vorgeschriebenen Zeiten und in vorgeschrie-
bener Weise zu reinigen. Der Gefangene hat sich nicht in der Nähe
des Fensters zu zeigen.

Die Gefangenen dürfen nicht miteinander oder mit anderen erzählen oder verkehren, wenn sie nicht dazu besonders ermächtigt sind ... Ein Gefangener darf keinen Gegenstand besitzen, der ihm nicht rechtlich belassen worden ist ... Alle Gefangenen haben ... alle ihnen zugewiesenen Aufgaben in der vorgeschriebenen Zeit zu verrichten ... Außer den notwendigen häuslichen Pflichten oder Arbeiten, die nicht verzögert oder verschoben werden können, wird an Sonn- und Feiertagen nicht gearbeitet.

Am 18. Juli 1947, dem Tag ihrer Verlegung nach Spandau, wurden die sieben Häftlinge in Nürnberg um vier Uhr morgens geweckt und bekamen zum erstenmal seit Prozeßende wieder die eigene Kleidung ausgehändigt. Während sie im Gefängnisbüro umringt von amerikanischen Soldaten stundenlang auf den Befehl zum Aufbruch warteten, sprachen alle – einschließlich Heß –, wie Speer mir sagte, zum erstenmal seit Monaten wieder miteinander. Bis dahin waren sie in der Auswahl ihrer Gesprächspartner sehr wählerisch gewesen. »Aber an dem Tag ... ich kann mir das bis heute nicht erklären«, sagte Speer, »aber irgendwie war die Atmosphäre euphorisch. Ich nehme an, es war die Aussicht, von Nürnberg und alldem, was es inzwischen für uns bedeutete, wegzukommen.« Als der Befehl zum Aufbruch eintraf, wurden die Gefangenen, mit Handschellen an jeweils einen amerikanischen Soldaten gefesselt, hastig zu zwei im Hof wartenden militärischen Sanitätswagen geführt. Das Gefängnistor ging auf, und die Sanitätswagen reihten sich, durch drei Fahrzeuge voneinander getrennt, in einen Konvoi von etwa zehn Mannschaftswagen ein. »Es war wie eine militärische Operation, und ich weiß noch, daß ich einen unsinnigen Stolz empfand, weil dieser ganze Aufwand für unseren Transport als notwendig erachtet wurde.«

Die größte Freude fühlte er, als der Transport auf dem Weg zum Militärflughafen eine kleine, neue Brücke über die Pegnitz passierte. »Ich konnte mich nicht erinnern, wann ich zuletzt so aufgeregt gewesen war«, sagte er. »Eine neue Brücke – die Menschen arbeiteten wieder.« Noch nach all den Jahren schwang in seiner Stimme Jubel. »Das Land lebte.«

Die Euphorie hielt auch während des kurzen Fluges in einem bequemen amerikanischen Passagierflugzeug noch an. »Es war der schönste Tag, den man sich vorstellen kann«, sagte Speer. »In den Monaten zuvor war uns erlaubt gewesen, täglich eine Stunde im Gefängnishof spazierenzugehen, aber die Luft auf diesem ländlichen Flughafen bei Nürnberg roch anders: sauber, nach Blumen, lebendig.« »Lebendig«, dieses Wort sagte er in den folgenden Minuten noch dreimal, als er seine Reaktion auf Dinge beschrieb, die er von der niedrig fliegenden Maschine aus gesehen hatte: auf den Feldern arbeitende Bauern, auf einem Fluß dahintuckernde Boote, ruhig und friedlich daliegende Dörfer und, »vielleicht am erstaunlichsten«, der Anblick von Wanderern mit Rucksäcken. »Wir waren immer noch mittendrin, aber hier war alles vorbei, und es gab Menschen, die Urlaub machten – Wanderurlaub, wie Margret und ich ihn als junge Leute gemacht hatten.«

Er erlebte noch einen Moment der Freude, als das Flugzeug kurz vor der Landung in Berlin über der Stadt kreiste und er unter sich sein Olympiastadion liegen sah, die gepflegten grünen Rasenflächen, seine Reichskanzlei, zwar beschädigt, aber immer noch imposant, und da. Und die Ost-West-Achse, die er Hitler zu dessen 50. Geburtstag übergeben hatte. Speer hatte seinem Führer an jenem Tag mit seiner ersten öffentlichen Rede, die Hitler feierlich erwidern sollte, etwas aus der Fassung gebracht: »Mein Führer«, hatte er gesagt, »ich melde Ihnen hiermit die Fertigstellung der Ost-West-Achse. Möge das Werk für sich selber sprechen!«

Daß er damit Hitler, der eine lange Rede erwartet hatte, während der er eine improvisierte Antwort von ähnlicher Länge entwerfen konnte, verblüfft hatte, war eine von Speers fröhlichsten Erinnerungen. »Es war ein gelungener Scherz«, sagte er, »und es war schön, daß Hitler darauf einging. ›Speer, Sie haben mich drangekriegt, Sie Halunke‹, sagte er. ›Nur zwei Sätze, also wirklich.‹ Und dann hat er gelacht. ›Trotzdem muß ich zugeben‹, sagte er, ›es war eine der besten Reden, die ich je gehört habe.‹«

Vielleicht ging Speer auch diese Erinnerung durch den Kopf, als er über die 125 Meter breite Prachtstraße flog. Sie war als Zufahrtsstraße zum größten Gebäude der Welt geplant gewesen, der »Kuppelhalle«. »Einen Augenblick lang war ich vollkommen glücklich«, sagte er. »Es war nicht alles weg. Ich hatte etwas hinterlassen.«

Nur Minuten später sollte seine Euphorie jedoch einer unsanften Ernüchterung weichen. Die Häftlinge wurden wieder mit Handschellen an die Wärter gefesselt und in einen Bus mit schwarz zugestrichenen Fenstern gesetzt. Angeführt und gefolgt von mindestens zwanzig alliierten Militärfahrzeugen raste er mit halsbrecherischer Geschwindigkeit und unter permanentem Hupen dahin, bis er schließlich abrupt anhielt. Die von der Fahrt benommenen Häftlinge hörten, wie hinter ihnen ein schweres Tor ins Schloß fiel.

Die drakonische Behandlung, die der Alliierte Kontrollrat für die Gefangenen festgelegt hatte, trat im Augenblick ihrer Ankunft in Spandau in Kraft. Wieder einmal brachte Speer es später nicht fertig, in seinen Büchern oder den Briefen aus Spandau über die ersten, besonders demütigenden Aufnahmeformalitäten zu berichten. »Alles geschah sehr schnell«, sagte er und fügte mit einem Schuß Ironie hinzu: »Sie waren sehr effizient. Man hatte den Eindruck, daß jeder Schritt sorgfältig geprobt worden war.«

Nacktheit ist heute nichts Besonderes mehr. Nicht nur ziehen wir uns ohne zu zögern beim Arzt, im Freizeitzentrum oder am Strand aus, wir werden auch auf Fotos, in Filmen und im Fernsehen so häufig mit nackten Körpern konfrontiert, daß wir sie kaum mehr bemerken. Für Männer aus Speers und Schirachs Generation dagegen und noch mehr für Neurath, Raeder, Dönitz und Heß (von denen nur die beiden Marineoffiziere Raeder und Dönitz eine gewisse Erfahrung im Gemeinschaftsleben hatten) war es zutiefst peinlich, sich vor Fremden und sogar voreinander auszuziehen. »Wenn ich heute daran denke«, sagte Speer, »ist das so unwichtig, und wir wurden durch das gemeinsame Bad ja auch in kürzester Zeit mit unserem Aussehen recht vertraut [er brachte es nicht über sich, das Wort »Körper« zu benutzen], aber an diesem ersten Tag ...« Er schüttelte den Kopf. »Es war viel schlimmer als damals in Flensburg, vielleicht weil die Art unserer damaligen Verhaftung mit dem ganzen Drum und Dran fast etwas Lächerliches hatte und wir an einem uns bekannten Gebäude festgehalten wurden, mit einem Fenster, durch das die Sonne hereinschien, und mit dem gewohnten Straßenlärm. In Spandau war es, als ob man in einen Keller kam, kahl, dunkel und muffig« – einen Moment lang bewegte sich seine Nase, als ob er es wieder riechen könnte. »Ich konnte mir den Geruch nicht erklären, bis sie uns die offensichtlich desinfizierte gebrauchte Häftlingskleidung gaben. Der Geruch von Desinfektionsmittel war von da an unser ständiger Begleiter.«

Die größte Demütigung war dabei eindeutig die Anwesenheit der vier Gefängnisdirektoren, amerikanische, britische, französische und russische Offiziere. »Jeder von uns bekam eine hellblaue Hose aus dicker Baumwolle, ein grobes Hemd, eine zerschlissene Jacke, ein Paar Leinenschuhe mit Holzsohlen und eine Sträflingsmütze, aber man befahl uns, unbekleidet und in Hab-Acht-Stellung zu warten, bis wir alle die ärztliche Untersuchung hinter uns gebracht hatten.« Die Häftlinge bekamen dann auch Socken, aber merkwürdigerweise keine Unterkleidung, nachdem man ihnen ihre eigene weggenommen hatte. (Später am selben Tag wurde sie ihnen desinfiziert wieder ausgehändigt; noch später erhielten sie neue Sträflingsuniformen, für die man in Nürnberg Maß genommen hatte, Anzüge aus Drillich mit schwarz gefärbten amerikanischen Uniformjacken, und sie durften auch ihre Angehörigen brieflich um mehr Unterkleidung und Pullover bitten.)

»Heß sagte, es sei ihm schwindlig, und der offenbar für uns zuständige russische Direktor erlaubte ihm, sich auf den Boden zu setzen«, sagte mir Speer. »Zu uns anderen sagte der Direktor mit bedeutungsvoller Stimme, daß die Kleidung, die wir bekommen hätten, von KZ-Häftlingen getragen worden sei. Diese Mitteilung wurde zweimal übersetzt«, fügte Speer trocken hinzu.

Was er bei alledem empfunden habe, fragte ich.

»Daß ich jetzt bekam, was ich verdiente«, antwortete er genauso trocken.

Hatte er das wirklich damals empfunden, oder kam ihm dieser Gedanke später oder vielleicht erst jetzt?

»Meine Gefühle damals waren sehr komplex«, sagte er etwas gereizt. »Ich formuliere sie einfach, um es Ihnen leichter zu machen.« Ich war über diese ungewöhnlich aggressive Reaktion überrascht; er bemerkte es und änderte rasch den Ton. »Ich versichere Ihnen, nichts wäre besser geeignet gewesen, Demut in mir zu wecken.«

Nichts, außer vielleicht der nächste Schritt dieser Untersuchung: die Leibesvisitation. Es mag eine gewisse Rücksichtnahme auf seiten der vier Direktoren mitgespielt haben, wenn sie es mit dieser Anordnung des Kontrollrats nicht so genau nahmen, denn die Prozedur fand nicht wie vorgeschrieben in der Gruppe und in Gegenwart eines der Direktoren statt, sondern relativ privat einzeln im Sanitätsraum, und sie wurde nicht von Wärtern, sondern von einem Krankenpfleger durchgeführt.

»Danach wurden wir von einem recht freundlichen russischen Arzt gründlich untersucht«, sagte Speer. »Und dann mußten wir uns anziehen und wurden durch eine weitere Eisentür, die hinter uns abgeschlossen wurde, in den Zellenblock geführt.« Die Reihenfolge, in der die Gefangenen durch die Eisentür traten, entschied über die Häftlingsnummern, die sie bis zum Ende ihrer Haft tragen sollten und die sie noch am selben Nachmittag mit waschechter Tinte auf Brust und Rücken ihrer gesamten Oberbekleidung malen mußten. Speer war die Nummer fünf, und so würde er – wie der Direktor ihnen mitgeteilt hatte – hinfort angesprochen werden.

»Auch das«, sagte Speer, »war in gewisser Weise eine logische nächste Stufe unserer schrittweisen Erniedrigung. Ich kann mich an kein Gefühl der Überraschung oder Empörung erinnern, nur an eine merkwürdige Erleichterung, daß ich mich jetzt nur zu unterwerfen brauchte.«

Dieses Gefühl der fatalistischen Unterwerfung unter eine gerechte Strafe war am stärksten, als wenige Augenblicke später die schwere Tür zu der kahlen Zelle, Speers Zuhause in den folgenden neunzehn Jahren, hinter ihm ins Schloß fiel. Die Zelle war drei Meter lang, etwa zweieinhalb Meter breit und vier Meter hoch, die Wände waren in einem, wie Speer sagte, »widerwärtigen Gelb« gestrichen, die Decke weiß. Ein kleines, hochliegendes Gitterfenster, das man nur teilweise einen Spalt öffnen konnte, war mit einem bräunlichen Kunststoff abgedeckt. Die Ausstattung bestand aus einem 81 mal 48 Zentimeter großen, an der Wand befestigten Tisch, einem hölzernen Stuhl, einem Wasserklosett mit Holzdeckel in einer Ecke und einer offenen Garderobe, zur Hälfte aus Regalen und zur Hälfte aus Haken zum Aufhängen von Kleidungsstücken. Außerdem gab es ein schwarzes, eisernes Feldbett mit Kopfkeil, Kissen, Leintüchern und einer bezogenen amerikanischen Militärmatratze, laut Aufschrift in San Antonio in Texas hergestellt. Am Fußende des Bettes lagen symmetrisch gefaltet fünf graue Wolldecken, alle mit »GBI« in großen schwarzen Buchstaben gestempelt. »Das war die äußerste Ernüchterung für mich und zugleich die äußerste Ironie«, sagte Speer. »Ich glaube nicht, daß irgend etwas die ausgleichende Gerechtigkeit meiner Anwesenheit an diesem schrecklichen Ort besser hätte demonstrieren können.« Die Decken stammten aus einem Arbeitslager, das Speers Generalbauinspektorat unterstanden hatte.

Der Spandauer Komplex war 1876 auf Anordnung des Kaisers als Militärgefängnis für 600 Häftlinge gebaut worden. Später wurde er als Kaserne, nach dem Ersten Weltkrieg als ziviles Gefängnis genutzt. Unter Hitler waren dort Armeeangehörige in Untersuchungshaft und politische Häftlinge vor der Überführung in Konzentrationslager interniert. Als im Winter 1946 beschlossen wurde, daß das von den vier Mächten besetzte Berlin der logische

Ort für die Inhaftierung der im Nürnberger Prozeß zu Gefängnisstrafen verurteilten Hauptkriegsverbrecher sei, war das Spandauer Gefängnis die naheliegende Wahl.

Die vier Besatzungsmächte sollten sich die Verantwortung für die Häftlinge teilen. Spandau sollte permanent mit Militärpersonal aus allen vier Ländern besetzt sein; wenn auch die vier Direktoren ebenfalls ständig dort sein würden, sollte die Gefängnisleitung monatlich wechseln. Im Januar, Mai und September würde sie bei den Briten liegen, im Februar, Juni und Oktober bei den Franzosen, im März, Juli und November bei den Sowjets und im April, August und Dezember bei den Amerikanern. Das multinationale Personal sollte zuletzt aus 78 Personen bestehen: 32 bewaffnete Soldaten – acht aus jedem Land – auf ständiger Wacht auf den sechs Wachtürmen und entlang dem elektrischen Zaun, achtzehn Wärter, alle Militärpersonal aus den vier Ländern, für den Dienst im Gefängnis. (Die Briten, Amerikaner und Franzosen würden rund um die Uhr arbeiten; die Russen – zweifellos um das Risiko engerer Beziehungen zum Personal der anderen Mächte zu verringern, das nachts immer stärker war – würden um 20 Uhr abziehen und um 5 Uhr wieder zurückkehren.) Außerdem gab es 28 Hilfskräfte, viele von ihnen aus anderen alliierten Ländern.

Der niederländische Pfleger Jan Boon zog am 1. Januar 1947, als der ganze Komplex noch eine Baustelle war, mit seiner Frau und seinem vierjährigen Sohn Michael in das »Haus Nr. 22« innerhalb der Gefängnismauern ein. Da niemand wußte, wie viele Verurteilte aus dem Hauptprozeß oder den in Vorbereitung befindlichen anderen Verfahren letztlich nach Spandau verlegt werden würden, bereitete man im vorderen Trakt des Hauptgebäudes 32 Zellen vor und sperrte die restlichen Flügel ab. Niedrigere Decken wurden eingezogen, neue Böden verlegt und die sanitären Einrichtungen modernisiert. Boon und Toni Proost – der zweite Sanitäter, der eingestellt wurde, auch er Niederländer – richteten zusammen mit einem Arzt und Mitarbeitern des Berliner Gesundheitsamts einen Operationssaal, einen Desinfektionsraum und eine Krankenstation mit drei Betten des nahegelegenen britischen Militärkrankenhauses ein.

Boons Erlebnisse als Zwangsarbeiter im Dritten Reich waren überraschend anders als die, die uns so bekannt sind. 1912 in eine katholische holländische Familie geboren, hatte er mit Siebzehn die Schule verlassen und seinen Militärdienst abgeleistet; er ließ sich in dieser Zeit in Brandbekämpfung und Erster Hilfe ausbilden. Sein Traum war, Medizin zu studieren, aber der Realismus siegte, und er entschied sich für die Arbeit in einer Ginfabrik, die sein Vater leitete. »Es war ein anständiges, ruhiges Leben«, sagte er. »Arbeit an Werktagen, Gottesdienst am Sonntag – es war gut.«

Nach der Besetzung Hollands durch die Deutschen 1940 wurde der 28jährige Boon mit einer der ersten Gruppen holländischer Zwangsarbeiter nach

Berlin verfrachtet, wo er einer Maschinenfabrik der Organisation Todt zugeteilt wurde. Niemand habe ihm in Deutschland etwas zuleide getan, sagte er; die holländischen Arbeiter der Fabrik wurden gut behandelt, durften in Privatzimmern wohnen, wurden anständig entlohnt und erhielten die gleichen Essenrationen wie die deutschen Arbeiter. »Wir waren wie alle anderen«, sagte er.

Diese Feststellung wird durch die Tatsache bestätigt, daß Boon, als er sich 1942 in eine junge Frau vom örtlichen Postamt verliebte, in dem er seinen wöchentlichen Brief nach Hause aufgab, sofort die Erlaubnis bekam, sie zu heiraten. Als der Hausarzt seiner neuen Frau, ein Mann namens Schubert, der eine große Praxis hatte, kurz darauf von Boons Traum eines Medizinstudiums hörte, lud er ihn ein, abends und am Wochenende in seiner Praxis auszuhelfen. Die Betriebsleitung änderte dafür bereitwillig Boons Schichten.

Ich besuchte Boon zum erstenmal 1983 in dem kleinen Haus, das er 1956 gegenüber dem Gefängnis gekauft hatte – seine Frau hatte hier 19 Jahre lang eine kleine Imbißstube geführt. Kurz nach meinem Besuch zogen die beiden zu ihrem Sohn und dessen Familie nach Norddeutschland, und dort sah ich Boon später wieder. Mittelgroß, mittelblond, weder dick noch dünn, war er – mit Ausnahme seiner anhaltenden, schwärmerischen Liebe zu den Pflege- und Heilberufen – im Grunde ein recht nüchterner Mensch. War es ihm damals eigentlich klar, fragte ich ihn, daß seine Erfahrungen als Zwangsarbeiter unter den Nazis etwas Ungewöhnliches waren. Er schüttelte den Kopf. Erst nach dem Krieg habe er von den schrecklichen Dingen gehört, die geschehen waren. Sein eigenes Leben, wiederholte er, war ganz »normal«.

Nach Kriegsende hatte sein Mentor Dr. Schubert eine Unfallklinik mit 30 Betten eröffnet, und es Boon ermöglicht, dort eine Ausbildung als Krankenpfleger zu machen. Ende 1946, einige Wochen nach Abschluß seiner Lehrzeit, wurde ihm vom Arbeitsamt eine Stelle als Pfleger im Spandauer Gefängnis angeboten. »Ich war wie vom Donner gerührt«, sagte er. »Man wußte natürlich aus der Zeitung, was in Spandau losgehen würde. Die Erfahrung wollte ich mir natürlich nicht entgehen lassen, es war eine phantastische Sache in dieser harten Zeit: gute Bezahlung, tolle Vergünstigungen wie freie Wohnung und Zahlung sämtlicher Nebenkosten und vor allem freies Essen von den amerikanischen und britischen Verpflegungsstellen. Wir würden in einer unsicheren Welt in Sicherheit leben.« Boon sollte 33 Jahre, bis zu seinem Ruhestand, in Spandau arbeiten.

Der andere holländische Sanitäter, Toni Proost, war während des Krieges ebenfalls Zwangsarbeiter gewesen und hatte in einer Rüstungsfabrik gearbeitet. Als er erkrankte, wurde er in einem Krankenhaus, das Speer vor dem Krieg gebaut hatte, gut versorgt, und schließlich wurde er dort Lazarettgehilfe.

Boon und Proost waren beide im Dienst, als die Häftlinge eingeliefert wurden. »Man hatte es uns erst am Tag vorher gesagt, und wir hatten eine

Erklärung unterschreiben müssen, alles, was wir in Spandau sehen und hören würden, geheimzuhalten«, sagte Boon. In den Monaten zuvor hatten für diejenigen Mitglieder des Spandauer Personals, die engen Kontakt zu den Gefangenen haben würden, regelmäßige Seminare mit Psychologen der Alliierten stattgefunden. »Sie sprachen über die Persönlichkeit der einzelnen Gefangenen, ihre Geschichte, über die in Nürnberg gemachten psychologischen Tests und ihre Führung im dortigen Gefängnis.« Die Psychologen erteilten Ratschläge bezüglich der Vorbereitung des Gefängnisses – zum Beispiel welche Farben an den Wänden besonders beruhigend wirken würden, welcher Bodenbelag der beste wäre, Fliesen oder Linoleum (am Schluß war es Beton), und sie berieten in disziplinären Fragen. Speers erster Eindruck war richtig gewesen. »Wir haben ihre Ankunft tagelang in allen Einzelheiten geprobt«, sagte Jan.

Bei der Untersuchung der Häftlinge war Toni Proost für das Wiegen und Messen zuständig, während Jan die Temperatur maß und die Männer nach versteckten Gegenständen, wie zum Beispiel Giftampullen, absuchte. Gab es Probleme mit dieser Leibesvisitation, fragte ich. »Nur bei Heß«, antwortete Jan, »und gerade bei dem hielten sie es für besonders wichtig. Sie hatten immer Angst – auch schon in Nürnberg –, daß er sich umbringen würde. Er sträubte sich und mußte festgehalten werden, und das war für alle unangenehm. Nach der Untersuchung duschten alle, und als sie sich wieder angezogen hatten, schnitten wir ihnen die Haare.«

Die Gefangenen trafen am Morgen ein, daher war das Mittagessen ihre erste Mahlzeit; auf einem langen Tisch im Zellenblock standen sieben Tabletts, und sie wurden angewiesen, ihr Essen in ihre Zelle zu tragen. »Keiner von ihnen hatte viel persönliches Gepäck, nur Toilettenartikel, soweit ich mich erinnere, Schlafanzüge [die Häftlinge erhielten Pantoffeln aus Stroh], Fotos, und jeder hatte ein paar Bücher mitgebracht«, sagte Jan.

Dem Gefängnispersonal sei verboten gewesen, mit den Gefangenen zu sprechen; die Wärter durften sie nur ansprechen, wenn die Gefängnisroutine es erforderte, die Pfleger nur, wenn es um medizinische Dinge ging. »Später änderte sich das«, sagte Jan, »aber in den ersten Monaten wurden alle Befehle strikt befolgt.«

»Man fühlte sich in der Stille dieses riesigen Gebäudes sehr isoliert«, sagte Speer zu mir, als er Spandau beschrieb, »aber seltsamerweise war es gar nicht so schlimm – nach der Anspannung von Nürnberg brachte das eine Art Frieden.« Viel mehr habe ihnen der obligatorische einstündige Hofgang zugesetzt, bei dem sie, die Hände auf dem Rücken gefaltet, mit zehn Schritten Abstand im Uhrzeigersinn um eine große Linde herummarschierten, während sechs Wachposten sie gegen den Uhrzeigersinn umkreisten. »Wie Wachhunde«, sagte er. »Es war äußerst demütigend, und – ein Zeichen, wie ›fertig‹ ich war – ich schaffte es nicht, darüber zu lachen. Nichts war zum Lachen, und es war niemand da, mit dem man lachen konnte. In den ersten zwei Wochen stellte ich fest, daß ich immer lethargischer wurde, und bei unseren Hofgängen bemerkte ich, daß die anderen ebenfalls müde und abgespannt aussahen.«

Die Gefangenen mußten sich sofort mit mehreren Problemen auseinandersetzen, und eines davon war der Mangel an Bewegung. »Ich hatte nicht die Energie, in meiner Zelle Gymnastik zu treiben, was ich ganz sicher hätte tun können und später natürlich auch tat«, sagte Speer. Das Essen war knapp, was nicht weiter verwunderte, da ihre Mahlzeiten genau den Rationen der deutschen Zivilbevölkerung entsprachen, allerdings – da die Sowjets in jenem Juli die Gefängnisleitung hatten – ohne das frische Obst oder Gemüse, das die meisten Deutschen draußen beschaffen konnten und mit dem die Westalliierten später den Speiseplan ergänzten, wenn sie an der Reihe waren. Ferner gab es keinerlei äußere Anregungen – niemand sprach mit den Häftlingen, sie durften keine Zeitungen lesen und über mehrere Wochen hinweg auch keine Musik hören; sie konnten zwar fast von Anfang an Bücher aus der Spandauer Stadtbibliothek ausleihen, doch war die Beleuchtung in ihren Zellen bis gegen Ende des Jahres so schlecht, daß es nur sporadisch zum Lesen reichte. All dies war vollkommen gegensätzlich von den Haftbedingungen in Nürnberg, wo sie nicht nur von amerikanischen Militärrationen gelebt hatten, schmackhaft zubereitet durch einen ausgezeichneten deutschen Gefangenenkoch, sondern auch mit vielen gleichgesinnten früheren Mitarbeitern und Freunden verkehren konnten.

Außerdem war besonders Speer in Nürnberg fast täglich von Verteidigern und Anklagevertretern verhört worden und hatte mehrmals in Prozessen ehemaliger Kollegen ausgesagt. Damals hatte wenigstens immer die Aussicht auf ein Morgen bestanden. In den ersten, harten Wochen in Spandau dagegen mußten die Gefangenen der Tatsache ins Auge blicken, daß es ein solches Morgen im Grunde nicht gab.

»Alles war unglaublich grau«, erinnerte sich Speer. »Wenn ich es mir jetzt vorzustellen versuche, ist das fast unmöglich, es war so – nichts.«

Von seiner Ankunft am 18. Juli bis Mitte September schrieb Speer so gut wie keine Briefe und nur wenige Tagebuchnotizen. Die Gefangenen durften nur einen Brief pro Monat schreiben oder empfangen; theoretisch war auch alle zwei Monate ein Besuch der Familie erlaubt, allerdings nur eine Viertelstunde lang, deshalb machten nur wenige davon Gebrauch. »Margret hatte nicht das Geld dazu«, sagte Speer.

Offenbar bemerkte die Gefängnisverwaltung die zunehmende Depression der Gefangenen, und sie reagierte vergleichsweise schnell und klug. Zwei Wochen nach ihrer Ankunft, am 2. August, wurde ihnen von den inzwischen zuständigen Amerikanern mitgeteilt, sie dürften täglich und solange sie wollten im Garten arbeiten.

Speers Brief an Margret vom 18. September handelt fast ausschließlich vom Garten, über den Speer trotz seiner damals sehr begrenzten Begeisterungsfähigkeit geradezu selig berichtet:

Der Garten ist eine Wildnis von etwa 6000 Quadratmetern; es gibt zahlreiche alte Nußbäume und riesige Fliederbüsche. Wir bringen täglich viele Stunden mit Unkrautjäten zu; das tut uns gut. Es geht mir schon viel besser. Ich habe große Pläne für den Garten, habe einen Spazierweg entworfen, den ich anlegen will, und plane alle möglichen Blumen, einen Steingarten und vor allem Obstbäume und Gemüsebeete, für die ich mir hoffentlich Saatgut schicken lassen darf. Ich will Salat pflanzen, Tomaten, Kohl, Blumenkohl, Kartoffeln, Bohnen und Erbsen. Mir läuft das Wasser im Mund zusammen, wenn ich nur davon schreibe. Es gibt viel zu tun, und ich glaube, der Boden ist gesund.

Mach Dir keine Sorgen. Und vor allem dürfen sich die Kinder keine Sorgen über mich machen. Sage ihnen, ihr Vater werde allmählich wunderbar häuslich: Als erstes putze ich morgens nach dem Aufstehen und Waschen den Boden und staube alle Möbel ab – d.h. den Tisch, den Stuhl und mein WC. Und dann verwandle ich mein Bett in ein Sofa, indem ich eine der Decken darauf ausbreite: Es ist dann ganz nett, und ich benutze es für alles, zum Essen und Schreiben und Lesen und Ausruhen. Und wenn ich etwas vom Tisch holen will, brauche ich nur den Arm auszustrecken: wunderbar. In Zukunft werden alle Schlafzimmer, die ich entwerfe, eine Fläche von 3 mal 2,5 Meter haben. Um 7.30 Uhr frühstücke ich gemütlich auf meiner getreuen Couch, danach zünde ich mir die erste Pfeife an, welche Wonne. Ich bin nicht unglücklich.

Dieser Brief, erst der zweite aus Spandau, sollte natürlich die Sorgen zerstreuen, die sich seine Familie und vor allem die Kinder um ihn machten.

»Als ich klein war«, erzählte mir Speer, »hatte ich manchmal schreckliche Träume, gewöhnlich von meinen Eltern – mein Vater lag im Sterben, meine Mutter hatte sich auf die eine oder andere Weise verletzt. Heute, nach meiner langen Bekanntschaft mit [Erich] Fromm, verstehe ich natürlich mehr von Träumen und was sie spiegeln. Damals wußte ich jedoch nichts, außer daß Kinder eine lebhafte Phantasie haben, und ich wollte dem zuvorkommen, daß sie sich vorstellen, ich lebte in einem unterirdischen Verlies.«

In gewisser Weise war dieser Brief ein Vorläufer der »spanischen [für Spandau] Illustrierten«, auf die er später beim Schreiben der *Spandauer Tagebücher* zurückgriff. Er begann sie einige Wochen später und schrieb sie weiter, bis alle Kinder groß waren, die Briefe mit Zeichnungen – später sogar Gemälden – von Ereignissen aus seinem Alltag illustrierend, von denen er glaubte, daß die Kindern sie lustig finden könnten.

Wenige Tage nach diesem Brief an die Familie, in dem das Wiedererwachen seiner Lebenskraft bereits spürbar ist, hatte er die wichtigste Begegnung der Spandauer Jahre, ja sogar seines ganzen Lebens nach dem Krieg.

Wer verstehen will, was in Speer in den folgenden drei Jahren vor sich ging, muß sich mit dem Wesentlichen an einem Mann wie Georges Casalis vertraut machen. Wenn man den Geist und die seelische Kraft so eines Menschen erkennt und versteht, was er unter Einsetzen seines Selbst für Speer (und sicher auch für viele andere) tat, dann gibt uns das Hoffnung, denn es zeigt, was ein Mensch für einen anderen tun kann. Casalis, ein so vollkommen unaufdringlicher und bescheidener Mensch, war eine Ausnahmeerscheinung, auch wenn er selbst dies als erster bestreiten würde. Ich kann mir das schallende Gelächter vorstellen – es geradezu hören –, mit dem er auf die Vorstellung reagieren würde, er wäre etwas anderes als ein Mensch, ein Lehrer.

Er hielt es immer für puren Zufall, daß er zum Pfarrer der Spandauer Häftlinge ernannt wurde. »In einem militärisch besetzten Land«, sagte er einmal zu mir, »sind die Amtsträger der Kirche zugleich Staatsbeamten, und auch wenn man mich der Höflichkeit halber formell um meine Zustimmung bat, setzte man sie in Wirklichkeit voraus.«

Und er hielt das für richtig. Wie schwierig es auch für ihn, der als Mitglied der Résistance während der gesamten Zeit der Besetzung Frankreichs gegen die Nazis gekämpft hatte, sein würde, ausgerechnet diesen sieben Männern mitfühlend und unvoreingenommen entgegenzukommen, war ihm doch klar, daß er zu diesem Zeitpunkt die einzig mögliche Wahl war. Die Gefangenen waren alle Protestanten, also mußte auch der Seelsorger ein Protestant sein. Bei den Briten und Amerikanern gab es zwar viele protestantische Geistliche, aber 1947 zufällig keinen, der Deutsch sprach. Für die Franzosen war Casalis die naheliegende Wahl, weil er bereits Pfarrer der französischen protestantischen Gemeinde Berlins war. Und drittens machte die Tatsache, daß Casalis zur französischen Résistance gehört hatte – und zweifellos eher zu ihrem linken als zu ihrem rechten Flügel –, es den Sowjets leichter, ihn zu akzeptieren.

Die meisten der vielen Gespräche, die ich mit Georges und seiner Frau Dorothée führte, fanden in der kleinen Wohnung über ihrer damaligen Wirkungsstätte statt. Es war keine Gemeinde – Anfang der achtziger Jahre wollte die Kirchenleitung der französischen Protestanten dem in ihren Augen zu rebellischen Casalis keine Gemeinde anvertrauen –, sondern es war das Calvin-Museum in Noyon.

Für Casalis und seine Frau war die Stelle ideal. Von etwa März bis September führten sie Besucher durch das Museum, zeigten ihnen Filme und sprachen mit ihnen über Calvin, und nachts schrieb Georges. Im Herbst und Winter arbeiteten sie in Slums und abgelegenen Bergdörfern in Mittel- und

Südamerika, besonders in Nicaragua. Sie teilten dort das Schicksal der Ärmsten der Armen und empfingen und spendeten Trost und Stärke.

Auf den ersten Blick schien es für so außergewöhnlich liberale, mitfühlende und allem Anschein nach höchst uncalvinistische Protestanten eine seltsame Beschäftigung, Museumsbesucher über Calvin zu informieren. »Ich glaube nicht an Ismen«, erklärte Casalis, »gleichgültig ob es sich um Nationalsozialismus, Kommunismus, Judaismus, Gaullismus, Katholizismus oder, was das betrifft, Luthertum oder Calvinismus handelt. Ich erzähle den Besuchern, was für ein Mensch Calvin war, wenn man die äußeren und vielleicht vertrauteren Hüllen abstreift, vielleicht nicht ihre oder auch meine Art von Mensch, aber ein Mensch mit moralischen Prinzipien.«

Die Wohnung – zwei Zimmer, eine kleine Küche und ein noch kleineres Bad, zugänglich vom Museum über eine ziemlich wacklige Treppe – wäre extrem bescheiden gewesen, wenn dieser Eindruck nicht gemildert worden wäre durch den Bücherreichtum der beiden, das einfache, aber wunderbare Essen – ein Omelett, ein Salat, ein reifer Camembert – und das weiche Kerzenlicht, bei dem wir, wohlversorgt mit Landwein und starkem Kaffee, stundenlang miteinander sprachen, immer bis tief in die Nacht hinein.

George erinnerte sich noch lebendig an den ersten Gottesdienst, den er in Spandau gehalten hatte. »Ich war schrecklich nervös bei dem Gedanken, diesen sieben Männern zu begegnen, die zumindest mitverantwortlich waren für den Tod vieler meiner ganz besonderen Freunde, der Freunde unseres Kampfes. Sie waren nicht nur gestorben, viele waren auch verraten, gefoltert und unter unsäglichen Schmerzen umgebracht worden. Nein, es war nicht leicht. Na ja, ich legte also meinen Talar an; ich dachte, er würde ihnen vielleicht helfen, mir auf einer etwas formellen Ebene zu begegnen, obwohl das sonst gar nicht meine Art ist. Ich hatte Kerzen in die Doppelzelle mitgebracht, die man mir als Kapelle zugewiesen hatte, und zündete sie an. Die Deutschen mögen Kerzenlicht, und, wie du siehst, ich mag es auch.

Ich weiß noch, als ob es gestern gewesen war, wie ich an der Tür auf sie wartete. Ich hörte sie diesen langen Gang entlangkommen, nicht weil sie lärmend gegangen wären, sondern weil jeder einen Stuhl hinter sich her zog – sie trugen die Stühle nicht, sie zogen sie. Vielleicht war es ein stummer Ausdruck von … wer weiß was? Verachtung? Widerstand? Geltungsbedürfnis? Jedenfalls standen danach immer Stühle in der Kapelle.

Als sie da waren, gab ich allen die Hand und sagte ›Casalis‹, und sie sagten ihre Namen. Ich antwortete: ›Guten Morgen, Herr Dönitz, Herr von Schirach, Herr Speer, Herr von Neurath, Herr Raeder, Herr Funk.‹ Heß kam nicht; er kam nie. Als der Gottesdienst dann zu Ende war, schüttelte ich zum Abschied wieder allen die Hand.«

In all den Jahren, die Casalis in Spandau amtierte, war Speer der einzige Gefangene, der nach dem Gottesdienst immer mit ihm sprechen wollte. »Ja«, sagte Casalis, »als ich wegging, kannte ich ihn wirklich sehr gut.« Er lächelte traurig. »Gut genug, um zu wissen, daß es falsch von mir war zu gehen. Seinetwegen hätte ich noch drei oder vier Jahre bleiben sollen.«

Von den anderen hatte Funk wahrscheinlich am meisten mit ihm gesprochen. »Er war hochintelligent und sprach gern über die philosophischen Aspekte meiner Predigten. Die anderen? Na ja, nach einer Weile sprachen sie alle mit mir über ihre Familien, was schon ein Vertrauensbeweis war, und, ja, am Ende kamen sie auch auf das Dritte Reich zu sprechen, wobei vor allem von Neurath und Dönitz immer darauf beharrten, völlig unschuldig zu sein. In gewisser Hinsicht war das nicht so falsch; es gab sicher eine ganze Menge Leute in Deutschland, die unendlich viel schuldiger waren als sie und ungeschoren davongekommen waren. Über Heß kann ich nichts sagen; er sprach nie mit mir. Einige meiner Kollegen lernten ihn später ganz gut kennen, aber ich nicht. In diesen frühen Jahren verweigerte er jede Kommunikation. Ich erfuhr allerdings, als ich nach den ersten Wochen die Erlaubnis erhielt, für die Gefangenen wöchentliche Konzerte zu veranstalten – natürlich mit Schallplatten –, daß er darum gebeten hatte, seine Tür offen lassen zu dürfen, damit er die Musik hören konnte.

Schirach und Funk haben sicher an ihrer eigenen Moral gezweifelt; wenigstens mir gegenüber haben sie nie ihre Verstrickung und Schuld geleugnet. Aber die Selbstzweifel, die sie mir gegenüber äußerten, konnten sich an Tiefe natürlich keineswegs mit denen von Speer messen, der hinter jener Mauer von Beherrschung, an der er, wie du sagst, wahrscheinlich schon seit seiner Kindheit gebaut hatte, der gequälteste Mensch war, dem ich je begegnet bin. Es war seltsam, weißt du. Im Grunde kam er mit jedermann zurecht – als einziger der sieben sogar mit den Russen –, aber, und das war faszinierend mitanzusehen und zugleich sehr traurig für ihn, nicht mit seinen Mitgefangenen, von denen ihn die meisten fürchteten, verachteten und sogar haßten.«

Als Speer Casalis nach dem ersten Gottesdienst fragte, ob er ihm helfen wolle, ein anderer Mensch zu werden, »erkannte ich, daß er damit meinte, ich solle ihm beistehen zu erkennen, wie man denkt und lernt; nicht Fakten zu lernen, sondern in Bereiche vorstoßen, die ihm bisher verschlossen geblieben waren. Ich sagte ihm, er müsse sofort anfangen, Karl Barth zu lesen, und besorgte ihm Barths Bücher und die Erlaubnis, sie in seine Zelle mitzunehmen.«

Barths klassische *Kirchliche Dogmatik,* die das Denken zahlloser Protestanten beeinflußt hat, umfaßt 9000 Druckseiten in 37 Bänden. Speer las sie im Lauf der Zeit alle, in den ersten drei Jahren unter Anleitung von Casalis, und studierte sie gründlich.

»Er diskutierte nicht nur mit mir darüber«, sagte Casalis, »sondern auch mit allen Pastoren, die nach mir kamen, mit manchen mehr, mit manchen weniger, je nach deren Interessen und Persönlichkeit. Für mich war jeder Samstag der folgenden drei Jahre ein besonderer Tag. Die ganze Spandauer Erfahrung war etwas Besonderes, und Speer war natürlich nur ein Teil davon. Aber als eine Person mit ganz außergewöhnlichen moralischen Motiven ist er mir seit nunmehr vierzig Jahren als der außerordentlichste Teil dieser Erfahrung im Gedächtnis geblieben.«

Seltsamerweise erwähnte Speer in den Briefen aus Spandau mit Ausnahme zweier an Hilde Casalis kaum. Ich fragte Speer, warum er so wenig über Casalis geschrieben hatte, wenn dieser, wie er mir selbst sagte, in Spandau für ihn so wichtig gewesen war?

Er zuckte die Schultern. »Ich weiß es nicht; vielleicht war es zu wichtig, oder vielleicht ...« Er hielt inne. »Weil ich ihn enttäuscht habe.«

Casalis' erste Wochen in Spandau waren, von seinem wachsenden Interesse an Speer abgesehen, ziemlich ereignislos verlaufen. »Ich mache mir keine Illusionen über Häftlinge und Religion«, sagte er. »Ich kenne sie gut. Und gerade diese sehr konventionellen Männer haben sich, obwohl in ihrer Jugend zweifellos konventionell ›religiös‹, wahrscheinlich nie wirklich mit ihrem Glauben auseinandergesetzt – ich bin sicher, daß es ihnen unter Hitler wenig ausgemacht hat, aus der Kirche auszutreten, um ›gottgläubig‹ zu werden, wie sie es nannten. Aber ich bezweifle, daß sie sich viele Gedanken über Gott machten; der Nationalsozialismus war die einzige Religion, die sie brauchten. Ehrlich waren im Grunde nur Heß, der sich weigerte, dem Gottesdienst beizuwohnen, und natürlich Speer, der suchte. Ich habe jedoch die Erfahrung gemacht, und sie wird von anderen Menschen, die in Gefängnissen arbeiten, geteilt, daß viele Gefangene, die vielleicht ihr ganzes Leben lang nie über die Schwelle einer Kirche getreten sind, Gefängnisgottesdienste besuchen, nicht weil sie plötzlich »religiös werden«, sondern weil der Gottesdienst in der schrecklichen Monotonie des Gefängnislebens eine Abwechslung darstellt. Und der jeweilige Pastor oder Priester oder Rabbiner sollte sich ihnen, wenn er etwas taugt, als Bindeglied anbieten, nicht nur zu einer säkularen Interpretation Gottes, sondern zu allen größeren Dimensionen des Lebens. In allen Gefängnissen ist es meiner Ansicht nach unsere Aufgabe, den Gefangenen zu vermitteln, daß die Macht der Moral stärker ist als die Moral der Macht. Das ist natürlich im Zusammenhang des Gefängnislebens keineswegs leicht, denn für die meisten bestätigt sich dort zwangsläufig nur die Notwendigkeit von Macht – also die Macht der Macht.«

Casalis erste Gottesdienste in Spandau, bei denen er, wie Karl Barth ihm geraten hatte, am Samstag vor den Gefangenen dieselbe Predigt hielt wie am Sonntag darauf vor der französischen protestantischen Gemeinde Berlins, verliefen ohne Zwischenfälle. Am sechsten Samstag hätte er jedoch beinahe Schiffbruch erlitten, als er die Heilung der Aussätzigen zum Thema seiner Predigt machte.

»Sie lauschten in tödlichem Schweigen«, erinnerte er sich, »und mit Ausnahme Speers, der wie immer lächelte und mir die Hand schüttelte – obwohl auch er nicht blieb, wie er es sonst tat –, verließen sie mit versteinerten Gesichtern hintereinander den Raum und weigerten sich, mir die Hand zu geben. Ich war sehr betroffen, und die Sache quälte mich die ganze Woche. Hatte ich einen Fehler gemacht? Mußte ich in der Wahl meiner Predigttexte in Zukunft vorsichtiger sein? Hatte ich das eben erst keimende Vertrauen dieser Männer verspielt?

In der folgenden Woche stand Raeder nach der Predigt, deren Text – aber diesmal ein besonders mildes Gleichnis – ich wieder dem Markus-Evangelium entnommen hatte, auf und sprach mit mir wie ein Admiral, der einen kleinen Marinekaplan herunterputzt. ›Letzte Woche‹, sagte er, ›haben Sie uns zutiefst beleidigt, Herr Pfarrer. Es ist völlig unannehmbar, uns als Aussätzige anzusprechen. Wir protestieren in aller Form. Wir sind hier als zu Unrecht Verurteilte; wir sind Männer, die nichts als ihre Pflicht als Soldaten getan und Befehle ausgeführt haben. Wenn sich unser Protest Ihnen gegenüber als wirkungslos erweisen sollte, sehen wir uns gezwungen, offizielle Maßnahmen zu ergreifen.‹ Und damit stolzierten sie hinaus.

Diesmal blieb Speer. ›Letzte Woche‹, sagte er, ›bin ich nicht dageblieben, weil ich hören wollte, was die anderen unmittelbar nach der Predigt sagen würden – die Gelegenheit wäre vielleicht nicht wiedergekommen.‹ Und dann lächelte er dieses ganz besondere Lächeln. ›Na, da haben Sie sich ja was Schönes eingebrockt?‹ Aber sein Ton war so, daß ich mich gleich besser fühlte – weißt du, eine weitere seiner außerordentlichen Gaben war erstens die Fähigkeit, die Dinge ins rechte Licht zu rücken, und zweitens, fast jeder Sache eine komische Seite abzugewinnen. ›Die ganze Woche‹, sagte er, ›wurde über nichts anderes gesprochen als über Sie. [Inzwischen durften sich die Gefangenen bei der Arbeit und auf ihren Spaziergängen im Garten, wo Speer bereits einen 270 Meter langen Rundweg angelegt hatte, schon unterhalten.] Die ganze Gruppe sprach von sich als den »Aussätzigen«: Die Aussätzigen müssen jetzt zum Abendessen hineingehen; Aussätzige vorwärts Marsch, raus zum Spaziergang; Aussätzige, Licht aus. Galgenhumor natürlich, aber so haben sie sich abreagiert.‹ Und dann sagte er: ›Aber um Himmels willen, hören Sie nicht auf, schonen Sie unsere Gefühle nicht; fangen Sie nicht an, vorsichtig oder fürsorglich mit uns umzugehen. Sie liegen genau richtig, tun genau das, was notwendig ist.‹ Das war eine enorme Ermutigung für mich«, sagte Casalis.

»Weißt du, ich war ja schließlich noch ganz jung und als Seelsorger recht unerfahren. Ich hatte eine sehr weise Frau, aber wir waren beide erst dreißig. Wir hatten zwei kleine Kinder, lebten in einem besetzten Land, in einer Atmosphäre, die wir beide verabscheuten, und in einer Rolle, die wir beide verachteten, der von Siegern. Mein ganzes bisheriges Leben als Erwachsener hatte sich im Krieg abgespielt; ich hatte keine Gelegenheit, normale Lebenserfahrungen zu sammeln. Geistliche brauchen, glaube ich, mehr als die meisten anderen Menschen Zeit und Ruhe, um in ihren Beruf hineinzuwachsen. Ich hatte weder das eine noch das andere je gehabt, und aufgrund all der schrecklichen Dinge, die ich während und nach dem Krieg erlebte, hatte sich zu meiner großen Verwirrung mein Denken noch gar nicht richtig auf den Frieden einstellen können. Und doch, wenn ich irgend etwas für diese Menschen tun wollte, die, was immer sie zugaben, so bedürftig waren, konnte ich das nur aus einer Position des Friedens tun, und indem ich mich, in einem tiefen Sinn, mit ihnen auf eine gleiche Stufe stellte.«

Casalis beschloß, das Problem am folgenden Samstag direkt anzugehen, und wählte »Die Berufung des Levi« (Lukas 5, 27–32) als Predigttext: Levi, ein Zöllner, hält ein großes Gastmahl für Jesus; die Pharisäer und Schriftgelehrten beschweren sich, daß er mit Zöllnern und Sündern ißt und trinkt, aber Jesus antwortet ihnen: »Die Gesunden bedürfen des Arztes nicht, sondern die Kranken. Ich bin gekommen, zu rufen die Sünder zur Buße, und nicht die Gerechten.«

Und an dieser Stelle, mitten in der Predigt, hielt Casalis inne. »Ich zögere, jetzt weiterzupredigen, wie ich es sonst tue«, sagte er. »Errege ich mit den Worten der Bibel vielleicht Anstoß? Und wenn ja, wie kann ich Ihnen dann eine Hilfe sein? Wie können Sie die Hilfe der Bibel annehmen? Wie kann ich Ihnen helfen, zu verstehen, daß es nicht die Worte oder nur die Worte sind, die Sie hören müssen, wenn ich von Sündern und Kranken – und von Aussätzigen – spreche, sondern Gleichnisse, die jeder von Ihnen anhören oder interpretieren kann, wie er will, wie es Ihren Bedürfnissen entspricht. Zunächst und vor allem jedoch vergessen Sie bitte nicht, daß ich in meiner Interpretation der Gleichnisse immer mich selbst als ersten der Sünder und Kranken sehe. Wir sind zusammen hier in einem gemeinsamen Experiment, dem Versuch, eine Harmonie zwischen Ihnen und Ihrem inneren Selbst zu finden, zwischen Ihnen und mir und zwischen den Dingen, die Jesus sagte, und dem, was wir davon annehmen oder darin finden können. Ich bin in dieser Beziehung nicht anders als Sie. Ich suche.«

Von diesem Augenblick an wurde Casalis, wenn man von Heß absieht, von der Gruppe akzeptiert. »Bei einer Gelegenheit«, erzählte er, »das einzige Mal, solange ich in Spandau war, kam sogar Heß auf mich zu.« Am 19. Dezember 1948 war Casalis' kleiner Sohn Etienne an Diphtherie gestorben. »Ich war überrascht über das Verhalten dieser Männer in Spandau, als ich sie am folgenden Samstag sah; sie zeigten eine ganz außergewöhnliche Zärtlichkeit und Teilnahme. Ich werde das nie vergessen. Nicht nur Speer – alle waren so, sie zeigten es nur verschieden stark. Speer war den Tränen nahe; es fehlte nicht viel, und wir hätten zusammen geweint, was ich weder hätte zulassen noch ertragen können.«

Die immer engere Beziehung zwischen Casalis und Speer und die daraus resultierende Konzentration Speers auf das, was er später seinen »Stundenplan« nannte, erklärt natürlich, warum er in dieser Zeit relativ wenige Briefe an seine Familie und seine Freunde schrieb, auch wenn Toni Proost ihm am 14. Oktober 1947 überraschend angeboten hatte, seine Briefe aus dem Gefängnis zu schmuggeln, und er hätte schreiben können, soviel und an wen er wollte. In den folgenden drei Jahren machte er von dieser Möglichkeit erstaunlich wenig Gebrauch. Zwar trug er sich mit dem vagen Gedanken, »eine Hitlerbiographie« zu schreiben, und er notierte auch tatsächlich ab und zu die eine oder andere Anekdote, die ihm einfiel, und schickte sie an Annemarie Kempf, doch geschah auch dies nur selten.

»Daß Speer in Spandau schrieb, erfuhr ich erst nach seiner Entlassung«, sagte Casalis. »Natürlich, während ich da war, schrieb er ja nicht viel. Aber trotzdem ist es sehr merkwürdig und hat mich immer erstaunt, daß er damals schon gewußt haben muß, daß er schreiben wollte, es mir aber nicht sagte. Ich war nicht gekränkt, als ich es erfuhr, denn ich weiß, daß ein Gefangener, wie übrigens alle Gefangenen immer ambivalente Persönlichkeiten sind; man lebt mit ihnen in einem Dauerzustand von Halbwahrheiten oder halben Realitäten. Und das galt ganz sicher auch für Speer. In gewisser Weise verteidigen sie damit ihr Ich: Sie können es nicht preisgeben, nicht einmal einem Menschen, zu dem sie Vertrauen gefaßt haben; wenn sie es täten, würde das den letzten Rest ihres ›Selbst‹ zerstören, der ihnen geblieben ist. Du siehst also, es handelt sich nicht um eine absichtliche oder auch unbewußte Unehrlichkeit. Es handelt sich um einen instinktiven Prozeß des Selbstschutzes. Deshalb ist alles, was Gefangene von sich zeigen, nur zum Teil wirklich offen, wirklich wahr.

Ich bin überzeugt, daß Speer während meiner Anwesenheit ganz damit beschäftigt war, einen Rhythmus des Arbeitens, Denkens und auch Lebens zu finden und zu entwickeln, der es ihm ermöglichen sollte, jener ›andere Mensch‹ zu werden. Das war seine Absicht, wie ich genau weiß. Als ich dann wegging – oder vielleicht, *weil* ich wegging? –, setzte er diesen Rhythmus, diese Disziplin, die er gelernt hatte, für jenen anderen Zweck ein, der ihn, wie ich heute weiß, schon damals am Rande beschäftigte, obwohl er ihn für die kurze Zeit, während der wir zusammenarbeiteten, aufgab.

In den ersten Jahren meiner Verbindung mit Speer hatte er sich mit seiner Strafe abgefunden – er war absolut wahr in dieser Hinsicht. Er sprach mit mir über sehr viele Dinge, über private, emotionale und intellektuelle Fragen. Die Substanz unserer Gespräche änderte sich etwas und wurde, könnte man sagen, weniger verzweifelt, als er begann zu lesen, zu verstehen und dann über Barths Werke und natürlich auch andere diskutieren konnte. Aber in diesen Jahren waren seine Lektüre, seine Studien und seine Gedanken ausschließlich von seinem tiefen Gefühl der Schuld beherrscht, das sich ganz auf die Ermordung der Juden konzentrierte – in einem solchen Ausmaß, daß er für Hitlers andere Verbrechen völlig blind zu sein schien.«

Die Gauleiterkonferenz in Posen war, wie auch Casalis meinte, der entscheidede Wendepunkt gewesen, obwohl Speer Casalis' Ansicht nach schon früher vom Schicksal der Juden gewußt hatte, wenn auch nicht von den grauenhaften Details. Nach dem Krieg hatte er in bezug auf Posen eine Entscheidung fällen müssen: Wenn er zugab, dort gewesen zu sein, mußte er auch zugeben, von der Judenvernichtung gewußt zu haben; und wenn er das nicht konnte, mußte er auf jeden Fall seine Behauptung verteidigen, daß er bei Himmlers schrecklichen Enthüllungen weder anwesend gewesen noch später darüber informiert worden war. Casalis konnte sich – wie Hilde – nicht vorstellen, wie Speer *dieses* Wissen hätte zugeben und trotzdem weiterleben können.

»All dies lastete ihm unglaublich auf der Seele«, sagte Casalis. »Und ich hielt es bei allem Risiko – wie später ja auch du – für einen Teil meiner Aufgabe, ihm dabei zu helfen, sich der Wahrheit zu stellen, mit ihr fertig zu werden und trotzdem weiterzuleben.«

Unübersehbar sei freilich, wenn man Speers Kampf verfolge, daß er ihn allein und innerhalb dieser kleinen Gruppe in einer äußerst feindlichen Umgebung führen mußte, sagte Casalis. »Sie war ein Mikrokosmos von Deutschlands Verwirrungen und Abwehrmechanismen, die in Spandau zu jeder Stunde des Tages aktiv gegen Speer gerichtet waren, ob nun in Worten oder schweigend.«

Casalis war genauso verblüfft wie ich über das Ausmaß der Feindseligkeit, die Speer von so vielen Menschen in anderen Ländern entgegenschlug. »Natürlich haben ihn die Zyniker während dieser Zeit und noch lange danach immer wieder für alles, was er getan, versucht und gesagt hat, verurteilt; viele meiner Glaubensgenossen haben leider in diesen Chor eingestimmt. Es war eine merwürdig pathologische Reaktion. Weil die Verbrechen unter Hitler so fürchterlich waren und weil – ja, sehen wir den Tatsachen ins Auge – der größte Teil der sogenannten freien Welt ihnen tatenlos zugesehen hatte und einige sie, viel schlimmer noch, sogar in der Tiefe ihrer schwarzen Seele heimlich gebilligt hatten, konnten diese Menschen jetzt nicht zugeben, daß einer der ›Sünder‹ – und das war Speer ja ganz bestimmt – bereit war zu bereuen. Denn siehst du, ein Schuldbekenntnis kommt, wenn es aufrichtig und ehrlich ist, in unserer christlichen und auch in manchen jüdischen Kulturen dem Streben nach Vergebung und ihrer Erlangung gleich.

Und genau darum geht es bei Speer und einigen seiner Kritiker. Sie konnten sich selbst nicht vergeben, deshalb konnten sie ihm erst recht nicht vergeben. [Casalis' Einstellung war natürlich stark von seiner entschiedenen Verurteilung der *französischen* Kollaborateure und *französischen* Nazis geprägt, die er sogar für noch schuldiger hielt als die deutschen. Seine vielen Erfahrungen als Widerstandskämpfer mit französischen Verrätern und die politischen Vorurteile der westlichen Alliierten gegen die linken Faktionen des Widerstands mit ihren häufig tödlichen Folgen trugen dazu bei, daß er auf viele Nachkriegsmeinungen sehr zynisch reagierte.] Ich sage dir, die Einstellung der Nachkriegsgesellschaft, dieses widerliche nachträgliche Moralisieren von Intellektuellen in Europa und auch Amerika, war einer der vielen Gründe, warum ich glaubte, daß für diesen tiefsinnigen und brillanten Mann ein kontemplatives Leben das beste und lohnendste sei, und deshalb versuchte ich mit ihm auf diese Lösung hinzuarbeiten.

Meiner Ansicht nach hatte er wenig Chancen, Leute zu finden, die ihm als ›anderem Menschen‹ aufgeschlossener gegenüber sein würden als dem Speer, den sie zu kennen glaubten.« Speer hatte mit Casalis sehr bald und sehr ausführlich über seine Beziehung zu Hitler und seine Gefühle für ihn gesprochen. »Wie hätte es auch anders sein können?« sagte George. »Die Erinnerung an diesen Mann und an jene Jahre stand bei ihm lange Zeit im Vordergrund. Und sein Bruch mit Hitler war für ihn lange ein emotionaler, kein moralischer Akt. Ich muß sagen, daß ich mir oft darüber Gedanken machte. Ich hatte nie einen Grund zu der Annahme – und ich weiß, du auch nicht –, daß Speer auch nur im geringsten homosexuelle Neigungen hatte. Aber die Schilderungen, die er von seiner Beziehung zu Hitler gab, zeigten ganz deutlich eine *Art* erotischer Bindung. Ich zweifelte nicht im geringsten daran, daß dieser Mann Hitler geliebt hatte und vielleicht immer noch liebte.

Natürlich gab es, wenn wir miteinander redeten, unzählige Fragen, die ich ihm gern gestellt hätte, aber nicht stellen konnte; denn anders als der Historiker oder Psychiater hat der Pastor nicht die Aufgabe, einen Menschen zu erforschen oder auszuhorchen, sondern ihm Lebenshilfe anzubieten. Ein Pfarrer darf keine Selbstoffenbarung verlangen; er kann diese nur, wenn sie vom anderen ausgeht, annehmen und darauf antworten.«

Natürlich habe Speer ihn auch angelogen, sagte Casalis, aber die Lügen seien Ausdruck seiner Not gewesen. »In den Augenblicken, wenn er mich anlog, merkte ich es nicht. Siehst du, er belog mich nur über Tatsachen, nicht über sein inneres Leben. Er baute mir einen Weg, auf dem ich ihn, wie er glaubte, eine Weile begleiten konnte.« So hatte Speer zum Beispiel Casalis erzählt, Hitler hätte in Augenblicken rasender Wut »in den Teppich gebissen« (was Speer mir gegenüber ausdrücklich bestritt). »Er erzählte mir das, weil es ihm vielleicht in den ersten Jahren seiner Haft half, Hitler als Verrückten darzustellen; das gab ihm kurze Zeit den Trost, die Illusion, von einem Wahnsinnigen verführt worden zu sein. Später, als er mir über seine Krankheit im Jahr 1944 erzählte, behauptete er, er habe vierzig Tage lang im Koma gelegen; dir erzählte er von einem Sterbeerlebnis. Es ist ein Rätsel, warum er wem was erzählte und in welchem Grad diese Dinge jeweils wahr waren, aber gerade in diesen beiden Behauptungen steckt jeweils ein wichtiges Element der Wahrheit. Als er mir vom ›Koma‹ erzählte, hatte er das

Bedürfnis zu glauben, er habe in einem Zeitraum enormer innerer Veränderungen im Koma gelegen. Als er dir, der er ähnlich vertraute wie mir, von seiner Todesvision erzählte, wollte er vielleicht ein Bild seiner Phantasie mit dir teilen oder womöglich auch ein sehr intimes Erlebnis. Es war ein Geschenk, das er dir machte.

Wenn er Annemarie Kempf oder seiner Frau von beidem nichts erzählte, obwohl sie ihm näher standen als du oder ich, dann weil sie damals physisch *anwesend* waren und er mit ihnen nicht eine Wandlung teilen konnte, die er in sich spürte und von der diese Erlebnisse, ob eingebildet oder real, ein wesentlicher Bestandteil waren.

Ein Sterbeerlebnis, wie er es dir geschildert hat, ist heute etwas recht Bekanntes und viele Male fast genauso beschrieben worden, wie er es dir erzählt hat. Er kann dieses Erlebnis natürlich gehabt haben. Aber könnte er nicht auch davon gelesen und es für sich übernommen haben? Vielleicht wünschte er sich ein solches Erlebnis, oder vielleicht wünschte er sich, zu sterben – oder tot zu sein? All dies ist durchaus möglich. Genausogut kann er sich natürlich gewünscht haben, er hätte in dieser für ihn so bedeutsamen Zeit vom Januar bis Mai 1944, in die, wie wir annehmen können, seine Verwandlung fiel, geschlafen – er mag sich gewünscht haben, daß die Wirklichkeit gar nicht passiert war, daß er seine Illusionen nicht verloren hatte und seine Liebe zu Hitler nicht im Erlöschen war. All dies ist möglich, all dies liegt ihm Bereich der menschlichen Erfahrung. Ich weiß noch, daß ich, wenn ich nach diesen Gesprächen von Spandau wegfuhr, oft zu mir sagte: ›*Merde,* was für ein schrulliger Kauz.‹

Vergiß nicht, ich war schon seit Jahren politisch sehr engagiert. In einer Welt wie der unseren religiös zu sein heißt meiner Ansicht nach, ein soziales Gewissen zu haben, und ein soziales Gewissen ist gleichbedeutend mit politischem Engagement. Deshalb hat es im Grunde nie Religion ohne Politik gegeben, und das gilt auch heute noch. Und ich fragte mich, wie paßte zu einem Menschen, der so viel Liebe empfinden konnte, die ernsthafte Politik. Und die Antwort ist natürlich: gar nicht – er geriet hinein, ohne es zu wissen. Er folgte seinen Gefühlen und spielte mit, ohne je zu merken oder sich der Tatsache zu stellen, auf was für ein gefährliches Spiel er sich da eingelassen hatte. Nicht daß er nicht erkannt hätte, daß es ihn den Kopf kosten konnte – er wußte ganz genau, wie er spielen mußte, um am Leben zu bleiben. Aber er wußte nicht und wollte sich vor Nürnberg und Spandau auch nicht eingestehen, daß es ihn die Seele kosten konnte.«

Annemarie Kempf kehrte nach Speers Verurteilung in die Wohnwagensiedlung bei Eutin zurück, die nun ihr einziges Zuhause war. Ihre vom Schicksal gebeutelte Familie hatte sich ihr angeschlossen, sagte sie. Ihre Mutter hatte

Krebs, ihre Schwester litt an multipler Sklerose, und ihr Bruder hatte sich beim Militär ein Emphysem zugezogen. Annemarie und ihr Bruder bekamen Arbeit auf einem Bauernhof für 30 Pfennig die Stunde, und kurz darauf stellte ihnen die Gemeinde Eutin, die wie Gemeinden überall in Deutschland das von Speer in seiner letzten Rundfunkrede propagierte Selbsthilfemodell zur Schaffung von Wohnraum übernommen hatte, ein Grundstück für den Bau zweier kleiner Häuser zur Verfügung. »Eins für meine Mutter und mich und eins für meinen Bruder und dessen Familie«, sagte Annemarie. »Wir säuberten Zehntausende von Ziegelsteinen, und ungefähr ein Jahr später hatten wir, mit der Hilfe befreundeter Architekten, zwei Häuschen.«

In Kranzberg hatte Annemarie in dem früheren BMW-Generaldirektor und bekannten Nazigegner Wilhelm Schärf, der als Berater und nicht als Gefangener nach Kranzberg gekommen war, einen guten Freund gefunden.

»Dank seiner Ratschläge holten die Amerikaner eine Menge Techniker von BMW heraus, bevor das Werk an die Russen übergeben wurde. Er war ein wunderbarer Mensch und hat mir ungeheuer geholfen. Ich verzweifelte damals am Leben, nicht weil der Krieg verloren war, sondern wegen des schrecklichen Unglücks, das er verursacht hatte – das Hitler verursacht hatte. Schärf interessierte sich schon seit Jahren für Anthropologie und weckte auch mein Interesse dafür. Das gab meinem Leben einen neuen Inhalt, und ich schöpfte wieder Hoffnung. Die ganze Zeit, während wir die Häuser in Eutin bauten, plante ich meine Zukunft, wobei mir von Anfang an klar war, daß ich irgendwie Kindern helfen wollte.«

Dann aber, Ende 1949, bot ihr einer von Speers ehemaligen Freunden aus der Industrie, der Mitglied des Bundestags geworden war, eine Stelle in Bonn an. »Ich glaube, es ist fair zu sagen, daß ich, obwohl ich damals schon andere Pläne hatte, bewußt nach Bonn ging, weil ich glaubte, es könnte Speer nützen.« Sie blieb dort fünf Jahre mit dem einzigen Ziel, in der Nähe von Politikern zu sein, die sich vielleicht für eine vorzeitige Entlassung Speers einsetzen würden.

»Sehen Sie«, sagte Annemarie, »nach einigen Jahren wich Speers Entschlossenheit, ›seine Schuld zu bezahlen‹ und jede Minute seiner Haftstrafe abzusitzen, dem festen Vorsatz, das System zu bekämpfen und eine vorzeitige Haftentlassung zu erreichen – eine Haltung, die wirklich mehr zu dem paßte, was ich seine Persönlichkeit ›vor Casalis‹ nenne. Im Lauf der Zeit wurden wir alle für dieses Ziel mobilisiert – Rudi Wolters, Hilde, ich und alle, die wir für sein Schicksal interessieren konnten.

Ich weiß nicht, wieviel meine Anwesenheit in Bonn genutzt hat. Es gab natürlich kleine Dinge, die ich erreichen konnte, etwa, daß das Verbot von Zeitungen abgemildert wurde, und ähnliches, aber das meiste, was ich anpackte, schlug fehl. Was man tun konnte, war zu versuchen, anderen ein anderes Bild von Speers Persönlichkeit zu vermitteln, und das funktionierte in der Regel. Aber ich glaube, das war letztlich mehr ein Trost für mich als von praktischem Wert für ihn.«

Nach Toni Proosts erstaunlichem Angebot begann Speer, wie mir Annemarie Kempf während unserer ersten Reihe von Gesprächen 1982 in Hamburg erzählte, ihr gelegentlich Notizen zu schicken. »Und er begann schon sehr bald mit den spanischen Illustrierten, diesem für mich herzzerreißenden Versuch, für die Kinder alles spaßig darzustellen. Er adressierte die Briefe an mich, aber in den ersten drei Jahren waren es nur sehr wenige. Den ersten umfangreicheren Kassiber bekam ich erst 1950.«

Zwei Jahre später begann er an Wolters zu schreiben, sagte Annemarie, und im Januar 1953 begann er mit dem »Spandauer Entwurf« für seine Memoiren. Sobald Speer in Spandau ernsthaft zu schreiben begann, organisierte er sorgfältig, wem er was schickte. In den Jahren 1952/53 ging der größte Teil der Korrespondenz an Wolters: zunächst der »Spandauer Entwurf« und dann, als er damit fertig war, noch jahrelang, was er »Späne« nannte, Ergänzungen und nachträgliche Gedanken dazu.

»An mich«, sagte Annemarie, »schickte er alles, was mit Bonn zu tun hatte – Vorschläge zur Verbesserung der Spandauer Gefängnisordnung, Entwürfe für Briefe an und von bekannten Persönlichkeiten, an Regierungsbeamte und ausländische Staatsoberhäupter, in denen seine vorzeitige Entlassung vorgeschlagen wurde, dann Anregungen zu Kontakten zwischen ausländischen Würdenträgern und hochrangigen Deutschen, aufgeschlossenen amerikanischen und britischen Juristen und bekannten Journalisten – solche Briefe gingen in späteren Jahren zumeist an Hilde, die diese Art von Öffentlichkeitsarbeit für ihren Vater sehr wirksam betrieb. Auch die meisten der vielen später von Speer an mich gerichteten Mitteilungen fielen in diese Kategorie.

Seine ›Späne‹*, die spanischen Illustrierten – die Sammelbriefe an die Kinder – und die Briefe an einzelne Kinder gingen über Rudi oder mich oder in späteren Jahren über Hilde. Sein wichtigstes Bedürfnis war, alles selbst zu organisieren, alles unter seiner Kontrolle zu behalten. Er bestand darauf, daß alle Kassiber ins Gefängnis und nach draußen nach ›astrologischen Terminen‹ verschickt wurden, über die er uns instruierte; er sagte, nur so könne er seine Arbeit systematisieren. Ich glaube, in Wirklichkeit diente das eher seiner Moral als einem ›System‹, und obwohl ich für sein Bedürfnis danach Verständnis hatte, konnte ich mich acht Jahre später, als ich sehr viel zu tun hatte und viel reisen mußte, nicht mehr an das ›Astrologische‹ halten« – sie lächelte –, »sondern mußte nach meinem eigenen, weltlicheren Zeitplan ver-

---

* Zweifellos war Speer von dem Sprichwort inspiriert: »Wo gehobelt wird, da fallen Späne.«

fahren. Albert hatte Verständnis dafür, aber Rudi war wütend, und meine Beziehung zu ihm brach für eine Zeitlang ab. Einige Jahre später legten wir den Streit auf Alberts Bitte bei, weil er auf unsere Zusammenarbeit angewiesen war.«

Die häufigen Datumsangaben in den *Spandauer Tagebüchern* lassen eigentlich vermuten, daß Speer von Anfang seiner Haftzeit an und dann die ganze Zeit Notizen gemacht und aufbewahrt hat, doch laut Annemarie war das nicht der Fall.

»Viele Jahre war genau dies das Problem. Offiziell durften sie auf die paar Blatt Papier, die sie bekamen, so ziemlich alles schreiben, was sie wollten; aber sie mußten täglich um die Abendessenszeit abgeben, was sie geschrieben hatten, und außer dem monatlichen Brief nach Hause, der zensiert und zur Post gebracht wurde, kam alles Geschriebene in den Reißwolf. [In späteren Jahren bekamen die Häftlinge ein Notizbuch, das sie behalten durften, bis es voll war – dann kam es ebenfalls in den Reißwolf.] Später, als er ernsthaft zu schreiben begann, auf jeden Fetzen Papier, den er kriegen konnte – auf die Verpackungen von Tabak, Zigaretten oder Schokolade, ja sogar auf Toilettenpapier, das jahrelang seine wichtigste Versorgungsquelle war, und später auf Schreibpapier, das wir hineinschmuggeln konnten –, ignorierte er diese Vorschrift einfach und ging die schlimmsten Risiken ein; meist versteckte er seine Texte in den Schuhen, manchmal aber auch, wenn er in Fahrt gekommen war, gleich vierzig oder fünfzig Seiten in den Socken unter den Hosenbeinen.

Wie er im Vorwort der *Spandauer Tagebücher* erklärt hat, und das galt auch für sein erstes Buch, basierten die Tausende von Originalbriefen und abgetippten Seiten, die Rudi Wolters und Speers Familie ihm nach der Entlassung aus Spandau aushändigten, sämtlich auf seinem phänomenalen Gedächtnis, das ihm, wie er Ihnen ja erzählt hat, seit seiner Kindheit erlaubte, Erfahrungen und Eindrücke in seinem Kopf wie in einem Archiv zu speichern.

In früheren Jahren wußten wir, daß er sich ein Dokument, einen Brief oder einen Zeitungsartikel nur anzusehen brauchte, um notfalls wörtlich daraus zitieren zu können. Ich bekam oft mit, wie er Hitler, Industrielle oder Militärs auf Konferenzen mit diesen gewaltigen Gedächtnisleistungen in Erstaunen versetzte. Während all der Jahre in Spandau arbeitete er methodisch daran, sich diese Fähigkeit zu erhalten, indem er Bücher auswendig lernte. Als er herauskam, konnte er einen Großteil der Bibel auswendig, das Alte wie das Neue Testament, und die verschiedensten Bücher – Nachschlagewerke, Romane und Gedichtbände, jetzt auch oft auf englisch, französisch oder lateinisch.«

Wenn Speer im Vorwort zu den *Spandauer Tagebüchern* schrieb, daß der gesamte Inhalt authentisch sei, entsprach das laut Annemarie absolut der

Wahrheit. »Aber zunächst einmal ordnete er seine Spandauer Briefe neu – die Briefe an Wolters, an mich und an die Kinder –, damit sie zum Konzept der jeweiligen Bücher paßten, und dann ergänzte er je nach Bedarf die ursprünglichen Texte durch andere Dinge, an die er sich erinnerte, und die erforderlichen Daten und Dokumente aus historischen Archiven, seinem eigenen und dem Bundesarchiv.«

Als ich mit Annemarie sprach, hatte ich natürlich die *Erinnerungen,* die *Spandauer Tagebücher* und den *Sklavenstaat* gelesen, Wolters' Archiv dagegen noch nicht gesehen. Erst als ich die dort liegenden Briefe las und sie mit dem gedruckten Text verglich, bemerkte ich ein überraschendes Element dieser »Neuordnung«. Speer hatte die Briefe an Wolters, die den »Spandauer Entwurf« ausmachten, jeweils am Anfang sorgfältig datiert und dann wieder im laufenden Text, wenn er an einem Brief über mehrere Tage schrieb. Marion Riesser hatte diese Datierungen in ihren Transkriptionen sorgfältig mit abgetippt. Ihr Typoskript zeigt, wie bereits erwähnt, daß Speer seine Arbeit am 8. Januar 1953 begann und am 9. Januar 1954 abschloß. In den *Spandauer Tagebüchern* schreibt er jedoch, es habe *zwei* Jahre gedauert, den Entwurf zu vollenden, und er berichtet in den betreffenden zwei Jahren verschiedentlich über den Fortgang der Arbeit. So ist von seiner Absicht, seine Memoiren zu schreiben, in den *Spandauer Tagebüchern* zum erstenmal am 8. März 1953 die Rede. Dort heißt es, er habe zunächst »lange gezögert, Ansätze gemacht, Proben verworfen«.

Jetzt fing ich wie selbstverständlich an zu schreiben ... Allerdings habe ich es mir leicht gemacht. Ich begann nicht mit Hitler, sondern mit dem Elternhaus und der Kindheit.

In Wirklichkeit hatte er die Memoiren in einem Brief begonnen, der auf den 8. Januar 1953 datiert ist. »Im April [1945] erfuhr ich von dem Befehl, sämtliche Berliner Brücken für die Zerstörung vorzubereiten«, heißt es dort, und es folgt ein fünfseitiger Bericht, wie er den verantwortlichen General überredete, die Brücken nicht zu zerstören. Dann, im selben Brief, schreibt er neun Seiten über seinen letzten Besuch bei Hitler. Über seine Kindheit hat er im »Spandauer Entwurf« nicht geschrieben; die entsprechenden Informationen entnahm er später den Briefen an seine Kinder. In den *Spandauer Tagebüchern* berichtet er über den Fortgang der Arbeit weiter:

2. Mai 1953: In Coburg werden von der Sekretärin meines Freundes die engbeschriebenen Seiten in Maschinenschrift übertragen ... [Er hat sich] darüber beschwert, daß ich Hitler einen Verbrecher genannt habe. Aber daran ist kein Vorbeikommen. Entweder schreibe ich, wie ich es heute sehe, oder ich lasse es. Bestimmt werde ich dabei manchen Freund verlieren ...

28. November 1953: Wie mir aus Coburg geschrieben wurde [Coburg war der Deckname für Coesfeld, um Wolters zu »schützen«], sind bereits dreihundertfünfzig Schreibmaschinenseiten mit meinen Erinnerungen gefüllt ... Bei vielen Ereignissen fehlen mir jedoch Daten und Auszüge aus Denkschriften. Nach dieser Niederschrift wird es daher noch eine neue Fassung geben müssen, aber erst nach meiner Entlassung. Übrigens bin ich nicht chronologisch vorgegangen. Von der Jugendzeit bin ich zu den Jahren als Minister gesprungen, das Jahrzehnt als Hitlers Architekt will ich mir zuletzt vornehmen, heute begann ich den Abschnitt über den 20. Juli 1944.

In Wirklichkeit schrieb er zwischen dem 3. und 12. Juli 1953 einundzwanzig Seiten über den Putschversuch des 20. Juli und begann dann den folgenden neuen Brief: »Mein lieber Freund, ich setze jetzt mein Schilderung der Tragödie des 20. Juli fort. Wie Du bemerkt haben wirst, liegt meine Sympathie rückblickend bei den Männern, die etwas gegen die herannahende Katastrophe zu tun versuchten. Es ist heute sehr schwer für mich zu sagen, wie ich damals zu diesem Ereignis stand.« Die nächste Erwähnung seiner Memoiren in den *Spandauer Tagebüchern* datiert vom 4. Januar 1954: »Ich bin unterdes bis zur Schilderung der Ardennen-Offensive gekommen ...«

Tatsächlich hatte er über die Ardennen-Offensive jedoch schon fünf Monate zuvor, am 26. Juli 1953, geschrieben: »Im November 1944 erzählte mir Hitler absolut vertraulich, daß er eine große Offensive im Westen plane ... Die Westalliierten seien schwach und unfähig, hart zu kämpfen, und es müsse deshalb möglich sein, in der Mitte durchzubrechen ... bis Antwerpen vorzustoßen ... und so einen riesigen Kessel zu bilden, was große Teile der amerikanischen und britischen Armeen zur Kapitulation zwingen würde ...«

Was Speer in den *Spandauer Tagebüchern* von der Fertigstellung der Memoiren schrieb, entsprach weitgehend dem Entwurf, außer daß sie ein Jahr später datiert war. Im Entwurf schrieb er am 26. Dezember 1953: »Ich muß nur noch einen letzten Abschnitt schreiben und einen Epilog. Das gibt tausend Seiten – zum Glück wußte ich, als ich vor einem Jahre damit begann, nicht, wieviel Arbeit es sein würde.« Im Buch heißt es:
29. Dezember 1954: Ungefähr hatte ich richtig geschätzt. Am ersten Januar wollte ich die Erinnerungen abschließen. Heute habe ich sie recht und schlecht zu Ende gebracht ... Es ist das Ende einer mühseligen, zweijährigen, oft aufregenden Arbeit ... Aus Heidelberg höre ich, daß es rund elfhundert Schreibmaschinenseiten sind.

Wer den »Spandauer Entwurf« liest, aus dem die *Erinnerungen* entstanden sind, versteht, daß Speer das ursprüngliche Material, in dem er von Thema zu Thema gesprungen war und Ergänzungen eingestreut hatte, wie sie ihm gerade in den Sinn kamen, zu einem logisch geordneten Bericht umgestalten mußte. Damals beschloß er auch anzugeben, er habe vom März 1953 bis zum Dezember 1954 an der Vorlage gearbeitet, und diese Daten gab er im Nachwort des Buches an. Zusätzlich untermauerte er die Behauptung in den *Spandauer Tagebüchern* mit wiederholten Hinweisen auf den Fortgang der Arbeit, wobei er bestimmte Themen bestimmten Daten zuordnete – leider alle falsch.

Ich habe in Koblenz, München und Berlin mit den wenigen Menschen gesprochen, die den Entwurf kennen. Sie alle stimmen darin überein, daß es zwar keinerlei Grund gibt, hinter dieser seltsamen Abweichung von den Tatsachen unlautere Motive zu vermuten, andererseits jedoch auch keine vernünftige Erklärung.

Doch manchmal ist eine Erklärung einfacher, als man denkt. Alle, die Speer gut kannten, meinten übereinstimmend, daß ihm bei der Durchsicht der zahllosen Briefe 1967 vielleicht der Gedanke gekommen sei, niemand werde ihm glauben, daß er sie alle in einem Jahr geschrieben habe. In Ermangelung einer besseren Erklärung komme ich zu dem Schluß, daß Speer auf seine häufig lässige, aber immer pragmatische Art ganz einfach beschlossen hat, aus diesem unglaublich kreativen Jahr zwei zu machen.

Casalis verließ Berlin im Juni 1950; Speer berichtet in den *Spandauer Tagebüchern,* er habe ihn am 1. Juni zum letztenmal gesehen. »Ich war sehr traurig, als er ging«, sagte er mir, »aber, sehen Sie, ich glaubte damals wirklich, daß mich das Vertrauen zum Leben und zu Gott, das er mir gegeben hatte, tragen würde.« Schon wenige Wochen später erkannte er jedoch, daß er allein nicht zurechtkam. »Leider bin ich sehr auf äußere Einflüsse angewiesen«, schrieb er zweieinhalb Jahre später an die 16jährige Hilde. »Habe ich einen Casalis, dann bin ich in Ordnung. Geht es nicht auf dieser Höhe, dann sinke ich ab.«

Nach einer Periode tiefster Apathie und Depression kehrte er fast völlig weg von seiner schwierigen spirituellen Suche und konzentrierte sich wieder auf sich selbst – nicht als der »andere Mensch«, sondern als eine angepaßte Version der Persönlichkeit seiner außergewöhnlichen Vergangenheit. Trotzdem bewahrte er sich die drei wichtigsten Dinge, die er während der dreijährigen Unterweisung durch Casalis gelernt hatte: die Überzeugung, daß das Leben einen tieferen Sinn hat, als sich durch Vernunft und Logik erschließen läßt, die rettende Gnade disziplinierter Lektüre und, auch wenn er deren schlimmsten Teil verzweifelt »verdrängte«, ein wirkliches inneres Bewußtsein seiner Schuld.

Speer brauchte fast zwei Jahre, um Casalis' Weggang zu verarbeiten, eine Zeit, in der er soviel wie möglich im Garten arbeitete und dabei langsam ein

»Lebensprogramm« für sich entwickelte. Der erste Schritt dazu war die Gartenarbeit, ästhetisch das Kreativste, was er in jenen 20 Jahren leisten sollte.

»Als Speer kam, war der Garten eine richtige Wildnis«, sagte Eugene Bird, zu Anfang ein amerikanischer Wachoffizier und gegen Ende Gefängnisdirektor von Spandau. »Als er ging, glich der Garten einem herrlich angelegten Park mit einer Fülle von Blumen aller Art, einer Gemüseecke – mit Salat, Tomaten und Beeren, um ihre und manchmal auch unsere Mahlzeiten zu ergänzen – und einem Obstgarten mit Dutzenden von Apfel- und Pflaumenbäumen.« (Speer schrieb am 16. Juni 1953 an seine Kinder: »Ich bin nämlich, wie ich mit Erstaunen gezählt habe, Besitzer von 800 Erdbeerbüschen ... 100 Fliederbäumen ... schon an die 2 Meter hoch ... 100 Kastanienbäumen ... und 50 Nußbäumen.«)

Genauso wichtig oder noch wichtiger in seinem neuen Leben waren die Bücher. Am 3. Juli schilderte er in einem Brief an Wolters sein Lektüreprogramm. Zuvor hatte er ihm bereits drei Listen mit Büchern geschickt, die er gelesen hatte – Anfang 1956 sollten es rund 1500 sein. »Ich weiß nicht, ob ich Dir schon schrieb, daß ich außer der Bibel 3 Bücher in meiner Zelle haben kann. Eines davon ist meist ein Buch über Architektur, das zweite etwas Schwereres allgemeinen Charakters (Philosophie, Naturwissenschaft) und das dritte zum Erholen entweder ein Roman, eine Reise oder Länderbeschreibung oder leicht geschriebene Naturkunde. Ich fange [abends] um ½ 6 etwa mit dem schweren Buch an, lese etwa 10–20 Seiten, je nach der Schwere des Stoffes, gehe dann zu dem Architekturbuch über und lande am Schluß, viermal unterbrochen durch die störenden Zeitungen [die die Wärter von einer Zelle zur anderen brachten] für die letzte halbe Stunde [bevor das Licht ausging] bei der leichten Lektüre, die ich morgens, wenn ich nicht zu schlecht geschlafen habe, fortsetze. – Wenn ich ein Buch neu aus der Bibliothek hole, blättere ich es zunächst mal durch und bestimme danach, wieviele Seiten am Tag mein Pensum sein soll ... Du siehst, ich bin auch hier wieder mal ein Pedant.«

Speer brauchte etwa fünf Jahre, um eine Art Modus vivendi mit seinen Mitgefangenen zu finden. Mit dem einstigen Außenminister Neurath hatte er nie Probleme. Er habe ihn nie anders denn als Ehrenmann gekannt, schrieb er Weihnachten 1954 an Wolters, einen Monat nachdem Neurath, alt und krank, vorzeitig entlassen worden war. Zu Funk entwickelte Speer allmählich eine Art Bindung, die fast ausschließlich auf beider Sinn für Humor und ihrer gemeinsamen Leidenschaft für Musik basierte. Am 16. Juni schrieb er auch eine lustige Geschichte an Wolters:

Noch eine Geschichte, die zeigt, auf welchem Niveau unsere Problemstellungen angelangt sind: Wir baden je zu zweit [in einem Raum mit zwei Wannen], und da bleibt am Schluß einer allein übrig ... Aber dieser Platz ist gar nicht begehrt ... daher bin ich meist der letzte. Diesmal kommt aber Funk zu mir herein: »Kommst du mit mir baden?« frägt er ... »Sieh, der Schweineigel (ein von Funk so benannter Russe, den er nicht leiden mag) macht ab 11 Uhr hier im Zellblock Dienst. Ich habe nicht gerne, wenn er mit mir zum Bad geht. Wenn ich aber als Letzter, dann kommt er nicht mit.« ... »Gut, wie du willst, Funk, ich bade dann mit Heß.« ... Jeder hat traditionell seine Badewanne. So will Heß in meine Traditionswanne, weil es auch die seine ist, und ich gehe in Funks Traditionswanne. Heß badet schnell, und ich lasse mir Zeit, und dadurch kommt Funk herein, als ich noch gemütlich in seiner Wanne sitze. Er macht wirklich ein ernstes Gesicht, das sich aber schnell aufheitert ... »Was machst du in meiner Badewanne? Das geht aber nicht. Seit sechs Jahren bade ich in dieser Wanne.« ... Als ich ihn auslache, kommt er mit einem Trumpf: »Um dich dafür zu bestrafen, werde ich heute im Gottesdienst nur Wagner spielen.« Was er dann auch von *Tristan* über *Lohengrin* zur *Götterdämmerung* wahr macht ... So, mein lieber Freund, bekommst du einen Einblick in unser kleines Alltagsleben.

Die schwierigste Beziehung sollte Speer stets zu seinem früheren Duzfreund Dönitz haben; er konnte ihn nie davon überzeugen, daß nicht er es gewesen war, der Hitler überredet hatte, Dönitz zu seinem Nachfolger zu ernennen. Und der Mann, dem er am wenigsten traute, vom Anfang bis zum Tag ihrer beider Entlassung, war Schirach.

(»Mit Schirach redete ich am meisten«, sagte Jan Boon. »Er war der zweitjüngste Häftling, aber er war irgendwie ein schrecklich träger Mensch. Er löste jeden Tag Kreuzworträtsel, und natürlich las er auch, aber im Gegensatz zu allen anderen, besonders zu Heß und Speer, schien er keine innere Kraft zu haben. Er schien nur immer reden zu wollen – egal mit wem, über nichts.«)

Der einzige, mit dem Speer überraschend gut zurechtkam, war Heß. »Speer war der einzige, der zu Heß nett war«, räumte Boon widerwillig ein, denn er hatte Speer nie gemocht. »Er war arrogant«, sagte er. »Er sagte uns beispielsweise, was wir wegen Heß tun sollten; er gab mir Instruktionen, wie ich ihn behandeln sollte. Dazu brauchte ich doch nicht Speer. Wir hatten immer Angst, daß Heß sich umbringen könnte – er hat es zweimal versucht. Aber im großen und ganzen wußte man, was zu tun war: Ich gab ihm recht oft Placebo-Spritzen, wenn er wegen irgendwelcher – nach unserer Überzeugung eingebildeter – Schmerzen schrie. Dieser Trick funktionierte immer.«

Speer sei herablassend gewesen, sagte Boon, und nie spontan. »Außer wenn einer der Gefangenen krank war«, fügte er hinzu. »Ich muß zugeben, Speer half Heß praktisch jeden Tag, und wenn einer der anderen Hilfe brauchte – Zelle putzen, Essen bringen oder Bücher auswechseln –, dann war Speer da.«

»Ich hatte Heß natürlich schon seit Jahren gekannt«, sagte Speer, »aber immer ›mit Distanz‹.« Er lächelte. »Heß war womöglich noch verschlossener als ich.« Einen Großteil ihrer gemeinsamen Zeit in Spandau hatten Heß und Speer benachbarte Zellen. »Erst dort begann ich zu verstehen, wie sensibel und verwundbar er war, aber auch welche Kraft in ihm steckte«, sagte er. »Mit der Zeit mochte ich ihn immer mehr. Er war emotional, sogar sentimental, was seine Familie betraf, und, ja, er war in vieler Hinsicht ein Exzentriker; aber er hatte vielleicht mehr Integrität als irgendeiner von uns. Er war sehr nett zu mir, was – angesichts der Haltung, die ich in Nürnberg eingenommen hatte und auch in meiner Spandauer Zeit aufrechterhielt – um so bemerkenswerter war, als seine eigene Loyalität zu Hitler unzweifelhaft und bedingungslos war. Als ein im Innern religiöser Mensch und Philosoph verfügte er über Mitgefühl und Geduld. Er konnte die Ansichten eines anderen absolut ablehnen, und doch« – wieder lächelte Speer – »würde er ihm das Recht zugestehen, sie zu haben. Ganz demokratisch, nein. Zwischen ihm und mir war eine merkwürdige Verbindung. Wir waren beide Einzelgänger, wir waren beide unersättliche Leser, und wir waren beide bei unseren Mitgefangenen unbeliebt. Aber es gab noch etwas Wichtigeres. Wir hatten beide Hitler nahegestanden, hatten beide diese Nähe geliebt und dann – wir sprachen in Spandau oft darüber – beide die Grenzen dieser Nähe erkennen müssen. Hitler hatte keinen Freund, konnte keine Freundschaft empfinden, wußte vielleicht überhaupt nicht, was das war. Also teilten wir gewissermaßen die Erfahrung einer wichtigen emotionalen Niederlage. Heß sagte mir, Hitler sei sogar im Gefängnis in Landsberg, als er Heß *Mein Kampf* diktierte – und die beiden enger zusammenlebten als Heß und ich in Spandau –, bei aller oberflächlichen Geselligkeit und sogar Fröhlichkeit, die er oft zeigte, distanziert und allein geblieben.«

Aber Speer hatte, wie er sagte, noch etwas anderes mit Heß gemeinsam: eine moralische Haltung, die sie von den anderen Gefangenen trennte. »Heß' Überzeugung bis zum Ende seines Lebens war, daß der Nationalsozialismus lebendig sei, nicht tot, und daß er und Hitler als ›größter Sohn‹ Deutschlands, wie Heß ihn in seinen letzten Worten in Nürnberg bezeichnet hatte, nie sterben könnten. Für ihn blieb Hitler der Führer, und er, Heß, blieb der Stellvertreter des Führers. Er bestand jahrelang darauf, daß wir ihn alle mit diesem Titel ansprachen – und die Prinzipien des Nationalsozialismus blieben die Prinzipien seines Lebens.

Ich dagegen hatte sowohl Hitler als auch diese Prinzipien öffentlich verworfen und blieb auch während meiner ganzen Spandauer Zeit dabei. Seltsamerweise konnten wir diese diametralen Unterschiede zwischen uns anerkennen und einander trotzdem respektieren und bis zu einem gewissen Grad helfen. Er hatte natürlich eine tiefere Menschenkenntnis als ich. Eines Tages, ich glaube Anfang der sechziger Jahre, als es wirklich danach aussah, als ob die Alliierten uns entlassen würden, sagte ich zu ihm, wenn wir herauskämen, würde ich ihn im Allgäu besuchen; wir würden bei einer guten Flasche Wein zusammensitzen und es vielleicht sogar fertigbringen, über einige unserer Erinnerungen aus Spandau zu lachen. Und er sagte: ›Wenn wir je alle draußen sind, wird keiner von uns den anderen wiedersehen; ganz sicher werden wir nie über Spandau lachen.‹ Er hatte recht, in beiden Punkten.«

Bis Mai 1952 hatte Margret ihren Mann viermal besucht. Um diese Zeit erlitt Speers Mutter einen Schlaganfall und starb einen Monat später. Der Tod seines Vaters fünf Jahre zuvor, als Speer noch im Nürnberger Gefängnis saß, und die Erkenntnis, daß er nichts tun konnte, um seiner Mutter über diesen Verlust hinwegzuhelfen, seien »unglaublich schmerzhaft« gewesen, wie er sich mir gegenüber ausdrückte. Aus seinen Worten ging jedoch deutlich hervor, daß der »unglaubliche Schmerz« weniger dem Tod seines Vaters gegolten hatte, mit dem man damals schon seit geraumer Zeit hatte rechnen müssen, als der Unmöglichkeit, damals bei seiner Mutter zu sein. Und der Tod der Mutter war für ihn, obwohl auch er nicht überraschend gekommen war, geradezu traumatisch gewesen.

»Nichts, was je in meinem Privatleben passiert ist, nicht einmal der Tod meines Vaters, war für mich so qualvoll«, sagte er. »Nun hatte ich keine Hoffnung mehr.«

Dieses Gespräch fand wieder einmal spätnachts in Speers Atelier im Allgäu statt. Spätnachts in diesem Raum, mit einem guten Glas Wein neben sich und nachdem er eine Weile stumm Musik gehört hatte, war er am ehesten bereit, seine tieferen Gefühle zu offenbaren. Der Satz, er habe »keine Hoffnung mehr« gehabt, kam langsam und traurig, klang aber, wie ich meinte, spontan: Er hatte nicht überlegt, wie er ihn formulieren oder in einen bestimmten Zusammenhang bringen sollte. Ich fragte, was er mit »keine Hoffnung mehr« meine. Er sah mich überrascht an und schüttelte den Kopf. »Ich weiß gar nicht, was ich meinte.«

Annemarie Kempf, der ich von diesem Satz Jahre später erzählte, glaubte es zu wissen. »Seine Mutter starb zwei Jahre nach Casalis' Weggang, als er wahrscheinlich auf dem Tiefpunkt angelangt war. In den allerersten Briefen war er euphorisch über seine neue Freiheit, nachdem Toni Proost ihm angeboten hatte, Briefe aus dem Gefängnis zu schmuggeln. Aber dann spiegelten praktisch alle seine wenigen Briefe seine Niedergeschlagenheit, jeder im Grunde noch mehr als der vorher. Aber kurz nach ihrem Tod schrieb er den verzweifeltsten Brief, den ich je von ihm erhalten sollte. Ich hatte seine Mutter gekannt und muß leider sagen, daß ich sie nicht mochte. Sie war arrogant und prätentiös. Ich bin ihr ziemlich oft begegnet, in Berlin und in Berchtesgaden, wo sie oft das Haus hütete, wenn Speer und seine Frau im Urlaub waren. Sein Vater, ein sehr vornehmer und aufrechter Mensch, kam nie dorthin, aber wenn sie da war, lud Hitler, der in solchen Dingen sehr aufmerksam war, sie oft zum Abendessen auf den Berghof ein. Nachher erzählte sie endlos darüber, wie sie neben Hitler gesessen hatte, und deutete an, daß er mit ihr vertraulich geredet hätte, was wir, die wir Hitlers gesellschaftliche Gepflogenheiten inzwischen recht gut kannten, für völlig unwahrscheinlich hielten.«

Hauptsächlich stammte Annemaries Abneigung gegen Speers Mutter jedoch aus der Zeit, als Speers Bruder Ernst in Stalingrad gefallen war. »Wie zu erwarten, verlor sie völlig die Fassung und verfolgte Speer mit Telefonanrufen, von denen ich in seiner Abwesenheit einige annehmen mußte. Sie ließ mich die schrecklichsten Dinge ausrichten, und sie klang dabei geradezu bösartig. In der folgenden Woche hörte ich unabsichtlich mehrmals, wie er mit ihr telefonierte. Zweimal danach gab er mir – was mich bis heute erstaunt – kommentarlos Briefe zu lesen, die sie geschrieben hatte. Es waren schreckliche Briefe, und er war zutiefst erschüttert, mehr wegen seiner Mutter, glaube ich, als wegen seines Vaters, der ihn völlig irrationalerweise damals ebenfalls für den Tod seines Bruders verantwortlich zu machen schien. Obwohl er mit mir nie direkt über seine Gefühle als Kind für seine Mutter sprach, muß ich sagen, daß ich, da ich die Frau kannte, einige von ihnen erriet, wenn auch vielleicht nicht in ihrem wahren Ausmaß. Ich machte mir deshalb größte Sorgen um ihn, als sie starb, war aber über seine heftige Reaktion nicht besonders überrascht. Seine Liebe für seine Mutter war unerwidert. Als er so ungeheuer erfolgreich war, war sie ganz sicher stolz auf ihn, aber mehr auf sich selbst als Mutter von des Führers Liebling. Aber ich glaubte nie, daß sie ihn liebte. Jetzt, wo ich das alles noch besser verstehe, glaube ich, daß er sie sein ganzes Leben dazu bringen wollte, ihn zu lieben. Er muß gehofft haben, die Gelegenheit dazu werde noch kommen. Und diese Hoffnung mußte natürlich mit ihr sterben.«

Im Februar 1952 erfuhr Speer, daß die damals erst 15jährige Hilde als Siegerin in einem Wettbewerb des American Field Service einen einjährigen Studienaufenthalt an einer amerikanischen Schule gewonnen hatte. »Ich hatte dabei sehr gemischte Gefühle«, erzählte er mir. »Ich bekam schreckliche Angst, was man ihr dort über mich erzählen würde. Irgendwie machte der Gedanke, daß sie ... Kritik an mir ausgesetzt sein könnte, mir plötzlich zum erstenmal schrecklich bewußt, was für Gefühle meine Kinder haben könnten.«

Drei Monate später, Anfang Juni 1952, nachdem das State Department Hilde das Visum verweigert hatte, schrieb er Margret einen strengen Brief: Ich bin für sie traurig; aber mich hat diese Reise in ihrem Alter doch etwas beunruhigt, da sie vielleicht zu sehr »amerikanisiert« worden wäre ... Ich fand es einen Fehler, daß sie mir das hierher schrieb, und hatte gleich das Gefühl, daß es nun schiefgeht. Hier sitzen eben einige

Leute, die es nicht gut meinen und besonders rührig werden, wenn es gilt, etwas Gutes abzustellen. Vielleicht täusche ich mich auch. Aber jedenfalls ist es in Zukunft notwenig, daß Du die Briefe der Kinder »zensierst«! Im letzten Brief von Hilde steht, daß sie bei Breker [dem Bildhauer] war, daß ich Cortot [den Pianisten] gut von Paris her kenne [beide wollten ganz bestimmt nicht, daß ihre Beziehung zu Speer bekannt würde]. Früher schrieb sie von Coesfeld [was für Rudolf Wolters unangenehme Folgen hätte haben können] ... Eure Briefe gehen in einigen Kopien an die vier Mächte!!! Daß besonders die Russen sich sehr für Personen interessieren, die mit uns zusammenhängen, weiß ich. Also: Namen vermeiden! Und nichts Positives schreiben! – Schreibe nur im nächsten offiziellen Brief über Sühnegericht, daß Flächsner Dir nach unserer Besprechung das gesagt, daß Du ihn gebeten Verteidigung zu machen, aber noch nicht sicher, weil gar kein Geld dafür. Schreibe überhaupt, wie schlecht es geht. Daß die Krankheit von Omi [Speers Mutter] so teuer, daß das letzte Geld bald ausgegeben. Was dann geschehen soll, wußtest Du nicht. Du wußtest auch gar nicht, wie Du mich dann besuchen sollst im Herbst, da Dir Omi dazu immer das Geld gegeben. Jammere in diesem Stil in jedem Brief, damit die hier im Erbfall nicht zu sehr herumspionieren. – Schreibe in den Sätzen, in denen Du so etwas Unwahres schreibst, IMMER das Wort »jedoch«: dann weiß ich, daß es NICHT stimmt.
Überlege Dir, ob Du Dich nicht bei der Stelle, die den Schüleraustausch macht (mit Amerika) für die gute Absicht bedankst. Denn es war dort die Absicht gewesen zu helfen. (Ein Amerikaner bezeichnete es hier als ersten »Olivenzweig«, um mir »Friede« anzukündigen.) – Es gab um mich bei den Amerikanern immer zwei Gruppen: die eine hätte mich am liebsten schon 1946 für den Wiederaufbau eingesetzt und die andere – das kannst Du Dir denken ...

Aus diesem Brief wird deutlich, daß Speer, was für Schuldgefühle auch immer er haben mochte, noch nicht auf den Gedanken gekommen war, daß es in Amerika und anderswo eine dritte Gruppe geben könnte, keineswegs notwendigerweise Juden, die ihn prinzipiell und allein aus moralischen Gründen ablehnte.

Einige Tage später berichtete die amerikanische Armeezeitung *Stars and Stripes,* daß das State Department nach einer Intervention des früheren Hochkommissars John McCloy seine Entscheidung Hilde Speer betreffend revidiert und eine angesehene jüdische Familie Hilde Gastfreundschaft angeboten hatte.

In den *Spandauer Tagebüchern* schrieb Speer, er sei über dieses Angebot sehr bewegt gewesen. »Ich hätte es fast nicht glauben können«, erzählte er mir, »wenn es nicht schon die ganze Zeit amerikanische Juden gegeben hätte, in Nürnberg und inzwischen auch in Spandau, die unglaublich freundlich zu mir waren. Also, ja, ich war bewegt, und ich schämte mich. Aber zugleich machte ich mir Sorgen ...«

Am 23. Juni, keine vier Wochen bevor Hilde abreisen sollte, schrieb er ihr einen langen Brief mit Ratschlägen. Der neue Ton in seinen Briefen aus dieser Zeit läßt vermuten, daß er damals an einer wirklichen Wende stand, am Ende der zweijährigen psychologischen Übergangsphase zwischen dem Weggang Casalis', der ihn in den ersten Stadien einer Verwandlung in einen anderen Menschen verlassen hatte, und dem Punkt, an dem er sich, geistig fast ausschließlich auf sich selbst konzentriert, für den einfacheren Ausweg entschied – nämlich dafür, sich im wesentlichen wieder der Vergangenheit zuzuwenden. Er schrieb:

Ich schreibe Dir, weil es mir natürlich sehr am Herzen liegt, Dir zu Deinem Erfolg zu gratulieren und Dir dann auch, wie das Väter so an sich haben, einige »weise« Ratschläge zu geben ... Wenn Dir ... Schwierigkeiten »serviert« werden, dann versuche ... sie einfach nicht zu sehen ... Schlucke Deinen Ärger hinunter ... Natürlich wirst Du interviewt werden. Dem sollst Du auch nicht ausweichen, wenn es nicht von der erwachsenen Begleitung verhindert wird. Bei politischen Fragen hast Du es einfach, auf Deine Jugend zu verweisen und abzulehnen. Daß Du Hitler kanntest, solltest Du nicht erwähnen, auch nicht, daß ihr am Obersalzberg wohntet. Kaum verstehen werden die Reporter, daß Du mich nicht in der Gefangenschaft besucht hast. Ich habe mit Mama darüber gesprochen und hier sind unsere Gründe: Ein Besuch hier würde Dich doch mitnehmen und trauriger stimmen, als Du vor dem Besuch warst. Schirachs Kinder kommen hierher und gehen meist weinend weg. Ich könnte das nicht ertragen und würde vielleicht auch die Fassung verlieren ... Wenn sie das wissen wollen, kann es nicht schaden, wenn Du erzählst, daß ich euch in meinen Briefen immer versuche aufzuheitern und nie klage ... Du solltest unbedingt drei Bücher lesen ... Trevor-Roper: The Last Days of Hitler ... Ein Buch von Musmano, auch über die letzte Zeit (in USA erschienen, Titel unbekannt) ... Gilbert, Nürnberg-Diary ... Mit diesen 3 Büchern kannst Du in privaten Gesprächen jedem »ins Gesicht springen«, der Dich wegen mir attackieren sollte ...

In der Pressenotiz stand, daß Du vielleicht einen Teil des Jahres von einer guten jüdischen Familie eingeladen wirst. Das solltest Du begrüßen. Sie werden sicher alles tun, um zu Dir nett zu sein. In Nürnberg hatten wir als Ärzte auch Juden, die sich trotz der damaligen Haß-Atmosphäre in anständiger und zum Teil herzlicher Weise unserer annahmen. Ich hatte mit ihnen gar keine Schwierigkeiten. Sie haben bei mir auch immer anerkannt, daß ich nie etwas gegen sie in Reden usw. geäußert habe ... Schreibe mir alle 4 Wochen 1–200 Worte. Und ich schreibe Dir auch ... Was ich an Engländern und Amerikanern immer etwas neidisch bewundere, ist ihre Selbstkontrolle oder Selbstbeherrschung. Das solltest Du ihnen absehen und üben ... ich unterschätze nicht den Einfluß, den diese Reise auf Dich haben wird ... So ist dieses Jahr vielleicht ein wichtiger Einschnitt in Deinem Leben. Daß Du zu viel beeinflußt wirst, davor habe ich gar keine Angst. Du wirst schon Deine Eigenart behalten oder sie später wiedergewinnen. Sei nicht zu kritisch gegen manches Ungewohnte. Manchmal hat es recht tiefgehende Gründe ... Jedenfalls bin ich stolz auf Dich und sicher, daß Du Deine Sache gut machen (und so auch meiner Sache helfen) wirst.

PS: Schreibe aus diesem Brief ab, was Du an Ratschlägen annimmst, und schicke ihn dann an Frau Kempf. Ich verlasse mich auf Deine Verschwiegenheit.

PPS: »Geheimsprache«: Wenn es Dir nicht gut geht, Du es aber nicht schreiben kannst oder willst, dann setze das Wort »jedoch« dazu. *Jedoch* es geht mir sehr gut ist also »sehr schlecht« usw. Die drei Bücher bekommst Du sicher, wenn Du sie nicht in Heidelberg bekommst, in jeder US-Bibliothek.

Der Brief zeigt, daß Speer keinen Begriff davon hatte, wer oder was seine Tochter wirklich war. Von diesem Augenblick an schrieb er immer häufiger Briefe: jetzt mehrmals die Woche an Wolters und über ihn an Margret und Annemarie Kempf. Im August 1952 schrieb er außerdem an Dr. Werner Schütz, einen bekannten Anwalt (der bald zum nordrhein-westfälischen Kultusminister ernannt werden sollte); dieser hatte ihm angeboten, ihm bei allen die Alliierten betreffenden offiziellen Schritten behilflich zu sein und ihn auch in Erbangelegenheiten zu beraten.

Sehr geehrter, lieber Herr Dr. Schütz, Ihre freundliche Bereitschaft, sich meines Nürnberger Falles anzunehmen, ist für mich eine große Unterstützung in der Erhaltung meine alltäglichen Widerstandskraft ... Ich halte es auch für vernünftiger, wenn Sie sich zurückhalten und die Tatsache meiner Vertretung zunächst verschweigen. Ich bin dabei ganz Ihrer Meinung, daß es sich in der Hauptsache um eine stillschweigende Vorbereitung handelt, von der ich nicht einmal sicher bin, daß sie angewendet werden muß. Trotzdem schlage ich vor, daß wir den auf mich bezogenen Teil des Nürnberger Urteils in kleinen Abschnitten Satz für Satz auf diesem Wege durchgehen, die Sie mir mit Ihren Fragen und Ihrer Stellungnahme zuschicken. – Meine Schuld beschränkt sich nach meiner Ansicht auf meine freiwillige und bewußte Äußerung vor dem Prozeß, daß ich Arbeiter anforderte, die gegen ihren Willen nach

Deutschland kamen, und daß ich nicht aufhörte, sie anzufordern, obwohl ich das wußte. Das ist natürlich schon ein schwerer Punkt, wenn die große Zahl berücksichtigt wird ... Sehr wichtig ist für mich nun, meine Frau und die Kinder vor jeder weiteren Bloßstellung zu schützen ...

Am selben Tag schrieb er an Annemarie Kempf:
... es freut mich wirklich so, wenn ich lese, wie energisch und treu Sie sich für mich einsetzen. Aber werden Sie nicht zu ungeduldig, wenn Sie keinen Erfolg finden. Sich in Geduld üben soll sehr gut sein für die Nerven! – Ich muß offen sagen: Ich bin bei Ihnen etwas unbescheiden und nehme Ihre Hilfe als etwas Selbstverständliches an und ich denke mir, daß Sie das auch mehr freut als viele Dankesworte.

Hildes amerikanische Gastgeber waren, wie sich herausstellte, nicht eine jüdische, sondern eine angesehene Quäkerfamilie. Richard Day, ein Kinderarzt von großem Ruf, und seine Frau Ida waren unermüdlich im Dienst für andere Menschen tätig. Die Days hatten zwei Leidenschaften: Musik (jedes Familienmitglied spielte ein Instrument) und die gastliche Aufnahme junger Leute in ihr gemütliches, verwinkeltes Haus in Hastings-on-Hudson in New York. Ihre drei Töchter – die damals (1952) 10jährige Kate, die 15jährige Betty und die 17jährige Sally – erinnerten sich später noch an rund 80 junge Ausländer, die zwischen Ende der dreißiger Jahre und Mitte der sechziger Jahre bei ihnen gewohnt hatten: Europäer, die vor den Nazis, Südamerikaner, die vor Militärdiktaturen oder kommunistischen Regimen geflohen waren, und an Hilde, die für sie in ihrer Erinnerung einzigartig bleiben sollte.
Die ganze Familie holte Hilde bei ihrer Ankunft in Boston ab. »Es war zu Beginn unserer Ferien«, erzählte mir Ida, »die wir immer auf unserem Boot verbrachten, einer kleinen Ketsch, auf der wir im August eng wie die Ölsardinen zusammenlebten. Man hatte uns gesagt, Hilde sei hochintelligent, aber schüchtern, und wir dachten, auf diese Weise könnten wir uns am besten kennenlernen.«
Als ich die Days 1986 besuchte, war Ida 79 und Richard 81 Jahre alt. (Richard starb drei Jahre später, Ida folgte ihm 1993.) Sie hatten das große Haus in Hastings aufgegeben, als Dick, wie ich ihn sofort nennen sollte, zunächst in Brooklyn und dann in Pittsburgh eine Professur bekam. Nach der Pensionierung hatten sie ein kleineres, mit Schindeln verkleidetes Haus mit einem wunderbar verwilderten Garten in Westbrook bezogen, einer kleinen Stadt in Connecticut. Wie Fotos zeigten, hatten sie sich seit jenem Tag 34 Jahre zuvor, als Hilde sie im Alter von 45 und 47 kennengelernt hatte, erstaunlich wenig verändert. Sie gingen noch immer ungebeugt, ihre sonnengebräunten Gesichter waren voller Leben, und aus ihren blauen Augen schien

Willenskraft, gepaart mit einem humorvollen Funkeln. Sie sahen aus, als seien sie und ihr Haus und Garten einem Gemälde mit dem Titel *Amerikanische Pioniere* entstiegen. Was für ein außergewöhnliches Glück war es doch, daß Hilde ausgerechnet bei ihnen gelandet war.

»Wir hatten im Februar in der Zeitschrift *Time* gelesen, daß Hilde den Wettbewerb des American Field Service gewonnen hatte«, sagte Ida Day, »und kurz darauf rief der Direktor der High-School von Hastings an und fragte, ob wir sie aufnehmen könnten. Wir waren empört, als das State Department ihr drei Monate später das Visum verweigerte. Sie hatte den Wettbewerb doch ganz offen und ehrlich gewonnen. Schon die Teilnahme mit Zustimmung ihrer Mutter, aber gegen den Wunsch ihres Vaters hatte beträchtlichen Mut erfordert; es gab nicht den geringsten Grund, warum unsere Regierung sie nun für die Vergangenheit ihres Vaters bestrafen sollte.« Die Days waren im Begriff, zum Protest gegen die Entscheidung des State Department aufzurufen, als ihnen mitgeteilt wurde, daß der Einspruch zurückgezogen worden war.

»Ich erinnere mich noch merkwürdig genau daran, wie ich Hilde zum erstenmal sah«, sagte Dick; er hatte Hilde zweifellos mit dem Blick des erfahrenen Kinderarzts gemustert. »Mit ihrem kleinen, schmalen Gesicht und diesen so tiefernsten Augen wirkte sie wie eine 25jährige Frau mit dem Körper eines besonders unterentwickelten Teenagers. Wen haben wir denn hier? dachte ich.«

Und Ida sagte: »Mir ist von diesem ersten Tag am besten in Erinnerung geblieben, wie sie einen Kopfsprung von unserem Boot machte und so schnell schwamm, wie ich noch niemanden hatte schwimmen sehen; sie wirkte mehr wie ein schöner kleiner Fisch als wie ein Kind.«

»Es war eigentlich seltsam, daß Hilde ausgerechnet bei uns landete«, sagte Kate, eine Cellistin, die heute in London lebt, wo ich nach meinem Besuch bei ihren Eltern mit ihr sprach. »Unsere Eltern waren leidenschaftliche Nazigegner, und eine ganze Reihe unserer Gäste waren Opfer der Nazis gewesen.« Das galt besonders für drei holländische Mädchen namens Wiener, von denen eine eng mit Anne Frank befreundet gewesen war. Sie waren 1945 unmittelbar nach ihrer Befreiung aus Belsen, wo ihre Mutter gestorben war, zu den Days gekommen und für die Familie zu einer Art Personifikation der nationalsozialistischen Greuel geworden. »Meine Mutter schloß sie sehr ins Herz«, sagte Kate.

»Sie litten unter einem schweren Trauma und waren sehr bedürftig und für Liebe sehr empfänglich«, berichtete Ida. »Zu sehen, wie sie sich veränderten, fast von Tag zu Tag, war wunderbar beglückend.«

»Mit Hilde machten wir eine ähnlich beglückende Erfahrung«, sagte Dick, »aber es dauerte seine Zeit. Als sie ankam, war sie die zurückhaltendste, verschlossenste und disziplinierteste junge Person, die ich je gesehen hatte.

Ich fand in ihr keine kindliche Leichtigkeit, kein Unbesorgtsein. Für uns, die wir eher drauflos lebten, war sie, glaube ich, ein regelrechter Schock. Sie war so schrecklich beherrscht, so ... korrekt.«

»Sie war unfehlbar höflich, pünktlich und unglaublich ordentlich mit ihren Sachen und sich selbst«, sagte Ida. »Andererseits schien sie unfähig zu spontanen Handlungen, weder um Zuneigung oder Mitgefühl zu zeigen, noch um anderen zu helfen – im Haus, anderen Kindern oder mir –, außer aus Pflichtgefühl.«

»Von den vielen jungen Leuten, die hierherkamen, hatten nahezu alle eine harte Zeit hinter sich«, sagte Dick. »Aber für mich war seltsamerweise Hilde, deren Kindheit doch außergewöhnlich privilegiert war, mit sich selbst am wenigsten im reinen. Bei den meisten anderen gelang es uns relativ schnell, die Folgen ihrer verschiedenen Traumata abzuschwächen. Bei Hilde dauerte es lange, und ich führte das ganz auf die sehr tiefen Konflikte zurück, in die sie wegen ihres Vaters geraten war. Obwohl sie das höflichste Kind war, das wir je hier hatten, war das Leben mit ihr in den ersten Monaten merkwürdigerweise nicht einfach. Man konnte sie nie, na ja, vergessen; war sich ihrer immer bewußt und machte sich Sorgen.« Er lächelte und sah Ida an. »Ich riet zur Geduld, aber ich spürte, daß sich ein Sturm zusammenbraute.«

»Es passierte, nachdem sie etwa sechs oder sieben Wochen bei uns war«, erinnerte sich die zweitälteste Tochter Betty, die gekommen war, um ihre Eltern zu besuchen und mit mir über Hilde zu sprechen. »Mutter explodierte einfach. Wenn sie sonst etwas an uns zu kritisieren hatte, sagte sie es uns, und der Fall war erledigt. Ich glaube, bei Hilde hatte sie ihren Ärger wochenlang so stark unterdrückt, daß sie, als sie sich schließlich Luft machte, völlig unangemessen und überzogen reagierte. Sie fiel wirklich über sie her, zählte ihr auf, was ihr an ihr nicht paßte. Hilde tat mir wirklich ganz schön leid, als sie so angeschrien wurde. Während meine Mutter sie ins Gebet nahm, stand sie einfach stocksteif da und ließ das Unwetter über sich ergehen. Später, als wir oben waren, lauschte ich, ob sie weinte; ich wäre zu ihr gegangen, wenn sie geweint hätte, aber ich hörte nichts.«

Kate lächelte, als sie sich daran erinnerte. »Es wäre schlechtes Benehmen gewesen, die anderen hören zu lassen, daß man weinte, aber geweint hat sie schon; ich weiß noch, daß ich drei Tage lang Tränen in ihren Augen sah, wenn sie sich unbeobachtet fühlte. Ich war zu jung, um das alles zu verstehen, aber später fragte ich mich, ob nicht die sehr starken Gefühle meiner Mutter für die drei Wiener-Mädchen etwas mit der Wut zu tun hatten, die sie an jenem Tag über Hilde entlud.«

»Ich war sehr böse auf meine Mutter, weil sie das getan hatte«, sagte Betty, »aber merkwürdigerweise war es wahrscheinlich das Richtige. Von diesem Tag an war Hilde wie verwandelt – es war fast, als ob sie dadurch endlich befreit worden wäre.«

»Amerika war für mich ungeheuer wichtig«, hatte Hilde in Berlin zu mir gesagt, ein Jahr bevor ich die Days kennenlernte. »Ich liebte es. Die Days waren unvorstellbar lieb und herzlich; alle Vorbereitungen waren getroffen worden, mich zu beschirmen. Die ganze Familie nahm Anteil daran.« Diese Fürsorge hatte ihren Preis. »Drei unserer besten Freunde, die Juden waren, weigerten sich, unser Haus in dem Jahr, als Hilde da war, zu betreten«, sagte Dick.

Zu Weihnachten schenkten die Days Hilde eine Flöte, und aus dem Trio der Mädchen – Sally spielte Harfe, Betty Geige und Kate Cello – wurde so bald ein Quartett. An Weihnachten 1986 sollte Hilde ihnen schreiben, daß sie noch immer auf dieser Flöte spielte.

Kate zeigte mir Fotos einer lachenden Hilde. »Sie wurden im Frühjahr gemacht«, sagte sie, »nach ihrer Verwandlung.« Und Betty erinnerte sich, daß ihre ältere Schwester an Weihnachten aus dem Internat heimgekommen war und gesagt hatte: »Hilde hat keine kalten Augen mehr.«

»Wir mochten sie gleich, als sie kam«, sagte Ida, »und später hatten wir sie richtig lieb; ich habe sie bis heute lieb. Außerdem haben wir viel von ihr gelernt.«

Dick nahm Idas Hand. »Sie lehrte Ida und mich, die Nazis nicht mehr zu hassen – ihre Ideen haßte ich immer noch, aber nicht mehr die Menschen. Und das war sehr wichtig und sehr gut für mich.«

Betty wußte noch, daß Hilde in jenem Spätfrühling 1953 angefangen hatte, viel über ihren Vater zu sprechen. »Sie fragte meine Eltern, ob sie ihn trotz allem, was er getan hatte, lieben dürfe, und meine Mutter sagte: ›Er ist trotzdem dein Vater – du mußt ihn lieben, und du mußt ihm sogar ganz deutlich zeigen, daß du ihn liebhast.‹«

Speer hatte Hilde damals natürlich schon viele Briefe geschrieben. Sie war ungeheuer wichtig für ihn geworden. »Wichtig, weil ich allmählich merkte, wie außergewöhnlich sie war«, sagte er mir. »Durch ihre Briefe bekam ich mit, wie sie wuchs und wie tief ihr Geist war – viel tiefer als meiner –, und ich war so stolz auf sie. Wissen Sie, ich stellte fest, daß ich mit ihr und durch sie lebte; ich glaube, ich habe ihr das später erzählt. Ich hoffe, ich habe es getan. Aber ich will Sie nicht anlügen – daß sie für mich so wichtig war, kam teilweise daher, daß sie in Amerika war, daß sie viele Menschen kennenlernte, die mir vielleicht helfen konnten, und besonders, daß sie ganz in der Nähe von John McCloy wohnte, der meine größte Hoffnung geworden war.«[*]

---

[*] John J. McCloy hatte eine glänzende Karriere als Jurist hinter sich, als er von 1941 bis 1945 stellvertretender Kriegsminister wurde. 1947 wurde er Präsident der neugegründeten Weltbank, 1949 als erster Zivilist Nachfolger des amerikanischen Militärgouverneurs General Lucius Clay als Hochkommissar für Deutschland und Vorsitzender der Alliierten Hohen Kommission bis 1952, als Bestrebungen einsetz-

Hilde wußte ganz genau, daß ihr Vater von ihren Anstrengungen zu profitieren hoffte. Sie hatte McCloy gleich zu Beginn ihres Amerikaaufenthalts geschrieben und war von den McCloys zum Tee eingeladen worden. Das Nürnberger Urteil gegen ihren Vater sei unverhältnismäßig hart gewesen, sagte McCloy. Er werde tun, was er könne, um eine vorzeitige Entlassung zu erreichen. Speer schrieb dazu am 10. Oktober 1952:

Eine ermutigendere Nachricht hättest Du mir nicht mitteilen können. McCloy hat wie Eisenhower [der wenig später zum Präsidenten gewählt wurde] großen Einfluß, und ich denke, sie stehen einander nahe. Wenn sie mir beide positiv zugetan sind – und man sagte mir 1946, daß Eisenhower das sei –, dann beginne ich wirklich zu hoffen.

Für Speer war 1953 zweifellos das schöpferisch reichste Jahr. In den zwölf Monaten vom 8. Januar 1953 bis zum 9. Januar 1954 schrieb er, wie bereits erwähnt, den gesamten »Spandauer Entwurf« seiner Memoiren. Im selben Jahr schrieb er jedoch auch Dutzende weiterer Briefe an Wolters, Annemarie Kempf, seine Rechtsanwälte, andere Familienangehörige, einzelne seiner Kinder und eine große Zahl der an alle Kinder gerichteten »spanischen Illustrierten«. Und außerdem führte er auch die recht umfangreiche Korrespondenz mit Hilde. »Es war, als ob sein Verstand und seine Tatkraft geradezu manisch geworden wären«, sagte Annemarie Kempf später. »Ich habe nie begriffen, wie er das alles schaffte. Ich konnte nur noch staunen.«

In diesem Jahr schrieb er Hilde immer wieder über den Glauben, wie in dem Brief vom 9. Januar 1953:

Meine Eltern [gingen nicht in die Kirche] … Dazu bekamen wir unglücklicherweise in der Schule einen unmöglichen Pfarrer, der uns die Religion wie eine Sprache einpauken wollte und der gelegentlich der Klasse als Strafarbeit das Auswendiglernen eines Psalms aufgab. Das erregte meinen Widerspruchsgeist und ich streikte … Ich ging also erst wieder in die Kirche, als wir heirateten und, ehrlich gesagt, eigentlich auch nur, weil Mamas Eltern es wollten … Obwohl noch Mitglied der [evangelischen] Kirche, unterließen wir es sogar, Euch taufen zu lassen … Dann kam die Gegenbewegung … der Kirche gegen Hitlers Politik … Als Folge davon traten viele Parteigenossen aus, dabei war auch ich. Ich bestimmte mehr oder weniger Mama, es auch zu tun … Hitler wollte diese Austritte von Angehörigen seiner Umgebung nicht, verbot es

---

ten, die Bundesrepublik wieder zu einem souveränen Staat zu machen. 1953 kehrte McCloy in die Vereinigten Staaten zurück, um dort Vorsitzender der Chase Manhattan Bank zu werden. Er arbeitete bis zu seinem Lebensende weiter für die amerikanische Regierung, so im Bereich Rüstungskontrolle und Abrüstung unter Kennedy, Johnson und Nixon.

damals Heß, Goebbels, Göring usw. geradezu und blieb auch selbst in der Kirche (aber nur aus politischen Gründen). Ich trat also nicht aus, um Hitler zu gefallen ... Mama und ich ließen zwar Albert in Berchtesgaden in den Religionsunterricht gehen, trotzdem er ein »Heide« war. Vielleicht war das das einzig Vernünftige, was wir taten ... [Im folgenden schreibt Speer, seine Haltung habe sich im Sommer 1944 nach seiner Krankheit geändert.]

September 1945 kam ich in das Nürnberger Gefängnis. Dort besuchte mich ein herzensguter ... Pastor. Güte hatte ich damals notwendig, denn es war eine harte Zeit ... und ich hatte [in Spandau] das Glück, in Casalis einen Pfarrer zu finden, der mir in dieser Not viel gab. Ein tiefgläubiger Mensch, mit der wunderbaren Gabe versehen, diesen Glauben durch sein ganzes Wesen auszustrahlen ... Du schreibst, daß in Euern Diskussionen über Gott die Vernunftgründe eher gegen als für seine Existenz sprechen. Ich bin dagegen, daß man diese Fragen mit »Vernunft« beantwortet, weil unsere Vernunft etwas Kurzatmiges ist ... Und nun einige Beispiele, die ich mir hier ausgedacht habe, um klar zu machen, daß wir das Weltgebäude auch in seinen primitivsten Äußerungen nicht verstehen können ... Ich nehme eine Handvoll Erbsen und pflanze sie im Frühjahr in den Boden. Damit die Tauben sie nicht essen ... lege [ich] sie in ein 15 cm tiefes Loch, das wieder zugemacht wird. Jede für sich. Da ist nun die Erbse in dem Sand ... Und diese Erbse? Sie probiert nicht in der Dunkelheit, sondern wächst ganz genau in gerader Linie zur Oberfläche ... Ein anderes Beispiel: Aus Versehen pflanzte ich in meinem Steingarten ein Farnkraut mit dem Kopf nach unten. Was macht dieses blinde Wesen? Es wächst in einem kurzen Bogen senkrecht nach oben, an der Wurzel vorbei, der kürzeste Weg nach oben, der möglich war. Natürlich kannst Du sagen, das ist das Wachstum, das ist die Keimkraft. Oder mit Schopenhauer, das ist der Wille zum Leben. Aber wenn Du ehrlich bist, dann mußt Du sagen, es ist ein Wunder, unerklärlich für uns und unfaßbar, je länger Du versuchst, es zu erfassen ... Ich habe hier das ganze Alte und Neue Testament durchgelesen. Dabei habe ich einen wunderbaren Eindruck bekommen, wie sehr die Liebe zum Nächsten, auch wenn er dein Feind ist, der Kern ist, um den unser Leben in dieser Welt kreisen sollte. Es ist einfach zu lesen, aber sehr schwer, auch nur annähernd durchzuhalten ... Ich frage mich, ob ich, wenn ich wieder bei Euch bin, auch noch in die Kirche gehe. Gut wäre es schon ... Wie du siehst, interessiere ich mich besonders für ethische Fragen ... Immer wieder lese ich Jaspers' Worte: »Das Böse wird herrschen, wenn ich es nicht allezeit in mir selbst und in anderen bekämpfe ...«

Die vorrangige Beschäftigung mit dem Bösen – genauer gesagt, dem Bösen in Hitler – ist im ganzen »Spandauer Entwurf« und zumindest in einigen der zahlreichen Briefe an Wolters zu spüren. Wolters, der auf Speers Lage in Spandau und Speers Gefühle sehr verständnis- und rücksichtsvoll reagierte, erlaubte sich nur selten irgendwelche Kritik; in der gesamten von mir einge-sehenen Korrespondenz habe ich nur drei konkrete Beispiele dafür gefunden, und auch sie waren noch sehr zurückhaltend formuliert. »Sehr viel zurück-haltender, als Wolters in Wirklichkeit fühlte«, sagte Marion Riesser. »Das kann ich Ihnen versichern.«

Die erste und deutlichste Stelle findet sich in einem Brief, in dem Wolters Speer Anfang April 1953 nahelegte, positiver über Hitler zu schreiben. Speer antwortete am 20. April:

Wenn ich ehrlich schreibe, kann ich nicht positiver werden, wie Du es gerne sehen möchtest. Es wäre das wirklich eine Fälschung (der subjek-tiven Wahrheit, denn es gibt nur eine solche), die übrigens von den meisten Memoirenverfassern unbewußt geschieht, indem sich bei ihnen das Negative verdrängt. So geht es in einem neuen Prozeß der Massen-suggestion vielleicht auch heute schon dem ganzen Volke. Es ist eben zu schmerzlich, seine Eltern und Söhne für eine Zeit geopfert zu haben, die man verurteilen muß. Daher wird die deutsche Geschichtsschrei-bung in 20 oder 15 Jahren sich bereits in das Positive verfärbt haben, ähnlich wie die negativen Stimmen über Napoleon, die meiner Ansicht nach gut gesehen sind, zunächst nur in der Zeit kurz nach seinem Sturz zu finden sind.

Auch hier zeigt Speer historischen Scharfblick, denn was er über die deutsche Geschichtsschreibung sagt, trat – wenn auch etwas später, als er erwartet hatte – mit dem berühmten Historikerstreit über die nationalsozialistische Vergangenheit ein, der in den späten achtziger Jahren in Deutschland aus-brach. Einige Historiker versuchten, die Deutschen vom Mord an den Juden mit dem Argument freizusprechen, dieser sei von niemandem geplant oder beabsichtigt gewesen, sondern aus Jahrhunderte alten Gegebenheiten des europäischen Lebens erwachsen und ganz konkret eine Reaktion auf den mit dem Weltjudentum assoziierten russischen Kommunismus und dessen bru-tale Methoden. Die deutsche Wehrmacht, so wurde (unter dem leidenschaft-lichen Protest anderer Historiker) behauptet, habe an der Ostfront gekämpft, um die europäische Zivilisation zu retten.

Der Historikerstreit war tatsächlich eine Art Kulminationspunkt deutscher Reaktionen nach dem Krieg und das vielleicht nicht ganz unnatürliche Er-gebnis vierzigjähriger Selbstbezichtigung und nationaler (im Gegensatz zu nationalistischer) Bescheidung. Seit 1945 war den Deutschen ständig gesagt worden, sie sollten sich schämen, und dabei war es im Grunde immer um dieselbe Sache gegangen – um jenes eine Verbrechen in Hitlers Drittem Reich, über das seither mit Millionen von Wörtern in Büchern und der Presse, in Theater, Film und Funk, in Bildungseinrichtungen und im Parlament berichtet worden war: um den Mord an den Juden. Diese – in vieler Hinsicht gewiß gerechtfertigte – Einseitigkeit spiegelt sich in Speers eigenen Schuldgefühlen, die sich völlig auf diesen schlimmsten aller Greuel unter Ausschluß aller anderen konzentrierten.

In dem Brief an Wolters heißt es weiter:
Du kritisierst etwas, daß ich Hi. einen Verbrecher nannte. Ich gebe zu, das gehört nicht in eine Erinnerung, da es ein Werturteil ist, das sich der Leser selbst bilden sollte. Ich tat es mit Absicht, gewissermaßen als ein Ausrufezeichen für mich selbst ... Ich kann es nie vergessen, wie ein Dokument in Nürnberg veranschaulichte, daß auf seinen Befehl Familien, stelle Dir vor: der Mann mit der Frau und den kleinen Kindern, als Juden zusammen in den Tod gehen mußten, und ich habe leider die Phantasie, mir, selbst Familienvater, das bildlich vorzustellen ...
Daß keiner, der mit ihm enger zusammenarbeitete, solche Darstellungen gerne liest, ist mehr als verständlich. Ich erwarte daher auch wütende Angriffe – und da ich schwach bin von Natur, lasse ich diese lieber erst nach meinem Tode losbrechen. Ich bin mir völlig im klaren darüber: Mit dieser Darstellung schade ich mir ungeheuer, wenn ich so fortfahre, und ich hoffe, dazu die Kraft zu behalten, so wahr mir Gott helfe. Ich bitte, diesen Beisatz als tiefernst zu nehmen. Es fällt mir sehr, sehr schwer, das alles niederzuschreiben. Ich bin intelligent genug, die schädlichen Folgen zu übersehen für mein Ansehen in einer Nachwelt, und es kostet mich gerade hier Überwindung, aufrichtig bei der Sache zu bleiben und nicht in die zu leicht einem geradezu sich aufdrängenden persönlichen Entschuldigungen und »Absetzungen« zu verfallen ...

Am 13. Mai 1953, als Hilde begann, ihre Rückkehr nach Deutschland zwei Monate später vorzubereiten, antwortete Speer auf zwei der Briefe, die sie ihm geschrieben hatte – den wichtigsten an ihrem Geburtstag, dem 17. April, und einen anderen über ihre Zukunft am 24. April.

Sie solle nicht vergessen, sowohl an McCloy als auch an den amerikanischen Außenminister Dean Acheson zu schreiben, die sich während ihres Aufenthalts beide freundlich ihr gegenüber verhalten hatten. Und Speer fügte hinzu, zweifellos in der Hoffnung, Hilde könnte weitere ermutigende Nachrichten von diesen beiden wichtigen Männern mit nach Hause bringen, sie solle ihnen rechtzeitig schreiben, »damit sie Dir noch zurückschreiben können an Deine Hastings-Adresse«. Zu ihren Fragen bezüglich ihres künftigen Berufes meinte er: »Ich habe aus Deinen Briefen den Eindruck gewonnen, daß Du dich eigentlich für eines am meisten interessierst, und das ist (setze

Dich hin) ›die Politik‹!!! Damit meine ich eigentlich mehr die Probleme des modernen Lebens der Massen in einer vernünftigen Gesellschaftsform.«

Auch dies zeugt angesichts der Tatsache, daß Hilde später vom akademischen Leben für mehrere Jahre in die aktive Politik wechselte, von bemerkenswertem Scharfblick. Ob ihrer Meinung nach ihr Vater ihren späteren Entschluß beeinflußt habe, der Alternativen Liste beizutreten und für sie ins Berliner Abgeordnetenhaus zu gehen, fragte ich Hilde einmal, als sie bei uns in London zu Gast war. »Überhaupt nicht«, antwortete sie etwas obenhin. »Sein Rat ging mir zum einen Ohr rein und zum anderen raus.« Es fiel Hilde noch in den achtziger Jahren so schwer, über ihren Vater zu sprechen, daß sie manchmal eine Unbekümmertheit vorschützte, die sie keineswegs empfand.

Nicht bei jedem Thema allerdings. Obwohl sie es nur widerstrebend zugab (wie alles, was ihr Privatleben anging und ihre tieferen Gefühle berührte), war sie ganz sicher betroffen von Speers nächstem Brief, den er ihr einen Tag später, am 14. Mai, als Antwort auf eine Frage schrieb, über die sie lange nachgedacht und die sie dann endlich an ihrem Geburtstag zu Papier gebracht hatte. Sie hatte ihn gebeten, zu erklären, wie er einem System angehören konnte, das dem Bösen verpflichtet war. Es war das einzige Mal vor Speers Entlassung aus Spandau, daß dieses Thema zwischen ihnen zur Sprache kam; erst Jahre danach griffen sie es noch einmal auf.

Speer schrieb ausführlich, nicht weil es derart viel zu sagen gab, sondern weil er zunächst einmal Ausflüchte machte (wie er es auch später immer tun sollte, wenn er mit dieser konkreten Frage konfrontiert wurde). Trotzdem war er bei Hilde, die er liebte und deren Verständnis er verzweifelt suchte, weniger weitschweifig, als er es später bei anderen sein sollte. Auch bei ihr versuchte er allerdings recht verzweifelt, dem Kern der Frage auszuweichen, während er zugleich geschickt den Anschein erweckte, ausführlich darauf einzugehen. Hilde war nicht in der Lage – oder vielleicht auch nicht willens –, sich im Gespräch mit mir an den Wortlaut des Briefes zu erinnern, den sie ihm geschrieben hatte, und natürlich blieb (im Gegensatz zu den Briefen, die er verschickte) keiner der ins Gefängnis geschmuggelten Briefe erhalten; Speer zerriß sie und spülte sie die Toilette hinunter. Was Hilde mir erzählte, deutete jedoch darauf hin, daß sie die lange erwogene Gewissensfrage, um ihre Wirkung abzumildern, eher allgemein als nur persönlich formuliert hatte. Es war deshalb vielleicht um so schmerzlicher für dieses bemerkenswerte junge Mädchen, daß Speer im ersten Teil seines Briefes seltsam herablassend über ihre bewußte Zurückhaltung und ihre Bereitschaft zu verstehen hinwegzugehen schien. Trotzdem machte er, beinahe als ob die Entscheidung erst beim Schreiben des ersten Teils gefallen wäre, im zweiten Teil die seltene Anstrengung, sich mit sich selbst auseinanderzusetzen, beginnend mit dem bereits im Prolog zitierten Abschnitt:

Nun, liebe Hilde, zu Deiner schwierigen Frage. Du frägst zwar allgemein, wie ein intelligenter Mensch so was mitmachen konnte, aber ich möchte Dir an meinem Beispiel zeigen, wie so was vielleicht kommen kann. Das Schwerste will ich dabei an den Anfang stellen: Es gibt nämlich dafür, wenn man nicht feige ausweichen will, keine Entschuldigung! Daher bin ich davon überzeugt, daß ich tatsächlich eine Schuld auf mich geladen habe. Es gibt nämlich Dinge, an denen man schuld ist, auch wenn man sich entschuldigen könnte, einfach weil das Ausmaß so übergroß ist, daß davor jede menschliche Entschuldigung zu Nichts verblaßt.

Vielleicht ist es gut, wenn ich Dir ... schreibe, daß ich darüber hier nicht spreche, zu niemandem, um nicht damit »hausieren« zu gehen. Denn das kann ich nicht leiden, wenn man so etwas nicht in seinem Innern verschließt. Wenn ich Dir das schreibe, ist das natürlich etwas anderes. Sonst habe ich darüber nur mit meinem Freund, Pfarrer Casalis, gesprochen. Und auch in Nürnberg [wo er sich dezidiert zu einer »Mitverantwortung«, nie aber zu einer »Schuld« bekannte] schwieg ich darüber in dieser offenen Form: ich habe mich eben nur nicht ent-»schuldigt« dort.

Zu Deiner Beruhigung: Von den scheußlichen Sachen habe ich nichts gewußt, und das haben die Am. mir auch später gesagt, daß auch sie das nie von mir angenommen haben; aber ich bin damit nicht so ganz zufrieden. Denn ich lege mir die Frage vor, was hätte ich bei meiner hohen Stellung erfahren können, wenn ich gewollt hätte. Wahrscheinlich auch nicht alles, aber vieles sicher ... ich sehe in meinem Schicksal ein Strafgericht Gottes, wenn Du es so willst; *nicht* für juristische Fehler, die ich machte; denn die sind verhältnismäßig geringfügig, sondern eben für die tiefere Schuld, daß ich so ganz selbstverständlich mitmachte, so leichtsinnig und ohne mir Rechenschaft abzulegen.

Es gibt ein griechisches Drama von Sophokles: Ödipus. Dieser wird von der Vorsehung auf das Grausamste gestraft, weil er seine Mutter und seinen Vater umbrachte, *ohne etwas dazu zu können*. Vor jedem modernen Gericht wäre er freigesprochen. Aber nach der sittlichen Auffassung der Griechen muß er dafür schwer leiden. Und ich kann mir das selbst nicht erklären, warum ich so denke, aber ich finde es ganz richtig so ...

Als Speer seiner Tochter schrieb, daß er über diese persönlichen Dinge nur mit ihr und sonst niemandem sprechen könne, außer in der Vergangenheit »mit meinem Freund, Pfarrer Casalis«, war das vor allem Schmeichelei. Dann jedoch änderte sich sein Ton, und in dem, was folgt, spürt man – was ich so oft in seinem Gespräch mit mir fühlte – eine schmerzerfüllte Aufrichtigkeit. Er fuhr fort:

Ich habe mir schon manchmal die Frage vorgelegt, was ich nun getan hätte, wenn ich mich für das, was Hi. auf anderen Gebieten tat, mitverantwortlich gefühlt hätte. Leider ist da die Antwort, wenn ich ehrlich bleibe, negativ. Meine Stellung als Architekt, die schönen Aufgaben waren mir so unentbehrlich geworden, daß ich wohl alles geschluckt hätte ... Es war [auch] noch ein anderer Grund vorhanden, der das Unverständliche etwas erklärbarer macht. Hi. übte sicher durch seine Person einen großen Einfluß auf diejenigen aus, die mit ihm engeren Umgang hatten. Teils war es seine Überzeugungskraft, die auch etwas Suggestives hatte, teils seine Freundlichkeit, und in Beidem hat einfach der Umgang mit jemand an so führender Stelle etwas Bezwingendes ... Darüber, daß ich dann viele Dinge gegen ihn tat, hast Du wohl schon gelesen ... Aber auch diese letzte Periode ... kann nicht als eine Entschuldigung in dem heutigen Thema dienen ... Ich wurde eigentlich erst wach, als ich bemerken mußte, daß Hi. mit seinem Ende auch das deutsche Volk in den Abgrund mit reißen wollte – und fast alles, was ich dann tat, war nur ein Kampf dagegen ...

Aber ich versuchte nicht, gegen ihn zu handeln, weil ich z.B. es verurteilte, daß er die Juden verfolgte oder den Krieg begonnen hatte. Ich war nach wie vor in der Meinung befangen, daß mich das nichts angeht, weil es nicht meine Angelegenheit war. Wie ja überhaupt diese ganzen aktiven Aktionen gegen Hi. erst anfingen, als er Übles auf *meinem* Gebiet begann, indem er haben wollte, daß die Industrien in Frankreich, Belgien, Holland usw. zerstört werden sollten.

Mein Papier geht zu Ende. Aber ich hoffe doch, Dir etwas auf Deine Frage geantwortet zu haben. Jeder Mensch muß sehen, daß ihn der Ehrgeiz nicht von der ethischen Grundlage entführt. In diese Gefahr kommt man immer wieder, gerade wenn man noch jung ist. Deswegen soll man doch ehrgeizig sein – und solange Du einen wirklich echten Glauben hast, bist Du von den üblen Auswirkungen des Ehrgeizes beschützt. Wahrscheinlich gibt es aber nur wenige Menschen mit der Gnade eines echten Glaubens ...

Viele recht herzliche Grüße von Deinem Papa.

In einem Postskriptum empfiehlt er ihr noch einmal, ambivalent wie immer, nach ihrer Rückkehr nach Deutschland Gilberts *Nürnberger Tagebuch* zu lesen (in dem er in sehr positivem Licht dargestellt ist): »Wenn es auch nicht erfreulich zu lesen ist, so ergänzt es doch manches.«

XXIV

Spandau II

Hilde und einige Jahre später ihr Mann Ulf, ein hochbegabter junger Soziologe, waren die einzigen Mitglieder der Familie, denen Speer je über seine Gedanken schrieb. Außer für Hilde interessierten sich sowohl Speer als auch Wolters am meisten für Speers drittes Kind Fritz. »Ich möchte Dir zu Fritz gratulieren«, schrieb Wolters am 22. August 1953 an Speer. »Das Kind ist ein mathematisches Genie. Geistig ist er den anderen meilenweit voraus. Aber andererseits ist er sehr ›zugeknöpft‹, ganz wie sein Vater!!«

»Die Kinder, besonders die Jungen, brauchten einen Vater«, sagte Speer. »Rudi erfüllte diese Rolle für einige von ihnen – er war besonders gut mit Fritz, obwohl Margret immer sagte, daß Arnold, der drei Jahre jünger ist, sich Rudi noch mehr angehängt hatte als Fritz. Aber es war Fritz, über den Rudi mir am häufigsten schrieb. Er sagte immer, Fritz sei das intelligenteste meiner Kinder.« Speer schüttelte den Kopf. »Mir kommen sie alle schrecklich intelligent vor. Sie haben es alle sehr weit gebracht.« Er machte eine Pause und fügte dann hinzu: »Viel weiter, glaube ich, als wenn ich dabeigewesen wäre.« Es war nicht traurig gesagt, eher wie eine Tatsachenbeschreibung.

Speer fühlte sich Fritz sehr nahe – der Junge, der ihm, wie er mir sagte, am meisten glich, und er schrieb ihm oft; die Briefe waren sogar noch persönlicher als die an Hilde, und Speer schrieb darin nicht über sich, sondern konzentrierte sich fast ausschließlich auf den komplizierten und – wie er spürte – unglücklichen Jungen. »Leider«, sagte er zu mir, »funktionierte es nie zwischen uns nach meiner Entlassung. Ich habe nie verstanden, warum. Er hat mehr gegen mich gekämpft und besucht mich noch seltener als die anderen. Ja, vielleicht, weil wir uns am ähnlichsten sind.«

Mit Ausnahme einiger Briefe, die er später an zwei der Kinder schrieb, denen erlaubt worden war, ihn zusammen zu besuchen, und einiger Gratulationsschreiben an seinen ältesten Sohn Albert, als dieser Architekturwettbewerbe gewann, handelten alle Briefe Speers an die Familie entweder von praktischen Dingen oder seinem Leben in Spandau – die an die jüngeren Kinder immer in humorvollem Ton –, oder es waren kurze Kommentare zu ihren Erfolgen oder Problemen in der Schule und später an der Universität. Wolters war immer die Ausnahme. 1953, sogar während er ihm die 30 bis 40 Seiten langen Briefe, den »Spandauer Entwurf«, schickte, und natürlich auch danach, bis zu seiner Entlassung 1966, schrieb er ihm: über Margrets finanzielle Sorgen, über den Ärger mit seinem schwierigen Bruder Hermann, die ständigen Probleme mit seinen Mitgefangenen, aber auch über angenehmere Dinge wie den Entwurf für das Haus eines der amerikanischen Wärter. »Es macht mich wirklich glücklich, ein Haus zu entwerfen, in dem Menschen wohnen sollen«, schrieb er. »Es hat mich in dem Entschluß bestärkt, zur Architektur zurückzukehren, wenn ich herauskomme. Ich freue mich sehr über Pie.s und Ap.s Vorschläge.« (Zwei seiner früheren Mitarbeiter, der Bauunternehmer Karl Piepenburg und der Architekt Otto Apel, beide nach dem Krieg ungeheuer erfolgreich, hatten ihm vorgeschlagen, sich nach seiner Freilassung ihren Firmen als Berater anzuschließen. Er setzte seine ganze Hoffnung auf diese Angebote, die sich freilich zerschlugen, als die beiden treuen Freunde 1966, nur wenige Monate vor seiner Entlassung, starben.) In dem Brief heißt es weiter: »Gestern kam ein amerikanischer Ankläger, um meine Aussage für ---s Prozeß aufzunehmen. Er sagte ›Herr Speer‹ zu mir – außer von Casalis habe ich diese Worte seit acht Jahren nicht mehr gehört; mir war fast schwindlig vor Freude. Man vergißt hier, daß man noch etwas anderes ist als eine Nummer.«

Er entwickelte ein gutes Verhältnis zu einem neuen britischen Gefängnisdirektor, »ein Mann, der sich zu benehmen weiß – wie hilfreich«; und er schreibt, wie liebenswürdig der alte Neurath am 19. März, seinem Geburtstag, gewesen sei. »Er kam nach dem Mittagessen in meine Zelle. ›Was kann ich Ihnen wünschen?‹ fragte er traurig und hielt dann einfach schweigend meine Hand – Menschlichkeit als Geschenk; ich hätte weinen mögen.« Und spät am Abend hatte sich Funk überraschend nett gezeigt und ihm heimlich einen blechernen Becher mit Cognac in die Hand gedrückt. »Wo mag er nur den guten alten Cognac herhaben?«

Jan Boon erzählte mir, daß Funk regelmäßig Cognac und Kaviar erhielt. »Eine Zeitlang schmuggelten die Wachen den Cognac in Urinflaschen hinein – sie sagten, das sei am sichersten. Sie betrieben einen schwungvollen Handel mit Dingen wie Champagner, Kaviar und Entenpastete. Alle Gefangenen bekamen Sachen von draußen. Ich half ihnen auch, aber nur, indem ich Briefe hinausschmuggelte und ihnen hin und wieder etwas Cognac, Weißwein oder guten Kaffee, als Medizin getarnt, verschaffte. Warum auch nicht?«

Sein Verhältnis zu Dönitz bis zu dessen Entlassung im September 1956 nannte Speer »katastrophal«. Am 14. April 1953 schrieb er an Wolters:

Bald danach »neuer Angriff« [von Dönitz] auf meine Nerven. »Wenn es ja nach den Amerikanern ginge, kämst du acht Tage mindestens vor mir heraus. Die amerikanischen Juden würden dafür schon sorgen. Aber jetzt kommt es eben auf die deutsche Meinung an.« ... Unanständig ist dabei, daß er von seinem Standpunkt aus mir Gesinnungslumperei unterschiebt. Ich habe mich gegen die Juden, die zu mir freundlich waren, immer freundlich benommen, das ist völlig richtig und ich werde das auch nicht ändern. Ja, ich finde, daß diese eher Grund hätten, mich zu meiden, als ich sie, nach allem, was vorfiel ... Ich unterhalte mich mit Heß darüber, der über sich genauso ärgerlich ist, wie ich über mich in diesem Falle auch. »Ich verstehe das auch nicht; wenn Raeder gegen mich ausfallend ist, finde ich einfach keine Antwort. – Und es geht Ihnen so wie mir, daß Sie sich abends in ihrer Zelle über sich selbst ärgern, da Sie die Antwort schuldig blieben. Ich überlege mir dann eine passende Antwort und am nächsten Tag bin ich zu schwach, um sie anzubringen ...«

Kleinste Dinge sind hier große Dinge. – Ich lasse mir Nadel und Faden geben, um Hosenknöpfe anzunähen, und fädele mit viel Mühe ein ... Meine Frau kommt übermorgen, und dann muß das in Ordnung sein ... Nachdem ich glücklich eingefädelt habe und loslegen will, finde ich Nadel und Faden nicht mehr. Ich suche zuerst die Bettoberfläche ab und, Zeichen von etwas Nervosität, ich suche ganz unsinnigerweise unter dem Kopfkissen, unter der Bettdecke, räume das ganze Bett aus, ziehe meine Jacke und Hose aus, weil es sich vielleicht daran festgehängt haben könnte, komme in nervösen Schweiß darüber, setze mich richtig verzweifelt auf mein Bett – und sehe Nadel und Faden zu meinen Füßen am Boden. Du wirst es nicht glauben, aber ich habe mich richtig aufgeregt ... Besuch meiner Frau. Immer wieder die traurigste halbe Stunde, die man sich vorstellen kann ...

Ich kann es Dir ja sagen, daß ich oft ziemlich am Ende bin. Ich versuche, es mir nicht anmerken zu lassen. Meine mißliche Lage, abgesehen von dem Aufenthalt an sich, liegt darin, daß ich hier keine »gleichgestimmte Seele« finden kann. Man kann ja auch nicht verlangen, daß sie mir zu Gefallen einen zweiten Architekten einsperren. Ich bin viel sensibler, als ihr alle es wißt. – Solange es geht, verberge ich das, aber es ist mir eine Erleichterung, wenn ich es an Dich abladen kann, was mich bedrückt ... Aber die Nase halte ich trotzdem hoch. Nur keine Sorge deswegen ...

Georges und Dorothée Casalis lernten Margret Speer in den Jahren von Speers Haft recht gut kennen. »Als ich in Spandau Pfarrer war«, sagte Georges bei einem seiner Besuche bei uns in München, »kamen die Frauen, darunter auch Margret Speer, ganz regelmäßig zu mir in mein Berliner Büro, wenn sie ihre Männer besuchten oder sogar außerhalb der ›Besuchsmonate‹. Wenn die Ehepartner einander privat etwas Wichtiges mitzuteilen hatten, das sie vor den Augen des Zensors verbergen wollten, war es ganz legitim, daß ich als ihr Pfarrer die entsprechende Nachricht weiterleitete. Aber solange ich in Spandau arbeitete, suchte ich nie eine der Frauen auf. Erst in den Jahren danach besuchte ich Margret Speer etwa sechsmal, immer wenn ich in der Nähe von Heidelberg war. Sie war sehr eindrucksvoll, eine absolut integre und würdevolle Frau, die wahrscheinlich einige Tränen vergoß, es jedoch nie zeigte und nie um einen Gefallen bat. Es war bemerkenswert, wie sie es geschafft hatte, den sechs Kindern ein harmonisches und glückliches Zuhause zu bieten. Es wurde viel gelacht in diesem Haus. Ich bewunderte sie sehr.«

Dorothée Casalis, selbst Theologin und eine außerordentlich intelligente und humorvolle, dazu charmante und feinfühlige Frau, sah Margret etwas anders. »Es war schwierig, etwas zu finden, das wir gemein hatten. Georges und ich waren solche Aktivisten, und sie war natürlich das Gegenteil von politisch. Sicher war sie in vieler Hinsicht ein moralischer Mensch, doch paßte unsere Vorstellung von Moral irgendwie nicht auf sie. Ich fühlte mich eigentlich Hildes Persönlichkeit viel verwandter – Hilde war selbst als kleines Mädchen schon ganz erstaunlich.« Die kleine und zierliche Margret sei »sehr wagnerianisch« gewesen. »Margret sprach nie direkt über ihr früheres Leben, aber ich wußte von anderen Frauen, daß sie wirklich sehr eng mit dem Berghof und mit Hitler verbunden gewesen war, und sie schien mir Hitlers bekanntem Frauenideal zu entsprechen. Sie war ganz das ›Gretchen‹, weißt du, selbst in ihrer Art, sich zu kleiden. Das war keine Frage des Geldes, es war ihre Persönlichkeit, und warum auch nicht? Es stimmt, sie klagte nie, aber es stimmt auch, daß ich bei ihr nicht nur keine Spur, sondern fast das Gegenteil des geradezu obsessiven Schuldbewußtseins spürte, das Georges bei Speer feststellte. Die Deutschen fühlten sich damals nicht schuldig, weißt du; oder wenn sich der normale Deutsche schuldig fühlte, dann – anders als viele Schriftsteller, Künstler und Priester, die wir kannten – verdrängte und versteckte er es und zeigte nur das Gefühl, verraten und besiegt worden zu sein. Und diese Gefühle habe ich ganz deutlich bei Margret gespürt.

Für Leute wie Georges und mich, die gegen die Deutschen gekämpft hatten, war das schwierig. Es war schwierig, Margret Wärme entgegenzubringen. Georges strengte sich sehr an, und ich denke, sie hat bei ihm schließlich auch Wärme gesucht und sie von ihm angenommen. Aber nicht von mir.«

Was jedoch ganz deutlich gewesen sei, sagte Dorothée, war die Festigkeit von Margrets Beziehung zu Speer und zu ihren Kindern. »Es besteht kein Zweifel, daß sie Speer liebte. Das war keineswegs nur ein eheliches Pflichtgefühl – es war auch Liebe. Zu ihrem Unglück lag es jedoch nicht in ihrem oder Speers Wesen, Liebe in dem vollständigen Sinn zu geben oder zu empfangen, wie wir sie kennen. Die beiden waren Menschen mit beträchlichen sexuellen Problemen – ich konnte das sehen, als ich Margret in Speers Spandauer Zeit kennenlernte, und als ich dann Jahre später ihn kennenlernte, verstand ich es sogar noch besser. Ich glaube wirklich, daß keiner von beiden eine Ahnung von Sexualität hatte. Margret war vor allem Mutter; vielleicht war sie auch zu Speer eine Mutter – oder eine Schwester?«

(»Meine Mutter«, sagte Hilde, als ihre Mutter noch lebte, »– und du kannst mir glauben, daß ich das weiß – hat in all den Jahren nie einen anderen Mann auch nur angesehen. Schön und noch immer jung, wie sie war, hat es nie jemanden in ihrem Leben gegeben, niemals. Das gehörte sich einfach nicht. Ihr Bewußtsein dessen, was sich schickte und sie der Familie schuldete, und ihre Überzeugung, daß sie die Selbstachtung meines Vaters aufrechterhalten mußte, waren wie ein Fels. Nichts auf der Welt hätte das erschüttern können, glaube ich. Sie war und ist ihrer Welt immer treu.«)

Margrets Briefe an Wolters zeigen deutlich diese zugrundeliegende unerschütterliche Stärke – anders als die Briefe an Speer, den auch sie eher vor unangenehmen Dingen schützen wollte. Die Briefe zeigen auch ihre häufige Verstimmung über die ständig zunehmende Egozentrik ihres Mannes und seine Entschlossenheit, die Kontrolle über alles zu behalten. Außerdem zeigt jeder ihrer Briefe ab Ende 1953, daß es ihr im Gegensatz zu Speer zutiefst peinlich war, finanzielle Unterstützung durch einen Fonds anzunehmen – das sogenannte Schulgeldkonto –, den Wolters mit monatlichen Beiträgen der meisten früheren Architekten Speers und einiger Industrieller, die im Krieg mit ihm zusammengearbeitet hatten, eingerichtet hatte. Ende 1953 schrieb sie an Wolters:

Albert hat mir heute einen komischen Brief geschrieben. Ich war böse und habe nicht freundlich reagiert. Es ist unmöglich, daß wir leben können, ohne das Kapital anzugreifen [das Vermögen Speers, das die Alliierten inzwischen wieder freigegeben hatten; sie hatten es nach Speers Verhaftung 1945 gesperrt und sich das Recht vorbehalten, eventuelle Erbschaften zu pfänden]; es geht doch schließlich nicht, daß Sie uns weiter so versorgen wie bisher. Ich denke mir, daß wir mit der Hälfte auskommen müssen. Und was nicht reicht, muß eben vom Kapital genommen werden … So arm sind wir doch nicht. Albert glaubt scheinbar, daß wir nun dem Größenwahn verfallen, weil wir in einer »Villa« wohnen [dem Haus der Familie Speer, in das sie vor kurzem wieder eingezogen waren, nachdem die Alliierten es freigegeben hatten]. Da irrt er sehr; ich versuche (indem ich Untermieter aufnehme), so viel herauszuschlagen, wie es geht, und muß dafür arbeiten. Ich schreibe auch Albert, wie dankbar wir Ihnen sind und sein müssen, daß Sie uns seit 6 Jahren so helfen. Aber alles hat seine Grenzen, und es geht jetzt nicht mehr. Ich schäme mich, mit unserem Hintergrund weiter solche Summen anzunehmen ... Ich glaube, das ewige Abgeschlossensein läßt ihn nicht richtig sehen. Vor allen Dingen hat er auch keine Ahnung, was das Leben kostet. Bitte machen Sie es ihm klar ... Wahrscheinlich ist es der Winter und die Weihnachtszeit, die Albert so pessimistisch macht. Aber schließlich lebe ich draußen und habe Sorgen, wie ich es schaffe, und habe nur Arbeit und Krach und Ärger mit seinem blöden Bruder. Quälen und schikanieren lasse ich mich nicht, auch wenn er im Gefängnis ist. Vielleicht schreiben Sie ihm das, von Ihnen nimmt er es an, weil er das Vertrauen hat ...

Ein Jahr später beklagt sie sich in einem Brief an Wolters über den inzwischen 14jährigen Arnold:
Ich muß jetzt für ihn die Lateinstunden bezahlen. Kostenpunkt ungefähr 50 Mark im Monat. Das gäbe schon eine neue Hose. Aber die will er auch haben. Andere Jungens in seinem Alter geben selbst Stunden. Er dürfte alles für sich behalten, wenn er es tuen könnte. Mit Faulheit ist noch keiner was geworden. Albert irrt, wenn er glaubt, daß Fritz den Lehrern an seinen schlechten Noten Schuld gibt. Vielleicht hat er sich mal im Moment geärgert gehabt, aber sonst ist er sich gegenüber sehr ehrlich. Betrunken war er nur einmal. Ich glaube nicht, daß es so bald wieder vorkommt. Es war eine gute Lehre. Ihr Brief an Albert hat mir, wie immer, sehr gut gefallen. Wenn er Sie nicht hätte. Ich bin manchmal ziemlich erledigt ...

Speer dagegen klingt in den Briefen, die er etwa um dieselbe Zeit schreibt, euphorisch. Sieben Monate zuvor hatten ihn, wie bereits erwähnt, Albert und Hilde gemeinsam besucht. Der Besuch war ein solcher Erfolg gewesen, daß Speer den beiden am Ende zur Feier des Tages ein Festessen in seinem Berliner Lieblingslokal, dem superschicken Restaurant Horcher, spendiert hatte. Wolters wurde angewiesen, das Essen vom Schulgeldkonto zu bezahlen. Ein Jahr später machte Hilde erneut einen solchen Doppelbesuch (den zweiten, seit die Behörden die Besuchsregeln leicht abgeändert hatten), diesmal mit ihrer Schwester Margret. Speer schrieb an Wolters:
Es war herrlich; sie haben es wirklich bezaubernd gemacht. Margret sieht meiner Mutter fast unheimlich ähnlich – Du kannst Dir vorstellen, wie mich das erschüttert hat. Ich glaube, sie hatten sich entschlossen ... diese halbe Stunde, die wir hatten, fröhlich zu gestalten, und es klappte. Ich glaube, ich bin der Gefängniswelt seit neun Jahren nicht mehr so vollständig entronnen. Diese beiden könnten mich mit größter Leichtigkeit um den kleinen Finger wickeln ...

Man kann Speers Jahre in Spandau bestimmten entscheidenden Ereignissen zuordnen. Wenn das erste zweifellos die Begegnung mit Casalis war, das zweite die Anlage des Gartens und das dritte die fast unglaubliche Leistung des »Spandauer Entwurfs«, dann war das vierte der Beginn seiner »Wanderung um die Welt«. Als ich ihn fragte, wie er auf diese Idee gekommen sei, schien er froh, darüber sprechen zu können: »Eigentlich, weil immer die Gefahr bestand, daß man aus Langeweile aufgeben würde, sich in Form zu halten.« Wir hatten an diesem Morgen über die beiden Dinge geredet, die sein Leben immer beherrscht hatten: Selbstdisziplin und eine fast fanatische Besessenheit – für Arbeit mehr als alles andere.

»Ich hatte es genau ausgerechnet – wenn ich auf dem Weg, den ich im Garten angelegt hatte, dreißig Runden drehte, dann waren das sieben Kilometer pro Tag. Ich fragte einmal Heß, der auf einer Bank saß und mir zusah, ob er festhalten könne, wie oft ich an ihm vorbeikam, damit ich keine Runde verlor. Er hatte eine wunderbare Idee. Er gab mir dreißig Erbsen und sagte: ›Stecken Sie die in eine Hosentasche, und tun Sie jede Runde eine davon in die andere; das reicht.‹«

Im September 1954 beschloß Speer, sich die Fitneßrunden in Gedanken als Wanderung von Berlin zu seinem Haus in Heidelberg vorzustellen. »Das war ein phantasievolleres Ziel, als den Rundweg einfach nur dreißigmal abzugehen, wie ich es bisher getan hatte. Und da sich das Konzept bewährte, ging ich weiter, über die Berge nach Italien, und schließlich wollte ich sehen, wie weit ich überhaupt kommen konnte. Ich bereitete mich mit Karten, Reiseberichten und kunstgeschichtlichen Büchern auf die Wanderungen vor und malte mir in der Phantasie Landschaft, Flüsse, Blumen, Pflanzen, Bäume und Felsen aus. In den Städten, durch die ich kam, stellte ich mir Kirchen, Museen und bedeutende Gebäude und Kunstwerke vor.« Er lächelte mich an. »Das unterbrach, was Sie zu Recht meine ›obsessive‹ Konzentration auf die Vergangenheit nennen, über die ich mir völlig bewußt war.«

Mit Hilfe eines Weltatlasses hatte er festgestellt, daß er, wenn er immer den kürzesten Weg nahm, sein Ziel nach knapp 40 000 Kilometern erreicht haben würde. »Rudi Wolters begleitete mich gewissermaßen auf diesen Wanderungen«, sagte er. »Er informierte mich über Entfernungen, warnte mich vor natürlichen Hindernissen wie reißenden Flüssen, Gletschern und unbesteigbaren Bergen und schickte mir Beschreibungen der Weltwunder, die ich auf meinem Weg sehen würde.«

Als Speer sich Sibirien näherte, schrieb Wolters etwa: »Der Altai ist mir aufs beste bekannt. Er ist das Riesengebirge und Ausflugsgebiet von Nowosibirsk, wo ich mich ein Jahr aufgehalten habe, und der berühmte hohe Ausflugsberg ist der Bjelucha ... Er ist das Ziel aller sibirischen Gipfelstürmer, wie der Elbrus im Kaukasus. Wirst Du Zeit haben, sie zu besteigen? ... Merkwürdigerweise sprachen wir schon früher darüber, als ich Dir zu Beginn des Rußlandfeldzugs eine detaillierte Karte des Altai-Industriegebiets brachte, die Du dann wohl weitergegeben hast [an Hitler].«

Bei anderen Gelegenheiten erhielt Speer von Wolters präzise Anweisungen, welchen Weg er nehmen und was er sich ansehen solle. »Gegenüber der Eremitage [in Leningrad] willst Du Dir vielleicht die Peter-Pauls-Festung anschauen; ein paar Minuten werden reichen.« Auch an anderer Stelle zeigt Wolters, wie gut er sich in Speers Unternehmung hineinversetzen konnte: »Für die lange Reise durch die gewaltige, unbewohnte Öde Sibiriens würde ich Dir dringend raten, nett zu Dir selbst zu sein und einen Zug zu nehmen. Spart auch Zeit, weil Du nachts fahren kannst! Aber schlafe nicht zuviel. Es wäre ein Verbrechen, den Anblick der unendlichen schneebedeckten Bergketten, der Steppen und darüber des Sternenmeers zu versäumen. Wenn Du den oberen Teil deines Abteilfensters öffnest, kannst Du noch im Schlafwagen riechen, wie rein die Luft ist. Aber sei vorsichtig – wenn Du das Gesicht zu lange hinausstreckst, erfrieren Dir Mund und Nase. Aber Du kennst das Gefühl ja aus Dnjepropetrowsk, ich weiß. Allerdings ist die Ukraine im Vergleich zu Sibirien, das Du jetzt kennenlernst, ein tropisches Land.«

Speer schrieb im März 1957:
Ich habe Dich im Verdacht, daß Du bei den Kilometern die 20 % Zuschlag vernachlässigt hast, um mich schneller zu den Zielen gelangen zu lassen. Denn ich habe aus der Zeitung die Strecke Delhi–Kalkutta herausgegriffen, die +20 % 1820 km ergab, was ich mit Deiner Zahl nicht zusammenreimen kann, denn die Differenz Delhi–Kalkutta ergibt bei Dir (2600–1200) 1400 Kilometer. Wie verhält sich das? [Am 29. November 1957 berichtete er, daß er Kalkutta erreicht habe.]

Bis zum 29. September 1966, dem Tag seiner letzten Wanderung, legte Speer 31 936 Kilometer zurück. »Ich nehme an, auch das wurde zu einer Obsession«, sagte er. »Aber was ist daran falsch, wenn es einen glücklich macht?«

Am 6. November 1954 wurde Speers einziger Verteidiger unter den Gefangenen, der alte und kranke Konstantin von Neurath, vorzeitig entlassen, ein Ereignis, das vermutlich durch den Einsatz der vielen Freunde Speers mit herbeigeführt worden war. »Ich freute mich, war aber zugleich zutiefst betrübt bei dem Gedanken, ohne ihn auskommen zu müssen«, sagte mir Speer. Vier Tage später wanderte er, um sich zu »beruhigen«, vierundzwanzig Kilometer, mehr als das Dreifache seiner üblichen Tagesstrecke, und noch einmal zwei Tage später mußte er wegen seiner »Achillesferse« das Bett hüten – das Bein, das ihm seit je Probleme bereitete, war auf das Doppelte seines normalen Umfangs angeschwollen. War dafür nur die körperliche Anstrengung verantwortlich oder auch nach Neuraths Entlassung die Gefühlsbelastung, wie nach Posen und Dora? Genau wie 1944 folgte auf die anfänglichen Symptome eine Bronchitis, die wie zehn Jahre zuvor zu einem Lungeninfarkt führte.

»Sie entschieden sich dafür, es eine Lungenentzündung zu nennen«, sagte Jan Boon, »wahrscheinlich, damit sie ihn nicht ins Krankenhaus verlegen mußten, wo er natürlich hingehört hätte. Dabei hatte er eine Embolie. Er lag drei Wochen in einem Sauerstoffzelt. Tagsüber pflegte ich ihn, nachts wurde er von amerikanischen Pflegern betreut. Später hieß es, ich hätte ihm das Leben gerettet.« Ob er Speer netter gefunden habe, als dieser krank und abhängig war, fragte ich. »Nein, eigentlich nicht. Sein Dank kam aus seiner guten Kinderstube, nicht von Herzen.«

Die Jahre 1955 und 1956 scheinen recht öde gewesen zu sein. Speer wanderte, las und versuchte, vom Gefängnis aus die Familie zu dirigieren und Geschenke zu verteilen, obwohl Wolters seine Wünsche nur erfüllen konnte, indem er das Schulgeldkonto anzapfte. An Ostern 1955 informierte er Wolters über einen Zeugniswettbewerb, den er ausgearbeitet hatte, um das bescheidene Taschengeld seiner Kinder aufzubessern:

Zwei Gruppen von Noten. Gruppe A: Latein, Französisch, Englisch, Mathematik, Deutsch, Geschichte, Physik, Chemie. Gruppe B: Religion, Musik, Zeichnen, Biologie usw. In Gruppe A gibt es für jede 4 4,00 DM, jede 3 8,00 Mark, jede 2 25,00 DM, jede 1 80,00 DM. – In Gruppe B 4 = 2,00 DM, 3 = 4,00 DM, 2 = 8,00 DM und jede 1 = 15,00 DM. Für 5 werden in Gruppe A abgezogen 20,00 DM, für 6 40,00 DM und in Gruppe B für 5 8,00 DM, für 6 15,00 DM.

Speer schätzte, daß dieses Vorhaben zusammen mit Geburtstags- und Weihnachtsgeschenken das Schulgeldkonto mit 1200 DM belasten würde. Weitere Posten waren:

Kosten einer Reise des Freundes [seines Geheimkuriers, des Pflegers Toni Proost] … Für Geburtstag meiner Frau (obwohl 50) habe ich nichts vorgesehen … Ich bin nicht sicher, ob AK. [Annemarie Kempf] gerne eine Reise machen würde. Soviel ich weiß, fährt sie im Urlaub nach Schleswig zu ihren Verwandten. Sonst würde ich die Finanzierung einer Skireise im März 1956 vorsehen … Etwa mit Reise für 14 Tage 400–500 DM … Das sind so meine Fernmethoden. Es ist schon ein Kreuz, daß ich nicht mit den Kindern leben kann. Es ist ja erstaunlich, daß sie trotz der 10 Jahre und obwohl sie während der drei Jahre Minister fast nichts von mir hatten, doch recht anhänglich scheinen.

Angesichts der finanziellen Disziplin, die er von Margret verlangte, zeugen die leichtfertigen Instruktionen an Wolters, mehrere tausend Mark auszugeben, fast schon von Geringschätzung.

Annemarie Kempf lachte, als ich ihr das vorlas. »Ja, ich weiß«, sagte sie. »Er betrachtete dieses Konto immer ganz selbstverständlich als sein Eigentum. Schließlich saß er hinter Schloß und Riegel, während die Spender, alles Leute, die sich an seinem Rockzipfel nach oben gehangelt hatten, seiner Ansicht nach ihr Schätzchen ins Trockene gebracht hatten. Aber im Lauf der Jahre ging er natürlich zu weit. Ich glaube, er wußte das, aber je mehr Rudi über Meuterei in der Mannschaft berichtete, desto sturer wurde er. Obwohl weiterhin Beiträge eingingen, bis er herauskam, fielen sie in den letzten Jahren doch kaum mehr ins Gewicht. Margret hatte etwas Land verkauft, also war ein bißchen Geld da, und zu diesem Zeitpunkt waren die meisten Kinder sowieso erwachsen und brauchten keine Hilfe mehr.

Ja, ich erinner' mich, daß Rudi Wolters mir einmal Geld zum Skifahren schickte, und ich war fuchsteufelswild, weniger auf Albert als auf ihn. Ich schickte es postwendend zurück und schrieb dazu, man könne vielleicht gerade noch entschuldigen, wenn Albert in seiner Isolation größenwahnsinnig werde, aber für ihn gelte das nicht. Ich nutzte die Gelegenheit, ihm zu sagen, was ich am Verhalten der beiden alles falsch fand – das war der Beginn unserer Entfremdung.«

Speer sagte mir später, die Entfremdung zwischen Annemarie und Rudi, die ein knappes Jahr später dazu führte, daß Annemarie verkündete, sie sollten hinfort nicht mehr mit ihr rechnen, sei vor allem durch Annemaries Wunsch verursacht worden, zwar keine Verantwortung zu tragen, zugleich aber mehr für ihn tun zu können. »Das ganze Problem«, schrieb Speer damals an Wolters, »besteht darin, daß sie sich in Konkurrenz zu Dir sieht, und weil Du so viel tust und tun kannst, muß sie in diesem ›Wettbewerb‹ notwendigerweise unterliegen. Könntest Du Dich nicht dazu bringen, ihren Rat einzuholen, auch wenn Du ihn nicht brauchst? Es würde mir helfen.«

»Was immer der Grund war«, sagte er mir, »es war ein wirklicher Schlag, weil sie doch immer so unglaublich viel für mich getan hatte. Bis zu einem gewissen Grad machte sie auch danach noch weiter, aber nicht mehr Hand in Hand mit Rudi; das machte die Sache sehr schwierig.« Es sollte über fünf Jahre dauern, bis es Speer schließlich gelang, den Bruch zu kitten. »Aber nur oberflächlich«, sagte Annemarie. (In ihrer Erinnerung waren es nur zwei Jahre.) »Sehen Sie, ich kannte Rudis wirkliche Gefühle [gegenüber Speer], Albert nicht.«

In diesen bedrückenden Jahren wandte Speer sich verstärkt der Lyrik, der Gefängnisliteratur und dem Gebet zu. »... ich habe hier die Erfahrung gemacht«, schrieb er an Hilde, »wenn ich schlecht dran bin, niedergeschlagen oder nicht mehr weiß, wie es weitergehen soll, dann ist mein Glaube kräftig! Dann wird eine Kraft frei, die mich von selbst weiterführt und die stärker ist als das, was ich bis dahin als meinen Willen betrachtet und durch ihn erreicht habe ... Aber wenn es mir gut geht, dann werde ich sogleich leichtsinniger ... Aber eines hoffe ich aus dieser Zeit doch beizubehalten, daß ich nicht mehr die Fühlung verliere. Ich frage mich, ob ich, wenn ich wieder bei Euch bin, auch noch in die Kirche gehe. Ich lese hier, so oft ich dazu Gelegenheit habe, theologische Bücher ... [beispielsweise] ein dickes Buch ... in dem die wichtigsten Religionen der Erde behandelt werden ... Moralisch hochstehend ist die jüdische Religion. Über allen anderen, bis auf die christliche, die doch aus ihr herausgewachsen ist ... Der Glaube ist wie ein riesiger Berg. Er ist von einer grünen Wiese wunderbar anzusehen. Versucht man aber erst, diesen Berg zu ersteigen, dann kommt man an gefährliche Stellen, versteigt sich, muß wieder umkehren oder stürzt sogar ab ...«

»Wenn es mir seelisch schlecht geht, finde ich einen nie versagenden Rückhalt in einem primitiven Gebet, das die langen Nachtstunden einleitet«, schrieb er wenig später an Wolters, und er zitierte ein Gebet, das Dietrich Bonhoeffer im April 1945 für seine Mitgefangenen im Konzentrationslager Flossenbürg schrieb, bevor sie alle gehängt wurden.

Gott, zu Dir rufe ich in der Frühe des Tages.
Hilf mir beten
Und meine Gedanken sammeln zu Dir;
Ich kann es nicht allein.
In mir ist es finster, aber bei Dir ist das Licht;
Ich bin einsam, aber Du verläßt mich nicht;
Ich bin kleinmütig, aber bei Dir ist die Hilfe;
Ich bin unruhig, aber bei Dir ist der Friede;
In mir ist Bitterkeit, aber bei Dir ist die Geduld;
Ich verstehe Deine Wege nicht,
Aber Du weißt den Weg für mich.

Er glaube, schloß Speer, »daß, ähnlich wie bei Mönchen, diese Zeit doch nicht so absolut gegenstands- und wesenlos ist, wie ich das annehme. Allerdings fürchte ich, daß mit den mißlichen Eindrücken dieser Zeit bei mir auch die an sich guten, erhaltenswerten von mir abfallen werden, wenn ich erstmal in Freiheit sein werde ... Ich hoffe nur, daß im Unterbewußtsein doch noch ein Eindruck bleibt.«

Das Jahr 1955 und auch die erste Hälfte von 1956 brachte keine Besserung. »Die jungen britischen Offiziere waren bisher sehr freundlich«, schrieb Speer in jenem Sommer, »aber jetzt sind neue gekommen. Man hat ihnen vor Dienstantritt einen Film über die Nürnberger Prozesse vorgeführt. Ergebnis: eisiges Benehmen uns gegenüber.«

Im Juni 1956 machte Hilde eine zweite Reise nach Amerika, das sie lieben gelernt hatte. Noch vor ihrer Rückkehr bekam Margret einen Brief von John McCloy.

Liebe Mrs. Speer,

Hilde hat mir Ihren Brief vom 22. April und den Aktenordner geschickt, in dem die Lage Ihres Mannes sehr ausführlich dargestellt ist. Ich weiß nicht, wie ich wirksam helfen kann, aber ich verspreche, daß ich etwas unternehmen werde. Ich werde vielleicht beim State Department einige Erkundigungen einziehen, um festzustellen, welches Vorgehen das beste wäre. Ich bin der festen Überzeugung, daß Ihr Mann entlassen werden sollte, und würde mich glücklich schätzen, zur Beschleunigung einer solchen Entwicklung beitragen zu können. Ich werde versuchen, Sie über meine Schritte und etwaige sonstige Informationen, die ich erhalte, auf dem laufenden zu halten.

Es ist sehr schön, Hilde wieder bei uns im Land zu haben. Sie macht überall einen sehr guten Eindruck.

Mit freundlichen Grüßen

John J. McCloy

Dies war genau die Ermutigung, die Speer brauchte. Am 8. Juni 1956 schrieb er Hilde, er habe sich sehr gefreut, von den reichen Erlebnissen und Eindrükken zu hören, die sie auf ihren Reisen sammelte. »Das Wichtigste für mich war, daß McCloy auf den durch dich übermittelten Brief sogleich durch ein Schreiben an Mama reagierte ... Ich war ganz weg über die Bereitwilligkeit von ihm zu helfen. Diese vorbehaltlose aktive Bereitwilligkeit von ihm ist für mich typisch amerikanisch. Bei uns würde ein so hoher Herr, wenn er von so unglücklichen Umständen eines fremden Staatsbürgers hörte, sich nur in ganz seltenen Ausnahmen so einsetzen, wie es Mc. Cl. zusagte zu tun.« (Er irrte sich: In den folgenden Jahren sollten zahlreiche deutsche »hohe Herrn« genau dasselbe für Menschen aller Länder tun, die in China, Südafrika und Rußland in Not geraten waren.)

Hilde hatte ihm von ihren lebhaften politischen Diskussionen mit den Days geschrieben. Speer schrieb zurück:

Bei Deinen Diskussionen mit Mrs. Day wäre ich ja zu gerne dabei. Ich wäre wahrscheinlich auf ihrer Seite, da ich es für verbrecherisch halte, nur daran zu denken, irgendeines der Probleme mit kriegerischen Mitteln zu lösen: Leider kennst Du ja meine Schlußworte nicht im Nürnberger Prozeß, wo ich in der Hauptsache die Schrecklichkeit eines modernen Krieges der Zukunft ausmalte, was ich durch den Einblick in die Entwicklung der zukünftigen Waffen damals tuen konnte ... In den letzten Jahren wurden wir in Westdeutschland auch im politischen Leben Profitierer der Ost-West-Spannung. Manche vorteilhafte Lösung von Fragen, die durchaus berechtigt in unserem Sinne gelöst werden mußten, konnten dadurch schneller zur Lösung kommen, als wir es zu erhoffen wagten. Ohne die westöstliche Spannung wäre es wohl langsamer gegangen in manchem, und das ist das Gefühl, das sehr viele Deutsche beherrscht. Und dieser Teil der Deutschen, von dem ich nicht weiß, wieviele es sein mögen, begeht einen, wie man sagen kann, unmoralischen Schritt, indem er vielleicht nicht es aussprechend, aber doch innerlich darum zitternd, eine Fortdauer der Spannung erhofft. Eine Einigung könnte, wie sie glauben, Westdeutschland als Trumpfkarte wertlos machen. Wir sind, verglichen mit unserer Größe, Fähigkeiten und Möglichkeiten, tatsächlich durch diese Spannung West-Ost zu einer übermäßigen Bedeutung gekommen. Bei einer gründlichen Entspannung würden wir auf das uns gebührende Maß zurückgeführt werden, ganz automatisch und ohne Aufhebens, und das scheint vielen Leuten bei uns schmerzlich zu sein, daran zu denken. – In der Angst davor versucht der eine Teil, die Spannung zu erhalten, und der andere, möglichst mit dem Osten ins Gespräch zu kommen, um noch vor der Beendigung der Spannung aus der künstlich erzeugten Größen- oder Wertordnung etwas Kapital beim Osten zu schlagen ...

Dies war einer der besten und längsten Briefe, die er Hilde je schrieb, siebenundvierzig handgeschriebene Seiten über die Ähnlichkeit der durch die Reformation im 16. Jahrhundert entstandenen, damals unüberwindbar scheinenden Konflikte und der gegenwärtigen Spannungen zwischen Ost und West. Damals, schrieb er, sei das Ergebnis der völlig sinnlose und verheerende Dreißigjährige Krieg gewesen.

... meine (natürlich nicht »meine« eigene) Idee, daß alle Schwierigkeiten der nationalen Grenzen und die damit verbundenen Schwierigkeiten, die zu Kriegen führen, aufhören, wenn man das Ganze zusammenbindet und in dem Bund für die Menschen aller Nationen größte Freizügigkeit läßt, ist zweifellos die Lösung, die die Begeisterung der Jugend verdient. (Mein Vater war ein Anhänger von Coudenhove-Kalergi; vielleicht bin ich davon infiziert) ...

Also es ist schade, liebe Hilde, daß wir nicht zusammen diskutieren können, unter Beteiligung der ganzen Familie. Ich möchte zu gern wissen, was die Jungen denken, nachdem ich eben hier auf ziemlich altertümliche Ansichten älterer Zeitgenossen angewiesen wäre, wenn es überhaupt Zweck hätte, zu diskutieren. Und ich hoffe sehr, daß Ihr Jungen diese Großzügigkeit im Ganzen und nicht nur national zu sehen haben werdet.

Von diesem Augenblick an schien Speer von neuer Energie durchdrungen und überschwemmte sowohl Wolters als auch Hilde monatelang mit einer wahren Flut von Ratschlägen und Anweisungen zur Regelung seiner Angelegenheiten. Jetzt, nachdem McCloy seine Absicht deutlich gemacht habe, nach neuen Wegen zu seiner Freilassung zu suchen, sei der Moment gekommen, sich auch an andere zu wenden: an Robert Murphy, Allen Dulles und natürlich Eisenhower (den damaligen Präsidenten – einige Jahre später sollten sie sich um Kennedys Unterstützung bemühen) und an die führenden Politiker der neuen, wieder erstarkten Bundesrepublik: Konrad Adenauer, Ludwig Erhard, Franz Josef Strauß und Willy Brandt (»Aber mit ihm mußt Du *vorsichtig* sein; ich weiß, er ist ein netter Kerl, aber eine Art Primadonna.«) Vielleicht, so Speer weiter, müsse man auch an de Gaulle und schließlich sogar an einige Russen herantreten. Selbst Margret ließ sich von diesem Wirbel an Aktivitäten mitreißen. »Sie schreibt plötzlich an all ihre Bekannten«, berichtete er Wolters. »Ich hatte ganz vergessen, daß sie so viele Leute kennt. Und jetzt sagt sie, daß sie vielleicht selbst nach Rußland fahren sollte. Das Bitten einer Frau? Rudi – ich glaub' nicht …«

Als bis Ende 1957 trotz all dieser Bemühungen nichts passiert war, fiel er wieder in eine tiefe Depression. Raeder, Dönitz und Funk waren entlassen worden; nur er, Heß und Schirach waren noch übrig, um einander Gesellschaft zu leisten. Toni Proost, seit Monaten in einem Zustand der Panik, weil die Russen ihn bei einem Sonntagsbesuch bei seiner Schwiegermutter in Ost-Berlin abgefangen und mit offensichtlich erpresserischer Absicht aufgefordert hatten, für sie in Spandau zu spitzeln, hatte verkündet, daß er in den Ruhestand gehen würde. »Es wird mir schlecht, wenn ich daran denke«, schrieb Speer an Wolters.

Dazu kam, daß Annemarie, die über zwanzig Jahre lang Lösungen für seine praktischen Probleme gefunden hatte, nicht in den Kreis der Helfer zurückgekehrt war. »Ist es, weil sie so ein heiliges Leben führt? Wer hätte das voraussagen können?« schrieb er Wolters. »Ich bin wirklich bestürzt über die Reaktion von AK. Das ist doch überhaupt nicht heilig.« Das war eine merkwürdige Art und Weise Annemarie Kempfs Hingabe für diese Kinder zu kommentieren. Aber, wie sie mich später oft erinnerte, war Spott mit einem Schuß Bosheit häufig Speers Reaktion auf Widerstand gewesen. Weiter hieß es in dem Brief:

Das ist alles für heute – und für wie lange? Ich danke Dir zum Abschluß dieser Serie nochmals herzlich für alles, was Du in den Jahren für mich und meine Familie getan hast. Deine Bereitschaft zu helfen war mir eine der wichtigsten Stützen beim Durchhalten. Das Bewußtsein, daß Du weiter alles tun wirst, wird mir das Fehlen Deiner aufmunternden Briefe einigermaßen tragbar machen … Tue mir den Gefallen und sei gegen AK. nett, selbst wenn es Dir schwerfallen sollte. Ich brauche sie noch später.

Etwas später im selben Brief schrieb er, weniger aufrichtig, könnte man meinen:

Ich würde es Dir, lieber Rudi, gar nicht übelnehmen, wenn Du Deine Arbeitskraft besseren Dingen zuwenden würdest! ... und hätte, wenn ich nicht an die Kinder und meine Frau denken würde, selbst gute Lust, meine Quälereien an Dich aufzugeben.

Denn wenige Abschnitte vorher konnte man seitenlang den alten Speer hören:

Neben den Leuten aus der Industrie [Krupp, Siemens, der Generaldirektor von Osram, Freiberger, u.a.] sollten auch einige Architekten herangezogen werden ... Vom Straßenbau Leute wie der zum Oberhafenbaudirektor ernannte Heine oder Fehlmann ... Dann (Künstler wie meinen Freund) Wilhelm Kempff nicht vergessen.

Und Speer bestimmt die Weihnachtsgeschenke: für Annemarie die *Brüder Karamasow*, für Margret sechs wertvolle alte Gläser, eine Flasche mit ihrem Lieblingsparfüm Houbigant, eine Steingut-Vase, eine Dose mit einem von ihr bevorzugten besonderen Schinken und einige Flaschen Dortmunder Bier, für die Kinder Bücher und für Toni Proost und seine Frau Wein, Champagner für Silvester und einen Umschlag mit 100 DM für ihre Tochter Christine. »Ich bitte Dich, meine Sammlung der Gläser ... zur Versteigerung zu bringen. Der Erlös geht an meine Frau ...« Er selbst wünscht sich zu Weihnachten eine neue Pfeife – seine beiden alten waren abgenutzt – von Dunnhill oder Petersen, wie er präzisiert. Eine Zeichnung der gewünschten Form legte er bei. Außerdem bat er, ihm möglichst alle Deutschland betreffenden Passagen aus Churchills Memoiren und Alan Bullocks neues Buch zu schikken.

Im Jahr 1958 – Toni Proost war inzwischen in ein kleines Haus in Eutin gezogen, das er mit Annemaries Hilfe erworben hatte – übernahm ein neues Team die Organisation von Speers Schriftverkehr. Ein amerikanischer Wärter, dessen Namen Speer nie nannte, hatte sich bereit erklärt, die Post, die er von einer jungen Berliner Ärztin erhielt beziehungsweise an sie weitergab, ins Gefängnis und wieder heraus zu schmuggeln. »Ein amerikanischer Offizier hat sich ebenfalls angeboten«, schrieb Speer an Wolters. »Wir müssen aufpassen, sonst muß ich noch einmal Tag und Nacht Briefe schreiben, nur um sie in ihrer Großzügigkeit zufriedenzustellen.«

Ab Beginn des Jahres 1959 waren Speers Optimismus – oder Fatalismus, wie er ihn zu bezeichnen begonnen hatte – und sein Sinn für Humor ganz wiederhergestellt. »Aufgrund meiner Ängste in den letzten Monaten«, schrieb er am 2. Januar 1959 an Wolters, »habe ich intensiv über den Wert und die Wichtigkeit unserer Freundschaft nachgedacht. Ich mache mir Vorwürfe, weil ich sie so leicht genommen habe und mich oft auf dumme und kindische Weise schlecht aufgeführt habe. Es wäre etwas anderes, wenn Du ab und zu sagen würdest, was *Du* denkst. Du bist zu rücksichtsvoll, aber ich erwarte von Dir, daß Du das später ordentlich wettmachst ...«

Zu Speers Geburtstag in jenem Jahr hatte Wolters sich selbst übertroffen. »Hier das Menü des Gala-Diners«, schrieb Speer. »Beluga-Kaviar mit jungen Kartoffeln; französische Gänseleber mit Trüffeln auf orientalischem Weißbrot; sibirischer Braten [wahrscheinlich Wild]; westfälischer Schinken, Schwarzbrot und Landbutter und dazu Dein hervorragender Winkler Massenpflug 1957. Danach orientalischer Kaffee, Mokkaschokolade, Pralinen, Obst.« Er war noch am nächsten Tag ganz begeistert:

Dein Wein ist vorzüglich ... Ebenso der Kaviar; der teure aber leider doch besser als der Beluga. Diese Sorte (wie die anderen auch) kenne ich von einem Besuch am Kubanbrückenkopf. Jedenfalls schwelgte ich!

Anfang 1960 fuhr Hilde nach Großbritannien und war überglücklich über ihren Empfang im Foreign Office, wo man sie sehr ernsthaft über ihr weiteres Vorgehen beraten hatte. »Sie rieten ihr, nicht zu tun, was die Familien von Heß und Schirach tun«, schrieb Wolters. »Sie sagten, es sei unklug, das Ganze über die Medien erzwingen zu wollen.« Er stimme damit natürlich völlig überein, schrieb er weiter, denn es sei unerhört, wie die deutschen Medien ständig auf dem Holocaust herumritten. »Glaube mir, die ganze Welt ist entsetzt darüber, wie wir Deutschen ständig uns und unseren Ruf durch den Dreck ziehen.« Aber Speer habe nun zwei Drittel seiner Strafe verbüßt, also *müsse* etwas geschehen; Wolters schlug vor, Speer solle Hilde, die sehr von ihrem Studium in Anspruch genommen sei, »erlauben«, zwei Semester Pause zu machen, um sich ganz seiner Sache zu widmen. »Sie ist einfach der beste Botschafter, den Du hast, daran führt nichts vorbei. Und wenn Du einverstanden bist, finde ich, daß die anderen Kinder sie finanziell unterstützen sollten, damit sie nicht darunter leidet.« Und er fügte hinzu: »Nichts Neues von Annemarie. Ich habe es mit einem Seidenschal versucht, aber keine Reaktion.«

(»Mein Vater sollte mir ›erlauben‹, mein Studium zu unterbrechen?« sagte Hilde später zu mir. »Wolters muß verrückt gewesen sein. Wie konnte er sich das herausnehmen? Natürlich hab' ich das nicht getan – wär mir nie eingefallen.«)

Trotzdem fuhr sie zwei Monate später nach Paris, wo Chruschtschow mit de Gaulle konferierte. Auch diesmal kehrte sie optimistisch zurück, obwohl die Presse von ihren Bemühungen Wind bekommen und sie angegriffen hatte. »Ich teile ihre Bewunderung für die ›netten französischen Beamten‹ nicht«, schrieb Wolters. »Ich war ebenfalls ein ›netter deutscher Beamter‹ und habe Leuten, die über mich Anfragen an Dich richten wollten, mit Vergnügen alles mögliche versprochen, um ihre Gesuche danach geradewegs in den Papierkorb zu werfen. Dasselbe gilt zweifellos auch für die Leute in der Umgebung der Mächtigen Frankreichs.«

Kurz darauf riet Speer Hilde davon ab, nach Moskau zu fahren. »Ich glaube wirklich, daß sie dort nicht nur andere Sorgen haben, sondern daß sie sich so pedantisch ans Protokoll halten, daß sie eine Veränderung des Status von Spandau nur dann in Erwägung ziehen, wenn die Forderung sowohl von den drei Westmächten als auch sehr nachdrücklich von der Bundesregierung an sie gerichtet wird. Warte, bis der neue Gipfel stattfindet, den Chruschtschow vorgeschlagen hat; versuche, Dich im April oder Mai an ihn zu wenden – dann ist er vielleicht reif dafür.«

Ein wenig später erfuhren sie, daß de Gaulle auf einem Treffen auf höchster Ebene vorgeschlagen hatte, Speer zu entlassen. »Ich muß meinen Optimismus bremsen«, schrieb er Hilde, als er das gehört hatte. »Aber was immer auch daraus wird oder nicht, welch ein Triumph für Dich!«

Hilde fuhr fort, ihn das ganze Jahr 1961 über durch kleine positive Nachrichten zu ermutigen, obwohl sie inzwischen mit ihrer Doktorarbeit begonnen hatte und nicht nur eifrig studierte, sondern auch ihre Hochzeit im Juli vorbereitete. »Du bekommst etwas mehr Geld über AK.«, schrieb ihr Speer kurz davor. »Bitte kaufe einen großen Strauß rosa Rosen für Deine Mutter und übergib ihn am Morgen der Hochzeit in meinem Namen ... Ich bin nicht zufrieden mit meinem Hochzeitsbrief an Dich und Ulf – ich konnte nicht sagen, was ich wollte, und die Buchstaben verschwammen immer wieder vor meinen Augen; mein Alter, kein Zweifel. Am Nachmittag, während der Feier, werde ich mir den *Figaro* anhören. Gott sei Dank steht er auf dem Programm.«

(Neun Monate später, im April 1962, machte er dasselbe, als seine zweite Tochter Margret einen Orientalisten heiratete. Diesmal hörte er Mozarts *Krönungsmesse* und trank auf Margrets Wohl ein Glas Rum, das ihm zur Feier des Tages von einem freundlichen britischen Wärter angeboten wurde.)

In den folgenden fünf Jahren sollte der sensible und begabte Ulf zum Empfänger ganz besonderer Briefe Speers werden, verschieden von allen anderen, die er während dieser zwei Jahrzehnte geschrieben hatte.

Jan Boon, obwohl nicht im geringsten scharfsichtig, hatte gar nicht so unrecht gehabt. Wenn ich auch oft Speers eigentlich erstaunliche und vollkommen aufrichtige Demut erlebte, war er – und ich wußte das – auch arrogant. Es war nicht eine Arroganz wegen seiner Begabung, seines Wissens oder seiner zweifellosen Erfolge. Über alldem war er, wie Hettlage mir auch sagte, überraschend bescheiden geblieben.

Diese Arroganz, gegen die er im übrigen ankämpfte, war dem Großbürgertum eigen, der nur wenige Angehörige dieser Schicht im Deutschland seiner Generation wie auch in anderen Ländern entkommen konnten – oder können.

Dies vor allem machte Speer unfähig, in Margret etwas anderes zu sehen als die »Ehefrau« im Sinne einer ihm nützlichen, treu ergebenen Lebensbegleiterin. Sie wußte das natürlich, und es konnte ihr schon seit Jahren niedriges Selbstwertgefühl nur bestätigen.

Annemarie, zweifellos die treueste Freundin, die er bis zu seinem Tode hatte, war im Grunde nie etwas anderes für ihn als seine »wunderbare, unentbehrliche Sekretärin« – so schwärmte er von ihr im Gespräch mit mir –, lange nachdem sie sich in eine beachtliche Position in ihrer Welt emporgearbeitet hatte.

Hilde liebte er natürlich, und er war stolz auf sie als sein Lieblingskind, aber letztlich war sie für ihn eben auch nur eine *Frau,* qualitativ einfach nicht dasselbe wie ein Mann. Seinen Schwiegersohn Ulf mochte und akzeptierte er von Anfang an schon deshalb vorbehaltlos, weil er Hildes Instinkt vertraute, aber darüber hinaus sollte der geistige Austausch mit dem gebildeten jungen *Mann* ihm schon bald ein tiefes Bedürfnis werden.

Mit ihm mehr als mit irgend jemand anderem seit Casalis wollte er sich auf einer anderen Ebene verständigen, ohne wie sonst besonders in der Vergangenheit zu bohren oder sie unbedingt zu meiden. Ulf war ein Mensch, der mit Speer weder Schuld noch Reue, Erfahrungen oder Geheimnisse gemeinsam hatte. Außerdem stellte er, vielleicht im Gegensatz zu Casalis, keinerlei Forderungen an ihn. Er war der erste junge Mensch, der, wie sich aus dem Briefwechsel, der sich zwischen ihnen entwickelte, hervorgeht, Speer und seiner Vergangenheit verhältnismäßig neutral und sogar lässig begegnete. Er war ein höflicher Mensch und von Natur aus freundlich, aber seine Interessen waren vor allem intellektuell und stellten daher eine geistige, nicht aber eine moralische oder emotionale Herausforderung für Speer dar. Speers mehrere hundert Briefe an Ulf zeigen deutlich, wie wohl er sich in der Freiheit dieser relativen Neutralität fühlte und wie dieser so andere Ideenaustausch ihn anregte und belebte.

Seine Briefe an Hilde, Wolters und Annemarie waren von nun an noch ausschließlicher praktischen Angelegenheiten gewidmet. Nachdenken über alles mögliche – vom künstlerischen Schaffensprozeß über Linguistik bis zu Fragen sozialer und göttlicher Gerechtigkeit, dem Wesen von Gut und Böse und der Entstehungsgeschichte des Menschen – war jetzt ausschließlich für und mit Ulf reserviert.

Hilde störte das nicht. »Natürlich nicht«, sagte sie lächelnd, »ich war dankbar. Wir waren alle ganz schön erschöpft von diesen Briefen. Ulf trat ihnen unbelastet, ohne Vorurteil und vor allem ohne die Last einer gemeinsamen Vergangenheit gegenüber. Er nahm an der Situation meines Vaters Anteil, sie bedrückte ihn aber nicht; er sprach mit ihm wie mit jedem anderen intelligenten Menschen, und so war es eher interessant für ihn als eine lästige Aufgabe.«

»Ach, wie verschieden ist doch der Schöpfungsprozeß bei einem Intellektuellen oder Künstler«, schrieb Speer, nachdem Ulf ihm von seinen Schwierigkeiten berichtet hatte, ein neues Konzept zu Papier zu bringen. »Früher dachte ich oft, wieviel leichter es war, Minister zu sein als Architekt. Aber

die herrlichen Qualen vor dem leeren Blatt Zeichenpapier – ich sehne mich danach.« Und einige Monate später:
Sind die Menschen recht eigentlich so geboren, wie sie durchs Leben gehen, kann man sie also für ihre Handlungen ernsthaft verantwortlich machen? Natürlich kommen Umwelt, bessere oder schlechtere Erziehung im Elternhaus und in der Schule dazu. Die christliche Nachsicht hat also tatsächlich Werte, soweit man sie buchstäblich nimmt, was heute nicht mehr geschieht. Eine Grundfrage, die alle heutigen Straf- und Bewertungsgrundsätze durcheinander bringen würde.
[Er befasse sich gerade sehr viel mit Dostojewski.] Letztlich sind es die *Brüder Karamasow*, die mir am besten gefallen. Außer Shakespeares Dramen fällt mir kein anderes literarisches Werk ein, das sich so tiefgreifend mit den Problemen von Schuld, Veranlagung und menschlicher Brutalität auseinandersetzt.
[Fünf Monate später – am 13. August 1962 – kam er auf dasselbe Thema zurück:] Noch zur »Veranlagung«: In Eurer Ebene der Intellektuellen werden die ethischen Ansprüche an den Menschen von »Spitzenprodukten« der Menschheit überlegt und mit einem Standard festgelegt, der in etwa dieser Ebene entspricht. Ich finde es richtig, daß eine Auslese sich bemüht, sich mit dieser Höhe auseinanderzusetzen; sie – allerdings meist theoretisch – als Maßstab an das eigene Leben anzulegen. Ich möchte die Auslese, von der die Ausübung Eurer ethischen Grundsätze verlangt werden könnte, nicht zu knapp bemessen: Wenn jeder hundertste Mensch dazugehören sollte, wäre es sehr viel. Für die übrigen 99 ist Euer ethischer Standard, auch in vereinfachter Form, aber unverdaulich. Es macht nichts, solange Ihr wißt, daß Ihr Euch in einer höheren Region bewegt, die etwas »luftleerer Raum« ist. Mit meiner These der »Nichtverantwortlichkeit« habe ich von Euch im Grundsatz recht bekommen. Was Ihr daran angeknüpft habt, entspricht meiner Meinung: daß »trotz Anlage« die Freiheit des Menschen darin besteht, aus Veranlagung und Zufällen etwas zu machen; daß man ihm sonst »einen Teil seiner Würde nimmt« (Hilde) ...
Zu Ulfs Reflexionen »Liebe Deinen Nächsten wie Dich selbst« eine bescheidene Anmerkung: Der griechische Text soll, genau übersetzt, heißen: ... wie Du selber geliebt bist. Ich las dies neulich zu meinem Erstaunen, denn ich hatte über die »Selbstliebe« immer Unsicherheit.

Inzwischen hatten sich Speer und Ulf persönlich kennengelernt. Hilde hatte zwei Monate nach ihrer Hochzeit im Juli 1961 die Erlaubnis erhalten, Ulf zum Besuch in Spandau mitzunehmen. »Hilde wird Dir schon erzählt haben, wie gut Du mir bei Deinem Besuch gefallen hast. Anscheinend hatten wir beide danach das Gefühl, es hätte besser sein können. Ich jedenfalls war mit mir nicht zufrieden. Aber das kommt davon, daß wir keine ›Routiniers‹ sind … Gerade daß wir gehemmt waren, fand ich richtig und angebracht … Laß mich diesen Zustand der ›Unterkühlung‹ erklären, zu dem ich mich schon vor langer Zeit gezwungen habe, um leben zu können. Wenn ich hier je wirklich voll gelebt hätte, hätte ich wahrscheinlich sterben müssen. Aber ein ununterbrochener Zustand der ›Unterkühlung‹ ist ebenfalls unerträglich, denn er führt – wie man an Heß sieht – zu Apathie und Wahnvorstellungen. Es ist mir in der Regel gelungen, Apathie durch körperliche Betätigung zu ersetzen oder zu vermeiden – durch meine ›Wanderung um die Welt‹, während der ich in einer imaginären Welt lebe. Ansonsten lebe ich natürlich in Einsamkeit und Schweigen; ich rede im Durchschnitt nicht mehr als fünf Minuten am Tag. Die Briefe und das Schreiben nutze ich – wie Heß das Phantasieren – um ›Gefühl‹ zu produzieren. Es ist jedoch unmöglich, das eine in das andere umzuwandeln. Das heißt, daß ich in Briefen meine natürliche Reserviertheit aufgeben und zum Leben erwachen kann – manchmal habe ich sogar Angst, exaltiert zu klingen, was, wie Du vielleicht schon weißt, ebenfalls nicht meiner Natur entspricht –, doch was ich nicht tun kann, ist, diese ›briefliche‹ Dimension, in der meine selbstauferlegte Unterkühlung aufgehoben ist, auf den normalen Umgang zu übertragen. Das hast Du erlebt, und deshalb warst Du zweifellos überrascht, als wir uns im Gefängnis kennenlernten. Aber es hat nichts Beunruhigendes an sich. Schwer wird es nur, von der ›Unterkühlung‹ dann eines Tages zu normaler Temperatur zurückzukehren.«

In den Jahren 1962/63 hoffte eigentlich niemand mehr auf Speers vorzeitige Entlassung. »Wir taten nur noch so«, sagte Hilde. Trotzdem suchte sie Brandt, Lübke und Erhard auf, machte einen zweiten Besuch bei George Ball und stellte wie üblich fest, daß alle die besten Absichten hatten. Gegen Ende 1963 übersandte Pfarrer Martin Niemöller Speer »herzliche Grüße«, und Fabian von Schlabrendorff, Rechtsanwalt und einer der Offiziere aus dem aktiven Widerstand, die nach dem Bombenattentat vom 20. Juli dem Henker entgangen waren, ließ ihm mitteilen, er wolle sich um seinen Fall kümmern.

»Er sagt, er werde Kennedy in meiner Sache aufsuchen«, schrieb Speer am 2. November 1963 an Ulf. »Ich glaube es erst, wenn es geschieht. Inzwischen sind die Russen hier freilich sehr liebenswürdig geworden – es ist ein wenig beängstigend. Gestern lag ich auf meinem Bett und aß Schokolade, als der russische Direktor, sonst ein Scheusal, eintrat. Ich wollte aufspringen, aber er winkte freundlich ab. ›Nein, bitte bemühen Sie sich nicht; bleiben Sie, wo Sie sind, machen Sie es sich bequem. Alles in Ordnung? Mit allem zufrieden?‹ Ich hätte fast eine ganze Nuß verschluckt, konnte nur eifrig nicken und hielt die Lippen fest zusammengepreßt. Wenn ich gelächelt hätte, hätte er die Schokolade auf meinen Zähnen gesehen, kein besonders würdevoller Anblick.«

Drei Wochen später war Kennedy tot. »Dieses furchtbare Geschehen hat auch Euch sicher den Atem verschlagen«, schrieb Speer. »Für Tage war ich unter seelischem Druck. Die Nachricht war so niederschmetternd, als sie mir eine halbe Stunde nach der Tat hereingerufen wurde, daß sie einfach über mein Begriffsvermögen gegangen ist. Dann steigerte sich meine Trauer von Tag zu Tag. Ich mochte Kennedy besonders nach dem Berlinbesuch gerne. Ich hätte ihn, statt mit einem Berliner, mit einem Römer verglichen ... Liegt ein Sinn in dieser Tragödie? Uns daran zu erinnern, daß wir nur auf Sand bauen? Jedenfalls: Alle persönlichen Sorgen verschwinden vor solch einer Tragik.«

Eine wirkliche Überraschung brachte der April 1964, als Schlabrendorff zunächst vom sowjetischen Botschafter in Washington und dann in Moskau praktisch das Versprechen von Speers Freilassung unter drei Bedingungen erwirkte: daß Speer sich nie mehr politisch betätige (»Dem könnte ich sofort zustimmen«, schrieb Speer an Wolters, der mitgeholfen hatte, die Gespräche mit Schlabrendorff in Gang zu bringen), daß er ohne eine solche politische Betätigung über ausreichende Mittel zum Lebensunterhalt verfüge (»Das ist ein Witz; das *müssen* sie doch wissen!«) und daß mit Krupp eine Vereinbarung über den Handel mit der UdSSR getroffen würde. »Da haben wir es. Das ist es, worum es eigentlich geht. Wie naiv von uns zu glauben, es könnte etwas anderes sein. Damit steht also fest, daß ich bis zum Schluß hier drin bleibe. Und es macht mir ehrlich gesagt nichts mehr aus. Ich bin durch diese Wendung persönlich nicht im geringsten berührt. Es gehört zu den unerfreulichen Phänomenen meines (wahrscheinlich doch angeschlagenen) Geisteszustands, daß ich trotz aller jeweils in Abständen von ein bis zwei Jahren auftauchenden rosigen Hoffnungen innerlich auf einen Genuß des trappistischen Gartenlebens bis zur letzen Minute abgestellt bin. Das Schwanken zwischen verzweifelter Hoffnung und diesem sehr realen und nicht unglücklichen Zustand der Resignation ist, wie ich annehme, Teil meiner Gefängnispsychose.«

»Die letzten zwei Jahre«, sagte mir Speer, »hatten wir mit den alliierten Wärtern keinerlei Probleme mehr – sie schienen es grotesk zu finden, daß wir noch dort waren, und sagten das auch.«

Gegen Ende dieses Jahres wurde Eugene Bird neuer amerikanischer Gefängnisdirektor. »Mein Vorgänger Oberst Drake«, erzählte er mir, »stellte mir die drei verbliebenen Gefangenen bereits im April vor, mehrere Monate vor meinem Dienstantritt. Speer arbeitete im Garten und hatte die Jacke um die Hüften gebunden. Er richtete sich auf und begrüßte mich freundlich in ausgezeichnetem Englisch. Oberst Drake deutete auf den Garten und sagte: ›Wir nennen das Speers Garten Eden; er hat all diese herrlichen Bäume gepflanzt, und er hat experimentiert, indem er eine Menge Blumen kreuzte. Jetzt ist es ein Paradies.‹ Und das war es auch. Ich hatte noch nie einen solchen Garten gesehen ...

Als ich meinen Dienst antrat, kam ich mit Schirach gut zurecht – ich traute ihm zwar nie, aber er war ganz umgänglich und sprach besser Englisch als ich. Mit Heß zu reden war wirklich schwierig. ›Wie geht es Ihnen?‹ ›Schlecht.‹ ›Das Wetter?‹ ›Schlecht.‹ ›Das Essen?‹ ›Schlecht.‹ Weil er so schwierig war, ließ ich ihn bei meinen Besuchen manchmal aus und ging gleich zu Speer. Und dann sagte mir Speer einmal, er habe bemerkt, daß ich den alten Mann oft nicht besuche. ›Wenn Sie nicht genug Zeit haben‹, sagte er, ›dann lassen Sie doch bitte lieber mich aus und bleiben Sie länger bei ihm. Er hat zwar nichts zu mir gesagt, aber ich glaube, es ist wichtig. Sehen Sie, eines Tages wird er hier mit Ihnen allein sein, und dann wird es für ihn wichtig sein, Sie gut zu kennen.‹

Ich fand das sehr nett von ihm. Ich erfuhr, daß Speer immer für andere eintrat, besonders für Heß. Wenn dieser krank war, war es immer Speer, der sein Zimmer putzte. Schirach mochte Speer nicht; er sagte, er sei ein Verräter ... als Schirach aber die Probleme mit seinen Augen hatte, war es Speer, der ihm stundenlang vorlas. Dabei war Speer kein Jasager, es war gar nicht so leicht, mit ihm zurechtzukommen. Er bestand auf seinen Rechten als Gefangener, aber er beklagte sich als einziger der drei nie, daß er ein Gefangener *war*. Und er war immer aktiv. Er las über fünftausend Bücher, ich habe mir die Listen angesehen ...«

Die anderen Direktoren hatten Bird gesagt, Speer habe das Gefühl, die Schuld von ganz Deutschland zu tragen. »Mit dem russischen Direktor Lazaroff, der kurz vor Speers Entlassung kam, verstand er sich hervorragend. Lazaroff hielt Speer für einen höchst bemerkenswerten Mann.«

Bird wollte in Berlin ein Haus bauen. »Speer entwarf es für mich, und er machte mir einen Kostenvoranschlag, der genauer war als der des Architekten, der es schließlich baute. Eines Tages sagte er: ›Wo ist mein Honorar? Ein ehemaliger Architekt Hitlers kommt teuer.‹ Er bat mich um ein Blatt Papier, schrieb darauf ›Bezahlung für Architekt: 20 DM, gezeichnet Speer‹ und sagte: ›Kaufen Sie Ihrer Frau von den zwanzig Mark, die Sie mir schulden, Blumen.‹ Drei Wochen nach seiner Entlassung kam er, um das Haus zu besichtigen.«

Bird sagte, er mußte bei Besuchen von Heß' Familie immer anwesend sein – »Wir waren bis zum Schluß beunruhigt, was ihn anbelangte« –, aber bei Speer galt das nicht. »Ich wußte, wie schwierig Besuche für sie alle waren. Diese schrecklichen langen Pausen – wenn sie sich nichts zu sagen hatten – und dann die Abschiede, die herzzerreißende Erleichterung der Kinder, wenn es vorüber war. Ich konnte es nicht mitansehen. Am Ende ging nur noch Lazaroff hin, und er drehte sich absichtlich weg, um sie nicht zu stören.«

(»Als die Kinder noch jünger waren«, erzählte mir Clara Samuels, die Haushälterin der Speers, »sagten sie schon Wochen vor diesen Besuchen: ›Oh Gott, bald ist es wieder soweit. Was sollen wir bloß *sagen?*«)

»Wir hatten den Verdacht, daß er schrieb«, sagte Bird, »aber sicher waren wir nie. Nur einmal riß ein Gummiband, das er um das Hosenbein trug, und einige Zettel fielen heraus. Ich tat so, als hätte ich nichts gesehen; warum auch? Dann, als er mich nach seiner Entlassung besuchte, erzählte er mir, daß er Tausende von Seiten geschrieben habe. Ich konnte es wirklich kaum glauben. Ich weiß bis heute nicht, wie er das gemacht hat.«

Bis 1965 hatten schon mehrere Verleger die Speers wissen lassen, daß sie Interesse an Speers Memoiren hatten: Zunächst, 1948, Blanche Knopf, 1950 dann der deutsche Verlag Heliopolis und 1963 schließlich Wolf Jobst Siedler vom Propyläen-Verlag.

Speer schrieb im Oktober 1964 an Wolters:

Ich bin mir ziemlich klar, daß meine Aktivität auf diesem Gebiet eine meiner großen Dummheiten sein wird; da sie sich in Verwirklichung länger hinzieht, voraussichtlich meine letzte und abschließende … Aber ich bin nun einmal einer der wenigen, der es vielleicht fertigbringt, unvoreingenommen zu berichten. Nicht vom franz., englischen usw. Standpunkt, aber auch nicht vom deutschen. Es gibt in solcher Angelegenheit eine den nationalen Interessen übergeordnete kaltschnäuzige Position …

In der Disposition kam ich auf die gleiche Einteilung wie Hub. [ein weiterer Verleger, der geschrieben hatte]. Meine Produktionspläne gehen natürlich schon mehr ins Detail. Und wären etwa: 1) Allgemein Interessantes einschließlich Prozeß und Spanien (was noch keiner behandelte) mit etwa 400–500 Seiten … 2) Was Du wissenschaftlich nennst (ich stelle die Wissenschaft etwas höher), aber was uns einfach gründlich langweilig sein wird, über die Rüstung … 3) desgl. nüchtern über die Baupläne … 4) Würde ich gerne die Chronik (unter garantierter Unterschlagung des Verfassers) darauf untersuchen, ob sie zusammen mit den Führer-Protokollen, die alle erhalten sind, sowie den verschiedenen Denkschriften an A. H. etwas Interessantes ergeben könnte, vom Urheber kommentiert. Dann habe ich 5) vor, Bücher werter Zeitgenossen … fleißig zu besprechen …

Die eingeklammerte Bemerkung nach dem vierten Punkt ist besonders aufschlußreich als deutlicher Hinweis darauf, daß Wolters Speer bereits gebeten hatte, seinen Namen im Zusammenhang mit der »Chronik« nicht zu erwähnen, zweifellos aufgrund der Gefahr, die eine Wiederentdeckung seiner Geschichte während des Krieges für ihn als renommierten Architekten mit zahlreichen öffentlichen Aufträgen bedeutete. Wie zwischen den beiden Männern üblich, war Wolters ernstgemeinte Bitte wahrscheinlich humorvoll formuliert, und er wird kaum damit gerechnet haben, daß Speer die Rolle seines Freundes während seiner zwanzigjähriger Haft in der Folge überhaupt unterdrücken würde.

Speer dagegen mag, als er Jahre später seine Danksagung abfaßte, durchaus ein gewisses Risiko für sich selbst darin gesehen haben, die Identität dieses allzugut informierten Freundes zu veröffentlichen. Wolters' Bitte war ihm vielleicht eine willkommene Rechtfertigung, ihn überhaupt nicht zu erwähnen. So konnte er sich sagen, Wolters habe ihn schließlich selbst ausdrücklich um Diskretion gebeten.

Obwohl die oben erwähnten Angebote seriöser Verlage schon 1962 auf dem Tisch lagen, zeigen Speers Briefe an Ulf, daß er sich selbst noch immer nicht schlüssig war, ob er die Memoiren zu seinen Lebzeiten veröffentlichen sollte. Zwar gehörte Ambivalenz zu seinem Wesen, aber es ist doch nicht auszuschließen, daß er, hätten die beiden Freunde, die ihm zugesichert hatten, ihn nach seiner Freilassung in ihre Firmen aufzunehmen, zu diesem Zeitpunkt noch gelebt, vielleicht doch auf die eine oder andere Weise zur Architektur zurückgekehrt wäre und seine Memoiren bis zu seinem Ruhestand oder, wie er Ulf 1962 andeutete, bis nach seinem Tod auf Eis gelegt hätte.

»Ich spiele mit dem Gedanken«, schrieb er damals, »daß irgendwann im 20. Jahrhundert jemand all diesen Unsinn ausgraben wird, den ich geschrieben habe, und ihn als historische Dokumentation herausbringt. Sie wird etwa fünfzehnhundert Seiten lang sein, da ich inzwischen (mit einigen Unterbrechungen) seit zehn Jahren daran schreibe.«

Im November 1965 schien er jedoch (obwohl Piepenburg und Apel damals noch lebten) mit seiner Entscheidung bereits sehr viel weiter zu sein. Damals schrieb er an Ulf:

Wenn Du gelegentlich hörst, wo etwa Siedler steht, würde mich das interessieren ... Mich interessiert, ob Siedler reaktionär oder kleinbürgerlich ist, was mir jedoch nicht so scheint – er hat eher etwas »Preußisches« als Idee. Ich aber bin gar nicht so preußisch, sondern Weinländler, der die Dinge nicht gar zu diszipliniert-preußisch-ernst nimmt. Ein Verleger ist für mich wichtig, da ich einen Katalysator brauche, um auf Touren zu kommen; ist der Katalysator nicht mit mir gleichgeschaltet, kommt Unsinn heraus. Ich bräuchte einen »modernen« Menschen ...«

Im Jahr 1965 beschäftigte er sich schließlich konkret mit seiner Entlassung im folgenden Jahr. Im April schrieb Wolters ihm einen von bitterem Humor geprägten Brief:

Wenn es passiert, wird es zwanzig Jahre her sein, daß wir uns das letzte Mal gesehen haben. Was wird uns alte Käuze noch verbinden, außer natürlich die glückliche Erinnerung an Skitouren einer fernen Vergangenheit; der Geschmack »des besten aller Kaviare« in unseren Mündern, den wir im russischen Schnee aßen, und in Deinem Mund der des Beluga, von mir in einem Feinkostgeschäft unseres Wirtschaftswunderlandes aufgetrieben und verpackt und versandt von Deiner Verehrerin Marion. Wirst Du vor allem deshalb zu mir kommen, um das versprochene Geschenk in Empfang zu nehmen, das in unserem Keller auf Dich wartet – jenen gut gereiften westfälischen Schinken und die geduldig wartenden Flaschen unseres Lieblingsnektars 1937er Johannisberger? Werden diese Gaumenfreuden letzlich alles sein, was uns noch verbindet? Ich bin sehr glücklich, daß der Moment näherrückt, aber mein Herz ist schwer …

Und Annemarie schrieb in der Weihnachtszeit an Speer:
Wie es wohl sein wird, wenn wir – Phase drei unserer Leben – einander wieder gegenübertreten. Verstehst Du eigentlich meine Arbeit mit meinen Kindern? [Sie waren seit mehreren Jahren auf Speers Aufforderung hin per Du.] Kann ich mir wirklich vorstellen, was Du durchgemacht hast? War Dir bewußt, wie sehr ich im Geiste all die Jahre bei Dir war? Werden wir unseren Erwartungen aneinander entsprechen? Ich glaube, auf uns warten vielleicht doch noch einige Überraschungen.

Kurz zuvor hatte Speer Wolters nach Marions Geschichte gefragt, und Wolters hatte ihm in dem ironischem Ton, dessen er sich so oft bediente, berichtet, daß die junge Schönheit, die in »Deinem erlauchten Amt« Zuflucht gefunden hat, »o Architekt des Führers und Minister«, nicht der Vorstellung Nazideutschlands von einer »reinrassigen Arierin« entsprochen habe.

»Ich fand das komisch«, sagte Marion zu mir. »Wolters glaubte wirklich, daß Speer nicht gewußt hatte, daß seine Organisationen als Sicherheitsnetz für eine ganze Reihe gefährdeter Leute fungierten. Oder er hatte es vergessen. Denn wenn Speer auch die betroffenen Menschen oft nicht persönlich kannte, gewußt hat er natürlich von ihnen. Vielleicht *wollte* Wolters das vergessen.«

Sie glaubte nicht wie Annemarie, daß Wolters Speer übelwollte. »Aber er hatte Angst um ihn; ich glaube, er hatte Angst vor dem, was Speer geworden war.«

In den letzten Monaten des Jahres 1965 hatte de Gaulle in aller Öffentlichkeit vorgeschlagen, Spandau zu schließen, und Couve de Murville beauftragt, den sowjetischen Außenminister Andrej Gromyko von diesem Vorschlag zu unterrichten; Averell Harriman hatte die vier Alliierten in Berlin ausdrücklich um die Freilassung Speers gebeten; Henry Kissinger hatte zu Schlabrendorff gesagt, dies sei nur noch eine Frage von Wochen; der Nürnberger Anklagevertreter Lord Shawcross wurde im *Stern* mit der Äußerung zitiert, er und John McCloy hätten sich wiederholt um die Freilassung Speers bemüht; und ein französischer General hatte in Speers Zelle beim Anblick von Familienfotos gesagt: »*Bientôt, vous les verrez*« (»Bald werden Sie sie sehen«).

»Ich erwischte mich tatsächlich dabei, wie ich mit ihm scherzte«, schrieb Speer an Ulf, »und ihn fragte, was ›*bientôt*‹ in der französischen Armee bedeute. Trotzdem, und ich weiß, Du wirst darüber lachen, ertappte ich mich Minuten, nachdem er gegangen war, dabei, daß ich einem meiner Lieblingswärter sagte, was er, nur für den Fall, daß ... mit meinem Sony-Radio tun solle. Aber im Ernst, eigentlich glaube ich nicht daran, und es macht mir auch nichts aus.«

Im Lauf der folgenden Monate schrieb er noch und noch – an Hilde, Ulf, Annemarie, Wolters, Fritz, Albert und selbst den 20jährigen Ernst (der bei seinem letzten Besuch kaum etwas anderes herausgebracht hatte als »ja« und »nein«) –, mit detaillierten Plänen für den »Tag X«, wie er den 30. September 1966 nannte: was er anziehen würde, was er brauchte, wer wann wohin kommen sollte, wen er sehen und wen er nicht sehen wollte, wo sie von Spandau aus hingehen würden, wohin nach dem ersten Halt und mit welchem Verkehrsmittel, wie lange sie an dem einen oder anderen Ort bleiben würden, was sie tun, essen, sagen würden ...

Die Frage, wie er mit der Presse umgehen sollte, beschäftigte ihn monatelang. Sollte er versuchen, ihr auszuweichen? »Wohlgesinnte« Presseleute entlang seinem Weg plazieren? Sie alle frontal konfrontieren? Der *Stern* bot ihm über 300 000 DM für ein erstes Interview. Er lehnte ab. Siedler bot ihm ein Landhaus in der Schweiz an, sobald er anfangen wollte zu schreiben. Er sagte, vielleicht. Er schrieb Wolters, Coesfeld werde der erste Hafen sein, den er nach ein oder zwei Wochen mit seiner Familie anlaufen werde – für das Familientreffen wurde schließlich ein Jagdhaus im Norden ausgesucht. Marion schrieb einen aufgeregten Brief. Sie könne es gar nicht erwarten, sprudelte sie, so gespannt seien sie auf die Geschenke, die der Onkel [»Onkel Alex« war eines seiner verrückten Pseudonyme gewesen] aus Spanien [Spandau] von seiner Reise mitbringen werde.

Es war eine Zeit des höheren Unsinns, »aber es *war* ansteckend«, sagte Hilde. »Wir überließen ihn seinen Träumen und machten inzwischen weiter, aber es war ganz aufregend. Ich glaube, meine Brüder und Schwestern waren ziemlich besorgt; meine Mutter auch, aber ich weniger. Ich hatte das Gefühl, ihn gut zu kennen, und ich mochte ihn.«

»Ich habe mir vorgestellt, wie ich Mama beim Wiedersehen als Geschenk eine schöne Uhr mitbringen werde«, schrieb er an Hilde. »Ich habe nämlich bei Rudi gespart und möchte ihr eine Uhr für etwa 1500 bis 2000 DM geben. Ich suche auch schon in den Annoncen, denn ich wollte Dich die Uhr vorher kaufen lassen, die Du mir dann schnell zustecken wirst. In solchen Überraschungen bewegen sich jetzt meine Gedanken. Es wäre eine große Aufgabe für Dich, diese Uhr nach meinen Angaben zu finden. Ich schreibe mir einstweilen schon Uhren auf, die mir gefallen. Nun sage nicht, das ist eine Verschwendung! Ich bin für Verschwendung, erstens aus dem außergewöhnlichen Anlaß der Beendigung einer zwanzigjährigen Trennung, aber auch als Dank für das Hochbringen der Kinder.«

»Kannst Du Dich erkundigen«, schrieb er an Ulf, »ob es ein Schlafmittel gibt, das sofort scharf abbremst, aber das nur für fünf Stunden Wirksamkeit hat? Davon brauche ich nur eine Tablette, und zwar am Tage X, der sich bekanntlich bis um 24 Uhr hinziehen wird. Ich habe die Idee, nach dem Essen um 17.30 Uhr mich in einen Tiefschlaf zu versetzen, um um 23 Uhr erfrischt aufzuwachen, damit ich bei Euch nicht einschlafe … Da fällt mir gerade eine despektierliche Geschichte ein: In der Gardrobe von Sultans [Hitlers] Haus am Obersalzberg hing sein Hut. Ungezogen und übermütig, wie einige Adjutanten und ich damals waren, begann einer ihn (den »Reichshut«) aufzusetzen, wobei sein Kopf bis über die Ohren darin versank. Die anderen versuchten – und es ging ihnen nicht besser; darüber ehrfürchtiges Staunen vor so viel Gehirnkapazität. Aber mir paßte er, war sogar – wie ich mich rühmen kann – etwas eng. Was mein Selbstbewußtsein ungeheuer stärkte, wahrscheinlich auch mein Ansehen! Obwohl es nach heutiger Forschung unerheblich ist, welche Kapazität Du aufweisen kannst. Der Glaube stammt noch von Gall aus Goethes Zeiten.«

Margret kam – es war ihr letzter Besuch in Spandau. »Es hätte eigentlich ein einziges langes Freudenfest sein müssen«, schrieb er an Wolters, »aber wir waren beide eher still und nachdenklich. Ich sah sie an, und ich weiß, sie sah mich auf dieselbe Weise an … Wir sind beide alt geworden.« Im Januar schrieb er an Ulf:

Ich muß mich wieder disziplinieren. Ich wandere wieder mehr – ich bin in Mexiko und ziehe weiter nach Westen. Zufällig hat mir der Pastor zu Weihnachten ein Buch in französischer Sprache geschenkt. Mit Methodik habe ich es in neun Monatsrationen von je zweiundzwanzig Seiten eingeteilt; ich werde es nicht nur ins Deutsche, sondern jeden Tag so oft, bis ich den Originaltext der zweiundzwanzig Seiten geschluckt habe, ins Französische zurückübersetzen … Die Reportage (auf Tonband) von Eurem Haushalt fand ich schon deswegen schön, weil sie einen Ausblick auf Eure bisher nur geahnte fröhliche Art gibt. So etwas ist mir bisher verborgen geblieben, da die Briefe es nicht vermitteln können und Lachen bei den Besuchen Hildes nicht vorgekommen ist …

[An Hilde im Februar 1966:] Mir würde es eigentlich gut gefallen, für 50000 DM dem *Spiegel* einen Artikel zu schreiben. Der *Spiegel* stellt Ansprüche; das liegt mir besser als *Quick* und andere. Außerdem hätte man durch eine Zusage beim *Spiegel* dessen zu fürchtende Kritik zeitweise ausgeschaltet – denn sie können nicht ihren eigenen Artikelschreiber bloßstellen. Ich würde unter Umständen probeweise die vom *Spiegel* vorgesehenen Fragen hier in aller Ruhe beantworten und also den Artikel im Rohen schreiben. Eine tolle Idee, aber warum nicht!

[Und im März:] Alles was ich bisher geschrieben habe, muß noch einmal neu gefaßt werden. Beurteile es also nicht nach dem »Illustrierten-Stil«.

Dieser war ein gut funktionierendes Ventil, würde mich aber unberech-
tigterweise zum Zyniker abstempeln … Selbstverständlich habe ich
nicht vergessen, was ich damals über das »schmutzige Geld«, das damit
verdient wird, geschrieben habe. Ich möchte die Arbeit nicht herschen-
ken; denn in dieser Zeit geht mir ein anderer Geldverdienst verloren.
Auch »berechne« ich in irgendeiner Form meinen Verlust am Geldverdienen in den zehn Jahren, die ich nur wegen der Russen saß. Es kommen erhebliche Summen zusammen; aber die zu verdienenden bewegen
sich bei einem Erfolg tatsächlich in der von Schirach erwarteten Millio-
nenhöhe. Es bleibt also reichlich zum Stiften übrig [hier wird deutlich,
daß er von Anfang an an eine Spende für wohltätige Zwecke dachte].
Nachdem ich leider ein Objekt der Zeitgeschichte bin, sollte ich nicht
versuchen aus dieser Tatsache zu entfliehen … Wenn ich ans Bauen
komme, ich davon vereinnahmt werde, ist an Bücherschreiben nicht
mehr zu denken. Aber auch die Baupläne sind zunächst nur eine Gas-
wolke. Natürlich möchte ich Geld verdienen. Mit Ach und Krach und
viel Stöhnen durch die verbleibenden Jahre zu wandern, ist ein Alptraum … Es wäre von Vorteil, sich sofort mit einem guten Verleger zu
verbinden – das würde eine gewisse Zurückhaltung legitimieren. Bitte
sage Siedler, daß ich ihn so bald wie möglich treffen will, wenn ich
herauskomme … Du meinst, daß bei meinem Buch sichtbar werden
könnte, wie ich meine Meinung geändert habe. Du hast recht, daß dies
immer einen unangenehmen Beigeschmack geben würde. Bei mir aber
liegt der Fall günstiger, da mir eine riskante Meinungsänderung schon
vor dem Ende zugestanden wird … Über diesen Gegenstand kann noch
endlos diskutiert werden. Der Familienrat hat, wie der Name sagt, dabei
beratende Funktion. Zum wichtigeren Problem des Anzugs: Mir ist
auch grau oder grau-blau oder bläulich recht. Vielleicht hat Dich der
Wunsch nach Tweed irritiert. Auch der Mantel kann grau oder gelblich,
jedenfalls aber nicht militärfarbig sein. Grundsatz: Im Zweifelsfall immer das Einfachere, weniger Auffallende wählen.
[An Ulf, 30. April:] Zur Zeit ist es für uns beide in Berlin bei dem
herrlichen Wetter wie in der Sommerfrische. Schade, daß Du nicht auf
einer der Rasenflächen in »meinem« Garten ein Freiluftseminar abhalten kannst. Dir würde dieser Teil der Einsiedelei sicher gefallen. Die
Obstbäume blühen bei uns wie in der Heimat und überall schießen die
Stauden mit Geschwindigkeit aus dem Boden, nachdem das kalte Frühjahr das Wachstum lange zurückgehalten hat. Merkwürdiger Gedanke,
daß ich das nie mehr hier sehen soll; nicht gerade mit Bedauern verbunden, aber doch irgendwie mit mir. Es gibt Zeiten, da habe ich Angst vor
der Zukunft und denke, es wäre vielleicht das Beste, wenn ich nach
meiner Freilassung mein Spandauer Leben auf irgendeine Art fortsetzen

würde – ein kleines, abgetrenntes Zimmer irgendwo, eine Art Zelle, ein Garten, Stille und Musik, mit anderen nur brieflich verkehren – vielleicht würde ich so ein besserer Mensch ... Ich weiß, das ist nichts als ein Traum, denn ich bin schwach. Sobald ich draußen bin, lasse ich alles geschehen ...

[7. September:] Jeder von der Familie wird mit Aufträgen eingespannt. Deiner vollzieht sich mehr in der Öffentlichkeit: Aktion Aktentasche! Dazu ist zu kaufen: Eine dunkelbraune Aktentasche, in Leder, mit Sicherheitsschloß. Format etwa 35 x 25 cm, 6 cm tief, eher etwas größer. Diese Tasche müßt Ihr mir irgendwie vor dem Abflug in Berlin geben ... In die Aktentasche ist zu legen: Eine Brieftasche dunkelbraun, in die Brieftasche Geld, das von Rudi kommt (2–300 DM), ein Notizbuch mit auswechselbaren Blättern (wie Kolleghefte), etwa 11 auf 13 cm, liniiert. In dem Notizbuch Telefonnummern von Nein [seinem früheren Piloten], Erlangen, Eurer Hütte (Zielort), Nummer des Flughafens, wo ich mit Pan Am ankomme (unter der Nein dort erreichbar wäre), Telefonnummern von Bruder Hermann, von Wolf, von Sibylle [Hermann Speers Kindern], Flächsner, Wolters, Albert-Frankfurt (falls nicht nach 12 Uhr schon Heidelberg), Eure Pariserstraße, evtl. Arnold-Kiel (falls noch nicht in Heidelberg ... Höfer [ein in der Öffentlichkeitsarbeit tätiger Freund, den sie engagiert hatten, um mit den Medien zu helfen] ... und andere, die Ihr für nützlich haltet). Tabletten, jeweils die kleinste Packung: Miltaunetten, Bellergal, etwas Ähnliches wie Sympathol in Tabletten, Multibionta, Helfergin (Prospekt liegt bei), Schlaftabletten, Depuraflux. Eine leicht verunstaltende Sonnenbrille aus Glas, nur leicht gefärbt und billig. – Eine Fotokopie meines offiziellen Briefes vom 17. September. – Ein Buch über Urheberrecht. – Etwas vom Briefpapier, elektrischer Rasierapparat, Gillette mit Klinge, Seife, Rasierwasser für elektrisches Rasieren, Kämme ausgepackt, Uhr verpackt und zugeklebt, aber die Uhr aufgezogen und gestellt, Zahnstocher (kommen von Freund), Auto- und Wanderkarten ... [und an Hilde am 24. September 1966:] Mamas schön eingepackte Uhr, aufgezogen bitte und gestellt. Wir werden im Hotel ... empfangen. Anschließend begibt man sich zur festlichen Tafel. Bei dem Champagnerglas kann ich wohl auf die »lausigen Zeiten« und Läusekämme in Spanien hinweisen ... Du legst kurz vorher an jeden Eßplatz, auch bei den Enkeln, wie ein Besteckstück einen der Läusekämme (es soll ein Geheimnis sein!!) Zur Vorsorge (Witz!!)

Am 19. September schickte er Hilde eine genaue Liste der Menüs und Getränke. (»Das Ganze machte uns allmählich verrückt«, sagte sie.)

Der Pastor kommt am 29. September mit einem von mir im Garten gepflückten Blumengruß, an Mama! Sie soll ihn und seine Frau nach

Heidelberg einladen. Ich habe es auch schon getan, aber er muß es auch von ihr hören, sonst denkt er noch, es ist nur meine Euphorie über die letzte Woche im Gefängnis. Da er in Zukunft Heß betreut, wie ich arrangierte, ist er mir als Verbindung zu dem armen Kerl wertvoll. Aber ich hätte ihn auch so eingeladen.

[25. September:] Wie ich annehme ist dies unser letzter Brief einer aufregenden Serie. Aufregend, weil Du mit soviel Energie und Liebe versucht hast, die Spandauer Zeit abzukürzen ... Ich habe einmal in einem Deiner Briefe gelesen, daß Du über das Scheitern Deiner »Mission« enttäuscht bist. Ich sehe es nicht so: Für mich waren Deine Vorstöße und sichtbar sich anbahnenden Aussichten lebensnotwendig. Es ist doch schön, sich in Hoffnungen zu ergehen. So wanderte ich durch Dich von Hoffnung zu Hoffnung. Ohne Hoffnung kann man wohl nicht leben ... Aber das eigentlich Wichtige für mich war die in Deiner unangenehmen Arbeit liegende Liebe zu mir, die ich als ein großes Ereignis in mich aufgenommen habe; das nicht wieder an die Oberfläche soll. Es gibt viele solche Dinge im Leben, die irgendwo lagern und gerade durch das ruhige Liegen etwas Stabilisierendes haben.

Als Abschluß wollte ich Dir das doch noch einmal schreiben. Dank sagen ist zu wenig!

Soviel wir wissen, sprach Speer hier in zwanzig Jahren Briefverkehr und vielleicht in seinem ganzen Erwachsenenleben zum erstenmal das Wort »Liebe« aus. Fünfzehn Jahre später sollte er auf eine andere, aber für ihn ebenfalls nie dagewesene Weise noch einmal Liebe empfangen und erwidern.

Aber in diesem goldenen September 1966 lag das alles noch vor ihm. Zwölf Jahre zuvor war er zu seiner 40000 Kilometer langen Wanderung um die Welt aufgebrochen, und nun hatte er 31936 Kilometer zurückgelegt. Am 30. September übernahm der freundliche amerikanische Wärter, der acht Jahre lang Dinge zu ihm ins Gefängnis und wieder heraus geschmuggelt hatte, eine letzte Aufgabe. Er schickte ein Telegramm an Wolters, das diesen genau um Mitternacht erreichen sollte: »Bitte 35 Kilometer südlich Guadalajara Mexiko abholen. Onkel Alex.«

XXV

Zwischen Wissen und Nichtwissen

Die Nacht vom 30. September auf den 1. Oktober 1966 war warm, Millionen von Sternen leuchteten am klaren Himmel. Nur Flächsner hatte Margret in dieser Nacht zum Gefängnis begleitet. »Riesige Fernsehscheinwerfer waren über den ganzen Platz verteilt und erleuchteten ihn, als ob es Mittag wäre«, erzählte er. »Die Straßen, die zum Gefängnis führten, waren schwarz vor Menschen.«

Dies war das dritte Mal, daß Flächsner und ich in seinem eleganten, aber gemütlichen Büro in Berlin mehrere Stunden lang zusammensaßen. Von allen Menschen, die mit oder für Speer gearbeitet hatten, wurde Flächsner wohl am stärksten unterschätzt, sowohl von den Nürnberger Richtern, unter denen besonders die Engländer mit dem gewöhnlich recht langatmigen Stil deutscher Rechtsanwälte wenig Geduld hatten, als auch – ungerecht, wie ich fand – von Speer selbst. Flächsner ist vielleicht kein genialer Anwalt, aber er war ein intelligenter und integrer Mensch mit Mut und Empfindsamkeit. Er war keine dominante Persönlichkeit und, wie so viele Deutsche, ein Romantiker, der zur Heldenverehrung neigte, die er bis zu einem gewissen Grad auf Speer ausdehnte. Aber dies hielt ihn nicht davon ab, Speer sehr klar zu sehen. »Ich hatte immer den Eindruck, er wollte wirklich wissen, was ich dachte«, sagte er. Einige Minuten nach Mitternacht an diesem 1. Oktober 1966 sagte Flächsner ihm genau, was er dachte.

»Wir haben ihn mit einem schwarzen Mercedes abgeholt, den der Industrielle Ernst Wolf Mommsen der Familie geliehen hatte«, sagte er. »Als die Gefängnistore sich genau eine Minute nach Mitternacht öffneten und Speer und Schirach fast umringt von britischen Soldaten heraustraten, rannte seine Frau die Stufen hoch ihm entgegen. Ich war gleich hinter ihr, und ich versuche, mich genau zu erinnern, was nun geschah. Ich weiß: Sie umarmten sich nicht, ich glaube wirklich, sie gaben sich nur die Hand. Es ging von ihnen beiden etwas so Zurückhaltendes, so Reserviertes aus – ich bin selbst nicht besonders überschwenglich, aber ich weiß noch, wie mir damals der Gedanke durch den Kopf schoß: ›Was werden die miteinander machen, wenn sie allein sind?‹ Seine Frau war sehr still gewesen, während wir warteten – ich war besorgt um sie beide.

Was dann wirklich komisch war, war, daß Speer sich automatisch auf den Sitz neben dem Fahrer setzen wollte. [»Ich habe das immer gemacht«, sagte Speer zu mir. »Es war eine Angewohnheit.«] Stellen Sie sich vor, wie das ausgesehen hätte: ich auf dem Rücksitz mit seiner Frau, er vorn mit dem Fahrer! Ich schob ihn nach hinten.

Sie saßen nur da; einmal winkte er jemandem in der Menge zu – er sagte später, er hätte geglaubt, einen britischen Wächter zu sehen, den er besonders mochte –, doch davon abgesehen rührten sie sich nicht, sprachen nicht, schienen sich nicht anzusehen. Es war unheimlich. Ich erinnere mich noch ganz genau, wie mir ein kalter Schauer über den Rücken lief: *Was* ging da vor? Was wußte ich da nicht?

Vielleicht als Reaktion auf diese Kühle zwischen den beiden hörte ich mich auf der Fahrt zum Hotel Gerhus im Grunewald, in dem sie die Nacht verbringen wollten, mit ihm reden, wie ich es all die Jahre nicht getan hatte. Ich sagte: ›Herr Speer, es ist ja nicht nur so, daß Sie einundzwanzig Jahre von ihrer Familie getrennt waren, Sie waren auch davor kaum mit ihr zusammen. In diesen Jahren – ein Leben lang eigentlich – hat Ihre Frau allein sechs Kinder aufgezogen und ihnen geholfen, zu Menschen zu werden, die das Leben in den Griff bekommen haben. Das dürfen Sie nie vergessen.‹ Das sagte ich zu ihm – über mich selbst überrascht, könnte ich hinzufügen –, und dann brach ich ab. Ich hatte das Gefühl, ich war zu weit gegangen.

Na ja, er nahm es mir nicht übel, er hörte mir zu; er hatte immer eine große Begabung dafür, andere Meinungen und sogar Ratschläge anzuhören. Und als wir zum Hotel kamen, einem kleinen, sehr exklusiven Haus, dessen Besitzer Speer aus vergangenen Tagen gut kannte und zu seinem Empfang bereitstand, da bat er mich zu bleiben. Sie hatten eine Suite – wunderschön, sehr luxuriös und voll mit Blumen. Wir tranken eine wunderbare Flasche Wein und sprachen über belanglose Dinge; er rief Wolters und einige andere an und ging etwas später hinunter und gab eine Pressekonferenz. Ich bewunderte das, und ich bewunderte die Art, in der er es tat.«

Flächsners Heldenverehrung zeigte sich hier deutlicher als je sonst. »Die Hotelhalle war voll mit Journalisten und Fotografen. Er war außerordentlich. Er sagte – ich erinnere mich daran Wort für Wort – ›Meine Damen und Herren, Sie werden verstehen, daß ich mich heute Abend nur kurz fassen kann, denn dieser Abend gehört meiner Frau, es ist ihr Abend. Stellen Sie mir daher bitte nur konkrete Fragen, und ich werde sie beantworten.‹ Irgendein Idiot rief: ›Es steht Ihnen nicht zu, überhaupt *etwas* zu sagen‹, aber

Speer ignorierte ihn. Sie fragten ihn dies und jenes über Spandau, und zum Schluß – nach nur sechs oder sieben Minuten – fragten sie, wie er sich seine Zukunft vorstelle, und er sagte: ›Ich bin Architekt, und ich hoffe, daß ich Menschen finde, die mich meinen Beruf ausüben lassen.‹«

Als Margret und Speer am folgenden Tag in dem gemieteten Jagdhaus in Schleswig-Holstein eintrafen, waren alle Kinder mit ihren Frauen und Männern da. »Die Atmosphäre war fast von Anfang an zum Verzweifeln«, sagte Hilde. »Das war sehr traurig, weil sich alle so viel Mühe gaben.«

Annemarie besuchte die Familie einige Tage später. Da Speer in Spandau nur Besuch von Familienangehörigen erlaubt gewesen war – von den Kindern einmal im Jahr –, hatte sie ihn einundzwanzig Jahre lang nicht zu Gesicht bekommen. »Auf den ersten Blick war es erstaunlich, wie wenig er sich verändert hatte«, sagte sie. »Älter, natürlich, aber gar nicht so alt; er sah nicht im geringsten verbraucht oder schlaff aus. In seinen Augen glaubte ich eine Tiefe zu sehen, an die ich mich nicht erinnerte. Aber im großen ganzen«, sie zuckte die Schultern, »war er der Speer, den ich kannte.

Die Familie hatte eine Menge falsche Fährten ausgelegt, um die Presse in die Irre zu führen, und sie taten damit ganz recht: Als der *Spiegel* darauf hereinfiel und einen falschen Ort nannte, versammelten sich die Medien dort. Das Haus, das wir für die Familie gefunden hatten, stellte sich zwar als etwas klein heraus, war aber gemütlich und trotzdem einfach – ganz so, wie Speer es immer gemocht hatte. Aber ich spürte bereits in dem Moment, in dem ich eintraf, daß alles schiefgegangen war. Alle gaben sich so furchtbare Mühe, schrecklich, schrecklich locker zu sein.«

»Ich merkte fast sofort, daß sie etwas von mir erwarteten, und ich hatte keine Ahnung, wie ich es ihnen geben konnte«, sagte Speer zu mir. »Es lag in der Luft von dem Augenblick an, als wir uns dort *en famille* versammelten. Was ich am stärksten spürte, war diese furchtbare Verlegenheit, diese völlige Fremdheit, eine Entfremdung noch unendlich viel schlimmer als meine Gefühle während jener schrecklichen Besuche im Gefängnis. Was in mir vorging, war, na ja, im Grunde empörend, und ich wußte das – ein furchtbares Bedauern, dort zu sein; fast vom ersten Augenblick an eine furchtbare Sehnsucht nach Spandau, nach meinem Rhythmus dort, dem in zwanzig Jahren eingespielten Muster, meiner Einsamkeit, meinen imaginären Wanderungen, meinen Gedanken. Ich wußte schon nach wenigen Tagen, daß sich das nicht ändern würde und konnte.«

»Ich hätte es wissen müssen«, sagte mir Margret einmal im Allgäu, als wir zusammen kochten. »Es war zu lang. Sehen Sie, zunächst erzählte er von Spandau, von den Menschen dort, was sie gesagt hatten, was er getan hatte. Und auch wenn er davon bereits endlos geschrieben hatte, die Kinder *interessierte* das. Doch nach einer Weile wollten sie, daß er sie danach fragte, was *ihnen* wichtig war, nach ihren Gedanken, ihren Plänen. Sie wollten, daß er sie kennenlernte. In seinen Briefen an sie hatte es geklungen, als wolle er das ebenfalls. Und sie gaben sich Mühe, fast alle gaben sie sich Mühe. Doch sie merkten bald, daß er ihnen nicht zuhörte. Ich nehme an, es war zuviel verlangt ...«

Annemarie, die so sehr an der Organisation dieses Familientreffens beteiligt gewesen war, machte sich jahrelang Gedanken darüber. »Aber ich weiß nicht, wie wir es hätten besser machen können, mit weniger Druck, um dieses Fiasko zu vermeiden«, sagte sie. »Es hatte sicher eine ungeheure und unverhältnismäßig große Auswirkung auf die künftige Beziehung der Familie zu ihm. Sie sind nie darüber hinweggekommen.«

In Anbetracht der Umstände hätte es kaum anders kommen können, bemerkte ich. »Genau das meine ich ja«, sagte sie. »Vielleicht hätte es kein solches Familientreffen sein dürfen. Es waren zu viele Menschen da, die alle versuchten, bedeutungsvolle Dinge zu sagen und zu fühlen. Aber er – und sie – wollten das damals so. Natürlich wollte er sie alle sehen und sie ihn, und seine Kinder wollten unbedingt, daß er ihre Ehemänner und -frauen kennenlernte.

Ich versuchte, was sich zu einer emotionalen Katastrophe zu entwickeln drohte, aufzulockern, indem ich einen Ausflug zu der Finauer Fähre organisierte, einem schwimmenden Restaurant, das er früher gern besucht hatte. Aber es half kaum.« Sie lächelte. »Und dort bemerkte ich eine alberne, aber konkrete Veränderung. Als der Käse herumgereicht wurde, nahm er ihn mit den Fingern, um ihn auf seinen Teller zu legen. Eine dumme Kleinigkeit, nicht der Rede wert, aber ich weiß noch, wie ich zu mir selbst sagte: ›Na, alter Knabe, die Tischmanieren mußt du noch einmal lernen‹, und später sagte mir Margret, daß sie das in diesen ersten Tagen selbst bei mehreren Anlässen gedacht hatte.« Annemarie war nach einem Tag wieder abgefahren. »Ich besuchte zuerst Rudi und fuhr dann nach Heidelberg, um die Post und Telefonate zu erledigen und das Haus herzurichten.«

Hatte er während dieses Aufenthalts in dem Jagdhaus mit ihnen über seine moralischen Zweifel, seine geistige Suche gesprochen, fragte ich Margret. Immerhin hatte er darüber zumindest einigen Kindern und Ulf geschrieben. Sie waren alle erwachsene Menschen. Sie hätten ihn doch sicher verstehen können.

Sie schüttelte den Kopf. »Nein, über solche Dinge sprach er nie, weder damals noch später.« Sie machte eine Pause. »Sie haben recht, vielleicht hätte er es getan, wenn ich ihn dazu ermuntert hätte, und, wie Sie es jetzt sagen, ja, die Kinder wären vermutlich daran interessiert gewesen. Es war wahrscheinlich mein Fehler. Ich glaubte damals und noch Jahre danach, daß wir das alles vergessen sollten. Ich« – sie zögerte, bevor sie weitersprach, und lachte dann ein ganz besonderes, irgendwie verlegenes Lachen – »ich erinnere mich, daß ich schreckliche Angst hatte ... vor Worten. Ich unterbrach ihn ständig mitten im Satz. Ich wollte einfach, daß er über gewöhnliche Dinge redete, daß er ein gewöhnlicher Mensch sein sollte.«

Aber natürlich war er kein gewöhnlicher Mensch.

»Ich weiß, aber ich konnte das nicht akzeptieren. Ich hab' das später nie wieder getan, aber irgendwie, ich wollte nicht, daß die Kinder ... daß ich selbst ...« Sie wollte sagen »ein Teil jener Vergangenheit waren«, doch brach sie wieder ab und sagte dann abschließend: »Ich wollte einfach, daß er im ›Jetzt‹ lebte, nicht in der Vergangenheit.«

Später wurde mir klar, daß sie gerade von den »moralischen Zweifeln« nichts hatte hören wollen. Nicht, weil sie nicht glaubte, daß er welche hatte, sondern weil sie es nie fertigbrachte, sich ihren eigenen Zweifeln zu stellen.

»Was sie wollten und brauchten«, sagte Speer, als ich das Thema ihm gegenüber ansprach, »konnte ich ihnen nicht geben. Ich konnte es in meiner Phantasie, ich konnte es auch in Briefen fortführen, aber ich konnte es nicht von Angesicht zu Angesicht. Ich war einfach nicht diese Art Mensch, und ich wußte nicht, wie ich vortäuschen sollte, es zu sein. Es war hoffnungslos.«

»Im Rückblick war es wirklich ganz fürchterlich«, sagte Hilde. »Meine Schwestern und Brüder gaben einer nach dem anderen auf. Eine Verständigung war nicht möglich, und die Gefühle wurden nicht nur von Tag zu Tag, sondern von Stunde zu Stunde schlechter; also reisten sie ab.«

»Ich brauchte eine lange Zeit, bis ich erkannte, daß ich mir offenbar etwas vorgemacht hatte«, sagte Margret mit jenem kurzen Lachen, das eigentlich gar kein Lachen war. »Ich glaubte wirklich, er würde als mein Mann, als Vater seiner Kinder zurückkehren und bereit sein, in Heidelberg zu leben, ein kleines Architekturbüro aufzumachen und ein kleines Leben zu führen. *Klein*«, wiederholte sie bitter.

»Ich wußte, daß er schreiben wollte«, sagte Hilde, »aber ich hatte keine Ahnung, daß es zu der Art Auffälligkeit führen würde, die er sofort provozierte – wie ich schnell bemerkte – und natürlich auch fand.«

»Wissen Sie«, sagte Speer, »diese ganze Entwicklung, die Dinge, die sich ereigneten, und die Art, wie ich sie provozierte oder geschehen ließ ... ich hatte das alles vorausgesehen. Noch bevor ich Spandau verließ, hatte ich erkannt, daß Spandau kein Gefängnis mehr für mich war, sondern eine Zufluchtsstätte, der Ort, an dem ich ganz zu meinem Leben gefunden hatte – meinem *wirklichen* Leben oder dem, was mein Leben vielleicht hätte sein sollen. Ich erinnere mich, daß ich etwas in der Art schrieb – ich glaube an Ulf –, irgend etwas Lächerliches von wegen sich auf einen Berg zurückziehen oder in ein Kloster oder so etwas.*

---

* Siehe den Brief an Ulf vom 30. April 1966 (Kapitel XXIV, S. 762f.).

Na ja, vielleicht war es gar nicht so lächerlich, weil es ja nur zwei Möglichkeiten gab. Eine, die ich *hätte* ergreifen können, wenn mir die Gelegenheit dazu geboten worden wäre: Das war der Versuch, zur Architektur zurückzukehren. Dann hätte ich womöglich mehr mit der Familie und für sie, für die Kinder gelebt. Aber die Gelegenheit bot sich nicht, und ich weiß inzwischen natürlich, daß das gar nicht möglich war – ich meine, selbst wenn die beiden Freunde, die mir Angebote machten, als ich noch im Gefängnis war, noch am Leben gewesen wären. Welche Firma hätte sich leisten können, mit jemandem wie mir identifiziert zu werden? Für die meisten Menschen bin ich doch heute noch etwas Extravagantes; nur ganz einfache Menschen – die Bauern im Gebirge – können mit mir wie mit einem normalen Menschen sprechen. Im Privatleben wollen mich nur noch wenige von denen kennen, die ich einmal gut gekannt habe. Oh, sie sind höflich, aber ...«

Er lachte selbstironisch. »Da ich also meinen kleinen Traum nicht verwirklichen konnte, vielleicht in ein Kloster einzutreten, konnte ich nur noch tun, was die Hälfte von mir im Grunde ohnehin wollte – in der Vergangenheit leben und dadurch werden, was ich noch werden konnte.« Und dann änderte sich, wie so oft, wenn er etwas Aufschlußreiches gesagt hatte, seine Stimme abrupt und klang geradezu schnippisch. »In gewisser Weise war es für die Kinder so vermutlich ohnehin das Beste. Wahrscheinlich sind sie heute nur deshalb erfolgreich, weil ich damals, als sie aufwuchsen, nicht dabei war.« Er lächelte traurig. »Das hätte auch auf ihnen gelastet.«

»Ich habe nicht den geringsten Zweifel, daß Speer, egal welche Ambitionen er mit dem Schreiben verfolgte, in erster Linie zur Architektur zurückkehren wollte«, sagte Annemarie. »Er war wirklich ein sehr realistischer Mensch, wissen Sie. Er wußte, daß die Mark hundert Pfennige hat, und er wußte ganz genau, daß er Geld verdienen mußte. Er fühlte gegenüber sich selbst und der Familie die tiefe Verpflichtung, einen neuen Anfang zu machen – ja, Erfolg zu haben. Und da alle anderen, die er kannte, dafür zwanzig Jahre Zeit gehabt hatten, mußte er es, wenn überhaupt, ganz schnell schaffen. Er wollte es sicher mit der Architektur erreichen. Aber wie er Ihnen sagte, er erkannte sehr bald, daß dies unmöglich sein würde. Für viele war er noch immer ein Aussätziger. Und deshalb wandte er sich ganz dem Schreiben zu und nahm Abstand davon, ehemalige Freunde aufzusuchen. Es ging sehr schnell, und ich glaube, es war eine sehr schmerzliche Zeit für ihn.«

Diese Zeit begann kaum zwei Wochen, nachdem er Spandau verlassen hatte, als er Rudi Wolters in Coesfeld besuchte. »Die Pläne, die er in Spandau gemacht hatte, beruhten auf der betrüblichen Illusion, daß alle ihn mit offenen Armen empfangen würden«, sagte Annemarie. »Einer der ersten, die er treffen wollte, war Mommsen, der Freund, der der Familie den Wagen geliehen hatte. Speer rief in der Nacht seiner Entlassung unter anderem ihn an, und er sagte Wolters, er habe Mommsen eingeladen, sie zwei Wochen später in Wolters' Haus in Coesfeld aufzusuchen.

Na ja, wie Sie sich vorstellen können, war keiner von beiden begeistert. Mommsen stimmte zwar unter dem moralischen Druck des direkten Telefongesprächs zu, aber nur widerwillig, und Wolters war, wie zu erwarten, wütend, daß Speer sofort über ihn verfügte, ihn herumkommandierte.«

(»Mehr als wütend«, sagte mir Fritz Wolters. »Ich glaube, mein Vater war wirklich verletzt, weil Speer gleich am ersten Tag in Coesfeld Mommsen dabeihaben wollte. Er fügte sich zwar, aber es gärte weiter in ihm bis zum Schluß.«)

»Interessanterweise erwähnte Rudi meinen Besuch bei ihm auf dem Rückweg von Schleswig-Holstein nicht in seinen Tagebuchaufzeichnungen«, sagte Annemarie. »Sehen Sie, ich wußte doch seit Jahren, was er wirklich für Albert empfand, und nachdem ich miterlebt hatte, was auf dem Familientreffen passiert war, wollte ich unbedingt ein ähnliches Debakel bei dem Besuch in Coesfeld vermeiden. Ich wußte, wie sehr Albert sich darauf freute.«

Sie glaubte, daß Wolters ihren Besuch deshalb nicht im Tagebuch erwähnt habe, weil sie eine bittere Auseinandersetzung gehabt hätten. »Er war völlig unnachgiebig, wirklich geradezu erschreckend«, sagte sie. (»Mein Vater konnte ganz wild werden, wenn man sich ihm widersetzte, er bekam dann Wutanfälle, daß die Wände zitterten«, sagte Fritz. »Als Kind hatte ich davor die schrecklichste Angst.«) »Er brüllte und schrie, stampfte mit den Füßen und hämmerte auf den Tisch. Ich flehte ihn an, diesen ersten Besuch erst einmal friedlich vorübergehen zu lassen, Albert nur noch einmal zu vertrauen, auch wenn er überhaupt nicht seiner Meinung war, und ich sagte schließlich, daß er ihm das schuldete. Doch er sagte, nein, jetzt schulde er ihm *nichts* mehr. Er habe zwanzig Jahre lang sein Möglichstes getan, um ihm das Leben zu erleichtern und seiner Familie zu helfen, doch das sei jetzt vorbei. ›Wir sind zu weit auseinander‹, sagte er, und er hatte recht. Das waren sie wirklich.«

In Anbetracht dessen verlief das erste Wiedersehen der beiden Freunde nach außen geradezu heiter. Wolters schrieb in den *Lebensabrissen:*
Ebenso beiläufig wie der Abschied 1945 in Berlin spielte sich jetzt auch das Wiedersehen in Coesfeld ab, wo Speer, nach einigen Tagen des Untertauchens, Station machte: »Wie geht's – lange nicht gesehen … «
Dennoch – es waren »Tage von gehobenem Bewußtsein«, die wir in meinem Coesfelder Haus verbrachten. Ich konnte endlich die ihm schon vor Jahren angekündigte Fürst-Metternich'sche 1937er Schloß-Johannisberger Trockenbeerenauslese aus dem Keller holen … Nach der »feierlichen« Übergabe der von mir geführten Chronik seiner Dienststellen, der Lichtbilder seiner Bauten und Berliner Pläne, seiner Spandauer Briefe in Originalen und Abschriften, seiner sonstigen Schrift-

sätze, der jahrelang gesammelten Pressestimmen, der Spandauer Andenken, und nach Abrechnung des »Schulgeldkontos« – einschließlich
der Aushändigung des stattlichen Restes, der für den Kauf eines flotten
Wagens reichte – wurde mir von meinem Freund »Entlastung« erteilt.
Schließlich konnte ich auch den längst zugesagten westfälischen
Knochenschinken loswerden. Diesen hatte ich dem Schinkenspezialisten Speer bereits am 5. März 1953, dem Todestag Stalins, schriftlich angekündigt. In der Erwartung einer vorzeitigen Entlassung, die
wir nach Verbüßung der Halbzeit, also für das Jahr 1956 glaubten
annehmen zu können, hatte ich ihm geschrieben: »Von dem westfälischen Schwein, das an diesem denkwürdigen 5. Märztag geboren wurde, sollst Du einen überjährigen Schinken haben.« Da ein Schwein
auch noch nach zwei Jahren schlachtreif sein kann und ein trockener
Schinken ein weiteres Jahr zur Reifung benötigt, mußte sich die Übergabe mit dem Zeitpunkt einer möglichen vorzeitigen Halbzeit-Entlassung decken. Daß das Schwein noch zehn Jahre darüber hinaus zu
leben hatte, hielten weder Speer noch seine Freunde damals für möglich …
Schon beim ersten, noch fröhlichen Wiedersehen in Coesfeld wußte ich
[allerdings] unterschwellig – die Freundschaft der Spandauer Jahre hatte
ihr Ende erreicht. Ich sah ihn, der wieder leibhaftig vor mir stand,
plötzlich ganz anders als in der Spandauer Entfernung. Es ging mir
ähnlich wie ihm seinerzeit mit Hitler, als er diesem nach langer Krankheit wieder begegnete: Er sah nicht mehr das bezwingende Auge, dem
er bis dahin erlegen war, sondern nur noch die »dicke Nase«.

Wolters' Sohn Fritz hatte Speer lange »für seine Haltung in Nürnberg, in
Spandau und danach« bewundert, wie er sagte. »Er hatte wenigstens den
Mut, seine Einstellung zu ändern, während mein Vater und seine alten Spezis …« Er sprach den Satz nicht zu Ende. »Als er das erste Mal nach Coesfeld
kam«, fuhr er fort, »waren auch Mommsen und seine Frau in einem großen
Jaguar mit Chauffeur da. Der Chauffeur war auf ein Bier weggegangen und
hatte den Wagen so zurückgelassen, daß er unsere enge Auffahrt blockierte.
Weil Mommsen selbst nicht fuhr, bat er seine Frau, den Wagen wegzufahren,
doch sie sagte, sie traue sich nicht. Da sagte Speer, der zwanzig Jahre lang
kein Auto angefaßt hatte und ganz gewiß noch nie einen Jaguar: ›Gebt's mir
die Schlüssel, ich fahr' ihn raus.‹ Und siehe da, niemand traute sich, ein Wort
zu sagen. Kreuzbrav und stumm wie kleine Lämmer überreichten sie ihm die
Schlüssel für das hunderttausend Mark oder wer weiß wie teure Auto, und
er fuhr es völlig souverän und sicher um die enge Kurve und gab die Schlüssel
mit einer Verbeugung zurück.« (»Das war gerad' nach seinem Geschmack«,
sagte Annemarie. »Richtig frech, ein Kleiner-Junge-Streich.«)

»Es war wirklich seltsam, als Herr Speer nach Hause kam«, sagte die ehemalige Haushälterin der Speers, Clara Samuels. »Ja, er hatte sich verändert – er war sehr zurückhaltend; wir mußten uns erst langsam aneinander gewöhnen. Er hatte von Anfang an viel zu tun, und viele Leute kamen ihn besuchen – ich weiß nicht, wer sie waren, ich glaube, es waren lauter Fremde. Frau Speer ging oft aus – man sah ihr an, daß sie bei alldem nicht dabeisein wollte. Sie ging Freunde besuchen, in die Sauna oder spazieren. Während der Mahlzeiten [Clara saß bei den Mahlzeiten der Familie mit am Tisch] sprachen wir über alltägliche Dinge. Ich kannte die Speers schon so lange, und ich sah ihm an, daß er wegen seiner Frau sehr besorgt war, aber die beiden konnten so was einander nicht zeigen – sie konnten auch nicht miteinander sprechen. Es war herzzerreißend ...«

Drei Wochen nach der Entlassung aus Spandau schrieb Speer an Wolf Jobst Siedler und schlug ihm eine Begegnung vor; er bot an, ihn in Berlin aufzusuchen. Siedler schrieb zurück und machte den Gegenvorschlag, nach Heidelberg zu kommen.

Der 40jährige Siedler, Chef des zum riesigen Ullstein-Verlagsimperium gehörenden Propyläen-Verlags und in seinem Metier ein Erfolgsmensch ähnlich wie der junge Speer unter Hitler, war besonders gut geeignet, diesen in der Zukunft gewiß umstrittenen Autor an sich zu binden. In einer vorbildlichen Familie von Intellektuellen aufgewachsen, war sein Vater ein Liberaler, ein Antinazi, mit einem großen Kreis gleichgesinnter Freunde, darunter eine beträchtliche Anzahl Juden, von denen er und sein Freund, der Physiker Otto Hahn, die ganze Hitler-Zeit über mehrere versteckten und versorgten. Siedler selbst kam mit Siebzehn wegen zersetzerischer Aktivitäten ins Gefängnis und wurde nach zehn Monaten entlassen, um an der Ostfront zu dienen.

Als Siedler und ich uns 1985 in seinem Büro in Berlin trafen, um uns über Speer zu unterhalten, war Siedler schon seit langem bei Ullstein ausgestiegen und führte mit großem Erfolg seinen eigenen Verlag.

Er hatte Margret Speer 1963 geschrieben, daß er an einem Buch von Speer interessiert sei. Ein solches Projekt könne kein »Schnellschuß« sein. Wenn Speer und sie nach seiner Entlassung vielleicht eine Zeitlang in der Schweiz leben wollten, wäre er bereit, eine für das Schreiben notwendige längere Zeitspanne zu finanzieren.

Später, sagte er, war es ihm gelungen, Speer in Spandau einen Brief zukommen zu lassen. »Ich schrieb ihm, daß ich keine Ahnung von seiner derzeitigen Einstellung hätte; selbst hatte ich nicht die geringste Sympathie für die Nazis. Ich sei aber der Meinung, daß er, ungeachtet seiner gegenwärtigen politischen Position, als einziger aus Hitlers Umgebung intellektuell in der Lage sei, von dieser Zeit Zeugnis abzulegen. Ich schrieb ihm, ich hätte seiner Frau bereits vorgeschlagen, daß Ullstein ihn nach seiner Entlassung aus Spandau ein halbes Jahr finanzieren würde, damit er in einem Dorf in der Schweiz in aller Ruhe schreiben könne. Ich hatte gehört, daß er die Berge liebte, und ich glaubte wirklich, daß es ihm helfen könnte, die Arbeit in aller Abgeschiedenheit und außerhalb Deutschlands zu beginnen. Natürlich hatte ich, als ich seiner Frau und dann ihm schrieb, keine Ahnung, daß er bereits einen ersten Entwurf verfaßt hatte, daß bereits so viel Material vorlag.

Als ich ihm 1966 schrieb, ich würde ihn in Heidelberg aufsuchen, rief er mich an. Er sagte, er kenne die Welt der Bücher: Die Autoren würden ihre Verleger aufsuchen, nicht umgekehrt. Ich versuchte ihn davon zu überzeugen, daß sich das geändert hatte, doch er bestand darauf, und schließlich wurde mir klar, daß er unbedingt nach Berlin kommen wollte.«

Sie trafen sich ein paar Tage später zum Essen im Restaurant Schlicher, das Speer aus früheren Zeiten gut kannte. Der leidenschaftliche Liberale Siedler hätte eigentlich allen Grund gehabt, Speer zu mißtrauen, dessen Vergangenheit doch der Inbegriff dessen war, was er verabscheute. Aber geistig und sogar in ihrer äußeren Erscheinung einander merkwürdig ähnlich, brauchten sie nur ein paar Minuten, um sich sympathisch zu finden. »Er sah ehrlich aus«, sagte Speer mir, bei Beschreibungen wie immer kurz und bündig.

»Er war erstaunlich vertrauensvoll«, sagte Siedler. »Wir sprachen nur sehr kurz miteinander. Inzwischen hatten ihm Zeitschriften in Deutschland, Frankreich und Amerika Hunderttausende von Mark und Dollar angeboten, und er hatte sie alle abgewiesen. Aber da, beim Essen mit mir in Berlin, bestand er darauf, den Vertrag noch an Ort und Stelle abzuschließen. Er lag auf meinem Schreibtisch im Büro – ich hatte angenommen, wir würden nach dem Essen dorthin gehen. Also schickte ich meinen Fahrer, um ihn zu holen. Es war eine ungewöhnliche Art, einen Autor unter Vertrag zu nehmen, doch so wollte er es, also machte ich es. Als der Vertrag kam, bat ich ihn, ihn zu lesen – ich sagte, ich würde ihn eine Weile allein lassen, damit er ihn lesen könne, ohne daß ich ihm dabei zusah. Doch er sagte nein, das sei nicht nötig. ›Entweder haben wir Vertrauen zueinander oder nicht.‹ Ich sagte, er solle achtgeben mit Vertrauen, es habe ihn schon einmal in die Bredouille gebracht. Er lächelte aber nur und unterschrieb.«

»Hatten Sie den Vertrag gelesen?« fragte ich Speer. »Nein, wozu denn?« antwortete er. »Ich mochte Siedler.«

Wenn Speer sich auch von da an zwei Jahre lang fast ausschließlich auf das Buch konzentrierte, gab er trotzdem zwei Journalisten vom *Spiegel* ein größeres, bereits geplantes Interview.

»Ich wollte das tun«, erklärte er mir, »nicht wegen des Honorars, sondern weil ich mit jungen Leuten sprechen wollte.« Aber er hatte doch eine ganze Familie junger Leute, sagte ich. Warum hat er nicht mit ihnen gesprochen?

»Weil ich Menschen brauchte, die nichts mit mir zu tun hatten, die sich nicht verpflichtet fühlten, mich in Schutz zu nehmen, und die, wie ich glaubte, nicht zögern würden, mich anzugreifen und mir zu widersprechen. Und tatsächlich war ich verblüfft und fasziniert von den Fragen, die mir die Journalisten stellten. Und ich erkannte: Wenn es das war, was die jungen Leute wissen wollten, dann hatte ich einiges nicht genügend bedacht und mein ›Spandauer Entwurf‹ ließ noch viele Fragen offen. Gleich nach diesem Interview fragte ich Siedler, ob er einen jungen Menschen kenne, der mir während der Arbeit von Zeit zu Zeit Fragen stellen könnte. Und er schlug dann [Joachim] Fest vor.«

Verglichen mit heute, da Zeitungsjournalisten in Konkurrenz zum Fernsehen immer aggressiver werden, wirkt das *Spiegel*-Interview recht gemäßigt.

Wolters stand, wie er Speer schon Jahre zuvor geschrieben hatte, den deutschen Massenmedien und besonders vermutlich dem linksliberalen *Spiegel* äußerst kritisch gegenüber. Er war daher über Speers Absicht entsetzt, sich nach der Entlassung aus dem Gefängnis ausgerechnet im *Spiegel* zu Wort zu melden, und bekämpfte diese Absicht von Anfang an. In einem kritischen Brief vom 30. November 1966 schrieb er, nach der Lektüre des Artikels habe er lange »hin und her überlegt«, und er sei überzeugt, daß die von einer »vorgefaßten Meinung« geprägten Fragen der *Spiegel*-Reporter sorgfältig darauf gezielt hätten, im wesentlichen von vornherein feststehende Antworten zu erhalten:

Deine zum Ausdruck gebrachte heutige Meinung zum damaligen Geschehen entspricht im ganzen durchaus dem, was die Presse hören will und was in den vergangenen zwanzig Jahren an Schulen und Universitäten gelehrt worden ist ... Deine heutige persönliche Meinung mag den einen oder anderen durchaus interessieren. Sie kann das Bild der Geschichte aber auch erheblich verwischen. Deine für später angekündigten Erinnerungen müßten daher den heutigen Standpunkt wohl außer acht lassen ...

Da Hitler in der ersten Hälfte unseres Jahrhunderts einer der großen politischen Beweger gewesen ist, sind alle Äußerungen über ihn von Männern, die zeitweise mit ihm nahe Berührung hatten, für die geschichtliche Wahrheitsfindung wichtig ... Improvisierte Presseäußerungen sind daher kaum zu verantworten; sie sind außerdem irreführend ... Einmal nachgewiesene Widersprüche können im übrigen unter Umständen die Glaubwürdigkeit Deiner späteren Berichterstattung herabmindern.

Ein Beispiel für die Verzeichnung und gefährliche Vereinfachung eines historisch äußerst komplizierten und komplexen Problems: Die Spiegelfrage »Würden Sie die Kriegsschuld eindeutig bei Deutschland sehen?« und Deine bündige Antwort »Nein, nicht bei Deutschland, bei Hitler«. Das ist zweifellos eine Antwort aus heutiger Sicht. Denn 1939 waren wir doch alle der Auffassung, daß Hitler mit Deutschland zu identifizieren war. Wir sahen damals ferner (auch wenn wir nicht begeistert, sondern eher niedergedrückt waren) die Verantwortung für den polnischen Krieg beim renitenten und provozierenden Verhalten der Polen und die Schuld an der Ausweitung zum Weltkrieg in erster Linie bei den Engländern. Oder war das damals nicht so in unseren Augen? Aus heutiger Sicht dürfte dagegen die Alleinschuld Hitlers am Weltkrieg von der Masse kaum noch bezweifelt werden ... Die Hauptschuld Hitlers wird uns seit 1945 von der Presse tagtäglich eingehämmert, und unsere Außenpolitik baut auf dieser scheinbar unumstößlichen Tatsache auf: Hitler ist der Teufel, seine Mitarbeiter sind des Teufels General, des Teufels Leibarzt, des Teufels Architekt usw. Daß diese Verteufelung das deutsche Volk jedoch von keiner Schuld reinwäscht, haben wir inzwischen reichlich erfahren müssen: Der Teufel und seine Unterteufel sind und bleiben, jedenfalls für die Sieger, *die* Deutschen ...

Wir würden heute den alten Fehler wiederholen – nicht links und nicht rechts, nicht vor und nicht zurück zu blicken, um nur den eigenen Kram zu sehen –, wenn wir lediglich den Teufel Hitler und seine Herren Unterteufel verantwortlich machten. Es handelt sich aber um uns alle, um Deutsche, um Europäer und schließlich um alle von der abendländischen Zivilisation anpolierten Völker.

Lohnte es sich nicht, (in Deinen künftigen Werken) um Interesse und Verständnis hierfür (bei unseren kommenden Generationen) zu werben?

In alter Freundschaft, Dein

R.

»Ich weiß, daß mein Vater damit rechnete, Speer bei seinem Buch zu helfen«, sagte Fritz Wolters zu mir. »Ich habe ihn das mehrmals sagen hören, und es geht auch ganz klar aus den ersten Briefen hervor, die er Speer nach der Entlassung schrieb.«

Marion Riesser war anderer Meinung. »Das war vielleicht viel früher einmal so, als Speer mit dem ›Spandauer Entwurf‹ begann und Wolters ganz offiziell zu seinem literarischen Nachlaßverwalter ernannte und übrigens auch sagte, er werde ihm das Buch widmen. Doch als er ein paar Jahre später seine Meinung änderte und Hilde zu seiner Nachlaßverwalterin machte, glaubte Wolters nicht mehr, daß er an dem späteren Werk in irgendeiner Form beteiligt sein würde – oder auch beteiligt sein wollte.«

Speer sprach mit mir oft über seine Bücher und beschrieb in unseren ersten gemeinsamen Tagen seine ursprünglichen Pläne. Er sagte, er war nach Arbeitsbeginn nur wenig mit Wolters in Verbindung. »Ich fuhr eine Zeitlang nach Portugal zu den Brüggemanns, Freunden von Rudi, die dort ein Haus hatten«, sagte er kurz. »Er hatte das organisiert, und dort begann ich zu arbeiten. Aber darüber gesprochen haben wir nicht. Von dem Augenblick an, wo ich bei Siedler unterschrieben hatte, war Siedler der einzige, mit dem ich darüber sprach.«

Speer hatte ursprünglich an nur ein Buch gedacht, doch als Siedler die ungeheure Menge an Material sah, entschied er, daß daraus zwei Bücher werden müßten. »Aber es war meine Entscheidung, was in welches Buch kommen sollte«, sagte Speer. »Die Briefe, die ich in Spandau schrieb, waren von Anfang an grundverschieden voneinander, und um das noch zu betonen, gab ich ihnen verschiedene Überschriften. Alle die Briefe, auf denen im Grunde mein Entwurf für die Memoiren basierte – die späteren *Erinnerungen* –, nannte ich ›Arien‹. Die Briefe, die Zusätze, Korrekturen und spätere Überlegungen zu den ›Arien‹ enthielten, hießen die ›Späne‹. Die dritte Kategorie umfaßte einerseits die Sammelbriefe an die Kinder, die ›Spanischen Illustrierten‹, andererseits zahlreiche Briefe an Wolters über bestimmte Ereignisse, Personen und Bücher, die ich gelesen hatte, über Träume, die ich gehabt hatte, und schließlich über profanere Dinge wie Geld und all das. Zu dieser Kategorie gehörten auch viele Briefe an einzelne Kinder. Vor allem aus dieser dritten Kategorie wählte ich fünf Jahre später das Material für die *Spandauer Tagebücher* aus. Und schließlich gab es noch eine kleine vierte Kategorie von Briefen an Wolters, die ich mit einem besonderen Zeichen markiert hatte und die bis zu meiner Rückkehr ungeöffnet beiseite gelegt werden sollten.« Diese Briefe seien die schwierigsten gewesen, denn sie enthielten private Gedanken und Fragen »zu meinen moralischen Grundsätzen, meinem Glauben ... oder das Fehlen von beidem«.

Hatte Wolters sie gelesen? fragte ich.

»Ich glaube nicht«, erwiderte er. »Er ist ein Ehrenmann; ich hatte ein besonderes Zeichen auf diesen Umschlägen, und ich bekam die Briefe ungeöffnet in den Umschlägen zurück.«

Vor die Entscheidung gestellt, welches Material für welches der beiden Bücher verwendet werden sollte, mußte Speer aus rund zehntausend Schreibmaschinenseiten auswählen.

»Es fiel mir nicht allzuschwer zu entscheiden, was in die *Erinnerungen* kommen sollte« sagte er. »Es mußten meine zwölf Jahre mit Hitler sein. Im wesentlichen ist das, was Sie in diesem Buch finden, fast wörtlich den ›Arien‹ entnommen, die ich in Spandau verfaßt habe. Es ist allerdings anders gegliedert, und ich hab' es mit einer beträchtlichen Anzahl von zeitgeschichtlichen Dokumenten versehen, die ich nach Spandau in den Archiven aufgestöbert hab'. Die *Spandauer Tagebücher* dagegen stellten ein völlig anderes Problem dar und erforderten eine umfangreichere Auswahl und Bearbeitung.«

(Nachdem er dies gesagt hatte – wir saßen in dem hellen kleinen Wintergarten neben seinem Arbeitszimmer im Heidelberger Haus –, holte er Stöße von Originalbriefen und Abschriften aus seinem Archiv. In den folgenden Nächten verbrachte ich Stunden damit, Auszüge daraus zu lesen – es war mein erster Blick auf die Dokumente, mit denen ich mich seit seinem Tod so intensiv beschäftigt habe.)

»Als mein Vater an den *Erinnerungen* arbeitete«, sagte Hilde, »schickte er meiner Schwester Margret und mir die fertigen Kapitel. Ich machte eine Zeitlang mit – etwas länger als Margret –, aber dann hörte ich auch auf. Ich wollte nicht die Rolle spielen, die er mir zugedacht hatte. Aber als das Buch fertig war, gefiel es mir eigentlich gut.«

Bei den *Spandauer Tagebüchern* ging es ihr anders. »Er schickte mir wieder Kapitel, aber diesmal gab ich viel schneller auf. Wenn dieses Buch wahr im absoluten Sinn hätte sein sollen, hätte es ein psychologisches Selbstporträt werden müssen. Da ich nicht den Eindruck hatte, daß es das war, wollte ich nichts damit zu tun haben. Er hatte so sorgfältig aus den Briefen ausgewählt, daß es zuletzt ein ganz ›reingewaschenes‹ Buch wurde. Nicht in bezug auf sein Verhalten oder seine Schuld, aber er hatte auf einer viel tieferen Ebene im Grund fast alle persönlichen Gefühle entfernt oder zurückgehalten. Und letzten Endes bin ich froh darüber. Wenn das Buch ›richtig‹ in dem Sinn gewesen wäre, den ich meine, wäre es zuviel gewesen: Er hätte seine Seele offenbaren müssen und auch die von anderen – wie er es in seinen Briefen tatsächlich getan hat, in jenen Tausenden und Abertausenden Seiten, die er *nicht* in die Bücher aufnahm. Ich glaube wirklich, daß er ganz absichtlich eine Grenze gezogen hat bei der Enthüllung seiner privaten Person, seinem Privatleben und seinen innersten Gedanken, und ich glaube, er hatte recht.«

»Es stimmt, daß Hilde eine andere Vorstellung hatte, wie ich die *Tagebücher* hätte schreiben sollen«, sagte Speer. »Aber ich war nicht ihrer Meinung. Nicht, weil das Buch dann weniger erfolgreich gewesen wäre, sondern weil die Art, wie ich es schrieb, am ehesten aufzeigte, was Spandau für mich bedeutet hat. Nicht mehr und nicht weniger konnte ich tun – mehr wäre unerträglich gewesen, weniger unehrlich. Es stimmt jedoch, daß in dem, was letzten Endes veröffentlicht wurde, auch einiges hinzugefügte Material enthalten ist. Ich glaube nicht, daß ich mich dafür entschuldigen muß. Ich begann mit dem Buch 1972, sechs Jahre nach meiner Entlassung aus Spandau und drei Jahre nach der Veröffentlichung der *Erinnerungen* in Deutschland. Damals hatte ich die konzentrierteste Zeit hinter mir, die Sie sich vorstellen können, denn ich mußte eine 21jährige geistige Entwicklung in Deutschland nachholen. Und inzwischen hatte ich einige ganz besondere Leute kennengelernt – große Köpfe, große Geister. Ich konnte mich der Weiterentwicklung meiner Gedanken einfach nicht verschließen, um so weniger, als die meisten meiner Ergänzungen wahrscheinlich ohnehin die ganze Zeit in meinem Unterbewußtsein gewesen waren.

Wie dem auch sei, um den Zweck des Buches zu erfüllen, in dem nicht nur das tägliche Geschehen berichtet werden sollte – das tat ich ja sowieso anhand meiner Aufzeichnungen und aus dem Gedächtnis –, sondern auch, wie die menschliche Persönlichkeit sich anpassen und verändern muß, es gehörten nachträglich hinzugefügte Gedanken einfach hinein.«

Beide Bücher, sagte er, enthielten Passagen, die er nicht im Gefängnis geschriebenen habe. »Warum denn nicht? Was wollen die Leute denn? Im Gefängnis war mein Horizont sehr begrenzt. Es war doch unvermeidlich, daß ich, als ich herauskam, Neues erfuhr und hörte und auch Dinge anders verstehen und sehen lernte, was den Zusammenhang von Gefängnis und Freiheit betraf – und das alles mußte doch hinein. Man kann Gedanken nicht wie Kalender oder Uhren auf eine bestimmte Zeit einstellen; sie enthalten zeitlose Welten in uns selbst. Schreiben ist das Bindeglied. Zumindest sah ich das damals so, und ich bin heute noch derselben Meinung.«

Über die zahlreichen Angriffe auf ihn sprach er mit erstaunlichem Gleichmut. »Man wirft mir vor, daß ich die Originalaufzeichnungen geändert und Dinge hinzugefügt hätte, daß ich meine Ansicht zur Gestaltung geändert hätte und, zuletzt, daß ich die Bücher geschrieben hätte, um Geld zu verdienen. Können Sie mir eine Autobiographie nennen, auf die das alles nicht zutrifft? Darüber hinaus wirft man mir vor, ich würde meine politischen Überzeugungen und das Ausmaß meiner Beziehungen zu Hitler unterschlagen oder abstreiten und meine Architektur verleugnen; man unterstellt meiner Aussage in Nürnberg und meinen Büchern finstere Absichten und bezichtigt mich der Lüge, wenn ich sage, ich hätte vom Mord an den Juden nichts gewußt. Na ja, Sie werden das ja selbst beurteilen können.«

Er hatte bei der Aufzählung dieser Anschuldigungen die wichtigste zuletzt genannt, beinahe als wolle er mich auf die Probe stellen. Eine weitere Anschuldigung vieler seiner erbittertsten Kritiker, auf die er sehr empfindlich reagierte, erwähnte er gar nicht – daß eigentlich nicht er die Bücher geschrieben habe, sondern Joachim Fest als sein Ghostwriter.

»Das war völliger Unsinn«, bestätigte Siedler später. »Ich sprach in den Jahren, in denen er an den Büchern arbeitete, natürlich oft mit ihm; manchmal rief er an, um etwas zu besprechen oder sich – wie viele Autoren es brauchen – Mut machen zu lassen, und manchmal rief ich ihn an, um über bestimmte Kapitel, die er mir geschickt hatte, zu reden. Wie Sie wissen, hatte er mich gebeten, für die *Erinnerungen* einen ›jungen Historiker‹ zu suchen, und Fest war für dieses Buch als historischer Berater unter Vertrag – mit den *Spandauer Tagebüchern* hatte er nichts zu tun. Ich glaube nicht, daß er Speer überhaupt je ohne mich traf, und unsere Treffen waren – was in Anbetracht der Länge des Schreibprozesses und der Komplexität des Themas eigentlich merkwürdig ist – vergleichsweise selten. Soviel ich weiß, trafen wir uns nur sieben- oder achtmal. Einmal verbrachten wir fünf oder sechs Tage in Bozen; nach Heidelberg fuhren wir meines Wissens sechsmal für jeweils ungefähr drei Tage. Und einmal verbrachten wir ein herrliches Sommerwochenende auf Sylt. Unsere Frauen waren immer mit dabei. Fest und ich arbeiteten die

Tage über mit Speer in Hotels und auf Spaziergängen, während unsere Frauen ihrer eigenen Wege gingen; und am Abend trafen wir uns zum Essen.«

Fests Rat, unter anderem auch in Recherchen, einem Gebiet, auf dem er besonders bewandert war, sei von unschätzbarem Wert gewesen, sagte Siedler. »Aber an der zweiten Phase der Arbeit war er nicht beteiligt – an der eigentlichen Bearbeitung von fünftausend Schreibmaschinenseiten, aus denen dann sechshundert Buchseiten wurden. Mit dem Schreiben hatte nichts er zu tun.« Doch sie beide, Fest und er, hätten Speer zahlreiche Fragen gestellt, deren Antworten für das Buch wesentlich waren. Darunter waren natürlich auch Fragen zur Kristallnacht und zu den Juden.

»Ich wußte natürlich«, sagte mir Speer, »daß dieses Thema die Gedanken der meisten Deutschen stark beschäftigte; bei mir war das ja schon seit über zwanzig Jahren so. Nach meiner Entlassung aus Spandau erkannte ich bald, daß viele der besten Geister in Deutschland und die meisten der Jungen dies genauso fühlten wie ich. Als Siedler und ich zum erstenmal über das Buch sprachen, sagte ich ihm, daß ich meine Einstellung zu den KZ und zu dem Mord an den Juden gleich am Anfang erklären wollte. Ich dachte fast an eine besondere Einführung. Aber Siedler fand, das war nicht nötig; der Leser würde seine Einstellung bei der Lektüre von selbst erkennen. Rational betrachtet hatte er recht: Ich schrieb ja über meine Erinnerungen, und wenn Erinnerungen das waren, woran ich mich selbst *erinnerte,* dann konnte die Vernichtung der Juden genaugenommen nicht dazugehören. Trotzdem fand ich, daß er nicht recht hatte und war sehr unglücklich darüber.«

Eine ganze Reihe Kritiker wie Lucy Dawidowicz, Geoffrey Barraclough, Rebecca West, Matthias Schmidt, Elias Canetti, Heinz Höhne und andere sollten darauf hinweisen, wie schwach und unpersönlich Speers Kommentare zu diesem zentralen Thema waren und wie wenige es von ihnen gab, von den Stellen abgesehen, wo er – »dem amerikanischen Buchmarkt zuliebe«, wie einige schrieben – »zusätzliche Teile« in die englischsprachige Ausgabe eingefügt hatte. Doch auch wenn die Erwähnung der Kristallnacht ausschließlich auf die Initiative von Siedler und Fest zurückging, bestätigte Siedler, daß die Entscheidung, wie mit der Problematik der Juden und Speers Schuldgefühlen in der deutschen Ausgabe umzugehen sei, von ihm, Siedler, und nicht von Speer getroffen wurde.

»Im ersten Entwurf nach Spandau«, sagte mir Siedler 1985, »war davon in jedem dritten Absatz die Rede. Ich hatte den Eindruck, daß die deutsche Leserschaft all diesen ›mea culpas‹ nicht gewachsen war. Wir stritten tagelang darüber. Er kämpfte wie ein Löwe, und wenn ich zuletzt gewann, dann wirklich nur deshalb, weil er des Kampfes müde war. ›Machen Sie, was Sie wollen‹, sagte er dann. Einige Zeit später rief mich Jerry Gross an, der für die englische Übersetzung zuständige Lektor bei Macmillan in New York, und sagte, das Buch enthalte für amerikanische Leser zuwenig über die

Morde an den Juden und über Speers eigene Schuldgefühle. Ich entgegnete: ›Wenn das Ihre einzigen Sorgen sind, in meiner Schublade türmen sich die Seiten, die ich gestrichen habe, und Sie können sie gerne haben.‹ Die Amerikaner haben einige davon wieder in den Text eingefügt, und so kam das also.«

Sieben Jahre später sagte Siedler auf meine Frage nach den zusätzlichen Seiten, die er mir gegenüber erwähnt hatte, daß er sich zwar an keine Einzelheiten mehr erinnere, aber sicher sei, gelegentlich mit Jerry Gross darüber gesprochen zu haben. Jerry habe immer darauf gedrungen, daß Speer sich mit der moralischen Seite seiner persönlichen Verantwortung auseinandersetzte. Er selbst habe Speers »ewige Bekenntnisse« seiner Schuld dagegen als eher peinlich empfunden. Siedler wußte noch, daß er Speer geraten hatte, das Urteil über seine Schuld anderen zu überlassen. »Aber alles in allem«, sagte er, »hat er diese Schuld wahrscheinlich *wirklich* empfunden. Warum hätte er sonst einen so großen Teil der Tantiemen den Opfern zukommen lassen sollen?«

Gross, heute Vizepräsident der Universität Boston, erinnerte sich deutlich, wenn auch etwas anders an das Gespräch mit Siedler, als wir uns im Dezember 1992 beim Essen im Century Club in New York unterhielten. (Damals waren in sämtliche fremdsprachige Ausgaben der *Erinnerungen* dieselben Zusätze aufgenommen worden, und in den folgenden beiden Büchern, den *Spandauer Tagebüchern* und dem *Sklavenstaat,* konzentrierte Speer sich immer mehr auf das schreckliche Thema des Judenmords.)

Der Century ist ein renommierter New Yorker Club, in dem sich vor allem die literarische Welt trifft. Die Wände der Eßzimmer sind mit bis zur Decke reichenden Regalen ausgestattet, die Zehntausende von Büchern aus unserer und früheren Zeiten beherbergen. Die Bedienung ist unaufdringlich, das Stimmengemurmel gedämpft, und eine Regel des Clubs verbietet geschäftliche Transaktionen während der Mahlzeiten – auf den Tischen sind keine Notizbücher oder Papiere erlaubt, was zu einer ruhigen Atmosphäre beiträgt.

»Da war ganz sicher etwas mit zusätzlichem Material«, sagte Jerry Gross. »Eigentlich war es unser damaliger Verleger Peter Rittner, der unbedingt meinte, daß in der amerikanischen Ausgabe mehr über Speers *Gefühle* stehen müsse. Ich bin mir sicher, daß ich zuerst mit Wolf [Siedler] darüber sprach, aber ich kann mich nicht daran erinnern, daß er mir irgendwelche herausgenommenen Seiten angeboten hätte. Mein Eindruck ist – und wahrscheinlich habe ich unrecht, wenn Siedler sich anders erinnert –, daß es vor unserer Anfrage keine zusätzlichen Seiten gegeben hat. Woran ich mich sehr lebhaft erinnere, sind die Gespräche darüber mit Speer selbst. Er war ungewöhnlich empfänglich für Kritik und Anregungen. Ich erklärte ihm, wir, Rittner und ich, meinten, daß in der amerikanischen Ausgabe ein Zusatz von ihm über seine Gefühle zum Schicksal der Juden nötig sei. Speer sagte darauf lediglich etwas wie ›Ach so? Gut‹ und schickte uns sofort zwei Seiten. Sie entsprachen ziemlich genau dem, was wir uns erhofft hatten, und es war genug. Nach diesem einen Mal sprachen wir, obwohl ich Speer jedesmal traf, wenn ich in Deutschland war, nie wieder über ein vergleichbares Thema.«

Mit Siedler, warf ich ein, habe Speer in dieser Frage »gekämpft wie ein Löwe«. Gross lächelte. »Es handelte sich um ein, wie ich glaube, ganz anderes Verhältnis: Ich sah Speer relativ oft, aber bis auf dieses Thema und einige kleinere Punkte im Manuskript, die wir nach Beendigung der Übersetzung gemeinsam durchgingen, sprachen wir eigentlich nie über den Inhalt des Buches. Ich meine damit, während Siedler und, wie ich annehme, auch Fest mit ihm während des Schreibens sicher über viele heikle Fragen sprechen mußten, war zu dem Zeitpunkt, als ich dazukam, das Buch ja bereits *da*. Deshalb war unser Verhältnis, na ja, viel gelöster, viel entspannter, vermute ich.«

»Sie befreundeten sich nicht mit ihm, wie Siedler es tat?« fragte ich. »Freund? Nein, das würde ich nicht sagen. Ich war fasziniert von ihm; was er schrieb, war außergewöhnlich, die *Spandauer Tagebücher* für mich noch mehr als die *Erinnerungen*. Er war ein ganz außergewöhnlicher Mensch.«

»Aber sie fühlten sich nicht wohl mit ihm?« Er sah mich nachdenklich an. »Wohl? Nein. Angeregt, stimuliert, ja.« Und nach einer Weile sagte er: »Was mir jetzt einfällt: Es stimmt, unsere Gespräche blieben immer sehr an der Oberfläche. Mein Sohn wurde gerade Architekt, und wir sprachen über Architektur, über Kunst und Reisen und natürlich auch über Verlagsdinge – Werbung, Geld und all das. Jetzt, wo ich darüber nachdenke: Es stimmt, wir sprachen nie über etwas, das mit seiner Vergangenheit zu tun hatte, oder über Hitler. Doch ...« Wieder dachte er eine Zeitlang nach. »Trotzdem«, sagte er schließlich. »Irgend etwas zog mich zu ihm hin.«

Neugier? Die Hoffnung, daß sie sich vielleicht eines Tages auch über Dinge unterhalten könnten, die *ihm* wichtig waren? »Vielleicht«, sagte er. »Einmal begegnete ich ihm zufällig auf der Frankfurter Buchmesse. Er lud mich zum Essen ein, und ich lehnte mit der Begründung ab, ich sei mit meiner Frau da. Meine Frau mochte Deutschland überhaupt nicht und fuhr deshalb, wenn ich dort zu tun hatte, normalerweise immer zu unserer Tochter, die damals in Genf lebte.

Speer hat sie sofort auch eingeladen. Als ich sie im Hotel anrief, lehnte sie kategorisch ab – nichts auf der Welt könne sie dazu bringen, sich mit ›diesem Menschen‹ an einen Tisch zu setzen. Er rief sie danach selbst an, und sie willigte ein, doch als er sie abholte, war sie beinahe krank vor Panik. Ich glaube, ich wollte, daß sie ihn kennenlernte. Sie tat es um meinetwillen. Es war sehr tapfer von ihr, und ich habe ihr das seither stets hoch angerechnet. Es passierte nichts weiter, wissen Sie. Wir aßen nur an einem gemütlichen Ort, und er und ich plauderten wie gewöhnlich. Meine Frau sagte sehr wenig.

Doch als wir in unser Zimmer zurückkehrten, brach sie in Tränen aus und weinte stundenlang, wie mir schien.

Ich war mir nie sicher, ob Speer wirklich nichts von dem Mord an den Juden wußte bis nach dem Krieg. Wenn man es realistisch betrachtet, scheint das unmöglich. Eugene Davidson [der die Einleitung zur amerikanischen Ausgabe der *Erinnerungen* schrieb] lernte Speer gut kennen und glaubte ihm. Aber ich glaube, meine Frau tat das nie.«

Ich fragte Gross, wie sehr seiner Meinung nach Speer beim Schreiben der Bücher von Geld motiviert war.

»Geld spielte nur eine sehr geringe Rolle«, sagte er und zeigte mir eine kurze Zusammenstellung von Speers Einkünften (in Dollar) von 1967 bis 1972, die Speer während eines Essens mit Gross am 24. September 1972 niedergeschrieben hatte.

Speers Gesamteinnahmen vom Ullstein-Verlag, dem er die weltweiten Rechte übertragen hatte (und der bis dahin, wie mir Wolf Jobst Siedler mitteilte, in Deutschland 500 000 gebundene Exemplare der *Erinnerungen* und, da das Buch inzwischen sowohl gebunden wie als Taschenbuch in anderen Sprachen erschienen war, in anderen Ländern mehrere Millionen verkauft hatte), beliefen sich auf 577 000 Dollar. Davon hatte er 102 000 Dollar wohltätigen Einrichtungen in Europa und den Vereinigten Staaten gespendet, 263 000 Dollar gingen als Einkommensteuer ab, 96 000 Dollar für Schreibkräfte, Fahrtkosten und Unterstützung von Verwandten und 93 000 Dollar für Ausgaben der Familie. Seiner eigenen Rechnung zufolge hatte er Geld verloren, doch in Wirklichkeit blieb ihm ein kleiner Gewinn von 23 000 Dollar in vier Jahren.

Als ich Speer kennenlernte – zweieinhalb Jahre nach dem Erscheinen der *Spandauer Tagebücher* 1975 –, hatte er vermutlich die größten Summen verdient, die er je verdienen sollte. Ähnlich wie er 1972 Jerry Gross seine Einkommensverhältnisse offengelegt hatte, zeigte er mir 1978 seine Geschäftsbücher. Wie man sich vorstellen kann, war in ihnen alles sorgfältig eingetragen.

Nach Abzug von Steuern, Ausgaben für die Familie, Geschenken an Menschen, die ihm geholfen hatten – Toni Proost und seine Familie und andere aus der Spandauer Zeit –, und den üblichen laufenden Kosten blieben Speer 850 000 DM. »Das reicht«, sagte er, »um Margret und mir ein anständiges Leben zu sichern – ich meine bis zum Schluß –, auch wenn ich keine weiteren Summen von Bedeutung mit künftigen Büchern verdienen sollte.« (»Meine Eltern waren in Geldsachen beide ziemlich altmodisch«, sagte Hilde später. »Es war auch schon vor den Büchern Geld da, doch das war ›Kapital‹, und für Menschen ihrer Generation durfte Kapital nicht angegriffen werden. Von den Zinsen hätten sie sicher nicht leben können, sie waren ziemlich bescheiden.« Sie lachte. »Na ja, nicht *so* bescheiden, doch es war ja auch nicht seine

Art, *so* bescheiden zu leben. Was er mochte«, sagte sie lächelnd, »war, bescheiden im Luxus zu leben.«)

»Vielleicht hätte ich Speer nicht sympathisch finden sollen«, sagte Jerry Gross. »Viele Leute würden sagen, ich konnte ihn nicht mögen. Aber doch, ich konnte. Ich hatte ihn gern und weiß nicht ganz, warum. Vielleicht weil ich, obwohl wir nie darüber sprachen, das Gefühl hatte, daß er nach Wahrheit suchte, der Wahrheit in sich selbst.«

Gross erinnerte sich, daß er Speer beim ersten Gespräch über den Vertrag zur amerikanischen Ausgabe vorgeschlagen hatte, einen Teil der Tantiemen jüdischen Hilfsorganisationen in Amerika zu spenden. Speer hatte sofort zugestimmt. Doch Gross erfuhr erst von mir, daß Speer – was außer Annemarie Kempf, Siedler, dem ehemaligen US-Ankläger Robert Kempner und später Wolters niemand wußte – schon lange, das heißt seit der Zeit, als er Geld zu verdienen begann, anonym verschiedenen jüdischen Organisationen in Europa Spenden zukommen ließ und dies bis zu seinem Tod fortsetzte.

»Er besuchte mich sehr bald, nachdem sein erstes Buch erschienen war«, sagte mir Kempner. »Er sagte, er habe Annemarie Kempf Geld für das Kinderheim gegeben, in dem sie arbeitete, und fragte, wo er noch helfen könne, ohne daß jemand davon erfuhr. Ich nannte ihm eine Stelle in Frankfurt, wo man sich um jüdische Überlebende der Lager kümmerte. Er begann dort und bezog dann auch das Kloster bei Maastricht ein, in dem Edith Stein vor ihrer Deportation nach Auschwitz und anschließenden Ermordung gelebt hatte. Einige der Nonnen, die ihr geholfen hatten, waren damals noch am Leben – sie erfuhren nie, woher die beträchtlichen Summen, die er schickte, kamen, ebensowenig wie die Hilfsorganisation in Frankfurt oder andere jüdischen Organisationen, denen er später half.« Speer, sagte Kempner, habe ständig ein Medaillon mit dem Bild Edith Steins in der Tasche getragen.*

»Meine beiden Bücher – die *Erinnerungen* und dann die *Spandauer Tagebücher* – machten natürlich einen langen Prozeß der Umstrukturierung und Verbesserung durch«, sagte Speer zu mir. »In Spandau hatte ich, wie Sie wissen, keine Dokumente zur Verfügung, da wir nichts über das Dritte Reich lesen durften. Deshalb mußte ich danach monatelang im Bundesarchiv in Koblenz und in anderen Archiven recherchieren und Fakten und Daten an-

---

* Edith Stein wurde 1891 als Tochter wohlhabender jüdischer Eltern in Breslau geboren. 1922 konvertierte sie zum Katholizismus, 1933 trat sie in den Karmeliterorden ein. In einem Brief an Pius XI. drängte sie diesen, Hitler wegen seiner antisemitischen Aktionen zu verurteilen. Im Jahr 1938 schickte man sie in ein Kloster in den Niederlanden, um sie dem Zugriff der Nazis zu entziehen. 1942 holte die SS sie aus dem Kloster und brachte sie nach Auschwitz, wo sie zwei Tage später getötet wurde. Unter Papst Johannes Paul II. wurde sie 1987 seliggesprochen, eine Vorstufe zur Heiligsprechung.

hand der Aufzeichnungen meines eigenen Ministeriums und der seit dem Krieg erschienenen Bücher überprüfen.«

»Speer erhielt hier beträchtliche Unterstützung«, erzählte mir Hedwig Singer, die Speer im Bundesarchiv zur Seite gestanden und das nach Speers Tod nach Koblenz gebrachte Speer-Archiv erfaßt hatte. »Was immer er für seine *Erinnerungen* benötigte, ging per Post an ihn. Er teilte uns gewöhnlich schriftlich mit, was er brauchte, und wir machten Fotokopien – meist von Aufzeichnungen seines Ministeriums, Führerbesprechungen und offiziellen Veröffentlichungen – und schickten sie ihm. Sein Hauptproblem waren die Daten; er überprüfte sie mit uns sehr sorgfältig schriftlich und natürlich auch telefonisch im Gespräch mit dem leitenden Archivdirektor [Alfred] Wagner oder mir selbst. Ich muß jedoch sagen, ich erinnere mich in bezug auf die *Erinnerungen* nicht, daß er jemals um Material gebeten hätte, das mit Fremdarbeitern oder Juden zu tun hatte. Er sagte uns einmal, seine beiden Sekretärinnen hätten für seine Verteidigung in Nürnberg eine Menge herausgeschmuggelt – später waren diese Unterlagen wahrscheinlich in Annemarie Kempfs Obhut. Wir lernten Speer erst im Juli 1969 persönlich kennen, als er mit einem Stoß Papiere zum Archiv kam, darunter auch einem Exemplar der ›Chronik‹. Natürlich wußten wir damals nicht, daß es sich um eine gekürzte Fassung handelte, obwohl er uns sagte, es sei eine Abschrift [siehe Kapitel IX]. Sechs Monate später, im Januar 1970, schrieb er uns, ein Teil davon sei im [Londoner] Imperial War Museum gefunden worden und er habe zu seiner Bestürzung festgestellt, daß das Exemplar, das er uns gegeben habe, gekürzt worden sei. Und er meinte, daß, wenn überhaupt, nur Rudolf Wolters ein Original haben könnte. Wir hatten ganz definitiv den Eindruck, daß er die Angelegenheit geklärt haben wollte. Wolters war der einzige seiner früheren Leute, von dem er uns die Anschrift gab. Er war in bezug auf seine ehemaligen Freunde sehr diskret.«

In späteren Jahren, sagte Frau Singer, wenn Speer jeweils längere Zeit im Archiv verbrachte, arbeitete er entweder in ihrem Zimmer, oder man stellte ihm das Büro eines Mitarbeiters zur Verfügung, der im Urlaub war, damit er nicht im Benutzersaal sitzen mußte.

»Er war sehr oft hier«, sagte sie, »zuerst 1972/73, als der Goldhagen-Posen-Skandal ausbrach [siehe Kapitel XV], und später dann im Jahr 1979, als er an seinem dritten Buch, *Der Sklavenstaat,* arbeitete. Kurz vor seinem Tod begann er mit Recherchen für ein viertes Buch über Produktion und Rüstung, das er dann aber nicht mehr schrieb.« Während der ganzen Zeit bis kurz vor seinem Tod 1981, die er im Bundesarchiv verbrachte, sagte Frau Singer, hätten die Archivdirektoren ihn stets gemieden: »Er war und blieb ein heißes Eisen.«

Auch wenn sie Speers Intelligenz und Sorgfalt bewunderte, war sie doch offenbar nie seinem Charme erlegen. Seinen Büchern stand sie, die so eng mit seiner Recherchearbeit verbunden gewesen war, mit gemischten Gefühlen gegenüber.

»Die *Erinnerungen* gefielen mir; ich halte sie für einen einzigartigen Bericht über die Hitler-Zeit«, sagte sie. »Die Quintessenz der *Spandauer Tagebücher* schien mir seine anhaltende Beziehung zu Hitler zu sein, psychologisch sicher hochinteressant, aber ich mag diese Art von Seelen-Striptease nicht. *Der Sklavenstaat* hatte für mein Gefühl einen guten Anfang, fiel dann aber völlig auseinander – das war traurig, weil er dafür soviel recherchiert hatte und das letzten Endes überhaupt nicht zum Ausdruck kam.«

Speer hatte ihr gesagt, die Abrechnung mit Himmler sei ihm wichtiger als alles andere. »Doch statt mit Himmler abzurechnen oder ihn zu analysieren, verteidigte er am Ende hauptsächlich sich selbst. Letztlich waren das natürlich alle seine Bücher: Selbstverteidigung. Dabei ging es ihm eigentlich weniger darum, sich zu rechtfertigen. All diese Jahre des Schreibens hielt er ganz unbeirrbar an einer Haltung der Reue fest – und für mich war dies keine Pose –, doch natürlich führte ihn das unvermeidlich dazu, sich zu verteidigen. Das ist nur menschlich.«

Als Siedler Speer zu den *Erinnerungen* anregte, erwartete er keinen großen Erfolg. »Ich glaubte zwar nicht, daß ich Verluste haben würde«, sagte er, »ich hatte allerdings keine Ahnung, was für eine Art Mensch er inzwischen geworden war und ob er überhaupt schreiben konnte. Wir waren sehr vorsichtig. Das einzige Risiko, das ich zunächst eingehen wollte, war, ihn eine begrenzte Zeit des Schreibens zu unterstützen, und dann wollten wir mit einer kleinen Auflage anfangen. Er nahm 1968 einen kleinen Vorschuß auf die Tantiemen an, aber damals hatten bereits Verleger aus aller Welt Interesse bekundet. Doch selbst so hätte niemand auf der Welt sich träumen lassen, daß es *der* Nachkriegsbestseller werden würde. Es kamen natürlich viele kritische Rezensionen, aber es sah tatsächlich so aus, als sei den Lesern egal, was die Rezensenten schrieben; sie kauften das Buch trotzdem. Natürlich, als die *Welt* 600 000 Mark für den Vorabdruck zahlte, wußte ich, daß wir es geschafft hatten.«

Wolters schrieb in den *Lebensabrissen:*

[Speer] wurde vor dem Erscheinen seiner Autobiographie [vom Ullstein-Verlag] äußerst geschickt mit einem Presseaufwand aufgebaut, der mich lebhaft an die Ankündigung von Remarque's *Im Westen nichts Neues* erinnerte ...

Es überrascht nicht, daß Wolters den *Erinnerungen* kritisch gegenüberstand. Zwar bewundere er den Aufbau des Buches, schrieb er Speer; alles wirke wie ein sorgfältig konstruiertes architektonisches Meisterwerk, in dem eine Steigerung auf die andere folge bis zum Höhepunkt, »der erregenden Schilderung des Abschieds von Deiner Berliner Ost-West-Achse, Deiner Reichskanzlei und Deinem Bauherrn im Bunker an der Voßstraße ... Da ist etwas von echter tragischer Größe, von tiefer Menschlichkeit mitten im Inferno der letzten Tage des Großdeutschen Reiches.« Doch dann nahm er ihn ins Gebet, weil er sich erneut zu seiner und damit »unabsichtlich« der Schuld Deutschlands bekannt habe. »Wenn man Dein Buch zu Ende gelesen hat, dann ist man zu dem Schluß verführt, der Autor würde nunmehr, mit einem härenen Gewand bekleidet, als Prediger durch die Lande ziehen, sein Vermögen unter die Opfer des Nationalsozialismus verteilen, allen Eitelkeiten und Genüssen des Lebens entsagen und von Heuschrecken und wildem Honig leben.«

Etwas später schrieb Wolters: »Als Speer kurz nach Empfang meines Brief in Coesfeld eintraf, ließen die enormen Verkaufszahlen jegliche Kritik unsinnig erscheinen. ›Wo sind die Heuschrecken?‹ lachte er und setzte sich zum Essen ...«

Die geradezu stürmische Aufnahme, die Speers Buch fand – für ein nicht belletristisches Buch selten und für Memoiren aus der Hitler-Zeit sicher einmalig –, äußerte sich in gedruckten und Redebeiträgen in einer Mischung aus Bewunderung und Wut, Lobhudelei und Aggression. Speer freute sich Annemarie zufolge »wie ein Kind«. Der Verlag, sehr wohl des Sprichworts bewußt, »Erfolg zeugt Erfolg«, beeilte sich verständlicherweise, den Erfolg in der Werbung auszuschlachten, was nicht allzuschwierig war, da die Massenmedien von Speer offensichtlich gar nicht genug kriegen konnten. (Sechs Jahre später sollte sich mit den *Spandauer Tagebüchern* dieser Riesenerfolg wiederholen.)

Die leidenschaftliche Aufnahme – positiv wie auch negativ – muß im Kontext der damaligen Zeit betrachtet werden. Als die *Erinnerungen* im September 1969 in Deutschland erschienen, näherte sich, wie man sagen könnte, eine Entwicklungsphase ihrem abschließenden Höhepunkt – eine 25jährige Spanne, in der alle bedeutenden westdeutschen Politiker und Personen des öffentlichen Lebens, alle angesehenen Autoren, alle seriösen Zeitungen, alle einigermaßen ernsthaften Filmemacher und Millionen Menschen mit einem neuen moralischen Empfinden, vor allem aber eine ganze Generation junger Menschen sich zum erstenmal mit dem schrecklichen Erbe der Hitler-Jahre auseinandergesetzt hatten.

Dieses Erbe blieb vielleicht, trotz der Opposition vieler älterer Deutscher, am stärksten durch die NS-Prozesse im Bewußtsein, die seit 1958 an westdeutschen Gerichten geführt wurden. Von 1958 bis 1968 fanden in den elf Bundesländern 150 größere NS-Prozesse statt, und seither gab es solche Prozesse immer wieder. Dazu wurde ein eigener riesiger Justizapparat in Ludwigsburg mit Hunderten von Anklägern aufgebaut, die auf der Suche nach Beweismaterial und Zeugen jahrelang durch alle Welt reisten.

Einige dieser Prozesse waren langwierige Verfahren, die sich über mehrere Monate oder gar Jahre hinzogen und beinahe täglich und höchst aufmerksam von der Presse verfolgt wurden. 1962 fand in Hannover der Bergen-

Belsen-Prozeß statt, 1964 in Düsseldorf der Treblinka-Prozeß und in Frankfurt der Auschwitz-Prozeß. Die vielen Angeklagten dieser Prozesse wurden zu langen Gefängnisstrafen verurteilt, oft lebenslang. 1968 brachte der Hamburger Prozeß gegen das Sonderkommando 1005 einige Mörder vor Gericht, die hinter den Linien der Ostfront Hunderttausende Juden, Russen und Polen erschossen hatten. Und 1970 wurde Franz Stangl, der Kommandant von Sobibor und Treblinka, ausgeliefert von Brasilien, wo er 20 Jahre gelebt hatte, in Düsseldorf zu lebenslanger Haft verurteilt.

Parallel zu diesen Anstrengungen der deutschen Justiz flimmerten Hunderte von Spiel- und Dokumentarfilmen über die Kinoleinwand und Millionen heimischer Fernsehbildschirme. Im Gegensatz zu besonders in der englischsprachigen Welt geäußerten Behauptungen verschloß man in Deutschland nicht die Augen vor der jüngsten Vergangenheit, wie sehr die älteren Generationen sich dies auch gewünscht haben mögen.

Als Speers erstes Buch auf dem Höhepunkt dieser Zeit erschien, kam es für beide Lager der Deutschen gerade recht: für die jungen Menschen, die nach authentischen Informationen bei dem Mann suchten, der sie offensichtlich als einziger liefern konnte. Die älteren suchten vor allem einen Spiegel ihrer eigenen glücklichen Erinnerungen und Momente von Größe und eine Bestätigung, daß die Greuel, mit denen sie sich tragischerweise identifiziert sahen, nicht ihre Schuld waren.

Den enormen Erfolg in Deutschland verdankte das Buch gewiß Speers beachtlicher Fähigkeit, die Bedürfnisse der Leser der jüngeren Generation zu befriedigen – jener Menschen, die während des Krieges noch Kinder und inzwischen junge Eltern waren. Von seiner eigenen Generation waren dagegen viele bitter enttäuscht, allen voran seine ehemaligen Freunde. Auch wenn er Hitlers Greueltaten nicht in den Vordergrund stellte, bestritt er sie doch auch mit keinem Wort, und wo immer sie zur Sprache kamen, und sei es nur zwischen den Zeilen, wurde Hitler eindeutig als letztlich Verantwortlicher genannt.

»Die Leute kritisierten Speer nicht dafür, daß er sich gegen Hitler stellte – daß Hitler den Krieg verloren hatte, warfen sie ihm ja selbst vor«, sagte Theodor Hupfauer, der einer der treuesten Anhänger Speers bleiben sollte. »Was viele so heftig empörte, war, daß ausgerechnet Speer, der ›Günstling des Zaren‹, ihn in seinem Buch vernichtete. Diese Abrechnung war viel wirkungsvoller, weil sie von *ihm* kam. Diese Menschen hatten sich gerade erst mit Nürnberg und den ihrer Ansicht nach erlogenen Beweisen der Anklage abgefunden [mit »den zu Folterzwecken aufgemachten Filmen«, denen sie, wie Wolters Speer geschrieben hatte, vor Gericht ausgesetzt waren]. Doch als Speer nun in seinem ersten Buch und noch mehr in den folgenden bestätigte, daß all dies keine Lüge, sondern die Wahrheit war, verspielte er den guten Willen der meisten seiner Freunde.«

»Als ich Speers Manuskript der *Erinnerungen* zum erstenmal las«, sagte Annemarie, »dachte ich auch: ›Meine Güte, muß er das wirklich tun, muß das unbedingt sein?‹ Speer sagte immer, es habe tatsächlich sein müssen, weil Menschen, die das Dritte Reich nicht erlebt hätten, seinen Charakter und damit auch unsere Gefühle im Dritten Reich und danach nicht begriffen.«

Sie habe ihm schließlich recht gegeben. »Ich glaube, er wollte fair sein. Er versuchte, die Begeisterung zu zeigen, die Hoffnung, die wir hatten – wir, die wir so völlig darin aufgegangen waren – und später unsere völlige Verzweiflung. Aber weil er nicht im Sinne von Gefühlen schreiben konnte oder wollte, gelang ihm das nicht ganz. Das einzige, was er tun konnte, war Hitler einen ›Verbrecher‹ zu nennen, und Sie kennen die Folgen, die das für ihn bei so vielen aus seinem früheren Kreis hatte, selbst bei den engsten Freunden. Ich persönlich sehe das Problem nicht darin, daß das Wort ›Verbrecher‹ zu stark ist, wie Wolters sagte, sondern daß es zu schwach ist. Ich glaube, Speer war schockiert, als er erkannte, wie viele Menschen unserer Generation erwartet hatten, daß seine Memoiren unsere Stellung unter Hitler verteidigen statt erklären würden. Während er einerseits ungeheuer erleichtert darüber war, daß die jüngere Generation fast geschlossen auf der Seite derer stand, die Widerstand geleistet oder zumindest später Hitler abgeschworen hatten, war es andererseits ein schwerer Schlag für ihn, daß die meisten Menschen seiner eigenen Generation – allen voran seine ehemaligen Freunde –, sowohl die, die sich widersetzt hatten, als auch die, die sich wie er selbst später zu einer Mitverantwortung an den Verbrechen bekannten, ihn als Verräter betrachteten. Tatsache ist, daß Speer, als er sein Buch begann, mit fast keinem seiner Bekannten mehr im Gleichklang war. Das war für ihn äußerst schmerzlich.«

»Ich bin erstaunt über A. Sp.«, schrieb Speers alter Freund, der Bildhauer Arno Breker, Wolters im September 1971. »Ich muß mir ein neues Bild von ihm machen …«

Fast fünf Jahre lang, vom Oktober 1966 bis zum Frühjahr 1971, hatte die Beziehung zwischen Speer und Wolters sich irgendwie dahingeschleppt. Sie hatten manchmal miteinander telefoniert, gewöhnlich auf Speers Initiative hin, und Speer kam manchmal kurz in Coesfeld vorbei. »Aber das erinnerte sehr stark an ihren flapsigen Umgangston vor Spandau«, meinte Annemarie. »Eine tiefere Verständigung war unmöglich geworden, also redeten sie nicht richtig miteinander, und ich wußte, daß es irgendwann zu einer Explosion kommen würde.«

Der »Explosion« voraus ging ein umfangreicher Briefwechsel zwischen Wolters und Mitgliedern von Speers – oder Hitlers – früherem Kreis, die nach der Lektüre der *Erinnerungen* wütend waren. Der unmittelbare Anlaß war aber der Abdruck des langen Interviews, das Speer Anfang 1971 Eric Norden vom amerikanischen *Playboy* gegeben hatte, in der Illustrierten *Quick*.

Speer sagte mir, seinem Eindruck nach habe Nordens Bearbeitung der langen Gespräche – Norden sprach kein Deutsch, und Speer hatte ihn ausdrücklich ermächtigt, sein Englisch »aufzubessern« – verschiedentlich zu einer Dramatisierung seiner Ausführungen geführt. Norden hatte sehr sorgfältig die amerikanische Ausgabe der *Erinnerungen* und sämtliche veröffentlichten Äußerungen Speers gelesen und stellte überaus scharfsinnige Fragen. Er brachte es zweifellos fertig, daß Speer auf siebenundzwanzig Seiten mehr über sich sagte als in seinem Buch oder später den *Spandauer Tagebüchern* oder irgendeinem der zahlreichen folgenden Interviews bis zu seinen Gesprächen mit mir sieben Jahre später.

Wolters war außer sich und schrieb Speer am 24. Mai 1971 einen Brief, der einen Schlußstrich ziehen sollte:

Was ist nur in Dich gefahren, daß Du nach den Schuldbekenntnissen Deiner »Erinnerungen« nicht aufhörst, Dich immer wieder und immer radikaler als Verbrecher hinzustellen, für den zwanzig Jahre Gefängnisstrafe »zu wenig« waren. Wenn Du wirklich davon überzeugt bist, »daß es in einem Menschenalter für Sünden dieses riesigen Ausmaßes (nicht) irgendeine Sühne geben kann«, dann bleibt zumindest unverständlich warum zwischen Deinen Schuldbekenntnissen und Deinem tatsächlichen jetzigen Leben eine ausgesprochene Diskrepanz besteht (von der Playboy- oder Quickleser natürlich nichts wissen!). Ich selbst kenne Dich jedenfalls als einen heiteren Gesellen, der eine schöne Reise nach der anderen macht, seine alte Kumpanei besucht und strahlend von seinen literarischen und finanziellen Erfolgen erzählt.

Nun habe ich selbstverständlich nichts gegen den heiteren Speer – aber die Deiner natürlichen Heiterkeit völlig widersprechenden öffentlichen Schuldbekenntnisse sind mir ebenso eine Qual wie Deine Anschuldigungen nicht nur gegen die KZ-Kommandanten, sondern auch gegen die »Wärter und das Nachschub- und Transportpersonal«. Im übrigen haust Du erneut Deine alten Freunde bzw. Mitverbrecher in die Pfanne … Göring, Goebbels und Bormann sind tot und haben keine Pranke mehr, zurückzuschlagen.

Was sollen Deine Freunde dazu sagen, wenn Du schreibst: »Meine moralische Verseuchung war vollkommen«?

Ich habe Dir früher schon einmal geschrieben, daß es Deine eigene Sache ist, Dich in dieser maßlosen Weise selbst zu beschuldigen und Dich vor aller Welt als Verbrecher hinzustellen – unverantwortlich dagegen ist es, diese Schuld immer nur im eigenen nationalen Rahmen zu sehen, weil mit diesem »Nationalismus« das eigene Volk aufs schwerste belastet wird. Fühlst Du Dich tatsächlich zu solchem Verhalten befugt, während Du Dich hütest, zu den heutigen Kriegen in Ostasien oder im Nahen Osten ebenso klar Stellung zu nehmen?

Daß Du das Nürnberger Gericht der Sieger verteidigst – nun, damit dürftest Du ein weißer Rabe selbst unter den damaligen Anklägern dieses Schauprozesses sein. Aber ich verstehe: Mit einer Ablehnung Nürnbergs würde Deine »Verbrecherthese« in sich zusammenfallen. Lieber Albert, in diesem Brief sage ich alles, was ich denke ... Aber ich glaube, daß Du es eines Tages nicht mehr nötig haben wirst, immer wieder vor aller Welt Deine Schuld zu bekennen, um Dich dadurch letzten Endes in Deiner Untadeligkeit bestätigt zu sehen. Darf ich Dir vorschlagen, daß wir uns erst nach Beendigung dieser Phase wiedersehen, das heißt erst, wenn Du nicht mehr ausschließlich an Deiner Rehabilitation interessiert bist.

Speer antwortete am 5. Juni 1971 kühl:
Dein ungewöhnlicher Brief erfordert eine ungewöhnliche, mir äußerst unangenehme Antwort.
Im allgemeinen ist es in zivilisierten Ländern, und um so mehr unter Freunden, üblich, daß der Delinquent vor der Verurteilung befragt wird. Ich hätte zu dem »Playboy«-Interview vieles zu sagen gehabt. Heute nun nur so viel: Es wurde umstrukturiert, in eine Sprache mit groben Formulierungen gebracht, die mir fremd sind. Ganze Passagen sind offensichtlich dem Buch entnommen und in der Art eines schlechten Ghostwriters umgeschrieben ... Aber in der großen Linie stimmt das Interview mit meinen Ansichten überein, und das ist für Dich wohl das Entscheidende. Was ich im Buch über die Frage meiner Schuld geschrieben habe, hat in ähnlicher Form schon während der Spandauer Zeiten Dein Ärgernis erregt. Es bleibt aber gültig. Ob viele darin Opportunismus sehen, ist mir unwichtig. Deine Reaktion hat mich zwar bestürzt, aber ich erkenne an, daß sie von Deiner Einstellung heraus ein vielleicht unvermeidlicher Schritt ist.
Mir zwischen den Zeilen vorzuwerfen, daß mein Leben nicht meinem Bekenntnis entspricht, geht daran vorbei, daß man trotz – oder gerade wegen – einer solchen Einstellung froh und unbeschwert sein kann ...
Im übrigen habe ich schon vor etwa einem Jahr vertraglich mit dem Propyläen-Verlag eine Änderung meines Vertrags festgelegt, durch die große Teile meiner Einkünfte wohltätigen Zwecken zugeführt werden. Mir verbleiben netto, nach Abzug der Einkommensteuer, etwa 12 Prozent der originalen Buchhonorare ...
Mich würde es sehr freuen, wenn Du eines Tages die von Dir verhängte Sperre wieder aufheben würdest. Daß ich von mir aus nun mich nicht erneut an Dich wenden kann, wirst Du verstehen.

Alles Gute! Dein alter
Albert

»Nicht nur Rudi war über das *Playboy*-Interview schockiert«, sagte mir Speer.
»Ich war selbst unglücklich darüber, doch da er mir so scharf schrieb, konnte
ich das nicht zugeben. Das war traurig. Ich hatte das Interview in meinem –
wie Sie wissen – nicht allzu guten Englisch auf Tonband gesprochen. Der
Reporter war ein netter Mensch, also sagte ich ihm, er solle mein Englisch
einfach verbessern. Ich glaube nicht, daß er absichtlich etwas änderte; es
waren einfach einige Wörter der veröffentlichten Version sehr viel stärker –
sie entsprachen nicht meiner Art zu reden oder auch meinen Gefühlen. Norden
zitiert mich zum Beispiel mit den Worten: ›An meinen Händen klebt Blut; ich
habe nicht versucht, es abzuwaschen‹, oder ich hätte fünfzehn Jahre meines
Lebens ›dem Bau eines Friedhofes‹ gewidmet und sei in meiner Unwissenheit
über das Schicksal der Juden wie ein Mann, der ›einer Spur von blutigen
Fußabdrücken durch den Schnee folgt, ohne zu erkennen, daß jemand verwundet worden ist‹. Können Sie sich vorstellen, daß ich mich so ausdrücken
würde? Das war doch alles schrecklich journalistisch und klang, als es ins
Deutsche zurückübersetzt wurde, ganz fürchterlich.

Es kam deshalb nicht allzu überraschend, als Wolters sagte, dies sei das
Ende, daß er jetzt nichts mehr mit mir zu tun haben wolle. Na ja, *ganz* zu
ist die Tür nicht – seine Frau Erika ist anderer Meinung als er, und unsere
Frauen sind eng befreundet. Zu Weihnachten schickt er uns einen westfälischen Schinken und wir ihnen einen Topf Honig von unseren Bienen. Aber
das ist alles. Sehen Sie, er – und seine gleichgesinnten Freunde – nennen das,
was ich tue, ›Nestbeschmutzung‹.« Speer zuckte die Schultern. »Ich kann sie
verstehen. Ich mache ihnen keine Vorwürfe. Nur – weil ich nie *viele* Freunde
hatte – tut es bei dem einen oder anderen wirklich weh, und bei Rudi natürlich am allermeisten.«

Ich sagte daraufhin, wie außergewöhnlich mir Wolters' Haltung schien:
Zwanzig Jahre habe er sich unermüdlich für ihn eingesetzt, ein Schulgeldkonto eingerichtet und verwaltet und einige sehr nachlässige ehemalige
Freunde immer wieder zu Spenden gedrängt – insgesamt 158 000 Mark; er
habe sich um Speers Kinder gekümmert, besonders um Fritz, er habe ihm
bei seiner imaginären »Wanderung um die Welt« geholfen; und wenigstens
einmal im Monat hatte er ihm einen langen Brief geschrieben. (»Sie machen
sich keine Vorstellung davon, wie schwierig das war«, berichtete mir eine
andere ehemalige Sekretärin von Wolters. »Wir notierten täglich alles, was
ihn in irgendeiner Weise interessieren konnte – in der Zeitung, im Fernsehen,
im Büro, in Filmen und Theaterstücken, die wir gesehen hatten. Und trotzdem stöhnte Wolters jedesmal, wenn der Tag näherrückte: ›Was *soll* ich ihm
denn schreiben?‹ Die Gefahr, ihn zu verletzen, eine Taktlosigkeit zu begehen
oder, vor allem, ihn durch ein falsches Wort, eine unbedachte Geschichte an
seine Isolation zu erinnern und sie dadurch schlimmer zu machen, war so
groß.«)

Und schließlich und vor allem müsse das Arbeitspensum genannt werden, das Marion Riesser bewältigt habe, sicher nicht weniger Wolters als Speer zuliebe – diese 25000 abgetippten Briefe. War all dies nicht ein Übermaß an Freundschaft?

Speer sprach lange nicht, und ich fragte ihn schließlich: Warum das Schweigen?

»Was Sie sagen, gibt mir zu denken«, sagte er und fügte hinzu, als habe er nie zuvor daran gedacht: »Vielleicht *war* es außergewöhnlich.« Offenbar hatte er von diesen Menschen, die so lange Jahre von ihm abhängig gewesen waren, als selbstverständlich angenommen, was sie später für ihn taten. »Aber«, fuhr er nach kurzem Überlegen fort, »ich versteh' sie alle. Es ist schwer einzusehen, daß Verrat ehrenhaft sein kann und Treue falsch. Man muß erst so vieles in sich selbst zugeben, bevor man sich mit dieser radikalen moralischen Kehrtwendung abfinden kann.«

Nicht lange nach der Veröffentlichung der *Erinnerungen* und des *Playboy*-Interviews und nach Rudi Wolters' Brief versuchte Theo Hupfauer, der von Annemarie gehört hatte, wie isoliert Speer sich fühlte, für ihn Brücken zu einigen alten Freunden zu schlagen. Er wollte Leute zu einem Wochenendtreffen in einem schönen Haus in München einladen, und dann würde man weitersehen.

»Die Initiative ging allein von Hupfauer aus«, sagte Annemarie. »Natürlich fragte er Speer, doch der zuckte nur die Schultern und sagte: ›Na ja, wenn Sie wollen.‹ Seit Spandau war er unglaublich verbindlich.«

Speer machte eher einen resignierten als einen verbindlichen Eindruck, als er mir acht Jahre später von dieser Initiative berichtete. »Ich hatte wenig Hoffnung, daß viele kommen würden«, sagte er. »Immerhin war ich damals bereits seit fünf Jahren draußen, und kaum einer von ihnen hatte sich bei mir gemeldet.«

Mag sein, wandte ich ein, aber hatten nicht die meisten fast zwanzig Jahre lang auf Wolters' Schulgeldkonto gespendet?

Er zuckte die Schultern. »Was bedeutet schon Geld – wenn man es *hat?*«

Von ungefähr vierzig Personen, die Hupfauer eingeladen hatte, kamen etwa zwanzig. Annemarie war die einzige Frau. »Die Treffen – später folgten noch zwei oder drei – fanden Freitag abends in einem Privathaus statt, das einem Münchner Industriellen gehörte«, sagte sie. »Aber untergebracht waren alle im Hotel Marienbad.«

»Es sollte alles ganz informell zugehen«, sagte Hupfauer. »Zwar gab es ein Buffet, aber wir saßen in kleinen Gruppen statt an einem Tisch. Speer sollte von Gruppe zu Gruppe gehen. Alle, die kamen, waren sehr erfolgreiche Leute; auf der Straße standen nur große Mercedes-Limousinen mit Chauffeur. Das Problem war, daß keiner daran interessiert war, über die Vergangenheit zu reden; sie waren alle in die Gegenwart eingebunden – in Politik, Wirtschaft und weltweite Unternehmungen. Am allerwenigsten wollten sie über Hitler reden, während Speer an nichts anderes denken konnte.«

Annemarie sagte, es war ungeheuer schwierig. »Ich beobachtete immer wieder, wie Speer allein dasaß und an die Decke starrte. Er sagte, es sei zwecklos und wir hätten uns nicht die Mühe machen sollen.«

»Jedesmal, wenn ich ihn so sah«, sagte Hupfauer, »ging ich mit einigen Leute zu ihm; er gab sich durchaus Mühe, und gegen Ende des Abends kam immer so etwas wie eine Unterhaltung zustande.«

»Wir versuchten es im Lauf der Jahre noch einige Male«, sagte Annemarie, »aber es kamen jedesmal weniger. Es wurde peinlich. Hupfauer gab sich große Mühe, aber es konnte nicht funktionieren. Sie lebten in der Gegenwart, er in der Vergangenheit, und keiner konnte das verstehen oder ihm das in irgendeiner Weise verzeihen. Er war eine lebende Erinnerung an das, was sie vergessen wollten.«

Speer beklagte sich nicht darüber, daß er seinem Kreis entfremdet war. Sein Interesse galt schließlich überwiegend der Jugend. Von dem Moment an, als sein erstes Buch abgeschlossen war, bis praktisch zu seiner Todesstunde stellte er sich bereitwillig jedem zur Verfügung, der mit ihm reden wollte.

In Heidelberg kamen zu Beginn unserer Gespräche 1978 täglich Dutzende von Briefen an, und das Telefon, an dem Frau Speer sich mit einer hellen, aber zögernden Stimme meldete, die merkwürdig mädchenhaft klang, klingelte ständig – Journalisten, Forscher, Historiker und Menschen, die einfach über die Vergangenheit reden wollten. Jeder Brief wurde handschriftlich beantwortet, jeder Anrufer erhielt einen Termin, an dem Speer mit ihm sprechen würde. Ein Amerikaner, ein ehemaliger Pilot der 8. Luftflotte, wollte wegen eines Autogramms vorbeikommen; ein Heidelberger Rentner, ebenfalls ein Fremder, der lediglich um »ein paar Minuten für einige Fragen« bat, wurde zum Tee eingeladen.

»Er scheint sich allen zur Verfügung zu stellen«, sagte ich zu Margret Speer. »Ja«, erwiderte sie, »er hat das Gefühl, daß er es muß, zumal heute, da die meisten anderen tot sind oder im Sterben liegen.«

»Margret«, sagte mir Speer später, »wollte lange Zeit nach meiner Entlassung aus Spandau nichts von der Vergangenheit hören. Sie wollte das Manuskript nicht lesen. Sie las das erste Buch überhaupt erst vor kurzem. Eines Tages vor vielleicht zwei Jahren kam sie mit einem Besucher herein, der mit mir sprechen oder mich interviewen wollte, ich weiß nicht mehr, was, und sie blieb an der Tür stehen und schaute aus – ich weiß nicht, wie ich es beschreiben soll – neugierig, kann man sagen. Also da sagte ich: ›Warum kommst du nicht rein? Willst du dich nicht zu uns setzen?‹ Und das tat sie dann, und seitdem bleibt sie fast immer und hört zu, und inzwischen hat sie beide Bücher gelesen.«

»Was sollte ich sonst tun?« fragte sie, als wir eine Woche später darüber sprachen. »Die Kinder sind weg; wir werden jetzt immer mehr allein sein. Die Vergangenheit ist sein Leben und wird es immer sein. Es mußte sein, sonst« – sie machte eine Pause – »man ist so allein.«

»Warum sprechen Sie eigentlich mit jedem, der anruft oder an der Tür klingelt?« fragte ich ihn einmal, nachdem er mit seiner gewohnten Höflichkeit einen besonders unsensiblen und geschwätzigen Besucher aus dem Ausland hinausbegleitet hatte, der ein Autogramm wollte und am Ende beinahe eine Stunde seiner Zeit vergeudet hatte.

»Na ja«, sagte er und klang wie so oft hilflos, »wie konnte ich wissen, wie er sein würde? Es *hätte* ja auch jemand Interessantes sein können.«

Aber war er wirklich an all diesen Menschen interessiert? fragte ich. War seine Liebenswürdigkeit aufrichtig, oder nahm er mit dem wahllosen Empfang aller Besucher nur eine weitere Buße auf sich? »Könnte das sein?« fragte er interessiert. »Ich glaube eigentlich nicht, daß ich unaufrichtig bin; jedenfalls möchte ich es nicht sein.«

Doch wie ich ihm einmal nach einem weiteren mehrstündigen Gespräch mit Besuchern – diesmal zwei Theologiestudenten, einem Amerikaner und einem Deutschen – klarmachte, *spielte* er oft nur den Bescheidenen. Oder hielt er sich etwa für einen im Grunde bescheidenen Menschen?

Er lächelte jenes unfehlbar gewinnende Lächeln – es gab Momente, in denen er sehr herzlich sein konnte. »Nein, ich bin nicht so bescheiden«, räumte er ein und zuckte dann die Schultern. »Wer einmal im Zentrum des öffentlichen Lebens gestanden hat, vermißt das, braucht die Aufmerksamkeit. Sie wird sehr stark zu einem unverzichtbaren Teil des eigenen Lebensgefühls. Es hat keinen Sinn, das zu leugnen. Aber es stimmt auch«, wiederholte er, »daß man ständig auf der Suche nach interessanten Menschen ist.«

Interessante Menschen seien für ihn die, die sich ernsthaft mit »seinem« Thema beschäftigten: etwa Erich Fromm *(Anatomie der menschlichen Destruktivität)*, Carl Zuckmayer *(Des Teufels General)* oder Eugene Davidson *(The Trial of the Germans)*.

»Fromm kam, und gleich beim erstenmal unterhielten wir uns sechs Stunden lang; wir haben uns seither oft gesprochen und geschrieben; ein faszinierender Mensch. Zuckmayer – wir machten meist lange Spaziergänge; er war wunderbar herzlich, ich weiß nicht, weshalb er mich mochte. Davidson war auch sehr nett zu mir; ich sehe ihn jedesmal, wenn er nach Europa kommt, und wir schreiben uns. Und ich freue mich immer, wenn mich junge Menschen besuchen; sie erfrischen mich.«

Doch wie in den folgenden Monaten und Jahren zunehmend deutlich werden sollte, gelang es ihm eigentlich nur in seinen Büchern, denen, die zu verstehen suchten, etwas zu vermitteln. Bei Live-Interviews in Rundfunk oder Fernsehen war er zunehmend gehemmt durch den scharfen Ton der jungen Fragesteller und sein wachsendes Unvermögen, mehr als nur stereotype Antworten zu geben.

»Ich bin mir so bewußt, wenn ich das mache«, sagte er mir. »Bei diesen Gesprächen ist mein Verstand wie eingesperrt, fixiert auf ein bestimmtes Schema, dem ich nicht entkommen kann. Ich finde nicht die Worte, mit denen ich daraus ausbrechen oder darüber hinauskommen könnte.«

Er versuchte das Schema auf zwei Arten zu durchbrechen: durch die Rückkehr zu jener geistig-seelischen Suche, die ihn in den ersten Jahren in Spandau so wirksam aufrecht gehalten hatte, und zweitens durch die Planung künftiger Bücher, angefangen mit den *Spandauer Tagebüchern,* sobald die beiden Hauptausgaben der *Erinnerungen* – die deutsche und die englische – abgeschlossen waren. (»Ich fragte ihn einmal«, sagte Hupfauer, »wie viele Bücher er noch schreiben wolle. Er lachte und sagte, daß er, wenn er alles schreiben würde, was er schreiben *könnte,* hundert Jahre alt werden müßte.«)

Am Spätnachmittag des Tages, an dem wir darüber sprachen – es war der sechste Tag, den wir zusammen verbrachten –, wirkte er plötzlich gereizt und nervös, und auch sein Gesicht schien weniger glatt, sogar weniger attraktiv. Er wirke müde, sagte ich, ob wir aufhören sollten?

»Nein«, erwiderte er, »ich frage mich nur wie Sie heute morgen, warum ich das tue. Ich habe so viel eigene Arbeit.« (Er recherchierte damals, 1978, bereits für den *Sklavenstaat* und plante zwei weitere Bücher. Der Propyläen-Verlag würde im selben Jahr ein Buch über seine Architektur veröffentlichen, und dazu würde eines mit den Profilen von Hitlers wichtigsten Mitarbeitern kommen, das wir zusammen schreiben wollten.) »Warum tu ich das, warum unterziehe ich mich immer wieder diesen Interviews, wenn ich doch genau weiß ...« Er hielt plötzlich inne. »Das ist nicht gegen *Sie* gerichtet. Aber ich weiß, daß auch Sie die entscheidende Frage nur noch zurückhalten. Sie wird kommen, sie kommt immer, und es ist immer dieselbe Frage, alles läuft immer auf sie hinaus.«

Das war natürlich wahr, denn jedes Interview, das er gab, begann oder endete mit der Frage, auf die alle eine Antwort wollten: Was hatte er von den Juden gewußt? Viele seiner Millionen Buchleser lasen ihn sowieso. Aber für die Massenmedien – Fernsehen, Rundfunk, Zeitungen und Zeitschriften – war alles, was er schrieb, alles, was er wußte, und alles, was er dachte, bedeutungslos oder bestenfalls von marginalem Interesse, schlimmstenfalls vollkommen unannehmbar, solange er diese Frage nicht beantwortete.

Aber seine Antwort auf diese Frage war immer dieselbe geblieben: Er hätte es wissen müssen, er hätte es wissen können, doch er hatte es nicht gewußt. »Warum stellen *Sie* nicht endlich die Frage?« sagte er müde und verärgert. »Warum bringen wir es nicht hinter uns? Am Ende fragen Sie sie ja doch.«

Unsere Gespräche hätten einen psychologischen Aufbau, sagte ich. Sowohl um seinet- wie um meinetwillen müßten wir uns daran halten, sonst würde alles zusammenbrechen. »Wir werden darüber sprechen, wenn wir uns gegenseitig besser kennen«, sagte ich. »Wenn der richtige Zeitpunkt kommt.«

Er sah mich einen Augenblick lang an, zog die buschigen schwarzen Augenbrauen hoch, die Müdigkeit war verschwunden. »Sie wollen mich also warten lassen, wie?« sagte er und lächelte plötzlich. »Interessant.«

Doch er sprach am selben Tag trotzdem noch unaufgefordert davon. »Es steckt die ganze Zeit in meinem Kopf«, sagte er, und sein Gesicht wirkte abgespannt. »Ich wache damit auf, verbringe den Tag damit, gehe damit schlafen und träume davon. Doch meine Antwort – ich weiß es – ist längst zur Routine geworden. Ich kann nicht mehr emotional reagieren, und man nimmt mir das übel.«

Ich hatte Speer gleich zu Anfang in Heidelberg erklärt, wie ich unsere Gespräche führen wollte, und ich sagte Margret, daß ich hoffte, auch mit ihr ein wenig über die Vergangenheit sprechen zu können. Obwohl sie diese Ankündigung mit kaum verhohlener Bestürzung aufnahm, willigte sie schließlich ein. »Aber erst später«, sagte sie, den schlimmen Augenblick hinausschiebend, »wenn wir Ruhe haben, oben in den Bergen.«

(Am Abend vor dem sorgfältig vorbereiteten Gespräch mit Margret zwei Wochen später kam Speer in mein Zimmer, nachdem wir uns bereits gute Nacht gesagt hatten. »Ich wollte nur sagen«, begann er, »wissen Sie, Margret ist sehr, sehr nervös wegen des Gesprächs mit Ihnen über diese Dinge. Sie braucht eine kleine Beruhigung, wenn sie überhaupt zum Schlafen kommen soll.«

Ich kannte das Beruhigungsmittel, das sie benötigte, und ich kannte inzwischen auch die Grenzen dessen, was sie sagen würde – oder konnte. Ich sagte Speer also, er solle ihr sagen, daß ich das Thema der Juden nicht zur Sprache bringen würde.

Er nickte und berührte kurz – so kurz, daß ich es kaum spürte – meinen Arm. »Danke«, sagte er, »nun wird sie schlafen.«

Beinahe vier Jahre später, kurz nach Speers Tod, sprachen Hilde und ich über ihre Mutter. »Ich wünschte, sie würde jetzt noch einmal mit dir reden«, sagte Hilde. »Es steckt so vieles in ihr, so viele eigene Schuldgefühle, die heraus müssen, wenn sie Frieden finden will.«

Und Margret hätte es fast getan. Sie hätte fast mit mir gesprochen, wenn nicht einige ihrer Kinder, die den Speer-Mythos verständlicherweise endlich loswerden wollten, sie daran gehindert hätten. »Ich wünschte, ich wünschte sehr, ich könnte Sie sehen«, sagte sie einmal, als sie mich, ich weiß nicht mehr genau, wann, in den achtziger Jahren von dem Haus in den Bergen aus anrief, in das sie geflohen war, um allein zu sein. Ich sagte, ich könne kommen, wann immer sie wolle. »Eines Tages vielleicht«, sagte sie mit ihrer zögernden, leisen Stimme. »Vielleicht wird es wieder einmal möglich sein, hier oben. Ich möchte ...« Sie brach ab.

Was möchten Sie, Margret? fragte ich.

»Eines Tages«, sagte sie.

Dieser Tag sollte nie kommen: Sie starb bald darauf an Krebs.)

»Die Haltung zu Speer war sehr zwiespältig«, sagte mir Margarete Mitscherlich. Sie und ihr Mann Alexander schrieben gemeinsam das inzwischen zum Klassiker gewordene Buch *Die Unfähigkeit zu trauern*. Als 1975 die *Spandauer Tagebücher* erschienen, verfaßte Alexander Mitscherlich eine Analyse der Beziehung zwischen Speer und Hitler, die Speer selbst später mir gegenüber als die wohl scharfsichtigste bezeichnete.

»Ich weiß noch, daß ich an einer Fernsehsendung mit Speer, Wolf Jobst Siedler und Joachim Fest teilnahm«, sagte Margarete. »Die Herablassung, mit der diese beiden jüngeren Männer Speer behandelten, war außergewöhnlich. Es war traurig und peinlich, ebenso wie Speers Demut.«

Sie hatte ganz recht, doch nur wenige Menschen waren fähig, die wirkliche Demut wahrzunehmen, die in Speer steckte. Unter all den Vertrauten und Freunden Speers, mit denen ich gesprochen habe, fand ich nur vier, die sie erkannten: Annemarie, Casalis, der sie schon früh in Spandau bemerkte, der Benediktinermönch Pater Athanasius, der sie in den zehn Jahren der wiederholten Einkehr Speers in die Abtei Maria Laach beobachtete, von der weiter unten noch die Rede sein wird, und Robert Raphael Geis, der sie spürte, noch bevor er Speer 1970 kennenlernte. Alle anderen, zu denen ich von dieser Demut sprach, sahen mich lediglich erstaunt an.

Am 24. November 1969, zwei Monate nachdem die *Erinnerungen* erschienen waren, erhielt Speer einen Brief von Geis. Dies sollte der Anfang einer Beziehung sein, die »Aba« Geis, wie er von vielen Verehrern genannt wurde, eine Menge Ärger von seiten jüdischer Leute von Rang eintrug. Geis – noch derselbe Hitzkopf wie im Hitler-Deutschland der dreißiger Jahre, als er die jüdischen Ältesten bekämpft hatte, und für die Anführer der kleinen jüdischen Gemeinden der Bundesrepublik erneut ein rotes Tuch – hatte inzwischen seine vergeblichen Bemühungen aufgegeben, wieder eine Stelle als Rabbiner zu bekommen, und schrieb, las und arbeitete als Mitglied verschiedener Kommissionen der UNESCO, des Westdeutschen Rundfunks und vor allem der Arbeitsgemeinschaft Juden und Christen beim Deutschen Evangelischen Kirchentag, die er und Dietrich Goldschmidt gegründet hatten.

»Geis kennenzulernen war für mich ein großes Erlebnis«, sagte Speer. Die schicksalhafte Begegnung ereignete sich, wie viele andere damals, nachdem Geis Speer im Fernsehen gesehen hatte. Er schrieb ihm von Düsseldorf aus:

Sehr geehrter Herr Speer,

... Im Jahre 1963 las ich das Nürnberger Tagebuch von G. M. Gilbert und in all den Jahren habe ich immer wieder einmal an Sie gedacht. Sie waren anders und traten anders auf als die Mitangeklagten im Nürnberger Prozeß, ich empfand das Urteil gegen Sie zu streng ...

Vor kurzem sah ich Teil zwei Ihres Fernsehinterviews und war wieder von Ihnen beeindruckt. Sie werden Ihr Teil weiter tragen müssen – wie ich und die Überlebenden alle ihr Teil. Aber ich möchte Ihnen doch wenigstens sagen, daß ich Sie auch da noch achte, wo ich Sie nicht verstehe. Darüber hinaus, so meine ich als gläubiger Jude, müßte es ein Verzeihen geben, und ich bin zutiefst davon überzeugt, daß Sie unter diesem Verzeihen stehen, denn Sie sind heute ein sehr aufrechter Mensch. Ihr Buch habe ich noch nicht gelesen, das werde ich eines Tages nachholen. Aber so lange wollte ich eben gar nicht mit einem Wort über den Graben warten ...

Mit freundlichen Grüßen

Ihr Raphael Geis

»Ich glaube«, sagte mir Speer, »daß der Tag, an dem ich den Brief erhielt, einer der wichtigsten in meinem Leben war.« Einen Tag später, am 25. November, antwortete er Geis:

Sehr geehrter Herr Geis,

nun habe ich schon mehrere Male meinen Kindern am Telefon die letzten Sätze Ihres Briefes vorgelesen, und jedesmal kommen mir die Tränen. Ich weiß, daß Sie dies – und daß ich es Ihnen schreibe – mir nicht als überflüssige Sentimentalität auslegen. Ich bekam, verursacht durch das Buch oder das Fernsehinterview viele Briefe, von ehemaligen Freunden und Gegnern, darunter auch einige vergebende von Juden. Aber mit Ihrem Brief hat es doch eine besondere Bewandtnis: Es berührt das Zentrum all meiner Zweifel und Bedrückungen in einer wohltuenden, auf die Dauer vielleicht sogar erlösenden Weise ...

Ich möchte mich keinesfalls, gegen Ihre Intuitionen, einmischen. Aber wenn ich helfen *darf,* möchte ich mich ganz persönlich darum kümmern [Geis ein Exemplar der *Erinnerungen* zu schicken] ...

Seien Sie sicher, daß Ihr, eines frommen Juden, Wunsch auf Frieden in meinem Innern nicht nur das schönste Geschenk ist, das ich erhalten habe. Ich glaube, daß Sie am meisten dazu helfen könnten, daß es so sein wird.

Mit freundlichen Grüßen,

Ihr dankbarer
Albert Speer

Während Speer, wie er mir sagte, in Nürnberg, Spandau und danach Tag und Nacht vom Mord an den Juden erfüllt war, war in Geis Tag und Nacht eine »unzerstörbare Sehnsucht nach seiner deutschen Heimat«, bis es ihm endlich 1952 gelang, nach Deutschland zurückzukehren. Es ist dies eine geradezu unglaubliche Parallele zwischen diesen beiden Männern verschiedenen Glaubens, aber doch von so ähnlichem gesellschaftlichem Hintergrund.

Nachdem Geis sechs Jahre lang erfolglos versucht hatte, sich an das Leben in Israel zu gewöhnen, kehrten er und seine neue, siebzehn Jahre jüngere Frau Susanne, mit der er seit einem Jahr verheiratet war, 1946 nach Europa zurück. Sie verbrachten zunächst zehn schwierige Monate in Großbritannien, wo Geis' Eltern Moritz und Sitah Zuflucht gefunden hatten, Geis aber keine Beschäftigung fand. Sie lebten von Susannes Einkünften aus der Arbeit in einem Zentrum für Kinder, die aus Konzentrationslagern gerettet worden waren. Nachdem Geis vorübergehend eine Stelle als Lehrer in Zürich gefunden hatte, wurde er im August 1949 zum Rabbiner einer Einwanderer-Gemeinde in Amsterdam ernannt, wo die beiden, inzwischen Eltern einer Tochter Jael und eines Sohnes Gabriel, blieben, bis Geis nach langem Warten als Landesrabbiner des Staates Baden wieder nach Deutschland berufen wurde.

Sein großer Wunsch, als Rabbiner einer Gemeinde von Überlebenden der Lager eingesetzt zu werden, sollte unerfüllt bleiben; es gab keine solche jüdische Gemeinde, und diejenigen, die sich für kurze Zeit in der einen oder anderen Einrichtung der UNRRA (United Nations Relief and Rehabilitation Administration) aufhielten, verspürten keinen Wunsch nach einem Rabbiner. Dies waren meistens ruhelose, verbitterte, zutiefst mißtrauische und nicht selten gewalttätige Menschen, von denen viele nur an Rache dachten und, als eine Art Sicherheit, an irgendwelchen Besitz, egal wie sie ihn sich beschaffen konnten. Das wichtigste für sie war, so schnell wie möglich aus Deutschland herauszukommen, und die meisten wurden so schnell wie möglich von israelischen und amerikanischen jüdischen Organisationen für die Einwanderung nach Israel oder Übersee vorbereitet und dann weitergeschickt. Geistliche Dinge standen tief unten auf der Dringlichkeitsliste dieser Menschen in den ersten Jahren nach Hitler.

Doch zu der Zeit, als Geis schließlich nach Deutschland zurückkehrte, hatten seine Schriften und Vorträge ihn als tief gläubigen Juden, geborenen Lehrer und zur christlich-jüdischen Versöhnung entschlossenen Menschen weithin bekannt gemacht. »Er war voller Liebe«, sagte mir Susanne Geis und schüttelte den Kopf. »Ich selbst habe diese ›Vollkommenheit‹ nie auch nur annähernd erreicht.«

Geis hatte Speers Brief postwendend beantwortet. Nein, schrieb er, Speer erscheine ihm als viel zu männlich, um sentimental zu wirken:

Wenn Ihnen Tränen kommen können, seien Sie dankbar dafür. Ich war ein junger jüdischer Theologe, ein Rabbiner in München beim Beginn

des 3. Reiches. Ich habe mir nie mehr Tränen erlauben dürfen, weil ich
für die verwirrten und verängstigten Juden stark sein mußte. So habe
ich schließlich das KZ Buchenwald überstanden, so blieb ich still, da
[drei Jahre später] die Nachricht vom Ende meiner Schwester und ihrer
Familie in Auschwitz kam. Warum ich Ihnen das schreibe? Bestimmt
nicht, um nun plötzlich den Vorhang wegzuziehen. Ich wußte damals
im 3. Reich, das ich bis 1939 miterlitt, es gibt keine Fächer, in die man
Menschen unterbringen kann. Ich kannte z. T. hohe Nazis, deren Hilfsbereitschaft großartig war. Ich wußte von Juden, die mich bei der Gestapo denunzierten. Mir war immer klar, wie schlecht es um das sogenannte Weltgewissen bestellt war. Ohne das feige Schweigen der
Weltmächte hätte Hitler niemals als der fürchterliche Sensenmann fungieren können. Und in den Jahren danach? Vietnam, Griechenland, Spanien, Südamerika, Südafrika, die Neger Amerikas? Das fürchterliche
Sterben, das Foltern, das Verhungern ist nicht zu Ende. Wer da nicht
verzweifeln will, wer kämpfend an vielen Fronten steht, der muß das
»Ja« zu dem einzelnen Menschen wieder und immer wieder sich er-
kämpfen. Sie kann ich als Kamerad ansehen, weil Sie ehrlich sind. Herrn
Globke, Herrn Kiesinger würde ich die Hand nicht reichen. Können Sie
das verstehen?
Ihr Buchgeschenk würde mich erfreuen. Vielleicht können wir uns auch
irgendwann begegnen, schön wäre das ...

Ihr Raphael Geis

Noch zahlreiche, zunehmend herzliche Brief zwischen den beiden sollten
folgen, bis sie sich endlich vier Monate später im März 1970 im Schwarzwald persönlich kennenlernten. Aba und Susanne Geis, die dort ihren Urlaub
verbrachten, luden die Speers ein, sie zu besuchen.
Ich lernte Susanne Geis Anfang Frühjahr 1986 in Baden-Baden kennen,
wo sie und ihr Mann jahrelang gelebt hatten. Susanne ist eine schöne, ruhige
Frau und strahlt eine wunderbare Freude und Wärme aus. Ihr Mann war
bereits 1972 gestorben, doch sie wohnte weiterhin in der bezaubernden Wohnung, die sie gemeinsam ausgesucht hatten und in der wir uns noch oft
unterhalten sollten. »Mir war dabei sehr unwohl«, sagte Susanne. »Um es
mir leichter zu machen, lud Aba auch unseren Hausarzt und dessen Frau ein,
die Sprengers, enge Freunde aus Karlsruhe. Sie kamen vormittags an, die
Speers nachmittags. Ich teilte die Begeisterung meines Mannes ganz und gar
nicht. Ich war und blieb Speer gegenüber sehr mißtrauisch. Er konnte mich
nie ganz von seiner Aufrichtigkeit überzeugen.«
Der Gasthof im Schwarzwald war vergleichsweise einfach, deshalb fuhren sie für die ersten Stunden zum Nachmittagskaffee in ein anderes Dorf.
»Dann aßen wir gemeinsam zu Abend und blieben anschließend noch zum

Reden in der Gaststube sitzen.« Die Unterhaltung drehte sich im wesentlichen um Speer und seine Zeit in Spandau. »Ich war ganz schön entsetzt, als Frau Sprenger Speer sofort äußerst direkte Fragen stellte. Ich wand mich geradezu vor Verlegenheit. Mein Mann war ein sehr guter Seelsorger. Er hat sicher gewußt oder geahnt, was Margret Speer durchgemacht hatte, und er brachte sie dazu, darüber zu sprechen. Sie sagte, ihr Mann sei den ganzen Krieg über und auch schon lange davor kaum zu Hause gewesen. Er habe im Grund nie dem üblichen Bild eines Ehemannes oder Vaters entsprochen, deshalb sei die Spandauer Zeit für sie und die Kinder gar nicht *so* anders gewesen. Sie sagte das alles mit ihrer hellen, mädchenhaften Stimme, die fast so klang, als empfinde sie bei ihren Worten nichts. Abgesehen davon hörte ich sie bei den etwa zehn Treffen in den folgenden zwei Jahren selten etwas sagen. Aber ich war ja auch ziemlich schweigsam, wenn mein Mann in der Nähe war – so waren Frauen damals eben erzogen, weißt du.«

Susannes Empfindungen Speer gegenüber hatten sich im Lauf der Jahre nicht geändert. »Er war mir auf eine gewisse Weise unheimlich, und das blieb so. Das soll nicht heißen, daß ich ihn nicht leiden konnte; es nervte mich einfach – oder irritierte mich, wenn du willst –, daß er nur die Vergangenheit im Kopf hatte. Auch mein Mann war darüber traurig; er schrieb ihm in einem Brief, er solle aufhören, sich ständig Fragen nach der Vergangenheit zu stellen. Aba konnte das ertragen, diese ständigen Ausführungen Speers, seine ›Belehrungen‹ an jedermann und seine Geschichten über all die Leute mit Namen, die er kennengelernt hatte. Aber ich hatte den Eindruck, daß Speer das alles teils aus Masochismus tat, teils um einfach seinen Ruhm auszukosten. Ich erinnere mich an eine Begebenheit, von der er uns erzählte, einen Empfang in einem Schloß in Bayern mit lauter Würdenträgern aus Vergangenheit und Gegenwart, darunter Strauß – dem wir nicht über den Weg trauten. Ich fand es gar nicht gut, daß er zu solchen Anlässen ging, und mein Mann eigentlich auch nicht.«

Speer habe so etwas manchmal vielleicht aus Gedankenlosigkeit getan, warf ich ein, aus einer seltsamen Art von Naivität heraus. »Komisch, daß du das sagst«, erwiderte sie. »Aba meinte auch, daß Speer eine für einen so weltklugen Menschen außergewöhnlich naive Seite hatte. Wenn ich übrigens etwas an ihm mochte, dann das.«

Wie ein Großteil der jüdischen Gemeinde mißbilligten Geis' beide Kinder zutiefst die Beziehung ihres Vaters zu Speer, doch sagten sie es ihm nie. »Sie sprachen erst mit mir darüber, als Aba gestorben war«, sagte Susanne. »Doch Speer hatte auch nette Seiten«, sagte sie. »Mir gefiel, wie er von Hilde sprach, auf die er so stolz war, und von ihrem Mann, den er bewunderte. Er war auch fasziniert von der so radikal anderen Art des gemeinschaftlichen Zusammenlebens der beiden, in so enger Verbundenheit mit ihrem Baby. Und er sprach über seinen Sohn Albert, den Architekten, und dessen Frau Ruth, die Fernsehmoderatorin, vor der er großen Respekt hatte.

Er erzählte auch von seinen Enkeln, den Kindern seines jüngsten Sohnes Ernst und dessen Frau Irmgard, mit denen sie sich das Haus in Heidelberg immer mehr teilten. Es war für ihn wunderbar, daß die Enkel ihm gegenüber völlig unbefangen waren – er war einfach ihr Großvater, und das war für ihn etwas ganz Besonderes. Mir gefiel das. Außerdem machte er gern Geschenke und überlegte genau, was er schenken sollte. Eines Tages kam er mit zwei sehr alten theologischen Büchern an, die Aba sich immer gewünscht hatte. Sie mußten ihn Tausende gekostet haben, aber das machte für ihn keinen Unterschied: Geld hatte für ihn in dieser Beziehung keine Bedeutung.«

Susanne zeigte auf einen der ersten Briefe der Korrespondenz zwischen Geis und Speer, in dem dieser vorsichtig anfragte, ob Geis nicht jemand kennen würde, den er über ihn finanziell – und selbstverständlich anonym – unterstützen könnte. »Aba fand das gar nicht schlecht«, sagte sie, »aber in einem viel späteren Brief schickte er ihm einmal Geld zurück. ›Fünftausend sind viel zu viel‹, schrieb er streng. ›Sie dürfen nicht übertreiben: Niemand erwartet das, anonym oder nicht!‹«

Ungefähr zur selben Zeit, im Frühjahr 1970, als Speer Aba und Susanne Geis kennenlernte, erweiterte er seine geistige Suche. Er zog sich zu regelmäßigen Exerzitien unter der Anleitung des damals 59jährigen Paters Athanasius in die schöne Benediktinerabtei Maria Laach zurück. Pater Athanasius, ein großer, imponierender Mann und Priester mit außergewöhnlichen Gaben, wurde als Sohn eines Bankiers in Bremen geboren und war in Berlin aufgewachsen und paßte somit von Alter und Werdegang her hervorragend zu Speer.

»Speer kam regelmäßig ein- oder zweimal im Jahr hierher«, sagte er zu mir, »und er blieb im Gegensatz zu den anderen Gästen, die für zwei Tage in einem Gästeflügel untergebracht waren, stets fünf Tage bei uns in Klausur. Niemand drängte ihn, aber er bestand darauf, unser Leben vollständig zu teilen: die fünf täglichen Messen, angefangen mit der lateinischen Morgenmesse um 5.30 Uhr, und unsere stummen Mahlzeiten. Während der Mahlzeiten liest ein Bruder vor, keineswegs ausschließlich aus heiligen Büchern. Übrigens waren zwei der Bücher, die wir lasen – wenn auch natürlich nicht in seinem Beisein – Speers *Erinnerungen* und später die *Spandauer Tagebücher.*« Er zwinkerte verschmitzt. »Unser Lesegeschmack ist sehr ›katholisch‹ – im englischen Sinne des Wortes [umfassend, tolerant].«

Speer erwies sich als angenehmer Gast. »Er war sehr ruhig, sehr aufmerksam gegenüber allem, was um ihn vorging. Während unserer lateinischen Messe – er konnte Latein und brauchte keine Übersetzung – pflegte er dazusitzen und stumm zuzuhören, ganz in den Vorgang versunken.«

Pater Athanasius erinnerte sich, einmal Speer gefragt zu haben, ob er die Einkehr nicht als anstrengend empfinde. »Für die meisten ist sie das nämlich«, sagte er. »Doch Speer verneinte, für ihn nicht. Er sagte: ›Sie ist die Rückkehr zu einem Leben, das ich wirklich sehr gut kenne – mein Leben in Spandau war gar nicht so anders. Und ich lernte es zu schätzen.‹«

»Als er das erste Mal kam«, berichtete der Priester weiter, »sagte er, er wolle mit mir sprechen, wie er mit seinem Sohn gesprochen hätte, wenn er dazu imstande gewesen wäre – was er aber nicht sei. Aber alles in allem sagte er eigentlich nicht viel: Es schien beinahe, als wolle er mit mir schweigen. Ich glaube nicht, daß ich je einen Mann kennengelernt habe, der sich seiner Schwächen so bewußt war wie Speer.«

Nach dem, was er über die Geschichte jener Zeit gelesen habe, darunter auch Speers Buch, hätte er dies keinesfalls erwartet. »Ich fragte ihn einmal, als das Buch über seine Architektur erschienen war, mit all diesen monumentalen Gebäuden, diesem Prunk, wissen Sie, was ihm von seiner Architektur am besten gefalle. ›Das werden Sie in dem Buch nicht finden‹, sagte er. ›Es ist ein Stuhl, den ich entworfen habe, ein schöner – wie ich meinte – und ganz schlichter Stuhl. Darauf war ich stolz. Ich liebte ihn.‹«

Pater Athanasius hatte dies als sehr bewegend empfunden. »Ich hatte immer das Gefühl, daß er an einem ungewöhnlichen Mangel an Phantasie litt, daß er eher ein ausführender Künstler war als ein Schöpfer«, sagte er. »Doch dann war da dieser Stuhl, von dem er sagte, er liebe ihn.« Er schüttelte den Kopf. »Das war das einzige Mal in den zehn Jahren, die ich ihn kannte, daß er das Wort ›Liebe‹ aussprach.«

Aber hatte Pater Athanasius nicht gefunden, daß Speers Reaktion auf Maria Laach – und auf Spandau, besonders seine »Wanderung um die Welt« – ein Beweis für Phantasie war?

»Nein«, entgegnete er. »Das war ein Beweis seiner Selbstdisziplin: Alles an Speer war Disziplin. Ich fragte mich oft, was ihm als Kind geschehen war, daß aus ihm das wurde, was er war: ein glänzend begabter Mensch, unfähig zu abstraktem Denken und, wie ich glaube, unfähig zu sinnlicher Liebe und damit letzten Endes ein unvollständiger Mensch.« Seltsame, mitfühlende und vielleicht prophetische Worte eines Priesters.

Dasselbe Frühjahr 1970 brachte für Speer zwei weitere wichtige Begegnungen. Über die Einladung einer protestantischen Theologin jüdischer Abstammung, Lili Simon, zu einem »think tank«, einer Gesprächsrunde, die seit mehreren Jahren regelmäßig in der Evangelischen Jugendakademie in Radevormwald südlich von Wuppertal zusammenkam, sah er zum erstenmal seit neunzehn Jahren wieder Georges Casalis von Angesicht zu Angesicht.

»Ich hatte von Speer seit seiner Entlassung aus Spandau nicht ein Wort gehört«, sagte mir Georges. »Und, ja, wenn ich ehrlich bin, war ich schon ein wenig überrascht – ein bißchen verdrießt. Ich meine, da ging er herum und erzählte überall, wie nahe ich ihm war; na ja gut, sehr schön, aber wann, fragte ich mich, würde er endlich bei uns auftauchen? Ich fand, es war nicht an mir, die Initiative zu ergreifen – und ich glaub' heut' noch, daß ich recht hatte. Unsere Beziehung war zu persönlich, zu besonders gewesen. *Er mußte zu mir* kommen.

Doch er kam nicht, und deshalb begegneten wir uns erst, als Lili Simon uns beide zu dieser Tagung einlud. [Da Aba Geis auch ein sehr diskreter Mensch war, wußte Casalis nicht, daß Lili Simon ihn auf Speers Bitte und Geis' Vorschlag hin eingeladen hatte.] Ich sagte nichts über sein langes Schweigen, als er auf mich zukam. Er war ein wenig verlegen. Er war auch während der ganzen Tagung sehr still, sagte kein Wort, und er hatte recht – es gab für ihn in diesem Kreis nichts zu sagen. Er hörte zu, und das war gut so. Wir sprachen damals kaum miteinander.

Siehst Du, es ist für einen Menschen, der in einem Augenblick großer Not von jemand anders Hilfe erfahren hat, sehr schwer, sehr kompliziert, sich wieder an diesen Menschen zu wenden, wieder zu ihm zurückzukehren. Nicht weil es ihm schwerfallen würde, anzuerkennen, was der andere für ihn getan hat. Die eigentliche Schwierigkeit besteht darin, weiter mit jemandem zu verkehren, der einen in einer Zeit der Not so genau kennengelernt hat. Ich wußte das natürlich, und das ist auch der Grund, weshalb ich, obwohl ich nach Speers Entlassung oft an ihn dachte, nicht den ersten Schritt tun konnte – wie bereits gesagt.

Ich begegnete ihm nach Radevormwald noch dreimal: einmal in Heidelberg, einmal in Paris und dann einmal – es war die längste Zeit, die wir zusammen verbrachten –, als ich ihn in meinem kleinen Citroën 2 CV nach Lille fuhr. Wir setzten unsere Spandauer Gespräche fort, aber natürlich unter anderen Perspektiven. In Spandau war er Häftling und führte ein ›Leben des 16. Jahrhunderts‹, wie er es nannte: ein Leben der ständigen Reflexion, des Studiums und ein Öffnen seines Verstandes und Geistes für das Leiden. Seine Gespräche mit mir damals berührten den Kern von alldem, und, ja, ich konnte sehen, daß sie etwas in ihm und für ihn bewirkten und in ihm eine neue Dimension, eine neue Welt schufen. Doch in seinem sehr öffentlichen Leben nach Erscheinen der Bücher stand jemand wie ich notwendigerweise nur ganz am Rand.«

So sehr Georges sich gefreut hatte, als Speer seine Freiheit wiedererlangte, fühlte er, daß vom geistigen Standpunkt aus seine Entlassung aus Spandau ein Rückschritt war. »Aber«, fügte er hinzu, »und das war verblüffend und bewegte mich wirklich sehr, er sprach mit mir tatsächlich wieder über existentielle Fragen, über Dinge, die er in Spandau entdeckt hatte. Und das, siehst du, das hat mich wirklich gefreut.«

Speer schrieb einige Tage nach Radevormwald an Geis:

Meine Begegnung mit Casalis brachte mir den Gewinn, den ich davon erhoffte. Er wirkte, wie schon vor über zwanzig Jahren, als das Gewissen, das wir so gerne verdrängen. (Jedenfalls ich!)

Speers zweite bedeutsame Begegnung an diesem Frühlingswochenende in Radevormwald war die mit dem Sohn und der Schwiegertochter des Schriftstellers und Denkers, der in den zwanzig Jahren in Spandau sein geistiger Wegbegleiter gewesen war: Karl Barth. Rosemarie und Markus Barth, beide Theologen, trafen erst spät aus Basel ein, und obwohl Markus als Redner vorgesehen war, wußten sie beide nicht, daß Speer anwesend sein würde.

»Ich sah den großen Mann mit diesen auffallenden Augenbrauen auf der anderen Seite des Raumes sitzen«, sagte mir Rosemarie Barth, »und ich fragte mich, wer dieser ungewöhnlich aussehende Mensch war. Er sah aus wie ein Mönch, wie jemand, der in völliger Isolation lebte, aber ein merkwürdig offenes Gesicht hatte. Ich war wirklich sehr neugierig auf diesen Fremden.«

Ich lernte die Barths in ihrem Haus in einem Vorort von Basel kennen. Obwohl am Stadtrand gelegen, könnte man dort genausogut mitten auf dem Land sein, da man durch die Fenster von Wohn- und Schlafzimmer nur Wälder und Felder sieht, so weit das Auge reicht. Das Haus vermittelt eine wunderbare Atmosphäre – von Kindern, die hier aufgewachsen waren, von Jahren, die hier gelebt, von Hunderten Bücher, die hier gelesen, und zahlreichen anderen, die hier geschrieben worden waren. Markus Barth ist ein großer, schlanker, leicht gebeugt gehender Mann mit grauen Haaren und zwinkernden Augen, der viel mehr dem Bild des Professors entsprach als dem des Pastors, der er lange war. Rosemarie ist klein und attraktiv. Er hat mehr Humor, sie mehr Intuition.

»Sie *ist* meine Intuition«, sagte er. Er hatte Speers erstes Buch »vielleicht nicht vor jener unerwarteten ersten Begegnung gelesen, aber gewiß noch vor ihrem Besuch bei uns wenig später. Unsere erste Begegnung überzeugte mich, daß seine Reue aufrichtig war.«

Markus meinte, man müsse Speer immer im Kontext seiner Umgebung und der Zeit betrachten, in der er aufgewachsen war. »Das gebildete Großbürgertum in Deutschland war ganz besonders antisemitisch«, sagte er. »Lassen Sie sich nie von irgend jemand etwas anderes erzählen. Und was immer Speers Vater war – ein Paneuropäer oder etwas Ähnliches, wie Sie sagen –, Speer wuchs in diesem Klima auf. Der Nationalsozialismus fiel in diesem Teil der deutschen Gesellschaft auf besonders fruchtbaren Boden.«

Die Speers besuchten sie zweimal. »Und ich war dreimal bei ihnen in Heidelberg«, sagte Markus. »Außerdem trafen wir uns noch auf zwei Tagungen, die Lili Simon in Radevormwald organisierte, und ein- oder zweimal danach in Maria Laach bei Pater Athanasius.«

Was er nie verstanden habe, sei, wie Speer auch nur eine Minute lang habe behaupten können, er habe von den Greueltaten der Nazis an den Juden nichts gewußt. Er selbst sei als junger Mann mit Billigung seines Vaters Mitglied der Schweizer Aktion Nationaler Widerstand geworden. »Wir trafen uns regelmäßig«, sagte er, »und wir wußten im Herbst 1942 von der Massenvernichtung der Juden. Und sehen Sie, deshalb kann und konnte ich noch nie glauben, daß unsere kleine Schweizer Widerstandsgruppe – vorwiegend junge Leute ohne jegliche ›Bedeutung‹ –, die sich unter strenger Geheimhaltung traf, um den Widerstand gegen eine mögliche deutsche Besetzung der Schweiz vorzubereiten, recht detailliert von den Greuel gewußt haben sollte, während der deutsche Rüstungsminister ahnungslos war.«

Aber er habe das Speer nie vorgehalten. »Als ich ihn kennenlernte, meinte ich, es liege bei Gott, zu vergeben. Es stand mir nicht zu, in Speer zu dringen, ihn zu fragen, ob er wirklich alles zugegeben habe. Natürlich hatte er die *Dogmatik* meines Vaters so genau studiert, daß er womöglich zu dem Schluß gekommen war, daß nichts, was er tun könnte, helfen würde, nur nachdenken. Vielleicht hatte er recht.«

»Seine Lösung«, sagte Rosemarie, »bestand darin, nicht von Reue zu sprechen, sondern von Verantwortung, und ich glaube, das war wahrscheinlich richtig: Damit konnte er umgehen, das konnte er ›ertragen‹.«

Geis müsse mit seinem Einfühlungsvermögen gespürt haben, wie Speer unter seiner Schuld litt. »Und natürlich hatte Geis nicht viele Menschen kennengelernt, die *litten,* weil sie etwas mit der Vernichtung der Juden zu tun gehabt hatten, also muß das für ihn eine überwältigende Erfahrung gewesen sein. Und einen Juden wie ihn kennenzulernen, diesen außerordentlichen Geist«, sagte sie, »muß für Speer ein wahrhaft phantastisches Erlebnis gewesen sein. Diesen Eindruck erweckte er jedenfalls bei dieser ersten Tagung. Er wirkte so überaus erwartungsvoll, so voller Hoffnung und Vertrauen. Es war sehr, sehr eindrucksvoll und bewegend. Jeder der dort Anwesenden spürte es und reagierte darauf. Wie ich Ihnen schon vorhin andeutete, wirkte er damals wie ein Mann voller Unschuld, ein aufrichtiger Mensch auf der Suche.«

»Ja«, sagte Markus, »aber er veränderte sich – wir konnten die Veränderung in ihm über die Jahre hinweg sehen. Etwas ließ nach, etwas zerbrach. Es war Verzweiflung oder eine Niederlage; er hätte sonst kein Buch über seine Architektur gemacht, über die er zuvor so gelästert hatte. Und er hätte nie das schreckliche SS-Buch geschrieben.«

Der Bruch mit Wolters 1971 traf Speer tief, doch stellten die wachsende Freundschaft mit Geis, die erneuerte Verbindung zu Casalis, die Bekanntschaft mit den Barths und die beginnende Beziehung zu Pater Athanasius einen bedeutungsvollen Ausgleich dar. Das ganze Jahr 1971 hindurch, während Speer mit der Öffentlichkeitsarbeit für die amerikanische und britische

Ausgabe der *Erinnerungen* beschäftigt war, zeugt sein Briefwechsel von einer intensiven Beschäftigung mit seiner neuerlichen geistigen Suche und dem Wohlergehen der Menschen, die ihm halfen.

Er war damals – und sollte es die folgenden vierzehn Monate bleiben – äußerst besorgt über Geis' angegriffene Gesundheit. »Seine Sorge um ihn war geradezu überwältigend«, sagte Susanne Geis. »Das machte ihn mir sympathischer – es berührte mich.« Nachdem sie ihn angerufen hatte, um einen geplanten Besuch abzusagen, da Geis wieder erkrankt war, schrieb Speer ihr am 6. Januar 1971:

Liebe Frau Geis,
jeden Tag denke ich nochmals an Ihren Mann. Je länger ich ihn in dieser Not weiß, um so stärker wird mir bewußt, was ich an ihm habe. Ich möchte nicht Ihre Sorgen mit den meinen vergleichen; ich wollte Ihnen nur sagen, daß mich wenig so bewegt hat seit meiner Freilassung, wie diese Nachricht, die Sie mir heute telefonierten.
Möge Gott es gut mit ihm meinen ...

Nachdem Geis sich von einem weiteren Anfall von Angina pectoris erholt hatte, schränkte Rheuma im rechten Arm seine Korrespondenz auf die dringlichsten Fragen ein, die stets auch dem Bemühen um die Zusammenführung von Christen und Juden galten. In den letzten Monaten seines Lebens gehörte dazu auch die Vermittlertätigkeit zwischen Markus Barth und Georges Casalis, die seit Mai 1970 zerstritten waren, wahrscheinlich wegen Georges' ausschließlich humanistischer und politisch linker Interpretation des Christentums. Trotzdem trafen sich die Familien Geis und Speer 1971 dreimal und 1972 noch zweimal. Der letzte Brief von Geis an Speer datiert vom 23. November 1971, genau zwei Jahre nach seinem ersten. Er mißbilligte und riet von einer Verleumdungsklage ab, die Speer damals in Erwägung zog, und schloß dann mit dem Wunsch nach mehr Ruhe in Speers Leben:

Wenn Sie doch endlich ein normales Leben führen dürften, bestehend aus Gegenwart und ein bissel Zukunft. Das ständige Gezerrtwerden in die Vergangenheit kann keinem Menschen gut tun. Ich an Ihrer Stelle hätte mich schon längst gegenüber allen Reportern verleugnen lassen. Lassen Sie es sich trotz allem gut gehen. Ihnen und Ihrer Frau herzliche Grüße von uns beiden

Ihr R. Geis

Auch wenn Speer nichts davon wußte, hatte Geis mit der Presse in Israel wegen seiner Freundschaft zu Speer große Schwierigkeiten. Ein israelischer Autor deutscher Abstammung, Ben-Chorin, war so weit gegangen, (irrtümlich) anzudeuten, daß Geis Speer eine hohe Stellung in Bonn verschaffen wolle. Nur zwei Tage zuvor hatte Geis seinem alten Freund Moshe Tavor geschrieben, dem Korrespondenten der *Frankfurter Allgemeinen Zeitung* in Israel, und ihn um Rat und Hilfe gebeten. Könnte sein Freund als Journalist nicht Öl auf die Wogen gießen, um die Gemüter zu beruhigen?

Indirekt war Speer in Geis' Gedanken fast bis zu dessen Tod. Fünf Tage bevor er starb (am 18. Mai 1972), schrieb Geis an Georges Casalis, der einer seiner liebsten Freunde geworden war und dessen Sorge um Speer er teilte:

Geliebter Freund,

Wie schön, daß es Dich gibt ... Wir stehen, lieber Freund, sehr vereinsamt im Leben. Wir müssen dauernd kämpfen, gerade weil wir die Botschaft der Liebe ernst nehmen, von der »man« spricht, die man aber gar nicht will. Wir sind, weil wir verletzlich sind; das aber schmerzt oft verdammt. Unser Glück sind unsere Frauen, nicht? ...

Susanne und ich, wir grüßen Euch beide aufs herzlichste

Dein Aba

»Ich hatte ihn nur drei Jahre gekannt«, sagte Casalis, »aber ich liebte diesen Menschen mehr als viele andere, die ich mein Leben lang kannte.« Wir saßen spätabends in dem kleinen Wohnzimmer in Noyon zusammen. »Er wurde *der* Freund meiner Reifejahre. Ich liebte seine Freundschaft zu Speer, sie war – mon Dieu – sie war so *richtig*. Und weißt du, auch wenn das eigentlich zum Heulen ist, die Tatsache, daß er gezwungen war, für diese Freundschaft gegen die Philister zu kämpfen, ich sag' dir, das war auch richtig.«

»Ist das nicht traurig, daß Speer das nicht gewußt hat?« fragte ich. Georges lächelte auf jene unnachahmliche Weise, die sein so wunderbar lebendiges Gesicht in ein einziges großes, warmes Lachen verwandelte. »Er wird's erfahren«, sagte er und wies scherzhaft nach oben. »Laß ihm Zeit.«

XXVI

Die Lebenslüge

Die Beziehungen zwischen Speer und den drei geistigen Mentoren seines Lebens nach Hitler, dem protestantischen Pastor Georges Casalis, dem katholischen Pater Athanasius und dem Rabbiner Aba Geis, waren ungewöhnlich intensiv und ungewöhnlich wichtig für sie alle.

Doch als Erich Goldhagens Artikel in *Midstream* Speer Ende 1971 so schwer traf, war es ihm unmöglich, auch nur mit einem von ihnen darüber zu reden. Im Laufe der folgenden Monate, während er schon verzweifelt im Koblenzer Bundesarchiv nach Dokumenten suchte, die ihn auf irgendeine Weise hätten entlasten können, traf er mehrmals mit jedem der drei zusammen – mit Geis noch zweimal vor dessen Tod im Mai 1972 –, erwähnte jedoch nie »das Schlimmste, was mir seit Nürnberg passiert ist«, wie er es sechs Jahre später im Gespräch mit mir nannte.

Daß Speer seine traumatische Krise gegenüber diesen drei Männern verschwieg, deren Zuneigung und Achtung ihm lebenswichtig geworden waren, entsprang einer bewußten Entscheidung. Er hätte sie – und vor allem Geis – genausowenig über Posen anlügen können, wie er ihnen und der Welt die Wahrheit sagen konnte.

Als ich diesen Gedanken Annemarie gegenüber äußerte, antwortete sie zum erstenmal im Verlauf unserer Gespräche ausweichend. Geis' Tod habe Speer zutiefst erschüttert, sagte sie. »Aber ich muß sagen, daß er damals schon seit Monaten so damit beschäftigt war, Goldhagens Verleumdung zu entkräften, daß er sich mit niemandem traf und nirgendwo hinging, außer nach Koblenz.«

Sehr ungewöhnlich für Annemarie – sie irrte sich nicht nur in der Sache, sie ging auch, unbewußt, so dachte ich, meiner Frage aus dem Weg. Was ich ihr hatte deutlich machen wollen, war, daß der einzige Grund, der Speer davon hätte abhalten können, mit Geis über dieses furchtbare Problem zu sprechen, die Tatsache war, daß Goldhagens Anklage, wenn auch unglücklich und übertrieben formuliert, im wesentlichen gerechtfertigt war. Dies zu akzeptieren war für Annemarie schlicht unmöglich.

Sie hatte 1943 sicher nichts von Himmlers Posener Rede erfahren, doch als sie diese nach dem Krieg gelesen hatte, war es unvorstellbar für sie, daß Speer sie damals mit angehört oder auch nur von ihr gehört haben könnte. Ihr Denken, so zugänglich für alle menschlichen Probleme oder Schmerzen, blieb dieser Möglichkeit gegenüber merkwürdig verschlossen; sie war nicht imstande, damit umzugehen. Während einer unserer vielen Diskussionen über Speers zuletzt vier Jahre dauernden Versuch, zu beweisen, daß er in Posen gar nicht hätte anwesend sein *können,* bemerkte sie einmal unvermittelt, ganz resigniert: »Das wird nie aufhören, diese Geschichte mit den Juden, nicht? Es wird immer weitergehen.«

Sie stimmte ganz mit mir überein, daß Speers Schuldgefühle über diesen einen Aspekt von Hitlers Regime sein ganzes Leben nach dem Krieg geprägt hatten. Ich fragte sie (die, wie ich überzeugt war, in einem unbewußten Akt der Reue ihr ganzes Leben der Pflege von Kindern widmete, von denen viele Hitlers eugenischen Richtlinien zum Opfer gefallen wären), ob sie es denn für falsch hielte, daß »die Geschichte mit den Juden« Speers Gewissen und das der Deutschen und darüber hinaus das der ganzen Welt so sehr durchdrungen hatte?

Annemarie, die mit ihren faltenlosen Zügen und den klaren, dunkelblauen Augen immer so jung aussah, verwandelte sich vor meinen Augen plötzlich in eine alte Frau – ihr verzweifeltes Gesicht und ihre nächsten Worte zeigten mir deutlicher als alles, was sie mir im Lauf der Jahre gesagt hatte, wie tief sie gefühlt hatte und noch immer fühlte.

»Natürlich«, sagte sie, »wenn diese Lösung der ›Judenfrage‹ von Anfang an in Hitlers Denken kreiste, wenn er an *diese* Lösung auch nur denken *konnte,* dann war alles, was er war und tat, ein Mißbrauch unseres Vertrauens, unserer Loyalität, unseres Glaubens. Denn dann hat es *nie* eine nationale Integrität gegeben, eine Würde dieser Bewegung in dem Sinn, in dem wir sie zu leben glaubten. Mein Gott, wenn er das vorhatte« – sie hielt inne und fuhr dann fort – »dann hat es *nie* etwas Reines darin gegeben. Es würde heißen, daß wir bis in die Tiefe unseres Seins betrogen wurden.«

Meine Recherchen zu den genauen Umständen, was Speer und die Ereignisse und Folgen von Posen im Oktober 1943 betraf, wurden beträchtlich dadurch erschwert, daß keiner der noch lebenden Zeugen der Himmler-Rede bereit war zuzugeben, damals unter den Zuhörern gewesen zu sein. Ihre Weigerung, sich dieser Erinnerung zu stellen, war natürlich nicht unähnlich der von Speer. Der Unterschied aber war, daß fast alle anderen nicht nur abstritten, die fürchterliche Rede gehört zu haben und jedes persönliche Wissen um das Morden leugneten, sondern auch jeden Gedanken daran zurückwiesen, Hitler habe irgendein Unrecht begangen – außer dem einen, den Krieg zu verlieren. Speer dagegen, der mehr als jeder andere Mensch getan hatte, um Hitler den Sieg zu ermöglichen, war am Ende durch die Sinnlosigkeit des Krieges gebrochen, von den Verbrechen Hitlers überzeugt und entschlossen, die gemeinsame Verantwortung dafür mitzutragen.

Zu jenem Zeitpunkt, als Professor Goldhagen anhand eines direkt an Speer gerichteten Zitats aus der furchtbaren Posener Rede Himmlers zu beweisen schien, daß Speer sich damals unter den Zuhörern befand, hatte Speer sechsundzwanzig Jahre lang darauf bestanden, er habe bis Nürnberg von der Vernichtung der Juden nichts gewußt.

Obwohl er als einziger der einundzwanzig Angeklagten von Prozeßbeginn an bereit und sogar entschlossen gewesen war, Mitverantwortung für alle Naziverbrechen zu übernehmen, war dies eine Geste, zu der er sich als Mitglied der Hitler-Regierung verpflichtet fühlte. Wie er aus Spandau schrieb, verwandelte sich dieses formelle Eingeständnis der Verantwortung erst während des Prozesses, als er die genauen Zeugenaussagen über den Mord an den Juden hörte, zu einem bewußten Gefühl persönlicher Schuld.

Dies, glaube ich, war der Beginn dessen, was Alexander Mitscherlich später Speers »Lebenslüge« nannte.

Denn wenn Speer auch bis Nürnberg tatsächlich nichts von den Gaskammern gewußt haben mag und bis dahin, wie er mir sagte, nicht fähig war, sich vorzustellen, daß ganze Familien ermordet wurden, glaube ich, daß er nach Posen – ob er nun bei Himmlers Rede anwesend war oder nicht – von dem lange geplanten und fast vollendeten Völkermord an den Juden, inbegriffen der Frauen und Kinder, wußte. Und wie weit entfernt er selbst auch von diesem systematischen Morden gewesen sein mag, in dem Moment, als er davon erfuhr und trotzdem seine Arbeit für Hitler fortsetzte, wurde er zum aktiv Beteiligten an diesem Verbrechen.

Speers Tragödie, ein Paradox griechischen Ausmaßes, trat während seiner Krankheit im Jahr 1944 deutlich zutage. Nach Posen und dann nach Dora, als er sowohl die Verbrechen und, unerträglich für ihn, seine Verstrickung und damit seine Schuld erkannte, sehnte er sich im Grunde nach dem Tod. Am Ende aber war sein Lebenswille stärker als sein Bedürfnis nach Sühne. Seine Stärke war seine Schwäche.

Doch selbst das war nicht alles. Denn obwohl sein Moralgefühl in jenem Krankenhauszimmer in Hohenlychen wiedererwacht war und er sich, man könnte sagen am Rand des Todes, seinem persönlichen Schuldgefühl stellte, spürte er immer noch jenes Band, jenes Bedürfnis, das ihn mit Hitler verknüpfte, das tiefste – und vielleicht das einzig wirkliche – Gefühl, das er je empfunden hat.

Mein Gott, dieses abstoßende Gesicht, diese häßliche breite Nase, die grobe, bleiche Haut, wer ist dieser Mann?, fragte er sich, als er Hitler wiedersah. So versuchte er einen Augenblick lang, die so tief beunruhigende moralische Verurteilung nicht nur Hitlers, sondern auch seiner selbst, zu der er gelangt war, auf eine ästhetische Wahrnehmung statt auf eine gemeinsame Schuld abzuschwächen.

Der Augenblick verging. Es ist ein fast grotesker Gedanke, daß Speers Tun, während unzählige Tausende starben, immer noch von Emotionen gelenkt wurde. Es dauerte lange, bis seine Liebe zu Hitler abflaute, und daß er seinen Gefühlen nachgab und sich diese Zeit zugestand, war wohl sein verhängnisvollster Kompromiß. Denn er erlaubte ihm die endgültige Selbsttäuschung – daß er nicht aufgeben oder gehen könne, daß er den, er wußte es schon, unumgänglichen moralischen Standpunkt nicht einnehmen könne, weil, so redete er sich ein, er sich nur immer schonungsloser einsetzen mußte, um das Land und das Volk vor der Zerstörung und der Entehrung zu bewahren: Entehrung durch Hitler, Bewahrung für Hitler – er wußte nicht mehr, was.

Dieser bohrende Konflikt blieb nicht unbemerkt. Die ihm am nächsten standen – Annemarie, Poser, selbst Hupfauer – waren sich des Widerstreits immer bewußt. Und auch die Verschwörer des 20. Juli spürten ihn offenbar; von daher Speers Name auf ihrer Kabinettsliste, mit einem Fragezeichen versehen.

Seinen Kampf gegen den »Verbrannte Erde«-Befehl Hitlers führte Speer nicht aus Empörung, sondern aus Trauer und Verzweiflung. Weder dies noch selbst Hitlers Tod befreite ihn von seiner inneren Bindung. Erst Jahre später, nach dem Trauma von Nürnberg, im weltabgewandten Frieden des Spandauer Gefängnisses und mit Hilfe von Casalis, wurden Moral und Reue die ausschlaggebenden Elemente seines Lebens.

Und obwohl seine folgenden Jahre viele Schwankungen erlebten, blieben diese beiden Elemente im wesentlichen der Mittelpunkt seines Lebens. Wie Markus und Rosemarie Barth es ausdrückten, war das Besondere an Speer nicht seine förmliche Anerkennung von Verantwortung in Nürnberg, sondern sein innerliches Bewußtsein von persönlicher Schuld und sein Leiden daran in den Jahren, die folgten.

Obwohl im Lauf der Zeit die Intensität dieses Schuldbewußtseins immer stärker in seinem Innersten lebte, äußerten sich seine Gefühle wenigstens teilweise in seiner Opposition gegen seine Mitgefangenen und nach seiner Entlassung gegen die meisten seiner ehemaligen Freunde. Er war ein sehr eigensinniger Mensch, und er konnte, wie Siedler ganz richtig spürte, in seinem Anderssein schwelgen, was immer der Preis war. Doch ebenso wurde seine radikale Abwendung von Hitler von neuem gestärkt, als er sich in ihr mit fast allen jungen Deutschen einig sah – vielleicht mit die größte Genugtuung seines Lebens nach Spandau.

Im Jahr 1972, als die Goldhagen-Kontroverse um die Posener Rede entflammte, hatte Speer, jetzt ein Autor von Rang, gerade die Arbeit an seinem zweiten Buch aufgenommen. Die Mehrheit seiner enormen Leserschaft bestand aus der neuen Generation, die er mit dieser spezifisch deutschen romantischen Bewunderung liebte, die er ja schon immer für die »Jugend« empfunden hatte. (»Jeder Staatsmann über Fünfzig«, bemerkte er einmal im Gespräch mit mir, »sollte einen Stellvertreter unter Fünfunddreißig haben. Nicht um ihn zu ersetzen, wenn er stirbt, sondern um ihn zu beeinflussen, solange er lebt.«)

Es hatte natürlich in Deutschland wie im Ausland kritische Rezensionen seines ersten Buches gegeben, doch waren solche Stimmen bei weitem in der Minderheit. »Die Rezensionen, die ich gelesen habe«, schrieb Geoffrey Barraclough im Januar 1971 in einer erbitterten Attacke gegen Speer in der *New York Review of Books,* »übernehmen mit ein paar ehrenwerten Ausnahmen Speers eigene Bewertung seiner Person ...«

Obwohl Speer – immer fast allzu bereit, auf seine eigenen Fehler oder Mängel hinzuweisen oder sie einzugestehen – im Gespräch und in der Diskussion bereitwillig seine Kritiker zitierte, schwamm er freudig auf der Woge der öffentlichen Anerkennung, die sich in den gewaltigen Verkaufszahlen seines Buches kundtat. Zu guter Letzt war das doch nur die Oberfläche. Seine wirkliche Tröstung, die größte seit Spandau, war zweifellos die Haltung, die Aba Geis ihm gegenüber einnahm.

Bevor Geis in sein Leben trat, war Siedler sein literarischer und in gewissem Maße auch politischer Mentor. Aber danach gab Speer die Abhängigkeit von seinem Verleger auf. Mit seinem zweiten Buch, den *Spandauer Tagebüchern,* wollte er nicht mehr seine eigene, sondern vor allem die junge Generation ansprechen. Und mit dieser Absicht würde er freier schreiben, ohne Rat anzunehmen, sowohl über seine Einstellung Hitler gegenüber als auch, noch wichtiger, über seine Verurteilung der Naziverbrechen und seines eigenen Anteils an ihnen.

Goldhagens Anschuldigung in dieser Phase seines Lebens erschütterte ihn bis ins Tiefste. Hier sah er sich, zwei Jahre nach dem sensationellen Erfolg der *Erinnerungen* und am Beginn der Arbeit an seinem neuen Buch, plötzlich mit einem Ereignis konfrontiert, das alles zunichte machen konnte – seine Glaubwürdigkeit, seine Rolle als der offenbar einzigen Stimme der Vernunft und Reue aus dem Dritten Reich, seine dritte große Karriere, sein ganzes neues, ehrenhaftes Leben und seine Freundschaft mit Geis.

Es war, wie er mir später sagte, »verheerend«. In diesem Moment drohte der gesamte Unterbau seiner Lebenslüge einzustürzen und ihn unter den Trümmern zu begraben. Von neuem und auf verheerende Weise rückte die Frage seiner Mitwisserschaft in den Vordergrund. Jetzt, statt in sich selbst die Kraft zu suchen, sich der Wahrheit zu stellen, wie Casalis ihn am Anfang ermutigte, oder mit der Verdrängung dieser Wahrheit in Stille leben zu lernen, wie Geis ihm so großmütig riet, mußte er jetzt Beweise für die Wahrheit einer

Lüge finden und sie damit natürlich in fürchterlichem Maße bis ins einzelne ausarbeiten und sie über alles Bisherige hinweg ausdehnen.

Bis zu einem gewissen Punkt, vielleicht weil es der Öffentlichkeit nicht mehr so wichtig war, gelang ihm dies, allerdings unter hohen Kosten für sich selbst. Robert Jay Lifton hat überzeugend dargelegt, wie Menschen, die sich einer schrecklichen Wahrheit nicht stellen können, diese abblocken und ihr Selbst »verdoppeln«. Ich war lange der Meinung, daß dies auf Speer zutraf. Doch nachdem er mir von der Goldhagen-Episode erzählt hatte – unter sichtbaren Qualen, unmöglich zu simulieren –, kam ich nach meiner anschließenden langen Recherche zu den näheren Umständen von Himmlers Posener Rede zu dem Schluß, daß Speer, viel schwerer, als die Wahrheit zu blockieren, was im Extremfall bedeuten kann, daß man sich der Lüge nicht mehr bewußt ist, eine Lüge lebte, nicht wissend, wie er sie beenden konnte. Ich glaube, daß sein entsetzliches Leiden unter diesem Zwiespalt sein größter Verdienst war. Es war dieser in der Isolation von Spandau aufgeblühte Schmerz, der zum bemerkenswerten »Spandauer Entwurf« geführt, die Tür zu Geis geöffnet und schließlich die *Spandauer Tagebücher* zu einem herausragenden Buch gemacht hat.

Die amerikanische Historikerin Lucy Davidowicz schrieb in einer Kritik, die mir Speer eines Tages mitbrachte: »Was die *Tagebücher* nicht erwähnen, sind schlaflose Nächte ... oder Träume über Auschwitz.«

»Aber genau deshalb habe ich doch schlaflose Nächte«, sagte er mit müder Stimme. Dies war am letzten Tag der ersten drei Wochen, die wir miteinander verbrachten.

»Ich glaube, ich weiß, was Sie über die Juden wußten«, sagte ich. »Aber könnten Sie nicht selbst noch einen Schritt weitergehen?«

Es war ihm immer klar gewesen, daß diese Frage an diesem letzten Tag kommen würde. »Ich kann sagen«, antwortete er langsam, »daß ich ahnte ... daß etwas Schreckliches mit den Juden geschah ...« Dies war nicht mehr der gewandte, glatte und fast theatralisch charmante Mann, den ich bei unserem ersten Zusammentreffen erlebt hatte. Nun war er todernst, unendlich müde, ohne auch nur eine Spur seiner früheren Gewandtheit.

»Aber wenn Sie es ›ahnten‹«, sagte ich, »dann wußten Sie es. Man kann doch nicht einfach ins Leere etwas ahnen oder vermuten. Sie wußten es.«

Er schwieg eine ganze Weile, dann stand er auf, ging in sein Arbeitszimmer und kehrte mit einem Blatt Papier zurück. »Lesen Sie das. Machen Sie damit, was Sie wollen; und dann lassen Sie uns nicht mehr darüber sprechen.«

Im April 1977 hatte Speer einen Brief von D. Diamond erhalten, dem Direktor des südafrikanischen jüdischen »Board of Deputies«, in dem er Speer bat, seine Organisation in einem Rechtsstreit gegen die Verleger und Verteiler des Pamphlets *Der Jahrhundertvertrag* zu unterstützen, um dessen Verbreitung in Südafrika zu verhindern.

Speer wurde ersucht, eidlich zu bestätigen, daß es a) im Gegensatz zu der Behauptung des Pamphlets tatsächlich einen Plan gegeben habe, die europäischen Juden auszurotten, daß er b) von diesem Plan erfahren habe und bezeugen könne, daß es ihn gab, und daß c) der Plan in die Tat umgesetzt wurde und wie Speer davon wußte.

Speers eidliche Erklärung bestand aus drei Seiten, in denen er Punkt für Punkt den Hintergrund der Massenmorde und die erschütternden Eingeständnisse der in Nürnberg angeklagten direkt Beteiligten auflistete. Wie häufig zuvor würdigte er das Tribunal von Nürnberg als Versuch, eine bessere Welt zu erschaffen, und schloß dann mit den offensten Worten, die er je niedergeschrieben hatte:

Der Nürnberger Prozeß bedeutet für mich noch heute einen Versuch, zu einer bessseren Welt vorzustoßen. Die Begründung meines Urteils durch das Internationale Militärgericht erkenne ich auch heute noch als im allgemeinen korrekt an. Ich halte es aber darüberhinaus heute noch für richtig, die Verantwortung und damit die Schuld für alles auf mich zu nehmen, was nach meinem Eintritt in die Hitler-Regierung am 8. Februar 1942 an Verbrechen, in generellem Sinne, begangen wurde. Nicht die einzelnen Fehler belasten mich, so groß sie auch sein mögen, sondern mein Handeln in der Führung. Daher habe ich mich für meine Person im Nürnberger Prozeß zur Gesamtverantwortlichkeit bekannt und tue dies auch heute noch. *Meine Hauptschuld sehe ich immer noch in der Billigung der Judenverfolgungen und der Morde an Millionen von ihnen* [Hervorhebung durch die Autorin].

Mit diesen Worten, besonders mit dem Wort »Billigung«, brachte sich Speer zum erstenmal direkt mit dem Mord an den Juden in Verbindung. Drei Monate später, als das *Zeit-Magazin* die deutschen Rechte für mein Speer-Profil erwarb, wurde auf meinen Vorschlag hin vertraglich festgelegt, daß die Übersetzung des englischen Originals ins Deutsche mit Speer abzustimmen sei.

Ebenso, wie er keinerlei Einwände gegen meinen englischen Entwurf erhoben hatte, den ich ihm vorgelegt hatte, akzeptierte er auch das von der *Zeit* sehr gut übersetzte Profil gleich in der ersten Fassung. Er bat nur in einer handschriftlichen Mitteilung an die *Zeit* darum, eine Fußnote einzufügen, in der er den Begriff »Billigung« erläutern konnte: »Billigung durch Wegsehen, nicht durch Kenntnis eines Befehls oder der Durchführung. Das erstere ist so schwerwiegend wie das zweite.«

»Warum sagen Sie das jetzt so offen, nachdem Sie es so lange abgestritten haben?« fragte ich ihn. Er zuckte die Achseln. »Für diesen Zweck und mit diesen Leuten«, sagte er, »wollte ich nicht – konnte ich nicht – handeln.«

Wenn Speer in Nürnberg so weit gegangen wäre, hätte man ihn gehängt.

Postskriptum

Am 30. November 1980, über zwei Jahre nachdem mein Speer-Profil zunächst im *Sunday Times Magazine* und dann im *Zeit-Magazin* veröffentlicht worden war, erhielt ich einen langen Brief von Speer, in dem er mir mitteilte, wie unglücklich er über die Schlußfolgerungen sei, die ich aus unseren wochenlangen Gesprächen gezogen hätte.

In der Zeit zwischen jenen Gesprächen und dem Eintreffen des Briefes hatte Speer mich wohl dreißig- oder vierzigmal in London angerufen – durchschnittlich ungefähr alle zwei Wochen –, und wir hatten Briefe zu unserem Buchprojekt ausgetauscht. Speer arbeitete seit eineinhalb Jahren am *Sklavenstaat,* der in Deutschland Anfang 1981 von seinem neuen Verlag, der Deutschen Verlags-Anstalt, und in Amerika im Herbst 1981 unter dem Titel *Infiltrations* veröffentlicht werden sollte. Die Deutsche Verlags-Anstalt plante für dasselbe Jahr auch eine neue Ausgabe des Buches über seine Architektur mit einem überarbeiteten Vorwort von ihm. Der Verlag riet Speer deshalb in einem Brief, den dieser an mich weiterleitete, unser geplantes Buch mit Profilen der Männer um Hitler bis 1982 aufzuschieben. Über all das hatten wir uns geeinigt und uns auch weiter über vieles andere unterhalten.

Im Frühsommer 1980 waren wir alle sehr besorgt über ein neuerliches Auftreten seiner Kreislaufprobleme, die im Juni eine weitere Embolie nach sich zogen. Doch er hatte sich wieder erholt, wie er und Margret meinem Mann und mir auf einer fröhlichen Postkarte aus Prades in den Pyrénées Orientales im September mitteilten. Der Brief, den ich knappe drei Monate später erhielt, erstaunte mich daher.

Speer schrieb darin, daß mein Artikel ihm sehr weh getan hatte. Nach der Widmung, die ich ihm in mein Buch *Am Abgrund* geschrieben hatte, hatte er eine ganz andere Einstellung erwartet, die »sich von denen, die mich einfangen und verurteilen möchten, ganz deutlich abhebt«. Die »Frage der Geheimhaltung und des Wissens« sei eine »Kardinalfrage« in seinem Leben, schrieb er, und es sei eine große Enttäuschung gewesen zu entdecken, daß ich nach all der Zeit, die wir zusammen verbracht hatten, versucht hätte, ihn des »Wissens« zu bezichtigen, ohne seine »Argumente auch nur zu erwähnen«.

Wenn ich etwa das Treffen mit Selzner, dem politischen Kommissar von Dnjepropetrowsk, erwähne, schrieb er weiter, so könne ich das nur, weil er mir freiwillig davon berichtet habe. »Ich habe gleichzeitig festgestellt, daß es Selzner unmöglich war, mir irgend etwas zu sagen, was in seinem Gebiet durch die Einsatzgruppe vor sich geht, weil er in die Gefahr geraten wäre, daß ich im Hauptquartier Hitler darüber berichte oder Hitler befrage. Die Folge wäre gewesen, daß man Selzner zur Rechenschaft gezogen hätte, weil er ein Geheimnis ausplauderte. Ich habe auch noch verschiedene andere Beispiele dieser Art, wo ich nichts erfahren habe, zu einer Reihe zusammen-gefügt, die dann im Artikel genau zum Gegenteil verwendet wurden. Auch fand ich es ganz natürlich, daß ich Ihnen die Korrespondenz mit der jüdi-schen Organisation Südafrikas zeigte. Der Satz, den Sie dann herausfischten, war nicht so gemeint und war auch durch die Übersetzung etwas schärfer formuliert als ich es getan hätte. Dabei stehe ich auf dem Standpunkt ... daß ich durch ein hohes Gericht verurteilt wurde und dann das, was mir an Schuld zugesprochen wurde, redlich Tag für Tag abgebüßt habe. Damit bin ich heute ein freier, unbelasteter Mann.«

Weiter schrieb er, er habe in seinem Buch viel schärfere Worte gebraucht als ich und »Schuld« auf sich genommen, obwohl er »entschuldet« sei. »Wer hat in dem Umfang, in dem ich es tat, sich nach verbüßter Strafe in meinem Sinne ausgedrückt? Etwa Funk, Raeder, Dönitz oder Schirach?«

Als ich ihn besucht hätte, um ihm den Entwurf zu zeigen, und wir gemein-sam an der Korrektur des Textes gesessen seien, hätten ihm »die Lust und die Zeit« gefehlt, mir seine Bedenken mitzuteilen.

»Es war mir allerdings noch nicht bekannt, daß dieser Artikel auch in Deutschland erscheinen wird. Das ist alles nicht tragisch zu nehmen. Ich sehe ein, daß Ihr Handwerk ein sehr schwieriges ist ... Ich möchte diesen Beruf nicht haben, weil er immer wieder dazu zwingt, in die Privatsphäre anderer einzudringen ... Aber ich mag Ihr Temperament und ich mag Sie persönlich. Dieser Briefwechsel ist ja von beiden Seiten ein Zeichen dafür ... Ich möchte am Schluß sagen, daß dies alles sich schon längst abgelagert hat und in der Vergangenheit versunken ist. Mit herzlichen Grüßen, auch von Margret und an den lieben Don, Ihr Albert.«

Warum dieser Brief nach zwei Jahren? fragte ich ihn am Telefon noch am selben Abend.

»Ach«, sagte er, »es gibt einen Grund ... doch lassen Sie uns jetzt nicht davon sprechen; vergessen Sie den Brief ...« Auf meine Antwort, daß ich das nicht könne und daß, wenn er wirklich diese Gefühle hätte, ich unmöglich mit ihm an einem Buch arbeiten könne, erwiderte er: »Unsinn, Unsinn, wir werden uns bald wiedersehen, und natürlich werden wir das Buch zusammen machen ...«

Er rief mich in den ersten Monaten des Jahres 1981 noch zwei- oder dreimal an, und am 30. März schickte er mir ein Vorausexemplar des *Sklavenstaats*. »Hope you don't grumble!!« (Ich hoffe, Sie grollen nicht!), war auf englisch an den Rand der Titelseite geschrieben; auf den anderen hatte er auf deutsch eine Widmung geschrieben: »Dear Gitta, das soll ein Versuch sein, jungen Menschen, die ›law and order‹ herbeiwünschen, zu zeigen, wo ein Vorbild *nicht* gefunden werden kann. Mit herzlichen Wünschen, Yours, Albert«

Das Buch war sehr schlecht: eine Mischung aus bitteren Selbstanklagen und einem wütenden Angriff gegen Himmler und dessen Methode der Errichtung eines Sklavenstaats durch die Infiltration der staatlichen Einrichtungen und die Duplizierung aller Behörden und führender Beamten durch seine eigenen Leute.

Wie es mir gefallen hätte, fragte Speer bei seinem nächsten Anruf, ungefähr drei Tage nachdem das Buch angekommen war. Ich sei nicht gerade begeistert davon, sagte ich. »Na ja, ich auch nicht«, meinte er. »Ich glaube, ich habe mir damit sehr geschadet.«

Danach ruhte unsere Kommunikation einige Monate lang. Ich arbeitete in Italien, und er erholte sich, wie ich annahm, von der Öffentlichkeitsarbeit für das neue Buch.

Sein nächster Anruf kam am späten Abend des 7. August, einem Freitag. Er hatte offensichtlich einige Gläser Wein getrunken – was ihm gewöhnlich nichts ausmachte, sondern ihn nur entspannte – und klang gar nicht wie er selbst. Wie üblich wollte er zuerst mit Don sprechen, meinem Mann, der mir belustigt zuwinkte, während er zuhörte. »Er ist beschwipst«, sagte er, als er mir den Hörer reichte.

»Was ich Ihnen sagen wollte«, sagte Speer fröhlich, »war, daß ich finde, daß ich's alles doch ganz gut gemacht habe. Schließlich *war* ich Hitlers Architekt, ich *war* sein Minister für Rüstung und Kriegsproduktion, *war* dann zwanzig Jahre in Spandau und hab' dann, als ich herauskam, *doch* noch einmal Karriere gemacht. Gar nicht so schlecht, nein?«

»Mit wem red' ich da?« fragte ich. »Doch nicht mit dem Albert, den *ich* kenn'? Was ist los mit Ihnen? Was ist passiert?«

»Na ja«, erwiderte er, und seine Stimme klang unbeschreiblich fröhlich, und er zog das Na und das Ja melodisch hinaus, »ich habe schließlich doch noch ein Erlebnis gehabt ...«

»Erlebnis?« fragte ich, »Was für ein Erlebnis?«

»Ah ... eines Tages, bald, werden wir einmal wieder bei einem Glas Wein zusammensitzen«, versprach er, »und dann sage ich's Ihnen. Auf Wie-ie-ie-dersehen.«

Es sollte mehrere Wochen dauern, bis ich erfuhr, was Speers »Erlebnis« gewesen war, und damit schließlich jene Wandlung verstand, die ihn veranlaßt hatte, mir im November 1980 – mit zweijähriger Verspätung – diesen so verblüffend unglücklichen Brief zu schreiben und mir zehn Monate später – völlig uncharakteristisch für ihn – mitzuteilen, daß er's seiner Meinung nach im Leben doch ganz gut gemacht hatte.

Es stellte sich heraus, daß er im Spätjahr 1979 oder Anfang 1980 einen Brief von einer jungen Frau erhalten hatte. Sie hatte einen englischen Familiennamen und einen deutschen Vornamen und schrieb auf deutsch. Sie habe soeben die *Spandauer Tagebücher* gelesen, schrieb sie, und müsse ihm sagen, daß es das wunderbarste Buch sei, das sie je gelesen habe. Es war anscheinend ein stiller und bescheidener Brief; sie sei mit einem Engländer verheiratet, schrieb sie; sie hätten zwei Kinder, und der Beruf ihres Mannes habe sie ins Ausland geführt, nach Deutschland, und jetzt wieder zurück nach England.

Als junge Deutsche in einer englischen Umgebung zu leben, schrieb sie, war nicht immer einfach, und sie war oft unglücklich über Dinge, die sie Leute sagen hörte. Und sie fühlte auch für Kinder, die eine deutsche Mutter hatten. Aber all das habe sich geändert, nachdem sie sein Buch gelesen hatte: Es hatte sie zum Weinen gebracht, und es hatte sie glücklich gemacht, und das wollte sie ihm sagen. Sie hoffte, schrieb sie, daß er das nicht aufdringlich fand.

Speer war offensichtlich sehr von der Schlichtheit des Briefes bewegt. Und als er ihr antwortete, lud er sie ein, ihn zu besuchen, wenn sie das nächste Mal nach Deutschland kam.

»Ich sah Speer 1980 zum letzten Mal«, sagte mir Wolf Jobst Siedler 1984 in Berlin. »Er hatte mir das Manuskript seines Buches über die SS geschickt, und wir sprachen darüber, ich glaube beim Mittagessen. Ich sagte ihm, ich könnte mit diesem Manuskript nichts anfangen; ich würde ein halbes Jahr brauchen, um es so zu redigieren, daß es meiner Ansicht nach für eine Veröffentlichung geeignet gewesen wäre. Er nahm mein ›Nein‹ sehr gut auf – er nahm Kritik immer gut auf.«

Anschließend hatten sie sich noch lange unterhalten. Speer versicherte Siedler erneut, was er ihm im Lauf der Jahre oft gesagt hatte: daß er der einzige Mann sei, dem er sich anvertrauen könne. »Und daß ein Mann manchmal einen anderen Mann brauche, mit dem er reden könne«, sagte

Siedler. Und dann erzählte Speer ihm zu seinem Erstaunen von einer Freundschaft mit einer, wie er sie nannte, »jungen Engländerin« – er griff in seine
Brieftasche und zog ein Foto heraus.

»Es zeigte die beiden auf einer Terrasse«, sagte Siedler. »Es war, erzählte
mir Speer, ein Haus in Südfrankreich, das er gemietet hatte. Die sehr hübsche
Dame – ich schätzte sie auf unter Vierzig – war schlank, groß, mit langen
blonden Haaren. Sie trug ein weißes Negligé, und Speer stand neben ihr in
einer saloppen Hose und dünnem weißem Rollkragenpullover – ich glaube,
aus Seide. Sie lachten. Es war offensichtlich eine Selbstauslöseraufnahme an
einem frohen, sonnigen Morgen. Es war eine Situation, die im Zusammenhang mit dem Speer, den ich seit sechzehn Jahren kannte, einfach … unvorstellbar war.«

»Es ist erstaunlich«, hatte Speer laut Siedler gesagt, »ich mußte in die
Siebziger kommen, um ein erstes wirklich erotisches Erlebnis mit einer Frau
zu haben.« Er und die junge Frau hatten sich anscheinend noch während
seiner Arbeit an dem SS-Buch auf den ersten Blick verliebt.

Man kommt natürlich leicht in Versuchung, im nachhinein klüger zu sein,
aber ich hatte mich, als er mir das Vorausexemplar seines Buches geschickt
hatte, tatsächlich gewundert, wie er, der sonst so peinlich genau, so sorgfältig
und vor allem so gescheit war, ein so unfertiges und deshalb – so dachte ich
damals – ein so verwirrendes Buch hatte abliefern können, in dem er die
Greueltaten anderer verurteilte und gleichzeitig seine eigene Beteiligung an
bestimmten Verbrechen eingestand, allerdings nur, so schien es, um sie gleich
wieder zu bestreiten.

Er selbst, wie aus seinem Telefonanruf hervorging, nachdem er mir das
Buch geschickt hatte, war sich seiner Unzulänglichkeit voll bewußt. Und
nun war alles klar. Er hatte sich verliebt. Mit Fünfundsiebzig hatte er sich
zum erstenmal sexuell verliebt in eine schöne junge Frau, für die dieses
Erlebnis ebenfalls ein bedeutender Einschnitt in ihrem Leben gewesen sein
muß.

Speer war damals wie auch früher schon immer ein sehr attraktiver Mann,
ein Umstand, den ich in meiner Darstellung vielleicht nicht genug gewürdigt
habe. Dennoch bezweifle ich, daß dies oder aber auch sein großer persönlicher Charme das Entscheidende in seiner Anziehung auf sie war.

Es hat sich wohl genauso abgespielt, wie sie es ihm in ihrem ersten Brief
beschrieben hatte: Sie hatte in dem wunderbaren Buch, den *Spandauer Tagebüchern,* nicht nur einen Mann kennengelernt, der sich von allen unterschied, die sie je gekannt hatte, sondern auch einen ganz anderen Deutschen
aus jener Generation – der Generation ihrer Eltern –, die sie als junge Nach-
kriegsdeutsche so lange verachtet und verurteilt hatte. Es hatte ihre Gefühle
über Deutschlands jüngste Vergangenheit, über die Menschen jener Zeit und
damit wohl auch in vieler Hinsicht über sich selbst verändert.

Später sollte ich erfahren, daß sie Ende der fünfziger, Anfang der sechziger Jahre als Au-pair-Mädchen zum erstenmal nach England gekommen war. Ich erinnere mich gut an diese Zeit und die jungen Mädchen, die in diesen Jahren zu uns kamen, um unsere Kinder zu betreuen. Ich erinnere mich auch deutlich, wie verwirrend dieses England für sie war. Es war schwierig für ein Kind jener Generation von Deutschen oder Österreichern, täglich in englischen Zeitungen und im Fernsehen mit den Greueltaten der Nazis konfrontiert zu werden. Zwar hatten sie das auch in Deutschland gesehen, doch es war ein Kulturschock, im Ausland so vollkommen mit den Hitler-Verbrechen identifiziert zu werden, sich so schuldig zu fühlen, die Kinder ihrer Eltern zu sein. Obwohl viele dieser jungen Mädchen, selbst fast noch Kinder, bei ihrer Heimkehr England paradoxerweise lieben lernten, waren alle, die ich kannte, irgendwie durch diese Erfahrung markiert, manche sehr positiv, aber einige von ihnen tief negativ, für ihr ganzes Leben.

Speers letzte Freundin – denn das wurde sie – hat, so scheint es, aus ihrer Erfahrung in England als junges Mädchen »die Konsequenzen gezogen«. Als sie bald darauf in Deutschland einen jungen Engländer kennenlernte, verliebte sie sich in ihn, heiratete ihn, hatte Kinder mit ihm und wurde eine »Engländerin« (Speer beschrieb sie auch Margret, Hilde, Annemarie und Margrets engster Freundin Erika Wolters – den einzigen, die vor Siedler von ihr erfuhren – als »Engländerin«, und niemand wußte anfangs, daß sie eigentlich Deutsche war).

Ihre Mutter, sagte Hilde mir später, habe dieser letzte Eingriff in ihr Leben zutiefst erschüttert. »Es brach mir das Herz, sie so leiden zu sehen«, sagte sie. Nach allem, was sie durchgemacht hatte, was sie für uns, für ihn getan hatte. ›Auch das jetzt noch‹, sagte sie zu mir. ›Mußte das wirklich sein?‹«

Wie hatte Margret es denn herausgefunden, fragte ich. Hilde zuckte die Achseln.

»Herausgefunden?« wiederholte sie, und ihre Stimme klang ungewöhnlich bitter. »Er ›meldete sich ja ab‹, wenn er wegfuhr, sie zu treffen.«

Für Speer muß es überwältigend gewesen sein, mitten in der Arbeit an einem Buch, von dem er vielleicht selbst nicht mehr überzeugt war, auf diese reizende Frau zu stoßen, die ihn uneingeschränkt bewunderte und blind an ihn glaubte. Er war immer ein glühender Verehrer von Jugend und Schönheit bei Frauen wie bei Männern gewesen. Margret war zwar schön, doch bis zu diesem Moment hatte sein ästhetisches Bedürfnis nach diesen Eigenschaften nie die natürliche Folge geteilter sexueller Freuden gehabt.

Speer hatte immer ein mehr geistig-romantisches als leiblich-sinnliches Naturell. Seine Liebe zu Margret – und zweifellos liebte er sie – rührte von seinem romantischen Bedürfnis nach Einfachheit, Echtheit und Zurückhaltung her, Eigenschaften, die er bei ihr und ihrer Familie fand und zu denen sich beide von Anfang ihrer Ehe an bekannt hatten. Es gelang Margret, diese

Eigenschaften auch den Kindern zu vermitteln, und nach Speers Rückkehr hielten er und sie in ihrem Privatleben bis zum Ende daran fest.

Auch wenn er die sexuelle Liebe erst spät kennenlernte, hatte diese Leidenschaft doch eine zweite, völlig neue Dimension. Sie war verknüpft mit einer unendlich wertvollen Gabe, die diese junge Frau ihm schenken konnte: der unbegrenzten und vorbehaltlosen Annahme seiner Person als des Mannes, den sie in den *Spandauer Tagebüchern* entdeckt hatte. Dieser Mann aber war, außer seinen kurzen Jahren mit Casalis und noch kürzeren mit Geis, der beste Mensch, der er je gewesen war.

Sie wußte nicht – wie hätte sie auch wissen können –, daß ihre ganz sicher leidenschaftliche Bewunderung, in einer Form ausgedrückt, die ihm bislang fremd geblieben war, ihn von den Selbstzweifeln befreien würde, denen er so lange Zeit ausgeliefert war. Und wie konnte sie, unschuldig und unwissend, erkennen, daß ihre bedingungslose Begeisterung auf lange Sicht eben jenes »Beste« in ihm zerstören würde, das sie so liebte?

Aber wie befreit er sich gefühlt haben muß, als sie einander fanden, und wie eindeutig das seinen Brief an mich und den anschließenden, freudigen Telefonanruf erklärte.

Hilde drückte es viel später einmal mit jener stillen Großmut aus, die ihr so zu eigen ist: »Es war schon unglaublich, daß ihm das noch geschah – ich hab' mich dann schon für ihn gefreut.«

Speer hatte mir bei seinem euphorischen Anruf am 10. August 1981 verschwiegen, daß er drei Wochen später vierundzwanzig Stunden in London sein würde, um an einem Dokumentarfilm der BBC mitzuwirken. Sein Besuch fiel auf ein langes Wochenende in Großbritannien, das wir nichtsahnend auf dem Land verbrachten.

Bei unserer Rückkehr nach Hause am Dienstagabend, dem 1. September, blinkte unser Anrufbeantworter.

»Hier Albert«, sagte die vertraute Stimme auf englisch mit dem deutschen Akzent. »Ich bin nur für einen Tag da, bei der BBC, aber ihr seid offenbar nicht zu Hause. Wie schade. Ich wollte euch überraschen. Na ja, kommt bald mal zu uns, gut? Wie geht es meinem Freund Don? Auf Wiedersehen.«

Das war die erste Nachricht auf dem Band, ohne Datum oder Zeitangabe. Die nächste war von ITV. Ob sie mit mir über Albert Speer sprechen könnten? »Das ist ja komisch«, sagte ich zu meinem Mann. »ITV will ihn, und die BBC hat ihn.« Und dann kam die dritte Nachricht, laut Zeitangabe nur ein paar Minuten vor unserer Ankunft zu Hause, vom kanadischen Rundfunk aus Toronto. Ob ich bitte zurückrufen könnte, »wann immer Sie wollen«, sagte die Stimme aus Kanada, »bis 2.30 Uhr in der Früh Ihrer Zeit. Wir möchten mit Ihnen über den Tod von Albert Speer sprechen«.

Das war unmöglich – es mußte ein Irrtum sein. Ich rief Margret im Allgäu an. Allein auf dem Berg – sie hatte ihn an diesem Abend zurückerwartet –, muß sie neben dem Telefon gesessen haben (das, wie ich wußte, auf dem Schreibtisch in seinem Arbeitszimmer stand), da sie nach dem ersten Klingeln abnahm. Ihre Stimme klang leise und schüchtern wie immer, doch seltsam vibrierend und geradezu entkörpert. Ja, es ist wahr, sagte sie mit der Nüchternheit, die Schocks manchmal mit sich bringen, er ist soeben gestorben.

Sie sagte, man vermutete einen Schlaganfall; es geschah in seinem Londoner Hotel, dem Park Court, als er gerade zum Flughafen und nach Hause aufbrechen wollte. Um zehn Uhr deutscher Zeit war er im St. Mary's Hospital in Paddington gestorben, sagte sie. »Haben Sie ihn denn nicht gesehen?« »Nein«, sagte ich, »wir waren auf dem Land.« »Ach«, sagte sie in einem ganz normalen Ton des Bedauerns, »ich weiß, er hoffte Sie zu sehen.«

Wally Dunnage, ein pensionierter Polizeioffizier, war für die Sicherheit des Park-Court-Hotels verantwortlich. »Es war ungefähr halb fünf, als das Telefon in meinem Büro klingelte«, sagte er, als er mir von Speers Todestag berichtete. »Der Manager sagte, ein Gast sei in seinem Zimmer zusammengebrochen, und der Krankenwagen sei unterwegs.

Als ich an die Tür von Zimmer 516 klopfte, öffnete mir eine Dame. (Er sprach im Ton eines geübten Polizeibeamten.) Sie war ungefähr fünfunddreißig oder vierzig, lange blonde Haare, ungefähr 1,70 Meter groß und schlank. Sie trug eine dünne Strickjacke über einem Kleid oder vielleicht einem Rock und einer Bluse. Sie war sehr blaß und schien verzweifelt. Ein älterer Mann lag auf dem Rücken im Bett; ich fühlte keinen Puls, und seine Haut war feuchtkalt. Die Dame sagte, sie glaube, er hätte vielleicht einen Schlaganfall erlitten. Ich drückte wie vorgeschrieben auf seinen Brustkasten. Ich hörte ein Geräusch, und er schien anzufangen zu atmen. Ich drehte ihn seitwärts in die Belebungsposition, und einige Minuten später kamen schon die Sanitäter. Ich ging dann hinaus, wie es sich gehört, und die Dame auch. ›Wissen Sie, wer das ist?‹ fragte sie mich. Ich sagte: ›Nein.‹ ›Das ist Albert Speer.‹«

Die junge Angelita de la Torre hatte an diesem Nachmittag als Zimmermädchen Dienst und war zugegen, als Dunnage aus dem Zimmer trat. »Wally hat ihn, glaub' ich, Mund zu Mund beatmet«, sagte sie in ihrem melodischen spanischen Akzent. »Er muß sehr an ihm gearbeitet haben – sein Gesicht war grau, er war völlig erschöpft. ›Stell dir vor‹, sagte er zu mir, ›ich hab' *ihm* geholfen.‹ Ich wußte nicht, was er meinte, aber bald danach hörten wir eine Meldung im Radio; da begriffen wir, wer er war.«

»Er war Gast der BBC«, sagte der Hotelmanager. »Sie riefen an und sagten, wir sollten seine Sachen verwahren; sein Sohn würde kommen und sie abholen. Unsere Wirtschafterin – sie war Deutsche, müssen Sie wissen – sagte, sie würde Albert Speers Sohn gern sehen.«

»Wir konnten es nicht glauben«, sagte die BBC-Produzentin Jane Ellison, eine attraktive junge Frau, damals Produktionsassistentin bei dem Dokumentarfilm über Hitler und die Kunst, für den man Speer zu einem Interview mit dem Historiker Norman Stone nach London eingeladen hatte.

»Es war erst Speers zweiter Besuch in England seit dem Krieg«, sagte sie. »Bei seinem ersten im Jahr 1970, ebenfalls auf Einladung der BBC, wurde er als ehemaliger Kriegsverbrecher am Flugfeld angehalten, und erst nach stundenlangen Verhandlungen mit dem Innenministerium wurde ihm das Betreten des Landes gestattet. Aber diesmal gab es nichts dergleichen. Alles war schon sorgfältig vorher geklärt worden. Er war am vorangegangenen Nachmittag angekommen und hatte am Abend ein langes Arbeitsessen mit Norman.«

»Er war in ausgezeichneter Form«, sagte Stone, Professor für Neuere Geschichte in Oxford. »Ich holte ihn am Sonntag um sechs in seinem Hotel ab; er sagte, er habe sein Haus im Allgäu um sieben Uhr morgens verlassen, aber er schien nicht im geringsten müde. Ich hatte den Eindruck, er freute sich wie ein Schneekönig, in London zu sein. Wir bereiteten das Interview vor – und redeten dann noch weiter über die Vergangenheit bis spät in die Nacht, bis zwei Uhr morgens, glaube ich. Aber er fühlte sich offensichtlich gut und war geistig phantastisch auf der Höhe. Natürlich, er liebte es, über all das zu reden, nicht?«

»Wir holten ihn sehr früh am nächsten Morgen vom Hotel ab und filmten das Interview mehrere Stunden lang«, sagte Jane Ellison. »Er schien vollkommen in Ordnung, nicht einmal müde nach der langen Nacht. Wir fanden ihn toll – wir waren alle fasziniert von ihm. Wir wußten, daß er noch am selben Nachmittag zurückfliegen würde, Norman lud ihn zum Mittagessen ein, aber er sagte – sehr munter, wie ich mich erinnere –, daß er mit einer Dame verabredet war. [»Ich war sicher, Du warst es«, sagte Norman zu mir.] Also setzten wir ihn an seinem Hotel ab – so gegen ein Uhr. Als ich gegen vier hörte, daß er mit Verdacht auf Schlaganfall ins St. Mary's Hospital eingeliefert worden war, bin ich sofort dorthin geeilt. Der Arzt sagte, er sei im Koma eingeliefert worden und daß eine Verwandte oder Bekannte, die im Krankenwagen mitgekommen war, vor der Notaufnahme sitze.

Sie war groß und blond, schaute völlig aufgewühlt aus. Sie sagte nein, sie sei keine Verwandte, und murmelte irgend etwas über ihm bei der Arbeit helfen – mit Verlegern und englischen Briefen. Sie hatte einen ganz schwachen deutschen Akzent, und später – wir saßen stundenlang zusammen – erzählte sie mir alles über sich. Und sie sagte, sie hätte Speers Familie benachrichtigt.«

»Sie rief meine Mutter am Spätnachmittag an«, sagte Hilde. »Mein Mutter hatte die ganze Zeit von dem Verhältnis gewußt, aber von *ihr*, gerade ihr zu erfahren, daß er im Sterben lag – das war wirklich zu viel, weißt du, es war geradezu grotesk.«

»Nach einer Weile«, fuhr Jane Ellison fort, »spürte ich natürlich, daß zwischen den beiden etwas viel Wichtigeres gewesen sein mußte als ein gelegentliches Arbeitsverhältnis. Sie war wirklich vollkommen verzweifelt; es war offensichtlich, daß sie ihn tief liebte.

Die Tür zum Behandlungszimmer der Notaufnahme stand offen; es war nicht sehr privat. Wir schauten zu, wie sie arbeiteten, aber nach etwa zwei Stunden sagten sie, sie würden ihn hinauf in ein Privatzimmer legen, also gingen wir mit und setzten uns dorthin.

Sie wußte viel von seiner Familie, seinen Kindern. Sie sprach über seine Bücher, auch über ihn als Menschen, aber ich kann mich nicht mehr genau erinnern, was sie sagte, weil es, na ja, es machte nicht viel Sinn. Sie war in einem entsetzlichen Zustand und weinte die meiste Zeit.

Die im Krankenhaus hatten erst keine Ahnung, wer er war. Wir hatten ihn im Hotel unter dem Namen unseres Produzenten Dave Wallace angemeldet, weil wir ihn vor den Medien beschützen wollten – vermutlich kam er auch als Dave Wallace ins Krankenhaus. Ich weiß nicht, wie es am Ende herauskam, aber plötzlich war die Telefonzentrale des Krankenhauses blockiert mit Anrufen der Redaktionen. Es wurde ein komplettes Chaos.«

Dr. Edwin Keal, ein renommierter Thoraxspezialist, wurde gerufen, als das Krankenhaus erfahren hatte, wer der Patient war. »Ja, natürlich«, sagte er, »ich wußte genau, wer er war – es war mein Krieg, wissen Sie; es war meine Generation. Es war wirklich kaum zu glauben, daß dieser Mann seine letzten Stunden in einem anonymen Krankenzimmer in London verbringen sollte – einer Stadt, zu deren beabsichtigter Zerstörung er wohl mehr als jeder andere beigetragen hatte. Natürlich, all diese Gedanken kamen einem erst viel später.« Dann lächelte er. »Aber wir wunderten uns schon über die attraktive junge Frau, die mit ihm gekommen war.«

»Ja, und dann starb er«, sagte Jane Ellison, »und wir mußten alles arrangieren. Mein Büro in der BBC war im Aufruhr wegen der Anrufe aus aller Welt, die ich stundenlang abgewimmelt hatte und die jetzt bei ihnen eingingen. Inzwischen hatten wir erfahren, daß Speers Schwiegertochter, die Ärztin war, früh am nächsten Morgen herüberfliegen würde, um die Formalitäten zu erledigen und den Toten nach Deutschland zu überführen.

Wir blieben bis zum späten Abend im Krankenhaus, ich glaube, es war gegen zehn. Ich war erschöpft, und Speers Freundin sah vollkommen erledigt aus. Sie sagte mir, wo sie wohnte – in einem Vorort. Ich hätte sie vielleicht hinausfahren sollen, aber ich tat es nicht. Ich setzte sie am Bahnhof Waterloo ab. Sie wirkte elend, hatte sich aber inzwischen etwas gefaßt und sagte, es würde gehen. Ich schrieb mir ihren Namen und Adresse auf und sagte, ich würde sie anrufen, aber ich hab' es nie getan. Was hätte ich ihr sagen sollen?«

Dr. Keal hatte von Anfang an keine Hoffnung mehr gehabt: »Es war ein sehr dichtes Trauma mit massivem Schaden. Ich bezweifle, daß er so hätte weiterleben wollen, nicht dieser Mann.«

Er hatte recht. »Margret und ich haben über die künstliche Verlängerung des Lebens gesprochen«, hatte Speer mir vor etwas mehr als einem Jahr vor seinem Tod gesagt, als er im Juni 1980 – nicht lange nach Beginn seiner Liebesaffäre und der Unterhaltung mit Siedler, wie mir später auffiel – eine weitere Embolie gehabt hatte, wie sie ihn anscheinend immer in Augenblicken emotionaler Anspannung ereilte. »Wir sind beide der Ansicht, daß wir, wenn einem von uns etwas zustößt, unser Leben nicht künstlich verlängern lassen wollen. Wenn mich so etwas wie ein Schlaganfall treffen würde, dann sollte meine Frau den Ärzten sagen, daß sie mich sterben lassen sollen; ich glaube, sie würde von mir dasselbe erwarten.«

Als ich begann, den Schluß dieses Buches zu schreiben, sah ich mir Speer noch einmal auf dem Videoband an, das die BBC mir geschickt hatte, dem Video des Dokumentarfilms, an dem er am letzten Tag seines Lebens mitgewirkt hatte. Taktvoll hielten sie den Film dreieinhalb Monate zurück; er wurde erst am 14. Dezember 1981 gesendet.

Speer wirkte ganz besonders jung darin und schlanker, als ich ihn je gesehen hatte. Was mir aber vielleicht mehr als alles andere auffiel, war, daß hier, auf dem Bildschirm und am letzten Tag seines Lebens, die zwei Dimensionen, die er immer schon in sich vereint hatte, so deutlich hervortraten.

Auf der einen Seite war da der pragmatische Speer, der zweifellos mit großem Vergnügen an diesem Dokumentarfilm mitgewirkt hatte, in dem sich die Fragen an ihn im wesentlichen um Hitlers architektonische Pläne für seine Heimatstadt Linz drehten. Speers Antworten waren natürlich sehr intelligent, voll von Wissen: Schließlich war er ja vertrauter als jeder andere mit Hitlers Besessenheit von Architektur und der Art und Weise seines Umgangs mit Architekten. Aber es war interessant, wie es ihm, obwohl er großenteils improvisierte, mit vollendeter Selbstsicherheit gelang, seine Antworten auf spezielle Fragen über Linz in einer Weise zu verallgemeinern, daß nie deutlich wurde, daß (wenn er auch die neue Kunstgalerie der Stadt entworfen hatte) nicht er von Hitler zum Chefarchitekten für dessen geliebtes Linz ernannt worden war – wo Hitler seinen Lebensabend verbringen und sterben wollte –, sondern sein alter Rivale Hermann Giesler.

Und als in dem Dokumentarfilm eine alte deutsche Wochenschau vom Juni 1940 mit Hitlers morgendlicher Runde durch das eroberte Paris und dessen architektonische Meisterwerke gezeigt wurde – Invalidendom, Eiffelturm, Oper, Arc de Triomphe und Sacré-Cœur auf dem Montmartre –, saß Hitler zwar im ersten Wagen der Kolonne zwischen Giesler und Speer, aber in

Speers Kommentar zu diesem außerordentlichen Ereignis wurde Gieslers Name nicht genannt.

Es erinnerte mich an Annemarie, als sie mir lächelnd sagte: »Erfolg – das wollte er haben.« Auch ich lächelte dann, aber vielleicht mehr aus Einsicht als aus Nachsicht. Was Annemarie gesagt hatte, stimmte und war doch längst nicht die ganze Wahrheit.

Speer war mit Begeisterung in Hitlers Dienste getreten; auf Verlangen dem reinen Konzept der Architektur, dem er sich unter seinem ersten Lehrer Tessenow so rückhaltlos verschrieben hatte, untreu geworden; von Anfang an die Augen verschließend gegenüber den ungeheuerlichen Obsessionen seines Führers, sich blind machend dem Leid gegenüber, das sie so unmittelbar mit sich brachten: Konzentrationslager für Christen und Kommunisten, Auslöschung der bürgerlichen Existenz der Juden, Tod für Behinderte, »Erbkranke« und Greise. Begeistert hatte er am Anfang Hitlers Krieg begrüßt, über Hitlers Eroberungen gejubelt und bereitwillig alles Nötige und mehr getan, als er – der Künstler – mit einem hohen Regierungsamt betraut wurde. Er hatte manipuliert, geschmeichelt und gegen alle, die seinem Einfluß und seinen Zielen in die Quere kamen, intrigiert und sie bedroht, war an der brutalen Unterwerfung der Fremdarbeiter nicht nur beteiligt, sondern hatte sie vielmehr gefordert und bewußt oder unbewußt die Tatsache des befohlenen Mordens verdrängt.

Speer hat niemanden getötet und empfand keine Feindschaft, keinen Haß oder auch nur Abneigung gegen die Millionen Christen und Juden, die in Osteuropa systematisch umgebracht wurden; er empfand nichts.

Es mangelte ihm an einer ganzen Dimension: an der Fähigkeit zu echten Gefühlen, die ihm in seiner Kindheit geraubt worden war, so daß er keine Liebe, sondern nur romantisierende Ersatzgefühle für Liebe empfinden konnte.

Mitleid, Mitgefühl, Zuneigung und Einfühlungsvermögen waren für ihn Fremdwörter. Er war zwar zu tiefen Empfindungen fähig, aber nur indirekt, über Musik, Landschaft, Kunst und dann auch über das visuell Gigantische: seinen Lichtdom, die Fahnen, die Tausende zu Säulen erstarrten Männer in Hab-Acht-Stellung und die endlosen Reihen blonder Kinder mit strahlenden Augen und ausgestreckten Armen. Das war für ihn Schönheit, und das ermöglichte ihm, als weiterer Liebesersatz, zu *fühlen*.

Aber dann, durch die Erlebnisse in Posen und Dora, wurde er sich schließlich Hitlers Wahnsinn bewußt. Mit den Enthüllungen von Nürnberg und den Reaktionen der zivilisierten Welt kamen Erkenntnis und Entsetzen über das Geschehene, Gefühle persönlicher Schuld, fast Todessehnsucht und zugleich Angst vor der Hinrichtung, die Scham darüber, verschont worden zu sein, und die Aussicht auf zwanzig Jahre Gefängnis, nach denen er, bei Antritt der Strafe erst einundvierzig, einundsechzig sein würde. Und aus alldem, aus der durch Casalis vermittelten Erkenntnis, aus seiner Entdeckung der Demut, aus dem Geschenk, das seine junge Tochter für ihn war, aus der Freude, die er in der Einsamkeit fand, und vor allem aus dem andauernden und quälenden Bewußtsein seiner Schuld – aus alldem erstand ein anderer Speer.

In diesem Speer, besessen von einer Vergangenheit, die er verstand wie vielleicht kein anderer, entdeckte ich in den vier Jahren, die ich ihn kannte, vieles, was mich ansprach. Dies war, so fühlte ich, inzwischen der wahre Speer geworden, jener Mensch, der er, ich bin überzeugt, nach der Euphorie seiner späten Leidenschaft wieder geworden wäre, hätte er weitergelebt. Dieser Speer war ein tief ernsthafter Mensch, der über Hitler, das Verderben unseres Jahrhunderts, mehr wußte als irgend jemand sonst. Dieser Speer war ein tiefkultivierter, einsamer Mensch, der in Erkenntnis seiner Schwächen, was menschliche Beziehungen anbelangte, im Gefängnis fünftausend Bücher gelesen hatte – sein Versuch, das Universum und die menschliche Natur zu ergründen; es gelang ihm mit dem Kopf, aber nicht mit dem Herzen. Einfühlungsvermögen ist letzten Endes eine Gabe, die man nicht erlernen kann, und deshalb blieb er auch nach seiner Rückkehr in die Welt nach zwanzig Jahren Gefängnis im wesentlichen allein.

Von so vielen weiter verachtet und verhaßt, weil er Hitler gedient und ihn dann verraten hatte, beschloß er, der sich selbst nicht vergeben konnte, ein Ungeheuer nahezu geliebt zu haben, sich den Rest seines Lebens mit dieser Vergangenheit auseinanderzusetzen.

Ich lernte Speers Ringen mit sich selbst verstehen und würdigen als Wiedergeburt jener moralischen Gesinnung, die er als Junge und Jugendlicher gezeigt hatte. Für mich war es eine Art Sieg, daß dieser Mann – gerade dieser Mann – unter der Last einer unerträglichen und untilgbaren Schuld versucht hatte, mit Hilfe eines protestantischen Pastors, eines katholischen Mönchs und eines jüdischen Geistlichen ein anderer Mensch zu werden.

Danksagung

Danksagungen in Büchern klingen immer recht ähnlich. Nicht, glaube ich, weil Schriftsteller für alle, die ihnen beigestanden haben, dieselbe Dankbarkeit empfinden, sondern vielmehr, weil allzuoft die Worte fehlen, die unseren Dank angemessen ausdrücken könnten.

Auch ich muß mich deshalb damit begnügen, zunächst den Menschen zu danken, die ihr Wissen und ihr Leben mit mir geteilt haben und die Sie dann in diesem Buch kennengelernt haben; kurz die Historiker und Archivare zu nennen, die mich geführt haben, und letztlich die Freunde, die mir so großzügig ihre Zeit und Freundschaft schenkten. Darüber hinaus gibt es allerdings einige, deren Hilfe die Grenzen beruflicher Unterstützung oder normaler Freundschaft überschritt.

Zunächst seien drei genannt, die Ihnen auf den vorhergehenden Seiten begegnet sind, ohne die – und ich sage das ohne Zögern – das Buch in seiner vorliegenden Form nicht hätte geschrieben werden können.

Für Albert Speers Tochter Hilde Schramm und für seine Privatsekretärin und Freundin Annemarie Kempf war es keine leichte Entscheidung, sich meinem Projekt anzuschließen. Wenn sie es taten, dann nicht aus Freundschaft zu mir, denn wir waren uns fremd, als diese Arbeit begann. Sie beide und Fritz Wolters, der Sohn von Albert Speers ältestem Freund, hatten, wie ich glaube, das Gefühl, daß »ein« Buch noch fehlte. Annemarie starb, bevor sie es lesen konnte. Ich wünsche sehr, daß dieses Buch all das erfüllt, was Hilde und Fritz sich von ihm erhofft haben, und ich danke ihnen von ganzem Herzen für ihr Vertrauen.

Maria Schwabb und Waltraud und Ulrich Lassek verbrachten viele Wochen damit, die 1200 Seiten von Albert Speers erstem, im Spandauer Gefängnis entstandenen Entwurf der *Erinnerungen* durchzuarbeiten, um ihn so weit in ein System zu bringen, daß ich damit arbeiten konnte. Es war dies eine unglaublich schwierige Aufgabe; Speer schrieb zwar jeden

Tag, die Einträge folgten aber keinem roten Faden. Die Themen auf jeder Seite mußten mit der gedruckten Endversion in Einklang gebracht oder für sich beschrieben werden – eine Herkulesarbeit, die feinfühlig gemeistert wurde.

Zwei liebe Freunde, Joanna Anstey und Enrique Arias, haben sich durch meinen ersten Rohentwurf von 1500 Seiten durchgearbeitet. Ihr Lob kam zu einem Zeitpunkt, als ich es bestimmt noch nicht verdient hatte, war jedoch dringend nötig, um mich für die weitere Arbeit anzuspornen.

Meine amerikanische Agentin Elaine Markson las nicht nur einen Entwurf, sondern drei. Ich habe manchmal das Gefühl, daß sie ihren Autoren am liebsten mit einem Schild vorausgehen würde, auf dem steht: »Vorsicht! Markson-Autor!« Mit entsprechender Hingabe steht sie uns Tag und Nacht zur Verfügung. Dafür danke ich ihr.

Frances Gorden, meine Kindheitsfreundin »Franzi«, lebt zu meinem großen Glück in London. Als ich zu schreiben begann, entzifferte sie für mich viele der nahezu unleserlichen handschriftlichen Briefe Speers. In einer späteren Phase, als das Buch fertig war, stellten sie und mein Mann Don Honeyman zahlreiche Briefe und Dokumente, die nur mir zur Verfügung stehen, für die deutsche Ausgabe zusammen.

Ich danke meinem alten Freund Max Dietlin, der in Pariser Archiven wichtiges Material für mich auftrieb; meinen britischen Agentinnen Tessa Sayle und Rachel Calder und meiner deutschen Agentin Ursula Bender, die sich so bereitwillig meine Probleme anhörten, obwohl sie an meinem Buch über Albert Speer kein finanzielles Interesse hatten; der Schriftstellerin Gwen Edelman in New York, die über die seltene Gabe verfügt, sich für die Arbeit anderer begeistern zu können, und dem großen Historiker Saul Friedländer für seine Warnungen, für die ich dankbar war, auch wenn ich nicht alle befolgen konnte. Elke Fröhlich, die führende Goebbels-Expertin der Welt, hat mein Wissen unendlich erweitert. Und Eberhard Jäckel, der vielleicht leidenschaftlichste Historiker auf dem Gebiet des Dritten Reichs, zögerte nie, meinen Hilferufen nachzukommen.

Wir haben das Glück selten ergebener Freunde, von denen mir manche über Jahre hinweg halfen, nicht den Mut zu verlieren.

Aggie und Stephen Barlay waren unermüdlich in ihrer Bereitschaft, auftauchende Probleme zu analysieren, und Marina Henderson war immer »da«, wenn wir sie brauchten.

In London fand Liz Jobey, Chefredakteurin des *Independent Sunday Review* immer Zeit, um mir bei der Entwirrung meiner Gedanken zu helfen; Phillip Knightley stand mir stets mit taktischen Ratschlägen zur Seite; mit unseren engsten Freunden Angela und Mel Marvin in New York teilen wir Freud und Leid; in Österreich haben wir innige Freunde in »Hannerl« und Fritz Molden und fanden in ihrem schönen Dorf Alpbach und in meinem

Lieblingshotel in den Tiroler Bergen, dem Alpbacher Hof, immer wieder Wärme und Frieden.

Wir werden nie vergessen, wie Rudolf Petzenhauser und Monika während unserer dreijährigen Arbeit in München dafür sorgten, daß wir uns dort wie zu Hause fühlten, und wie Isabelle de Reyher, eine geniale Heilerin auf dem Gebiet der Osteopathie, meine Gesundheit hegte. In Amerika fand ich auf Priscilla und Nat Roes Farm in New Hampshire die Ruhe, die ich brauchte, um mit dem Buch zu beginnen. Virginia und Leo Wilking, beide tief bewandert in der menschlichen Psyche, schenkten mir wieder und wieder ihre Einsicht in das menschliche Denken. Die Gastfreundschaft von Joanna und Dan Rose in New York und East Hampton, beinahe eine Legende unter ihren Schriftsteller- und Künstlerfreunden aus aller Welt, kam uns jahrelang zugute.

Tzvetan Todorov ist einer der ganz großen Geister Europas. Ich bin ihm dankbar für sein Buch *Face à l'Extrême*, für seine Ermutigung während der letzten Jahre und für seine und Nancy Huston-Todorovs Freundschaft.

Ein Dank, hier nun zum erstenmal ausgesprochen, geht an Lee Hindley Chadwick. In meinem englischen Internat Stonar House School in Sandwich in Kent lehrte sie ein elfjähriges Kind, die englische Sprache zu lieben und sie sich anzueignen. Nichts, was ich getan habe, wäre möglich gewesen, ohne den Beginn, zu dem mir diese begnadete Lehrerin verholfen hat.

Acht Archive haben meinem Mann und mir bei den Vorbereitungen für dieses Buch beigestanden: die National Archives (und Robert Wolfe) in Washington, das britische Public Records Office in Kew, das Imperial War Museum, die Wiener Library in London und das Document Center in Berlin (und Dr. David Marwell). Mit Fotografien, ausgenommen jene, die Speer mir gab, unterstützten uns die Bayerische Staatsbibliothek in München (und Dr. Reinhard Horn) und das Spiegel-Archiv in Hamburg, Fritz Wolters in Coesfeld und Albert Speers Neffe Wolf Speer in Reith in Tirol. Für den Großteil meiner Recherchen bin ich dem Institut für Zeitgeschichte in München und dem Deutschen Bundesarchiv in Koblenz zu Dank verpflichtet.

Im Institut für Zeitgeschichte, zweifellos eines der hervorragendsten Archive der Welt, traf ich immer auf Interesse und Freundschaft. Elke Fröhlich, Hermann Weiß und Martin Broszat, bis zu seinem Tod Direktor des Instituts, gaben mir alle Hilfe, um die ich bat, und mehr.

Die historischen Schätze des Deutschen Bundesarchivs sind fast unbeschreiblich, und auch hier wurde mir jede erdenkliche Hilfe zuteil. Ein Archivar, der hier nicht genannt sein will, stellte mir einen ganzen Sommer lang sein Haus zur Verfügung, und zwei andere Mitarbeiter, Marianne Loenartz und Hedwig Singer, besonders bewandert im Bereich Speer, scheuten keine Mühe, meine vielen Probleme zu lösen.

Die Wiener Library ist, wie ich schon vor zwanzig Jahren in der Danksagung für mein Buch *Am Abgrund* sagte, für jeden, der versucht, das Dritte Reich zu erforschen, unersetzlich, und ich bin ihren Mitarbeitern jetzt wieder zu tiefstem Dank verpflichtet.

Im Jahr 1990, als ich nach achtjähriger Forschungsarbeit nicht wußte, wie ich aus der Riesenmenge von Material ein Buch machen sollte, gelang es meinem Verleger Sonny Mehta vom amerikanischen Verlag Knopf, meine Hemmungen vor dem Beginn aufzulösen; ich werde ihm dafür immer dankbar sein.

Albert Speer ist ein Thema, bei dem manche Lektoren den Gleichmut verlieren könnten. Jonathan Segal verlor ihn nicht und blieb in monatelanger Arbeit objektiv. Ich schulde ihm Dank dafür und daß er trotz aller Schwierigkeiten nie den Glauben an mein Unternehmen und die Begeisterung für das Entstandene verlor.

Die deutsche Bearbeitung dieses Buches, das, wie alles, was ich schreibe, auf englisch entstand, war besonders wichtig und besonders schwierig. Daß sie zu meiner Zufriedenheit gelang, ist der Harmonie zwischen mir und meinem deutschen Lektor Dr. Rolf Cyriax und seiner ungewöhnlichen literarischen Feinfühligkeit zu verdanken.

Ich habe nun von all denen gesprochen, die mit der Arbeit an diesem Buch befaßt waren, nur von dem einen noch nicht, der für den Entstehungsprozeß von Herbst 1977 bis Anfang Herbst 1994 am wichtigsten war: von Don Honeyman, meinem Mann, der mich auf diesem langen Weg von Gedanken, Problemen und bei einem Großteil der Arbeit begleitete. Nicht nur sind es seine Fotos von Albert und Margret Speer, die hier erscheinen, sondern er übernahm auch die gesamte Bildrecherche und Vorbereitung des Bildmaterials und recherchierte einen beachtlichen Teil der englischsprachigen Dokumentation, nahm erste Straffungen am Text vor, besorgte die Anmerkungen zum Text und war am Ende für die Computererfassung des Manuskripts verantwortlich.

Das Buch ist von mir, aber es wurde zu einem gemeinsamen Unternehmen. Autoren, ob Männer oder Frauen, brauchen starke und selbstlose Partner. Don ist der Fels, auf dem mein Leben ruht.

G. S., London – New York, September 1994
London – München, Juni 1995

Quellen

Im folgenden wird zwischen unveröffentlichten Quellen und veröffentlichten Quellen und Literatur unterschieden. Weitere Quellen wie die Goebbels-Tagebücher und Briefe in meinem Privatbesitz sind im Text durch das jeweilige Datum näher bezeichnet und in den Anmerkungen nicht gesondert belegt.

Unveröffentlichte Quellen

»Chronik«
Die offizielle Chronik, die von Wolters während Speers Tätigkeit als Generalbauinspektor und später als Minister für Rüstung und Kriegsproduktion geführt wurde; ausführlich erörtert in den Kapiteln V und IX.

»Nürnberger Entwurf«
Der »Nürnberger Entwurf« umfaßt 103 Seiten, die Speer vor und während des Prozesses in Erwartung seiner möglichen Hinrichtung geschrieben hat.

Wolters, Rudolf, *Lebensabrisse*. Privatdruck.
Inzwischen in den Bestand des Wolters-Archivs in Koblenz aufgenommen.

»Spandauer Entwurf«
Als »Spandauer Entwurf« werden die 1200 Seiten (Typoskript) bezeichnet, die Speer Wolters vom 8. Januar 1953 bis zum 9. Januar 1954 aus dem Gefängnis schrieb. Innerhalb des Wolters-Nachlasses umfassen sie die Bände NL 7 bis NL 11; Zitate werden mit Band-, Datums- und teilweise Seitenangabe belegt.

Die Archive, aus denen Quellen zitiert werden, sind wie folgt abgekürzt:
NA RG   National Archives (War Crimes), Washington DC
BA   Bundesarchiv Koblenz
IfZ   Institut für Zeitgeschichte, München
PRO   Public Records Office, Kew.

Veröffentlichte Quellen und Literatur

Below, Nicolaus von, *Als Hitlers Adjutant 1937–1945*. Mainz 1980.

Bismarck, Klaus von, *Aufbruch aus Pommern*. München 1992.

Blond, Georges, *L'Agonie de l'Allemagne*. Paris 1952.

Breitman, Richard, *The Architect of Genocide. Himmler and the Final Solution*. New York 1991.

Breitman, Richard und Laqueur, Walter, *Der Mann, der das Schweigen brach. Wie die Welt vom Holocaust erfuhr*. Berlin 1986.

Browning, Christopher, *Ganz normale Männer. Das Reservepolizeibataillon 101 und die Endlösung in Polen*. Reinbek 1993.

Bullock, Alan, *Hitler und Stalin. Parallele Leben*. Berlin 1991.

Burckhart, Carl J., *Meine Danziger Mission, 1937–1939*. Zürich, München 1960.

Butz, Arthur R., *Der Jahrhundertbetrug*. Vlotho 1977.

Churchill, Winston, *Der Zweite Weltkrieg*. 6 Bde. Bern 1944–1954.

Fest, Joachim C., *Hitler*. Frankfurt a. M. 1973.

Friedländer, Saul, *Kurt Gerstein oder die Zwiespältigkeit des Guten*. Gütersloh 1968.

Fromm, Erich, *Anatomie der menschlichen Destruktivität*. Stuttgart 1974.

Galante, Pierre und Silianoff, Eugene, *Les derniers témoins du Bunker*. Paris 1989.

Geis, Robert Raphael, *Leiden an der Unerlöstheit, 1906–1972. Briefe, Reden, Aufsätze*. Hg. von Dietrich Goldschmidt mit Ingrid Ueberschär. München 1984.

Giesler, Hermann, *Ein anderer Hitler*. Leoni 1982.

Gilbert, Gustave M., *Nürnberger Tagebuch*. Frankfurt a. M. 1977.

Goebbels, Joseph, *Die Tagebücher von Joseph Goebbels, Sämtliche Fragmente*. Hg. von Elke Fröhlich in 9 Bänden. München 1987 ff.

Gruchmann, Lothar, *Euthanasie im Dritten Reich*. Stuttgart 1972.

Hagen, Walter, *Die geheime Front*. Linz, Wien 1950.

Hitler, Adolf, *Mein Kampf*. München 1935.

Hitlers Tischgespräche im Führerhauptquartier 1941–1942. Hg. von Henry Picker, Bonn 1951. Zu den verschiedenen Versionen der »Tischgespräche« siehe die entsprechende Anmerkung zu Kap. VII.

Hoßbach, Friedrich, *Zwischen Wehrmacht und Hitler 1934–1938*. Göttingen 1949.

Internationales Militärtribunal, Sekretariat, *Der Prozeß gegen die Hauptkriegsverbrecher vor dem Internationalen Militärgerichtshof in Nürnberg*. 42 Bde. Nürnberg 1947–1949. (Abgekürzt zitiert als *IMT*. Zitiert wird in der Regel nach Band- und Seitenangabe, lediglich die Zitate am Kapitelanfang sind nur im Text durch Datum und Sprecher ausgewiesen.)

Jäckel, Eberhard, *Adolf Hitler. Sämtliche Aufzeichnungen, 1905–1924*. Stuttgart 1980.

Janssen, Gregor, *Das Ministerium Speer*. Frankfurt a. M. 1968.

Kehrl, Hans, *Krisenmanager im Dritten Reich*. Düsseldorf 1973.

Kempner, Robert M. W., *Eichmann und Komplizen*. Zürich 1961.

Klee, Ernst, *»Euthanasie« im NS-Staat. Die »Vernichtung lebensunwerten Lebens«*. Frankfurt a. M. 1983.

– Willi Dreßen und Volker Rieß, Hg., *»Schöne Zeiten«. Judenmord aus der Sicht der Täter und Gaffer*. Frankfurt a. M. 1988.

– und Willi Dreßen, Hg., *»Gott mit uns«. Der deutsche Vernichtungskrieg im Osten 1939–1945*. Frankfurt a. M. 1989.

Levi, Primo, *Ist das ein Mensch?* Frankfurt a. M. 1979.

Lifton, Robert Jay, *Ärzte im Dritten Reich.* Stuttgart 1988.

– *Der Verlust des Todes.* Über die Sterblichkeit des Menschen und die Fortdauer des Lebens. München, Wien 1986.

Maser, Werner, *Nürnberg. Tribunal der Sieger.* Stuttgart u. a. 1978.

Michel, Jean, *Dora.* Paris 1975.

Mitscherlich, Alexander und Margarete, *Die Unfähigkeit zu trauern. Grundlagen kollektiven Verhaltens.* München 1979.

Morse, Arthur, *Die Wasser teilten sich nicht.* Bern 1968.

Neave, Airey, *Nuremberg.* London 1980.

Norden, Eric, »Albert Speer. Ein Interview.« In: *Playboy,* Juni 1971.

O'Donnell, James P., *The Berlin Bunker.* London 1979.

Oven, Wilfred von, *Verrat und Widerstand im Dritten Reich.* Coburg 1978.

Powers, Thomas, *Heisenbergs Krieg.* Hamburg 1993.

Reif, Adelbert, Hg., *Albert Speer. Kontroversen um ein deutsches Phänomen.* München 1978.

Reitlinger, Gerald, *Die Endlösung: Hitlers Versuch der Ausrottung der Juden Europas 1939–1945.* Berlin 1992.

Riefenstahl, Leni, *Memoiren.* München 1987.

Rohland, Walter, *Bewegte Zeiten. Erinnerungen eines Eisenhüttenmannes.* Stuttgart 1978.

Schirach, Henrietta von, *Der Preis der Herrlichkeit.* Berlin, München, Wien 1978.

Schmidt, Paul, *Statist auf diplomatischer Bühne, 1923–1945.* Bonn 1961.

Schröder, Christa, mit Anton Joachimsthaler, *Er war mein Chef.* München, Wien 1985.

– mit Albert Zoller, *Hitler Privat. Erlebnisbericht seiner Geheimsekretärin.* Düsseldorf 1949.

Sereny, Gitta, *Am Abgrund. Eine Gewissensforschung.* Frankfurt a. M., Berlin, Wien 1979.

Smith, Bradley, *Der Jahrhundertprozeß. Die Motive der Richter von Nürnberg – Anatomie einer Urteilsfindung.* Frankfurt a. M. 1977.

– Agnes F. Peters, Hg., *Heinrich Himmler, Geheimreden 1933–1945.* Frankfurt a. M. 1974.

Speer, Albert, *Erinnerungen.* Berlin 1969. (Englischsprachige Ausgabe: *Inside the Third Reich.* New York 1971.)

– *Der Sklavenstaat. Meine Auseinandersetzungen mit der SS.* Stuttgart 1981.

– *Spandauer Tagebücher.* Frankfurt a. M., Berlin, Wien 1975.

Stahlberg, Alexander, *Die verdammte Pflicht.* Berlin 1987.

Taylor, Telford, *Die Nürnberger Prozesse. Hintergründe, Analysen und Erkenntnisse aus heutiger Sicht.* München 1994.

Todorov, Tzvetan, *Face à l'Extrême.* Paris.

Toland, John, *Adolf Hitler.* Bergisch-Gladbach 1977.

Trevor-Roper, Hugh, *Hitlers letzte Tage.* Frankfurt a. M., Berlin 1985.

Wassiltschikow, Marie, *Die Berliner Tagebücher der »Missie« Wassiltschikow; 1940–1945.* Berlin 1987.

Anmerkungen

Einführung

Prolog

Kapitel I

Kapitel II

S. 87 »Kameraden! Wir standen ...« Jäckel, *Adolf Hitler,* S. 1058.

S. 90 »Ich wählte Tessenow ...« Wolters, *Lebensabrisse,* S. 11 f.

S. 91 »Er [Speer], aus großbürgerlichem ...« Tagebuch Wolters, zit. in: *Lebensabrisse,* S. 205.

S. 91 »Das Haus liegt am Berg ...« Ebenda, S. 205 f.

S. 92 »Es gehört zum ...« Ebenda, S. 207.

S. 97 »Es war einmal ...« Geis, *Leiden an der Unerlöstheit,* S. 31–36.

S. 103 »Um diese Zeit ...« *Erinnerungen,* S. 32.

S. 103 »Hitler erschien ...« Ebenda.

S. 106 »Der Krieg bedeutete ...« *Der Angriff,* 5. Dezember 1930.

S. 107 »Was nach diesem Kampf ...« *Erinnerungen,* S. 446.

S. 108 »... ich hatte solche Gewaltanwendung ...« Ebenda, S. 34.

Kapitel III

S. 112 »... wenn Hitler überhaupt ...« *IMT,* Bd. 26, S. 476.

S. 115 »Einer unsrer Studenten ...« »Spandauer Entwurf«, NL 11, S. 7 f.

S. 116 »Selbst nach meinem Parteieintritt ...« Speer, *Inside the Third Reich,* S. 19 f.

S. 117 »Mein Vater hatte ...« »Spandauer Entwurf«, NL 11, 5. 11. 1953, S. 10.

S. 117 »Dieses Amt führte mich ...« Ebenda, S. 11.

S. 120 »Es gab kein N.S.K.K. ...« *Erinnerungen,* S. 36.

S. 120 »Ich konnte ihn ...« Ebenda, S. 37.

S. 121 »Ich war aber schon ...« »Spandauer Entwurf«, NL 11, 5. 11. 1953, S. 14.

S. 121 »Am nächsten Tag ...« Ebenda, S. 16.

S. 122 »Es war die gleiche ...« Ebenda, S. 16.

S. 122 »Ich arbeitete ...« Ebenda, S. 17.

S. 123 »Goebbels sah ich ...« Ebenda, S. 17.

S. 124 »[Es] täuschte sich ...« Fest, *Hitler,* S. 453.

S. 127 »Hitler, dem Goe. das erzählte ...« »Spandauer Entwurf«, NL 11, 5. 11. 1953, S. 20.

S. 128 »Und da stand ich ...« Ebenda, S. 28.

Kapitel IV

S. 132 »Bei und nach diesem Essen ...« »Spandauer Entwurf«, NL 11, 5. 11. 1953, S. 24 f.

S. 133 »... seinen Mephisto gefunden ...« *Erinnerungen,* S. 44.

S. 136 »... nur beiläufig erwähnt ...« Ebenda, S. 70.

S. 138 »Es hat eine lange Zeit ...« Schröder, *Er war mein Chef,* S. 143 f.

S. 138 »... nicht mehr betreten dürfen ...« Schirach, *Der Preis der Herrlichkeit.*

S. 139 »Hitler war sehr verärgert ...« Below, *Hitlers Adjutant,* S. 340.

S. 143 »Ich gratuliere!« *Erinnerungen,* S. 62.

S. 143 »... dem politischen Hintergrund ...« Ebenda, S. 64 ff.

Kapitel V

Kapitel VI

Kapitel VII

Kapitel VIII

Kapitel IX

S. 242 »Es war verständlich ...« Below, *Hitlers Adjutant,* S. 164f.

S. 244 »Es wurde ihm ein Zettel hereingereicht ...« »Spandauer Entwurf«, NL 11, 26. 12. 1953, S. 10.

S. 245 »Alles, was ich unternehme ...« Carl Burckhardt, *Meine Danziger Mission 1938–1939,* S. 348; zitiert in: Bullock, *Hitler und Stalin,* S. 838.

S. 249 »Wie das östliche Polen ...« Bullock, *Hitler und Stalin,* S. 859.

S. 250 »Eine geheime Denkschrift ...« Denkschrift Himmler, NA RG 242. T-175/R 94/2615221, zitiert in: Bullock, S. 863f. Besprochen bei Breitman, *The Architect of Genocide: Himmler and the Final Solution,* S. 118 und Anm.

S. 251 »In den ›Tischgesprächen‹ ...« Werner Jochmann, *Adolf Hitler, Monologe im Führerhauptquartier 1941–1944,* Hamburg 1980.

Die meisten Monologe Hitlers wurden zwischen dem 5. Juli 1941 und dem 20. März 1942 von Heinrich Heim aufgezeichnet, einem jungen Adjutanten Bormanns. Während dessen Abwesenheit aufgrund zweier Reisen, auf denen er für Hitler Kunstwerke kaufte, nahm vom 21. März bis zum 31. Juli 1942 ein anderer Adjutant, Henry Picker, seinen Platz ein. Gelegentliche Aufzeichnungen entstanden noch bis zum 29. November 1944, einige von Heim, andere von zwei weiteren Protokollanten. Sie wurden jeden Morgen Bormann übergeben, der die von seinem Stab angefertigten Transkripte redigierte und zwei Exemplare aufbewahrte. Eines davon, im »Braunen Haus« in München, wurde gegen Ende des Krieges verbrannt. Die andere Ausfertigung im Berghof bei Berchtesgaden, die sogenannten Gesprächsvermerke Bormanns, blieb erhalten und gelangte in den Besitz François Genouds, eines Schweizers, der verschiedenen Erben die Publikationsrechte für Nazidokumente abkaufte.

Picker veröffentlichte seine eigenen Aufzeichnungen (zusammen mit einigen von Heim, die er im »Braunen Haus« kopiert hatte) als *Hitlers Tischgespräche im Führerhauptquartier 1941–1942,* Bonn 1951. Diese Ausgabe war nicht chronologisch, sondern thematisch geordnet. 1963 veröffentlichte Picker eine neue Fassung, die von Percy E. Schramm unter Mitarbeit von Andreas Hillgruber chronologisch geordnet und herausgegeben wurde (Stuttgart 1963). Genoud mit seinem sehr viel vollständigeren Text veröffentlichte 1952 eine französische Ausgabe, *Libres Propos sur la Guerre et la Paix, recueillis sur l'ordre de Martin Bormann,* und 1953 in London eine englische, *Hitler's Table Talk 1941–44,* mit einer Einführung von Hugh Trevor-Roper. Eine zweite englische Ausgabe mit einem neuen Vorwort, das die Herkunft der beiden Versionen erläutert, erschien 1973.

Die oben angeführte Ausgabe von Werner Jochmann beruht auf dem gesamten Aufzeichnungen Heims (Bormanns »Vermerke«) und hat den Vorteil, daß die meisten der bei den Mahlzeiten jeweils anwesenden Personen genannt werden. Frühere Ausgaben nannten oft nur besondere Gäste, nicht aber regelmäßige Teilnehmer wie Speer.

S. 254 »War Paris nicht schön?« »Spandauer Entwurf«, NL 11, 26. 12. 1953, S. 26.

S. 256 »Unsere Armeen daheim ...« Churchill, *Der Zweite Weltkrieg.* Bd. 2: *Englands größte Stunde,* S. 308.

S. 258 »... fand in Goebbels' Propagandaministerium ein Treffen statt ...« Protokoll des Treffens im Propagandaministerium, BA.

S. 259 »... der Evakuierung, die damals ...« *IMT,* Bd. 16, S. 519.

S.259 »Wenn ich an das Schicksal ...« *Sklavenstaat,* S.355.
S.261 »Nach Vortrag bei ...« »Chronik«, BA, Wolters NL 42, S.46.
S.268 »... drei Notizbuchblätter ...« BA, R3 1662, S.48, 51, 60.

Kapitel X

S.272 »... nur zum Wohl der Allgemeinheit ...« *Erinnerungen,* S.191, 540 (Anm. 3).
S.275 »Vielleicht hätten Ihnen ...« Ebenda, S.209.
S.276 »Gieslers Darstellung ...« Giesler, *Ein anderer Hitler,* S.342ff.
S.277 »Auf seine Weise ...« Alexander Mitscherlich, »Hitler blieb ihm ein Rätsel –
Die Selbstblendung Albert Speers«, in: *Frankfurter Allgemeine Zeitung,*
1. November 1975. Abgedruckt in: Reif, *Albert Speer,* S.467.
S.279 »Die deutsche Wehrmacht ...« Bullock, *Hitler und Stalin,* S.908.
S.280 »Hitler, so erfahren wir ...« Below, *Hitlers Adjutant,* S.273.
S.281 »Heß' ›bleiche und aufgeregte‹ Adjutanten ...« *Erinnerungen,* S.189.
S.285 »Churchill beauftragte ...« Churchill, *Der Zweite Weltkrieg.* Bd.3: *Die große
Allianz,* S.72.
S.286 »Im Operationsgebiet des Heeres...« *IMT,* Bd.26, Dok. 447-PS, S.54.
S.287 »Unsere Aufgaben gegenüber Rußland ...« Fest, *Hitler,* S.885, Zitat aus:
Franz Halder, *Kriegstagebuch. Tägliche Aufzeichnungen des Chefs des Gene-
ralstabs des Heeres 1939–1942,* Stuttgart 1962/64.
S.289 »Hitlers Vorstellung ...« Below, *Hitlers Adjutant,* S.279.
S.295 »Rundschreiben an alle deutschen Konsulate ...« Reitlinger, *Endlösung,* S.92.
S.295 »Ich war im Zeitpunkt des Ausbruchs ...« Klee u.a., »*Schöne Zeiten«,* S.83.
S.297 »Man sicht ...« »Spandauer Entwurf« NL 11, 26.12.1953, S.34.
S.297 »Es begann in der Nacht ...« Klee u.a., »*Schöne Zeiten«,* S.32–38.
S.298 »Am Vormittag des 27. Juni ...« Ebenda, S.35f. (Name nicht genannt).
S.299 »Etwa 150 Meter ...« Ebenda, S.42.
S.300 »[Vom] Teilkommando des EK. 3 ...« Ebenda, S.59ff.
S.301 »[Die] Bestrahlung [kann] ...« NA RG 238, NO 203, NA RG, NO series;
zitiert in: Breitman, *The Architect of Genocide,* S.152f.
S.302 »Ich persönlich hatte ...« Klee u.a., »*Schöne Zeiten«,* S.85f.
S.303 »Der deutsche Gebietskommissar ...« Ebenda, S.164–67; Browning, *Ganz
normale Männer,* S.16–23 und Anm. 28, S.196. Zum Hintergrund siehe
Lithuanian Jewry, Tel Aviv 1984, Bd. IV; Reitlinger, *Endlösung;* Dina Porat,
Jews from the Third Reich, Yarud Shmul Krakowski und Shmul Spector, Hg.,
The Einsatzgruppen Reports, New York 1989.
S.303 »Die Juden seien ...« Fest, *Hitler,* S.887, zitiert nach Hillgruber, »Die ›End-
lösung‹ und das deutsche Ostimperium«, in: *VJHfZ* 1972/2, S.142.
S.304 »... beauftrage ich Sie hiermit ...« Reitlinger, *Endlösung,* S.92f.
S.304 »Im August erschien ...« Below, *Hitlers Adjutant,* S.290f.
S.306 »Und dann kommen sie ...« *IMT,* Bd.29, Dok. 1919-PS, S.145.
S.307 »Als Regimentsadjutant ...« Klaus von Bismarck, *Aufbruch aus Pommern,*
S.135f.
S.315 »Ein junger Tscheche ...« Reitlinger, *Endlösung,* S.265.
S.316 »Es war schon spät ...« Sereny, *Am Abgrund,* S.100.

Kapitel XI

Kapitel XII

Kapitel XIII

S. 368 »Die Bedingungen, unter denen ...« Ebenda, S. 503 f.

S. 369 »Ein Anspruch auf Freizeit ...« Ebenda, S. 505.

S. 369 »... darf ich Ihnen melden ...« Ebenda, S. 508.

S. 370 »Speers Bericht ...« »Spandauer Entwurf«, NL 8, S. 14–17; NL 9, S. 129 f.; *Erinnerungen*, S. 239–243.

S. 371 »Wir hatten uns ...« »Spandauer Entwurf«, NL 8, 2. 4. 1953, S. 15.

S. 372 »Hoffentlich sagt Heisenberg ...« Ebenda, S. 14 f.

S. 372 »Powers hielt ...« Ebenda; Powers, *Heisenbergs Krieg*, S. 615 ff.

S. 372 »Auch bei Speer finden sich...« *Erinnerungen*, S. 241 f.; »Spandauer Entwurf«, 3. 7. 1953; *Spandauer Tagebücher*, S. 564.

S. 383 »Speer ging auf diesen Vorfall ...« *Erinnerungen*, S. 379; »Spandauer Entwurf«, NL 7, 21. 3. 1953.

S. 383 »Der Reichsführer-SS« *IMT*, Dok. 3568-PS, Exhibit. No. USA-575.

S. 384 »Reichsminister Speer wurde ...« *IMT*, Bd. 4, S. 590.

S. 385 »... schlug ich vor ...« *Erinnerungen*, S. 379.

S. 386 »In einer Zeugenaussage ...« *IMT*, Bd. 16, S. 572 f. und Reif, *Albert Speer*, S. 44 f.

S. 388 »Die Fremdarbeiter waren ...« Rohland, *Bewegte Zeiten*, S. 148 f.

S. 389 »In einem Bericht ...« *IMT*, Bd. 16, S. 590

S. 389 »... wir erlebten nun ...« Klee u. a., »*Gott mit uns*«, S. 204.

S. 390 »Wenn ich mich ...« *IMT*, Bd. 3, S. 478.

S. 393 »10 Uhr früh Abfahrt ...« Tagebuch Wolters, zit. in: *Lebensabrisse*, S. 252 f.

Kapitel XIV

S. 396 »Der erste war der 29. November 1945 ...« Gilbert, *Nürnberger Tagebuch*, S. 50 ff.

S. 396 »Unmengen von Leichen ...« Ebenda, S. 161.

S. 397 »Ich habe ... das Gefühl ...« Ebenda, S. 163.

S. 397 »Im Namen aller Frauen ...« Ebenda, S. 172.

S. 398 »Warum hat man ...« *IMT*, Bd. 8, S. 358.

S. 400 »Um Weihnachten sollte ...« Sereny, *Am Abgrund*, S. 151.

S. 403 »Evakuierungen insgesamt ...« Korherr-Bericht, IfZ München.

S. 406 »Waren Sie mal am Wannsee?« Kempner, *Eichmann und Komplizen*, S. 155 ff.

S. 409 »Für Ihr Schreiben ...« Zitiert nach: Reitlinger, *Endlösung*, S. 273 f.; Quellenangabe: Trials of War Criminals 1951, Bd. 5, S. 277.

S. 410 »Ich möchte nicht erinnern ...« Turner-Brief, IfZ München.

S. 412 »[Ich] bat ihn ...« Below, *Hitlers Adjutant*, S. 320.

S. 412 »*Restless Conscience*« Film von Hava Kohav Beller.

S. 413 »Gerstein, später die zentrale Gestalt ...« Hochhuth, *Der Stellvertreter*; Joffroy, *Der Spion Gottes*; Friedländer, *Kurt Gerstein oder die Zwiespältigkeit des Guten*.

S. 423 »Als es mit Stalingrad ...« »Spandauer Entwurf«, NL 8, 10. 4. 1953, S. 30.

S. 424 »Inmitten all der Arbeit ...« »Nürnberger Entwurf«, S. 18 ff.

S. 425 »Mitte Januar hatte Hitler ...« »Spandauer Entwurf«, NL 8, 10. 4. 1953, S. 26.

S. 425 »Es war uns allen ...« Below, *Hitlers Adjutant*, S. 306.

S. 427 »Im Einvernehmen mit ...« *IMT*, Bd. 37, S. 495 f.

Kapitel XV

Kapitel XVI

Kapitel XVII

S. 525 »... Trotts Todesurteil besiegelt ...« Wassiltschikow, Maria (Missy), *Die Berliner Tagebücher der »Missie« Wassiltschikow 1940–1945*, Berlin 1987.

S. 526 »Schon der Gedanke daran ...« »Spandauer Entwurf«, NL 9, 12.7.1953, S. 7.

S. 527 »Der Historiker John Toland ...« Toland, *Adolf Hitler*, S. 1016.

S. 527 »Ich habe darauf verzichtet ...« Below, *Hitlers Adjutant*, S. 385.

Kapitel XVIII

S. 534 »Ich bekam einen Schrecken ...« Below, *Hitlers Adjutant*, S. 385.

S. 535 »Er klammerte sich ...« Ebenda, S. 386f.

S. 536 »Dort hätte er etwas gesehen ...« *Erinnerungen*, S. 385f.

S. 544 »Gerald Reitlinger schätzt ...« Reitlinger, *Endlösung*, S. 523.

S. 544 »So schwierig die Lage auch ist ...« Janssen, *Ministerium Speer*, S. 296f.

S. 545 »Eine erhebliche Sorge ...« »Spandauer Entwurf«, NL 9, 23.7.1953, S. 26f.

S. 546 »Beide Gase waren ...« *IMT*, Bd. 16, S. 577ff.

S. 546 »... zumindest gegen die Russen ...« »Nürnberger Entwurf«, 17.8.1946, S. 18.

S. 547 »Als die Gerüchte ...« *IMT*, Bd. 16, S. 577.

S. 549 »Der Kontrast ...« »Spandauer Entwurf«, NL 10, 2.8.1953, S. 13.

S. 550 »An einem späten Abend ...« Below, *Hitlers Adjutant*, S. 398.

S. 552 »Eine Diplomatie ...« Hitler, *Mein Kampf*, Ausgabe 1935, S. 693, 104; zit. in: *Erinnerungen*, S. 436.

S. 552 »Die Spannung ...« »Spandauer Entwurf«, NL 10, 9.8.1953, S. 4f.

S. 553 »Ich fand zu meiner völligen Überraschung ...« *IMT*, Bd. 16, S. 516.

S. 560 »Hitler war durch ...« Spandauer Entwurf, NL 10, 9.8.53, S. 15.

S. 560 »[Speer] ließ mir ...« Below, *Hitlers Adjutant*, S. 404f.

S. 562 »Fast hätte ich ...« »Spandauer Entwurf«, NL 10, 22.8.1953, S. 8.

S. 562 »Was nach diesem Kampf ...« *Erinnerungen*, S. 446.

Kapitel XIX

S. 566 »Darin wurde die totale Zerstörung ...« *Erinnerungen*, S. 456 und 584, Anm. 6.

S. 570 »Sie können sich ...« »Spandauer Entwurf«, NL 10, 22.8.1953, S. 30.

S. 570 »Ohne Händedruck ...« *Erinnerungen*, S. 459.

S. 571 »Als ich mit dem 24-Std.-Ultimatum ...« »Spandauer Entwurf«, NL 10, 5.9.1953, S. 23.

S. 571 »Deshalb schrieb Speer ...« Janssen, *Das Ministerium Speer*, S. 314–316.

S. 575 »In seinem Bunker ...« »Spandauer Entwurf«, NL 10, 5.9.1953, S. 4f.

S. 578 »Seyß-Inquart ...« Neave, *Nuremberg*, S. 179ff.

S. 579 »Ich konnte hier ...« »Spandauer Entwurf«, NL 10, 5.9.1953, S. 71.

S. 579 »[Seyß-Inquart] hatte ...« Ebenda, S. 7.

S. 581 »Wenn ich was ...« Ebenda, S. 20.

S. 581 »Im Januar 1945 ...« Wolters, *Lebensabrisse*, S. 345f.

S. 582 »Auf meine Frage ...« Brief an Marion Riesser, im Besitz der Autorin.

S. 583 »Ich betätige mich ...« »Spandauer Entwurf«, NL 10, 5.9.1953, S. 26.

S. 674 »Darf man [Speer] glauben ...« Smith, *Der Jahrhundertprozeß*, S. 243.
S. 674 »Im amerikanischen Nationalarchiv ...« NA RG.
S. 676 »›Gnade‹, schrieb er ...« Taylor, *Die Nürnberger Prozesse*, S. 696.
S. 676 »So half er ...« Ebenda, S. 220 ff.
S. 677 »›Bummelanten‹ ...« *IMT*, Bd. 16, S. 565.
S. 678 »Wußten Sie ...« Ebenda, S. 488.
S. 679 »Bei der Verpflegung ...« Ebenda, S. 488 f.
S. 679 »Herr Speer!« Ebenda, S. 489.
S. 680 »JACKSON: Als Produktionsminister ...« Ebenda, S. 614 ff.
S. 681 »SPEER: Nein ...« Ebenda, S. 618 f.
S. 682 »Ich war besonders beruhigt ...« Ebenda, S. 619 f.
S. 682 »Ich habe diese ganze Tätigkeit ...« Ebenda, S. 624.
S. 682 »RAGINSKY: Ich möchte ... Ebenda, S. 625.
S. 683 »RAGINSKY: [Es] war ...« Ebenda, S. 635–638.
S. 684 »Ich muß auf alles gefaßt sein ...« *Erinnerungen*, S. 596.
S. 685 »Die letzten Worte ...« »Nürnberger Entwurf«, S. 1.
S. 686 »In einem Krieg ...« *IMT*, Bd. 22, S. 454 f.
S. 686 »Die Diktatur Hitlers ...« Ebenda, S. 460 ff.

Kapitel XXIII

S. 712 »Wie er im Vorwort ...« *Spandauer Tagebücher*, S. 13 f.
S. 721 »In den *Spandauer Tagebüchern* ...« Ebenda, 17. und 18. Juni 1952, S. 307 f.

Kapitel XXIV

S. 745 »Gott, zu Dir rufe ich ...« Dietrich Bonhoeffer, »In der Frühe des Tags«, zit.
in: Brief an Wolters, 10. 4. 1955.
S. 764 »Bitte 35 Kilometer ...« *Spandauer Tagebücher*, S. 659.

Kapitel XXV

S. 771 »Ebenso beiläufig wie ...« Wolters, *Lebensabrisse*, S. 467 f. und 499.
S. 786 »[Speer] wurde ...« Ebenda, S. 478.

Kapitel XXVI

S. 816 »Robert Jay Lifton hat ...« Lifton, *Ärzte im Dritten Reich*, S. 491 ff.
S. 816 »*Der Jahrhundertbetrug* ...« Von Arthur R. Butz.

Postskriptum

S. 825 »Dokumentarfilm der BBC ...« *The Great Art Dictator*, Sendung Nr. E3000,
gesendet am 14. Dezember 1981.

Register

Hanke, Karl 117f., 122f., 125, 127,
130, 136, 164, 228, 361, 451, 460,
466, 536ff., 588ff., 619, 636
Harden, Maximilian 86
Harriman, Averell 759
Hartl, Albert 316
Hase, Paul von 516, 524
Hasselbach, Hans Karl von 611
Haushofer, Albrecht 283, 384f.
Haushofer, Karl 283
Hausser, Paul 564
Hayek, Friedrich von 637
Hedin, Sven 214
Heim, Heinrich 290, 374
Heinkel, Ernst 645
Heinrici, Gotthardt 580f., 594
Heisenberg, Werner 370, 372, 646
Helldorf, Wolf Heinrich Graf von 526
Henderson, Leon 636
Hentschel, Johannes 553, 600, 602
Heß, Rudolf 12, 88, 128, 135ff., 207,
231, 280–285, 332, 373f., 376,
420f., 498, 533, 649, 654, 662,
664, 669, 685f., 691f., 703, 705,
717f., 729, 737, 748, 750, 754,
756, 764
Hettlage, Karl Maria 188, 190, 269,
277, 344, 426, 477, 548, 605, 646
Hewel, Walter 358, 619, 622, 626
Heyde, Werner 233
Heydrich, Reinhard 208, 249, 259,
284, 289, 304, 378–381, 383, 403,
406
Heydrich, Thomas 316, 381f.
Himmler, Heinrich 54, 195, 208, 222,
249, 251, 286, 288ff., 294, 337,
360f., 363, 373, 375–379,
383–387, 397, 401–405,
410–413, 425f., 429, 436–440,
442–445, 448–453, 455ff.,
459–465, 468, 473, 476, 478,
481f., 487–493, 499, 505, 510f.,
516, 522f., 535, 538, 543f., 557,
566f., 585f., 591, 603, 605, 616f.,
625, 707, 786, 812, 816, 821
Hindenburg, Paul von 122, 124, 143,
145
Hirt, August 443f.
Hoeffding, Captain 373, 647

Hoffmann, Heinrich 133, 138
Höhne, Heinz 780
Holstein, Herzog von 632
Holzmeister, Judith 378
Hommel, Louis Christian August
Hermann 56f.
Honeyman, Don 19
Hörbiger, Attila 207
Horthy, Miklós 487f.
Höß, Rudolf 38, 672
Hoßbach, Friedrich 222ff.
Hupfauer, Theodor 214, 217, 239,
246f., 307, 309, 313, 450, 490,
544, 548, 563, 577, 585, 593, 619,
631, 642f., 646, 788, 793f., 796,
814

Irlinger, Irmgard 147f.
Irlinger, Rosa 147ff.
Irving, David 15, 262, 305

Jackson, Robert 43, 82, 259, 386,
396, 546f., 661, 664ff.,
673ff., 680f.
Jäger, Karl 297, 299f., 303
Jäger, Wilhelm 661
Janke, Else 86, 88
Jeckeln, Friedrich 297, 301ff., 314
Jewtuschenko, Jewgeni 302
Jodl, Alfred 11ff., 167, 242, 278, 332,
335, 422, 446, 534, 591, 600, 614,
637, 664, 667, 669, 686
Jodl, Luise 534, 667ff.
Johannmeier, Willi 600, 620
Junge, Traudl 291f., 465f., 592,
598f., 603, 608, 615f., 618–621,
623

Kaltenbrunner, Ernst 12, 403, 517,
519–522, 591, 654, 664, 680
Kammler, Hans 445, 469, 489, 566
Kaufmann, Karl 460, 580, 594, 596,
631
Kehrl, Hans 437
Keitel, Wilhelm 11, 224, 242, 278,
287f., 303, 331f., 335, 360, 375,
405, 422, 431, 436, 446ff., 490,
591, 600, 614ff., 617, 620, 664,
685

435f., 439, 448–451, 466, 472,
476, 480, 636, 664, 669, 680, 686
Saur, Karl Otto 347f., 365, 468f.,
476, 481, 497, 519, 532, 550, 560,
566f., 619, 648
Schacht, Hjalmar 204, 533, 645, 662,
664, 686
Schärf, Wilhelm 710
Schaub, Julius 133, 519, 561, 568,
574, 592, 600, 606, 608
Schelkes, Willie 94, 118f., 123, 161f.,
177ff., 181f., 199, 218, 350
Schepmann, Wilhelm 453
Scherff, Walter 242
Schieber, Walther 315, 679
Schinkel, Karl Friedrich 125, 176
Schirach, Baldur von 12, 91, 139, 460,
533, 638, 686, 692, 702, 717, 722,
748, 750, 756, 762, 765, 820
Schirach, Henrietta von 138
Schlabrendorff, Fabian von 509, 525,
754f., 759
Schleicher, Rüdiger 525
Schmidt, Matthias 267f., 780
Schmundt, Rudolf 242, 412, 435, 437,
511, 518
Schnurre, Julius 573
Scholl, Hans und Sophie 334
Schörner, Ferdinand 620
Schramm, Hilde, Tochter Speers 21,
31ff., 102, 115f., 122, 149–153,
194, 196, 256, 345, 391, 472, 495,
612, 707, 710f., 715, 720ff.,
724–728, 731ff., 735, 738ff.,
744–747, 750–754, 760f., 763,
767, 769, 776, 778, 783, 797, 802,
824f.
Schramm, Ulf 149, 735, 751–754,
758f., 761f.
Schreck, Julius 133
Schröder, Christa 133, 138, 231, 290,
294, 512, 592
Schulenburg, Friedrich Werner Graf
von der 526
Schulenburg, Fritz-Dietlof Graf von
der 243, 509, 526
Schulte, Eduard 419
Schulz, Erwin 301
Schuschnigg, Kurt 225f., 228, 379

Schütz, Werner 723
Schwerin von Krosigk, Johann Ludwig
Graf 619
Selzner, Klaus 308, 317, 820
Seyß-Inquart, Arthur 12f., 578f., 619,
638, 664, 669, 686
Shaw, George Bernard 214
Shawcross, Sir Hartley 36, 43, 82,
396, 684, 759
Siedler, Wolf Jobst 197, 757f.,
773ff., 777, 779–782, 784, 786,
798, 814f., 822f.
Siegmund, Harry 457, 459ff., 465
Sievers, Otto 235
Simon, Hans 199
Simon, Lili 804
Singer, Hedwig 463f., 785
Sklarz, Georg 632f.
Skorzeny, Otto 447
Smend, Günther 519, 521
Smirnow, L. N. 397
Smith, Bradley 43, 673f.
Sonnemann, Emmy 207
Speer, Albert Friedrich, Vater Speers
29ff., 108
Speer, Albert, Sohn Speers 134, 149,
328, 391, 495, 735, 740, 760, 803
Speer, Arnold, Sohn Speers 149, 391,
735
Speer, Ernst, Bruder Speers 29, 58,
424, 720
Speer, Ernst, Sohn Speers 28, 149,
391, 760, 803
Speer, Fritz, Sohn Speers 391, 735,
740, 760
Speer, Hermann, Bruder Speers 29, 58,
194, 736
Speer, Luise Mathilde, Mutter Speers
30
Speer, Margret, Ehefrau Speers 18,
28–31, 39, 54ff., 59–63, 65–68,
71, 73, 83, 94, 104f., 108, 113,
118ff., 123, 125, 134–137, 142,
149, 170f., 180, 229, 231ff., 391,
458f., 467, 471, 481, 483f., 490,
494, 505, 613, 624, 640, 684, 691,
719f., 723, 735–739, 743ff.,
748f., 761, 765, 767ff., 783, 794,
797f., 802, 824, 826, 829

Die Namen *Hitler* und *Speer* wurden
aufgrund der häufigen Nennung nicht
ins Register aufgenommen.

Bildnachweis

AP Wide World: 18o., 19u., 21l.u.

Archiv für Kunst und Geschichte, Berlin: 4u., 12o., 15u.

Archiv Albert Speer: 2r.o., 2l.u., 3, 21r.u.

Archiv Wolf Speer: 2l.o.

Bayerische Staatsbibliothek, München: 4o., 5, 7o., 7l.u., 8, 9, 11o., 13o., 14u., 15o., 16, 17o.

Bildarchiv Preußischer Kulturbesitz, Berlin: 11u.

Bilderdienst Süddeutscher Verlag, München: 14o., 17u., 19o.

Don Honeyman, London: 1, 6, 22, 23u., 24

Range/Bettmann/UPI: 13u.

Privatarchive: 7r.u., 10, 20, 23r.o., 23l.o.

Der Spiegel: 12u., 18u., 21o.